印顺法师佛学著作系列

杂阿含经论会编

（上）

释印顺 著

中华书局

图书在版编目(CIP)数据

杂阿含经论会编/释印顺著. —北京:中华书局,2011.10
(2024.1 重印)
(印顺法师佛学著作系列)
ISBN 978-7-101-08055-1

Ⅰ.杂…　Ⅱ.释…　Ⅲ.阿含-研究　Ⅳ.B942.2-53
中国版本图书馆 CIP 数据核字(2011)第 127147 号

经台湾财团法人印顺文教基金会授权出版

书　　名	杂阿含经论会编(全三册)
著　　者	释印顺
丛 书 名	印顺法师佛学著作系列
责任编辑	陈　平
责任印制	陈丽娜
出版发行	中华书局
	(北京市丰台区太平桥西里38号　100073)
	http://www.zhbc.com.cn
	E-mail:zhbc@zhbc.com.cn
印　　刷	三河市宏盛印务有限公司
版　　次	2011年10月第1版
	2024年1月第5次印刷
规　　格	开本/880×1230 毫米　1/32
	印张 46⅝　插页 6　字数 980 千字
印　　数	5701-6300 册
国际书号	ISBN 978-7-101-08055-1
定　　价	188.00 元

"印顺法师佛学著作系列"出版说明

释印顺(1906—2005),当代佛学泰斗,博通三藏,著述宏富,对印度佛教、中国佛教的经典、制度、历史和思想作了全面深入的梳理、辨析与阐释,取得了一系列重要学术成果,成为汉语佛学研究的杰出典范。同时,他继承和发展了太虚法师的人生佛教思想,建立起自成一家之言的人间佛教思想体系,对二十世纪中叶以来汉传佛教的走向产生了深刻影响,受到佛教界和学术界的的高度重视。

经台湾印顺文教基金会授权,我局于2009年出版《印顺法师佛学著作全集》(23卷),系统、全面地介绍了印顺法师的佛学研究成果和思想,受到学术界、佛教界的广泛欢迎。应读者要求,我局今推出"印顺法师佛学著作系列",将印顺法师的佛学著作以单行本的形式逐一出版,以满足不同领域读者的研究和阅读需要。为方便学界引用,《全集》和"系列"所收各书页码完全一致。

"印顺法师佛学著作系列"的编辑出版以印顺文教基金会提供的台湾正闻出版社出版的印顺法师著作为底本,改繁体竖排为简体横排。以下就编辑原则、修订内容,以及与正闻版的区别等问题,略作说明。

编辑原则

编辑工作以尊重原著为第一原则,在此基础上作必要的编辑加工,以符合大陆的出版规范。

修订内容

由于原作是历年陆续出版的,各书编辑体例、编辑规范不一。我们对此作了适度统一,并订正了原版存在的一些疏漏讹误,主要包括以下几项:

1. 原书讹误的订正:

正闻版的一些疏漏之处,如引文、纪年换算、人名、书名等,本版经仔细核查后予以改正。

2. 标点符号的订正:

正闻版的标点符号使用不合大陆出版规范处甚多,本版作了较大幅度的订正。特别是正闻版对于各书中出现的经名、品名、书名、篇名,或以书名号标注,或以引号标注,或未加标注;本版则对书中出现的经名(有的书包括品名)、书名、篇名均以书名号标示,以方便读者。

3. 梵巴文词汇的删削订正:

正闻版各册(特别是专书部分)大都在人名、地名、名相术语后一再重复标出梵文或巴利文原文,不合同类学术著作惯例,且影响流畅阅读。本版对梵巴文标注作了适度删削,同时根据《望月佛教大辞典》、平川彰《佛教汉梵大辞典》、荻原云来《梵和大辞典》等工具书,订正了原版的某些拼写错误。

4. 原书注释中参见作者其他相关著作之处颇多,为方便读者查找核对,本版各书所有互相参见之处,均分别标出正闻版和本版两种页码。

5. 原书中有极少数文字不符合大陆通行的表述方式,征得著作权人同意,在不改变文义的前提下,略作删改。

印顺法师佛学著作对汉语佛学研究有极为深广的影响,同时在国际佛学界的影响也日益突出。我们希望"印顺法师佛学著作系列"的出版,有助于推进我国的佛教学以及相关学科的研究。

中华书局编辑部

二〇一一年三月

《杂阿含经论会编》总目录

自　序

《杂阿含经》部类之整编
  一　《杂阿含经》的传译
  二　《杂阿含经》的三部分
  三　相应修多罗与摩呾理迦(一)
  四　祇夜——有偈部分(二)
  五　记说——如来所说·弟子所说(三)
  六　修多罗——阿含——四部(阿含)
  七　《杂阿含经》的次第与部类
  八　《杂阿含经》与《相应部》
  九　《杂阿含经论会编》

杂阿含经论会编
  五阴诵第一(一相应)
    一　阴相应(一七八经)

六入处诵第二(一相应)

　　二　入处相应(二八五经)

杂因诵第三(四相应)

　　三　因缘相应(七八经)

　　四　谛相应(一五〇经)

　　五　界相应(三七经)

　　六　受相应(三一经)

道品诵第四(一〇相应)

　　七　念处相应(五四经)

　　八　正断相应(佚)

　　九　如意足相应(佚)

　　一〇　根相应(二七经)

　　一一　力相应(六〇经)

　　一二　觉支相应(六七经)

　　一三　圣道分相应(一一四经)

　　一四　安那般那念相应(二二经)

　　一五　学相应(三二经)

　　一六　不坏净相应(二九经)

八众诵第五(一一相应)

　　一七　比丘相应(二二经)

　　一八　魔相应(二〇经)

　　一九　帝释相应(二二经)

二〇　刹利相应(二一经)

二一　婆罗门相应(三八经)

二二　梵天相应(一〇经)

二三　比丘尼相应(一〇经)

二四　婆耆舍相应(一六经)

二五　诸天相应(一〇八经)

二六　夜叉相应(一二经)

二七　林相应(三二经)

弟子所说诵第六(六相应)

二八　舍利弗相应(八一经)

二九　目揵连相应(五三经)

三〇　阿那律相应(一一经)

三一　大迦旃延相应(一〇经)

三二　阿难相应(一一经)

三三　质多罗相应(一〇经)

如来所说诵第七(一八相应)

三四　罗陀相应(一三三经)

三五　见相应(九三经)

三六　断知相应(一〇九六经)

三七　天相应(四八经)

三八　修证相应(七〇经)

三九　入界阴相应(一八二经)

四〇　不坏净相应（六二经）

四一　大迦叶相应（一一经）

四二　聚落主相应（一〇经）

四三　马相应（一〇经）

四四　摩诃男相应（一〇经）

四五　无始相应（二〇经）

四六　婆蹉出家相应（九经）

四七　外道出家相应（一五经）

四八　杂相应（一八经）

四九　譬喻相应（一九经）

五〇　病相应（二〇经）

五一　业报相应（三五经）

自　　序

　　《杂阿含经》(即《相应阿含》、《相应部》)，是佛教界早期结集的圣典，代表了释尊在世时期的佛法实态。佛法是简要的、平实中正的，以修行为主，依世间而觉悟世间，实现出世的理想——涅槃。在流传世间的佛教圣典中，这是教法的根源，后来的部派分化，甚至大乘中观与瑜伽的深义，都可以从本经而发见其渊源。这应该是每一位修学佛法者所应该阅读探究的圣典。

　　现存汉译的《杂阿含经》，内容缺佚了二卷(古人以《阿育王譬喻》补足)，次第也大有倒乱，所以全经的组织部类，无法明了。吕澂发表了《杂阿含经刊定记》，依《瑜伽师地论》，知道四阿含经是依《杂阿含经》为根本的；《瑜伽论·摄事分》中，抉择契经的摩呾理迦(本母)，是依《杂阿含经》的次第而造。我在《原始佛教圣典之集成》有了进一步的研究，主要是论定：依《瑜伽论·摄事分》，分全经为"能说"、"所说"、"所为说"；这三类，与"修多罗"、"祇夜"、"记说"相当。近代学者的研究，或说依九分教而集成四部阿含；或说依四阿含而类别为九(十二)分教。其实，四部阿含是先有《杂阿含》，九分教是先有"修多罗"、"祇夜"、"记说"(这三分也还是先后集出)，二者互相关联，同时发展而次第成立的。《中阿含经》（一九二）《大空经》，说到"正经、歌咏、记说"（《中部》一一二《空大经》所说相同），正是佛教初期三分教时代的明证。

《瑜伽论·摄事分》中，抉择契经宗要的摩呾理迦，是《杂阿含经》的部分论义，也就是"所说"——"修多罗"部分的论义。"修多罗"分阴、处、因缘、圣道四大类，在《杂阿含经》的集成中，"修多罗"是最早的，正是如来教法的根本所在。从《杂阿含经刊定记》去看，这部分的经论对比，不免粗疏而不够精确！抗战期间，听汉藏教理院雪松法师说，内学院有《杂阿含经论》的合刊本，可惜没有见到，不知内容如何！我在《原始佛教圣典之集成》中，经论对比，也还有些错失。因此，我编印了这部《杂阿含经论会编》。一、经论（先经后论）比对合编；二、分别部类，依"修多罗"、"祇夜"、"记说"的次第，分全经为七诵、五十一相应；三、校正衍文与讹字；四、采用新式标点；五、经前附入拙作的《杂阿含经部类之整编》，说明《杂阿含经》的部类，与会编的种种问题（读者可先读此文）。我想，这对于探究佛教的原始法义，发心阅读汉译《杂阿含经》的，会给予多少方便的。

这部书的比对配合部分，心如给了很大的帮助；发见了疑问，也就随时提出来重加审定。校对方面，性滢、依道、慧润，也是非常精细，所以本书的错误应该是能减到最少的。末了谨以虔诚的心情，祝愿读者的正见增明！

一九八三年九月

目　录

《杂阿含经》部类之整编
　　一　《杂阿含经》的传译……… 001
　　二　《杂阿含经》的三部分……… 005
　　三　相应修多罗与摩呾理迦（一）……… 010
　　四　祇夜——有偈部分（二）……… 015
　　五　记说——如来所说·弟子所说（三）……… 020
　　六　修多罗——阿含——四部（阿含）……… 026
　　七　《杂阿含经》的次第与部类……… 034
　　八　《杂阿含经》与《相应部》……… 044
　　九　《杂阿含经论会编》……… 052

杂阿含经论会编

五阴诵第一
　　行择摄第一……… 001
　　　　一　阴相应……… 010

六入处诵第二
　　处择摄第二……… 191
　　　　二　入处相应……… 191

《杂阿含经》部类之整编

一 《杂阿含经》的传译

我国译出的《杂阿含经》,与巴利本的《相应部》相当,是刘宋元嘉年间,求那跋陀罗在杨都祇洹寺所出的,宝云传译,慧观笔受①,分为五十卷。求那跋陀罗是中天竺的婆罗门种,元嘉十二年(西元四三五),由海道抵广州,不久就到了杨都(现在的南京)。西元四四五年以前,随从谯王到荆州,所以《杂阿含经》在杨都的译出,在西元四三五——四四五年之间。《历代三宝纪》与《大唐内典录》,依据道慧的《宋齐录》,说《杂阿含经》的梵本是法显所赍来的②,但僧祐《出三藏记集》、慧皎《高僧传》,都没有说到,所以当时依据的梵本,是法显还是求那跋陀罗赍来,是难以论定的。《杂阿含经》的现存本,内容与次第都是有错乱的,这是"宋藏本"以来就如此了。如卷二三、卷二五——两卷,

---

① 《出三藏记集》卷一四(大正五五·一〇五下)。
② 《历代三宝纪》卷一〇(大正四九·九一上)。《大唐内典录》卷四(大正五五·二五八下)。

实为《阿育王譬喻》的部分异译,却被误编在《杂阿含经》内。考求那跋陀罗所译的,有《无忧王(即阿育王)经》一卷,梁僧祐时已经佚失①。大抵本经在梁代以前,已经缺少了两卷(次第也已经倒乱),或者就以求那跋陀罗所译的《无忧王经》编入充数,于是《杂阿含经》保有五十卷,而《无忧王经》却被误传为佚失了。实际上,《杂阿含经》现存的,只有四十八卷,这是内容的缺失不全。《阿含经》的集成,从来就有摄颂,大致以十经为一偈,以便持经者的记忆。《杂阿含经》的"五阴诵"部分,传译时保存了摄颂,所以可依摄颂而知道经文的次第。保存摄颂的,共五卷,现存本编为卷一、卷一〇、卷三、卷二、卷五,这是可依摄颂而确定为卷次倒乱的。没有摄颂的四十三卷,当然也还是有倒乱的,这是经卷次第的倒乱。现存刊本卷八初题"诵六入处品第二",卷一二初题"杂因诵第三品之四",卷一六初题"杂因诵第三品之五",卷一八初题"弟子所说诵第四品",卷二四初题"第五诵道品第一"。可见全经是分为多少诵,也就是多少品的。但零落不全,不能明了一经组织的全貌,这是部类分判的不完全。《杂阿含经》为原始佛教的根本圣典,而传译为汉文的,由于古代的展转传写(从译出到刻版,长达五百多年),竟缺佚紊乱到如此!不明全经的统绪次第,实为闻思正法的最大障碍!到近代(民国十二年,西元一九二三年),支那内学院吕澂发表《杂阿含经刊定记》,证明了《瑜伽师地论·摄事分》的"契经事择摄",实为《杂阿含经》主体的本母——摩呾理迦。论文从卷八五到九八,

---

① 《出三藏记集》卷二(大正五五·一三上)。

凡十四卷;依论义对读经文,经文应有二十二卷,但一卷已经佚失,只存二十一卷①。这样的经论对读,《杂阿含经》主体的分部与次第,总算已充分地明了出来。日本昭和十年(西元一九三五)出版的《国译一切经》、《新订杂阿含经》,继承姊崎正治的考校分部(论文发表于一九〇八年),没有能重视中国学者研究的业绩,在部类次第上,仍不免有所倒乱!关于《杂阿含经》,当然是原始佛教圣典,但不可不知道的,那就是:现存的原始佛教圣典,都是部派所诵出的。汉译《杂阿含经》,是上座部中说一切有系的诵本。如说一切有部所传诵的《抚掌喻经》、《顺别处经》,都见于汉译的《杂阿含经》②。说一切有部是说三世有的,所以特说"云何一切有"③。肯定地说:"以有过去色故","以有未来色故",所以圣弟子要不顾恋过去色,不欣求未来色④。这些,都是现存巴利圣典《相应部》(与《杂阿含经》同一原本,属上座部中分别说系的赤铜鍱部所诵)所没有的。说一切有部的圣典,可以对勘现存巴利的《相应部》,但应从说一切有系传承的立场,去治理、研究。

《杂阿含经》的另一译本,题名《别译杂阿含经》,二十卷(《丽藏》本分为十六卷,次第极为紊乱),内分二诵,《大正藏》计数为三六四经。这部经,梁《出三藏记集》没有说到。隋《法经录》初举《别译杂阿含经》名目,失译。经中注说:"毗嚌,秦言

---

① 《内学》第一辑(一〇八——一〇九)。
② 拙著《原始佛教圣典之集成》(九七——九八,本版八二——八四)。
③ 《杂阿含经》卷一三(大正二·九一中)。
④ 《杂阿含经》卷三(大正二·二〇上)。

雄也。"所以唐《开元释教录》,附入"秦录",失译①。《俱舍论稽古》以为:"今捡译文体裁,盖在魏晋之间,全非东晋以下语气。且秦言字,独见经十二曰:毗梨秦言雄。一个秦字,恶足征哉!或晋字音误,亦不可知。"②这是推想为汉代所译的;但"或晋字音误",又容许可能是西晋所译出。然译者巧拙不一,不可一概而论。如苻秦建元二十年(西元三八四)初译的《中阿含经》、《增一阿含经》,是东晋的译典,而译文却是:"并违本失旨,名不当实,依悕属辞,句味亦差,良由译人造次,未善晋言,故使尔耳。"③《别译杂阿含经》既注有"秦言",似乎没有非西晋以前译出不可的理由!总之,《别译杂阿含经》是古译,比五十卷本的译出为早,所以"别译"二字,不是初译的经名,而是后人附加的。二十卷本的《别译杂阿含经》,只是五十卷本的一部分,次第相同,而文义略有出入。《俱舍论稽古》论断二十卷本为饮光部的诵本,或推论为可能与化地部或法藏部诵本相近④。化地部、法藏部、饮光部,都是上座部分别说系流出的部派。同出于一系,如说近于化地部与法藏部,怎能一定说不近于饮光部呢!在教义上,饮光部主张"过去未与果业是有",与说"三世有"的说一切有部(赤铜鍱部所传,饮光部从说一切有部分出)要接近些。五十卷本是说一切有部的诵本,次第与二十卷本相近,所以被称为《别译杂阿含经》的,属于饮光部诵本是更有可能的。玄

---

① 《开元释教录》卷四(大正五五·五一八下——五一九上)。
② 《阿毗达磨俱舍论稽古》卷上(大正六四·四四六上——中)。
③ 《出三藏记集》卷九(大正五五·六三下)。
④ 水野弘元《部派佛教与杂阿含》(《国译一切经》卷一·四三二——四三三)。

奘所译《俱舍论》,引《杂阿笈摩》为婆拖梨说偈;真谛旧译的《俱舍释论》,作"少分阿含"。依此,《俱舍论稽古》说:《杂含》有大小二本,而此文没大本,仅见小本,故以《别译杂阿含经》为小本①。"少分阿含"是《杂阿含经》的一部分,而自成部类的。二十卷本,分为二诵:"初诵"十二卷,是有偈的;"二诵"七卷是长行,末卷又有偈颂。偈颂部分共十三卷,与五十卷本的"八众诵"("众相应")——十三卷相当。"二诵"的七卷长行,是"如来所说诵"的一部分;比对五十卷本,仅四卷(弱)。从末卷又是偈颂,及长行部分七卷,仅及五十卷本的四卷来说,这部二十卷本,可能是有遗落的。这部二十卷本比之五十卷本,不只是不同部派所传诵,也是不同的组织。《稽古》的"大本"、"小本"说,对《杂阿含经》的综集完成过程,倒是可以提供说明的(如下文说)。《别译杂阿含经》,全部都有摄颂(偶缺),比对《杂阿含经》,凡十七卷。这样,依《瑜伽师地论·摄事分》,得二十一卷的次第;依《别译杂阿含经》,得十七卷次第。在全经四十八卷中,次第可见的,已有三十八卷了。以此为基础,相信《杂阿含经》全部次第的整理、诵品的分类,应该会更适当些。

《杂阿含经》少数经的异译,从略。

二 《杂阿含经》的三部分

四阿含中的《杂阿含经》,唐义净在《根本说一切有部毗奈

---

① 《阿毗达磨俱舍论稽古》卷上(大正六四·四四六上)。

耶杂事》中，列举内容的种种相应，名之为《相应阿笈摩》①。这一名称，与巴利五部中的《相应部》，名义恰好相合。唐玄奘在《瑜伽师地论·摄事分》中，也列举了种种相应，但说："即彼一切事相应教，间厕鸠集，是故说名杂阿笈摩。"②种种事相应教所集成的，为什么不名为"相应"，而称为"杂"呢？杂与相应，同是Saṃyukta、Saṃyutta的对译，只是译语的不同。在中国文字中，"杂"不一定是杂乱，"间厕"正是次第相间杂的意思。相应修多罗的结集，如《瑜伽论》所说："结集如来正法藏者，摄聚如是种种圣语，为令圣教久住世故，以诸美妙名句文身，如其所应，次第安布，次第结集。"③原始的结集是：随义类相同的，分为不同部类，次第安布，集成种种相应。相应修多罗，不只是相应，又有相次相间杂的意义，所以古人多数译为《杂阿含经》。

四阿含经，一向以为是同时集成的，但在近代研究中，虽意见不完全一致，而同认为成立是有先后的。关于四阿含经集成的先后，《瑜伽论·摄事分》中，意外地保存了古代的结集传说，启示了一项重要的意义，那就是四阿含是以《杂阿含经》为根本的，如《瑜伽论·摄事分》卷八五（大正三〇·七七二下）说：

"杂阿笈摩者，谓于是中，世尊观待彼彼所化，宣说如来及诸弟子所说相应，蕴、界、处相应，缘起、食、谛相应，念住、正断、神足、根、力、觉支、道支、入出息念、学、证净等相

---

① 《根本说一切有部毗奈耶杂事》卷三九（大正二四·四〇七中）。
② 《瑜伽师地论》卷八五（大正三〇·七七二下）。
③ 《瑜伽师地论》卷二五（大正三〇·四一八下）。《显扬圣教论》卷六（大正三一·五〇八下）相同。

应；又依八众说众相应。……即彼一切事相应教,间厕鸠集,是故说名杂阿笈摩。"

"即彼相应教,复以余相处中而说,是故说名中阿笈摩。即彼相应教,更以余相广长而说,是故说名长阿笈摩。即彼相应教,更以一二三等渐增分数道理而说,是故说名增一阿笈摩。"

佛法只是"一切事相应教",随机散说,依相应部类而集成的,是《杂阿含经》。然后依不同意趣,更为不同的组织,成为《长》、《中》、《增一》(约"分数"说,名为《增支》)——三部。三阿含的法义,虽有不同的部分,但论到佛法根本,不外乎固有的"一切事相应教"的阐明,所以四部都被称为"事契经"。说到"事",如《瑜伽师地论·本地分》卷三(大正三〇·二九四上)说:

"诸佛语言,九事所摄。云何九事?一、有情事;二、受用事;三、生起事;四、安住事;五、染净事;六、差别事;七、说者事;八、所说事;九、众会事。有情事者,谓五取蕴。受用事者,谓十二处。生起事者,谓十二分缘起及缘生。安住事者,谓四食。染净事者,谓四圣谛。差别事者,谓无量界。说者事者,谓佛及彼弟子。所说事者,谓四念住等菩提分法。众会事者,所谓八众。"

佛所说的,不外乎九事,就是"一切事相应教"的事,《杂(相应)阿含经》的部类内容。《杂事》也说到依种种相应,立为多品①。上

---

① 《根本说一切有部毗奈耶杂事》卷三九(大正二四·四〇七中)。

来三说，今对列如下：

《瑜伽·本地分》	《瑜伽·摄事分》	《杂事》
1. 五取蕴 ———	3. 蕴 ———	1. 五蕴
2. 十二处 ———	5. 处 ———	2. 六处
3. 十二缘起 ———	6. 缘起 ———	4. 缘起
4. 四食 ———	7. 食	
5. 四圣谛 ———	8. 谛 ———	5. 圣谛
6. 无量界 ———	4. 界 ———	3. 十八界
7. 佛及弟子 ＜	1. 弟子所说 ———	6. 声闻所说
	2. 如来所说 ———	7. 佛所说
8. 四念住等 ———	9. 念住等 ———	8. 念住等
9. 八众 ———	10. 八众 ———	9. 伽他

上列三说，虽次第、开合小异，而内容是大体一致的。《杂事》是说一切有部律，《杂阿含经》是说一切有部的诵本，《瑜伽论》多少采取经部说，经部也是从说一切有部分化出来的。所以，《瑜伽论》与《杂事》所传，与汉译《杂阿含经》相合，可见"事相应教"的次第成立，以《杂阿含经》为根本的传说，是属于说一切有部的，是上座部中说一切有系的古老传承。

一切"事相应教"是分为三大类的，如《瑜伽师地论·摄事分》卷八五（大正三〇·七七二下）说：

"如是一切相应，略由三相。何等为三？一是能说，二是所说，三是所为说。若如来、若如来弟子，是能说，如弟子所说、佛所说分。若所了知、若能了知，是所说，如五取蕴、六处、因缘相应分（——所了知），及道品分（——能了知）。若诸苾刍、天、魔等众，是所为说，如结集品。"

"一切事相应教"分为三类：一、约能说人立名，是如来及弟子所说相应。二、约所说法立名，如蕴相应等是所了知，念住等相应是能了知。三、约所化众立名，如苾刍相应、魔相应等。这三大类，是相应修多罗，就是《杂阿含经》的全部内容。

进一步地探究起来，如《瑜伽论·本地分》解说十二分教的修多罗说："无量蕴相应语，处相应语，缘起相应语，食相应语，谛相应语，界相应语，声闻乘相应语，独觉乘相应语，如来乘相应语，念住、正断、神足、根、力、觉支、道支等相应语，不净、息念、诸学、证净等相应语，……是名契经。"①所说的内容与次第，与"九事"相合，但除去了"八众"的众会事——偈颂部分。以八事为契经（修多罗），那是修多罗与偈颂分立，偈颂被看作修多罗相应以外的。"佛及弟子事"，分别为声闻乘、独觉乘、如来乘相应语，是对《杂阿含经》中，"如来所说"、"弟子所说"部分，解说为三乘教法的根源。这是后代佛弟子面对三乘圣教的流行，而理解到渊源于根本圣典，在"如来所说"、"弟子所说"部分，也确乎是不无线索可寻的。这样，修多罗仅是八事，"八众"的偈颂部分，被简别了。再进一步说，《摄事分》虽总举九事，以说明相应的"事契经"，但抉择"事契经"的"摩呾理迦"，不但没有偈颂部分，也没有"如来所说"及"弟子所说"，仅有九事中的前七事。这样，"事契经"——"修多罗"的内容，从四阿含而略为《杂阿含经》的三大类；又从三类而除去偈颂部分；更除去"如来所说"、"弟子所说"，而"相应修多罗"，仅是蕴、处、缘起、食、谛、界及念

---

① 《瑜伽师地论》卷二五（大正三〇·四一八中——下）。

住等道品。蕴相应等七事,为事相应教的根本部分,是原始的"相应修多罗"。最初结集的,名为相应、修多罗;其后次第集出的,合在一起,也就称为"一切事相应"的"事契经"。其实,原始的、根本的"相应修多罗",只是《瑜伽师地论·摄事分》中抉择"事契经"的部分。

三 相应修多罗与摩呾理迦(一)

先明《杂阿含经》三大部类的第一部——相应修多罗,内容为蕴、处、缘起、食、谛、界、道品——七事。《瑜伽师地论·摄事分》中,卷八五到九八,共十四卷,就是抉择经义的摩呾理迦。以论文对读《杂阿含经》,可说是完全一致的。特别是,"界"在"圣谛"以下、"道品"以上,与"缘起"合为一类,似乎是次第不顺,但这恰好与《杂阿含经》相同。在《相应部》中,"界相应"也是编在"因缘篇"(Nidāna-vagga)中的。"界"与"缘起"为一类,应该是上座部的古义。由此可见,《杂事》以"处、界"为一类,《摄事分》以"蕴、处、界"为一类,都是依据后代论师的通说而改定的。

抉择《杂阿含经》义的摩呾理迦,曾于《原始佛教圣典之集成》详为比对①,偶有些疏失,将在《经论会编》中改正,这里不再详列。依论文,这部分是分为四分的;经与论的卷数,总列如下:

　　　　行(五蕴)择摄第一……论:卷八五——八八

---

① 拙作《原始佛教圣典之集成》第九章第一节第二项。

经：卷一・卷一〇・卷三・卷二・卷五

处择摄第二……论：卷八九——九二
经：卷八・卷九・卷四三・卷一一・卷一三

缘起食谛界择摄第三……论：卷九三——九六
经：卷一二・卷一四・卷一五・卷一六・卷一七

菩提分法择摄第四……论：卷九七——九八
经：卷二四・（卷二五，佚）・卷二六・卷二七・卷二八・卷二九・卷三〇

依论文去对读经文，可以确信《摄事分》所依的经本，与汉译《杂阿含经》是一致的。从经论的比对中，可以理解到：一、论义是依经而立的。经有"五阴"、"六入处"、"杂因"、"道"——四诵（品），论也分"行择摄"、"处择摄"、"缘起食谛界择摄"、"菩提分法择摄"——四择摄。每一择摄，立摄颂，分论义为多少门，然后分门解经。或一经有二门、三门，或总摄数经为一门，不一定是一经一论相对的。二、经义有些是相同的，所以已经论到过的，后面就略而不谈。这一类有经而没有论，不能说是缺失，或所依经本不同的。三、《瑜伽论》的前三择摄（行、处、缘起食谛界），内容上、次第上，与汉译《杂阿含经》最为符合（当然句义也有少些出入）。第四"菩提分法择摄"，由于经文多而义少，所以论文综合而说，次第上偶有些倒乱。四、在"道品"中，"根"与"力"应该是五根、五力。但《杂阿含经》与《论》，"根"中说到

二十二根，《相应部》的"根相应"也是这样的，这可见在上座部中，早就这样的了。"力"中，广说二力、三力、四力、五力、六力、七力、八力、九力、十力，以增一法而编集种种力，与《相应部》的"力相应"但明信等五力，是非常不同了。"根"与"力"，都超出了菩提分法的范围，这是将有关根与力的教说，都类集在"根"与"力"的相应中了。五、依据论文，"道品"的经文，是有缺失的。如"念住"中，末后有"穗"与"成就"二门①，而经文却没有。接着，《论》明"正断"、"神足"，仅一摄颂，经文也没有。次明"根"：《论》明"安立"中，总明二十二根；次说"所行境"，也不见经文。经卷二六，开始就说："有三根：未知当知根，知根，无知根。"②这是二十二根中末后的三根。经文虽广说信、精进、念、定、慧——五根，却没有说到其他十四根，这显然是有缺失的。考《相应部》的"根相应"，共七品，当然是以信等五根为主的。第三"六根品"，有"女、男、命"——三根；"未知当知、已知、具知"——三根；"眼、耳、鼻、舌、身、意"——六根。第四"乐根品"，明"乐、苦、忧、喜、舍"——五根。总合起来，就是二十二根。尤其是论说"所行境"，明眼等六根领境的差别（修四念住、七觉分，得明解脱），而归于涅槃的无对。这虽然内容广了些，与"根相应"的四二经，意义完全相合③。所以今断定为：《杂阿含经》的"念住"，末后有缺失；"正断"、"神足"全缺；"根"的前

---

① 《瑜伽师地论》卷九八（大正三〇·八六一下——八六二上）。
② 《杂阿含经》卷二六（大正二·一八二上）。
③ 《相应部》（四八）"根相应"（南传一六下·四〇——四一）。《瑜伽师地论》卷九八（大正三〇·八六三中）。

分,也有缺文。"念住"为经的卷二四,"根"为经的卷二六,中间所缺的,应为《杂阿含经》卷二五①。由于经文佚失,或者以《无忧王譬喻》的一部分来代替。六、论文的抉择经义,有的(或有摄颂,或没有摄颂)长篇论义,没有《杂阿含经》文可以比对。但经审细的探究,这不是现存的《杂阿含经》有所遗落,而是这些论义,是抉择其他的阿含经义,主要是《中阿含经》(说一切有部诵本)。《瑜伽师地论·摄事分》依《杂阿含经》次第抉择经义,这是无可怀疑的。论文先立嗢拖南颂(摄颂),然后依颂所列举的项目,一一抉择。这些"修多罗相应"所没有的论义,少数的不在摄颂以内,可说是附义,附带地论及,而多数却是摄颂所固有的。抉择《杂阿含经》的论义,而包含了《杂含》以外的经义,这是值得重视的(下文会讨论到这一问题)! 现在,把"修多罗相应"以外的论义所依据的经典,列举如下。凡摄颂所固有的,加颂目("")于上。

《论》卷八七:

　　《长含》(二一)《梵动经》②

《论》卷八八:

　　"业":《中含》(一七一)《分别大业经》

---

① 拙作《原始佛教圣典之集成》,对于"道品"的缺失部分,推定为卷二三、卷二五——两卷(六六五,本版五三七——五三八),今改正为卷二五——一卷;《杂阿含经》缺失的另一卷,应为原译本卷二二,如下"如来所说"中说。

② 《长阿含经》(二一)《梵动经》,为法藏部诵本。赤铜鍱部所诵,为《长部》(一)《梵网经》。说一切有部也名为《梵网经》,但没有译出。依论义抉择,还论到《中部》(一〇二)《五三经》。在说一切有部,《五三经》应属于《长阿含》(《原始佛教圣典之集成》七二一,本版五七九——五八〇)。

　　　　《中含》"业相应品"第二

　　　　《中含》(一二)《和破经》

　　　　《中含》(一三)《度经》

　　　　《中含》(一九)《尼乾经》

《论》卷九〇：

　　"三空性"：《中含》(一九〇)《小空经》

　　　　　　《中含》(一九二)《大空经》

《论》卷九二：

　　"师弟二圆满"：《中含》(一六三)《分别六处经》

　　　　　　　　《中含》(一六九)《拘楼瘦无诤经》

《论》卷九三：

　　"甚深"：《中含》(九七)《大因经》

《论》卷九四：

　　"解"：《中含》(二三)《智经》

　　　　《中含》(九)《七车经》

《论》卷九五：

　　"如理"：《中含》(一〇)《漏尽经》

　　"摄"：《中含》(三〇)《象迹喻经》

　　"集谛"：《杂含》(大正)九八四经

《论》卷九六：

　　《杂含》(大正)九六九经

　　"愚夫"：《中含》(一八一)《多界经》

　　"问记"：《中含》(一一九)《说处经》

　　　　　《中含》(一二二)《成就戒经》

《论》九七：

"沙门"：《中含》（一〇三）《师子吼经》

"沙门义"：《中含》（一六二）《分别六界经》

"喜乐"：《中含》（一）《善法经》

"一切法"：《中含》（一一三）《诸法本经》

"梵行"：《中含》（一一一）《达梵行经》

"数取趣"：《中含》（一一二）《阿奴波经》

"超"：《杂含》（大正）一〇四二·一〇四三经

"二染"：《中含》（七五）《净不动道经》

依《杂阿含经》"修多罗相应"的次第，抉择"事相应教"的《瑜伽论·摄事分》，包含了二十部以上的《中阿含经》；这些经，在赤铜鍱部的巴利藏中，有些是编入《增支部》的。《摄事分》又引用了"修多罗相应"以外的《杂阿含经》，如（《大正藏》编号）九六九经，与巴利《中部》（七四）《长爪经》相当。一〇四二、一〇四三经，与《中部》（四一）《萨罗村婆罗门经》（四二）《毗兰若村婆罗门经》相当。九八四经，就是《增支部》"四集"一九九经。《摄事分》所引用的"修多罗相应"以外的《杂阿含经》，都属于"如来所说"。《摄事分》的抉择经义，包容了"修多罗相应"以外的经典，确是值得注意的问题！

四　祇夜——有偈部分（二）

《杂阿含经》的有偈部分，是古代"祇夜"的实存部类，试为解说。九分（十二分）教中，"修多罗"与"祇夜"，在不同部派的传述中,始终不移地位列第一、第二,不是其他分教次第不定可比的,这是应该注意的问题!修多罗(sūtra,sutta),意译为经、契经,所以《杂阿含经》——《相应阿含经》,全部都可以称为"相应修多罗"。上文说到,《瑜伽论》在解说十二分教时,修多罗与偈颂相对,被局限于长行直说①。因此想到了,《杂阿含经》的有偈部分,与《相应部》的"有偈篇"(Sagātha-vagga)相当,觉音是解说为祇夜的②。《杂阿含经》的蕴、处等相应部分,是原始的"相应修多罗"。如初期的阿毗达磨——说一切有部的《法蕴足论》、赤铜鍱部的《分别论》、分别说系的《舍利弗阿毗昙》,分别的论题,就不外乎这些相应③。这样,《杂阿含经》的有偈部分,可能就是早期的祇夜!《瑜伽师地论》"思所成地"说:"天!我如如舍劬劳,如是如是无减劣。如是广说鲜白品,此中祇焰颂应知!"④天问渡瀑流,佛说此祇焰颂,《瑜伽论》给以抉择。此经,见于《相应部》"有偈篇"、《杂阿含经》有偈部分⑤,虽文句不同,而意义一致。这可见《杂阿含经》的有偈部分,《瑜伽论》确是称为祇焰——祇夜的。

祇夜(geya,geyya),从字义来说,不外乎歌咏的意思。然在九分或十二分教中,与同为偈颂体的伽陀(gāthā)、优陀那(udāna),到底有什么差别?一般译祇夜为应颂、重颂,指长行

---

① 《瑜伽师地论》卷二五(大正三〇・四一八中——下)。
② 《一切善见律注序》(南传六五・三八)。
③ 拙作《说一切有部为主的论书与论师之研究》(七〇——七一,本版五九——六〇)。
④ 《瑜伽师地论》卷一八(大正三〇・三七八上)。
⑤ 《杂阿含经》卷四八(大正二・三四八中)。《相应部》"诸天相应"(南传一二・一——二)。

说明后,再以偈颂来说明,使意义更为明显的部类,但这不是祇夜的原始意义。如《阿毗达磨大毗婆沙论》卷一二六(大正二七·六五九下)说:

"应颂云何?谓诸经中,依前散说契经文句,后结为颂而讽诵之,即结集文、结集品等。"

"如世尊告苾刍众言:我说知见能尽诸漏,若无知见能尽漏者,无有是处。世尊散说此文句已,复结为颂而讽诵言:有知见尽漏,无知见不然;达蕴生灭时,心解脱烦恼。"

《大毗婆沙论》,集成于西元二世纪,在有关(九或)十二分教解说的现在圣典中,这是比较早出的一部。论文分为二段:一、"依前散说契经文句,后结为颂而讽诵之",是说明体裁。"即结集文、结集品等",是指明部类。二、"如世尊言"以下,又举例以说明先长行而后重颂,与一般所说的"重颂"相合,但不是"结集文"、"结集品"的原义,是一般后起的解说。《大智度论》说:"诸经中偈名祇夜。……亦名祇夜,亦名伽陀。"①这是泛说,不能明了祇夜的特殊意义。西元三、四世纪间所造的《成实论》卷一(大正三二·二四四下·二四五上)说:

"祇夜者,以偈颂修多罗。"

"第二部说(名)祇夜,祇夜名偈。偈有二种:一名伽陀,一名路伽。路伽有二种:一顺烦恼,二不顺烦恼。不顺烦恼者,祇夜中说。是名伽陀。"

《成实论》初解"祇夜"为重颂。在解说伽陀时,又说到"祇

---

① 《大智度论》卷三三(大正二五·三〇六下——三〇七上)。

夜名偈",以及"祇夜"的特殊意义。依《论》说,分别如下:

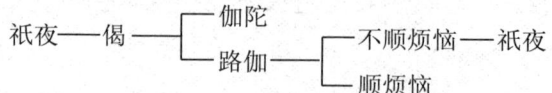

"祇夜"是一切偈颂的通名,又有特殊的祇夜。依《论》说:偈有伽陀与路伽的分别。伽陀是宣说佛法的偈颂,路伽是世间的偈颂,路伽(loka)是世间的意思。世间的偈颂,有顺烦恼的(海淫、海盗的诗歌);有不顺烦恼的,世间偈颂而不会引起烦恼的,就是"祇夜"。《成实论》虽作这样的分别,但对分教的"祇夜"来说,意义还是不明了,应从"结集文"、"结集品"去研究解决。《瑜伽论·摄事分》有关于《杂阿笈摩》内容的说明,提到了"结集品"。《论》文有先后二段,次第说明,现分列为左右,以便作对照的研究。如《论》卷八五(大正三〇·七七二下)说:

杂阿笈摩者,谓于是中,世尊观待彼彼所化,宣说:	
	当知如是一切相应,略由三相。何等为三?一是能说,二是所说,三是所为说。
如来及诸弟子所说相应。	若如来、若如来弟子,是能说,如弟子所说佛所说分。
蕴,界,处相应;缘起,食,谛相应;念住,正断,神足,根,力,觉支,道支,入出息念,学,证净等相应。	若所了知,若能了知,是所说,如五取蕴,六处,因缘相应分,及道品分。
又依八众,说众相应。	若诸苾刍,天,魔等众,是所为说,如结集品。

后结集者,为令圣教久住,结嗢拕
南颂,随其所应,次第安布。

依此对比,从先后的多少差别中,可以了解早期"祇夜"的意义。"后结集者,为令圣教久住,结嗢拕南颂",结成的嗢拕南颂,不是别的,正是古代集经者的摄颂。如《分别功德论》说:"撰三藏讫,录十经为一偈。所以尔者,为将来诵习者,惧其忘误,见名忆本,思惟自寤。"①结经为偈,在十经后,也有总列在最后,终于自成部类的②。原始结集,无论是"法"——相应修多罗,是"律"——波罗提木叉,都是长行散说,名为修多罗。摄十经为一偈,就是名为祇夜的"结集文",这是便于记诵的,世俗共有(而不顺烦恼)的结颂法。《论》文次后又说:"若诸苾刍,天,魔等众,是所为说,如结集品。"论内容,就是先说的,"又依八众说众相应",但别有部类的"结集品",是《杂阿含经》的"众相应"——"八众诵",与《相应部》的"有偈篇"相当,与先说"为令圣教久住,结嗢拕南颂",是不同的。这就是《大毗婆沙论》所说,"祇夜"有"结集文"与"结集品"的差别。以"结集文"与"结集品"为"祇夜",为传承中的又一古义,得《瑜伽论》而充分明了出来。最初结集"相应修多罗"时,是长行直说;附以摄颂,名为"祇夜",是初二分教的本义。其次集成有偈颂的"八众诵",也就名为"祇夜",成为《杂阿含经》的又一部分③。

名为"结集品"的"祇夜",是《杂阿含经》三大部分之一,在

---

① 《分别功德论》卷一(大正二五·三二中)。
② 结偈而别为部类的,如《根本说一切有部毗奈耶颂》。
③ 参阅拙作《原始佛教圣典之集成》第八章第二节第二项。

现存本中,次第也是有错乱的,好在有《别译杂阿含经》可以比对。《别译》前十二卷及卷二十,与《杂阿含经》的"八众诵"相当,摄颂多数保存,便于整理,所以近代学者,都依《别译》二十卷本,比对出《杂阿含经》"八众诵"的次第①。"八众诵"——"祇夜"的次第,现存本有四卷的错乱,《杂阿含经》原译本的次第,应该是:

卷三八・卷三九・卷四〇・卷四六・卷四二・卷四・卷四四・卷四五・卷三六・卷二二・卷四八・卷四九・卷五〇

五　记说——如来所说・弟子所说(三)

"记说",为九分(或十二分)教的第三分,我在《原始佛教圣典之集成》已有过广泛的论列②,这里择要(与《杂阿含经》有关的)加以叙述。Vyākaraṇa,Veyyākaraṇa,意译为分别、记别、记说等,大乘佛教着重于授记,所以被译为授记。在十二分教中,记说的解说,如《阿毗达磨大毗婆沙论》卷一二六(大正二七・六五九下——六六〇上)说:

"记说云何？谓诸经中,诸弟子问,如来记说；或如来问,弟子记说；或弟子问,弟子记说；化诸天等,问记亦然。

---

① 吕澂《杂阿含经刊定记》(《内学》第一辑——〇———一三)。前田惠学《原始佛教圣典之成立史研究》(六五四——六五五)。拙作《原始佛教圣典之集成》第九章第一节第三项。

② 拙作《原始佛教圣典之集成》第八章第三节第一项。

若诸经中,四种问记,若记所证所生处等。"

《大毗婆沙论》的解说"记说",先约问答的人说,举如来、弟子、诸天。"如来记说"、"弟子记说"(还有"诸天记说"),不正是《瑜伽论》所说的"如来所(记)说"、"弟子所(记)说"吗?次约问答的法说,是"四种问记","所证所生处等"。"四种问记"——一向记、分别记、反诘记、舍置记,可说是一切问答的方式。但"四种问记"重于法义的分别,是初期佛教因法义分别的发达,而归纳问答分别为四类的。如第四舍置记,或作无记,无记是不予解答,无可奉告。《杂阿含经》中,与婆蹉种出家、外道出家所作的问答,都是"无记"①。《相应部》的"犊子种姓相应"、"无始相应",与此相当;这是"记说"中的无记部类,为"如来所说"的一部分。在法义分别以外,"记说"又着重于三乘圣者的"所证",如预流与阿罗汉果的记说;以及佛弟子的"所生",死了以后的未来生处。可见在法义问答分别以外,更有对于深秘的事理,作明显的、决了(无疑)说的特性。所证与所生的"记说",在《杂阿含经》中,如记富兰那兄弟同得一来果,同生兜率天②,百手释氏得须陀洹果的记说③,都见于"如来所说"部分。"相应修多罗"末——"不坏净相应"中,广记比丘等四众弟子,及那梨迦聚落在家弟子的所证与所生,也是

---

① 《杂阿含经》卷三四——三五(大正二·二四四上——二五〇上)。

② 《杂阿含经》卷三五(大正二·二五七中——下)。《增支部》"六集"(南传二〇·九三)。

③ 《杂阿含经》卷三三(大正二·二三九下——二四〇中)。《相应部》"预流相应"(南传一六下·二六六——二七〇)。

"记说"①。除佛弟子的"记说"以外,《相应部》中更多见"记说"的实存部类。如"勒叉那相应",目犍连记说夜叉鬼的形状,由佛记说其前生的恶业②,这是"弟子所说"。如"龙相应"共"四十记别",说四生龙的业报③。据此体例,那么"乾闼婆相应"、"金翅鸟相应"、"云(天)相应",也应该是"记说"(乾闼婆、金翅鸟、龙相应,《杂阿含经》缺)。"禅定相应",末结为"五十五记别"④。"见相应"初章,为"预流品十八记别"⑤。这些,在《杂阿含经》中,都是属于"如来所说"的。依此可见,《杂阿含经》的第三部分——"如来所说"、"弟子所说",是九分(十二分)教中,早期"记说"的实存部类。

《瑜伽师地论》对"记说"的解说,如卷二五(大正三〇·四一八下)说:

"云何记别?谓于是中,记别弟子命过已后当生等事。"

"或复宣说未了义经,是名应颂。云何记别?……或复宣说已了义经。"

瑜伽系论典,以显了分别、记别未来——二义,解说十二分

---

① 《杂阿含经》卷三〇(大正二·二一七上——下)。《相应部》"预流相应"(南传一六下·二四〇——二四五)。
② 《相应部》"勒叉那相应"(南传一三·三七七——三八七)。《杂阿含经》卷一九(大正二·一三五上——一三九上)。
③ 《相应部》"龙相应"(南传一四·三九七)。
④ 《相应部》"禅定相应"(南传一四·四五六)。《杂阿含经》卷三一(大正二·二二二下——二二三中)。
⑤ 《相应部》"见相应"(南传一四·三四六)。

教的"记说"。记别弟子未来当生等事，与《大毗婆沙论》的"所证所生"相同。显了分别，表示"记别"是了义经，这是对"祇夜"（应颂）是不了义经而说的，所以"记说"是偈颂的广分别说。这一意义，《杂阿含经》是充分证明了的。由于不了解偈义而广为分别的，《杂阿含经》中，有属于"波罗延耶"的，如答"波罗延耶阿逸多所问"①、"答波罗延富邻尼迦所问"②、"答波罗延忧陀耶所问"③、"波罗延低舍弥德勒所问"④。有属于"义品"的，如"义品答摩揵提所问"⑤。有属于"优陀那"的，如"法无有吾我"偈⑥、"枝青以白覆"偈⑦。有属于（祇夜）"八众诵"的，如"答僧耆多童女所问偈"⑧。这些偈颂，《杂阿含经》明白地说："我于此有余说答波罗延富邻尼迦所问"；"我于此有余说答波罗延忧陀耶所问"；"我为波罗延低舍弥德勒有余经说"⑨。"有余说"即不了义说。"波罗延"——《小部·经集》第五品，纯以偈

---

① 《杂阿含经》卷一四（大正二·九五中）。《相应部》"因缘相应"（南传一三·六七——七一）。

② 《杂阿含经》卷三五（大正二·二五五下）。《增支部》"三集"（南传一七·二一六）。

③ 《杂阿含经》卷三五（大正二·二五六上）。《增支部》"三集"（南传一七·二一七）。

④ 《杂阿含经》卷四三（大正二·三一〇中）。《增支部》"六集"（南传二〇·一五八——一六一）。

⑤ 《杂阿含经》卷二〇（大正二·一四四中——下）。《相应部》"蕴相应"（南传一四·一三——一四）。

⑥ 《杂阿含经》卷三（大正二·一六下）。《相应部》"蕴相应"（南传一四·八七）。

⑦ 《杂阿含经》卷二一（大正二·一四九中）。

⑧ 《杂阿含经》卷二〇（大正二·一四三上——中）。《增支部》"十集"（南传二二上·二七〇——二七一）。

⑨ 同上②③④。

颂说法，偈颂为有余说，与《瑜伽论》说完全相合。"祇夜"，起初是用为偈颂的通称。偈颂，每为文句音韵所限，又多象征、感兴、夸张的成分。法义过于含浑，如专凭偈颂，是难以理解法义的。"祇夜"（偈颂）是不了义说，是说一切有部所传的古义。所以说一切有部以四阿含为"经藏"，不取多数是偈颂的《小部》，而称之为（经藏以外的）"杂藏"。《大毗婆沙论》评法善现（即马鸣）的作品说："夫造文颂，或增或减，不必如义"①；说"达罗达多是文颂者，言多过实"②，都是秉承了偈颂是不了义的原则。

原始结集的，是精简的长行直说，依文体而名为"修多罗"，依类纂集，所以名为"相应"。原始的"修多罗"（相应），相当于蕴；处；缘起、食、谛、界；念住等道品。佛说长行是"修多罗"，为了记忆，又结经为摄颂——"结集文"，而有偈颂的"祇夜"：这是原始二部成立的过程。不过，新的经说，还在佛教界不断地传出。在文体上，有长行的，也有偈颂的。有偈的一部分，比附于"结集文"，而成为"结集品"的"祇夜"。在内容上，有如来记说的，有弟子记说的，有诸天记说的。这些，多有显了分别法义，说明深秘事理的特性，这就是"记说"——"如来记说"、"弟子记说"、"诸天记说"了。"诸天记说"部分，是适应印度一般的神教信仰而传出的通俗教化，都是有偈颂的，与"弟子所说"的有偈部分相合，称为八"众相应"，属于"祇夜"，于是"记说"只有"如来所说"、"弟子所说"了。现存的《别译杂阿含经》，分为"初诵"与"二诵"。"初诵"及"二诵"末卷，是"众相应"的"祇夜"；

---

① 《阿毗达磨大毗婆沙论》卷一七二（大正二七·八六六中）。
② 《阿毗达磨大毗婆沙论》卷六九（大正二七·三五八中）。

"二诵"长行,是"如来所说"。从末卷又有偈颂来说,全经体例不一致;是否到此已是足本,或者译文、传写已有所遗落。但可以肯定的,"祇夜"与"记说"——"如来记说"、"弟子记说",曾集成一类而别行,这就是"少分阿含"。但"祇夜"早与"修多罗"相联合,"记说"也附于"修多罗",终于综合为大部——《杂(相应)阿含》。《杂阿含经》也就包含了"修多罗"、"祇夜"、"记说"——三部分。

《杂阿含经》中,属于"如来所说"、"弟子所说"的,共十五卷,是附于"五阴诵"、"杂因诵"、"道品诵"以下的。其中,佚失了一卷,次第也有错乱,推定原译本次第如下:

"五阴诵":卷六・卷七

"杂因诵":卷一八・卷一九・卷二〇・卷二一・卷二二(佚失)・卷二三(误作卷三一)

"道品诵":卷三一(误作四一)・卷三二・卷三三・卷三四・卷三五・卷三六(误作四七)・卷三七

卷三一(为卷二三之误)初,说兜率天、化乐天、他化自在天——三经。接着说:"如佛说六经,如是异比丘问六经,佛问诸比丘六经,亦如是说。"①可见在此卷以前,还有说四王天、忉利天、夜摩天——共六经,但三经已佚失了。此卷以前所缺失的,不只三经,而应该是一卷。现存本五十卷,除去《无忧王譬喻》,实际佚失了二卷。上面说到:卷二四与卷二六之间,内容

---

① 《杂阿含经》卷三一(大正二・二一九中)。

是"念住"末,"正断","神足","根"初,"道品诵"佚失了这一卷。另一卷,就是这六欲天中四王天等三经那一卷了。比对《相应部》,与六欲天相近的,如"龙相应"、"乾闼婆相应"、"金翅鸟相应",《杂阿含经》没有这部分,可能佚失的就是这些。在实存的十四卷中,卷一八到卷二一——四卷,宋译本已别立为"弟子所说诵品"。

六 修多罗——阿含——四部(阿含)

原始佛教圣典的集成,从"修多罗"到四部阿含的分别编集,是经过先后多阶段的。起初,集成"阴"、"入处"、"因缘"、"道品",以精简的散文集出,名为"修多罗";分类编次,名为"相应教"。次集出的有偈的,名为"祇夜",保留在"相应教"中的,是"八众相应",为适应印度社会所成的通俗教化。八众中,天四众是:梵,魔,帝释(忉利天),四王天(天子、天女、夜叉、林神,多数属于四王天),代表印度一般的宗教信教对象;人四众是:婆罗门,刹利,长者,沙门,本于印度社会四阶级。佛法主张四姓平等,所以不立低贱的首陀罗,而代以一无所有的出家沙门。居士,是吠奢姓中的富有者。"祇夜"是可以通称一切偈颂的,由于有偈的"众相应"名为"祇夜",于是传诵中的其他偈颂,或名"伽陀",或名"优陀那"(如《法句》)。"义品"、"波罗延耶",大抵是在这一机运中成立的。经说是不断传出的,或是不了义偈颂的解说,或是法义的问答分别,或是深秘事理的决了:集成了"弟子所说"与"如来所说"——"记说"。"记说"的集出,比"祇夜"要迟一些。从《杂阿含经》与《相应部》的组织,知道"祇夜"别立,而"记说"是附于"修多罗"四品——"阴"、"入处"、"因缘"、"道品"以下的。以上所说,是前来所说的结论。

"记说",是附于"修多罗"(四品)以下的。在传诵中,文句渐长、法义与事缘相结合的"记说",也不免掺杂到"修多罗"中去。以"阴相应"为例来说,《杂阿含经》共十四(摄)颂。初四颂,一一·一三颂,文句比较简要。七至一〇颂·一二颂,文句长些,但仍是法义的开示。而五颂(是弟子所说)·六颂及一四颂,不但文段长,还参合了事缘与譬喻。就在这长篇中,如《大正》二六二经,是佛涅槃以后,阿难以《化迦旃延经》来教化阐陀,传说是结集以后的事。又如《大正》五八经,对五阴作十门问答。依"摄颂"是"十问";《摄事分》称为"问记"①,这是问答论究的"记说"。十门问记,赤铜鍱部又编为《中部》(一〇九)《满月大经》,觉音判为九分教的(与"方广"相当的)"毗陀罗"。《杂阿含经》与《相应部》都有此二经,可见是上座部诵本如此,也表示了"如来记说"与"弟子记说",早已掺入到"修多罗"中。

经是不断集出来的,如《赤铜鍱律》"自恣揵度"说:"自恣日,比丘等说法,诵经者集经,持律者抉择律。"②又《经分别》说:"比丘中之诵经者,相互诵经,彼等共住一处。"③古代不用文字记录,所以集出的经由诵经者诵持不忘而传下来的。不但诵习

---

① 《杂阿含经》卷五(大正二·三七中)。《瑜伽师地论》卷八八(大正三〇·七九七中)。
② 《铜鍱律·大品》(南传三·二九八)。
③ 《铜鍱律·经分别》(南传一·二六八)。

已集出的经,在每年自恣日,诵经者与诵经者还要共同审定(结集)新传出的经。不断传出的经,或说"从佛"听来的,或说"和合众僧多闻耆旧"(上座)处得来的,或说"众多比丘"处听来的,或说从"一比丘"听来的。种种传出的经,要诵经者来结集(共同审定,编成次第)。审定传出的是否佛法,准则是"修多罗相应,不越毗尼",就是法义要与原始集出的"修多罗"相契合,能调伏烦恼而不违毗尼的。这样的集出,被称为"四大广说",是一切部派所共传的古说①。多方面的不断传出,审定为是佛法的,比附于"修多罗",这是称经为"阿含"的原始意义。如《善见律毗婆沙》卷一(大正二四·六七七上)说:

"容受聚集义,名阿含,如修多罗说:佛告诸比丘!我于三界中,不见一阿含如畜生阿含,纯是众生聚集处也。"

畜生阿含,就是畜生趣,趣是容受聚集的意义。晋道安解阿含为"秦言趣无"②;僧肇说:"秦言法归,……譬彼巨海,百川所归,故以法归为名"③,与觉音所说有相同的意趣。集出而会归于一处,形成一切经法的总汇,名为阿含(那时还没有用文字记录,所以还不会称为箧藏——容器的藏)。这里,要肯定地指出:原始结集"相应修多罗",以后集出的是"祇夜"、"记说",也泛称"修多罗"、"相应教"(为根本的相应阿含)。不断地传出、集出,到别编为四阿含时,以"修多罗"为根本而成经说总集的

---

① 拙作《原始佛教圣典之集成》(二二——二四,本版一九——二二)。
② 《出三藏记集》卷九(大正五五·六四下)。
③ 《出三藏记集》卷九(大正五五·六三中——下)。

"相应阿含",部类已非常众多,更有未结集的要结集,内容太广大,于是有第二结集,分经为四部——四阿含。《瑜伽师地论·摄事分》说:"即彼相应教,更以余相……而说",成为《长》、《中》、《增一》①。"相应教",虽与"修多罗相应",不外乎蕴、处等相应,但内容大大地增广了!四阿含的别编,是从经法总集的"相应教"中分出一部分,更新集出一部分,分编而成。所以,《杂(相应)阿含》是四部阿含的母体。

《瑜伽论·摄事分》所抉择的经义,是《杂阿含经》的"修多罗"部分,但有些却是现存《杂阿含经》所没有的。如上"修多罗与摩呾理迦",举出了二十余部经。《摄事分》摄颂所没有的,不妨说是造论者所附入的,但摄颂所有的,应该说是"修多罗"所固有,曾属于《杂(相应)阿含》的。摄颂明白说到的,有《大空》等二十一经。这二十一经,十八经后来编入《中阿含经》,三经存在于《杂阿含经》"如来所说"中;与巴利藏对比如下:

《中阿含经》	(一九〇)《小空经》	《中部》	(一二一)《空小经》
	(一九一)《大空经》		(一二二)《空大经》
	(一六三)《分别六处经》		(一三七)《六处分别经》
	(一六九)《拘楼瘦无诤经》		(一三九)《无诤分别经》
	(三〇)《象迹喻经》		(二八)《象迹喻大经》
	(一八一)《多界经》		(一一五)《多界经》
	(一〇三)《师子吼经》		(一一一)《师子吼小经》
	(一六二)《分别六界经》		(一四〇)《界分别经》

---

① 《瑜伽师地论》卷八五(大正三〇·七七二下)。

《中阿含经》	（七五）《净不动道经》	《中部》	（一〇六）《不动利益经》
	（九七）《大因经》	《长部》	（一五）《大缘经》
	（二三）《智经》	《相应部》	（一二）《因缘相应》三二经
	（一〇）《漏尽经》	《增支部》	"六集"五八经
	（一一九）《说处经》		"三集"六七经
	（一二二）《成就戒经》		"五集"一六六经
	（一）《善法经》		"七集"六四经
	（一一三）《诸法本经》		"十集"五八经
	（一一一）《达梵行经》		"六集"六三经
	（一一二）《阿奴波经》		"六集"六二经
《杂阿含经》	《大正》一〇四二经	《中部》	（四一）《萨罗村婆罗门经》
	《大正》一〇四三经		（四二）《毗兰若村婆罗门经》
	《大正》九八四经	《增支部》	"四集"一九九经

上面的叙述，为了要说明结集史上的一个事实。主张三世实有的说一切有部，有重经的持经譬喻者、重论的阿毗达磨论者——二系。《大毗婆沙论》集成以后，持经者反抗论师，放弃三世有而改取现在有（二世无）说，发展为经部譬喻师。说一切有部的阿毗达磨论师，与经部有着古老的渊源，仍有共同的部分。在彼此相互辩论时，说到了结集的"总颂"的存在，如《阿毗达磨顺正理论》卷四（大正二九·三五二下）说：

"彼（经部）不许有如是契经（《顺别处经》）。（有部以为)不应不许,入结集故;又不违害诸余契经;亦不违理:故应成量。

彼(经部)谓此经非入结集,越总颂故。如说:制造顺别处经,立为异品。

(有部反难)若尔,便应弃舍一切违自部执圣教契经!如说:制造二种空经,立为异品,亦越总颂。如是等类,互相非拨。"

说一切有部以为:《顺别处经》是"入结集"的,与其他的契经并没有违害("修多罗相应"),也没有违反正理("不违法性")。但经部以为:这部经"非入结集",理由是"越总颂故"①。古代的结集,是审定而又次第类编,为了忆持不忘,所以编有"总颂",大抵摄十经为一颂。因此,从"总颂"有没有说到,可以断定当初结集时,有没有这一契经。有部以为《顺别处经》是入结集的;经部以为不入结集,只是"立为异品"。"异品",是在一颂中,或一颂与一颂间,附于"总颂"而成为"异品"。附入摄颂的,如《杂事》的"内摄颂",就是附于"总颂"的实例。这不是旧有的,但时代久远了,附于"总颂"的,可能被认为是"总颂"所有的,于是乎有"入结集"与"不入结集"的论诤(可见"总颂"也有多少差异了)。对于经部的意见,有部采取了反难;如依经部的见解,那与经部教义不合的契经,都可说不是"总颂"所有,而可以否认了。例如"二种空经",也是"立为异品",也是"越总颂"

---

① 原始结集时,摄十经为一颂,称为"祇夜"。后来,集经的偈颂,偈颂的类集,被称为优陀那——嗢拕南,这是北方佛教优陀那的习惯用法。

的。二种空经,就是《小空经》与《大空经》;说一切有系公认的"总颂"是没有这二经的,但是附于"总颂"的"异品"。从这一论诤中,发见了这样的事实:结集的契经,有"总颂",也有附于"总颂"的"异品"。《瑜伽论·摄事分》抉择《杂阿含经》的"六处相应"时,恰好有《大空经》与《小空经》的论义。在后来,这二种空经,有部编入《中阿含经》(赤铜鍱部也编入《中部》),然在"相应修多罗"中,这二种空经是附于"处相应"(总颂)的"异品"。以二种空经为例,《摄事分》摄颂所有的其余十九经,也应该如此,曾经是附属于《杂阿含经》的,其中三经,一直保留在《杂阿含经》的"如来记说"中。以"修多罗"为本,附于"祇夜"、"记说"。不断地结集出来,不断地附属于下,内容比现存的《杂阿含经》还多,成为经说的总集——阿含(聚集含容);从"总颂"与"异品"中,可以明确地理解出来①。

"相应教"——含容了"祇夜"与"记说"的"相应教",在一次多众的共同结集(传为七百结集)中,以"相应教"为本,广集流传于"相应教"外的"波利夜耶"等,别编为四部阿含。当时,《中阿含》约一百经;《长阿含》约二十经;《增一(或作"增支")阿含》传说为五百五十五经②。等到部派分化,各为自部(四部阿含)的结集,如《大因经》(摩诃尼陀那)等十部,说一切有部编入《中阿含》,而分别说系却编入《长(部)阿含》,于是部派间的

---

① 《摄事分》有《中阿含》及"如来记说"的论义,从前以为:说一切有系重视《中阿含》,所以《杂阿含经》为主,《中阿含经》为助,加以抉择,奠定佛法的思想宗要"(《原始佛教圣典之集成》六六四,本版五三七),自"总颂"与"异品"的发见,改变了上一看法,理解为:《大空经》等,原本是附于"修多罗"总集的"异品"。

② 《大正藏·增一阿含经》校记(大正二·八三○)。

四部阿含,出入更增大了!四部阿含的集成,我在《原始佛教圣典之集成》中已有所论说①。现在想再一提的,一、汉译的《增一阿含经》决非说一切有部的诵本。有部的《增一》,"今唯有一乃至十在"②,是没有十一法的。"萨婆多(说一切有)家无序"③,而汉译《增一阿含经》是有序的。《杂阿含经》说:"郁低迦修多罗,如增一阿含经四法中说。"④《成唯识论》说:"说一切有部增一经中,亦密意说此名阿赖耶,谓爱阿赖耶,乐阿赖耶,欣阿赖耶,喜阿赖耶";《摄大乘论》称此为《如来出现四德经》⑤。汉译的《增一阿含经》,并没有这二经。所以这不是有部诵本,而是大众部末派流传于北方的契经。二、《杂阿含经》所有的经,编入赤铜鍱部《中部》(除与《中阿含经》相同外)的,共二十四经;编入《增支部》的,约一四〇经。这是从"修多罗"总集中,被编入别部,而决非《杂阿含经》取之于他经的。《增支部》是经赤铜鍱部扩大编纂所成的,如《杂阿含经》的《诜陀迦旃延经》,在《增支部》的"十集"、"十一集"中,虽主体相同,而事缘与解说,已演化为十经了⑥。三、分别说系,尤其是赤铜鍱部,是重视偈颂的,所以《相应部》以"有偈篇"为首;说经藏有五部。《小部·经集》中的"波罗延那"、"义品"受到佛法传入南方的影响;

---

① 拙作《原始佛教圣典之集成》第十章。
② 《阿毗达磨大毗婆沙论》卷一六(大正二七·七九中)。
③ 《分别功德论》卷二(大正二五·三四中)。
④ 《杂阿含经》卷二(大正二·一二下)。
⑤ 《成唯识论》卷三(大正三一·一五上)。《摄大乘论本》卷上(大正三一·一三四上)。
⑥ 拙作《初期大乘佛教之起源与开展》(二七八——二八四,本版二三九——二四五)。

分别说系正是以（南方）邬阇衍为中心而开展的部派。"蛇品"、"小品"、"大品"，从《杂（相应）阿含经》"八众诵"中编集过去的，共八经；部分相同的，有七经①：这是集成于四部阿含成立以后的。或者以为：佛法的集成，先有偈颂而后有长行②，这不但违反了九分（十二分）教中"修多罗"在先的事实，也忽视了偈颂（特别是"八众诵"——"有偈篇"）的通俗性，与原始佛教以出家众为主体的特性！

依"相应教"而别编为《长》、《中》、《增一》。"相应教"有三分，"修多罗"、"祇夜"与"记说"——"弟子所说"、"如来所说"；三分是以"修多罗相应"为根源的。这是说一切有系的古说，依此去观察四部阿含，觉得非常的妥当。这不但是为了结集史的阐明，而更重要的是，确认修多罗为佛法的胜义所在。

七 《杂阿含经》的次第与部类

宋译《杂阿含经》，是四部阿含别编以后的，经过部派重治的《杂阿含经》。次第与部类分别，没有完整的梵本可考。宋求那跋陀罗的原译本，对于全经部类仅有不完全的记录，如经上说到："诵六入处品第二"，"杂因诵第三品"，"弟子所说诵第四品"，"诵道品第五"。依《瑜伽论·摄事分》，可以推见《杂含》的前五卷，应为"五阴诵第一品"。诵品的记录不完全，又误编《无忧王譬喻》在内，卷次又有些错乱，所以一向以为杂乱而没

---

① 拙作《原始佛教圣典之集成》（八二七——八二八，本版六六〇——六六一）。
② 参阅拙作《原始佛教圣典之集成》第一章第四节第二项。

有次第的。近代的整理《杂阿含经》，首推日本的姉崎正治。在他发表《汉译（佛教）四阿含》(The Four Buddhist Agamas in Chinese) 一文中，以为《杂阿含经》（除《无忧王譬喻》二卷）应分为八诵六十三部：一、五蕴诵，八部；二、六入诵，一部；三、杂因诵，四部；四、弟子所说诵，六部；五、道诵，二十一部；六、八众诵，四部；七、偈颂诵，十二部；八、如来诵，七部①。日本《国译一切经》中，椎尾辨匡《〔新订〕杂阿含经》(《校订相应阿含》)，分四十八卷为八诵四十六相应：五蕴诵第一，三相应；六入诵第二，一相应；因缘诵第三，四相应；弟子所说诵第四，六相应；道诵第五，九相应；八众诵第六，四相应；偈诵第七，十二相应；如来诵第八，七相应②。八诵四十六相应的分判，大体是依照姉崎正治的分部次第。不过"五蕴诵"中，"大师部"以下六部，椎尾与"见相应"合为一相应。姉崎分卷三一为十三部，而椎尾综合为一——"诸相应"，里面包含了十三种相应③。部类、相应分判的不同，只是这一些而已；这一些，都属于"如来所说"。然从说一切有部的《杂阿含经》来说，这样的分判，是不适合的！如以卷三一为"道诵"所摄，与《瑜伽论·摄事分》不合。"八众"与"偈"，在《瑜伽论》中，显然是同一内容，不应该作为二诵的不同名称。吕澂作《杂阿含经刊定记》，判《杂阿含经》为四分十诵：一、五取蕴六处因缘相应分，六诵；二、佛弟子所说佛所说分，二诵；三、道品分，一诵；四、结集分，一诵。这是依《瑜伽论·本地分》，又符

---

① 见《望月佛教大辞典》（三〇二六中——下）。
② 见《国译一切经》目录。
③ 《国译一切经·杂阿含经》（六四七下注）。

合四分十诵的旧说①,是比较适当的。依此判别,吕澂以为:"此中卷数,旧刊排列无误者,全经五十卷中,仅十二卷而已。"②吕澂以为"如来所说"部分,原本也是次第集在一起的,所以觉得全经次第,旧刊几乎全部都错了。

论定《杂阿含经》的原译本次第,而判别全经的部类,首先应该肯定的,《杂阿含经》是说一切有部的诵本,应依说一切有系的古说来处理。《杂阿含经》为三部分:"修多罗"、"祇夜"、"记说"——"弟子记说"、"如来记说",三部分综合而成的。依《瑜伽师地论》、《根本说一切有部毗奈耶杂事》所说:"众会事"、"众相应"、"结集品"、"伽陀",所指是同一内容,就是有偈颂部分("祇夜"),并一致地列在最后。这是"修多罗"以后,集成"祇夜"的先后次第。姉崎等依《别译杂阿含经》,以(七)"偈诵"、(八)"如来诵"为次第,不知《别译》是别部所诵本,是不适用于说一切有部本的。"弟子所说"、"如来所说"——"记说"部分,《瑜伽论·本地分》与《杂事》,位置在缘起、(食)、谛、(界)相应以后,念住等道品相应以前;《瑜伽论·摄事分》却又列在最前。"弟子所说"、"如来所说"部分,位置并不稳定,表示了《杂阿含经》部类分判的问题所在。求那跋陀罗所译《杂阿含经》,立"弟子所说诵第四品",而"如来所说"部分并没有别立为一诵,却分散在"五阴诵"、"杂因诵"、"道品(菩提分)诵"以下。立"弟子所说诵",而不立"如来所说诵",未免体例不一! 如恢复古说,不立"弟子所说诵",与《杂阿含经》的译本不合;如立

---

① 《杂阿含经刊定记》(《内学》第一辑一〇七——一〇八)。
② 《杂阿含经刊定记》(《内学》第一辑一一六)。

"弟子所说诵",又立"如来所说诵",那经卷的次第前后,要大大地变动(如吕澂那样)了。这真是进退为难的问题!这反映了"弟子所说"、"如来所说",在传诵中位置不一定的情况。"弟子所说"与"如来所说",本来是分散在"修多罗相应"以下的,后来才有别立的倾向(如求那跋陀罗译本,已别立"弟子所说诵")。依说一切有部诵本,探究经典的原始结构,应该是分为五诵,也就是五品的。"修多罗"部分,依《瑜伽论·摄事分》,分为"行"、"处"、"缘起食谛界"、"菩提分法"——四类,这与《杂阿含经》的"五阴诵"、"六入处诵"、"杂因诵"、"道品诵"相合。"修多罗"四诵在前,"祇夜"——"八众诵"在后,共为五诵,也就是五品。至于"记说"——"弟子记说"、"如来记说",是分散而附于"修多罗"之下。这一分类,与《相应部》相同,不过名称与次第的差别而已。对列如下:

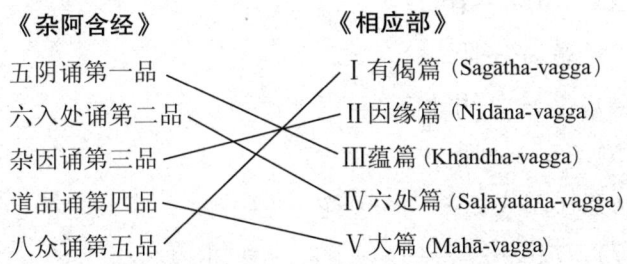

Vagga,向来是译为"品"的;《相应部》日译本作"篇",所以五篇就是五品。"弟子所说"、"如来所说"——"记说"部分,《杂阿含经》分散而附于"五阴诵"、"杂因诵"、"道品诵"以下;《相应部》分散在"因缘篇"、"蕴篇"、"六处篇"、"大篇"以下。《杂阿含经》是说一切有部诵本,《相应部》是赤铜鍱部诵本,二

部同出于根本上座部,所以全经分为五诵(五篇),而"弟子所说"、"如来所说",附列于下,可断定为上座部本的旧有结构。至于五品的次第先后不同,"记说"分附于"修多罗"而出入不同,那是上座部派再分化,重行整治所成的诵本差别。《相应部》分为五篇,五篇共分为五十六相应;称为"相应",是很正确的!说一切有系的传说,也是称为"相应"、"相应语"的;《杂阿含经》就是《相应阿含经》。不过,《杂阿含经》虽本为五诵(五品),而宋译本已别立"弟子所说诵",成为六诵(六品)了。

现在,依汉译现存本的卷帙次第,确定佚失了的卷数,以及次第错乱的改正,而推定原译本的次第,可依五诵而分成多少相应,试叙列如下:

五阴诵第一

(1) 1.——阴(相应)〔一〕

(2) 10.——阴〔二〕

(3) 3.——阴〔三〕

(4) 2.——阴〔四〕

(5) 5.——阴〔五〕

(6) 6.…………罗陀·见〔上〕

(7) 7.…………见〔下〕·断知

六入处诵第二

(8) 8.——处〔一〕

(9) 9.——处〔二〕

(10) 43.——处〔三〕

(11) 11.——处〔四〕

(12)　13.──处〔五〕

　　杂因诵第三

(13)　12.──因缘〔上〕

(14)　14.──因缘〔中〕

(15)　15.──因缘〔下〕·谛〔上〕

(16)　16.──谛〔下〕·界〔上〕

(17)　17.──界〔下〕·受

(18)　18.………舍利弗·目犍连〔上〕

(19)　19.………目犍连〔下〕·阿那律〔上〕

(20)　20.………阿那律〔下〕·大迦旃延·阿难〔上〕

(21)　21.………阿难〔下〕·质多罗

(22)　23.(佚)

(23)　31.………天·修证·入界阴·不坏净〔上〕

　　道品诵第四

(24)　24.──念处〔上〕

(25)　25.(佚)──念处〔下〕·正勤·如意足·根〔上〕

(26)　26.──根〔下〕·力·觉支〔上〕

(27)　27.──觉支〔下〕

(28)　28.──圣道分〔上〕

(29)　29.──圣道分〔下〕·安那般那念·学〔上〕

(30)　30.──学〔下〕·不坏净

(31)　41.………不坏净〔下〕·大迦叶〔上〕

(32)　32.………大迦叶〔下〕·聚落主·马〔上〕

(33)　33.………马〔下〕·摩诃男·无始〔上〕

（34） 34.……………无始〔下〕·婆蹉出家·外道出家〔上〕

（35） 35.……………外道出家〔下〕·杂〔上〕

（36） 47.……………杂〔下〕·譬喻·病〔上〕

（37） 37.……………病〔下〕·业报

八众诵第五

（38） 38.——比丘〔上〕

（39） 39.——比丘〔下〕·魔

（40） 40.——帝释〔上〕

（41） 46.——帝释〔下〕·刹利〔上〕

（42） 42.——刹利〔下〕·婆罗门〔上〕

（43） 4.——婆罗门〔中〕

（44） 44.——婆罗门〔下〕·梵天

（45） 45.——比丘尼·婆耆沙〔上〕

（46） 36.——婆耆沙〔下〕·诸天〔一〕

（47） 22.——诸天〔二〕

（48） 48.——诸天〔三〕

（49） 49.——诸天〔四〕·夜叉〔上〕

（50） 50.——夜叉〔下〕·林

依现存的《杂阿含经》改正次第，就回复了《杂阿含经》原译本的次第。表中左一数目，是回复了的原译本次第；右一数目，是现存本的次第。为了与《相应部》比对观察，所以不立"弟子所说诵"的名目。全经分五诵，共分五十一相应，与近代学者所说有些出入，所以略加说明。"五阴诵第一"，分四相应。"阴相应"是"五阴诵"的主体，共五卷。六、七——二卷中，"罗陀相应"、"见相应",在《相应部》中,也是属于"蕴篇"的。"断知相应"部分,姊崎正治判为"无常"、"燃头"、"成就"——三部;椎尾辨匡综合于"见相应"。然从内容来说,与"见相应"是完全不同的。这部分(《大正》编号一七一——一八七经),包含了无数经在内,然不外乎对无常五阴的"当断,当知,当吐,当尽,当止,当舍,当灭,当没",所以略举而立为"断知相应"。表中的虚线表示是"记说"而附于"修多罗"的。"六入处诵第二",只有主体的"入处相应"——一相应,五卷;没有附属的"记说"。考《相应部》的"六处篇"中,有"阎浮车相应"、"沙门出家相应"、"目犍连相应"、"质多相应",都是属于"弟子所说"的。所以这可能是:宋译本为了集"弟子所说"为一类,将"六入处诵"中所有的"弟子所说"移到下面去,于是"六入处诵"只有一相应了。"杂因诵第三",分为十四相应。"因缘相应"以下,有关于四食的,仅有八经(《大正》三七一——三七八经)。依《瑜伽论》立"食相应";但《杂事》是没有"食相应"的①,《相应部》也不立。食是滋养持续生命的因缘,《相应部》是归入"因缘相应"的。经数过少,所以也没有别立。其次是"谛相应"、"界相应"。《瑜伽师地论》立"总嗢柁南曰:总义等光等,受等最为后"②,受是属于"界相应"的。然与受有关的经文不少(《大正》四六七——四八九经),自成段落,所以参照《相应部》,别立"受相应"。因缘、(谛)、食、界(受)等,都有因缘的意义,是"杂因诵"的主体,共

---

① 《瑜伽师地论》卷二五(大正三〇·四一八中),又卷八五(大正三〇·七二下)。《根本说一切有部毗奈耶杂事》卷三九(大正二四·四〇七中)。

② 《瑜伽师地论》卷九六(大在三〇·八四六下)。

五卷。从卷一八到卷二一——四卷,立"舍利弗"、"目犍连"、"阿那律"、"大迦旃延"、"阿难"、"质多罗"等六种相应,就是别立"弟子所说诵"部分。原译本卷二三(现存本作卷三一),姊崎正治判为十三部;椎尾辨匡总立为"诸相应",而内含十三种相应,这未免过于琐碎了!今分为四相应:一、卷初说兜率天、化乐天、他化自在天,而说"如佛说六经",可见六欲天的前三天(三经)在前一卷(原本卷二二)中,但已经佚失了。经中次说修四禅、四无色定,或依之而得圣果,或生在天上;次说云天;诸天在各大弟子后,随着经行。这都是与天有关的,所以立(《大正》八六一——八七二经)为"天相应"。二、说善调伏的四众弟子;说弟子有三类,这是修行的人。次说正断等三十七道品,不放逸,四禅,三明,信、戒、施、闻、慧,无为法,须陀洹得无间等,这都是修证的法。从《大正》八七三到八九一经,次第自成统类,立为"修证相应"。三、以下十经(《大正》八九二——九○一经),次第最难以董理。然有六经的体例相同,都是"如内六入处,如是外六入处,六识身,六触身,六受身,六想身,六思身,六爱身(以上是入处的八种六法门),六界(身),五阴,亦如是说"①。这是以入、界、阴为类的,从多数立为"入界阴相应"。四、末有佛、法、僧——三经,与前后都不相类。然从"如来记说"来看,中隔"菩提分法"(卷二四——三○),与同属"如来记说"的卷三一(现行本误编为卷四一),初说斋戒,合为佛、法、僧、戒——四事;以下为四不坏净的"记说",可见前后是一贯的,所以别立

---

① 《杂阿含经》卷三一(大正二·二二四下)。

"不坏净相应"。"道品诵第四",立二十一相应。"正勤相应"、"如意足相应",经文已经佚失,由于《瑜伽论》有论义,所以仍立此二种相应,以见原译本的真相。从"念处相应"到"不坏净相应",共十相应,从卷二四到卷三〇,为"道品诵"的主体,以下的都是附属的"记说"。经卷三〇"不坏净相应"部分,《瑜伽论·摄事分》有论义,属"修多罗"。卷三一(现行本卷四一),虽与上"不坏净"法义相同,但没有论义,属于"如来所说",与前卷二三末的佛、法、僧——三经,合名"不坏净相应"。在名称上,与"道品诵"的"不坏净相应"相同,未免美中不足(《相应部》五六相应中,三四"禅定相应",五三"静虑相应",禅定与静虑,原文都是 Jhāna,也有此缺点)!"大迦叶相应"到"外道出家相应"——七相应,即《别译杂阿含》的"二诵"——长行部分。"杂相应"(《大正》八九〇——九九二;一二四一——一二四五经),不知日本学者为什么称之为"八众部"、"八众相应"?这部分性质不一,也没有次第可说,所以名之为"杂相应"。《大正》一〇三九——一〇六一经,椎尾等称之为"应报相应"。随顺中国语法,应该是"报应",但不如称为"业报相应"。"如来所说"中,名义相同的,就不用多说了。"八众诵第五",立为十一相应。"诸天相应",或依《相应部》,分为"诸天相应"、"天子相应",然依《杂阿含经》,是没有明显的差别可说,所以总名为"诸天相应"。

"五阴","六入处","杂因","道品"——四诵,是"修多罗";"八众诵"是"祇夜",总为五诵(五品)。"记说"是"如来所说"、"弟子所说",间杂地附于"修多罗"相应以下。《杂阿含经》原译本的部类次第如此。不过现存本多一些卷帙的缺失、卷次的错乱。卷数次第错乱的，是卷二·四·一〇·一二·一三·二三·三一·三六·四一·四三·四六·四七——十二卷。

八 《杂阿含经》与《相应部》

部派所诵的《杂阿含》，现存说一切有部的《杂阿含经》、赤铜鍱部的《相应部》；其他部派，偶存一鳞一斑而已。试先作组织的对比观察：《杂阿含经》全部，上座部各派应该都是分为五诵（五篇）的①。《杂阿含经》先出长行的"修多罗"，《相应部》先立"有偈篇"，这是先偈而后长行的。化地部《五分律》说："此是杂说：为比丘、比丘尼、优婆塞、优婆夷、天子、天女说，今集为一部，名杂阿含。"②法藏部的《四分律》说："杂比丘、比丘尼、优婆塞、优婆夷、诸天、杂帝释、杂魔、杂梵王，集为杂阿含。"③传为雪山部（律与《四分律》相近）的《毗尼母经》说："与比丘相应，与比丘尼相应，与帝释相应，与诸天相应，与梵王相应，如是诸经，总为杂阿含。"④以比丘、比丘尼、天、魔等相应（杂）为例，说明《杂阿含经》的内容，与《相应部》先立"有偈篇"相合。可能是饮光部的《别译杂阿含经》，也是先有偈颂。所以，或以为《杂阿含》

---

① 律的原始结集，也是分为五篇的（拙作《原始佛教圣典之集成》一三二——一三八，本版————一七）。
② 《弥沙塞部和醯五分律》卷三〇（大正二二·一九一上）。
③ 《四分律》卷五四（大正二二·九六八中）。
④ 《毗尼母经》卷三（大正二四·八一八上）。

的原型,应该是偈颂在先的①。但《相应部》是赤铜鍱部本,与化地部、法藏部、饮光部等,同属于上座分别说系的流派;同属于一系而经典结构(先有偈颂)相同,是不能证明为《杂阿含》之原型的。在九分(十二分)教的成立过程中,先有"修多罗"而后"祇夜",是佛教界所公认的。原始圣典的集出,应先为精简的长行;适应通俗教化的偈颂,成立要迟一些。

"修多罗"长行的次第,《相应部》立"因缘"、"蕴"、"六处"、"大"(即"道品")——四篇;《杂阿含经》作"五阴"(蕴)、"六入处"、"杂因"、"道品"——四诵。次第虽不完全一致,而菩提分法都是在末后的,这可说是上座部诵本的原形。大众部所传,是举长行为例的,如《摩诃僧祇律》说:"文句杂者,集为杂阿含,所谓根杂、力杂、觉杂、道杂,如是此(等)名为杂。"②所举的例,显然是菩提分法;以"道品"(长行)为首,表示佛法的重于实践。"相应教"的原形,应该是大众部诵本那样的。如《中部》(一〇三)《如何经》说:当时共论的阿毗达磨,是如来自证而宣说的:"四念处,四正勤,……八圣道分"③。代表说一切有部的早期论书——《法蕴足论》(现存本已有过后人的补充),立二十一品,也是先举道品类,末后才说"处"、"蕴"、"界"、"缘起"的。上座部诵本以"道品"为后,"蕴"、"处"等在前,表示了重于事理分别的学风,与大众部分化。至于"蕴"、"处"、"缘起"(界)——三诵的次第,由于经中有不同的次第,部派间各取一说,也就不

---

① 前田惠学《原始佛教圣典之成立史研究》(六五九——六六〇)。
② 《摩诃僧祇律》卷三二(大正二二·四九一下)。
③ 《中部》(一〇三)《如何经》(南传一一上·三一一——三一六)。

能尽合了。以《杂阿含经》来说，佛命罗睺罗为众说法，次第为"五受阴"、"六入处"、"尼陀那"（译为"因缘"）①，正与《杂阿含经》的诵次相合。

"修多罗"四诵的主体，《杂阿含经》有："阴"、"入处"、"因缘"、"谛"、"界"、"受"、"念处"、"正勤"、"如意足"、"根"、"力"、"觉支"、"圣道分"、"安那般那念"、"学"、"不坏净"——十六相应。《相应部》与之相当的，是：（一二）"因缘"、（一四）"界"、（二二）"蕴"、（三五）"六处"、（三六）"受"、（四五）"道"、（四六）"觉支"、（四七）"念处"、（四八）"根"、（四九）"正勤"、（五〇）"力"、（五一）"神足"、（五四）"入出息"、（五五）"预流"（与"不坏净"同）、（五六）"谛"——十五相应。《相应部》没有"学相应"，那是编入《增支部》了。这部分，有可以比较讨论的，如"谛"，《杂阿含经》在"因缘"与"界"之间，属"杂因诵"，而《相应部》属于"大篇"（"道品"）。考《杂阿含经》说："慧根者，当知是四圣谛"；"若比丘，苦圣谛如实知，苦集圣谛（如实知），苦灭圣谛（如实知），苦灭道迹圣谛如实知，是名慧根。"②《相应部》的"根相应"，也是这样说的③。谛是圣谛，是圣者如实知的，所以《相应部》属于"大篇"。考说一切有部的阿毗达磨，《法蕴足论》与《品类足论》的"千问品"，"圣谛"都在"念住"与"静虑"之间④。《发智论》立四十（二）章：四谛与四静虑

---

① 《杂阿含经》卷八（大正二·五一上——中）。
② 《杂阿含经》卷二六（大正二·一八二中、下）。
③ 《相应部》（四八）"根相应"（南传一六下·六、一〇——一一）。
④ 《阿毗达磨法蕴足论》总颂（大正二六·四五三下）。《阿毗达磨品类足论》卷一〇（大正二六·七三三上）。

等,同为"功德类"而不是"境界类"①。圣谛属于道品类,实为上座部的古义。后人以四谛为世出世间因果,属于"杂因诵",是作为因果事理去理解了!如"受",说一切有部的古说,没有说到"受相应"。但《杂阿含经》与《瑜伽论·摄事分》,都在"界"以下说"受"。《相应部》是属于"六处篇"的。六受依六触而起,六触依于"六处","受"是可以摄属"六处"的。但"受"依于六触,而六触于六内处(根)、六外处(境)、六识(即十八界)——三和合而有,那么属于"杂因诵"的"界相应",也是很合理的。

"祇夜"部分,《杂阿含经》与《相应部》可说是非常相近的;唯一不同的,是"比丘相应"。《杂阿含经》,"比丘相应"在"八众诵"("祇夜")初,这与化地部、法藏部、《毗尼母论》、《别译杂阿含经》,都是一致的。不知赤铜鍱部到底依据什么理由,将有偈的"比丘相应"不与有偈的合编一处,而编入"因缘篇"中?这是不适当的!"记说"部分,似乎差别较多。《相应部》的(二〇)"龙相应"、(三〇)"金翅鸟相应"、(三一)"乾闼婆相应"、(三七)"女人相应",是《杂阿含经》所没有的,不过这可能在佚失的卷二二中。《杂阿含经》的"马相应"、"摩诃男相应"、"业报相应",《相应部》没有,那主要是编入《增支部》去了。"病相应",主要为分散在《相应部》的各相应中,而《杂阿含经》却集为一聚。《杂阿含经》卷二三(旧误编为卷三一),包含了《相应部》的(三二)"云相应"、(三四)"禅定相应"、(四三)"无为相

---

① 《阿毗达磨发智论》卷五(大正二六·九四三中)。《阿毗达磨大毗婆沙论》卷九〇(大正二七·四六六中)。

应"、(一三)"现观相应"、(二五)"入相应"、(二六)"生相应"、(二七)"烦恼相应"——七种相应。所以,《相应部》立五六相应,《杂阿含经》今判为五一相应,"修多罗"(主体)与"祇夜"部分,可说是大同小异的。"记说"部分的差别大些,主要也还是组集分类的不同。其中也有非常不同的,那是上座部再分化,各部自为结集补充的,到论究经数多少时,再为说明。从组织来说,《杂阿含经》与《相应部》,仅有先长行或先偈颂的重要差别。然依说一切有系的古老传承,知道全部为"修多罗"、"祇夜"、"记说"——三部分的综合,似乎《杂阿含经》要接近古上座部些。

　　说到义理方面,虽是原始佛教的圣典,而到底已是部派的诵本;《杂阿含经》与《相应部》,都已集入自部特有的见解。如说一切有部主三世实有,所以《杂阿含经》有"云何一切有"经①。肯定说:"以有过去色故","以有未来色故"②,并到处说:"如当说,如是(实)有及当知,亦如是说。"这是三世有说,是《相应部》所没有的。同样的,赤铜鍱部主现在实有,所以《相应部》说"四十四智"时,说法智与类智,类智是知过去未来的③;《杂阿含经》没有说到法智与类智。依三世而有言说,《相应部》有"言路"经,广说现在现有、过去曾有、未来当有④,《杂阿含经》缺。说一切有部明依三世而有言说,见于《中阿含》的《说处经》,说三世

---

① 《杂阿含经》卷一三(大正二·九一中)。
② 《杂阿含经》卷三(大正二·二〇上)。
③ 《相应部》(一二)"因缘相应"(南传一三·八三——八六)。
④ 《相应部》(二二)"蕴相应"(南传一四·一一一——一一五)。

有而不加简别①。此经，赤铜鍱部编入《增支部》，也分别说过去曾有与未来当有②：这是现在有说。部派的根本异义，都已载入自部圣典，当然不是原始佛教所固有的。又如"名色"的"名"，《相应部》解说为：受、想、思、触、作意③，是论（类集成的）义，《杂阿含经》解说为："四无色阴：受阴、想阴、行阴、识阴。"④反之，《相应部》解说"无明"为：于苦、集、灭，道的无知⑤，极为简要！而《杂阿含经》广列："不知前际……染污清净，分别缘起，皆悉不知"⑥，十足是论师的分别广说。又如《相应部》处处说无常、苦、无我，《杂阿含经》处处说无常、苦、空、无我，或以为"空"是说一切有部所增的。然《杂阿含经》说："此五受阴勤方便观：如病、如痈、如刺、如杀，无常、苦、空、非我。"⑦与此相当的《相应部》经这样说："如理思惟：五取蕴无常、苦、病、痈、刺、痛、病、他、坏、空、无我。"⑧病……坏，都是说明苦的；可见无常、苦、空、非我，显然也是《相应部》所曾说的。结集的经说，"有闻必录"，不是千篇一律的。到了部派分化，偏重某一说，于是不免与别部差异了。原始圣典的文句，经部派分化而长期流传，多少会有些增减。《瑜伽论·摄事分》所依经本，与宋译《杂阿含经》，也有多少出入呢！

---

① 《中阿含经》卷二九（大正一·六〇九上）。
② 《增支部》"三集"（南传一七·三二〇）。
③ 《相应部》（一二）"因缘相应"（南传一三·五）。
④ 《杂阿含经》卷一二（大正二·八五上）。
⑤ 《相应部》（一二）"因缘相应"（南传一三·五）。
⑥ 《杂阿含经》卷一二（大正二·八五上）。
⑦ 《杂阿含经》卷五（大正二·三五中）。
⑧ 《相应部》（二二）"蕴相应"（南传一四·二六二——二六四）。

宋译《杂阿含经》,译出的时代迟了些,而译者求那跋陀罗是一位唯心大乘师,所以译文中偶有大乘的名义。如:一、佛为阿难说"正法律乘",说到了"大乘"(《瑜伽论》无论义);与此相当的《相应部》,是没有"大乘"字样的①。二、《杂阿含经》说:"于如来所起净信心,根本坚固,……世间无能沮坏其心者,是名信根。"②这是《阿含经》本义。又说:"若圣弟子,于如来(初)发菩提心,所得净信心,是名信根。"③"菩提心"是大乘所说。《相应部》只说:"于如来之菩提起信"④,菩提是如来证得的菩提。《瑜伽论·摄事分》解说为:"由思择力如理作意,思惟诸法,乃于涅槃得正信解";"若依诸佛无上菩提所得正信"⑤。信根是信佛的菩提、涅槃,与《相应部》的意义相通,可见"菩提心"是后代所增附的。三、《杂阿含经》论到尽法、灭法、变易法时,说到"无常者,是有为行,从缘起";《摄事分》解说为:无常、有为、思所造、缘生⑥。《杂阿含经》说到:"本行所作,本所思愿,是无常灭法";《摄事分》解说为:"诸业烦恼之所造作(这是有为的原始意义),及由先愿之所思求。"与之相当的《相应部》说:"无常、有为、缘起所生。"⑦。思愿缘生的

---

① 《杂阿含经》卷二八(大正二·二〇〇下)。《相应部》(四五)"道相应"(南传一六上·一四五)。

② 《杂阿含经》卷二六(大正二·一八二中)。

③ 《杂阿含经》卷二六(大正二·一八四上)。

④ 《相应部》(四八)"根相应"(南传一六下·七)。

⑤ 《瑜伽师地论》卷九八(大正三〇·八六三中——下)。

⑥ 《杂阿含经》卷三(大正二·二〇中)。《瑜伽师地论》卷八七(大正三〇·七九二上)。

⑦ 《杂阿含经》卷一〇(大正二·六五下)。《瑜伽师地论》卷八六(大正三〇·七八〇上)《相应部》(二二)"蕴相应"(南传一四·三八——三九)。

意义,《杂阿含经》多处译为:"无常、有为、心缘生法","无常、有为、心缘生","无常、有为、心缘起法"①。"心缘生"、"心缘起",与大乘的唯心缘起,不是容易混淆吗?《瑜伽》的《摄事分》,也没有说"心缘起"、"心缘生"的。《杂阿含经》说灰河喻,"菩萨摩诃萨"发心、修行、成佛,化度众生;《瑜伽论》说是"后有菩萨"②。《相应部》没有此经。"菩萨摩诃萨"的称呼,受到了大乘的影响。不过,每成立一部派,就有部派所审定集成的经典,在传承的同一宗派中,是不可能大事更张的。《杂阿含经》的"修多罗"部分,与《摄事分》所依经本一致,即可以证明。当然,经典在长期流传中,会因时因地而有多少差别的。求那跋陀罗为唯心大乘师,所译《杂阿含经》就偶有一二大乘名义,然如依此而说宋译《杂阿含经》是大乘佛教时代所完成的,那就误谬不经了!经典在诵习流传中,不免有些出入的。如说一切有部所诵《杂阿含经》与《中阿含经》,在说到未成佛以前,总是说:"我忆宿命,未成正觉时";"我本未觉无上正尽觉时"③;而赤铜鍱部所诵的《相应部》与《中部》却说:"我正觉以前,未成正觉菩萨时"④,插入了"菩萨"一词⑤。现存的《杂阿含经》与《相应

---

① 《杂阿含经》卷九(大正二·五八中),又卷八(大正二·五四上),又卷二(大正二·一四上)。

② 《杂阿含经》卷四三(大正二·三一七上)。《瑜伽师地论》卷九一(大正三○·八一九下)。

③ 《杂阿含经》卷一二(大正二·七九下)。《中阿含经》卷五六(大正一·七七六上)。

④ 《相应部》(一二)《因缘相应》(南传一三·一三)。《中部》(二六)《圣求经》(南传九·二九四)。

⑤ 平川彰《初期大乘佛教之研究》(一四○——一四五)。

部》,都属于部派的诵本,从此以探求原始佛法,而不是说:经典的组织与意义,这一切都是原始佛法。

九 《杂阿含经论会编》

《杂阿含经》在四部阿含集成中的地位、全经的部类等,上面都已说到了,现在要说《杂阿含经论会编》所有的种种问题。

一、《瑜伽论·抉择分》所抉择的"事契经",是《杂阿含经》。经文是随机散说的,论义是抉择贯通全经宗要的。如先举经文,次列论文,这样的经论合编起来,对于《杂阿含经》义的理解,应该是一项有力的方便。宋译的术语,有些比较晦涩,如与唐译对比,也会明白得多。例如经说:"如习近,如是系著,如是味,如是邻聚若使受持系著我所求欲淳浓不舍"①,不容易点断,也不知以"习近"为例的,到底有多少,如参照论文,就明白得多,这是"经论会编"的主要意义。在比对会编中,知道一部分论义,是抉择《中阿含经》、《长阿含经》等的,一一地加以注明,以便读者去参考《中阿含》等经文。论文的抉择契经,是先立摄颂的,所以在每一段论文初,标出摄颂,以便对照。抉择契经的论文,共十四卷;所抉择的经文,共二十二卷。属于"五阴"的、"六入处"的、"杂因"的,都是五卷经、四卷论,为十与八之比。属于"道品"(菩提分)的,经文七卷(佚失了一卷),论文仅有二卷,简直不成比例! 这因为有些论义,已在"阴"、"处"等说

---

① 《杂阿含经》卷九(大正二·五九中)。

过;而有关"道品"的,主要是已在《瑜伽论》"声闻地"说过了。如说:"此中安立四念住为初,道支为最后,三十七种菩提分法,若略若广,如声闻地应知其相。"①所以,将"声闻地"中有关"道品"及修"出入息念"等论文,也引述而附编于中,以便读者了解论义的全貌。这样的"经""论"合计,约有三十七卷;没有论义的"祇夜"与"记说"部分,共二十八卷(佚失了一卷)。《杂阿含经》与抉择的论文合编,虽然一部分没有论义,以少从多,定名为《杂阿含经论会编》。

二、宋译《杂阿含经》,分为五十卷。唐以前,我国的经书,是卷成一轴一轴的,所以名为"卷"。分为多少卷,不是印度经论的旧制,分多少卷,主要是每卷的字数相近,如依经论的内容,一卷终了,不一定成一段落。如有关摩诃迦叶的,共十一经,而九经在卷三一(旧误编为卷四一),二经在卷三二。有关阿难的十一经,也是四经在卷二〇,七经在卷二一。这是为分卷(的字数)所局限,而不可免的情形。本编依印度旧例,约内容来分类(卷数附注于下,以便对照旧本)。依《瑜伽论·摄事分》,《杂阿含经》是分为三类的:"能说"是"弟子所说"与"如来所说"——"记说";"所为说"是"八众",也就是有偈的"祇夜";"所说",依《摄事分》分为"行择摄"、"处择摄"、"缘起食谛界择摄"、"菩提分择摄",也就是"修多罗"的四品。这一分类,与《根本说一切有部毗奈耶杂事》所说相合,如《杂事》卷三九(大正二四·四〇七中)说:

---

① 《瑜伽师地论》卷九七(大正三〇·八五九上)。

"五蕴相应者,即以蕴品而为建立。若与六处、十八界相应者,即以处界品而为建立。若与缘起、圣谛相应者,即名缘起而为建立。若声闻所说者,于声闻品处而为建立。若是佛所说者,于佛品处而为建立。若与念处、正勤、神足、根、力、觉、道分相应者,于圣道品处而为建立。若经与伽他相应者,(于伽他品处而为建立):此即名为相应阿笈摩。"

《杂事》分《杂阿含经》为七品。以处、界为一品,那是顺于阿毗达磨论义的;然《杂阿含经》(《相应部》)旧义,界是应该与缘起合为一品的。"弟子所说"即"声闻品";"如来所说"即"佛品"。"与伽他相应者",脱落了"于伽他品而为建立"一句,即"伽他品"。七品的分立,与《摄事分》是一致的。上来曾一再说到:《杂阿含经》与《相应部》,本来都是分为五品(五诵、五篇)的,"记说"附于"修多罗"四品之下。"修多罗"与"记说"不同,所以说一切有系,"记说"虽附于"修多罗",而将"弟子所说"与"如来所说"从"修多罗"四品中分别出来。宋译《杂阿含经》,已别立"弟子所说诵品";《杂事》已类集"如来所说"为一聚,名为"佛品"。"记说",在说一切有系中,或列于最前,或位于"因缘"与"道品"的中间。本编依"修多罗"、"祇夜"、"记说"的次第而叙列,虽不同古说,而实更为合理,合于经典结集的次第。如"弟子记说"、"如来记说"部分,已解说"波罗延那"、"义品"、"八众诵"的偈颂,"记说"原是比"祇夜"迟一些的。这样的叙述,不致于误会为"修多罗"的成立比"祇夜"为迟。《杂阿含经论会编》,就依此内容与次第,分为七诵(七品),再分为五十一"相应"。相应的分立,上面已经说到,这里总列如下:

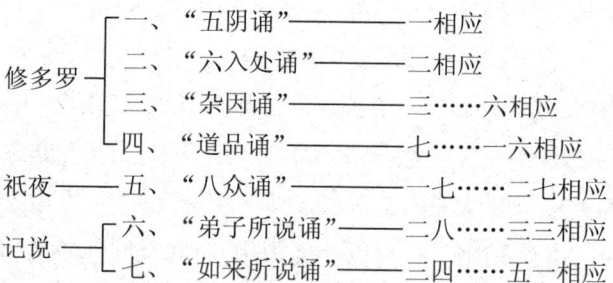

三、《杂阿含经》是集众多短篇而成的,到底有多少经,从前没有人提到过。《大正藏》编次为一三六二经,如除去有关阿育王的三经——六〇四、六四〇、六四一,实得一三五九经。对于检查引用,是非常适用的!赤铜鍱部诵本——《相应部》,古代传说为"七千七百六十二修多罗"①。日译的《南传大藏经》,《相应部》开端,赤沼智善的《相应部总说》,仅二八七五经。经数的繁多,从《杂阿含》与《相应部》去了解,是:一、结集的经文,来源不同,文句相同,或佛为阿难说,或佛为异比丘说的,或佛为比丘众说的,或佛问比丘而后说的,一律保留下来,一经就成为二经或三经。《杂阿含经》与《相应部》,都有这种情形,表示了原始结集的忠实性。二、如无常、苦、无我(《杂阿含经》多作无常、苦、空、无我),可以别别地说,也可以结合地说。五阴,六内入处、六外入处等,因缘十一支,念处、正勤等道品,也是这样。所以同一内容的文句,如分别地说起来,经数就不少了。三、迟一些,佛教进入"类集"阶段。如《大正》一九五、一九六经:"佛

---

① 《善见律毗婆沙》卷一(大正二四·六七六上)。《一切善见律注序》(南传六五·二三、三六)。

告诸比丘,一切无常。"次说:"如说一切无常,如是一切苦、一切空,……一切魔、一切魔势,……皆如上二经广说。"那是以"一切无常"二经为例,"一切苦"等也都这样有二经。《相应部》(三五)"处相应"(五品·六品),三三——五二经,非常相近。烦恼的类集,如《大正》二〇一经,与《相应部》"六处相应"的五三——五九经相当。这是以一经为例,而其余同性质的,都这样说而成更多的经。四、如《相应部》(四三)"无为相应"、《南传大藏》本作四四经。其实,第一品修身念、止观、……八支圣道以达无为,共十一经。第二品,从止、观、六种三昧、三十七道品(即前品止观等后十法的分别),共四十五种达无为之道。无为;与无为同一内容(异名同实)的,如终极、无漏、……到彼岸,共三十三。一一修四十五道,实得一四八五经;加第一品的十一经,应该共有一四九六经。又如(一二)"因缘相应"第九——"中略品",说如实知老死……行(十一支),当求(大)师,学,……不放逸等十二法。《南传大藏》作十二经,其实摄颂明白地说"百三十二经"①。那是老死等每一支,修不放逸等十二法,分别说明,十一乘十二,就是一三二经。"中略品"第九,在第八品末,不但有第八品的摄颂,也有"因缘相应"八品的总颂,如说:"佛陀,食,十力,……沙门婆罗门。"②可见"因缘相应"起初只有八品,"中略品"是以后附入的。又如(四五)"道相应",前四品四十经,与《杂阿含经》相同的很多;四一经以下,及五——八品,为一独到的组织,是《杂阿含经》所没有的。这部分的内

---

① 《相应部》(一二)"因缘相应"(南传一三·一九四)。
② 《相应部》(一二)"因缘相应"(南传一三·一九〇)。

容为:

  异学广说(八经)

  日轮广说————远离依止(七经)·贪欲调伏(七经)

  一法广说〔一〕——远离依止(七经)·贪欲调伏(七经)

  一法广说〔二〕——远离依止(七经)·贪欲调伏(七经)

  恒河广说————远离依止(一二经)·贪欲调伏(一二经)

        不死究竟(一二经)·趣向涅槃(一二经)

  不放逸品(一〇经)(一一经有四,实为四〇经)

  力所作品(一二经)(例上应为四八经)

  寻　觅　品(一一经)(实为四〇经)

  瀑　流　品(一〇经)(例)

"道相应"这一部分,《南传大藏》计算为一四〇经,实际上应有二六六经。这样的组合,如(四六)"觉支相应"、(四八)"根相应"、(五〇)"力相应",都以"道相应"为例而简略些。从"恒河相应"起到"瀑流品",共五品,约"远离依止"与"贪欲调伏"来分别,每一相应约一一〇经左右。(四七)"念处相应",(四九)"正勤相应",(五一)"神足相应",(五二)"静虑相应",这四种相应,大大地简化了,虽也分五品,却不分"远离"与"调伏",每一相应为五十四经。其实,都应该如"道相应"那样广说的,都是《杂阿含经》所没有的。《杂阿含经》中,也有类似的情形,如"断知相应"(卷七下),主要为无常(分为八类)的五阴,应断,应知,……应没(共八类),当求大师(六十类),应修四念处,……止观(十类,实为五十五法)等:这样的分别组成,可得一万余经;这正是《相应部》所没有的。这是类集纂组,决非早期集成的形态。因部派而所说不同，方法却是一致的，富有初期阿毗达磨论者分别、类集、组合的特色。《杂阿含经》与《相应部》经数的众多，原因就在这里。《杂阿含经》到底有多少经？《大正藏》所编列的，据可见（"五阴诵"）的摄颂，显然每与经不合。如初颂十经，《大正藏》计为六经。如颂说："受与生及乐，亦说六入处，一一十二种，禅定三昧经。"①受、生、乐、六入处——四经，一一都有"十二种"，就共有四十八经了，但《大正藏》只计为四经。如依经文而计算确实数目，不但便于检查，对经文类集组合的意义，也能更明白地表示出来。本编分全经为七诵、五十一相应。每一经文，左列在某一相应中的经数次第；中列全经次第的经数；右在（　）中，编入《大正藏》所编列的经数，以便查对。全经共计为一三四一二经，与日本《国译一切经》所计，略有出入。

四、《杂阿含经》本是众多短篇所集成的。每一篇经文，本来是没有名目的。在现存《杂阿含经》中，仅绝少数有经名的。如《第一义空经》、《有因有缘有缚法经》，这是《相应部》所没有的。如《法镜经》、《转法轮经》、《四品法经》、《大空经》，《相应部》虽有经文，却没有称之为什么经。惟有经名《清净乞食住》、《六六法经》、《六分别六入处经》，赤铜鍱部编入《中部》的，也有经的名称。此外，如《箧毒蛇喻经》、《尸婆修多罗》、《差摩修多罗》、《郁低迦修多罗》，那都是指述以前所已有的。总之，一篇篇的经文，本没有名目。其后，较长的或较重要的经文（主要

---

① 《杂阿含经》卷三（大正二·一八上）。

为"记说"),为了引述的便利,称之为什么经。《南传大藏经》的《相应部》,似乎每一经都有名,其实名目是从摄颂来的。编集的摄颂,或取说经的地点,如"波陀";或取说者与问者,如"阿难";或取法义,如"无常";或取经文的譬喻,如"泡沫"。摘取经的一、二字,代表该经而集为摄颂;后来就以摄颂的那一、二字,代表该经而演化为经名。如属长篇或特别著名的,这是没有问题的;如《杂阿含经》(《相应部》)那样多的经篇,就不免有问题。如《相应部》(二二)"蕴相应"中,名"无常"的有七经,名"味"的有六经,名"阿难"的也有四经。试想,在《相应部》全部中,该有多少同名的!这样的经名,必须说某某相应、某某品第几经,否则,引用经名,是不能明了到底是哪一经!以《杂阿含经》来说,摄颂仅存五卷;即使以《别译杂阿含经》摄颂来补充,也不到一半。所以本编虽采用"相应"与全经的数目,而没有仿照《相应部》那样的列举经的名目,因为这是徒劳而没有实用的!

五、《相应部》是《杂阿含经》的别部诵本。比对起来,有同有异,到底相同的很多;有些次第也是前后或相近的,表示了二本根源的同一,这是比对同异的重要部分。《大正藏》的《杂阿含经》,注出与《相应部》经的相同或相近;并注出与汉译经及巴利藏与《杂阿含经》相当的经、偈,这是便于对照研究的。本编对于异部经偈的对同,汉译的有《别译杂阿含经》、《中阿含经》、《长阿含经》与《增一阿含经》。巴利藏的(依日译本)有《相应部》、《中部》、《长部》、《增支部》、《小部》中的《经集》。至于律、论所说,及《杂阿含经》的别品异译,一概从略。本编与《相应部》等对同的,也有与《大正藏》所注不一致的,读者应更为比对,而采取更合于实际的!

六、《杂阿含经》译于宋元嘉年间,到宋代的雕刻印刷,已有五百多年了。长期的展转抄写,以致佚失了二卷,次第有错误,字句当然也不免有讹误。如《杂阿含经》的《转法轮经》,各种藏本一致说:"尊者憍陈如!知法未?拘邻白佛:已知,善逝!"①憍陈如与拘邻,同是 Kauṇḍinya 的音译,在同一经的上下文中,怎能译作憍陈如,又忽而译作拘邻呢?这是绝对不可能的!原来"拘邻"是汉代古译,一定是古代的抄写者,将熟悉习用的拘邻,代替憍陈如了。又如"苦集灭道",古译或作"苦习灭道"。《杂阿含经》当然是译作"苦集灭道"的,但也偶有作"苦习灭道"的,这又是以古译误入本译了。而且,古代写经,是不禁行草的,容易引起讹误。所以从译出,经展转传写到刻版印刷,即使是早期的宋藏本、高丽藏本,字句的讹误也是不能免的。《大正藏经》以丽藏本为底本,用各种藏本来校勘同异,是极有价值的工作!本编依《大正藏》的丽藏本,不在乎各种藏本的对勘,而是舍短从长,希望能校成一较正确的本子。这又分为二类:一、依各种藏本来校正:凡丽本而意义可通、不违经义的,一概依丽本。如不及各本而是讹误的,依各本改正,下注"依某本改"——凡各本同于宋本的,作"依宋本改";如取元本、明本所同的,作"依元本改";但依明本的,作"依明本改";或取日本所藏圣语本的,作"依圣本改"(以下"补"与"删",均依此例)。如认为丽本脱落

---

① 《杂阿含经》卷一五(大正二·一〇四上)。

了的,依各本增补,下注"依某本补"。或文字有多余的衍文,删去了,下注"依某本删"。以上,都是依各种藏本(《大正藏》所勘校)来校正丽藏本的。二、长期传写,宋本、丽本等,都不免偶有讹误。依经文意义,经文前后比对,觉得应该校正的,也有三类:属于写讹而加以改正的,下注"今改"。如有所脱落而补字的,下注"今补"。也有补一、二字,文义更为显了,在补字上下,加以( ),表示这是补入而非原文所有的,也就不加"注"了。或有多余的衍文,可删而没有删去的,加〔 〕;删去了的下注"今删"。这是本编校改的凡例。还有值得附带说到的:一、经文很长,写经的也不是一人,所以全经用字,每不能一致。如丽本的"阁"字,宋本多作"碍";偶有丽本作"碍",而宋本却又作"阁"的。像这样的前后不一致,也只能不一致,未能改成一律。二、《大正藏》是排印本,即使校对精确,总不免有误失。所以,如《大正藏》没有校勘,而文字显然有误的,如"身八勇猛"①,我手头没有丽本可校,只能认为《大正藏》的错字,依通用的木刻本,而改为"身心勇猛"了。三、有些字,宋本与丽本不同,也不易决定讹与正,只能下注"宋本作某字",以备研考!

---

① 《杂阿含经》卷七(大正二·四六上)。

杂阿含经论会编(上)

五阴诵第一①

行择摄第一②

一 阴相应③

④事契经者,谓四阿笈摩:一者、杂阿笈摩,二者、中阿笈摩,三者、长阿笈摩,四者、增一阿笈摩。杂阿笈摩者,谓于是中,世尊观待彼彼所化,宣说如来及诸弟子所说相应;蕴、界、处相应;缘起、食、谛相应;念住、正断、神足、根、力、觉支、道支、入出息念、学、证净等相应;又依八众,说众相应。后结集者,为令圣教久住,结嗢拕南颂,随其所应,次第安布。当知如是一切相应,略由三相。何等为三?一是能说,二是所说,三是所为说。若如

---

① "五阴诵第一",为《杂阿含经》之初诵。原本卷一——卷七,共七卷,与《相应部》"蕴篇"相当。卷六与卷七,今编入"如来所说诵"。前五卷,即"五阴诵"主体。(全部五一相应中)第一"阴相应"。
② "行择摄第一",为《瑜伽师地论·摄事分》中,抉择契经宗要,四分中之初分,自卷八五起。
③ "阴相应",共一七八经,与《相应部》(二二)"蕴相应"相当。
④ 凡仿宋体是《论》文。

来,若如来弟子,是能说,如弟子所说、佛所说分。若所了知,若能了知,是所说,如五取蕴、六处、因缘相应分,及道品分。若诸苾刍、天、魔等众,是所为说,如结集品。如是一切,粗略标举能说、所说及所为说,即彼一切事相应教,间厕鸠集,是故说名杂阿笈摩。即彼相应教,复以余相处中而说,是故说名中阿笈摩。即彼相应教,更以余相广长而说,是故说名长阿笈摩。即彼相应教,更以一、二、三等渐增分数道理而说,是故说名增一阿笈摩。如是四种,师弟展转传来于今,由此道理,是故说名阿笈摩,是名事契经。

当说契经摩呾理迦,为欲决择如来所说,如来所称、所赞、所美先圣契经。譬如无本母,字义不明了,如是本母所不摄经,其义隐昧,义不明了。与此相违,义即明了,是故说名摩呾理迦。

总嗢拕南曰:

界、略教、想行、速通、因、断支、二品、智事、净、无厌、少欲住。

别嗢拕南曰:

界、说、前行、观察、果、愚相、无常等定、界,二种渐次应当知,非断非常,及染净。

—① —②(—)

③如是我闻:一时,佛住舍卫国祇树给孤独园。尔时,世尊

---

① 此是每一相应经数次第。
② 此是全经次第经数。( )以内者,为《大正藏》所计经数。
③ 《相应部》(二二)"蕴相应"一二经。又"蕴相应"五一经。凡宋体字,是《经》文。

告诸比丘:"当观色无常,如是观者,则为正见①;正见者则生厌离,厌离者喜贪尽,喜贪尽者说心解脱。如是观受、想、行、识无常,如是观者,则为正见;正见者则生厌离,厌离者喜贪尽,喜贪尽者说心解脱。如是比丘!心解脱者,若欲自证,则能自证:我生已尽,梵行已立,所作已作,自知不受后有。"

二——四②　　　　　二——四(　　)

如观无常、苦、空、非我,亦复如是。时诸比丘闻佛所说,欢喜奉行。

五③　　　　　　　　五(　二　)

如是我闻:一时,佛住舍卫国祇树给孤独园。尔时,世尊告诸比丘"于色当正思惟,观色无常如实知。所以者何?比丘于色正思惟,观色无常如实知者,于色欲贪断,欲贪断者说心解脱。如是受……想……行……识,当正思惟,观识无常如实知。所以者何?于识正思惟,观识无常者,则于识欲贪断,欲贪断者说心解脱。如是心解脱者,若欲自证,则能自证:我生已尽,梵行已立,所作已作,自知不受后有。"④时诸比丘闻佛所说,欢喜奉行。

"界":有四种所化有情,先数习邪解脱见所集成界。何等

---

① "见",原本作"观"。依《相应部》"蕴相应"五一经、本经(二)"入处相应"一经及《论》义,均作"见",今改。
② 《相应部》(二二)"蕴相应"一三·一四经。《相应部》说苦、无我,无"空"经。依下摄颂,无常、苦、空、无我是四经,故别出。
③ 《相应部》(二二)"蕴相应"五二经。
④ 此下,原本有"如是正思惟无常、苦、空、无我,亦复如是"——十五字。今依下摄颂,正思惟为一经;《相应部》五二经,及本经"入处相应"五经,但说"正思惟无常",故删。

为四？谓于先有、先世、先身、先所得自体中，听闻常见增上不正法，不如理作意增上力故，于今由彼为因，由彼为缘，数习邪解脱见所集成界。如说由常见，如是由断见，由现法涅槃见，由萨迦耶见，广说亦尔。此中，世尊由种种胜解智力、种种界智力增上力故，寻求彼先胜解及彼后界。如其所应，为调伏彼邪胜解、界故，多分为转四种法教。或为余智未成熟者，令彼智成熟故；智已成熟者，令彼解脱诸烦恼故。为初邪界有情，说因灭故行灭，由行尽门说无常性，为调伏彼邪胜解、界故。为随第二邪界有情，说因集故行集，由行起门说无常性，为调伏彼邪胜解、界故。为随第三邪界有情，由诸行苦门转正法教，为调伏彼邪胜解、界故。为随第四邪界有情，若离诸行起萨迦耶见行者，由诸行空门转正法教；若即诸行起萨迦耶见行者，由无我门转正法教，为调伏彼邪胜解、界故。

"说"：复次，善说法律，略由三种不共支故，不共外道，堕善说数。一者、宣说真实究竟解脱故，二者、宣说即彼方便故，三者、宣说即彼自内所证故。云何真实究竟解脱？谓毕竟解脱及一切解脱，即是见道果及此后所得世出世修道果。此中见道果，由毕竟故得名真实而非究竟，于一切解脱，犹有所应作故。又解脱有三种：一、世间解脱，二、有学解脱，三、无学解脱。世间解脱，非是真实，有退转故。有学解脱，虽是真实而非究竟，犹有所作故。当知所余，具足二种。云何方便？谓于诸行中，依如所有性及尽所有性，修无常想，依无常修苦想，依苦修空、无我想，因此得入谛现观时，由正观察所知境故，获得正见。由此正见为依止故，修道位中，遍于诸行住厌逆想。彼于住时，虽由彼相应受忆念思惟,不现前境明了现前而不生喜;由不生喜增上力故,彼于行时,即于彼受所缘境界不生染著。彼于一切所求境界得处中故,尚不希求,何况耽著!彼由如是若住、若行,于喜贪缠速能灭尽,心清净住。又即于彼,如所得道极多修习为因缘故,永拔彼品粗重随眠,获得真实究竟解脱,当知即是心善解脱。云何自内所证?当知有四种相。若于有学解脱转时,由二种相内慧触证:谓我已尽诸恶趣中所生诸行,又我已尽除其七生、二生、一生所余后有所生诸行;又我已住能究竟尽无退转道。若于无学解脱转时,即由如是二种相故,内慧触证:谓我已作为断其余一切烦恼所应学事;我今尚无余一生在,况二、况七!又随所乐,亦能为他如实记别。如是名为自内所证。

"**前行**":复次,即彼解脱有二种前行法:一者、见前行法,二者、道果前行法。见前行法者,谓由解脱及彼方便,自内所证增上力故,从他言音,起闻、思、修所成妙善如理作意,未入正性离生能入正性离生,得如实见,出世正见。道果前行法者,谓得如是正见已,复起所余正思惟等,或同时生,或后时生道前行法,为断所余诸烦恼故。

六①   六（三）

如是我闻:一时,佛住舍卫国祇树给孤独园。尔时,世尊告诸比丘:"于色不知、不明、不断、不离欲,则不能断苦。如是受、想、行、识,不知、不明、不断、不离欲,则不能断苦。诸比丘!于色若知、若明、若断、若离欲,则能断苦。如是受、想、行、识,若

---

① 《相应部》(二二)"蕴相应"二四经。

知、若明、若断、若离欲,则能堪任断苦。"时诸比丘闻佛所说,欢喜奉行。

七　　　　　　　　七（四）

如是我闻:一时,佛住舍卫国祇树给孤独园。尔时,世尊告诸比丘:"于色不知、不明、不断、不离欲(贪),心不解脱者,则不能越生老病死怖。如是受、想、行、识,不知、不明、不断、不离欲贪,心不解脱者,则不能越生老病死怖。比丘!于色①若知、若明、(若断、)若离欲贪,心解脱者,则能越生老病死怖。如是受、想、行、识,若知、若明、若断、若离欲贪,心解脱者,则能越生老病死怖。"时诸比丘闻佛所说,欢喜奉行。

八　　　　　　　　八（五）

如是我闻:一时,佛住舍卫国祇树给孤独园。尔时,世尊告诸比丘②:"于色不知、不明、不离欲贪,心不解脱,心③不解脱者,则不能断苦。如是受、想、行、识,不知、不明、不离欲贪,心不解脱者,则不能断苦。于色若知、若明、若离欲贪,心得解脱者,则能断苦。如是受、想、行、识,若知、若明、若离欲贪,心得解脱者,则能断苦。"时诸比丘闻佛所说,欢喜奉行。

九　　　　　　　　九（六）

如是我闻:一时,佛住舍卫国祇树给孤独园。尔时,世尊告

---

① "色"下,原本有"若知、若明、若断、若离欲,则能越生老病死怖。诸比丘"二十字,依经前后文义,是重出衍文,今删。

② "诸比丘"下,原本有"于色爱喜者……于苦得解脱。诸比丘"一大段文,于"无知"四经中,体例不合;《论》义亦缺。考此一段文字,实系下一经误写入此。虽有"不明不离欲"五字之异,亦与经文前后不合。此是衍文,今删。

③ "心"上原本有"贪"字,衍文,今删。

诸比丘："于色不知、不明、不离欲贪，心不解脱者，则不能越生老病死怖。如是受、想、行、识，不知、不明、不离欲贪，心不解脱者，则不能越生老病死怖。诸比丘！于色若知、若明、若离欲贪，心解脱者，则能越生老病死怖。如是受、想、行、识，若知、若明、若离欲贪，心解脱者，则能越生老病死怖。"时诸比丘闻佛所说，欢喜奉行。

"观察"：复次，为欲证得所未得解脱故，应观察八事：谓于诸行中，爱味、过患、出离观察，及闻、思、思择力、见道、修道观察。于诸行中观察爱味时，能善通达诸行爱味所有自相。即于诸行观察过患时，能善了知三受分位过患共相，谓于是中甚少爱味、多诸过患。如是了知爱味染著、多诸过患共相应已，于所爱味一切行中，随所生起欲贪烦恼，即能除遣、制伏、断舍。于此欲贪不现行故，说名为断，非永离欲故名为断。又于彼事心未解脱，若于随眠究竟超越，乃永离欲，心得解脱。是名一门观察差别。又修行者，于彼诸行正观察时，先以闻所成慧，如阿笈摩，了知诸行体是无常，无常故苦，苦故空及无我。彼随圣教如是胜解，如是通达，既通达已，复以推度相应思惟所成微细作意，即于彼境如实了知。即由如是通达了知增上力故，于彼相应烦恼现行，现法、当来所有过患，如实观察，由思择力为依止故，设复生起而不实著，即能舍离。彼由如是通达了知及思择力多修习故，能入正性离生。既入正性离生已，由修道力渐离诸欲。彼由思择、见道二种力故，随其所应，断诸烦恼，谓不现行断故，及一分断故；由修道力，究竟离欲。如是由前二种渐离欲贪，由修道力心得解脱。

"**果**"：复次，有二种烦恼断果及苦灭果：一者、见所断果，由证彼故，能自了知我已永尽捺落迦、傍生、饿鬼，我今证得预流无退堕法，乃至广说。二者、修所断果，由证彼故，能自了知我最后身暂时支持，第二有等永不复转。复有二种苦灭：一者、现在为因，未来苦灭；二者、过去为因，现在苦灭。复有二种苦灭：一者、心苦灭；二者、身苦灭。复有二种苦灭：一者、坏苦、苦苦苦灭；二者、行苦苦灭。复有二种苦灭：一者、非爱业果苦灭；二者、可爱业果苦灭。复有少分已见谛迹诸圣弟子，虽已超过诸恶道苦所有怖畏，由未永尽一切结故，其心犹有于当来世共诸异生生老死怖。为断彼故，而能发起猛利乐欲，乃至正念，及无放逸，勤修观行。

　　　　　　一〇① 　　　　　　一〇（七）

　　如是我闻：一时，佛住舍卫国祇树给孤独园。尔时，世尊告诸比丘："于色爱喜者，则于苦爱喜；于苦爱喜者，则于苦不得解脱。如是受、想、行、识爱喜者，则爱喜苦；爱喜苦者，则于苦不得解脱。诸比丘！于色不爱喜者，则不喜于苦；不喜于苦者，则于苦得解脱。如是受、想、行、识不爱喜者，则不喜于苦；不喜于苦者，则于苦得解脱。"时诸比丘闻佛所说，欢喜奉行。

　　　　②无常及苦、空，非我、正思惟，无知等四种，及于色喜乐。

　　"**愚相**"：复次，有二种愚夫之相。何等为二？一者、于所应求不如实知；二者、非所应求而反生起。何等名为是所应求？所

---

① 《相应部》（二二）"蕴相应"二九经。
② 此颂，是前十经之摄颂。下例。

谓涅槃诸行永灭。而诸愚夫,于当来世诸行不生都无乐欲,于诸行生唯有欣乐。由是因缘,于所应求,及诸行生所有众苦不如实知。何等名为非所应求而反生起?非所求者,谓老、病、死,非爱合会,所爱别离,所欲匮乏,愁、叹、忧、苦,种种热恼。彼于如是诸行生起,反生欣乐;于生为本一切行中,深起乐著;于生为本所有诸业,造作积集。由是因缘,于有生苦,及生为本老、病、死等众苦差别,不得解脱。如是名为非所应求而反生起。

——①　　　　　　——(　八　)

如是我闻:一时,佛住舍卫国祇树给孤独园。尔时,世尊告诸比丘:"过去、未来色无常,况现在色!圣弟子如是观者,不顾过去色,不欣未来色,于现在色厌、离欲、正向灭尽。如是过去、未来受、想、行、识无常,况现在(受、想、行、)识!圣弟子如是观者,不顾过去识,不欣未来识,于现在识厌、离欲、正向灭尽。"

一二——一四②　　　一二——一四(　　)

如无常,(如是)苦,空,非我,亦复如是。时诸比丘闻佛所说,欢喜奉行。

"无常等定":复次,于诸行中,有四决定:一、无常决定,二、苦决定,三、空决定,四、无我决定。云何诸行无常决定?由三种相,当知过去、未来诸行尚定无常,何况现在!何等为三?谓先无而有故,先有而无故,起尽相应故。若未来行,先所未有定非有者,是即应非先无而有,如是应非无常决定。由彼先时施设非

---

①　《相应部》(二二)"蕴相应"九经。
②　《相应部》(二二)"蕴相应"一〇·一一经。

有,非有为先,后时方有,是故未来诸行无常决定。若现在从缘行生已决定有者,是即应非先有而无,未来诸行便应非是无常决定;现在诸行亦应不与起尽相应。由现在行从缘生已,非决定有,以有为先施设非有,是故过去诸行无常决定。如是现在诸行,因未来行先无而有,因过去行先有而无,由此施设起尽相应。是故说言:当知去、来诸行无常性尚决定,何况现在!是名诸行无常决定。云何诸行苦性决定?谓去、来诸行尚是生等苦法,何况现在!所以者何?过去诸行是已度苦,未来诸行是未至苦,现在诸行是现前苦,是名诸行苦性决定。云何诸行空性决定?谓去、来诸行尚定空性,何况现在!所以者何?未来诸行其性未有,由此故空;过去诸行其性已灭,由此故空;现在诸行虽有未灭,谛义、胜义性所远离,由此故空,是名诸行空性决定。云何诸行无我决定?谓去、来诸行尚定无我,何况现在!所以者何?未来诸行非我之相,未现前故;过去诸行非我之相,已越度故;现在诸行非我之相,正现前故,是名诸行无我决定。又由二相,当知诸行决定无常:一、由过去世已灭坏故,二、由未来、现在世是应灭坏法故。又由二相,当知诸行决定是苦:一、是生等苦法故,二、是三苦性故。此诸苦相,如前应知。又由二相,当知诸行决定是空:一、毕竟离性空故,二、后方离性空故。毕竟离性空者,谓诸行中我我所性毕竟空故。后方离性空者,谓于已断一切烦恼心解脱中,一切烦恼皆悉空故。又由二相,当知诸行决定无我:一、诸行种种外性故,二、诸行从众缘生不自在故。复由十相,当知诸行四相决定:谓由败坏,变易,别离,相应法性相故,非可乐,不安隐,相应远离,异相相故。如是等相,如前声闻地已广分别①。

"**界**"：复次，依出世道作意修中，有五离系品界：一者、断界，二者、无欲界，三者、灭界，四者、有余依涅槃界，五者、无余依涅槃界。谓见道所断诸行断故，名为断界。修道所断诸行断故，名无欲界。即此唯有余依故，名有余依涅槃界。此依灭故，名为灭界，亦名无余依涅槃界。即此五界，由一切行永寂静故，名诸行止。由我、我所、我慢、执著及与随眠皆远离故，说名为空。由一切相皆远离故，名无所得。于断界中，一切随顺有漏法上所有贪爱皆远离故，名为爱尽。于无欲界，所有欲贪皆远离故，名为无欲。于灭界中，及于有余依、无余依涅槃界中，如其所应皆永灭故，皆寂静故，随其次第，说名为灭，亦名涅槃。又于断界，未得为得勤修习故，名于诸行修厌。于无欲界，未得为得勤修习故，名于诸行修离欲。于灭界，未得为得勤修习故，名于诸行修灭。

一五② 　　　　　　　一五（　九）

如是我闻：一时，佛住舍卫国祇树给孤独园。尔时，世尊告诸比丘："色无常，无常即苦，苦即非我，非我者亦非我所；如是观者，名真实正观。如是受、想、行、识无常，无常即苦，苦即非我，非我亦非我所；如是观者，名真实正观。圣弟子如是观者，厌于色，厌受、想、行、识。厌故不乐，不乐故得解脱，解脱者真实智生：我生已尽，梵行已立，所作已作，自知不受后有。"时诸比丘

---

① 见《瑜伽师地论》卷三四（大正三〇·四七〇下、四七四中）。
② 《相应部》（二二）"蕴相应"一五经。

闻佛所说,欢喜奉行。

一六①　　　　　　　　　一六(　一〇)

如是我闻:一时,佛住舍卫国祇树给孤独园。尔时,世尊告诸比丘:"色无常,无常即苦,苦即非我,非我者即非我所;如是观者,名真实正观。如是受、想、行、识无常,无常即苦,苦即非我,非我即非我所;如是观者,名真实正观。圣弟子如是观者,于色解脱,于受、想、行、识解脱,我说是等解脱于生老病死、忧悲恼苦。"时诸比丘闻佛所说,欢喜奉行。

"二种渐次":复次,为心解脱勤修习者,有二种渐次:一、智渐次,二、智果渐次。云何智渐次?谓于诸行中,先起无常智,由思择彼生灭道理故。次后于彼生相应行,观为生法、老法,乃至忧、苦、热、恼等法。由是因缘,一切皆苦,此即依先无常智生后苦智。又彼诸行,由是生法乃至是热、恼法故,即是死生缘起,展转流转,不得自在行相道理,故无有我,此则依先苦智生后无我智。如是观无常故苦,苦故无我,是名智渐次。云何智果渐次?谓厌,离欲,解脱,遍解脱。云何厌?谓有对治现前故,起厌逆想,令诸烦恼不复现行。云何离欲?谓由修习厌心故,虽于对治不作意思惟,然于一切染爱事境贪不现行,此由伏断增上力故。云何解脱?谓即于此伏断对治多修习故,永拔随眠。如是名厌,离欲,解脱第一差别。复有差别:谓于厌位,断界极成满故名厌。即依止厌,除非想非非想处,于余下地得离欲时,施设离欲位,故名离欲。于非想非非想处得离欲时,施设解脱位,故名解脱。是

---

① 大同前经。

名厌,离欲,解脱第二差别。云何遍解脱?谓由如是烦恼杂染解脱故,生等诸苦杂染亦普解脱,是名遍解脱。如是由智增上力故,于诸行中起厌,由习厌故得离欲,由习离欲故得解脱及遍解脱,如是名为智果渐次。

此中复有四种邪执,何等为四? 一、见邪执,二、慢邪执,三、自内邪执,四、他教邪执。见邪执者,谓于诸行中执我、我所。慢邪执者,谓于诸行中起我慢执。前见邪执,障谛现观;后我慢邪执,障修所断烦恼等断。自内邪执者,谓独处空闲,不正分别为依止故,执有实我,或见邪执,或慢邪执。他教邪执者,谓由他教起邪执者,谓此是我,此是我所,我慢行转。又于内起不正分别,执我、我所名内邪执,亦名非他教邪执。如是一切邪执永断,当知是名智果。

一七①　　　　　一七(一一)

如是我闻:一时,佛住舍卫国祇树给孤独园。尔时,世尊告诸比丘:"色无常,若因、若缘生诸色者,彼亦无常;无常因、无常缘所生诸色,云何有常! 如是受……想……行……识无常,若因、若缘生诸识者,彼亦无常;无常因、无常缘所生诸识,云何有常! 如是诸比丘! 色无常,受、想、行、识无常,无常者则是苦,苦者则非我,非我者则非我所。圣弟子如是观者,厌于色,厌于受、想、行、识。厌者不乐,不乐则解脱,解脱知见:我生已尽,梵行已立,所作已作,自知不受后有。"时诸比丘闻佛所说,欢喜奉行。

---

① 《相应部》(二二)"蕴相应"一八——二〇经。

一八①　　　　　　　　一八（一二）

如是我闻：一时，佛住舍卫国祇树给孤独园。尔时，世尊告诸比丘："色无常，若因、若缘生诸色者，彼亦无常；无常因、无常缘所生诸色，云何有常！受……想……行……识无常，若因、若缘生诸识者，彼亦无常；无常因、无常缘所生诸识，云何有常！如是比丘！色无常，受、想、行、识无常，无常者则是苦，苦者则非我，非我者则非我所。如是观者，名真实正观。圣弟子如是观者，于色解脱，于受、想、行、识解脱，我说是等为解脱生老病死、忧悲恼苦。"时诸比丘闻佛所说，欢喜奉行。

"非断非常"：复次，由三种相应，知诸行非断非常。何等为三？一、以无住行为因故，二、生已无住因故，三、未来诸行因性灭故。此中诸行因无常故，生已住因不可得故，当知诸行非常。能生未来诸行，现在因性灭故，当知诸行非断。

复有四缘，能令诸行展转流转。何等为四？一、因缘，二、等无间缘，三、所缘缘，四、增上缘。即此四缘，略有二种：一、因，二、缘。因唯因缘，余三唯缘。又因缘者，谓诸行种子。等无间缘者，谓前六识等及相应法等无间灭，后六识等及相应法等无间生。所缘缘者，谓五识身等以五别境为所缘，第六识身等以一切法为所缘。增上缘者，谓五识等以眼等各别所依为增上缘，及以能生作意等为增上缘；意识身等以四大种身，及能生作意等为增上缘。又先所造业，望所生爱非爱果，当知亦是增上缘。如是资粮望道，道望得涅槃，当知亦是增上缘摄。

---

① 《相应部》（二二）"蕴相应"一八——二〇经。

一九① 一九（一三）

如是我闻：一时，佛住舍卫国祇树给孤独园。尔时，世尊告诸比丘："若众生于色不味者，则不染于色，以众生于色味故，则有染著。如是众生于受、想、行、识不味者，彼众生则不染于（受、想、行、）识，以众生味受、想、行、识故，彼众生染著于（受、想、行、）识。诸比丘！若色于众生不为患者，彼诸众生不应厌色；以色为众生患故，彼诸众生则厌于色。如是受、想、行、识不为患者，彼诸众生不应厌（受、想、行、）识；以受、想、行、识为众生患故，彼诸众生则厌于（受、想、行、）识。诸比丘！若色于众生无出离者，彼诸众生不应出离于色；以色于众生有出离故，彼诸众生出离于色。如是受、想、行、识于众生无出离者，彼诸众生不应出离于（受、想、行、）识；以受、想、行、识于众生有出离故，彼诸众生出离于（受、想、行、）识。诸比丘！若我于此五受阴，不如实知味是味，患是患，离是离者，我于诸天、若魔、若梵、沙门、婆罗门、天、人众中，不脱、不出、不离，永住颠倒，亦不能自证得阿耨多罗三藐三菩提。诸比丘！我以如实知此五受阴，味是味，患是患，离是离，故我于诸天、若魔、若梵、沙门、婆罗门、天、人众中，〔自证〕②得脱、得出、得离、得解脱结缚，永不住颠倒，亦能自证得阿耨多罗三藐三菩提"。时诸比丘闻佛所说，欢喜奉行。

二〇③ 二〇（一四）

如是我闻：一时，佛住舍卫国祇树给孤独园。尔时，世尊告

---

① 《相应部》（二二）"蕴相应"二八经。
② 〔 〕中文字，可删，下例。
③ 《相应部》（二二）"蕴相应"二七经。

诸比丘："我昔于色味，有求、有行，若于色味随顺觉，则于色味以智慧如实见。如是于受、想、行、识味，有求、有行，若于受、想、行、识味随顺觉，则于（受、想、行、）识味以智慧如实见。诸比丘！我于色患，有求、有行，若于色患随顺觉，则于色患以智慧如实见。如是受……想……行……识患，有求、有行，若于识患随顺觉，则于识患以智慧如实见。诸比丘！我于色离，有求、有行，若于色(离)①随顺觉，则于色离以智慧如实见。如是受、想、行、识离，有求、有行，若于受、想、行、识离随顺觉，则于受、想、行、识离以智慧如实见。诸比丘！我于五受阴，不如实知味是味，患是患，离是离者，我于诸天、若魔、若梵、沙门、婆罗门、天、人众中，不脱、不离、不出，永住颠倒，不能自证得阿耨多罗三藐三菩提。诸比丘！我以如实知五受阴，味是味，患是患，离是离，我于诸天、若魔、若梵、沙门、婆罗门、天、人众中，以②脱、以离、以出，永不住颠倒，能自证得阿耨多罗三藐三菩提。"时诸比丘闻佛所说，欢喜奉行。

　　　　过去四种说，厌离及解脱，二种说因缘，味亦复二种。

"染净"：复次，由三种事，二种相应，当观察杂染、清净。云何由三种事，观察一切杂染、清净？一者、于诸行中观察杂染因缘，谓观彼爱味为爱味故。二者、于诸行中观察清净因缘，谓观彼过患为过患故。三者、于诸行中观察清净，谓观彼出离为出离故。如是一切总略为一，名由三事观察一切杂染、清净。云何由

---

① （　）中文字，原本所无，依文义补之，下例。
② "以"与"已"，古通用，今存原本之旧。

二种相,观察一切杂染、清净?一者、由如所有性故;二者、由尽所有性故。如所有性者,谓于诸行中,若爱味、若过患、若出离;尽所有性者,谓于诸行中,尽所有爱味,尽所有过患,尽所有出离。此中观察诸行为缘生乐、生喜,是名于彼爱味,又此爱味极为狭小;如是由二种相,观察如所有性所有爱味。又观察诸行是无常、苦、变坏之法,是名于彼过患,又此过患极为广大;如是由二种相,观察如所有性所谓过患。又复观察于诸行中欲贪灭、欲贪断、欲贪出,是名于彼出离,又此出离寂静无上,毕竟安隐;如是由二种相,观察如所有性所谓出离。又即此爱味,即此过患,即此出离,于诸行中,若过去、若未来、若现在,若内、若外,若粗、若细,若劣、若胜,若远、若近,审谛观察,当知是名于彼观察尽①所有性,所谓爱味、过患、出离。

又为了知如是三事体性是有,应知三种有情众别:一、于诸欲染著众,二、于诸欲远离众,三、于诸欲离系众。于此三处,复有三种世间愚痴:谓若天世间,若沙门、婆罗门,若诸天、人。如是三种世间,由三因缘应知安立:一、由得欲自在及净自在故,谓若魔、若梵世间;二、由勤修得彼因故,谓若沙门、婆罗门;三、趣种种业因果故,谓若诸天、人。又于此三处,随其所应,能断、作证。有二种道,离四倒心,谓已入见地,及于上修道多修习住。又此二种道,有四种相心解脱果:一、贪、嗔缚解脱相,二、欲贪灭、断、出离相,三、九结离系相,四、生等诸苦解脱相。此中前三相,显示因处烦恼解脱;后一相,显示果处诸苦解脱。于此义中,

---

① 原本作"如",今依《论》义改。

譬如有人处在图圉,为种种缚之所系缚:所谓或木、或索、或铁;又置余人令其防守;或设有彼从幽縶处逃至远所,还执将来;或有尚不令彼转动,况得逃避;或有安置广大微妙种种可爱所系妙欲在幽縶处,令彼自然心生乐著,无欲逃避。如是彼人为一切种缚之所缚,为善方便守之所守,为最坚牢系之所系。复为怨家随欲加害,所谓打拍,或复解割,或加杖捶,或总断命。若有能脱是四缚者,乃得名为从一切缚而得解脱。如是于彼三处世间愚痴有情,为种种缚所系缚者,当知即譬贪、嗔、痴缚。其守禁者,譬不正寻思,及未永拔烦恼随眠;不正寻思故,尚不令动,况得离欲而远逃避!烦恼随眠未永拔故。虽世间道方便逃避,远至有顶,复执将还。可爱妙欲,譬之九结,由彼结故,令于生死自然乐著,于自系缚不欲解脱。彼既如是为种种缚极所密缚,善方便缚之所密缚,最坚牢缚之所密缚;复四魔怨,随其所欲,以生等苦而加害之。若能从彼四种系缚善解脱者,乃可名为从一切缚而得解脱。

二一① 二一(一五)

如是我闻:一时,佛住舍卫国祇树给孤独园。尔时,有异比丘来诣佛所,稽首佛足,却住一面。白佛言:"善哉世尊!今当为我略说法要。我闻法已,当独一静处,修不放逸,修不放逸已,当复思惟所以。善男子出家,剃除须发,身着法服,信家非家,出家(学道),为究竟无上梵行,现法作证:我生已尽,梵行已立,所作已作,自知不受后有。"尔时,世尊告彼比丘:"善哉!善哉!

---

① 参照《相应部》(二二)"蕴相应"六三经义。

比丘快说此言,云当为我略说法要。我闻法已,独一静处,修不放逸,乃至自知不受后有,如是说耶?"比丘白佛:"如是,世尊!"佛告比丘:"谛听、谛听,善思念之,当为汝说。比丘!若随使使者,即随使死;若随(使)死者,为取所缚。比丘若不随使使,则不随使死;不随使死者,则于取解脱。"比丘白佛:"知已,世尊!知已,善逝!"佛告比丘:"汝云何于我略说法中广解其义?"比丘白佛言:"世尊!色随使使、色随使死;随使使、随使死者,则为取所缚。如是受、想、行、识,随使使、随使死;随使使、随使死者,为取所缚。世尊!若色不随使使,不随使死;不随使使、不随使死者,则于取解脱。如是受、想、行、识,不随使使,不随使死;不随使使、不随使死者,则于取解脱。如是世尊略说法中,广解其义。"佛告比丘:"善哉!善哉!比丘于我略说法中,广解其义。所以者何?色随使使,随使死;随使使、随使死者,则为取所缚。如是受、想、行、识,随使使,随使死;随使使、随使死者,则为取所缚。比丘!色不随使使,不随使死;不随使使、不随使死者,则于取解脱。如是受、想、行、识,不随使使,不随使死;不随使使、不随使死者,则于取解脱。"时彼比丘闻佛所说,心大欢喜,礼佛而退。独在静处,精勤修习,住不放逸。精勤修习、住不放逸已,思惟所以:善男子出家,剃除须发,身着法服,信家非家,出家乃至自知不受后有。时彼比丘即成罗汉,心得解脱。

复次,嗢拕南曰:

略教、教果、终、堕数,三遍智断、缚、解脱,见慢杂染、净说句,远离四具、三圆满。

"略教"：由三因缘，有诸声闻往大师所，请略教授。何等为三？谓唯多闻为究竟者，于诸余行而厌背者，生如是解：但略闻法，足得自义，何藉多闻以为究竟！要修正行为贞实故。又弃舍多闻究竟欲故；又有怖畏于所入门多所作者，为善方便而得入故。或有即彼已于多法善听、善思，彼作是念：我于多法已善听、思，若我今者尽已听、思所得诸法以为依止，于住心境及解脱境欲系心者，将不令我作意散乱！若尔，住心尚不能得，何况解脱！又于如是所闻、所思一切法中，不得决定，当依何者速证通慧？当依何者速得出离？当缘何境而得住心？当缘何境而得解脱？彼既如是自不决定，若于大师，或众所识如来弟子现前见已，便即往诣请略教授。

"教果"：复次，当知正教授有四种自义果得：谓为此出家，及如此出家，即形相具足，事业具足，意乐具足，处舍取具足。依此故得无上得，现法得，自然得，内证得。

"终"：复次，有六种死：谓过去死，现在死，不调伏死，调伏死，同分死，不同分死。过去死者，谓过去诸行没，乃至命根灭故死。现在死者，谓现在诸行没，乃至命根灭故死。不调伏死者，谓于过去世不调、不伏，有随眠行展转随眠。世俗说言：士夫随眠而命终已，于现在世结生相续，有随眠行所摄自体而得生起。于现在世乃至寿尽，亦复如是不调、不伏，广说乃至而命终已，未来自体复得生起。又能摄取有随眠行。由摄取彼以为因故，便为生等众苦所缚，亦为贪等大缚所缚。调伏死者，谓于现在世已调、已伏，无有随眠而命终已，未来自体不复生起，亦不摄取有随眠行。不摄取彼以为因故，解脱生等众苦差别，亦复解脱贪等大缚。同分死者,谓如过去不调、不伏,曾舍身命,于现在世亦复如是而舍身命,当知如此名同分死,名相似死,名随顺死。若于过去不调、不伏,舍身命已,于现在世已调、已伏而舍身命,当知此名不同分死,不相似死,不随顺死。若于现在有随眠行展转随眠而命终时,如过去死,名同分死及随顺死;不如过去而命终时,不能摄取当所结生未来相续同分诸行。又此六种死,当知有二种相:谓诸行流转过患相,及诸行还灭胜利相。若于过去及于现在,不调、不伏,同分而死,复于未来取生等苦,及为贪等烦恼缚者,名诸行流转过患相。若于现在已调、已伏,不同分死,又于未来不取众苦,解脱一切烦恼缚者,名诸行还灭胜利相。

二二　　　　　二二(一六)

如是我闻:一时,佛住舍卫国祇树给孤独园。尔时,有异比丘来诣佛所,所问如上。差别者:"随使使、随使死者,则增诸数;若不随使使、不随使死者,则不增诸数。"佛告比丘:"汝云何于我略说法中广解其义?"时彼比丘白佛言:"世尊!若色随使使,随使死;随使使、随使死者,则增诸数。如是受、想、行、识,随使使,随使死;随使使、随使死者,则增诸数。世尊!若色不随使使,不随使死;不随使使、不随使死者,则不增诸数。如是受、想、行、识,不随使使,不随使死;不随使使、不随使死者,则不增诸数。如是世尊!我于略说法中广解其义。"如是乃至得阿罗汉,心得解脱。

"**堕数**":复次,由八种相,得入于彼诸行生起,世俗言说士夫数中。谓如是名，如是种类，如是族姓，如是饮食，如是领受若苦、若乐，如是长寿，如是久住，如是所有寿量边际。如是诸相，于菩萨地宿住念中，当知如前已广分别①。

　　　　二三②　　　　　　　　二三（一七）

如是我闻：一时，佛住舍卫国祇树给孤独园。有异比丘从坐起，偏袒右肩，合掌，白佛言："善哉世尊！为我略说法要。我闻法已，当独一静处，专精思惟，住不放逸。所以善男子出家，剃除须发，身着法服，信家非家，出家学道，为究竟无上梵行，现法身作证：我生已尽，梵行已立，所作已作，自知不受后有。"尔时，世尊告彼比丘："善哉！善哉！汝作是说：世尊为我略说法要，我于略说法中广解其义，当独一静处，专精思惟，住不放逸，乃至自知不受后有。汝如是说耶？"比丘白佛："如是，世尊！"佛告比丘："谛听、谛听，善思念之，当为汝说。比丘！非汝所应之法，宜速断除。断彼法者，以义饶益，长夜安乐。"时彼比丘白佛言："知已，世尊！知已，善逝！"佛告比丘："云何于我略说法中，广解其义？"比丘白佛言："世尊！色非我所应，宜速断除。受、想、行、识，非我所应，宜速断除，以义饶益，长夜安乐。是故世尊！我于世尊略说法中广解其义。"佛言："善哉！善哉！比丘！汝于我略说法中广解其义。所以者何？色者非汝所应，宜速断除。如是受、想、行、识，非汝所应，宜速断除。断除已，以义饶益，长夜安乐。"时彼比丘闻佛所说，心大欢喜，礼佛而退。独一静处，

---

① 见《瑜伽师地论》卷三七（大正三〇·四九三下——四九四上）。
② 《相应部》（二二）"蕴相应"六九经。

精勤修习,住不放逸。精勤修习、住不放逸已,思惟所以,善男子出家,剃除须发,身着法服,正信非家,出家乃至自知不受后有。时彼比丘成阿罗汉,心得解脱。

二四① 二四（一八）

如是我闻:一时,佛住舍卫国祇树给孤独园。尔时,有异比丘从坐起,偏袒右肩,为佛作礼,却住一面。而白佛言:"善哉世尊! 为我略说法要。我闻法已,当独一静处,专精思惟,不放逸住,乃至自知不受后有。"佛告比丘:"善哉! 善哉! 汝作如是说:世尊为我略说法要,我闻法已,当独一静处,专精思惟,不放逸住,乃至自知不受后有耶?"时彼比丘白佛言:"如是,世尊!"佛告比丘:"谛听、谛听,善思念之,当为汝说。若非汝所应,亦非余人所应,此法宜速除断。断彼法已,以义饶益,长夜安乐。"时彼比丘白佛言:"知已,世尊! 知已,善逝!"佛告比丘:"云何于我略说法中广解其义?"比丘白佛言:"世尊! 色非我,非我所应,亦非余人所应,是法宜速除断;断彼法已,以义饶益,长夜安乐。如是受、想、行、识非我,非我所应,亦非余人所应,宜速除断;断彼法已,以义饶益,长夜安乐。是故我于如来略说法中广解其义。"佛告比丘:"善哉! 善哉! 汝②于我略说法中广解其义。所以者何? 比丘! 色非我,非我所应,亦非余人所应,是法宜速除断;断彼法已,以义饶益,长夜安乐。如是受、想、行、识非我,非我所应,亦非余人所应,是法宜速除断;断彼法已,以义饶益,长夜安乐。"时彼比丘闻佛所说,心大欢喜,礼佛而退。独一

---

① 参照上经义。
② "汝"下,原本有"云何"二字,与前后文义不合,今删。

静处,精勤修习,不放逸住,乃至自知不受后有。时彼比丘心得解脱,成阿罗汉。

"三遍智断":复次,由三种相,于诸行中应知无我遍智及断。何等为三?一、于内遍智,二、于外遍智,三、于内外遍智。断亦如是,随其所应。所谓诸行都无有我,无有我所,亦无有余互相系属,当知如是于内、外、俱遍智及断。此中由法住智,得决定遍智;数习此故,舍彼相应所有随眠,得毕竟断。当知此中,为于诸行未得遍智者,令得遍智故,如来大师说正法要。若于诸行已得遍智而未永断者,为令唯于如先所得遍智数习得永断故,复加劝导。

二五① 二五(一九)

如是我闻:一时,佛住舍卫国祇树给孤独园。尔时,有异比丘从坐起,为佛作礼,而白佛言:"世尊!为我略说法要,我闻法已,当独一静处,专精思惟,不放逸住。不放逸住已,思惟所以,善男子正信家非家,出家乃至自知不受后有。"尔时,世尊告彼比丘:"善哉!善哉!汝今作是说:善哉世尊!为我略说法要,我闻法已,当独一静处,专精思惟,不放逸住,乃至自知不受后有耶?"比丘白佛言:"如是,世尊!"佛告比丘:"谛听、谛听,善思念之,当为汝说。比丘!结所系法,宜速除断;断彼法已,以义饶益,长夜安乐。"时彼比丘白佛言:"知已,世尊!知已,善逝!"佛告比丘:"汝云何于我略说法中广解其义?"比丘白佛言:"世尊!

---

① 《相应部》(二二)"蕴相应"七〇经。

色是结所系法,是结所系法,宜速除断;断彼法已,以义饶益,长夜安乐。如是受、想、行、识,(是)结所系法,是结所系法,宜速除断;断彼法已,以义饶益,长夜安乐。是故我于世尊略说法中,广解其义。"佛告比丘:"善哉!善哉!汝于我略说法中广解其义。所以者何?色是结所系法,此法宜速除断;断彼法已,以义饶益,长夜安乐。如是受、想、行、识,是结所系法,此法宜速除断;断彼法已,以义饶益,长夜安乐。"时彼比丘闻佛所说,心大欢喜,礼佛而退。独一静处,专精思惟,不放逸住,乃至心得解脱,成阿罗汉。

二六　　　　　　　二六(　二○)

染①经亦如是说。

二七②　　　　　　二七(　二一)

如是我闻:一时,佛住舍卫国祇树给孤独园。尔时,有异比丘从坐起,为佛作礼,而白佛言:"世尊!为我略说法要。我闻法已,当独一静处,专精思惟,不放逸住。不放逸住已,思惟所以,善男子正信非家,出家乃至自知不受后有。"尔时,世尊告彼比丘:"善哉!善哉!汝今作是说:善哉世尊!为我略说法要,我闻法已,当独一静处,专精思惟,不放逸住,乃至自知不受后有耶?"比丘白佛言:"如是,世尊!"佛告比丘:"谛听、谛听,善思念之,当为汝说。比丘!动摇时则为魔所缚,若不动者则解脱波旬。"比丘白佛言:"知已,世尊!知已,善逝!"佛告比丘:"汝云何于我略说法中广解其义?"比丘白佛言:"世尊!色动摇时,则

---

① "染"原本作"深"。依《论》:"二、爱结所染诸有漏事",知"深"乃"染"字形似之误,今改。"染经"与上"结所系"经,与《相应部》(二二)"蕴相应"七○经相当。

② 《相应部》(二二)"蕴相应"六三——六五经。

为魔所缚;若不动者,则解脱波旬。如是受、想、行、识,动摇时则为魔所缚;若不动者,则解脱波旬。是故我于世尊略说法中,广解其义。"佛告比丘:"善哉!善哉!汝于我略说法中广解其义。所以者何?若色动摇时,则为魔所缚;若不动者,则解脱波旬。如是受、想、行、识,动摇时则为魔所缚;若不动者,则解脱波旬。"乃至自知不受后有,心得解脱,成阿罗汉。

"缚":复次,于生死中而流转者,有三种缚,由此缚故心难解脱。当知此唯善说法律能令解脱,非由恶说。何等为三?一者、除其爱结,余结所系诸有漏事;二者、爱结所染诸有漏事;三者、能生当来后有诸行。于此三缚,由三因缘,心难解脱。谓初、由种种故,第二、由坚牢故,可爱乐故;第三、由微细故。复由五相,为后有缚所系缚者,当知有五我慢现行。谓由所依故,所缘故,助伴故,自性故,因果故。当知此中,萨迦耶见以为依止。计我未来,或当是有、或当非有,以有非有为所缘境。此中非有为所缘境,唯有一种;有为所缘,乃有五种,谓我当有色,我当无色,我当有想,我当无想,我当非有想非无想。如是一切总收为一,合有六种所缘境界。言助伴者,谓动乱心。言自性者,恃举行相为其自相,戏论自性为其共相,一切烦恼戏论性故。因果性者,谓能感生为因性故,造作业行爱随逐故。

二八①   二八(二二)

如是我闻:一时,佛住舍卫国祇树给孤独园。尔时,有比丘

---

① 《相应部》(二二)"蕴相应"一二四·一二五经。

名劫波,来诣佛所,头面礼足,却住一面。白佛言:"如世尊说比丘心得善解脱,世尊!云何比丘心得善解脱?"尔时,世尊告劫波曰:"善哉!善哉!能问如来心善解脱。善哉劫波!谛听、谛听,善思念之,当为汝说。劫波!当观知诸所有色,若过去、若未来、若现在,若内、若外,若粗、若细,若好、若丑,若远、若近,彼一切悉皆无常。正观无常已,色爱即除;色爱除已,心善解脱。如是观受……想……行……识若过去、若未来、若现在,若内、若外,若粗、若细,若好、若丑,若远、若近,彼一切悉皆无常。正观无常已,识爱即除;识爱除已,我说心善解脱。劫波!如是比丘心善解脱者,如来说名心善解脱。所以者何?爱欲断故,爱欲断者,如来说名心善解脱。"时劫波比丘闻佛所说,心大欢喜,礼佛而退。尔时,劫波比丘受佛教已,独一静处,专精思惟,不放逸住,乃至自知不受后有。心善解脱,成阿罗汉。

"**解脱**":复次,由三种相,当知心善解脱:谓于诸行遍了知故;于彼相应诸烦恼断得作证故;烦恼断已,于一切处离爱住故。又于此中,由四种行,于诸行中能遍了知如所有性,谓无常等。由十一行,于诸行中能遍了知尽所有性,谓过去、未来等,如前广说。

二九①　　　　　二九(二三)

如是我闻:一时,佛住王舍城迦兰陀竹园。尔时,尊者罗睺罗往诣佛所,头面礼足,却住一面。白佛言:"世尊!云何知、云

---

① 《相应部》(二二)"蕴相应"九一经,又(一八)"罗睺罗相应"二一经。

何见,我此识身及外境界一切相,能令无有我、我所见、我慢、使、系著"?佛告罗睺罗:"善哉!善哉!能问如来云何知、云何见,我此识身及外境界一切相,令无有我、我所见、我慢、使、系著耶?"罗睺罗白佛言:"如是,世尊!"佛告罗睺罗:"善哉!谛听、谛听,善思念之,当为汝说。罗睺罗!当观①所有诸色,若过去、若未来、若现在,若内、若外,若粗、若细,若好、若丑,若远、若近,彼一切悉皆非我,不异我,不相在,如是平等慧正观。如是受、想、行、识,若过去、若未来、若现在,若内、若外,若粗、若细,若好、若丑,若远、若近,彼一切非我,不异我,不相在,如是平等慧如实观。如是罗睺罗!比丘如是知,如是见②者,于此识身及外境界一切相,无有我、我所见、我慢、使、系著。罗睺罗!比丘若如是于此识身及外境界一切相,无有我、我所见、我慢、使、系著者,比丘是名断爱欲,转去诸结,正无间等,究竟苦边。"时罗睺罗闻佛所说,欢喜奉行。

三〇③　　　　　三〇(二四)

如是我闻:一时,佛住王舍城迦④兰陀竹园。尔时,世尊告罗睺罗:"比丘云何知、云何见,我此识身及外境界一切相,无有我、我所见、我慢、使、系著?"罗睺罗白佛言:"世尊为法主,为导,为覆,善哉世尊!当为诸比丘演说此义。诸比丘从佛闻已,当受持奉行。"佛告罗睺罗:"谛听、谛听,善思念之,当为汝说。"

---

① "观"下,原本有"若"字,衍文,今删。
② "如是知如是见"下,原本衍"如是知如是见"六字,今删。
③ 《相应部》(二二)"蕴相应"九二经,又(一八)"罗睺罗相应"二二经。
④ "迦",原本作"伽",依宋本改。

罗睺罗白佛:"唯然,受教。"佛告罗睺罗:"当观诸所有色,若过去、若未来、若现在,若内、若外,若粗、若细,若好、若丑,若远、若近,彼一切非我,不异我,不相在,如是平等慧如实观。如是受、想、行、识,若过去、若未来、若现在,若内、若外,若粗、若细,若好、若丑,若远、若近,彼一切非我,不异我,不相在,如是平等慧如实观。比丘如是知、如是见,我此识身及外境界一切相,无有我、我所见、我慢、使、系著。罗睺罗!比丘如是识身及外境界一切相,无有我、我所见、我慢、使、系著者,超越疑心,远离诸相,寂静、解脱,是名比丘断除爱欲,转去诸结,正无间等,究竟苦边。"时罗睺罗闻佛所说,欢喜奉行。

使、增诸数,非我、非彼,结系、染①动摇,劫波所问,亦罗睺罗所问二经。

"见慢杂染":复次,有二种、五种杂染,并五种因相。如是二种,诸有学者应知、应断,诸无学者已知、已断。何等为二?谓见杂染,及慢杂染。此二当知五种差别,谓由行故,缠故,随眠故。何等为五?一者、计我,二者、计我所,三者、我慢,四者、执著,五者、随眠。当知此中,计我、我所、我慢三种为所依止,于所缘事固执取著,唯此谛实,余皆愚妄。当知此中由缠道理,说名执著;即彼种子随缚相续,说名随眠。又有识身及外事等,当知是彼五种因相,谓计我因相,乃至随眠因相。即此因相,复有二种:一者、所缘因相,二者、因缘因相。计我、我慢,以有识身为所缘因相;计我所,通以二种为所缘因相。彼执著,以闻不正法,不

---

① "染",原本缺,今依经补之。

如理作意,及彼随眠为因缘因相;彼随眠,以不如实了知诸行,烦恼诸缠数数串习为因缘因相。

复次,有四种有情众,当知于中安立杂染。何等为四?一者、外道有情众,二者、此法异生有情众,三者、有学有情众,四者、无学有情众。外道有情众中,具有一切。此法异生有情众中,四种可得及彼因相,并执著因相一分,然执著不可得。有学有情众中,计我、我所二种及我因相,执著、随眠皆不可得;及我慢、执著并彼因相,然有我慢、随眠可得。无学有情众中,一切皆不可得。又外道有情众,凡所有行,不为断彼。此法异生有情众,所修诸行,正为断彼而未能断,未见如实故。有学有情众,已断一分,为断余分复修正行;虽见如实,而不自称我已能见,犹未获得尽、无生智故。无学有情众,一切已断,于诸行中而自称言我如实见。

"净说句":复次,有八种清净说句,何等为八?谓由超过见、慢故,名二种超过意清净说句;由断彼因相故,名除相清净说句;由断彼执著故,名寂静清净说句;由断彼随眠故,名善解脱清净说句。复次,有学有二清净说句:谓于后有一切行中,由不现行道理,名已割贪爱,及转三结。无学有二清净说句:谓正①慢现观故;及一切苦本贪爱随眠永拔除故,名已作苦边。如是一切总收为一,合有八种清净说句。

"远离四具":复次,由四支故,具足远离,名善具足。何等为四?一者、无第二而住,二者、处边际卧具,三者、其身远离,四

---

① "正",原本作"止",依宋本改。

者、其心远离。谓于居家境界所生诸相,寻思、贪欲、嗔恚悉皆远离,依不放逸防守其心。又由五相发勤精进,速证通慧:谓有势力者,由被甲精进故;有精进者,由加行精进故;有勇捍者,由于广大法中无怯劣精进故;有坚猛者,由寒热蚊虻等所不能动精进故;有不舍善轭者,由于下劣无喜足精进故。又为断惛沉、睡眠、掉举、恶作,如其次第奢摩他、毗钵舍那品随烦恼故,愿正止观无有失坏①。

三一　　　　　　　三一（　二五）

如是我闻:一时,佛住舍卫国祇树给孤独园。时有异比丘来诣佛所,为佛作礼,却住一面。白佛言:"如世尊说多闻,云何为多闻?"佛告比丘:"善哉!善哉!汝今问我多闻义耶?"比丘白佛:"唯然,世尊!"佛告比丘:"谛听,善思,当为汝说。比丘!当知若闻色,是生厌,离欲,灭尽,寂静法,是名多闻。如是闻受、想、行、识,是生厌,离欲,灭尽,寂静法,是名多闻。比丘!是名如来所说多闻。"时彼比丘闻佛所说,踊跃欢喜,作礼而去。

三二②　　　　　　三二（　二六）

如是我闻:一时,佛住舍卫国祇树给孤独园。尔时,有异比丘来诣佛所,头面礼足,却住一面。白佛言:"如世尊所说法师,云何名为法师?"佛告比丘:"善哉!善哉!汝今欲知如来所说法师义耶?"比丘白佛:"唯然,世尊!"佛告比丘:"谛听,善思,当为汝说。"佛告比丘:"若于色,说是生厌,离欲,灭尽,寂静法者,

---

① "远离四具"义,出二一——二八经。
② 三二——三四经。参照《相应部》(二二)"蕴相应"一一五·一一六经。

是名法师。若于受、想、行、识,说是生厌,离欲,灭尽,寂静法者,是名法师。是名如来所说法师。"时彼比丘闻佛所说,踊跃欢喜,作礼而去。

三三　　　　三三（　二七）

如是我闻:一时,佛住舍卫国祇树给孤独园。尔时,有异比丘来诣佛所,头面作礼,却住一面。白佛言:"如世尊说法次法向,云何法次法向?"佛告比丘:"善哉!善哉!汝今欲知法次法向耶?"比丘白佛:"唯然,世尊!"佛告比丘:"谛听,善思,当为汝说。比丘于色向厌,离欲,灭尽,是名法次法向。如是于①受、想、行、识②,向厌,离欲,灭尽,是名法次法向。"时彼比丘闻佛所说,踊跃欢喜,作礼而去。

三四　　　　三四（　二八）

如是我闻:一时,佛住舍卫国祇树给孤独园。尔时,有异比丘来诣佛所,头面礼足,却住一面。白佛言:"世尊!如世尊所说得见法涅槃,云何比丘得见法涅槃?"佛告比丘:"善哉!善哉!汝今欲知见法涅槃耶?"比丘白佛:"唯然,世尊!"佛告比丘:"谛听,善思,当为汝说。"佛告比丘:"于色生厌,离欲,灭尽,不起诸漏,心正解脱,是名比丘见法涅槃。如是(于)受、想、行、识,〔于识〕③生厌,离欲,灭尽,不起诸漏,心正解脱,是名比丘见法涅槃。"时彼比丘闻佛所说,踊跃欢喜,作礼而去。

---

① "于",原本缺,依宋本补。
② "识"下,原本有"于识",衍文,今删。
③ 〔 〕表示可删,下例。

三五①   三五（ 二九 ）

如是我闻：一时，佛住舍卫国祇树给孤独园。尔时，有异比丘名三蜜离提，来诣佛所，头面礼足，却住一面。白佛言："如世尊所说说法师，云何名为说法师？"佛告比丘："汝今欲说法师义耶？"比丘白佛："唯然，世尊！"佛告比丘："谛听，善思，当为汝说。若比丘于色，说厌，离欲，灭尽，是名说法师。如是于受、想、行、识，〔于识〕说厌，离欲，灭尽，是名说法师。"时彼比丘闻佛所说，踊跃欢喜，作礼而去。

      多闻、善说法，向法及涅槃，三蜜离提问：云何说法师。

"三圆满"：复次，于善说法毗奈耶中，有三圆满。何等为三？一、行圆满，二、果圆满，三、师圆满。行圆满者，谓为触证断、无欲、灭界故，听闻正法，为他演说，自正修行，法随法行，是名行圆满。果圆满者，谓即由此法随（法）行增上力故，心善解脱；又能证得现法涅槃，是名果圆满。师圆满者，谓能引发一切梵行之法，皆用世尊为根本故，皆由世尊转法眼故，皆以世尊为所依故。由如来出世，有彼教可知故，说世尊为彼根本。佛出世已，观待彼彼所化有情，说正法眼，师及弟子展转传来，故说世尊转正法眼。转法眼已，若有于中生诸疑惑，唯依世尊乃能决了，故说世尊为所依止②。又说法师，略有二种：一者、由教，二者、由证。斯由从他闻正法已而宣说故；依证学道、无学道已而宣说故③。

---

① 《相应部》（二二）"蕴相应"一一五经。
② 世尊为根本，为法眼，为依止，见上三〇经。
③ 《瑜伽师地论》卷八五终。

三六①　　　　　三六（三〇）

如是我闻：一时，佛住王舍城迦兰陀竹园。尔时，尊者舍利弗，在耆阇崛山中。时有长者子，名输屡那，日日游行，到耆阇崛山，诣尊者舍利弗，问讯起居已，却坐一面。语舍利弗言："若诸沙门、婆罗门，于无常色，变易，不安稳色，言我胜、我等、我劣，何故沙门、婆罗门作如是想而不见真实？若沙门、婆罗门，于无常，变易，不安隐受、想、行、识，而言我胜、我等、我劣，何故沙门、婆罗门作如是想而不见真实？若沙门、婆罗门，于无常色，变易，不安隐色②，言我胜、我等、我劣，何所计而不见真实？于无常，变易，不安隐受、想、行、识，言我胜、我等、我劣，何所计而不见真实？""输屡那！于汝意云何？色为常为无常耶？"答言："无常。""输屡那！若无常为是苦耶？"答言："是苦。""输屡那！若无常，苦，是变易法，于意云何？圣弟子于中见色是我，异我，相在不？"答言："不也。""输屡那！于意云何？受……想……行……识为常为无常？"答言："无常。""若无常是苦耶？"答言："是苦。""输屡那！识若无常，苦，是变易法，于意云何？圣弟子于中见识是我，异我，相在不？"答言："不也。""输屡那！当知色若过去、若未来、若现在，若内、若外，若粗、若细，若好、若丑，若远、若近，彼一切色不是我，不异我，不相在，是名如实知。如是受……想……行……识，若过去、若未来、若现在，若内、若外，若粗、若细，若好、若丑，若远、若近，彼一切识不是我，不异我，不相在，是名如实知。输屡那！如是于色、受、想、行、识，生厌，离欲，

---

① 《相应部》（二二）"蕴相应"四九经。
② "变易，不安隐色"，原本作"不安隐色变易"，今依上下经文改正。

解脱,解脱知见:我生已尽,梵行已立,所作已作,自知不受后有。"时舍利弗说是经已,长者子输屡那远尘,离垢,得法眼净。时长者子输屡那见法,得法,不由于他,于正法中得无所畏。从坐起,偏袒右肩,胡跪合掌,白舍利弗言:"我今已度。我从今日,归依佛,归依法,归依僧,为优婆塞。我从今日,已尽寿命清净归依三宝。"时长者子输屡那,闻舍利弗所说,欢喜踊跃,作礼而去。

复次,嗢拕南曰:

想行、愚相、眼、胜利,九智、无痴与胜进,我见差别、三相行,法总等品、三后广①。

"**想行**":于诸行中,修无常想行有五种:谓由无常性,无恒性,非久住性,不可保性,变坏法性故。此中刹那刹那坏故无常;自体系属有限住寿故无恒;外事劫后决定无住故非久住;寿量未满,容被缘坏非时而死故不可保;乃至尔所时住,于其中间不定安乐故变坏法。

"**愚相**":复次,愚夫略有三种愚夫之相。何等为三?谓诸愚夫,于一切行,如上所说五无常性,不能思惟;于非真实胜、劣性中,分别胜、劣,称量自他,谓己为胜,是名第一愚夫之相。如谓己胜,谓等,谓劣,广说亦尔。与此相违,当知智者亦有三种智者之相。

"**眼**":复次,由二种相,当知圣者慧眼清净,谓由远尘及离垢故。由见所断诸烦恼缠得离系故,名为远尘;由彼随眠得离系

---

① 《瑜伽师地论》卷八六。

故,说名离垢。又现观时,有粗我慢随入作意间无间转,若遍了知所取能取所缘平等,彼即断灭,彼断灭故,说名远尘;一切见道所断烦恼随眠断故,说名离垢。

"胜利":复次,远尘、离垢,于诸法中得法眼时,当知即得十种胜利。何等为十? 一者、于四圣谛已善见故,说名见法。二者、随获一种沙门果故,说名得法。三者、于已所证,能自了知,我今已尽所有那落迦、傍生、饿鬼,我证预流,乃至广说,由如是故说名知法。四者、得四证净,于佛、法、僧如实知故,名遍坚法。五者、于自所证无惑。六者、于他所证无疑。七者、宣说圣谛相应教时,不藉他缘。八者、不观他面,不看他口,于此正法、毗奈耶中,一切他论所不能转。九者、记别一切所证解脱,都无所畏。十者、由二因缘,随入圣教,谓正世俗及第一义故。

三七① 　　　　　　三七(　三一)

如是我闻:一时,佛住王舍城迦兰陀竹园。尔时,尊者舍利弗在耆阇崛山。时有长者子,名输屡那,日日游行,到耆阇崛山,诣舍利弗所,头面礼足,却坐一面。时舍利弗谓输屡那:"若沙门、婆罗门,于色不如实知,色集不如实知,色灭不如实知,色灭道迹不如实知故,输屡那! 当知此沙门、婆罗门,不堪能断色。如是沙门、婆罗门,于受……想……行……识不如实知,识集不如实知,识灭不如实知,识灭道迹不如实知故,不堪能断识。输屡那! 若沙门、婆罗门,于色如实知,色集如实知,色灭如实知,

---

① 《相应部》(二二)"蕴相应"五〇经。

色灭道迹如实知故,输屡那!当知此沙门、婆罗门,堪能断色。如是输屡那!若沙门、婆罗门,于受……想……行……识如实知,识集如实知,识灭如实知,识灭道迹如实知故,输屡那!当知此沙门、婆罗门堪能断识。输屡那!于意云何?色为常为无常耶?"答言:"无常。"又问:"若无常者是苦耶?"答言:"是苦。"舍利弗言:"若色无常,苦者,是变易法,圣弟子宁于中见色是我,异我,相在不?"答言:"不也。""输屡那!如是受……想……行……识为常为无常耶?"答言:"无常。"又问:"若无常者是苦耶?"答言:"是苦。"又问:"若无常、苦者,是变易法,圣弟子宁于中见识是我,异我,相在不?"答曰:"不也。""输屡那!当知色若过去、若未来、若现在,若内、若外,若粗、若细,若好、若丑,若远、若近,于一切色不是我,不异我,不相在,是名如实知。输屡那!圣弟子于色生厌,离欲,解脱,解脱生老病死、忧悲恼苦。如是受……想……行……识若过去、若未来、若现在,若内、若外,若粗、若细,若好、若丑,若远、若近,彼一切识不是我,不异我,不相在,是名如实知。输屡那!圣弟子于识生厌,离欲,解脱,解脱生老病死、忧悲恼苦。"时输屡那闻舍利弗所说,欢喜踊跃,作礼而①去。

三八　　　　　　三八(　三二)

如是我闻:一时,佛住王舍城迦兰陀竹园。尔时,尊者舍利弗在耆阇崛山。时有长者子,名输屡那,日日游行,到耆阇崛山,诣舍利弗所,头面礼足,却坐一面。时舍利弗告输屡那:"若沙

---

① "而",原本作"已",依上下经文改。

门、婆罗门,于色不如实知,色集不如实知,色灭不如实知,色味不如实知,色患不如实知,色离不如实知故,不堪能超越色。若沙门、婆罗门,于受……想……行……识不如实知,识集不如实知,识灭不如实知,识味不如实知,识患不如实知,识离不如实知故,此沙门、婆罗门不堪能超越识。若沙门、婆罗门,于色、色集、色灭、色味、色患、色离如实知,此沙门、婆罗门堪能超越色。若沙门、婆罗门,于受……想……行……识、识集、识灭、识味、识患、识离如实知,此沙门、婆罗门堪能超越识。输屡那!于汝意云何?色为常为无常耶?"答言:"无常。""无常者为苦耶?"答言:"是苦。""输屡那!若色无常、苦,是变易法,圣弟子于中宁有是我,异我,相在不?"答言:"不也。""输屡那!于汝意云何?如是受、想、行、识,为常为无常?"答言:"无常。""若无常者是苦耶?"答言:"是苦。""输屡那!若无常、苦,是变易法,圣弟子于中宁有是我,异我,相在不?"答言:"不也。""输屡那!当知色若过去、若未来、若现在,若内、若外,若粗、若细,若好、若丑,若远、若近,于一切色不是我,不异我,不相在,是名如实知。输屡那!受、想、行、识,若过去、若未来、若现在,若内、若外,若粗、若细,若好、若丑,若远、若近,于一切识不是我,不异我,不相在,是名如实知。输屡那!圣弟子于此五受阴,正观非我,非我所。如是正观,于诸世间无所摄受,无摄受者则无所著,无所著者自得涅槃:我生已尽,梵行已立,所作已作,自知不受后有。"时长者子输屡那,闻舍利弗所说,欢喜踊跃,作礼而去①。

---

① 《杂阿含经》卷一终。

"九智"：复次,有九种智,能于诸行遍知超越:谓诸行流转智,诸行还灭智,杂染因缘智,清净因缘智,清净智,及苦智,集智,灭智,道智。此中诸行流转智者,略有三种因缘集故,一切行集所有正智:谓喜集故,触集故,名色集故,随其所应,若色集,若受等集,若识集。即此三种因缘灭故,三种行灭,是名诸行还灭智。杂染因缘智,清净因缘智,及清净智者,谓于爱味、过患、出离,如前应知。四圣谛中苦等四智,如前分别圣谛道理,应知其相。于异生位修前五智,圣速证后四圣谛智,由证彼故,能于诸行如实了知。又若于前诸智有阙,必定不能以谛道理遍知诸行,要当证得,方能遍知。若于谛理遍知行智有所阙者,必定不能于上修道,以对治力断诸烦恼,超一切行。与此相违,乃能超越,是故说言有九种智,能于诸行遍知超越。

三九① 　　　　　三九(二五六)

②如是我闻:一时,佛住王舍城迦兰陀竹园。尔时,尊者舍利弗,尊者摩诃拘绨罗,在耆阇崛山。时尊者拘绨罗,晡时从禅起,诣尊者舍利弗所,共相问讯,种种相娱悦已,却坐一面。时尊者摩诃拘绨罗语舍利弗言:"欲有所问,宁有闲暇为我说不?"舍利弗言:"随仁所问,知者当说。"摩诃拘绨罗问舍利弗言:"所谓无明,云何是无明? 谁有此无明?"舍利弗答言:"无明者谓不知,不知者是无明。""何所不知?""谓色无常,色无常如实不知;色磨灭法,色磨灭法如实不知;色生灭法,色生灭法如实不知。

---

① 此下拘绨罗三经,与《相应部》(二二)"蕴相应"一三三——一三五经相近。
② 《杂阿含经》卷二(旧误编为卷一○)。

受、想、行、识(无常),受、想、行、识无常如实不知;如(受、想、行)识磨灭法,(受、想、行)识磨灭法如实不知;(受、想、行)识生灭法,(受、想、行)识生灭法如实不如。摩诃拘絺罗!于此五受阴如实不知,不见,无无间等,愚,暗,不明,是名无明。成就此者,名有无明。"又问舍利弗:"所谓明者,云何为明?谁有此明?"舍利弗言:"摩诃拘絺罗!所谓明者是知,知者是名为明。"又问:"何所知?""谓色无常,色无常如实知①;色磨灭法,色磨灭法如实知;色生灭法,色生灭法如实知。受、想、行、识(无常),受、想、行、识无常如实知;(受、想、行)识磨灭法,(受、想、行)识磨灭法如实知;(受、想、行)识生灭法,(受、想、行)识生灭法如实知。拘絺罗!于此五受阴如实知,见,明,觉,慧,无间等,是名为明。成就此法者,是名有明。"是二正士,各闻所说,展转随喜,从座而起,各还本处。

四〇　　　　　　　四〇(二五七)

如是我闻:一时,佛住王舍城迦兰陀竹园。时尊者舍利弗,尊者摩诃拘絺罗,在耆阇崛山。时摩诃拘絺罗,晡时从禅起,诣尊者舍利弗所,共相问讯,种种相娱悦已,却坐一面。时尊者摩诃拘絺罗语舍利弗言:"欲有所问,宁有少暇为我说不?"舍利弗言:"仁者且问,知者当说。"摩诃拘絺罗问舍利弗言:"所谓无明,复云何为无明?谁有此无明?"舍利弗答言:"无明者谓不知,不知者是无明。""何所不知?""谓色不如实知,色集、色灭、色灭道迹不如实知。受……想……行……识不如实知,识集、识

---

① 原本作"知色无常,知色无常如实知"。"知色"之"知",衍文,今删。

灭、识灭道迹不如实知。摩诃拘絺罗！于此五受阴不如实知,不知,不见,不无间等,愚,暗,不明,是名无明。成就此者,名有无明。"又问舍利弗:"云何为明？谁有此明？"舍利弗言:"所谓明者是知,知者是明。"又问:"何所知？"舍利弗言:"色如实知,色集、色灭、色灭道迹如实知。受……想……行……识如实知,识集、识灭、识灭道迹如实知。拘絺罗！于此五受阴如实知,见,明,觉,慧,无间等,是名为明。成就此法者,是名有明。"是二正士,各闻所说,展转随喜,从座而起,各还本处。

四一　　　　　四一（二五八）

如是我闻:一时,佛住王舍城迦兰陀竹园。尔时,尊者舍利弗,尊者摩诃拘絺罗,在耆阇崛山。时摩诃拘絺罗,晡时从禅起,诣舍利弗所,共相问讯,相娱悦已,却坐一面。时摩诃拘絺罗语舍利弗:"欲有所问,仁者宁有闲暇见答以不？"舍利弗言:"仁者且问,知者当答。"时摩诃拘絺罗语舍利弗言:"所谓无明,无明者为何谓耶？谁有此无明？"舍利弗言:"不知是无明。""不知何等？""谓色不如实知,色集、色灭、色味、色患、色离不如实知。受……想……行……识,识集、识灭、识味、识患、识离不如实知。摩诃拘絺罗！于此五受阴不如实知,不如实见,不无间等,若暗,若愚,是名无明。成就此法者,名有无明。"又问:"明者云何为明？谁有此明？"舍利弗言:"知者是明。""为何所知？"舍利弗言:"色如实知,色集、色灭、色味、色患、色离如实知①。受……想……行……识如实知,识集、识灭、识味、识患、识离如实知。

---

① "知"下,原本有"如是"二字,依宋本删。

摩诃拘絺罗！于此五受阴如实知,如实见,明,觉,慧,无间等,是名为明。成就此者,名为有明。"时二正士各闻所说,欢喜而去。

"无痴"：复次,修观行者,由三处故,于诸行中无愚痴住。何等为三？一、于过去诸行,如实了知是无常性；二、于现在诸行,如实了知是灭法性；三、于未来诸行,如实了知生灭法性。彼由如是,于三世行无有愚痴,不染污心安乐而住,堕在明数。与此相违,当知即是有愚痴住,堕无明数。

复有三种烦恼异名,多分说在烦恼品中：一、贪异名,二、嗔异名,三、痴异名。贪异名者,亦名为喜,亦名为贪,亦名为顾,亦名为欣,亦名为欲,亦名为昵,亦名为乐,亦名为藏,亦名为护,亦名为著,亦名为希,亦名为耽,亦名为爱,亦名为染,亦名为渴。嗔异名者,亦名为恚,亦名为憎,亦名为嗔,亦名为忿,亦名为损,亦名不忍,亦名违戾,亦名暴恶,亦名蚖螫,亦名拒对,亦名惨毒,亦名愤发,亦为怒憾,亦名怀戚住,亦名生欻勃。痴异名者,亦名无智,亦名无见,亦名非现观,亦名惛昧,亦名愚痴,亦名无明,亦名黑暗。如是等名,当知如前摄异门分多分已辨①。喜贪差别,我今当说。缘依止受所生欣乐,说名为喜；缘生受境所起染著,说名为贪。又于将得境生名喜,若于已得境生名贪。又于已得临将受用名喜,即于此事正受用时名贪。又于能得境界方便名喜,即于境界名贪。又于后有名喜,于现境界名贪。又于所爱他有情类荣利名喜,于自所得荣利名贪。

---

① 贪嗔痴异名义,见《瑜伽师地论》卷八四(大正三〇·七七〇下——七七二上)。

四二①　　　　　　　　　四二（二五九）

如是我闻：一时，佛住王舍城迦兰陀竹园。尔时，尊者舍利弗，共摩诃拘绨罗，在耆阇崛山。摩诃拘绨罗晡时从禅起，诣舍利弗所，共相问讯，相娱悦已，却坐一面。时摩诃拘绨罗语舍利弗："欲有所问，仁者宁有闲暇见答以不？"舍利弗言："仁者且问，知者当答。"时摩诃拘绨罗问舍利弗言："若比丘未得无间等法，欲求无间等法，云何方便求？思惟何等法？"舍利弗言："若比丘未得无间等法，欲求无间等法，精勤思惟：五受阴如病，如痈，如刺，如杀②，无常，苦，空，非我。所以者何？是所应处故。若比丘于此五受阴精勤思惟，得须陀洹果证。"又问舍利弗："得须陀洹果证已，欲得斯陀含果证者，当思惟何等法？"舍利弗言："拘绨罗！已得须陀洹果证已，欲得斯陀含果证者，亦当精勤思惟：此五受阴法如病，如痈，如刺，如杀，无常，苦，空，非我。所以者何？是所应处故。若比丘于此五受阴精勤思惟，得斯陀含果证。"摩诃拘绨罗又问舍利弗言："得斯陀含果证已，欲得阿那含果证者，当思惟何等法？"舍利弗言："拘绨罗！得斯陀含果证已，欲得阿那含果证者，当复精勤思惟：此五受阴法，如病，如痈，如刺，如杀，无常，苦，空，非我。所以者何？是所应处故。若比丘于此五受阴精勤思惟，得阿那含果证。"摩诃拘绨罗又问舍利弗言："得阿那含果证已，欲得阿罗汉果证者，当思惟何等法？"

---

① 《相应部》（二二）"蕴相应"一二二·一二三经。《增一阿含经》（三四）《等见品》一经。

② 原本作"为病，为痈，为刺，为杀"，然依《论》义及下四八经等，均作"如病，如痈，如刺，如杀"。"为"与"如"，草书形似易误，今改正。余处例。

舍利弗言："拘缔罗！得阿那含果证已，欲得阿罗汉果证者，当复精勤思惟：此五受阴法，如病，如痈，如刺，如杀，无常，苦，空，非我。所以者何？是所应处故。若比丘于此五受阴法精勤思惟，得阿罗汉果证。"摩诃拘缔罗又问舍利弗："得阿罗汉果证已，复思惟何等法？"舍利弗言："摩诃拘缔罗！阿罗汉亦复思惟：此五受阴法，如病，如痈，如刺，如杀，无常，苦，空，非我。所以者何？为得未得故，证未证故，见法乐住故。"时二正士各闻所说，欢喜而去。

"**胜进**"：复次，于诸行中如理修者，有四胜进。谓胜进想，略有三种：一、未得为得，二、未会为会，三、未证为证。若为获得现法乐住，名第四胜进。最初能得先所未得预流果故，当知是名未得为得。即此为依，复能契会上学果故，当知是名未会为会。即此为依，复能证得阿罗汉果，于诸惑断能作证故，当知是名未证为证。若已证得阿罗汉果，更无未得为得，乃至未证为证故正勤修习，但为现法乐住正勤修习。又依自义，有三胜进想：谓于诸行中厌背想，过患想，实义想。厌背想者，复可四行：谓于诸行思惟如病，如痈，如箭，恼害。如病者，谓如有一因界错乱所生病苦，修厌背想。如痈者，谓如有一因于先业所生痈苦，修厌背想。如箭者，谓如有一因他怨箭所中之苦，修厌背想。恼害者，谓于亲财等匮乏中，因自邪计所生诸苦，修厌背想。如是名为修观行者，于诸行中修厌背想。过患想者，复有二行：谓于诸行思惟无常，及思惟苦。实义想者，亦有二行：谓于诸行思惟空性，及无我性。此中先于过患想及实义想正修习已，然后方能住厌背想。当知此中先说其果，后说其因。

四三①　　　　　　　　四三(二六〇)

如是我闻:一时,佛住舍卫国祇树给孤独园。尔时,尊者舍利弗诣尊者阿难所,共相问讯已,却坐一面。时尊者舍利弗问尊者阿难言:"欲有所问,仁者宁有闲暇见答以不?"阿难言:"仁者且问,知者当答。"舍利弗言:"阿难!所谓灭者,云何为灭耶?谁有此灭?"阿难言:"舍利弗!五受阴是本行所作,本所思愿,是无常、灭法;彼法灭故,是名为灭。云何为五?所谓色受阴是本行所作,本所思愿,是无常、灭法;彼法灭故,是名为灭。如是受、想、行、识,是本行所作,本所思愿,是无常、灭法;彼法灭故,是名为灭。"舍利弗言:"如是!如是!阿难!如汝所说:此五受阴是本行所作,本所思愿,是无常、灭法;彼法灭故,是名为灭。云何为五?所谓色受阴是本行所作,本所思愿,是无常、灭法;彼法灭故,是名为灭。如是受、想、行、识,是本行所作,本所思愿,是无常、灭法;彼法灭故,是名为灭。阿难!此五受阴若非本行所作,本所思愿者,云何可灭?阿难!以五受阴是本行所作,本所思愿,是无常、灭法;彼法灭故,是名为灭。"时二正士各闻所说,欢喜而去。

"三相行":复次,由三种相,诸行灭故,说名无余依涅槃界。一者、先所生起诸行灭故;二者、自性灭坏诸行灭故;三者、一切烦恼永离系故。先所生起诸行灭者,谓于先世能感后有诸业烦恼之所造作,及由先愿之所思求,今所生起诸行永灭。自性灭坏诸行灭者,谓彼生已,任性灭坏,非究竟住诸行永灭。一切烦恼

---

① 《相应部》(二二)"蕴相应"二一经。

永离系者,谓诸烦恼无余断灭,由今灭故,后不更生。是故由此三相诸行灭故,说名寂灭,非永无相,其相异故;若永无相,不可施设说名寂灭①。

四四②　　　　　　　　四四（二六一）

如是我闻:一时,尊者阿难住拘睒弥国瞿师罗园。时尊者阿难告诸比丘:"尊者富留那弥多罗尼子,年少初出家时,常说深法,作如是言:阿难!生法计是我,非不生。阿难!云何于生法计是我,非不生?色生,生是我,非不生。受、想、行、识生,生是我,非不生。譬如士夫手执明镜及净水镜,自见面生,生故见,非不生。是故阿难!色生,生故计是我,非不生。如是受、想、行、识生,生故计是我,非不生。云何阿难!色是常耶?为无常耶?答曰:无常。又问:无常者是苦耶?答曰:是苦。又问:若无常、苦者,是变易法,圣弟子于中复计我,异我,相在不?答曰:不也。如是受、想、行、识,为是常耶?为无常耶?答曰:无常。若无常是苦耶?答曰:是苦。又问:若无常、苦者,是变易法,多闻圣弟子于中宁复计我,异我,相在不?答曰:不也。阿难!是故色若过去、若未来、若现在,若内、若外,若粗、若细,若好、若丑,若远、若近,彼一切非我,不异我,不相在。如是受、想、行、识,若过去、若未来、若现在,若内、若外,若粗、若细,若好、若丑,若远、若近,彼一切非我,不异我,不相在。如实知,如实观察③,如是观者,圣弟子于色生厌,离欲,解脱:我生已尽,梵行已立,所作已作,自

---

① 《论》义与"我见差别"义,次第颠倒,今依经次第。
② 《相应部》(二二)"蕴相应"八三经。
③ "察"下,原本有"不"字,文义相反,今删。

知不受后有。如是受、想、行、识,生厌,离欲,解脱:我生已尽,梵行已立,所作已作,自知不受后有。诸比丘!当知彼尊者于我有大饶益,我从彼尊者所闻法已,远尘、离垢,得法眼净。我从是来,常以此法为四众说,非余外道、沙门、婆罗门出家者说。"

"**我见差别**":复次,有四种我见为所依止,能生我慢:一、有分别我见,谓诸外道所起;二、俱生我见,谓下至禽兽等亦能生起;三、缘自依止我见,谓于各别内身所起;四、缘他依止我见,谓于他身所起。分别我见为所依止生我慢者,谓由此见,观自、他身,计有实我。由此二种我见为依,发生我慢。譬如清净圆镜,面上质像为依,发生影像;影像为依,于自依止发生劣、中、胜想。如是由邪分别故,缘自依止我见为缘,发生缘他依止我见。如依质像,发生影像。又此为缘发生我慢,方他谓已或胜、或等、或劣。俱生我见为缘生我慢者,当知譬喻与前差别。如明眼人临净水器,自观眼、耳,所余如前应知其相。此一切种萨迦耶见,唯依善说法毗奈耶方能永断,非余邪教。如是如来及众共知同梵行者,或诸弟子同梵行者,有大恩德。唯由如是一因缘故,名于大师或灭度后同梵行者,真实报恩。又由第二,谓若有能即依如是差别句义,为利益故,勤修正行,如是亦名随分报恩,彼所希望未满足故①。

四五②　　　　　　四五(　二六二)

如是我闻:一时,有众多上座比丘,住波罗奈国仙人住处鹿

---

① 《论》义在"三相行"前,今依经次第移此。
② 《相应部》(二二)"蕴相应"九〇经。

野苑中,佛般泥洹未久。时长老阐陀,晨朝着衣持钵,入波罗奈城乞食。食已还,摄衣钵,洗足已,持户钩,从林至林,从房至房,从经行处至经行处,处处请诸比丘言:"当教授我,为我说法,令我知法、见法! 我当如法知、如法观。"时诸比丘语阐陀言:"色无常,受、想、行、识无常;一切行无常,一切法无我,涅槃寂灭。"阐陀语诸比丘言:"我已知色无常,受、想、行、识无常;一切行无常,一切法无我,涅槃寂灭。"阐陀复言:"然我不喜闻一切诸行空,寂,不可得,爱尽,离欲,涅槃。此中云何有我,而言如是知、如是见,是名见法?"第二、第三,亦如是说。阐陀复言:"是中谁复有力,堪能为我说法,令我知法、见法?"复作是念:"尊者阿难,今在拘睒弥国瞿师罗园,曾供养亲觐世尊,佛所赞叹,诸梵行者皆悉识知,彼必堪能为我说法,令我知法、见法。"

时阐陀过此夜已,晨朝着衣持钵,入波罗奈城乞食。食已还,摄举卧具,摄卧具已,持衣钵,诣拘睒弥国。渐渐游行,到拘睒弥国。摄举衣钵,洗足已,诣尊者阿难所,共相问讯已,却坐一面。时阐陀语尊者阿难言:"一时,诸上座比丘住波罗奈国仙人住处鹿野苑中。时我晨朝着衣持钵,入波罗奈城乞食。食已还,摄衣钵。洗足已,持户钩,从林至林,从房至房,从经行处至经行处,处处见诸比丘而请之言:当教授我,为我说法,令我知法、见法! 时诸比丘为我说法言:色无常,受、想、行、识无常;一切行无常,一切法无我,涅槃寂灭。我尔时语诸比丘言:我已知色无常,受、想、行、识无常;一切行无常,一切法无我,涅槃寂灭。然我不喜闻一切诸行空,寂,不可得,爱尽,离欲,涅槃。此中云何有我,而言如是知、如是见,是名见法? 我尔时作是念:是中谁复有力堪能为我说法，令我知法、见法？我时复作是念：尊者阿难今在拘睒弥国瞿师罗园，曾供养亲觐世尊，佛所赞叹，诸梵行者皆悉知识，彼必堪能为我说法，令我知法、见法。善哉！尊者阿难！今当为我说法，令我知法、见法！"时尊者阿难语阐陀言："善哉！阐陀！我意大喜，我庆仁者能于梵行人前，无所覆藏，破虚伪刺。阐陀！愚痴凡夫所不能解，色无常，受、想、行、识无常；一切诸行无常，一切法无我，涅槃寂灭。汝今堪受胜妙法，汝今谛听，当为汝说。"时阐陀作是念：我今欢喜，得胜妙心，得踊悦心，我今堪能受胜妙法。尔时，阿难语阐陀言："我亲从佛闻，教摩诃迦旃延言：世人颠倒，依于二边，若有、若无。世人取诸境界，心便计著。迦旃延！若不受，不取，不住，不计于我，此苦生时生、灭时灭。迦旃延！于此不疑、不惑，不由于他而能自知，是名正见如来所说。所以者何？迦旃延！如实正观世间集者，则不生世间无见；如实正观世间灭，则不生世间有见。迦旃延！如来离于二边，说于中道：所谓此有故彼有，此生故彼生，谓缘无明有行，乃至生老病死、忧悲恼苦集。所谓此无故彼无，此灭故彼灭，谓无明灭则行灭，乃至生老病死、忧悲恼苦灭。"尊者阿难说是法时，阐陀比丘远尘、离垢，得法眼净。尔时，阐陀比丘见法，得法，知法，起法，超越狐、疑，不由于他，于大师教法得无所畏，恭敬合掌白尊者阿难言："正应如是，如是智慧梵行，善知识教授教诫说法。我今从尊者阿难所，闻如是法，于一切行皆空，皆悉寂，不可得，爱尽，离欲，灭尽，涅槃，心乐正住解脱，不复转还；不复见我，唯见正法。"时阿难语阐陀言："汝今得大善利，于甚深佛法中得圣慧眼。"时二正士展转随喜，从座而起，各还本处。

输屡那三种,无明亦有三,无间等及灭,富留那、阐陀。

"法总等品":复次,由三解脱门增上力故,当知建立四种法嗢拕南,谓空解脱门,无愿解脱门,无相解脱门。一切行无常,一切行苦者,依无愿解脱门,建立第一、第二法嗢拕南。一切法无我者,依空解脱门,建立第三法嗢拕南。涅槃寂静者,依无相解脱门,建立第四法嗢拕南。

复次,当知有二种法嗢拕南增上行欲:一者、胜解俱行欲;二者、意乐俱行欲。胜解俱行欲者,由四种法嗢拕南故,于诸行中而生乐欲。又于诸行寂静生乐欲者,由意乐故,独处空闲,作意思惟,由四种相,于彼寂静其心退还。一者、于中由见胜利,不趣入故;二者、不信,彼得不清净信故;三者、于彼所缘不生喜乐,不安住故;四者、于彼而起不乐胜解故。与彼相违,当知即是意乐俱行欲。又由二缘,依止无我胜解之欲,于彼涅槃,由惊恐故,其心退还。一、由于此欲不善串习,未到究竟故;二、于作意时,由彼因缘念忘失故,又此忍欲未串习故。当尔之时,于诸行中了唯行智,其心愚昧,数数思惟我,我尔时当何所在!寻求我行微细俱行障碍而转,由此缘故,彼作是思:我当不有。不作是念:唯有诸行当来不有。彼由如是随逐身见为依止故,发生变异随转之识,由惊恐故,于彼寂灭其心退还。

"三":复次,为断如是惊恐,有二种法,多有所作:一者、于诸有智同梵行所,如实自显;二者、因善法欲,发解了心及调柔心。又发如是解了心者,听闻正法,由三种相,发生欢喜:一者、由补特伽罗增上故;二者、由法增上故;三者、由自增上故。补特伽罗增上者,谓由睹见深可赞仰,具大威力端严大师,及所称扬善说法者。法增上者,谓所说法,能令出离烦恼业苦,及令信解最上深义。自增上者,谓有力能,于所说法能随觉悟。又发如是调柔心者,谓有三见:一者、若依彼而转;二者、若由彼遍知;三者、若应所引发。依彼而转者,谓于诸谛未得现观,为得现观,依彼胜解俱行极善串习正见而转。由彼遍知者,谓依随顺现观正见,于三事我执萨迦耶见,及彼随眠,断、常两见所依止性,并所得果,能遍了知。言三事者:一、若所取,二、若能取,三、若如是取。此何所取?谓五取蕴。谁能取?谓四取。云何而取?谓四识住。随其次第,如前应知,为二取心之所依处。又即于彼所有诸缠非理所引,缘彼境界萨迦耶见,生起执著及彼随眠,如前应知。云何应所引发?谓住于彼,而能永断萨迦耶见三事执著,及彼随眠,于圣谛智不藉他缘。又若依彼应所遍知正见转时,于其三处起我执著及有随眠,于诸行中若集、若没不善知故,于处中行尚不能入,况得出离!若随顺现观正见住时,于三事中所有我执皆已离系,犹被随眠之所系缚;于诸行中,若集、若没能善知故,远离二边,入处中行,虽未出离,堪能出离。若已引发圣谛现观,由正见故,于三事中无我执著,远离随眠,于处中行先趣入已,后由此故方得出离。当知如是三见转时,有此差别。

四六① 四六(二六三)

如是我闻:一时,佛住拘留国杂色牧牛聚落。尔时,佛告诸比丘:"我以知见故得诸漏尽,非不知见。云何以知见故得诸漏尽,非不知见?谓此色,此色集,此色灭。此受……想……

---

① 《相应部》(二二)"蕴相应"一〇一经。《增支部》"七集"六七经。

行……（此）识，此识集，此识灭。不修方便，随顺成就，而用心求令我诸漏尽、心得解脱，当知彼比丘终不能得漏尽解脱。所以者何？不修习故。不修习何等？谓不修习念处，正勤，如意足，根，力，觉，道。譬如伏鸡，生子众多，不能随时荫卵①，消息冷暖，而欲令子以觜、以爪啄卵自生，安隐出㲉，当知彼子无有自力，堪能方便以觜、以爪安隐出㲉。所以者何？以彼鸡母不能随时荫卵冷暖，长养子故。如是比丘不勤修习，随顺成就，而欲令得漏尽解脱，无有是处。所以者何？不修习故。不修何等？谓不修念处，正勤，如意足，根，力，觉，道。若比丘修习随顺成就者，虽不欲令漏尽解脱，而彼比丘自然漏尽，心得解脱。所以者何？以修习故。何所修习？谓修念处，正勤，如意足，根，力，觉，道。如彼伏鸡，善养其子，随时荫卵，冷暖得所，正复不欲令子方便自啄卵出，然其诸子自能方便安隐出㲉。所以者何？以彼伏鸡随时荫卵，冷暖得所故。如是比丘善修方便，正复不欲漏尽解脱，而彼比丘自然漏尽，心得解脱。所以者何？以勤修习故。何所修习？谓修念处，正勤，如意足，根，力，觉，道。譬如巧师、巧师弟子，手持斧柯，捉之不已，渐渐微尽，手指处现，然彼不觉斧柯微尽而尽处现。如是比丘精勤修习，随顺成就，不自知见今日尔所漏尽，明日尔所漏尽，然彼比丘知有漏尽。所以者何？以修习故。何所修习？谓修习念处，正勤，如意足，根，力，觉，道。譬

---

① "卵"，原本作"䚎"，宋本作"留"，元本等作"鷚"，义均难通。经说"伏鸡"、"荫䚎"，乃鸡母孵卵之喻，"荫䚎"应为"荫卵"之误。卵与留之刎，字形相似，宋本乃误作"留"，义不可通，乃改为"䚎"为"鷚"。若改为"卵"，则"随时荫卵，消息冷暖"，文义了然。今改"卵"，下例此。

如大舶,在于海边,经夏六月,风飘、日暴,藤缀渐断。如是比丘精勤修习,随顺成就,一切结、缚、使、烦恼、缠,渐得解脱。所以者何?善修习故。何所修习?谓修习念处,正勤,如意足,根,力,觉,道。"说是法时,六十比丘不起诸漏,心得解脱。佛说此经已,诸比丘闻佛所说,欢喜奉行。

复次,嗢拖南曰:

速通、自体、智境界,流转、喜足行、顺流,知断相、想立、违粮,师所作等品后广。

"**速通**":为欲证得未得真实究竟解脱,略有三法,能令获得速疾通慧。一者、智力,二者、不放逸力,三者、数习力。智力者,谓若住彼,堪能无间永尽诸漏,当知即是有学智见。不放逸力者,谓已获得如是知见,即依如是所得之道,方便勤修,于心防护恶不善法。数习力者,谓即依此方便勤修,常作常转,终不谓我为于今日得尽诸漏心解脱耶,为于来日,为于后日?由此邪思,令心厌倦。无厌倦已,便无怯畏;无怯畏已,不舍加行,能尽诸漏。问:智、见何差别?答:若照过去及以未来非现见境,此慧名智;照现在境,此慧名见。又所取为缘,此慧名智;能取为缘,此慧名见。又闻、思所成,此慧名智;修所成者,此慧名见。又能断烦恼,此慧名见;烦恼断已,能证解脱,此慧名智。又缘自相境,此慧名智;缘共相境,此慧名见。又由假施设,遍于彼彼内外行中,或立为我,或立有情,天、龙、药叉、健达缚、阿素洛、揭路荼、紧捺洛、牟呼洛伽等,或立军、林及舍、山等,以如是等世俗理行缘所知境,此慧名智;若能取于自相、共相,此慧名见。又寻求诸法,此慧名智;既寻求已,伺察诸法,此慧名见。又缘无分别影像为境,此慧名智;缘有分别影像为境,此慧名见。又有色尔焰影像为缘,此慧名见;无色尔焰影像为缘,此慧名智。彼由如是若智、若见为所依止,方便修时,复更勤修四善巧事:一、观察事,二、舍取事,三、出受事,四、方便事。观察事者,谓四念住,为欲对治四颠倒故,如实遍知一切境故。舍取事者,谓四正断,为欲断除不善法故,及为修集诸善法故。出受事者,谓四神足,依四静虑次第超出,始从忧根乃至乐故。方便事者,谓诸根、力、觉支、道支,当知即是能断见、修所断烦恼正方便故。如是勤修善巧事者,当知有四种所依能依义:所依义者,谓观行者,正勤修习;能依义者,谓成就学诸无漏法而未清净,余无明㲉所缠裹故。又彼诸法,由清净道后方清净,此清净道当知复有四种差别:一者、习近正法,正审静虑;二者、亲事善友;三者、以尸罗、根护、少欲等法熏练其心;四者、独处空闲,用奢摩他、毗钵舍那,胜正安乐以为翼从。又清净者,谓即依彼清净行道多修习故,令有学法,破无明㲉趣无学地。又为得真实究竟解脱,当知略有五种渐次:一者、先集资粮以为依止;二者、以此为依,修奢摩他、毗钵舍那;三者、以此为依,具谛现观涅槃胜解;四者、以此为依,于劣少证不生喜足,亦不安住,于可厌法深生厌患;五者、以此为依,证得最后金刚喻定相应学心。

四七① 四七(二六四)

如是我闻:一时,佛住舍卫国祇树给孤独园。时有异比丘,

----

① 《相应部》(二二)"蕴相应"九六经。《中阿含经》(六一)《牛粪喻经》。《增一阿含经》(二四)"高幢品"四经。

于禅中思惟,作是念:颇有色常、恒,不变易,正住耶?如是受、想、行、识常、恒,不变易,正住耶?是比丘晡时从禅起,往诣佛所,头面礼足,却住一面。白佛言:"世尊!我于禅中思惟作是念:颇有色常、恒,不变易,正住耶?如是受、想、行、识常、恒,不变易,正住耶?今白世尊:颇有色常、恒,不变易,正住耶?颇有受、想、行、识常、恒,不变易,正住耶?"尔时,世尊手执小土抟,告彼比丘言:"汝见我手中土抟不?"比丘白佛:"已见,世尊!""比丘!如是少土,我不可得;若我可得者,则是常、恒,不变易,正住法。"

佛告比丘:"我自忆宿命,长夜修福,得诸胜妙可爱果报之事。曾于七年中,修习慈心,经七劫成坏,不还此世。七劫坏时,生光音天;七劫成时,还生梵世空宫殿中,作大梵王,无胜、无上,领千世界。从是以后,复三十六反作天帝释;复百千反作转轮圣王,领四天下,正法治化。七宝具足,所谓轮宝、象宝、马宝、摩尼宝、玉女宝、主藏臣宝、主兵臣宝。千子具足,皆悉勇健。于四海内,其地平正,无诸毒刺。不威、不迫,以法调伏。灌顶王法,有八万四千龙象,皆以众宝庄严而校饰之,宝网覆上,建立宝幢,布萨象王最为导首,朝、晡二时自会殿前。我时念言:是大群象,日日再反往来,蹈杀众生无数。愿令四万二千象,百年一来。即如所愿,八万四千象中,四万二千象百年一至。灌顶王法,复有八万四千匹马,亦以纯金为诸乘具,金网覆上,婆罗马王为其导首。灌顶王法,有八万四千四种宝车,所谓金车、银车、琉璃车、颇梨车、师子、虎、豹皮、杂色钦婆罗以为覆衬,跋求毗阇耶难提音声之车为其导首。灌顶王法,领八万四千城,安隐丰乐,人民炽盛,拘舍婆提王而为上首。灌顶王法，有八万四千四种宫殿，所谓金、银、琉璃、颇梨，摩尼琉璃由诃而为上首。比丘！灌顶王法，有八万四千四种宝床，所谓金、银、琉璃、颇梨，种种缯褥、氍氀、毾㲪、迦陵伽卧具以敷其上，安置丹枕。复次，比丘！灌顶王法，复有八万四千四种衣服，所谓迦尸细衣，刍摩衣，头鸠罗衣，拘沾婆衣。复次，比丘！灌顶王法，有八万四千玉女，所谓刹利女，似刹利女，况复余女。复次，比丘！灌顶王法，有八万四千釜①食，众味具足。比丘！八万四千玉女中，唯以一人以为给侍。八万四千宝衣，唯着一衣。八万四千宝床，唯卧一床。八万四千宫殿，唯处一殿。八万四千城，唯居一城，名拘舍婆提。八万四千宝车，唯乘一车，名毗阇耶难提瞿沙。出城游观，八万四千宝马，唯乘一马，名婆罗诃，毛尾绀色。八万四千龙象，唯乘一象，名布萨陀，出城游观。比丘！此是何等业报，得如是威德自在耶？此是三种业报。云何为三？一者、布施，二者、调伏，三者、修道。比丘！当知凡夫染习五欲，无有厌足，圣人智慧成满而常知足。比丘！一切诸行，过去尽灭，过去变易，彼自然众具及以名称，皆悉磨灭。是故比丘！永息诸行，厌离，断欲，解脱。"

"比丘！色为常、无常？"比丘白佛言："无常，世尊！""若无常者是苦耶？"比丘白佛言："是苦，世尊！""比丘！若无常、苦，是变易法，圣弟子宁复于中计我，异我，相在不？"比丘白佛："不也，世尊！""如是受、想、行、识，为常、为无常？"比丘白佛言："无

---

① "釜"，原本作"饮"，依宋本改。

常,世尊!""若无常者是苦耶?"比丘白佛言:"是苦,世尊!""比丘!若无常、苦,是变易法,圣弟子宁复于中计我,异我,相在不?"比丘白佛:"不也,世尊!"佛告比丘:"诸所有色,若过去、若未来、若现在,若内、若外,若粗、若细,若好、若丑,若远、若近,彼一切非我,不异我,不相在。如是受、想、行、识,若过去、若未来、若现在,若内、若外,若粗、若细,若好、若丑,若远、若近,彼一切非我,不异我,不相在。比丘!于色当生厌①,离欲,解脱。如是于受、想、行、识,当生厌,离欲,解脱,解脱知见:我生已尽,梵行已立,所作已作,自知不受后有。"时彼比丘闻佛所说,踊跃欢喜,作礼而去。常念土抟譬教授,独一静处,精勤思惟,不放逸住。不放逸住已,所以善男子剃除须发,正信非家,出家学道,为究竟无上梵行,见法,自知身作证:我生已尽,梵行已立,所作已作,自知不受后有。时彼尊者亦自知法,心得解脱,成阿罗汉。

"自体":复次,由五因缘,当知一切自体诸行皆悉无常,谓一切自体寿量有限。假使有人欲自祈验,我今以手执持泥团或牛粪团,能经几时。作是愿已,随取彼团。是人尔时任情所欲,能执不舍;乃至于后,欲弃即弃,欲持即持。非如所受必死之身,至寿尽际,尚不能遂己之所欲延一刹那,况乎久住?又,一切自体因所生故,彼因作故,是无常故。又,有自体广大兴盛,终归磨灭而可得故。谓在色界、欲界天人,大梵、帝释、转轮王等。又,由无倒阿笈摩故,谓佛世尊,于诸自体无常法性,现见现证而宣说故。复有三种诸受欲者圆满差别,由是因缘,诸受欲者恒常戏

---

① "厌"下,原本有"离厌"二字,衍文,今删。

论。何等为三？一、资产圆满，二、自体圆满，三、广大殊胜有情供养圆满。当知复有三种因缘，能得如是圆满差别：谓施；戒调伏诸根俱行；及欲界慈修所得果，慈为先导，慈为因处，于诸有情损害寂静行相转故。

　　　　四八① 　　　　　　　四八（二六五）
　　如是我闻：一时，佛住阿毗陀处恒河侧。尔时，世尊告诸比丘："譬如恒河大水暴起，随流聚沫。明目士夫，谛观分别。谛观分别时，无所有，无牢，无实，无有坚固。所以者何？彼聚沫中无坚实故。如是诸所有色，若过去、若未来、若现在，若内、若外，若粗、若细，若好、若丑，若远、若近，比丘谛观思惟分别。（谛观思惟分别时），无所有，无牢，无实，无有坚固；如病、如痈、如刺、如杀，无常、苦、空、非我。所以者何？色无坚实故。诸比丘！譬如大雨，水泡一起一灭。明目士夫，谛观思惟分别。谛观思惟分别时，无所有，无牢，无实，无有坚固。所以者何？以彼水泡无坚实故。如是比丘！诸所有受，若过去、若未来、若现在，若内、若外，若粗、若细，若好、若丑，若远、若近，比丘谛观思惟分别。谛观思惟分别时，无所有，无牢，无实，无有坚固；如病、如痈、如刺、如杀，无常、苦、空、非我。所以者何？以受无坚实故。诸比丘！譬如春末夏初，无云无雨，日盛中时，野马流动。明目士夫，谛观思惟分别。谛观思惟分别时，无所有，无牢，无实，无有坚固。所以者何？以彼野马无坚实故。如是比丘！诸所有想，若过去、若未来、若现在，若内、若外，若粗、若细，若好、若丑，若远、若近，比

---

① 《相应部》（二二）"蕴相应"九五经。

丘谛观思惟分别。谛观思惟分别时,无所有,无牢,无实,无有坚固;如病、如痈、如刺、如杀,无常、苦、空、非我。所以者何?以想无坚实故。诸比丘!譬如明目士夫,求坚固材,执持利斧,入于山林,见大芭蕉树,佣直长大,即伐其根,斩截其峰,叶叶次剥,都无坚实。(明目士夫,)谛观思惟分别。谛观思惟分别时,无所有,无牢,无实,无有坚固。所以者何?以彼芭蕉无坚实故。如是比丘!诸所有行,若过去、若未来、若现在,若内、若外,若粗、若细、若好、若丑、若远、若近,比丘谛观思惟分别。谛观思惟分别时,无所有,无牢,无实,无有坚固;如病、如痈、如刺、如杀,无常、苦、空、非我。所以者何?以彼诸行无坚实故。诸比丘!譬如幻师,若幻师弟子,于四衢道头,幻作象兵、马兵、车兵、步兵。有智明目士夫,谛观思惟分别。谛观思惟分别时,无所有,无牢,无实,无有坚固。所以者何?以彼幻无坚实故。如是比丘!诸所有识,若过去、若未来、若现在,若内、若外、若粗、若细、若好、若丑、若远、若近,比丘谛观思惟分别。谛观思惟分别时,无所有,无牢,无实,无有坚固;如病、如痈、如刺、如杀,无常、苦、空、非我。所以者何?以识无坚实故。"尔时,世尊欲重宣此义而说偈言:

"观色如聚沫,受如水上泡,想如春时焰,诸行如芭蕉,
诸识法如幻,日种姓尊说。周匝谛思惟,正念善观察,
无实不坚固,无有我我所。于此苦阴身,大智分别说:
离于三法者,身为成弃物。寿、暖及诸识,离此余身分,

永弃丘冢间,如木无识想。此身常如是,幻伪①诱愚夫,
如杀、如毒刺,无有坚固者,比丘勤修习,观察此阴身,
昼夜常专精,正智系念住,有为行长息,永得清凉处。"

时诸比丘闻佛所说,欢喜奉行。

"智境界":复次,当知于所知事,有七种如实通达智行:一、已得智,二、未得智,三、无颠倒智,四、是处非有知非有智,五、是处所余知不空智,六、苦不净智,七、速灭坏智。又由十五种相觉了诸行,能速断灭一切行愚。何等十五?谓水界所生故,无我似我而显现故,不住随欲而造作故,觉了诸色犹如聚沫。三和合生相似法故,如云、地、雨和合方便,觉了诸受喻若浮泡。于所知境,能显,能烧,能使迷乱相似法故,觉了诸想同于阳焰。萨迦耶见根本断故,多品自体因差别故,刹那量后时无暂停相似法故,觉了诸行譬芭蕉柱。有取之识,依四识住,发起种种自体随转相似法故,觉了诸识方于幻事。此广分别,如前摄异门分应知②。

四九③   四九（二六六）

如是我闻:一时,佛住舍卫国祇树给孤独园。尔时,佛告诸比丘:"(众生)于无始生死,无明所盖,爱结所系,长夜轮回,不知苦之本际。有时长久不雨,地之所生,百谷、草木,皆悉枯干。诸比丘!若无明所盖,爱结所系,众生生死轮回,爱结不断,不尽苦边。诸比丘!有时长夜不雨,大海水悉皆枯竭。诸比丘!无

---

① "伪",原本作"为",依宋本改。
② 《瑜伽师地论》卷八四(大正三〇·七六八下——七六九上)。
③ 《相应部》(二二)"蕴相应"九九经。

明所盖,爱结所系,众生生死轮回,爱结不断,不尽苦边。诸比丘! 有时长夜,须弥山王皆悉崩落。无明所盖,爱结所系,众生长夜生死轮回,爱结不断,不尽苦边。诸比丘! 有时长夜,此大地悉皆败坏,而众生无明所盖,爱结所系,众生长夜生死轮回,爱结不断,不尽苦边。比丘! 譬如狗子系柱,彼系不断,长夜绕柱轮回而转。如是比丘! 愚夫众生不如实知色,色集,色灭,色味,色患,色离,长夜轮回,顺色而转。如是不如实知受……想……行……(不如实知)识,识集,识灭,识味,识患,识离,长夜轮回,顺识而转。诸比丘! 随色转,随受转,随想转,随行转,随识转。随色转故,不脱于色;随受、想、行、识转故,不脱于(受、想、行、)识。以不脱故,不脱生老病死、忧悲恼苦。多闻圣弟子如实知色,色集,色灭,色味,色患,色离(故,不随色转)。如实知受……想……行……(如实知)识,识集,识灭,识味,识患,识离故,不随识转。不随转故,脱于色,脱于受、想、行、识,我说脱于生老病死、忧悲恼苦。"佛说此经已,时诸比丘闻佛所说,欢喜奉行。

"**流转**":复次,有二世间,摄一切行:一、有情世间,二、器世间。有情世间名种类生死,器世间名器生死。种类生死,不同其余生死法故,望器生死,当知略有五不同分:谓器生死,共因所生;种类生死,但由不共,是名第一因不同分。又器生死,于无始终前后际断;种类生死,于无始终相续流转常无断绝,是名第二时不同分。又器生死,或火、水、风之所断坏;种类生死,则不如是,是名第三治不同分。又器生死,因无永断;种类生死,则不如是,是名第四断不同分。又器生死,断而复续;种类生死,断已无续,是名第五续不同分。又于生死,由五种相,一切愚夫流转不息:一、由爱因故,二、由爱果故,三、由爱自性故,四、由因展转故,五、即因展转依止前际无穷尽故。此中无明,是名爱因。能往善趣、恶趣诸业,是名爱果。由往善趣业故,爱结所系,愚夫自然乐往;由往恶趣业故,爱锁所縶,愚夫虽不欲往,强逼令去。爱自性者,略有三种:一、后有爱,二、喜贪俱行爱,三、彼彼喜乐爱。如是三爱,略摄为二:一者、有爱,二者、境爱。后有爱者,是名有爱。喜贪俱行爱者,谓于将得现前境界,及于已得未受用境,并于现前正受用境所有贪爱。彼彼喜乐爱者,谓于未来所希求境所有贪爱。当知此中由喜贪俱行爱故,名爱结系;由后有爱及彼彼喜乐爱故,名爱锁系。若于彼事爱结所系,名为驰走;若于彼事爱锁所系,名为流转。又于长世因展转来诸行相续,前际难知,后无穷尽,由是五相流转愚夫,当知复由五相所缚:一、于彼处缚,二、由彼而缚,三、正是能缚,四、依彼故缚,五、有所领受。于彼处缚者,谓由能往善趣业故,于善趣柱而系缚之;或由能往恶趣业故,于恶趣橛而系缚之。又由喜贪俱行爱故,于自事柱而系缚之。由彼彼喜乐爱及后有爱故,于自事橛而系缚之。由彼而缚者,谓愚夫异生为无明缚。正是能缚者,谓自同类,于苦无厌相似法故。依彼故缚者,谓依后蕴而被缚故。有所领受者,谓领受彼生等众苦。

五〇① 五〇(二六七)

如是我闻:一时,佛住舍卫国祇树给孤独园。尔时,世尊告

---

① 《相应部》(二二)"蕴相应"一〇〇经。

诸比丘:"众生于无始生死,无明所盖,爱结所系,长夜轮回生死,不知苦际。诸比丘!譬如狗,绳系着柱,结系不断故。顺柱而转,若住、若卧,不离于柱。如是凡愚众生,于色不离贪欲,不离爱,不离念,不离渴,轮回于色,随色转,若住、若卧,不离于色。如是受、想、行、识,随受、想、行、识转,若住、若卧,不离于(受、想、行)识。诸比丘!当善思惟,观察于心。所以者何?长夜心为贪欲所①染,嗔恚、愚痴所②染故。比丘!心恼故众生恼,心净故众生净。比丘!我不见一色种种如斑色鸟,心复过是。所以者何?彼畜生心种种故色种种。是故比丘!当善思惟,观察于心。诸比丘!长夜心贪欲所染,嗔恚、愚痴所染;心恼故众生恼,心净故众生净。比丘当知!汝见嗟兰那鸟种种杂色不?"答言:"曾见,世尊!"佛告比丘:"如嗟兰那鸟种种杂色,我说彼心种种杂,亦复如是。所以者何?彼嗟兰那鸟心种种故,其色种种。是故当善观察思惟于心,长夜种种贪欲、嗔恚、愚痴所染③;心恼故众生恼,心净故众生净。譬如画师、画师弟子,善治素地,具众彩色,随意图画种种像类。如是比丘!凡愚众生,不如实知色,色集,色灭,色味,色患,色离。于色不如实知故,乐著于色;乐著色故,复生未来诸色。如是凡愚,不如实知受……想……行……(不如实知)识,识集,识灭,识味,识患,识离,不如实知故,乐著于识;乐著识故,复生未来诸识。当生未来色、受、想、行、识故,于色不解脱,受、想、行、识不解脱,我说彼不解脱生老病死、忧悲

---

① "所",原本作"使",依元本改。
② "所",原本作"使",依元本改。
③ "所染",原本作"种种",今依上文所说改正。

恼苦。有多闻圣弟子，如实知色、色集、色灭、色味、色患、色离，如实知故，不乐著于色；以不乐著故，不生未来色。如实知受……想……行……（如实知）识、识集、识灭、识味、识患、识离，如实知故，不乐①著于识；不乐著故，不生未来诸识。不乐著于色、受、想、行、识故，于色得解脱，受、想、行、识得解脱，我说彼等解脱生老病死、忧悲恼苦。"佛说此经已，时诸比丘闻佛所说，欢喜奉行。

"喜足行"：复次，愚夫异生于有漏事，有四喜足，当知多分是诸外道。何等为四？一、于人身喜足，二、于欲界天身喜足，三、于生梵世喜足，四、于到边际有顶喜足。愚夫于彼，随其次第，若趣，若住，若坐，若卧。复有五种，一切愚夫爱所行路：一者、后有，二者、未来所求境界，三者、将得现前境界，四者、已得所有境界，五者、现前受用境界。当知于彼，如其次第趣等差别。应知此中趣②有二种：一于后有，二于未来所求境界。复有四种爱所行路：一者、意业希求境界，二者、身语二业，三者、获得，四者、于所得中随其所欲若转若习；此是发业爱所行路，若求境界，或复诸有。当知于彼四种行路，如其次第趣等差别。如说趣等，于余所说诸有漏事所有喜足爱所行路，喜乐，戏论，染著，耽湎——四处差别，如其次第，当知亦尔。复有二种游爱行路果相差别：一、心差别，二、身差别。心差别者，复有二种：一、品类差别，二、杂染差别。品类差别者，谓由自性故，所依故，所缘故，助

---

① "乐"，原本作"染"，今依上下文改正。
② "趣"，原本作"趣"，依宋本改。

伴故。杂染差别者,谓由贪、嗔、痴等所有烦恼及随烦恼。身差别者,亦有二种:一、种种身差别故,二、一种身差别故。当知此中心之所有杂染差别,能为二种身差别因。为断彼故,诸修行者应以无倒数数作意勤修观行。复由四种因差别故,令果差别:谓若于此差别,若由此差别,若即此差别,若如此差别。于此差别者,谓于善趣、恶趣所有差别。由此差别者,谓由贪、嗔、痴所染污心令彼差别。即此差别者,谓五种行所摄受身种种差别。如此差别者,谓于诸行流转、杂染、清净因缘,及清净体,不如实知,生喜乐等,及趋走等种种差别。

五一① 　　　　　五一(二六八)

如是我闻:一时,佛在舍卫国祇树给孤独园。尔时,世尊告诸比丘:"譬如河水,从山涧出,彼水深驶,其流激注,多所漂没。其河两岸,生杂草木,大水所偃,顺靡水边。众人涉渡,多为水所漂,随流没溺;遇浪近岸,手援草木,草木复断,还随水漂。如是比丘!若凡愚众生,不如实知色、色集、色灭、色味、色患、色离,不如实知故,乐著于色,言色是我,彼色随断。如是不如实知受……想……行……(不如实知)识、识集、识灭、识味、识患、识离,不如实知故,乐著于识,言识是我,识复随断。若多闻圣弟子,如实知色、色集、色灭、色味、色患、色离,如实知故,不乐著于色。如实知受……想……行……(如实知)识、识集、识灭、识味、识患、识离,如实知故,不乐著识。不乐著故,如是自知得般涅槃:我生已尽,梵行已立,所作已

---

① 《相应部》(二二)"蕴相应"九三经。

作,自知不受后有。"佛说此经已,时诸比丘闻佛所说,欢喜奉行。

"顺流":复次,不能了达诸行无常,萨迦耶见为所依止,顺流而行诸愚夫类,由五种相,当知顺流而被漂溺。谓若于此漂溺,若由此漂溺,若依此漂溺,若如此漂溺,若漂溺时诸所有相。于此漂溺者,谓于善趣、恶趣而被漂溺,如从两岸彼此往来俱被漂溺。由此漂溺者,谓由爱河浸淫之性之所漂溺。当知此爱,有五种相:一、游诸境界,趣下分故;二、微细随行,难觉了故;三、于诸境界难回转故;四、乃至有顶,一切广大种种诸行所随逐故;五、不寂静相,乱身心故。依此漂溺者,谓依色等五种诸行而被漂溺,即于善趣、恶趣两岸,有五种行品类差别,数数攀缘顺流漂溺。如此漂溺者,云何漂溺?谓于诸行如前所说流转等事,随其次第不如实知,或计为我及我所故。于漂溺时所有相者,谓彼如是被漂溺时,虽宝爱身欲使长久,由自性灭不能令住,如为漂溺。与此相违,当知即是逆流行者。

又聪慧者有十种相,当知具摄诸聪慧相:谓成就俱生慧故;又成就方便闻、思、修所成慧故;又成就故,无动摇故,善思所思,善说所说,善作所作;又能自依己所有性,未尝为命依附于他;又有所求,无不安乐;又有所求,能依正行,皆悉以法,不以非法;又自所宜资产众具,能正防守,不令散失;又观过患而受用之;又于病缘所有医药,观察思择然后服行;又能善避非时死缘。如是十种聪慧者相,当知具摄诸聪慧相。

五二① 五二（二六九）

如是我闻：一时，佛住舍卫国祇树给孤独园。尔时，世尊告诸比丘："非汝所应法，当尽舍离，舍彼法已，长夜安乐。比丘！何等法非汝所应，当速舍离？如是色、受、想、行、识，非汝所应，当尽舍离，断彼法已，长夜安乐。譬如祇桓林中树木，有人斫伐枝条，担持而去。汝等亦不忧戚，所以者何？以彼树木非我、非我所。如是比丘！非汝所应者当尽舍离，舍离已，长夜安乐。何等非汝所应？色非汝所应，当尽舍离，舍离已，长夜安乐。如是受、想、行、识，非汝所应，当速舍离，舍彼法已，长夜安乐。诸比丘！色为常耶？为无常耶？"诸比丘白佛言："无常，世尊！""比丘！无常者为是苦耶？"答言："是苦，世尊！"佛告比丘："若无常、苦，是变易法，多闻圣弟子，宁于中见有我、异我、相在不？"答言："不也，世尊！""如是受、想、行、识，为是常耶？无常耶？"答言："无常，世尊！""比丘！若无常者是苦耶？"答言："是苦，世尊！"佛告比丘："若无常、苦，是变易法，多闻圣弟子，宁于中见有我、异我、相在不？"答言："不也，世尊！""比丘！是故诸所有色，若过去、若未来、若现在，若内、若外、若粗、若细、若好、若丑、若远、若近，彼一切非我、不异我、不相在。如是受、想、行、识，若过去、若未来、若现在，若内、若外、若粗、若细、若好、若丑、若远、若近，彼一切非我、不异我、不相在。圣弟子观此五受阴，非我、我所。如是观时，于诸世间无所取著，无所取著者自得涅槃：我生已尽，梵行已立，所作已作，自知不受后有。"佛说此经已，时

---

① 《相应部》（二二）"蕴相应"三三·三四经。

诸比丘闻佛所说,欢喜奉行。

"知断相":复次,于诸行中,依无我理,知者、断者,当知略由三相差别:谓于诸行能遍了知,萨迦耶见而未断者,彼于诸行,忘念之行多分现行,少不忘念。萨迦耶见已永断者,当知其相与彼相违,是名第一差别之相。又于诸行虽遍了知,萨迦耶见而未断者,于诸广大可爱事中,多生喜乐,于诸下劣不可爱境,多生忧苦。彼二境界现在前时,无纵逸者尚自不能系守正念,况纵逸者!彼于尔时,萨迦耶见缠绕其心,由彼令心不能解了。萨迦耶见已永断者,当如其相与彼相违,是名第二差别之相。又于诸行萨迦耶见未永断者,未能于内一切行中,现前安立离有情想,如于草木叶等外事。萨迦耶见已永断者,当知其相与彼相违,是名第三差别之相。如是已断萨迦耶见,有此三种差别之相,当知复有三种胜利:一者、永断能感后有一切烦恼;二者、依彼不久获得速能积集彼对治道;三者、既作自义利已,即依彼道方便勤修现法乐住,由此获得极安乐住。

五三① 　　　　　五三(二七〇)

如是我闻:一时,佛住舍卫国祇树给孤独园。尔时,世尊告诸比丘:"无常想修习、多修习,能断一切欲爱、色爱、无色爱、掉、慢、无明。譬如田夫,于夏末秋初,深耕其地,发荄、断草。如是比丘无常想修习、多修习,能断一切欲爱、色爱、无色爱、掉、慢、无明。譬如比丘!如人刈草,手揽其端,举而抖擞,萎枯悉

---

① 《相应部》(二二)"蕴相应"一〇二经。

落，取其长者。如是比丘！无常想修习、多修习，能断一切欲爱、色爱、无色爱、掉、慢、无明。譬如庵罗果着树，猛风摇条，果悉堕落。如是无常想修习、多修习，能断一切欲爱、色爱、无色爱、掉、慢、无明。譬如楼阁，中心坚固，众材所依，摄受不散。如是无常想修习、多修习，能断一切欲爱、色爱、无色爱、掉、慢、无明。譬如一切众生迹，象迹为大，能摄受故。如是无常想修习、多修习，能断一切欲爱、色爱、无色爱、掉、慢、无明。譬如阎浮提，一切诸河悉赴大海，其大海者最为第一，悉摄受故。如是无常想修习、多修习，能断一切欲爱、色爱、无色爱、掉、慢、无明。譬如日出，能除一切世间暗冥。如是无常想修习、多修习，能断一切欲爱、色爱、无色爱、掉、慢、无明。譬如转轮圣王，于诸小王最上、最胜。如是无常想修习、多修习，能断一切欲爱、色爱、无色爱、掉、慢、无明。诸比丘！云何修无常想修习、多修习，能断一切欲爱、色爱、无色爱、掉、慢、无明？若比丘于空露地，若林树间，善正思惟，观察色无常，受、想、行、识无常；如是思惟，断一切欲爱、色爱、无色爱、掉、慢、无明。所以者何？无常想者，能建立无我想。圣弟子住无我想，心离我慢，顺得涅槃。"佛说是经已，时诸比丘闻佛所说，欢喜奉行。

"想立"：复次，由四差别，当知修习一切种行无常、苦想。何等为四？一、果差别故，二、自性差别故，三、品类差别故，四、方便差别故。果差别者，谓修此想，能遣一切欲贪、色贪及无色贪、掉、慢、无明。当知此中显示三种本烦恼断，及显三种随烦恼断。欲贪烦恼，掉为助伴；色贪烦恼，慢为助伴；无色贪惑，无明为伴。复有差别，谓于此中显示下分、上分结尽。自性差别者，谓于此中,由正修习闻所成慧,说名亲近;由正修习思所成慧,能入修故,说名修习;由正修习修所成慧,名多修习。又由修习了相作意,故名亲近;唯除加行究竟作意,由正修习诸余作意,故名修习;修习加行究竟作意,名多修习,是名第二三种差别。又由所依、所缘、作意,随其次第,当知是名为乘、为事、为随建立。又由长时串修习故,说名纯熟,数数无倒修方便故,说名善受及与善发。品类差别者,谓修如是无常想时,速能永拔一切随眠,弃舍下地一切善法,摄受上地一切善法;于余一切不净想等最高广性,能善住持,遍行一切,犹如观察所取之事。即如是观能取之事,彼相解脱,能得无漏无常之想。若有漏想,若无漏想,如是一切皆于涅槃善能随顺、趣向、临入,皆能对治无明大暗,一切永断。永断彼故,清净鲜白。诸无学想,皆由一切无漏学想增上故得。方便差别者,谓独处空闲,以无颠倒、数数作意,观察诸行无常之性。由无常想,住无我想。于见道中,既住无漏无我想已,于上修道,由有学想永害我慢,随得涅槃,二种皆具①。

五四② 　　　　　五四(二七一)

如是我闻:一时,佛住舍卫国祇树给孤独园。尔时,有比丘名曰低舍,与众多比丘集于食堂,语诸比丘言:"诸尊!我不分别于法,不乐修梵行,多乐睡眠,疑惑于法"。尔时,众中有一比丘,往诣佛所,礼佛足,却住一面。白佛言:"世尊!低舍比丘与③众多比丘集于食堂,作如是说:唱言我不能分别于法,不乐

---

① 经说修无常想,又如《瑜伽师地论》卷八三说(大正三〇·七六五中——下)。
② 《相应部》(二二)"蕴相应"八四经。
③ "与",原本作"以",今改。

修梵行,多乐睡眠,疑惑于法。"佛告比丘:"是低舍比丘是愚痴人,不守根门,饮食不知量,初夜、后夜心不觉悟,懈怠懒惰,不勤精进,不善观察思惟善法。彼于分别法,心乐修梵行,离诸睡眠,于正法中离诸疑惑,无有是处。若当比丘守护根门,饮食知量,初夜、后夜觉悟精进,观察善法;乐分别法,乐修梵行,离于睡眠,心不疑法,斯有是处。"

尔时,世尊告一比丘:"汝往语低舍比丘言:大师呼汝。"比丘白佛:"唯然,受教。"前礼佛足,诣低舍所,而作是言:"长老低舍!世尊呼汝。"低舍闻命,诣世尊所,稽首礼足,却住一面。尔时,世尊语低舍比丘言:"汝低舍实与众多比丘集于食堂,作是唱言:诸长老!我不能分别于法,不乐梵行,多乐睡眠,疑惑于法耶?"低舍白佛:"实尔,世尊!"佛问低舍:"我今问汝,随汝意答。于意云何?若于色不离贪,不离欲,不离爱,不离念,不离渴,彼色若变、若异,于汝意云何?当起忧悲恼苦,为不耶?"低舍白佛:"如是,世尊!若于色不离贪,不离欲,不离爱,不离念,不离渴,彼色若变、若异,实起忧悲恼苦。世尊!实尔不异。"佛告低舍:"善哉!善哉!低舍!正应如是(色)不离贪欲说法。低舍!于受……想……行……(于)识不离贪,不离欲,不离爱,不离念,不离渴,彼识若变、若异,于汝意云何?当起忧悲恼苦,为不耶?"低舍白佛:"如是,世尊!于识不离贪,不离欲,不离爱,不离念,不离渴,彼识若变、若异,实起忧悲恼苦。世尊!实尔不异。"佛告低舍:"善哉!善哉!正应如是识不离贪欲说法。"佛告低舍:"于意云何?若于色离贪,离欲,离爱,离念,离渴,彼色若变、若异时,当生忧悲恼苦耶?"低舍白佛:"不也,世尊!如是不异。""于意云何？受……想……行……识离贪，离欲，离爱，离念，离渴，彼识若变、若异，当生忧悲恼苦耶？"低舍答曰："不也，世尊！如是不异。"佛告低舍："善哉！善哉！低舍！今当说譬，夫①智慧者以譬得解。如二士夫，共伴行一路，一善知路，一不知路。其不知者语知路者，作如是言：我欲诣某城、某村、某聚落，当示我路。时知路者即示彼路，语言：士夫！从此道去，前见二道，舍左从右。前行复有坑涧、渠流，复当舍左从右。复有丛林，复当舍左从右。汝当如是渐渐前行，得至某城。"佛告低舍："其譬如是：不如路者，譬愚痴凡夫；其知路者，譬如来、应、等正觉。前二路者，谓众生狐疑。左路者，三不善行——贪、恚、害觉。其右路者，谓三善觉——出要离欲觉、不嗔觉、不害觉。前行左路者，谓邪见、邪志、邪语、邪业、邪命、邪方便、邪念、邪定；前行右路者，谓正见、正志、正语、正业、正命、正方便、正念、正定。坑涧、渠流者，谓嗔恚、覆障、忧悲。丛林者，谓五欲功德也。城者，谓般涅槃。"佛告低舍："佛为大师，为诸声闻所作已作，如今当作，哀愍悲念，以义安乐，皆悉已作。汝等今日当作所作，当于树下，或空露地、山岩、窟宅，敷草为座，善思正念，修不放逸，莫令久后心有悔恨！我今教汝。"尔时，低舍闻佛所说，欢喜奉行。

"违粮"：复次，为住涅槃，仍未积集善资粮者，略有五种违资粮法：一者、忆念往昔笑戏、欢娱、承奉等事，因发思慕俱行作意，生愁叹等。二者、由彼种种为依，于所领受究竟法中，多生忘

---

① "夫"，原本作"大"，依宋本改。

念,令于诸法不能显了。三者、所食或过、或少,由此令身沉重、羸劣,于诸梵行不乐修行。四者、喜眠,不串习断,故为上品睡眠所缠。五者、亲近猥杂而住,远离谛思正法加行。如是五种违资粮法。复有五种随顺彼法:一者、于二离欲,犹未能离随一种欲,谓于诸缠远分离欲勤修善品,及于随眠永害离欲得正对治。二者、不护根门。三者、食不知量。四者、初夜、后夜不能勤修,勉励警觉。五者、不能观察善法究竟。与上相违,当知是名顺资粮法,及能随顺彼随顺法。又诸声闻修行如是顺资粮法,及彼因缘,于其中间求涅槃时,大师为彼制立五种正道言教:一者、由依观察如所闻法,遍于一切诸行无常,诸法无我,涅槃寂静,且以世间作意而得无惑无疑。二者、即于住时,不著三事不正寻思。何等三事?一者、资命众具,二者、他损害相,三者、或他毁骂,或随有一非爱现行,同梵行者不同分法。三者、教授为先,由依他音如理作意,能生正见,能断邪见,当知此三是名住时正道言教。复有二种,于彼行时正道言教:谓诸有智同梵行者,为彼宣说处非处时,不生忿怒。又由粗弊资命众具,若得不得,及由戒等所有灾害,心不热恼,是名第一。于得所胜利养恭敬,心不悒然,是名第二。彼由如是住时、行时,能正修行涅槃妙道,由此不久当得涅槃,终无毁失①。

五五②　　　　　　　五五(二七二)

如是我闻:一时,佛住舍卫国祇树给孤独园。尔时,众中有

---

① 行道譬喻,又见《瑜伽师地论》卷八三说(大正三〇·七六五下)。
② 《相应部》(二二)"蕴相应"八〇经。

少诤事,世尊责诸比丘故,晨朝着衣持钵,入城乞食。食已出,摄举衣钵,洗足,入安陀林,坐一树下,独静思惟。作是念:"众中有少诤事,我责诸比丘。然彼众中,多年少比丘,出家未久,不见大师,或起悔心,愁忧不乐。我已长夜于诸比丘生哀愍心,今当复还摄取彼众,以哀愍故。"时大梵王知佛心念,如力士屈伸臂顷,从梵天没,住于佛前,而白佛言:"如是,世尊!如是,善逝!责诸比丘,以少诤事故。于彼众中,多有年少比丘,出家未久,不见大师,或起悔心,愁忧不乐。世尊长夜哀愍摄受众僧,善哉世尊!愿今当还摄诸比丘!"尔时,世尊心已垂愍梵天故,默然而许。时大梵天知佛世尊默然已许,为佛作礼,右绕三匝,忽然不现。

尔时世尊,大梵天王还去未久,即还祇树给孤独园。敷尼师檀,敛①身正坐,表现微相,令诸比丘敢来奉见。时诸比丘来诣佛所,怀惭愧色,前礼佛足,却坐一面。尔时,世尊告诸比丘:"出家之人,卑下活命,剃发持钵,家家乞食,如被禁②咒。所以然者,为求胜义故,为度生老病死忧悲恼苦,究竟苦边故。诸善男子!汝不为王、贼所使,非负债人,不为恐怖,不为失命而出家,正为解脱生老病死、忧悲恼苦,汝等不为此而出家耶?"比丘白佛:"实尔,世尊!"佛告比丘:"汝等比丘为如是胜义而出家,云何于中,犹复有一愚痴凡夫而起贪欲,极生染著,嗔恚、凶暴,懈怠、下劣、失念、不定,诸根迷乱!譬如士夫从暗而入暗,从冥入冥,从粪厕出复堕粪厕,以血洗血,舍离诸恶还复取恶。我说

---

① "敛",原本作"敛",依明本改。
② "禁",原本作"噤",依宋本改。

此譬,凡愚比丘亦复如是。又复譬如焚尸火烬①,捐弃冢间,不为樵伐之所采拾。我说此譬,愚痴凡夫比丘而起贪欲,极生染著,嗔恚、凶暴、懈怠、下劣、失念、不定,诸根散乱,亦复如是。比丘!有三不善觉法,何等为三?贪觉、恚觉、害觉,此三觉由想而起。云何想?想有无量种种,贪想、恚想、害想,诸不善觉从此而生。比丘!贪想、恚想、害想,贪觉、恚觉、害觉,及无量种种不善,云何究竟灭尽?于四念处系心,住无相三昧,修习、多修习,恶不善法从是而灭,无余永尽。正以此法,善男子、善女人信乐出家,修习无相三昧;修习、多修习已,住甘露门,乃至究竟甘露、涅槃。我不说此甘露涅槃,依三见者,何等为三?有一种见,如是如是说:命则是身。复有如是见:命异身异。又作是说:色是我,无二无异,长存不变。多闻圣弟子作是思惟:世间颇有一法可取而无罪过者!思惟已,都不见一法可取而无罪过者。我若取色,即有罪过;若取受、想、行、识,则有罪过。作是知已,于诸世间则无所取,无所取者自觉涅槃:我生已尽,梵行已立,所作已作,自知不受后有。"佛说此经已,时诸比丘闻佛所说,欢喜奉行。

    应说、小土抟、泡沫、二无知、河流、祇林、树、低舍责、诸想②。

"师所作":复次,大师于诸声闻,略有五种师所作事:一者、正折伏,二者、正摄受,三者、正诃责,四者、正说杂染,五者、正说

---

① "烬",原本作"㯺",宋本作"㸑"。依《中阿含经》(一四〇)《至边经》,知"㸑"乃"烬"字之误。"烬"草书似"㸑",今改。
② 《杂阿含经》卷二(旧误编为卷一〇)终。

清净。复次,由二因缘,于诸诤事违越声闻,覆相记别彼所诤事:一、扰乱增广故,二、与律相应故。

复次,由七因缘,大师驱摈诸声闻众:一者、见一切种皆行邪行故,二者、见彼多分故,三者、由彼众首上座、阿遮利耶、邬波拕耶方便故,四者、不堪共住故,五者、被驱摈故,六者、避现前过故,七者、令不生起未来过故。

复次,由十因缘,如来入于聚落乞食:一者、当显杜多功德故。二者、为欲引彼一分令入乞食故。三者、为欲以同事行摄彼一分故。四者、为与未来众生作大照明故,乃至令彼暂起触证故。五者、为欲引彼粗弊胜解诸外道故。六者、为彼承声起谤,故现妙色寂静威仪,令其惊叹,心生归向故。七者、为彼处中众生,以其少功而树多福故。八者、为令坏信、放逸,深生耻愧,虽用小功而获大福故;如为放逸者,懈怠者亦然。九者、为彼盲、聋、癫狂、心乱众生,种种灾害,皆令静息故。十者、为令无量无边广大威德——天、龙、药叉、健达缚、阿素洛、揭路荼、紧捺洛、牟呼洛伽等,随从如来至所入家,深生羡仰,勤加宾卫,不为恼害故。

复次,由八因缘,如来入于寂静天住:一者、为引乐杂住者,令入远离故。二者、为欲以同事行,摄远离者故。三者、自受现法乐住故。四者、为与大族诸天示同集会故。五者、为以佛眼观察十方世界,现大神化,随其所应,作饶益事故。六者、为令诸声闻众,于见如来深生渴仰故。七者、为显诸大声闻,于所略说善能悟入故。八者、劝舍乐著戏论制作言词故。

复次,由五种相,大师摄受诸声闻众:一、以法故。二、以财故。三、与依止故。四、初摄受故。五、摈摄受故。

复次,由七因缘,释、梵天等往如来所:一、为供养如来故。二、为听闻正法故。三、为决所生疑故。四、为顺他而为翼从故。五、为愍他欲为饶益故。六、由爱重如来圣教故。七、知如来起世俗心,欲令赴会故。

复次,由五种相,当知一切初新者性:一、由晚出家故。二、由幼出家故。三、由少出家故。四、由劳策出家故。五、由受具出家故。

复次,由三种相,生起恶作:一、违越所学增上故。二、誓受法律增上故。三、弃舍居家增上故。

复次,如来将欲为诸声闻宣说正法,现四种相:一者、从极下坐安详而起,升极高座,俨然而坐。二者、安住随顺说法威仪。三者、发謦欬音,示将说法。四者、面目顾视,如龙象王。

复次,犯戒声闻,当于三处安住惭羞往大师所:一者、深知己犯,为增上处。二者、师事失仪,为增上处。三者、由事乖则,当以方便,调顺威仪往大师所,为增上处。

复次,由三种相,应正呵责犯戒声闻:一曰、汝期鄙劣活命。二曰、汝意乐不清净。三曰、汝以活命意乐行非法行。

复次,于善说法毗奈耶中,略由六相,当知遍摄一切邪行:一者、现行过失故;二者、意乐过失故;三者、加行过失故;四者、智慧过失故;五者、寻思过失故;六者、依止过失故。现行过失者,谓由贪缠故染,嗔缠故憎,既怀猛利贪、嗔等故,遂无羞耻;无羞耻故,住恶不舍。意乐过失者,谓于染者边,此贪意乐最为下劣。如是于憎者边,此嗔意乐最为下劣。加行过失者,谓或有不发精进,或有精进慢缓。智慧过失者,谓或于闻、思所成慧中,忘失正念,多住愚痴;于修所成,心不寂定。寻思过失者,谓于随顺居家所有恶不善觉,多分寻思,于正法律其心错乱。依止过失者,谓彼依止于其往昔不修集因;由不修集因故,成就自性微褊小信,成就自性修住小戒,成就自性住守小念,成就自性俱生小慧。

复次,由四种相,能令彼人虽入圣教而行邪行:一、由微劣不净意乐故;二、由伺求圣教瑕隙,为正法贼故;三、由专为饮食、衣服活命因缘故;四、由怖畏王、贼、债主所加迫切故。若行如是诸邪行者,便于二事有所稽留:一者、失坏在家自义稽留,二者、失坏出家自义稽留。

复次,如是邪行,有二因缘:谓于三事不正寻思,及彼前行诸不正想。其三事者,如前应知。于彼发起诸不正想,随取相好,自斯已后,于其随法,多随寻思,多随伺察。

复次,为断如是邪行因缘,当知亦有二种对治:一者、为断不正寻思,以无颠倒、数数二行,于诸念住善住其心。二者、为断诸不正想,修习无相心三摩地。此修对治,要由于彼修对治中猛利乐欲,方得成办,非彼乐欲不猛利者。此猛利欲,由二缘生:谓此对治有大果故,不共一切诸外道故。有大果者,谓修习时便能克证无相心定;及住二界妙甘露门,所谓断界及无欲界,若有余依及无余依。安住此者,近二涅槃,未于今时一切皆得。言不共者,谓无相定唯内法有,诸外道无。何以故?由彼外道,若有所得即便增益,不如量观;若无所得,即妄分别。由我见故愚于诸行,或唯于身,或唯无色,或总于二生我执著。以执我故,谓我当无,使于涅槃心不欣乐,尚未能入,况乎安住,唯增惊怖,其心退还。住内法者,与彼相违。于般涅槃心无退转,了唯苦灭,见唯静德。若诸有学,唯祈内灭,非为生道,更从他求教授教诫。若诸无学,唯欣内灭,终不更求尽诸烦恼;唯有先因所生诸行,任运归灭而般涅槃①。

五六　　　　　五六(　五九)

②如是我闻:一时,佛住舍卫国祇树给孤独园。尔时,世尊告诸比丘:"有五受阴,云何为五?色受阴,受、想、行、识受阴。观此五受阴是生灭法,所谓此色,此色集,此色灭;此受……想……行……(此)识,此识集,此识灭。云何色集?云何色灭?云何受、想、行、识集?云何受、想、行、识灭?爱喜集,是色集;爱喜灭,是色灭。触集是受、想、行集,触灭是受、想、行灭。名色集是识集,名色灭是识灭。比丘!如是色集、色灭,是为色集、色灭。如是受、想、行、识集,受、想、行、识灭,是为受、想、行、识集,受、想、行、识灭。"佛说此经已,时诸比丘闻佛所说,欢喜奉行。

复次,嗢拕南曰:

　　因、胜利、二智,愚夫分位五,二种见差别,于斯圣教等③。

"**因**":一切行因,略有二种:一、共,二、不共。共因者,谓喜为先因,由此喜故,于彼彼生处障于厌离,滋润自体。为欲将生所生之处,虽有一切烦恼为因,而于生处生喜者生,非于彼起厌

---

① 《瑜伽师地论》卷八六终。
② 《杂阿含经》卷三。
③ 《瑜伽师地论》卷八七。

逆想者。又即此喜,唯依色说,宿因生已,不待余因,究竟转故。不共因者,谓顺苦、乐、非苦乐触,望于受等所有心法。无间灭意及俱生名,十种色等,望六种识。由彼虽从先因所生,刹那刹那,别待余因方得生起。

五七　　　　　五七（六〇）

如是我闻:一时,佛住舍卫国祇树给孤独园。尔时,世尊告诸比丘:"有五受阴,何等为五？所谓色受阴,受、想、行、识受阴。善哉比丘不乐于色,不赞叹色,不取于色,不著于色。善哉比丘不乐于受……想……行……（不乐于）识,不赞叹识,不取于识,不著于识。所以者何？若比丘不乐于色,不赞叹色,不取于色,不著于色,则于色不乐,心得解脱。如是受……想……行……不①乐于识,不赞叹识,不取于识,不著于识,则于识不乐,心得解脱。若比丘不乐于色,心得解脱；如是受、想、行、识不乐,心得解脱。不灭不生,平等舍住,正念、正智。彼比丘如是知、如是见者,前际俱见永尽无余；前际俱见永尽无余已,后际俱见亦永尽无余；后际俱见永尽无余已,前、后际俱见永尽无余,无所封著。无所封著者,于诸世间都无所取,无所取者亦无所求,无所求者,自觉涅槃:我生已尽,梵行已立,所作已作,自知不受后有。"佛说此经已,时诸比丘闻佛所说,欢喜奉行。

"**胜利**":复次,有解脱心,有净智见诸阿罗汉,有四胜利,当知不与诸外道共。一、于行时恒常住性；二、于住时无相住性；

---

① "不"上,原本有"识"字,今删。

三、往昔因所生诸行,任运归灭;四、后有行今因断故,当不复生。为证如是四种胜利,有三渐次:谓学智见为依止故,得厌离者于诸行中不生喜乐,乃至不生耽湎而住;厌离为先而得离欲;离欲为先心善解脱。自斯已后,即由如是心善解脱恒常住故,无顺无违。又于行时,或于住时,于一切相无复作意,于无相界作意思惟无相而住;能障于此一切见趣,先已永断,况当为碍!彼由是二,若行、若住,乃至寿尽,便以无学内般涅槃而般涅槃。先所生有,于今永尽,当来诸行,无复更生。

又由三分,当知建立萨迦耶见以为根本一切见趣:一、由前际俱行故,二、由后际俱行故,三、由前后际俱行故。前际俱行者,谓如有一作是思惟:我于去世为曾有耶?为曾无耶?曾为是谁?云何曾有?后际俱行者,谓如有一作是思惟:我于来世为当有耶?为当无耶?当为是谁?云何当有?前后际俱行者,谓如有一作是思惟:我曾有谁?谁当有我?今此有情来何所从?于此没已去何所至?

又①诸外道萨迦耶见以为根本,有六十二诸恶见趣:谓四常见论,四一分常见论,二无因论,三有边无边想论,四不死矫乱论:如是十八诸恶见趣,是计前际说我论者。又有十六有见想论,八无想论,八非有想非无想论,七断见论,五现法涅槃论:此四十四诸恶见趣,是计后际说我论者。如是计度后际论者,略摄有五:一、有想论,二、无想论,三、非有想非无想论,四、断见论,五、现法涅槃论。如是五种,复略为三:一、常见论,二、断见论,

---

① 此下《论》义,"六十二见",依《长部》(一)《梵网经》、《长阿含经》(二一)《梵动经》。"略摄有五","复略为三",兼依《中部》(一○二)《五三经》。

三、现法涅槃论。

又此一切诸恶见趣,由六因缘而得建立:一、由因缘故,二、由依教故,三、由依静虑故,四、由依世故,五、由依诸见故,六、由生处故。由因缘者,谓彼一切萨迦耶见以为因缘。由依教者,谓由依彼能显见趣不正法藏,师弟传闻,展转相授为方便故。由依静虑者,谓以静虑为依止故,于先所闻、先所信解而得决定。又此静虑复有二种:一、与宿住随念俱行,二、与所得天眼俱行。宿住随念俱行者,谓计前际三常论中,由下、中、上清净差别。及于四种边无边论,由彼忆念诸器世间成坏两劫出现方便。若时忆念成劫分位,尔时便生三种妄想:若有一向忆念上下,下至无间捺落迦下,上至第四静虑之上。忆念如是分量边际,便于世间住有边想。若有一向傍忆无际,便于世间住无边想。若有忆念二种俱行,便于世间住二俱想。若时忆念坏劫分位,尔时便住非有边想非无边想,诸器世间无所得故。复有依止诸静虑故,当知或说一分常论,或说无因论,或说不死矫乱论。应知此中有二净天:一、不善清净,二、善清净。若唯能入世俗定者,当知是天不善清净,于诸谛中不了达故,其心未得善解脱故。若能证入内法定者,当知是天名善清净,于诸谛中已了达故,其心已得善解脱故。当知无乱亦有二种:一、无相无分别,二、有相有分别。此中第一是善清净天,第二是不善清净天。前清净天,于自不死无乱而转,是故说名不死无乱。后不清净,若有依于不死无乱有所诘问,便托余事矫乱避之;以于诸谛、无相心定不善巧故,先兴心虑,作是思惟:我等既称不死无乱,复有所余不死无乱,于诸圣谛、无相心定已得善巧,彼所成德望我为胜。彼若于中诘问于我,我若记别,或为异记,或拨实有,或许非有。彼于记别见如是等诸过失已,作是思惟:我于一切所诘问中,皆不应记。又于是中,见有余过,谓他由此鉴我无知,因则轻笑不死无乱。有行谄者作是思惟:我于此中应如是记,非我净天一切隐密皆许记别,谓自所证及清净道。如是思已,故设诡言而相矫乱。彼既如是住邪思惟,遍布其心,于彼最上清净天所,故称我是不死无乱。由怀恐怖而无记别,勿我劣昧为他所知。由是因缘,不能解脱,以此为室而自安处。又有愚戆专修止行,不能以其谄诈方便矫设乱言,但作是思:诸有来问,我当反诘,随彼所答,我当一切如言无减而印顺之。由是计度有差别故,建立四种。由依世者,谓依过去及现在世起分别故,名计前际;依未来世起分别故,名计后际。由依诸见者,谓依三见,如前应知。由依初见,于现法中计我有色,后或有色有想,或无有想,或非有想非无想。依第二见,于现法中计我无色,于后所计,如前应知。依第三见,我论有二:一者、说我有色无色,二者、说我非有色非无色,余如前说。又即计我是有色者,或言狭小,或言无量。计我无色,当知亦尔。此二我论,依第三见,立为二论:一者、计我狭小,二者、计我无量。由是四种我论差别,说我有边,说我无边,说我亦有边亦无边,说我非有边非无边:随其次第,如前应知。又即依止如是诸见,及依我论,复宣说我清净解脱,于欲静虑皆得自在,随其所欲多住变化。如其所欲安住静虑,以清净见游戏受用方便法乐,如是名为依诸见故,应知安立。由生处者,谓我有一想,乃至广说。有一想者,谓在无色空无边处,识无边处。有种种想者,谓在下地。即如所说,随其次第,应知说我有狭小想,有无量想。一向有乐者,谓在下三静虑;一向有苦者,谓在捺落迦;有乐有苦者,谓在鬼、傍生、人、欲界天;有不苦不乐者,谓在第四静虑已上,乃至非想非非想处。又于如是诸外道处,当知总有三种衰损:一者、见及欲乐展转相违论衰损,二者、依我无智论问记衰损,三者、依法随法行证得衰损。此中三种,若计有想,若计无想,若计非有想非无想论者,及断见论者,或依责他为胜利论,或依免难为胜利论而起计度,当知是名第一衰损。由彼诸论,计度后际,依未来世,妄计于我为有无故。依我无智论问记衰损者,谓于若诸杂染,若杂染处,若能杂染,如是一切世俗、胜义二谛道理不如实知,由此无智有所趣向以为先故,得有差别。从此无智何所趣向?谓三、四转:一、常无常等,二、有边无边等,三、自作他作等。所以者何?彼由无智,要先趣向如是差别,后方问记。又于圣法毗奈耶中,所有智者不可记事,于二道理不容计故,谓世俗、胜义二谛道理。此中四种一向常论计前际者,及计前际无因论者,二种差别,皆先计我,后方缘我一向常等诸论差别。又即四种一分常论计前际者,彼有差别,谓有一分缘常无常论,或有一分缘非常非无常论。边无边等诸转,如前边无边等应知其相。若欲一切皆宿因作,名自作论;若欲一切皆自在等变化因作,名他作论;若欲少分自在天等变化因作,一分不尔,名俱作论;若无因作论,名俱非作论。当知是名第二依我无智论问记衰损,由彼诸论计度前际,依过现世妄分别故。依法随法行证得衰损者,谓有沙门、若婆罗门,不观责他为胜利论,不观免难为胜利论,亦不依我无智诸论,为求利养恭敬等事,乐欲开阐,于恶说法毗奈耶中而求出家,唯除乐求出离解脱。当知彼是薄尘种类,为性愚戆,专修止行。彼由为得初静虑定教授教诫,能于后际俱行见趣,及于前际俱行见趣,不然许故而得超过,于现法中又能超过欲界诸结,证远离喜。自斯已上,无闻无知,即于此中生涅槃想。如由彼故证远离喜,如是或有由别因缘,证得第二、第三静虑无爱味乐,第四静虑无苦乐受,从此已上乃至非想非非想处,当知亦尔,于种种想俱行苦乐受等差别已超过故。如是彼于趣诸取行不能超越,乐退还法,未般涅槃起涅槃慢,当知是名第三衰损。此中如来自然证觉,寂静妙迹,于如所说一切行相三种衰损,由五种相如实了知,谓若彼自性,若彼诸见,若由无智彼得生起,若所缘转,若彼所缘粗弊过患及上出离。于如是事如实了知,即出离中常自出离。

五八　　　　　五八(　六一)

如是我闻:一时,佛住舍卫国祇树给孤独园。尔时,世尊告诸比丘:"有五受阴,何等为五?谓色受阴,受、想、行、识受阴。云何色受阴?所有色,彼一切四大及四大所造色,是名为色受阴。复次,彼色是无常、苦、变易之法,若彼色受阴永断无余,究竟舍、离、灭、尽、离欲、寂、没,余色受阴更不相续,不起、不出,是名为妙,是名寂静,是名舍离一切有余、爱尽、无欲、灭尽、涅槃。云何受受阴?谓六受身。何等为六?谓眼触生受,耳、鼻、舌、身、意触生受,是名受受阴。复次,彼受受阴,无常、苦、变易之法,乃至灭尽、涅槃。云何想受阴?谓六想身。何等为六?谓眼触生想,乃至意触生想,是名想受阴。复次,彼想受阴,无常、苦、变易之法,乃至灭尽、涅槃。云何行受阴?谓六思身。何等为六?谓眼触生思,乃至意触生思,是名行受阴。复次,彼行受阴,无常、苦、变易之法,乃至灭尽、涅槃。云何识受阴?谓六识身。

何等为六？谓眼识身，乃至意识身，是名识受阴。复次，彼识受阴，是无常、苦、变易之法，乃至灭尽、涅槃。比丘！若于此法，以智慧思惟、观察、分别、忍，是名随信行，超升离生，越凡夫地，未得须陀洹果，中间不死，必得须陀洹果。比丘！若于此法，增上智慧思惟、观察、忍，是名随法行，超升离生，越凡夫地，未得须陀洹果，中间不死，必得须陀洹果。比丘！于此法如实正慧等见，三结尽断知，谓身见、戒取、疑。比丘！是名须陀洹果，不堕恶道，必定正趣三菩提，七有天人往生，然后究竟苦边。比丘！若于此法如实正慧等见，不起心漏，名阿罗汉，诸漏已尽，所作已作，舍离重担，逮得己利，尽诸有结，正智心得解脱。"佛说此经已，诸比丘闻佛所说，欢喜奉行。

"二智"：复次，有二智，能令见清净及见善清净，谓法住智及此为先涅槃智。法住智者，谓能了知诸行自相种类差别，及能了知诸行共相过患差别。谓于随顺若苦、若乐、不苦不乐三位诸行，方便了知三苦等性。涅槃智者，谓于如是一切行中，先起苦想，后如是思：即此一切有苦诸行，无余永断，广说乃至名为涅槃，如是了知名涅槃智。即此二智，令见清净及善清净，要由二门正勤修习，方令彼净。一、自无力补特伽罗，因他教授能令彼净；二、自有力补特伽罗，多闻思求，能令彼净。此中第一补特伽罗，不聪利故，信等诸根唯一味故，止观所缘于少分法谛察忍转；与此相违，当知第二补特伽罗。复有三种现观边智，修习彼故见得清净：一、能顺生无漏智①，二、无漏智，三、无漏智后相续智。

---

① "智"下，原本衍一"智"字，依宋本删。

初、世间第一法所摄智；第二、若住于彼，能断见断一切烦恼；第三、烦恼断后，解脱相续智。若住中智，便名已入正性离生，超过异生地，未得预流果。虽未克证第三解脱预流果智，于其中间所住刹那，如未克证，终无中夭，以时少故，从此无间必证第三。住此位中，如实现见所知境故，名见清净；有余惑故，非善清净。若于此智更多修习，成阿罗汉，一切烦恼皆离系故，名善清净。又无余断，三相应知①：一、由不现行故，二、由界故，三、由事故。不现行者，谓虽生起而不染著，虽未永断，由数修习诸善法故，令成远分，诸缠烦恼不复现行。界者，三界如前应知。事谓二事：一、烦恼事，二、是苦事。又于安乐利益随逐诸离系品五种界中②，有寂静、微妙胜功德等，乃至涅槃为其最后，差别应知。又于此中，一切依持皆弃舍者，当知割舍父母等事。又于中有、生有、后有无复更生，如其次第，当知说名无有相续、无取、无生。又于三品，由三种门为障碍故，当知建立三结差别：谓未发趣故，虽已发趣邪成立故，于正法中不正行故。即在家品处恶说法毗奈耶中，而出家品处善说法毗奈耶品。又行趣向逆流行者，解脱恶趣，成就二种解脱决定：一者、烦恼解脱决定，二者、后有解脱决定。由是因缘，故名预流，乃至广说。又若证得阿罗汉果，先在学地，于诸行中已不执受我及我所，后于诸漏皆得解脱。又与四种义相应故，当知是名阿罗汉相：一者、自事已究竟，应作他事义故；二者、应得自义，一切遍满道理义故；三者、

---

① "知"，原本作"智"，依宋本改。
② 经说"无余永断，……灭尽涅槃"，《摄事分》解说，见《论》卷八三（大正三〇·七六六上——中）。

未来行因已永断灭,应证现法乐住义故;四者、超有学地,入无学地相应义故。

五九　　　　　　　五九（　六二）

如是我闻:一时,佛住舍卫国祇树给孤独园。尔时,世尊告诸比丘:"有五受阴,谓色受阴,受、想、行、识受阴。愚痴无闻凡夫,无慧、无明,于五受阴生我见、系著、使、心结缚①而生贪欲。比丘！多闻圣弟子,有慧、有明,于此五受阴,不为见我、系著、使、心结缚而起贪欲。云何愚痴无闻凡夫,无慧、无明,于五受阴见我、系著、使、心结缚而生贪欲？比丘！愚痴无闻凡夫,无慧、无明,见色是我,异我,相在;如是受、想、行、识,是我,异我,相在。如是愚痴无闻凡夫,无慧、无明,于五受阴说我、系著、使、心结缚而生贪欲。比丘！云何圣弟子,有慧、有明,不说我、系著、使、结缚心而生贪欲？圣弟子不见色是我,异我,相在;如是受、想、行、识,不见是我,异我,相在。如是多闻圣弟子,有慧、有明,于五受阴不见我、系著、使、结缚心而生贪欲。若所有色,若过去、若未来、若现在,若内、若外,若粗、若细,若好、若丑,若远、若近,彼一切正观皆悉无常。如是受、想、行、识,若过去、若未来、若现在,若内、若外,若粗、若细,若好、若丑,若远、若近,彼一切正观皆悉无常。"佛说此经已,诸比丘闻佛所说,欢喜奉行。

"**愚夫分位五**":复次,愚位有五,若于中转,堕愚夫数。何等为五？一、不获得俱生慧故,二、不获得从闻他音缘生慧故,

---

① "结缚",原本作"系著",依下文改正。

三、不获得真圣慧故,四、愚痴缠所缠缚故,五、彼随眠所随缚故。复有四种妄计我论:一者、宣说诸行是我,二者、宣说我有诸行,三者、宣说诸行属我,四者、宣说我在行中。由二因缘,妄计我论,作诸杂染:一、执著故,二、随眠故。执著故者,谓诸外道虽求解脱,由彼为障,于一切种不能获得。随眠故者,谓诸内法耽著境界,暂时为障而非究竟。

六〇[①]　　　　　六〇（六三）

如是我闻:一时,佛住舍卫国祇树给孤独园。尔时,世尊告诸比丘:"有五受阴,谓色受阴,受、想、行、识受阴。比丘!若沙门、婆罗门计有我,一切皆于此五受阴计有我。何等为五?诸沙门、婆罗门,于色见是我,异我,相在;如是受、想、行、识,见是我,异我,相在。如是愚痴无闻凡夫计我,无明分别。如是观,不离我所,不离我所者入于诸根,入于诸根已而生于触;六触入所触,愚痴无闻凡夫,生苦、乐,从是生此等及余,谓六触身。云何为六?谓眼触入处,耳、鼻、舌、身、意触入处。比丘!有意界,法界,无明界。无明触所触,愚痴无闻凡夫,言有、言无、言有无、言非有非无;言我最胜,(言我劣,)言我相似;我知,我见。复次,比丘!多闻圣弟子,住六触入处,而能厌离无明,能生于明。彼于无明离欲而生于明:不有,不无,非有无,非不有无;非有我胜,非有我劣,非有我相似;我知,我见。作如是知、如是见已,所起前无明触灭,后明触集起。"佛说是经已,诸比丘闻佛所说,欢喜奉行。

[①]　《相应部》(二二)"蕴相应"四七经。

"二种见差别"：复次，若有我见，若无我见，同缘诸行为境事故，说名同分。而于彼事，邪取、正取，染污、清净等义别故，名不同分。又由四相，于所缘事邪僻执著增上力故，能令我见作诸杂染：一、因缘故，二、自性故，三、由果故，四、等流故。因缘故者，谓二愚痴：一、事愚痴，二、见愚痴。事愚痴者，由愚事故，先闻邪法，后起我见。见愚痴者，谓愚见故，于见相应诸无明触所生起受，妄计为我；由此为缘，恒为我爱之所随逐；复由此故，常于我见不能舍离。自性故者，谓二因缘之所摄受，等随观察，于彼随眠不得远离。由果故者，谓即以彼萨迦耶见为依止故，不能远离我慢、随眠。是二随眠增上力故，能引当来诸根令起，由彼领纳苦、乐二受，因更发起计我、我所，不如正理思惟相应意言分别，谓我、我所有其领受。等流故者，谓由先因力所持故，即见种子所随逐意，后有意界，由前因缘所熏修力而得成满。即于如是后有意中，有无明种及无明界。是二种子所随逐意所缘法界，彼由宿世依恶说法及毗奈耶所生分别萨迦耶见以为依止，集成今界；即由此界增上力故，发起俱生萨迦耶见，于善说法毗奈耶中，亦复现行能为障碍。又即此见，由二种相，六转现行：一、由世故，二、由慢故。由世故者，谓我于过去为曾有耶？为曾无耶？乃至广说，如应当知。由慢故者，谓我为胜，乃至广说。彼于如是一切如实，不知、不见，由此因缘，不如正理起于邪观。又明位有三：谓闻他音如理作意，是初明位；已能证入正性离生，是第二明位；心善解脱阿罗汉果，是第三明位。其无明位，复有二种：一、先，二、后。随眠位是先，诸缠位为后。又约见、修所断有异，当知是名第二差别。

六一① 　　　　　　六一(　六四)

如是我闻:一时,佛住舍卫国东园鹿子母讲堂。尔时,世尊晡时从禅起,出讲堂,于堂阴中大众前,敷座而坐。尔时,世尊叹优陀那偈:

"法无有吾我,亦复无我所,
我既非当有,我所何由生?
比丘解脱此,则断下分结。"

时有一比丘,从座起,偏袒右肩,右膝着地,合掌白佛言:"世尊!云何无吾我,亦无有我所,我既非当有,我所何由生,比丘解脱此,则断下分结?"佛告比丘:"愚痴无闻凡夫,计色是我,异我,相在;受、想、行、识是我,异我,相在。多闻圣弟子,不见色是我,异我,相在;不见受、想、行、识是我,异我,相在;亦非知者,亦非见者。此色是无常,受、想、行、识是无常。色是苦,受、想、行、识是苦。色是无我,受、想、行、识是无我。此色非当有,受、想、行、识非当有。此色坏有,受、想、行、识坏有。故非我、非我所,我、我所非当有,如是解脱者,则断五下分结。"时彼比丘白佛言:"世尊!断五下分结已,云何漏尽,无漏心解脱、慧解脱,现法自知作证具足住:我生已尽,梵行已立,所作已作,自知不受后有?"

佛告比丘:"愚痴凡夫、无闻众生,于无畏处而生恐畏。愚痴凡夫、无闻众生,怖畏无我无我所,二俱非当生,攀缘四识住。

---

① 《相应部》(二二)"蕴相应"五五经。

何等为四？谓色识住，色攀缘，色爱乐，增进、广大、生长；于受、想、行、识住，攀缘、爱乐、增进、广大、生长。比丘！识于此处，若来、若去、若住、若起、若灭，增进、广大、生长。若作是说：更有异法识，若来、若去、若住、若起、若灭、若增进、广大、生长者，但有言说，问已不如，增益生疑①以非境界故。所以者何？比丘！离色界贪已于色意生缚亦断；于色意生缚断已，识攀缘亦断，识不复住，无复增进、广大、生长。受、想、行界离贪已，于受、想、行意生缚亦断；受、想、行意生缚断已，攀缘亦断，识无所住，无复增进、广大、生长。识无所住故不增长，不增长故无所为作，无所为作故则住，住故知足，知足故解脱，解脱故于诸世间都无所取，无所取故无所著，无所著故自觉涅槃：我生已尽，梵行已立，所作已作，自知不受后有。比丘！我说识不住东方，南、西、北方、四维，上、下，除欲见法，涅槃、灭尽、寂静、清凉。"佛说此经已，诸比丘闻佛所说，欢喜奉行。

　　　　　生灭以不乐，及三种分别，贪著、等观察，是名优陀那②。

"圣教"：复次，是处世尊依自圣教，为欲显示善说发起依他邪教，为欲显示恶说失坠自有所说。后结集者，于法门中，称为世尊嗢拕南说。由二因缘，善说法律，名为发起大果大利，恶说法律即为唐捐。一者、于善说法毗奈耶中，一切众苦永离可得，

---

　　① "疑"，原本作"痴"，今改。
　　② "等观察"乃六〇经，如《论》说"等随观察"。"贪著"乃五九经。"三种分别"乃五八经，不知何为三种。或如经中所说：随信行、随法行之"分别观察忍"，及须陀洹与阿罗汉之"如实正慧等"，可参考《相应部》（二二）"蕴相应"之一〇八——一一〇经，同一如实知，而以沙门、预流、阿罗汉为三经。

谓三种苦性。二者、一切诸结永断可得,谓下、上分结。于恶说法毗奈耶中,如是二事皆不可得。彼由依止萨迦耶见,于诸行中心厌苦苦,欲乐为依,起兹胜解,愿于当来无有苦我,我无有苦。或复已断,即彼苦因及彼当果,于未来世,由二种相而生胜解:谓苦未来当离于我,及我未来当无有苦。虽由如是四种行相,乐断为依,离欲界欲,生初静虑,次第乃至于彼非想非非想处,若定、若生,由是因缘,超越苦苦而未能断下分诸结。未断彼故,当知苦苦未永超越。彼于坏、行二苦断中,尚不生乐,何况能断?由彼随顺所未断故,当知于顺上分诸结,亦未能断。住内法者,初修观时,虽于欲界未得离欲,有情胜故,而于三苦深心厌离。依乐断欲,于诸行中,用无我见以为依止,发其胜解,愿于未来无三苦我,我无三苦。彼初修习如是行已,于欲界欲而得远离,永断苦苦。如前复生如是胜解:当无彼我,我当无彼。如是行者,于其苦苦究竟解脱,亦永超越顺下分结。即于此道次第进修,乃至能得阿罗汉果。若诸愚夫,萨迦耶见以为依止,于永超越坏、行二苦,及永断灭随顺上分一切结中,谓我当无,于不应怖妄生怖畏,尚不起乐,况当能断!

又于是处,由二因缘不应生怖,谓唯有心,住四识住,有转有染;又唯有心,断四识住,无转无染。复有四依,谓色、受、想、行。复有四取,谓于欲、见、戒禁、我语所有欲贪。复有二缘:谓若所缘,及若能缘。复有六识,谓眼识等。复有二识住,谓烦恼缠住,及彼随眠住。此中诸取增上力故,以不如理分别为先,由我、我所邪境界取,由缘自相境界之取,由俱有依,此三因缘令诸识转,及令染污。复由三种:谓于现法趣集谛故;缘未来苦,我当如是如是爱故;于彼先因所生现苦而安住故。复由三种:谓趣乐位故,缘苦位故,安住不苦不乐位故。复由三种:谓趣来世故,缘去世故,住现世故。复由三种:谓由后有爱,趣后有故;由彼彼喜乐爱,缘未来境界故;由喜贪俱行爱,住现在已得境界故。复由三种:由贪欲身系,趣向随顺贪处事故;由嗔恚身系,缘彼事故;由戒禁、此实二取身系,住彼事故。中嗢拕南①曰:"果、因与受,世、爱及系。"喜爱滋润,如前应知,谓如诸行因中宣说。又即彼识如是转时,于二生处,当知结生相续、增广:一、于有色,二、于无色。于有色处,依止中有而有去来;于无色处,唯有徙生,即于两处乃至寿尽相续而住,故名为住。当知此住,欲界人中有三分位:谓初入胎;识所滋润,胎分圆满;自胎而出。当知此三复有差别:欲、色、无色,如其次第。若有弃舍如来所说识流转道,而作是言:我当更作别异施设,当知是人所施设者,其文有异,其义无别,但有言事。或余智者,于其异文,先示道理,后方诘问:汝所施设,别异者何?彼于尔时,茫然不了。或于后时,自得达鉴,于前所立,如理谛观,反生愚昧;由愚昧故,自觉无知,我本受持为恶非善。又十色界,名为色界;当知复有六种受界、想界、行界。又于三位,当知诸识解脱烦恼:谓于诸行深见过患,能令诸缠远分离故;于见地中,一切外道诸系、随眠永断灭故;依止修道,得究竟故。又诸外道,于所妄计一切生处,谓大自在、那罗衍拏,及众主等无量品类,乐生彼故,名贪身系。于他诸见异分法中,深憎嫉故,名嗔身系。依于邪愿修梵行故,于同梵行可乐法中起憎②背

---

① "中嗢拕南",乃依上来经义,摄为偈颂,列在文中,与别立嗢拕南不同。
② "憎",原本作"增",依宋本改。

故,由此二缘,于增①上戒学能为杂染;当知即彼由戒禁取,于增上心学能为杂染;由此实执取身系故,于增上慧学能为杂染。如是四法,能于色身、名身趣向所缘安立事中,令心系缚,故名身系。又彼在意地故,意分别故,意相应故,意随眠故,染污意故,名意所成。又彼断者,谓缘彼境诸烦恼断,非彼所缘,即于彼境无倒解故。又由后有诸业烦恼之所摄持后有种识,当知于此依止建立,彼无有故,当来三种,如前所说差别理趣,生长、广大,当知一切悉皆尽灭。又即由彼无所住识,因分、果分不复生长,诸道所摄而得生长。又彼空解脱门为依止故,名无所为;无愿解脱门为依止故,名为喜足;无相解脱门为依止故,说名为住。于彼爱乐数修习故,得善解脱;一切随眠永灭尽故,心善解脱;从是已后逮得恒住,虽住诸行而无所畏。已得诸蕴任运而灭,余因断故无复更生。彼有漏识由永灭已,遍于十方皆无所趣,唯除如影诸受,与彼识蕴、识树,当知如灯皆归寂灭。即于有余涅槃界中,依初缠断,说名寂静;依第二断,说名清凉;依第三断,说名宴默。又由三缘,识趣、识住皆无所有:一、由自然非染污故,二、由所余不染污故,三、由余识助伴无故。

六二②　　　　　六二(　六五)

如是我闻:一时,佛住舍卫国祇树给孤独园。尔时,世尊告诸比丘:"常当修习方便禅思,内寂其心。所以者何?比丘常当修习方便禅思,内寂其心,如实观察。云何如实观察?此是色,

---

① "增",原本作"憎",依宋本改。
② 《相应部》(二二)"蕴相应"五·六经。

此是色集，此是色灭；此是受……想……行……（此是）识，此是识集，此是识灭。云何色集？受、想、行、识集？愚痴无闻凡夫，于苦、乐、不苦不乐受，不如实观察此受集，受灭，受味，受患，受离；不如实观察故，于受乐著生取，取缘有，有缘生，生缘老病死、忧悲恼苦。如是纯大苦聚从集而生，是名色集，是名受、想、行、识集。云何色灭？受、想、行、识灭？多闻圣弟子，受诸苦、乐、不苦不乐受，如实观察受集，受灭，受味，受患，受离；如实观察故，于受乐著灭，著灭故取灭，取灭故有灭，有灭故生灭，生灭故老病死、忧悲恼苦灭。如是纯大苦聚皆悉得灭，是名色灭，受、想、行、识灭。是故比丘常当修习方便禅思，内寂其心。比丘禅思住，内寂其心，精勤方便，如实观察。"佛说此经已，诸比丘闻佛所说，欢喜奉行。

六三——七三　　　　六三——七三（　　　）

如观察，如是分别，种种分别，知，广知，种种知，亲近，亲近修习①，入，触，证，十②二经亦如是广说。

七四　　　　　　　七四（　　六六）

如是我闻：一时，佛住舍卫国祇树给孤独园。尔时，世尊告诸比丘："常当修习方便禅思，内寂其心。所以者何？修习方便禅思，内寂其心已，如实观察。云何如实观察？如实观察此色，此色集，此色灭。此受……想……行……（此）识，此识集，此识

---

① "观察"至"证"，凡十二经，今本仅有十一。《瑜伽师地论》卷八六（大正三〇·七八三中），约闻、思、修慧，解释"亲近、修习、多修习"。疑今"亲近、亲近修习"，即"亲近、修习、多修习"之讹脱。

② 经脱"十"字，今补。

灭。云何色集？云何受、想、行、识集？比丘！愚痴无闻凡夫，不如实观察色集，色味，色患，色离故，乐彼色，赞叹、爱著，于未来世色复生；受、想、行，识，亦如是广说。彼色生，受、想、行、识生已，不解脱于色，不解脱于受、想、行、识，我说彼不解脱生老病死、忧悲恼苦纯大苦聚，是名色集，受、想、行、识集。云何色灭？受、想、行、识灭？多闻圣弟子，如实观察色集，色灭，色味，色患，色离，如实知①故，不乐于色，不赞叹色，不乐著色，亦不生未来色；受、想、行、识，亦如是广说。色不生，受、想、行、识不生故，于色得解脱，于受想行识得解脱，我说彼解脱生老病死、忧悲恼苦纯大苦②聚。是名色灭，受、想、行、识灭。是故比丘！常当修习方便禅思，内寂其心，精勤方便，如实观察。"佛说此经已，诸比丘闻佛所说，欢喜奉行。

　　七五——八五　　　　**七五——八五（　　）**

如观察，如是乃至作证，十二经亦应广说。

　　八六　　　　　　　　**八六（　六七）**

如是我闻：一时，佛住舍卫国祇树给孤独园。尔时，世尊告诸比丘："常当修习方便禅思，内寂其心。所以者何？比丘修习方便禅思，内寂其心已，如实观察。云何如实观察？如实知此色，此色集，此色灭。此受……想……行……（此）识，此识集，此识灭。云何色集？受、想、行、识集？愚痴无闻凡夫，不如实知色集，色灭，色味，色患，色离，不如实知故，乐著彼色，赞叹于色；乐著于色，赞叹色故取，取缘有，有缘生，生缘老死忧悲恼苦，如

---

① "知"下，原本有"如实知"，衍文，依宋本删。
② "纯大苦"，原本缺，依宋本补。

是纯大苦聚生,是名色集,受、想、行、识集。云何色灭?受、想、行、识灭?多闻圣弟子,如实知色集、色灭、色味、色患、色离,如实知故,不乐著色,不赞叹色;不乐著、赞叹色故,爱乐灭,爱乐灭故取灭,取灭故有灭,有灭故生灭,生灭故老病死、忧悲恼苦灭,如是纯大苦聚灭。多①闻圣弟子,如实知受……想……行……(如实知)识②集,识灭,识味,识患,识离,如实知③彼故,不乐著彼识,不赞叹于识,不乐著、赞叹识故,乐爱灭,乐爱灭故取灭,取灭故有灭,有灭故生灭,生灭故老病死、忧悲恼苦灭,如是纯大苦聚灭④。比丘!是名色灭,受、想、行、识灭。比丘!常当修习方便禅思,内寂其心。"佛说此经已,诸比丘闻佛所说,欢喜奉行。

八七——九七　　　　八七——九七(　　　)

如观察,乃至作证,十二经亦如是广说。

九八　　　　　　　　九八(　六八)

如是我闻:一时,佛住舍卫国祇树给孤独园。尔时,世尊告诸比丘:"常当修习方便禅思,内寂其心,如实观察。云何如实观察?如实知此色,此色集,此色灭。此受……想……行……(此)识,此识集,此识灭。云何色集?受、想、行、识集?缘眼及色眼识生,三事和合生触,缘触生受,缘受生爱,乃至纯大苦聚生,是名色集。如是缘耳……鼻……舌……身……缘⑤意及法生意识,三事和合生触,缘触生受,缘受生爱,如是乃至纯大苦聚

---

① "多"上,原本有"云何"二字,不顺文义,今删。
② "识"上,原本有"识"字,今删。
③ "知"下,原本衍一"知"字,今删。
④ 此下原本有"皆悉得灭"四字,今删。
⑤ "缘"上,原本有"意"字,今删。

生,是名色集,受、想、行、识集。云何色灭?受、想、行、识灭?缘眼及①色眼识生,三事和合生触;触灭则受灭,乃至纯大苦聚灭。如是耳……鼻……舌……身……缘②意及法意识生,三事和合生触;触灭则受灭,受③灭乃至纯大苦聚灭,是名色灭,受、想、行、识灭。是故比丘!常当修习方便禅思,内寂其心。"佛说此经已,诸比丘闻佛所说,欢喜奉行。

　　　九九——一〇九　　　九九——一〇九(　　)
如观察,乃至作证,十二经亦如是广说。

　　受与生及乐,亦说六入处,一一十二种,禅定三昧经。

复次,嗢拖南曰:

　　断支、实显了行、缘、无等教,四种有情众,道四、究竟五。

"**断支**":诸修断者,略由五支摄受于断,能于诸行如实显了:一、由身远离故,二、由心远离故,三、由奢摩他品三摩地故,四、由毗钵舍那品三摩地故,五、由常委所作故。

"**实显了行**":复次,当知有十二种如实显了行相,如摄异门分说:谓听闻各别、善取、恶取故,正教、现量、比量境界故,自相、共相故,如所有性、尽所有性故,入见、究竟地故④。

"**缘**":复次,略有四种如实显了行相道理智所缘事:谓住内法异生,于率尔堕境所起受中,不如实知增上力故,能令诸行流

---

① "及",原本作"乃至",依宋本改。
② "缘"上,原本有"意"字,今删。
③ "受",原本作"爱",依宋本改。
④ 《瑜伽师地论》卷八三(大正三〇·七六四中)。

转杂染；如实知故，能令清净。复有在家异生，于欣后有等所依中，不如实知增上力故，能令诸行流转杂染；与彼相违，能令清净。复有诸外道，于所爱乐虚妄分别定生喜爱所依行中，不如实知增上力故，能令诸行流转杂染；与彼相违，能令清净。复有住于内法有学，依诸根境所有妄念，于余残行不如实知增上力故，流转杂染；断余残故，便得清净。当知于此一切品中，诸清净品皆住内法，如是名为四所缘事。

一一〇①　　　　　一一〇（六九）

如是我闻：一时，佛住舍卫国祇树给孤独园。尔时，世尊告诸比丘："我今当说有身集趣道，及有身集灭道。云何有身集趣道？愚痴无闻凡夫，不②如实知色集，色灭，色味，色患，色离。不如实知故，乐色，叹色，著色，住色；乐色，叹色，著色，住色故爱乐取，缘取有，缘有生，缘生老病死、忧悲恼苦，如是纯大苦聚生。如是受、想、行、识，（亦如是）广说，是名有身集趣道。比丘！有身集趣道，当知即是苦集趣道。云何有身集灭道？多闻圣弟子，如实知色，色集，色灭，色味，色患，色离。如实知故，于色不乐，不叹，不著，不住；不乐，不叹，不著，不住故，彼色爱乐灭，爱乐灭则取灭，取灭则有灭，有灭则生灭，生灭则老病死忧悲恼苦纯大苦聚灭。如色，受、想、行、识亦如是，是名有身灭道迹。有身灭道迹，则是苦灭道迹，是故说有身灭道迹。"佛说此经已，诸比丘闻佛所说，欢喜奉行。

---

① 《相应部》（二二）"蕴相应"四四经。
② "不"上，原本有"见"字，今删。

——————二　————————二（　　）

如当说,有及当知,亦如是说。

——三①　　　　　　——三(　七〇)

如是我闻:一时,佛住舍卫国祇树给孤独园。尔时,世尊告诸比丘:"我今当说有身边,有身集边,有身灭边。谛听,善思念之,当为汝说。云何有身边?谓五受阴。云何为五?色受阴,受、想、行、识受阴,是名有身边。云何有身集边?谓受当来有爱,贪喜俱,彼彼乐著,是名有身集边。云何有身灭边?即此受当来有爱,贪喜俱,彼彼乐著,无余断、吐、尽、离欲、灭、寂、没,是名有身灭边。是故当说有身边,有身集边,有身灭边。"佛说是经已,诸比丘闻佛所说,欢喜奉行。

——四————五　——四————五(　　)

如当说,有及当知,亦如是说。

——六②　　　　　　——六(　七一)

如是我闻:一时,佛住舍卫国祇树给孤独园。尔时,世尊告诸比丘:"我今当说有身,有身集,有身灭,有身灭道迹。谛听,善思,当为汝说。云何有身?谓五受阴。云何为五?色受阴,受、想、行、识受阴,是名有身。云何有身集?当来有爱,贪喜俱,彼彼乐③著,是名有身集。云何有身灭?当来有爱,贪喜俱,彼彼乐著,无余断、吐、尽、离欲、灭,是名有身灭。云何有身灭道迹?谓八圣道:正见,正志,正语,正业,正命,正方便,正念,正

---

① 《相应部》(二二)"蕴相应"一〇三经。
② 《相应部》(二二)"蕴相应"一〇五经。
③ "乐",原本作"染",今改。

定,是名有身灭道迹。是名当说有身,有身集,有身灭,有身灭道迹。"佛说是经已,诸比丘闻佛所说,欢喜奉行。

　　　　——七————八　——七————八(　　)
如当说,有及当知,亦如是说①。

"无等教":复次,由三因缘,如来所说教无与等:一者、宣说不共法故,二者、宣说无倒法故,三者、宣说自觉法故。此中宣说,若趣萨迦耶集行,即是趣苦集行;若趣萨迦耶灭行,即是趣苦灭行,是名宣说不共法教。若复说言此真实有,是名宣说无倒法教。若复说言我如实知,是名宣说自觉法教。

复有三种诸行流转差别:一者、萨迦耶,是诸有情染著安足处所义故。二者、世间,是染著处败坏义故。三者、有,是染著者更生义故。

"四种有情众":复次,彼有情众,略有四种。何等为四?一者、一向安住可爱业果,即于此果耽著受用,谓生天处,专行放逸。二者、一向因转,谓希求彼,所有沙门、若婆罗门。三者、乐般涅槃诸有情众。四者、诸杂种类,谓住于此,或住于果,耽著受用;或乐摄受当来爱果;或时时修涅槃资粮,离诸放逸。于前三种有情众中,随其所应,当知世间彼集、灭边,及萨迦耶彼集、灭边。于后第四有情众中,当知萨迦耶彼集、彼灭、趣道差别。

---

　　① 依摄颂:"其道有三种,实、觉亦三种",三经各有"当说"、"有"(实有)、"知"(觉),成为九经。此处经文,独缺"如当说,有及当知,亦如是说"。寻经文,乃被误写于下经之后,故今移此以符颂义。

一一九　　　　　　　　一一九（　　　）

余如是说，差别者："当知有身，当知断有身集，当知证有身灭，当知修断有身道迹。"佛说此经已，诸比丘闻佛所说，欢喜奉行①。

"道四"：复次，依二种道，当知施设四种行相。云何依二种道？谓依见道，及依修道。云何施设四种行相。一、应遍知行相，二、应永断行相，三、应作证行相，四、应修习行相。如是四种，三依见道，一依修道。入见道时，谛现观俱，能遍知苦，断一分集，证一分灭。于彼一分能断证者，于修道中，为求无余断及证故，如所得道，应勤修习。因修如是诸思择道及修道故，永断余集，证得余灭。

一二〇　　　　　　　　一二〇（　　　）

又复差别者："比丘知有身，断有身集，证有身灭，修断有身道，是名比丘断爱欲缚，诸结等法，修无间等，究竟苦边。"

一二一　　　　　　　　一二一（　　　）

又复差别者："是名比丘究竟边际，究竟离垢，究竟梵行纯净上士。"

一二二　　　　　　　　一二二（　　　）

又复差别者："是名比丘阿罗汉尽诸有漏，所作已作，已舍重担，逮得己利，尽诸有结，正智心解脱。"

---

① 此下原有"如当说，有及当知，亦如是说"十一字。然经说"当知"，不应再立"有及当知"。古人误写于此，今移于前经下。

一二三　　　　　　　　一二三（　　　）

又复差别者："是名比丘断关，度堑，超越境界，脱诸防逻，建圣法幢。"

一二四　　　　　　　　一二四（　　　）

又复差别者："云何断关？谓断五下分结。云何度堑？谓度无明深堑。云何超越境界？谓究竟无始生死。云何脱诸防逻？谓有爱尽。云何建圣法幢？谓我慢尽。"

一二五　　　　　　　　一二五（　　　）

又复差别者："是名比丘断五枝，成六枝，守护一，依四种，弃舍诸谛，离诸求，净诸觉，身行息，心善解脱，慧善解脱，纯一立梵行无上士。"

其道有三种，实、觉亦三种，有身四种说，罗汉有六种。

"究竟五"：复次，证得如是极究竟者，由五种相，应知究竟。何等为五？谓已证得苦及苦因无余尽故；堪作他义，一切自义皆圆满故；证得毕竟断及智故；能入究竟涅槃城故；即得入已，于其圣住能安住故。于第一相，有割爱等四种差别，如前应知。于第二相，有阿罗汉尽诸漏等，所有差别，如前应知。于第三相，有毕竟究竟，一切行事皆悉断故；有毕竟无垢，一切烦恼毕竟断故；有毕竟梵行以为后边，谓已获得彼对治故。于第四相，譬如世间具五种相名入宫城，随阙一种不名为入。如是要具与彼相似五种相故，当知名入涅槃宫城。何等名具世间五相？一者、辟宫城门；二者、超逾隍堑而不堕落；三者、深起果决而越度之；四者、越隍堑已，逼临宫阙；五者、非自非余之所希望，胜幢既仆，徐入中宫。如是入宫，无诸罣碍。入涅槃宫亦复如是：先断能顺五下分结，如彼辟门。次于涅槃起深坑想，无明怖畏断无余故，如超隍堑而不堕落。能到萨迦耶彼岸故，能持最后身故，如彼果决而越度之。将入无余依涅槃界，如逼宫阙，已断有爱，于诸境界无复爱生。遍于一切憍慢不起而入涅槃，如非自他之所希望，胜幢既仆，徐入中宫。如前所说五种因缘，入涅槃宫当知亦尔。又既入已，由二种相安住圣住：一、由行故，二、由住故。行由三相，应正了知：一、不共故，二、无染故，三、正依止所依止故。永断顺五下分结故，于诸欲中毕竟离欲，即于是处而游行故，说名不共。于六恒住常摄受故，名为无染。于一分法思择远离，谓恶象马等，于一分法思择习近，谓衣服、饮食等，是名为正依止所依。如是于行善清净已，复由五相应了知住：谓若由此而住，若此为依，若由此离系，若此为依，若由此相应。当知此中，由不动心解脱而住。于一分法思择除遣，谓游行散乱，劬劳因缘，身心疲怠；于一分法思择忍受，谓寒、热等，是名为依。由于三种杂染离系，谓见杂染及爱杂染，寻思杂染。由见杂染得离系故，于后有中心无动摇。由爱杂染得离系故，于诸境界不被漂沦。寻思杂染得离系故，寻思唯善，无有不善。如是名为由此离系。此依四种静虑无动三摩地，安住第一现法乐住，是名为依。由与无学心善解脱、慧善解脱而共相应。又离爱者，于第二身不复生故，于涅槃舍无退转故，克证无上圆满德故。由此五相，应知圆满住第一住。

一二六①　　　　　　一二六（七二）

如是我闻：一时，佛住舍卫国祇树给孤独园。尔时，世尊告

---

① 《相应部》（二二）"蕴相应"一〇六经。

诸比丘："当说所知法、智及智者。谛听，善思，当为汝说。云何所知法？谓五受阴。何等为五？色受阴，受、想、行、识受阴，是名所知法。云何为智？调伏贪欲，断贪欲，越贪欲，是名为智。云何智者？阿罗汉是。阿罗汉者，非有他世死，非无他世死，非有无他世死，非非有无他世死；广说无量，诸数永灭。是名说所知法、智及智者。"佛说此经已，诸比丘闻佛所说，欢喜奉行。

复次，嗢拕南曰：

　　二品总略、三、有异，胜解、断、流转、有性，不善清净善清净，善说恶说师等别。

"二品总略"：略由三处，总摄一切黑品、白品：一、由所遍知法故，二、由遍知故，三、由成遍知故。所遍知法者，谓苦谛，集谛，当知总摄一切黑品。遍知者，谓灭谛，当知此摄白品一分。成遍知者，谓补特伽罗及道谛。补特伽罗虽是假有，当知亦是白品所摄，此即如来、诸圣弟子。于世俗谛及胜义谛皆悉善巧，依二道理，如实随观俱不可记：谓如来灭后，若有、若无、亦有亦无、非有非无，皆不可取，亦不可记。所以者何？且依胜义，彼不可得，况其灭后或有、或无？若依世俗，为于诸行假立如来，为于涅槃？若于诸行，如来灭后无有一行流转可得，尔时何处假立如来？既无如来，何有、无等？若于涅槃，涅槃唯是无行所显，绝诸戏论，自内所证。绝戏论故，施设为有，不应道理；亦复不应施设非有，勿当损毁施设妙有，寂静涅槃。又此涅槃极难知故，最微细故，说名甚深。种种非一诸行烦恼断所显故，说名广大。现量、比量及正教量所不量故，说名无量。

一二七① 　　　　　一二七（　　七三）

如是我闻：一时，佛住舍卫国祇树给孤独园。尔时，世尊告诸比丘："我今当说重担、取担、舍担、担者。谛听，善思，当为汝说。云何重担？谓五受阴。何等为五？色受阴，受、想、行、识受阴。云何取担？当来有爱，贪喜俱，彼彼乐著。云何舍担？若当来有爱，贪喜俱，彼彼乐著，永断无余，已灭，已吐，尽，离欲，灭，没。云何担者？谓士夫。是士夫者，如是名，如是生，如是姓族，如是食，如是受苦乐，如是长寿，如是久住，如是寿命齐限。是名为重担、取担、舍担、担者。"尔时世尊而说偈言：

"已舍于重担，不复应更取，
重任为大苦，舍任为大乐。
当断一切爱，则尽一切行，
晓了有余境，不复转还有。"

佛说此经已，诸比丘闻佛所说，欢喜奉行。

"三"：复次，由三因缘，内荷担苦与外荷担苦有其差别：一、所荷担，二、能荷担，三、荷担时。谓外荷担，色一分摄，或秆或薪，或余种类，是所荷担；愚夫乃以一切诸行为所荷担。又外荷担，属在身肩，是能荷担；愚夫乃以一切爱蕴为能荷担。又外荷担，唯以现肩荷担所担；愚夫乃以一切爱蕴荷担所担。欲舍所担，要并除蕴，无别方便而能弃舍；乃至未能舍所担来，恒常荷担

---

① 《相应部》（二二）"蕴相应"二二经。《增一阿含经》（二五）"四谛品"四经。

大重担故,执持尪劣、微弱、细软不静肩故,长时无间荷所担故。内有三德,领受如是荷担众苦,外则不然,是名二种荷担差别。

一二八①　　　　　　一二八(　七四)

如是我闻:一时,佛住舍卫国祇树给孤独园。尔时,世尊告诸比丘:"有五受阴,何等为五? 色受阴,受、想、行、识受阴。愚痴无闻凡夫,不如实知色,色集,色灭,色味,色患,色离;不如实知故,于色所乐,赞叹,系著,住。色缚所缚,内缚所缚,不知根本,不知津②际,不知出离。是名愚痴无闻凡夫,以缚生,以缚死,以缚从此世至他世;于彼亦复以缚生,以缚死。是名愚痴无闻凡夫,随魔自在,入魔网中,随魔所化,魔缚所缚,为魔所牵。受、想、行、识,亦复如是。多闻圣弟子,如实知色,色集,色灭,色味,色患,色离;如实知故,不贪喜色,不赞叹,不系著住。非色缚所缚,非内缚所缚,知根本,知津济,知出离。是名多闻圣弟子,不随缚生,不随缚死,不随缚从此世至他世。不随魔自在,不入魔手,不随魔所作,非魔所缚;解脱魔缚,离魔所牵。受、想、行、识,亦复如是。"佛说此经已,诸比丘闻佛所说,欢喜奉行。

"五":复次,由五种相,愚夫内缚与彼外缚而有差别:谓彼外缚,为色一分之所系缚,或木、或铁、或索所系;愚夫乃为诸行所缚。又彼外缚,他缚所缚;愚夫乃为自缚所缚。又彼外缚,易可了知缚、缚因缘,脱、脱方便;愚夫内缚,一切难知。又彼外缚,死后即无;愚夫内缚,死后诸行随逐往来,循环不舍。又彼外缚,

---

① 《相应部》(二二)"蕴相应"一一七经。
② "津",原本作"边",今改。

所有出家能舍诸欲,便得解脱,一切怨仇不能拘碍;愚夫内缚,虽得离欲,乃至有顶尚未能脱,况唯出家! 当知此中,在离欲位,魔罗于彼不得自在;未离欲位,便得自在。其出家位,未脱魔手;若在家位,随欲所作。未离欲位,魔缚所缚,由世间道,虽生有顶未脱魔罥。

一二九① 　　　　一二九(　　七五)

如是我闻:一时,佛住舍卫国祇树给孤独园。尔时,世尊告诸比丘:"有五受阴。何等为五? 谓色受阴,比丘于色厌,离欲,灭,不起,解脱,是名如来、应、等正觉。如是受、想、行、识厌,离欲,灭,不起,解脱,是名如来、应、等正觉。比丘! 亦于色厌,离欲,灭,名阿罗汉慧解脱。如是受、想、行、识厌,离欲,灭,名阿罗汉慧解脱。比丘! 如来、应、等正觉,阿罗汉慧解脱,有何差别?"比丘白佛:"如来为法根,为法眼,为法依,唯愿世尊为诸比丘广说此义! 诸比丘闻已,当受奉行。"佛告比丘:"谛听,善思,当为汝说。如来、应、等正觉,未曾闻法能自觉法,通达无上菩提;于未来世开觉声闻而为说法,谓四念处,四正勤,四如意足,五根,五力,七觉,八道。比丘! 是名如来、应、等正觉,未得而得,未利而利,知道,分别道,说道,通道,复能成就诸声闻,教授教诫;如是说正顺欣乐善法,是名如来、罗汉差别。"佛说此经已,诸比丘闻佛所说,欢喜奉行。

"**有异**":复次,略由四相,当知如来与慧解脱阿罗汉等同

---

① 《相应部》(二二)"蕴相应"五八经。

分、异分。由一种相,说名同分,谓解脱等故。由三种相,说名异分:谓现等觉故,能说法故,行正行故。此中如来,无师、自然,修三十七菩提分法,现等正觉。等正觉已,遍依胜义,若于现法,有能、无能,若现见法、不现见法,于一切种皆悉了达,是名自然等觉菩提。如是了达胜义法已,于其二障善得解脱,谓并习气诸烦恼障及所知障。与诸天众及余世间为解脱师,独一无二。当知了达如是四相,是名自然等觉菩提,由此不与诸声闻共。又依他义,作所作等,能说正法,由五种相,当知不共。何等为五?一者、如来如实了知一切种道为道,一切种非道为非道。二者、知已,如实宣说是道、非道,为令趣道,不趣非道。三者、若有如所说道乐欲勤行,为令彼行,摄受方便,如理所引作意正道,以教授门而为宣说。四者、彼如圣教行时,若有障碍,止观过失,皆令除遣。五者、若有随顺彼法,皆令摄受,是名能说不同分法。此中正行不同分者,谓彼声闻,先依如来,后行正行;夫如来者无少所依。又彼成就声闻种性行于正行,而佛如来成自种性。又彼声闻或已成熟,或当成熟,非最后有菩萨身中二行可得。若未熟者,彼随道行,能熟当来,成熟相续;若已熟者,彼于现法成大师教。如此二种,如其圣教,即如是行,若随道行,彼于来世当证涅槃;若于现法,成大师教。彼依此身便证圣道、道果、涅槃,即此圣道及圣道果,无损乐故名如实法,饶益性故又说为善。

一三〇① 一三〇(七六)

如是我闻:一时,佛住舍卫国祇树给孤独园。尔时,世尊告

---

① 《相应部》(二一)"蕴相应"——八·——九经。

诸比丘:"有五受阴,何等为五? 色受阴,受、想、行、识受阴。汝等比丘当观察于色,观察色已,见有我,异我,相在不?"诸比丘白佛言:"不也,世尊!"佛告比丘:"善哉! 善哉! 色无我,无我者则无常,无常者则是苦,若苦者彼一切非我,不异我,不相在,当作是观。受、想、行、识,亦复如是。多闻圣弟子,于此五受阴,观察非我、非我所。如是观察已,于世间都无所取,无所取者则无所著,无所著者自觉涅槃:我生已尽,梵行已立,所作已作,自知不受后有。"佛说此经已,诸比丘闻佛所说,欢喜奉行。

"胜解":复次,于诸行中,略有二种无我胜解:一者、闻、思增上胜解,二者、修证增上胜解。此中闻、思增上胜解,能与修证增上胜解作生依止。诸善男子净信出家,虽复在此极善殷到,且于其中不应喜足。要此为依,于诸行中渐次修习无常等想,证得无我增上胜解。为令彼证转增胜故,勤修观解。

一三一①　　　　　一三一(　七七)

如是我闻:一时,佛住舍卫国祇树给孤独园。尔时,世尊告诸比丘:"当断色欲贪,欲贪断已则色断,色断已得断知,得断知已则根本断,如截多罗树头,未来不复更生。如是受、想、行、识欲贪断,乃至未来世不复更生。"佛说此经已,诸比丘闻佛所说,欢喜奉行。

"断":复次,由四种相,应知诸行有二种断。何等为四?一、诸缠断故,二、随眠断故,三、后有诸行因性断故,四、现在诸

---

① 《相应部》(二二)"蕴相应"二五经。

行染行断故。如是四种,当知总说为二种断,谓烦恼断及以事断。前之二相,名烦恼断;后之二相,说为事断。

一三二① 　　　　　一三二(　七八)

如是我闻:一时,佛住舍卫国祇树给孤独园。尔时,世尊告诸比丘:"若色起、住、出,则苦于此起,病于此住,老死于此出。受、想、行、识,亦如是说。比丘!若色灭、息、没,苦于此灭,病于此息,老死于此没。受、想、行、识,亦复如是。"佛说此经已,诸比丘闻佛所说,欢喜奉行。

"**流转**":复次,于欲界中,诸行流转初、中、后位,当知略有三种密苦:一者、生时为其胎藏所覆障故,有覆障苦;二者、生已处婴稚位,多疾病苦;三者、衰耄诸根成熟,有老死苦。又彼诸行流转生起初、中、后灭,当知即是三种苦灭。

一三三② 　　　　　一三三(　七九)

如是我闻:一时,佛住舍卫国祇树给孤独园。尔时,世尊告诸比丘:"过去、未来色尚无常,况复现在色!多闻圣弟子,如是观察已,不顾过去色,不欣未来色,于现在色厌,离欲,灭寂静。受、想、行、识,亦复如是。比丘!若无过去色者,多闻圣弟子,无不顾过去色;以有过去色故,多闻圣弟子不顾过去色。若无未来色者,多闻圣弟子无不欣未来色;以有未来色故,多闻圣弟子不欣未来色。若无现在色者,多闻圣弟子不于现在色生厌,离欲,

---

① 《相应部》(二二)"蕴相应"三〇经。
② 以下四经,立三世有性,为说一切有部立义所依。

灭尽向;以有①现在色故,多闻圣弟子于现在色生厌,离欲,灭尽向。受、想、行、识亦如是说。"佛说此经已,诸比丘闻佛所说,欢喜奉行。

　　　　一三四——一三六　一三四——一三六(　　　)

如无常,苦,空,非我三经,亦如是说。

"有性":复次,有三有性,为断彼故,诸圣弟子当勤修学。一、依过去为因有性,由是因缘,净信舍家,趣于非家,深见过患,厌弃诸欲。二、依未来所生诸行为因有性。三、依现在未断意乐杂染有性。为断如是三种有性,故有三断:谓无顾恋故,不欣乐故,断、离欲、灭界集成故。

　　　　一三七　　　　　　一三七(　八〇)

如是我闻:一时,佛住舍卫国祇树给孤独园。尔时,世尊告诸比丘:"当说圣法印,及见清净。谛听,善思。若有比丘作是说:我于空三昧未有所得,而起无相、无所有、离慢知见者,莫作是说!所以者何? 若于空未得者,而言我得无相、无所有,离慢知见者,无有是处。若有比丘作是说:我得空,能起无相、无所有、离慢知见者,此则善说。所以者何? 若得空已,能起无相、无所有、离慢知见者,斯有是处。云何为圣弟子及见清净?"比丘白佛:"佛为法根,法眼,法依,唯愿为说! 诸比丘闻说法已,如说奉行。"佛告比丘:"若比丘于空闲处,树下坐,善观色无常,磨灭、离欲之法。如是观察受、想、行、识,无常,磨灭,离欲之法。

---

① "有",原本作"欲",依元本改。

观察彼阴无常,磨灭,不坚固,变易法,心乐清净解脱,是名为空。如是观者,亦不能离慢知见清净。复有正思惟三昧,观色相断,声、香、味、触法相断,是名无相。如是观者,犹未离慢知见清净。复有正思惟三昧,观察贪相断,嗔恚、痴相断,是名无所有。如是观者,犹未离慢知见清净。复有正思惟三昧,观察我、我所①从何而生?观察②我、我所,从若见、若闻、若嗅、若尝、若触、若识而生。复作是观察:若因、若缘而生识者,彼识因缘为常,为无常?复作是思惟:若因、若缘而生识者,彼因、彼缘皆悉无常。复次,彼因、彼缘皆悉无常,彼所生识云何有常!无常者,是有为行,从缘起,是患法,灭法,离欲法,断知法,是名圣法印知见清净。是名比丘当说圣法印知见清净,如是广说。"佛说此经已,诸比丘闻佛所说,欢喜奉行。

"不善清净善清净":复次,于诸行中,略有二种离增上慢,观无我见。何等为二? 一、不善清净,二、善清净。云何名为不善清净?谓如有一远离而住,依观诸行无常性忍,由世间智,于无我性发生胜解。因此胜解,于眼所识色,乃至意所识法,等随观察,我、我所相不现行故,说名为断。又能制伏四外系所摄贪、嗔、痴三种所有:谓贪欲身系,摄贪所有;嗔恚身系,摄嗔所有;余二身系,摄痴所有。当知此中极鄙秽义,是所有义。离增上慢无我智者,如理作意共相应故,定地摄故,当知此智,由二因缘不善清净:一者、即于此时,谓于趣入顺决择分善根位时,有粗我慢随

---

① "我所"上,原本少一"我"字,依宋本补。
② "观察"上,原本有"复有正思惟三昧",衍文,今删。

入微细现行作意间无间转。由是因缘,作如是念:我今于空能修、能证,空是我有;由是空故,计我为胜。如空,无相及无所有,当知亦尔。二者、能令彼法现行因缘,谓于诸欲或萨迦耶有染爱识。由于如是有染爱识,不遍了知增上力故,便为诸欲、萨迦耶爱之所漂溺。由此意乐,于彼涅槃不能趣入,其心退还,如前已说。又由八相能遍了知,遍了知故,除诸过患,当知是名极善清净,离增上慢无我真智。又于此中,已灭坏故,灭坏法故,说名无常。诸业烦恼所集成故,说名有为。由昔愿力所集成故,名思所造。从自种子,现在外缘所集成故,说名缘生。于未来世衰老法故,说名尽法。死殁法故,说名殁法。未老死来,为疾病等种种灾横所逼恼故,名破坏法。由依现量能离欲故,能断灭故,名于现法得离欲法及以灭法。当知此中,除离欲法及以灭法,由所余相,略观三世所有过患,由所除相,观彼出离。若由如是过患、出离,遍知彼识,名善遍知。一切法中无有我性,名诸法印。即此法印随论道理,法王所造,于诸圣身不为恼害,随喜能得一切圣财,由此自然吉安,超度生死广大险难长道,是故亦名众圣法印。当知此中,由前名通达智,由后名善清净见。

一三八①　　　　　一三八(八一)

如是我闻:一时,佛住毗耶离猕猴池侧重阁讲堂。尔时,有离车名摩诃男,日日游行,往诣佛所。时彼离车作是念:若我早诣世尊所者,世尊及我知识比丘皆悉禅思,我今当诣七庵罗树阿耆毗外道所。即往诣彼富兰那迦叶住处。时富兰那迦叶外道众

---

① 《相应部》(二二)"蕴相应"六〇经。

主,与五百外道,前后围绕,高声嬉戏,论说俗事。时富兰那迦叶遥见离车摩诃男来,告其眷属,令寂静住:"汝等默然!是离车摩诃男,是沙门瞿昙弟子。此是沙门瞿昙白衣弟子,毗耶离中最为上首,常乐寂静①,赞叹寂静。彼所之诣,寂静之众,是故汝等应当寂静。"时摩诃男诣彼众富兰那所,与富兰那共相问讯,相慰劳已,却坐一面。时摩诃男语富兰那言:"我闻富兰那为诸弟子说法:无因无缘众生有垢,无因无缘众生清净。世有此论,汝为审有此,为是外人相毁之旨,世人所撰?为是法,为非法?颇有世人共论难问嫌责以不?"富兰那迦叶言:"实有此论,非世妄传。我立此论,是如法论。我说此法,皆是顺法,无有世人来共难问而呵责者。所以者何?摩诃男!我如是见,如是说:无因无缘众生有垢,无因无缘众生清净。"

时摩诃男闻富兰那所说,心不喜乐,呵骂已,从坐起去。向世尊所,头面礼足,却坐一面。以向与富兰那所论事,向佛广说。佛告离车摩诃男:"彼富兰那为出意语,不足记也。如是富兰那,愚痴不辨、不善非因而作是说:无因无缘众生有垢,无因无缘众生清净。所以者何?有因有缘众生有垢,有因有缘众生清净。摩诃男!何因何缘众生有垢?何因何缘众生清净?摩诃男!若色一向②是苦,非乐、非随乐、非乐长养,离乐者,众生不应因此而生乐著。摩诃男!以色非一向是苦,非乐、随乐、乐所长养,不离乐,是故众生于色染著,染著故系,系故有恼。摩诃男!若受、

---

① "寂静",原本作"静寂",依宋本改。
② "一向"上,原本有"非"字,文义相反,今删。

想、行、识一向①是苦,非乐、非随乐、非乐长养,离乐者,众生不应因此而生乐著。摩诃男,以识非一向是苦,非乐、随乐、乐所长养,不离乐,是故众生于识染著,染著故系,系故生恼。摩诃男!是名有因有缘众生有垢。摩诃男!何因何缘众生清净?摩诃男!若色一向是乐,非苦、非随苦、非忧苦长养,离苦者,众生不应因色而生厌离。摩诃男!以色非一向乐,是苦、随苦、忧苦长养,不离苦,是故众生厌离于色,厌故不乐,不乐故解脱。摩诃男!若受、想、行、识,一向是乐,非苦、非随苦、非忧苦长养,离苦者,众生不应因识而生厌离。摩诃男!以受、想、行、识,非一向乐,是苦、随苦、忧苦长养,不离苦,是故众生厌离于识,厌故不乐,不乐故解脱。摩诃男!是名有因有缘众生清净。"时摩诃男闻佛所说,欢喜随喜,礼佛而退。

知法及重担,往诣,(差别)、观、欲贪,生及与略说,法印、富兰那②。

"善说恶说师等别":复次,应知由五种相,于内外法师及弟子高下差别:一、由住故,二、由御众故,三、由论决择故,四、由建立开显道故,五、由行故。谓诸外道师及弟子,恒常住于愦闹之住;内法师弟,时时住于极寂静住,是名第一高下差别。又外道师,由自有量出家弟子诸外道僧,说名有僧,由自有量在家弟子诸外道众,说名有众,希彼一切共许为师,故名众师。愚类众生咸谓有德,是故说名共推善色。当知如来与彼相违,虽为一切天

---

① "一向"上,原本有"非"字,文义相反,今删。
② 摄颂缺等正觉与阿罗汉差别。"略说"即说三世有性。

及世间无上大师，于彼同尊而无所冀。又外道师与自弟子，共兴议论决择之时，凡有所说，展转意解各各差别，不相扶顺，转增愚昧，非净其智；当知内法与彼相违。又外道师为诸弟子，依止无因、不平等因，施设建立开显其道。听闻如是不正法故，为大罗刹娆乱其心。又由不正寻思相应非理作意，其心散动，以于他所怀胜负心，咎责于他，若他反诘，便兴辛暴，不审思择，轻出言词。自为无因、不平等因所覆藏故，名为杂染。由此愚夫于染因缘，若自若他不如实知，故名愚昧。离清净故，名不明了。于清净因不善巧故，说名不善。又乃至于应所说语，如所说语，是处说语，如是一切不如实知，是故说彼为不知量，为不知恩。当知内法与彼相违。又诸外道师及弟子，虽无异说，所说无减，无颠倒故；虽不流漫，所说无增，无加益故。虽等所说，义相似故；虽是法说，文平等故；虽复记别法及随法，然于同法乐为朋党，当知彼于法随法行，自义证得不放逸者，尚不能得，况纵逸者！彼由如是不得自义，便为他论制伏轻毁，并彼所受诸恶邪法；当知内法与彼相违。是名五种高下差别。

"非定"：复次，由四种相，当知诸行非定苦染；又由四相，非定乐净。如是四相，总依三事。何等为三？一、依生处故，二、依受故，三、依世故。此中乐者，谓在第三静虑；乐所随者，谓在人中，容有二种；喜乐遍者，谓在初二静虑；未永离乐者，谓在第四静虑已上。此中苦者，谓在饿鬼及以傍生；苦所随者，谓在人中；忧苦遍者，谓在那落迦；未永离苦者，谓在上天众中，当苦所随故。又言乐者，谓不苦、不乐受现在前位；乐所随者，谓苦受现在前位；喜乐遍者，谓乐受现在前位；不永离乐者，谓于一切位，乐因所随故。若与此相违,当知苦差别。又言乐者,谓顺乐行,及乐已灭;乐所随者,谓有乐因,于未来世当生起乐;喜乐遍者,谓于现在随顺乐处;未永离乐者,谓余三世。与此相违,苦差别四,如应当知①。

一三九　　　　　一三九（八二）

如是我闻:一时,佛住支提竹园精舍。尔时,世尊告诸比丘:"多闻圣弟子,于何所而见无常,苦?"诸比丘白佛言:"世尊为法根,法眼,法依,唯愿为说! 诸比丘闻已,当如说奉行。"佛告比丘:"谛听,善思,当为汝说。多闻圣弟子,于色见无常、苦,于受、想、行、识见无常、苦。比丘! 色为是常、无常耶?"比丘白佛:"无常,世尊!""比丘! 无常者是苦耶?"比丘白佛:"是苦,世尊!""比丘! 若无常、苦,是变易法,多闻圣弟子,宁于中见我,异我,相在不?"比丘白佛:"不也,世尊!""受、想、行、识,亦复如是。是故比丘! 所有诸色,若过去、若未来、若现在,若内、若外,若粗、若细,若好、若丑,若远、若近,彼一切皆非我,非异我,不相在;受、想、行、识,亦复如是。多闻圣弟子如是观察,厌于色,厌受、想、行、识。厌故不乐,不乐故解脱,解脱故:我生已尽,梵行已立,所作已作,自知不受后有。"时诸比丘闻佛所说,欢喜奉行。

一四〇　　　　　一四〇（八三）

如是我闻:一时,佛住毗耶离猕猴池侧重阁讲堂。尔时,世尊告诸比丘:"多闻圣弟子,于何所见非我,不异我,不相在,如是平等正观,如实知见?"比丘白佛:"世尊为法根,法眼,法依,

---

① 《瑜伽师地论》卷八七终。

唯愿为说！诸比丘闻已,如说奉行。"佛告比丘:"谛听,善思,当为汝说。多闻圣弟子,于色见非我,不异我,不相在,是名如实正观。受、想、行、识,亦复如是。"佛告诸比丘:"色为是常,为无常耶?"比丘白佛:"无常,世尊!"又告比丘:"若无常者,是苦不?"比丘白佛:"是苦,世尊!""比丘!若无常、苦,是变易法,多闻圣弟子,于中宁见有我,异我,相在不?"比丘白佛:"不也,世尊!""受、想、行、识,亦复如是。是故比丘!所有诸色,若过去、若未来、若现在,若内、若外,若粗、若细,若好、若丑,若远、若近,彼一切皆非我,不异我,不相住,是名如实正观。受、想、行、识,亦复如是。多闻圣弟子,如是观察,于色得解脱,于受、想、行、识得解脱,我说彼解脱生老病死、忧悲恼苦,纯大苦聚。"佛说此经时,诸比丘闻佛所说,欢喜奉行。

一四一① 　　　　　一四一(　　八四)

如是我闻:一时,佛住舍卫国祇树给孤独园。尔时,世尊告诸比丘:"色是无常,无常则苦,苦则非我,非我者彼一切非我,不异我,不相在,如实知是名正观。受、想、行、识,亦复如是。多闻圣弟子,于此五受阴非我、非我所观察,如是观察,于诸世间都无所取,无所取故无所著,无所著故自觉涅槃:我生已尽,梵行已立,所作已作,自知不受后有。"佛说此经已,诸比丘闻佛所说,欢喜奉行。

一四二 　　　　　　一四二(　　八五)

如是我闻:一时,佛住舍卫国祇树给孤独园。尔时,世尊告

---

① 《相应部》(二二)"蕴相应"四五经。

诸比丘:"比丘于何所不见我,异我,相在?"比丘白佛:"世尊为法根,法眼,法依,唯愿为说!诸比丘闻已,如说奉行。"佛告比丘:"谛听,善思,当为汝说。于色不见有我,异我,相在,不于受、想、行、识,亦复如是。比丘!色为是常、无常耶?"比丘白佛:"无常,世尊!"佛言:"比丘!若无常者,是苦不?"比丘白佛:"是苦,世尊!""比丘!若无常、苦,是变易法,多闻圣弟子,宁于中见我,异我,相在不?"比丘白佛:"不也,世尊!""受、想、行、识,亦复如是。是故比丘!诸所有色,若过去、若未来、若现在,若内、若外、若粗、若细、若好、若丑、若远、若近,彼一切非我,不异我,不相在。受、想、行、识,亦复如是。比丘!多闻圣弟子,观察五受阴非我、非我所。如是观察者,于诸世间都无所取,无所取者无所著,无所著故自觉涅槃:我生已尽,梵行已立,所作已作,自知不受后有。"佛说此经已,诸比丘闻佛所说,欢喜奉行。

复次,嗢拕南曰:

二智并其事,乐等行转变,请无请说经,涅槃有二种①。

"二智并其事":智有二种:一者、正智,二者、邪智。此中正智依有事生,邪智亦尔。虽此二智俱依有事,然正智如实取事,邪智邪分别不如实取事。由有正教、如理作意为前行故,于所知境正智得生;由有邪教、非理作意为前行故,于所知境邪智得生。非正智生坏所知境,但于此境舍于邪执而起正智。如暗中色,明灯生时,不坏此色,但能照了;当知此义亦复如是。

---

① 《瑜伽师地论》卷八八。

一四三　　　　　一四三（　　八六）

如是我闻：一时，佛住舍卫国祇树给孤独园。尔时，世尊告诸比丘："若无常色有常者，彼色不应有病、有苦；亦不应于色有所求，欲令如是，不令如是。以色无常故，于色有病、有苦生，亦得不欲令如是，不令如是。受、想、行、识，亦复如是。比丘！于意云何？色为常，为无常耶？"比丘白佛："无常，世尊！""比丘，无常为是苦不？"比丘白佛："是苦，世尊！""比丘！若无常苦，是变易法，多闻圣弟子，于中宁见是我、异我、相在不？"比丘白佛："不也，世尊！""受、想、行、识，亦复如是。是故比丘！诸所有色，若过去、若未来、若现在，若内、若外，若粗、若细，若好、若丑，若远、若近，彼一切非我、非我所，如实知。受、想、行、识，亦复如是。多闻圣弟子，正观于色，正观已，于色生厌，离欲，不乐，解脱；受、想、行、识生厌，离欲，不乐，解脱：我生已尽，梵行已立，所作已作，自知不受后有。"佛说此经已，诸比丘闻佛所说，欢喜奉行。

一四四　　　　　一四四（　　八七）

如是我闻：一时，佛住舍卫国祇树给孤独园。尔时，世尊告诸比丘："色是苦，若色非是苦者，不应于色有病、有苦生；亦不欲令如是，亦不令不如是。以色是苦，以色是苦故，于色病生；亦得于色欲令如是，不令如是。受、想、行、识，亦复如是。比丘！色为常、无常耶？"比丘白佛："无常，世尊！""比丘！无常者，是苦不？"比丘白佛："是苦，世尊！""比丘！若无常、苦，是变易法，多闻圣弟子，宁于中见我、异我、相在不？"比丘白佛："不也，世尊！""受、想、行、识，亦复如是。是故比丘！诸所有色，若过去、若未来、若现在，若内、若外，若粗、若细，若好、若丑，若远、若近，彼一切非我,不异我,不相在,如实观察。受、想、行、识,亦复如是。多闻圣弟子于色得解脱,于受、想、行、识得解脱,我说彼解脱生老病死、忧悲恼苦,纯大苦聚。"佛说此经已,诸比丘闻佛所说,欢喜奉行①。

　　　　一四五　　　　　　　一四五（　三三）

②如是我闻:一时,佛住舍卫国祇树给孤独园。尔时,世尊告诸比丘:"色非是我,若色是我者,不应于色病、苦生;亦不应于色欲令如是,不令如是。以色无我故,于色有病、有苦生;亦得于色欲令如是,不令如是。受、想、行、识,亦复如是。比丘!于意云何?色为是常,为无常耶?"比丘白佛:"无常,世尊!""比丘!若无常者,是苦不?"比丘白佛:"是苦,世尊!""若无常、苦,是变易法,多闻圣弟子,于中宁见有我,异我,相在不?"比丘白佛:"不也,世尊!""受、想、行、识,亦复如是。是故比丘!诸所有色,若过去、若未来、若现在,若内、若外,若粗、若细,若好、若丑,若远、若近,彼一切非我,不异我,不相在,如是观察。受、想、行、识,亦复如是。比丘!多闻圣弟子,于此五受阴非我、非我所,如实观察。如实观察已,于诸世间都无所取,无所取故无所著,无所著故自觉涅槃:我生已尽,梵行已立,所作已作,自知不受后有。"佛说此经已,诸比丘闻佛所说,欢喜奉行。

　　　　一四六③　　　　　　一四六（　三四）

如是我闻:一时,佛住波罗奈国仙人住处鹿野苑中。尔时,

---

① 《杂阿含经》卷三终。
② 《杂阿含经》卷四(旧误编为卷二)。
③ 《相应部》(二二)"蕴相应"五九经。

世尊告余五比丘："色非有我,若色有我者,于色不应病、苦生;亦不得于色欲令如是,不令如是。以色无我故,于色有病、有苦生;亦得于色欲令如是,不令如是。受、想、行、识,亦复如是。比丘!于意云何?色为是常、为无常耶?"比丘白佛:"无常,世尊!""比丘!若无常者,是苦耶?"比丘白佛:"是苦,世尊!""比丘!若无常、苦,是变易法,多闻圣弟子,宁于中见是我、异我、相在不?"比丘白佛:"不也,世尊!""受、想、行、识,亦复如是。是故比丘!诸所有色,若过去、若未来、若现在、若内、若外、若粗、若细、若好、若丑、若远、若近,彼一切非我、非我所,如实观察。受、想、行、识,亦复如是。比丘!多闻圣弟子,于此五受阴,见非我、非我所。如是观察,于诸世间都无所取,无所取故无所著,无所著故自觉涅槃:我生已尽,梵行已立,所作已作,自知不受后有。"佛说此经已,余五比丘不起诸漏,心得解脱。佛说此经已,诸比丘闻佛所说,欢喜奉行。

"乐等行转变":复次,随顺乐处诸行,与无常相共相应故,若至苦位,尔时说名损恼迫迮;若至不苦不乐位,尔时方于行苦名苦迫迮;若不至彼位,便应毕竟唯顺乐受,勿至余位。又生、老等法所随诸行,皆悉是苦,彼若至疾病位,说名损恼迫迮;若至生等苦位,名苦迫迮;若不至彼位,于诸行中生等苦因之所随逐,勿至果位。又本性诸行,众缘生故,不得自在,亦无宰主。若有宰主,彼一切行虽性无常,应随所乐流转不绝,或不令生,广说乃至于死。

一四七　　　　　　　　一四七(　三五　)

如是我闻:一时,佛住支提竹园精舍。尔时,有三正士出家未久,所谓尊者阿㝹律陀、尊者难提、尊者金毗罗。尔时,世尊知彼心中所念而为教诫:"比丘!此心,此意,此识;当思惟此,莫思惟此;断此欲,断此色,身作证具足住。比丘!宁有色若常、不变易、正住不?"比丘白佛:"不也,世尊!"佛告比丘:"善哉!善哉!色是无常、变易①之法,厌、离欲、灭、寂、没。如是色从本以来,一切无常、苦、变易法。如是知已,缘彼色生诸漏、害、炽然、忧恼,皆悉断灭。断灭已无所著,无所著已安乐住,安乐住已得般涅槃。受、想、行、识,亦复如是。"佛说此经时,三正士不起诸漏,心得解脱。佛说此经已,诸比丘闻佛所说,欢喜奉行。

一四八② 　　　　一四八(　三六)

如是我闻:一时,佛住摩偷罗国跋提河侧伞盖庵罗树园。尔时,世尊告诸比丘:"住于自洲,住于自依,住于法洲、法依,不异洲、不异依。比丘!当正观察,住自洲、自依,法洲、法依,不异洲、不异依。何因生忧、悲、恼、苦?云何有因③?何故何系著?云何自观察未生忧、悲、恼、苦而生,已生忧、悲、恼、苦生长增广?"诸比丘白佛:"世尊法根,法眼,法依,唯愿为说!诸比丘闻已,当如说奉行。"佛告比丘:"谛听,善思,当为汝说。比丘!有色,因色系著色,自观察未生忧、悲、恼、苦而生,已生而复增长广大。受、想、行、识,亦复如是。比丘!颇有色常、恒、不变易、正住耶?"答言:"不也,世尊!"佛告比丘:"善哉!善哉!比丘!色是无常,若善男子知色是无常已,变易、离欲、灭、寂静、没。从本

---

① "易"下,原有"正住……变易"二十五字,衍文,依宋本删。
② 《相应部》(二二)"蕴相应"四三经。
③ "因",原本作"四",今依下文"有色、因色、系著色"句,改为"因"。

以来,一切色无常、苦、变易法,知已,若色因缘生忧、悲、恼、苦断。彼断已无所著,不著故安隐乐住,安隐乐住已名为涅槃。受、想、行、识,亦复如是。"佛说此经时,十六比丘不生诸漏,心得解脱。佛说此经已,诸比丘闻佛所说,欢喜奉行。

　　竹园、毗舍离,清净、正观察,无常、苦、非我,五、三与十六。

"请无请说经":复次,有二种契经:一、因请而说,二、不因请说。因请说者,谓若有补特伽罗,由此诸行相教而调伏者,因彼请故,为转如是诸行相教。不因请说者,谓若于彼多百众中,以无量门作美妙说;或为大师近住弟子阿难陀等作如是说,为令正法得久住故。

"涅槃有二种":复次,当知由三分故,摄受圆满涅槃:一、由随顺教授故,二、由正观察一切行故,三、由永断一切烦恼故。随顺教授者,谓记说、教诫、神变所摄。如来随欲记说彼心,由自定意,以三行相遍照他心:若展转久远灭心,若无间灭心,若于现在所缘转心。从定起已,随念分别,思惟定内所受他心,如其所受即如是记:汝有如是心,谓久远灭者;如是意,谓无间灭者;如是识,谓现在者。此据种类,不据刹那。即以如是记说、神变为依止故,于其三处而为教诫:一、于行处现前境界,开许如理作意,遮止不如理作意;二、于住处,遮止不正寻思,开许正寻思;三、于止观勤修行处,开许令断未断诸行,及令烦恼永得离系而证涅槃。如是宣说,令从三处诸随烦恼心得清净,谓从行处、住处、依处。又正观察过去、未来、现在诸行,名正观察一切诸行。又有三漏;三漏为先而有欲害;欲害为先而有寻思热恼;寻思热恼为先而有追求忧恼,如是一切皆永断故,说名永断一切烦恼。如是定住心善解脱,无相乐住无恐怖时,于现法中名入圆满般涅槃数。

又依三法,依止自义,名住归依;依止他义,名住洲渚。何者为三?一、依内如理作意为先,法随法行;二、依佛听闻所说正法;三、依亲近正法内善士,不依亲近余正法外一切外道诸不善士。如是三法,当知显示人中四种多所作法:谓亲近善士,听闻正法,如理作意,法随法行。复由三缘及五种相,当知证得彼分涅槃。何等三缘?一、遍知苦故,二、深见一切随顺苦行诸过患故,三、超过愁等一切苦故。云何五相?一、知苦种类相交涉时发生愁等,是名于彼遍知自性。二、知有种子彼法得生,是名于彼遍知因性。三、知自所行所知境界,是名于彼遍知缘性。四、随观执著我所及我,皆是能顺众苦诸行,是名于彼遍知行性。五、随观三世欲界所系诸行过患,能断一切愁等诸苦。当知由此三缘、五相,获得如是彼分涅槃。由可爱事无常转变,悲伤心戚,故名为愁。由彼发言咨嗟歔欷,故名为叹。因此拊膺,故名为苦。内怀冤结,故名为忧。因兹迷乱,故名为恼。又以丧失财宝、无病、亲戚等事随一现前,刱生忧恼,说名为愁。由依此故,次乃发言哀吟悲冤,举身烦热,名叹、苦位。过此愁叹身烦热已,内烧外静,心犹未平,说名忧位。过初日已,或二、三、五、十、日、夜、月,由彼因缘,意尚未宁,说名为恼。

一四九① 　　　　一四九(　三七)

如是我闻:一时,佛住舍卫国祇树给孤独园。尔时,世尊告

---

① 《相应部》(二二)"蕴相应"九四经。

诸比丘："我不与世间诤,世间与我诤。所以者何? 比丘! 若如法语者,不与世间诤,世间智者言有,我亦言有。云何为世间智者言有我亦言有? 比丘! 色无常、苦、变易法,世间智者言有,我亦言有。如是受、想、行、识,无常、苦、变易法,世间智者言有,我亦言有。世间智者言无,我亦言无,谓色是常、恒、不变易、正住者,世间智者言无,我亦言无。受、想、行、识,常、恒、不变易、正住者,世间智者言无,我亦言无。是名世间智者言无,我亦言无。比丘! 有世间世间法,我亦自知自觉,为人分别、演说、显示。世间盲无目者,不知不见,非我咎也。诸比丘! 云何为世间世间法,我自知自①觉,为人演说、分别、显示? 盲无目者,不知不见。比②丘! 色无常、苦、变易法,是名世间世间法。如是受、想、行、识,无常、苦(、变易法),是世间世间法。比丘! 此是世间世间法,我自知自觉,为人分别、演说、显示。盲无目者不知不见,我于彼盲无目不知不见者,其如之何!"佛说此经已,诸比丘闻佛所说,欢喜奉行。

　　　　一五〇　　　　　　　一五〇（　三八）

如是我闻:一时,佛住舍卫国祇树给孤独园。尔时,世尊告诸比丘："世人为卑下业,种种求财活命而得巨富,世人皆知;如世人之所知,我亦如是说。所以者何? 莫令我异于世人。诸比丘! 譬如一器,有一处人名为捷茨,有名钵,有名匕匕罗,有名遮留,有名毗悉多,有名婆阇那,有名萨牢。如彼所知,我亦如是说。所以者何? 莫令我异于世人故。如是比丘! 有世间（世

---

①　"自"上,原有"我"字,衍文,今删。
②　"比"上,原有"是"字,衍文,今删。

间)法，我自知自觉，为人分别、演说、显示，知见而说。世间盲无目者不知不见，世间盲无目者不知不见，我其如之何？比丘！云何世间世间法，我自知自觉，乃至不知不见？色无常、苦、变易法，是为世间世间法。受、想、行、识，无常、苦、变易法，是世间世间法。比丘！是名世间世间法，我自知自见，乃至盲无目者不知不见，其如之何！"佛说此经已，诸比丘闻佛所说，欢喜奉行。

复次，嗢拕南曰：

诤、芽、见大染，一趣、学、四怖，善说恶说中宿住念差别。

"诤"：由四因缘，如来不与世间迷执共为怨诤，然彼世间起邪分别，谓为怨诤。何等为四？一者、宣说道理义故，二者、宣说真实义故，三者、宣说利益义故，四者、有时随世转故。此中如来依四道理宣说正法，如前所谓观待道理，作用道理，因成道理，法尔道理，由此如来名法语者。如来终不故往他所求兴诤事，所以者何？由诸世间，违返他义谓为自义，故兴诤论；如来乃以一切他义即为自义，故无所诤。唯除哀愍令其得义，故往他所为说正法。而诸邪执愚痴世间颠倒，妄谓自义、我义而有差别，故兴我诤。由此因缘，当知如来名道理语者。又复如来名真实语者，谓若世间诸聪敏者共许为有，如来于彼亦说为有，谓一切行皆是无常。若于世间诸聪敏者共许为无，如来于彼亦说为无，谓一切行皆是常住。又复如来名利益语者，谓诸世间有盲冥者，自于世法不能了知，如来于彼自现等觉而为开阐。又复如来或时随顺世间而转，谓阿死罗、摩登祇等，依少事业以自存活，然诸世人为彼假立大富、大财、大食名想；如彼世人假立名想，如来随彼亦如是说。又如一事,于一国土假立名想,于余国土即于此事立余名想,如来随彼亦如是说。若怀怨诤而兴怨诤,则不得名道理语者,真实语者,利益语者,随世转者。由具如是四种因缘,是故当知如来无诤。又佛世尊,自然观察所应作义,虽无请问而自宣扬现等觉法,能以称当名、句、文身,施设建立诸法差别,广说如前摄异门分①,如是当知乃至说名平等开示。

一五一② 　　　　　一五一(　三九)

如是我闻:一时,佛住舍卫国祇树给孤独园。尔时,世尊告诸比丘:"有五种种子,何等为五?谓根种子,茎种子,节种子,自落种子,实种子。此五种子,不断、不坏、不腐、不中风,新熟坚实,有地界而无水界,彼种子不生长增广。若彼种新熟坚实,不断、不坏、(不腐)、不中风,有水界而无地界,彼种子亦不生长增广。若彼种子新熟坚实,不断、不坏、不腐、不中风,有地、水界,彼种子生长增广。比丘!彼五种子者,譬取阴俱识。地界者,譬四识住。水界者,譬贪喜四取攀缘识住。何等为四?于色中识住,攀缘色,喜贪润泽,生长增广;于受、想、行中识住,攀缘受、想、行,贪喜润泽,生长增广。比丘!识于中若来、若去、若住、若没、若生长增广。比丘!若离色、受、想、行,识有若来、若去、若住、若生者,彼但有言数,问已不知,增益生痴,以非境界故。色界离贪,离贪已,于色封滞意生缚断;于色封滞意生缚断已,攀缘断;攀缘断已,识无住处,不复生长增广。受、想、行界离贪,离贪

---

① 如《瑜伽师地论》卷八三(大正三〇·七六三中)。
② 《相应部》(二二)"蕴相应"五四经。

已,于行封滞意生缚①断;于行封滞意生缚断已,攀缘断;攀缘断已,彼识无所住,不复生长增广。不生长故不作行,不作行已住,住已知足,知足已解脱。解脱已,于诸世间都无所取、无所著,无所取、无所著已,自觉涅槃:我生已尽,梵行已立,所作已作,自知不受后有。我说彼识不至东、西、南、北、四维、上、下,无所至趣,唯见法,欲入涅槃、寂灭、清凉、清净、真实。"佛说此经已,诸比丘闻佛所说,欢喜奉行。

一五二② 　　　　　一五二(　四〇)

如是我闻:一时,佛住舍卫国祇树给孤独园。尔时,世尊告诸比丘:"封滞者不解脱,不封滞则解脱。云何封滞不解脱?比丘!攀缘四取阴识住。云何为四?色封滞识住,受、想、行封滞识住。乃至非境界故,是名封滞故不解脱。云何不封滞则解脱?于色界离贪,受、想、行界③离贪,乃至清凉、真实,是则不封滞则解脱。"佛说此经已,诸比丘闻佛所说,欢喜奉行。

"芽":复次,一因、二缘,令后有芽当得生长。谓五品行中,烦恼种子所随逐识,说名为因。与因相似四种识住,说名为缘。又由喜贪滋润其识,令于彼彼当受生处,结生相续,感萨迦耶,亦名为缘。此中有一,由四识住摄受所依,由喜贪故,于现法中新新造集及以增长。彼于后时成阿罗汉,令识种子悉皆腐败,一切有芽永不得生。又复有一,具一切缚,勤修正行,欣乐涅槃,遍于一切诸受生处,起厌逆想。彼具缚故,种子不坏,识住和合,然于

---

① "缚"原本作"触",依上六一经"意生缚断",今改"缚"。
② 《相应部》(二二)"蕴相应"五三经。
③ "界",原本作"识",今依上"色界"例改。

诸有起厌逆想故无喜贪。彼由如是修正行故，于现法中堪般涅槃，其后有芽亦不得生。又复有一，住于学地，得不还果，唯有非想非非想处诸行为余，于有顶定具足安住。彼识种子犹未一切悉皆灭尽，然于识住能遍了知，能遍通达。彼由忘念增上力故，上地贪爱犹残少分，是不还者，当来下地一切有芽不复更生。与此相违，当知一切诸后有芽，皆得生长。

"**见大染**"：复次，杂染有二：一、见杂染，二、余烦恼杂染。见杂染者，谓于诸行计我、我所邪执而转萨迦耶见。由此见故，或执诸行以为实我，或执诸行为实我所，复有所余此为根本诸外见趣。其余贪等所有烦恼，当知是名第二杂染。又见杂染得解脱时，亦能于余毕竟解脱，非余杂染得解脱时，即能解脱诸见杂染。所以者何？由生此者，依世间道，乃至能离无所有处所有贪欲，于诸下地其余烦恼心得解脱，而未能脱萨迦耶见。由此见故，于下上地所有诸行和杂自体，不观差别，总计为我，或计我所。由此因缘，虽升有顶而复退还。若于如是一切自体，遍知为苦，由出世道，先断一切萨迦耶见，后能永断所余烦恼。由此因缘，无复退转。是故当知唯见杂染是大杂染。

一五三① 　　　　　一五三（四一）

如是我闻：一时，佛住舍卫国祇树给孤独园。尔时，世尊告诸比丘："有五受阴：色受阴，受、想、行、识受阴。我于此五受阴，五种如实知。色如实知，色集、色味、色患、色离如实知。如是受……想……行……识如实知，识集、识味、识患、识离、如实

---

① 《相应部》（二二）"蕴相应"五六经。

知。云何色如实知？诸所有色，一切四大及四大造色，是名色，如是色如实知。云何色集如实知？于色喜爱，是名色集，如是色集如实知。云何色味如实知？谓色因缘生喜乐，是名色味，如是色味如实知。云何色患如实知？若色无常、苦、变易法，是名色患，如是色患如实知。云何色离如实知？若于色调伏欲贪，断欲贪，越欲贪，是名色离，如是色离如实知。云何受如实知？有六受身：眼触生受，耳、鼻、舌、身、意触生受，是名受，如是受如实知。云何受集如实知？触集是受集，如是受集如实知。云何受味如实知？缘六受生喜乐，是名受味，如是受味如实知。云何受患如实知？若受无常、苦、变易法，是名受患，如是受患如实知。云何受离如实知？于受调伏欲贪，断欲贪，越欲贪，是名受离，如是受离如实知。云何想如实知？谓六想身。云何为六？谓眼触生想，耳、鼻、舌、身、意触生想，是名想，如是想如实知。云何想集如实知？谓触集是想集，如是想集如实知。云何想味如实知？想因缘生喜乐，是名想味，如是想味如实知。云何想患如实知？谓想无常、苦、变易法，是名想患，如是想患如实知。云何想离如实知？若于想调伏欲贪，断欲贪，越欲贪，是名想离，如是想离如实知。云何行如实知？谓六思身，眼触生思，耳、鼻、舌、身、意触生思，是名为行，如是行如实知。云何行集如实知？触集是行集，如是行集如实知。云何行味如实知？谓行因缘生喜乐，是名行味，如是行味如实知。云何行患如实知？若行无常、苦、变易法，是名行患，如是行患如实知。云何行离如实知？若于[1]行调

---

[1] "于"字，依宋本补。

伏欲贪,断欲贪,越欲贪,是名行离,如是行离如实知。云何识如实知?谓六识身,眼识身、耳、鼻、舌、身、意识身,是名为识身,如是识身如实知。云何识集如实知?谓名色集是名识集,如是识集如实知。云何识味如实知?识因缘生喜乐,是名识味,如是识味如实知。云何识患如实知?若识无常、苦、变易法,是名识患,如是识患如实知。云何识离如实知?谓于识调伏欲贪,断欲贪,越欲贪,是名识离,如是识离如实知。比丘!若沙门、婆罗门,于色如是知、如是见;如是知、如是见,离欲向,是名正向,若正向者我说彼入。受、想、行、识,亦复如是。若沙门、婆罗门,于色如实知、如实见,于色生厌、离欲,不起诸漏,心得解脱。若心得解脱者,则为纯一,纯一者则梵行立,梵行立者离他自在,是名苦边。受、想、行、识,亦复如是。"佛说此经已,诸比丘闻佛所说,欢喜奉行。

"**一趣**":复次,应知由三种相,道名一趣。谓于异生地,以五行相,观察诸行五处差别。即此观察,于二时中修治令净,谓于行向学地及无学地。云何名为五种行相观察诸行?一者、观察诸行自性,二者、观察诸行因缘,三者、观察杂染因缘,四者、观察清净因缘,五者、观察清净。

一五四① 　　　　一五四(　　四二)

如是我闻:一时,佛住舍卫国祇树给孤独园。尔时,世尊告诸比丘:"有七处善,三种观义,尽于此法得漏尽,得无漏心解

---

① 《相应部》(二二)"蕴相应"五七经。

脱、慧解脱,现法自知,身作证具足住:我生已尽,梵行已立,所作已作,自知不受后有。云何比丘七处善?比丘!如实知色,色集,色灭,色灭道迹,色味,色患,色离如实知。如是受……想……行……识,识集,识灭,识灭道迹,识味,识患,识离如实知。云何色如实知?诸所有色,一切四大及四大造色,是名为色,如是色如实知。云何色集如实知?爱喜,是名色集,如是色集如实知。云何色灭如实知?爱喜灭,是名色灭,如是色灭如实知。云何色灭道迹如实知?谓八圣道:正见,正志,正语,正业,正命,正方便,正念,正定,是名色灭道迹,如是色灭道迹如实知。云何色味如实知?谓色因缘生喜乐,是名色味,如是色味如实知。云何色患如实知?若色无常、苦、变易法,是名色患,如是色患如实知。云何色离如实知?谓于色调伏欲贪,断欲贪,越欲贪,是名色离,如是色离如实知。云何受如实知?谓六受,眼触生受,耳、鼻、舌、身、意触生受,是名受,如是受如实知。云何受集如实知?触集是受集,如是受集如实知。云何受灭如实知?触灭是受灭,如是受灭如实知。云何受灭道迹如实知?谓八圣道,正见乃至正定,是名受灭道迹,如是受灭道迹如实知。云何受味如实知?受因缘生喜乐,是名受味,如是受味如实知。云何受患如实知?若受①无常、苦、变易法,是名受患,如是受患如实知。云何受离如实知?若于受调伏欲贪,断欲贪,越欲贪,是名受离,如是受离如实知。云何想如实知?谓六想,眼触生想,耳、鼻、舌、身、意触生想,是名为想,如是想如实知。云何想集如实

---

① "受",原本缺,依宋本补。

知？触集是想集，如是想集如实知。云何想灭如实知？触灭是想灭，如是想灭如实知。云何想灭道迹如实知？谓八圣道，正见乃至正定，是名想灭道迹，如是想灭道迹如实知。云何想味如实知？想因缘生喜乐，是名想味，如是想味如实知。云何想患如实知？若想无常、苦、变易法，是名想患，如是想患如实知。云何想离如实知？若于想调伏欲贪，断欲贪，越欲贪，是名想离，如是想离如实知。云何行如实知？谓六思身，眼触生思，耳、鼻、舌、身、意触生思，是名为行，如是行如实知。云何行集如实知？触集是行集，如是行集如实知。云何行灭如实知？触灭是行灭，如是行灭如实知。云何行灭道迹如实知？谓八圣道，正见乃至正定，是名行灭道迹，如是行灭道迹如实知。云何行味如实知？行因缘生喜乐，是名行味，如是行味如实知。云何行患如实知？若行无常、苦、变易法，是名行患，如是行患如实知。云何行离如实知？若于行调伏欲贪，断欲贪，越欲贪，是名行离，如是行离如实知。云何识如实知？谓六识身，眼识、耳、鼻、舌、身、意识身，是名为识，如是识如实知。云何识集如实知？名色集是识集，如是识集如实知。云何识灭如实知？名色灭是识灭，如是识灭如实知。云何识灭道迹如实知？谓八圣道，正见乃至正定，是名识灭道迹，如是识灭道迹如实知。云何识味如实知？识因缘生喜乐，是名识味，如是识味如实知。云何识患如实知？若识无常、苦、变易法，是名识患，如是识患如实知。云何识离如实知？若识调伏欲贪，断欲贪，越欲贪，是名识离如实知。比丘！是名七处善。云何三种观义？比丘！若于空闲、树下、露地，观察阴、界、入，正方便思惟其义，是名比丘三种观义。是名比丘七处善，三种观义,尽于此法得漏尽,得无漏心解脱、慧解脱,现法自知,作证具足住:我生已尽,梵行已立,所作已作,自知不受后有。"佛说此经已,诸比丘闻佛所说,欢喜奉行。

"学":复次,应知于异生位,先于五处得善巧已,后于学位,即于如是五种处所,更以五种差别行相,审谛观察,能令获得速疾通慧。何等名为五种行相?谓观察诸行,诸行因缘,杂染因缘,清净因缘①。灭寂静故,趣向清净道出离故;诸行种种众多性故,各自种子所生起故,各待余缘所生起故。

一五五②　　　　　一五五(　　四三)

如是我闻:一时,佛住舍卫国祇树给孤独园。尔时,世尊告诸比丘:"取故生著,不取则不著。谛听,善思,当为汝说。"比丘白佛:"唯然,受教。"佛告比丘:"云何取故生著? 愚痴无闻凡夫,于色见是我,异我,相在,见色是我、我所而取。取已,彼色若变、若异,心亦随转;心随转已,亦生取著摄受心住。摄受心住故,则生恐怖、障碍、心乱,以取著故。愚痴无闻凡夫,于受……想……行……(于)识见我,异我,相在,见识是我、我所而取。取已,彼识若变、若异,彼心随转,心随转故则生取著摄受心住。住已,则生恐怖、障碍、心乱,以取著故,是名取著。云何名不取③著? 多闻圣弟子,于色不见我,异我,相在,于色不见我、我

---

① "因缘"下,应有"清净"二字。"灭寂静"以下,初二句即灭与道,后三句即阴、界、入。
② 《相应部》(二二)"蕴相应"七经。
③ "取"下,原本有"不"字,依宋本删。

所而取。不见我、我所而取已①,彼色若变、若异,心不随转;心不随转故,不生取著摄受心住。不摄受(心)住故,则不生恐怖、障碍、心乱,(以)不取著故。如是受、想、行、识,不见我,异我,相在,不见我、我所而取,彼识若变、若异,心不随转,心不随转故,不取著摄受心住。不摄受心住故,心不恐怖、障碍、心乱,以不取著故,是名不取著。是名取著、不取著。"佛说此经已,诸比丘闻佛所说,欢喜奉行。

一五六② 　　　　一五六（　四四）

如是我闻：一时,佛住舍卫国祇树给孤独园。尔时,世尊告诸比丘："若生则系著,不生则不系著。谛听,善思,当为汝说。云何若生则系著？愚痴无闻凡夫,于色集、色灭、色味、色患、色离不如实知故,于色爱喜、赞叹、取著,于色是我、我所而取。取已,彼色若变、若异,心随变异;心随变异故,则摄受心住。摄受心住故,则生恐怖、障碍、顾念,以生系著故。受、想、行、识,亦复如是。是名生(则)系著。云何不生(则)不系著？多闻圣弟子,色集、色灭、色味、色患、色离如实知,如实知故,不爱喜、赞叹、取著,不系我、我所而取。以不取故,彼色若变、若异,心不随变异;心不随变异故,心不系著摄受心住。不摄受心住故,心不恐怖、障碍、顾念,以不生不著故。受、想、行、识,亦复如是。是名不生(则)不系著。"佛说此经已,诸比丘闻佛所说,欢喜奉行。

"四怖"：复次,应知由四因缘,于二处所发生恐怖,能为障

---

① "已",原本作"色",依宋本改。
② 《相应部》(二二)"蕴相应"八经。

碍。何等为四？一者、若于此位生起，二者、若依此法生起，三者、若彼如是生起，四者、若彼行相生起。位生起者，谓于非圣位中生起，于诸圣谛未得善巧；又此非圣，于五处所亦未善巧。依生起者，谓于诸行起邪行相，计我、我所，萨迦耶见为依生起。如是生起者，谓由二种诸行变坏差别生起：一、由异缘所变坏故，二、由自心起邪分别而变坏故。行相生起者，谓于所爱，虑恐未来当变坏故，生恐怖行相；于正变坏，生损恼行相；即于所爱已变坏中，欣彼重生，起顾恋行相。又于涅槃，分别自体永变坏故，起怖畏行相。如是行相差别转时，于爱乐圣教及爱乐涅槃，能为障碍。又由二种门，于所缘境自所行处，我、我所执差别而转，谓推求故，及领受故，即见及受。

一五七① 一五七（四五）

如是我闻：一时，佛住舍卫国祇树给孤独园。尔时，世尊告诸比丘："有五受阴，云何为五？色受阴，受、想、行、识受阴。若诸沙门、婆罗门见有我者，一切皆于此五受阴见我。诸沙门、婆罗门，见色是我，色异我，我在色，色在我见。受……想……行……识是我，识异我，我在识，识在我。愚痴无闻凡夫，以无明故，见色是我，异我，相在，言我真实不舍。以不舍故，诸根增长；诸根长已，增诸触。六触入处所触故，愚痴无闻凡夫起苦、乐觉，从触入处起。何等为六？谓眼触入处，耳、鼻、舌、身、意触入处。如是比丘！有意界，法界，无明界。愚痴无闻凡夫，无明触故，起有觉、无觉、有无觉；我胜觉、我等觉、我卑觉；我知、我见觉，如是

---

① 《相应部》（二二）"蕴相应"四七经。

知、如是见觉,皆由六触入故。多闻圣弟子,于此六触入处,舍离无明而生明,不生有觉、无觉、有无觉;胜觉、等觉、卑觉;我知、我见觉。如是知、如是见已,先所起无明触灭,后明触觉起。"佛说此经已,诸比丘闻佛所说,欢喜奉行①。

一五八② 　　　　一五八(　　四六)

如是我闻:一时,佛住舍卫国祇树给孤独园。尔时,世尊告诸比丘:"有五受阴,云何为五? 色受阴③,受、想、行、识受阴。若沙门、婆罗门,以宿命智自识种种宿命,已识、当识、今识,皆于此五受阴已识、当识、今识。我过去所经,如是色,如是受,如是想,如是行,如是识。若可阂、可分,是名色受阴。指所碍,若手、若石、若杖、若刀、若冷、若暖、若渴、若饥、若蚊虻诸毒虫、风雨触,是名触阂,是故阂是色受阴。复以此色受阴,无常、苦、变易。诸觉相是受受阴,何所觉? 觉苦、觉乐、觉不苦不乐,是故名觉相是受受阴。复以此受受阴,是无常、苦、变易。诸想是想受阴,何所想? 少想、多想、无量想,都无所有作无所有想,是故名想受阴。复以此想受阴,是无常、苦、变易法。为作相是行受阴,何所为作? 于色为作,于受、想、行、识为作,是故为作相是行受阴。复以此行受阴,是无常、苦、变易法。别知相是识受阴,何所识? 识色,识声、香、味、触、法,是故名识受阴。复以此识受阴,是无常、苦、变易法。诸比丘! 彼多闻圣弟子,于此色受阴,作如是学:我今为现在色所食,过去世已曾为彼色所食,如今现在。复

---

① 本经与"阴相应"六〇经大同,《论》义见前。
② 《相应部》(二二)"蕴相应"七九经。
③ 原本缺"受阴"二字,依宋本补。

作是念:我今为现在色所食,我若复乐著未来色者,当复为彼色所食,如今现在。作如是知已,不顾过去色,不乐著未来色,于现在色生厌、离欲、灭尽①,向灭。多闻圣弟子,于此受……想……行……识受阴(,作如是)学:我今现在为现在识所食,于过去世已曾为识所食,如今现在。我今已为现在识所食,若复乐著未来识者,亦当复为彼识所食,如今现在。如是知已,不顾过去识,不乐未来识,于现在识生厌、离欲、灭尽,向灭。减而不增②,退而不进,灭而不起,舍而不取。于何减而不增?色减而不增,受、想、行、识减而不增。于何退而不进?色退而不进,受、想、行、识退而不进。于何灭而不起?色灭而不起,受、想、行、识灭而不起。于何舍而不取?色舍而不取,受、想、行、识舍而不取。减而不增,寂减而住;退而不进,寂退而住;灭而不起,寂灭而住;舍而不取,不生系著。不系著已,自觉涅槃:我生已尽,梵行已立,所作已作,自知不受后有。"佛说此经时,众多比丘不起诸漏,心得解脱。佛说此经已,诸比丘闻佛所说,欢喜奉行。

  我、卑下、种子、封滞、五转、七,二系著及觉,三世阴所食③。

"善说恶说中宿住念差别":复次,由三种相,善说法者、恶说法者,于等事中宿住随念,当知染、净有其差别。何等为三?谓恶说法者宿住随念,于彼诸行自相、共相不如实知,便于诸行

---

① "灭尽",原本作"灭患","患"字误,今改,下例。
② "减而不增",原本作"灭而不增";次下复有"灭而不起",应有一误。依《相应部》经,知是"减而不增",今改为"减",下例。
③ "所食",原本作"世食",依经文改。

或全计常,或一分常,或计非常,或计无因。善说法者宿住随念,如实知故,无邪分别,是名第一二念差别。又恶说法者,随依何定发宿住念,不能如实了知是苦,便生爱味;由爱味故,于过去行深生顾恋,于未来行深生欣乐,于现在行不能修行厌、离欲、灭。善说法者,当知一切与彼相违,是名第二二念差别。又恶说法者,如是邪行,四种杂染所杂染故,能感后有。何等名为四种杂染?一、业杂染,二、见、我慢缠杂染,三、爱缠杂染,四、彼随眠杂染。若诸新业造作增长,若诸故业数数触已而不变吐,是名业杂染。若于诸行,邪分别起萨迦耶见,于他有情,以诸沙门、婆罗门等与己挍量,谓自为胜、或等、或劣,是名见、我慢缠杂染。于内于外所起贪欲,于爱行中应知其相,是名爱缠杂染。于相续中,见、我慢、爱三品粗重常所随逐,是名彼随眠杂染。如是四种,总摄为二:谓业,烦恼。烦恼复二:缠及随眠。于诸行中,先起邪执,后生贪著。由此二种增上力故,虽复有余烦恼杂染,而但取此。尔所烦恼于诸行中,不挍量他,自起邪执,说名为见;挍量于他,说名我慢。如是邪执,是无明品。由此为先,发起贪著,名为爱品。由此二种根本烦恼,于生死中流转不绝。若善说法毗奈耶中正修行者,能断如是四种杂染,于现法中能般涅槃;又由此故,能住究竟圆满涅槃。若不尔者,尚不能住彼分涅槃,何况究竟!是名第三二念差别。又于此中,见及我慢,说名高视,爱说名烟。何以故?于诸行中,为见、我慢所覆障者,不如实知其性弊劣诸行体相,于人、天身及彼众具,谓为高胜,是故彼二说名高视。爱犹如烟,令心扰乱不得安隐,是故名烟。

一五九　　　　　　一五九（　四七）

如是我闻：一时，佛住舍卫国祇树给孤独园。尔时，世尊告诸比丘："信心善男子应作是念：我应随顺法，我当于色多修厌离住，于受、想、行、识多修厌离住。信心善男子即于色多修厌离住，于受、想、行、识多修厌离住故，于色得厌，于受、想、行、识得厌。厌已，离欲、解脱，解脱知见：我生已尽，梵行已立，所作已作，自知不受后有。"佛说此经已，诸比丘闻佛所说，欢喜奉行。

一六〇①　　　　　　一六〇（　四八）

如是我闻：一时，佛住舍卫国祇树给孤独园。尔时，世尊告诸比丘："信心善男子，正信非家出家，自念：我应随顺法，于色当多修厌住，于受、想、行、识多修厌住。信心善男子正信非家出家，于色多修厌住，于受、想、行、识多修厌住已，于色得离，于受、想、行、识得离，我说是等悉离一切生老病死、忧悲恼苦。"佛说此经已，诸比丘闻佛所说，欢喜奉行。

复次，嗢拕南曰：

无厌患无欲，无乱问记、相、障、希奇、无因，毁他②、染俱后。

"无厌患无欲"：有二信者，而非称当信者所作。何等为二？一、在家信者，信有涅槃，及一切行是无常性，然于诸行不观过患，不厌离住，不知出离而受用之。二、舍离家法，趣于非家有净信者，彼于涅槃不能安住猛利乐欲，不用此欲为所依止，常勤修

---

① 《相应部》（二二）"蕴相应"一四六经，参一四七·一四八经。
② "他"，原本作"纯"，今依下《论》义改。

习所有善法,于现法中不般涅槃。与此相违,应知称当信者所作。

一六一① 　　　　　一六一(四九)

如是我闻:一时,佛住舍卫国祇树给孤独园。尔时,世尊告尊者阿难曰:"若信心长者、长者子来问汝言:于何等法知其生灭?汝当云何答乎?"阿难白佛:"世尊!若有长者、长者子来问我者,我当答言:知色是生、灭法,知受、想、行、识是生、灭法。世尊!若长者、长者子如是问者,我当如是答。"佛告阿难:"善哉!善哉!应如是答。所以者何?色是生、灭法,受、想、行、识是生、灭法。知色是生、灭法者,名为知色;知受、想、行、识是生、灭法者,名为知(受、想、行、)识。"佛说此经已,诸比丘闻佛所说,欢喜奉行。

一六二 　　　　　一六二(五〇)

如是我闻:一时,佛住舍卫国祇树给孤独园。尔时,世尊告尊者阿难曰:"若有诸外道出家来问汝言:阿难!世尊何故教人修诸梵行?如是问者,云何答乎?"阿难白佛:"世尊!若外道出家来问我言:阿难!世尊何故教人修诸梵行者,我当答言:为于色修厌、离欲、灭尽、解脱、不生故,世尊教人修诸梵行。为于受、想、行、识,修厌、离欲、灭尽、解脱、不生故,教人修诸梵行。世尊!若有外道出家作如是问者,我当作如是答。"佛告阿难:"善哉!善哉!应如是答。所以者何?我实为于色修厌、离欲、灭尽、解脱、不生故,教人修诸梵行。于受、想、行、识,修厌、离欲、

---

① 《相应部》(二二)"蕴相应"三七经。

灭尽、解脱、不生故,教人修诸梵行。"佛说此经已,尊者阿难闻佛所说,欢喜奉行。

"无乱问记":复次,于内法中,略有二种具聪明者,若有净信或诸外道来请问时,能无乱记,谓依中道。于诸行中问生、灭时,不增有情,不减实事,唯于诸行安立生、灭,不乱而记。若立有情有生、有灭,是名一边,谓增益边。若立生、灭都无所有,是第二边,谓损减边。唯于诸行安立生、灭,是名中道,远离二边。是故若能如是记别,为善记别,如来所赞。或复有言:何因缘故乃于沙门乔答摩所修习梵行?若得此问,应如前说,远离增益、损减二边,依中道记,名不乱记。若谓有情修习染、净,是名一边,谓增益边。若谓一切都无修习,是第二边,谓损减边。若为诸行厌、离欲、灭而修习者,是名中道,远离二边。是故此记名不乱记,名为善记,当知此记诸佛所赞。

一六三① 　　　　　一六三（　五一）

如是我闻:一时,佛住舍卫国祇树给孤独园。尔时,世尊告诸比丘:"我今为汝说坏、不坏法,谛听!善思,当为汝说。诸比丘!色是坏法;彼色灭,涅槃是不坏法。受、想、行、识是坏法;彼识灭,涅槃是不坏法。"佛说此经已,诸比丘闻佛所说,欢喜奉行。

"相":复次,法有二种:一者、有为,二者、无为。此中有为是无常性,三有为相施设可得:一、生,二、灭,三、住异性。如是

---

① 《相应部》(二二)"蕴相应"三二经。

三相,依二种行流转安立:一、依生身展转流转,二、依刹那展转流转。依初流转者,谓于彼彼有情众同分中,初生名生;终没名灭;于二中间婴孩等位立住异性,乃至寿住说名为住;诸位后后转变差别,名住异性。依后流转者,谓彼诸行,刹那刹那新新而生,说名为生;生刹那后不住名灭;唯生刹那住故名住。异性有二:一、异性异性,二、转变异性。异性异性者,谓诸行相似相续而转。转变异性者,谓不相似相续而转。非此异性离住相外别体可得,是故二种总摄为一,施设一相。与此相违,应知常住无为三相。

一六四① 　　　　一六四(　　五二)

郁低迦修多罗,如《增一阿含经》四法中说。

"障":复次,应知修集涅槃资粮,略有三障:一者、依广事业,财宝具足,多行放逸。二者、无善知识方便晓喻。三者、未闻正法,未得正法,忽遇死缘,非时夭没。与此相违,当知无障亦有三种。又诸圣者将欲终时,略有二种圣者之相;谓临终时诸根澄净,蒙佛所记。由三种相,佛为过世一切圣者记别圣性,种性满故,但记物类。我已了知法及随法者,法谓正见前行圣道;言随法者,谓依彼法,听闻他音如理作意。又我未曾恼乱正法所依处者,谓为此义如来告命,及为此义有所宣说,乃至为令诸漏永尽;彼由此故,已得尽漏。

一六五 　　　　　一六五(　　五三)

如是我闻:一时,佛在拘萨罗国人间游行,于萨罗聚落,村北

---

① "郁低迦修多罗",别部所诵《增一阿含经》,及《增支部》,均未见此经。

申恕林中住。尔时,聚落主大姓婆罗门,闻沙门释种子,于释迦大姓,剃除须发,着袈裟衣,正信非家,出家学道,成无上等正觉。于此拘萨罗国人间游行,到萨①罗聚落村北申恕林中住。又彼沙门瞿昙,如是色貌、名称、真实功德,天、人赞叹,闻于八方,为如来、应、等正觉、明行足、善逝、世间解、无上士、调御丈夫、天人师、佛、世尊。于诸世间诸天、魔、梵、沙门、婆罗门中,大智能自证知:我生已尽,梵行已立,所作已作,自知不受后有。为世说法,初、中、后善,善义、善味,纯一满净,梵行清白,演说妙法。善哉应见!善哉应往!善应敬事!作是念已,即便严驾,多将翼从,执持金瓶、金杖②、伞盖,往诣佛所,恭敬奉事。到于林口,下车步进,至世尊所,问讯安不,却坐一面。白世尊曰:"沙门瞿昙!何论、何说!"佛告婆罗门:"我论因、说因。"又白佛言:"云何论因?云何说因?"佛告婆罗门:"有因有缘集世间,有因有缘世间集,有因有缘灭世间,有因有缘世间灭。"婆罗门白佛言:"世尊!云何为有因有缘集世间,有因有缘世间集?"佛告婆罗门:"愚痴无闻凡夫,色集、色灭、色味、色患、色离不如实知,不如实知故,爱乐于色,赞叹于色,染著心住。彼于色爱乐故取,取缘有,有缘生,生缘老死、忧悲恼苦,是则大苦聚集。受、想、行、识,亦复如是。婆罗门!是名有因有缘集世间,有因有缘世间集。"婆罗门白佛言:"云何为有因有缘灭世间,有因有缘世间灭?"佛告婆罗门:"多闻圣弟子,于色集、色灭、色味、色患、色离如实知,如实知已,于彼色不爱乐,不赞叹,不染著,不留住。不

---

① "萨",原本作"婆",依元本改。
② "金杖",原本作"杖枝",依宋本改。

爱乐、不留住故,色爱则灭,爱灭则取灭,取灭则有灭,有灭则生灭,生灭则老死、忧悲恼苦灭。受、想、行、识,亦复如是。婆罗门!是名有因有缘灭世间①,有因有缘世间灭。婆罗门!是名论因,是名说因。"婆罗门白佛言:"瞿昙!如是论因,如是说因。世间多事,今请辞还。"佛告婆罗门:"宜知是时。"佛说此经已,诸婆罗门闻佛所说,欢喜随喜,礼足而去。

"希奇":复次,诸佛如来略有二种甚希奇法,谓未信者令信,已信者令增长,速于圣教令得悟入。谓大师相,或法教相,或已证得第一德相,普于十方美妙声称,广大赞颂,无不遍满。又能除遣说无因论及恶因论,摄受一切说正因论。所以者何?说无因论及恶因论,尚非欲往人、天善趣,及乐解脱诸聪慧者胜解依处,况是其余当所趣入!说正因论,当知其相与彼相违。大师相者,谓薄伽梵是真如来、应、正等觉,乃至世尊,广释如前摄异门分②。法教相者,谓说正法,初、中、后善,乃至广说,当知亦如摄异门分③。证得第一德相者,谓于一切此世、他世,自然通达现等正觉,乃至广说。此中欲界,说名此世;色、无色界,名为他世。现在、过去二世别故,当知是名第二差别。不由师故,说名自然。六种通慧现所得故,名为作证。于诸有情最第一故,说名圆满。此第一性自然知故,显示他故,说名开示。

---

① "世间"下,原本有"是名"二字,今删。
② 《瑜伽师地论》卷八三(大正三〇·七六五上——中)。
③ 《瑜伽师地论》卷八三(大正三〇·七六三中)。

一六六　　　　　　一六六（　　五四）

如是我闻：一时，佛住波罗奈国仙人住处鹿野苑中。彼时，毗迦多鲁迦聚落，有婆罗门来诣佛所，恭敬问讯，却坐一面。白佛言："瞿昙！我有年少弟子，知天文、族姓，为诸大众占相吉凶，言有必有，言无必无，言成必成，言坏必坏。瞿昙！于意云何？"佛告婆罗门："且置汝年少弟子知天文、族姓，我今问汝，随汝意答。婆罗门！于意云何？色本无种耶？"答曰："如是，世尊！""受、想、行、识本无种耶？"答曰："如是，世尊！"佛告婆罗门："汝言我年少弟子，知天文、族姓，为诸大众作如是说：言有必有，言无必无，知见非不实耶？"婆罗门白佛："如是，世尊！"佛告婆罗门："于意云何！颇有色常住百岁耶？为异生异灭耶？受、想、行、识常住百岁耶？异生异灭耶？"答曰："如是，世尊！"佛告婆罗门："于意云何？汝年少弟子，知天文、族姓，为大众说成者不坏，知见非不异耶？"答曰："如是，世尊！"佛告婆罗门："于意云何？此法、彼法，此说、彼说，何者为胜？"婆罗门白佛言："世尊！此如法说。如佛所说，显现、开发。譬如有人溺水能救，获囚①能救，迷方示路，暗惠②明灯。世尊！今日善说胜法，亦复如是，显现、开发。"佛说此经已，毗迦多鲁迦婆罗门闻佛所说，欢喜随喜，即从坐起，礼足而去。

"无因"：复次，由二种相，无因论者于诸行中执无因转。谓于诸行生起因缘、灭尽因缘不了知故。由此生故，彼诸行生；由

---

① "囚"，原本作"彼"，依宋本改。
② "惠"，原本作"慧"，依宋本改。

此灭故,彼诸行灭:于此二事不能证得。又不证得诸行性相,起如是见,立如是论:有者定有,无者定无;无不可生,有不可灭。即此论者,于三位中现可证得诸行生灭、一切世间共所了达粗浅现量,毁谤违逆。何以故?现见彼彼若刹帝利,或婆罗门、吠舍等家,所有男女和合因缘,或过八月或九月已,便生男、女。如是生已,或有一类当于尔时寿尽中夭,复有一类乃至住寿存活支持;或苦、或乐、或非苦乐受位差别,心、诸心法,皆是新新而非古古。

"**毁他**":复次,略有二种自赞毁他,谓唯语言及说法正行。若唯语言而自称赞、毁呰他者,彼但由于非善士法缠扰其心,是名自毁,非胜贤善。若由说法行正行者,虽无赞毁而是真实自赞毁他。又诸如来宣说正法,速能坏灭二种无智:谓闻不正法生胜解等,长时积习坚固无智,及非久习近生无智;复由俱生,不能了知往善趣道,亦不了知能往现法涅槃道故!

一六七① 　　　　一六七(　　五五)

如是我闻:一时,佛在波罗奈国仙人住处鹿野苑中。尔时,世尊告诸比丘:"我今当说阴及受阴。云何为阴?若所有诸色,若过去、若未来、若现在、若内、若外、若粗、若细、若好、若丑、若远、若近,彼一切总说色阴;随诸所有受、想、行、识,亦复如是,彼一切总说受、想、行、识阴,是名为阴。云何为受阴?若色是有漏,是取;若彼色过去、未来、现在,生贪欲、嗔恚、愚痴,及余种种上烦恼心法;受、想、行、识,亦复如是,是名受阴。"佛说此经已,

---

① 《相应部》(二二)"蕴相应"四八经。

诸比丘闻佛所说,欢喜奉行。

　　　　一六八　　　　　　一六八(　　五六)

　　如是我闻:一时,佛在波罗奈国仙人住处鹿野苑中。尔时,世尊告诸比丘:"我今当说有漏、无漏法。若色有漏,是取,彼色能生爱、恚。如是受、想、行、识有漏,是取,彼(受、想、行、)识能生爱、恚,是名有漏法。云何无漏法?诸所有色无漏,非受,彼色若过去、未来、现在,彼色不生爱、恚。如是受、想、行、识无漏,非受,彼(受、想、行、)识若过去、未来、现在,不生贪、恚,是名无漏法。"佛说此经已,诸比丘闻佛所说,欢喜奉行。

　　　　二信、二阿难、坏法、郁低迦、萨①罗及世间,阴②、漏无漏法。

　　"染俱":复次,当知十一种相总摄诸行,立为行聚,应知聚义是其蕴义。又由一向杂染因缘增上力故,建立取蕴,当知取蕴唯是有漏。又由杂染、清净因缘二增上力,建立总蕴,当知此蕴通漏、无漏。又由三相,于诸行中烦恼生起:谓所依故,所缘故,助伴故。

　　　　一六九③　　　　　　一六九(　　五七)

　　如是我闻:一时,佛住舍卫国祇树给孤独园。尔时,世尊着衣持钵,入舍卫城乞食。还,持衣钵,不语众,不告侍者,独一无二,于西方国土人间游行。时安陀林中有一比丘,遥见世尊不语

---

① "萨",原本作"婆",今依经改。
② "阴",原本作"除",今依经改。
③ 《相应部》(二二)"蕴相应"八一经。

众,不告侍者,独一无二。见已,进诣尊者阿难所,白阿难言:"尊者当知!世尊不语众,不告侍者,独一无二而出游行。"尔时,阿难语彼比丘:"若使世尊不语众,不告侍者,独一无二而出游行,不应随从。所以者何?今日世尊欲住寂灭①,少事故。"尔时,世尊游行,北至半阇国、波陀聚落,于人所守护林中,住一跋陀萨罗树下。时有众多比丘,诣阿难所,语阿难言:"今闻世尊住在何所?"阿难答曰:"我闻世尊北至半阇国、波陀聚落,人所守护林中,跋陀萨罗树下。"时诸比丘语阿难曰:"尊者当②知!我等不见世尊已久,若不惮劳者,可共往诣世尊,哀愍故。"阿难知时,默然而许。

尔时,尊者阿难与众多比丘,夜过晨朝,着衣持钵,入舍卫城乞食。乞食已,还精舍,举卧具,持衣钵,出至西方人间游行,北至半阇国、波陀聚落,人(所)守护林中。时尊者阿难与众多比丘,置衣钵,洗足已,诣世尊所,头面礼足,于一面坐。尔时,世尊为众多比丘说法,示教、利喜。尔时,座中有一比丘,作是念:"云何知、云何见,疾得漏尽?"尔时,世尊知彼比丘心之所念,告诸比丘:"若有比丘于此座中作是念,云何知、云何见,疾得漏尽者,我已说法言:当善观察诸阴,所谓四念处、四正勤、四如意足、五根、五力、七觉分、八圣道分。我已说如是法,观察诸阴,而今犹有善男子不勤欲作,不勤乐,不勤念,不勤信而自慢惰,不能增进得尽诸漏。若复善男子,于我所说法,观察诸阴,勤欲、勤乐、勤念、勤信,彼能疾得尽诸漏。愚痴无闻凡夫,于色见是我,若见

---

① 原本有二"灭"字,依宋本删去一"灭"。或可下一"灭"字,是"减"之误写。
② "当",原本缺,依宋本补。

我者,是名为行。彼行何因、何集、何生、何转?无明触生爱,缘爱起彼行。彼爱何因、何集、何生、何转?彼爱受因、受集、受生、受转。彼受何因、何集、何生、何转?彼受触因、触集、触生、触转。彼触何因、何集、何生、何转?谓彼触六入处因、六入处集、六入处生、六入处转。彼六入处,无常,有为,心缘起法;彼触、受、爱、行①,亦无常,有为,心缘起法。如是观者,而见色是我,不见色是我而见色是我所,不见色是我所而见色在我,不见色在我而见我在色;不见我在色而见受是我,不见受是我而见受是我所,不见受是我所而见受在我,不见受在我而见我在受;不见我在受而见想是我,不见想是我而见想是我所,不见想是我所而见想在我,不见想在我而见我在想;不见我在想而见行是我,不见行是我而见行是我所,不见行是我所而见行在我,不见行在我而见我在行;不见我在行而见识是我,不见识是我而见识是我所,不见识是我所而见识在我,不见识在我而见我在识。不见我在识,复作断见、坏有见,不作断见、坏有见而不离我慢,不离我慢者而复见我,见我者即是行。彼行何因、何集、何生、何转?如前所说,乃至我慢。作如是知、如是见者,疾得漏尽。"佛说经已,诸比丘闻佛所说,欢喜奉行。

复次,嗢拕南曰:

　　少欲、自性等、记、三,似正法、疑痴处所,不记、变坏、大师记,三见满、外愚相等。

"**少欲**":由三种相,如来心入少欲住中:一、由尔时化事究

---

① 原本作"行受"。今依经说行、爱、受、触次第,改为"爱、行"。

竟,为欲安住现法乐住;二、由弟子于正行门深可厌薄;三、为化导常乐营为多事多业所化有情。又如前说如来入于寂静天住,一切因缘,当知此中亦复如是。

"自性":复次,诸所化者,略有三种所调伏性:一、愚痴放逸性,二、极下劣心性,三、能修正行性。

(恭敬住):复次,由四种相,于四处所生恭敬住,速证无上:一、于所应得,生猛利乐欲故;二、于得方便法随法行,生猛利爱乐故;三、于大师所,生猛利爱敬故;四、于所说法,生猛利净信故。

(三种无上):复次,有三种无上,谓妙智无上、正行无上、解脱无上。妙智无上者,谓尽智、无生智、无学正见智。正行无上者,谓乐速通行。解脱无上者,谓不动心解脱。当知此中总说智、断、现法乐住,有学妙智、正行解脱,不名无上,犹有上故。当知一切阿罗汉行,皆得名为乐速通行,一切粗重永灭故,一切所作已办故。

(见慢):复次,依菩提分择诸行故,于二时中,由四种相如实遍知萨迦耶见,即于二时无间证得诸漏永尽。云何二时?一、在异生地,二、在见地。云何由四种相?一、由自性故,二、由处所故,三、由等起故,四、由果故。自性故者,谓诸行自性,萨迦耶见及五种行,彼计为我,或为我所。处所故者,谓所缘境。等起故者,谓见取所摄无明触生受、为缘爱。此复有五缘起次第:谓界种种性为缘生触种种性,触种种性为缘生受种种性,受种种性为缘生爱种种性,爱种种性为缘生取种种性。夫缘生者,体必无常。由果故者,谓于三时,萨迦耶见能为障碍:一、依无我谛察法忍时,二、现观时,三、得阿罗汉时。此中一时,由彼随眠萨迦耶见增上力故,有惑、有疑。由多修习谛察法忍为因缘故,虽于疑、惑少能除遣,然于修习谛现观时,由意乐故,恐于涅槃我当无有。由此随眠萨迦耶见增上力故,于诸行中起邪分别,谓我当断、当坏、当无,便于涅槃发生断见及无有见。由此因缘,于般涅槃其心退还,不乐趣入。彼于异时,虽从此过净修其心,又于圣谛已得现谛,然谓我能证谛现谛;彼于此慢,由随眠故仍未能离。又时时间,由忘念故观我起慢,因此慢缠差别而转,谓我为胜、或等、或劣。前两位中,由随眠力能作障碍;于第三位,由习气力能作障碍。又由三缘,诸行生长:一、由宿世业、烦恼力,二、由愿力,三、由现在众因缘力。于异生地能遍知故,于见地中无间能得见道所断诸漏永尽;于见地中能遍知故,次断余结得阿罗汉,无间证得诸漏永尽。

一七〇① 　　　　　一七〇(五八)

如是我闻:一时,佛住舍卫国东园鹿母讲堂。尔时,世尊于晡时从禅觉,于诸比丘前敷座而坐。告诸比丘:"有五受阴。云何为五?谓色受阴,受、想、行、识受阴。"时有一比丘,从座起,整衣服,偏袒右肩,右膝着地,合掌白佛言:"世尊!此五受阴,色受阴,受、想、行、识受阴耶?"佛告比丘:"还坐而问,当为汝说。"时彼比丘为佛作礼,还复本坐。白佛言:"世尊!此五受阴以何为根?以何集?以何生?以何转②?"佛告比丘:"此五受

---

① 《相应部》(二二)"蕴相应"八二经。《中部》(一〇九)《满月大经》。
② "何根何集何生何转",或作"何根何集何生何触",经中一再论及,而有一字之异。"阴相应"一七七经、"圣道分相应"三经,又译作"根本、集、生、起"。日译《相应部》,每译"转"为"起"。今以为:"转"是转起义,如识转或译生起识。"触"乃"转"之讹写,以草书形似而误,今一律改"触"为"转"。

阴,欲为根,欲集、欲生、欲转。"时彼比丘闻佛所说,欢喜随喜,而白佛言:"世尊为说五阴即受,善哉所说。今当更问:世尊!阴即受,为五阴异受耶?"佛告比丘:"非五阴即受,亦非五阴异受。能于彼有欲贪者,是五受阴。"比丘白佛:"善哉世尊!欢喜随喜。今复更问:世尊!有二阴相关耶?"佛告比丘:"如是,如是!犹若有一人,如是思惟,我于未来得如是色、如是受、如是想、如是行、如是识,是名比丘阴、阴相关也。"比丘白佛:"善哉所说,欢喜随喜。更有所问:世尊!云何名阴?"佛告比丘:"诸所有色,若过去、若未来、若现在,若内、若外,若粗、若细,若好、若丑,若远、若近,彼一切总说阴,是名为阴。受、想、行、识,亦复如是。如是比丘!是名为阴。"比丘白佛:"善哉所说,欢喜随喜。更有所问:世尊!何因、何缘名为色阴?何因、何缘名受、想、行、识阴?"佛告比丘:"四大因、四大缘,是名色阴。所以者何?诸所有色阴,彼一切悉皆四大缘、四大造故。触因、触缘,生受、想、行,是故名受、想、行阴。所以者何?若所有受、想、行,彼一切触缘故。名色因、名色缘,是故名为识阴。所以者何?若所有识,彼一切名色缘故。"比丘白佛:"善哉所说,欢喜随喜。更有所问:云何色味?云何色患?云何色离?云何受……想……行……(云何)识味?云何识患?云何识离?"佛告比丘:"缘色生喜乐,是名色味。若色无常、苦、变易法,是名色患。若于色调伏欲贪,断欲贪,越欲贪,是名色离。若缘受、想、行、(若缘)识生喜乐,是名(受、想、行、)识味。受、想、行、识,无常、苦、变易法,是名(受、想、行、)识患。于受、想、行、识,调伏欲贪,断欲贪,越欲贪,是名(受、想、行、)识离。"比丘白佛:"善哉所说,欢喜随喜。更有所问:世尊!云何生我慢?"佛告比丘:"愚痴无闻凡夫,于色见我、异我、相在,于受、想、行、识,见我、异我、相在:于此生我慢。"比丘白佛:"善哉所说,欢喜随喜。更有所问:世尊!云何得无我慢?"佛告比丘:"多闻圣弟子,不于色见我、异我、相在,不于受、想、行、识,见我、异我、相在。"比丘白佛:"善哉所说。更有所问:何所知、何所见,疾①得漏尽?"佛告比丘:"诸所有色,若过去、若未来、若现在,若内、若外,若粗、若细,若好、若丑,若远、若近,彼一切非我,不异我,不相在。受、想、行、识,亦复如是。比丘!如是知、如是见,疾得漏尽。"尔时,会去复有异比丘,钝根无知,在无明㲉,起恶邪见而作是念:"若无我者,作无我业,于未来世谁当受报!"尔时,世尊知彼比丘心之所念,告诸比丘:"于此众中,若有愚痴人,无智、明而作是念:若色无我,受、想、行、识无我,作无我业,谁当受报!如是所疑,先以解释。彼云何比丘!色为常耶?为非常耶?"答言:"无常,世尊!""若无常者是苦耶?"答言:"是苦,世尊!""若无常、苦,是变易法,多闻圣弟子,于中宁见是我、异我,相在不?"答言:"不也,世尊!""受、想、行、识,亦复如是。是故比丘!若所有色,若过去、若未来、若现在,若内、若外,若粗、若细,若好、若丑,若远、若近,彼一切非我、非我所,如是见者,是为正见。受、想、行、识,亦复如是。多闻圣弟子如是观者,便修厌,厌已离欲,离欲已解脱,解脱知见:我生已尽,梵行已立,所作已作,自知不受后有?"佛说此经时,众多比丘不起诸漏,心得解脱。佛说此经已,诸比

---

① "疾",原本作"尽",今依经义及摄颂改。

丘闻佛所说，欢喜奉行。

　　　　阴、根、阴即受，二阴共相关，名字、因、味、二我慢、疾漏尽①。

"记"：复次，由五种相，于诸行中如理问记。何等为五？一、自性故，二、流转还灭根本故，三、还灭故，四、流转故，五、流转、还灭方便故。自性故者，当知色等五种自性。流转、还灭根本故者，谓欲。由善法欲，乃至能得诸漏永尽，是故此欲名还灭根本。若由是欲，愿我当得人中下类，乃至当生梵众天等众同分中，由于此心亲近、修习、多修习故，得生于彼，是故此欲名流转根本。还灭故者，于诸行中，唯欲贪取得断灭故。若即诸行是取性者，应不可灭，以阿罗汉犹有诸行现可得故。若异诸行有取性者，应是无为，无为故常，亦不可灭。是故取性，但是诸行一分所摄，即此一分已得断灭，毕竟不行，故可还灭。流转故者，复有三种：一、后有因故，二、品类别故，三、现在因故。后有因者，谓如有一，愿乐当来造作诸业。彼作是念：愿我来世当成此行。由是因缘，能引后有诸行生因，不引现在，彼于现在不能引故。施设诸行，唯有二种。品类别者，谓十一种诸行品类，如前应知。现在因者，谓所造色，因四大种；受等心法，以触为缘；所有诸识，名色为缘。流转方便者，谓萨迦耶见为所依故，于诸行中发生我慢，及诸爱味、我我所见。还灭方便者，谓于诸行远离我慢，及见过患并彼出离，无我我所。又流转方便者，谓无明、爱品，随其所

----
① 此颂是"内摄颂"，摄一经十问之义，与摄十经为一颂不同。又原本作"二味"，今改"二我慢"，即"我慢"与"无我慢"。又《杂阿含经》卷四（旧误作卷二）终。

应,当知其相。还灭方便者,谓彼对治。又由二缘,诸不聪慧声闻弟子,越大师教,堕恶见中,或起言说。何等二缘? 一、愚世俗谛,二、愚胜义谛。由此愚故,违越一向世俗谛理,及违越一向胜义谛理,于行流转,不正思惟。

一七一① 　　　　　一七一(一〇三)

②如是我闻:一时,有众多上座比丘,住拘舍弥国瞿师罗园。时有差摩比丘,住拘舍弥国跋陀梨园,身得重病。时有陀娑比丘,为瞻病者。时陀娑比丘诣诸上座比丘,礼诸上座比丘足,于一面住。诸上座比丘告陀娑比丘言:"汝往诣差摩比丘所,语言:诸上座问汝:身小差,安隐,苦患不增剧耶?"时陀娑比丘受诸上座比丘教,至差摩比丘所,语差摩比丘言:"诸上座比丘问讯,汝苦患渐差不? 众苦不至增耶?"差摩比丘语陀娑比丘言:"我病不差、不安隐,身诸苦转增无救。譬如多力士夫,取羸劣人,以绳继③头,两手急绞,极大苦痛;我今苦痛,有过于彼。譬如屠牛,以利刀生割其腹,取其内藏,其牛腹痛,当何可堪! 我今腹痛,甚于彼牛。如二力士,捉一劣夫,悬着火上,烧其两足;我今两足,热过于彼。"时陀娑比丘还至诸上座所,以差摩比丘所说病状,具白诸上座。时诸上座,还遣陀娑比丘至差摩比丘所,语差摩比丘言:"世尊所说,有五受阴。何等为五? 色受阴,受、想、行、识受阴。汝差摩能少观察此五受阴,非我、非我所耶?"时陀娑比丘受诸上座比丘教已,往语差摩比丘言:"诸上座语

---

① 《相应部》(二二)"蕴相应"八九经。
② 《杂阿含经》卷五。
③ "继",古与"系"通。

汝：世尊说五受阴，汝能少观察非我、非我所耶？"差摩比丘语陀娑言："我于彼五受阴，能观察非我、非我所。"陀娑比丘还白诸上座："差摩比丘言：我于五受阴，能观察非我、非我所。"诸上座比丘复遣陀娑比丘，语差摩比丘言："汝能于五受阴观察非我、非我所，如漏尽阿罗汉耶？"时陀娑比丘受诸上座比丘教，往诣差摩比丘所，语差摩言："比丘！能如是观五受阴者，如漏尽阿罗汉耶？"差摩比丘语陀娑比丘言："我观五受阴非我、非我所，非漏尽阿罗汉也。"时陀娑比丘还至诸上座所，白诸上座："差摩比丘言：我观五受阴非我、非我所，而非漏尽阿罗汉也。"时诸上座语陀娑比丘："汝复还语差摩比丘：汝言我观五受阴非我、非我所，而非漏尽阿罗汉，前后相违！"陀娑比丘受诸上座比丘教，往语差摩比丘："汝言我观五受阴非我、非我所，而非漏尽阿罗汉，前后相违！"差摩比丘语陀娑比丘言："我于五受阴，观察非我、非我所，而非阿罗汉者，我于我慢、我欲、我使，未断、未知、未离、未吐。"陀娑比丘还至诸上座所，白诸上座："差摩比丘言：我于五受阴，观察非我、非我所，而非漏尽阿罗汉者，于五受阴我慢、我欲、我使，未断、未知、未离、未吐。"诸上座复遣陀娑比丘语差摩比丘言："汝言有我，于何所有我？为色是我？为我异色？受、想、行、识是我？为我异（受、想、行、）识耶？"差摩比丘语陀娑比丘言："我不言色是我，我异色；受、想、行、识是我，我异（受、想、行、）识，然于五受阴我慢、我欲、我使，未断、未知、未离、未吐。"差摩比丘语陀娑比丘言："何烦令汝驱驰①往反，汝取

---

① "驰"，原本作"驱"，依宋本改。

杖来,我自扶杖诣彼上座,愿授以杖!"

差摩比丘即自扶杖,诣诸上座。时诸上座遥见差摩比丘扶杖而来,自为敷座,安停脚机,自往迎接,为持衣钵,命令就座,共相慰劳。慰劳已,语差摩比丘言:"汝言我慢,何所见我?色是我耶?我异色耶?受、想、行、识是我耶?我异(受、想、行、)识耶?"差摩比丘白言:"非色是我,非我异色;非受、想、行、识是我,非我异(受、想、行、)识,然①于五受阴我慢、我欲、我使,未断、未知、未离、未吐。譬如优钵罗、钵昙摩、拘牟头、分陀利花香,为即根香耶?为香异根耶?为茎、叶、须、精粗香耶?为香异精粗耶?为等说不?"诸上座答言:"不也。差摩比丘!非优钵罗、钵昙摩、拘牟头、分陀利根即是香,非香异根;亦非茎、叶、须、精粗是香,亦非香异精粗也。"差摩比丘复问:"彼何等香?"上座答言:"是花香。"差摩比丘复言:"我亦如是。非色即我,我不离色;非受、想、行、识即我,我不离(受、想、行、)识。然我于五受阴见非我、非我所,而于我慢、我欲、我使,未断、未知、未离、未吐。诸上座!听我说譬,凡智者因譬类得解。譬如乳母衣,付浣衣者,以种种灰汤浣濯尘垢,犹有余气,要以种种杂香薰令消灭。如是多闻圣弟子,虽②于五受阴,正观非我、非我所,然③于五受阴我慢、我欲、我使,未断、未知、未离、未吐。然后于五受阴,增进思惟,观察生灭:此色,此色集,此色灭;此受……想……行……(此)识,此识集,此识灭。于五受阴如是观生灭已,我

---

① "然",原本作"能",今改。
② "虽",原本作"离",今改。
③ "然",原本作"能",今改。

慢、我欲、我使一切悉除,是名真实正观。"差摩比丘说此法时,彼诸上座远尘、离垢,得法眼净。差摩比丘不起诸漏,心得解脱;法喜利故,身病悉除。时诸上座比丘语差摩比丘言:"我闻仁者初所说,已解、已乐,况复重闻!所以问者,欲发仁者微妙辩才,非为娆乱,汝便堪能广说如来、应、等正觉法。"时诸上座闻差摩比丘所说,欢喜奉行。

"三":复次,于三种处,唯诸圣者,随其所乐能如实记,非诸异生,除从他闻。谓诸行中我、我所见,我非如实,若彼为依,有我慢转。彼虽已断,而此我慢一切未断,若无起依,我慢不断,如故现行。当知此中二种我慢:一、于诸行执著现行,二、由失念率尔现行。此中执著现行我慢,圣者已断,不复现行。第二我慢,由随眠故,萨迦耶见虽复永断,以于圣道未善修故,犹起现行。萨迦耶见唯有习气常所随逐,于失念时,能与我慢作所依止,令暂现行,是故此慢亦名未断,亦得现行。又诸圣者,若于诸行思惟自相,尚令我慢不复现行,况观共相!若于假法作意思惟,住正念者亦令我慢不得现行;若于假法作意思惟,不住正念,尔时我慢暂得现行。若诸异生,虽于诸行思惟共相,尚为我慢乱心相续,况住余位!又萨迦耶见,圣相续中,随眠与缠皆已断尽。于学位中,习气随逐未能永断。若诸我慢随眠与缠皆未能断,又计我欲者,当知即是我慢缠摄。何以故?由失念故。于欲、于定,为诸爱味所漂沦者,依此欲门,诸我慢缠数数现起。言未断者,由随眠故。未遍知者,由彼缠故,彼于尔时有忘念故。言未灭者,虽于此缠暂得远离,寻复现行。言未吐者,由彼随眠未永拔故。

（问病）：复次，同梵行者于余同梵行所，略有二种慰问：一、问病苦，二、问安乐。问病苦者，如问彼言：所受疹疾宁可忍不者，谓问气息无拥滞乎。得支持不者，谓问苦受不至增乎，非无间乎，非不爱触之所触乎，非违虑乎，非笃身乎，或被笃者得除释乎。问安乐者，谓如有一随所问言：少病不者，此问不为婴疹恼耶。少恼不者，此问不为外诸灾横所侵逼耶。起居轻利不者，此问夜寐得安善耶，所进饮食易消化耶。有欢乐不者，此问得住无罪触耶。如是等类差别言词，如声闻地，于所饮食知量中释。当知此问，在四位中：一、内逼恼分，二、外逼恼分，三、住于夜分，四、住于昼分。

一七二① 　　　　一七二（一〇四）

如是我闻：一时，佛住舍卫国祇树给孤独园。尔时，有比丘名焰摩迦，起恶邪见，作如是言："如我解佛所说法，漏尽阿罗汉身坏命终，更无所有。"时有众多比丘，闻彼所说，往诣其所，语焰摩迦比丘言："汝实作是说，如我解佛所说法，漏尽阿罗汉身坏命终，更无所有耶？"答言："实尔，诸尊！"时诸比丘语焰摩迦："勿谤世尊！谤世尊者不善。世尊不作是说，汝当尽舍此恶邪见！"诸比丘说此语时，焰摩迦比丘犹执恶邪见，作如是言："诸尊！唯此真实，异则虚妄。"如是三说。时诸比丘不能调伏焰摩迦比丘，即便舍去。往诣尊者舍利弗所，语尊者舍利弗言："尊者当知！彼焰摩迦比丘起如是恶邪见言：我解知佛所说法，漏尽阿罗汉身坏命终，更无所有。我等闻彼所说已，故往问焰摩迦比

---

① 《相应部》（二二）"蕴相应"八五经。

丘:汝实作如是知见耶?彼答我言:诸尊!实尔,异则愚说。我即语言:汝勿谤世尊!世尊不作此语,汝当舍此恶邪见。再三谏彼,犹不舍恶邪见,是故我今诣尊者所,唯愿尊者当令焰摩迦比丘息恶邪见,怜愍彼故。"舍利弗言:"如是,我当令彼息恶邪见。"时众多比丘,闻舍利弗语,欢喜随喜而还本处。

尔时,尊者舍利弗,晨朝着衣持钵,入舍卫城乞食。食已,出城,还精舍,举衣钵已,往诣焰摩迦比丘所。时焰摩迦比丘遥见尊者舍利弗来,即为敷座洗足,安停脚机;奉迎,为执衣钵,请令就座。尊者舍利弗就座,洗足已,语焰摩迦比丘:"汝实作如是语,我解知世尊所说法,漏尽阿罗汉身坏命终,无所有耶?"焰摩迦比丘白舍利弗言:"实尔,尊者舍利弗!"舍利弗言:"我今问汝,随意答我。云何焰摩迦!色为常耶?为非常耶?"答言:"尊者舍利弗!无常。"复问:"若无常者是苦不?"答言:"是苦。"复问:"若无常、苦,是变易法,多闻圣弟子,宁于中见我、异我、相在不?"答言:"不也,尊者舍利弗!"受、想、行、识,亦复如是。复问:"云何焰摩迦!色是如来耶?"答言:"不也,尊者舍利弗!""受、想、行、识是如来耶?"答言:"不也,尊者舍利弗!"复问:"云何焰摩迦!异色有如来耶?异受、想、行、识有如来耶?"答言:"不也,尊者舍利弗!"复问:"色中有如来耶?受、想、行、识中有如来耶?"答言:"不也,尊者舍利弗!"复问:"如来中有色耶?如来中有受、想、行、识耶?"答言:"不也,尊者舍利弗!"复问:"非色、受、想、行、识有如来耶?"答言:"不也,尊者舍利弗!""如是焰摩迦!如来见法真实如,住无所得,无所施设,汝云何言我解知世尊所说,漏尽阿罗汉身坏命终无所有,为时说耶?"答言:

"不也,尊者舍利弗!"复问焰摩迦:"先言我解知世尊所说,漏尽阿罗汉身坏命终无所有,云何今复言非耶?"焰摩迦比丘言:"尊者舍利弗!我先不解、无明故,作如是恶邪见说。闻尊者舍利弗说已,不解、无明一切悉断。"复问焰摩迦:"若复问比丘,如先恶邪见所说,今何所知见,一切悉得远离?汝当云何答?"焰摩迦答言:"尊者舍利弗!若有来问者,我当如是答:漏尽阿罗汉色无常,无常者是苦,苦者寂静、清凉、永没。受、想、行、识,亦复如是。有来问者,作如是答。"舍利弗言:"善哉!善哉!焰摩迦比丘!汝应如是答。所以者何?漏尽阿罗汉色无常,无常者是苦,若①无常苦者是生灭法。受、想、行、识,亦复如是。"尊者舍利弗说是法时,焰摩迦比丘远尘、离垢,得法眼净。

尊者舍利弗语焰摩迦比丘:"今当说譬,夫智者以譬得解。如长者子,长者子大富多财,广求仆从,善守护财物。时有怨家恶人,诈来亲附,为作仆从,常伺其便。晚眠早起,侍息左右,谨敬其事,逊其言辞,令主意悦,作亲友想、子想,极信不疑,不自防护,然后手执利刀以断其命。焰摩迦比丘!于意云何?彼恶怨家为长者亲友,非为初始方便,害心常伺其便,至其终耶?而彼长者不能觉知,至今受害。"答言:"实尔。"尊者舍利弗语焰摩迦比丘:"于意云何?彼长者本知彼人诈亲欲害,善自防护,不受害耶?"答言:"如是,尊者舍利弗!""如是焰摩迦比丘!愚痴无闻凡夫,于五受阴作常想、安隐想,不病想、我想、我所想,于此五受阴保持、护惜,终为此五受阴怨家所害,如彼长者为诈亲怨家

---

① "若",原本作"苦",依宋本改。

所害而不觉知。焰摩迦！多闻圣弟子,于此五受阴,观察如病、如痈、如刺、如杀,无常、苦、空、非我、非我所,于此五受阴不著、不受,不受故不著,不著故自觉涅槃:我生已尽,梵行已立,所作已作,自知不受后有。"尊者舍利弗说是法时,焰摩迦比丘不起诸漏,心得解脱。尊者舍利弗为焰摩迦比丘说法,示教、照喜已,从座起去。

"似正法":复次,若有说言:诸阿罗汉于现法中,于食物务、蕴界处等,若顺、不顺不如实知,言阿罗汉不顺。不顺,是不如理虚妄分别,非阿罗汉现法不顺。所以者何？彼于食物务、蕴界处等现可见故。由此因缘,诸阿罗汉于其灭后,不顺诸行,不了执著。是故世尊言阿罗汉是不顺者,定是密语。当知此是似正法见。由二种义,势力为缘,诸同梵行或大声闻,为欲断灭如是所生似正法见,极作功用,勿令彼人或自陈说,或示于他,由是因缘堕极下趣;或由爱敬如来圣教,勿因如是似正法见,令佛圣教速疾隐灭。复有二因,能生如是似正法见:一者、于内萨迦耶见未能永断,二者、依此妄计流转、还灭士夫。为断如是二种因故,说二正法以为对治。谓于诸行,次第宣说无常、无我,于四句中,推求流转、还灭士夫都不可得。谓依有为,或依无为,声闻、独觉、佛世尊我,说名如来。当知此我,二种假立:有余依中假立有为,无余依中假立无为。若依胜义,非有为,非无为,亦非无为非有为。由说如是正法教故,于六种相觉悟生时,当知永断似正法见。谓阿罗汉,于依所摄灭坏法故,觉悟无常;于现法中为老病等众苦器故,觉悟是苦;于任运灭断界、离界及与灭界,觉悟为灭,寂静、清凉,及与永没。若具如是正觉悟者,是阿罗汉邪增上慢俱行妄想尚不得有,况可如是于其灭后,若顺不顺戏论执著!当知未断萨迦耶见,有二过患:一、于能害有苦诸行,执我我所,由此因缘,能感流转生死大苦。二、于现法能碍无上圣慧命根。譬如有人,自知无力能害怨家,恐彼为害,先相亲附,以如意事现承奉之。时彼怨家知亲附已,便害其命。愚夫异生,亦复如是,恐似怨家萨迦耶见当为苦害,便起爱缚,以可意行而现承奉。如是愚痴异生之类,于能为害萨迦耶见,唯见功德,不见过失,殷到亲附。既亲附已,由未得退,说名损害圣慧命根。

一七三　　　　一七三（一〇五）

如是我闻:一时,佛住王舍城迦兰陀竹园。尔时,有外道出家,名仙尼,来诣佛所,恭敬问讯,于一面坐。白佛言:"世尊!先一日时,若沙门、若婆罗门、若遮罗迦、若出家,集于希有讲堂。如是义称:富兰那迦叶为大众主,五百弟子前后围绕,其中有极聪慧者,有钝根者,及其命终,悉不记说其所往生处。复有末迦梨瞿舍利子,为大众主,五百弟子前后围绕,其诸弟子有聪慧者,有钝根者,及其命终,悉不记说所往生处。如是先阇那毗罗胝子、阿耆多翅舍钦婆罗、迦罗拘陀迦栴延、尼揵陀若提子等,各与五百弟子前后围绕,亦如前者。沙门瞿昙尔时亦在。彼论中言:沙门瞿昙为大众主,其诸弟子有命终者,即记说言:某生彼处,某生此处。我先生疑,云何沙门瞿昙得如此法?"佛告仙尼:"汝莫生疑!以有惑故,彼则生疑。仙尼!当知有三种师。何等为三?有一师,见现在世真实是我,如所知说,而无能知命终后事,是名第一师出于世间。复次,仙尼!有一师,见现在世真实是我,命终之后亦见是我,如所知说。复次,仙尼①！有一师,不见现在世真实是我,亦复不见命终之后真实是我。仙尼！其第一师见现在世真实是我,如所知说者,名曰断见。彼第二师见今世后世真实是我,如所知说者,则是常见。彼第三师不见现在世真实是我,命终之后亦不见我,是则如来、应、等正觉说,现法、爱断,离欲、灭尽、涅槃。"仙尼白佛言:"世尊！我闻世尊所说,遂更增疑。"佛告仙尼:"正应增疑,所以者何？此甚深处,难见难知,应须甚深照微妙、至到、聪慧所了,凡众生类未能辩知。所以者何？众生长夜异见、异忍、异求、异欲故。"

仙尼白佛言:"世尊！我于世尊所心得净信,唯愿世尊为我说法,令我即于此座慧眼清净！"佛告仙尼:"今当为汝随所乐说。"佛告仙尼:"色是常耶？为无常耶？"答言:"无常,世尊！"复问:"仙尼！若无常者,是苦耶？"答言:"是苦,世尊！"复问:"仙尼！若无常、苦,是变易法,多闻圣弟子,宁于中见我、异我、相在不？"答言:"不也,世尊！"受、想、行、识,亦复如是。复问:"云何仙尼！色是如来耶？"答言:"不也,世尊！""受、想、行、识是如来耶？"答言:"不也,世尊！"复问仙尼:"异色有如来耶？异受、想、行、识有如来耶？"答言:"不也,世尊！"复问:"仙尼！色中有如来耶？受、想、行、识中有如来耶？"答言:"不也,世尊！"复问:"仙尼！如来中有色耶？如来中有受、想、行、识耶？"答言:"不也,世尊！"复问:"仙尼！非色,非受、想、行、识有如来耶？"答言:"不也,世尊！"佛告仙尼:"我诸弟子,闻我所说,不悉解义,

---

① "仙尼",原本作"先尼",依宋本改。

而起慢无间等,非无间等故慢则不断,慢不断故,舍此阴已,与①阴相续生。是故仙尼!我则记说是诸弟子,身坏命终,生彼彼处。所以者何?以彼有余慢故。仙尼!我诸弟子,于我所说能解义者,彼于诸慢得无间等,得无间等故诸慢则断。诸慢断故,身坏命终,更不相续。仙尼!如是弟子,我不说彼舍此阴已,生彼彼处。所以者何?无因缘可记说故。欲令我记说者,当记说彼:断诸爱欲,永离有结,正意解脱,究竟苦边。我从昔来及今现在,常说慢根②、慢集、慢生、慢起,若于慢无间等,观众苦不生。"佛说此法时,仙尼出家远尘、离垢,得法眼净。尔时,仙尼出家见法,得法,断诸疑、惑,不由他知,不由他度,于正法中心得无畏。从座起,合掌白佛言:"世尊!我得于正法中出家修梵行不?"佛告仙尼:"汝于正法得出家,受具足戒,得比丘分。"尔时,仙尼得出家已,独一静处,修不放逸住。如是思惟,所以族姓子剃除须发,正信出家,出家学道,修行梵行,见法自知得证:我生已尽,梵行已立,所作已作,自知不受后有,得阿罗汉。闻佛所说,欢喜奉行。

"疑痴处所":复次,诸外道辈于内法律,二种处所疑惑愚痴。何等为二?谓佛世尊,诽毁有见及无有见,而于弟子终殁之后,记一有生,记一无生。又说胜义常住之我,现法、当来都不可得。世有三师而现可得:一、常论者,二、断论者,三者、如来。此疑痴者,有二种因,当知如前似正法见、二种法教;能断此因,亦如前说由二因缘。即此所说无我法性,彼诸外道难入、难了。谓

---

① "与",疑"异"之误。
② 原本"慢过慢集慢生慢起","慢过"应为"慢根"之误,今改"慢根"。

此自性难了知故,虽此相貌易可了知,然其相貌不相似故。当知此中无虚诳义,自所证义,是不共义,故彼自性难可悟入。即此自性体是甚深,似甚深现,是故说名无虚诳义。又此自性,于内难见,从他言音亦难觉了,是故说名自所证义。又此自性,非寻思者之所寻思,非度量者所行境界,是故说名是不共义。又即此法,微妙、审谛、聪明、智者内所证故,说名难了。此等差别,当知如前摄异门分①。由二种相,一切如来所说义智,皆应了知。何等为二? 一者、教智,二者、证智。教智者,谓诸异生闻、思、修所成慧;证智者,谓学、无学慧,及后所得诸世间慧。此中异生,非于一切佛所说义皆能了知,亦非于慢觉察是慢,又未能断。若诸有学,非于我见一切义中皆不了知,又能于慢觉察是慢而未能断。若诸无学,能作一切。

一七四②　　　　　　　一七四(一〇六)

如是我闻:一时,佛住王舍城迦兰陀竹园。尔时,有比丘名阿瓷罗度,住耆阇崛山。时有众多外道出家,往诣阿瓷罗度所,共相问讯;共相问讯已,于一面住。白阿瓷罗度言:"欲有所问,宁有闲暇为解释不?"阿瓷罗度语诸外道言:"随所欲问,知者当答。"诸外道复问:"云何尊者! 如来死后为有耶?"阿瓷罗度言:"如世尊说,此是无记。"又问:"如来死后为无耶?"阿瓷罗度言:"如世尊说,此亦无记。"又问:"如来死后有无耶? 非有非无耶?"阿瓷罗度言:"如世尊说,此亦无记。"复问阿瓷罗度言:"云

---

① "微细、审悉、聪明、睿哲",如《瑜伽师地论》卷八三说(大正三〇·七六一下)。
② 《相应部》(二二)"蕴相应"八六经。

何尊者!如来死后有耶,说言无记?死后无耶,说言无记?死后有无耶,非有非无耶,说言无记?云何尊者!沙门瞿昙为不知不见耶?"阿瓮罗度言:"世尊非不知,非不见。"时诸外道于阿瓮罗度所说,心不喜悦,呵骂已,从座起去。

时阿瓮罗度知诸外道去已,往诣佛所,稽首佛足,于一面住。以诸外道所问,向佛广说。白佛言:"世尊!彼如是问,我如是答,为顺诸法说耶?得无谤世尊耶?为顺法耶?为违法耶?无令他来难诘、堕呵责处耶?"佛告阿瓮罗度言:"我今问汝,随所问答。阿瓮罗度!色为常耶?为无常耶?"答言:"无常。""受、想、行、识为常、无常耶?"答言:"无常,世尊!"如《焰摩迦契经》广说,乃至"识是如来耶"?答曰:"不也。"佛告阿瓮罗度:"作如是说者,随顺诸说①,不谤如来,非为越次,如如来说,诸次法说,无有能来难诘、呵责者。所以者何?我于色如实知,色集、色灭、色灭道迹如实知。阿瓮罗度!若舍如来,所作无知无见说者,此非等说。"佛说此经已,阿瓮罗度闻佛所说,欢喜奉行。

"不记":复次,诸佛如来于世俗谛及胜义谛,皆如实知,正观于彼二种道理,不应记别。若记别者,能引无义,故不记别,亦不执著,谓于灭后若有、若无、亦有亦无、非有非无。若于如来如是智见为先不记谓无知者,当知自显妄见俱行无智之性。

一七五②　　　　　一七五(　一〇七)

如是我闻:一时,佛住婆祇国设首婆罗山鹿野深林中。尔

---

① "说",原本作"记",依宋本改。
② 《相应部》(二二)"蕴相应"一经。《增一阿含经》(一三)"利养品"四经。

时,有那拘罗长者,百二十岁,年耆根熟,羸劣苦病,而欲觐见世尊及先所宗重知识比丘。来诣佛所,稽首佛足,退坐一面。白佛言:"世尊!我年衰老,羸劣苦病,自力勉励,觐见世尊及先所宗重知识比丘。唯愿世尊为我说法,令我长夜安乐!"尔时,世尊告那拘罗长者:"善哉长者!汝实年老根熟,羸劣苦患,而能自力觐见如来并余宗重知识比丘。长者!当知于苦患身,常当修学不苦患身。"尔时,世尊为那拘罗长者,示教①、照喜,默然而住。那拘罗长者闻佛所说,欢喜随喜,礼佛而去。

时尊者舍利弗,去世尊不远,坐一树下。那拘罗长者往诣尊者舍利弗所,稽首礼足,退坐一面。时尊者舍利弗问长者言:"汝今诸根和悦,貌色鲜明,于世尊所得闻深法耶?"那拘罗长者白舍利弗:"今日世尊为我说法,示教、照喜,以甘露法灌我身心,是故我今诸根和悦、颜貌鲜明。"尊者舍利弗问长者言:"世尊为汝说何等法,示教、照喜,甘露润泽?"那拘罗长者白舍利弗:"我向诣世尊所,白世尊言:我年衰老,羸劣苦患,自力而来,觐见世尊及所宗重知识比丘。佛告我言:善哉长者!汝实衰老,羸劣苦患,而能自力诣我及见先所宗重比丘。汝今于此苦患之身,常当修学不苦患身。世尊为我说如是法,示教、照喜,甘露润泽。"尊者舍利弗问长者言:"汝向何不重问世尊:云何苦患身、苦患心?云何苦患身、不苦患心?"长者答言:"我以是义故,来诣尊者,唯愿为我略说法要!"尊者舍利弗语长者言:"善哉长者!汝今谛听,当为汝说。愚痴无闻凡夫,于色集、色灭、色患、

---

① "示教",原本误作"宗教",今改。

色味、色离不如实知,不如实知故,爱乐于色,言色是我、是我所,而取摄受。彼色若坏、若异,心识随转,恼苦生。恼苦生已,恐怖、障阂、顾念、忧苦、结恋。于受、想、行、识,亦复如是。是名身、心苦患。云何身苦患、心不苦患?多闻圣弟子,于色集、色灭、色味、色患、色离如实知,如实知已,不生爱乐,见色是我、是我所。彼色若变、若异,心不随转恼苦生;心不随转恼苦生已,得不恐怖、障阂、顾念、结恋。受、想、行、识,亦复如是。是名身苦患、心不苦患。"尊者舍利弗说是法时,那拘罗长者得法眼净。尔时,那拘罗长者见法,得法,知法,入法,度诸狐疑,不由于他,于正法中心得无畏。从座起,整衣服,恭敬合掌,白尊者舍利弗:"我已超、已度。我今归依佛、法、僧宝,为优婆塞,证知我!我今尽寿归依三宝。"尔时,那拘罗长者闻尊者舍利弗所说,欢喜随喜,作礼而去。

"变坏":复次,应知略有二种变坏:一者、诸行衰老变坏,谓如有一年百二十,其形衰迈,由是因缘,名身老病。二者、心忧变坏,由是因缘,名心老病。第一变坏,若愚、若智,皆于其中不随所欲。第二变坏,智者于中能随所欲,非诸愚者。又诸愚夫,若身老病,当知其心定随老病;其有智者,身虽老病而心自在,不随老病。是名此中愚、智差别。

一七六[①]　　　　　一七六(一〇八)

如是我闻:一时,佛住释氏天现聚落。尔时,有西方众多比

[①] 《相应部》(二二)"蕴相应"二经。

丘，欲还西方安居。诣世尊所，稽首佛足，退坐一面。尔时，世尊为其说法，示教、照喜。种种示教、照喜已，时西方众多比丘从座起，合掌白佛言："世尊！我西方众多比丘，欲还西方安居，今请奉辞！"佛告西方诸比丘："汝辞舍利弗未？"答言："未辞。"佛告西方诸比丘："舍利弗淳修梵行，汝当奉辞，能令汝等以义饶益，长夜安乐。"时西方诸比丘，辞退欲去。

　　时尊者舍利弗，去佛不远，坐一坚固树下。西方诸比丘，往诣尊者舍利弗所，稽首礼足，退坐一面。白尊者舍利弗言："我等欲还西方安居，故来奉辞。"舍利弗言："汝等辞世尊未？"答言："已辞。"舍利弗言："汝等还西方，处处异国，种种异众，必当问汝。汝等今于世尊所，闻善说法，当善受、善持、善观、善入，足能为彼具足宣说，不毁佛耶？不令彼众难问诘责、堕负处耶？"彼诸比丘白舍利弗："我等为闻法故来诣尊者，唯愿尊者具为我说，哀愍故！"尊者舍利弗告诸比丘："阎浮提人聪明利根，若刹利、若婆罗门、若长者、若沙门，必当问汝：汝彼大师云何说法？以何教教？汝当答言：大师唯说调伏欲贪，以此教教。当复问汝：于何法中调伏欲贪？当复答言：大师唯说于彼色阴调伏欲贪，于受、想、行、识阴调伏欲贪，我大师如是说法。彼当复问：欲贪有何过患故，大师说于色调伏欲贪，受、想、行、识调伏欲贪？汝复应答言：若于色欲不断、贪不断、爱不断、念不断、渴不断者，彼色若变、若异，则生忧悲恼苦。受、想、行、识，亦复如是。见欲贪有如是过故，于色调伏欲贪，于受、想、行、识调伏欲贪。彼复当问：见断欲贪有何福利故，大师说于色调伏欲贪，于受、想、行、识调伏欲贪？当复答言：若于色断欲、断贪、断念、断爱、断渴，彼色若变、若异,不起忧悲恼苦。受、想、行、识,亦复如是。诸尊!若受诸不善法因缘故,今得现法乐住,不苦、不碍、不恼、不热,身坏命终生于善处者,世尊终不说言当断诸不善法,亦不教人于佛法中修诸梵行,得尽苦边。以受诸不善法因缘故,今现法苦住、障碍、热恼,身坏命终堕恶道中,是故世尊说言当断不善法,于佛法中修诸梵行,平等尽苦,究竟苦边。若受诸善法因缘,现法苦住、障碍、热恼,身坏命终堕恶道中者,世尊终不说受持善法,于佛法中修诸梵行,平等尽苦,究竟苦边。(以)受持善法,现法乐住,不苦、不碍、不恼、不热,身坏命终生于善处,是故世尊赞叹教人受诸善法,于佛法中修诸梵行,平等尽苦,究竟苦边。"尊者舍利弗说是法时,西方诸比丘不起诸漏,心得解脱。尊者舍利弗说是法时,诸比丘欢喜随喜,作礼而去。

"大师记":复次,善取法者,由闻、思故;善思惟者,由修慧故;善显了者,如所有性故;善通达者,尽所有性故。由二种相,诸圣弟子能正请问大师善记,谓于诸取断遍知论。何等为二?一者、于此诸取断遍知论,二者、为此诸取断遍知论。当知此中,于一切行断遍知论,所谓如来。又此诸取,若未断灭,随观彼有三种过患;若已断灭,随观彼有三种功德。一者、于诸行中所生诸取,行若变坏,便生愁等,应知是名第一过患,已得诸行变坏所作。二者、于诸行中所生诸取,为得未得可意诸行,于追求时,广行非一种种众多差别不善。由此追求行不善故,住四种苦:一、将现前邻近所起,二、正现前现在所起,三、他逼迫增上所起,四、自杂染增上所起。应知是名第二过患。三者、即由如是恶不善法,爱习为因,身坏死后,往诸恶趣,应知是名第三过患。与此相违,于诸取断,随观三种功德胜利,如应当知。

一七七　　　　　　一七七(一〇九)

如是我闻:一时,佛住舍卫国祇树给孤独园。尔时,世尊告诸比丘:"譬如池水,方五十由旬,深亦如是,其水盈满。复有士夫以毛、以草,或以指爪,以渧彼水。诸比丘!于意云何?彼士夫水渧为多,池水为多?"比丘白佛:"彼士夫以毛、以草,或以指爪,所渧之水,少少不足言。池水甚多,百千万倍不可为比。""如是诸比丘!见谛者所断众苦,如彼池水,于未来世永不复生。"尔时,世尊说是法已,入室坐禅。

时尊者舍利弗,于众中坐,世尊入室去后,告诸比丘:"未曾所闻!世尊今日善说池譬。所以者何?圣弟子具足见谛,得无间等果。若凡俗邪见,身见根本,身见集,身见生,身见起,谓忧戚、隐覆、庆吉、保惜,说我,说众生,说奇特,矜举:如是众邪,悉皆除灭,断除根本,如折多罗树,于未来世更不复生。诸比丘!何等为见谛圣弟子断上众邪,于未来世永不复起?愚痴无闻凡夫,见色是我,异我,我在色,色在我;见受、想、行、识是我,异我,我在识,识在我。云何见色是我?得地一切入处正受观已,作是念:地即是我,我即是地,我及地唯一无二,不异不别。如是水、火、风、青、黄、赤、白,一切入处正受观已,作是念:白即是我,我即是白①,唯一无二,不异不别。如是于一切入处,一一计我,是名色即是我。云何见色异我?若彼见受是我,见受是我已,见色

---

① "白即是我,我即是白",原本"白"均作"行",今依义改。

是我所；或见想、行、识即是我，见色是我所，是名色异我①。云何见我中色？谓见受是我，色在我中；又见想、行、识即是我，色在我中，是名我中色②。云何见色中我？谓见受即是我，于色中住，入于色，周遍其四体；见想、行、识是我，于色中住，周遍其四体，是名色中我。云何见受即是我？谓六受身：眼触生受，耳、鼻、舌、身、意触生受。此六受身，一一见是我③，是名受即是我。云何见受异我？谓见色是我，受是我所；谓想、行、识是我，受是我所，是名受异我。云何见我中受？谓色是我，受在其中；想、行、识是我，受在其中，是谓我中受④。云何见受中我？谓色是我，于受中住，周遍其四体；想、行、识是我，于受中住，周遍其四体，是名受中我。云何见想即是我？谓六想身：眼触生想，耳、鼻、舌、身、意触生想。此六想身，一一见是我，是名想即是我。云何见想异我？谓见色是我，想是我所；受、行、识⑤是我，想是我所，是名想异我。云何见我中想？谓色是我，想在中住；受、行、识是我，想在中住，是谓我中想⑥。云何见想中我？谓色是我，于想中住，周遍其四体；受、行、识是我，于想中住，周遍其四体⑦，是名想中我。云何见行是我？谓六思身：眼触生思，耳、鼻、舌、身、意触生思。于此六思身，一一见是我，是名行即是我。云何见行异我？谓色是我，行是我所；受、想、识是我，行是我所，

---

① "是名色异我"，今补。
② "是名我中色"，今补。
③ "我"下，原本有"我是受"三字，依宋本删。
④ "是为我中受"，原本缺，依宋本补。
⑤ "识"上，原本缺"受行"二字，依宋本补。
⑥ "是谓我中想"，原本缺，依宋本补。
⑦ "受行……遍其四体"十四字，原本缺，依宋本补。

是名行异我。云何见我中行？谓色是我，行在中住；受、想①、识是我，行在中住，是谓我中行。云何见行中我？谓色是我，于行中住，周遍其四体，谓受、想、识是我，于行中住，周遍其四体，是名行中我。云何见识即是我？谓六识身：眼识，耳、鼻、舌、身、意识身。于此六识身，一一见是我，是名识即是我。云何见识异我？见色是我，识是我所；见受、想、行是我，识是我所，是名识异我。云何见我中识？谓色是我，识在中住；受、想、行是我，识在中住，是名我中识。云何识中我？谓色是我，于识中住，周遍其四体；受、想、行是我，于识中住，周遍其四体，是名识中我。如是圣弟子见四真谛，得无间等果，断诸邪见，于未来世永不复起。所有诸色，若过去、若未来、若现在，若内、若外，若粗、若细，若好、若丑、若远、若近，一向积聚，作如是观：一切无常，一切苦，一切空，一切非我，不应爱乐、摄受、保持。受、想、行、识，亦复如是，不应爱乐、摄受、保持。如是观，善系心住，不愚于法。复观精进，离诸懈怠，心得喜乐，身心猗息，寂静舍住，具诸道品，修行满足，永离诸恶，非不消炀，非不寂灭。灭而不起，减而不增，断而不生②，不取不著，自觉涅槃：我生已尽，梵行已立，所作已作，自知不受后有。"舍利弗说是法时，六十比丘不受诸漏，心得解脱。佛说此经已，诸比丘闻佛所说，欢喜奉行。

"三见满"：复次，当知略有三种圣者，三见圆满，能超三苦。云何名为三种圣者？一、正见具足，谓于无倒法无我忍住异生位

---

① "想识"间，原本有"行"字，衍文，依宋本删。
② "不生"下，原衍"不生"二字，依宋本删。

者。二、已见圣谛，已能趣入正性离生，已入现观，已得至果，住有学位者。三、已得最后究竟第一阿罗汉果，住无学位者。云何名为三见圆满？一、初圣者随顺无漏，有漏见圆满；二、未善净无漏见圆满；三、善清净无漏见圆满。此三圆满，依说三种补特伽罗，随其次第，如前应知。云何名为超三种苦？谓初见圆满，能超外道我见违诤所生众苦；第二见圆满，能超一切恶趣众苦；第三见圆满，能超一切后有众苦。此中云何名诸外道我见违诤所生众苦？谓此正法毗奈耶外，所有世间种种异道，萨迦耶见以为根本，所生一切颠倒见趣，如是一切，总称我见。谓我论者，我论相应一切见趣；或一切常论者，或一分常论者，或无因论者，或边无边论者，或断灭论者，或现法涅槃论者，彼论相应一切见趣。或有情论者，彼论相应一切见趣，谓诸邪见，拨无一切化生有情，诽谤他世。或命论者，彼论相应一切见趣，谓命论者计命即身，或异身等。或吉祥论者，彼论相应一切见趣，谓观参罗、历算、卜筮种种邪论，妄计诵咒、祠祀火等，得所爱境，能生吉祥，能断无义。又计睹相为祥、不祥。彼复云何？谓二十句萨迦耶见为所依止，发起妄计，前际、后际六十二种诸恶见趣，及起总谤一切邪见。云何违诤所生众苦？谓彼展转见欲相违，互兴诤论，发起种种心忧恼苦，深爱藏苦，互胜劣苦，坚执著苦。当知此中，若他所胜便生愁恼，是名初苦。若胜于他，遂作方便，令自见品转复增盛，令他见品渐更隐昧，唯我见净，非余所见，执著邪见，深起爱藏。由此因缘，发生种种不正寻思，及起种种不寂静意，损害其心，名第二苦。爱藏邪见增上力故，以他量己，谓己为胜、或等、或劣，因自高举，凌蔑于他，是名第三互胜劣苦。彼依此故，追求利养,即为追求苦之所触。凡有所作,皆为恼乱,诘责他论,及为自论免脱他难,是名第四坚执著苦。如是四种,名见违诤所生众苦。内法异生,安住上品无我胜解,当知已断如是众苦。所以者何?彼于当来,由意乐故,于如是等诸恶见趣堪能除遣,是故若住初见圆满,能超初苦。又即依此初见圆满,亲近、修习、极多修习,于内诸行发生法智,于不现见发生类智,总摄为一聚,以不缘他智而入现观,谓以无常行或随余一行。彼于尔时,能随证得第二见圆满,及能超第二苦。彼住此已,如先所得七觉分法,亲近、修习、极多修习,能断如前所说四种业等杂染,能随证得后见圆满,超后有苦。此中第一补特伽罗,犹残二苦,及残现在所依身苦。第二补特伽罗,唯残一苦,及依身苦。第三补特伽罗,一切苦断,但依身苦暂时余在,譬如幻化。又依分别萨迦耶见,立二十句,不依俱生。又内法者,无如是行,依遍处定,谓地为我,我即是地,乃至广说,一切应知。

一七八① 　　　　　　一七八(一一〇)

如是我闻:一时,佛住毗舍离猕猴池侧。毗舍离国有尼揵②子,聪慧明哲,善解诸论。有聪明慢,所广集诸论,妙智入微,为众说法,超诸论师。每作是念:"诸沙门、婆罗门无敌我者,乃至如来亦能共论。诸论师辈闻我名者,头额津,腋下汗,毛孔流水。我论议风,能偃草折树,摧破金石,伏诸龙象,何况人间诸论师辈能当我者!"时有比丘,名阿湿波誓,晨朝着衣持钵,威仪详序,

---

① 《中部》(三五)《萨遮迦小经》。《增一阿含经》三七·一〇。
② "尼揵",或写作"尼犍",通篇不一致,今悉作"尼揵"。

端视平涉,入城乞食。尔时,萨遮尼揵子有少缘事,诣诸聚落,从城门出。遥见比丘阿湿波誓,即诣其所,问言:"沙门瞿昙为诸弟子云何说法?以何等法教诸弟子令其修习?"阿湿波誓言:"火种居士!世尊如是说法,教诸弟子,令随修学。言:诸比丘!于色当观无我,受、想、行、识当观无我。此五受阴,勤方便观:如病、如痈、如刺、如杀,无常、苦、空、非我。"萨遮尼揵子闻此语,心不喜,作是言:"阿湿波誓!汝必误听,沙门瞿昙终不作是说。若沙门瞿昙作是说者,则是邪见,我当诣彼难诘令止。"尔时,萨遮尼揵子往诣聚落,诸离车等集会之处。语诸离车言:"我今日见沙门瞿昙第一弟子,名阿湿波誓,薄共论议。若如其所说者,我当诣彼沙门瞿昙,与共论议,进却回转,必随我意。譬如士夫,刈拔菱草,手执其茎,空中抖擞,除诸乱秽。我亦如是,与沙门瞿昙论议难诘,执其要领,进却回转,随其所欲,去其邪说。如沽酒家,执其酒囊,压取清醇,去其糟滓。我亦如是,诣沙门瞿昙,论议难诘,进却回转,取其清真,去诸邪说。如织席师,以席盛诸秽物,欲市卖时,以水洗泽,去诸臭秽。我亦如是,诣沙门瞿昙所,与共论议,进却回转,执其纲领,去诸秽说。譬如王家调象之师,牵大醉象,入深水中,洗其身体,四支、耳、鼻,周遍沐浴,去诸尘①秽。我亦如是,诣沙门瞿昙所,论议难诘,进却回转,随意自在,执其要领,去诸秽说。汝诸离车,亦应共往观其得失。"中有离车作如是言:"若萨遮尼揵子能与沙门瞿昙共论议者,无有是处。"复有说言:"萨遮尼揵子聪慧利根,能共论议。"时有五百离

---

① "尘",原本作"粗",依宋本改。

车与萨遮尼揵子共诣佛所,为论议故。

尔时,世尊于大林中,坐一树下,住于天住。时有众多比丘,出房外,林中经行。遥见萨遮尼揵子来,渐渐诣诸比丘所,问诸比丘言:"沙门瞿昙住在何所?"比丘答言:"在大林中,依一树下,住于天住。"萨遮尼揵子即诣佛所,恭敬问讯,于一面坐。诸离车长者亦诣佛所,有恭敬者,有合掌问讯者,问讯已,于一面住。时萨遮尼揵子白佛言:"我闻瞿昙作如是说法,作如是教授诸弟子,教诸弟子于色观察无我,受、想、行、识观察无我。此五受阴,勤方便观察:如病、如痈、如刺、如杀,无常、苦、空、非我。为是瞿昙有如是教,为是传者毁瞿昙耶?如说说耶?不如说说耶?如法说耶?法次法说耶?无有异忍来相难诘,令堕负处耶?"佛告萨遮尼揵子:"如汝所闻,彼如说说,如法说,法次法说,非为谤毁,亦无难问令堕负处。所以者何?我实为诸弟子如是说法,我实常教诸弟子令随顺法,教令观色无我,受、想、行、识无我。观此五受阴:如病、如痈、如刺、如杀,无常、苦、空、非我。"萨遮尼揵子白佛言:"瞿昙!我今当说譬。"佛告萨遮尼揵子:"宜知是时。""譬如世间,一切所作皆依于地,如是色是我人,善恶从生;受、想、行、识是我人,善恶从生。又复譬如人界、神界、药草、树木,皆依于地而得生长,如是色是我人,受、想、行、识是我人。"佛告火种居士:"汝言色是我人,受、想、行、识是我人耶?"答言:"如是,瞿昙!色是我人,受、想、行、识是我人。此等诸众,悉作是说。"佛告火种居士:"且立汝论本,用引众人为!"萨遮尼揵子白佛言:"色实是我人。"佛告火种居士:"我今问汝,随意答我。譬如国王,于自国土,有罪过者,若杀、若缚、若摈、若鞭、断绝手足;若有功者,赐其象、马、车乘、城邑、财宝,悉能尔不?"答言:"能尔,瞿昙!"佛告火种居士:"凡是主者,悉得自在不?"答言:"如是,瞿昙!"佛告火种居士:"汝言色是我,受、想、行、识即是我,得随意自在,令彼如是,不令如是耶?"时萨遮尼揵子默然而住。佛告火种居士:"速说,速说,何故默然?"如是再三,萨遮尼揵子犹故默然。时有金刚力士①鬼神,持金刚杵,猛火炽然,在虚空中,临萨遮尼揵子头上,作是言:"世尊再三问,汝何故不答?我当以金刚杵碎破汝头,令作七分。"佛神力故,唯令萨遮尼揵子见金刚神,余众不见。萨遮尼揵子得大恐怖,白佛言:"不尔,瞿昙!"佛告萨遮尼揵子:"徐徐思惟,然后解说。汝先于众中,说色是我,受、想、行、识是我。而今言不,前后相违!汝先常说言:色是我,受、想、行、识是我。火种居士!我今问汝:色为常耶?为无常耶?"答言:"无常,瞿昙!"复问:"无常者,是苦耶?"答言:"是苦,瞿昙!"复问:"无常、苦者,是变易法,多闻圣弟子,宁于中见我、异我、相在不?"答曰:"不也,瞿昙!"受、想、行、识,亦如是说。佛告火种居士:"汝好思而后说。"复问火种居士:"若于色未离贪、未离欲、未离念、未离爱、未离渴,彼色若变、若异,当生忧悲恼苦不?"答曰:"如是,瞿昙!"受、想、行、识,亦如是说。复问火种居士:"于色离贪、离欲、离念、离爱、离渴,彼色若变、若异,则不生忧悲恼苦耶?"答曰:"如是,瞿昙!如实无异。"受、想、行、识,亦如是说。"火种居士!譬如士夫身婴众苦,常与苦俱,彼苦不断、不舍,当得乐

---

① 原本缺"士",依宋本补。

不？"答言："不也，瞿昙！""如是火种居士！身婴众苦，常与苦俱，彼苦不断、不舍，不得乐也。火种居士！譬如士夫，持斧入山，求坚实材，见芭蕉树，洪大佣直，即断其根叶，剽剥其皮，乃至穷尽，都无坚实。火种居士！汝亦如是，自立论端，我今善求真实之义，都无坚实，如芭蕉树也。而于此众中，敢有所说，我不见沙门、婆罗门中，所知、所见，能与如来应等正觉所知、所见共论议不摧伏者。而便自说：我论议风，偃草折树，能破金石，调伏龙象，要能令彼额津、腋汗、毛孔水流。汝今自论己义而不自立，先所夸说能伏彼相，今尽自取而不能动如来一毛。"尔时，世尊于大众中，被郁多罗僧，现胸而示："汝等试看！能动如来一毛以不？"尔时，萨遮尼揵子默然低头，惭愧失色。

尔时，众中有一离车，名突目佉，从座起，整衣服，合掌白佛言："世尊！听我说譬。"佛告突目佉："宜知是时。"突目佉白佛言："世尊！譬如有人执持斗斛，于大聚谷中，取二三斛，今此萨遮尼揵子亦复如是。世尊！譬如长者巨富多财，忽有罪过，一切财物悉入王家。萨遮尼揵子亦复如是，所有才辩，悉为如来之所摄受。譬如城邑、聚落边有大水，男女大小悉入水戏，取水中蟹，截断其足，置于陆地，以无足故，不能还复入于大水。萨遮尼揵子亦复如是，诸有才辩，悉为如来之所断截，终不复敢重诣如来，命敌论议。"尔时，萨遮尼揵子忿怒炽盛，骂唾突目佉离车言："汝粗疏物，不审谛，何为其鸣！吾自与沙门瞿昙论，何豫汝事？"

萨遮尼揵子呵骂突目佉已，复白佛言："置彼凡辈鄙贱之说，我今别有所问。"佛告萨遮尼揵子："恣汝所问，当随问答。"

"云何瞿昙为弟子说法,令离疑惑?"佛告火种居士:"我为诸弟子说:诸所有色,若过去、若未来、若现在,若内、若外,若粗、若细,若好、若丑,若远、若近,彼一切如实观察,非我,非异我,不相在。受、想、行、识,亦复如是。彼学必见迹,不断坏,堪任成就,厌离知见,守甘露门。虽非一切悉得究竟,且向涅槃。如是弟子从我教法,得离疑惑。"复问瞿昙:"复云何教诸弟子,于佛法得尽诸漏,无漏心解脱、慧解脱,现法自知作证:我生已尽,梵行已立,所作已作,自知不受后有?"佛告火种居士:"正以此法,诸所有色,若过去、若未来、若现在,若内、若外,若粗、若细,若好、若丑,若远、若近,彼一切如实知,非我,非异我,不相在。受、想、行、识,亦复如是。彼于尔时,成就三种无上:智无上,道无上,解脱无上①。成就三种无上已,于大师所,恭敬、尊重、供养如佛。世尊觉一切法,即以此法调伏弟子,令得安隐,令得无畏,调伏寂静,究竟涅槃。世尊为涅槃故,为弟子说法。火种居士!我诸弟子,于此法中,得尽诸漏,得心解脱,得慧解脱,于现法中自知作证:我生已尽,梵行已立,所作已作,自知不受后有。"

萨遮尼揵子白佛言:"瞿昙!犹如壮夫锋刃乱下,犹可得免,瞿昙论手,难可得脱! 如盛毒蛇犹可得避,旷泽猛火犹可得避,凶恶醉象亦可得免,狂饿师子悉可得免,沙门瞿昙论议手中,难可得脱!非我凡品轻躁鄙夫,论具不备,以论议故来诣瞿昙。沙门瞿昙! 此毗舍离丰乐国土,有遮波梨支提,漆奄罗树支提,多子支提,瞿昙在拘楼陀支提,婆罗受持支提,舍重担支提,力士

---

① "道无上,解脱无上",原本作"解脱无上,解脱知见无上"。《相应部》及《论》义,与宋本同,今依宋本改。

宝冠支提。世尊！当安乐于此毗舍离国，诸天、魔、梵、沙门、婆罗门，及诸世间，于世尊所常得恭敬、奉事、供养，令此诸天、魔、梵、沙门、婆罗门，长夜安乐，唯愿止此！明朝与诸大众，受我薄食！"尔时，世尊默然而许。时萨遮尼揵子，知佛世尊默然受请已，欢喜随喜，从座起去。尔时，萨遮尼揵子于彼道中，语诸离车："我已请沙门瞿昙及诸大众，供设饭食，汝等人各办一釜食，送至我所。"诸离车各还其家，星夜供办，晨朝送至萨遮尼揵子所。萨遮尼揵子晨朝洒扫，敷座，供办净水。遣使诣佛，白言："时到！"尔时，世尊与诸大众，着衣持钵，往萨遮尼揵子所，大众前坐。萨遮尼揵子自手奉施清净饮食，充足大众。食已，洗钵竟。萨遮尼揵子知佛食竟，洗钵已，取一卑床，于佛前坐。尔时，世尊为萨遮尼揵子说随喜偈言：

"于诸大会中，奉火为其最；
闱①陀经典中，婆毗谛为最；
人中王为最；诸河海为最；
诸星月为最；诸明日为最；
十方天人中，等正觉为最！"

尔时，世尊为萨遮尼揵子种种说法，示教、照喜已，还归本处。

时诸比丘，于彼道中众共论议：五百离车各为萨遮尼揵子供办饮食，彼诸离车于何得福？萨遮尼揵子于何得福？尔时，诸比

---

① "闱"，宋本作"闱"。

丘还自住处,举衣钵,洗足已,至世尊所,头面礼足,退坐一面。白佛言:"世尊!我等向于路中,自共论议:五百离车为萨遮尼揵子供办饮食,供养世尊、诸大众,彼诸离车于何得福?萨遮尼揵子于何得福?"佛告诸比丘:"彼诸离车,供办饮食,为萨遮尼揵子,于萨遮尼揵子所因缘得福。萨遮尼揵子得福,佛功德。彼诸离车得施有贪、恚、痴因缘果报;萨遮尼揵子得施无贪、恚、痴因缘果报。"

波多罗、十问①,差摩、焰、仙尼、阿㝹罗、长者、西、毛端、萨遮②。

"外愚相":复次,诸外道辈,略有五种愚夫之相,由彼相故,堕愚夫数。谓诸外道性聪慧者,犹尚不免怀聪慧慢,况非聪慧,是名第一愚夫之相。又诸外道,多为贪求利养恭敬,自赞毁他,是名第二愚夫之相。又诸外道,若诸圣者为说正法、正教、正诫,即便违逆,呵骂毁呰,是名第三愚夫之相。又诸外道,喜自陈说似正法论,或开示他,是名第四愚夫之相。又诸外道,虽为如来、如来弟子之所降伏,亦知如来所说法律是真善说,知自法律是妄恶说,然由我慢增上力故,都不信受,乃至不集观察因缘,是名第五愚夫之相。

---

① 原作"彼多罗十问"。《大正藏》以为:"彼多罗十问经缺",并推定为《相应部》(四三)"聚落主相应"之一二经,即《中阿含经》(二〇)《波罗牢经》。此乃不知前"阴根阴即受"为内摄颂而引起之误解。今谓:"彼多罗"一颂,即今一六九——一七八经。"十问"为一七〇经,乃与阴有关之十项问答。"彼多罗"即今一六九经。"彼多罗"应为"波多罗"之误。依巴利文,经在 Parileyya(波陀)说,"波多罗"即"波陀",今改"彼"为"波"。

② 《杂阿含经》卷五终。

（成就六分）：复次，如来成就六分，得名无间论师子王。何等为六？所谓最初往诣外道敌论者所，乃至恣其问一切义，凡所兴论，非为诤论，唯除哀愍诸有情故。其未信者令彼生信，若已信者令倍增长。又兴论时，诸根寂静，形色无变，亦无怖畏习气随逐。又终不为诸天世间之所胜伏，一切世间无敌论者，能越一翻，唯说一翻皆能摧伏。又诸世间极聪慧者、极无畏者，若与如来共兴论时，所有辩才皆悉謇讷。增上怖畏逼切身心，一切矫术虚诈言论皆不能设。又复一切同一会坐，处中大众，皆于佛所起胜他心，于彼外道敌论者所起他胜心。又佛世尊言辞威肃，其敌论者所出言词无有威肃。

（二种论）：复次，有二种论，何等为二？一、有我论，二、无我论。无我论有力，有我论无力。有我论者常为无我论者所伏，唯除论者其力羸劣。云何名为有我论者？谓如有一，起如是见，立如是论：于色等行建立为我，谓我有行，行是我所，我在行中，不流、不散，遍随支节无所不至。是故色等诸行性我，依诸行田，生福非福，因兹领受爱不爱果。譬如农夫依止良田，营事农业及与种植药草、丛林，是名我论。云何名为无我论者？谓有二种：一、破我论，二、立无我。破我论者，若计实我能有作用，于爱非爱诸果业中得自在者，此我恒时欣乐厌苦，是故此我唯应生福、不生非福！又我作用常现在前，内外诸行若变异时，不应发生愁忧悲叹！又我是常，以觉为先，凡所生起，常应随转，无有变易，然不可得。如是名为破有我论。立无我者，以一切行从众缘生，若随福缘福便生起，与此相违生起非福。由此为缘，能招一切爱非爱果。依众缘故，皆是无常，唯于如是因果所摄诸行流转假立我等。若依胜义,一切诸法皆无我等,如是名为立无我论。

(**学无学差别**):复次,由五种相,有学、无学二种差别:谓诸无学所成就智,说名无上;一切有学所成就智,说名有上。如智无上,当知正行及与解脱无上亦尔。又诸无学,以善清净诸圣慧眼,观佛法身,有学不尔。又诸无学,以善圆满无颠倒行,奉事如来,有学不尔,是名五相①。

---

① 《瑜伽师地论》卷八八终。

六入处诵第二①

处择摄第二②

二 入处相应③

如是已说行择摄,处择摄我今当说。

总嗢柂南曰:

初安立等、智、同等,最后当知离欲等。

别嗢柂南曰:

安立与差别,愚、不愚、教授,解脱、烦恼、业,皆广说应知。

"安立":由五种相,当知安立诸受差别:一、自性故,二、所依故,三、所缘故,四、助伴故,五、随转故。自性故者,谓有三受:

---

① "六入处诵"第二,原本卷八起,至卷一二,共五卷。与《相应部》第四"六处篇"相当。全诵一相应 ——"入处相应"。
② 《瑜伽师地论·摄事分》中,抉择契经宗要之第二分,自卷八九起。
③ "入处相应",共二八五经,与《相应部》(三五)"六处相应"相当。

一、苦,二、乐,三、不苦不乐。所依故者,谓有六种,即眼、耳、鼻、舌、身与意。所缘故者,谓色等六所缘境界。助伴故者,谓想、思或余善、不善、无记心法与此相应。随转故者,谓此相应心,由依彼故,三受随转,彼为诸受同生同灭所依止处。

"**差别**":复次,如是五相安立诸受,当知复有八种差别:一、内处差别,二、外处差别,三、六识身差别,四、六触身差别,五、六受身差别,六、六想身差别,七、六思身差别,八、六爱身差别。当知此中,由三和合义,立前三差别。由受因缘义,立第四差别。由三和合触果义,立第五差别。由分别受随言说义,立第六差别。所以者何?受诸受时,作如是想,我今领受此苦、此乐,此非苦乐,亦复为他随起言说。由业、烦恼二杂染义,当知建立第七、第八两种差别。所以者何?由于彼受若合、若离,起思造作;如如发起思所造作,如是如是生爱求愿。

一①　　　　　一七九(一八八)

如是我闻:一时,佛住舍卫国祇树给孤独园。尔时,世尊告诸比丘:"当正观察眼无常,如是观者,是名正见。正观故生厌,生厌故离喜、离贪;离喜、贪故,我说心正解脱。如是耳、鼻、舌、身、意,离喜、离贪;离喜、贪故,比丘!我说心正解脱。心正解脱者,能自记说:我生已尽,梵行已立,所作已作,自知不受后有。"佛说此经已,诸比丘闻佛所说,欢喜奉行。

二——四　　　一八〇——一八二(　　)

如无常,如是苦,空,非我,亦如是说。

---

① 《相应部》(三五)"六处相应"一五五·一五六经。

五① 　　　　　一八三（一八九）

如是我闻：一时，佛住舍卫国祇树给孤独园。尔时，世尊告诸比丘："于眼当正思惟，观察无常。所以者何？于眼正思惟，观察无常故，于眼欲贪断，欲贪断故，我说心正解脱。耳、鼻、舌、身、意，正思惟观察故欲贪断，欲贪断者我说心正解脱。如是比丘！心正解脱者，能自记说：我生已尽，梵行已立，所作已作，自知不受后有。"佛说此经已，诸比丘闻佛所说，欢喜奉行。

六② 　　　　　一八四（一九〇）

如是我闻：一时，佛住舍卫国祇树给孤独园。尔时，世尊告诸比丘："若于眼不识、不知、不断、不离欲者，不堪任正尽苦。耳、鼻、舌、身、意，亦复如是。诸比丘！于眼若识、若知、若断、若离欲者，堪任正尽苦。于耳、鼻、舌、身、意，若识、若知、若断、若离欲者，堪任正尽苦。"佛说此经已，诸比丘闻佛所说，欢喜奉行。

七 　　　　　一八五（一九一）

如是我闻：一时，佛住舍卫国祇树给孤独园。尔时，世尊告诸比丘："于眼若不识、不知、不断、不离欲者，不堪任越生老病死苦。耳、鼻、舌、身、意，不识、不知、不断、不离欲者，不堪任越生老病死苦。诸比丘！于眼③若识、若知、若断、若离欲者，堪任越生老病死苦。于耳、鼻、舌、身、意，若识、若知、若断、若离欲，堪任越生老病死苦。"佛说此经已，诸比丘闻佛所说，欢喜奉行。

---

① 《相应部》（三五）"六处相应"一五七・一五八经。
② 《相应部》（三五）"六处相应"二六・二七经。
③ "眼"，原本作"色"，今改。

八　　　　　　　　一八六（一九二）

如是我闻：一时，佛住舍卫国祇树给孤独园。尔时，世尊告诸比丘："若于眼不离欲、心不解脱者，不堪任正尽苦。于耳、鼻、舌、身、意，不离欲、心不解脱者，不堪任正尽苦。诸比丘！若于眼离欲、心解脱者，彼堪任正尽苦。于耳、鼻、舌、身、意，离欲、心解脱者，堪任正尽苦。"佛说此经已，诸比丘闻佛所说，欢喜奉行。

九　　　　　　　　一八七（一九三）

如是我闻：一时，佛住舍卫国祇树给孤独园。尔时，世尊告诸比丘："若于眼、色不离欲、心不解脱者，不堪任越生老病死苦。于耳、鼻、舌、身、意，不离欲、心不解脱者，不堪任越生老病死苦。诸比丘！若于眼、色离欲、心解脱者，堪任越生老病死苦。于耳、鼻、舌、身、意，离欲、心解脱者，堪任越生老病死苦。"佛说此经已，诸比丘闻佛所说，欢喜奉行。

一〇[①]　　　　　　一八八（一九四）

如是我闻：一时，佛住舍卫国祇树给孤独园。尔时，世尊告诸比丘："若于眼生喜者，则于苦生喜；若于苦生喜者，我说彼不解脱于苦。于耳、鼻、舌、身、意生喜者，则于苦生喜；于苦生喜者，我说彼不解脱于苦。诸比丘！若于眼不生喜者，则于苦不生喜；于苦不生喜者，我说彼解脱于苦。于耳、鼻、舌、身、意不生喜者，则于苦不生喜；于苦不生喜者，我说彼解脱于苦。"佛说此经已，诸比丘闻佛所说，欢喜奉行[②]。

[①]　《相应部》（三五）"六处相应"一九·二〇经。
[②]　上来十经，与（一）"阴相应"首十经相同，仅阴与处之异。《论》义见前。

一一①　　　　　　　　一八九（　一九五）

如是我闻：一时，佛住舍卫国祇树给孤独园。尔时，世尊告诸比丘："一切无常。云何一切无常？谓眼无常，若色眼识，眼触，若眼触因缘生受——苦觉、乐觉、不苦不乐觉，彼亦无常。耳、鼻、舌、身、意，亦复如是。多闻圣弟子，如是观者，于眼生厌，若色，眼识，眼触，眼触因缘生受——苦觉、乐觉、不苦不乐觉于彼生厌。耳、鼻、舌、身、意；声、香、味、触、法；（耳识……鼻识……舌识……身识……）意识，意触，意触因缘生受——苦觉、乐觉、不苦不乐觉，彼亦生厌。厌故不乐，不乐故解脱，解脱知见：我生已尽，梵行已立，所作已作，自知不受后有。"佛说此经已，诸比丘闻佛所说，欢喜奉行。

一二——一四②　　　一九〇——一九二（　　　）

如无常经，如是苦，空，无我，亦如是说。

一五③　　　　　　　　一九三（　一九六）

如是我闻：一时，佛住舍卫国祇树给孤独园。尔时，世尊告诸比丘："一切无常。云何一切（无常）？谓眼无常，若色、眼识、眼触、眼触因缘生受——若苦、若乐、不苦不乐，彼亦无常。如是耳……鼻……舌……身……意④，若法，意识，意触，意触因缘生受——若苦、若乐、不苦不乐，彼亦无常。多闻圣弟子如是观者，于眼解脱，若色、眼识、眼触、眼触因缘生受——若苦、若乐、不苦

---

① 《相应部》(三五)"六处相应"四三经。
② 《相应部》(三五)"六处相应"四四·四五经，即"苦"、"无我"二经。
③ 参照《相应部》(三五)"六处相应"四三经。
④ "意"下，原本有"识"字，今依义删去。

不乐,彼亦解脱。如是耳……鼻……舌……身……意,法,意识,意触,意触因缘生受——若苦、若乐、不苦不乐,彼亦解脱:我说彼解脱生老病死、忧悲恼苦。"佛说此经已,诸比丘闻佛所说,欢喜奉行。

一六——三九① 　　一九四——二一七(　　)

如说一切无常,如是一切苦,一切空,一切非我,一切虚业法,一切破坏法,一切生法,一切老法,一切病法,一切死法,一切愁忧法,一切烦恼法,一切集法,一切灭法,一切知法,一切识法,一切断法,一切觉法,一切作证,一切魔,一切魔势,一切魔器,一切然,一切炽然,一切烧,皆如上一一经广说②。

"**愚**":复次,当知略有二种一切:一、少分一切,二、一切一切。如说一切皆无常者,当知此依少分一切,唯一切行,非无为故。言一切法皆无我者,当知此依一切一切。又由三相应知是愚:一、由自性故,二、由因缘故,三、由果故。愚自性故者,谓由缠故,即是忘失于现在世。由随眠故,即是当来忘失之法。愚因缘故者,谓于五相受安立中,不能觉了是无常等,及遍自体初、中、后位所有恼乱皆不了故,当知即是于生、老、病及死法性不能觉了。初恼乱者,谓由生故;中恼乱者,谓由病故;后恼乱者,谓由老、死二种法故。愚果故者,谓愁等苦爱等杂染。

---

① 与《相应部》(三五)"六处相应"三三——五二经大同。
② 原本作"如上二经广说"。二经,应即上一一与一五经,以此二经为例,略说"一切苦"……"一切烧"等二十四经。然一一经下曰:"如是苦,空,无我,亦如上说",则上经仅例说三经,不得云:"如上二经广说。"若"皆如上二经广说",则上经例说三经文,应予删去。今以为"如上二经"之"二",应读为"一一",乃"皆如上,一一经广说"之误。

"不愚"：复次，由三种相当知不愚：一、自性故，二、由碍故，三、由障故。不愚自性者，谓于五相受安立中，善能觉了自相、共相，由此能断一切烦恼，能觉圣谛，能证涅槃。不愚碍者，由四种魔：谓由蕴魔，遍一切处随逐义故；由彼天魔，于时时间，能数任持障碍义故；死、烦恼魔，能与死生所生众苦作器义故。不愚障者，谓缘不现见境烦恼，及缘非不现见境缠，或彼随眠。

四〇① 　　　　二一八（一九七）

如是我闻：一时，佛住迦阇尸利沙支提，与千比丘俱，皆是旧萦发婆罗门。尔时，世尊为千比丘作三种示现教化，云何为三？神足变化示现，他心示现，教诫示现。神足示现者，世尊随其所应，而示现入禅定、正受：陵虚至东方，作四威仪——行、住、坐、卧；入火三昧，出种种火光——青、黄、赤白、红、玻璃色；水火俱现，或身下出火、身上出水，身上出火、身下出水。周圆四方，亦复如是。尔时，世尊作种种神变已，于众中坐，是名神足示现。他心示现者，如彼心，如彼意，如彼识；彼应作如是念，不应作如是念；彼应作如是舍，彼应作如是身证住，是名他心示现。教诫示现者，如世尊说："诸比丘！一切烧然。云何一切烧然？谓眼烧然，若色、眼识、眼触、眼触因缘生受——若苦、若乐、不苦不乐，彼亦烧然。如是耳……鼻……舌……身……意烧然，若法、意识、意触、意触因缘生受——若苦、若乐、不苦不乐，彼亦烧然。以何烧然？贪火烧然，恚火烧然，痴火烧然；生老病死、忧悲恼苦火烧然。"尔时，千比丘闻佛所说，不起诸漏，心得解脱。佛说此

---

① 《相应部》(三五)"六处相应"二八经。

经已,诸比丘闻佛所说,欢喜奉行。

"教授":复次,诸佛世尊、佛圣弟子,由三种相,能正教授诸弟子众。何等为三?一、引导教授;二、随其所应,于所缘境安处教授;三、令所化得自义教授。如是教授,如其次第,当知即是三种神变。

四一①　　　　　　二一九(一九八)

如是我闻:一时,佛住王舍城耆阇崛山。尔时,尊者罗睺罗往诣佛所,稽首佛足,退住一面。白佛言:"世尊?云何知、云何见,我内识身及外一切相,令我、我所、我慢,使、系著不生?"尔时,世尊告罗睺罗:"善哉罗睺罗!能问如来甚深之义。"佛告罗睺罗:"眼若过去、若未来、若现在,若内、若外,若粗、若细,若好、若丑,若远、若近,彼一切非我、非异我、不相在,如实知。耳、鼻、舌、身、意,亦复如是。罗睺罗!作如是知、如是见,我此识身及外一切相,令我、我所、我慢、使、系著不生。罗睺罗!如是我、我所、我慢、使、系著不生者,是②名断爱、转结③,正无间等,究竟苦边。"佛说此经已,尊者罗睺罗闻佛所说,欢喜奉行。

四二——四八④　　　　二二〇——二二六(　　　)

如内入处,如是外入处——色、声、香、味、触、法;眼识,耳、鼻、舌、身、意识;眼触,耳、鼻、舌、身、意触;眼触生受,耳、鼻、舌、

---

① 《相应部》(二二)"蕴相应"九一经,(一八)"罗睺罗相应"二一经,均约五蕴说。
② "是"上,原本有"罗睺罗"三字,衍文,今删。
③ "转结",原本作"浊见",依经文通例,可断为"转结"之讹,今改。
④ 参考《相应部》(一八)"罗睺罗相应"———一八经。

身、意触生受;眼触生想,耳、鼻、舌、身、意触生想;眼触生思,耳、鼻、舌、身、意触生思;眼触生爱,耳、鼻、舌、身、意触生爱,亦如上说。

四九①　　　　　　二二七(一九九)

如是我闻:一时,佛住王舍城迦兰陀竹园。尔时,世尊告罗睺罗:"云何知、云何见,于此识身及外一切相,无有我、我所、我慢、使、系著?"罗睺罗白佛言:"世尊是法根,法眼,法依,善哉世尊!当为诸比丘广说此义。诸比丘闻已,当受奉行。"佛告罗睺罗:"善哉谛听,当为汝说。诸所有眼,若过去、若未来、若现在,若内、若外、若粗、若细、若好、若丑、若远、若近,彼一切非我,非异我,不相在,如实正观。罗睺罗!耳、鼻、舌、身、意,亦复如是。罗睺罗!如是知、如是见,我此识身及外一切相,我、我所、我慢、使、系著不生。罗睺罗!如是比丘越于二,离诸相,寂灭、解脱。罗睺罗!如是比丘断诸爱欲,转去诸结,(正无间等,)究竟苦边。"佛说此经已,罗睺罗闻佛所说,欢喜奉行。

五〇——五六②　　二二八——二三四(　　　)

如内入,如是外入,乃至意触因缘生受,亦如是广说③。

五七④　　　　　　二三五(二〇〇)

如是我闻:一时,佛住舍卫国祇树给孤独园。尔时,尊者罗

---

① 《相应部》(二二)"蕴相应"九二经,(一八)"罗睺罗相应"二二经,均约五蕴说。
② 参考《相应部》(一八)"罗睺罗相应"一一——一五经。
③ 四一·四九——二经,与(一)"阴相应"二九·三〇经大同,仅阴与处之异。《论》义见前。
④ 《相应部》(三五)"六处相应"一二一经,《中部》(一四七)《教罗睺罗小经》,为本经"解脱智熟"以下部分。

睺罗往诣佛所,稽首佛足,退坐一面。白佛言:"善哉!世尊!为我说法!我闻法已,独一静处,专精思惟,不放逸住。独一静处,专精思惟,不放逸住已,如是思惟:所以族姓子剃除须发,正信非家,出家学道,修持梵行,见法自知作证:我生已尽,梵行已立,所作已作,自知不受后有。"尔时,世尊观察罗睺罗心,解脱慧未熟,未堪任受增上法。问罗睺罗言:"汝以授人五受阴未?"罗睺罗白佛:"未也,世尊!"佛告罗睺罗:"汝当为人演说五受阴。"

尔时,罗睺罗受佛教已,于异时为人演说五受阴。说已,还诣佛所,稽首佛足,退住一面。白佛言:"世尊!我已为人说五受阴,唯愿世尊为我说法:我闻法已,独一静处,专精思惟,不放逸住,乃至自知不受后有。"尔时,世尊复观察罗睺罗心,解脱智未熟,不堪任受增上法。问罗睺罗言:"汝为人说六入处未?"罗睺罗白佛:"未也,世尊!"佛告罗睺罗:"汝当为人演说六入处。"

尔时,罗睺罗于异时,为人演说六入处。说六入处已,来诣佛所,稽首礼足,退住一面。白佛言:"世尊!我已为人演说六入处,唯愿世尊为我说法!我闻法已,当独一静处,专精思惟,不放逸住,乃至自知不受后有。"尔时,世尊观察罗睺罗心,解脱智未熟,不堪任受增上法。问罗睺罗言:"汝已为人说尼陀那法未?"罗睺罗白佛言:"未也,世尊!"佛告罗睺罗:"汝当为人演说尼陀那法。"

尔时,罗睺罗于异时,为人广说尼陀那法已,来诣佛所,稽首礼足,退住一面。白佛言:"世尊为我说法!我闻法已,独一静处,专精思惟,不放逸住,乃至自知不受后有。"尔时,世尊复观察罗睺罗心,解脱智未熟,广说乃至告罗睺罗言:"汝当于上所说诸法,独于一静处,专精思惟,观察其义。"尔时,罗睺罗受佛教敕,如上所闻法、所说法,思惟称量,观察其义。作是念:此诸法,一切皆顺趣涅槃,流注涅槃,浚输①涅槃。

尔时,罗睺罗往诣佛所,稽首礼足,退住一面。白佛言:"世尊! 我已于如上所闻法、所说法,独一静处,思惟称量,观察其义。知此诸法,皆顺趣涅槃,流注涅槃,浚输②涅槃。"尔时,世尊观察罗睺罗心,解脱智熟,堪任受增上法。告罗睺罗言:"罗睺罗! 一切无常。何等法无常? 谓眼无常,若色、眼识、眼触,如上无常广说。"尔时,罗睺罗闻佛所说,欢喜随喜,礼佛而退。

尔时,罗睺罗受佛教已,独一静处,专精思惟,不放逸住。所以族姓子剃除须发,着袈裟衣,正信非家,出家学道,纯修梵行,乃至见法,自知作证:我生已尽,梵行已立,所作已作,自知不受后有。成阿罗汉,心善解脱。佛说此经已,罗睺罗闻佛所说,欢喜奉行。

"解脱":复次,由二种相,应求能成就解脱妙慧:一者、如理闻、思久远相续慧,能成就有学解脱。二者、有学久远相续慧,能成就无学解脱。

复次,略有二种解脱成就:一者、有学,二者、无学。有学者,谓金刚喻三摩地俱;无学者,谓彼已上。

复次,心清净行苾刍,有五种法多有所作。何等为五? 一、

---

① "浚输",原本误作"后住",今依下"入处相应"二一三经改。
② "浚输",原本误作"后住",今依下"入处相应"二一三经改。

正教授，二、奢摩他支，三、毗钵舍那支，四、无间殷重加行，五、出世间慧。正教授者，谓有三种正友所显：一者、大师；二者、轨范、尊重；三者、同梵行者，及住内法在家英睿：如是名为三种正友。诸有智者，从彼应求积集善门真正教授。奢摩他支者，谓如有一具尸罗住，广说应知如声闻地。如是尸罗具足住已，便无有悔，无悔故欢，广说乃至乐故心定。毗钵舍那支者，谓得三种随欲言教：一、圣正言教，二、厌离言教，三、令心离盖趣爱言教。云何圣正言教？谓依众圣五无学蕴所有言教，即是宣说诸圣成就如是戒，如是定，如是慧，如是解脱，如是解脱智见。云何厌离言教？谓依三种，令增少欲喜足言教；及依乐断乐修，令离愦闹言教。云何令心离盖趣爱言教？当知此教复有三门：一者、一切烦恼盖离盖趣爱言教；二者、五盖离盖趣爱言教；三者、无明盖离盖趣爱言教。当知此中，依为证得断、离、灭界所有言说，是初言教。依即于彼见胜功德，及于所治盖处诸行深见过患，所有言说，当知是名第二言教。随顺如是缘性、缘起所有言说，当知是名第三言教。如是三种言教，总名毗钵舍那支。又此言教，以略言之，复有三种：一、能生乐欲言教，二、能正安处资粮言教，三、能正安处作意言教。谓圣正言教，名能生乐欲言教；厌离言教，名正安处资粮言教；令心离盖趣爱言教，名正安处作意言教。依此言教，胜奢摩他所摄受慧，名毗钵舍那，是故说此言教名毗钵舍那支。云何无间殷重加行？谓常所作，委悉所作，勤精进住，当知即依止观加行。又勤精进，应知五种：一、被甲精进，二、加行精进，三、不下精进，四、无动精进，五、无喜足精进。此中最初当知发起猛利乐欲；次随所欲，发起坚固勇悍方便；次为证得所受诸法，不自轻蔑,亦无怯惧;次能堪忍寒热等苦;后于下劣不生喜足,欣求后后转胜转妙诸功德住。彼由如是勤精进住,入谛现观,证得诸圣出世间慧。于修道中,依止此慧,若行、若住,能正除遣所依身中诸随烦恼,令心清净。谓住聚落,或聚落边,若见少壮端严美妙形色母邑,即便作意思惟不净,为欲损害缘彼贪故。若遇他人逼迫恼乱,即便作意思惟慈相,为欲损害缘彼嗔故。如是行时,能正除遣诸随烦恼,令心清净。若远离处,修习入、出二种息念,除遣欲等诸恶寻思,如是住时能正除遣诸随烦恼,令心清净。彼依如是已所证得出世间慧,于一切行修无常想,能正蠲除所余我慢。如是善士为所依止,复得无倒教授前行,由此渐次能证有学圆满解脱;得金刚喻三摩地故,亦证无学圆满解脱,一切烦恼皆离系故。

云何解脱?谓起毕竟断对治故,一切烦恼品类粗重永息灭故,证得转依,令诸烦恼决定究竟成不生法,是名解脱。若圣弟子无所有处已得离欲,唯余非想非非想处所有诸行,复能安住胜有顶定,尔时无间能随证得诸漏永尽。若所余位,虽能渐断彼彼诸漏,然非无间能随证得诸漏永尽,如是乃至无所有处未得离欲。

五八① 　　　　　二三六(二〇一)

如是我闻:一时,佛住舍卫国祇树给孤独园。时有异比丘来诣佛所,稽首佛足,退坐一面。白佛言:"世尊!云何知、云何见,次第疾得漏尽?"尔时,世尊告彼比丘:"当正观无常。何等

---

① 《相应部》(三五)"六处相应"五六·五七经。

法无常？谓眼无常,若色、眼识、眼触、眼触因缘生受——若苦、若乐、不苦不乐,当观无常。耳……鼻……舌……身……意当观无常,若法、意识、意触、意触因缘生受——若苦、若乐、不苦不乐,彼亦无常。比丘！如是知、如是见,次第尽有漏。"时彼比丘闻佛所说,欢喜作礼而去。

五九——七四① 　　二三七——二五二(　　)

如是比丘所说经,若差别者:云何知、云何见,次第尽一切结,断一切缚,断一切使,断一切上烦恼,断一切结,断诸流,断诸轭,断诸取,断诸触②,断诸盖,断诸缠,断诸垢,断诸爱,断诸意③,断邪见生正见,断无明生明。"比丘！如是观眼无常,乃至如是知、如是见,次第无明断明生。"时彼比丘闻佛所说欢喜,欢喜已作礼而去。

"烦恼":复次,诸欲界系一切烦恼,唯除无明,说名欲漏。诸色、无色二界所系一切烦恼,唯除无明,说名有漏。若诸有情,或未离欲、或已离欲,除诸外道所有邪僻分别,愚痴所生恶见蔽覆其心,依此恶见,于彼诸欲一分寻求,一分离欲乃至非想非非想处,于彼三界所有无智,总摄为一,立无明漏。

复次,有九种事,能和合故,当知建立九结差别。云何九事？一、依在家品,可爱有情、非有情数一切境界贪爱缠事。二、即依此品,可恶有情、非有情数一切境界嗔恚缠事。三、依有情数憍慢缠事。若四、五、六,依恶说法诸出家品,三种邪僻胜解缠事,

---

① 与《相应部》(三五)"六处相应"五三——五九经相当。
② "触",玄奘译为"系"。
③ "断诸爱,断诸意",依《论》文,乃断烧害、箭、所有——三法。

谓依听闻不正法故,依不如理邪思惟故,依非方便所摄修故,如是差别即为三种。七、于善说法律无胜解缠事。八、依出家品智贫穷事。九、依在家品财贫穷事。由此九事,如其所应,当知配属爱等九结。此中由嫉变坏心故,于正法内发起法悭,由此当来智慧贫乏。余随所应,配属应知。

复次,由为贪缚所缠缚故,于能随顺乐受境界,心不能舍。如是嗔缚所缠缚故,于能随顺苦受境界,心不能舍。由愚痴缚所缠缚故,于能随顺非苦乐受中庸境界,心不能舍。由此因缘,故立三缚。

复次,烦恼品所有粗重,随附依身,说名随眠,能为种子,生起一切烦恼缠故。当知此复建立七种:由未离欲品差别故,由已离欲品差别故,由二俱品差别故。由未离欲品差别故,建立欲贪、嗔恚随眠。由已离欲品差别故,建立有贪随眠。由二俱品差别故,建立慢、无明、见、疑随眠。如是总摄一切烦恼。

复次,随烦恼者,谓贪不善根、嗔不善根、痴不善根,若忿、若恨,如是广说诸杂秽事。当知此中能起一切不善法贪,名贪不善根。嗔、痴亦尔。若嗔恚缠,能令面貌惨裂奋发,说名为忿。内怀怨结,故名为恨。隐藏众恶,故名为覆。染污惊惶,故名热恼。心怀染污,不喜他荣,故名为嫉。于资生具深怀鄙吝,故名为悭。为欺罔彼,内怀异谋,外现别相,故名为诳。心不正直,不明不显,解行邪曲,故名为谄。于所作罪,望己不羞,故名无惭。于所作罪,望他不耻,故名无愧。于他下劣,谓己为胜;或复于等谓己为等,令心高举,故名为慢。于等谓胜,于胜谓等,令心高举,故名过慢。于胜谓胜,令心高举,名慢过慢。妄观诸行为我我所,令心高举,故名我慢。于其殊胜所证法中,未得谓得,令心高举,名增上慢。于多胜中,谓己少劣,令心高举,名下劣慢。实无其德,谓己有德,令心高举,故名邪慢。心怀染污,随恃荣誉,形相疏诞,故名为憍。于诸善品不乐勤修,于诸恶法心无防护,故名放逸。于诸尊重及以福田,心不谦敬,说名为傲。若烦恼缠,能令发起执持刀杖、斗讼违诤,故名愤发。心怀染污,为显己德,假现威仪,故名为矫。心怀染污,为显己德,或现亲事,或行软语,故名为诈。心怀染污,欲有所求,矫示形仪,故名现相。现行遮逼,有所乞匄,故名研求。于所得利,不生喜足,说①获他利,更求胜利,是故说名以利求利。自现己德,远离谦恭,于可尊重而不尊重,故名不敬。于不顺言,性不堪忍,故名恶说。诸有朋畴,引导令作非利益事,名为恶友。耽著财利,显不实德,欲令他知,故名恶欲。于大人所,欲求广大利养恭敬,故名大欲。怀染污心,显不实德,欲令他知,名自希欲。于骂反骂,名为不忍。于嗔反嗔,于打反打,于弄反弄,当知亦尔。于自诸欲,深生贪爱,名为耽嗜。于他诸欲,深生贪著,名遍耽嗜。于胜于劣,随其所应,当知亦尔。于诸境界深起耽著,说名为贪。于诸恶行深生耽著,名非法贪。于自父母等诸财宝,不正受用,名为执著。于他委寄所有财物,规欲抵拒,故名恶贪。妄观诸行为我我所,或分别起,或是俱生,说名为见。萨迦耶见为所依止,于诸行中发起常见,名为有见。发起断见,名无有见。当知五盖,如前定地已说其相。不如所欲,非时睡缠之所随缚,故名矒瞢。非处思慕,说名

---

① "说",宋本作"悦"。

不乐。粗重刚强,心不调柔,举身舒布,故曰频申。于所饮食不善通达,若过、若减,是故名为食不知量。于所应作而便不作,非所应作而更反作,如所闻思修习法中,放逸为先,不起功用,名不作意。于所缘境,深生系缚,犹如美睡隐翳其心,是故说名不应理转。自轻蔑故,名心下劣。为性恼他,故名抵突。性好讥嫌,故名诽訾。欺诳师长、尊重、福田及同法者,名不纯直。身、语二业皆悉高疏,其心刚劲,又不清洁,名不和软。于诸戒、见、轨则、正命,皆不同分,名不随顺同分而转。心怀爱染,攀缘诸欲,起发意言,随顺随转,名欲寻思。心怀憎恶,于他攀缘,不饶益相,起发意言,随顺随转,名恚寻思。心怀损恼,于他攀缘恼乱之相,起发意言,余如前说,名害寻思。心怀染污,攀缘亲戚,起发意言,余如前说,是故说名亲里寻思。心怀染污,攀缘国土,起发意言,余如前说,是故说名国土寻思。心怀染污,攀缘自义,推托迁延,后时望得,起发意言,余如前说,是故说名不死寻思。心怀染污,攀缘自他,若劣、若胜,起发意言,余如前说,是名轻蔑相应寻思。心怀染污,攀缘施主往还家势,起发意言,随顺随转,是名家势相应寻思。愁、叹等事,如前应知。

复次,一切烦恼皆有其缠,由现行者悉名缠故。然有八种诸随烦恼,于四时中数数现行,是故唯立八种为缠。谓于修学增上戒时,无惭、无愧数数现行,能为障碍;若于修学增上心时,惛沉、睡眠数数现行,能为障碍;若于修学增上慧时,简择法故,掉举、恶作数数现行,能为障碍;若同法者展转受用财及法时,嫉妒、悭吝数数现行,能为障碍。

复次,欲贪、嗔等欲界所系烦恼行者,欲界所系上品烦恼未断、未知，名欲暴流。有、见、无明三种暴流，如其所应，当知亦尔。谓于欲界未得离欲，除诸外道，名欲暴流。已得离欲，名有暴流。若诸外道，从多论门，当知有余二种暴流：谓诸恶见，略摄为一，名见暴流；恶见因缘略摄为一，说名第四无明暴流。

复次，若诸烦恼等分行者，非增、非减，即上所说一切烦恼，说名为轭。

复次，当知依于二品，建立四取：一、在家品，二、外道法中诸出家品。当知此中，若所取，若能取，若所为取，如是一切总说为取。问：何所取？答：欲、见、戒禁、我语，是所取。问：何能取？答：四种欲贪，是能取。问：何所为取？答：为得诸欲及为受用，故起初取；由贪利养及以恭敬增上力故，或为诘责他所立论，或为免脱他所征难，起第二取；奢摩他支为所依止、为所建立，为欲往趣世间离欲，乃至非想非非想处三摩钵底，起第三取；为欲随说分别所计作业受果所有士夫，及为随说流转还灭士夫之相，起我语取。如是四取，依于二品：谓受用欲诸在家品，及恶说法毗奈耶中诸出家品。由佛世尊每自称言，我为诸取遍知、永断正论大师，故于此法誓修行者，虽带烦恼身坏命终，而不于彼建立诸取。所以者何？彼于诸欲无所顾恋而出家故，于见、戒禁及以我语无执受故。恶说法者有二差别：一、于见爱展转发起怨诤论者，二、能证入世间定者。依于见爱展转发起怨诤论者，建立见取；依能证入世间定者，立戒禁取。二品为依，执著我语，故依俱品立我语取。此中见者，谓六十二，如前应知。邪分别见之所受持，身护、语护，说名为戒。随此所受形服、饮食、威仪行相，说名为禁。谛故、住故，论说有我，名为我语。执有实物，说名谛故；

执可安立,说名住故。又于此中,欲爱为缘,建立欲取;依止智论,利养恭敬等爱为缘,建立见取;定爱为缘,立戒禁取;有、无有爱为缘,立我语取。

复次,当知四系,唯依外道差别建立,如前应知。

复次,违背五处,当知建立五盖差别:一、为在家诸欲境界所漂沦故,违背圣教,立贪欲盖。二、不堪忍诸同法者呵谏、驱摈、教诫等故,违背所有可爱乐法,立嗔恚盖;三、由违背奢摩他故,立惛沉、睡眠盖;四、由违背毗钵舍那故,立掉举、恶作盖;五、由违背于法论议无倒决择、审察诸法大师圣教、涅槃胜解故,建立疑盖。

复次,若贪、嗔、痴缠所缠故,或彼随眠所随眠故,心不调柔,心极愚昧,于得自义能作衰损,故名株杌。

复次,于弊下境所起贪欲,名为贪垢。于不应嗔所缘境事所起嗔恚,名为嗔垢。于极显现愚痴众生尚能了事所起愚痴,名为痴垢。

复次,若贪、嗔、痴数数现行,恒常流溢,烧恼身心,极为衰损,说名烧害。

复次,若贪、嗔、痴远离惭、愧,无惭愧故,一向无间不可制伏,定为伤损,说名为箭。

复次,若贪、嗔、痴、惭、愧间杂,由相续故,非刹那故有可制伏,说名所有,是系所摄极下秽义。

"**业**":①复次,一切不善身业,名为恶行。如说身业、语业、

---

① "恶行",经文所无。以下广明业杂染。

意业,当知亦尔。由此恶业数现行故,于诸恶趣,或已随得,或当随得,或现随得,是故说彼名为恶行。由此示现业杂染义,烦恼杂染前已显了。

①复次,有二安立业杂染论:一者、邪论,二者、正论。言邪论者,谓如是说:若有故思,凡所造作诸不善业,一切决定当受恶趣。此论便谤修行梵行、能证涅槃。何以故?诸有情类,不易可得于现法中无有故思造不善业,况在余生!若彼决定感恶趣者,便应无有解脱可得,是故当知此为邪论。若如是说:诸有故思造不善业,此业亦作、亦增长者,定于当来受不可爱恶趣异熟。若有虽作、不增长者,彼彼法受为依止故,诸所造作或乐、或苦,当于造时,于现法中此业决定,或顺乐受,或顺苦受。诸有造作如是业已,若无追悔,不修对治补特伽罗,彼于此业若更增长、若不增长,此业虽定顺现法受,亦转令成顺恶趣受,于现法中能障解脱。诸有造作如是业已,若生追悔,修习对治补特伽罗,彼于此业若不增长,若更增长,此业虽是顺恶趣受,亦转令成顺现法受,不障解脱。是故此论不名诽谤修习梵行、能证涅槃,当知此论是为正论。

②复次,若有阙于十种对治,为业杂染之所染污,若有会遇如是十种,便得清净:一者、若由如是对治,虽有作业而无增长,彼望当来成不定受。二者、若由如是对治,虽未永断,而更不受。三者、若由如是对治,永断离系。四者、守护诸根门故,善修其

---

① 安立邪论正论,依《中阿含经》(一七一)《分别大业经》、《中部》(一三六)《大业分别经》。

② 十种对治,依《中阿含经》"业相应品第二"十经。

身,为欲修习增上戒学。五者、修习增上戒已,为欲修习增上心学。六者、修习增上心已,为欲修习增上慧学。七者、修习增上慧已,为断诸漏。八者、猛利意乐修习。九者、长时修习。十者、无量门对治修习。若有不会如是十种业对治者,为业杂染之所染污;与此相违,当知清净。

①复次,于现法中,不善防护身、语、意业而住者,彼先造作恶不善业亦令增长,于当来世令其杂染。若善防护身、语、意业而住者,彼不杂染。云何于现法中不善防护身、语、意业而住?云何善防护身、语、意业而住?不善防护身、语、意业而住者,谓如有一,于诸不善身、语、意业,缠所发起,能誓远离,然于能起不正作意相应无明,犹故发起,又于诸善身、语、意业受学随转。由此因缘,于现法中,于诸烦恼邪欲、寻求所作众苦,无有差别。彼唯即于此誓受远离便生喜足,于现法中不起圣道,不证涅槃。彼虽如是防护而住,于现法中暂时不作恶不善业,然为烦恼随眠缠缚,既终没已,后有续生,随所受身,依先业缘广起杂染。若善防护身、语、意业而住者,有此差别:谓此依彼誓受远离,不造新业,故业虽熟,暂触异熟,寻能变吐。彼唯于此誓受远离不生喜足,于现法中能起圣道,亦能证得彼果涅槃。彼于尔时,乃至有识身相续住,恒受先业所感诸受。于现法中,彼有识身乃至寿量未灭尽位,常相续住;寿量若尽,舍有识身,于后命根更不成就。由是因缘,识与一切诸受俱灭,后不相续。彼如影受、与其识树皆灭尽故,遍于一切不可施设。彼于尔时,由二因缘,先所作业,于当

---

① 善防护不善防护,依《中阿含经》(一二)《恚破经》、《增支部》"四集"一九五经。

来世不能为染：一、由烦恼为其助伴令杂染者，无余断故。二、由依此诸行相续成熟杂染，无余灭故。彼于尔时，诸有情所善友意乐相续转故，名无怨心；于彼所缘嗔恚断故，名无恚心；于业异熟深见过患增上缘力誓远离故，名无染心；已具获得能对治彼诸圣道故，名无颠倒善解脱心。彼由如是，能具证得六种恒住。若有于彼多所住者，于现法中，虽有种种诸恶不善业缘间杂，由此远离，一向成善。由是因缘，当知此与先防护住，有其差别。

①复次，当知施设领受业异熟论，由五种相成其杂染，由五种相成不杂染。云何名为由五种相成其杂染？谓由施设恶因论故，亦由施设无因论故，及由施设恶因、无因有三过故。此中施设恶因论者，谓如有一，起如是见，立如是论：若有士夫补特伽罗诸所领受，一切皆是宿因所作。如是或谓自在、变化等因所作。施设无因论者，谓如有一，起如是见，立如是论：若有士夫补特伽罗诸所领受，当知一切无因无缘。云何施设恶因、无因有三种过？谓现法中不善俱行不善诸受，宿世业为因，亦有过失；现法业为因，亦有过失。若言此受，宿世恶业以为因者，是则有一，依于不善诸乐法受，而有其乐不善受生，此用宿世诸不善业以为因生，不应道理。何以故？非彼宿世诸不善业，于现法中感乐异熟，应正道理。若言此受用现法中恶业为因，是则退失自意所立诸恶因论及无因论，谓诸所受皆宿因作，乃至广说，是名初过。又若说言：诸不善法，皆用宿世恶业为因，是则决定所有善法，亦用宿世善法为因。如是所有不善对治，诸善加行俱生精进，皆成

---

① 杂染不杂染，依《中阿含经》（一三）《度经》、《增支部》"三集"六一经。

无用，如是名为第二过失。又若现在无有士用，是则应无依善不善审正观察，是所应作、所不应作。又如实智应成无用，谓了知已，此我应转，此我应成，彼非有故，此亦非有，故如实智理不成就。智不成故念不安住，念不住故无三摩地，无有定故不正寻思令心迷乱，心迷乱故便应欣慕愚夫同意所乐诸根。由彼获得愚夫同意所乐法故，是则退失并沙门法及沙门论，如是名为第三过失。若略说此有三种过：谓现在世诸不善受，因不成过，谤精进过，谤正智过。云何施设领受一切业异熟论，由五种相成不杂染？谓若能领受者，若由此领受，若如是领受，若领受时如是杂染，如是清净。当知此中依五取蕴，施设假名补特伽罗为领受者。即此假者，由六触处故能领受，于母胎中四种差别：谓依精血大种所造，诸业烦恼之所摄受，结生相续有取之识，及母腹中所有孔穴，由如是故得入母胎。次有名色，次有六处，次触，次受，如是次第而有领受。又即此受，亦用现在触为其因，亦用宿世业等为因。彼若听闻诸不正法，非理作意以为因缘，便触无明触所生受，受为缘故复生于爱，爱为缘故复生于取，乃至当来生老死等众苦差别。如是领受诸无明触所生受时，便有杂染所摄二谛。与此相违，听闻正法，如理作意为因缘故，便能领受明触所生诸受差别，受此受时，便有清净所摄二谛。

①复次，当知施设邪业清净，及邪行中，有二过患。何等为二？一、内证稽留过患，二、他所讥毁过患。云何施设邪业清净？谓如有一，实非大师，妄分别已自称大师，宣说如是邪施设论：谓

---

① 施设邪业邪行，依《中阿含经》（一九）《尼乾经》；《中部》（一〇一）《天臂经》。

现法中诸所受苦，一切皆是宿因所作。彼见宿世诸不善业为二种因，谓现法中诸不善业，皆是宿业串习所引；诸所受苦，亦是彼业之所造作。由是因缘，修自苦行，令故恶业所招苦果，皆悉变吐，更不造作当不善业。于现法中，又能防护身、语、意住，后当勤修一向善业，令不善法转成非漏。由此因缘，不善业尽，由彼尽故，众苦亦尽，证苦边际。云何邪行？谓如有一，不能了知自业杂染，不能了知彼业对治，又于前后所证差别不如实知。彼成如是愚痴法故，于其师所得无根信，于非信处妄生真实圣教胜解。彼由坠堕非实、非理邪论朋党，他回动时，于可疑处而不生疑，不寻求师躬往请问：为能正记？为不能记？为能净疑？为不能净？为一切智？非一切智？大师去世，于所疑处毕竟随转。何以故？大师住世能为决了，此一切智、非一切智。大师灭后，何所请问，云何决了？是名邪行。何缘应知如是施设令业清净，不应道理？由二缘故：谓彼苦行，宿因所作不应理故；由此能尽宿不善业，不应理故。所以者何？软、中、上品自苦行缘所逼切时，软、中、上品苦受生故；即此三品逼缘远离，由所逼切三品苦受不得生故，宿因所作不应道理。又此苦行，无有功能令宿所作能感苦受诸不善业成顺乐受，是故彼起如是定见：由自苦行，令宿所作恶业变吐。若有是事，彼宿所作能顺苦受诸不善业，为能感得于现法中自苦逼切苦受果不？若言感得此苦受果，修自苦行即为唐捐。受彼果已，自然变吐。若如是者，宿世所作诸不善业，非自苦行所能变吐。又即此业一分可吐，谓现法中受彼果者，若余能顺后所受业，彼于后世当受其果，非自苦行可令其果悉皆变吐。若言现在逼切苦受，非宿因作，如是所说诸所领受，一切皆是宿因所作,不应道理。如能随顺苦受恶业,不可令其成顺乐受,如是宿世所作能顺乐受善业,不可令其成顺不苦不乐受业。或彼二种顺现法受,不可令其成顺后受;若顺后受,不可令其成无所受。若未成熟,不可令熟;若已成熟,不可彼彼方便令转。此中所说要略义者,所谓一切善不善业,自性决定,时分决定,品类决定。若如是者,随业决定,必能摄受如是类果,于中更自受逼切苦,复何所用!又若此受宿业因,感彼自所许,令业一分减尽,可得少分胜利。由是因缘,如此所计少分胜利亦无所有,如是则为极自稽留,业所缚故,终无解脱。由此道理,是名于此邪论、邪行第一过患,谓于内证自义稽留。云何他所讥毁过患?谓彼依止二种邪论,发起三种自苦恼行。若作是说:所有士夫补特伽罗诸所领受,一切皆是宿因所作,是名第一邪论,谓恶因论。复有说言:如彼最初自在变化,从是已后,诸所领受一切皆是宿业所作,是名第二邪论,谓恶因论。三种自苦行者:谓身、语、意护。身护者,谓不以身与余有情共相杂住,唯往山林、阿练若处,独居闲静,都无所见而修苦行。语护者,谓彼受持默无言禁。意护者,谓心忍受自逼切苦。彼起如是欲乐言说,为他显示:由此二种所见圆满,及由三种苦行圆满,能越众苦。然其自苦不能越度,是故为他之所讥毁。若诸所受一切皆是宿因所作,亦是自在变化因作,亦是三种苦行能越因之所作,是则三种修苦行俱所受众苦,定是宿世黑业所感,亦是暴恶自在所化,三种苦行皆不能越,是故于今受斯苦受。若彼虽复内证稽留,而有为他所称赞者,犹尚不可,况此为他称赞胜利亦无所有!是故名为第二过患。由此分故,唯可讥毁。复次,与上相违,当知施设正业染净,及正行中有二胜利:一者、内证无滞胜利,二者、他所称赞胜利。云何施设业杂染论,谓有二业:一者、善业,二者、不善业。于过去世已曾造作善、不善业,今现法中受爱、非爱异熟果等;受爱、非爱果差别时,更复造作善、不善业,由此当来受爱、非爱异熟果等。如是名为业杂染论。云何施设业清净论?谓如有一,不造新业,故业触已寻复变吐,由对治力永断无余,故得清净;如是名为令杂染业得清净论。如是施设正业染净,名无上论。云何正行?谓如有一,于正法中成就多闻,于业杂染及以清净,正知杂染、清净相已,舍不善业,修习善业。彼于闻、思如理作意勤方便已,为证修故,住空闲处,净修治心。令离诸盖及众苦法,为欲断除贪欲、瞋恚、掉举、恶作。以九种行安住其心,令心弃舍止所对治,为欲断除惛沉、睡眠,及以疑盖。分析六事如理作意修饰其心,令心弃舍观所对治。从彼止、观所治出已,能正修学消伏众苦。彼既如是净修其心,令离诸盖、众苦法已,复于衣服、饮食、卧具、受用仪则净修其心。若由习近如是衣服乃至卧具,不善法增,善法退减,即便远离,宁可受用粗弊衣等,惙尔自存,忍受众苦,进修正行。又由二缘,受用胜妙衣服等因,能令生长恶不善法,谓诸妄想、不正寻思。何等二缘?一、于诸善未能长时串修习故,心不调柔;二、于衣服、饮食等事欲贪坚著。由是因缘,修正行者,调柔其心,令堪所作,于衣服等欲贪坚著,及诸无常众缘生法,恒常系念深见过患。尔时虽复受用胜妙衣服等事,而于其中无所杂染。如是行者亦受安乐,亦无有罪,由奢摩他、毗钵舍那修习力故,净修其心。离诸盖已;由思择力,于衣服等邪受用故,虽于尔时暂少成就心一境性,欲贪随眠仍未断故,于当来世复为杂染。彼以妙慧通达是已,便修加行,为毕竟断,受用如法边际卧具,离诸贪著。先善修治正定资粮,渐次乃至能入清净第四静虑。以此为依,证谛现观,随得漏尽,心善解脱;于一切苦得离系故,究竟寂静所摄受故,微妙清净一切身心无间满故,一切烦恼永离系故,普能领纳诸无漏受,是名正行。如是应知内证无滞,及彼相违五种差别他所称赞。彼于尔时,从诸盖、缠及一切苦,心善解脱。于现法中,彼诸随眠无余永断,前际、后际业及异熟所有杂染皆善解脱,由于现法获得圣道及道果故。

①复次,略有三种补特伽罗:一者、未入圣教异生,二者、已入圣教有学,三者、已入圣教异生。由三种相,应知最初补特伽罗,第二、第三当知亦尔。云何三相应知最初补特伽罗?谓初,有一补特伽罗,已得成就世间正见,了知有施,乃至广说。彼于异时,闻不正法为因缘故,而便发起非理作意,世间正见临将欲灭,虽未一切悉皆已灭而堪能灭。又彼所治诽谤邪见临将欲生,虽未已生而堪能生。彼于中间,听闻正法为因缘故,遂还发生如理作意,彼临欲生诽谤邪见不现行故,说名为断,然其正见先成就故,不名为生。第二,有一补特伽罗,不成正见及以邪见。听闻正法,如理作意为因缘故,尔乃发生世间正见;彼于邪见不名为断,先不成故。第三,有一补特伽罗,成就邪见。听闻正法,如理作意为因缘故,断灭邪见,生起正见。云何三相应知第二补特伽罗?谓于佛等已得证净,彼于佛等先所现起一切无智,当于诸谛得现观时先已断尽,是故于今不名为断;而于佛等证净俱行明

---

① 所依经未详。

现前故,说名为生。即以学道,断修所断余品无明,而于其明不名生起,此道与先种类同故。彼无学道将现在前,修断无明皆悉灭尽,又能生起诸无学明。云何三相应知第三补特伽罗?谓闻无我相应正法。初但由闻,发生信解而未悟入。彼于无我生信解故,能断我见;未悟入故,不得名为生无我见。如所闻法,复能如理正思惟时,于无我理能悟入故,乃得名为生无我见,于彼随眠而未能断。从此已后,由修道力证谛现观,方断随眠,发生无漏①。

②复次,嗢拕南曰:

③五二与十三,四业为最后。

"**五二十三四业**":有二种业:一者、重业,二者、轻业。复有二业:一者、增进业,二者、不增进业。复有二业:一者、故思所造业,二者、非故思所造业。复有二业:一者、定所受业,二者、不定所受业。复有二业:一者、异熟已熟业,二者、异熟未熟业。

有三种业:谓善业,不善业,无记业。复有三业:谓顺乐受业,顺苦受业,顺不苦不乐受业。复有三业:谓顺现法受业,顺生受业,顺后受业。复有三业:谓学业,无学业,非学非无学业。复有三业:谓见所断业,修所断业,无断业。复有三业:谓三曲业,即身曲等。复有三业:谓三秽业,即身秽等。复有三业:谓三浊业,即身浊等。复有三业:谓三净业,即身净等。复有三业:谓三默然业,即身默然等。

---

① 《瑜伽师地论》卷八九终。
② 《瑜伽师地论》卷九〇。
③ 以下立种种业,分别解释,乃兼取经论义而说。

有四种业：一、黑黑异熟业，二、白白异熟业，三、黑白黑白异熟业，四、不黑不白无异熟业能尽诸业。

当知此中，由三因缘令业成重：一、由意乐故，二、由加行故，三、由田故。由意乐者，谓由猛利缠等所作，于同法者见已欢喜，于彼随法多随寻思，多随伺察，如是名为由意乐故令业成重。由加行者，谓于彼业无间所作，殷重所作，长时积集；又于其中劝他令作；又即于彼称扬赞叹：如是名为由加行故令业成重。由田故者，谓诸有情，于己有恩，若住正行及正行果，于彼发起善作、恶作，当知此业说名为重。与彼相违，说名为轻。若业非是明了所作；或梦中作；或由无覆无记所作；或不善作，寻复追悔对治摄受；又于一切清净相续所有诸业，如是皆名不增进业。当知异此名增进业。此中故思所造业者，谓先思量已，随寻思已，随伺察已而有所作。复或错乱，或不错乱。其错乱者，谓于余处思欲杀害，或欲劫盗，或欲别离，或欲妄语及欺诳等，如是思已，即以此想别处成办。当知此中，由意乐故说名为重，不由事故说名为重。不错乱者，当知其相与此相违。若异此业，是即名为非故思造。定受业者，谓故思所起重业。不定受业者，谓故思所造轻业。异熟已熟业者，谓已与果业。异熟未熟业者，与此相违。若欲证得阿罗汉时，先所造作决定受业，由异熟果现在前故，能为障碍，不由随逐身相续故。所以者何？但由彼业生不平等所依身故，能为障碍，令不能得阿罗汉果。若无生受而有后受，于所证得阿罗汉果，不能为障。然彼非不是定受业，何以故？由即依彼烦恼助伴，及即依彼诸行相续，施设此业为定受故。

复次，由二因缘，建立善业：一、取爱果故，二、于所缘境，如实遍知及彼果故。由二因缘,立不善业:一、取非爱果故,二、于所缘境邪执著故。于善、不善二种行相不可记故,立无记业。顺乐受业者,谓初、二、三静虑地系,及欲界系所有善业。顺苦受业者,谓能招感恶趣生业。生于饿鬼及傍生中,先业为因,感得乐受,当知此业亦得名为顺乐受业。顺不苦不乐受业者,谓第四静虑,及上地等诸所有业。唯除那落迦,于所余处,当知皆得苦乐杂受,即由彼业增上力故,令此依身苦乐杂住,不相妨碍。顺现法受业者,谓由如是相状意乐所作诸业;若由如是相状加行,谓事加行,或身加行,或语加行所作诸业;若由如是相状良田所作诸业,于现法中异熟成熟,如是名为顺现法受业。若所作业,于现法中异熟未熟,于次生中当生异熟,如是名为顺生受业。若所作业,现法次生异熟未熟,从此已后异熟方熟,当知是名顺后受业。有学业者,谓圣弟子,于时时间,依增上戒,依增上心,依增上慧修学无漏,及此后得善有漏业,名有学业。无学业者,谓于一切阿罗汉等身相续中,随应诸业。此余诸业,是名非学非无学业。若见所断烦恼相应,若此所发思等诸业,一切能往诸恶趣业,此等皆名见所断业。若修所断烦恼相应,及此所发思等诸业,如是皆名修所断业。无断业者,所谓一切有学、无学出世间业。当知此中,由三种相,故思所造诸不善业,即于现法作增长已,还复除断。何等为三?一、现法断故,二、生断故,三、后断故。现法断者,谓如有一于现法中,故思造业作增长已,寻复厌离,于其所作受厌离故。此是异生未得离欲,住此命终,而未能令于次生位不造彼业,不受异熟,亦未能令于其后位无有是事,于现法中亦未一向能令不造。生断故者,谓复有一受厌离已,虽是异生而于欲界已得离欲,住此命终,彼于现法更不造作,尚于次生不受异熟,况复生已当有所作!然未解脱后位作业,及受异熟。后断故者,谓复有一,虽是有学,而于欲界未得离欲,受厌离已,获得最初或复第二沙门果证。彼作是念:凡我所有,由多粗重,由多热恼,唯应弃舍可厌贱身;所作恶业,愿于现法一切皆受;或我所有现法受业,若苦、若乐,皆愿与彼俱时而受,勿复令我当于生位,或于后位受彼异熟。如是正心发誓愿已,为断彼故,复修无量,以奢摩他品定所摄正起加行,为令能起彼业因缘究竟尽故,及为进趣离欲爱故。当知此中或嗔意乐,或害意乐,或嫉妒性,或可爱事深生染著,由此为因,于诸有情发起邪行,谓身、语、意所发恶业、种种恶事。若有为欲对治如是能起四种恶业因缘,修四无量胜三摩地,彼乃至于少男、少女,无处无容暂更发起作恶业思,是故彼修如是加行,能尽所有恶业因缘。当知如是正修加行,由二因缘,于其所作及所增长一切恶业,皆能摧伏,谓由修习无量定故。所以者何?所作恶业,但于有量有情境界,欲不饶益意乐所起;所修无量,乃于无量有情境界,欲作饶益意乐所起。又能发起不善业心,下劣界摄,是所对治;所修无量俱行之心,胜妙界摄,是能对治。又心是胜,诸所造业皆属于心,故说世间并是心胤,系属心故,依心转故。如是行者先发正愿为所依止,后善修习无量心定,当于进趣离欲爱时,便能获得住不还果。若但于此暂生喜足,于现法中不求上进,彼现法中尚不造业,况于生位或于后位!又定不能当受生位、后位异熟。又正法外堕邪见者,行邪道者,所有一切善、不善业,邪见所起,邪见增上力所生故,皆名曲业。猛利贪、嗔所起诸业,皆名秽业。猛利痴者,上品钝根忘失念者,极暗钝者痴所起业,皆是浊业。一切能往善趣妙行,皆名净业。一切能往涅槃妙行,名默然业。

复次,能感各别处所那落迦恶业,名黑黑异熟业。能感各别处所天趣善业,名白白异熟业。能感余处所有诸业,名黑白黑白异熟业。于是处所,有二业果现前可得,是故总说以为一业。若出世间诸无漏业,皆名不黑不白无异熟业能尽诸业。若已尽业,若当尽业,二种总名能尽诸业,令未生者当不生故,令已生者得离系故。由约可爱因果异熟,故说不白。当知各别处所天趣,一向白者,谓过他化自在天处,有欲界中魔王所都众魔宫殿,及上梵世,乃至非想非非想处所有善业,总说为一;由彼处所,眼所见色乃至意所知法,一向可爱,相续殊胜增上义故,意门引发意成义故。各别处所那落迦有四:一、大那落迦,二、别那落迦,三、寒那落迦,四、边那落迦。于此处所,各别纯受顺乐受业诸果异熟,各别纯受顺苦受业诸果异熟,是故说名各别处所。又于魔宫、初、二静虑,纯受悦乐;若于第三静虑已上,纯受喜乐。言喜乐者,令心调柔,令心安适,与喜相似,故名为喜,非是喜受;与乐相似,说名为乐,非是乐受。六触处门恒所领受者,当知即彼名六触处,及各别处所,因果相属道理义故。

七五①　　　　　　二五三(　二〇二)

如是我闻:一时,佛住舍卫国祇树给孤独园。时有异比丘往诣佛所,稽首佛足,白佛言:"世尊!云何知、云何见,次第我见断、无我见生?"佛告彼比丘:"于眼正观无常,若色、眼识、眼触、

---

① 《相应部》(三五)"六处相应"一六四——一六六经。

眼触因缘生受——若苦、若乐、不苦不乐,彼亦正观无我。如是乃至意触因缘生受——若苦、若乐、不苦不乐,彼亦正观无我。比丘!如是知、如是见,次第我见断、无我见生。"时彼比丘闻佛所说欢喜,欢喜已,作礼而去。

七六① 二五四(二〇三)

如是我闻:一时,佛住毗舍离耆婆拘摩罗药师庵罗园。尔时,世尊告诸比丘:"若有比丘能断一法者,则得正智,能自记说:我生已尽,梵行已立,所作已作,自知不受后有。"诸比丘白佛言:"世尊是法根,法眼,法依,唯愿演说!诸比丘闻已,当受奉行。"佛告诸比丘:"谛听,善思,当为汝说。诸比丘!云何一法断故,乃至不受后有?所谓无明离欲明生,得正智,能自记说:我生已尽,梵行已立,所作已作,自知不受后有。"时有异比丘从坐起,整衣服,偏袒右肩,为佛作礼,右膝着地,合掌,白佛言:"世尊!云何知、云何见,无明离欲明生?"佛告比丘:"当正观察眼无常,若色、眼识、眼触、眼触因缘生受——若苦、若乐、不苦不乐,彼亦正观无常。耳、鼻、舌、身、意,亦复如是。比丘!如是知、如是见,无明离欲明生。"佛说此经已,诸比丘闻佛所说,欢喜奉行。

复次,嗢拕南曰:

> 无智、智与定,殊胜、障、学等,著、无我、圣道,二海不同分。

"无智":若诸邪见,若诸我见,若即无明,依前所说三有情众,无智为根,故得生起。若能断此无义根本一切众中能起一切

---

① 《相应部》(三五)"六处相应"七九·八〇经。

杂染,一法当知,彼能正记所解。此中第一所起杂染,损减实事;第二杂染,增益虚事;第三杂染,于其如实显了方便能作愚痴。于彼二因有愚痴故,或起增益,或起损减。

七七　　　　　二五五（二〇四）

如是我闻:一时,佛住毗舍离耆婆拘摩罗药师庵罗园。尔时,世尊告尊者阿难:"于眼当如实知、如实见。若眼,色①、眼识、眼触、眼触因缘生受——若苦、若乐、不苦不乐,彼亦如实知、如实见。耳、鼻、舌、身、意,亦复如是。彼如实知、如实见已,于眼生厌,若色、眼识、眼触、眼触因缘生受——若苦、若乐、不苦不乐,彼亦生厌。耳、鼻、舌、身、意,亦复如是。厌已不乐,不乐已解脱,解脱知见:我生已尽,梵行已立,所作已作,自知不受后有。"佛说此经已,诸比丘闻佛所说,欢喜奉行。

七八　　　　　二五六（二〇五）

如是我闻:一时,佛住毗舍离耆婆拘摩罗药师庵罗园。尔时,世尊说一切优陀那偈已,告尊者阿难:"眼无常、苦、变易、异分法,若色、眼识、眼触、眼触因缘生受——若苦、若乐、不苦不乐,彼亦无常、苦、变易、异分法。耳、鼻、舌、身、意,亦复如是。多闻圣弟子如是观者,于眼得解脱,若色、眼识、眼触、眼触因缘生受,彼亦解脱。耳……鼻……舌……身……意、法、意识、意触、意触因缘生受——若苦、若乐、不苦不乐,彼(亦)解脱。我说彼解脱生老病死、忧悲恼苦。"佛说此经已,尊者阿难闻佛所说,欢喜奉行。

---

① "色"上,原本衍一"眼"字,今依文义删。

七九① 　　　　　二五七（二〇六）

如是我闻：一时，佛住毗舍离城耆婆拘摩罗药师庵罗园。尔时，世尊告诸比丘："当勤方便禅思，内寂其心。所以者何？比丘！方便禅思，内寂其心，如是如实知显现。于何如实知显现？于眼如实知显现，若色、眼识、眼触、眼触因缘生受——若苦、若乐、不苦不乐，彼亦如实知显现。耳、鼻、舌、身、意，亦复如是。此诸法无常，有为，亦如是如实知显现。"佛说此经已，诸比丘闻佛所说，欢喜奉行。

八〇② 　　　　　二五八（二〇七）

如是我闻：一时，佛住毗舍离耆婆拘摩罗药师庵罗园。尔时，世尊告诸比丘："当修无量三摩提，精勤系念。所以者何？修无量三摩提，精勤系念已，则如实显现。于何如实显现？于眼如实显现，如是广说，乃至此诸法无常，有为，此如实显现。"佛说此经已，诸比丘闻佛所说，欢喜奉行。

"**智**"：复次，有二种如实智：一者、如理作意所发，二者、三摩地所发。当知此中，由正闻、思所成作意，听闻正法增上力故，于五种受分位转变所起过患如实了知。又即于此分位转变如理思惟，名不定地如实正智。此为依止，能随入修。云何名为分位转变所起过患？谓苦乐位诸无常性：苦分位中有自性苦性，乐分位中有变坏法性。云何名为分位转变？谓乐分位与苦分位有别异性。若苦分位与乐分位有别异性，如是当知一切分位展转别

---

① 《相应部》（三五）"六处相应"一六〇经·一〇〇经。
② 《相应部》（三五）"六处相应"一五九经·九九经。

异。于此别异如实观见,于此分位住无常想,如实观见别异过患,知所有受皆是苦已,住于苦想。有如是想,有如是见,能证清净,是故亦得名如实智。依定所发如实智者,谓即依彼行相转时,轻安所摄,清净无扰,寂静而转,当知此行与前差别。又无常性,是一切行共相;苦性是一切有漏法共相。二如实智为依止故,当知如实能正显了彼法二相。

八一①　　　　　　二五九(　二〇八)

如是我闻:一时,佛住毗舍离耆婆拘摩罗药师庵罗园。尔时,世尊告诸比丘:"过去、未来眼无常,况现在眼!多闻圣弟子如是观者,不顾过去眼,不欣未来眼,于现在眼厌,不乐,离欲,向灭②。耳、鼻、舌、身、意,亦复如是。"佛说此经已,诸比丘闻佛所说,欢喜奉行。

八二——八四③　　　二六〇——二六二(　　)

如无常,苦、空、无我,亦如是说。

八五——九二④　　　二六三——二七〇(　　)

如内入处四经,如是外入处——色、声、香、味、触、法四经,内外入处四经,亦如是说⑤。

九三⑥　　　　　　二七一(　二〇九)

如是我闻:一时,佛住毗舍离耆婆拘摩罗药师庵罗园。尔

---

① 《相应部》(三五)"六处相应"七经。
② "灭",原本作"厌",今依义改。
③ 《相应部》(三五)"六处相应"八·九经。
④ 《相应部》(三五)"六处相应"一〇——一二经。
⑤ 《论》义见(一)"阴相应"一一一——一一四经下。
⑥ 《相应部》(三五)"六处相应"七一——七三经。

时,世尊告诸比丘:"有六触入处,云何为六?眼触入处,耳、鼻、舌、身、意触入处。沙门、婆罗门,于此六触入处,集、灭、味、患、离不如实知,当知是沙门、婆罗门去我法律远,如虚空与地。"时有异比丘从座起,整衣服,为佛作礼,合掌白佛言:"我具足如实知此六触入处,集、灭、味、患、离。"佛告比丘:"我今问汝,汝随问答我。比丘!汝见眼触入处,是我,异我,相在不?"答言:"不也,世尊!"佛告比丘:"善哉!善哉!于此眼触入处,非我,非异我,不相在,如实知见者,不起诸漏,心不染著,心得解脱。是名初触入处已断、已知,断其根本,如截多罗树头,于未来法永不复起,所谓眼识及色。汝见耳、鼻、舌、身、意触入处,是我,异我,相在不?"答言:"不也,世尊!"佛告比丘:"善哉!善哉!于耳、鼻、舌、身、意触入处,非我,非异我,不相在。作如是如实知见者,不起诸漏,心不染著,心①得解脱。是名比丘六触入处已断、已知,断其根本,如截多罗树头,于未来世永②不复生,谓(耳识、声……)意识、法。"佛说此经已,诸比丘闻佛所说,欢喜奉行。

"定":复次,住内法者,未得定心,尚与外道定心差别,由智胜故,何况定心!何以故?彼诸外道,虽得定心,乃至极远,证得非想非非想定,然犹未能于六触处,以其五转如实了知,心正离欲,证得解脱。是故彼与此正法律,犹如地、空相去极远。住内法者,虽未得定,但由信闻无我胜解,便能证得三摩地心,于六触

---

① "心",原本作"以",依宋本改。
② "永",原本作"欲",今改。

处能断、能知,心得离欲及证解脱。是故当知于正法律,彼有失坏,此无失坏。唯正胜解相续转时,于六境界,依止六根,略有五种寂静妙行:谓深于彼见过患故,名为善调;于不应役诸境界中而不役故,名为善覆;于所应役诸境界中,或于率尔现前境上善住念故,名为善守;一切烦恼皆能断故,名为善护;已善修习圆满道故,名为善修。

九四① 　　　　二七二（二一〇）

如是我闻:一时,佛住毗舍离耆婆拘摩罗药师庵罗园。尔时,世尊告诸比丘:"莫乐、莫苦!所以者何?有六触入处,地狱众生生彼地狱中者,眼所见不可爱色,不见可爱色;见不可念色,不见可念色;见不善色,不见善色。以是因缘故,一向受忧、苦。耳声,鼻香,舌味,身触,意(所)识法,见不可爱,不见可爱;见不可念,不见可念;见不善法,不见善法。以是因缘故,长受忧、苦。诸比丘!有六触入处,其有众生生彼处者,眼见可爱,不见不可爱;见可念色,非不可念色;见善色,非不善色。以是因缘故,一向长受喜、乐。耳声,鼻香,舌味,身触,意所识法,可爱非不可爱,可念非不可念,见善非不善。"佛说此经已,诸比丘闻佛所说,欢喜奉行。

"**殊胜**":复次,于二处所,如来证得胜安立智,能正显说超诸苦乐,非不证得胜安立智。于中若有作如是解:此大沙门、乔答摩种,无知无解,于诸世间一向安乐,为令弟子谓此安乐间杂

---

① 《相应部》(三五)"六处相应"一三五经。

众苦,深怖畏故,为超苦乐间杂依附诸世间故,为欲超过诸苦乐故,宣说法要。当知此解,是为邪想,是邪分别,是大邪见。然其如来善知世间,或一向乐,或一向苦,或杂苦乐,然彼一切皆是无常,是故为令诸弟子众超过一切无常世间,超过苦乐,说正法要。由三种相,应正了知诸可意事:谓未来世诸可爱事,名所追求;若过去世诸可爱事,名所寻思;若现在世可爱外境,名所受用;若现在世可爱内受,名所耽著。当知此中堕于三世,有四行相:一于未来,一于过去,二于现在。于此行相,能随悟入:是悦意相,意所乐相,可爱色相,平安色相。如其所应,当知即是可欣、可乐、可爱、可意四种行相。

九五① 二七三(二一一)

如是我闻:一时,佛住毗舍离耆婆拘摩罗药师庵罗园。尔时,世尊告诸比丘:"我昔未成正觉时,独一静处,禅思思惟,自心多向何处?观察自心,多逐过去五欲功德,少逐现在五欲功德,逐未来世转复微少。我观多逐过去五欲心已,极生方便,精勤自护,不复令随过去五欲功德。我以是精勤自护故,渐渐近阿耨多罗三藐三菩提。汝等诸比丘!亦复多逐过去五欲功德,现在、未来亦复微少。汝今亦当以心多逐过去五欲功德故,增加自护,亦当不久得尽诸漏,无漏心解脱、慧解脱,现法自知作证:我生已尽,梵行已立,所作已作,自知不受后有。所以者何?眼见色因缘生内受——若苦、若乐、不苦不乐;耳……鼻……舌……身……意、法因缘生内受——若苦、若乐、不苦不乐。是故比丘!

---

① 《相应部》(三五)"六处相应"一一七经。

于彼入处当觉知!若眼灭,色想则离;耳、鼻、舌、身、意灭,(声想……)法想则离。"佛说当觉六入处言已,入室坐禅。

时有众多比丘,世尊去后,作此论议:世尊为我等略说法要,不广分别而入室坐禅。世尊说言:当觉六入处!若彼眼灭,色想则离;耳、鼻、舌、身、意灭,(声想……)法想则离。我等今日,于世尊略说法中犹故不解,今此众中,谁有慧力,能为我等于世尊略说法中,广为我等演说其义!复作是念:唯有尊者阿难,常侍世尊,常为大师之所赞叹,聪慧梵行。唯有尊者阿难,堪能为我等,于世尊略说法中演说其义。我等今日,皆共往诣尊者阿难所,问其要义;如阿难所说,悉当奉持。尔时,众多比丘往诣尊者阿难所,共相问讯已,于一面坐。白尊者阿难言:"尊者当知!世尊为我等略说法要,如上所说,具问阿难:当为我等广说其义!"尊者阿难语诸比丘:"谛听,善思,于世尊略说法中,当为汝等广说其义。世尊略说者,即是灭六入处有余当说,故言眼处灭,色想则离;耳、鼻、舌、身、意入处灭,(声想……)法想则离。世尊略说此法已,入室坐禅,我今已为汝等分别说义。"尊者阿难说此义已,诸比丘闻其所说,欢喜奉行。

"障":复次,勤修定者,略由二门、二时、二地所有诸欲,于所引发三种等持能为障碍。为欲断除如是障碍,正勤修习五种对治。当知此中先所受用过去诸欲,于远离处,由寻思门令心飘荡。复有现在居家所有利养恭敬俱行诸欲,由寻思门令心散乱。此中利养恭敬俱行所有诸欲,于其行时,令心飘荡;先所受用居家诸欲,于其住时,令心散乱。即此诸欲,于异生地能为障碍,于有学地亦为障碍。又于异生所修无量俱行等持能为障碍,亦于有学能善通达一切智事广大等持能为障碍,亦于无学极善修习究竟等持能为障碍。当知如是诸所生起一切等持,皆与喜俱。此中第一,于诸有情利益安乐意乐门中与喜俱行;第二,领受有学解脱喜故与喜俱行;第三,领受无学解脱喜故与喜俱行。彼由眼等所识色等,所缘别故,复有六种。又此等持,具诸相故,名为圆满。又此等持究竟边际,谓能往趣世间离欲,或能往趣出世离欲,过此更无能趣清净等持可得,是故说此无有缺减。若欲速证沙门果者,于身命等无所顾恋,恒常无间、殷重加行,炽然精进,于诸欲中了知自相,坚守正念;了知过患无希望等,正知现前。正念、正知为所依故,方便勤修四无放逸:谓于昼分,若行、若坐,于诸障法净修其心,乃至广说。如是发起勇猛精进,于其所证无所怯劣,由九种相安住其心。一向修习奢摩他定,身得轻安,无爱味等,故无染污,不为惛沉及以睡眠二随烦恼之所扰乱。一向念住为所依止,精勤修习毗钵舍那,坚守正念,远离掉举随烦恼故,无有愚痴。已入止观双运转道,其心正定,即此二分一境随行。为断彼障,修习如是五种对治为依止故,能于彼障遍知、永断。于三等持,依六境事所有差别喜俱行定,圆满能引,由二因缘,诸佛世尊为诸弟子宣说自己能引导法:一、于黑品所有过失,令生解故;二、于白品所有功德,令生解故。

九六① 二七四(二一二)

如是我闻:一时,佛住舍卫国祇树给孤独园。尔时,世尊告诸比丘:"我不为一切比丘说不放逸行,亦非不为一切比丘说不

---

① 《相应部》(三五)"六处相应"一三四经。

放逸行。不向何等像类比丘说不放逸行？若比丘得阿罗汉，尽诸有漏，离诸重担，逮得己利，尽诸有结，心正解脱，如是像类比丘，我不为说不放逸行。所以者何？彼诸比丘已作不放逸故，不复堪能作放逸事，我今见彼诸尊得不放逸果，是故不为彼说不放逸行。为何等像类比丘说不放逸行？若诸比丘在学地者，未得心意增上安隐，向涅槃住，如是像类比丘，我为其说不放逸行。所以者何？以彼比丘习学诸根，心乐随顺资生之具，亲近善友，不久当得尽诸有漏，无漏心解脱、慧解脱，现法自知作证：我生已尽，梵行已立，所作已作，自知不受后有。所以者何？彼眼识所可爱乐、染著之色，彼比丘见已，不喜、不赞叹、不染、不系著住。以不喜、不赞叹、不染、不著住故，专精胜进，身心止息，心安极住不忘，常定一心，无量法喜，但逮得第一三昧正受，终不退灭①随于眼色。于耳（声）、鼻（香）、舌（味）、身（触）、意（所）识法，亦复如是。"佛说此经已，诸比丘闻佛所说，欢喜奉行。

"学等"：复次，于此正法毗奈耶中，略有二种补特伽罗：一、已得意，二、未得意。已得意者，复有二种：一、已见谛，已得有学心解脱意；二、阿罗汉，已得无学心解脱意。未得意者，谓于三学创修事业有学异生，彼全未得一切二种心解脱意，是故希求异生体后有余依灭，及自体后无余依灭涅槃界时，于三学中多修学住。若诸无学，虽已证得心解脱意，而或失念行纵逸时，便有退失现法乐住；彼虽于此现法乐住或退、不退，然无堪能退失解脱。若有修行不放逸者，一切皆为证得解脱，然已证得解脱无退，修

---

① "灭"，宋本作"减"。

不放逸复何所用！若为证得现法乐住，勤作功用，如造工业，非不放逸。若诸有学，先已证得心解脱意，彼亦决定趣三菩提，于所修道，不由他缘，自然能修无放逸行，于现法中犹未毕竟息放逸故。若有一切未得意者，彼应决定修不放逸。又由三相，办所应作：一、由诸根所集成故，资粮圆满；二、由习近随顺如法诸卧具故，心得安住；三、由依止亲近善士，闻他法音，如理作意众因缘故，乃至获得二心解脱。又即于此，应不放逸所作转时，由二种相，应知于彼六处寂灭，有增上慢，无增上慢。谓于未灭起邪分别，妄执为灭，由所缘故，及于未得起邪分别，妄执为得。彼虽如是起邪分别，谓灭解脱，而未能令身坏已后寿命永尽，六处永灭，亦不能离诸境界想。又彼由于六处寂灭，若缘、若证邪领受故，有如是事。此二种相，应知说名有增上慢。与此相①违，当知说名无增上慢。

九七②　　　　　二七五（二一三）

如是我闻：一时，佛住舍卫国祇树给孤独园。尔时，世尊告诸比丘："当为汝等演说二法，谛听，善思。何等为二？眼、色为二，耳、声，鼻、香，舌、味，身、触，意、法为二，是名二法。若有沙门、婆罗门作如是说：是非二者，沙门瞿昙所说二法，此非为二。彼自以意说二法者，但有言说，问③已不知，增其疑惑，以非其境界故。所以者何？缘眼、色，眼识生，三事和合缘触，触生受——若苦、若乐、不苦不乐。若于此受集、受灭、受味、受患、受离不如

---

① "相"，原本作"根"，依宋本改。
② 前分，同《相应部》（三五）"六处相应"九二经。
③ "问"，原本作"闻"，依宋本改。

实知者,种贪欲身触,种嗔恚身触,种戒取身触,种我见身触,亦种殖增长诸恶不善法,如是纯大苦聚①皆从集生。如是耳……鼻……舌……身……意、法缘,生意识,三事和合触,广说如上。复次,眼缘色,生眼识,三事和合触,触缘受——若苦、若乐、不苦不乐。于此诸受集、灭、味、患、离,如实②知,如实知已,不种贪欲身触,不种嗔恚身触,不种戒取身触,不种我见身触,不种诸恶不善法。如是诸恶不善法灭,纯大苦聚灭。耳、(声)、鼻、(香),舌、(味)、身、(触)、意、法,亦复如是。"佛说此经已,诸比丘闻佛所说,欢喜奉行。

"著":复次,住内法者,于二种著,应当了知二种过患。谓诸异生,于二缘识及能依受,不能了知无我性故,未离欲者,于利养恭敬增上业缘所起诸受,有第一著;已离欲者,于离诸欲缘所起诸受,有第二著。此著为因,当来生起,说名为生。又诸外道,由取著故,生诸系缚;系缚生故,能生一切恶、不善法,当知是名第一过患。又由此著增上力故,当于正法毗奈耶没,及当来世生等众苦差别而生;于现法中,此增上力为因缘故,不般涅槃,当知是名第二过患。与此相违,应知即是白品差别。

九八③　　　　　　　二七六(二一四)

如是我闻:一时,佛住舍卫国祇树给孤独园。尔时,世尊告诸比丘:"有二因缘生识,何等为二?谓眼、色,耳、声,鼻、香,

---

① "聚",原本作"集",依元本改。
② "实",原本作"是",应为"寔"之误,今改。
③ 《相应部》(三五)"六处相应"九三经。

舌、味、身、触、意、法。如是广说,乃至非其境界故。所以者何?眼、色因缘生眼识,彼无常,有为,心缘生。色若眼、识,无常,有为,心缘生;此三法和合触,触已受,受已思,思已想,此等诸法无常,有为,心缘生,所谓触、想、思。耳、鼻、舌、身、意,亦复如是。"佛说此经已,诸比丘闻佛所说,欢喜奉行。

"无我":复次,由四因缘,于法无我能到究竟。谓一切法皆无我者,除识自性,识诸因缘,识诸助伴,其余所有不可得故。又识自性是无常故;又此因缘是无常故;又此助伴是无常故。

九九① 二七七(二一五)

如是我闻:一时,佛住舍卫国祇树给孤独园。尔时,尊者富留那比丘,往诣佛所,稽首佛足,退住一面。白佛言:"世尊说现法,说灭炽然,说不待时,说正向,说即此见,说缘自觉。世尊!云何为现法,乃至缘自觉?"佛告富留那:"善哉富留那!能作此问。富留那!谛听,善思,当为汝说。富留那!比丘眼见色已,觉知色,觉知色贪;我此内有眼识色贪,我此内有眼识色贪如实知。富留那!若眼见色已,觉知色,觉知色贪;我此内有眼识色贪如实知者,是名现见法。云何灭炽然?云何不待时?云何正向?云何即此见?云何缘自觉?富留那!比丘眼见色已,觉知色,不起色贪觉;我有内眼识色贪,不起色贪觉,如实知。若富留那!比丘眼见色已,觉知色,不起色贪觉;如实知。色②,不起色贪觉,如实知,是名灭炽然、不待时、正向、即此见、缘自觉。耳、

---

① 《相应部》(三五)"六处相应"七〇经,但作为优波婆那比丘说。
② "色",原本作"已",依宋本改。

鼻、舌、身、意,亦复如是。"佛说此经已,富留那比丘闻佛所说,欢喜奉行。

"圣道":复次,由八圣支道法故,及此果故,显发正法及毗奈耶。由五种相,当知八圣支道法最胜、无罪。谓于现法烦恼有无善分别故,名为现见。能令烦恼得离系故,名无炽然。若行、若住、若坐、若卧,一切时中皆可修习,易修习故,名为应时。导涅槃故,名为引导。不共一切诸外道故,名唯此见。远离信他欣乐行相,周遍寻思,随闻所起见、审察、忍,唯自证故,名内所证。此道果法,亦有五相,当知已如摄异门分分别其相①。

一〇〇② 二七八(二一六)

如是我闻:一时,佛在舍卫国祇树给孤独园。尔时,世尊告诸比丘言:"大海者,愚夫所说,非圣所说,此大小水耳。云何圣所说海?谓眼识色已,爱念、染③著、贪乐,身、口、意业,是名为海。一切世间阿修罗众,乃至天、人,悉于其中贪乐沉没,如狗肚藏,如乱草蕴,此世、他世绞结缠锁,亦复如是。耳识声,鼻识香,舌识味,身识触,此世、他世,绞结缠锁,亦复如是。"佛说此经已,诸比丘闻佛所说,欢喜奉行。

一〇一——一〇二 二七九——二八〇( )

如身、口、意业,如是贪、恚、痴、老病死,亦如是说。

---

① 《瑜伽师地论》卷八四(大正三〇·七六六下)。
② 《相应部》(三五)"六处相应"一八八经。
③ "染",原本误作"深",依宋本改。

一〇三——一〇五　　二八一——二八三（　　）

如五根三经,六根三经亦如是说。

一〇六①　　　　　　二八四（　二一七）

如是我闻:一时,佛住舍卫国祇树给孤独园。尔时,世尊告诸比丘:"所谓海者,世间愚夫所说,非圣所说海,大小水耳。眼是人大海,彼色为涛波,若能堪忍②色涛波者,得度眼大海,竟于涛波、洄③澓诸水恶虫,罗刹、女鬼。耳、鼻、舌、身、意,是人大海,声、香、味、触、法为涛波,若堪忍彼(声、香、味、触)、法涛波,得度于(耳、鼻、舌、身、)意海,竟于涛波、洄④澓,恶虫,罗刹、女鬼。"尔时,世尊以偈颂曰:

"大海巨涛波,恶虫、罗刹怖,

难度而能度,集离永无余。

能断一切苦,不复受余有,

永之般涅槃,不复还放逸。"

佛说此经已,诸比丘闻佛所说,欢喜奉行。

"二海不同分":复次,海有二种:一者、水海,二、生死海。由三种相,当知水海与生死海而不同分。何等为三? 一者、自性不同分故,二者、沦没不同分故,三者、超渡不同分故。此中自性不同分者,谓水大海,用色一分为自性故,有边有量;生死大海用

---

① 《相应部》(三五)"六处相应"一八七经。
② "忍",原本缺,依宋本补。
③ "洄",原本作"回",依宋本改。
④ "洄",原本作"回",依宋本改。

一切行为自性故,无边无量。此中沦没不同分者,谓若所有沦没,若由此沦没,若如是沦没,皆不同分。谓水大海,或傍生趣,或有人趣于中沦没;生死大海,诸天世间亦常沦没。又水大海,唯由身故于中沦没,不由语故,不由意故,不由贪故,不由嗔故,不由痴故,不由生等众苦法故于中沦没。此中宣说诸业、烦恼、彼果三分,如其次第,应知彼相。生死大海,亦由身故,乃至亦由生等苦故于中沦没。诸出家者,由妄寻思,由妄观察,由自所起诸邪分别,发起种种不正寻思,令心扰乱,于生死海恒常沦没。又余外道,诸烦恼系所缠系故,于生死海恒常沦没。诸在家者,恒常无间众苦逼切,烦恼烧然而不能厌,故名沦没。其余依止诸业、烦恼,于诸生处往还无绝,故名沦没。其水大海,唯堕其中,暂时衰损;或傍生趣,由业、烦恼一分势力而生其中,暂时沦没而非究竟,当知是名没不同分。此中超渡不同分者,谓水大海,未离欲贪诸异生类,尚能越渡,何况其余!生死大海,三分建立;未离欲者,由五可爱境差别故;已离欲者,由意所识可爱诸法境差别故;诸有学者,由内六处有差别故。其未离欲诸异生类,于五可爱境界大海未能超渡。其已离欲诸异生类,于内各别六处大海未能超渡。由彼于此未超渡故,于前二种境界大海,亦未超渡。其有学者,普于六处遍知为苦,即于所缘修习正道,彼由安住如是住故,于未离欲、已离欲地二种境界,所有心意所缘境相明了现前,又由猛利观察作意,于先所见等随忆念,由此因缘,于彼速疾以慧通达,亦能除遣。又彼于其六处大海速能超渡,能超渡故,于前二种境界大海毕竟超渡。及能超渡能发弃舍所学烦恼,能发寻思乱心烦恼,能发耽著世间利养恭敬烦恼,能发一切恶行烦恼。

一〇七①　　　　二八五（二一八）

如是我闻：一时，佛住舍卫国祇树给孤独园。尔时，世尊告诸比丘："我今当为汝等说苦集道迹，苦灭道迹。谛听！善思，当为汝说。云何苦集道迹？缘眼、色，生眼识，三事和合触，缘触受，缘受爱，缘爱取，缘取有，缘有生，缘生老病死、忧悲恼苦集，如是（纯大苦聚集。）耳、鼻、舌、身、意，亦复如是，是名苦集道迹。云何苦灭道迹？缘眼、色，生眼识，三事和合触，触灭则受灭，受灭则爱灭，爱灭则取灭，取灭则有灭，有灭则生灭，生灭则老病死、忧悲恼苦灭：如是纯大苦聚灭。耳、鼻、舌、身、意，亦如是说，是名苦灭道迹。"佛说此经已，诸比丘闻佛所说，欢喜奉行。

一〇八②　　　　二八六（二一九）

如是我闻：一时，佛住舍卫国祇树给孤独园。尔时，世尊告诸比丘："我今当说涅槃道迹，云何为涅槃道迹？谓观察眼无常，若色，眼识，眼触因缘生受——内觉若苦、若乐、不苦不乐，彼亦无常。耳、鼻、舌、身、意，亦复如是，是名涅槃道迹。"佛说此经已，诸比丘闻佛所说，欢喜奉行。

一〇九③　　　　二八七（二二〇）

如是我闻：一时，佛住舍卫国祇树给孤独园。尔时，世尊告诸比丘："有似趣涅槃道迹。云何为似趣涅槃道迹？观察眼非

---

① 《相应部》（三五）"六处相应"一〇六经。
② 《相应部》（三五）"六处相应"一四六经。
③ 《相应部》（三五）"六处相应"一四八经。

我,若色、眼识、眼触因缘生受①——内觉若苦、若乐、不苦不乐,彼亦观察非我②。耳、鼻、舌、身、意,亦复如是,是名似趣涅槃道迹。"佛说此经已,诸比丘闻佛所说,欢喜奉行。

嗢拕南曰:

道、师不同分,王国、二世间,有为、遮身行,坚执、三空性。

"道不同分":略有二种道不同分:一、自性不同分,二、行相不同分。若趣苦集行,若趣苦灭行,是名自性不同分。当知初一能趣杂染,第二能趣清净,是名此中不同分义。即此趣灭行,或有有为共相行转,或有有为、无为共相行转,是名行相不同分。当知此中,若诸有为共相行相,彼望道果,名不同分。若有为、无为共相行相,彼望道果亦名同分,何以故?道果涅槃常无我故。

一一○　　　　　二八八(　二二一)

如是我闻:一时,佛住舍卫国祇树给孤独园。尔时,世尊告诸比丘:"有趣一切取道迹,云何为趣一切取道迹?缘眼、色,生眼识,三事和合触,触缘受,受缘爱,爱缘取,取所取故。耳、鼻、舌、身、意,亦复如是,取所取故,是名趣一切取道迹。云何断一切取道迹?缘眼、色,生眼识,三事和合触,触灭则受灭,受灭则爱灭,爱灭则取灭,如是知。耳、鼻、舌、身、意,亦复如是。"佛说此经已,诸比丘闻佛所说,欢喜奉行。

---

① "受"下,原本有"若"字,今删。
② "非我",原本作"无常",依上文及《论》义改。

一一一　　　　　　　　二八九（　二二二）

如是我闻：一时，佛住舍卫国祇树给孤独园。尔时，世尊告诸比丘："当知一切知法，一切识法。谛听，善思，当为汝说。云何一切知法，一切识法？诸比丘！眼是知法、识法，若色，眼识，眼触，眼触因缘生受——内觉若苦、若乐、不苦不乐，彼一切是知法、识法。耳、鼻、舌、身、意，亦复如是。"佛说此经已，诸比丘闻佛所说，欢喜奉行。

一一二①　　　　　　　　二九○（　二二三）

如是我闻：一时，佛住舍卫国祇树给孤独园。尔时，世尊告诸比丘："我不说一法不知、不识，而得究竟苦边。云何不说一法不知、不识，而得究竟苦边？谓不说于眼不知、不识而得究竟苦边，若色，眼识，眼触，眼触因缘生受——内觉若苦、若乐、不苦不乐，亦复不说不知、不见②而得究竟苦边。耳、鼻、舌、身、意，亦复如是。"佛说此经已，诸比丘闻佛所说，欢喜奉行。

一一三③　　　　　　　　二九一（　二二四）

如是我闻：一时，佛住舍卫国祇树给孤独园。尔时，世尊告诸比丘："一切欲法应当断。云何一切欲法应当断？谓眼是一切欲法应当断，若色，眼识，眼触，眼触因缘生受——内觉若苦、若乐、不苦不乐，彼一切欲法应当断。耳、鼻、舌、身、意，亦复如是。"佛说此经已，诸比丘闻佛所说，欢喜奉行。

---

① 《相应部》（三五）"六处相应"二六·二七经。
② "见"，疑"识"。
③ 《相应部》（三五）"六处相应"二四经。

一一四① 　　　　　二九二（　二二五）

如是我闻：一时，佛住舍卫国祇树给孤独园。尔时，世尊告诸比丘："我不说一法不知、不断而究竟苦边。云何不说一法不知、不断而究竟苦边？谓不说眼不知、不断而究竟苦边，若色，眼识，眼触，眼触因缘生受——内觉若苦、若乐、不苦不乐，彼一切不说不知、不断而究竟苦边。耳、鼻、舌、身、意，亦复如是"。佛说此经已，诸比丘闻佛所说，欢喜奉行。

一一五② 　　　　　二九三（　二二六）

如是我闻：一时，佛住舍卫国祇树给孤独园。尔时，世尊告诸比丘："我今当说断一切计，谛听，善思，当为汝说。云何不计？谓不计我见色，不计眼我所，不计相属。若色，眼识，眼触，眼触因缘生受——内觉若苦、若乐、不苦不乐，彼亦不计乐我，我所，不计乐相属③。不计耳、鼻、舌、身、意，亦复如是。如是不计者，于诸世间常无所取，无所取故无所著，无所著故自觉涅槃：我生已尽，梵行已立，所作已作，自知不受后有。"佛说此经已，诸比丘闻佛所说，欢喜奉行。

一一六 　　　　　　二九四（　　　）

如上所说眼等不计，一切事不计亦如是。

一一七④ 　　　　　二九五（　二二七）

如是我闻：一时，佛住舍卫国祇树给孤独园。尔时，世尊告

---

① 《相应部》(三五)"六处相应"二五经。
② 《相应部》(三五)"六处相应"九〇·九一经。
③ "属"，原本作"乐"，今改。
④ 《相应部》(三五)"六处相应"九〇·九一经。

诸比丘:"计者是病,计者是痈,计者是刺。如来以不计住故,离病、离痈、离刺。是故比丘欲求不计住,离病、离痈、离刺者,彼比丘莫计眼我,我所,莫计眼相属;莫计色,眼识,眼触,眼触因缘生受——内觉若苦、若乐、不苦不乐,彼亦莫计是我,我所,相在。耳、鼻、舌、身、意,亦复如是。比丘!如是不计者,则无所取,无所取故无所著,无所著故自觉涅槃:我生已尽,梵行已立,所作已作,自知不受后有。"佛说此经已,诸比丘闻佛所说,欢喜奉行。

　　　　一一八　　　　　二九六(　　　)

如眼等所说,余一一事亦如是。

　　　　一一九　　　　　二九七(二二八)

如是我闻:一时,佛住舍卫国祇树给孤独园。尔时,世尊告诸比丘:"我今当说增长法、损减①法。云何增长法?谓缘眼、色,生眼识,三事和合触,触缘受,广说乃至纯大苦聚集,是名增长法。耳、鼻、舌、身、意,亦复如是,是名增长法。云何损减法?缘眼、色,生眼识,三事和合触,触灭则受灭,广说乃至纯大苦聚灭。耳、鼻、舌、身、意,亦复如是,是名损减法。"佛说此经已,诸比丘闻佛所说,欢喜奉行。

　　　一二〇——一二一　二九八——二九九(　　　)

如增长、损减,如是起法、处②变易法,集法、灭法,亦如上说。

"师不同分":复次,于正法内,略有五种师假立句,诸外道师所制论中都不可得。谓趣诸取行,趣诸取尽行,若一切法遍

---

① "损减",原本作"灭"。"损",依宋本补。依《论》义改为"损减"。下例。
② "处",疑"虚"。

知,永断,作苦边际。若于五相受建立处,一一相中,不依四相萨迦耶见,用彼为依,能害四种行相憍慢。若慢为因,有三过患;离慢为因,有三胜利。当知此中怀憍慢者,于涅槃界其心退还,由怖畏故,是名第一过患。于诸恶行恒现行中,及于可爱诸杂染事,其心趣入,是名第二过患。于涅槃界深生怖畏增上力故,便能生起当来生等生死重病。如由怖畏增上力故,如是亦由于诸恶行,及于可爱诸杂染事,其心趣入增上力故,堪能生起当来生等生死重病。如生等病,眼等处痈,贪等毒箭,当知亦尔,是名第三过患。与此相违,当知即是离慢为因三种胜利。若随缘起增上力故,于现法中后有种子,或增、或减,由此为因,当来后有或生、不生,以能摄受种子烦恼,或有集起、或灭没故。一切世间及出世间所有法教如实建立,唯于内法有此大师,为诸弟子正所宣说师假立句,真实可得,非诸外道。

一二二　　　　　　　三〇〇(二二九)

如是我闻:一时,佛住舍卫国祇树给孤独园。尔时,世尊告诸比丘:"我今当说有漏无漏法。云何有漏法?谓眼、色,眼识,眼触,眼触因缘生受——内觉若苦、若乐、不苦不乐。耳……鼻……舌……身……意,法,意识,意触,意触因缘生受——内觉若苦、若乐、不苦不乐:世俗者,是名有漏法。云何无漏法?谓出世间意,若法①、意识、意触、意触因缘生受——内觉若苦、若乐、不苦不乐:出世间者,是名无漏法。"佛说此经已,诸比丘闻佛所说,欢喜奉行②。

---

① "法"下原本有"若"字,依宋本删。
② 有漏无漏,见前(一)"阴相应"一六八经说,《论》略。《杂阿含经》卷八终。

一二三① 　　　　三〇一（二三〇）

②如是我闻：一时，佛住舍卫国祇树给孤独园。时有比丘名三弥离提，往诣佛所，稽首佛足，退坐一面。白佛言："世尊！所谓世间者，云何名世间？"佛告三弥离提："谓眼，色，眼识，眼触，眼触因缘生受——内觉若苦、若乐、不苦不乐。耳……鼻……舌……身……意，法，意识，意触，意触因缘生受——内觉若苦、若乐、不苦不乐，是名世间。所以者何？六入处集则触集，如是乃至纯大苦聚集。三弥离提！若无彼眼，无色，无眼识，无眼触，无眼触因缘生受——内觉若苦、若乐、不苦不乐。无耳……鼻……舌……身……意，法，意识，意触，意触因缘生受——内觉若苦、若乐、若不苦不乐者，则无世间，亦不施设世间。所以者何？六入处灭则触灭，如是乃至纯大苦聚灭故。"佛说此经已，诸比丘闻佛所说，欢喜奉行。

一二四——一二五③　三〇二——三〇三（　　）

如世间，如是众生，如是魔，亦如是说。

"王国"：复次，于欲界中诸器世间，当知譬如王所王国。有情世间，譬如臣民。彼恶天魔，譬如君主。

一二六④ 　　　　三〇四（二三一）

如是我闻：一时，佛住舍卫国祇树给孤独园。时有比丘名三弥离提，往诣佛所，稽首佛足，退坐一面。白佛言："世尊！所谓

---

① 《相应部》（三五）"六处相应"六八经。
② 《杂阿含经》卷九。
③ 《相应部》（三五）"六处相应"六六·六五经。
④ 《相应部》（三五）"六处相应"八二·八四经。

世间者,云何名世间?"佛告三弥离提:"危脆败坏,是名世间。云何危脆败坏?三弥离提!眼是危脆败坏法,若色,眼识,眼触,眼触因缘生受——内觉若苦、若乐、不苦不乐,彼一切亦是危脆败坏。耳、鼻、舌、身、意,亦复如是。是说危脆败坏法,名为世间。"佛说此经已,三弥离提比丘闻佛所说,欢喜奉行。

"二世间":复次,有二世间:一、有情世间,二、器世间。其器世间,为火灾等之所坏灭;有情世间,刹那刹那,各各内身任运坏灭。

一二七①　　　　　　三〇五(　二三二)

如是我闻:一时,佛住舍卫国祇树给孤独园。时有比丘名三弥离提,往诣佛所,稽首佛足,退坐一面。白佛言:"世尊!所谓世间空,云何名为世间空?"佛告三弥离提:"眼空,常、恒、不变易法空,我所空。所以者何?此性自尔。若色,眼识,眼触,眼触因缘生受——若苦、若乐、不苦不乐,彼亦空,常、恒、不变易法空,我所空。所以者何?此性自尔。耳、鼻、舌、身、意,亦复如是,是名空世间。"佛说此经已,三弥离提比丘闻佛所说,欢喜奉行。

"有为":复次,空有二种:一者、有为,二者、无为。此中有为,空无常、恒、久久安住、不变易法,及我、我所。若诸无为,唯空无有我及我所。又此空性,离诸因缘,法性所摄,法尔道理为所依趣。此或如是,或异,或非,遍一切处,无不同归法尔道理。

---

① 《相应部》(三五)"六处相应"八五经。

一二八　　　　　三〇六（二三三）

如是我闻：一时，佛住舍卫国祇树给孤独园。尔时，世尊告诸比丘："我今当说世间集，世间灭，世间灭道迹。谛听，善思。云何为世间？谓六内入处。云何六？眼内入处，耳、鼻、舌、身、意内入处。云何世间集？谓当来有爱，喜贪俱，彼彼乐①著。云何世间灭？谓当来有爱，喜贪俱，彼彼乐著无余断：已舍、已吐、已尽、离欲、灭、止、没。云何世间灭道迹？谓八圣道：正见，正志，正语，正业，正命，正方便，正念，正定。"佛说此经已，诸比丘闻佛所说，欢喜奉行②。

一二九③　　　　　三〇七（二三四）

如是我闻：一时，佛住舍卫国祇树给孤独园。尔时，世尊告诸比丘："我不说有人行到世界边者，我亦不说不行到世界边而究竟苦边者。"如是说已，入室坐禅。时众多比丘，世尊去后，即共议言："世尊向者略说法言：我不说有人行到世界边者，我亦不说不行到世界边而得究竟苦边者。如是说已，入室坐禅。我等今于世尊略说法中，未解其义，是中诸尊谁有堪能于世尊略说法中，广为我等说其义者。"复作是言："唯有尊者阿难，聪慧总持，而常给侍世尊左右，世尊赞叹，多闻、梵行，堪为我等于世尊略说法中广说其义。今当往诣尊者阿难所，请求令说。"

时众多比丘，往诣尊者阿难所，共相问讯已，于一面坐。具以上事，广问阿难。尔时，阿难告诸比丘："谛听，善思，今当为

---

① "乐"，原本作"集"，形似致误，今改。
② 《论》义见前（一）"阴相应"——六经下。
③ 《相应部》（三五）"六处相应"——六经。

说。若世间，世间名，世间觉，世间言辞，世间语说，此等皆入世间数。诸尊！谓眼是世间，世间名，世间觉，世间言辞，世间语说，是等悉入世间数。耳、鼻、舌、身、意，亦复如是。多闻圣弟子，于六入处集、灭、味、患、离如实知，是名圣弟子到世界边，知世间，世间所重，度世间。"尔时，尊者阿难复说偈言：

"非是游步者，能到世界边；
不到世界边，不能免众苦。
是故牟尼尊，名知世间者，
能到世界边，诸梵行已立。
世界边唯有，正智能谛了，
觉慧达世间，故说度彼岸。

如是诸尊！向者世尊略说法已，入室坐禅，我今为汝分别广说。"尊者阿难说是法已，众多比丘闻其所说，欢喜奉行。

"遮身行"：复次，如来不遮能得一切世间边际，唯遮身行随往能得世间边际。此中当依胜义道理，应知世间，若得世间边际方便，及世边际。谓于方处，有世间想，假名施设增上力故。即由世间若智、若想增上力故，说有世间；若想、若智增上力故，于诸世间广起言说。由或见、闻、或觉、或知增上力故，于六触处，由其五转起如实智，名得世间边际方便。未来诸行因永尽故，名为能到世间边际。于世因果如实知故，名世间解。能正任持最后身故，名善运转世间边际。于现法中，一切境界爱永尽故，具恒住故，说名能超世间爱者。由如是等所说行相，当知名得世间边际。

一三〇① 　　　　　三〇八（二三五）

如是我闻：一时，佛住舍卫国祇树给孤独园。尔时，世尊告诸比丘："有师、有近住弟子，则苦独住；无师、无近住弟子，则乐独住。云何有师、有近住弟子，则苦独住？缘眼、色，生恶不善觉，贪、恚、痴俱。若彼比丘行此法者，是名有师；若于此边住者，是名近住弟子。耳、鼻、舌、身、意，亦复如是。如是有师、有近住弟子，常苦独住。云何无师、无近住弟子，常乐独住？缘眼、色，生恶不善觉，贪、恚、痴俱。彼比丘不行，是名无师；不依彼住，是名无近住弟子。是名无师、无近住弟子，常乐独住。若彼比丘无师、无近住弟子者，我说彼得梵行福。所以者何？无师，无近住弟子比丘，于我建立梵行，能正尽苦，究竟苦集②。"佛说此经已，诸比丘闻佛所说，欢喜奉行。

"坚执"：复次，非善说法毗奈耶中诸出家者，随有一恶不善寻思，未生、生时，一向能为梵行障碍。如彼生已，坚执不舍。此中不行最为殊胜，设有行者，不应坚执，于相续中，不应为作居住依止。何以故？刹那杂染不能倾动所修梵行，要当相续能倾动故。

一三一③ 　　　　　三〇九（二三六）

如是我闻：一时，佛住舍卫国祇树给孤独园。尔时，尊者舍利弗，晨朝着衣持钵，入舍卫城乞食。乞食已，还精舍，举衣钵，

---

① 《相应部》（三五）"六处相应"一五〇经。
② "集"，疑是"边"之误。
③ 《中部》（一五一）《乞食清净经》。参阅《增一阿含经》（四五）"马王品"六经。

洗足已,持尼师檀,入林中昼日坐禅。时舍利弗从禅觉,诣世尊所,稽首礼足,退坐一面。尔时,佛告舍利弗:"汝从何来?"舍利弗答言:"世尊!从林中昼日坐禅来。"佛告舍利弗:"今入何等禅住?"舍利弗白佛言:"世尊!我今于林中入空三昧禅住。"佛告舍利弗:"善哉善哉!舍利弗!汝今入上座禅住而坐禅。若诸比丘欲入上座禅者,当如是学。若入城时,若行乞食时,若出城时,当作是思惟:我今眼见色,颇起欲、恩爱、爱念、著不?舍利弗!比丘作如是观时,若眼识于色有爱、念、染著者,彼比丘为断恶不善故,当勤欲方便堪能,系念修学。譬如有人火烧头衣,为尽灭故,当起增上方便,勤教令灭。彼比丘亦复如是,当起增上勤欲方便,系念修学。若比丘观察时,若于道路,若聚落中行乞食,若出聚落,于其中间,眼识于色无有爱、念、染著者,彼比丘愿以此喜乐善根,日夜精勤,系念修习。是名比丘于行、住、坐、卧,净除乞食,是故此经名清净乞食住。"佛说此经已,尊者舍利弗闻佛所说,欢喜奉行。

"三空性":复次,当知略有二种空住:一者、尊胜空住,二者、引彼空住。诸阿罗汉观无我住,如是名为尊胜空住。由阿罗汉法尔尊胜,观无我住,于诸住中最为尊胜;如是或尊胜所住,或即住尊胜,由此因缘,是故说名尊胜空住。引彼空住者,谓如有一,若行、若住,如实了知烦恼有无。知有烦恼,便修断行。知无烦恼,便生欢喜,生欢喜故,乃至令心证三摩地;由心证得三摩地故,如实观察诸法无我,昼夜随学,曾无懈废,如是名为引彼空住。当知此中,于内烦恼如实了知,有知为有,无知为无,是名空性。

①复次，正见圆满，已见谛迹诸圣弟子，皆能如实越彼邪空，亦能如实入正不空，以世间道及出世道修习空性。其义云何？谓于此处彼非有故，正观为空，若于此处所余有故，如实知有。譬如客舍，于一时间无诸人物，说名为空；于一时间有诸人物，说名不空。或即此舍，由无一类说名为空，谓无材木，或无覆苫，或无门户，或无关键，或随一分无所有故，然非此舍即舍体空。如是自体所依止身，亦名受趣，亦名想趣，亦名思趣。然此自体所依止身，于一时间，由无一类，或受、或想、或复思等，一切烦恼、随烦恼等，说名为空；于一时间，由有一类说名不空。或即自体所依止身，于一时间，由无一类，或眼、或耳、或鼻、或舌、或身一分、或意一分，说名为空，然非自体所依止身，即自身体一切皆空。当知此中总略义者，若观诸法所有自性毕竟皆空，是名于空颠倒趣入，亦名违越佛所善说法毗奈耶。若观诸法，由自相故一类是有，一类非有，此有、非有毕竟远离。又观有性，于一时间一分远离，于一时间一分不离，如是名为于彼空性，无有颠倒如实趣入。以世间道修空性者，谓圣弟子住远离处，先于城邑、聚落、人想，作意思惟，次后思惟阿练若想。彼即观察，于自身中此想为空，谓人、邑等想；此想不空，谓阿练若想。又余不空，谓阿练若想为缘，阿练若想相应诸受、思等，或即此想，由一类故观之为空，谓无粗重、不寂静住及炽然等；由一类故观为不空，谓有微细、极寂静住、离炽然等。又即于彼能取山林、卉木、禽兽等阿练若差别相想，无复思惟，但思惟地，无别相想。又即于彼能取险

---

① 《论》义，依《中阿含经》(一九〇)《小空经》、《中部》(一二一)《空小经》。

恶、高下、不平、多诸刺棘、瓦砾等地差别相想,无复思惟,但思惟地平坦、细滑,犹如掌中,无别相想。从此次第,除色想等,渐次思惟空处、识处、无所有处差别相想,后于非想非非想处所有相想,作意思惟。于一切处,如前所说,历观空性:观诸下地有粗想等,观诸上地有静想等,如是名为诸圣弟子,以世间道修习空性。当知为趣,乃至上极无所有处,渐次离欲。自斯已后,修圣道行,渐次除去无常行等,能趣非想非非想处毕竟离欲。彼于尔时,自观身中空无诸想,谓一切漏一向寂静,永离炽然。又观身中有法不空,谓此依止为缘,六处展转互相任持;乃至寿住为缘,诸清净法无有坏灭。当知世尊于昔修习菩萨行位,多修空住,故能速证阿耨多罗三藐三菩提,非如思惟无常、苦住。是故今者证得上妙菩提住已,由昔串习随转力故,多依空住。

①复次,有二种空:一者、应所证空,二者、应所修空。若诸苾刍乐依杂住,于此二种不能成办,应所证空不能证故,应所修空不能修故。因于二种不成办故,当知退失四种妙乐:谓于一切摄受恶事遽务众苦,皆悉解脱妙出离乐;解脱贪欲、嗔恚等事,初静虑中妙远离乐;寻、伺止息妙寂静乐;二解脱摄,无所造作,无恐怖摄妙等觉乐。二解脱者:一、时爱心解脱,二、不动心解脱。若阿罗汉根性钝故,于世间定,是其退法,未能解脱所有定障,故名时爱心解脱。以退法故,时时退失,时时现前,故说名时。于现法乐,喜欲证住,故说名爱。不动心解脱者,谓阿罗汉根性利故,是不退法,一切皆以无漏道力而得解脱,于一切种都无退失。

---

① 《论》义,依《中阿含经》(一九一)《大空经》、《中部》(一二二)《空大经》。

当知此中，决定义是三昧耶义，余如前说。无所造作、无恐怖者，当知无有异类可得，令阿罗汉心于中染，彼变异故生愁叹等。应所证空，略有二种：一者、外空，二者、内空。外空者，谓超过一切五种色想，则五妙欲之所引发，于离欲贪正能作证。内空者，谓于内诸行，断增上慢，正能作证。应所修空，亦有二种：一、于内外诸境界中修无我见，二、即于彼修无常见。此四种空，当知四行为所依止：外空，以内住心增上缘力，离所生乐滋润其身为所依止，及我慢遍知。内空，以内外空，于内外法修无我见为所依止；无我见，以即于彼修无常见为所依止；无常见，以闻正法如理作意为所依止。又于此中，若诸苾刍为离欲贪，精勤修学，观察作意增上力故，于欲界系诸不净相，勉励思惟。彼于外空未作证故，于其正道未善修故，趣染习故，于外空性心不证入。不爱乐故，便于其中，由我慢门心不流散，等随观察，以寂静相思惟内空。彼由我慢未永断故，于其正道未善修故，亦于此中心不证入。遂于内外一切行中修无我见，于无我见未善修故，亦于其中心不证入。乃于内外一切行中修无常见，令心不动，于诸行中见无常故，一切种动皆无所有，故无常见名不动界。由于是处心无[①]胜解，故以正慧如实通达：或缘不净，或缘慈悲，或缘息念所有境界，或缘诸行无常境界，于三摩地极多修习为因缘故，令心调柔，由是渐次于一切处皆能证入。由此因缘，于所证空能证圆满。因于所证得圆满故，其心解脱一切能顺下、上分结。由此因缘，于所修空能修圆满，因于所修得圆满故，成就无学正见等法。

---

① "无"下原有"不"字，依宋本删。

若于是时，乃至于空未能证入，当知此时是异生位；若时证入，是有学位；若时修习已得圆满，是无学位。为令此修得圆满故，勤修正行，令心证入，以善寻思而正寻思，则于其中能善知量，离诸杂染而起言说。于经行处能正经行，于所坐处能正安坐，于如是等一切处所，皆善知量。如是行时清净为先，于其住时亦得清净。其间能以观察作意，数数观察现行烦恼，净修治心；如是能趣一向成就诸白净法，一切魔怨所不能夺，及彼一切恶不善法。四种杂染：谓后有因性故，现法身心遍烧恼故，恶趣因性故，生等众苦因性故。言说有二：一者、随逐音声胜解言说，二者、随逐法随法行言说。第一言说，是于正法受持、读诵、请问、征核之所发起；第二言说，是于所缘令心安住、究竟解脱、施设教授之所发起。若为是义，如来出世，诸弟子众随入圣教，应勤修习如是善法。若于彼法毗奈耶中，无一切种所修梵行，当知亦无修梵行者，以于其中无梵行故。称梵行者，皆修邪行，师弟展转互相触恼，各自许有尊卑体式。于正法中，二俱可得。若有弃舍大果、大利，应所证空，应所修空，为极下劣，有大罪过！利养恭敬、爱味所漂，多习邪行，当知彼为大梵行灾之所触恼。彼由如是耽嗜、爱著利养恭敬，自逼恼故，于能随顺解脱言教，不欲听闻；虽为宣说，不能属耳。或为贪著利养恭敬增上力故而强听闻，无心求解，不欲修行，不为究竟善自调伏，乃至不为证般涅槃。由如是事，憎恶大师，行不平等，以于广大现前恩德不能报故。当知此中总略义者，谓善说法毗奈耶中，既出家已，由四因缘，如于自己正所应行而不能行，如于大师圣教出家正所应行亦不能行，谓乐相杂住故，随顺随逐音声胜解言说故，耽著利养恭敬故。由此耽著增上缘力,听闻正法,不修自利利他行故。又佛世尊,不欲自显能善御众而摄徒众,唯深哀愍诸有情故。由是因缘,于行邪行弟子众中,能无护惜,分明示语。宁使弟子由此分明粗利益语,现舍正法及毗奈耶,当获利益,勿令住此广兴邪行①。

一三二②　　　　　三一〇(二三七)

如是我闻:一时,佛住毗舍离猕猴池侧重阁讲堂。时有长者,名郁瞿娄,往诣佛所,稽首佛足,退坐一面。白佛言:"世尊!何故有一比丘见法般涅槃?何故比丘不得见法般涅槃?"佛告长者:"若有比丘,眼识于色,爱、念、染著;以爱、念、染著故,常依于识,为彼缚故,若彼取故,不得见法般涅槃。耳……鼻……舌……身……意识(于)法,亦复如是。若比丘眼识于色,不爱乐、染著;不爱乐染著者,不依于识,不触、不著、不取故,此诸比丘得见法般涅槃。耳……鼻……舌……身……意识(于)法,亦复如是。是故长者!有比丘得见法般涅槃者,有不得见法般涅槃者。"

一三三——一三四　　三一一——三一二(　　)

如长者所问经,如是阿难所问经,及佛自为诸比丘所说经,亦如上说。

③复次,嗢拕南曰:

　　离欲未离欲,问、因缘、染路,保命、著处等,皆广说应知。

---

① 《瑜伽师地论》卷九〇终。
② 《相应部》(三五)"六处相应"一二四经。
③ 《瑜伽师地论》卷九一。

"离欲未离欲"：若有苾刍,于其欲界或已离欲,或未离欲,于五妙欲意所识法,定地三世,由三种缠及彼根本所有随眠正杂染时,于现法中不任趣证究竟涅槃。当知此中,由过去世,依彼取识；由未来世,属彼取识；由现在世,著彼取识。由彼根本所有随眠,堕在相续常随逐故,执彼取识。与此相违,无杂染时,于现法中堪能趣证究竟涅槃。

"问"：复次,于圣教中,当知有四如理问者：一、有净信若诸长者、若长者子,二、具聪慧多闻苾刍,三、是大师亲承侍者,四、即大师。有二因缘,佛于弟子知而故问：谓观弟子,虽欲请问而无无畏；或于其义无所了知,为遮现在、未来过故,为令正法得久住故。

一三五　　　　　三一三（二三八）

如是我闻：一时,佛住毗舍离猕猴池侧重阁讲堂。时有异比丘,往诣佛所,稽首佛足,退坐一面。白佛言："世尊！何因何缘眼识生？何因何缘耳、鼻、舌、身、意识生？"佛告比丘："眼因、缘色眼识生。所以者何？若眼识生,一切眼、色因缘故。耳、声因缘,鼻、香因缘,舌、味因缘,身、触因缘①,意、法因缘意识生,所以者何？诸所有意识,彼一切皆意、法因缘生故。是名比丘眼识因缘生,乃至意识因缘生。"时彼比丘闻佛所说,欢喜随喜,作礼而去。

"因缘"：复次,由二因缘,说六识身以内六处为因,以外六处为缘。谓内六处,为彼种子所依附故；又内六处相续一类,如

---

① "身触因缘",原本缺,依元本补。

先所得毕竟转故。境界不尔,非彼种子所依附故,又非一类相续转故。

一三六① 　　　　三一四（二三九）

如是我闻:一时,佛住毗舍离猕猴池侧重阁讲堂。尔时,世尊告诸比丘:"我今当说结所系法及结法。云何结所系法? 眼、色,耳、声,鼻、香,舌、味,身、触,意、法,是名结所系法。云何结法? 谓欲贪是名结法。"佛说此经已,诸比丘闻佛所说,欢喜奉行。

一三七② 　　　　三一五（二四〇）

如是我闻:一时,佛住毗舍离猕猴池侧重阁讲堂。尔时,世尊告诸比丘:"我今当说所取法及取法。云何所取法? 眼、色,耳、声,鼻、香,舌、味,身、触,意、法,是名所取法。云何取法? 谓欲贪是名取法。"佛说此经已,诸比丘闻佛所说,欢喜奉行。

"**染路**":复次,由二种相,当总了知一切杂染:一者、一切杂染自性,二者、一切杂染行路。言自性者,所谓欲贪,与诸杂染为根本故。言行路者,谓内、外处,能取、所取有差别故。

一三八③ 　　　　三一六（二四一）

如是我闻:一时,佛住毗舍离猕猴池侧重阁讲堂。尔时,世尊告诸比丘:"愚痴无闻凡夫比丘,宁以火烧热铜筹以烧其目,令其炽然,不以眼识取于色相,取随形好。所以者何? 取于色

---

① 《相应部》(三五)"六处相应"一〇九经。
② 《相应部》(三五)"六处相应"一一〇经。
③ 《相应部》(三五)"六处相应"一九四经。

相,取随形好故,堕恶趣中,如沉铁丸。愚痴无闻凡夫,宁烧铁锥以钻其耳,不以耳识取其声相,取随声好。所以者何？耳识取声相,取随声好者,身坏命终堕恶趣中,如沉铁丸。愚痴无闻凡夫,宁以利刀断截其鼻,不以鼻识取于香相,取随香好。所以者何？以取香相,取随香好故,身坏命终堕恶趣中,如沉铁丸。愚痴无闻凡夫,宁以利刀断截其舌,不以舌识取于味相,取随味好。所以者何？以取味相,随味好故,身坏命终堕恶趣中,如沉铁丸。愚痴无闻凡夫,宁以刚铁利枪以刺其身,不以身识取于触相及随触好。所以者何？以取触相及随触好故,身坏命终堕恶趣中,如沉铁丸。诸比丘！睡眠者是愚痴活,是痴命,无利、无福,然诸比丘宁当睡眠,不于彼色而起觉想。若起觉想者,必生缠缚、诤讼,能令多众起于非义,不能饶益安乐天人。彼多闻圣弟子作如是学：我今宁以炽然铁枪以贯其目,不以眼识取于色相,堕三恶趣,长夜受苦。我从今日,当正思惟,观眼无常、有为、心缘生法。若色,眼识,眼触,眼触因缘生受——内觉若苦、若乐、不苦不乐,彼亦无常、有为、心缘生法。耳、鼻、舌、身入处,当如是学。宁以铁枪贯其身体,不以身识取于触相及随触好故,堕三恶道。我从今日,当正思惟,观身无常、有为、心缘生法。若触,身识,身触,身触因缘生受——内觉若苦、若乐、不苦不乐,彼亦无常、有为、心缘生法。多闻圣弟子作如是学：睡眠者,是愚痴活,痴命,无果、无利、无福。我当不眠,亦不起觉想,起想者生于缠缚、诤讼,令多人非义饶益,不得安乐。多闻圣弟子如是观者,于眼生厌,若色,眼识,眼触,眼触因缘生受——内觉若苦、若乐、不苦不乐,彼亦生厌。厌故不乐,不乐故解脱,解脱知见：我生已尽,梵行已立,所作已作,自知不受后有。耳、鼻、舌、身、意,亦复如是。"佛说此经已,诸比丘闻佛所说,欢喜奉行。

"保命":复次,若诸苾刍,于二处所等随观察,若行、若住,如理作意为所依止,于二杂染应脱其心。云何名为于二处所?谓自保命,忽然夭丧;不善心殒,往诸恶趣。云何名为如理作意为所依止?复于何等二种杂染应脱其心?谓我宁遭种种楚挞,损害于己诸处之身,勿复令我不善心殒,生诸恶趣。又我应当与喜乐俱,如实观察,为欲对治现行不善,恳励修习诸行无常。若经行时,于诸境界执取诸相,执取随好所有杂染,令心解脱。远离住时,于诸不善种种寻思所有杂染,令心解脱。当知此中,第一杂染是相似因,第二杂染是相似果。又二杂染现在转时,生于二处:谓自保命,即于尔时倏归夭丧;不善心殒,往诸恶趣。是故于彼二种杂染,一刹那中深见过患,发生惭愧,尚为妙善,况能相续。

　　　一三九——一四二①　　三一七——三二〇(二四二)

如是我闻:一时,佛住毗舍离猕猴池侧重阁讲堂。尔时,世尊告诸比丘:"若眼不知、不识、不断、不离欲,不堪能正尽苦。于眼若知、若识、若断、若离欲,堪能正尽苦。"佛说此经已,诸比丘闻佛所说,欢喜奉行。

　　　一四三——一六二　　三二一——三四〇(　　　)

如眼四经②,如是乃至意二十四经,如上说。

---

① 《相应部》(三五)"六处相应"一一一经。
② "四经",义不明。考(一)"阴相应"六——九经,"不知不识"等,凡四经。又(二)"入处相应"六——九经,意义相同,此处仅约六处,分别为"二十四经"耳。《论》义见前。

一六三①　　　　　　　三四一（　二四三）

如是我闻：一时，佛住毗舍离猕猴池侧重阁讲堂。尔时，世尊告诸比丘："若诸比丘，于眼味者，当知是沙门、婆罗门不得自在脱于魔手，魔缚所缚，入于魔系。耳、鼻、舌、身、意，亦复如是。若沙门、婆罗门于眼不味者，当知是沙门、婆罗门不随于魔，脱于魔手，不入魔系。"佛说此经已，诸比丘闻佛所说，欢喜奉行。

一六四——一六九　　三四二——三四七（　　　）

如味，如是欢喜，赞叹，染著，坚住，爱乐，憎嫉，亦如是说。

一七〇——一七六　　三四八——三五四（　　　）

如内入处七经，外入处七经亦如是说。

一七七——一七八②　三五五——三五六（　二四四）

如是我闻：一时，佛住毗舍离猕猴池侧重阁讲堂。尔时，世尊告诸比丘："有六魔钩，云何为六？眼味著色，是则魔钩；耳味著声，是则魔钩；鼻味著香，是则魔钩；舌味著味，是则魔钩；身味著触，是则魔钩；意味著法，是则魔钩。若沙门、婆罗门眼味著色者，当知是沙门、婆罗门，魔钩钩其咽，于魔不得自在。"秽说、净说，广说如上。

一七九　　　　　　　三五七（　二四五）

如是我闻：一时，佛住拘留搜调伏驳牛聚落。尔时，世尊告诸比丘："我今当为汝等说法，初语亦善，中语亦善，后语亦善。善义，善味，纯一满净，清白梵行，谓四品法经。谛听，善思，当为汝说。何等为四品法经？有眼识色，可爱、可念、可乐、可著；比

---

① 《相应部》（三五）"六处相应"一一四·一一五经。
② 《相应部》（三五）"六处相应"一八九经。

丘见已,欢喜、赞叹、乐著、坚住。有眼识色,不可爱、不可念、不可乐著、苦厌;比丘见已,嗔恚、嫌薄。如是比丘,于魔不得自在,乃至不得解脱魔系。耳、鼻、舌、身、意,亦复如是。有眼识色,可爱、可念、可乐、可著,比丘见已,知喜不赞叹、不乐著、坚实。有眼识色,不可爱、念、乐、著,比丘见已,不嗔恚、嫌薄。如是比丘,不随魔自在,乃至解脱魔系。耳、鼻、舌、身、意,亦复如是。是名比丘四品法经。"

"**著处**":复有众多魔所归向,所有杂染著安足处,智者了知,应当远避。谓已离欲诸异生类,系属定生喜乐诸处所有爱味著安足处。未离欲者,于妙五欲受为依故,喜乐、诤竞、贪爱、耽染著安足处。于恩、于怨诸有情所,一切爱、恚著安足处。广大上品能引境界,顺乐、顺苦,所求、所寻,所可贪爱所有三世著安足处。当知此中可欣、可乐、可爱、可意诸句差别,如前已辩①。不可欣者,于未来世,不可乐故;不可乐者,于过去世,由随忆念不可乐故;不可爱者,于诸境界不可乐故;不可意者,由于诸受不可乐故。又言苦者,即于境界不可乐故。言损恼者,即于诸受不可乐故。言违背者,于过去世不可乐故。言逆意者,于未来世不可乐故。

一八〇　　　　　三五八(二四六)

如是我闻:一时,佛住王舍城耆阇崛山。尔时,世尊晨朝着衣持钵,入王舍城乞食。尔时,天魔波旬作是念:沙门瞿昙晨朝

---

① 《瑜伽师地论》卷八四(大正三〇·七六九中——下)。

着衣持钵,入王舍城乞食,我今当往乱其道意。时魔波旬化作御车象①类,执杖觅牛,着弊衣,蓬头乱发,手脚剥裂,手执牛杖,至世尊前,问言:"瞿昙!见我牛不?"世尊作是念:此是恶魔,欲来乱我。即告魔言:"恶魔!何处有牛?何用牛为?"魔作是念:沙门瞿昙知我是魔,而白佛言:"瞿昙!眼触入处是我所乘,耳、鼻、舌、身、意触入处是我所乘。"复问瞿昙:"欲何所之?"佛告恶魔:"汝有眼触入处,耳、鼻、舌、身、意触入处;若彼无眼触入处,无耳、鼻、舌、身、意触入处,汝所不到,我往到彼。"②尔时,天魔波旬即说偈言:

"若常有我者,彼悉是我所,
一切悉属我,瞿昙何所之?"

尔时,世尊说偈答言:

"若言有我者,彼说我则非,
是故知波旬,即自堕负处。"

魔复说偈言:

"若说言知道,安隐向涅槃,
汝自独游往,何烦教他为?"

世尊复说偈答言:

"若有离魔者,问度彼岸道,

---

① "象",古与"像"通。
② 以下,同《相应部》(四)"恶魔相应"二四经。

为彼平等说,真实永无余,
时习不放逸,永离魔自在。"

魔复说偈言:

"有石似段肉,饿乌来欲食,彼作软美想,欲以补饥虚,
竟不得其味,折𦥑而腾虚。我今犹如乌,瞿昙如石生,
不入愧而去,犹乌陵虚逝。内心怀愁毒,即彼没不现。"

(二杂染):复次,有二杂染:一者、外境杂染,二者、内受杂染。眼等为依,于色等境起诸贪著,名外境杂染。诸触为依,贪著内受,名内受杂染。此二杂染,于永寂灭般涅槃中皆不可得,非诸魔怨所能游履。

一八一　　　　　三五九(　二四七)

如是我闻:一时,佛住王舍城耆阇崛山。尔时,世尊告诸比丘:"若沙门、婆罗门,眼习近于色,则为魔所自在,乃至不得解脱魔系。耳、鼻、舌、身、意,亦复如是。若沙门、婆罗门,眼不习近于色,不随魔自在,乃至得解脱魔系。耳、鼻、舌、身、意,亦复如是。"佛说此经已,诸比丘闻佛所说,欢喜奉行。

一八二——一九五　三六○——三七三(　　　)

如习近,如是系、著,〔如是〕味、〔如是〕邻、聚,〔若〕①使,受持、系著,我所,求,欲,淳,浓,不舍,亦如上说。

(十五相):复次,由十五相,应当了知一切种类爱见杂染。

---

① "如是"、"如是"、"若"等字,均可删。

谓于诸处,由诸缠故名藏,由随眠故名护,由我见故名覆,所余差别,广说如前摄异门分①。

一九六②　　　　　　　　三七四(二四八)

如是我闻:一时,佛住波吒利弗多罗国鸡林园。尔时,尊者阿难往诣尊者大纯陀所,共相问讯已,于一面坐。尔时,尊者阿难语尊者纯陀言:"欲有所问,宁有闲暇见答与不?"尊者纯陀语尊者阿难言:"随仁所问,知者当答。"尊者阿难问尊者纯陀:"如世尊、如来、应、等正觉,所知、所见,说四大造色,施设、显露此四大色非我。如来、应、等正觉,所知、所见,亦复说识非我耶?"尊者纯陀语尊者阿难言:"仁者最为多闻,我从远来诣尊者所,为问此法故。今日尊者唯愿为说此义!"尊者阿难语纯陀言:"我今问尊者,随意见答。尊者纯陀!为有眼、有色、有眼识不?"答言:"有。"尊者阿难复问:"为缘眼及色生眼识不?"答言:"如是。"尊者阿难复问:"若眼及色生眼识,彼因、彼缘,为常、为无常?"答言:"无常。"尊者阿难又问:"彼因彼缘生眼识,彼因彼缘无常变易时,彼识住耶?"答曰:"不也,尊者阿难!"尊者阿难复问:"于意云何? 彼法若生、若灭可知,多闻圣弟子于中宁见是我,异我,相在不?"答曰:"不也,尊者阿难?""耳……鼻……舌……身……于③意云何? 有意、有法、有意识不?"答曰:"有。"尊者阿难复问:"为缘意及法生意识不?"答曰:"如是。"尊者阿难复问:"若意缘法生意识,彼因、彼缘,为常、为无常?"答曰:

---

① 《瑜伽师地论》卷八四(大正三〇·七六九中)。
② 《相应部》(三五)"六处相应"一九三经。
③ "于"上,原本有"意法"二字,衍文,今删。

"无常。"尊者阿难复问:"若因、若缘生意识,彼因彼缘无常变易时,意识住耶?"答曰:"不也。"尊者阿难复问:"于意云何?彼法若生、若灭可知,多闻圣弟子宁于中见我,异我,相在不?"答言:"不也,尊者阿难!"尊者阿难语纯陀言:"是故尊者!而如来、应、等正觉,所知、所见,说识亦无常。譬如士夫,持斧入山,见芭蕉树,谓堪材用,断根截叶,斫枝①剥皮,求其坚实,剥至于尽,都无坚处?如是多闻圣弟子,正观眼识,耳、鼻、舌、身、意识。当正观时,都无可取,无可取故无所著,无所著故自觉涅槃:我生已尽,梵行已立,所作已作,自知不受后有。"彼二正士说是法时,展转随喜,各还其所。

复次,总嗢拕南曰:

　　因同分等,唯作缘等,上品贪等,后多住等。

别嗢拕南曰:

　　因同分、思、缚解脱、相、触遍、胜解、护根门,教、爱相为后。

"**因同分**":诸圣弟子,因同分识随入无我,由三种相,于诸识中正观而住。云何因同分识随入无我?谓由现见五有色处、四大种身,若增、若减,若取、若舍,无常性故,于缘彼识随入无常,无常则苦,苦则无我,由是因缘随入无我。云何随入无我性已,由三种相于诸识中正观而住?谓诸邪见,一切皆以我见为根,是故此根必应先断。又以正慧,即观彼识所依、所缘差别转故,有无量种。又观此识差别转时,如刹那量安住坚实尚不可

---

① "叶斫枝",原作"斫莱叶",依宋本改。

得,何况毕竟!

一九七① 　　　　　三七五（　二四九）

如是我闻:一时,佛住舍卫国祇树给孤独园。尔时,尊者阿难诣尊者舍利弗所,语尊者舍利弗:"欲有所问,宁有闲暇为解说不?"舍利弗言:"随仁所问,知者当答。"尊者阿难问尊者舍利弗:"六触入处尽、离欲、灭、息、没已,更有余不?"尊者舍利弗语阿难言:"莫作此问,六触入处尽、离欲、灭、息、没已,更有余不!"阿难又问尊者舍利弗:"六触入处尽、离欲、灭、息、没已,无有余耶?"尊者舍利弗答阿难言:"亦复不应作如是问,六触入处尽、离欲、灭、息、没已,无有余耶!"阿难复问尊者舍利弗:"六触入处尽、离欲、灭、息、没已,有余无余?非有余非无余耶?"尊者舍利弗答阿难言:"此亦不应作此问,六触入处尽、离欲、灭、息、没已,有余无余,非有余非无余耶!"尊者阿难又问舍利弗:"如尊者所说,六触入处尽、离欲、灭、息、没已,有亦不应说,无亦不应说,有无亦不应说,非有非无亦不应说,此语有何义?"尊者舍利弗语尊者阿难:"六触入处尽、离欲、灭、息、没已,有余耶?此则虚言。无余耶?此则虚言。有余无余耶?此则虚言。非有余非无余耶?此则虚言。若言六触入处尽、离欲、灭、息、没已,离诸虚伪,得般涅槃,此则佛说。"时二正士展转随喜,各还本处。

"思":复次,于六处灭、究竟寂静、无戏论中,由戏论俱四种行相,不应思惟,不应分别,不应诘问,唯应依他增长觉慧、审谛观察真实意趣。云何为四?谓或有,无,或异,不异。以彼六处

---

① 《增支部》"四集"一七三·一七四经。

有生有灭,展转异相施设可知。由生灭故,有、无可得;有异相故待他种类,异性可得;待自种类前后无别,不异可得。六处永灭、常寂静相,是故由彼戏论俱行四种行相,思惟观察,不应道理。当知此中能引无义思惟分别所发语言,名为戏论。何以故?于如是事勤加行时,不能少分增益善法,损不善法,是故说彼名为戏论。

一九八①　　　　　　　三七六(　二五〇)

如是我闻:一时,佛住王舍城迦兰陀竹园。时尊者舍利弗,尊者摩诃拘絺罗,俱在耆阇崛山。尊者摩诃拘絺罗晡时从禅觉,诣尊者舍利弗所,共相问讯已,退坐一面。语舍利弗言:"欲有所问,宁有闲暇见答与②不?"尊者舍利弗语摩诃拘絺罗:"随仁所问,知者当答。"尊者摩诃拘絺罗问尊者舍利弗言:"云何尊者舍利弗!眼系色耶?色系眼耶?耳、声,鼻、香,舌、味,身、触,意、法;意系法耶?法系意耶?"尊者舍利弗答尊者摩诃拘絺罗言:"非眼系色,非色系眼,乃至非意系法,非法系意。尊者摩诃拘絺罗!于其中间,若彼欲贪,是其系也。尊者摩诃拘絺罗!譬如二牛,一黑一白,共一轭鞅缚系。人问言:为黑牛系白牛?为白牛系黑牛?为等问不?"答言:"不也,尊者舍利弗!非黑牛系白牛,亦非白牛系黑牛,然于中间若轭、若系鞅者,是彼系缚。""如是尊者摩诃拘絺罗!非眼系色,非色系眼,乃至非意系法,非法系意;中间欲贪,是其系也。尊者摩诃拘絺罗!若眼系色,

---

① 《相应部》(三五)"六处相应"一九一经,又一九二经。
② "与",原作"已",今改。

若色系眼,乃至若意系法,若法系意,世尊不教人建立梵行,得尽苦边。以非眼系色、非色系眼,乃至非意系法、非法系意故,世尊教人建立梵行,得尽苦边。尊者摩诃拘缔罗!世尊眼见色若好、若恶,不起欲贪;其余众生,眼若见色若好、若恶,则起欲贪。是故世尊说当断欲贪,则心解脱。乃至意、法,亦复如是。"时二正士展转随喜,各还本处。

"**缚解脱**":复次,于内、外处,若有欲贪境界现前,或不现前,而其诸根不能弃舍,故名为缚。若无欲贪,设有境界正现在前,诸根于彼尚能弃舍,况不现前,故名解脱。

一九九　　　　　三七七（二五一）

如是我闻:一时,佛住王舍城迦兰陀竹园。尔时,尊者舍利弗,尊者摩诃拘缔罗,俱在耆阇崛山中。尊者摩诃拘缔罗晡时从禅觉,诣尊者舍利弗所,共相问讯已,退坐一面。语尊者舍利弗:"欲有所问,宁有闲暇见答与①不?"舍利弗言:"随仁所问,知者当答。"尊者摩诃拘缔罗问尊者舍利弗言:"谓无明者,云何为无明?"尊者舍利弗言:"所谓无知,无知者是为无明。云何无知?谓眼无常不如实知,是名无知,眼生灭法不如实知,是名无知。耳、鼻、舌、身、意,亦复如是。如是尊者摩诃拘缔罗!于此六触入处如实不知、不见、不无间等,愚痴、无明、大冥,是名无明。"尊者摩诃拘缔罗又问:"尊者舍利弗!所谓明者,云何为明?"舍利弗言:"所谓为知,知者是明。为何所知?谓眼无常,眼无常

---

① "与",原作"已",今改。

如实知;眼生灭法,眼生灭法如实知。耳、鼻、舌、身、意,亦复如是。尊者摩诃拘绨罗!于此六触入处如实知、见、明、觉、悟、慧、无间等,是名为明。"时二正士各闻所说,展转随喜,各还其所①。

二〇〇② 三七八(二五二)

如是我闻:一时,佛住王舍城迦兰陀竹园。时有比丘名优波先那,住王舍城寒林中冢间,蛇头岩下迦陵伽行处。时尊者优波先那,独一于内坐禅,时有恶毒蛇,长尺许,于上石间堕优波先那身上。优波先那唤舍利弗,语诸比丘:"毒蛇堕我身上,我身中毒。汝等驶来,扶持我身出置于外,莫令于内身坏,碎如糠糟聚。"时尊者舍利弗,于近处住一树下,闻优波先那语,即诣优波先那所,语优波先那言:"我今观汝色貌、诸根不异于常,而言中毒,持我身出,莫令散坏,如糠糟聚,竟为云何?"优波先那语舍利弗言:"若当有言:我眼是我、我所,耳、鼻、舌、身、意,耳、鼻、舌、身、意是我、我所;色、声、香、味、触、法,色、声、香、味、触、法是我、我所;地界,地界是我、我所,水、火、风、空、识界,水、火、风、空、识界是我、我所;色阴,色阴是我、我所,受、想、行、识阴,受、想、行、识阴是我、我所者,面色诸根,应有变异。我今不尔,眼非我、我所,乃至识阴非我、我所,是故面色,诸根无有变异。"舍利弗言:"如是,优波先那!汝若长夜离我、我所、我慢、系著、使,断其根本,如截多罗树头,于未来世永不复起,云何面色、诸根当有变异!"时舍利弗即周匝扶持优波先那身,出于窟外。优

---

① 明与无明,《论》义见前(一)"阴相应"三九——四一经下。
② 《相应部》(三五)"六处相应"六九经。

波先那身,中毒碎坏,如聚糠糟①。时舍利弗即说偈言:

"久殖诸梵行,善修八圣道,欢喜而舍寿,犹如弃毒钵。
久殖诸梵行,善修八圣道,欢喜而舍寿,如人重病愈。
久殖诸梵行,善修八圣道,如出火烧宅,临死无忧悔。
久殖诸梵行,善修八圣道,以慧观世间,犹如秽草木,
不复更求余,余亦不相续。"

时尊者舍利弗,供养优波先那尸已,往诣佛所,稽首礼足,退坐一面。白佛言:"世尊! 尊者优波先那,有小恶毒蛇,如治眼筹,堕其身上,其身即坏,如聚糠糟。"佛告舍利弗:"若优波先那诵此偈者,则不中毒,身亦不坏如聚糠糟。"舍利弗白佛言:"世尊! 诵何等偈,何等辞句?"佛即为舍利弗而说偈言:

"常慈念于彼,坚固赖吒罗,慈伊罗槃那,尸婆弗多罗,
钦婆罗上马,亦慈迦拘吒,及彼黑瞿昙,难陀②、跋难陀。
慈悲于无足,及以二足者,四足与多足,亦悉起慈悲。
慈悲于诸龙,依于水陆者,慈一切众生,有量及无量。
安乐于一切,亦离烦恼生,欲令一切贤,一切莫生恶,
常住蛇头岩,众恶不来集。凶害恶毒蛇,能害众生命,
如此真谛言,无上大师说。我今诵习此,大师真实语,
一切诸恶毒,无能害我身。贪欲、嗔恚、痴,世间之三毒,
如此三恶毒,永除名佛宝,法宝灭众毒,僧宝亦无余。

---

① 以下,《相应部》缺。
② "陀",原作"徒",依元本改。

破坏凶恶毒,摄受护善人,佛破一切毒,汝蛇毒今破。

故说是咒术章句,所谓:

坞耽婆隶　耽婆隶　舥①陆　波罗耽陆　奈渧　肃奈渧
扠跋渧　文那移　三摩移　檀谛
尼罗枳施　婆罗拘闬坞隶　坞娱隶　悉波呵

舍利弗!优波先那善男子,尔时说此偈、说此章句者,蛇毒不能中其身,身亦不坏如糠糟聚。"舍利弗白佛言:"世尊!优波②先那未曾闻此偈,未曾闻此咒术章句。世尊今日说此,正为当来世耳。"尊者舍利弗闻佛所说,欢喜作礼而去。

"**相**":复次,善修梵行,于诸蕴、处,我、我所见已永断者,若为损身,乃至夺命苦受所触,终无色变、心变可得,如是名粗善守根相。彼由如是善守诸根,四苦解脱增上力故,得四种喜:一、由当来外缘生苦得解脱故;二、由当来内缘生苦得解脱故;三、于现法般涅槃时,由二种依所作众苦得解脱故;四、命终已,与世所见草木相似,一切众苦不相续故。由二种相,草木相似:一者,六处离有情想,与世所见草木相似;二者,六处为所依止,贪、嗔、痴火乃得烧然,与世所见草木相似。善修梵行诸圣弟子,当来后有苦不生故,与诸如来成就明力少分相似,非现法缘苦不生故,设暂生已速疾断故。然诸如来二种明力,皆悉成就,是故说名无上明持。

---

① "舥",宋本作"耽"。
② "波",原作"婆",依宋本改。

二〇一① 　　　　　三七九（　二五三）

如是我闻：一时，尊者优陀夷往拘萨罗国人间游行，至拘磐茶聚落，到毗纽迦旃延氏婆罗门尼庵罗园中住。时毗纽迦旃延氏婆罗门尼，有诸年少弟子，游行采樵，至庵罗园中，见尊者优陀夷，坐一树下，容貌端正，诸根寂静，心意安谛，成就第一调伏。见已，往诣其所，共相问讯已，退坐一面。时优陀夷为诸年少，种种说法劝励已，默然而住。彼诸年少闻尊者优陀夷所说，欢喜随喜，从座起去。时诸年少担持束薪，还至毗纽迦旃延氏婆罗门尼所，置薪束于地，诣毗纽迦旃延氏婆罗门尼所，白言："我和上尼当知！庵罗园中有沙门优陀夷，姓瞿昙氏，依于彼住，极善说法。"毗纽迦旃延氏婆罗门尼语诸年少言："汝可往请沙门优陀夷瞿昙氏，明日于此饭食。"时诸年少弟子，受毗纽迦旃延氏婆罗门尼教已，往诣尊者优陀夷所，白优陀夷言："尊者当知！我和上毗纽迦旃延氏婆罗门尼，请尊者优陀夷明旦饭食。"时优陀夷默然受请。时彼诸年少，知优陀夷受请已，还归和上毗纽迦旃延氏婆罗门尼所，白言："和上尼！我以和上尼语请尊者优陀夷，尊者优陀夷默然受请，和上尼自知时。"

尔时，尊者优陀夷，夜过晨朝，着衣持钵，往诣毗纽迦旃延氏婆罗门尼舍。时毗纽迦旃延氏婆罗门尼，遥见尊者优陀夷来，疾敷床座，请令就坐。设种种饮食，自手供养，丰美满足。食已，澡漱②洗钵讫，还就本座。时毗纽迦旃延氏婆罗门尼，知食已讫，着好革屣，以衣覆头，别施高床，现起轻相，傲慢而坐。语优陀夷

---

① 《相应部》（三五）"六处相应"一三三经。
② "漱"，原本作"嗽"，依宋本改。

言:"欲有所问,宁有闲暇见答与不?"优陀夷答言:"姊妹!今是非时。"作此语已,从座起去。如是明日,诸弟子复至庵罗园采樵,听法,还复白和上尼,和上尼复遣诣请食。如前三返,乃至请法,答言非时,不为说法。诸年少弟子复白和上尼:"庵罗园中沙门优陀夷,极善说法。"和上尼答言:"我亦知彼极善说法,再三请来,设食、问法,常言非时,不说而去。"诸弟子言:"和上尼着好革屣,以衣覆头,不恭敬坐,彼云何说?所以者何?彼尊者优陀夷,心敬法故,不说而去。"和上尼答言:"若如是者,更为我请。"

彼诸弟子受教更请,供养如前。时和上尼知食讫已,脱革屣,整衣服,更坐卑床,恭敬白言:"欲有所问,宁有闲暇见答与不?"优陀夷答言:"汝今宜问,当为汝说。"彼即问言:"有沙门、婆罗门,说苦、乐自作;复有说言苦、乐他作;复有说言苦、乐自他作;复有说言苦、乐非自非他作。尊者复云何?"尊者优陀夷答言:"姊妹!阿罗诃说苦乐异生,非如是说。"婆罗门尼复问:"其义云何?"优陀夷答言:"阿罗诃说,从其因缘生诸苦、乐。"优陀夷复语婆罗门尼言:"我今问汝,随意答我。于意云何?有眼不?"答言:"有。""有色不?"答言:"有。""有眼识,眼触,眼触因缘生受——内觉若苦、若乐、不苦不乐不?"答言:"如是,尊者优陀夷!"优陀夷复问:"有耳……鼻……舌……身……(有)意(有色?有意识),意触,意触①因缘生受——内觉若苦、若乐,不苦不乐不?"答言:"如是,尊者优陀夷!"优陀夷言:"此是阿罗诃

---

① "意触",原本缺,依宋本补。

说,从其因缘生于苦、乐。"婆罗门尼言:"尊者优陀夷,如是阿罗诃说,从其因缘生苦、乐耶?"优陀夷答言:"如是,婆罗门尼!"婆罗门尼复问:"沙门!云何阿罗诃说因缘生苦、乐、不苦不乐灭?"优陀夷答言:"我今问汝,随意答我。婆罗门尼!一切眼一切时灭无余,犹有眼触因缘生受——内觉若苦、若乐、不苦不乐耶?"答言:"无也,沙门!""如是耳……鼻……舌……身……意一切时灭永尽无余,犹有意触因缘生受——内觉若苦、若乐、不苦不乐耶?"答言:"无也,沙门!""如是婆罗门尼!是为阿罗诃说因缘生苦、乐、不苦不乐灭。"尊者优陀夷说是法时,毗纽迦旃延氏婆罗门尼远尘、离垢,得法眼净。尔时,毗纽迦旃延氏婆罗门尼,见法,得法,知法,入法,度疑、惑,不由于他,入佛教法,于法得无所畏。从坐起,整衣服,恭敬合掌,白尊者优陀夷:"我今日超入决定。我从今日,归依佛,归依法,归依僧!我从今日尽寿归依三宝。"尔时,优陀夷为婆罗门尼说法、示教、照喜已,从坐起去。

"**触遍**":复次,有一沙门或婆罗门,越胜现量,世间愚夫尚不迷惑,况诸智者!一切愚痴所安足处,虚妄推度以为依止,或依前际,或依现法,坚固执著,建立四种苦、乐邪论。谓依前际,虚妄计度宿作因故,立诸苦、乐一向自作;虚妄计度自在变化以为因故,立诸苦、乐一向他作;虚妄计度先自在作,然后宿作因所作故,立诸苦、乐自作,他作;虚妄计度无因生故,立诸苦、乐非自非他所作因生。或依现法,虚妄计度,若随自欲,自作功用所生起者,立为自作;若不随欲,不自觉知他所引者,立为他作;若随所欲,自所觉知他所引者,立自、他作;若非自、他功用为先所生起者,但由境界现在前故,不能了达微细因触,便起邪执,谓非自、他所作因生,立无因生。此中唯有诸根、境、识和合所生苦乐可得,都无前际或现法中,若自、若他实有可得。唯即于此三事和合,假立自、他,是故当知唯有其触,遍行一切为苦乐因。

二〇二① 三八〇(二五四)

如是我闻:一时,佛住王舍城迦兰陀竹园。尔时,尊者二十亿耳住耆阇崛山,常精勤修习菩提分法。时尊者二十亿耳,独静禅思而作是念:"于世尊弟子精勤声闻中,我在其数,然我今日未尽诸漏。我是名族姓子,多饶财宝,我今宁可还受五欲,广行施作福。"尔时,世尊知二十亿耳心之所念,告一比丘:"汝等今往二十亿耳所,告言:世尊呼汝。"是一比丘受佛教已,往诣二十亿耳所,语言:"世尊呼汝。"二十亿耳闻彼比丘称大师命,即诣世尊所,稽首礼足,退住一面。尔时,世尊告二十亿耳:"汝实独静禅思作是念:世尊精勤修学声闻中,我在其数,而今未得漏尽解脱。我是名族姓子,又多钱财,我宁可还俗受五欲乐,广施作福耶?"时二十亿耳作是念:"世尊已知我心。"惊怖毛竖,白佛言:"实尔,世尊!"佛告二十亿耳:"我今问汝,随意答我。二十亿耳!汝在俗时,善弹琴不?"答言:"如是,世尊!"复问:"于意云何?汝弹琴时,若急其弦,得作微妙和雅音不?"答言:"不也,世尊!"复问:"云何?若缓其弦,宁发微妙和雅音不?"答言:"不也,世尊!"复问:"云何?善调琴弦,不缓、不急,然后发妙和雅

---

① 《中阿含经》(一二三)《沙门二十亿经》、《增支部》"六集"五五经。《增一阿含经》(二三)"地主品"三经,与经初分相当。

音不？"答言："如是，世尊！"佛告二十亿耳："精进太急，增其掉、悔；精进太缓，令人懈怠。是故汝当平等修习摄受，莫著、莫放逸、莫取相！"时尊者二十亿耳，闻佛所说，欢喜随喜，作礼而去。时尊者二十亿耳，常念世尊说弹琴譬，独静禅思，如上所说，乃至漏尽，心得解脱，成阿罗汉。

尔时，尊者二十亿耳得阿罗汉，内觉解脱喜乐，作是念："我今应往问讯世尊。"尔时尊者二十亿耳，往诣佛所，稽首礼足，退坐一面。白佛言："世尊！于世尊法中得阿罗汉，尽诸有漏，所作已作，舍离重担，逮得己利，尽诸有结，正智心解脱。当于尔时，解脱六处。云何为六？离欲解脱，离恚解脱，远离解脱，爱尽解脱，诸取解脱，心不忘念解脱。世尊！若有依少信心而言离欲解脱，此非所应；贪、恚、痴尽，是名真实离欲解脱。若复有人，依少持戒而言我得离恚解脱，此亦不应；贪、恚、痴尽，是名真实（离恚）解脱。若复有人，依于修习利养远离，而言远离解脱，是亦不应；贪、恚、痴尽，是真实远离解脱。贪、恚、痴尽，亦名离爱，亦名离取，亦名离忘念解脱。如是世尊！若诸比丘未得罗汉，未尽诸漏，于此六处不得解脱。若复比丘在于学地，未得增上乐涅槃，习向心住，尔时成就学戒，成就学根。后时当得漏尽，无漏心解脱，乃至自知不受后有；当于尔时，得无学戒，得无学诸根。譬如婴童愚小仰卧，尔时成就童子诸根；彼于后时渐渐增长，诸根成就，当于尔时成就长者诸根。在学地者，亦复如是，未得增上安乐。乃至成就无学戒，无学诸根，若眼常识色，终不能妨心解脱、慧解脱，意坚住故，内修、无量、善解脱，观察生灭乃至无常。耳识声，鼻识香，舌识味，身识触，意识法，不能妨心解脱、慧解脱,意坚住故,内修、无量、善解脱,观察生灭。譬如村邑近大石山,不断、不坏、不穿,一向厚密,假使四方风吹,不能动摇,不能穿过。彼无学者亦复如是,眼常识色,乃至意常识法,不能妨心解脱、慧解脱,意坚住故,内修、无量、善解脱,观察生灭。"尔时,二十亿耳重说偈言:

"离欲心解脱,无恚脱亦然,远离心解脱,贪爱永无余,
诸取心解脱,及意不忘念。晓了入处生,于彼心解脱,
彼心解脱者,比丘意止息,诸所作已作,更不作所作。
犹如大石山,四风不能动。色、声、香、味、触,及法之好恶,
六入处常对,不能动其心,心常住坚固,谛观法生灭。"

尊者二十亿耳说是法时,大师心悦;诸多闻梵行者闻尊者二十亿耳所说,皆大欢喜。尔时,尊者二十亿耳闻佛说法,欢喜随喜,作礼而去。尔时,世尊知二十亿耳去,不久,告诸比丘:"善心解脱者,应如是记说。如二十亿耳,以智记说,亦不自举,亦不下他,正说其义,非如增上慢者,不得其义而自称叹得过人法,自取损减。"

"胜解":复次,由四种相,正发精进,速令诸漏永尽无余。何等为四?一者,发起平等精进,谓不极掉举发勤精进,令其身心疲倦损恼;亦不极下发起精进,虚弃身命令无所得,是名初相。又不由此而生恃慢,谓我独能发勤精进,余则不尔,是第二相。又于正发勤精进果,世间安触所证差别,无有爱味与此俱行,修不放逸,是第三相。又于精进平等之相,能善摄受,令于当来无有退失,是第四相。如是正发勤精进故,永尽诸漏,成阿罗汉。

若欲于彼大师、有智同梵行所,记别自己所证差别,唯阿罗汉六处胜解,能正记别,谓依三学及以五种补特伽罗。云何名为六处胜解?一、出离胜解,二、无恼胜解,三、远离胜解,四、爱尽胜解,五、取尽胜解,六、心无忘失胜解。云何三学?一、增上戒学,二、增上心学,三、增上慧学。云何五种补特伽罗?一者,异生处在居家,唯依于信,发生欣乐出离胜解,从境界缚心求出离,是名第一补特伽罗。二者,异生既出离已,唯依于戒,于诸有情,由身、语、意行无恼行,是名第二补特伽罗。三者,异生能断利养及恭敬爱,于现法中离欲界欲,是名第三补特伽罗。四者,有学已见谛迹,是名第四补特伽罗。五者,无学得阿罗汉,是名第五补特伽罗。当知此中,第一、第二处所胜解,初学所依;第三处所所起胜解,与第二学作其所依;后三处所所起胜解,与第三学作其所依。若由此智能断烦恼及烦恼断,当知是名心无忘失。又于当来后有因断,说名爱尽。现法境界诸杂染断,说名取尽。又彼第一补特伽罗,虽有正信出离胜解,而未决定堪于当来令彼一切悉皆弃舍及与变异;第二,有其无恼胜解,第三,有其远离胜解,当知亦尔。若诸有学六处胜解,虽无堪能当来弃舍及与变异,然似幼童,等持、念、慧皆悉羸劣,虽生圣处,未善修故,于贪、嗔、痴不能远离,无余永断;由慧劣故,及由贪等未永断故,若遇胜妙境界现前,时时忘念。由此因缘,而勤生起学心解脱及慧解脱,尽诸烦恼;是故有学补特伽罗,仍有所作,由此分故而名减劣。若阿罗汉六处胜解,尚无堪能当来变异,况有弃舍!善修道故,贪、嗔、痴等永断无余,爱尽、取尽,胜解圆满。已得尽智、无生智故,六种恒住所摄受故,所有智慧,非如有学时时忘念。故阿罗汉六处胜解,由第一义最极圆满,亦名成就最极清净,非余下位补特伽罗。由此因缘,亦无自高记别所解。于三摩地所行、所缘无散乱故,名内心住。即三摩地善成满故,名不狭小。一切烦恼皆离系故,名善解脱。所有智慧善积集故,说名善修。见灭尽故,无有爱味,其心一向善而无罪。

二〇三① 三八一(二五五)

如是我闻:一时,尊者摩诃迦旃延,住阿磐提国湿摩陀江侧猕猴室阿练若窟。有鲁醯遮婆罗门,恭敬承事,如罗汉法。尔时,尊者摩诃迦旃延,晨朝着衣持钵,入猕猴室聚落,次行乞食。乞食还,举衣钵,洗足已,入室坐禅。时鲁醯遮婆罗门有诸年少弟子,游行采薪,至尊者摩诃迦旃延窟边,共戏笑言:"此中剃发沙门住,是黑暗人,非世胜人,而鲁醯遮婆罗门尊重供养如罗汉法。"时尊者摩诃迦旃延语诸年少言:"年少!年少!莫作声。"诸年少言:"终不敢复言。"如是再三,语犹不止。于是尊者摩诃迦旃延,出户外,语诸年少言:"年少!年少!汝等莫语,我今当为汝等说法,汝等且听。"诸年少言:"诺!唯愿说法,我当听受。"尔时,尊者摩诃迦旃延即说偈言:

"古昔婆罗门,修习胜妙戒,得生宿命智,娱乐真谛禅,
常住于慈悲,关闭诸根门,调伏于口过,古昔行如是。
舍本真实行,而存虚伪事,守族姓放逸,从诸根六境,
自饿、居家间,三浴②、诵三典,不守护根门,犹如梦得宝。

---

① 《相应部》(三五)"六处相应"一三二经。
② "浴",原本作"洛",依宋本改。

> 编发衣皮褐,戒盗灰坌身,粗衣以蔽形,执杖持水瓶,
> 假形婆罗门,以求于利养。善摄护其身,澄净离尘垢,
> 不恼于众生,是道婆罗门。"

尔时,诸年少婆罗门嗔恚不喜,语尊者摩诃迦旃延:"谤我经典,毁坏所说,骂辱婆罗门。"执持薪束,还鲁醯遮婆罗门所,语鲁醯遮婆罗门言:"和上知不?彼摩诃迦旃延诽谤经典,毁呰言说,骂辱婆罗门。"鲁醯遮婆罗门语诸年少:"诸年少!莫作是语。所以者何?摩诃迦旃延宿重戒德,不应谤毁经典,毁呰言说,骂婆罗门。"诸年少言:"和上不信我言,当自往看。"

时鲁醯遮婆罗门,不信诸年少语,往诣摩诃迦旃延,共相问讯,慰劳已,退坐一面。语摩诃迦旃延言:"我诸年少弟子来到此不?"答言:"到此。""少多与共言语不?"答云:"与共言语。"鲁醯遮婆罗门言:"汝与诸年少共语,今可为我尽说是。"摩诃迦旃延即为广说。时鲁醯遮婆罗门,亦复嗔恚,心得不喜,语摩诃迦旃延:"我先不信诸年少语,今摩诃迦旃延,真实诽谤经典,毁呰而说,骂辱婆罗门。"作此语已,小默然住。须臾,复语摩诃迦旃延:"仁者所说门,何等为门?"摩诃迦旃延言:"善哉!善哉!婆罗门所问如法,我今当为汝说门。婆罗门!眼是门,以见色故;耳……鼻……舌……身……意是门,以识法故。"婆罗门言:"奇哉摩诃迦旃延!我问其门,即说其门。如摩诃迦旃延所说不守护门,云何不守护门?"摩诃迦旃延言:"善哉!善哉!婆罗门问不守护门,是如法问,今当为汝说不守护门。婆罗门!愚痴无闻凡夫,眼见色已,于可念色而起缘著,不可念色而起嗔恚,不住身念处故,于心解脱、慧解脱无如实知,于彼起种种恶不善法,

不得无余灭尽。于心解脱、慧解脱，妨碍不得满是；心解脱、慧解脱不满故，身满恶行，不得休息，心不寂静；以不寂静故，于其根门则不调伏，不守护，不修习。如眼、色，耳、声，鼻、香，舌、味，身、触，意、法，亦复如是。"鲁醯遮婆罗门言："奇哉！奇哉！摩诃迦旃延！我问不守护门，即为我说不守护门。摩诃迦旃延！云何复名善守护门？"摩诃迦旃延语婆罗门言："善哉！善哉！汝能问我善守护门义，谛听，善思，当为汝说守护门义。多闻圣弟子，眼见色已，于可念色不起缘著，不可念色不起瞋恚，常摄其心，住身念处，无量心解脱、慧解脱如实知。于彼所起恶不善法，寂灭无余，于心解脱、慧解脱而得满足；解脱满足已，身触恶行悉得休息，心得正念，是名初门善调伏、守护、修习。如眼及色，耳、声，鼻、香，舌、味，身、触，意、法，亦复如是。"鲁醯遮婆罗门言："奇哉！摩诃迦旃延！我问守护门①义，即为我说守护门义。譬如士夫求毒药草，反得甘露，今我如是，瞋恚而来至此座坐，而摩诃迦旃延以大法雨雨我身中，如雨甘露。摩诃迦旃延！家中多事，今请还家。"摩诃迦旃延言："婆罗门！宜知是时。"时鲁醯遮婆罗门闻摩诃迦旃延所说，欢喜随喜，从座起去②。

"**护根门**"：复次，略有二种补特伽罗：一者、不能密护根门，二者、善能密护根门。云何名为不能密护根门补特伽罗？谓如有一，于诸境界不能如理作意思惟，于可爱色为贪欲缠之所缠缚，于不爱色为瞋恚缠之所缠缚。又于彼境，不能随念所有过

---

① "门"，原本作"问"，依宋本改。
② 《杂阿含经》卷九终。

患,设有随念不善修习,由是因缘,心为诸缠之所覆蔽,起诸缠已,不能制伏。又是异生,未得有学心、慧解脱,于上无学心、慧解脱不如实知。由不知故,于诸有学心、慧解脱亦不能满。彼于尔时,未以修力为所依止,于烦恼品所有粗重未能永害。又不依先善思择力,念不成就为因缘故,当知不能密护根门。由此三相,补特伽罗应知不能密护根门:一、由缠故,二、由思择所摄对治有缺减故,三、由修力所摄对治有缺减故。与此相违,当知白品,于诸根门善能密护。

二〇四① 　　　　三八二(一一六四)

②如是我闻:一时,佛住波罗奈国仙人住处鹿野苑中。时有众多比丘,集于讲堂,作如是论:"诸尊!如世尊说波罗延,低舍弥德勒所问③:

若知二边者,于中永无著,说名大丈夫,不顾于五欲,
无有烦恼锁,超出缝绽忧。

诸尊!此有何义?云何边?云何二边?云何为中?云何为缝绽?云何思以智知,以了了;智所知,了所了,作苦边,脱于苦?"有一答言:"六内入处是一边,六外入处是二边,受是其中,爱为缝绽。习于爱④者,得彼彼因身,渐转增长⑤出生。于此即法,以

---

① 《增支部》"六集"六一经。
② 《杂阿含经》卷一〇(旧误编为卷四三)。
③ 《小部·经集》五品·三经。
④ "爱",原本作"受",今改。
⑤ "转增长",依下文,均作"触增长"。"转"与"触"必有一讹,然以"转"义为长。下例。

智知、以了了；智所知、了所了，作苦边，脱于苦。"复有说言："过去世是一边，未来世是二边，现在世名为中，爱为缝纫。习近此爱，彼彼所因身，渐转增长出生，乃至脱苦。"复有说言："乐受者是一边，苦受者是二边，不苦不乐是其中，爱为缝纫。习近此爱，彼彼所得自身，渐转增长出生，乃至脱①苦。"复有说言："有者是一边，集是二边，受是其中，爱为缝纫；如是广说，乃至脱苦。"复有说言："身者是一边，身集是二边，爱为缝纫；如是广说，乃至脱苦。"复有说言："我等一切所说不同，所谓向来种种异说，要不望知，云何世尊有余之说，波罗延、低舍弥德勒所问经？我等应往具问世尊，如世尊说，我等奉持。"

尔时众多比丘，诣世尊所，稽首礼足，退坐一面。白佛言："世尊！向诸比丘集于讲堂，作如是言：于世尊所说波罗延、低舍弥德勒所问经，所谓二边乃至脱苦。有人说言：内六入处是说一边，外六入处是说二边，受是其中，爱为缝纫。如前广说，悉不决定，今日故来请问世尊，具问斯义，我等所说谁得其义？"佛告诸比丘："汝等所说，皆是善说；我今当为汝等说有余经。我为波罗延、低舍弥德勒有余经说：谓触是一边，触集是二边，受是其中，爱为缝纫。习近爱已，彼彼所得身缘，转增长出生。于此法，以智知、以了了；智所知，了所了，作苦边，脱于苦。"佛说此经已，诸比丘闻佛所说，欢喜奉行。

"**教**"：复次，由二种相，诸圣弟子于其大师所说法教，能正记别，能善宣说，谓能辩释真实义故。云何为二？一者，由是意

---

① "脱"，原作"作"，依宋本改。

趣宣说,善能悟入如是意趣而正记别。二者,如来以无量门广宣圣教,为无量品补特伽罗种种辩说,于此法教不违法性,能正记别。

二〇五① 　　　　三八三(一一六五)

如是我闻:一时,尊者宾头卢住拘睒弥国瞿师罗园。时有婆蹉国王,名优陀延那,诣尊者宾头卢所,共相问讯,问讯已,退坐一面。婆蹉王优陀延那白尊者宾头卢言:"欲有所问,宁有闲暇②见答与③不?"尊者宾头卢答言:"大王!大王且问,知者当答。"婆蹉王优陀延那问尊者宾头卢:"何因何缘,新学年少比丘,于此法律出家未久,极安乐住,诸根欣悦,颜貌清净,肤色鲜白,乐静少动,任他而活,野兽其心,堪能尽寿修持梵行,纯一清净?"尊者宾头卢答言:"如佛所说。如来、应、等正觉、所知、所见,为比丘说:汝诸比丘!若见宿人,当作母想;见中年④者,作姊妹想;见幼稚者,当作女想。以是因缘,年少比丘于此法律出家未久,安隐乐住,诸根敷悦,颜貌清净,肤色鲜白,乐静少动,任他而活,野兽其心,堪能尽寿修持梵行,纯一清净。"婆蹉王优陀延那语尊者宾头卢言:"今诸世间贪求之心,若见宿人而作母想,见中年者作姊妹想,见幼稚者而作女想。当于尔时,心亦随起,贪欲烧燃,瞋恚烧燃,愚痴烧燃,要当更有胜因缘不?"尊者宾头卢语婆蹉王优陀延那:"更有因缘,如世尊说。如来、应、等

---

① 《相应部》(三五)"六处相应"一二七经。
② "暇",原本作"睱",依宋本改。
③ "与",原本作"已",依宋本改。
④ "年",原本作"间",依宋本改。

正觉、所知、所见,为比丘说:此身从足至顶,骨干肉涂,覆以薄皮,种种不净充满其中。周遍观察:发、毛、爪、齿、尘垢、流涎、皮、肉、白骨、筋、脉、心、肝、肺、脾、肾、肠、肚、生藏、熟藏、胞、泪、汗、涕、沫、肪、脂、髓、痰癊、脓、血、脑汁、屎、溺。大王!此因此缘故,年少比丘于此法律出家未久,安隐乐住,乃至纯一满净。"婆蹉王优陀延那语尊者宾头卢:"人心飘疾,若观不净,随净想现,颇更有因缘,令年少比丘于此法律出家未久,安隐乐住,乃至纯一满净不?"尊者宾头卢言:"大王!有因有缘,如世尊说。如来、应、等正觉、所知、所见,告诸比丘:汝等应当守护根门,善摄其心。若眼见色时,莫取色相,莫取随形好,增上执持。若于眼根不摄敛住,则世间贪忧①恶不善法,则漏其心。是故汝②等当受持眼律仪。耳、声、鼻、香、舌、味、身、触、意、法,亦复如是,乃至受持意律仪。"尔时,婆蹉王优陀延那语尊者宾头卢:"善哉!善说法,乃至受持诸根律仪。尊者宾头卢!我亦如是。有时不守护身,不持诸根律仪,不一其念,入于宫中,其心极生贪欲炽燃,(嗔恚烧燃,)愚痴烧燃。正使闲房独处,亦复三毒烧燃其心,况复宫中!又我有时善护其身,善摄诸根,专一其念,入于宫中,贪欲、恚、痴不起烧燃其心。于内宫中尚不烧身,亦不烧心,况复闲独!以是之故,此因此缘,能令年少比丘,于此法律出家未久,安隐乐住,乃至纯一满净。"时婆蹉王优陀延那闻尊者宾头卢所说,欢喜随喜,从坐起去。

---

① "忧",原本作"爱",依宋本改。
② "汝",原本作"此",依宋本改。

"爱相"：复次，于佛善说法毗奈耶，深心爱乐新学苾刍，由二种相，应正了知：一、由身相无变异故，二、由心相无变异故。谓由形色极光净故，面貌熙怡极鲜洁故，肤体充实不羸损故，诸根适悦而寂静故，身无变异；随有所得生喜足故，远离贪乐畜积资财而受用故，于其室家无顾恋故，心无变异。复有三种淫贪对治，能令淫贪未生不生，已生寻断：一者，思惟不应行想；二者，思惟极不净想；三者，密护一切根门。此中密护一切根门，略广应知如声闻地①。谓能密护诸根门者，不令母邑摩触身故，名善护身。于诸母邑不观、不听、不忆念故，名善守根。设见、设闻、设随忆念，即能长时摄受正念，以猛利慧深见过故，名善住念。彼由如是善护其身，善守诸根，善住正念，便能思惟不应行想，由此烦恼不能蔽心令暂欣味。又能思惟极不净想，由此烦恼不能蔽心令速回转。

二〇六②　　　　　　　三八四（一一六六）

如是我闻：一时，佛住拘睒弥国瞿师罗园。尔时，世尊告诸比丘："有手故知有取舍，有足故知有往来，有关节故知有屈伸，有腹故知有饥渴。如是比丘！有眼故眼触因缘生受，内觉若苦、若乐、不苦不乐。耳、鼻、舌、身、意，亦复如是。诸比丘！若无手则不知取舍，若无足则不知往来，若无关节则不知有屈伸，若无腹则不知有饥渴。如是诸比丘！若无眼，则无眼触因缘生受，内觉若苦、若乐、不苦不乐。耳、鼻、舌、身、意，亦复如是。"佛说此

---

① 《瑜伽师地论》卷二三（大正三〇·四〇六中——四〇八上）。
② 《相应部》（三五）"六处相应"一九五·一九六经。

经已,诸比丘闻佛所说,欢喜奉行。

复次,嗢拕南曰:

唯缘、寻思、愿,一切种律仪,入圣教不护,胜资粮善备,
舍所学、著处,不善义、随流,菩萨胜余乘,论施设最后。

"唯缘":由先所作诸业烦恼,及自种子相续所引诸受生起,其六触处唯为作缘。如心所起功用所引诸取受业,手唯能作助取受缘,当知此中道理亦尔。

二〇七[①]　　　　三八五(一一六七)

如是我闻:一时,佛住拘睒弥国瞿师罗园。尔时,世尊告诸比丘:"过去世时,有河中草,有龟于中住止。时有野干,饥行觅食,遥见龟虫,疾来捉取。龟虫见来,即便藏六。野干守伺,冀出头足,欲取食之。久守龟虫,永不出头,亦不出足,野干饥乏,嗔恚而去。诸比丘!汝等今日亦复如是。知魔波旬常伺汝便,冀汝眼著于色,耳闻声,鼻嗅香,舌尝味,身觉触,意念法,欲令出生染著六境。是故比丘!汝等今日常当执持眼律仪住,执持眼根律仪住,恶魔波旬不得其便,随出、随缘。耳、鼻、舌、身、意,亦复如是。于其六根若出、若缘,不得其便,犹如龟虫,野干不得其便。"尔时,世尊即说偈言:

"龟虫畏野干,藏六于壳内,比丘善摄心,密藏诸觉想,
不依不怖彼,覆心勿言说。"

佛说此经已,诸比丘闻佛所说,欢喜奉行。

---

① 《相应部》(三五)"六处相应"一九九经。

"寻思":复次,诸有苾刍受用如法边际卧具,安住空闲,若有能令寻思躁扰,胜妙境相来现于心,当知是魔品类所作。此中,苾刍应以九相安住其心,从诸境界相应寻思摄心令住,无容①寻思随一更起。若由此依,由此境界有所餐②味,于此境界随其所得,随其所住,能自远离。彼于尔时,于可爱事,终不依止诸欲寻思而有所作;于恚寻思及害寻思亦能远离,净修其心,于现法中能得涅槃。得涅槃已,终不共他诤竟而住。谓诸诤竟,于佛圣法毗奈耶中,极作衰损。如是愚痴所生寻思,亦不寻思如余外道。

二〇八③　　　　　　　三八六(一一六八)

如是我闻:一时,佛住拘睒弥国瞿师罗园。尔时,世尊告诸比丘:"譬如䴰麦,着四衢道头,有六壮夫执杖共打,须臾尘碎,有第七人执杖重打。诸比丘!于意云何?如䴰麦聚,六人共打,七人重打,当极碎不?"诸比丘白佛言:"如是,世尊!"佛告诸比丘:"如是愚痴士夫,六触入处之所搥打。何等为六?谓眼触入处常所搥打,耳、鼻、舌、身、意触入处常所搥打。彼愚痴士夫,为六触入处之所搥打,犹复念求当来世有,如第七人重打令碎。比丘!若言是我,是则动摇;言是我所,是则动摇;未来当有,是则动摇;未来当无,是则动摇;当复有色,是则动摇;当复无色,是则动摇;当复有想,是则动摇;当复无想,是则动摇;当复非有想非无想,是则动摇。动摇故病,动摇故痈,动摇故刺,动摇故著。正

---

① "容",原本作"客",依宋本改。
② "餐",原本作"喰",依宋本改。
③ 《相应部》(三五)"六处相应"二〇七经。

观察动摇故苦者,得不动摇心,多修习住,系念正知。如动摇,如是思量;虚诳;有行;因爱言我,是则为爱;言我所,是则为爱;言当来有,是则为爱;言当来无,是则为爱;当有色,是则为爱;当无色,是则为爱;当有想,是则为爱;当无想,是则为爱;当非想非非想,是则为爱。爱故为病,爱故为痈,爱故为刺。若善思观察爱生苦者,当多住离爱心,正念正知①。"

"诸比丘！过去世时,阿修罗兴军与帝释斗。时天帝释告三十三天:今日诸天、阿修罗共②战,若诸天胜、阿修罗不如者,当生执阿修罗,缚以五系,送还天宫。阿修罗语其众言:今阿修罗军与诸天战,若阿修罗胜、诸天不如者,当生执帝释,缚以五系,还归阿修罗宫。当其战诤,诸天得胜、阿修罗不如。时三十三天生执毗摩质多罗阿修罗王,缚以五系,还归天宫。尔时,毗摩质多罗阿修罗王,身被五系,置于正法殿上,以种种天五欲乐而娱乐之。毗摩质多罗阿修罗王作是念:唯阿修罗贤善聪慧,诸天虽善,我今且当还归阿修罗宫。作是念时,即自见身被五系缚,诸天五欲自然化没。毗摩质多罗阿修罗王复作是念:诸天贤善,智慧明彻,阿修罗虽善,我今且当住此天宫。作是念时,即自见身五缚得解,诸天五欲自然还出。毗摩质多罗阿修罗王,乃至有如是微细之缚,魔波旬缚,转细于是。心动摇时,魔即随缚,心不动摇,魔即随解。是故诸比丘！多住不动摇心,正念正知③应当学！"佛说此经已,诸比丘闻佛所说,欢喜奉行。

---

① "知",原本作"智",依宋本改。
② "共",原本作"苦",依宋本改。
③ "知",原本作"智",依圣本改。

"愿":复次,若由先世后有苦因,于现法中有六触处果法而转,由六境界所损恼时,若有苾刍为求后有,自发誓愿修行梵行,彼于尔时,令其第七后有苦因,倍更增长,转为损恼,于现法中能障涅槃;由此因缘,能得当来有暇圆满不决定故,此后有愿,当知于彼微细缚中最极微细。何以故?如彼三十三天宫中,有一囹圄,其中禁缚天或非天。然彼法尔暂得解脱,以天妙欲游戏而住,乃至未起逃窜之心;此心若起,便失妙欲,还见自身为缚所缚。彼才起心,便为微细缚之所缚,以时分故说名微细,非难识故而说微细,由被缚时,能自解了我今有缚。若诸苾刍心愿后有,此心若起,便即被缚,既被缚已,不能了知自身有缚,是故此缚最极微细。当知时分及以难识,俱微细故,名极微细。

二〇九① 　　　　　三八七(一一六九)

如是我闻:一时,佛住拘睒弥国瞿师罗园。尔时,世尊告诸比丘:"若有比丘、比丘尼,眼、色、识,因缘生,若欲、若贪、若昵、若念、若决定著处,于彼诸心善自防护。所以者何?此等皆是恐畏之道,有碍有难;此恶人所依,非善人所依,是故应自防护!耳、鼻、舌、身、意,亦复如是。譬如田夫,有好田苗。其守田者懒惰放逸,栏牛啖食,愚痴凡夫亦复如是,六触入处,乃至放逸,亦复如是。若好田苗,其守田者心不放逸,栏牛不食②,设复入田,尽驱令出。所谓若心、若意、若识,多闻圣弟子于五欲功德,善自

---

① 《相应部》(三五)"六处相应"二〇五经。
② "食",原本作"暴",依宋本改。

摄护,尽止①令灭。若好田苗,其守护田者不自放逸,栏牛入境,左手牵鼻,右手执杖,遍身捶打,驱出其田。诸比丘!于意云何?彼牛遭苦痛已,从村至宅,从宅至村,复当如前过食田苗不?"答言:"不也,世尊!所以者何?忆先入田遭捶杖苦故。如是比丘!若心、若意、若识,多闻圣弟子于六触入处,极生厌离、恐怖,内心安住,制令一意。"

"诸比丘!过去世时,有王闻未曾有好弹琴声,极生爱乐,耽湎、染著。问诸大臣:此何等声,甚可爱乐?大臣答言:此是琴声。王②语大臣:取彼声来。大臣受教,即往取琴来,白言:大王!此是琴,作好声者。王语大臣:我不用琴,取其先闻可爱乐声来。大臣答言:如此之琴,有众多种具,谓有柄、有槽、有丽、有弦、有皮,巧方便人弹之;得众具因缘,乃成音声,非不得众具而有音声。前所闻声,久已过去,转亦尽灭,不可持来。尔时,大王作是念言:咄!何用此虚伪物为!世间琴者,是虚伪物,而令世人耽湎、染著。汝今持去,片片析破,弃于十方。大臣受教,析为百分,弃于处处。如是比丘!若色、受、想、思、欲,知此诸法无常,有为,心因缘生,而便说言是我我所,彼于异时一切悉无。诸比丘!应作如是平等正智如实观察!"佛说此经已,诸比丘闻佛所说,欢喜奉行。

"一切种律仪":复次,若诸苾刍精勤加行,守护诸根,于其律仪及非律仪,应当了知。于软、中、上世间,有学、无学律仪,应

---

① "止",原本误作"心",依宋本改。
② "王",原本缺,依宋本补。

当了知。云何律仪?谓如有一,于可爱境,诸杂染心不忍、不受、不执、不取,设令暂起,寻还弃舍,是名律仪。云何非律仪?谓一苾刍,如营农者,亲近善士,听闻正法,如理作意,正修所缘境界良田,令其生起善根苗稼。然其种性猛利多贪,未尝串习贪欲对治,猛利惭愧亦未曾有,若遇胜妙境界现前,彼由本性猛利贪故,未曾串习贪对治故,所有惭愧皆羸劣故,便起贪缠,坚执不舍。心于贪缠,不能防护而自放纵,非理作意相应心牛,入境界田,损坏所有善根苗稼,以是因缘名非律仪。又如有一,能速作意,于诸境界而自摄敛,然未能观所有过患令不再起,是名为软世间律仪。又如有一,能速作意,于诸境界而自摄敛,亦能观彼所有过患令不再起,是名为中世间律仪。由此为依,获得四种作意所摄九相心住,当知如前声闻地说①。由得此故,名离欲贪诸异生类。彼先修习加行观时,如营农者,今得增上,犹如大王。于先所得等至所生胜妙诸受,能正了知是大放逸安足处已,便使如臣听闻正法增上所生胜奢摩他之所摄护毗钵舍那,令其观察彼所生受性是缘生,缘生性故体是无常,彼由此故,便以意地诸过患相俱行作意而得离欲。既离欲已,复观等至所依别故十种差别,时分别故多百差别。此中等至所依别故十种别者,谓有寻有伺,无寻唯伺,无寻无伺;若喜俱行,若乐俱行,若舍俱行;退分,住分,若胜进分,顺决择分。时分别故多百差别者,谓即观察如是行相,依生、住、灭时分所作差别道理,当知复有多百差别。如是了知彼所生受,是无常性,流转差别种种性已,略由三相,复审观

---

① 《瑜伽师地论》卷三〇(大正三〇·四五〇下——四五一中)。

彼是无常性：谓所依故，现行故，因故。所依故者，谓极乃至第四静虑，所有色身是受所依。现行故者，谓极乃至灭受想定，其间想、受多分现行。言因故者，谓当来世所有受因，即思、求、愿。观察如是乃至有顶所有诸法，缘生性故皆是无常。如是如理审正观察诸离欲地，是名上品世间律仪。当知此中，前二律仪思择力摄，后一律仪修习力摄。彼既成就如是胜妙不放逸力，如实通达圣谛理故，便能永断执我我所以为前行，一切见道所断烦恼，又能获得有学律仪，彼即修习有学律仪。复能永断妄执我慢以为前行，一切修道所断烦恼，究竟证得无学律仪，此上更无若过、若胜所余律仪。

二一〇① 三八八（一一七〇）

如是我闻：一时，佛住拘睒弥国瞿师罗园。尔时，世尊告诸比丘："如癞病人，四体疮坏，入茅荻中，为诸刺叶针刺所伤，倍增苦痛。如是愚痴凡夫，六触入处受诸苦痛，亦复如是。如彼癞人，为草叶针刺所伤，脓血流出。如是愚痴凡夫，其性弊暴，六触入处所触，则起嗔恚，恶声流出，如彼癞人。所以者何？愚痴无闻凡夫，心如癞疮。我今当说律仪不律仪。云何律仪？云何不律仪？愚痴无闻凡夫，眼见色已，于可念色而起贪著，不可念色而起嗔恚，于彼次第随生众多觉想相续；不见过患，复见过患不能除灭。耳、鼻、舌、身、意，亦复如是。比丘！是名不律仪。云何律仪？多闻圣弟子，若眼见色，于可念色不起欲想，不可念色不起恚想，次第不起众多觉想相续住；见色过患，见过患已能舍

---

① 《相应部》（三五）"六处相应"二〇六经前分。

离。耳、鼻、舌、身、意,亦复如是。是名律仪。"佛说此经已,诸比丘闻佛所说,欢喜奉行。

二一一①　　　　　　　　三八九(一一七一)

如是我闻:一时,佛住拘睒弥国瞿师罗园。尔时,世尊告诸比丘:"譬如士夫游空宅中,得六种众生:一者,得狗,即执其狗,系著一处;次得其鸟,次得毒蛇,次得野干,次得失收摩罗,次得猕猴,得斯众生,悉缚一处;其狗者乐欲入村,其鸟者常欲飞空,其蛇者常欲入穴,其野干者乐向冢间,失收摩罗者长欲入海,猕猴者欲入山林。此六众生悉系一处,所乐不同,各各嗜欲到所安处,各各不相乐于他处而系缚故,各用其力,向所乐方而不能脱。如是六根种种境界,各各自求所乐境界,不乐余境界。眼根常求可爱之色,不可意色则生其厌;耳根常求可意之声,不可意声则生其厌;鼻根常求可意之香,不可意香则生其厌;舌根常求可意之味,不可意味则生其厌;身根常求可意之触,不可意触则生其厌;意根常求可意之法,不可意法则生其厌。此六种根,种种行处,种种境界,各各不求异根境界。此六种根,其有力者,堪能自在随觉境界。如彼士夫,系六众生于其坚柱,正出用力,随意而去;往反疲极,以绳系故,终依于柱。诸比丘!我说此譬,欲为汝等显示其义。六众生者,譬犹六根;坚柱者,譬身念处。若善修习身念处,有念、不念色,见可爱色则不生著,不可爱色则不生厌。耳、声,鼻、香,舌、味,身、触,意、法,于可意法则不求欲,不

---

① 《相应部》(三五)"六处相应"二〇六经后分。《增一阿含经》(三八)"力品"八经。

可意法则不生厌。是故比丘！当勤修习，多住身念处。"佛说此经已，诸比丘闻佛所说，欢喜奉行。

"入圣教不护"：复次，若诸苾刍，已入圣教，不护诸根，彼便一向造作众苦，谓后法苦，或现法苦。当知如是不护根者，如癞病人，入芦荻丛，为如其叶可爱境界破裂其身，摄受当来微细俱行后有众苦而不能觉，如是名为由后法苦，说造众苦。彼又于此起染、起著，广生毁犯，由是因缘，虽住空寂阿练若处而受现行追悔所起寻思之苦，如营茅刺伤害其足。不能无畏往净仙众，设强趣入清净僧中，便为有智同梵行人举其所犯。由彼内怀覆藏意故，心如鸩毒，于能举边，发愤掺①害。又诸有智同梵行者，知其鄙劣，乐舍沙门，即便远避不与同住。若诸村邑，若阿练若，咸共讥毁，言此长老如是毁犯，如是恶说，如是恶作，如是非法杂染而住；已净信者令其变退，未净信者令信不生。是故彼人于现法中，领受如此追悔所作，发愤所作，远避所作，讥毁所作种种诸苦。此及前说领受后法所作众苦，总略为一，名受众苦。此中云何名非律仪？谓于如是现法、后法具众过患行处境界，起不如理，妄执诸相、随好邪想。邪想为先，于其住处，发起顺彼相应寻思，由此不能于前所说一切过失，如实观见；虽复观见所有过失，未能数数多修习故，于所依中诸烦恼品所有粗重，未能除遣，身未轻安。谓色心身，由此行相缠及随眠犹尚和合，能令违背思择、修习二力对治，名非律仪。与此相违，当知即是律仪行相。

又此律仪，三因缘故，能令修习速得圆满。何等为三？所谓

---

① "掺"，疑"惨"。

最初，于善说法毗奈耶中，净信出家。既出家已，便用神力相应闻慧，摄持虫兽相似六根。既摄持已，复用如理作意思慧，正审观察过患方便。在闻慧上，修慧下故，中间系缚。中间系已，为欲试察于彼神力得自在不？乃取净相，于诸境界而放纵之。于彼神力未自在故，各各驰散别别境界，然其不能究竟逃窜。未善观见彼过患故，令彼虫兽未善调伏，又令神力不得自在。了知是已，复多修习如理思慧，令到究竟超过作意，转更勤修循身正念。于此正念善修习故，彼不复能各各驰散别别境界，当知尔时，彼善调伏神力，于彼而得自在。

二一二① 　　　三九〇（一一七二）

如是我闻：一时，佛住拘睒弥国瞿师罗园。尔时，世尊告诸比丘："譬如有四虺蛇，凶恶毒虐，盛一箧中。时有士夫，聪明不愚，有智慧，求乐厌苦，求生厌死。时有一士夫语向士夫言：汝今取此箧盛毒蛇，摩拭洗浴，恩亲养食，出内以时。若四毒蛇脱有恼者，或能杀汝，或令近死，汝当防护！尔时，士夫恐怖驰走，忽有五怨，拔刀随逐，要求欲杀。（人复语言：有五怨拔刀随逐，要求欲杀。）汝当防护！尔时，士夫畏四毒蛇及五拔刀怨，驱驰而走，人复语言：士夫！内有六贼，随逐伺汝，得便当杀，汝当防护！尔时，士夫畏四毒蛇、五拔刀怨及内六贼，恐怖驰走，还入空村。见彼空舍，危朽腐毁，有诸恶物，捉皆危脆，无有坚固。人复语言：士夫！是空聚落，当有群贼来，必奄害汝。尔时，士夫畏四毒

---

① 《相应部》（三五）"六处相应"一九七经。《增一阿含经》（三一）"增上品"六经。

蛇、五拔刀贼、内六恶贼、空村群贼而复驰走,忽尔道路临一大河,其水浚急。但见此岸有诸怖畏,面见彼岸安隐快乐,清凉无畏。无桥、船可渡得至彼岸,作是思惟:我取诸草木,缚束成筏,手足方便,渡至彼岸。作是念已,即拾草木,依于岸傍,缚束成筏,手足方便,截流横渡。如是士夫,免四毒蛇、五拔刀怨、六内恶贼,复得脱于空村群贼,度于浚流,离于此岸种种怖畏,得至彼岸安隐快乐。"

"我说此譬,当解其义。比丘!箧者,譬此身色,粗四大、四大所造,精血之体,秽食长养,沐浴、衣服,无常变坏危脆之法。毒蛇者,譬四大——地界,水界,火界,风界。地界若净,能令身死,及以近死;水、火、风净,亦复如是。五拔刀怨者,譬五受阴。六内贼者,譬六爱喜。空村者,譬六内入。善男子!观察眼入处,是无常变坏;执持眼者,亦是无常虚伪之法。耳、鼻、舌、身、意入处,亦复如是。空村群贼者,譬外六入。眼为可意、不可意色所害,耳、声,鼻、香,舌、味,身、触,意为可意、不可意法所害。浚流者,譬四流——欲流,有流,见流,无明流。河者,譬三爱——欲爱,色爱,无色爱。此岸多恐怖者,譬有身。彼岸清凉安乐者,譬无余涅槃。筏者,譬八正道。手足方便截流渡者,譬精进勇猛。到彼岸婆罗门住处者,譬如来、应、等正觉。如是比丘!大师慈悲,安慰弟子,为其所作,我今已作,汝今亦当作其所作!于空闲树下,房舍清净,敷草为座,露地冢间,远离边坐,精勤禅思,慎莫放逸,令后悔恨,此则是我教授之法。"佛说此经已,诸比丘闻佛所说,欢喜奉行。

"**胜资粮善备**":复次,有诸苾刍,先已修集妙慧资粮,复得值遇善友,圆满听闻诸行三种过患,谓现法过患,后法过患,现法、后法过患。当知此中,大种互违为所依止,一切疾病,名现法过患。恶趣诸行,常恒随逐,能作能往,名后法过患。先于现法成就喜贪以为所依,能引现法、后法老死,名现法、后法过患。如是总略有三种苦:一、疾病苦,二、恶趣苦,三、老死苦。谓依善趣及依恶趣,听闻如是诸过患已,精进修行法随法行,因斯能入圣谛现观。次由善净无我真智,如入空室,现观内外六处皆空。彼于尔时,以慧通达,依诸境界忘念所生诸烦恼缠,能为损害;及有余残烦恼随眠,贪爱随眠。又自通达于相续中,有诸烦恼,有诸贪爱,有诸苦恼,有诸损害,及过一切烦恼、贪爱,证有余依般涅槃界,一向寂静。次后,复证无有余依般涅槃界。彼先修习,譬如草木、枝条、茎叶正法门慧,积集圣道,法随法行为所依筏,于修道中正勤修习,渐次证于心善解脱,住有余依般涅槃界,一切灾恼皆得解脱。既住于此,当知究竟越度众苦,到于彼岸。

二一三① 三九一(一一七三)

如是我闻:一时,佛住拘睒弥国瞿师罗园。尔时,世尊告诸比丘:"多闻圣弟子,于一切苦法,集、灭、味、患、离如实知见,见五欲犹如火坑。如是观察五欲已,于五欲贪、欲爱、欲念、欲著,不永覆心;知其欲心行处、住处而自防闭。行处、住处逆防闭已,随其行处、住处,世间贪忧、恶不善法不漏其心。云何名为多闻圣弟子,于一切苦法,集、灭、味、患、离如实知见?多闻圣弟子,于此苦圣谛如实知,此苦集,此苦灭,此苦灭道迹圣谛如实知,是

---

① 《相应部》(三五)"六处相应"二〇三经。

名多闻圣弟子,于一切苦法,集、灭、味、患、离如实知见。云何多闻圣弟子,见五欲如火坑,乃至世间贪忧、恶不善法不永覆心?譬如近一聚落边,有深坑满中盛火,无有烟焰。时有士夫不愚、不痴,聪明、黠慧,乐乐、厌苦,乐生、恶死。彼作是念:此有火坑,满中盛火,我若堕中,必死无疑,于彼生远、思远、欲远。如是多闻圣弟子,见五欲如火坑,乃至世间贪忧、恶不善法不永覆心。若行处、住处,逆防、逆知,乃至世间贪忧、恶不善法不漏其心。譬如聚落边,有奈林,多诸棘刺。时有士夫入于林中,有所营作。入林中已,前后、左右、上下,尽有棘刺。尔时,士夫正念而行,正念来去,正念明目,正念端视,正念屈身。所以者何?莫令利刺伤坏身故。多闻圣弟子亦复如是,若依聚落、城邑而住,晨朝着衣持钵,入村乞食,善护其身,善执其心,正念安住,正念而行,正念明目,正念观察。所以者何?莫令利刺伤圣法律。云何利刺伤圣法律?谓可意爱念之色,是名利刺伤圣法律。云何是可意爱念之色伤圣法律?谓五欲功德,眼识色,生爱念,长养欲乐;耳识声,鼻识香,舌识味,身识触,生爱念,长养欲乐,是名可爱念色伤圣法律。是名多闻圣弟子,所行处、所住处,逆防、逆知,乃至不令世间贪忧、(恶)不善法以漏其心。或时多闻圣弟子,失①于正念,生恶不善觉,长养欲、长养恚、长养痴。是钝根多闻圣弟子,虽起集、灭以欲覆心,譬如铁丸烧令极热,以少水洒,寻即干消。如是多闻圣弟子钝根,生念寻灭。如是多闻圣弟子,如是行,如是住,若王、大臣,若亲(族),往诣其所,请以俸禄,语言:

---

① "失",原本误作"生",依宋本改。

男子！何用剃发，执持瓦器，身着袈裟，家家乞食为？不如安慰，服五欲乐，行施作福！云何比丘！多闻圣弟子，国王、大臣、诸亲、檀越，请以俸禄，彼当还戒、退减以不？"答曰："不也。所以者何？多闻圣弟子，于一切苦法，集、灭、味、患、离如实知见故，见火坑譬五欲，乃至世间贪忧、恶不善法，不永覆心。行处、住处，逆防、逆知，乃至世间贪忧、恶不善法，不漏其心。若复为国王、大臣、亲族请以俸禄，还戒、退减，无有是处。"佛告诸比丘："善哉！善哉！彼多闻圣弟子，其心长夜临趣、流注、浚输，向于远离，向于离欲，向①于涅槃寂静舍离，乐于涅槃，于有漏处寂灭清凉。若为国王、长者、亲族所请，还戒、退减者，无有是处，余得大苦。譬如恒河，长夜临趣、流注、浚输东方，多众断截，欲令临趣、流注、浚输西方，宁能得不？"答言："不能，世尊！所以者何？恒水长夜流注东方，欲令西流，未而可得，彼诸大众徒辛苦耳。""如是多闻圣弟子，长夜临趣、流注、浚输，向于远离，乃至欲令退减，无有是处，徒辛苦耳！"佛说此经已，诸比丘闻佛所说，欢喜奉行。

"舍所学"：复次，由七因缘，于善说法毗奈耶中，虽出家已，复还退舍正所修学。云何为七？谓诸异生，未能超度诸异生地，于五取蕴众苦恼法，不能如实了知五转。或复异生，于诸妙欲不能上品观其过患。又于行时及于住时，恒常纵逸，于可爱境取不如理所有相貌，不系念故，恒常寻思善品恶刺非理寻思。又无无畏，若王、若余，因事呼逼，由怖畏故，则便随从；复有亲爱，于诸

---

① "向"，原本作"而"，今改。

亲属有所顾恋,彼若招命,由亲爱故,则便随从。又于境界,或随顺贪,或随顺嗔,或随顺痴,发起猛利诸烦恼缠。又即于彼心相续中,常有随缚。又由成就下劣胜解,无有一切广大胜解,谓于出离、远离、涅槃。由彼成就劣胜解故,于诸境界其心趣入;由于一切父母等事不能孑然无顾恋故,于其出离心不趣入;于八圣支无胜解故,于其远离心不趣入;由于彼果烦恼断中无胜解故,于其涅槃心不趣入。略由二处,摄一切漏:一、见所断,二、修所断。当知此中非理作意及所缘境,名顺漏法。若诸有学,于能发起修所断漏非理作意所缘境界,虽未永断,而由妙慧正通达故,说名于此顺漏法中其心寂静;犹有失念增上所生微劣缠故,未名清凉,未名宴默;然其所起一切见道所断诸漏皆永断故,亦名清凉,以于当来不生法故,亦名宴默。而彼异生,成就下劣诸胜解者,遍于一切顺诸漏法心不寂静,不名清凉,不名宴默。当知由是七因缘故,复还退舍正所修学。与此相违,所有白品七因缘故,于善说法毗奈耶中既出家已,终不退舍正所修学。

二一四① 　　　　三九二(一一七四)

如是我闻:一时,佛住阿毗阇恒水边。时有比丘来诣佛所,稽首佛足,退住一面。白佛言:"善哉!世尊!为我说法。我闻法已,独一静处,专精思惟,不放逸住。所以族姓子剃除须发,正信非家,出家学道,于上增修梵行,见法自知作证:我生已尽,梵行已立,所作已作,自知不受后有。"尔时,世尊观察恒②水,见恒

---

① 《相应部》(三五)"六处相应"二〇〇经。《增一阿含经》(四三)"马血天子品"三经。

② "恒",原本缺,依宋本补。

水中有一大树，随流而下。语彼比丘："汝见此恒水中大树流不？"答言："已见，世尊！"佛告比丘："此大树不着此岸，不着彼岸，不沉水底，不阁洲渚，不入洄澓，人亦不取，非人不取，又不腐败，当随水流顺趣、流注、浚输大海不？"比丘白佛："如是，世尊！"佛言："比丘亦复如是，亦不着此岸，不着彼岸，不沉水底，不阁洲渚，不入洄澓，人亦不取，非人不取，又不腐败，当随水流①临趣，流注、浚输涅槃。"比丘白佛："云何此岸？云何彼岸？云何沉没？云何洲渚？云何洄澓？云何人取？云何非人取？云何腐败？善哉！世尊！为我广说。我闻法已，当独一静处，专精思惟，不放逸住，乃至自知不受后有。"佛告比丘："此岸者，谓六入处。彼岸者，谓六外入处。人取者，犹如有一习近俗人及出家者，若喜、若忧、若苦、若乐，彼彼所作，悉与共同，始终相随，是名人取。非人取者，犹如有人愿修梵行，我今持戒、苦行，修诸梵行，当生在处②处天上，是非人取。洄澓者，犹如有一还戒退转。腐败者，犯戒行恶不善法，腐败寡闻，犹莠稗、吹贝之声。非沙门为沙门像，非梵行为梵行像。如是比丘！是名不着此、彼岸，乃至浚输涅槃。"时彼比丘闻佛所说，欢喜随喜，作礼而去。时彼比丘独一静处，思惟佛所说水流大树经教，乃至自知不受后有，得阿罗汉。

时有牧牛人名难屠，去佛不远，执杖牧牛。比丘去已，诣世尊所，稽首礼足，于一面住。白佛言："世尊！我今堪能不着此岸，不着彼岸，不沉没，不阁洲渚，非人所取，不非人取，不入洄

---

① "当随水流"，原本缺，依宋本补。
② "在处"下，原本衍一"在"字，今删。

溉,亦不腐败,我得于世尊正法律中,出家修梵行不?"佛告牧牛者:"汝送牛还主不?"牧牛者言:"诸牛中悉有犊牛,自能还归,不须送也,但当听我出家学道。"佛告牧牛者:"牛虽能还家,汝今已受①人衣食,要当还报其家主。"时牧牛者闻佛教已,欢喜随喜,作礼而去。时尊者舍利弗在此会中,牧牛者去不久,白佛言:"世尊!难屠牧牛者求欲出家,世尊何故遣还归家?"佛告舍利弗:"难屠牧牛者若还住家受五欲者,无有是处。牛付主人已,辄自当还。于此法律出家学道,净修梵行,乃至自知不受后有,得阿罗汉。"

时难屠牧牛者,以牛付主人已,还至佛所,稽首礼足,退住一面。白佛言:"世尊!牛已付主,听我于正法律出家学道!"佛告难屠牧牛者:"汝得于此法律出家、受具足,得比丘分。"出家已思惟,所以族姓子剃除须发,着架裟衣,正信非家,出家学道,增修梵行,乃至自知不受后有,成阿罗汉。

"著处":复次,若有苾刍依四著处,当知彼行四种邪行。何等名为四种著处?谓有苾刍,于内、外处有贪爱故,能感后有,于现法中不乐涅槃,是初著处。复有苾刍,于先所舍外诸所有父母等事,有所顾恋,系缚其心,如是名为第二著处。复如有一,于现法中希求一切利养恭敬,于诸所得利养恭敬,耽著不舍,如是名为第三著处。复如有一,是有学者,已见谛迹,有余我慢,少分贪爱之所随逐,于修弃舍,纵逸而住,如是名为第四著处。云何名为四种邪行?谓彼最初爱乐后有补特伽罗,于现法中不乐涅槃,

---

① "受"下,原本有"食"字,依宋本删。

若诸有学行于纵逸,由此著处增上力故,乐与在家及出家众共相杂住,如是名为最初邪行。又复即前爱乐后有补特伽罗,爱乐后有增上力故,发起邪愿,行于梵行,如是名为第二邪行。又复于先所舍外事有所顾恋,由彼著处增上力故,能令退舍正所修学,如是名为第三邪行。又于现世希求利养及与恭敬,于诸所得利养恭敬耽著不舍补特伽罗,由此著处增上力故,毁犯尸罗,广说乃至螺音、狗行。彼由顾恋利养恭敬,不舍所学,不见是罪,公然犯戒,如是名为第四邪行。

二一五① 三九三(一一七五)

如是我闻:一时,佛住舍卫国祇树给孤独园。时有异比丘独处坐禅,作是思惟:比丘云何知、云何见,得见清净?作是念已,诣诸比丘,语诸比丘言:"诸尊!比丘云何知、云何见,令见清净?"比丘答言:"尊者!于六触入处集、灭、味②、患、离如实正知,比丘作如是知、如是见者,得见清净。"是比丘闻彼比丘记说,心不欢喜。复诣余比丘所,问彼比丘言:"诸尊!比丘云何知、云何见,得见清净?"彼比丘答言:"于六界集、灭、味、患、离如实正知,如是比丘如是知、如是见,得见清净。"时比丘闻其记说,心亦不喜。复诣余比丘,作是问言:"比丘云何知、云何见,得见清净?"彼比丘答言:"于五受阴,观察如病、如痈、如刺、如杀,无常、苦、空、非我,作如是知、如是见,得见清净。"

是比丘闻诸比丘记说,心亦不喜。往诣佛所,稽首礼足,退

---

① 《相应部》(三五)"六处相应"二○四经。
② "灭味",原本作"集灭",依宋本改。

坐一面。白佛言:"世尊!我独静思惟,比丘云何知、云何见,得见清净?作是念已,诣诸比丘,三处所说,具白世尊。我闻彼说,心不欢喜,来诣世尊,故以此义请问世尊:比丘云何知、云何见,得见清净?"佛告比丘:"过去世时,有一士夫,未曾见紧兽。往诣曾见紧兽者,问曾见紧兽士夫言:汝知紧兽不?答言知。复问其状云何?答言:其色黑如火烧柱。当彼见时,紧兽黑色如火烧柱。时彼士夫闻紧兽黑色如火烧柱,不大欢喜。复更诣一曾见紧兽士夫,复问彼言:汝知紧兽不?彼答言知。复问其状云何?彼曾见紧兽士夫答言:其色赤而开敷,状似肉段。彼人见时,紧兽开敷,实似肉段。是士夫闻彼所说,犹复不喜。复更诣余曾见紧兽士夫,问汝知紧兽不?答言知。复问其状云何?答言:毿毿下垂,如尸利沙果。是人闻已,心复不喜。复行问余知紧兽者,问汝知紧兽不?彼答言知。又问其状云何?彼复答言:其叶青,其叶滑,其叶长广,如尼拘娄陀树。如彼士夫问其紧兽,闻则不喜,处处更求,而彼诸人见紧兽者,随时所见而为记说,是故不同。如是诸比丘,若于独处专精思惟,不放逸住,所因思惟法,不起诸漏,心得解脱,随彼所见而为记说。

汝今复听我说譬,其智者以譬喻得解。譬如有边国王,善治城壁,门下坚固,交道平正。于四城门置四守护,悉皆聪慧,知其来去。当其城中,有四交道,安置床榻,城主坐上。若东方使来,问守门者:城主何在?彼即答言:主在城中,四交道头床上而坐。彼使闻已,往诣城主,受其教令,复道而还。南、西、北方远使来人,问守门者:城主何在?彼亦答言:在其城中,四交道头。彼使闻已,悉诣城主,受其教令,各还本处。"佛告比丘:"我说斯譬,今当说义：所谓城者，以譬人身粗色，如箧毒蛇譬经说。善治城壁者，谓之正见。交道平正者，谓内六入处。四门者，谓四识住。四守门者，谓四念处。城主者，谓识受阴。使者，谓正观。如实言者，谓四真谛。复道还者，以八圣道。"佛告比丘："若大师为弟子所作，我今已作，以哀愍故，如箧毒蛇譬经说。"尔时，比丘闻佛说已，专精思惟，不放逸住，增修梵行，乃至不受后有，成阿罗汉。

"不善义"：复次，有诸苾刍于义不善，从他所闻种种文字义言说，便怀犹豫，不生欢喜，今于是中何者为实！复有四种能生微妙清净智见无倒观门，何等为四？谓极精勤观察苦者，于生受因如实妙智；又于依持及所依因如实妙智；又于住因如实妙智；又于依、缘、自性、助伴，随顺苦、乐、非苦乐行如实妙智。又二缘故，如来除灭于义不善补特伽罗所有犹豫：一者，显示种种文词所表一义，文有差别，义无差别，由是能令断除犹豫。二者，开显圣教广义，由此能令于义通达。云何名为圣教广义？谓从资粮地乃至漏尽，皆说名为圣教广义。此中边际根成熟住，如来所化无我相应，善受坚固闻、思所成正见成就。此为依止，此为建立，独处空闲，缘内、外处，四种识住，为欲断灭诸有取识，修循身念，胜奢摩他、毗钵舍那之所摄受。由此亲近、修习势力，发生如实缘初识住，邻逼现观，止观双行，从此无间，于圣谛中能入现观。复更修习，如所得道，以渐进趣，能得一切诸漏永尽。如能如实缘初识住，乃至如实缘第四识住，当知亦尔。

二一六①　　　　三九四(一一七六)

如是我闻:一时,世尊释氏人间游行,至迦毗罗卫国,住尼拘娄陀园。尔时,迦毗罗卫释氏作新讲堂,未有诸沙门、婆罗门、释迦年少及诸人民在中住者。闻世尊来至释氏迦毗罗卫人间游行,住尼拘娄陀园,论苦乐义。此堂新成,未有住者,可请世尊与诸大众于中供养,得功德福报,长夜安隐,然后②我等当随受用。作是议已,悉共出城,诣世尊所,稽首礼足,退坐一面。尔时,世尊为诸释氏演说要法,示教、照喜已,默然而住。时诸释氏从座起,整衣服,为佛作礼,右膝着地,合掌,白佛言:"世尊!我等释氏新作讲堂,未有住者,今请世尊及诸大众于中供养,得功德福利,长夜安隐,然后我等当随受用。"尔时,世尊默然受请。时诸释氏知世尊受请已,稽首佛足,各还其所。即以其日,以车舆经纪,运其众具,庄严新堂,敷置床座,软草布地,备香油灯。众事办已,往诣佛所,稽首白言:"众事办已,惟圣知时!"

尔时,世尊与诸大众,前后围绕,至新堂外。洗足已,然后上堂,于中柱下,东向而坐。时诸比丘亦洗足已,随入讲堂,于世尊后,西面东向,次第而坐。时诸释氏,即于东面西向而坐。尔时,世尊为诸释氏,广说法要③,示教、照喜已,语诸释氏:"瞿昙!初夜已过,于时可还迦毗罗越。"时诸释氏闻佛所说,欢喜随喜,作礼而去。

尔时,世尊知释氏去已,告大目揵连:"汝当为诸比丘说法;

---

① 《相应部》(三五)"六处相应"二〇二经。
② "后",原本作"复",依明本改。
③ "法要",原本作"要法",依宋本改。

我今背疾,当自消息。"时大目揵连默然受教。尔时,世尊四褺郁多罗僧,安置胁下,卷襞僧伽梨,置于头下,右胁而卧,屈膝累足,系念明相,作起想思惟。尔时,大目揵连语诸比丘:"佛所说法,初、中、后善,善义、善味,纯一满净,清白梵行。我今当说漏不漏法,汝等谛听!云何为漏法?愚痴无闻凡夫,眼见色已,于可念色而起乐著,不可念色而起憎恶,不住身念处,于心解脱、慧解脱无少分智,而起种种恶不善法,不无余灭,不无余永尽。耳、鼻、舌、身、意,亦复如是。比丘如是者,天魔波旬往诣其所,伺其虚短,于其眼、色即得其阙,耳、声、鼻、香、舌、味、身、触、意、法,亦复如是即得其阙。譬如枯干草积,四方火起,寻时即烧。如是比丘于其眼色,天魔波旬即得其阙,如是比丘不胜于色;于耳、声、鼻、香、舌、味、身、触、意、法,受制于法,不能胜法。不胜色,不胜声、香、味、触、法,亦复不胜恶①不善法诸烦恼,炽然苦报,及未来世生老病死。诸尊!我从世尊亲受于此诸有漏法,是名有漏法经。云何无漏法经?多闻圣弟子,眼见色,于可念色不起乐著,不可念色不起憎恶,系念而住,无量心解脱、慧解脱如实知,于彼已起恶不善法无余灭尽。耳、鼻、舌、身、意,亦复如是。如是像类比丘,弊魔波旬往诣其所,于其眼、色伺求其短,不得其短;于耳、声、鼻、香、舌、味、身、触、意、法,伺求其短,不得其短。譬如楼阁,墙壁牢固,窗户重闭,泥涂厚密,四方火起,不能烧然。斯等比丘亦复如是,弊魔波旬往诣其所,伺求其短,不得其短。如是比丘能胜彼色,不为彼色之所胜也;胜于声、香、味、触、法,

---

① "恶",原本作"意",依下"恶不善法"句,改。

不为彼法之所胜也。若胜于色;胜于声、香、味、触、法已,亦复胜于恶不善法烦恼,炽然苦报,及未来世生老病死。我亲从世尊面受此法,是名无漏法经。"

尔时世尊知大目揵连说法竟,起正身坐,系念在前,告大目揵连:"善哉!善哉!目揵连为人说此经法,多所饶益,多所过度,长夜安乐诸天世人。"尔时世尊告诸比丘:"汝当受持漏无漏法经,广为人说!所以者何?义具足故,法具足故,梵行具足故,开发神通,正向涅槃;乃至信心善男子,在家、出家,当受持、读、诵,广为人说。"佛说此经已,诸比丘闻佛所说,欢喜奉行。

"随流":复次,如先所说不护根门补特伽罗,烦恼诸缠现前不舍,世及出世思择、修习二力对治有所阙乏,烦恼生已,性多坚执。魔既了知性坚执已,便往其所,以诸境界而媚惑之。如是彼魔于性执著烦恼诸缠补特伽罗而得其便,为欲媚惑,于其相续安立所缘。又即如是不护根门补特伽罗,于般涅槃欲乐劣故,亲爱劣故。譬如干朽苇草舍宅,魔便于彼积集可爱境界炬火而焚燎之。由二因缘,彼为境界常所蔽伏:一、未生缠令其生故,二、已生缠令相续故。由为境界爱所蔽伏,于广追觅诸境界时,多行种种恶不善行;于行如是邪恶行时,复为种种恶不善法之所蔽伏。如前所说,行邪行已,失路而行,沿流而去,名顺流者。与此相违,所有白品,当知是名非顺流者。

二一七　　　　　　三九五(一一七七)

如是我闻:一时,佛住舍卫国祇树给孤独园。尔时,世尊告诸比丘:"譬如灰河,南岸极热,多诸利刺,在于暗处。众多罪人,在于河中,随流漂没。中有一人,不愚、不痴,聪明、黠慧,乐乐、厌苦,乐生、厌死,作如是念:我今何缘在此灰河,南岸极热,又多利刺,在暗冥处随流漂没?我当以手足方便,逆流而上。渐见小明,其人默念:今已疾强,见此小明。复运手足,勤加方便,遂见平地。即住于彼,观察四方。见大石山,不断、不坏,亦不穿穴,即登而上。复见清凉八分之水,所谓冷、美、轻、软、香、净,饮时不噎,咽中不阂,饮已安身。即入其中,若浴、若饮,离诸恼热。然后复进,大山上见七种花,谓优钵罗花、钵昙摩花、拘牟头花、分陀利花、修揵提花、弥离头揵提花、阿提目多花。闻花香已,复上石山,见四层阶堂,即坐其上。见五柱帐,即入其中,敛身正坐。种种枕褥,散花遍布,庄严妙好,而于其中自恣坐卧,凉风四凑,令身安隐。坐高林下,高声唱言:灰河众生!诸贤正士!如彼灰河南岸极热,多诸利刺,其处暗冥,求出于彼。河中有闻声者,乘声问言:何方得出?从何处出?其中有言:汝何须问何处得出,彼唤声者,亦自不知,不见从何而出。彼亦当复在此灰河,南岸极热,多诸利刺,于暗冥中随流来下,用问彼为!"

"如是比丘!我说此譬,今当说义:灰者,谓三恶不善觉。云何三?欲觉,恚觉,害觉。河者,谓三爱:欲爱,色爱,无色爱。南岸极热者,谓内、外六入处。多诸利刺者,谓五欲功德。暗冥处者,谓无明障闭慧眼。众多人者,谓愚痴凡夫。流,谓生死。河中有一人,不愚、不痴者,谓菩萨摩诃萨。手足方便逆流上者,谓精勤修学。微见小明者,谓得法忍。得平地者,谓持戒。观四方者,谓见四真谛。大石山者,谓正见。八分水者,谓八圣道。

七种花者,谓七觉分。四层堂者,谓四如意足。五柱帐①者,谓信等五根。正身坐者,谓无余涅槃。散花遍布者,谓诸禅、解脱、三昧、正受。自恣坐卧者,谓如来、应、等正觉。四方风吹者,谓四增、心见法安乐住。举声唱唤者,谓转法轮。彼有人问诸贤正士何处去、何处出者,谓舍利弗、目揵连等诸贤圣②比丘。于中有言汝何所③问,彼亦不知、不见有所出处,彼亦当复于此灰河南岸极热,多诸利刺,于暗冥处随流来下者,谓六师等诸邪见辈,所谓富兰那迦叶、末伽梨瞿舍梨子、散阇耶毗罗胝子、阿耆多枳舍钦婆罗、伽拘罗迦甄延、尼揵连陀阇提弗多罗,及余邪见辈。如是比丘!大师为诸声闻所作,我今已作,汝今当作所作,如前箧毒蛇说。"佛说此经已,诸比丘闻佛所说,欢喜奉行④。

"菩萨胜余乘":复次,由八种相,当知总摄后有菩萨诸正行道及以道果,胜声闻乘,为无有上。初等为八?谓哀愍故;内勇悍故;谛察法忍性现前故;能出离故;自内发起观谛行故;广大善修世间正见现在前故;由获无漏菩提分法得清净故;由善清净修觉分俱,进修无上纯净修道,依止六处修习圆满,获得六种最胜无上圆满德故。当知此中,于诸有情长时哀愍,熏修其心,住最后有诸大菩萨,见诸愚夫堕贪爱河,顺流漂溺,为五相苦之所逼切,既观见已,深起大悲。何等为五?一者、见彼堕贪爱河,不正

---

① "帐",原本作"怅",依宋本改。
② "圣",原本作"坐",依宋本改。
③ "所",疑是"须"。
④ 《杂阿含经》卷一〇(旧误编为卷四三)终。

寻思、不可爱水常所逼触。二者、见彼内、外六处,三毒火难①,住于两岸。三者、见彼在于欲界,众多忧苦、种种灾横,诸恶毒刺,遍布其下。四者、见彼在于色界,世间慧眼有所阙故,犹如盲冥,处在其中。五者、见彼在无色界,世间慧眼已圆满故,诸圣慧眼有所阙故,犹如昏暗,居在其上。既见如是堕贪爱河诸有情类,遍于一切皆不寂静,若触,若岸,若下、中、上苦逼迫已,发起大悲,是名哀愍。又即成就此哀愍者,或生王家,或帝师家,虽未出家,内兴勇悍,我今定当通达妙迹,归修梵行,终无退转,如是名为内兴勇悍。又彼即于未出家位,居赡部影,独坐思惟,便能证入最初静虑;后于自他、老病死法,正审观察,能定忍可,如是名为谛察法忍内自现前。又彼宿世所习善根,一切善行之所觉发,复由勇悍谛察法忍增上力故,便能弃舍广大妙欲,净信出家,虽无施设正梵行者,而能自然受持禁戒;由此禁戒为依止故,渐次能证,乃至非想非非想处,如是名为能正出离。又彼为欲弃世间道,正求出离,由于先世正等觉所,获得无上究竟出离正闻胜解,积集熏修身相续故,于世间道都无信乐,由是因缘,往菩提树,即依先时观老病死假想之道,于诸谛相次第观察。作是思惟:是诸世间有情之类,堕在种种艰险众苦,有生、有老、有病、有死,然其不能于老、病、死究竟出离,如实了知。如是次第观于老死,观老死集,观老死灭,观能趣证老死灭行。如理作意为依止故,久已积集大资粮故,以俱生慧便能觉悟一切法性,安住诸法法住、法界,如是名为自内发起观察谛行。又彼复欲求上漏尽,

---

① "难",原本作"鸡",依宋本改。

方便发起宿住念智，忆念先世从诸如来正等觉所，于漏尽道积习闻思，由是发起长时积集世间正见令现在前。然此正见如教授者，以此为依，能令菩萨安处一坐，乃至证得究竟漏尽，如是名为广大善修正见现前。又即由彼如教授者，所有正见渐次胜进，先已远离下地诸欲，乃至上极无所有处，当于圣谛得现观时，便证无漏四念住等，乃至最后八圣支道。所有一切菩提分法，举其最后，当知亦摄前位一切。由得彼故，成不还果，以得无漏菩提分法，是故说名获得清凉。彼由如是获得世间究竟安乐，获得出世无漏安乐得清凉故，名离炽然。由世间道，乃至已离无所有处所系烦恼，及已远离见道所断诸烦恼故，名离热恼。为欲无余永断有顶所系烦恼，故复勤修纯无漏道，所谓修习无上觉支，是名进修无上修道。由此修故，无学地中六种修法究竟圆满：一者、修圣神通，究竟圆满；二者、修净五根，究竟圆满；三者、证得烦恼并诸习气无余离系，究竟圆满；四者、证得四种现法乐住，究竟圆满；五者、证得世间静虑、解脱、等持、等至，究竟圆满；六者、证得名身、句身、文身，得随所欲，得无艰难宣说正法，究竟圆满。当知此中，修净信根究竟满者，谓于涅槃意乐净故。修精进根究竟满者，谓能勇猛造作一切有情义利，善清净故。修习念根究竟满者，谓三念住、无忘失法，善清净故。修习定根究竟满者，谓于圣、天及以梵住，善清净故。修习慧根究竟满者，谓十智、力，善清净故。彼由如是能住六处修圆满因，得为大王，所谓法王，由是证得六种圆满：谓圣神通增上力故，得大财富自在圆满；诸根清净增上力故，得大舍宅自在圆满；断诸烦恼增上力故，得受安乐诸坐卧具自在圆满；现法乐住增上力故，处其舍宅,坐卧其①中,证得第一无诸损恼大安乐住,自在圆满;静虑、解脱、等持、等至、增上力故,证得能办一切有情正利益事,游戏喜乐自在圆满;于诸名身、句身、文身得随所欲,得无艰难宣说正法增上力故,得为法王,能于他所获得平等分布作用,自在圆满。如是名为六处修满为依止故,证得六种自在圆满。

二一八② 　　　　　三九六（二七三）

③如是我闻:一时,佛住舍卫国祇树给孤独园。时有异比丘独静思惟:云何为我？我何所为？何等是我？我何所住？从禅觉已,往诣佛所,稽首礼足,退住一面。白佛言:"世尊！我独一静处,作是思惟:云何为我？我何所为？何法是我？我于何住？"佛告比丘:"今当为汝说于二法,谛听,善思。云何为二？眼、色为二,耳、声,鼻、香,舌、味,身、触,意、法为二,是名二法。比丘！若有说言:沙门瞿昙所说二法,此非为二,我今舍此更立二法。彼但有言数,问已不知,增其疑惑,以非境界故。所以者何？缘眼、色,生眼识。比丘！彼眼者,是肉形,是内,是因缘,是坚,是受,是名眼肉形内地界。比丘！若眼肉形,若内,若因缘,津泽,是受,是名眼肉形内水界。比丘！若彼眼肉形,若内,若因缘,明暖,是受,是名眼肉形内火界。比丘！若彼眼肉形,若内,若因缘,轻飘动摇,是受,是名眼肉形内风界。比丘！譬如两手和合,相对作声。如是缘眼、色生眼识,三事和合触,触俱生受、想、思。此等诸法,非我、非常,是无常之我,非恒、非安隐、变易

---

① "其",原本作"具",依宋本改。
② 本经即"抚掌喻经",为说一切有部所诵。
③ 《杂阿含经》卷一一。

之我。所以者何？比丘！谓生、老、死、没、受生之法。比丘！诸行如幻、如炎，刹那时顷尽朽，不实来、实去，是故比丘于空诸行，当知、当喜、当念：空诸行，常、恒、住、不变易法空，无我、我所。譬如明目士夫，手执明灯，入于空室，彼空室观察。如是比丘于一切空行①，心观察欢喜，于空法行常、恒、住、不变易法，空我我所。如眼、耳……鼻……舌……身……意、法因缘生意识，三事和合触，触俱生受、想、思。此诸法无我、无常，乃至空我、我所。比丘！于意云何？眼是常，为非常耶？"答言："非常，世尊！"复问："若无常者，是苦耶？"答言："是苦，世尊！"复问："若无常、苦，是变易法，多闻圣弟子宁于中见我、异我、相在不？"答言："不也，世尊！""耳、鼻、舌、身、意，亦复如是。如是多闻圣弟子，于眼生厌，厌故不乐，不乐故解脱，解脱知见：我生已尽，梵行已立，所作已作，自知不受后有。耳、鼻、舌、身、意，亦复如是。"时彼比丘闻世尊说合手声譬经教已，独一静处，专精思惟，不放逸住，乃至自知不受后有，成阿罗汉。

"论施设"：复次，略有四种寻求我论，由此论故，萨迦耶见未永断者，求我寻思数数现行。云何为四？一者、寻求我，我用何以为自性；二者、寻求我，我为常，为是无常；三者、寻求云何我，我是常、无常；四者、寻求我，所有我住在何处。当知此中略有四种寻求于我：一者、寻求自性，二者、寻求其转，三者、寻求其因，四者、寻求窟宅。此中三种，可得施设诸行差别，又此施设可非颠倒；第四一种，由一切种终不可得施设差别。当知施设我自

---

① "行"下，原本有"空"字，依宋本删。

性者,谓即施设十二种处所生六识,并受、想、思以为其我,过此余我不可得故。又即此我体是无常,由有生故、老故、死故。又此诸行,以于诸趣种种自体生起差别,不成实故,说如幻事;想、心、见倒迷乱性故,说如阳焰;起尽法故,说有增减,刹那性故,名曰暂时;数数坏已,速疾有余频频续故,说为速疾现前相续;来无所从,往无所至,是故说为本无今有,有已散灭。由如是相,略说生身展转无常,及有因刹那展转无常。如是三种如理施设:我之自性,若转、若因。施设我之所有窟宅,终不可得,由诸行中,离诸行性,则有实我住诸行中,不可得故。由是因缘,约世俗谛,诸行尚空,不可施设,何况胜义!是故一向于空立空。如是由心如理作意,闻解了故,思等了故,修谛了故;如其次第,差别说言:应当欢喜,应当等喜,应当遍喜①。

二一九②　　　　三九七(二七四)

如是我闻:一时,佛住舍卫国祇树给孤独园。尔时,世尊告诸比丘:"非汝有者当弃舍,舍彼法已,长夜安乐。诸比丘!于意云何?于此祇桓中诸草木枝叶,有人持去,汝等颇有念言:此诸物是我所,彼人何故辄持去?"答言:"不也,世尊!所以者何,彼亦非我,非我所故。""汝诸比丘亦复如是,于非所有物,当尽弃舍,舍彼法已,长夜安乐。何等为非汝所有?谓眼,眼非汝所有,彼应弃舍,弃舍彼法已,长夜安乐。耳、鼻、舌、身、意,亦复如是。云何比丘!眼是常耶,为非常耶?"答言:"无常,世尊!"复

---

① 《瑜伽师地论》卷九一终。
② 《相应部》(三五)"六处相应"一〇一·一〇二经。

问:"若无常者,是苦耶?"答言:"是苦,世尊!"复问:"若无常、苦者,是变易法,多闻圣弟子,宁于中见我、异我、相在不?"答言:"不也,世尊!""耳、鼻、舌、身、意,亦复如是。多闻圣弟子于此六入处,观察非我、非我所,观察已,于诸世间都无所取,无所取故无所著,无所著故自觉涅槃:我生已尽,梵行已立,所作已作,自知不受后有。"佛说此经已,诸比丘闻佛所说,欢喜奉行①。

二二〇②　　　　　　　　三九八(二七五)

如是我闻:一时,佛住舍卫国祇树给孤独园。尔时,世尊告诸比丘:"其有说言大力者,其唯难陀,此是正说。其有说言最端政者,其唯难陀,是则正说。其有说言爱欲重者,其唯难陀,是则正说。诸比丘! 而今难陀关闭根门,饮食知量,初夜后夜精勤修习,(正念)正智成就,堪能尽寿,纯一满净,梵行清白。彼难陀比丘,关闭根门故,若眼见色,不取色相,不取随形好。若诸眼根增不律仪,无明暗障,世间贪忧③恶不善法,不漏其心,生诸律仪,防护于眼;耳、鼻、舌、身、意根,生诸律仪,是名难陀比丘关闭根门。饮食知量者,难陀比丘于食系数,不自高,不放逸,不著色,不著庄严,支身而已。任其所得,为止饥渴修梵行故;故起苦觉令息灭,未起苦觉令不起故;成其崇向故;气力安乐无罪触④住故。如人乘车,涂以膏油,不为自高,乃至庄严,为载运故。又如涂疮,不贪其味,为息苦故。如是善男子难陀,知量而食,乃至

---

① 《论》义,见(一)"阴相应"二三·二四经下。
② 《增支部》"八集"九经。
③ "忧",原本作"爱",依宋本改。
④ "罪触",原本作"闻独",依经义改。

无间独住,是名难陀知量而食。彼善男子难陀,初夜后夜精勤修业者,彼难陀昼则经行、坐禅,除去阴障,以净其身;于初夜时,经行、坐禅,除去阴障,以净其身;于中夜时,房外洗足,入于室中,右胁而卧,屈膝累足,系念明相①,作起觉想;于后夜时,徐觉徐起,经行、坐禅。是名善男子难陀,初夜后夜精勤修习②。彼善男子难陀胜念、正知者,是善男子难陀,观察东方,一心正念,安住观察;观察南、西、北方,亦复如是一心正念,安住观察。如是观者,世间贪忧③恶不善法不漏其心。彼善男子难陀,觉诸受起,觉诸受住,觉诸受灭,正念而住,不令散乱。觉诸想起,觉诸想住,觉诸想灭;觉诸觉起,觉诸觉住,觉诸觉灭,正念而④住,不令散乱。是名善男子难陀,正念、正智成就。是故诸比丘当作是学!关闭根门,如善男子难陀;饮食知量,如善男子难陀;初夜后夜精勤修业,如善男子难陀;正念、正智成就,如善男子难陀。如教授难陀法,亦当持是为其余人说。"时有异比丘而说偈言:

"善关闭根门,正念摄心住,饮食知节量,觉知诸心相,善男子难陀,世尊之所叹!"

佛说此经已,诸比丘闻佛所说,欢喜奉行。

⑤复次,嗢拕南曰:

---

① "相",原本作"想",依宋本改。
② "习",原本作"集",依宋本改。
③ "忧",原本作"爱",依元本改。
④ "而",原本作"心",依宋本改。
⑤ 《瑜伽师地论》卷九二。

上贪、教授、及苦住,观察、引发、不应供,明解脱、修、无我论,定法、见苦最为后。

"上贪":三因缘故,补特伽罗于所缘境上品贪行。何等为三?一者、康强非羸劣,二者、端严非丑陋,三者、习贪非舍贪。复由三种对治摄受,尚令如是怀上品贪补特伽罗,于善说法毗奈耶中,勤修梵行,调伏其心,令得寂静,何况但怀中、软品贪微薄尘者!何等为三?一者、密护根门为所依止,远离一切欲乐边故。二者、于食知量,初夜后夜减省睡眠为所依止,远离一切自苦边故。三者、最胜正念、正知为所依止,行于中道出离行故。当知此中,于四念住善住心者,或于行时境界现前,若不取相及与随好,如实了知受生、住、灭;若取其相及与随好,如实了知想生、住、灭;或于住时,如实了知彼因寻思生、住与灭。由如是相正念、正知,于一切时,于一切种所缘境界,能如正轨守护其心,是名最胜正念、正知。复有最胜正念、正知,谓已获得灭尽定者,或已获得无想定者,或已获得无寻伺者,当知依止圣住、天住,除此最胜正念、知住,更无有余能过上者。或从灭定起已而住,或将入定方便而住,如实了知受生、住、灭,是名最胜正念、正知。如依灭定如实知受,依无想定如实知想,无寻伺定如实了知所有寻伺,当知亦尔。由此最胜正念、正知,唯取法故,不于如是受、想、寻伺,起我、我所虚妄分别。若诸愚夫,受、想、寻伺差别生时,于受等法,不能发起唯有法想,但作是念:我能领受,乃至广说。由是因缘,彼尚无有正念、正知,何况最胜!此中后说正念、正知,或不还果,或阿罗汉。当知前说正念、正知,从得作意,无有放逸诸异生位,至一来果。

二二一①　　　　　三九九（二七六）

如是我闻：一时，佛住舍卫国祇树给孤独园。尔时，有如是像类大声闻尼众，住舍卫国王园中。比丘尼众，其名曰纯陀比丘尼、民陀比丘尼、摩罗婆比丘尼、波罗遮罗比丘尼、阿②罗毗迦比丘尼、差摩比丘尼、难摩比丘尼、吉离③舍瞿昙弥比丘尼、优钵罗色比丘尼、摩诃波阇波提比丘尼，此等及余比丘尼，住王园中。尔时，摩诃波阇波提比丘尼与五百比丘尼，前后围绕，来诣佛所，稽首礼足，退坐一面。尔时，世尊为摩诃波阇波提比丘尼说法，示教、照喜。种种说法，示教、照喜已，发遣令还言："比丘尼！应时宜去。"摩诃波阇波提比丘尼闻佛所说，欢喜随喜，作礼而去。尔时，世尊知摩诃波阇波提比丘尼去已，告诸比丘："我年已老迈，不复堪能为诸比丘尼说法。汝等诸比丘僧，今日诸宿德上座，当教授诸比丘尼。"时诸比丘受世尊教，次第教授比丘尼，次至难陀。尔时，难陀次第应至而不欲教授。尔时，摩诃波阇波提比丘尼与五百比丘尼，前后围绕，诣世尊所，稽首礼足，乃至闻法欢喜随喜，作礼而去。尔时，世尊知摩诃波阇波提比丘尼去已，问尊者阿难："谁应次至教授诸比丘尼？"尊者阿难白佛言："世尊！诸上座次第教授比丘尼，次至难陀，而难陀不欲教授。"尔时，世尊告难陀言："汝当教授诸比丘尼，为诸比丘尼说法。所以者何？我自教授比丘尼，汝亦应尔；我为比丘尼说法，汝亦应尔。"尔时，难陀默然受教。

---

① 《中部》（一四六）《教难陀迦经》。
② "阿"，原本作"陀"。即"比丘尼相应"之"阿腾毗"，今依宋本改。
③ "吉离"，原本误作"告难"，今依"比丘尼相应"改。

时难陀夜过晨朝,着衣持钵,入舍卫城乞食。食已,还精舍,举衣钵,洗足已,入室坐禅。从禅觉,着僧伽梨,将一比丘,往诣王园。诸比丘尼遥见尊者难陀来,疾敷床座,请令就坐。尊者难陀坐已,诸比丘尼稽首敬礼,退坐一面。尊者难陀语诸比丘尼:"诸姊妹!汝等当问,我今当为汝等说法。汝等解者当说言解,若不解者当说不解。于我所说义,若当解者,当善受持;若不解者,汝当更问,当为汝说。"诸比丘尼白尊者难陀言:"我等今日闻尊者教,令我等问,告我等言:汝等若未解者,今悉当问;已解者当言解,未解者当言不解。于我所说义,已解者当奉持;未解者,当复更问。我等闻此,心大欢喜。未解义者,今日当问。"尔时,尊者难陀告诸比丘尼:"云何姊妹?于眼内入处观察,是我,异我,相在不?"答言:"不也,尊者难陀!""耳、鼻、舌、身、意内入处观察,是我,异我,相在不?"答言:"不也,尊者难陀!所以者何?尊者难陀!我等已曾于此法如实知见,于六内入处观察无我,我等已曾作如是意解,六内入处无我。"尊者难陀告诸比丘尼:"善哉!善哉!姊妹!应如是解,六内入处观察无我。诸比丘尼!色外入处,是我,异我,相在不?"答言:"不也,尊者难陀!""声、香、味、触、法外入处,是我,异我,相在不?"答言:"不也,尊者难陀!所以者何?尊者难陀!我已曾于六外入处,如实观察无我;我常作此意解,六外入处如实无我。"尊者难陀赞诸比丘尼:"善哉!善哉!汝于此义应如是观,六外入处无我。若缘眼、色生眼识,彼眼识是我,异我,相在不?"答言:"不也,尊者难陀!""耳……鼻……舌……身……意、法缘,生意识,彼意识是我,异我,相在不?"答言:"不也,尊者难陀!所以者何?我已曾于此六识身,如实观察无我;我亦常作是意解,六识身如实无我。"尊者难陀告诸比丘尼:"善哉!善哉!姊妹!汝于此义,应如是观察,六识身如实无我。缘眼、色,生眼识,三事和合生触,彼触是我,异我,相在不?"答言:"不也,尊者难陀!""耳……鼻……舌……身……意、法缘,生意识,三事和合生触,彼触是我,异我,相在不?"答言:"不也,尊者难陀!所以者何?我已曾于此六触,观察如实无我;我亦常如是意解,六触如实无我。"尊者难陀告诸比丘尼:"善哉!善哉!当如实观察,于六触身如实无我。缘眼、色生眼识①,三事和合触,触缘受,彼触缘受是我,异我,相在不?"答言:"不也,尊者难陀!""耳……鼻……舌……身……意、法缘,生意识,三事和合触,触缘受,彼受是我,异我,相在不?"答言:"不也,尊者难陀!所以者何?我等曾于此六受身,如实观察无我;我亦常作此意解,六受身如实无我。"尊者难陀告诸比丘尼:"善哉!善哉!汝于此义,应如是观察,此六受身如实无我。缘眼、色,生眼识,三事和合生触,触缘想,彼想是我,异我,相在不?"答言:"不也,尊者难陀!""耳……鼻……舌……身……意、法缘,生意识,三事和合生触,触缘想,彼想是我,异我,相在不?"答言:"不也,尊者难陀!所以者何?我曾于此六想身,如实观察无我;我亦常作此意解,六想身如实无我。"尊者难陀告诸比丘尼:"善哉!善哉!比丘尼!汝于此义,应如是观察,此六想身如实无我。缘眼、色,生眼识,三事和合触,触缘思,彼思是我,异我,相在不?"答言:"不也,尊者难陀!""耳……

---

① "识",原本作"触",今改。

鼻……舌……身……意、法缘,生意识,三事和合触,触缘思,彼思是我,异我,相在不?"答言:"不也,尊者难陀!所以者何?我曾于此六思身,如实观察无我;我常作此意解,此六思身如实无我。"尊者难陀告诸比丘尼:"善哉!善哉!比丘尼!汝于此义,应如是观察,此六思身如实无我。缘眼、色,生眼识,三事和合触,触缘爱,彼爱是我,异我,相在不?"答言:"不也,尊者难陀!""耳……鼻……舌……身……意、法缘,生意识,三事和合触,触缘爱,彼爱是我,异我,相在不?"答言:"不也,尊者难陀!所以者何?我曾于此六爱身,如实观察无我;我常作此意解,此六爱身如实无我。"尊者难陀告诸比丘尼:"汝于此义,应如是观察,此六爱身如实无我。姊妹!譬因膏油、因炷,灯明得然。彼油无常,炷亦无常,火亦无常,器亦无常。若有作是言:无油、无炷、无火、无器,而所依起灯光,常、恒、住、不变易,作是说者为等说不?"答言:"不也,尊者难陀!所以者何?缘油、炷、器然灯,彼油、炷、器悉无常,若无油、无炷、无器,所依灯光亦复随灭、息、没、清凉、真实。""如是姊妹!此六内入处无常,若有说言,此六内入处因缘生喜乐,常、恒、住、不变易、安隐,是为等说不?"答言:"不也,尊者难陀!所以者何?我等曾如实观察:彼彼法缘,生彼彼法;彼彼缘法灭,彼彼生法亦复随灭、息、没、清凉、真实。"尊者难陀告诸比丘尼:"善哉!善哉!比丘尼!汝于此义应如是观察:彼彼法缘,生彼彼法;彼彼法缘灭,彼彼生法亦复随灭、息、没、寂静、清凉、真实。诸姊妹!譬如大树、根、茎、枝、叶,根亦无常,茎、枝、叶皆悉无常。若有说言,无彼树根、茎、枝、叶,唯有其影,常、恒、住、不变易、安隐者,为等说不?"答言:"不也,尊者难陀！所以者何？如彼大树、根、茎、枝、叶，彼根亦无常，茎、枝、叶亦复无常。无根、无茎、无枝、无叶，所依树影一切悉无。""诸姊妹！若缘外六入处无常，若言外六入处因缘生喜乐，常①、恒、住、不变易、安隐者，此为等说不？"答言："不也，尊者难陀！所以者何？我曾于此义如实观察：彼彼法缘，生彼彼法；彼彼法缘灭，彼彼生法亦复随灭、息、没、寂静、清凉、真实。"尊者难陀告诸比丘尼："善哉！善哉！姊妹！汝于此义，当如实观察：彼彼法缘，生彼彼法；彼彼法缘灭，彼彼生法亦复随灭、息、没、寂灭、清凉、真实。诸姊妹！听我说譬，夫智者因譬得解。譬如善屠牛师、屠牛弟子，手执利刀，解剥其牛，乘间而剥，不伤内肉，不伤外皮，解其肢②节、筋骨，然后还以皮覆其上。若有人言，此牛皮、肉全而不离，为等说不？"答言："不也，尊者难陀！所以者何？彼善屠牛师、屠牛弟子，手执利刀，乘间而剥，不伤皮肉、肢节、筋骨，悉皆断截，还以皮覆上；皮、肉已离，非不离也。"

"姊妹！我说斯③譬，今当说义：牛者，譬人身粗色，如箧毒蛇经广说。肉者，谓内六入处。外皮者，谓外六入处。屠牛者，谓学见迹。皮、肉中间筋骨者，谓贪喜俱。利刀者，谓利智慧。多闻圣弟子以智慧利刀，断截一切结、缚、使、烦恼、上烦恼、缠。是故诸姊妹！当如是学：于所可乐法，心不应著，断除贪故；所可瞋法，不应生瞋，断除瞋故；所可痴法，不应生痴，断除痴故。于五受阴当观生、灭，于六触入处当观集、灭，于四念处当善系心住七

---

① "常"，原本缺，依宋本补。
② "肢"，原本作"枝"，依宋本改。
③ "斯"，原本误作"所"，今改。

觉分。修七觉分已,于其欲漏,心不缘著,心得解脱;于其有漏,心不缘著,心得解脱;于无明漏,心不缘著,心得解脱。诸姊妹!当如是学!"尔时,尊者难陀为诸比丘尼说法,示教、照喜;示教照喜已,从座起去。

时摩诃波阇波提比丘尼与五百比丘尼,眷属围绕,往诣佛所,稽首礼足,退住一面,乃至为佛作礼而去。尔时,世尊知摩诃波阇波提比丘尼去已,告诸比丘:"譬如明月十四日夜,多众观月,为是满耶,为未满耶?当知彼月未究竟满。如是善男子难陀,为五百比丘尼正教授、正说法,于其解脱犹未究竟。然此等比丘尼命终之时,不见一结不断,能使彼还生于此世。"尔时,世尊复告难陀:"更为诸比丘尼说法。"

尔时,尊者难陀默然奉教。夜过晨朝,持钵,入城乞食。食已,乃至往诣王园,就座而坐。为诸比丘尼说法,示教、照喜;示教照喜已,从座起去。摩诃波阇波提比丘尼,复于异时,与五百比丘尼,前后围绕,往诣佛所,稽首礼足,乃至作礼而去。尔时,世尊知摩诃波阇波提比丘尼去已,告诸比丘:"譬如明月十五日夜,无有人疑月满不满者,然其彼月究竟圆满。如是善男子难陀,为诸比丘尼说如是正教授,究竟解脱。若命终时,无有说彼道路所趣,此当知即是苦边。"是为世尊为五百比丘尼授①第一果记。佛说此经已,诸比丘闻佛所说,欢喜奉行。

"教授": 复次,由二因缘,如来自言其年衰暮,身力疲怠,劝诸声闻,请他说法:一者、为令恃其少年,专行憍傲住放逸者,自

---

① "授",原本作"受",依明本改。

怖厌故;二者、为令于当来世,诸有苾刍其年衰老,无有势力,远离疑悔,劝请少年诸苾刍等,宣说正法。诸有苾刍,其年盛美,具足势力,远离疑悔,无所恐惧,为他说法。当知此中,略有二种处大集会宣说正法:一者、决择说,二者、直言说。决择说者,谓兴诘问、征核方便,说正道理,灭除疑惑。直言说者,谓诸听众默然而住,如说法师宣说正法。又由四相,名能随顺教授教诫:一、能分析诸处差别,于诸行中,得无我智,见清净故;二、于诸受并所依灭,离增上慢,最极寂静,见清净故;三、能超越未来诸苦,见清净故;四、能超越现在诸苦,见清净故。此中分析内、外诸处,识、触、受、想、思、爱众别,显示无我。由依缘起方便道理,能引最初正见清净。如明依灯,如影依树,彼非有故,此亦非有,显示内外诸处差别为因诸受,由彼诸处无余灭故,此亦随灭,离增上慢,于其涅槃如实了知最胜寂静,能引第二正见清净。于现法中,以智慧刀,能永断灭一切烦恼,显示无余,超越当来所有众苦,能引第三正见清净。显示遍于顺苦、顺乐、顺非苦乐一切法中,不起贪欲,不起嗔恚,不起愚痴,显示见道;于其念住善住其心,显示修道;修诸觉分,谓令诸漏永灭尽故,超越现法杂染苦住,能引第四正见清净。

二二二① 四〇〇(二七七)

如是我闻:一时,佛住舍卫国祇树给孤独园。尔时,世尊告诸比丘:"有不律仪、律仪。谛听,善思,当为汝说。云何不律仪?眼根不律仪所摄护,眼识著色,缘著故以生苦受,苦受故不

---

① 《相应部》(三五)"六处相应"九七·九八经。

一其心,不一心故不得如实知见,不得如实知见故不离疑惑,不离疑惑故由他所误而常苦住。耳、鼻、舌、身、意,亦复如是,是名不律仪。云何律仪?眼根律仪所摄护,眼识识色,心不染著,心不染著已常乐更①住,心乐住已常一其心,一其心已如实知见,如实知见已离诸疑惑,离诸疑惑已不由他误,常安乐住。耳、鼻、舌、身、意,亦复如是,是名律仪。"佛说此经已,诸比丘闻佛所说,欢喜奉行。

"苦住":复次,有诸苾刍不守根住,于诸境界心多爱染,心多散乱,由此因缘受二种苦:一者,粗重所作苦;二者,于诸法中疑惑所作苦。所以者何?由彼方便,应勤修身,勤修身已,应勤修戒、奢摩他支;以不修身,亦不修戒、奢摩他支为因缘故,身不轻安,心不轻安,是故彼受粗重所作苦。轻安阙故,不能触证胜三摩地,由是因缘,应如实知不如实知,多生疑惑,是故彼受于诸法中疑惑所作苦。由此二种苦恼住故,名不守根,增上缘力所得众苦不安隐住,如是名为现法中不守根者所有过患。与此相违,当知即是守护根者所有功德。

二二三② 四○一(二七八)

如是我闻:一时,佛住舍卫国祇树给孤独园。尔时,世尊告诸比丘:"有退、不退法,六胜③入处。谛听,善思,当为汝说。云何退法?谓眼识色,生欲觉,彼比丘欢喜、赞叹、执取、系著,随顺

---

① "更",元本作"受"。
② 《相应部》(三五)"六处相应"九六经。
③ "六胜入处",原本作"六触入处",今依下文及《相应部》改。

彼法回转,当知是比丘退诸善法。世尊所说,是名退法。耳、鼻、舌、身、意,亦复如是。云何名不退法?眼识色缘,不生欲觉结,彼比丘不喜、不赞叹、不执取、不系著,于彼法不随顺回转,当知是比丘不退转诸善法。世尊说是不退法。耳、鼻、舌、身、意,亦复如是。云何六胜入处?眼识色缘,不生欲觉结染著,当知是比丘胜彼入处;胜彼入处,是世尊所说。耳、鼻、舌、身、意,亦复如是。若彼比丘于六胜入处胜已,贪欲结断,嗔恚、愚痴结断。譬如王者,摧敌胜怨,名曰胜王;断除众结,名胜婆罗门。"佛说此经已,诸比丘闻佛所说,欢喜奉行。

"观察":复次,有诸苾刍,为离欲贪勤修方便,由正修习加行道故,伏诸烦恼。作是思惟:我于诸欲,为有欲贪而不觉了,为无有耶?乃以净相作意思惟,于断、未断,方得决定。观察作意为依止故,寻求贪欲生起处所,如实了知;忆念分别,是诸烦恼胜安足处。由彼烦恼未永断故,若为烦恼漂漾心时,了知能趣下劣分故,便即制伏。若不制伏,于先所得少三摩地,尚还退失,况能进趣胜品功德!由整摄故,能不退失,亦能进趣胜品功德。若不观察,复还发起增上慢故,亦有退失。由观察故,能证决定。若心漂漾,能正了知,还复整摄,是故不退。如修方便为离欲贪,于余上位,随其所应当知亦尔。若猛利见审观察时而不生起,彼便获得决定胜解,我于诸处已能胜伏。谓此所缘,应生烦恼,我于是处已胜伏故,令不生起,超过学地。犹如大王,能随己心自在而转,降伏一切摩罗聚落,证得究竟尽、无生智,梵行圆满。

二二四① 　　　　　四〇二（二七九）

如是我闻：一时，佛住舍卫国祇树给孤独园。尔时，世尊告诸比丘："于此六根，不调伏，不关闭，不守护，不执持，不修习，于未来世必受苦报。何等为六根？眼根不调伏，不关闭，不守护，不修习，不执持，于未来世必受苦报。耳、鼻、舌、身、意根，亦复如是。愚痴无闻凡夫，眼根见色，执受相，执受随形好，任彼眼根趣向，不律仪执受住，世间贪忧②恶不善法以漏其心，此等不能执持律仪，防护眼根。耳、鼻、舌、身、意根，亦复如是。如是于六根不调伏，不关闭，不守护，不执持，不修习，于未来世必受苦报。云何六根善调伏，善关闭，善守护，善执持，善修习，于未来世必受乐报？多闻圣弟子，眼见色，不取色相，不取随形好，任其眼根之所趣向，常住律仪，世间贪忧恶不善法不漏其心，能生律仪，善护眼根；耳、鼻、舌、身、意根，亦复如是，如是（于）六根善调伏，善关闭，善守护，善执持，善修习，于未来世必受乐报。"即说偈言：

"于六触入处，住于不律仪，是等诸比丘，长夜受大苦。
斯等于律仪，常当勤修习，正信心不二，诸漏不漏心。
眼见于彼色，可意、不可意，可意不生欲，不可不憎恶。
耳闻彼诸声，亦有念不念，于念不乐著，不念不起恶。
鼻根之所嗅，若香若臭物，等心于香臭，无欲亦无违。
所食于众味，彼亦有美恶，美味不起贪，恶味亦不择。

---

① 《相应部》（三五）"六处相应"九四经。
② "忧"，原作"爱"，依宋本改。

乐触以触身,不生于放逸,为苦触所触,不生过恶想,
平等舍苦乐,不灭者令灭。心意所观察,彼种彼种相,
虚伪而分别,欲贪转增广,觉悟彼诸恶,安住离欲心。
善摄此六根,六境触不动,摧伏众魔怨,度生死彼岸。"

佛说此经已,诸比丘闻佛所说,欢喜奉行。

"引发":复次,于其六根,如前所说五寂静相,不寂静故,当知摄受三种苦果:谓现法中依根增上杂染而住,由诸不善现行为因,或于他所成其退劣,或被讥呵,或被杀害,受如是等现法众苦;又受当来生老、病、死种种诸苦;又受当来由先数习所引等流,不护诸根诸杂染故,亦名为苦。与此相违,于其六根,由有五种寂静相故,当知摄受三苦灭果。

二二五① 四〇三(二八〇)

如是我闻:一时,世尊在拘萨罗国人间游行,到频头城北,申恕林中。尔时,频头城中婆罗门、长者,皆闻世尊于拘萨罗国人间游行,住频头城申恕林中。闻已,悉共出城,至申恕林,诣世尊所,稽首礼足,退坐一面。尔时,世尊告频头城婆罗门、长者:"若人问汝言:何等像类沙门、婆罗门,不应恭敬尊重、礼事供养?汝当答言:若沙门、婆罗门,眼见色,未离贪,未离欲,未离爱,未离渴,未离念,内心不寂静,所行非法,所行疏涩行。耳……鼻……舌……身……意、法,亦复如是。如是像类比丘,不应恭敬尊重、礼事供养。作是说已,当复问言:何故如此像类

---

① 《中部》(一五〇)《频头城经》。

沙门、婆罗门,不应恭敬尊重、礼事供养?汝应答言:我等眼见色,不离欲,不离爱,不离渴,不离念,内心不寂静。耳……鼻……舌……身……意、法,亦复如是。彼沙门、婆罗门,眼见色,亦不离贪,不离欲,不离爱,不离渴,不离念,内心不寂静,行非法行、疏涩行。耳……鼻……舌……身……意、法,亦复如是。我于斯等求其差别,不见差别之行,是故我于斯等像类沙门、婆罗门,不应恭敬尊重、礼事供养。若复问言:何等像类沙门、婆罗门所,应恭敬尊重、礼事供养?汝应答言:若彼眼见色,离贪,离欲,离爱,离渴,离念,内心寂静,不行非法行,行等行,不疏涩行。耳……鼻……舌……身……意、法,亦复如是。如是像类沙门、婆罗门所,应恭敬尊重、礼事供养。若复问言:何故于此像类沙门、婆罗门,恭敬尊重、礼事供养?汝应答言:我等眼见色,不离贪,不离欲,不离爱,不离渴,不离念,内心不寂静,行非法行,行疏涩行。耳……鼻……舌……身……意、法,亦复如是。斯等像类沙门、婆罗门,离贪、离欲、离渴、离念,内心寂静,行如法行,不行疏涩行。耳……鼻……舌……身……意、法,亦复如是。我等于彼求其差别,见差别故,于彼像类沙门、婆罗门所,应恭敬尊重、礼事供养。如是说已,若复问言:彼沙门、婆罗门有何行,有何形貌,有何相,汝等知是沙门、婆罗门,离贪向、调伏贪,离恚向、调伏恚,离痴向、调伏痴?汝应答言:我见彼沙门、婆罗门,有如是像类:在空闲处,林中、树下,卑床、草蓐,修行远离,离诸女人,近乐独人同禅思者。若于彼处,无眼见色可生乐著,无耳、声,鼻、香,舌、味,身、触可生乐著。若彼沙门、婆罗门,有如是行,如是形貌,如是相,令我等知是沙门、婆罗门,离贪向、调伏贪,离恚向、调伏恚,离痴向、调伏痴。"时诸沙门、婆罗门长者,白佛言:"奇哉世尊!不自誉,不毁他,正说其义。各各自于诸入处,分别染污、清净,广说缘起,如如来、应、等正觉说。譬如士夫,溺者能救,闭者能开,迷者示路,暗处然灯,世尊亦复如是,不自誉,不毁他,正说其义,乃至如如来、应、等正觉说。"尔时,频头城婆罗门、长者,闻佛所说,欢喜作礼而去。

"不应供":复次,略有二种世俗梵志,实非福田,怀增上慢,自谓福田,自称我是真实福田,当知成就非实福田性及相故,不应供养。一者,从他所得利养恭敬,现前猛利耽著,诸根饕餮,为性躁扰,诈示现前离欲之行。二者,摄受家产亲属,杂居鄙秽,专自修身。凡所行行,既非自利,亦非利他,远离尸罗正法正行,远离能住善趣善行,远离能住涅槃妙行,当知彼与一切愚夫异生之类,无有差别。住正法者,与此相违,当知是名胜义梵志。

二二六　　　　　　四〇四(二八一)

如是我闻:一时,佛住王舍城迦兰陀竹园。时有萦发目揵连出家,来诣佛所,共相问讯。问讯已,退坐一面。尔时,世尊告萦发目揵连:"汝从何来?"萦发目揵连白佛言:"我从彼众多种种异道,沙门、婆罗门、遮罗迦出家集会未曾讲堂听法,从彼林来。"佛告萦发目揵连:"汝为何等福力故,从彼众多种种异道,沙门、婆罗门、遮罗迦出家所听其说法?"萦发目揵连言:"我试听其竞胜论义福利,听其相违反论议福利故。"佛告目揵连:"长夜久远,种种异道,沙门、婆罗门、遮罗迦出家,竞胜论议,相违反论议福利,迭相破坏。"萦发目揵连白佛言:"瞿昙!为诸弟子说何等法福利,令彼转为人说,不谤如来,不增不减,诚说法说,法次法说,无有余人能来比挍、难诘、诃责?"佛告目揵①连:"明、解脱果报福利,为人转说者,不谤如来,不乖其理,法次法说,无有能来比挍、难诘、嫌责。"萦发目揵连白佛言:"瞿昙!诸弟子有法修习、多修习,令明、解脱福利满足者不?"佛告萦发目揵连:"有七觉分,修习、多修习,明、解脱福利满足。"萦发目揵连白佛言:"有法修习,能令七觉分满足不?"佛告萦发目揵连:"有四念处,修习、多修习,能令七觉分满足。"萦发目揵连白佛:"复有法修习、多修习,令四念处满足不?"佛告萦发目揵连:"有三妙行,修习、多修习,能令四念处满足。"萦发目揵连白佛言:"复有法修习、多修习,令三妙行满足不?"佛告目揵连:"有六触入处律仪,修习、多修习,令三妙行满足。"萦发目揵连白佛言:"云何六触入处律仪,修习、多修习,令三妙行满足?"佛告目揵连:"若眼见适意、可爱念、能长养欲乐、令人缘著之色,彼比丘见已,不喜、不赞叹、不缘、不著、不住。若眼见不适意、不可爱念、顺于苦觉之色,诸比丘见已,不畏、不恶、不嫌、不恚。于彼好色起,眼见已,永不缘著;不好色起,眼见已,永不缘著。内心安住不动,善修解脱,心不懈倦。耳……鼻……舌……身……意识法,亦复如是。如是于六触入修习、多修习,满足三妙行。云何修三妙行,满足四念处?多闻圣弟子,于空闲处,林中、树下,作如是学,如是思惟:此身恶行,现世、后世必得恶报。我若行身恶行者,心当自生厌悔,他亦嫌薄,大师亦责,诸梵行者亦复以法而嫌我,恶名

---

① 原本缺"揵",依宋本补。

流布遍于诸方;身坏命终,当堕地狱。于身恶行,见现世、后世如是果报,是故除身恶行,修身妙行。口、意恶行,亦复如是。是名修习三妙行已,得四念处清净满足。云何修四念处得七觉分满足?目揵连!比丘如是顺身身观住,彼顺身身观住时,摄念安住不忘,尔时方便修习念觉分;方便修习念觉分已,得念觉分满足。于彼心念选择于法,觉想思量,尔时方便修习择法觉分;方便修习择法觉分已,逮得择法觉分满足。选择彼法,觉想思量,方便修习精进觉分;方便修习精进觉分已,逮得精进觉分满足。勤精进已,生欢喜心,尔时修习方便欢喜觉分;修习欢喜觉分已,逮得欢喜觉分满足。心欢喜已,身心止息,尔时修习猗息觉分;修习猗息觉分已,逮得猗息觉分满足。身心息已,得三摩提,尔时修习定觉分;修习定觉分已,定觉分满足。谓一其心,贪忧灭息,内心行舍,方便修习舍觉分;方便修习舍觉分已,逮得舍觉分清净满足。受、心、法念处,亦如是说。如是修习四念处,七觉分满足。云何修习七觉分,明、解脱满足?目揵连!若比丘修念觉分,依远离、依离欲、依灭,舍于进趣;修念觉分,逮得明、解脱清净满足。乃至修习舍觉分,亦如是说。是名修习七觉分已,明、解脱清净满足。如是目揵连!法法相依①,从此岸而到彼岸。"

说是法时,萦发目揵连远尘、离垢,得法眼净。时萦发目揵连,见法,得法,知法,入法,度诸疑、惑,不由于他,于诸法律得无所畏。从座起,整衣服,为佛作礼,合掌白佛言:"我今宁得于正法律出家,得具足比丘分不?"佛告目揵连:"汝今已得于正法律出家,

---

① "依",原本作"律",依元本改。

具足得比丘分。"得出家已，专精思惟，不放逸住，乃至成阿罗汉。

"明解脱"：复次，此正法外，有诸沙门、婆罗门等，为诸弟子宣说法时，多分为求诘责胜利，及求免脱他难胜利。当知如是宣说法者，就第一义，无义、无利，非自利益，非利益他。诸佛如来为诸弟子宣说正法，唯为证得明及解脱二果胜利。当知如是说正法者，大果、大利，自利、利他，无不圆满。行于三世无忘失住最胜义故，三种所缘境差别故，说名三明。若心解脱，若慧解脱，皆名解脱，是爱、无明根本杂染胜对治故。为得未得明与解脱，当知略有四种修道：谓修根故，能正修身；修身所引善行修故，能正修戒；修戒所引念住、觉支无倒修故。能修心、慧。此中修根，复有三种：一、世间修，二、有学修，三、无学修。若思择力为所依止①，虽取可爱、不可爱境不如理相，而不发起烦恼诸缠；设令暂起，寻复除遣，是世间修。若于圣谛已得现观，由失念故，或生适意，或不适意，或兼二意，而心不为缠缚坚住，速于杂染能得解脱，是有学修。若即此心坚固安住，如前于内无有隘迮，善脱善修，都无一切下至失念，于诸可意、不可意等，发心亲近计彼有德而趣向之，是名无学善净修根。当知修戒、修心、修慧，三种亦尔。此中最初，是初修根所引；第二是第二所引；第三是第三所引。修戒、修心、修慧，相望各有三种所引，当知亦尔。此中可意、不可意境界差别故，有恩、有怨有情差别故，功德、过失相应有情差别故，所爱、非所爱有情差别故，当知一向适意，一向不适

---

① "止"，原本作"上"，依宋本改。

意,适意不适意相杂差别。可意、不可意境界差别故者,自有境界一向可意,自有境界一向不可意,自有境界其类相杂,少分可意,少分不可意。如是有情,或一向有恩,或一向有怨,或恩怨相杂。或一向有德①,或一向有失,或德失俱备。若于有情爱复生爱,当知一向是其所爱;若于有情恚复生恚,当知一向非其所爱;若于有情爱已生恚,或于有情恚已生爱,当知是名所爱、非所爱。由如是等差别因缘,适意等三有其差别。又于恶行,随观现法所有过患,随观当来所有过患,是故远离修习妙行。若于六处,由一切门皆被诽毁,是名现法所有过患。由是因缘,堕于恶趣,是名当来所有过患。此中为他所诽毁者,谓为外道及余世间有聪敏者,闻其鄙恶名称声颂,咸共诽毁。当知其余,即如所说。又此中言修念住者,谓念觉分,创始发起在异生地;数修习者,在有学地;修圆满者,在无学地。修习觉分,未得断界,于其断界正希求时,名依远离;未得无欲界,于无欲界正希求时,名依离欲;未得灭界,于其灭界正希求时,名依于灭;弃舍下劣修觉分故,回向胜妙修觉分故,名弃舍回向。又诸苾刍,守护诸根,有惭有愧,由是因缘耻于恶行,修习妙行;修妙行故,无有变悔;无变悔故,发生欢喜;此为先故,心得正定;心正定故,能见如实;见如实故,明及解脱皆悉圆满,当知是名修行次第。

二二七② 四〇五（ 二八二）

如是我闻:一时,佛住迦微③伽罗牟真邻陀林中。时有年

---

① "德",原本作"得",今改。
② 《中部》(一五二)《根修习经》。
③ "微",原本误作"徽",依宋本改。

少,名郁多罗,是波罗奢那弟子,来诣佛所,恭敬问讯已,退坐一面。尔时,世尊告郁多罗:"汝师波罗奢那,为汝等说修诸根不?"郁多罗言:"说已,瞿昙!"佛告郁多罗:"汝师波罗奢那,云何说修诸根?"郁多罗白佛言:"我师波罗奢那说:眼不见色,耳不听声,是名修根。"佛告郁多罗:"若如汝波罗奢那说,盲者是修根不?所以者何?如唯盲者眼不见色。"尔时,尊者阿难在世尊后,执扇扇佛。尊者阿难语郁多罗①言:"如波罗奢那所说,聋者是修根不?所以者何?唯聋者耳不闻声。"

尔时,世尊告尊者阿难:"异于贤圣法律无上修诸根。"阿难白佛言:"唯愿世尊为诸比丘说贤圣法律无上修根!诸比丘闻已,当受奉行。"佛告阿难:"谛听善思,当为汝说。缘眼、色,生眼识,见可意色,欲修如来厌离,正念、正智。眼、色缘,生眼识,不可意,欲②修如来不厌离,正念、正智。眼、色缘,生眼识,可意、不可意,欲修如来厌离、不厌离,正念、正智。眼、色缘,生眼识,不可意、可意,欲修如来不厌离、厌离,正念、正智。眼、色缘,生眼识,可意、不可意、可不可意,欲修如来厌、不厌俱离,舍心住,正念、正智。如是阿难!若有于此五句,心善调伏,善关闭,善守护,善摄持,善修习,是则于眼、色无上修根。耳……鼻……舌……身……意、法,亦如是说。阿难!是名贤圣法律无上修根。"尊者阿难白佛言:"世尊!云何贤圣法律,为贤圣修根?"佛告阿难:"眼、色缘,生眼识,生可意,生不可意,生可意、不可意,彼圣弟子如是如实知:我眼、色缘,生眼识,生可意,生不可意,生

---

① 原本缺"罗",依宋本补。
② "欲",原本作"故",依上下文例改。

可意、不可意。此则寂灭,此则胜妙,所谓俱舍;得彼舍已,离厌、不厌,譬如力士弹指①顷。如是眼、色缘,生眼识,生可意,生不可意,生可意、不可意,俄尔尽灭,得离厌不厌舍。如是耳、声缘,生耳识,生可意,生不可意,生可意、不可意。圣弟子如是如实知:我耳识闻声,生可意,生不可意,生可意、不可意。此则寂灭、胜妙,所谓为舍;得舍已,离厌、不厌,譬如大力士夫,弹指发声即灭。如是耳、声缘,生耳识,生可意,生不可意,生可意、不可意,生已尽灭,是则为舍;得彼舍已,离厌、不厌。鼻、香缘,生鼻识,生可意,生不可意,生可意、不可意。圣弟子如是如实知:鼻、香缘,生鼻识,生可意,生不可意,生可意、不可意。此则寂灭,此则胜妙,所谓为舍;得彼舍已,离厌、不厌,譬如莲花②,水所不染。如是鼻、香缘,生鼻识,生可意,生不可意,生可意、不可意,生已尽灭,所谓为舍;得彼舍已,离厌、不厌。舌、味缘,生舌识,生可意,生不可意,生可意、不可意。彼圣弟子如是如实知:舌、味缘,生舌识,生可意,生不可意,生可意、不可意,生已尽灭,寂灭、胜妙,所谓为舍;得彼舍已,离厌、不厌,譬如力士舌端唾沫,尽唾令灭。如是舌、味缘,生舌识,生可意,生不可意,生可意、不可意,生已尽灭,所谓为舍;得彼舍已,离厌、不厌。身、触缘,生身识,生可意,生不可意,生可意、不可意,生已尽灭。圣弟子如是如实知:身、触缘,生身识,生可意,生不可意,生可意、不可意,生已尽灭,寂灭、胜妙,所谓为舍;得彼舍已,离厌、不厌,譬如铁丸烧令极热,小渧水洒,寻即消灭。如是身、触缘,生身识,生可意,生不

---

① "弹指",原本缺,依宋本补。
② "花",原本作"荷",依宋本改。

可意,生可意、不可意,生已尽灭,所谓为舍;得彼舍已,离厌、不厌。意、法缘,生意识,生可意,生不可意,生可意、不可意,生已速灭。圣弟子如是如实知:意法、缘,生意识,生可意,生不可意,生可意、不可意,生已尽灭,是则寂灭,是则胜妙,所谓为舍;得彼舍已,离厌、不厌,譬如力士断多罗树头。如是意、法缘,生意识,生可意,生不可意,生可意、不可意,生已尽灭,所谓为舍;得彼舍已,离厌、不厌。阿难!是为贤圣法律,为圣弟子修诸根。""云何为圣法律学①见迹?"佛告阿难:"眼、色缘,生眼识,生可意,生不可意,生可意、不可意,彼圣弟子惭耻、厌恶。耳……鼻……舌……身……意、法缘,生意识,生可意,生不可意,生可意、不可意,彼圣弟子惭耻、厌恶。阿难!是名贤圣法律学见迹。阿难!是名贤圣法律无上修诸根。已说贤圣修诸根,已说学见迹。阿难!我为诸声闻所作,所作已作,汝等当作所作,广说如篋毒蛇经。"佛说此经已,尊者阿难闻佛所说,欢喜奉行②。

"修":复次,有一沙门若婆罗门,自既不能善修诸根,而不如理为他施设善修根法,见唯弃背所有境界,名护诸根。然其自于诸弟子众,深生染著,一分起爱,一分生憎,谓于其教顺逆因缘,适不适意,常现行故。于此微细自己杂染,不能以慧如实悟入,而谓自能善修诸根,起增上慢。诸有随顺如是见者,彼虽令根离诸境界,独处空闲,而缘彼境发起种种寻思杂染,然无智慧而自悟入,是亦不名善修诸根。又亦不为善修根故勤修正行,但

---

① "学",原本作"觉",依《中部》及《论》义改,下例。
② 《杂阿含经》卷一一终。

信他言起邪胜解,及以邪慢。诸佛如来,为诸弟子如理施设烦恼断故名善修根,非唯一向背诸境界。又诸如来,于其三种不共念住善住其心,故不染著诸弟子众。于正行众悦意现行,于邪行众行不悦意,由此所生贪欲杂染、嗔恚杂染都无所有,由是因缘,虽与弟子等烦恼断,而名无上善修诸根。又此修根,依五品众有差别故,当知亦有五转差别。谓佛世尊,或有弟子一向正行而亦毕竟;或有弟子一向放逸而亦毕竟;或有弟子修行正行而不毕竟;或有弟子行于邪行而不毕竟;或有弟子多种品类,一行正行,一行放逸,一行一分,或时放逸或不放逸,如是名为第五品众。此中如来称可意者,谓诸弟子于善说法毗奈耶中,为修诸根得圆满故,修行正行。复有一类不可意者,谓行邪行,或不修行。是故如来观第一众,生起悦意;观第二众,生不悦意;观第三众,生起悦意,生不悦意;观第四众,生不悦意,生起悦意;观第五众生起悦意,生不悦意,亦复生起悦、不悦意。如来虽复于此五众,发起如是五转差别悦不悦意,然诸如来终不为彼爱、恚行相之所染污,由诸烦恼并其习气永离系故,善修根故;是故如来一切烦恼并习永断为所依止,能善住念,于弟子众无诸杂染,说名五转无上修根。又于如是一切五转,随其所应,当正思惟三种对治:一、无常想,二者、慈心,三、无想定,如是三种,随其所应,当知其相。又佛世尊所作已办,无学弟子名已修根。由彼长夜乐涅槃故,虽遇如前诸有情数境相现前,或纯可爱,或纯非爱,或多杂类通爱非爱,由贪、嗔、痴永远离故,由心解脱及慧解脱增上力故,即由无相令心于彼速疾弃舍;由意乐故,于诸境界起厌逆想。又于涅槃见寂静德,如是速能安住于舍。由此因缘,一刹那顷失念所作杂染污心,亦不得起。当知齐此善修习故,名善修根。若诸有学,未能速疾安住于舍,有余烦恼熏彼相续成杂秽故。又于一切三转境中,憎恶所起诸烦恼故,现行烦恼所逼迫时,则能方便住厌逆想,及过患想,如是修行,能令修根速得圆满,是故说彼名正行者。如是当知于善说法毗奈耶中,大师美妙诸弟子众,得所得义,能修正行。

二二八① 四〇六(三〇四)

②如是我闻:一时,佛住拘留搜调牛聚落。尔时,世尊告诸比丘:"我今当为汝等说法,初、中、后善,善义、善味,纯一满净,梵行清白。谛听,善思,有六六法。何等为六六法?谓六内入处,六外入处,六识身,六触身,六受身,六爱身。何等为六内入处?谓眼入处,耳入处,鼻入处,舌入处,身入处,意入处。何等为六外入处?色入处,声入处,香入处,味入处,触入处,法入处。云何六识身?谓眼识身,耳识身,鼻识身,舌识身,身识身,意识身。云何六触身?谓眼触,耳触,鼻触,舌触,身触,意触。云何六受身?谓眼触生受,耳触生受,鼻触生受,舌触生受,身触生受,意触生受。云何六爱身?谓眼触生爱,耳触生爱,鼻触生爱,舌触生爱,身触生爱,意触生爱。若有说言眼是我,是则不然。所以者何?眼生灭故。若眼是我者,我应受生死,是故说眼是我者,是则不然。如是若色,若眼识,眼触,眼触生受若是我者,是则不然。所以者何?眼触生受是生灭法,若眼触生受是我者,我

---

① 《中部》(一四八)《六六经》。
② 《杂阿含经》卷一二(旧误编为卷一三)。

复应受生死,是故说眼触生受是我者,是则不然,是故眼触生受非我。如是耳……鼻……舌……身……意触生受非我,所以者何？意触生受是生灭法,若是我者,我复应受生死,是故意触生受是我者,是则不然,是故意触生受非我。如是比丘！当如实知眼所作,智所作,寂灭所作,开发神通,正向涅槃。云何如实知见眼所作,乃至正向涅槃？如是比丘！眼非我,若色、眼识、眼触、眼触因缘生受——内觉若苦、若乐、不苦不乐,彼亦观察非我。耳、鼻、舌、身、意,亦如是说,是名如实知见眼所作,乃至正向涅槃。是名六六法经。"佛说此经已,诸比丘闻佛所说,欢喜奉行。

"**无我论**"：复次,无我论师,略有三种正所作事。何等为三？谓于苦、集谛所摄行,自相、共相,应正显了安立无我。当知此中,显各各别众多性故,显了自相,开示生灭相似性故,显了共相,是名第一正所作事。复于无我唯有因行,如其所有杂染、清净如实显了。当知此中,于三种受,缘生三种烦恼,随眠未能永断；于其见道,我见、随眠未能除遣；于其修道,我慢、随眠未能除遣；于见、慢品能起无明亦未永断。未能生起彼对治明,是故不能作苦边际,如是名为显示杂染；与此相违,当知即是显示清净,是名第二正所作事。复于诸行,断增益我萨迦耶见,依能取实无我正见,如清净相应实显了。此无我见,在异生位,能正摄受圣谛现观,又能证得诸圣慧眼；在有学位,能得上位尽、无生智；在无学位,能令一切学与无学,见、修所断所有烦恼无余永断。是故当知此无我见,能令清净故应显了,是名第三正所作事。

二二九①   四〇七（三〇五）

如是我闻：一时，佛住拘留搜调牛聚落。尔时，世尊告诸比丘："我今当为汝等说法，初、中、后善，善义、善味，纯一满净，梵行清白，所谓六分别六入处经。谛听，善思，当为汝说。何等为六分别六入处经？谓于眼入处，不如实知见者，色、眼识、眼触、眼触因缘生受——内觉若苦、若乐、不苦不乐，不如实知见；不如实知见故，于眼染著，若色、眼识、眼触、眼触因缘生受——内觉若苦、若乐、不苦不乐，皆生染著。如是耳……鼻……舌……身……意，若法、意识、意触、意触因缘生受——内觉若苦、若乐、不苦不乐，不如实知见，不如实知见故生染著。如是染著，相应、愚暗、顾念、结缚其心，长养五受阴，及当来有爱②、贪喜（、彼彼乐著）悉皆增长。身心疲恶，身心③烧然，身心炽然，身心狂乱，身生苦觉；彼身生苦觉故，于未来世生老病死、忧悲恼苦悉皆增长，是名纯一大苦阴聚集。诸比丘！若于眼如实知见，若色、眼识、眼触、眼触因缘生受——内觉若苦、若乐、不苦不乐如实知见。见已，于眼不染著，若色、眼识、眼触、眼触因缘生受——内觉若苦、若乐、不苦不乐不染著。如是耳……鼻……舌……身……意、法如实知见，若法、意识、意触、意触因缘生受——内觉若苦、若乐、不苦不乐如实知见；如实知见故，于意不染著，若法、意识、意触、意触因缘生受——内觉若苦、若乐、不苦不乐不染(著)。不染著故，不相杂，不愚暗，不顾念，不系缚，损减五受

---

① 《中部》（一四九）《大六处经》。
② "爱"，原本误作"受"，依元本改。
③ "心"下，原本有"坏"字，依元本删。

阴,当来有爱、贪喜、彼彼乐①著悉皆消灭。身不疲苦,心不疲苦,身不烧,心不烧,身不炽然,心不炽然,身觉乐,心觉乐;身心觉乐故,于未来世生老病死、忧悲恼苦悉皆消灭,如是纯大苦聚阴灭。作如是知、如是见者,名为正见修习满足,正志,正方便,正念,正定,前说正语,正业,正命清净修习满足,是名修习八圣道清净满足。八圣道修习满足已,四念处修习满足;四正勤,四如意足,五根,五力,七觉分修习满足。若法应知、应了者,悉知、悉了;若法应知、应断者,悉知、悉断;若法应知、应作证者,悉皆作证;若法应知、应修习者,悉已修习。何等法应知、应了,悉知、悉了?所谓名、色。何等法应知、应断?所谓无明及有爱。何等法应知、应证?所谓明②、解脱。何等法应知、应修?所谓止③、观。若比丘于此法应知、应了(者),悉知、悉了;若法应知、应断者,悉知、悉断;若法应知、应作证者,悉知、悉证;若法应知、应修者,悉知、悉修,是名比丘断爱、结缚,正无间等,究竟苦边。诸比丘!是名六分别六入处经。"佛说此经已,诸比丘闻佛所说,欢喜奉行。

"**定法**":复次,于其成就世间正见多闻,不定住正法者,即成就此世间正见多闻;得定住正法者,当知略有五种殊胜正加行果称赞利益。何等为五?谓彼第一住正法者,先由其心未得定故,奢摩他支、戒未清净,亦未鲜白;即此第二住正法者,心得定故,清净鲜白,当知是名第一殊胜正加行果称赞利益。又彼第一

---

① "乐",原本误作"染",今改。
② "明",原本误作"眼",依宋本改。
③ "止",原本误作"正",今依《论》改。

心未得定补特伽罗,于一切受,并其所依,并其所缘,并其助伴,并其随转,不如实知;由不知故,便为三种无智为因过患所触。何等为三?一、受杂染所作过患,二、世杂染所作过患,三、现法、后法杂染所作过患。当知此中,受杂染所作过患者,谓愚痴者,于其乐受并彼随转并所随染,有贪爱缚;于苦受等有嗔恚缚;于其不苦不乐受等,有愚爱①缚及随眠缚,由有愚痴所随眠故。世杂染所作过患者,谓愚痴者,于现在世有贪染缚,于过去世有顾恋缚,于未来世有系心缚。现法、后法杂染所作过患者,谓彼如是杂染心者,于世于受有杂染故,便能生长感后有业,由此增益后有诸蕴令当得生。又能增长所有贪爱,谓后有爱及资财爱,后有爱故能生当来所有自体,资财爱故于追求时极生疲怠。若得境界,便生染恼;若不获得,所欲不遂,便自烧然;若得已失,便为愁恼之所损害,如是名为现法过患。若即由彼作及增长能感后有诸业,烦恼增上力故,起于当来生老死等众苦差别,如是名为后法过患。第二心定补特伽罗,应知一切与上相违,当知是名第二殊胜,余如前说。又彼第一补特伽罗,心未定故,于其无智所作过患,若自、若他不如实知。第二心定补特伽罗,于彼皆能如实了知,当知是名第三殊胜,余如前说。又彼第二心已得定补特伽罗,于诸过患如实了知,已入修地,即前所得无我相应所有正见,由此修故,于二时中依其断界及无欲界,与彼一切菩提分法皆共圆满。初未得定补特伽罗,心未定故,于彼一切皆未圆满,当知是名第四殊胜,余如前说。又彼第二心已得定补特伽罗,所

---

① "爱",疑是"痴"。

有多闻毗钵舍那助伴支分,彼能摄受胜三摩地,能净修治毗钵舍那,由是因缘,止、观二种平等双转。心未得定补特伽罗,应知多闻与彼俱阙,如是于成世间正见多闻、不定住于正法补特伽罗,即此成就世间正见多闻、得定住于正法补特伽罗,当知有此第五殊胜正加行果称赞利益。如是即彼由已获得胜奢摩他,毗钵舍那,依于断界,应遍知者能正遍知,应永断者能正永断,应作证者能正作证,应修习者能正修习。依无欲界,于彼一切已知、已断、已证、已修。于所依色及能依名,正知、已知;于所依无明及能依有爱,正断、已断;于所依明净智及能依解脱烦恼断,正证、已证;于所依奢摩他及能依毗钵舍那,正修、已修。

二三〇　　　　　　四〇八(　三〇六)

如是我闻:一时,佛住舍卫国祇树给孤独园。时有异比丘,独一静处,专精思惟,作是念:比丘云何知、云何见而得见法?作是思惟已,从禅起,往诣佛所,稽首礼足,退坐一面。白佛言:"世尊!我独一静处,专精思惟,作是念:比丘云何知、云何见而得见法?"尔时,世尊告彼比丘:"谛听,善思,当为汝说。有二法,何等为二?眼、色为二,如是广说,乃至非其境界故。所以者何?眼、色缘,生眼识,三事和合触,触俱生受、想、思。此四无色阴,眼色,此等法名为人。于斯等法,作人想,众生,那罗,摩瓷阇,摩那婆,士夫①,福伽罗,耆婆,禅头。又如是说:我眼见色,我耳闻声,我鼻嗅香,我舌尝味,我身觉触,我意识法。彼施设又如是言说:是尊者如是名,如是生,如是姓,如是食,如是受苦乐,

---

① "夫",原本作"其",今改。

如是长寿,如是久住,如是寿分齐。比丘!是则为想,是则为志,是则言说。此诸法皆悉无常、有为、思愿缘生,若无常、有为、思愿缘生者,彼则是苦。又复彼苦,生亦苦,住亦苦,灭亦苦,数数出生,一切皆苦。若复彼苦无余断:吐、尽、离欲、灭、息、没,余苦更不相续、不出、(不)生,是则寂灭,是则胜妙,所谓舍一切有余,一切爱尽,无欲、灭尽、涅槃。耳……鼻……舌……身、触缘,生身识,三事和合触,触俱生受、想、思。此四是无色阴,身根是色阴,此名为人。如上说,乃至灭尽、涅槃。缘意、法,生意识,三事和合触,触俱生受、想、思。此四无色阴,四大士夫所依,此等法名为人。如上广说,乃至灭尽、涅槃。若有于此诸法,心随入住,解脱不退转,于彼所起系著无有我。比丘!如是知、如是见,则为见法。"佛说此经已,诸比丘闻佛所说,欢喜奉行。

二三一　　　　　　　　四〇九(三〇七)

如是我闻:一时,佛住舍卫国祇树给孤独园。时有异比丘,独一静处,专精思惟,作是念:云何知、云何见,名为见法?思惟已,从禅起,往诣佛所,稽首礼足,退坐一面。白佛言:"世尊!我独一静处,专精思惟,作是念:比丘云何知、云何见,名为见法?今问世尊,唯愿解说!"佛告比丘:"谛听,善思,当为汝说。有二法,眼、色缘,生眼识,如上广说。"尊者如所说偈:

"眼、色二种缘,生于心、心法,
识、触及俱生,受、想等有因。
非我、非我所,亦非福伽罗,
亦非摩瓮阇,亦非摩那婆。
是则为生灭,苦阴变易法,

> 于斯等作想，施设于众生，
> 那罗、摩瓷阇，及与摩那婆，
> 亦余众多想，皆因苦阴生。
> 诸业、爱、无明，因积他世阴。
> 余沙门异道，异说二法者，
> 彼但有言说，闻已增疑①惑。
> 贪爱息无余，无明没永灭，
> 爱尽众苦息，无上佛眼说。"

佛说此经已，诸比丘闻佛所说，欢喜奉行。

"见"：复次，有二法见：一、有为法见，二、无为法见。有为法见者，谓如有一，于谛依处及谛自性，皆如实知。云何名为谛所依处？谓名、色，及人、天等有情数物。云何为谛？谓世俗谛及胜义谛。云何世俗谛？谓即于彼谛所依处，假想安立，我或有情，乃至命者及生者等。又自称言我眼见色，乃至我意知法。又起言说，谓如是名，乃至如是寿量边际，广说如前。当知此中唯有假想，唯假自称，唯假言说，所有性相、作用差别，名世俗谛。云何胜义谛？谓即于彼谛所依处，有无常性，广说乃至有缘生性，如前广说。如无常性，有苦性等当知亦尔。若于如是世俗、胜义、谛所依处，其世俗谛，如实了知是世俗谛；其胜义谛，如实了知是胜义谛，如是名为有为法见。若有成就有为法见苾刍，齐此言说满足。云何名为无为法见？谓即于彼谛所依处，已得二

---

① "疑"，原本作"痴"，今改。

种谛善巧者,由此善巧增上力故,于一切依等尽涅槃,深见寂静,其心趣入,如前广说乃至解脱,如是名为无为法见。若有成就无为法见苾刍,齐此言说满足。又此法见,当知三种补特伽罗皆得成就:一者,异生法随法行,已得定心,博识聪敏,能如正理观察诸法;二者,有学已见谛迹;三者,无学诸漏永尽。

二三二① 四一〇(三〇八)

如是我闻:一时,佛住舍卫国祇树给孤独园。尔时,世尊告诸比丘:"诸天世人,于色染著、爱乐住,彼色若无常、变易、灭尽,彼诸天人则生大苦。于声……香……味……触……(于)法染著、爱乐住,彼法变易、无常、灭尽,彼诸天人得大苦住。如来于色,色集、色灭、色味、色患、色离如实知,如实知已,于色不复染著、爱乐住;彼色变易、无常、灭尽,则生乐住。于声、香、味、触、法,集、灭、味、患、离如实知,如实知已,不复染著、爱乐住;彼……法②变易、无常、灭尽,则生乐住。所以者何?眼、色缘,生眼识,三事和合触,触缘受——若苦、若乐、不苦不乐。此受③集,此受灭,此受味④,此受患,此受离,如实知,于彼色因缘生厄碍,厄碍尽已,名无上安隐涅槃。耳……鼻……舌……身……意、法缘,生意识,三事和合触,触缘受——若苦、若乐、不苦不乐。彼受集、受灭、受味、受患、受离如实知,如实知已,彼法因缘生厄碍,厄碍尽已,名无上安隐涅槃。"尔时,世尊而说偈言:

---

① 《相应部》(三五)"六处相应"一三六经。
② "法",原本误作"色",今改。
③ "受"上,原本有"三"字,依宋本删。
④ "此受味",原本缺,依明本补。

"于色、声、香、味、触、法六境界,
一向生喜悦、爱染、深乐著。
诸天及世人,唯以此为乐,
变易、灭尽时,彼则生大苦。
惟有诸贤圣,见其灭为乐;
世间之所乐,观察悉为怨。
贤圣见苦者,世间以为乐;
世间之所苦,于圣则为乐。
甚深难解法,世间疑惑生,
大暗所昏没,盲冥无所见,
唯有智慧者,发朦开大明。
如是甚深句,非圣孰能知!
不还受身者,深达谛明了。"

佛说此经已,诸比丘闻佛所说,欢喜奉行。

"苦":复次,若有希求人、天盛事,自发誓愿行梵行者,当知彼为称赞人、天二种过患。何等为二?一者,烦恼所生众苦;二者,无常所生众苦。云何烦恼所生众苦?谓于人、天住境界爱,依现在世故;住境界乐,依过去世故;住境界欣,于现在世,依过去境生爱乐故;住境界喜,于未来世,依现在境生爱乐故。若于如是三世境中住染污者,当知彼为称赞所欲有匮乏苦,及生老等所有众苦,是名生起烦恼所作众苦过患。云何无常所作众苦?谓顺乐处,有背失故起变坏苦;随顺苦处,现在前故起厌离苦;一切自体,于终没时皆灭坏故,有灭故苦,当知是名三种无常所作众苦。此中如来超过如是二种过患,住一向乐。即于此乐,应如实知由此故乐,复应如实知乐方便。云何为乐?谓一切境相应永尽,无上安隐,即有余依般涅槃界。云何方便?谓如前说,于五种受,发起五转如实妙智。若诸声闻,弃舍大师所证超过人天妙乐,希求下劣人天乐者,当知彼于诸智者所,多受毁辱,亦自欺诳。

二三三① 　　　　四一一（三〇九）

如是我闻:一时,佛住瞻婆国揭伽池侧。尔时,尊者鹿纽来诣佛所,稽首礼足,退坐一面。白佛言:"世尊!如世尊说,有第二住,有一一住,彼云何第二住?云何一一住?"佛告鹿纽:"善哉!善哉!鹿纽!能问如来如是之义。"佛告鹿纽:"若眼识色,可爱、(可)乐、(可)念、可意、长养于欲,彼比丘见已,喜乐、赞叹、系著住;爱乐、赞叹、系著住已,心转欢喜,欢喜已深乐,深乐已贪爱,贪爱已厄碍。欢喜、深乐、贪爱、厄碍者,是名第二住。耳、鼻、舌、身、意,亦如是说。鹿纽!有如是像类比丘,正使空闲独处,犹名第二住。所以者何?爱喜不断、不灭②故;爱欲不断、不知者,诸佛如来说第二住。若有比丘,于可爱、(可)乐、(可)念、可意、长养于欲色,彼比丘见已,不喜乐、不赞叹、不系著住;不喜乐、不赞叹、不系著住已不欢喜,不欢喜故不深乐,不深乐故不贪爱,不贪变故不厄碍。不欢喜、深乐、贪爱、厄碍者,是名为一一住。耳、鼻、舌、身、意,亦如是说。鹿纽!如是像类比丘,正使处于高楼重阁,犹是一一住者。所以者何?贪爱已尽、已知

---

① 《相应部》(三五)"六处相应"六三经。
② "灭",疑"知"。

故;贪爱已尽、已知者,诸佛如来说名——一住。"尔时,尊者鹿纽闻佛所说,欢喜随喜,作礼而去。

二三四① 四一二(三一〇)

如是我闻:一时,佛住瞻婆国揭伽池侧。尔时,尊者鹿纽来诣佛所,稽首礼足,退坐一面。白佛言:"善哉世尊!为我说法。我闻法已,当独一静处,专精思惟,不放逸住,乃至自知不受后有。"佛告鹿纽:"善哉!善哉!鹿纽!能问如来如是之义。谛听,善思,当为汝说。"佛告鹿纽:"若眼见可爱、(可)乐、可意、可念、长养于欲之色,见已欣悦②、赞叹、系著,欣悦、赞叹、系著已则欢喜集,欢喜集已则苦集。耳、鼻、舌、身、意,亦如是说。鹿纽!若有比丘,眼见可爱、(可)乐、可念、可意、长养于欲之色,见已不欣悦、不赞叹、不系著,不欣悦、不赞叹、不系著故不欢喜集,不欢喜集故则苦灭。耳、鼻、舌、身、意、法,亦如是说。"尔时,尊者鹿纽闻佛所说,欢喜随喜,作礼而去。尔时,尊者鹿纽闻佛说法教诫已,独一静处,专精思惟,不放逸住,乃至得阿罗汉,心善解脱。

复次,嗢拕南曰:

　　一住、远、涅槃,略说内所证,辩一切智、相,舍所学、业等,空、随行、恒住,师弟二圆满。

"**一住**":由二因缘,当知名为有第二住:谓有爱故;为欲生起第二自体,受习③其因,此自体灭,第二自体次生起故。云何

---

① 《相应部》(三五)"六处相应"六四经。
② "欣悦",原误作"彼说",今改。
③ "受习",疑是"爱集"。

有爱？谓诸可爱所缘境界,将得、现前,最初生起,染污欣悦,名有喜乐;从此已后,乃至未得,于彼多住作意思惟,设复已得而未受用,于其中间,即由喜乐增上力故,住染欣悦,名有欢喜;于受用时多生贪爱,名有染著,故名有爱。又于未来起希求故,及于已得生领纳故,名有喜乐;于过去世随忆念故,名有欢喜;于已获得正受用时生贪爱故,名有染著:如是名为第二差别。云何生起第二自体？谓喜乐等为集因故,于当来世生、老为根众苦生起。与此相违,当知是名无第二住。

二三五① 　　　　　四一三(三一一)

如是我闻:一时,佛住舍卫国祇树给孤独园。尔时,尊者富楼那来诣佛所,稽首礼足,退住一面。白佛言:"善哉世尊！为我说法。我坐独一静处,专精思惟,不放逸住,乃至自知不受后有"。佛告富楼那:"善哉！善哉！能问如来如是之义。谛听,善思,当为汝说。若有比丘,眼见可爱、可乐、可念、可意、长养欲之色,见已欣悦、赞叹、系著,欣悦、赞叹、系著已欢喜,欢喜已乐著,乐著已贪爱,贪爱已厄碍。欢喜、乐著、贪爱、厄碍故,去涅槃远。耳、鼻、舌、身、意,亦如是说。富楼那！若比丘眼见可爱、(可)乐、可念、可意、长养欲之色,见已不欣悦、不赞叹、不系著,不欣悦、不赞叹、不系著故不欢喜,不欢喜故不深乐,不深乐故不贪爱,不贪爱故不厄碍。不欢喜、不深乐、不贪爱、不厄碍故,渐近涅槃。耳、鼻、舌、身、意,亦如是说。"

佛告富楼那:"我已略说法教,汝欲何所住？"富楼那白佛

---

① 《中部》(一四五)《教富楼那经》。《相应部》(三五)"六处相应"八八经。

言:"世尊!我已蒙世尊略说教诫,我欲于西方输卢那人间游行。"佛告富楼那:"西方输卢那人,凶恶、轻躁、弊暴、好骂。富楼那!汝若闻彼凶恶、轻躁、弊暴、好骂、毁辱者,当如之何?"富楼那白佛言:"世尊!若彼西方输卢那国人,面前凶恶、诃骂、毁辱者,我作是念:彼西方输卢那人,贤善、智慧,虽于我前,凶恶、弊暴、好①骂、毁辱我,犹尚不以手石而见打掷。"佛告富楼那:"彼西方输卢那人,但凶恶、轻躁、弊暴、骂辱,于汝则可脱,复当以手石打掷者,当如之何?"富楼那白佛言:"世尊!西方输卢那人,脱以手石加于我者,我当念言:输卢那人贤善、智慧,虽以手石加我而不用刀杖。"佛告富楼那:"若当彼人脱以刀杖而加汝者,复当云何?"富楼那白佛言:"世尊!若当彼人脱以刀杖而加我者,当作是念:彼输卢那人贤善、智慧,虽以刀杖而加于我,而不见杀。"佛告富楼那:"假使彼人脱杀汝者,当如之何?"富楼那白佛言:"世尊!若西方输卢那人脱杀我者,当作是念:有诸世尊弟子,当厌患身,或以刀自杀,或服毒药,或以绳自系,或投深坑。彼西方输卢那人,贤善、智慧,于我朽败之身,以少作方便,便得解脱。"佛言:"善哉!富楼那!汝善学忍辱,汝今堪能于输卢那人间住止。汝今宜去,度于未度,安于未安,未涅槃者令得涅槃。"尔时,富楼那闻佛所说,欢喜随喜,作礼而去。

尔时,尊者富楼那,夜过晨朝,着衣持钵,入舍卫城乞食。食已还出,付嘱卧具,持衣钵,去至西方输卢那人间游行。到已,夏安居,为五百优婆塞说法,建立五百僧伽蓝,绳床、卧褥、供养众

---

① "好",原本缺,依宋本补。

具,悉皆备足。三月过已,具足三明。即于彼处入无余涅槃。

"远":复次,有二种法,更互相违:一者、烦恼,二者、涅槃。是故安住杂染法已,即便随顺后有而转;若于后有随顺转时,当知说名去涅槃远。复有六种鄙碎士夫补特伽罗鄙碎行相:一者、性多忿恚;二者、所作不思;三者、乐逼恼他;四者、若苦所触,便发不实粗恶语言;五者、或发真实能引无义粗恶语言;六者、因此展转发起无量差别恶言,非但少词而生喜足。由二因缘,诸出家者力励受行,速疾能证沙门义利,诸未信者令生净信,其已信者倍令增长。何等为二?一者、忍辱,二者、柔和。言忍辱者,谓于他怨终无返报;言柔和者,谓心无愤,性不恼他。

二三六①　　　　　四一四(　三一二)

如是我闻:一时,佛住舍卫国祇树给孤独园。尔时,摩罗迦舅来诣佛所,稽首礼足,退坐一面。白佛言:"善哉世尊!为我说法。我闻法已,独一静处,专精思惟,不放逸住,乃至不受后有。"尔时,世尊告摩罗迦舅言:"诸年少聪明利根,于我法律出家未久,于我法律尚无懈怠,而况汝今日年耆根熟,而欲闻我略说教诫!"摩罗迦舅白佛言:"世尊!我虽年耆根熟,而尚欲得闻世尊略说教诫。唯愿世尊为我略说教诫,我闻法已,当独一静处,专精思惟,乃至自知不受后有。"第二、第三,亦如是请。佛告摩罗迦舅:"汝今且止,如是再三,亦不为说。"尔时,世尊告摩罗迦舅:"我今问汝,随意答我。"佛告摩罗迦舅:"若眼未曾见

---

① 《相应部》(三五)"六处相应"九五经。

色,汝当欲见,于彼色起欲、起爱、起念、起染著不?"答言:"不也,世尊!""耳、声、鼻、香、舌、味、身、触、意、法,亦如是说。"佛告摩罗迦舅:"善哉!善哉!摩罗迦舅!见以见为量,闻以闻为量,觉以觉为量,识以识为量。"而说偈言:

"若汝非于彼,彼亦复非此,
亦非两中间,是则为苦边。"

摩罗迦舅白佛言:"已知,世尊!已知,善逝!"佛告摩罗迦舅:"汝云何于我略说法中广解其义?"尔时,摩罗迦舅说偈白佛言:

"若眼已见色,而失于正念,
则于所见色,而取爱念相。
取爱乐相者,心则常系著,
起于种种爱,无量色集生。
贪欲、恚、害觉,令其心退减,
长养于众苦,永离于涅槃。
见色不取相,其心随正念,
不染恶心爱,亦不生系著。
不起于诸爱,无量色集生,
贪欲、恚、害觉,不能坏其心,
小长养众苦,渐次近涅槃。
日种尊所说,离爱般涅槃。
若耳闻诸声,心失于正念,
而取诸声相,执持而不舍。

鼻香、舌尝味,身触、意念法,
　　忘失于正念,取相亦复然。
　　其心生爱乐,系著坚固住,
　　起种种诸爱,无量法集生。
　　贪欲、恚、害觉,退减①坏其心,
　　长养众苦聚,永离于涅槃。
　　不染于诸法,正智、正念生,
　　其心不染污,亦复不乐著。
　　不起于诸爱,无量法集生,
　　贪嗔、恚、害觉,不退减其心,
　　众苦随损减②,渐近般涅槃。
　　爱尽般涅槃,世尊之所说。

是名世尊略说法中广解其义。"佛告摩罗迦舅:"汝真于我略说法中广解其义,所以者何?如汝所说偈:

　　若眼见众色,忘失于正念,
　　则于所见色,而取爱念相。

如前广说。"尔时,尊者摩罗迦舅,闻佛所说,欢喜随喜,作礼而去。尔时,尊者摩罗迦舅,于世尊略说法中广解其义已,于独一静处,专精思惟,不放逸住,乃至成阿罗汉,心得解脱。

"涅槃":复次,以要言之,如来略依二种处所,说无界教:一

---

① "减",原本作"灭",依宋本改。
② "减",原本作"灭",依宋本改。

者、说有余依涅槃界教,二者、说无余依涅槃界教。若由如是烦恼断故,名成就断补特伽罗不成烦恼,即由如是不住彼果后有众苦,当知是名说有余依涅槃界教。若由如是不住烦恼后有苦果,即由如是乃至寿尽,既灭没已,一切余依都无所有,不住此身,不住余身,不住中有,证得一切众苦边际,当知是名说无余依涅槃界教。

略有三种念力强因:一、由其年少壮,二、由前生串习,三、由现法数习。

二三七① 　　　　四一五(三一三)

如是我闻:一时,佛住舍卫国祇树给孤独园。尔时,世尊告诸比丘:"有经法,诸比丘崇向,而于经法异信、异欲、异闻、异行思惟、异见审谛忍,正知而说:我生已尽,梵行已立,所作已作,自知不受后有。"诸比丘白佛言:"世尊是法根、法眼、法依,善哉世尊! 唯愿广说。诸比丘闻已,当受奉行。"佛告诸比丘:"谛听,善思,当为汝说。比丘! 眼见色已,觉知色而不觉色贪,我先眼识于色有贪,而今眼识于色无贪如实知。若比丘眼见于色已,觉知色而不起色贪,觉我先眼识有贪,而言今眼识于色无贪如实知者,诸比丘于意云何? 彼于此,为有信、有欲、有闻、有行思惟、有见②审谛忍不?"答言:"如是,世尊!""归于此法,如实正思所知所见不?"答言:"如是,世尊!""耳……鼻……舌……身……意……(识)法,亦如是说。诸比丘! 是名有经法,比丘于此经

---

① 《相应部》(三五)"六处相应"一五二经。
② "见",原本缺,依下经文补。

法崇向,异信、异欲、异闻、异行思惟、异见审谛忍,正知而说:我生已尽,梵行已立,所作已作,自知不受后有。"佛说此经已,诸比丘闻佛所说,欢喜奉行。

"**内所证**":复次,由五种相,当知涅槃是内证法。谓离信故,乃至离见审察忍故,如前应知。谓现法中,于内各别内外增上所生杂染,如实了知有及非有。

二三八　　　　　　四一六(三一四)

如是我闻:一时,佛住舍卫国祇树给孤独园。尔时,世尊告诸比丘:"当断欲:断眼欲已,眼则已断、已知,断其根本,如截多罗树头,于未来世永不复生。耳、鼻、舌、身、意,亦如是说。"佛说此经已,诸比丘闻佛所说,欢喜奉行①。

二三九②　　　　　　四一七(三一五)

如是我闻:一时,佛住舍卫国祇树给孤独园。尔时,世尊告诸比丘:"若眼生、住、转出,则苦生、病住、老死出。耳、鼻、舌、身、意,亦如是说。若眼灭、息、没,苦生则灭,病则息,(老)死则没。耳、鼻、舌、身、意,亦如是说。"佛说此经已,诸比丘闻佛所说,欢喜奉行③。

二四〇　　　　　　四一八(三一六)

如是我闻:一时,佛住舍卫国祇树给孤独园。尔时,世尊告诸比丘:"眼无常,若眼是常者,则不应受逼迫苦,亦应说于眼欲

---

① 《论》义见前(一)"阴相应"一三一经下。
② 《相应部》(二六)"生相应"一经。
③ 《论》义见前(一)"阴相应"一三二经下。

令如是,不令如是。以眼无常故,是故眼受逼迫苦生,是故不得于眼欲令如是,不令如是。耳、鼻、舌、身、意,亦如是说。"佛说此经已,诸比丘闻佛所说,欢喜奉行。

二四一　　　　　　四一九(　三一七)

如是我闻:一时,佛住舍卫国祇树给孤独园。尔时,世尊告诸比丘:"眼苦,若眼是乐者,不应受逼迫苦,应得于眼欲令如是,不令如是。以眼是苦故,受逼迫苦,不得于眼欲令如是,不令如是。耳、鼻、舌、身、意,亦如是说。"佛说此经已,诸比丘闻佛所说,欢喜奉行。

二四二　　　　　　四二〇(　三一八)

如是我闻:一时,佛住舍卫国祇树给孤独园。尔时,世尊告诸比丘:"眼非我,若眼是我者,不应受逼迫苦,应得于眼欲令如是,不令如是。以眼非我故,受逼迫苦,不得于眼欲令如是,不令如是。耳、鼻、舌、身、意,亦如是说。"佛说此经已,诸比丘闻佛所说,欢喜奉行。

二四三——二四五　　四二一——四二三(　　)

如内六入处三经,外六入处三经,亦如是说①。

二四六②　　　　　　四二四(　三一九)

如是我闻:一时,佛住舍卫国祇树给孤独园。时有生闻婆罗门,往诣佛所,共相问讯,问讯已,退坐一面。白佛言:"瞿昙!所谓一切者,云何名一切?"佛告婆罗门:"一切者,谓十二入处:眼、色、耳、声、鼻、香、舌、味、身、触、意、法,是名一切。若复说言

---

① 无常、苦、非我,《论》义见前(一)"阴相应"一四三——一四六经下。
② 《相应部》(三五)"六处相应"二三经。

此非一切,沙门瞿昙所说一切,我今舍别立余一切者,彼但有言说,问已不知,增其疑惑。所以者何? 非其境界故。"时生闻婆罗门闻佛所说,欢喜随喜奉行。

二四七①　　　　　四二五(三二〇)

如是我闻:一时,佛住舍卫国祇树给孤独园。时有生闻婆罗门,往诣佛所,面相问讯已,退坐一面。白佛言:"瞿昙! 所谓一切有,云何一切有?"佛告生闻婆罗门:"我今问汝,随意答我。婆罗门! 于意云何? 眼是有不?"答言:"是有,沙门瞿昙!""色是有不?"答言:"是有,沙门瞿昙!""婆罗门! 有色、有眼识、有眼触、有眼触因缘生受——若苦、若乐、不苦不乐不?"答言:"有,沙门瞿昙!"耳、鼻、舌、身、意,亦如是说。如是广说,乃至非其境界故。佛说此经已,生闻婆罗门闻佛所说,欢喜随喜,从坐起去。

二四八　　　　　四二六(三二一)

如是我闻:一时,佛住舍卫国祇树给孤独园。时有生闻婆罗门,往诣佛所,共相问讯已,退坐一面。白佛言:"沙门瞿昙! 所谓一切法,云何为一切法?"佛告婆罗门:"眼及色、眼识、眼触、眼触因缘生受——若苦、苦乐、不苦不乐,耳……鼻……舌……身……意、法、意识、意触、意触因缘生受——若苦、若乐、不苦不乐,是名为一切法。若复有言此非一切法,沙门瞿昙所说一切法,我今舍更立一切法者,此但有言数,问已不知,增其疑②惑。所以者何? 非其境界故。"佛说此经已,生闻婆罗门闻佛说已,

---

① 本经正明说一切有部之一切有义。
② "疑",原本作"痴",今改。

欢喜随喜,从坐起去。

 二四九——二五七　　四二七——四三五（　　）

如生闻婆罗门所问三经,有异比丘所问三经,尊者阿难所问三经,世尊法眼、法根、法依三经,亦如上说。

"辩一切智"：复次,由三因缘,显示诸佛无上菩提:一者,觉了一切境故;二者,觉了有及非有如实事故;三者,觉了染、净二品一切法故。是故他于如是三处,请问世尊。

 二五八①　　　　　　　四三六（　三二二）

如是我闻:一时,佛住舍卫国祇树给孤独园。时有异比丘,往诣佛所,稽首佛足,退坐一面。白佛言:"世尊！如世尊说眼是内入处,世尊略说不广分别,云何眼是内入处?"佛告彼比丘:"眼是内入处,四大所造净色,不可见,有对。耳、鼻、舌、身内入处,亦如是说。"复白佛言:"世尊！如世尊说意是内入处,不广分别,云何意是内入处?"佛告比丘:"意内入处者,若心、意、识,非色,不可见,无对,是名意内入处。"复问:"如世尊说色外入处,世尊略说不广分别,云何世尊色外入处?"佛告比丘:"色外入处,若色四大造,可见,有对,是名色是外入处。"复白佛言:"世尊说声是外入处,不广分别,云何声是外入处?"佛告比丘:"若声四大造,不可见,有对。如声,香、味亦如是。"复问:"世尊说触外入处,不广分别,云何触外入处?"佛告比丘:"触外入处者,谓四大及四大造色,不可见,有对,是名触外入处。"复问:

---

① 本经即《别法处经》,为说一切有部所诵。

"世尊说法外入处,不广分别,云何法外入处①?"佛告比丘:"法外入处者,十一入所不摄,不可见,无对,是名法外入处。"佛说此经已,诸比丘闻佛所说,欢喜奉行。

"相":复次,诸有为法俱有转时,令心迷乱,能令于相邪取分别,是故如来为诸弟子分别开示,令于彼相决定悟入,为欲了知真实相故。又为于自无欺诳故,又为于他坦然无畏正记别故。

二五九② 四三七(三二三)

如是我闻:一时,佛住舍卫国祇树给孤独园。尔时,世尊告诸比丘:"有六内入处。云何为六③?谓眼内入处,耳、鼻、舌、身、意内入处。"佛说此经已,诸比丘闻佛所说,欢喜奉行。

二六〇 四三八(三二四)

如是我闻:一时,佛住舍卫国祇树给孤独园。尔时,世尊告诸比丘:"有六外入处。云何为六?谓色是外入处,声、香、味、触、法是外入处,是名六外入处。"佛说此经已,诸比丘闻佛所说,欢喜奉行。

二六一 四三九(三二五)

如是我闻:一时,佛住舍卫国祇树给孤独园。尔时,世尊告诸比丘:"有六识身。云何为六?谓眼识身,耳识身,鼻识身,舌识身,身识身,意识身,是名六识身。"佛说此经已,诸比丘闻佛所说,欢喜奉行。

---

① "云何法外入处",原本缺,依明本补。
② 以下八经《论》义,如"入处相应"初,"八种差别"中说。
③ "云何为六",原本缺,依明本补。

二六二　　　　　　　四四〇（三二六）

如是我闻：一时，佛住舍卫国祇树给孤独园。尔时，世尊告诸比丘："有六触身。云何为六触身？谓眼触身，耳触身，鼻触身，舌触身，身触身，意触身，是名六触身。"佛说此经已，诸比丘闻佛所说，欢喜奉行。

二六三　　　　　　　四四一（三二七）

如是我闻：一时，佛住舍卫国祇树给孤独园。尔时，世尊告诸比丘："有六受身。云何为六？谓①眼触生受，耳、鼻、舌、身、意触生受，是名六受身。"佛说此经已，诸比丘闻佛所说，欢喜奉行。

二六四　　　　　　　四四二（三二八）

如是我闻：一时，佛住舍卫国祇树给孤独园。尔时，世尊告诸比丘："有六想身。云何为六？谓眼触生想，耳、鼻、舌、身、意触生想，是名六想身。"佛说此经已，诸比丘闻佛所说，欢喜奉行。

二六五　　　　　　　四四三（三二九）

如是我闻：一时，佛住舍卫国祇树给孤独园。尔时，世尊告诸比丘："有六思身。云何为六？谓眼触生思，耳、鼻、舌、身、意触生思，是名六思身。"佛说此经已，诸比丘闻佛所说，欢喜奉行。

二六六　　　　　　　四四四（三三〇）

如是我闻：一时，佛住舍卫国祇树给孤独园。尔时，世尊告

---

① "谓"，原本缺，依宋本补。

诸比丘:"有六爱身。云何为六爱身?谓眼触生爱,耳、鼻、舌、身、意触生爱,是名六爱身。"佛说此经已,诸比丘闻佛所说,欢喜奉行。

二六七　　　　　四四五(　三三一)

如是我闻:一时,佛住舍卫国祇树给孤独园。尔时,世尊告诸比丘:"有六顾念。云何为六?谓色顾念,声顾念,香顾念,味顾念,触顾念,法顾念,是名六顾念。"佛说此经已,诸比丘闻佛所说,欢喜奉行。

二六八　　　　　四四六(　三三二)

如是我闻:一时,佛住舍卫国祇树给孤独园。尔时,世尊告诸比丘:"有六覆。云何为六?谓色有漏,是取,心覆藏;声、香、味、触、法、有漏,是取,心覆藏。是名六覆。"佛说此经已,诸比丘闻佛所说,欢喜奉行。

"舍所学":复次,诸出家者,弃舍所学增上力故,当知安立顾恋境界。又出家者,毁犯尸罗增上力故,当知安立未出家者,弃背趣入心株覆事,远离惭愧故,一向爱味故。若坚执取所缘境界,当知彼名最极爱味。由是因缘,于修上品诸善业中,为心株杌,是不调柔、无堪能义。又即由此增上力故,行诸恶行,内怀隐匿,所造众恶,故生其覆。如是一切,略摄为一,说名于境最极爱味、心株覆事。

二六九　　　　　四四七(　三三三)

如是我闻:一时,佛住舍卫国祇树给孤独园。尔时,世尊告诸比丘:"过去、未来眼无常,况现在眼!多闻圣弟子如是观者,不顾过去眼,不欣未来眼,于现在眼生厌、离欲、灭尽向。耳、鼻、舌、身、意,亦如是说。"

二七〇——二七二　　四四八——四五〇(　　)

如无常,如是苦、空、非我,亦如是说。

二七三——二七六　　四五一——四五四(　　)

如内入处四经,外入处四经,亦如是说①。

二七七　　　　　　　　四五五(三三四)

如是我闻:一时,佛住拘留搜调牛聚落。尔时,世尊告诸比丘:"今当为汝说法,初、中、后善,善义、善味,纯一满净,梵行清白。谛听,善思,谓有因有缘有缚法经。云何有因有缘有缚法经?谓眼有因、有缘、有缚。何等为眼因、眼缘、眼缚?谓眼,业因、业缘、业缚。业有因、有缘、有缚,何等为业因、业缘、业缚?谓②业,爱因、爱缘、爱缚。爱有因、有缘、有缚,何等为爱因、爱缘、爱缚?谓爱,无明因、无明缘、无明缚。无明有因、有缘、有缚,何等无明因、无明缘、无明缚?谓无明,不正思惟因、不正思惟缘、不正思惟缚。不正思惟有因、有缘、有缚,何等不正思惟因、不正思惟缘、不正思惟缚?谓缘眼、色,生不正思惟,生于痴。缘眼、色,生不正思惟,生于痴,彼痴者是无明,痴求欲名为爱,爱所作名为业。如是比丘!不正思惟因无明,无③明因爱,爱因为业,业因为眼。耳、鼻、舌、身、意,亦如是说,是名有因有④缘有

---

① 上来八经,《相应部》(三五)"六处相应"七——一二经。与"入处相应"八一——九二经大同。《论》义见(一)"阴相应"一一——一四经下。
② "谓"上,原本有"业"字,衍文,今删。
③ "无"上,原有"为爱"二字,今删。
④ "有",原本缺,依宋本补。

缚法经。"佛说此经已,诸比丘闻佛所说,欢喜奉行。

"业等":复次,若于诸根无护行者,由乐听闻不正法故,便生无明触所生起染污作意。即此作意增上力故,于当来世诸处生起,所有过患不如实知。不如实知彼过患故,便起希求;希求彼故,造作增长彼相应业;造作增长相应业故,于当来世六处生起,如是名为顺次道理。逆次第者,谓彼六处以业为因,业、爱为因,爱复用彼无明为因,无明复用不如正理作意为因,不正作意复用无明触为其因。又于此中,先所造业是现法受六处之因,现法造业是次生受六处之缘,或是后受六处由藉。爱等、业等,随其所应,当知亦尔。

复次,由二因缘,后有生起:一、后有业,二、后有爱。而但说言诸有情类随业而行,不言随爱。何以故?略有三爱:一者、欲爱,二者、色爱,三、无色爱。此中欲爱,是不善者虽有异熟,然若不起恶不善业,终不能与恶趣异熟。若欲界爱,于无明触所生诸受起希求时,于可爱境发生贪欲,于可憎境发生嗔恚,于可迷境发生愚痴,由此三种增上力故,行不善业;由此业故,生诸恶趣。非但由彼贪、嗔、痴缠,定堕恶趣,然即此爱于所造业异熟生时,能为助伴。又由希求可爱境界增上力故,修行善行——身、语、意业,由此为因,得生善趣。此中可爱诸异熟果,但应用业为引生因,非染性爱。又若此爱,色、无色系,虽非不善,然是染污,一切皆非有异熟果。又即由此色、无色爱,名有爱者。彼由听闻正法因故,于其欲界观粗鄙相,证得明触,而生世间如理作意相应诸受,调伏欲界贪、嗔、痴等,造修所成善有漏业。由于此间造彼业故,当得生彼,不由于彼染污性爱;然即此爱,于所造业异熟生时,能为助伴,是故但说诸有情类,随业而行,不言随爱。

二七八① 　　　　　　四五六(　三三五)

如是我闻:一时,佛住拘留搜调牛聚落。尔时,世尊告诸比丘:"我今当为汝等说法,初、中、后善,善义、善味,纯一满净,梵行清白,所谓第一义空经。谛听,善思,当为汝说。云何为第一义空经? 诸比丘! 眼生时无有来处,灭时无有去处。如是眼,不实而生,生已尽灭,有业报而无作者,此阴灭已,异阴相续,除俗数法。耳、鼻、舌、身、意,亦如是说,除俗数法。俗数法者,谓此有故彼有,此起故彼起,如无明缘行,行缘识,广说乃至纯大苦聚集起。又复此无故彼无,此灭故彼灭,无明灭故行灭,行灭故识灭,如是广说乃至纯大苦聚灭。比丘! 是名第一义空法经。"佛说此经已,诸比丘闻佛所说,欢喜奉行。

"**空**":复次,于外事中,世间假名增上力故,亦说有果及有受者,彼或时空,世现可得,或时不空。如果、受者,因与作者,当知亦尔。如是名为世俗谛空,非胜义空。若说恒时一切诸行唯有因果,都无受者及与作者,当知是名胜义谛空。应知此空,复有七种:一、后际空,二、前际空,三、中际空,四、常空,五、我空,六、受者空,七、作者空。当知此中,无有诸行于未来世实有行聚自性,安立诸行生时从彼而来。若有是事,彼不应生,于未来世诸行自性已实有故;又不应有无常可得,既有可得,是故当知诸行生时,无所从来,本无今有,是名后际空。又无诸行于过去世

---

① 参照《增一阿含经》(三七)"六重品"七经。

有实行聚自性,安立已生、已灭诸行,往彼积集而住。若有是事,不应施设诸行有灭,过去行聚自性,俨然常安住故。若无有灭,彼无常性应不可知,既有可知,是故诸行于正灭时,都无所往积集而住。有已散灭,不待余因,自然灭坏,是名前际空。又于刹那生灭行中,唯有诸行暂时可得,其中都无余行可得,亦无别物,是名中际空。当知亦是常空、我空。以无我故,果性诸行空无受者,因性业行空无作者,如是名为受者、作者二种皆空。作者、受者无所有故,唯有诸行于前生灭,唯有诸行于后生生,于中都无舍前生者取后生者,是故说言唯有诸法从众缘生,能生诸法。又一切法都无作用,无有少法能生少法,是故说言此有故彼有,此生故彼生。但唯于彼因果法中,依世俗谛假立作用,宣说此法能生彼法。

二七九　　　　　　**四五七（三三六）**

如是我闻:一时,佛住舍卫国祇树给孤独园。尔时,世尊告诸比丘:"有六喜行,云何为六? 如是比丘! 若眼见色,喜于彼色处行;耳、声;鼻、香;舌、味;身、触;意识法,喜于彼法处行。诸比丘! 是名六喜行。"佛说此经已,诸比丘闻佛所说,欢喜奉行。

二八〇　　　　　　**四五八（三三七）**

如是我闻:一时,佛住舍卫国祇树给孤独园。尔时,世尊告诸比丘:"有六忧行,云何为六? 诸比丘! 若眼见色,忧于彼色处行;耳、声;鼻、香;舌、味;身、触;意识法,忧于彼法处行。诸比丘! 是名六忧行。"佛说此经已,诸比丘闻佛所说,欢喜奉行。

二八一　　　　　　**四五九（三三八）**

如是我闻:一时,佛住舍卫国祇树给孤独园。尔时,世尊告

诸比丘:"有六舍行,云何为六？诸比丘！谓眼见色,舍于彼色处行;耳、声;鼻、香;舌、味;身、触;意识法,舍于彼法处行。是名比丘六舍行。"佛说此经已,诸比丘闻佛所说,欢喜奉行。

"随行":复次,由五种相,于能顺喜所缘境界,随顺而行,深心喜乐,不如正理,执取其相,发生贪欲,多起寻思,方便求觅,因此广行福、非福行。如能顺喜所缘境界,顺忧、顺舍所缘境界,如其所应,当知亦尔。其差别者,于能顺忧所缘境界,随顺而行,深心厌恶,发生嗔恚。于能顺舍所缘境界,随顺而行,深心愚昧,发生愚痴。余如前说。

二八二　　　　　四六〇(三三九)

如是我闻:一时,佛住舍卫国祇树给孤独园。尔时,世尊告诸比丘:"有六常行,云何为六？若比丘眼见色,不苦不乐舍心住,正念、正智①;耳、声;鼻、香;舌、味;身、触;意识法,不苦不乐舍心住,正念、正智,是名比丘六常行。"佛说是经已,诸比丘闻佛所说,欢喜奉行。

二八三　　　　　四六一(三四〇)

如是我闻:一时,佛住舍卫国祇树给孤独园。尔时,世尊告诸比丘:"有六常行,云何为六？若比丘眼见色,不苦不乐舍心住,正念、正智;耳、声;鼻、香;舌、味;身、触;意识法,不苦不乐舍心住,正念、正智。若比丘成就此六常行者,世间难得！"佛说此经已,诸比丘闻佛所说,欢喜奉行。

---

① "舍心住正念正智",原作"正念正智舍心住",依明本改。

二八四　　　　　四六二（三四一）

如是我闻：一时，佛住舍卫国祇树给孤独园。尔时，世尊告诸比丘："有六常行，云何为六？若比丘眼见色，不苦不乐舍心住，正念、正智；耳、声；鼻、香；舌、味；身、触；意识法，不苦不乐舍心住，正念、正智。若比丘成就此六常行者，世间难得，所应承事，恭敬、供养，则为世间无上福田。"佛说此经已，诸比丘闻佛所说，欢喜奉行。

二八五　　　　　四六三（三四二）

如是我闻：一时，佛住舍卫国祇树给孤独园。尔时，世尊告诸比丘："有六常行，云何为六？若比丘眼见色，不苦不乐舍心住，正念、正智；耳、声；鼻、香；舌、味；身、触；意识法，不苦不乐舍心住，正念、正智。若比丘成就此六常行者，当知是舍利弗等。舍利弗比丘，眼见色已，不苦不乐舍心住，正念、正智；耳、声；鼻、香；舌、味；身、触；意识法，不苦不乐舍心住，正念、正智。舍利弗比丘成就此六常行故，世间难得，所应承事，恭敬、供养，则为世间无上福田。"佛说此经已，诸比丘闻佛所说，欢喜奉行①。

"恒住"：复次，有诸苾刍证阿罗汉，诸漏永尽，于一切境随顺而行，恒时不堪，乃至失念生诸烦恼，是故恒住无杂染住，由是因缘，说名恒住。彼随行品，若喜、若忧、若欣、若戚，诸阿罗汉皆无所有，乃至善中亦无是事。又彼恒住，极难行故，及无罪故，名为最胜；能成就者极难得故，说名第一真实福田，应当奉请，乃至

---

① 《杂阿含经》卷一二（旧误编为卷一三）终。

广说,当知如前摄异门分①。

"师弟二圆满":②复次,于善说法毗奈耶中,应知大师及弟子众,各由二相,其德圆满。云何二相应知大师其德圆满?谓依利他行,欲令悟入诸所有受皆是苦故,说受所依,说彼因缘,说能杂染所有随行,说所对治及能对治师句,安立说一切种究竟出离,是名第一师德圆满。又依自利行,宣说不共三种念住无杂染住,是名第二师德圆满。云何二相应知弟子其德圆满?谓于如来无量法教,能了知已,而未得到闻之彼岸。若以得到其彼岸者,要为修行法随法行,证得出离,非为受持。了知是已,如理修行,法随法行,非但随说音声语言以为究竟,是名第一诸弟子众其德圆满。如是修行法随法行,不以下劣而生喜足,要当往趣贤敏丈夫所趣之地,定当获得彼所应得,是名第二诸弟子众其德圆满。

③复次,于善说法毗奈耶中,复由三相,应知大师其德圆满;又由二相,应知弟子其德圆满。云何三相应知大师其德圆满?谓佛世尊,为诸弟子最初施设远离二边中道正行,是名第一师德圆满。又于圣教未生信者,有毁犯者,以正方便令入圣教,离诸毁犯,是名第二师德圆满。又于圣教已得入者,由四法摄正摄受之,是名第三师德圆满。云何名为四种法摄?一、于秘密,以其如法闲静教授而教授之,不以非法;二、于违犯,以其如法苦切语

---

① 《瑜伽师地论》卷八四(大正三〇·七六六下)。
② 《论》义依《中部》(一三七)《六处分别经》,《中阿含经》(一六三)《分别六处经》。
③ 《论》义依《中部》(一三九)《无诤分别经》,《中阿含经》(一六九)《拘楼瘦无诤经》。

言现前呵摈,非不如法;三、于寻思,依止耽嗜,教令于内勤修寂静;四、令时时听闻正法,常无懈废,又令远离相似正法,及令对治弃舍正行。当知即是于其秘密,能引如法闲静教授。于实毁犯,若正了知,要当呵摈方调伏者,以如法言现前呵摈,心无杂染。于寻思者,方便令其易得决了,于诸流荡五妙欲者,示其过患,令生厌离,渐次修学,乃至证入第四静虑。所有寻思,依止耽嗜,方能于内究竟寂静,自令无恼,令他摄取,当知是名于时时间听闻正法,常无懈废。云何二相诸弟子众其德圆满?谓诸弟子,最初忍受大师所见,谓诸法中空无我见。由是因缘,于诸法中不增益我,起邪执著,亦不毁坏世俗道理。胜意乐故,无所随从;随言说故,亦不远离,是名第一诸弟子众其德圆满。又彼于见既忍受已,能正修行法随法行,由四法摄所摄受时,若彼诸法有苦、有害,如实了知,能速断灭;若彼诸法无苦、无害,如实了知,能速作证,是名第二诸弟子众其德圆满。如是大师及弟子众之所摄受诸佛圣教,当知一向无染清净,诸聪慧者之所归趣①。

---

① 《瑜伽师地论》卷九二终。

印顺法师佛学著作系列

杂阿含经论会编

（下）

释印顺 著

中华书局

杂阿含经论会编（下）

目 录

八众诵第五

一七　比丘相应·········001

一八　魔相应·········027

一九　帝释相应·········046

二〇　刹利相应·········071

二一　婆罗门相应·········095

二二　梵天相应·········139

二三　比丘尼相应·········151

二四　婆耆舍相应·········162

二五　诸天相应·········179

二六　夜叉相应·········268

二七　林相应·········286

弟子所说诵第六

二八　舍利弗相应·········307

二九　目揵连相应·········327

三〇　阿那律相应·········349

三一　大迦旃延相应………356

三二　阿难相应………369

三三　质多罗相应………379

如来所说诵第七

三四　罗陀相应………393

三五　见相应………407

三六　断知相应………421

三七　天相应………435

三八　修证相应………440

三九　入界阴相应………453

四〇　不坏净相应………458

四一　大迦叶相应………466

四二　聚落主相应………481

四三　马相应………497

四四　摩诃男相应………509

四五　无始相应………521

四六　婆蹉出家相应………533

四七　外道出家相应………544

四八　杂相应………564

四九　譬喻相应………581

五〇　病相应………596

五一　业报相应………616

八众诵第五①

一七 比丘相应②

一③　　　　　　一一六五(一〇六二)

④如是我闻:一时,佛住舍卫国祇树给孤独园。时有尊者善生,新剃须发,着袈裟衣,正信非家,出家学道,来诣佛所,稽首佛足,退坐一面。尔时,世尊告诸比丘:"诸比丘!当知此善生善男子,有二处端严:一者、剃除须发,着袈裟衣,正信非家,出家学道。二者、尽诸有漏,无漏心解脱,慧解脱,现法自知作证:我生已尽,梵行已立,所作已作,自知不受后有。"尔时,世尊即说偈言:

"寂静尽诸漏,比丘庄严好,离欲断诸结,涅槃不复生,

---

① "八众诵第五",原本自卷三八起,卷五〇止,共一三卷,与《相应部》第一"有偈篇"相当,本诵分十一相应,次第为:"比丘"、"魔"、"帝释"、"刹利"、"婆罗门"、"梵天"、"比丘尼"、"婆耆舍"、"诸天"、"夜叉"、"林"。以下均无《论》。

② "比丘相应",共二二经。与《相应部》(二一)"比丘相应"相当。

③ 《相应部》(二一)"比丘相应"五经。《别译杂阿含经》(以下简称《别译》)一经。

④ 《杂阿含经》卷三八。

持此最后身,摧伏魔怨敌。"

佛说此经已,诸比丘闻佛所说,欢喜奉行。

二① 一一六六(一〇六三)

如是我闻:一时,佛住舍卫国祇树给孤独园。时有异比丘,形色丑陋,难可观视,为诸比丘之所轻慢,来诣佛所。尔时,世尊四众围绕,见彼比丘来,皆起轻想,更相谓言:彼何等比丘,随路而来,形貌丑陋,难可观视,为人所慢!尔时,世尊知诸比丘心之所念,告诸比丘:"汝等见彼比丘来,形状甚丑,难可视见,令人起慢不?"诸比丘白佛:"唯然,已见。"佛告诸比丘:"汝等勿于彼比丘起于轻想,所以者何?彼比丘已尽诸漏,所作已作,离诸重担,断诸有结,正智心善解脱。诸比丘!汝等莫妄量于人,唯有如来能量于人。"彼比丘诣佛所,稽首佛足,退坐一面。尔时,世尊复告诸比丘:"汝等见此比丘,稽首作礼,退坐一面不?"比丘白佛:"唯然,已见。"佛告诸比丘:"汝等勿于是比丘起于轻想,乃至汝等莫量于人,唯有如来能知人耳。"尔时,世尊即说偈言:

"飞鸟及走兽,莫不畏师子,唯师子兽王,无有与等者。
如是智慧人,虽小则为大,莫取其身相,而生轻慢心,
何用巨大身,多肉而无慧?此贤胜智慧,则为上士夫,
离欲断诸结,涅槃永不生,持此最后身,摧伏众魔军。"

佛说此经已,诸比丘闻佛所说,欢喜奉行。

---

① 《相应部》(二一)"比丘相应"六经。《别译》二经。

三① 一一六七（一〇六四）

如是我闻：一时，佛住王舍城迦兰陀竹园。尔时，提婆达多有利养起，摩竭陀王阿阇世毗提希子，日日侍从五百乘车，来诣提婆达多所。日日持五百釜食，供养提婆达多；提婆达多将五百人，别众受其供养。时有众多比丘，晨朝着衣持钵，入王舍城乞食。闻提婆达多有如是利养起，乃至五百人别众受其供养。乞食已，还精舍，举衣钵，洗足毕，往诣佛所，稽首佛足，退坐一面。白佛言："世尊！我等晨朝着衣持钵，入王舍城乞食。闻提婆达多有如是利养起，乃至五百人别众受其供养。"佛告诸比丘："汝等莫称是提婆达多所得利养！所以者何？彼提婆达多别受利养，今则自坏，他世亦坏。譬如芭蕉、竹芦，生果即死，来年亦坏；提婆达多亦复如是，受其利养，今世则坏，他世亦坏。譬如驴骡受胎必死；提婆达多亦复如是，受诸利养，今世亦坏，他世亦坏。彼愚痴提婆达多，随几时受其利养，当得长夜不饶益苦。是故诸比丘！当如是学：我设有利养起，莫生染著。"尔时，世尊即说偈言：

"芭蕉生果死，竹芦实亦然，驴骡坐妊死，士以贪自丧。

常行非义行，多知不免愚，善法日损减，茎枯根亦伤。"

佛说此经已，诸比丘闻佛所说，欢喜奉行。

四② 一一六八（一〇六五）

如是我闻：一时，佛住舍卫国祇树给孤独园。尔时，舍卫国

---

① 《相应部》（一七）"利得供养相应"三五·三六经。《别译》三经。《增一阿含经》（一二）"一入道品"七经。

② 《别译》四经。

有手比丘,是释氏子,在舍卫国命终。时有众多比丘,晨朝着衣持钵,入舍卫城乞食,闻手比丘释子于舍卫国命终。闻已,入舍卫城乞食。还,举衣钵,洗足毕,诣佛所,稽首佛足,退坐一面。白佛言:"世尊!今日晨朝,众多比丘着衣持钵,入舍卫城乞食,闻释氏子手比丘,于舍卫国命终。云何世尊!手比丘命终当生何处?云何受生?后世云何?"佛告诸比丘:"是手比丘成就三不善法,彼命终当生恶趣泥犁中。何等三不善法?谓贪欲、瞋恚、愚痴。此三不善法结缚于心,释种子手比丘生恶趣泥犁中。"尔时,世尊即说偈言:

"贪欲、瞋恚、痴,结缚士夫心,内发还自伤,犹如竹芦实。

无贪、恚、痴心,是说为黠慧;内发不自伤,是名为胜出。

是故当离贪、瞋恚、痴冥心,比丘智慧明,苦尽般涅槃。"

佛说此经已,诸比丘闻佛所说,欢喜奉行。

五①　　　　　　　——六九(一〇六六)

如手比丘,难陀修多罗,亦如上说。

六②　　　　　　　——七〇(一〇六七)

如是我闻:一时,佛住舍卫国祇树给孤独园。尔时,尊者难陀,是佛姨母子,好着好衣染色,捣治光泽,执持好钵,好作嬉戏,调笑而行。时有众多比丘来诣佛所,稽首佛足,退坐一面。白佛言:"世尊!尊者难陀,是佛姨母子,好着好衣,捣治光泽,执持

---

① 《别译》五经。

② 《相应部》(二一)"比丘相应"八经。《别译》六经。《增一阿含经》(一八)"惭愧品"六经。

好钵,好作嬉戏,调笑而行。"尔时,世尊告一比丘:"汝往诣难陀比丘所,语言:难陀!大师语汝。"时彼比丘受世尊教,往语难陀言:"世尊语汝。"难陀闻已,即诣佛所,稽首佛足,退住一面。佛告难陀:"汝实好着好衣,捣治光泽,好作嬉戏,调笑而行不?"难陀白佛:"实尔,世尊!"佛告难陀:"汝佛姨母子,贵姓出家,不应着好衣服,捣令光泽,执持好钵,好作嬉戏,调笑而行。汝应作是念:我是佛姨母子,贵姓出家,应作阿练若,乞食,着粪扫衣,常应赞叹着粪扫衣,常处山泽,不顾五欲。"尔时,难陀受佛教已,修阿兰若,行乞食,着粪扫衣,亦常赞叹着粪扫衣者,乐处山泽,不顾爱欲。尔时,世尊即说偈言:

"难陀何见汝,修习阿兰若,家家行乞食,身着粪扫衣,乐处于山泽,不顾于五欲!"

佛说此经已,尊者难陀闻佛所说,欢喜奉行。

七① ——七—(一〇六八)

如是我闻:一时,佛在舍卫国祇树给孤独园。尔时,尊者低沙自念:我是世尊姑子兄弟。故不修恭敬,无所顾录,亦不畏惧,不堪谏止。时有众多比丘,往诣佛所,稽首佛足,退坐一面。白佛言:"世尊!尊者低沙,自念是世尊姑子兄弟,故不修恭敬,无所顾录,亦不畏惧,不堪谏止。"尔时,世尊告一比丘:"汝往诣低沙比丘所,语言:低沙!大师语汝。"时彼比丘受世尊教,往语低沙比丘言:"世尊语汝。"低沙比丘即诣佛所,稽首佛足,退住一

---

① 《相应部》(二一)"比丘相应"九经。《别译》七经。

面。佛告低沙:"汝实作是念,我是世尊姑子兄弟,不修恭敬,无所顾录,亦不畏惧,不堪忍谏不?"低沙白佛:"实尔,世尊!"佛告低沙:"汝不应尔!汝应念言:我是世尊姑子兄弟,故应修恭敬,畏惧,堪忍谏止。"尔时,世尊即说偈言:

"善哉汝低沙!离瞋恚为善,莫生瞋恚心,瞋恚者非善。
若能离瞋、慢,修行软下心,然后于我所,修行于梵行。"

佛说此经已,低沙比丘闻佛所说,欢喜随喜,作礼而去。

八① 　　　　　　一一七二(一○六九)

如是我闻:一时,佛住舍卫国祇树给孤独园。时有尊者毗舍佉般阇梨子,集供养堂,为众多比丘说法。言辞满足,妙音清彻,句味辩正,随智慧说,听者乐闻;无所依说,显现深义,令诸比丘一心专听。尔时,世尊入昼正受,以净天耳过于人耳,闻说法声,从三昧起。往诣讲堂,于大众前坐。告毗舍佉般阇梨子:"善哉!善哉!毗舍佉!汝能为诸比丘,于此供养堂为众多比丘说法,言辞满足,乃至显现深义,令诸比丘专精敬重,一心乐听!汝当数数为诸比丘如是说法,令诸比丘专精敬重,一心乐听,当得长夜以义饶益,安隐乐住。"尔时,世尊即说偈言:

"若不说法者,愚智杂难分,此愚此智慧,无由自显现。
善说清凉法,因说智乃彰,说法为明照,光显大仙幢。
善说为仙幢,法为罗汉幢。"

---

① 《相应部》(二一)"比丘相应"七经。《别译》八经。《增支部》"四集"四八经。

佛说此经已,尊者毗舍佉般阇梨子闻佛所说,欢喜随喜,作礼而去。

九① 　　　　一一七三(一〇七〇)

如是我闻:一时,佛住舍卫国祇树给孤独园。时有众多比丘集供养堂,悉共作衣。时有一年少比丘,出家未久,初入法律,不欲营助诸比丘作衣。时众多比丘诣世尊所,稽首礼足,退坐一面。白佛言:"世尊!时有众多比丘集供养堂,为作衣故。有一年少比丘,出家未久,始入法律,不欲营助诸比丘作衣。"尔时,世尊问彼比丘:"汝实不欲营助诸比丘作衣耶?"彼比丘白佛言:"世尊!随我所能,当力营助。"尔时,世尊知彼比丘心之所念,告诸比丘:"汝等莫与是年少比丘语。所以者何?是比丘得四增(上)心法正受现法安乐住,不勤而得。若彼本心所为,剃须发,着袈裟衣,出家学道,增进修学,现法自知作证:我生已尽,梵行已立,所作已作,自知不受后有。"尔时,世尊即说偈言:

　　"非下劣方便,薄德、少智慧,正向于涅槃,免脱烦恼锁。
　　此贤年少者,逮得上士处,离欲心解脱,涅槃不复生,
　　持此最后身,摧伏众魔军。"

佛说此经已,诸比丘闻佛所说,欢喜奉行。

一〇② 　　　　一一七四(一〇七一)

如是我闻:一时,佛住舍卫国祇树给孤独园。时有比丘,名

---

① 《相应部》(二一)"比丘相应"四经。《别译》九经。
② 《相应部》(二一)"比丘相应"一〇经。《别译》一〇经。

曰上座①,独住一处,亦常赞叹独一住者。独行乞食,食已独还,独坐禅思。时有众多比丘诣佛所,稽首佛足,退坐一面。白佛言:"世尊!有尊者名曰上座,乐一独处,亦常赞叹独一住者。独入聚落乞食,独出聚落,还至住处,独坐禅思。"尔时,世尊语一比丘:"汝往诣彼上座比丘所,语上座比丘言:大师告汝。"比丘受教,诣上座比丘所,白言:"尊者!大师告汝。"时上座比丘,即时奉命诣世尊所,稽首礼足,退住一面。尔时,世尊告上座比丘:"汝实独一静处,赞叹独处者,独行乞食,独出聚落,独坐禅思耶?"上座比丘白佛:"实尔,世尊!"佛告上座比丘:"汝云何独一(静)处,赞叹独住者,独行乞食,独还住处,独坐禅思?"上座比丘白佛:"我唯独一静处,赞叹独住者,独行乞食,独出聚落,独坐禅思。"佛告上座比丘:"汝是一住者,我不言非一住,然更有胜妙一住。何等为胜妙一住?谓比丘前者枯干,后者灭尽,中无贪喜;是婆罗门心不犹豫,已舍忧悔,离诸有爱,群聚使断,是名一住,无有胜住过于此者。"尔时,世尊即说偈言:

"悉映于一切,悉知诸世间,不著一切法,悉离一切爱,
如是乐住者,我说为一住。"

佛说此经已,尊者上座闻佛所说,欢喜随喜,作礼而去。

——②　　　　　——七五(一〇七二)

如是我闻:一时,佛住舍卫国祇树给孤独园。时有尊者僧迦蓝,于拘萨罗人间游行,至舍卫国祇树给孤独园。彼僧迦蓝比

---

① "上座",原本作"上坐",依宋本改。下例。
② 《别译》——经。《增一阿含经》(三五)"邪聚品"一〇经。

丘,有本二在舍卫国中。闻僧迦蓝比丘,于拘萨罗人间游行,至舍卫国祇树给孤独园。闻已,着好衣服,庄严华璎,抱其儿,来诣祇洹,至僧迦蓝比丘房前。尔时,尊者僧迦蓝出房,露地经行,时彼本二来到其前,作是言:"此儿幼小,汝舍出家,谁当养活?"时僧迦蓝比丘不共语。如是再三,亦不共语。时彼本二作如是言:"我再三告,不与我语,不见顾视,我今置儿着经行道头而去。"告言:"沙门!此是汝子,汝自养活,我今舍去。"尊者僧迦蓝亦不顾视其子。彼本二复言:"是沙门今于此儿都不顾视,彼必得仙人难得之处。善哉沙门,必得解脱!"情愿不遂,抱子而去。尔时,世尊入昼正受,以天耳过人之耳,闻尊者僧迦蓝本二所说,即说偈言:

"来者不欢喜,去亦不忧戚,于世间和合,解脱不染著,
我说彼比丘,为真婆罗门。来者不欢喜,去亦不忧戚,
不染亦无忧,二心俱寂静,我说是比丘,是真婆罗门。"

佛说此经已,尊者僧迦蓝闻佛所说,欢喜随喜,作礼而去。

（①善生及恶色,提婆并象首,二难陀、窒师,般阇罗、少年,长老并僧钳。）

一二②　　　　一一七六(一〇七三)

如是我闻:一时,佛住舍卫国祇树给孤独园。尔时,尊者阿难独一静处,作是思惟:有三种香,顺风而熏,不能逆风。何等为

---

① 《别译》有摄颂,附录于此,下例。摄颂见《别译》卷一(大正二·三七六下)。

② 《增支部》"三集"七九经。《增一阿含经》(二三)"地主品"五经。

三?谓根香,茎香,花香。或复有香,顺风熏,亦逆风熏,亦顺风逆风熏耶?作是念已,晡时从禅觉,往诣佛所,稽首佛足,退住一面。白佛言:"世尊我独一静处,作是思惟:有三种香,顺风而熏,不能逆风。何等为三?谓根香,茎香,花香。或复有香顺风熏,逆风熏,亦顺风逆风熏耶?"佛告阿难:"如是,如是,有三种香,顺风熏不能逆风,谓根香,茎香,花香。阿难!亦有香顺风熏,逆风熏,顺风逆风熏。阿难!顺风熏,逆风熏,顺风逆风熏者,阿难!有善男子、善女人,在所城邑、聚落,成就真实法,尽形寿不杀生、不偷盗、不邪淫、不妄语、不饮酒。如是善男子、善女人,八方、上下,崇善士夫无不称叹言:某方、某聚落,善男子、善女人,持戒清净,成真实法,尽形寿不杀乃至不饮酒。阿难!是名有香顺风熏,逆风熏,顺风逆风熏。"尔时,世尊即说偈言:

"非根、茎、花香,能逆风而熏,唯有善士女,持戒清净香,
逆顺满诸方,无不普闻知。多迦罗、栴檀、优钵罗、末利,
如是比诸香,戒香最为上。栴檀等诸香,所熏少分限,
唯有戒德香,流熏上升天。斯等净戒香,不放逸、正受,
正智等解脱,魔道莫能入。是名安隐道,是道则清净,
正向妙禅定,断诸魔结缚。"

佛说此经已,尊者阿难闻佛所说,欢喜随喜,作礼而去。

一三① 一一七七(一〇七四)

如是我闻:一时,佛在摩竭提国人间游行,与千比丘俱,皆是

---

① 《中阿含经》(六二)《频鞞娑逻王迎佛经》前分。《别译》一三经。

古昔萦发出家,皆得阿罗汉,诸漏已尽,所作已作,舍诸重担,逮得己利,尽诸有结,正智善解脱,到善建立支提杖林中住。摩竭提王瓶沙,闻世尊摩竭提国人间游行,至善建立支提杖林中住。与诸小王、群臣翼①从,车万二千乘,马万八千,步逐众无数。摩竭提婆罗门、长者,悉皆从王出王舍城,诣世尊所,恭敬供养。到于道口,下车步进。及于内门,除去五饰——脱冠,却盖,除扇,去剑刀,脱革屣。到于佛前,整衣服,偏露右肩,为佛作礼,右绕三匝,自称姓名。白佛言:"世尊!我是摩竭提王瓶沙。"佛告瓶沙:"如是,大王!汝是瓶沙,可就此坐,随其所安。"时瓶沙王重礼佛足,退坐一面。诸王大臣、婆罗门、居士,悉礼佛足,次第而坐。时萦髀罗迦叶,亦在座中。时摩竭提婆罗门、长者作是念:为大沙门从萦髀罗迦叶所修梵行耶?为萦髀罗迦叶于大沙门所修梵行耶?尔时,世尊知摩竭提婆罗门、长者心之所念,即说偈而问言:

"萦髀罗迦叶!于此见何利,弃汝先所奉,事火等众事?今可说其义,舍事火之由。"

萦髀迦叶说偈白佛:

"钱财等滋味,女色五欲果,观察未来受,斯皆大垢秽,是故悉弃舍,先诸奉火事。"

尔时,世尊复说偈问言:

----

① "翼",原本作"羽",依元本改。

"汝不著世间,钱财五色味,复何舍天人,迦叶随义说。"

迦叶复以偈答世尊言:

"见道离有余,寂灭无余迹,无所有不著,无异趣、异道,
是故悉弃舍,先修奉火事。大会等受持,奉事于水火,
愚痴没于中,志求解脱道。盲无智慧目,向生老病死,
不见于正路,永离生死道。今始因世尊,得见无为道,
大龙所说力,得度于彼岸。牟尼广济度,安慰无量众,
今始知瞿昙,真谛超出者!"

佛复说偈叹迦叶言:

"善哉!汝迦叶,先非恶思量,
次第分别求,遂至于胜处。"

"汝今迦叶!当安慰汝徒众之心。"时欝鞞罗迦叶,即入正受,以神足力,向于东方,上升虚空,作四种神变——行、住、坐、卧。入火三昧,举身洞然,青、黄、赤、白、玻璃、红色。身上出水,身下出火,还烧其身,身上出水以灌其身。或身上出火以烧其身,身下出水以灌其身。如是种种现化神通息已,稽首佛足,白佛言:"世尊!佛是我师,我是弟子。"佛告迦叶:"我是汝师,汝是弟子,随汝所安,复座而坐。"时欝鞞罗迦叶还复故坐。尔时,摩竭提婆罗门长者,作是念:欝鞞罗迦叶,定于大沙门所修行梵行。佛说此经已,摩竭提王瓶沙,及诸婆罗门、长者,闻佛所说,欢喜随喜,作礼而去。

一四① 　　　　一一七八(一〇七五)

如是我闻:一时,佛住王舍城迦兰陀竹园。时有陀骠摩罗子,旧住王舍城,典知众僧饮食、床座,随次差请,不令越次。时有慈地比丘,频三过次,得粗食处。食时辛苦,作是念:怪哉大苦!陀骠摩罗子比丘,有情故以粗食恼我,令我食时极苦,我当云何为其作不饶益事!时慈地比丘有姊妹比丘尼,名蜜多罗,住王舍城王园比丘尼众中。蜜多罗比丘尼来诣慈地比丘,稽首礼足,于一面住。慈地比丘不顾眄,不与语。蜜多罗比丘尼语慈地比丘:"阿阇②梨!何故不见顾眄,不共言语?"慈地比丘言:"陀骠摩罗子比丘,数以粗食恼我,令我食时极苦,汝复弃我。"比丘尼言:"当如何?"慈地比丘言:"汝可至世尊所,白言:世尊!陀骠摩罗子比丘,非法不类,共我作非梵行,波罗夷罪。我当证言:如是,世尊!如妹所说。"比丘尼言:"阿阇梨!我当云何于梵行比丘所,以波罗夷谤!"慈地比丘言:"汝若不如是者,我与汝绝,不复来往、言语,共相瞻视。"时比丘尼须臾默念而作是言:"阿阇梨欲令我尔,当从其教。"慈地比丘言:"汝且待我先至世尊所,汝随后来。"

时慈地比丘即往,稽首礼世尊足,退住一面。蜜多罗比丘尼即随后至,稽首佛足,退住一面。白佛言:"世尊!一何不善不类!陀骠摩罗子,于我所作非梵行,波罗夷罪。"慈地比丘复白佛言:"如妹所说,我先亦知。"尔时,陀骠摩罗子比丘,即在彼大众中。尔时,世尊告陀骠摩罗子比丘:"汝闻此语不?"陀骠摩罗

---

① 《别译》一四经。
② "阇",原本缺,依圣本补。下例。

子比丘言:"已闻,世尊!"佛告陀骠摩罗子比丘:"汝今云何?"陀骠摩罗子白佛:"如世尊所知,如善逝所知。"佛告陀骠摩罗子:"汝言如世尊所知,今非是时。汝今忆念,当言忆念;不忆念,当言不忆念。"陀骠摩罗子言:"我不自忆念。"尔时,尊者罗睺罗住于佛后,执扇扇佛。白佛言:"世尊!不善不类!是比丘尼言尊者陀骠摩罗子,共我作非梵行;慈地比丘言,如是世尊,我先已知,如妹所说。"佛告罗睺罗:"我今问汝,随意答我。若蜜多罗比丘尼来,语我言:世尊!不善不类!罗睺罗共我作非梵行,波罗夷罪。慈地比丘复白我言:如是,世尊!如妹所说,我先亦知者,汝当云何?"罗睺罗白佛:"世尊!我若忆念,当言忆念;不忆念,当言不忆念。"佛言罗睺罗:"愚痴人!汝尚得作此语,陀骠摩罗子清净比丘,何以不得作如是语?"尔时世尊告诸比丘:"于陀骠摩罗子比丘,当忆念。蜜多罗比丘尼,当以自言灭。慈地比丘,僧当极善诃谏教诫,汝云何见?何处见?汝何因往见?"世尊如是教已,从座起,入室坐禅。尔时诸比丘,于陀骠摩罗子比丘,忆念。蜜多罗比丘尼,与自言灭。慈地比丘,极善诃谏教诫言:汝云何见?何处见?何因往见?如是谏时,彼作是言:"彼陀骠摩罗子,不作非梵行,不犯波罗夷。然陀骠摩罗子比丘,三以粗恶食恐怖,令我食时辛苦。我于陀骠摩罗子比丘,爱、恚、痴、怖,故作是说。然陀骠摩罗子,清净无罪。"尔时,世尊晡时从禅觉,至大众前,敷座而坐。诸比丘白佛言:"世尊!我等于陀骠摩罗子比丘所,忆念、持。蜜多罗比丘尼,与自言灭。慈地比丘,极善诃谏,乃至彼言陀骠摩罗子,清净无罪。"尔时,世尊告诸比丘:"云何愚痴,以因饮食故,知而妄语?"尔时,世尊即说

偈言:

　　"若能舍一法,知而故妄语,不计于后世,无恶而不为。
　　宁食热铁丸,如炽然炭火,不以犯禁戒,而食僧信施。"

佛说此经已,诸比丘闻佛所说,欢喜奉行。

一五①　　　　　一一七九(一〇七六)

如是我闻:一时,佛住王舍城迦兰陀竹园。尔时,尊者陀骠摩罗子诣佛所,稽首佛足,退住一面。白佛言:"世尊!我愿于佛前取般涅槃!"世尊默然。如是三启,佛告陀骠摩罗子:"此有为诸行,法应如是。"尔时,尊者陀骠摩罗子,即于佛前入于三昧,如其正受,向于东方,升虚空行,现四威仪——行、住、坐、卧。入火三昧,身下出火,举身洞然,光焰四布,青、黄、赤、白、颇梨、红色。身下出火,还烧其身,身上出水,以洒其身;或身上出火,下烧其身,身下出水,上洒其身。周向十方,种种现化已,即于空中内身出火,还自焚其身,取无余涅槃,消尽寂灭,令无遗尘。譬如空中然灯,油、炷俱尽。陀骠摩罗子空中涅槃,身、心俱尽,亦复如是。尔时,世尊即说偈言:

　　"譬如烧铁丸,其焰洞炽然,热势渐息灭,莫知其所归。
　　如是等解脱,度烦恼淤泥,诸流永已断,莫知其所之,
　　逮得不动迹,入无余涅槃。"

佛说此经已,诸比丘闻佛所说,欢喜奉行。

---

① 《小部》"自说"八品九经。《别译》一五经。

一六① 一一八〇(一〇七)

如是我闻:一时,佛在央瞿多罗国人间游行,经陀婆阇梨迦林中,见有牧牛者、牧羊者、采柴草者,及余种种作人。见世尊行路,见已皆白佛言:"世尊!莫从此道去。前有央瞿利摩罗贼,脱恐怖人!"佛告诸人:"我不畏惧。"作此语已,从道而去。彼再三告,世尊犹去。遥见央瞿利摩罗,手执刀楯,走向世尊,(世尊)以神力现身徐行,令央瞿利摩罗驶走不及。走极疲乏已,遥语世尊:"住!住!勿去。"世尊并行而答:"我常住耳,汝自不住。"尔时,央瞿利摩罗即说偈言:

"沙门尚驶行,而言我常住,我今疲倦住,说言汝不住。
沙门说云何,我住汝不住?"

尔时,世尊以偈答言:

"央瞿利摩罗!我说常住者,于一切众生,谓息于刀杖。
汝恐怖众生,恶业不休息。我于一切虫,止息于刀杖;
汝于一切虫,常逼迫恐怖,造作凶恶业,终无休息时。
我于一切神,止息于刀杖;汝于一切神,长夜苦逼迫,
造作黑恶业,于今不止息。我住于息法,一切不放逸;
汝不见四谛,故不息放逸。"

央瞿利摩罗说偈白佛:

---

① 《中部》(八六)《鸯掘摩经》。《别译》一六经。《增一阿含经》(三八)"力品"六经。

"久乃见牟尼，故随路而逐，今闻真妙说，当舍久远恶。"
作如是说已，即放舍刀楯，投身世尊足，愿听我出家。
佛以慈悲心，大仙多哀愍，告比丘善来，出家受具足。

尔时，央瞿利摩罗出家已，独一静处，专精思惟。所以族姓子剃除须发，着袈裟衣，正信非家，出家学道，增修梵行，现法自知作证：我生已尽，梵行已立，所作已作，自知不受后有。时央瞿利摩罗得阿罗汉，觉解脱喜乐，即说偈言：

"本受不害名，而中多杀害，今得见谛名，永离于伤杀。
身行不杀害，口、意俱亦然，当知真不杀，不迫于众生。
洗手常血色，名央瞿摩罗，浚流之所漂，三归制令息。
归依三宝已，出家得具足，成就于三明，佛教作已作。
调牛以捶杖，伏象以铁钩，不以刀捶杖，正度调天人。
利刀以水石，直箭以煴火，治材以斧斤，自调以黠慧。
人前行放逸，随后能自敛，是则照世间，如云解月现。
人前放逸行，随后能自敛，于世恩爱流，正念而超出。
少壮年出家，精勤修佛教，是则照世间，如云解月现。
少壮年出家，精勤修佛教，于世恩爱流，正念以超出。
若度诸恶业，正善能令灭，是则照世间，如云解月现。
人前造恶业，正善能令灭，于世恩爱流，正念能超出。
我已作恶业，必向于恶趣，已受于恶报，宿责食已食。
若彼我怨憎，闻此正法者，得清净法眼，于我修行忍，
不复兴斗讼，蒙佛恩力故。我怨行忍辱，亦常赞叹忍，
随时闻正法，闻已随修行。"

佛说此经已,央瞿利摩罗闻佛所说,欢喜奉行。

一七①　　　　　　　一一八一(一〇七八)

如是我闻:一时,佛住王舍城迦兰陀竹园。时有异比丘,于夜明相出时,出拓补河边,脱衣着岸边,入水洗浴。浴已上岸,被一衣,待身干。时有一天子,放身光明,普照拓补河侧。语比丘言:"汝少出家,鲜白发黑,年始盛美,应习五欲,庄严璎珞,涂香华鬘,五乐自娱,而于是时违亲背俗,悲泣别离,剃除须发,着袈裟衣,正信非家,出家学道,如何舍现前乐而求非时之利?"比丘答言:"我不舍现前乐、求非时乐,我今乃是舍非时乐、得现前乐。"天问比丘:"云何舍非时乐,得现前乐?"比丘答言:"如世尊说:非时之欲,少味多苦,少利多难。我今于现法中,已离炽然,不待时节,能自通达,现前观察,缘自知觉。如是天子!是名舍非时乐,得现前乐。"天复问比丘:"云何复是如来所说非时之欲,少乐多苦?云何复是如来所说现法利乐,乃至缘自觉知?"比丘答言:"我年少出家,不能广宣如来所说正法律仪。世尊近在迦兰陀竹园,汝可往诣如来,问其所疑。如世尊说,随忆受持。"天子复言:"比丘!于如来所,有诸(大)力天,众多围绕,我先无问,未易可诣。比丘!汝若能为先白世尊者,我可随往。"比丘答言:"当为汝去。"天白比丘:"唯然,尊者!我随后来。"

时彼比丘往诣佛所,稽首礼足,退住一面。以向天子往反问答,具白世尊:"今者世尊!彼天子诚实言者,须臾应至,不诚实者自当不来。"时彼天子遥语比丘:"我已在此②,我已在此。"尔

---

① 《相应部》(一)"诸天相应"二〇经。《别译》一七经。
② "在此",原本作"此在",依圣本改。

时,世尊即说偈言:

"众生随爱想,以爱想而住。以不知爱故,则为死方便。"

佛告天子:"汝解此偈者,便可发问。"天子白佛:"不解,世尊!不解,善逝!"佛复说偈而告天子曰:

"若知所爱者,不于彼生爱,彼此无所有,他人莫能说。"

佛告天子:"汝解此义者,便可发问。"天子白佛:"不解,世尊!不解,善逝!"佛复说偈言:

"见等、胜、劣者,则有言论生,
三事不倾动,则无软、中、上。"

佛告天子:"解此义者,则可发问。"天子白佛:"不解,世尊!不解,善逝!"佛复说偈言:

"断爱及名色,除慢无所系,寂灭息嗔恚,离结绝悕望,
不见于人天,此世及他世。"

佛告天子:"解此义者,乃可发问。"天子白佛:"已解,世尊!已解,善逝!"佛说此经已,彼天子闻佛所说,欢喜随喜,即没不现。

一八①　　　　　一一八二(一〇七九)

如是我闻:一时,佛在王舍城迦兰陀竹园。时有异比丘,于后夜时,至拓补河边,脱衣置岸边,入水洗浴。浴已,还上岸,着

---

① 《中部》(二三)《蚁垤经》。《别译》一八经。《增一阿含经》(三九)"等法品"九经。

一衣，待身干。时有一天子，放身光明，普照拓补河侧。问比丘言："比丘！比丘！此是丘冢，夜则起烟，昼则火然。彼婆罗门见已，而作是言：坏此丘冢。发掘者智，持以刀剑，又见大龟。婆罗门见已，作是言：除此大龟。发掘者智，持以刀剑，见有氍氀。婆罗门见已，作此言：却此氍氀。发掘者智，持以刀剑，见有肉段。彼婆罗门见已，作是言：除此肉段。发掘者智，持以刀剑，见有屠杀（处）。婆罗门见已，作是言：坏是屠杀处。发掘者智，持以刀剑，见有楞耆。彼婆罗门见已，作是言：却此楞耆。发掘者智，持以刀剑，见有二道。彼婆罗门见已，作是言：除此二道。发掘者智，持以刀剑，见有门扇。婆罗门见已，作是言：却此门扇。发掘者智，持以刀剑，见有大龙。婆罗门见已，作是言：止！勿却大龙，应当恭敬。比丘！汝来受此论，往问世尊，如佛所说，汝随受持。所以者何？除如来，我不见世间诸天、魔、梵、沙门、婆罗门，于此论心悦乐者。若诸弟子从我所闻，然后能说。"

尔时，比丘从彼天所闻此论已，往诣世尊，稽首礼足，退坐一面。以彼天子所问诸论，广问世尊："云何为丘冢？云何为夜则起烟？云何为昼则火然？云何是婆罗门？云何发掘？云何智者？云何刀剑？云何为大龟？云何氍氀？云何为肉段？云何为屠杀处？云何为楞耆？云何为二道？云何为门扇？云何为大龙？"佛告比丘："丘冢者，谓众生身粗四大色，父母遗体，抟食、衣服覆盖、澡浴摩饰长养，皆是变坏磨灭之法。夜起烟者，谓有人于夜时，起随觉、随观。（昼则火然者，）昼行其教，身业、口业。婆罗门者，谓如来、应、等正觉。发掘者，谓精勤方便。智士者，谓多闻圣弟子。刀剑者，谓智慧刀剑。大龟者，谓五盖。氍氀者，谓忿恨。肉段者,谓悭、嫉。屠杀(处)者,谓五欲功德。楞耆者,谓无明。二道(者),谓疑惑。门扇者,谓我慢。大龙者,谓漏尽罗汉。如是比丘!若大师为声闻所作,哀愍悲念,以义安慰,于汝已作。汝等当作所作,当于曝露林中、空舍、山泽、岩窟,敷草树叶,思惟禅思,不起放逸,莫令后悔,是则为我随顺之教。"即说偈言:

"说身为丘冢,觉观夜起烟,昼业为火然,婆罗门正觉。
精进勤发掘,黠慧明智士,以智慧利剑,厌离胜进者。
五盖为巨龟,忿恨为氍氀,悭、嫉为肉段,五欲屠杀处,
无明为楞耆,疑惑于二道,门扇现我慢,漏尽罗汉龙,
究竟断诸论,故我如是说。"

佛说此经已,彼比丘闻佛所说,欢喜奉行。

一九① 　　　　　一一八三(一〇八〇)

如是我闻:一时,佛住波罗奈国仙人住处鹿野苑中。尔时,世尊晨朝,着衣持钵,入波罗奈城乞食。时有异比丘,以不住心,其心惑乱,不摄诸根,晨朝着衣持钵,入波罗奈城乞食。是比丘遥见世尊,见已,摄持诸根,端视而行。世尊见是比丘摄持诸根,端视而行。见已,入城乞食毕,还精舍,举衣钵,洗足已,入室坐禅。晡时从禅觉,入僧中,敷坐具,于大众前坐。告诸比丘:"我今晨朝着衣持钵,入波罗奈城乞食,见有比丘,以不住心、惑乱心,诸根放散,亦持衣钵入城乞食。彼遥见我,即自敛摄,竟为是谁?"时彼比丘从座起,整衣服,到于佛前,偏袒右肩,合掌白佛:

---

① 《别译》一九经。

"世尊！我于晨朝入城乞食，其心惑乱，不摄诸根。行（时）遥见世尊，即自敛心，摄持诸根。"佛告比丘："善哉！善哉！汝见我已，能自敛心摄持诸根。比丘！是法应当如是，若见比丘亦应自摄持，若复见比丘尼、优婆塞、优婆夷亦当如是摄持诸根，当得长夜以义饶益，安隐快乐。"尔时众中复有异比丘说偈叹曰：

"以其心迷乱，不专系念住，晨朝持衣钵，入城邑乞食，
中路见大师，威德容仪备，欣悦生惭愧，即摄持诸根。"

佛说此经已，诸比丘闻佛所说，欢喜奉行①。

二〇②　　　　　　　一一八四（一〇八一）

③如是我闻：一时，佛住波罗奈国鹿野苑中。尔时，世尊晨朝着衣持钵，入波罗奈城乞食。时有异比丘，着衣持钵，入城乞食。于其路边，住一树下，起不善觉，以依恶贪。尔时，世尊见彼比丘住一树下，以生不善觉，依恶贪嗜，而告之曰："比丘！比丘！莫种苦种而发熏，生臭，汁漏流出！若比丘种苦种子，自发，生臭，汁漏流出者，欲令蛆蝇不竞集者，无有是处。"时彼比丘作是念：世尊知我心之恶念，即生恐怖，身毛皆竖。尔时，世尊入城乞食毕，还精舍，举衣钵，洗足已，入室坐禅。晡时，从禅觉，至于僧中，于众前敷座而坐。告诸比丘："我今晨朝着衣持钵，入城乞食，见一比丘，住于树下，以生不善觉，依恶贪嗜。我时见已，即告之言：比丘！比丘！莫种苦种，发熏，生臭，恶汁流出。若有

---

① 《杂阿含经》卷三八终。
② 《增支部》"三集"一二六经。《别译》二〇经。
③ 《杂阿含经》卷三九。

比丘种苦种子发熏,生臭恶汁流出,蛆蝇不集,无有是处。时彼比丘即思念:佛已知我心之所念。惭愧恐怖,心惊毛竖,随路而去。"时有异比丘,从座起,整衣服,偏袒右肩,合掌白佛:"世尊!云何苦种?云何生臭?云何汁流?云何蛆蝇?"佛告比丘:"忿怒烦怨,名曰苦种。五欲功德,名为生臭。于六触入处不摄律仪,是名汁流。谓触入处不摄已,贪忧诸恶不善心竞生,是名蛆蝇。"尔时,世尊即说偈言:

"耳目不防护,贪欲从是生,是名为苦种,生臭汁潜流。
诸觉观气味,依于恶贪嗜。聚落及空处,若于昼若夜,
远离修梵行,究竟于苦边。若内心寂静,决定谛明了,
卧觉常安乐,诸恶蛆蝇灭。正士所习近,善说贤圣路,
了知八正道,不还更受身。"

佛说此经已,诸比丘闻佛所说,欢喜奉行。

二一①　　　　　　　一一八五(一〇八二)

如是我闻:一时,佛住舍卫国祇树给孤独园。尔时,世尊晨朝着衣持钵,入舍卫城乞食。食毕,还精舍,洗足已,入安陀林坐禅。时有异比丘,亦复晨朝着衣持钵,入舍卫城乞食。食毕,还精舍,洗足已,入安陀林,坐一树下,入昼正受。是比丘入昼正受时,有恶不善觉起,依贪嗜心。时有天神,依安陀林住止者,作是念:此比丘不善不类,于安陀林坐禅,而起不善觉,心依恶贪,我当往呵责。作是念已,往语比丘言:"比丘!比丘!作疮疣耶?"

---

① 《别译》二一经。

比丘答言："当治令愈。"天神语比丘："疮如铁镬，云何可复？"比丘答言："正念、正智，足能令复。"天神白言："善哉！善哉！此是真贤治疮。如是治疮，究竟能愈，无有发时。"尔时，世尊晡时从禅觉，还祇树给孤独园，入僧中，于大众前敷座而坐。告诸比丘："我今晨朝着衣持钵，入舍卫城乞食，乞食还，至安陀林坐禅，入昼正受。有一比丘，亦乞食还，至安陀林，坐一树下，入昼正受。而彼比丘起不善觉，心依恶贪。有天神依安陀林住，语比丘言：比丘！比丘！作疮疣耶？如上广说，乃至如是比丘，善哉！善哉！此治众贤。"尔时，世尊即说偈言：

"士夫作疮疣，自生于苦患，愿求世间欲，心依于恶贪。
以生疮疣故，蛆蝇竞来集；爱求为疮疣，蛆蝇诸恶觉，
及诸贪嗜心，皆悉从意生。钻凿士夫心，以求华名利，
欲火转炽然，妄想不善觉，身心日夜赢，远离寂静道。
若内心寂静，决定智明了，无有斯疮疣，见佛安隐路。
正士所游迹，贤圣善宣说，明智所知道，不复受诸有。"

佛说此经已，诸比丘闻佛所说，欢喜奉行。

二二①　　　　　一一八六(一〇八三)

如是我闻：一时，佛住毗舍离国猕猴池侧重阁讲堂。时有众多比丘，晨朝着衣持钵，入毗舍离乞食。时有年少比丘，出家未久，不闲法律，当乞食时，不知先后次第。余比丘见已而告之言："汝是年少，出家未久，未知法律，莫越、莫重，前后失次而行乞

---

① 《相应部》(二〇)"譬喻相应"九经。《别译》二二经。

食,长夜当得不饶益苦。"年少比丘言:"诸上座亦复越次,不随前后,非独我也。"如是再三,不能令止。众多比丘乞食已,还精舍,举衣钵,洗足已,诣佛所,稽首礼足,退坐一面。白佛言:"世尊!我等晨朝着衣持钵,入毗舍离乞食。有一年少比丘,于此法律出家未久,行乞食时,不以次第,前后复重。诸比丘等再三谏,不受而作是言:诸上座亦不次第,何故呵我!我等诸比丘三呵不受,故来白世尊,唯愿世尊为除非法,哀愍故!"佛告诸比丘:"如空泽中有大湖水,有大龙象而居其中,拔诸藕根,洗去泥土,然后食之。食已身体肥悦,多力多乐,以是因缘常喜乐住。有异种族象,形体羸小,效彼龙象,拔其藕根,洗不能净,合泥土食,食之不消,体不肥悦,转转羸弱,缘斯致死,或同死苦。如是宿德比丘,学道日久,不乐嬉戏,久修梵行,大师所叹,诸余明智修梵行者,亦复加叹。是等比丘,依止城邑、聚落,晨朝着衣持钵入城乞食,善护身口,善摄诸根,专心系念,能令彼人不信者信,信者不异。若得财利,衣被、饮食、床卧、汤药,不染不著,不贪不嗜,不迷不逐,见其过患,见其出离,然复食之。食已身心悦泽,得色得力,以是因缘常得安乐。彼年少比丘,出家未久,未闲法律,依诸长老,依止聚落,着衣持钵,入村乞食。不善护身,不守根门,不专系念,不能令彼不信者信,信者不变。若得财利,衣被、饮食、卧具、汤药,染著贪逐,不见过患,不见出离。以嗜欲心食,不能令身悦泽,安隐快乐,缘斯食故转向于死,或同死苦。所言死者,谓舍戒还俗,失正法、正律。同死苦者,谓犯正法律,不识罪相,不知除罪。"尔时,世尊即说偈言:

"龙象拔藕根,水洗而食之。异族象效彼,合泥而取食,因杂泥食故,羸病遂至死。"

佛说此经已,诸比丘闻佛所说,欢喜奉行。

(阿难与结发,及以二陀骠,贼并散倒吒,拔弥、惭愧根,苦子并覆疮,小大食、藕根①。)

---

① 摄颂见《别译》卷一(大正二·三八一上)。

一八 魔相应①

一②　　　　　　　　　——八七（一〇八四）

如是我闻：一时，佛住王舍城寒林中丘冢间。尔时，世尊告诸比丘："寿命甚促，转就后世，应勤习善法，修诸梵行，无有生而不死者，而世间人不勤方便，专修善法，修贤修义。"时魔波旬作是念：沙门瞿昙住王舍城寒林中丘冢间，为诸声闻如是说法，人命甚促，乃至不修贤修义。我今当往，为作娆乱。时魔波旬化作年少，往住佛前而说偈言：

"常逼迫众生，得人间长寿；迷醉放逸心，亦不向死处。"

尔时，世尊作是念：此是恶魔，来作恼乱。即说偈言：

"常逼迫众生，受生极短寿，当勤修精进，犹如救头然，
勿得须臾懈，令死魔忽至。知汝是恶魔，速于此灭去！"

天魔波旬作是念：沙门瞿昙已知我心。惭愧忧戚，即没不现。

二③　　　　　　　　　——八八（一〇八五）

如是我闻：一时，佛住王舍城寒林中丘冢间。尔时，世尊告诸比丘："一切行无常，一切行不恒、不安、非稣息，变易之法。乃至当止一切有为行，厌离，不乐，解脱。"时魔波旬作是念：今

---

① "魔相应"共二〇经，与《相应部》（四）"恶魔相应"相当。
② 《相应部》（四）"恶魔相应"九经。《别译》二三经。
③ 《相应部》（四）"恶魔相应"一〇经。《别译》二四经。

沙门瞿昙住王舍城寒林中，为诸声闻说如是法：一切行无常，不恒、非稣息，变异之法，乃至当止一切有为，厌离、不乐、解脱。我当往彼，为作娆乱。即化作年少，往诣佛所，住于佛前而说偈言：

"寿命日夜流，无有穷尽时，寿命当来去，犹如车轮转。"

尔时，世尊作是念：此是恶魔，欲作娆乱。即说偈言：

"日夜常迁流，寿亦随损减，人命渐消亡，犹如小河水。我知汝恶魔，便自消灭去！"

时魔波旬作是念：沙门瞿昙已知我心。惭愧忧戚，即没不现。

三① 　　　　　　一一八九（一〇八六）

如是我闻：一时，佛住王舍城迦兰陀竹园。尔时，世尊夜起经行，至于后夜，洗足入室，敛身正坐，专心系念。时魔波旬作是念：今沙门瞿昙，于王舍城迦兰陀竹园，夜起经行，于后夜时，洗足入室，正身端坐，系念禅思。我今当往，为作娆乱，即化作年少，住于佛前而说偈言：

"我心于空中，执长绳罥下，政欲缚沙门，不令汝得脱。"

尔时，世尊作是念：恶魔波旬欲作娆乱。即说偈言：

"我说于世间，五欲意第六，于彼永已离，一切苦已断，我已离彼欲，心意识亦灭。波旬我知汝，速于此灭去！"

---

① 《相应部》（四）"恶魔相应"一五经。《别译》二五经。

时魔波旬作是念:沙门已知我心。惭愧忧戚,即没不现。

四① 一一九〇(一〇八七)

如是我闻:一时,佛住王舍城迦兰陀竹园。尔时,世尊夜起经行,至后夜时,洗足入室,右胁卧息,系念明相,正念正智,作起觉想。时魔波旬作是念:今沙门瞿昙住王舍城迦兰陀竹园,乃至作起觉想。我今当往,为作留难,即化作年少,往住佛前而说偈言:

"何眠何故眠?已灭何复眠?
空舍何以眠?得出复何眠?"

尔时,世尊作是念:恶魔波旬欲作娆乱。即说偈言:

"爱网故染著,无爱谁持去!
一切有余尽,唯佛得安眠。
汝恶魔波旬,于此何所说!"

时魔波旬作是念:沙门瞿昙已知我心。惭愧忧戚,即没不现。

五② 一一九一(一〇八八)

如是我闻:一时,佛住王舍城耆阇崛山中。尔时,世尊于夜暗时,天小微雨,电光睒现,出房经行。时魔波旬作是念:今沙门瞿昙住王舍城耆阇崛山中,夜暗微雨,电光时现,出房经行。我今当往,为作留难。执大团石,两手调弄,到于佛前,碎成微尘。

---

① 《相应部》(四)"恶魔相应"七经。《别译》二六经。
② 《相应部》(四)"恶魔相应"一一经。《别译》二七经。

尔时,世尊作是念:恶魔波旬,欲作娆乱。即说偈言:

"若耆阇崛山,于我前令碎,于佛等解脱,不能动一毛。
假令四海内,一切诸山地,放逸之亲族,令其碎成尘,
亦不能倾动,如来一毛发。"

时魔波旬作是念:沙门瞿昙已知我心。内怀忧戚,即没不现。

六① 一一九二(一〇八九)

如是我闻:一时,佛住王舍城耆阇崛山中。尔时,世尊夜起经行,至后夜时,洗足入房,正身端坐,系念在前。时魔波旬作是念:今沙门瞿昙住王舍城耆阇崛山中,夜起经行,后夜入房,正身端坐,系念在前。我今当往,为作留难,即化作大龙,绕佛身七匝,举头临佛顶上。身如大船,头如大帆,眼如铜炉,舌如曳电,出息、入息若雷雹声。尔时,世尊作是念:恶魔波旬欲作娆乱。即说偈言:

"犹如空舍宅,牟尼心虚寂,于中而旋转,佛身亦如是。
无量凶恶龙,蚊、虻、蝇、蚤等,普集食其身,不能动毛发。
破裂于虚空,倾覆于大地,一切众生类,悉来作恐怖;
刀矛枪利箭,悉来害佛身,如是诸暴害,不能伤一毛。"

时魔波旬作是念:沙门瞿昙已知我心。内怀忧戚,即没不现。

---

① 《相应部》(四)"恶魔相应"六经。《别译》二八经。

七①   一一九三(一〇九〇)

如是我闻：一时，佛住王舍城毗婆罗山七叶树林石室中。尔时，世尊夜起露地，或坐或经行，至后夜时，洗足入室，安身卧息，右胁着地，足足相累，系念明相，正念、正智，作起觉想。时魔波旬作是念：沙门瞿昙住王舍城毗婆罗山七叶树林石室中，夜起露地，若坐若行，至后夜时，洗足入室而坐②，右胁卧息，足足相累，系念明相，正念、正智，作起觉想。我今当往为作留难，化作年少，往住佛前，而说偈言：

"为因我故眠，为是后边故？多有钱财宝，何故守空闲？
独一无等侣，而著于睡眠？"

尔时，世尊作是念：恶魔波旬，欲作娆乱。即说偈言：

"不因汝故眠，非为最后边，亦无多钱财，唯集无忧宝，
哀愍世间故，右胁而卧息。觉亦不疑惑，眠亦不恐怖，
若昼若复夜，无增亦无损，为哀众生眠，故无有损减。
正复以百枪，贯身常掘动，犹得安隐眠，已离内枪故。"

时魔波旬作是念：沙门瞿昙已知我心。内怀忧戚，即没不现。

八③   一一九四(一〇九一)

如是我闻：一时，佛住王舍城毗婆罗山七叶树林石室中。时

---

① 《相应部》(四)"恶魔相应"一三经。《别译》二九经。
② "坐"，疑"卧"。
③ 《相应部》(四)"恶魔相应"二三经。《别译》三〇经。

有尊者瞿低迦,住王舍城仙人山侧黑石室中,独一思惟,不放逸行,修自饶益。时受意解脱身作证,数数退转,一二三四五六反退,还复得时受意解脱身作证,寻复退转。彼尊者瞿低迦作是念:我独一静处思惟,不放逸行,精勤修习,以自饶益,时受意解脱身作证,而复数数退转,乃至六反犹复退转。我今当以刀自杀,莫令第七退转。时魔波旬作是念:沙门瞿昙住王舍城毗婆罗山侧七叶树林石窟中,有弟子瞿低迦,住王舍城仙人山侧黑石室中,独一静处,专精思惟,得时受意解脱身作证,六反退转而复还得。彼作是念:我已六反退而复还得,莫令我第七退转,我宁以刀自杀,莫令第七退砖。若彼比丘以刀自杀者,莫令自杀,出我境界去,我今当往告彼大师。尔时,波旬执琉璃柄琵琶,诣世尊所,鼓弦说偈:

"大智大方便,自在大神力,得炽然弟子,而今欲取死。
大牟尼当制,勿令其自杀。何闻佛世尊,正法律声闻,
学其所不得,而取于命终!"

时魔说此偈已,世尊说偈答言:

"波旬放逸种,以自事故来。坚固具足士,常住妙禅定,
昼夜勤精进,不顾于性命。见三有可畏,断除彼爱欲,
已摧伏魔军,瞿低般涅槃。"

波旬心忧恼,琵琶落于地,内怀忧戚已,即没而不现。

尔时,世尊告诸比丘:"汝等当来共至仙人山侧黑石室所,观瞿低迦比丘以刀自杀。"尔时,世尊与众多比丘,往至仙人山

侧黑石室中,见瞿低迦比丘杀身在地。告诸比丘:"汝等见此瞿低迦比丘杀身在地不?"诸比丘白佛:"唯然已见,世尊!"佛告比丘:"汝等见瞿低迦比丘,周匝绕身黑暗烟起,充满四方不?"比丘白佛:"已见,世尊!"佛告比丘:"此是恶魔波旬,于瞿低迦善男子身侧,周匝求其识神。然比丘瞿低迦,以不住心执刀自杀。"尔时,世尊为瞿低迦比丘受第一记。尔时,波旬而说偈言:

"上下及诸方,遍求彼识神,都不见其处,瞿低何所之?"

尔时,世尊复说偈言:

"如是坚固士,一切无所求,拔恩爱根本,瞿低般涅槃。"

佛说此经已,诸比丘闻佛所说,欢喜奉行。

九① 一一九五(一〇九二)

如是我闻:一时,佛住欝鞞罗聚落尼连禅河侧,于菩提树下,成佛未久。时魔波旬作是念:今沙门瞿昙,住欝鞞罗聚落尼连禅河侧,于菩提树下成佛未久,我当往彼为作留难。即化作年少,往住佛前而说偈言:

"独入一空处,禅思静思惟,已舍国财宝,于此复何求?
若求聚落利,何不习近人?既不习近人,终竟何所得!"

尔时,世尊作是念:恶魔波旬欲作娆乱。即说偈言:

"已得大财利,志足安寂灭,摧伏诸魔军,不著于色欲。

---

① 《相应部》(四)"恶魔相应"二四·二五经。《别译》三一经。

独一而禅思,服食禅妙乐,是故不与人,周旋相习近。"

魔复说偈言:

"瞿昙若自知,安隐涅槃道,独善无为乐,何为强化人?"

佛复说偈答言:

"非魔所制处,来问度彼岸,我则以正答,令彼得涅槃;时得不放逸,不随魔自在。"

魔复说偈言:

"有石似凝膏,飞鸟欲来食,竟不得其味,损觜还归空,我今亦如彼,徒劳归天宫。"

魔说是已,内怀忧戚,心生变悔,低头伏地,以指画地。
魔有三女:一名爱欲,二名爱念,三名爱乐。来至波旬所而说偈言:

"父今何愁戚,士夫何足忧?我以爱欲绳,缚彼如调象,牵来至父前,令随父自在。"

魔答女言:

"彼已离恩爱,非欲所能招,已出于魔境,是故我忧愁。"

时魔三女身放光焰,炽如云中电,来诣佛所,稽首礼足,退住一面。白佛言:"我今归世尊足下,给侍使令!"尔时,世尊都不顾视,知如来离诸爱欲,心善解脱。如是第二、第三说。时三魔女自相谓言:"士夫有种种随形爱欲,今当各各变化,作百种童女色,作百种初嫁色,作百种未产色,作百种已产色,作百种中年色,作百种宿年色。作此种种形类,诣沙门瞿昙所,作是言:今悉归尊足下,供给使令。"作此议已,即作种种变化,如上所说。诣世尊所,稽首礼足,退住一面。白佛言:"世尊!我等今日归尊足下,供给使令。"尔时,世尊都不顾念,如来法离诸爱欲。如是再三说已,时三魔女自相谓言:若未离欲士夫,见我等种种妙体,心则迷乱,欲气冲击,胸臆破裂,热血熏面,然今沙门瞿昙,于我等所都不顾吗。如其如来离欲、解脱,得善解脱想,我等今日,当复各各说偈而问。复到佛前,稽首礼足,退住一面。爱欲天女即说偈言:

"独一禅寂默,舍俗钱财宝,既舍于世利,今复何所求?
若求聚落利,何不习近人?竟不习近人,终竟何所得?"

佛说偈答言:

"已得大财利,志足安寂灭,摧伏诸魔军,不著于色欲,
是故不与人,周旋相习近。"

爱念天女复说偈言:

"多修何妙禅,而度五欲流?复以何方便,度于第六海?
云何修妙禅,于诸深广欲,得度于彼岸,不为爱所持?"

尔时,世尊说偈答言:

"身得止息乐,心得善解脱,无为无所作,正念不倾动。
了知一切法,不起诸乱觉,爱、恚、睡眠覆,斯等皆已离。

> 如是多修习，得度于五欲，亦于第六海，悉得度彼岸。
> 如是修习禅，于诸深广欲，悉得度彼岸，不为彼所持。"

时爱乐天女复说偈言：

> "已断除恩爱，淳厚积集欲，多生人净信，得度于欲流，
> 开发明智慧，超逾死魔境。"

尔时，世尊说偈答言：

> "大方便广度，入如来法律，斯等皆已度，慧者复何忧！"

时三天女志愿不满，还诣其父魔波旬所。时魔波旬遥见女来，说偈弄之：

> "汝等三女子，自夸说堪能，咸放身光焰，如电云中流。
> 至大精进所，各现其容姿，反为其所破，如风飘其绵。
> 欲以爪破山，齿啮破铁丸，欲以发藕丝，旋转于大山，
> 和合悉解脱，而望乱其心。若能缚风足，令月空中堕，
> 以手抒大海，气歔动雪山，和合悉解脱，亦可令倾动。
> 于深巨海中，而求安足地，如来于一切，和合悉解脱，
> 正觉大海中，求倾动亦然。"

时魔波旬弄三女已，即没不现。

一〇① 　　　　　——九六（一〇九三）

如是我闻：一时佛住郁鞞罗处尼连禅河侧大菩提树下，初成

---

① 《相应部》（四）"恶魔相应"三经。《别译》三二经。

佛道。天魔波旬作是念：此沙门瞿昙，在欝鞞罗住处尼连禅河侧菩提树下，初成佛道，我今当往，为作留难。即自变身，作百种净不净色，诣佛所。佛遥见波旬百种净不净色，作是念：恶魔波旬作百种净不净色，欲作娆乱。即说偈言：

"长夜生死中，作净不净色，汝何为作此，不度苦彼岸？
若诸身、口、意，不作留难者，魔所不能教，不随魔自在。
如是知恶魔，于是自灭去。"

时魔波旬作是念：沙门瞿昙已知我心。内怀忧戚，即没不现。

（长寿、河①帝、及睅弶、睡眠、经行、大毒蛇、无所为、求慎魔女、坏乱变形、及好恶②。）

——③　　　　　　——九七（一○九四）

如是我闻：一时，佛住欝鞞罗处尼连禅河侧菩提树下，初成正觉。尔时，世尊独一静处，专心禅思。作如是念：我今解脱苦行，善哉！我今善解脱苦行。先修正愿，今已果得无上菩提。时魔波旬作是念：今沙门瞿昙住欝鞞罗处尼连禅河侧菩提树下，初成正觉，我今当往为作留难。即化作年少，住于佛前而说偈言：

"大修苦行处，能令得清净，而今反弃舍，于此何所求？
欲于此求净，净亦无由得。"

---

① "河"，原本作"何"，依宋本改。
② 摄颂见《别译》卷二（大正二·三八四中）。
③ 《相应部》（四）"恶魔相应"一经。《别译》缺以下一○经。

尔时,世尊作是念:此魔波旬,欲作娆乱。即说偈言:

"知诸修苦行,皆与无义俱,终不获其利,如弓但①有声。
戒、定闻慧道,我已悉修习,得第一清净,其净无有上。"

时魔波旬作是念:沙门瞿昙已知我心。内怀忧戚,即没不现。

一二②　　　　　　　　一一九八(一〇九五)

如是我闻:一时,佛住娑罗婆罗门聚落。尔时,世尊晨朝着衣持钵,入婆罗聚落乞食。时魔波旬作是念:今沙门瞿昙,晨朝着衣持钵,入婆罗聚落乞食。我今当往,先入其舍,语诸信心婆罗门长者,令沙门瞿昙空钵而出。时魔波旬随逐佛后,作是唱言:"沙门!沙门!都不得食耶?"尔时,世尊作是念:恶魔波旬欲作娆乱。即说偈言:

"汝新于如来,获得无量罪,汝谓呼如来,受诸苦恼耶?"

时魔波旬作是言:"瞿昙更入聚落,当令得食。"尔时,世尊而说偈言:

"正使无所有,安乐而自活,如彼光音天,常以欣悦食。
正使无所有,安乐而自活,常以欣悦食,不依于有身。"

时魔波旬作是念:沙门瞿昙已知我心。内怀忧戚,即没不现。

---

① "但",原本作"弹",依宋本改。
② 《相应部》(四)"恶魔相应"一八经。

一三① 　　　　一一九九（一〇九六）

如是我闻：一时，佛住波罗奈国仙人住处鹿野苑中。尔时，世尊告诸比丘："我已解脱人天绳索，汝等亦复解脱人天绳索。汝等当（游）行人间，多所过度，多所饶益，安乐人天，不须伴行，一一而去，我今亦往欝鞞罗住处人间游行。时魔波旬作是念：沙门瞿昙住波罗奈仙人住处鹿野苑中，为诸声闻如是说法：我已解脱人天绳索，汝等亦能。汝等各别人间教化，乃至我亦当至欝鞞罗住处人间游行。我今当往为作留难，即化作年少，住于佛前而说偈言：

"不脱作脱想，谓呼已解脱，为大缚所缚，我今终不放。"

尔时，世尊作是念：恶魔波旬欲作娆乱。即说偈言：

"我已脱一切，人天诸绳索，已知汝波旬，即自消灭去。"

时魔波旬作是念：沙门瞿昙已知我心。内怀忧戚，即没不现。

一四② 　　　　一二〇〇（一〇九七）

如是我闻：一时，佛住释氏石主释氏聚落。时石主释氏聚落，多人疫死。处处人民，若男、若女从四方来，受持三归。其诸病人，若男、若女、若大、若小，皆因来者自称名字：我某甲等，归佛、归法、归比丘僧。举村、举邑，皆悉如是。尔时，世尊勤为声闻说法。时诸信心归三宝者，斯则皆生人、天道中。时魔波旬作

---

① 《相应部》（四）"恶魔相应"五经。
② 《相应部》（四）"恶魔相应"一四经。

是念:今沙门瞿昙住于释氏石主释氏聚落,勤为四众说法,我今当往为作留难。化作年少,往住佛前,而说偈言:

"何为勤说法,教化诸人民?相违不相违,不免于驱驰。以有系缚故,而为彼说法!"

尔时,世尊作是念:恶魔波旬欲作娆乱。即说偈言:

"汝夜叉当知!众生群集生,诸有智慧者,孰能不哀愍!以有哀愍故,不能不教化,哀愍诸众生,法自应如是。"

恶魔波旬作是念:沙门瞿昙已知我心。内怀忧戚,即没不现。

一五①　　　　　一二〇一(一〇九八)

如是我闻:一时,佛住释氏石主释氏聚落。尔时,世尊独一静处,禅思思惟,作是念:颇有作王,能得不杀、不教人杀,一向行法、不行非法耶?时魔波旬作是念:今沙门瞿昙,住石主释氏聚落,独一禅思,作是念:颇有作王,不杀生、不教人杀,一向行法、不行非法耶?我今当往,为其说法。化作年少,往住佛前,作是言:"如是,世尊!如是,善逝!可得作王,不杀生,不教人杀,一向行法,不行非法。世尊今可作王!善逝今可作王!必得如意。"尔时,世尊作是念:恶魔波旬欲作娆乱。而告魔言:"汝魔波旬!何故作是言:作王世尊,作王善逝,可得如意?"魔白佛言:"我面从佛闻,作是说:若四如意足修习、多修习已,欲令雪山王变为真金,即作不异。世尊今有四如意足,修习、多修习,令

---

① 《相应部》(四)"恶魔相应"二〇经。

雪山王变为真金，如意不异。是故我白世尊：作王，世尊！作王，善逝！可得如意。"佛告波旬："我都无心欲作国王，云何当作！我亦无心欲令雪山王变为真金，何由而变？"尔时，世尊即说偈言：

"正使有真金，如雪山王者，一人得此金，亦复不知足。是故智慧者，金石同一观。"

时魔波旬作是念：沙门瞿昙已知我心。内怀忧戚，即没不现。

一六① 　　　　　一二〇二（一〇九九）

如是我闻：一时，佛住释氏石主释氏聚落。时有众多比丘，集供养堂，为作衣事。时魔波旬作是念：今沙门瞿昙，住于释氏石主释氏聚落，众多比丘集供养堂，为作衣故。我今当往，为作留难。化作少壮婆罗门像，作大萦发，着兽皮衣，手执曲杖，诣供养堂，于众多比丘前默然而住。须臾，语诸比丘言："汝等年少出家，肤白发黑，年在盛时，应受五欲，庄严自娱，如何违亲背族，悲泣别离，信于非家，出家学道？何为舍现世乐，而求他世非时之乐？"诸比丘语婆罗门："我不舍现世乐，求他世非时之乐，乃是舍非时乐，就现世乐。"波旬复问："云何舍非时乐，就现世乐？"比丘答言："如世尊说：他世乐少味多苦，少利多患。世尊说现世乐者，离诸炽然，不待时节，能自通达，于此观察，缘自觉知。婆罗门！是名现世乐。"时婆罗门三反掉头，喑哑，以杖筑

---

① 《相应部》（四）"恶魔相应"二一经。

地,即没不现。

时诸比丘即生恐怖,身毛皆竖,此是何等婆罗门像,来此作变?即诣佛所,稽首礼足,退坐一面。白佛言:"世尊!我等众多比丘,集供养堂,为作衣故。有一盛壮婆罗门,紫发大髻,来诣我所,作是言:汝等年少出家,如上广说。乃至三反掉头,喑哑,以杖筑地,即没不现。我等即生恐怖,身毛皆竖,是何婆罗门像来作此变?"佛告诸比丘:"此非婆罗门,是魔波旬,来至汝所,欲作娆乱。"尔时,世尊即说偈言:

"凡生诸苦恼,皆由于爱欲,知世皆剑刺,何人乐于欲?
觉世间有余,皆悉为剑刺,是故黠慧者,当勤自调伏。
巨积真金聚,犹如雪山王,一人受用者,意犹不知足。
是故黠慧者,当修平等观。"

佛说此经已,诸比丘闻佛所说,欢喜奉行。

一七① 一二〇三(一一〇〇)

如是我闻:一时,佛住释氏石主释氏聚落。时有尊者善觉,晨朝着衣持钵,入石主释氏聚落乞食。食已,还精舍,举衣钵,洗足已,持尼师坛,置右肩上,入林中,坐一树下,修昼正受。作是念:"我得善利,于正法律出家学道。我得善利,遭遇大师如来、等正觉。我得善利,得在梵行、持戒备德贤善真实众中。我今当得贤善命终,于当来世,亦当贤善。"时魔波旬作是念:今沙门瞿昙住②石主释氏聚落。有声闻弟子,名曰善觉,着衣持钵,如上

---

① 《相应部》(四)"恶魔相应"二二经。
② "住",原本作"往",依宋本改。

广说,乃至贤善命终,后世亦贤。我今当往,为作留难。化作大身,盛壮多力,见者怖畏,谓其力能翻发动大地。至善觉比丘所,善觉比丘遥见大身勇盛壮士,即生恐怖。从座起,诣佛所,稽首礼足,退住一面。白佛言:"世尊!我今晨朝着衣持钵,广说如上,乃至贤善命终,后世亦贤。见有大身士夫,勇壮炽盛,力能动地,见生恐怖,心惊毛竖。"佛告善觉:"此非大身士夫,是魔波旬,欲作娆乱。汝且还去,依彼树下修前三昧,动作彼魔,因斯脱苦。"时尊者善觉,即还本处。至于晨朝,着衣持钵,入石主释氏聚落乞食。食已,还精舍,如上广说,乃至贤善命终,后世亦贤。时魔波旬复作是念:此沙门瞿昙住于释氏,有弟子名曰善觉,如上广说,乃至贤善命终,后世亦贤。我今当往,为作留难。复化作大身,勇壮炽盛,力能发地,往住其前。善觉比丘复遥见之,即说偈言:

"我正信非家,而出家学道,于佛无价宝,正念系心住。
随汝变形色,我心不倾动,觉汝为幻化,便可从此灭!"

时魔波旬作是念:是沙门已知我心。内怀忧戚,即没不现。

一八① 一二○四(一一○一)

如是我闻:一时,佛住波罗奈国仙人住处鹿野苑中。尔时,世尊告诸比丘:"如来声闻作师子吼,说言已知、已知。不知如来、声闻,于何等法已知,已知故作师子吼?谓苦圣谛,苦集圣谛,苦灭圣谛,苦灭道迹圣谛。"时天魔波旬作是念:沙门瞿昙住

---

① 《相应部》(四)"恶魔相应"一二经。

波罗奈国仙人住处鹿野苑中,为诸声闻说法,乃至已知四圣谛。我今当往,为作留难。化作年少,住于佛前,而说偈言:

"何于大众中,无畏师子吼,谓呼无有敌,望调伏一切?"

尔时,世尊作是念:恶魔波旬欲作娆乱。即说偈言:

"如来于一切,甚深正法律,方便师子吼,于法无所畏。
若有智慧者,何故自忧怖?"

时魔波旬作是念:沙门瞿昙已知我心。内怀忧戚,即没不现。

一九①　　　　　　一二○五(一一○二)

如是我闻:一时,佛住王舍城多众践蹈旷野中。与五百比丘众俱,而为说法,以五百钵置于中庭。尔时,世尊为五百比丘,说五受阴生灭之法。时魔波旬作是念:沙门瞿昙住王舍城多众践蹈旷野中,与五百比丘俱,乃至说五受阴是生灭法。我今当往,为作留难。化作大牛,往诣佛所,入彼五百钵间。诸比丘即驱,莫令坏钵。尔时,世尊告诸比丘:"此非是牛,是魔波旬欲作娆乱。"即说偈言:

"色、受、想、行、识,非我及我所,
若知真实义,于彼无所著。
心无所著法,超出色结缚,
了达一切处,不住魔境界。"

----

① 《相应部》(四)"恶魔相应"一六经。

佛说此经已,诸比丘闻佛所说,欢喜奉行。

二〇① 　　　　　　一二〇六(一一〇三)

如是我闻:一时,佛住王舍城多众践蹈旷野中。与六百比丘众俱,为诸比丘说六触入处〔集〕,六触集,六触灭。时魔波旬作是念:今沙门瞿昙住王舍城多众践蹈旷野,为六百比丘,说六触入处,是集法,是灭法。我今当往,为作留难。化作壮士,大身勇盛,力能动地,来诣佛所。彼诸比丘,遥见壮士,身大勇盛,见生怖畏,身毛皆竖。共相谓言:彼为何等,形状可畏!尔时,世尊告诸比丘:"此是恶魔,欲作娆乱。"尔时,世尊即说偈言:

"色、声、香、味、触,及第六诸法,
爱念适可意,世间唯有此。
此是最恶贪,能系著凡夫,
超越斯等者,是佛圣弟子,
度于魔境界,如日无云翳。"

时魔波旬作是念:沙门瞿昙已知我心。内怀忧戚,即没不现②。

---

① 《相应部》(四)"恶魔相应"一七经。
② 《杂阿含经》卷三九终。《别译》缺后一〇经,故无摄颂。

一九　帝释相应①

一②　　　　　　　　　一二〇七（一一〇四）

③如是我闻：一时，佛住王舍城迦兰陀竹园。尔时，世尊告诸比丘："若能受持七种受者，以是因缘得生天帝释处。谓天帝释本为人时，供养父母，及家诸尊长；和颜软语；不恶口；不两舌；常真实言；于悭吝世间，虽在居家而不悭惜，行解脱施，勤施，常乐行施，施会供养，等施一切。"尔时，世尊即说偈言：

"供养于父母，及家之尊长，柔和恭逊辞，离粗言、两舌，
调伏悭吝心，常修真实语。彼三十三天，见行七法者，
咸各作是言：当来生此天。"

佛说此经已，诸比丘闻佛所说，欢喜奉行。

二④　　　　　　　　　一二〇八（一一〇五）

如是我闻：一时，佛住鞞舍离国猕猴池侧重阁讲堂。时有离车，名摩诃利，来诣佛所，稽首佛足，退坐一面。白佛言："世尊！见天帝释不？"佛答言："见。"离车复问："世尊！见有鬼似帝释形以不？"佛告离车："我知天帝释；亦知有鬼似天帝释；亦知彼帝释法，受持彼法缘故，得生帝释处。离车！帝释本为人时，供养父母，乃至行平等舍。"尔时，世尊即说偈言：

---

① "帝释相应"，共二二经。与《相应部》（一一）"帝释相应"相当。
② 《相应部》（一一）"帝释相应"一一经。《别译》三三经。
③ 《杂阿含经》卷四〇。
④ 《相应部》（一一）"帝释相应"一三经。《别译》三四经。

"供养于父母,及家之尊长,柔和恭逊辞,离粗言、两舌,调伏悭吝心,常修真实语。彼三十三天,见行七法者,咸各作是言:当来生此天。"

佛说此经已,时摩诃利离车闻佛所说,欢喜随喜,作礼而去。

三① 　　　　　一二〇九(一一〇六)

如是我闻:一时,佛住鞞舍离国猕猴池侧重阁讲堂。时有异比丘,来诣佛所,稽首佛足,退住一面。白佛言:"世尊!何因何缘,释提桓因名释提桓因?"佛告比丘:"释提桓因本为人时,行于顿施沙门、婆罗门,贫穷困苦求生,行路乞,施以饮食、钱财、谷帛、花香、严具、床卧、灯明,以堪能故,名释提桓因。"比丘复白佛言:"世尊!何因何缘故释提桓因复名富兰陀罗?"佛告比丘:"彼释提桓因本为人时,数数行施,衣被、饮食乃至灯明,以是因缘故,名富兰陀罗。"比丘复白佛言:"何因何缘故复名摩伽婆?"佛告比丘:"彼释提桓因本为人时,名摩伽婆,故释提桓因,即以本名名摩伽婆。"比丘复白佛言:"何因何缘复名娑婆婆?"佛告比丘:"彼释提桓因本为人时,数以婆诜和②衣布施供养,以是因缘故,释提桓因名娑婆婆。"比丘复白佛言:"世尊!何因何缘释提桓因复名憍尸迦?"佛告比丘:"彼释提桓因本为人时,为憍尸族姓人,以是因缘故,彼释提桓因复名憍尸迦。"比丘问佛言:"世尊!何因何缘彼释提桓因名舍脂钵低?"佛告比丘:"彼阿修罗女,名曰舍脂,为天帝释第一天后,是故帝释名舍脂钵低。"比

---

① 《相应部》(一一)"帝释相应"一二经。《别译》三五经。
② "和",原本作"私",依宋本改。

丘白佛言:"世尊!何因何缘释提桓因复名千眼?"佛告比丘:"彼释提桓因本为人时,聪明智慧,于一坐间思千种义,观察称量,以是因缘,彼天帝释复名千眼。"比丘白佛:"何因何缘彼释提桓因复名因提利?"佛告比丘:"彼天帝释于诸三十三天为王、为主,以是因缘故,彼天帝释名因提利。"佛告比丘:"然彼释提桓因本为人时,受持七种受,以是因缘得天帝释。何等为七?释提桓因本为人时,供养父母,乃至等行惠施,是为七种受,以是因缘为天帝释。"尔时,世尊即说偈言,如上广说。佛说此经已,诸比丘闻佛所说,欢喜奉行。

四① 一二〇(一一〇七)

如是我闻:一时,佛住鞞舍离国猕猴池侧重阁讲堂。尔时,世尊告诸比丘:"过去世时有一夜叉鬼,丑陋恶色,在帝释空座上坐。三十三天见此鬼丑陋恶色,在帝释空座上坐,见已咸各嗔恚。诸天如是极嗔恚已,彼鬼如是如是随嗔恚、渐渐端正。时三十三天往诣天帝释所②,白帝释言:"憍尸迦!当知有一异鬼,丑陋恶色,在天王空座上坐。我等诸天,见彼鬼丑陋恶色,坐天王座,极生嗔恚,随彼诸天嗔恚,彼鬼随渐端正。"释提桓因告诸三十三天:"彼是嗔恚对治鬼。"尔时,天帝释自往彼鬼所,整衣服,偏袒右肩,合掌,三称名字而言:"仁者!我是释提桓因。"随释提桓因如是恭敬下意,彼鬼如是如是随渐丑陋,即复不现。时释提桓因自坐已,而说偈言:

---

① 《相应部》(一一)"帝释相应"二二经。《别译》三六经。《增一阿含经》(四五)"马王品"五经初分。

② "所",原本缺,依宋本补。

"人当莫嗔恚,见嗔莫嗔报,于恶莫生恶,当破坏憍慢,不嗔亦不害,名住贤圣众。恶罪起嗔恚,坚住如石山,盛嗔恚能持,如制逸马车,我说善御士,非谓执绳者。"

佛告诸比丘:"释提桓因于三十三天为自在王,叹说不嗔。汝等如是正信非家,出家学道,亦应赞叹不嗔,当如是学。"佛说此经已,诸比丘闻佛所说,欢喜奉行。

五① 一二一一(一一〇八)

如是我闻:一时,佛住舍卫国祇树给孤独园。尔时,世尊晨朝着衣持钵,入舍卫城乞食。乞食已,还精舍,举衣钵,洗足已,持尼师坛,着右肩上,至安陀林,布尼师坛,坐一树下,入昼正受。尔时,祇桓中有两比丘诤起,一人骂詈,一人默然。其骂詈者,即便改悔,忏谢于彼,而彼比丘不受其忏。以不受忏故,时精舍中众多比丘,共相劝谏,高声闹乱。尔时,世尊以净天耳过于人耳,闻祇桓中高声闹乱。闻已,从禅觉,还精舍,于大众前敷座而坐。告诸比丘:"我今晨朝乞食,还至安陀林坐禅,入②昼正受。闻精舍中高声、大声,纷纭闹乱,竟为是谁?"比丘白佛:"此精舍中有二比丘诤起,一比丘骂,一者默然。时骂比丘寻向悔谢,而彼不受。缘不受故,多人劝谏,故致大声、高声闹乱。"佛告比丘:"云何比丘愚痴之人,人向悔谢,不受其忏?若人忏而不受者,是愚痴人,长夜当得不饶益苦。诸比丘!过去世时,释提桓因有三十三天共诤,说偈教诫言:

---

① 《相应部》(一一)"帝释相应"二四·二五经。《别译》三七经。
② "入",原本作"人",依宋本改。

于他无害心,嗔亦不缠结,怀恨不经久,于嗔以不住。
　　虽复嗔恚盛,不发于粗言,不求彼阙①节,扬人之虚短。
　　常当自防护,以义内省察,不怒亦不害,常与贤圣俱。
　　若与恶人俱,刚强犹山石,盛恚能自持,如制逸马车,
　　我说为善御,非谓执绳者。"

佛告诸比丘:"释提桓因于三十三天为自在王,常行忍辱,亦复赞叹行忍者。汝等比丘!正信非家,出家学道,当行忍辱,赞叹忍辱,应当学!"佛说此经已,诸比丘闻佛所说,欢喜奉行。

　　六②　　　　　　　　　　一二二(一一〇九)

如是我闻:一时,佛住舍卫国祇树给孤独园。尔时,世尊告诸比丘:"过去世时,天、阿修罗对阵欲战。释提桓因语毗摩质多罗阿修罗王:莫得各各共相杀害,但当论议,理屈者伏。毗摩质多罗阿修罗王言:设共论议,谁当证知理之通塞?天帝释言:诸天众中,自有智慧明记识者;阿修罗众,亦复自有明记识者。毗摩质多罗阿修罗言:可尔。释提桓因言:汝等可先立论,然后我当随后立论,则不为难。时毗摩质多罗阿修罗王即说偈立论言:

　　我若行忍者,于事则有阙,愚痴者当言,怖畏故行忍。

释提桓因说偈答言:

　　正使愚痴者,言恐怖故忍,及其不言者,于理何所伤!

---

① "阙",原本作"开",依元本改。
② 《相应部》(一一)"帝释相应"五经。《别译》三八经。

但自观其义,亦观于他义,彼我悉获安,斯忍为最上。

毗摩质多罗阿修罗复说偈言:

若不制愚痴,愚痴则伤人,犹如凶恶牛,舍走逐触人。
执杖而强制,怖畏则调伏,是故坚持杖,折伏彼愚夫。

帝释复说偈言:

我常观察彼,制彼愚夫者,愚者嗔恚盛,智以静默伏,
不嗔亦不害,常与贤圣俱。恶罪起嗔恚,坚住如石山,
盛嗔恚能持,如制逸马车,我说善御士,非谓执绳者。

尔时,天众中有天智慧者,阿修罗众中有阿修罗智慧者,于此偈思惟、称量、观察,作是念:毗摩质多罗阿修罗所说偈,终竟长夜起于斗讼战诤,当知毗摩质多罗阿修罗王,教人长夜斗讼战诤。释提桓因所说偈,长夜终竟息于斗讼战诤,当知天帝释长夜教人息于斗讼战诤:当知帝释善论得胜。"佛告诸比丘:"释提桓因以善论议,伏阿修罗。诸比丘!释提桓因于三十三天为自在王,立于善论,赞叹善论。汝等比丘!亦应如是,正信非家,出家学道,亦当善论,赞叹善论,应当学!"佛说此经已,诸比丘闻佛所说,欢喜奉行。

七①　　　　　　　一二一三(一一一〇)

如是我闻:一时,佛住舍卫国祇树给孤独园。尔时,世尊告

---

① 《相应部》(一一)"帝释相应"四经。《别译》三九经。《增一阿含经》(三四)"等见品"八经。

诸比丘:过去世时,有天帝释,天、阿修罗对阵欲战,释提桓因语三十三天众言:"今日诸天与阿修罗军战,诸天得胜,阿修罗不如者,当生擒毗摩质多罗阿修罗王,以五系缚,将还天宫。"毗摩质多罗阿修罗王告阿修罗众:"今日诸天、阿修罗共战,若阿修罗胜,诸天不如者,当生擒释提桓因,以五系缚,将还阿修罗宫。"当其战时,诸天得胜,阿修罗不如。时彼诸天捉得毗摩质多罗阿修罗王,以五系缚,将还天宫,缚在帝释断法殿前门下。帝释从此门入出之时,毗摩质多罗阿修罗缚在门侧,嗔恚骂詈。时帝释御者,见阿修罗王身被五缚,在于门侧,帝释出入之时,辄嗔恚骂詈。见已,即便说偈白帝释言:

"释今为畏彼,为力不足耶?能忍阿修罗,面前而骂辱。"

释即答言:

"不以畏故忍,亦非力不足,何有黠慧人,而与愚夫对!"

御者复白言:

"若但行忍者,于事则有阙,愚痴者当言,畏怖故行忍,是故当苦治,以智制愚痴。"

帝释答言:

"我常观察彼,制彼愚夫者,见愚者嗔盛,智以静默伏。
非力而为力,是彼愚痴力,愚痴违远法,于道则无有。
若使有大力,能忍于劣者,是则为上忍,无力何有忍!
于他极骂辱,大力者能忍,是则为上忍,无力何所忍!

> 于己及他人,善护大恐怖,知彼嗔恚盛,还自守静默,
> 于二义俱备,自利亦利他。谓言愚夫者,以不见法故,
> 愚夫谓胜忍,重增其恶口,未知忍彼骂,于彼常得胜。
> 于胜己行忍,是名恐怖忍;于等者行忍,是名忍诤忍;
> 于劣者行忍,是则为上忍。"

佛告诸比丘:"释提桓因于三十三天为自在王,常行忍辱,赞叹于忍。汝等比丘!正信非家,出家学道,亦应如是行忍,赞叹于忍,应当学!"佛说经已,诸比丘闻佛所说,欢喜奉行。

八① 一二一四(————)

如是我闻:一时,佛住舍卫国祇树给孤独园。尔时,世尊告诸比丘:"过去世时,释提桓因欲入园观时,敕其御者,令严驾千马之车,诣于园观。御者奉敕,即严驾千马之车。往白帝释:唯俱尸迦!严驾已竟,唯王知时。天帝释即下常胜殿,东向合掌礼佛。尔时,御者见即心惊毛竖,马鞭落地。时天帝释见御者心惊毛竖,马鞭落地,即说偈言:

> 汝见何忧怖,马鞭落于地?

御者说偈白帝释言:

> 见王天帝释,为舍脂之夫,所以生恐怖,马鞭落地者,
> 常见天帝释,一切诸大地,人天大小王,及四护世主,
> 三十三天众,悉皆恭敬礼。何处更有尊,尊于帝释者!
> 而今正东向,合掌修敬礼。

---

① 《相应部》(一一)"帝释相应"一九经。《别译》四〇经。

尔时,帝释说偈答言:

> 我实于一切,世间大小王,及四护世主①,三十三天众,
> 最为其尊主②,故悉来恭敬。而复有世间,随顺等正觉,
> 名号满天师,故我稽首礼。

御者复白言:

> 是必世间胜,故使天王释,恭敬而合掌,东向稽首礼。
> 我今亦当礼,天王所礼者。

时天帝释舍脂之夫,说如是偈,礼佛已,乘千马车,往诣园观。"
　　佛告诸比丘:"彼天帝释于三十三天为自在王,尚恭敬佛,亦复赞叹恭敬于佛。汝等比丘!正信非家,出家学道,亦应如是恭敬于佛,亦当赞叹恭敬佛者,应当学!"佛说此经已,诸比丘闻佛所说,欢喜奉行。

　　　　九③　　　　　　　一二一五(一一一二)
　　如是我闻:一时,佛住舍卫国祇树给孤独园。广说如上,差别者:尔时,帝释下常胜殿,合掌东向敬礼尊法。乃至佛说此经已,诸比丘闻佛所说,欢喜奉行。

　　　　一〇④　　　　　　一二一六(　　　)
　　如是我闻:一时,佛住舍卫国祇树给孤独园。如上广说,差别者:尔时,帝释说偈答御者言:

---

① "主",原本作"王",依宋本改。
② "主",原本作"王",依宋本改。
③ 《相应部》(一一)"帝释相应"一八经。《别译》四一经。
④ 《相应部》(一一)"帝释相应"一八经。《别译》四一经——与上经为一经。

"我实为大地,世间大小王,及四护世主,三十三天众,
如是等一切,悉尊重恭敬。然复有净戒,长夜入正受,
正信而出家,究竟诸梵行,故我于彼所,尊重恭敬礼。
又调伏贪、恚,超越愚痴境,修学不放逸,亦恭敬礼彼。
贪欲、嗔恚、痴,悉已永不著,漏尽阿罗汉,复应敬礼彼。
若复在居家,奉持于净戒,如法修布萨,亦复应敬礼。"

御者白帝释言:

"是必世间胜,故天王敬礼,我亦当如是,随天王恭敬。"

"诸比丘!彼天帝释舍脂之夫,敬礼法、僧,亦复赞叹礼法、僧者。汝等已能正信非家,出家学道,亦当如是敬礼法、僧,当复赞叹礼法、僧者。"佛说此经已,诸比丘闻佛所说,欢喜奉行。

一一① 一二一七(一一一三)

如是我闻:一时,佛住舍卫国祇树给孤独园。尔时,世尊告诸比丘:"过去世时,有天帝释,欲入园观,王敕御者,令严驾千马之车。御者受教,即严驾已,还白帝释:乘已严驾,惟王知时。尔时,帝释从常胜殿来下,周向诸方,合掌恭敬。时彼御者见天帝释从殿来下,住于中庭,周向诸方,合掌恭敬,见已惊怖,马鞭落地,而说偈言:

诸方唯有人,臭秽胞胎生,神处秽死尸,饥渴常燋然。
何故憍尸迦,故重于非家?为我说其义,饥渴愿欲闻。

---

① 《相应部》(一一)"帝释相应"二〇经。《别译》四二经。

时天帝释说偈答言：

> 我正恭敬彼，能出非家者，自在游诸方，不计其行止。
> 城邑国土色，不能累其心，不畜资生具，一往无欲定，
> 往则无所求，唯无为为乐，言则定善言，不言则寂定。
> 诸天、阿修罗，各各共相违；人间自共诤，相违亦如是。
> 唯有出家者，于诸诤无诤，于一切众生，放舍于刀杖。
> 于财离财色，不醉亦不荒，远离一切恶，是故敬礼彼。

是时御者复说偈言：

> 天王之所敬，是必世间胜，故我从今日，当礼出家人。

如是说已，天帝释敬礼诸方一切僧毕，升于马车，游观园林。"

佛告比丘："彼天帝释于三十三天为自在王，而常恭敬众僧，亦常赞叹恭敬僧功德。汝等比丘！正信非家，出家学道，亦当如是恭敬众僧，亦当赞叹敬僧功德。"佛说此经已，诸比丘闻佛所说，欢喜奉行。

（帝释、摩诃离，以何因、夜叉、得眼、得善胜、缚系及敬佛、敬法、礼僧十①。）

一二②　　　　　　　一二一八（一一一四）

如是我闻：一时，佛住舍卫国祇树给孤独园。尔时，世尊告诸比丘："过去世时，阿修罗王兴四种兵——象兵、马兵、车兵、

---

① 摄颂见《别译》卷二（大正二·三八七下）。
② 《相应部》（一一）"帝释相应"一经。《别译》四三经。

步兵,与①三十三天欲共斗战。时天帝释闻阿修罗王兴四种兵——象兵、马兵、车兵、步兵,来欲共战。闻已,即告宿毗梨天子言:阿公知不?阿修罗兴四种兵——象兵、马兵、车兵、步兵,欲与三十三天共战。阿公可救三十三天,兴四种兵——象兵、马兵、车兵、步兵,与彼阿修罗共战。尔时,宿毗梨天子受帝释教,还自天宫,慢缓宽纵,不勤方便。阿修罗众已出在道路,帝释闻已,复告宿毗梨天子:阿公!阿修罗军已在道路。阿公可速告令,起四种兵,与阿修罗战。宿毗梨天子受帝释教已,即复还宫,懈怠宽纵。时阿修罗王军已垂至,释提桓因闻阿修罗军已在近路,复告宿毗梨天子:阿公知不?阿修罗军已在近路。阿公速告诸天,起四种兵。时宿毗梨天子即说偈言:

若有不起处,无为安隐乐,得如是处者,无作亦无忧。
当与我是处,令我得安隐。

尔时,帝释说偈答言:

若有不起处,无为安隐乐,若得是处者,无作亦无忧。
汝得是处者,亦应将我去。

宿毗梨天子复说偈言:

若处无方便,不起安隐乐,若得彼处者,无作亦无忧。
当与我是处,令我得安隐。

时天帝释复说偈答言:

---

① "与",原本作"时",依宋本改。

若处无方便,不起安隐乐,若人得是处,无作亦无忧。
汝得是处者,亦应将我去。

宿毗梨天子复说偈言:

若处不放逸,不起安隐乐,若人得是处,无作亦无忧。
当与我是处,令得安隐乐。

时天帝释复说偈言:

若处不放逸,不起安隐乐,若人得是处,无作亦无忧。
汝得是处者,亦应将我去。

宿毗梨复说偈言:

懒惰无所起,不知作已作,行欲悉皆会,当与我是处。

时天帝释复说偈言:

懒惰无所起,得究竟安乐,汝得彼处者,亦应将我去。

宿毗梨天子复说偈言:

无事亦得乐,无作亦无忧,若与我是处,令我得安乐。

天帝释复说偈言:

若见若复闻,众生无所作,汝得是处者,亦应将我去。
汝若畏所作,不念于有为,但当速净除,涅槃之径路。

时宿毗梨天子,严四兵——象兵、马兵、车兵、步兵,与阿修罗战,摧阿修罗众,诸天得胜,还归天宫。"

佛告诸比丘:"释提桓因兴四种兵,与阿修罗战,精勤得胜。诸比丘!释提桓因于三十三天为自在王,常以精勤方便,亦常赞叹精勤之德。汝等比丘!正信非家,出家学道,当勤精进,赞叹精勤。"佛说此经已,诸比丘闻佛所说,欢喜奉行。

一三① 　　　　　一二一九(一一一五)

如是我闻:一时,佛住舍卫国祇树给孤独园。尔时,世尊告诸比丘:"过去世时,有一聚落,有诸仙人,于聚落边空闲处住止。时有诸天、阿修罗,去聚落不远,对阵战斗。尔时,毗摩质多罗阿修罗王,除去五饰——脱去天冠,却伞盖,除剑刀,屏宝拂,脱革屣,至彼仙人住处。入于门内,周向看视,不顾眄诸仙人,亦不问讯,看已还出。时有一仙人,遥见毗摩质多罗阿修罗王,除去五饰,入园看已还出。见已,语诸仙人言:此何等人?有不调伏色,不似人形,非威仪法,似田舍儿,非长者子。除去五饰,入于园门,高视观看,亦不顾眄问讯诸仙人。有一仙人答言:此是毗摩质多罗阿修罗王,除去五饰,观看而去。彼仙人言:此非贤士,不好、不善、非贤、非法。除去五饰,来入园门,看已还去,亦不顾眄问讯诸仙人。以是故,当知天众增长,阿修罗损减。时释提桓因,除去五饰,入仙人住处,与诸仙人面相问讯慰劳,然后还出。复有仙人,见天帝释除去五饰,入于园门,周遍问讯。见已,问诸仙人:此是何人?入于园林,有调伏色,有可适人色,有威仪色,非田舍儿,似族姓子。除去五饰,来入园门,周遍问讯,然后

---

① 《相应部》(一一)"帝释相应"九·一〇经。《别译》四四经。

还出。有仙人答言：此是天帝释，除去五饰，来入园门，周遍问讯，然后还去。彼仙人言：此是贤士，善好、真实、威仪法，除去五饰，来入园门，周遍问讯，然后还去。以是当知，天众增长，阿修罗众损减。时毗摩质多罗阿修罗王，闻仙人称叹诸天，闻已嗔恚炽盛。时彼空处仙人，闻阿修罗王嗔恚炽盛，往诣毗摩质多罗阿修罗王所而说偈言：

　　仙人故来此，求乞施无畏。汝能施无畏，赐牟尼恩教！

毗摩质多罗以偈答言：

　　于汝仙人所，无有施无畏。违背阿修罗，习近帝释故，
　　于此诸无畏，当遗以恐怖。

仙人复说偈言：

　　随行殖种子，随类果报生，来乞于无畏，遗之以恐怖，
　　当获无尽畏，施畏种子故。

时诸仙人，于毗摩质多罗阿修罗王面前，说咒已，凌虚而逝。即于是夜，毗摩质多罗阿修罗王心惊三起，眠中闻恶声言：释提桓因兴四种兵，与阿修罗战。惊觉恐怖，虑战必败，退走而还阿修罗宫。时天帝释敌退，得胜已，诣彼空闲仙人住处，礼诸仙人足已，退于西面。诸仙人前，东向而坐。时东风起，有异仙人即说偈言：

　　今此诸牟尼，出家来日久，腋下流汗臭，莫顺坐风下。
　　千眼可移坐，此臭难可堪。

时天帝释说偈答言:

> 种种众香花,结以为华鬘,今之所闻香,其香复过是。
> 宁久闻斯香,未曾生厌患。"

佛告诸比丘:"彼天帝释于三十三天为自在王,恭敬出家人,亦常赞叹出家人,亦常赞叹恭敬之德。汝等比丘!正信非家,出家学道,常应恭敬诸梵行者,亦当赞叹恭敬之德。"佛说此经已,诸比丘闻佛所说,欢喜奉行。

一四① 一二二〇(一一一六)

如是我闻:一时,佛住舍卫国祇树给孤独园。时天帝释晨朝来诣佛所,稽首佛足。以帝释神力,身诸光明,遍照祇树精舍。时释提桓因,说偈问佛言:

> "为杀于何等,而得安隐眠?为杀于何等,而得无忧畏?
> 为杀何等法,瞿昙所赞叹?"

尔时,世尊说偈答言:

> "害凶恶嗔恚,而得安隐眠。害凶恶嗔恚,心得无忧畏。
> 嗔恚为毒根,灭彼苦种子,灭彼苦种子,而得无忧畏。
> 彼苦种灭故,贤圣所称叹。"

尔时,释提桓因闻佛所说,欢喜随喜,作礼而去。

---

① 《相应部》(一一)"帝释相应"二一经。《别译》四五经。

一五① 　　　　　一二二一(一一一七)

如是我闻:一时,佛住舍卫国祇树给孤独园。尔时,世尊告诸比丘:"于月八日,四大天王敕遣大臣,按行世间:为何等人供养父母、沙门、婆罗门、宗亲、尊重,作诸福德?见今世恶畏、后世罪,行施作福,受持斋戒?于月八日、十四日、十五日,及神变月,受戒布萨。至十四日,遣太子下观察世间:为何等人供养父母,乃至受戒布萨?至十五日,四大天王自下世间,观察众生:为何等人供养父母,乃至受戒布萨?诸比丘!尔时,世间无有多人供养父母,乃至受戒布萨者,时四天王即往诣三十三天集法讲堂,白天帝释:天王当知!今诸世间,无有多人供养父母,乃至受戒布萨。时三十三天众闻之不喜,转相告语:今世间人不贤、不善、不好、不类,无真实行,不供养父母,乃至不受戒布萨。缘斯罪故,诸天众减,阿修罗众当渐增广。诸比丘!尔时,世间若复多人供养父母,乃至受戒布萨者,四天王至三十三天集法讲堂,白天帝释:天王当知!今诸世间,多有人民供养父母,乃至受戒布萨。时三十三天心皆欢喜,转相告语:今诸世间贤善②、真实、如法,多有人民供养父母,乃至受戒布萨。缘斯福德,阿修罗众减,诸天众增广。时天帝释知诸天众皆欢喜已,即说偈言:

　　若人月八日,十四、十五日,及神变之月,受持八支斋,
　　如我所修行,彼亦如是修。"

----

① 《增支部》"三集"三六·三七经。《别译》四六经。《增一阿含经》(二四)"高幢品"六经前分。

② "善",原本作"圣",依宋本改。

尔时,世尊告诸比丘:"彼天帝释所说偈言:

若人月八日,十四、十五日,及神变之月,受持八支斋,
如我所修行,彼亦如是修。

此非善说,所以者何?彼天帝释自有贪、恚、痴患,不脱生老病死、忧悲恼苦故。若阿罗汉比丘,诸漏已尽,所作已作,离诸重担,断诸有结,心善解脱,说此偈言:

若人月八日,十四、十五日,及神变之月,受持八支斋,
如我所修行,彼亦如是修。

如是说者,则为善说。所以者何?阿罗汉比丘离贪、恚、痴,已脱生老病死、忧悲恼苦,是故此偈则为善说。"佛说此经已,诸比丘闻佛所说,欢喜奉行。

一六① 　　　　一二二(一一一八)

如是我闻:一时,佛住舍卫国祇树给孤独园。尔时,世尊告诸比丘:"过去世时,毗摩质多罗阿修罗王,疾病困笃,往诣释提桓因所,语释提桓因言:憍尸迦当知!我今疾病困笃,为我疗治,令得安隐。释提桓因语毗摩质多罗阿修罗言:汝当授我幻法,我当疗治汝病,令得安隐。毗摩质多罗阿修罗语帝释言:我当还问诸阿修罗众,听我者,当授帝释阿修罗幻法。尔时,毗摩质多罗阿修罗,即往至诸阿修罗众中,语诸阿修罗言:诸人当知!我今疾病困笃,往诣释提桓因所,求彼治病。彼语我言:汝能授我阿修罗幻法者,当治汝病,令得安隐。我今当往,为彼说阿修罗幻

---

① 《相应部》(一一)"帝释相应"二三经。《别译》四七经。

法。时有一诈伪阿修罗,语毗摩质多罗阿修罗:其彼天帝释,质直好信,不虚伪,但语彼言:天王!此阿修罗幻法,若学者令人堕地狱,受罪无量百千岁。彼天帝释必当息意,不复求学,当言汝去,令汝病差,可得安隐。时毗摩质多罗阿修罗复往帝释所,说偈白言:

　　　　千眼尊天王,阿修罗幻术,皆是虚诳法,令人堕地狱,
　　　　无量百千岁,受苦无休息。

时天帝释语毗摩质多罗阿修罗言:止!止!如是幻术,非我所须。汝且还去,令汝身病寂灭休息,得力安隐。"

佛告诸比丘:"释提桓因于三十三天为自在王,长夜真实,不幻、不伪,贤善、质直。汝等比丘!正信非家,出家学道,亦应如是不幻、不伪,贤善、质直,当如是学。"佛说此经已,诸比丘闻佛所说,欢喜奉行。

　　　一七①　　　　　　　一二二三(一一一九)

如是我闻:一时,佛住舍卫国祇树给孤独园。尔时,世尊告诸比丘:"时有天帝释,及鞞卢阇那子婆稚阿修罗王,有绝妙之容,于晨朝时,俱诣佛所,稽首佛足,退坐一面。时天帝释及鞞卢阇那子婆稚阿修罗王,身诸光明,普照祇树给孤独园。尔时,鞞卢阇那阿修罗王说偈白佛:

　　　　人当勤方便,必令利满足;是利满足已,何须复方便?

时天帝释复说偈言:

────────
① 《相应部》(一一)"帝释相应"八经。《别译》五〇经。

若人勤方便,必令利满足;是利满足已,修忍无过上。

说是偈已,俱白佛言:世尊!何者善说?"世尊告言:"汝等所说,二说俱善。然今汝等复听我说:

　　一切众生类,悉皆求己利,彼彼诸众生,各自求所应。
　　世间诸和合,及与第一义,当知世和合,则为非常法。
　　若人勤方便,必令利满足,是利满足已,修忍无过上。"

尔时,天帝释及毗卢阇那子婆稚阿修罗王,闻佛所说,欢喜随喜,作礼而去。

尔时,世尊告诸比丘:"释提桓因于三十三天为自在王,修行于忍,赞叹于忍。汝等比丘!正信非家,出家学道,亦应如是修行于忍,赞叹于忍。"佛说此经已,诸比丘闻佛所说,欢喜奉行。

一八① 　　　　　一二二四(一一二〇)

如是我闻:一时,佛住舍卫国祇树给孤独园。尔时,世尊告诸比丘:"过去世时,有天帝释,白佛言:世尊!我今受如是戒,乃至佛法住世,尽其形寿,有恼我者,要不反报加恼于彼。时毗摩质多罗阿修罗王,闻天帝释受如是戒,乃至佛法住世,尽其形寿,有恼我者,我不反报加恼于彼。闻已,执持利剑,逆道而来。时天帝释遥见毗摩质多罗阿修罗王,执持利剑,逆道而来,即遥告言:阿修罗住!缚汝勿动。毗摩质多罗阿修罗王,即不得动。语帝释言:汝今岂不受如是戒,若佛法住世,尽其形寿,有恼我

---

① 《相应部》(一一)"帝释相应"七经。《别译》四八经。

者,必不还报耶?天帝释答言:我实受如是戒,但汝自①住受缚。阿修罗言:今且放我。帝释答言:汝若约誓不作乱者,然后放汝。阿修罗言:放我,当如法作。帝释答言:先如法作,然后放汝。时毗摩质多罗阿修罗王即说偈言:

> 贪欲之所趣,及嗔恚所趣,妄语之所趣,谤毁贤圣趣,
> 我若娆乱者,趣同彼趣趣。

释提桓因复告言:放汝令去,随汝所安。尔时,天帝释令阿修罗王作约誓已,往诣佛所,稽首佛足,退坐一面,白佛言:世尊!我于佛前受如是戒,乃至佛法住世,尽其形寿,有恼我者,我不反报。毗摩质多罗阿修罗王,闻我受戒,手持利剑,随路而来。我遥见已,语言:阿修罗住!住!缚汝勿动。彼阿修罗言:汝不受戒耶?我即答言:我实受戒,且汝今住,缚汝勿动。彼即求脱,我告彼言:若作约誓不作乱者,当令汝脱。阿修罗言:且当放我,当说约誓。我即告言:先说约誓,然后放汝。彼即说偈,作约誓言:

> 贪欲之所趣,及嗔恚所趣,妄语之所趣,谤毁贤圣趣,
> 我若作娆乱,趣同彼趣趣。

如是世尊!我要彼阿修罗王令说约誓,为是法不?彼阿修罗复为娆乱不?佛告天帝释:善哉!善哉!汝要彼约誓,如法不违;彼亦不复敢作娆乱。尔时,天帝释闻佛所说,欢喜随喜,作礼而去。"

尔时,世尊告诸比丘:"彼天帝释于三十三天为自在王,不

---

① "自",原本作"息",依宋本改。"息"或"自心"之误。

为娆乱,亦常赞叹不娆乱法。汝等比丘!正信非家,出家学道,亦应如是行不娆乱,亦当赞叹不扰乱法。"佛说此经已,诸比丘闻佛所说,欢喜奉行①。

一九②　　　　　一二二五(一二二二)

③如是我闻:一时,佛住舍卫国祇树给孤独园。尔时,世尊告诸比丘:"过去世时,天、阿修罗对阵斗战,阿修罗胜,诸天不如。时天帝释军坏退散,极生恐怖,乘车北驰,还归天宫。须弥山下,道迳丛林,林下有金翅鸟巢,多有金翅鸟子。尔时,帝释恐车马过践杀鸟子,告御者言:可回车还,勿杀鸟子。御者白王:阿修罗军后来逐人,若回还者,为彼所困。帝释告言:宁当回还,为阿修罗杀,不以军众蹈杀众生于道。御者转乘南向,阿修罗军遥见帝释转乘而还,谓为战策,即还退走。众大恐怖,坏阵流散,归阿修罗宫。"

佛告诸比丘:"彼天帝释于三十三天为自在王,以慈心故,威力摧伏阿修罗军,亦常赞叹慈心功德。汝等比丘!正信非家,出家学道,当修慈心,亦应赞叹慈心功德。"佛说此经已,诸比丘闻佛所说,欢喜奉行。

二〇④　　　　　一二二六(一二二三)

如是我闻:一时,佛住王舍城迦兰陀竹园。时王舍城中,有一士夫,贫穷辛苦,而于⑤佛法僧受持禁戒,多闻广学,力行惠

---

① 《杂阿含经》卷四〇终。
② 《相应部》(一一)"帝释相应"六经。《别译》四九经。
③ 《杂阿含经》卷四一(旧误编为卷四六)。
④ 《相应部》(一一)"帝释相应"一四经。《别译》五一经。
⑤ "于",原本作"住",依宋本改。

施,正见成就。彼身坏命终,得生天上。生三十三天,有三事胜于余三十三天。何等为三？一者、天寿,二者、天色,三者、天名称。诸三十三天见是天子三事特胜——天寿、天色、天名称,胜余诸天。见已,往诣天帝释所,作如是言:"憍尸迦当知！有一天子,始生此天,于先诸天,三事特胜——天寿、天色及天名称。"时天帝释告彼天子:"诸仁者！我见此人,于王舍城作一士夫,贫穷辛苦,于如来法律得信向心,乃至正见成就。身坏命终,来生此天,于诸三十三天,三事特胜——天寿、天色及天名称。"时天帝释即说偈言:

"正信于如来,决定不倾动,受持真实戒,圣戒无厌者。
于佛心清净,成就于正见,当知非贫苦,不空而自活。
故于佛法僧,当生清净信,智慧力增明,思念佛正教。"

佛说此经已,诸比丘闻佛所说,欢喜奉行。

二一① 　　　　一二二七（一二二四）

如是我闻:一时,佛住王舍城耆阇崛山中。尔时,王舍城人普设大会,悉为请种种异道。有事遮罗迦外道者,作是念:我今请遮罗迦外②道,天,先作福田。或有事外道出家者,有事尼乾子道者,有事老弟子者,有事火③弟子者,有事佛弟子僧者,咸作是念:今当令佛面前僧先作福田。时天帝释作是念:莫令王舍城诸人,舍佛面前僧而奉事余道,求索福田。我当疾往,为王舍城

---

① 《相应部》（一一）"帝释相应"一六经。《别译》五二经。
② "外",原本缺,依宋本补。
③ "火",原作"大",依宋本改。

人建立福田。即化作大婆罗门,仪容严整,乘白马车,诸年少婆罗门众,前后导从,持金斗伞盖,至王舍城,诣诸处大众会中。诸王舍城一切士女,咸作是念:但当观望此大婆罗门所奉事处,我当从彼而先供养,为良福田。时天帝释知王舍城一切士女心之所念,驾乘导从,迳诣耆阇崛山。至于门外,除去五饰,往诣佛所,稽首佛足,退坐一面,而说偈言:

"善分别显示,一切法彼岸,悉度诸恐怖,故稽首瞿昙。
诸人普设会,欲求大功德,各各设大施,常愿有余果。
愿为说福田,今斯施果成。"
帝释大自在,天王之所问,于耆阇崛山,大师为记说:
"诸人普设会,欲求大功德,各各设大施,常愿有余果。
今当说福田,施得大果处。正向者有四,四圣住于果,
是名僧福田,明行定具足。僧福田增广,无量逾大海,
调人师弟子,照明显正法,斯等善供养,施僧良福田。
于僧良福田,佛说得大果,以僧离五盖,清净应赞叹。
施彼最上田,少施收大利,是故诸人者,当施僧福田。
增得胜妙法,明行定相应,供此珍宝僧。施主心欢喜,
起于三种心,施衣服、饮食,离尘垢剑刺,超度诸恶趣,
躬自行启请,自手平等与,自利亦利他,是施获大利。
慈者如是施,净信心解脱,无罪安乐施,乘智往生彼。"

时天帝释闻佛所说,欢喜随喜,为佛作礼,即没不现。

尔时,王舍城诸人民,即从座起,整衣服,为佛作礼,合掌白佛言:"世尊!唯愿世尊与诸大众,受我供养。"尔时,世尊默然

受请。是王舍城人民，知世尊默然受其请已，作礼而归。到诸大①会处，具饮食，布置床座，晨朝遣使，白佛："时到，唯愿知时。"尔时，世尊与诸大众，着衣持钵，至大会所，于大众前，敷座而坐。王舍城人知佛坐定，自行种种丰美饮食。食讫，洗钵，澡漱毕，还复本座，听佛说法。尔时，世尊为王舍城人种种说法，示教、照喜已，从座起而去。

二二②　　　　　　　一二二八（一二二五）

如是我闻：一时，佛住王舍城耆阇崛山中。广说如上说，差别者：时天帝释说异偈而问佛言：

"今请问瞿昙，微密深妙慧，世尊之所体，无障碍知见。"

众人普设会偈，如上广说，乃至为王舍城诸设会者，说种种法，示教、照喜已，从座起去。

（须毗罗、仙人、灭嗔、月八日、病、并持一戒、鸟巢及婆梨，贫人及大祠③。）

---

① "大"，原作"人"，依宋本改。
② 与上经同。
③ 摄颂见《别译》卷三（大正二·三九一中）。

二〇　刹利相应①

一②　　　　　　　一二二九（一二二六）

③如是我闻：一时，佛在拘萨罗人间游行，至舍卫国祇树给孤独园。时波斯匿王，闻世尊拘萨罗人间游行，至舍卫国祇树给孤独园。闻已，往诣佛所，稽首佛足，退坐一面。白佛言："世尊！我闻世尊自记说成阿耨多罗三藐三菩提，诸人传者，得非虚妄过长说耶？为如说说，如法说，随顺法说耶？非是他人损同法者，于其问答生厌薄处耶？"佛告大王："彼如是说，是真谛说，非为虚妄。如说说，如法说，随顺法说，非是他人损同法者，于其问答生厌薄处。所以者何？大王！我今实得阿耨多罗三藐三菩提故。"波斯匿王白佛言："虽复世尊作如是说，我犹故不信。所以者何？此间有诸宿重沙门、婆罗门，所谓富兰那迦叶，末迦利瞿舍梨子，删阇耶毗罗胝子，阿耆多枳舍钦婆罗，迦罗拘陀迦栴延，尼乾陀若提子；彼等不自说言得阿耨多罗三藐三菩提，何得世尊幼小年少，出家未久，而便自证得阿耨多罗三藐三菩提？"佛告大王："有四种虽小而不可轻。何等为四？刹利王子年少幼小而不可轻，龙子年少幼小而不可轻，小火虽微而不可轻，比丘幼小而不可轻。"尔时，世尊即说偈言：

"刹利形相具，贵族发名称，虽复年幼稚，智者所不轻。
此必居王位，顾念生怨害，是故难可轻，应生大恭敬。

---

① "刹利相应"，共二一经。与《相应部》（三）"拘萨罗相应"相当。
② 《相应部》（三）"拘萨罗相应"一经。《别译》五三经。
③ 《杂阿含经》卷四一（旧误编为卷四六）中。

善求自护者,自护如护命,以平等自护,而等护于命。
聚落及空处,见彼幼龙者,莫以小蛇故,而生轻慢想。
杂色小龙形,亦应令安乐,轻蛇无士女,悉为毒所害。
是故自护者,当如护己命,以斯善护己,而等护于彼。
猛火之所食,虽小食无限,小烛亦能烧,足薪则弥广,
从微渐进烧,尽聚落、城邑。是故自护者,当如护己命,
以斯善护己,而等护于彼。盛火之所焚,百卉荡烧尽,
灭已不盈缩,戒火还复生。若轻毁比丘,受持净戒火,
烧身及子孙,众灾流百世,如烧多罗树,无有生长期。
是故当自护,如自护己命,以斯善自护,而等护于彼。
刹利形相具,幼龙及小火,比丘具净戒,不应起轻想。
是故当自护,如自护己命,以斯善自护,而等护于彼。"

佛说此经已,波斯匿王闻佛所说,欢喜随喜,作礼而去。

二① 一二三〇(一二二七)

如是我闻:一时,佛住舍卫国祇树给孤独园。时波斯匿王有祖母,极所敬重,忽尔命终,出城阇维。供养舍利毕,弊衣乱发,来诣佛所,稽首佛足,退坐一面。尔时,世尊告波斯匿王:"大王!从何所来,弊衣乱发?"波斯匿王白佛:"世尊!我亡祖母,极所敬重,舍我命终,出于城外,阇维供养毕,来诣世尊。"佛告大王:"极爱重敬念祖亲耶?"波斯匿王白佛:"世尊!极敬重爱恋。世尊!若国土所有象、马、七宝,乃至国位悉持与人,能救祖

---

① 《相应部》(三)"拘萨罗相应"二二经。《别译》五四经。《增一阿含经》(二六)"四意断品"七经。

母命者,悉当与之。既不能救,生死长辞,悲恋忧苦,不自堪胜。曾闻世尊所说,一切众生、一切虫、一切神,生者皆死,无不穷尽,无有出生而不死者,今日乃知世尊善说。"佛言:"大王!如是如是,一切众生、一切虫、一切神,生者辄死,终归穷尽,无有一生而不死者。"佛告大王:"正使婆罗门大姓,刹利大姓,长者大姓,生者皆死,无不死者。正使刹利大王,灌顶居位,王四天下,得力自在,于诸敌国无不降伏,终归有极,无不死者。若复大王!生长寿天,王于天宫自在快乐,终亦归尽,无不死者。若复大王!罗汉比丘诸漏已尽,离诸重担,所作已作,逮得己利,尽诸有结,正智心善解脱,彼亦归尽,舍身涅槃。若复缘觉善调、善寂,尽此身命,终归涅槃。诸佛世尊十力具足,四无所畏,胜师子吼,终亦舍身取般涅槃。以如是比,大王!当知一切众生、一切虫、一切神,有生辄死,终归磨灭,无不死者。"尔时,世尊复说偈言:

"一切众生类,有命终归死,各随业所趣,善恶果自受。
恶业堕地狱,为善上升天,修习胜妙道,漏尽般涅槃。
如来及缘觉,佛声闻弟子,会当舍身命,何况俗凡夫!"

佛说此经已,波斯匿王闻佛所说,欢喜随喜,作礼而去。

三① 一二三一(一二二八)

如是我闻:一时,佛住舍卫国祇树给孤独园。时波斯匿王独一静处,禅思思惟,作是念:云何为自念?云何为不自念?复作是念:若有行身恶行、行口恶行、行意恶行者,当知斯等为不自

---

① 《相应部》(三)"拘萨罗相应"四经。《别译》五五经。

念。若复行身善行、行口善行、行意善行者,当知斯等则为自念。从禅觉已,往诣佛所,稽首佛足,退住一面。白佛言:"世尊!我于静处独一思惟,作是念:云何为自念?云何为不自念?复作是念:若有行身恶行、行口恶行、行意恶行者,当知斯等为不自念。若复行身善行、行口善行、行意善行者,当知斯等则为自念。"佛告大王:"如是,大王!如是,大王!若有行身恶行、行口恶行、行意恶行者,当知斯等为不自念。彼虽自谓为自爱念,而实非自念。所以者何?无有恶知识所作恶,不念者所不念(所作),不爱者所不爱所作,如其自为自己所作者。是故斯等为不自念。若复大王!行身善行、行口善行、行意善行者,当知斯等则为自念。斯等自谓不自爱惜己身,然其斯等实为自念。所以者何?无有善友于善友所作,念者念作,爱者爱作,如自为己所作者,是故斯等则为自念。"尔时,世尊复说偈言:

"谓为自念者,不应造恶行,终不因恶行,令己得安乐。
谓为自念者,终不造恶行,造诸善业者,令己得安乐。
若自爱念者,善护而自护,如善护国王,外防边境城。
若自爱念者,极善自宝藏,如善守之王,内防边境城。
如是自宝藏,刹那无间缺,刹那缺致忧,恶道长受苦。"

佛说此经已,波斯匿王闻佛所说,欢喜随喜,作礼而去。

四① 一二三二(一二二九)

如是我闻:一时,佛住舍卫国祇树给孤独园。尔时,波斯匿

---

① 《相应部》(三)"拘萨罗相应"五经。《别译》五六经。

王独静思惟,作如是念:云何自护?云何不自护?复作是念:若有行身恶行、行口恶行、行意恶行者,当知斯等为不自护。若复行身善行、行口善行、行意善行者,当知斯等则为自护。从禅觉已,往诣佛所,稽首佛足,退坐一面。白佛言:"世尊!我独静思惟,而作是念:云何为自护?云何为不自护?复作是念:若有行身恶行、行口恶行、行意恶行者,当知斯等为不自护。若复行身善行、行口善行、行意善行者,当知斯等则为自护。"佛告大王:"如是,大王!如是,大王!若有行身恶行、行口恶行、行意恶行者,当知斯等为不自护,而彼自谓能自防护。象军、马军、车军、步军,以自防护,虽谓自护实非自护。所以者何?虽护于外,不护于内,是故大王!名不自护。大王!若复有行身善行、行口善行、行意善行者,当知斯等则为自护。彼虽不以象、马、车、步四军自防,而实自护。所以者何?护其内者,名善自护,非谓防外。"尔时,世尊复说偈言:

"善护于身、口,及意一切业,惭愧而自防,是名善守护。"

时波斯匿王闻佛所说,欢喜随喜,作礼而去。

五① 一二三三(一二三〇)

如是我闻:一时,佛住舍卫国祇树给孤独园。时波斯匿王独静思惟,作是念:世少有人得胜妙财利,能不放逸,能不贪著,能于众生不起恶行。世多有人得胜妙财利,起于放逸,增其贪著,起诸邪行。作是念已,往诣佛所,稽首佛足,退坐一面。白佛言:

---

① 《相应部》(三)"拘萨罗相应"六经。《别译》五八经。

"世尊!我独静思惟,作是念:世间少有人得胜妙财,能于财利不起放逸,不起贪著,不作邪行。世多有人得胜妙财,而起放逸,生于贪著,多起邪行。"佛告波斯匿王:"如是,大王!如是,大王!世少有人得胜妙财利,能不贪著,不起放逸,不起邪行。世多有人得胜妙财利,于财放逸,而起贪著,起诸邪行。大王!当知彼诸世人得胜财利,于财放逸而起贪著,作邪行者,是①愚痴人,长夜当得不饶益苦。大王!譬如猎师、猎师弟子,空野林中,张网施罥,多杀禽兽,困苦众生,恶业增广。如是世人得胜妙财利,于财放逸而起贪著,造诸邪行,亦复如是,是愚痴人,长夜当得不饶益苦。"尔时,世尊复说偈言:

"贪欲于胜财,为贪所迷醉,狂乱不自觉,犹如捕猎者,缘斯放逸故,当受大苦报。"

佛说此经已,波斯匿王闻佛所说,欢喜随喜,作礼而去。

六② 一二三四(一二三一)

如是我闻:一时,佛住舍卫国祇树给孤独园。时波斯匿王,于正殿上,自观察王事。见胜刹利大姓,见胜婆罗门大姓,见胜长者大姓,因贪欲故欺诈妄语。即作是念:止此断事,息此断事,我更不复亲临断事;我有贤子,当令断事。云何自见此胜刹利大姓、婆罗门大姓、长者大姓,为贪欲故欺诈妄语!时波斯匿王作是念已,往诣佛所,稽首佛足,退坐一面。白佛言:"世尊!我于殿上自断王事,见诸胜刹利大姓、婆罗门大姓、长者大姓,为贪利

---

① "是",原本缺,依宋本补。
② 《相应部》(三)"拘萨罗相应"七经。《别译》五七经。

故欺诈妄语。世尊！我见是事已,作是念:我从今日止此断事,息此断事;我有贤子,当令其断,不亲自见此胜刹利大姓、婆罗门大姓、长者大姓,缘贪利故欺诈妄语。"佛告波斯匿王:"如是,大王！如是,大王！彼胜刹利大姓、婆罗门大姓、长者大姓,因贪利故欺诈妄语。彼愚痴人,长夜当得不饶益苦。大王！当知譬如渔师、渔师弟子,于河溪谷,截流张网,残杀众生,令遭大苦。如是大王！彼胜刹利大姓、婆罗门大姓、长者大姓,因贪利故欺诈妄语,长夜当得不饶益苦。"尔时,世尊复说偈言:

"于财起贪欲,贪欲所迷醉,狂乱不自觉,犹如渔捕者,缘斯恶业故,当受剧苦报。"

佛说此经已,波斯匿王闻佛所说,欢喜随喜,作礼而去。

七①　　　　　　　一二三五(一二三二)

如是我闻:一时,佛住舍卫国祇树给孤独园。时波斯匿王来诣佛所,稽首佛足,退坐一面。白佛言:"世尊！此舍卫国,有长者名摩诃男,多财巨富,藏积真金至百千亿,况复余财。世尊！摩诃男长者如是巨富,作如是食用:食粗碎米,食豆羹,食腐败姜,着粗布衣,单皮革屣,乘羸败车,戴树叶盖。未曾闻其供养施与沙门、婆罗门,给恤贫苦,行路顿乏,诸乞丐者。闭门而食,莫令沙门、婆罗门、贫穷、行路、诸乞丐者见之。"佛告波斯匿王:"此非正士,得胜财利,不自受用,不知供养父母,供给妻子、宗亲、眷属,恤诸仆使,施与知识;不知随时供给沙门、婆罗门,种胜

---

① 《相应部》(三)"拘萨罗相应"一九经。《别译》五九经。

福田,崇向胜处,长受安乐,未来生天。得胜财物,不知广用,收其大利。大王!譬如旷野湖池聚水,无有受用洗浴、饮者,即于泽中煎熬消尽。如是不善士夫,得胜财物,乃至不广受用,收其大利,如彼池水。大王!有善男子,得胜财利,快乐受用,供养父母,供给妻子、宗亲、眷属,给恤仆使,施诸知识,时时供养沙门、婆罗门,种胜福田,崇向胜处,未来生天。得胜钱财,能广受用,倍收大利。譬如大王!聚落城郭边有池水,澄净清凉,树林荫覆,令人受乐,多众受用,乃至禽兽。如是善男子得胜妙财,自供快乐,供养父母,乃至种胜福田,广收大利。"尔时,世尊复说偈言:

"旷野湖池水,消凉极鲜净,无有受用者,即于彼清尽。
如是胜妙财,恶士夫所得,不能自受用,亦不供恤彼,
徒自苦积聚,聚已而自丧。慧者得胜财,能自乐受用,
广施作功德,及与亲眷属,随所应给与,如牛王领众。
施与及受用,不失所应者,乘理而寿终,生天受福乐。"

佛说此经已,波斯匿王闻佛所说,欢喜随喜,作礼而去。

八① 一二三六(一二三三)

如是我闻:一时,佛住舍卫国祇树给孤独园。尔时,舍卫国有长者,名摩诃男,命终无有儿息,波斯匿王以无子无亲属之财,悉入王家。波斯匿王日日校阅财物,身蒙尘土,来诣佛所,稽首佛足,退坐一面。尔时世尊告波斯匿王:"大王!从何所来?身

---

① 《相应部》(三)"拘萨罗相应"二〇经。《别译》六〇经。《增一阿含经》(二三)"地主品"四经。

蒙尘土,似有疲惓。"波斯匿王白佛:"世尊!此国长者摩诃男命终,有无子之财,悉入王家,瞻视料理,致令疲劳,尘土坌身,从其舍来。"佛问波斯匿王:"彼摩诃男长者,大富多财耶?"波斯匿王白佛:"大富,世尊!钱财甚多,百千巨亿金银①宝物,况复余财!世尊!彼摩诃男在世之时,粗衣、恶食,如上广说。"佛告波斯匿王:"彼摩诃男过去世时,遇多迦罗尸弃辟支佛,施一饭食,非净信心,不恭敬与,不自手与,施后变悔,言此饮食自可供给我诸仆使,无辜持用施于沙门。由是施福,七反往生三十三天,七反生此舍卫国中,最胜族姓,最富钱财。以彼施辟支佛时不净信心,不手自与,不恭敬与,施后随悔,故在所生处,虽得财富,犹故受用粗衣、粗食,粗弊卧具、屋舍、车乘,初不尝得上妙色、声、香、味、触以自安身。复次,大王!时彼摩诃男长者,杀其异母兄,取其财物,缘斯罪故,经百千岁堕地狱中。彼余罪报生舍卫国,七反受身,常以无子财没入王家。大王!摩诃男长者今此寿终,过去施报尽于此身。以彼悭贪,于财放逸,因造过恶,于此命终,已堕地狱受极苦恼。"波斯匿王白佛言:"世尊!摩诃男长者命终,已入地狱受苦痛耶?"佛言:"如是,大王!已入地狱。"时波斯匿王,念彼悲泣,以衣拭泪而说偈言:

"财物、真金宝,象马、庄严具,奴仆诸僮使,及诸田宅等,一切皆遗弃,裸神独游往。福运数已穷,永舍于人身,彼今何所有,何所持而去?于何事不舍,如影之随形?"

---

① "银",原本作"钱",依宋本改。

尔时,世尊说偈答言:

"唯有罪福业,若人已作者,是则已之有,彼则常持去,
生死未曾舍,如影之随形。如人少资粮,涉远遭苦难,
不修功德者,必经恶道苦。如人丰资粮,安乐以远游,
修德淳厚者,善趣长受乐。如人远游行,岁久安隐归,
宗亲善知识,欢乐欣集会;善修功德者,此没生他世,
彼诸亲眷属,见则心欢喜。是故当修福,积集期永久,
福德能为人,建立他世乐。福德天所叹,等修正行故,
现世人不毁,终则生天上。"

佛说此经已,波斯匿王闻佛所说,欢喜随喜,作礼而去。

九① 一二三七(一二三四)

如是我闻:一时,佛住舍卫国祇树给孤独园。尔时,波斯匿王普设大会,为大会故,以千特牛行列系柱②;集众供具,远集一切诸异外道,悉来聚集。波斯匿王大会之处,时有众多比丘,亦晨朝着衣持钵,入舍卫城乞食。闻波斯匿王普设大会,如上广说,乃至种种外道皆悉来集。闻已,乞食毕,还精舍,举衣钵,洗足已,往诣佛所,稽首佛足,退坐一面。白佛言:"世尊!我等今日众多比丘,晨朝着衣持钵,入舍卫城乞食,闻波斯匿王普设大会,如上广说,乃至种种异道集于会所。"尔时,世尊即说偈言:

"月月设大会,乃至百千数,不如正信佛,十六分之一。

---

① 《相应部》(三)"拘萨罗相应"九经。《别译》六一经。
② "柱",原本作"住",依宋本改。

如是信法、僧,慈念于众生,彼大会之福,十六不及一。
若人于世间,亿年设福业,于直心敬礼,四分不及一。"

佛说此经已,诸比丘闻佛所说,欢喜奉行。

一○①　　　　　一二三八(一二三五)

如是我闻:一时,佛住舍卫国祇树给孤独园。时波斯匿王忿诸国人,多所囚执:若刹利,若婆罗门,若鞞舍,若首陀罗,若旃陀罗;持戒、犯戒,在家、出家,悉皆被录;或锁,或杻械,或以绳缚。时有众多比丘,晨朝着衣持钵,入舍卫城乞食,闻波斯匿王多所摄录,乃至或锁或缚。乞食毕,还精舍,举衣钵,洗足已,往诣佛所,稽首佛足,退坐一面。白佛言:"世尊!我等今日众多比丘,入城乞食,闻波斯匿王多所收录,乃至锁缚。"尔时,世尊即说偈言:

"非绳、锁、杻、械,名曰坚固缚;染污心顾念,钱财宝、妻子,是缚长且固,虽缓难可脱。慧者不顾念,世间五欲乐,是则断诸缚,安隐永超出②。"

佛说此经已,诸比丘闻佛所说,欢喜奉行。

(三菩提及母,爱己及护己,捕鱼并鹿阱,悭并及命终,祠祀及系缚③。)

一一④　　　　　一二三九(一二三六)

如是我闻:一时,佛住舍卫国祇树给孤独园。时波斯匿王、

---

① 《相应部》(三)"拘萨罗相应"一〇经。《别译》六二经。
② "出",原本作"世",依宋本改。
③ 摄颂见《别译》卷三(大正二·三九五中)。
④ 《相应部》(三)"拘萨罗相应"一四经。《别译》六三经。

摩竭提国阿阇世王韦提希子,共相违背。摩竭提王阿阇世韦提希子,起四种军——象军、马军、车军、步军,来至拘萨罗国;波斯匿王闻阿阇世王韦提希子四种军至,亦集四种军——象军、马军、车军、步军,出共斗战。阿阇世王四军得胜,波斯匿王四军不如,退败星散,单车驰走,还舍卫城。时有众多比丘,晨朝着衣持钵,入舍卫城乞食,闻摩竭提王阿阇世韦提希子起四种军,来至拘萨罗国,波斯匿王起四种军,出共斗战,波斯匿王四军不如,退败星散;波斯匿王恐怖狼狈,单车驰走,还舍卫城。闻已,乞食毕,还精舍,举衣钵,洗足已,往诣佛所,稽首佛足,退坐一面。白佛言:"世尊!我等今日众多比丘,入城乞食,闻摩竭提主阿阇世王韦提希子,起四种军,如是广说,乃至单车驰走还舍卫城。"尔时,世尊即说偈言:

"战胜增怨敌,败苦卧不安,胜败二俱舍,卧觉寂静乐。"

佛说此经已,诸比丘闻佛所说,欢喜奉行。

一二① 　　　　一二四〇(一二三七)

如是我闻:一时,佛住舍卫国祇树给孤独园。时波斯匿王与摩竭提王阿阇世韦提希子,共相违背。摩竭提王阿阇世韦提希子,起四种军,来至拘萨罗国;波斯匿王倍兴四军,出共斗战。波斯匿王四种军胜,阿阇世王四种军退,摧伏星散。波斯匿王悉皆虏掠阿阇世王象、马、车乘,钱财、宝物,生擒②阿阇世王身。载以同车,俱诣佛所,稽首佛足,退坐一面。波斯匿王白佛言:"世

---

① 《相应部》(三)"拘萨罗相应"一五经。《别译》六四经。
② "擒",原本作"禽",依宋本改。

尊！此是阿阇世王韦提希子，长夜于我无怨恨人而生怨结，于好人所而作不好。然其是我善友之子，当放令还国。"佛告波斯匿王："善哉！大王！放其令去，令汝长夜安乐饶益。"尔时，世尊即说偈言：

"乃至力自在，能广虏掠彼，助怨在力增，倍收已他利。"

佛说此经已，波斯匿王及阿阇世王韦提希子，闻佛所说，欢喜随喜，作礼而去。

一三① 　　　　一二四一（一二三八）

如是我闻：一时，佛住舍卫国祇树给孤独园。时波斯匿王独静思惟，作是念：世尊正法，现法，离诸炽然，不待时节，通达现见，自觉证知。此法是善知识、善伴党，非是恶知识、恶伴党。作是念已，往诣佛所，稽首佛足，退坐一面。白佛言："世尊！我独静思惟，作是念：世尊正法，现法，离诸炽然，不待时节，通达现见，自觉证知，是则善知识、善伴党，非恶知识、恶伴党。"佛告波斯匿王："如是，大王！如是，大王！世尊正法律，现法，离诸炽然，不待时节，通达现见，缘自觉知，是则善知识、善伴党，非恶知识、恶伴党。所以者何？我为善知识，众生有生法者，解脱于生；众生有老病死、忧悲恼苦者，悉令解脱。大王！我于一时，住王舍城山谷精舍。时阿难陀比丘，独静思惟，作是念：半梵行者，是善知识、善伴党，非恶知识、恶伴党。作是念已，来诣我所，稽首我足，退坐一面。白我言：世尊！我独静思惟，作是念：半梵行

---

① 《相应部》（三）"拘萨罗相应"一八经前文。《别译》六五经。

者,是善知识、善伴党,非恶知识、恶伴党。我时告言:阿难!莫作是语,半梵行者是善知识、善伴党,非恶知识、恶伴党。所以者何?纯一满净,梵行清白,谓善知识、善伴党,非恶知识、恶伴党。所以者何?我常为诸众生作善知识,其诸众生有生故,当知世尊正法,现法,令脱于生;有老病死、忧悲恼苦者,离诸炽然,不待时节现,令脱恼苦;见通达,自觉证知,是则善知识、善伴党,非恶知识、恶伴党。"尔时,世尊即说偈言:

"赞叹不放逸,是则佛正教。修禅不放逸,逮得证诸漏。"

佛说此经已,波斯匿王闻佛所说,欢喜随喜,作礼而去。

一四① 　　　　　一二四二(一二三九)

如是我闻:一时,佛住舍卫国祇树给孤独园。时波斯匿王独静思惟,作是念:颇有一法修习、多修习,得现法愿满足,后世愿满足,现法、后世愿满足不?作是念已,往诣佛所,稽首佛足,退坐一面。白佛言:"世尊!我独静思惟,作是念:颇有一法修习、多修习,得现法愿满足,得后世愿满足,现法、后世愿满足不?"佛告波斯匿王:"如是,大王!如是,大王!有一法,修习、多修习,得现法愿满足,得后世愿满足,得现法后世愿满足,谓不放逸善法。不放逸善法,修习、多修习,得现法愿满足,得后世愿满足,得现法、后世愿满足。大王!譬如世间所作粗业,彼一切皆依于地而得建立。不放逸善法亦复如是,修习、多修习,得现法愿满足,得后世愿满足,得现法、后法愿满足。如力,如是种子,

---

① 《相应部》(三)"拘萨罗相应"一七经·一八经后文。《别译》六六经。

根、坚、陆、水、足行、师子、舍宅,亦如是说。是故大王!当住不放逸,当依不放逸!住不放逸、依不放逸已,夫人当作是念:大王住不放逸、依不放逸,我今亦当如是住不放逸、依不放逸。如是夫人,如是大臣、太子、猛将,亦如是。国土人民应当念:大王住不放逸、依不放逸,夫人、太子、大臣、猛将住不放逸、依不放逸,我等亦应如是住不放逸、依不放逸。大王!若住不放逸、依不放逸者,则能自护夫人、婇女,亦能自保仓藏财宝,增长丰实。"尔时,世尊即说偈言:

"称誉不放逸,毁呰放逸者,帝释不放逸,能主忉利天,
称誉不放逸,毁呰放逸者。不放逸具足,摄持于二义:
一者、现法利,二、后世亦然。是名无间等,甚深智慧者。"

佛说此经已,波斯匿王闻佛所说,欢喜随喜,作礼而去。

一五① 　　　一二四三(一二四〇)

如是我闻:一时,佛住舍卫国祇树给孤独园。时波斯匿王独静思惟,作是念:此有三法,一切世间所不爱念。何等为三?谓老、病、死。如是三法,一切世间所不爱念。若无此三法,世间所不爱者,诸佛世尊不出于世,世间亦不知有诸佛、如来所觉知法,为人广说。以有此三法,世间所不爱念,谓老、病、死故,诸佛如来出兴于世,世间知有诸佛、如来所觉知法广宣说者。波斯匿王作是念已,来诣佛所,稽首佛足,退坐一面,以其所念广白世尊。佛告波斯匿王:"如是,大王!如是,大王!此有三法,世间所不

---

① 《别译》六七经。

爱念,谓老、病、死,乃至世间知有如来所觉知法,为人广说。"尔时,世尊复说偈言:

"王所乘宝车,终归有朽坏,此身亦复然,迁移会归老。
唯如来正法,无有衰老相,禀斯正法者,永到安隐处。
但凡鄙衰老,丑弊恶形类,衰老来践蹈,迷魅愚夫心。
若人寿百岁,常虑死随至,老、病竞追逐,伺便辄加害。"

佛说此经已,波斯匿王闻佛所说,欢喜随喜,作礼而去①。

一六②　　　　　　　一二四四(一一四五)

③如是我闻:一时,佛住舍卫国祇树给孤独园。时波斯匿王来诣佛所,稽首佛足,退坐一面。白佛言:"世尊!应施何等人?"佛言:"大王!随心所乐处。"波斯匿王复白佛言:"应施何处得大果报?"佛言:"大王!此是异问。所问应施何处,此问则异;复问施何处应得大果,此问复异。我今问汝,随意答我。大王!譬如此国,临阵战斗,集诸战士。而有一婆罗门子,从东方来,年少幼稚,柔弱端正,肤白发黑,不习武艺,不学术策,恐怖退弱,不能自安。不忍敌观,若刺、若射,无有方便,不能伤彼。云何大王!如此士夫,王当赏不?"王白佛言:"不赏,世尊!""如是大王!有刹利童子从南方来,鞞舍童子从西方来,首陀罗童子从北方来,无有伎术,皆如东方婆罗门子,王当赏不?"王白佛言:"不赏,世尊!"佛告大王:"此国集军,临战斗时,有婆罗门童子

---

① 《杂阿含经》卷四一终。
② 《相应部》(三)"拘萨罗相应"二四经。《别译》六八经。
③ 《杂阿含经》卷四二。

从东方来,年少端正,肤白发黑,善学武艺,知斗术法,勇健无畏苦战不退。安住谛观,运戈能伤,能破巨敌。云何大王!如此战士,加重赏不?"王白佛言:"重赏,世尊!""如是刹利童子从南方来,鞞舍童子从西方来,首陀罗童子从北方来,年少端正,善诸术艺,勇健堪能,苦战却敌,皆如东方婆罗门子。如是战士,王当赏不?"王白佛言:"重赏,世尊!"佛言大王:"如是沙门、婆罗门,远离五支,成就五支,建立福田;施此田者,得大福利,得大果报。何等为舍离五支?所谓贪欲盖、嗔恚、睡眠、掉悔、疑盖,已断已知,是名舍离五支。何等为成就五支?谓无学戒身成就,无学定身、慧身、解脱身、解脱知见身(成就),是名成就五支。大王!如是舍离五支,成就五支,建立福田,施此田者,得大果报。"尔时,世尊复说偈言:

"运戈猛战斗,堪能勇士夫,为其战斗故,随功重加赏,
不赏名族胄,怯劣无勇者。忍辱修贤良,见谛建福田,
贤圣律仪备,成就深妙智,族胄虽卑微,堪为施福田。
衣食、钱财宝,床卧等众具,悉应以敬施,为持净戒故。
人表林野际,穿井给行人,溪涧施桥梁,迥路造房舍,
戒德多闻众,行路得止息。譬如重云起,雷电声振耀,
普雨于壤土,百卉悉扶疏,禽兽皆欢喜,田夫并欣乐。
如是净信心,闻慧舍悭垢,钱财丰饮食,常施良福田。
高唱增欢受①,如雷雨良田,功德注流泽,沾洽施主心,
财富名称流,及涅槃大果。"

---

① "受",原本作"爱",依宋本改。

佛说此经已,波斯匿王闻佛所说,欢喜随喜,作礼而去。

一七① 　　　　　一二四五(一一四六)

如是我闻:一时,佛住舍卫国祇树给孤独园。时波斯匿王来诣佛所,稽首佛足,退坐一面。白佛言:"云何世尊!为婆罗门死还生自姓婆罗门家,刹利、鞞舍、首陀罗(还生自姓)家耶?"佛言:"大王!何得如是。大王!当知有四种人,何等为四?有一种人从冥入冥,有一种人从冥入明,有一种人从明入冥,有一种人从明入明。大王!云何为一种人从冥入冥?谓有人生卑姓家——若生旃陀罗家,鱼猎家,竹作家,车师家,及余种种下贱工巧业家;贫穷短命,形体憔悴,而复修行卑贱之业②,亦复为人下贱作使,是名为冥。处斯冥中,复行身恶行,行口恶行,行意恶行,以是因缘,身坏命终当生恶趣,堕泥梨中。犹如有人从暗入暗,从厕入厕,以血洗血,舍恶受恶;从冥入冥者,亦复如是,是故名为从冥入冥。云何名为从冥入明?谓有世人生卑姓家,乃至为人作诸鄙业,是名为冥。然其彼人,于此冥中,行身善行,行口善行,行意善行,以是因缘,身坏命终生于善趣,受天化生。譬如有人,登床,跨马,从马升象;从冥入明,亦复如是,是名有人从冥入明。云何有人从明入冥?谓有世人生富乐家——若刹利大姓,婆罗门大姓家,长者大姓家,及余种种富乐家生;多诸钱财,奴婢、客使,广集知识,受身端正,聪明黠慧,是名为明。于此明中,行身恶行,行口恶行,行意恶行,以是因缘,身坏命终生于恶

① 《相应部》(三)"拘萨罗相应"二一经。《别译》六九经。《增一阿含经》(二六)"四意断品"五经。《增支部》"四集"八五经。
② "业",原本作"家",依宋本改。

趣,堕泥梨中。譬如有人,从高楼下乘于大象,下象乘马,下马乘舆,下舆坐床,下床堕地,从地落坑;从明入冥者,亦复如是。云何有人从明入明?谓有世人生富乐家,乃至形相端严,是名为明。于此明中,行身善行,行口善行,行意善行,以是因缘,身坏命终生于善趣,受天化生。譬如有人,从楼观至楼观,如是乃至从床至床;从明入明者,亦复如是,是名有人从明入明。"尔时,世尊复说偈言:

> "贫穷困苦者,不信增嗔恨,悭贪、恶邪想,痴惑不恭敬,
> 见沙门、道士,持戒多闻者,毁呰而不誉,障他施及受。
> 如斯等士夫,从此至他世,当堕泥梨中,从冥入于冥。
> 若有贫穷人,信心少嗔恨,常生惭愧心,惠施离悭垢,
> 见沙门、梵志,持戒多闻者,谦虚而问讯,随宜善供给,
> 劝人令施与,叹施及受者。如是修善人,从此至他世;
> 善趣上生天,从冥而入明。有富乐士夫,不信、多嗔恨,
> 悭贪、嫉①恶想,邪惑不恭敬,见沙门、梵志,毁呰而不誉,
> 障他人施惠,亦断受施者。如是恶士夫,从此至他世,
> 当生苦地狱,从明入冥中。若有富士夫,信心、不嗔恨,
> 常起惭愧心,惠施离嗔、姤②,见沙门、梵志,持戒、多闻者,
> 先奉迎问讯,随宜给所须,劝人令供养,叹施及受者。
> 如是等士夫,从此至他世,生三十三天,从明而入明。"

佛说此经已,波斯匿王闻佛所说,欢喜随喜,作礼而去。

---

① "嫉",原本作"疾",依宋本改。
② "姤",疑"垢"。

一八① 　　　　　一二四六（一一四七）

如是我闻：一时，佛住舍卫国祇树给孤独园。时波斯匿王，日日身蒙尘土，来诣佛所，稽首佛足，退坐一面。佛言："大王！从何所来？"波斯匿王白佛言："世尊！彼灌顶王法，人中自在，精勤方便，王领大地，统理王事，周行观察而来至此。"佛告大王："今问大王，随意答我。譬如有人从东方来，有信、有缘，未曾虚妄，而白王言：我东方来，见一石山，极方广大，不穿、不坏，亦无缺坏，磨地而来，一切众生、草木之类，悉磨令碎。南、西、北方亦有人来，有信、有缘，亦不虚妄，而白王言：我见石山，方广高大，不断、不坏，亦不缺坏，磨地而来，众生、草木悉皆磨碎。大王！于意云何？如是像貌大恐怖事，险恶相杀，众生运尽，人道难得，当作何计？"王白佛言："若如是者，更无余计，唯当修善，于佛法律专心方便。"佛告大王："何故说言险恶恐怖，于世卒起，众生运尽，人身难得，唯当行法、行义、行福，于佛法教专精方便？何以不言灌顶王位，为众人首②，堪能自在，王于大地、事务、众人当须营理耶？"王白佛言："世尊！为复闲时，言灌顶王位为众人首，王于大地，多所经营，以言斗言，以财斗财，以象斗象，以车斗车，以步斗步。当于尔时，无有自在，若胜、若伏，是故我说险恶恐怖卒起之时，众生运尽，人身难得，无有余计，唯有行义、行法、行福，于佛法教专心归依。"佛告大王："如是，如是！经常磨迮，谓恶劫、老、病、死③，磨迮众生，当作何计？正当修

---

① 《相应部》（三）"拘萨罗相应"二五经。《别译》七〇经。
② "为众人首"，原本作"众人人首"，依元本改。
③ "死"，原本作"苦"，依宋本改。

义,修法,修福,修善,修慈,于佛法中精勤方便。"尔时,世尊而说偈言:

"如有大石山,高广无缺坏,周遍四方来,磨迮此大地,
非兵马、咒术,力所能防御。恶劫、老、病、死,常磨迮众生,
四种大族姓、栴陀罗、猎师,在家及出家,持戒、犯戒者,
一切皆磨迮,无能救护者。是故慧士夫,观察自己利,
建立清净信,信佛、法、僧宝。身、口、心清净,随顺于正法,
现世名称流,终则生天上。"

佛说此经已,波斯匿王闻佛所说,欢喜随喜,作礼而去。

一九① 　　　　一二四七(一一四八)

如是我闻:一时,佛住舍卫国祇树给孤独园。时波斯匿王来诣佛所,稽首佛足,退坐一面。时有尼乾子七人,阇祇罗七人,一舍罗七人,身皆粗大,彷徉行,住祇洹门外。时波斯匿王遥见斯等,彷徉门外,即从座起,往至其前,合掌问讯。三自称名言:"我是波斯匿王、拘萨罗王。"尔时,世尊告波斯匿王:"汝今何故恭敬斯等,三称姓名,合掌问讯?"王白佛言:"我作是念:世间若有阿罗汉者,斯等则是。"佛告波斯匿王:"汝今且止。汝亦不知是阿罗汉,非阿罗汉,不得他心智故。且当亲近,观其戒行,久而可知,勿速自决。审谛观察,勿但洛莫②,当用智慧,不以不智。经诸苦难,堪能自辩,交契计挍,真伪则分。见说知明,久而则

---

① 《相应部》(三)"拘萨罗相应"一一经。《别译》七一经。《小部·自说》六·二经。
② "洛莫",即"落莫"。

知,非可卒识,当须思惟,智慧观察。"王白佛言:"奇哉世尊! 善说斯理。言久相习,观其戒行,乃至见说知明。我有家人,亦复出家,作斯等形相,周流他国,而复来还,舍其被服,还受五欲。是故当知世尊善说,应与同止,观其戒行,乃至言说,如有智慧。"尔时,世尊而说偈言:

"不以见形相,知人之善恶;不应暂相见,而与同心志。
有现身口密,俗心不敛摄,犹如输石铜,涂以真金色。
内怀鄙杂心,外现圣威仪,游行诸国土,欺诳于世人。"

佛说此经已,波斯匿王闻佛所说,欢喜随喜,作礼而去。

二〇① 一二四八(一一四九)

如是我闻:一时,佛住舍卫国祇树给孤独园。时波斯匿王为首,并七国王,及诸大臣,悉共集会。作如是论议:五欲之中,何者第一? 有一人言:色最第一。又复有称:声、香、味、触为第一者。中有人言:"我等人人各说第一,竟无定判,当诣世尊,问如此义。如世尊说,当共忆持。"尔时,波斯匿王为首,与七国王、大臣眷属,来诣佛所,稽首佛足,退坐一面。白佛言:"世尊! 我等七王与诸大臣,如是论议,五欲功德,何者为胜? 其中有言色胜,有言声胜,有言香胜,有言味胜,有言触胜,竟无决定。来问世尊,竟何者胜?"佛告诸王:"各随意适我,悉有余说。以是因缘,我说五欲功德,然自有人于色适意,止爱一色,满其志愿,正使过上有诸胜色,非其所爱,不触、不视,言己所爱最为第一,无

---

① 《相应部》(三)"拘萨罗相应"一二经。《别译》七二经。《增一阿含经》(三三)"五五品"一经。

过其上。如爱色者,声、香、味、触,亦皆如是。当其所爱,辄言最胜,欢喜乐著,虽更有胜过其上者,非其所欲,不触、不视,唯我爱者最胜最妙,无比无上。"尔时,座中有一优婆塞,名曰栴檀,从座起,整衣服,偏袒右肩,合掌白佛:"善说,世尊! 善说,善逝!"佛告优婆塞:"善说,栴檀! 快说,栴檀!"时栴檀优婆塞即说偈言:

"央伽族姓王,服珠璎珞铠,摩竭众庆集,如来出其国,
名闻普流布,犹如雪山王。如净水莲花,清净无瑕秽,
随日光开敷,芬香熏其国。央耆国明显,犹如空中日。
观如来慧力,如夜然炬火,为眼为大明,来者为决疑。"

时诸国王叹言:"善说,栴檀优婆塞!"尔时七王脱七宝上衣,奉优婆塞。时彼七王闻佛所说,欢喜随喜,从座起去。尔时,栴檀优婆塞知诸王去已,从座起,整衣服,偏袒右肩,合掌白佛:"今七国王遗我七领上衣,唯愿世尊受此七衣,以哀愍故。"尔时,世尊为哀愍故,受其七衣。栴檀优婆塞欢喜随喜,作礼而去。

二一①　　　　一二四九(一一五〇)

如是我闻:一时,佛住舍卫国祇树给孤独园。时波斯匿王,其体肥大,举体流汗,来诣佛所,稽首佛足,退坐一面,气息长喘。尔时,世尊告波斯匿王:"大王! 身体极肥盛。"大王白佛言:"如是,世尊! 患身肥大,常以此身极肥大故,惭耻厌苦。"尔时,世尊即说偈言:

"人当自系念,每食知节量,是则诸受薄,安消而保寿。"

---

① 《相应部》(三)"拘萨罗相应"一三经。《别译》七三经。

时有一年少,名欝多罗,于会中坐。时波斯匿王告欝多罗:"汝能从世尊受向所说偈,每至食时,为我诵不?若能尔者,赐金钱十万,亦常与食。"郁多罗白王:"奉教,当诵。"时波斯匿王闻佛所说,欢喜随喜,作礼而去。

时欝多罗知王去已,至世尊前,受所说偈。于王食时,食食为诵,白言:"大王!如佛世尊、如来、应、等正觉所知所见,而说斯偈:

人当自系念,每食知节量,是则诸受薄,安消而保寿。"

如是波斯匿王,渐至后时,身体膞细,容貌端正。处楼阁上,向佛住处,合掌恭敬,右膝着地,三说是言:"南无敬礼世尊、如来、应、等正觉!南无敬礼世尊、如来、应、等正觉!与我现法利益,后世利益,现法、后世利益,以其饭食知节量故。"

(得胜、毁坏、从佛教,一法、福田、可厌患,明暗、石山、着一衣,诸王、喘息名跋瞿①。)

---

① 摄颂见《别译》卷四(大正二·四〇〇上)。

二一　婆罗门相应①

一②　　　　　　　　一二五〇(一一五一)

③如是我闻：一时，佛住舍卫国。时有年少阿修罗，来诣佛所，于佛面前，粗恶不善语，嗔骂呵责。尔时，世尊即说偈言：

"不怒胜嗔恚，不善以善伏，惠施伏悭贪，真言坏妄语。
不骂亦不虐，常住贤圣心，恶人住嗔恨，不动如山石。
起嗔恚能持，胜制狂马车，我说善御士，非彼摄绳者。"

时年少阿修罗白佛言："瞿昙！我今悔过。如愚、如痴，不辩、不善，于瞿昙面前呵骂毁辱。"如是忏悔已，时阿修罗闻佛所说，欢喜随喜，作礼而去。

二④　　　　　　　　一二五一(一一五二)

如是我闻：一时，佛住舍卫国祇树给孤独园。时有年少宾耆迦婆罗门，来诣佛所，于世尊面前，作粗恶不善语，嗔骂呵责。尔时，世尊告年少宾耆迦："若于一时吉星之日，汝当会诸宗亲眷属耶？"宾耆白佛："如是，瞿昙！"佛告宾耆："若汝宗亲不受食者，当如之何？"宾耆白佛："不受食者，食还属我。"佛告宾耆："汝亦如是，如来面前作粗恶不善语，骂辱呵责，我竟不受，如此骂者，应当属谁？"宾耆白佛："如是，瞿昙！彼虽不受，且以相赠，则便是与。"佛告宾耆："如是不名更相赠遗，何得便为相

---
① "婆罗门相应"，共三八经。与《相应部》(七)"婆罗门相应"相当。
② 《相应部》(七)"婆罗门相应"三经。《别译》七四经。
③ 《杂阿含经》卷四二中。
④ 《相应部》(七)"婆罗门相应"二经。《别译》七五经。

与?"宾耆白佛:"云何名为更相赠遗,名为相与?云何名不更①相赠遗,不名相与?"佛告宾耆:"若当如是骂则报骂,嗔则报嗔,打则报打,斗则报斗,名相赠遗,名为相与。若复宾耆!骂不报骂,嗔不报嗔,打不报打,斗不报斗,若如是者非相赠遗,不名相与。"宾耆白佛:"瞿昙!我闻古昔婆罗门长老宿重、行道大师所说:如来、应、等正觉,面前骂辱,嗔恚呵责,不嗔、不怒,而今瞿昙有嗔恚耶?"尔时,世尊即说偈言:

"无嗔何有嗔!正命以调伏,正智心解脱,慧者无有嗔。
以嗔报嗔者,是则为恶人,不以嗔报嗔,临敌伏难伏。"
不嗔胜于嗔,三偈如前说。

尔时,年少宾耆白佛言:"悔过,瞿昙!如愚、如痴,不辩、不善,而于沙门瞿昙面前,粗恶不善语,嗔骂呵责。"闻佛所说,欢喜随喜,作礼而去。

三②　　　　　一二五二(一一五三)

如是我闻:一时,佛住舍卫国东园鹿子母讲堂。尔时,世尊晡时从禅觉,诣讲堂东荫荫中,露地经行。时有健骂婆罗豆婆遮婆罗门,来诣佛所,世尊面前,作粗恶不善语,骂詈呵责。世尊经行,彼随世尊后行。世尊经行已竟,住于一处,彼婆罗门言:"瞿昙!伏耶?"尔时,世尊即说偈言:

"胜者更增怨,伏者卧不安,胜伏二俱舍,是得安隐眠。"

---

① "更",原本误作"受",今改。
② 《相应部》(七)"婆罗门相应"三经。《别译》七六经。

婆罗门白言:"瞿昙!我今悔过。如愚、如痴,不辩、不善,何于瞿昙面前,作粗恶不善语,骂詈呵责!"时婆罗门闻佛所说,欢喜随喜,复道而去。

四① 　　一二五三(一一五四)

如是我闻:一时,佛住舍卫国东园鹿子母讲堂。世尊晨朝着衣持钵,入舍卫城乞食。时健骂婆罗豆婆遮婆罗门,遥见世尊,作粗恶不善语,嗔骂呵责。把土坌佛,时有逆风还吹其土,反自坌身。尔时,世尊即说偈言:

"若人无嗔恨,骂辱以加者,清净无结垢,彼恶还归己,
　犹如土坌彼,逆风还自污。"

时彼婆罗门白佛言:"悔过,瞿昙!如愚、如痴,不辩、不善,何于瞿昙面前,粗恶不善语,嗔骂呵责!"时婆罗门闻佛所说,欢喜随喜,复道而去。

五② 　　一二五四(一一五五)

如是我闻:一时,佛在拘萨罗人间游行。至舍卫国祇树给孤独园。时有婆罗门,名曰违义,闻沙门瞿昙从拘萨罗国人间游行,至舍卫国祇树给孤独园。闻已作是念:我当往诣沙门瞿昙所,闻所说法,当反其义。作是念已,往诣精舍,至世尊所。尔时,世尊无量眷属围绕说法。世尊遥见违义婆罗门来,即默然住。违义婆罗门白佛言:"瞿昙说法,乐欲闻之!"尔时,世尊即说偈言:

---

① 《相应部》(七)"婆罗门相应"四经。《别译》七七经。
② 《相应部》(七)"婆罗门相应"一六经。《别译》七八经。

"违义婆罗门,未能解深义,内怀嫉恚心,欲为法留难。
调伏违反心,诸不信乐意,息诸障碍垢,则解深妙说。"

时违义婆罗门作是念:沙门瞿昙已知我心。闻佛所说,欢喜随喜,从座起而去。

六① 一二五五(一一五六)

如是我闻:一时,佛住舍卫国祇树给孤独园。世尊晨朝着衣持钵,入舍卫城乞食。时有不害婆罗门,来诣佛所,白佛言:"世尊!我名不害,为称实不?"佛告婆罗门:"如是,称实者若身不害,若口不害,若心不害,则为称实。"尔时,世尊即说偈言:

"若心不杀害,口、意亦俱然,是则为离害,不恐怖众生。"

佛说此经已,不害婆罗门闻佛所说,欢喜随喜,复道而去。

七② 一二五六(一一五七)

如是我闻:一时,佛住王舍城迦兰陀竹园。世尊晨朝着衣持钵,入王舍城乞食,次第行乞,至火与婆罗门舍。火与婆罗门遥见佛来,即具众美饮食,满钵与之。如是二日、三日,乞食复至其舍。火与婆罗门遥见佛来,作是念:秃头沙门何故数来,贪美食耶?尔时,世尊知火与婆罗门心念已,即说偈言:

"王天日日雨,田夫日夜耕,数数殖种子,是田数收谷。
如人数怀妊,乳牛数怀犊,数数有求者,则能数惠施,
数数惠施故,常得大名称。数数弃死尸,数数哭悲恋,

---

① 《相应部》(七)"婆罗门相应"五经。《别译》七九经。
② 《相应部》(七)"婆罗门相应"一二经。《别译》八〇经。

数数生数死,数数忧悲苦,数数以火烧,数数诸虫食。
若得贤圣道,不数受诸有,亦不数生死,不数忧悲苦,
不数数火烧,不数诸虫食。"

时火与婆罗门闻佛说偈,还得信心,复以种种饮食,满钵与之。世尊不受,以因说偈而施故,复说偈言:

"因为说偈法,不应受饮食,当观察自法,说法不受食。
婆罗门当知!斯则净命活。应以余供养,纯净大仙人,
已尽诸有漏,秽法悉已断。供养以饮食,于其良福田,
欲求福德者,则我田为良。"

火与婆罗门白佛:"今以此食,应着何所?"佛告婆罗门:"我不见诸天、魔、梵、沙门、婆罗门,天神、世人,有能食此信施,令身安乐。汝持是食去,弃于无虫水中,及少生草地。"时婆罗门即以此食,持着无虫水中,水即烟出,沸声啾啾。譬如铁丸,烧令火色,掷着水中,水即烟起,沸声啾啾,亦复如是。婆罗门持此饮食着水中,水即烟出,沸声啾啾。于时火与婆罗门叹言:"甚奇瞿昙!大德大力,能令此食而作神变。"时火与婆罗门因此饭食神变,得信敬心,稽首佛足,退住一面。白佛言:"世尊!我今可得于正法中出家,受具足,修梵行不?"佛告婆罗门:"汝今可得于正法中出家,受具足。"彼即出家已,作是思惟:所以族姓子剃除须发①,着袈裟衣,正信非家,出家学道,乃至得阿罗汉,心善解脱。

---

① "须发",原本作"发须",依宋本改。

八① 　　　　　　　　一二五七（一一五八）

如是我闻：一时，佛住舍卫国祇树给孤独园。时舍卫国中婆肆吒婆罗门女，信佛、法、僧，归佛、归法、归比丘僧，于佛、法、僧已离狐疑，于苦、集②、尽、道亦离疑惑，见谛得果，得无间慧。其夫是婆罗豆婆遮种姓婆罗门，每至左右所为作时，有小得失，即称南无佛，向如来所住方面，随方合掌，三说是言："南无多陀阿伽度、阿罗呵、三藐三佛陀，身纯金色，圆光一寻，方身圆满如尼拘律树，善说妙法牟尼之尊，仙人上首，是我大师！"时夫婆罗门闻之，嗔恚不喜，语其妇言："为鬼着耶？无有此义，舍诸三明大德婆罗门，而称叹彼秃头沙门！黑暗之分，世所不称。我今当往，共汝大师论议，足知胜如。"妇语夫言："不见诸天、魔、梵，沙门、婆罗门，诸神、世人，能共世尊、如来、应、等正觉，金色之身，圆光一寻，如尼拘律树圆满之身，言说微妙，仙人上首，我之大师，共论议者。然今婆罗门且往，自可知之。"时婆罗门即往诣佛所③，面相问讯，慰劳已，退坐一面。而说偈言：

"为杀于何等，而得安隐眠？为杀于何等，令心得无忧？为杀于何等，瞿昙所称叹？"

尔时，世尊知婆罗门心之所念，而说偈言：

"杀于嗔恨者，而得安隐眠。杀于嗔恚者，而心得无忧。嗔恚为毒本，能害甘种子，能害于彼者，贤圣所称叹。

---

① 《相应部》（七）"婆罗门相应"一经。《别译》八一经。
② "集"，原本作"习"，依元本改。
③ "所"，原本缺，依宋本补。

若能害彼者，其心得无忧。"

时婆罗豆婆遮婆罗门，闻佛所说，示教、照喜，次第说法：谓说施，说戒，说生天法，说欲味著为灾患，烦恼清净，出要远离，随顺福利清净，分别广说。譬如清净白氎，易为染色，如是婆罗豆婆遮婆罗门，即于座上，于四圣谛得无间等①，所谓苦、集、灭、道。是婆罗门见法，得法，知法，入法，度诸疑、惑，不由他度，于正法律得无所畏。即从座起，偏露右肩，合掌白佛："已度，世尊！已度，善逝！我今归佛、归法、归比丘僧已，尽其寿命为优婆塞，证知我！"

时婆罗豆婆遮婆罗门，闻佛所说，欢喜随喜，作礼而去。还归自家，其妇优婆夷遥见夫来，见已白言："已与如来、应、等正觉，纯金色身，圆光一寻，如尼拘律树圆满之身，妙说之上，仙人之首，大牟尼尊为我大师，共论议耶？"其夫答言："我未尝见诸天、魔、梵，沙门、婆罗门，诸神、世人，有能与如来、应、等正觉，真金色身，圆光一寻，如尼拘律树圆满之身，妙说之上，诸仙之首，牟尼之尊，汝之大师，共论议也。汝今与我作好法衣，我持至世尊所，出家学道。"时妇悉以鲜洁白氎，令作法衣。时婆罗门持衣，往诣世尊所，稽首礼足，退住一面。白言："世尊！我今可得于世尊法中出家学道，修梵行不？"佛告婆罗门："汝今可得于此法律，出家学道，修诸梵行。"即出家已，独静思惟，所以善男子剃除须发，着袈裟衣，出家学道，乃至得阿罗汉，心善解脱。

---

① "无间等"，原本作"无阂等"，今改。

九① 一二五八（一一五九）

如是我闻：一时，佛住舍卫国祇树给孤独园。时有魔瞿婆罗门，来诣佛所，与世尊面相问讯，慰劳已，退坐一面。白佛言："瞿昙！我于家中常行布施，若一人来施于一人，若二人、三人，乃至百千，悉皆施与，我如是施，得多福不？"佛告婆罗门："汝如是施，实得大福。所以者何？以于家中常行布施，一人来乞即施一人，二人、三人乃至百千，悉皆施与故，即得大福。"

时魔瞿婆罗门即说偈言：

"在家所为作，布施复大会，因此惠施故，欲求大功德。
今问于牟尼，我之所应知，同梵天所见，为我分别说。
云何为解脱，胜妙之善趣？云何修方便，得生于梵世？
云何随乐施，生明胜梵天？"

尔时，世尊说偈答言：

"施者设大会，随彼爱乐施，欢喜净信心，攀缘善功德，
以其所建立，求离诸过恶，远离于贪欲，其心善解脱。
修习于慈心，其功德无量，况复加至诚，广施设大会！
若于其中间，所得诸善心，正向善解脱，或余纯善趣，
如是胜因缘，得生于梵世。如是之惠施，其心平等故，
得生于梵世，其寿命延长。"

时魔瞿婆罗门，闻佛所说，欢喜随喜，从座起而去。

---

① 《小部·经集》三品五经。今译简略，仅末后数偈。《别译》八二经。

一〇① 　　　　　　一二五九（一一六〇）

如是我闻：一时，佛住舍卫国祇树给孤独园。时有持金盖、着舍勒、导从婆罗门，来诣佛所，与世尊面相问讯，慰劳已，退坐一面。而说偈言：

"无非婆罗门，所行为清净，刹利修苦行，于净②亦复乖，
三典婆罗门，是则为清净，如是清净者，不在余众生。"

尔时，世尊说偈答言：

"不知清净道，及诸无上净，于余求净③者，至竟无净时。"

婆罗门白佛："瞿昙说清净道及无上清净耶？何等为清净道？何等为无上清净？"佛告婆罗门："正见者为清净道。正见修习、多修习，断贪欲，断嗔恚，断愚痴；若婆罗门贪欲永断，嗔恚、愚痴永断，一切烦恼永断，是名无上清净。正志，正语，正业，正命，正方便，正念，正定，是名清净道。……正定修习、多修习已，断贪欲，断嗔恚，断愚痴；若婆罗门贪欲永断，嗔恚、愚痴永断，一切烦恼永断，是名无上清净。"婆罗门白佛言："瞿昙说清净道，无上清净耶！瞿昙！世务多事，今且辞还。"佛告婆罗门："宜知是时。"持华盖、着舍勒、导从婆罗门，闻佛所说，欢喜随喜，从座起去。

（第一阿修罗，卑嶷、二嗔骂，返戾及无害，罗阇、婆私

---

① 参照《相应部》（七）"婆罗门相应"七经。《别译》八三经。
② "净"，原本作"静"，依宋本改。
③ "净"，原本作"静"，依宋本改。

吒,摩佉与刹利,是名为十种①。)

一一② 　　　　　一二六〇(一一六一)

如是我闻:一时,佛住舍卫国祇树给孤独园。尔时,有异婆罗门,来诣佛所,与世尊面相问讯,慰劳已,退坐一面,而说偈言:

"云何为尸罗?云何正威仪?云何为功德?云何名为业?成就何等法,罗汉、婆罗门?"

尔时,世尊说偈答言:

"宿命忆念智,见生天恶趣,得诸受生尽,牟尼明决定。知心善解脱,解脱一切贪,具足于三明,三明婆罗门。"

佛说此经已,异婆罗门闻佛所说,欢喜随喜,从座起而去。

一二③ 　　　　　一二六一(一一六二)

如是我闻:一时,佛住舍卫国祇树给孤独园。尔时④,世尊晨朝着衣持钵,入舍卫城乞食,尊者阿难从世尊后。时有二老男女,是其夫妇,年耆根熟,偻背如钩,诣⑤里巷头烧粪扫处,俱蹲向火。世尊见彼二老夫妇,年耆愚老,偻背如钩,俱蹲向火,犹如老鹄,欲心相视。见已告尊者阿难:"汝见彼夫妇二人,年耆愚老,偻背如钩,俱蹲向火,犹如老鹄,欲心相视不?"阿难白佛:"如是,世尊!"佛告阿难:"此二老夫妇,于年少时盛壮之身,勤

---

① 摄颂见《别译》卷四(大正二·四〇二下)。
② 《相应部》(七)"婆罗门相应"八经。《别译》八四经。
③ 《别译》八五经。
④ "尔时",原本缺,依宋本补。
⑤ "诣",原本作"诸",依宋本改。

求财物者,亦可得为舍卫城中第一富长者。若复剃除须发,着袈裟衣,正信非家,出家学道,精勤修习者,亦可得阿罗汉第一上果。于第二分盛壮之身,勤求财物,亦可得为舍卫城中第二富者。若复剃除须发,着袈裟衣,正信非家,出家学道者,亦可得阿那含果证。若于第三分中年之身,勤求财物,亦可得为舍卫城中第三富者。若剃须发,着袈裟衣,正信非家,出家学道者,亦可得为斯陀含果证。若于第四分老年之身,勤求财物,亦可得为舍卫城中第四富者。若剃须发,着袈裟衣,正信非家,出家学道者,亦可得为须陀洹果证①。彼于今日,年耆根熟,无有钱财,无有方便,无所堪能,不复堪能若觅钱财,亦不能得胜过人法。"尔时,世尊复说偈言:

"不行梵行故,不得年少财,思惟古昔事,眠地如曲弓。
不修于梵行,不得年少财,犹如老鹄鸟,守死于空池。"

佛说此经已,尊者阿难陀闻佛所说,欢喜奉行。

一三②　　　　　　一二六二(一一六三)

如是我闻:一时,佛住舍卫国祇树给孤独园。如上说,差别者,唯说异偈言:

"老死之所坏,身及所受灭,唯有惠施福,为随己资粮。
依于善摄护,及修禅功德,随力而行施,钱财及饮食,
于群则眠觉,非为空自活。"

---

① "若于……须陀洹果证"——五十一字,原本缺,依宋本补。
② 《增支部》"三集"五一经。《别译》八六经。

佛说此经已,彼婆罗门闻佛所说,欢喜随喜,作礼而去①。

一四②　　　　　　一二六三(　八八)

③如是我闻:一时,佛住舍卫国祇树给孤独园。时有年少婆罗门,名欝多罗,来诣佛所,与世尊面相问讯,慰劳已,退坐一面。白佛言:"世尊!我常如法行乞,持用供养父母,令得乐离苦。世尊!我作如是,为多福不?"佛告欝多罗:"实有多福。所以者何?若有如法乞求,供养父母,令其安乐除苦恼者,实有大福。"尔时,世尊即说偈言:

"如汝于父母,恭敬修供养,现世名称流,命终生天上。"

佛说此经已,年少欝多罗欢喜随喜,作礼而去。

一五④　　　　　　一二六四(　八九)

如是我闻:一时,佛住舍卫国祇树给孤独园。时有年少婆罗门,名优波迦,来诣佛所,与世尊面相问讯,慰劳已,退坐一面。白佛言:"瞿昙!诸婆罗门常称叹邪盛大会,沙门瞿昙亦复称叹邪盛大会不?"佛告优波迦:"我不一向称叹。或有邪盛大会可称叹,或有邪盛大会不可称叹。"优波迦白佛:"何等邪盛大会可称叹?何等邪盛大会不可称叹!"佛告优波迦:"若邪盛大会,系群少特牛,水特、水牸及诸羊犊,小小众生,悉皆伤杀。逼迫苦切仆使作人,鞭笞恐怛,悲泣号呼,不喜不乐,众苦作役。如是等邪盛大会,我不称叹,以造大难故。若复大会,不系缚群牛,乃至不

---

① 《杂阿含经》卷四二终。
② 《相应部》(七)"婆罗门相应"一九经。《别译》八八经。
③ 《杂阿含经》卷四三(旧误编入卷四)。
④ 《增支部》"四集"三九经。《别译》八九经。

令众生辛苦作役者。如是邪盛大会,我所称叹,以不造大难故。"尔时,世尊即说偈言:

> "马祀等大会,造诸大难事,如是等邪盛,大仙不称叹。
> 系缚诸众生,杀害微细虫,是非为正会,大仙不随顺。
> 若不害众生,造作众难者,是等名正会,大仙随称叹。
> 惠施修供养,为应法邪盛,施者清净心,梵行良福田,
> 如是大会者,是则罗汉会,是会得大果,诸天皆欢喜。
> 自行恭敬请,自手而施与,彼我悉清净,是施得大果。
> 慧者如是施,信心应解脱,无罪乐世间,智者往生彼。"

佛说此经已,优波迦婆罗门闻佛所说,欢喜随喜,作礼而去。

一六①　　　　　　一二六五(九〇)

如是我闻:一时,佛住舍卫国祇树给孤独园。广说如上,差别者,谓随说异偈言:

> "无为无诸难,邪盛时清净,如法随顺行,摄护诸梵行,
> 馨香归世界,超过诸凡鄙,佛于邪盛善,称叹此邪盛。
> 惠施修供养,邪盛随所应,净信平等施,梵行良福田,
> 彼作如是施,是施罗汉田,如是广大施,诸天所称叹。
> 自行恭敬请,自手而供养,等摄自他故,邪盛得大果。
> 慧者如是施,净信心解脱,于无罪世界,智者往生彼。"

佛说此经已,优波迦婆罗门闻佛所说,欢喜作礼而去。

---

① 《增支部》"四集"四〇经。《别译》九〇经。

一七① 　　　　　一二六六（　　九一）

如是我闻：一时，佛住舍卫国祇树给孤独园。时有年少婆罗门，名欝阇迦，来诣佛所，稽首佛足，退坐一面。白佛言："世尊！俗人在家，当行几法，得现法安及现法乐？"佛告婆罗门："有四法，俗人在家，得现法安、现法乐。何等为四？谓方便具足，守护具足，善知识具足，正命具足。何等为方便具足？谓善男子种种工巧业处以自营生，谓种田、商贾，或以王事，或以书疏、算画；于彼彼工巧业处精勤修行，是名方便具足。何等为守护具足？谓善男子所有钱谷，方便所得，自手执作，如法而得，能极守护，不令王、贼、水、火劫夺漂没令失，不善守护者亡失，不爱念者辄取，及诸灾患所坏，是名善男子善守护（具足）。何等为善知识具足？若有善男子不落度，不放逸，不虚妄，不凶险，如是知识能善安慰，未生忧苦能令不生，已生忧苦能令开觉，未生喜乐能令速生，已生喜乐护令不失，是名善男子善知识具足。云何为正命具足？谓善男子所有钱财，出内称量，周圆掌护，不令多入少出也，多出少入也。如执秤者，少则增之，多则减之，知平而舍。如是善男子称量财物，等入等出，莫令入多出少，出多入少。若善男子无有钱财而广散用，以此生活，人皆名为优昙钵果，无有种子，愚痴贪欲，不顾其后。或有善男子财物丰多，不能食用，傍人皆言是愚痴人，如饿死狗。是故善男子所有钱财，能自称量，等入等出，是名正命具足。如是婆罗门！四法成就，现法安，现法乐。"婆罗门白佛言："世尊！在家之人，有几法能令后世安，后

---

① 《增支部》"八集"五五经。《别译》九一经。

世乐?"佛告婆罗门:"在家之人有四法,能令后世安、后世乐。何等为四?谓信具足、戒具足、施具足、慧具足。何等为信具足?谓善男子于如来所得信敬心,建立信本,非诸天、魔、梵,及余世人同法所坏,是名善男子信具足。何等戒具足?谓善男子不杀生、不偷盗、不邪淫、不妄语、不饮酒,是名戒具足。云何施具足?谓善男子离悭垢心,在于居家行解脱施,常自手与,乐修行舍,等心行施,是名善男子施具足。云何为慧具足?谓善男子苦圣谛如实知,集①、灭、道圣谛如实知,是名善男子慧具足。若善男子在家行此四法者,能得后世安、后世乐。"尔时,世尊复说偈言:

"方便建诸业,积集能守护,知识善男子,正命以自活。
净信、戒具足,惠施离悭垢,净除于迷②道,得后世安乐。
若处于居家,成就于八法,审谛尊所说,等正觉所知,
现法得安隐,现法喜乐住,后世喜乐住。"

佛说此经已,爵阇迦闻佛所说,欢喜随喜,作礼而去③。

一八④　　　　　一二六七(　九二)

如是我闻:一时,佛在拘萨罗人间游行,至舍卫国祇树给孤独园。尔时,舍卫国有憍慢婆罗门止住。父母种姓俱净,无瑕点能说者,七世相承,悉皆清净。为婆罗门师,言论通达,诸论记典,悉了万名,解法优劣,分别⑤诸字,悉知万事久远本末

---

① "集",原本作"习",依元本改。
② "迷",原本作"速",依元本改。
③ 以上七经,《别译》有八经,摄颂未见。
④ 《相应部》(七)"婆罗门相应"一五经。《别译》二五八经。
⑤ "别",原本作"明",依宋本改。

因缘①,句句记说。容貌端正,或生志高,族姓志高,容色志高,聪明志高,财富志高,不敬父母、诸尊师长。闻沙门瞿昙在拘萨罗国人间游行,至舍卫国祇树给孤独园。闻已作是念:我当往彼沙门瞿昙所,若有所说,我当共论;无所说者,默然而还。时憍慢婆罗门乘白马车,诸年少婆罗门前后导从,持金柄伞盖,手执金瓶,往见世尊,至于园门,下车步进。尔时,世尊与诸大众围绕说法,不时顾念憍慢婆罗门。时憍慢婆罗门作是念:沙门瞿昙不顾念我,且当还去。尔时,世尊知憍慢婆罗门心念,而说偈言:

"憍慢既来此,不善更增慢,向以义故来,应转增其义。"

时憍慢婆罗门作是念:沙门瞿昙已知我心。欲修敬礼。尔时,世尊告憍慢婆罗门:"止!止!不须作礼,心净已足。"时诸大众咸各高声唱言:"奇哉世尊!大德大力,今此憍慢婆罗门,恃生憍慢,族姓憍慢,容色憍慢,聪明憍慢,财富憍慢,不敬父母、诸尊师长,今于沙门瞿昙所谦卑下下,欲接足礼。"时憍慢婆罗门于大众前,唱令静默,而说偈言:

"云何不起慢?云何起恭敬?云何善慰谕?云何善供养?"

尔时,世尊说偈答言:

"父母及长兄,和尚、诸师长,及诸尊重者,所不应生慢。
应当善恭敬,谦下而问讯,尽心而奉事,兼设诸供养。
离贪、恚、痴心,漏尽阿罗汉,正智善解脱,伏诸憍慢心,

---

① "字……因缘"——十一字,依元本补。

于此贤圣等,合掌稽首礼。"

尔时,世尊为憍慢婆罗门种种说法,示教、照喜,如佛世尊次第说法,说布施、持戒、生天功德、爱欲味、患、烦恼清净、出要远离、诸清净分,如是广说。如白净衣无诸黑恶,速受染色,憍慢婆罗门则于座上,解四圣谛——苦、集、灭、道,得无间等。时憍慢婆罗门见法,得法,知法,入法,度诸疑、惑,不由他度,于正法中得无所畏。即从座起,整衣服,为佛作礼,合掌白佛:"我今可得于正法中出家受具足不?"佛告憍慢婆罗门:"汝今可得于正法中出家受具足。"彼即出家,独静①思惟,所以善男子剃除须发,着袈裟衣,正信非家,出家学道,(乃至)得阿罗汉,心善解脱。

一九②　　　　　一二六八(　九三)

如是我闻:一时,佛在拘萨罗人间游行,至舍卫国祇树给孤独园。时有长身婆罗门,作如是邪盛大会,以七百特牛行列系柱,特牸、水牛及诸羊犊,种种小虫,悉皆系缚。办诸饮食,广行布施。种种外道,从诸国国,皆悉来集邪盛会所。时长身婆罗门,闻沙门瞿昙从拘萨罗人间游行,至舍卫国祇树给孤独园。作是念:我今办邪盛大会,所以七百特牛行列系柱,乃至小小诸虫皆悉系缚;为邪盛大会故,种种异道,从诸国国来至会所。我今当往沙门瞿昙所,问邪盛法,莫令我作邪盛大会,分数中有所短少。作是念已,乘白马车,诸年少婆罗门前后导从,持金柄伞盖,执金澡瓶,出舍卫城,诣世尊所,恭敬承事,至精舍门,下车步进。

---

① "静",原本作"正",依宋本改。
② 《增支部》"七集"四四经。《别译》二五九经。

至于佛前,面相问讯,慰劳已,退坐一面。白佛言:"瞿昙!我今欲作邪盛大会,以七百特牛行列系柱,乃至小小诸虫,皆悉系缚。为邪盛大会故,种种异道,从诸国国,皆悉来至邪盛会所。又闻瞿昙从拘萨罗人间游行,至舍卫国祇树给孤独园。我今故来请问。瞿昙!邪盛大会法,诸物分数,莫令我所作邪盛大会,诸分数之中有所短少。"佛告婆罗门:"或有一邪盛大会主,行施作福而生于罪,为三刀剑之所刻削,得不善果报。何等三?谓身刀剑,口刀剑,意刀剑。何等为意刀剑生诸苦报?如一会主造作大会,作是思惟:我作邪盛大会,当杀尔所少壮特牛,尔所水特、水牸,尔所羊犊,及种种诸虫,是名意刀剑生诸苦报。如是施主,虽念作种种布施,种种供养,实生于罪。云何为口刀剑生诸苦报?有一会主造作大会,作如是教:我今作邪盛大会,汝等当杀尔所少壮特牛,乃至杀害尔所微细虫,是名口刀剑生诸苦报。大会主虽作是布施供养,实生于罪。云何为身刀剑生诸苦报?谓有一大会主,造作大会,自手伤杀尔所特牛,乃至杀害种种细虫,是名身刀剑生诸苦报。彼大会主,虽作是念,种种布施,种种供养,实生于罪。然婆罗门!当勤供养三火,随时恭敬礼拜奉事,施其安乐。何等为三?一者、根本,二者、居家,三者、福田。何者为根本火,随时恭敬奉事供养,施其安乐?谓善男子方便得财,手足勤苦,如法所得,供养父母,令得安乐,是名根本火。何故名为根本?若善男子从彼而生,所谓父母,故名根本。善男子以崇本故,随时恭敬,奉事供养,施以安乐。何等为居家火,善男子随时育养,施以安乐?谓善男子方便得财,手足勤苦,如法所得,供给妻子、宗亲、眷属、仆使、佣客,随时给与,恭敬施安,是名家火。

何故名家？其善男子处于居家，乐则同乐，苦则同苦，在所为作，皆相顺从，故名为家。是故善男子，随时供给，施与安乐。何等名田火，善男子随时恭敬，尊重供养，施其安乐？谓善男子方便得财，手足勤劳，如法所得，奉事供养诸沙门、婆罗门，善能调伏贪、恚、痴者。如是等沙门、婆罗门，建立福田，崇向增进，乐分乐报，未来生天，是名田火。何故名田？为世福田，谓为应供，是故名田。是善男子，随时恭敬，奉事供养，施其安乐。"尔时，世尊复说偈言：

"根本及居家，应供福田火，是火增供养，充足安隐乐。
无罪乐世间，慧者往生彼，如法财复会，供养所应养，
供养应养故，生天得名称。

然婆罗门！今善男子先所供养三火，应断令灭。何等为三？谓贪欲火，嗔恚火，愚痴火。所以者何？若贪火不断、不灭者，自害、害他，自他俱害，现法得罪，后世得罪，现法、后世得罪，缘彼而生心法忧苦。恚火、痴火，亦复如是。婆罗门！若善男子事积薪火，随时辛苦，随时然，随时灭火，因缘受苦。"尔时，长身婆罗门默然而住。

时有婆罗门子，名郁多罗，于会中坐。长身婆罗门须臾默然思惟已，告郁多罗："汝能往至邪盛会所，放彼系柱特牛，及诸众生受系缚者悉皆放不？而告之言：长身婆罗门语汝：随意自在，山泽旷野，食不断草，饮净流水，四方风中受诸快乐。"郁多罗白言："随大师教。"即往彼邪盛会所，放诸众生而告之言："长身婆罗门语汝：随其所乐，山泽旷野，饮水、食草，四风自适。"尔时，

世尊知欝多罗知①已,为长身婆罗门种种说法,示教、照喜。如律世尊说法先后:说戒,说施,及生天功德,爱欲味、患,出要清净,烦恼清净,开示显现②。譬如鲜净白氎,易受染色,长身婆罗门亦复如是,即于座上见四真谛,得无间等。时长身婆罗门见法,得法,知法,入法,度诸疑、惑,不由他度,于正法中得无所畏。即从座起,整衣服,偏袒右肩,合掌白佛:"已度,世尊!我从今日尽其寿命,归佛、归法、归比丘僧,为优婆塞,证知我!唯愿世尊与诸大众,受我饭食。"尔时,世尊默然而许。时长身婆罗门知佛受请已,为佛作礼,右绕三匝而去。

长身婆罗门还邪盛处,作③诸供办净美好者,布置床座,遣使请佛,白言:"时到,惟圣知时。"尔时,世尊着衣持钵,大众围绕,往到长身婆罗门会所,大众前坐。时长身婆罗门知世尊坐定已,手自供养种种饮食。食已,澡漱、洗钵毕,别敷卑床,于大众前端坐听法。尔时,世尊为长身婆罗门说种种法,示教、照喜已,从座起而去。

二〇④　　　一二六九(　九四)

如是我闻:一时,佛住舍卫国祇树给孤独园。时有年少婆罗门,名僧迦罗,来诣佛所,与世尊面相问讯,慰劳已,退坐一面。白佛言:"瞿昙!不善男子云何可知?"佛告婆罗门:"譬犹如月。"婆罗门复问:"善男子云何可知?"佛告婆罗门:"譬犹如

---

① "知",疑"作"。
② "显现",原本作"现显",依宋本改。
③ "作",原本作"所",依宋本改。
④ 《别译》二六〇。《中阿含经》(一四八)《何苦经》后分。《增一阿含经》(一七)"安般品"八经。

月。"婆罗门白佛:"云何不善男子如月?"佛告婆罗门:"如月黑分,光明亦失,色亦失,所系亦失,日夜消减①,乃至不现。如是有人于如来所,得信寂②心,受持净戒,善学多闻,损己布施,正见真实。于如来所净信、持戒、惠施、多闻、正见真实③已,然后退失,于戒、闻、施、正见悉皆忘失,日夜消减,乃至须臾一切忘失。复次,婆罗门!若善男子不习近善知识,不数闻法,不正思惟,身行恶行,口行恶行,意行恶行,行恶因缘故,身坏命终,堕恶趣泥梨中。如是婆罗门!不善男子,其譬如月。"婆罗门白佛:"云何善男子其譬如月?"佛告婆罗门:"譬如明月净分,光明色泽,日夜增明,乃至月满一切圆净。如是善男子,于如来法律得净信心,乃至正见,真净增明;戒增、施增、闻增、慧增,日夜增长。复于余时,亲近善知识,闻说正法,内正思惟,行身善行,行口善行,行意善行故,以是因缘,身坏命终化生天上。婆罗门!是故善男子譬如月。"尔时,世尊而说偈言:

"譬如月无垢,周行于虚空,一切小星中,其光最盛明。
净信亦如是,戒、闻、离悭施,于诸悭世间,其施特明显。"

佛说此经已,僧迦罗婆罗门闻佛所说,欢喜随喜,从座起而去。

二一④　　　　　一二七〇(　九五)

如是我闻:一时,佛住舍卫国祇树给孤独园。时有生闻婆罗

---

① "减",原本作"灭",依宋本改。下例。
② "寂",原本作"家",依宋本改。
③ "实",原本作"直",依元本改。
④ 《增支部》"三集"五七经。《别译》二六一经。

门,来诣佛所,与世尊面相问讯,慰劳已,退坐一面。白佛言:"瞿昙!我闻瞿昙说言:唯应施我,不应施余人;施我得大果,非施余人而得大果。应施我弟子,不应施余弟子;施我弟子得大果报,非施余弟子得大果报。云何瞿昙!作是语者,为实说耶?非为谤毁瞿昙乎?为如说说,如法说耶?法次法说,不为余人以同法来诃责耶?"佛告婆罗门:"彼如是说者,谤毁我耳。非如说说,如法说,法次法说,不致他人来以同法诃责。所以者何?我不如是说:应施于我,不应施余,施我得大果报,非施余人得大果报;应施我弟子,施我弟子得大果报,非施余弟子得大果报。然婆罗门!我作如是说者,作二种障:障施者施,障受者利。婆罗门!乃至士夫以洗器余食,着于净地,令彼处众生即得利乐,我说斯等亦入福门,况复施人!婆罗门!然我复说:施持戒者得果报,不同犯戒。"生闻婆罗门白佛言:"如是,瞿昙!我亦如是说:施持戒者得大果报,非施犯戒。"尔时,世尊复说偈言:

> "若黑若有白,若赤若有色,犁杂及金色,纯黄及鸽色,
> 如是等牸牛,牛犊姝好者,丁壮力具足,调善行捷疾,
> 但使堪运重,不问本生色。人亦复如是,各随彼彼生,
> 刹利、婆罗门,毗舍、首陀罗,旃陀罗下贱,所生悉不同,
> 但使持净戒,离重担烦恼,纯一修梵行,漏尽阿罗汉,
> 于世间善逝,施彼得大果。愚者无智慧,未尝闻正法,
> 施彼无大果,不近善友故。若习善知识,如来及声闻,
> 清净信善逝,根生坚固力,所往①之善趣,及生大姓家。

---

① "往",原本作"住",依宋本改。

究竟般涅槃①,大仙如是说。"

佛说此经已,生闻婆罗门闻佛所说,欢喜随喜,作礼而去。

二二② 　　　　一二七一(　　九六)

如是我闻:一时,佛住舍卫国祇树给孤独园。尔时,世尊晨朝着衣持钵,入舍卫城乞食。时有异婆罗门,年耆根熟,执杖持钵,家家乞食。尔时,世尊告婆罗门:"汝今云何年耆根熟,柱杖持钵,家家乞食?"婆罗门白佛:"瞿昙!我家中所有财物,悉付其子,为子娶妻,然后舍家。是故柱杖持钵,家家乞食。"佛告婆罗门:"汝能于我所受诵一偈,还归于众中,为儿说耶?"婆罗门白佛:"能受,瞿昙!"尔时,世尊即说偈言:

"生子心欢喜,为子聚财物,亦为娉其妻,而自舍出家。
边鄙田舍儿,违负于其父,人形罗刹心,弃舍于尊老。
老马无复用,则夺其䵃麦,儿少而父老,家家行乞食。
曲杖为最胜,非子为恩爱,为我防恶牛,免险地得安,
能却凶暴狗,扶我暗处行,避深坑空井,草木棘刺林,
凭杖威力故,峙立不堕落。"

时婆罗门从世尊受斯偈已,还归婆罗门大众中,为子而说。先白大众:"听我所说。"然后诵偈,如上广说。其子愧怖,即抱其父③,还将入家,摩身洗浴,覆以青衣,被立为家主。

时婆罗门作是念:我今得胜族姓,是沙门瞿昙恩。我经所

---

① "槃",原本作"盘",依宋本改。
② 《相应部》(七)"婆罗门相应"一四经。《别译》二六二经。
③ "父",原本误作"文",依宋本改。

说：为师者如师供养，为和尚者如和尚供养。我今所得，皆沙门瞿昙力，即是我师，我今当以上妙好衣以奉瞿昙。时婆罗门持上妙衣，至世尊所，面前问讯慰劳已，退坐一面。白佛言："瞿昙！我今居家成就，是瞿昙力。我经记说：为师者以师供养，为和尚者以和尚供养。今日瞿昙即为我师，愿受此衣，哀愍故。"世尊即受，为哀愍故。尔时，世尊为婆罗门说种种法，示教、照喜。时婆罗门闻佛所说，欢喜随喜，作礼而去。

二三①   一二七二（　九七）

如是我闻：一时，佛住舍卫国祇树给孤独园。尔时，世尊晨朝着衣持钵，入舍卫城乞食。时有异婆罗门，年耆根熟，摄杖持钵，家家乞食。彼婆罗门遥见世尊而作是念：沙门瞿昙摄杖持钵，家家乞食，我亦摄杖持钵，家家乞食；我与瞿昙，俱是比丘。尔时，世尊说偈答曰：

"所谓比丘者，非但以乞食，受持在家法，是何名比丘？
于功德过恶，俱离修正行，其心无所畏，是则名比丘。"

佛说是经已，彼婆罗门闻佛所说，欢喜随喜，作礼而去。

二四②   一二七三（　九八）

如是我闻：一时，佛在拘萨罗人间游行，至一那罗聚落，住一那罗林中。尔时，世尊着衣持钵，入一那③罗聚落乞食。而作是

---

① 《相应部》（七）"婆罗门相应"二○经。《别译》二六三经。

② 《相应部》（七）"婆罗门相应"一一经。《小部·经集》一品四经。《别译》二六四经。

③ "那"，原本作"陀"，依宋本改。

念:今日太①早,今且可过耕田婆罗豆婆遮婆罗门作饮食处。尔时,耕田婆罗豆婆遮婆罗门,五百具犁耕田,为作饮食。时耕田婆罗豆婆遮婆罗门,遥见世尊,白言:"瞿昙!我今耕田下种以供饮食,沙门瞿昙亦应耕田下种以供饮食。"佛告婆罗门:"我亦耕田下种以供饮食。"婆罗门白佛:"我都不见沙门瞿昙,若犁、若轭、若鞅、若縻、若鑱、若鞭,而今瞿昙说言我亦耕田下种以供饮食?"尔时,耕田婆罗豆婆遮婆罗门即说偈言:

"自说耕田者,而不见其耕,为我说耕田,令我知耕法。"

尔时,世尊说偈言:

"信心为种子,苦行为时雨,智慧为犁②轭,惭愧心为辕,正念自守护,是则善御者。保③藏身口业,如④食处内藏,真实为真乘,乐住为懈息,精进无⑤废荒,安隐而速进,直往不转还,得到无忧处。如是耕田者,逮得甘露果;如是耕田者,不还受诸有。"

时耕田婆罗豆婆遮婆罗门白佛言:"善耕田瞿昙!极善耕田瞿昙!"于是耕田婆罗豆婆遮婆罗门,闻世尊说偈,心转增信,以满钵香美饮食,以奉世尊。世尊不受,以因说偈得故。即说偈言:

---

① "太",原本作"大",依宋本改。
② "犁",原本作"时",依宋本改。
③ "保",原本作"包",依宋本改。
④ "如",原本作"知",依宋本改。
⑤ "无",原本作"为",依宋本改。

"不因说法故,受彼食而食,但①为利益他,说法不受食。"

如是广说,如前为火与婆罗门广说。时耕田婆罗豆婆遮婆罗门白佛言:"瞿昙今以此食安着何处?"佛告婆罗门:"我不见诸天、魔、梵、沙门、婆罗门,天神、世人,堪食此食而得安身!婆罗门!汝持此食着无虫水中,及少生草地。"时婆罗门即持此食着无虫水中,水即烟起涌沸,啾啾作声。如热铁②丸投于冷水,啾啾作声,如是彼食投着无虫水中,烟起涌沸,啾啾作声。时婆罗门作是念:沙门瞿昙实为奇特!大德大力,乃令饮食神变如是。时彼婆罗门见食瑞应,信心转增,白佛言:"瞿昙!我今可得于正法中,出家受具足不?"佛告婆罗门:"汝今可得于正法中,出家受具足,得比丘分。"彼即出家已,独静思惟,所以族姓子剃除须发,着袈裟衣,正信非家,出家学道,乃至得阿罗汉,心善解脱。

二五③　　　　　　一二七四(　九九)

如是我闻:一时,佛住王舍城。时有尊者,名曰净天,在鞞提诃国人间游行,至弥缔罗城庵罗园中。时尊者净天,晨朝着衣持钵,入弥缔罗城乞食。次第乞食,到自本家。时净天母年老,在中堂持食祀火,求生梵天,不觉尊者净天在门外立。时毗沙门天王,于尊者净天所,极生敬信。时毗沙门天王,诸夜叉导从,乘虚而行,见尊者净天在门外立,又见其母手擎饮食,在中堂上供养祀火,不见其子在外门立。见已,从空中下,至净天母前而说

---

① "但"下二句,原本缺,依宋本补。
② "铁",原本缺,依宋本补。
③ 《相应部》(六)"梵天相应"三经。《别译》二六五经。

偈言：

"此婆罗门尼，梵天极辽远，为求彼生故，于此祠祀火。
此非梵天道，何为徒祀此？汝婆罗门尼，净天住门外，
垢秽永无余，是则天中天。萧然无所有，独一不兼资，
为乞食入舍，所应供养者。净天善修身，人天良福田，
远离一切恶，不为染所染。德同于梵天，形在人间住，
不著一切法，如彼淳熟龙。比丘正念住，其心善解脱，
应奉以初揣①，是则上福田。应以正信心，及时速施与，
当预建立洲，令未来安乐。汝观此牟尼，已渡苦海流，
是故当信心，及时速施与，当预建立洲，令未来安乐。
毗沙门天王，开发彼令舍。"

时尊者净天，即为其母种种说法，示教、照喜已，复道而去。

二六② 　　　　　一二七五（一〇〇）

如是我闻：一时，佛住舍卫国祇树给孤独园。时有异婆罗门，来诣佛所，面前问讯，相慰劳已，退坐一面。白佛言："瞿昙！所谓佛者，云何为佛？为是父母制名？为是婆罗门制名？"时婆罗门即说偈言：

"佛者是世间，超渡之胜名，为是父母制，名之为佛耶？"

尔时，世尊说偈答言：

---

① "揣"，原本作"佛"，依宋本改。
② 《别译》二六六经。

> "佛见过去世,如是见未来,亦见现在世,一切行起灭。
> 明智所了知,所应修已修,应断悉已断,是故名为佛。
> 历劫求选择,纯苦无暂乐,生者悉磨灭,远离息尘垢,
> 拔诸使刺本,等觉故名佛。"

佛说偈已,彼婆罗门闻佛所说,欢喜随喜,从座起去。

二七① 　　　　一二七六(一〇一)

如是我闻:一时,佛在拘萨罗人间游行,有徙②迦帝聚落、堕鸠罗聚落二村中间,一树下坐,入昼③正受。时有豆磨种姓婆罗门,随彼道行,寻佛后来。见佛脚迹,千辐轮相,印文显现,齐辐圆辋,众好满足。见已作是念:我未曾见人间有如是足迹,今当随迹以求其人。即寻脚迹至于佛所,来见世尊坐一树下,入昼正受。严容绝世,诸根澄静,其心寂定,第一调伏,止④观、成就,光相巍巍,犹若金山。见已白言:"为是天耶?"佛告婆罗门:"我非天也。""为龙、夜叉、乾闼婆、阿修罗、迦楼罗、紧那罗、摩睺罗伽、人非人等?"佛告婆罗门:"我非龙乃至人非人也。"婆罗门白佛:"若言非天、非龙,乃至非人、非非人,为是何等?"尔时,世尊说偈答言:

> "天、龙、乾闼婆,紧那罗、夜叉,无善阿修罗,诸摩睺罗伽,
> 人与非人等,悉由烦恼生。如是烦恼漏,一切我已舍,

---

① 《增支部》"四集"三六经。《别译》二六七经。《增一阿含经》(三八)"力品"三经。
② "徙",原本作"从",依宋本改。
③ "昼",原本作"尽",依宋本改。下例。
④ "止",原本作"正",依宋本改。

已破已磨灭,如芬陀利生,虽生于水中,而未曾着水,
我虽生世间,不为世间著。历劫常选择,纯苦无暂乐,
一切有为行,悉皆生灭故。离垢不倾动,已拔诸剑刺,
究竟生死际①,故名为佛陀。"

佛说此经已,豆摩种婆罗门闻佛所说,欢喜随喜,从路而去。
(慢、优竭提、"僧伽罗",生听、极老,比丘、种作及梵天。佛陀、轮相为第十②。)

二八③　　　　一二七七(一〇二)

如是我闻:一时,佛住王舍城迦兰陀竹园。尔时,世尊晨朝着衣持钵,入王舍城乞食。次第乞食,至婆罗豆婆遮婆罗门舍。时婆罗门手执木杓,盛诸饮食,供养火具,住于门边。遥见佛来,见已白佛,作是言:"住!住!领群特!慎勿近我门。"佛告婆罗门:"汝知领群特、领群特法耶?"婆罗门言:"我不知领群特,亦不知领群特法。沙门瞿昙!知领群特及领群特法不?"佛言:"我善知是领群特及领群特法。"是时,婆罗门即放事火具,疾敷床座,请佛令坐。白言:"瞿昙!为我说领群特及领群特法!"佛即就座,为说偈言:

"嗔恚心怀恨,隐覆诸过恶,犯戒、起恶见,虚伪不真实,
　如是等士夫,当知领群特。弊④暴、贪吝惜,恶欲、悭、谄伪,

---

① "际",原本作"除",依宋本改。
② 摄颂见《别译》卷一三(大正二·四六七中)。
③ 《小部·经集》一品七经。《别译》二六八经。
④ "弊",原本作"憋",依宋本改。

无惭、无愧心,当知领群特。一生二生者,一切皆杀害,
无有慈愍心,是为领群特。若杀缚、椎打,聚落及城邑,
无道以切责,当知领群特。住止及行路,为众之导首,
苦切诸群下,恐怛相迫胁,取利以供己,当知领群特。
聚落及空地,有主、无主物,掠护为己有,当知领群特。
自弃薄其妻,又不入淫舍,侵陵他所爱,当知领群特。
内外诸亲属,同心善知识,侵掠彼所爱①,当知领群特。
妄语欺诳人,诈取无证财,他索而不还,当知领群特。
为己亦为他,举责及与责②,或复顺他语,妄语为他证,
如是妄语者,当知领群特。作恶不善业,无有人知者,
隐讳覆藏恶,当知领群特。若人问其义,而答以非义,
颠倒欺诳人,当知领群特。实空无所有,而轻毁智者,
愚痴为利故,当知领群特。高慢自称举,毁坏于他人,
是极卑鄙慢,当知领群特。自造诸过恶,移过诬他人,
妄语谤清白,当知领群特。前受他利养,他人来诣己,
无有敬报心,当知领群特。沙门、婆罗门,如法来乞求,
呵责而不与,当知领群特。若父母年老,少壮气已谢,
不勤加奉养,当知领群特。父母、诸尊长,兄弟、亲眷属。
实非阿罗汉,自显罗汉德,世间之大贼,当知领群特。
初上种姓生,习婆罗门典,而于其中间,习行诸恶业;
不以胜生故,障呵责恶道,现法受呵责,后世堕恶道。
生旃陀罗家,世称须陀夷,名闻遍天下,旃陀罗所无。

---

① "爱",原本误作"受",依元本改。
② "与责",原本作"财与",依宋本改。

婆罗门、刹利,大姓所供养,乘于净天道,平等正直住。
不以生处障,令不生梵天,现法善名誉,后世生善趣。
二生汝当知! 如我所显示,不以所生故,名为领群特;
不以所生故,名为婆罗门:业为领群特,业为婆罗门。"

婆罗门白佛言:

"如是大精进! 如是大牟尼! 不以所生故,名为领群特;
不以所生故,名为婆罗门:业故领群特,业故婆罗门。"

时事火婆罗豆婆遮婆罗门,转得信心,以满钵好食奉上世尊。世尊不受,以说偈得故,偈如上说。时事火婆罗豆婆遮婆罗门见食瑞应已,增其信心,白佛言:"世尊! 我今可得于①正法律出家受具足不?"佛告婆罗门:"汝今可得于正法律出家受具足戒。"即得出家,独静思惟,如前说,乃至得阿罗汉,心善解脱。时婆罗豆婆遮婆罗门得阿罗汉,心善解脱,自觉喜乐,即说偈言:

"非道求清净,供养祠祀火,不识清净道,犹如生盲者。
今已得安乐,出家受具足,逮得于三明,佛所教已作。
先婆罗门难,今为婆罗门,沐浴离尘垢,度诸天彼岸②。"

二九③　　　　　　一二七八(一一七八)

④如是我闻:一时,佛住弥缔罗国庵罗园中。时有婆四吒婆

---

① "于",原本作"为",依宋本改。
② 《杂阿含经》卷四三(旧误卷四)终。
③ 《别译》九二经。事见《小部·长老尼偈》一三三——一三八偈。
④ 《杂阿含经》卷四四。

罗门尼,有六子相续命终,念子发狂,裸形被发,随路而走,至弥缔罗庵罗园中。尔时,世尊无量大众围绕说法。婆四吒婆罗门尼遥见世尊,见已即得本心,惭愧羞耻,敛身蹲坐。尔时,世尊告尊者阿难:"取汝欎多罗僧,与彼婆四吒婆罗门尼,令着听法。"尊者阿难即受佛教,取衣令着。时婆罗门尼得衣着已,至于佛前,稽首礼佛,退坐一面。尔时,世尊为其说法,示教、照喜已,如佛常法,说法次第,乃至信心清净,受三自归。闻佛所说,欢喜随喜,作礼而去。

彼婆四吒优婆夷,于后时第七子忽复命终,彼优婆夷都不啼哭、忧悲恼苦。时婆四吒优婆夷夫,说偈而告婆四吒优婆夷言:

"先诸子命终,念子生忧苦,昼夜不饮食,乃至发狂乱。今丧第①七子,而不生忧苦?"

婆四吒优婆夷,即复说偈,答其夫言:

"儿孙有千数,因缘和合生,长夜迁过去,我与君亦然。子孙及宗族,其数无限量,彼彼所生处,更亘相残食。若知生要者,何足生忧苦!我已知出离,生死存亡相。不复生忧苦,入佛正教故。"

时婆四吒优婆夷夫,说偈叹曰:

"未曾所闻法,而今闻汝说。何处闻说法,不念子忧悲?"

婆四吒优婆夷说偈答言:

---

① "第",原本作"弟",依宋本改。

"今日等正觉,在弥缔罗国,庵罗树园中,永离一切苦。演说一切苦、苦集①、苦寂灭、贤圣八正道,安隐趣涅槃。则是我大师,深乐其正教,我已知正法,能开子忧苦。"

其夫婆罗门复说偈言:

"我今亦当往,弥缔庵罗园,彼世尊亦当,开我子忧苦。"

优婆夷复说偈言:

"当观等正觉,柔软金色身,不调者能调,广度海流人。"

尔时,婆罗门即严驾,乘于马车,诣弥缔罗庵罗园,遥见世尊,转增信乐,诣大师前。彼时大师,即为说偈,开其法眼,苦、集、灭、道,正向涅槃。彼即见法,成无间等。既知法已,请求出家,时婆罗门即得出家,独静思惟,乃至得阿罗汉。世尊记说,于第三夜逮得三明。得三明已,佛即告之,命遣御者,乘车还家,告婆四咤优婆夷,令发随喜语言:"婆罗门往见世尊,得净信心,奉事大师,即为说法,为开法眼,见苦圣谛、苦集、苦灭、贤圣八道,安趣涅槃,成无间等,既知法已,即求出家,世尊记说,于第三夜具足三明。"时彼御者奉教疾还。

时婆四咤优婆夷,遥见御者空车而还,即遥问言:"婆罗门为见佛不?佛为说法,开示法眼,见圣谛不?"御者白言:"婆罗门已见世尊,得净信心,奉事大师,为开法眼,说四圣谛,成无间等。既知法已,即求出家,专精思惟,世尊记说,于第三夜具足三

---

① "集",原本作"习",依元本改。

明。"时优婆夷心即随喜,语御者言:"车马属汝,加复赐汝金钱一千。以①汝传信,言婆罗门宿闇谛,已得三明,令我欢喜故。"御者白言:"我今何用车马、金钱为?车马、金钱还优婆夷,我今当还婆罗门所,随彼出家。"优婆夷言:"汝意如此,便可速还,不久亦当如彼所得,具足三明,随后出家。"御者白言:"如是,优婆夷!如彼出家,我亦当然。"优婆夷言:"汝父出家,汝随出家,我今不久亦当随去,如空野大龙,乘虚而游,其余诸龙、龙子、龙女,悉皆随去。我亦如是,执持衣钵,易养易满。"御者白言:"优婆夷!若如是者,所愿必果,不久当见优婆夷少欲知足,执持衣钵,人所弃者,乞受而食。剃发染衣,于阴、界、入断除爱欲,离贪系缚,尽诸有漏。"彼婆罗门及其御者,婆四吒优婆夷,优婆夷女孙陀槃梨,悉皆出家,究竟苦边。

三○②　　　　一二七九(一一七九)

如是我闻:一时,佛住毗舍离国大林精舍。时有毗梨耶婆罗豆婆遮婆罗门,晨朝买牛,未偿其价,即日失牛,六日不见。时婆罗门为觅牛故,至大林精舍,遥见世尊,坐一树下,仪容挺特,诸根清净,其心寂默,成就止观;其身金色,光明焰照。见已,即诣其前而说偈言:

"云何无所求,空寂在于此?独一处空闲,而得心所乐。"

尔时,世尊说偈答言:

---

① "以",原本作"已",今改。
② 《相应部》(七)"婆罗门相应"一○经。《别译》九三经。

"若失若复得,于我心不乱。婆罗门当知！莫谓彼如我,心计于得失,其心不自在。"

时婆罗门复说偈言:

"最胜梵志处,如比丘所说,我今当自说,真实语谛听。
沙门今定非,晨朝失牛者,六日求不得,是故安乐住。
沙门今定非,种殖胡麻田,虑其草荒没,是故安乐住。
沙门今定非,种稻田乏水,畏叶枯便死,是故安乐住。
沙门今定无,寡女有七人,悉养孤遗子,是故安乐住。
沙门今定无,七不爱念子,放逸多负债,是故安乐住。
沙门今定无,债主守其门,求索长息财,是故安乐住。
沙门今定无,七领重卧具,忧勤择诸虫,是故安乐住。
沙门今定无,赤眼黄发妇,昼夜闻恶声,是故安乐住。
沙门今定无,空仓群鼠戏,常忧其赢乏,是故安乐住。"

尔时,世尊说偈答言:

"我今日定不,晨朝失其牛,六日求不得,是故安乐住。
我今日定无,种殖胡麻田,常恐其荒没,是故安乐住。
我今日定无,种稻田乏水,畏叶便枯死,是故安乐住。
我今日定无,寡女有七人,悉养孤遗子,是故安乐住。
我今日定无,七不爱念子,放逸多负债,是故安乐住。
我今日定无,债主守其门,求索长息财,是故安乐住。
我今日定无,七领重卧具,忧勤择诸虫,是故安乐住。
我今日定无,黄头赤眼妇,昼夜闻恶声,是故安乐住。

"我今日定无,空仓群鼠戏,常忧其羸乏,是故安乐住。
不舍念不念,众生安乐住,断欲离恩爱,而得安乐住。"

尔时,世尊为精进婆罗豆婆遮婆罗门,种种说法,示教、照喜。如佛常法,次第说法:布施,持戒,乃至于正法中心得无畏。即从座起,合掌白佛:"我今得于正法律,出家学道,成比丘分,修梵行不?"佛告婆罗门:"汝今可得于正法律出家,受具足,修诸梵行。乃至得阿罗汉,心善解脱。"尔时,精进婆罗豆婆遮婆罗门得阿罗汉,缘自觉知,得解脱乐,而说偈言:

"我今甚欣乐,大仙法之上,得离贪欲乐,不空①见于佛。"

三一②　　　　　一二八〇(一一八〇)

如是我闻:一时,佛住婆罗树林婆罗门聚落。尔时,世尊晨朝着衣持钵,入婆罗门聚落乞食,有非时云起。尔时,世尊作是念:我今当往婆罗门聚落,婆罗长者大会堂中。作是念已,即往向彼大会堂所。时婆罗门、长者,悉集堂上,遥见世尊,共相谓言:"彼剃头沙门,竟知何法!"尔时,世尊告彼婆罗(门)聚落,婆罗门、长者言:"诸婆罗门,有知法者,有不知者;刹利、长者,亦有知法者,有不知法者。"尔时,世尊即说偈言:

"非朋欲胜朋,王不伏难伏,妻不求胜夫,无子不恭父。
无会无智者,无智不法言,贪、恚、痴悉断,是则名智者。"

---

① "空",原本作"生",依宋本改。
② 《相应部》(七)"婆罗门相应"二二经。《别译》九四经。

时彼婆罗门、长者白佛言:"善士,瞿昙!善士夫可入此堂,就座而坐。"世尊坐已,即白言:"瞿昙说法,我等乐听。"尔时,世尊为彼大会婆罗门、长者,种种说法,示教、照喜已,复说偈言:

"愚智群聚会,非说孰知明,能说寂静道,因说智则辩。

说者显正法,建立大仙幢,善说为仙幢,法为罗汉幢。"

尔时,世尊为婆罗(门)聚落,婆罗门、长者,建立正法,示教、照喜。示教、照喜已,从座起而去。

三二①　　　　　　　　一二八一(一一八一)

如是我闻:一时,佛在拘萨罗人间游行,至浮梨聚落,住天作婆罗门庵罗园中,尊者优波摩为侍者。尔时,世尊患背痛,告尊者优波摩:"汝举衣钵已,往至天作婆罗门舍。"时天作婆罗门处于中堂,令梳头者理剃须发。见尊者优波摩于门外②住,见已即说偈言:

"何等剃须发,身着僧迦梨,住于彼门外,为欲何所求?"

尊者优波摩说偈答言:

"罗汉世善逝,所患背风疾,颇有安乐水,疗牟尼疾不?"

时天作婆罗门,以满钵酥,一瓶油,一瓶石蜜,使人担持,并持暖水,随尊者优波摩诣世尊所,以涂其体。暖水洗之,酥、蜜作饮。世尊背疾即得安隐。

---

① 《相应部》(七)"婆罗门相应"一三经。《别译》九五经。
② "门外",原本作"外门",依宋本改。

时天作婆罗门晨朝早起,往诣佛所,稽首礼足,退坐一面,而说偈言:

"何言婆罗门,施何得大果?何等为时施?云何净福田?"

尔时,世尊说偈答言:

"若得宿命智,见天定趣生,得尽诸有漏,牟尼起三明,善知心解脱,解脱一切贪,说名婆罗门,施彼得大果。施彼为时施,随所欲福田。"

时天作婆罗门闻佛所说,欢喜随喜,作礼而去。

三三①　　　　　　一二八二(一一八二)

如是我闻:一时,佛在拘萨罗人间游行。于一夜时,住止娑罗林中。时有一婆罗门,去娑罗林不远,营作田业。晨朝起作,至娑罗林中,遥见世尊坐一树下,仪容端正,诸根清净,其心寂定,具足成就第一止观;其身金色,光明彻照。见已,往诣其所,白言:"瞿昙!我近在此经营事业,故乐此林;瞿昙于此有何事业,乐此林中?"复说偈言:

"比丘于此林,为何事业故,独一守空闲,乐于此林中?"

尔时,世尊说偈答曰:

"无事于此林,林根久已断,于林离林脱,禅思不乐断。"

时彼婆罗门闻佛所说,欢喜随喜,作礼而去。

---

① 《相应部》(七)"婆罗门相应"一七经。《别译》九六经。

三四① 　　　　　一二八三(一一八三)

如是我闻:一时,佛在拘萨罗人间游行,夜宿一婆罗林中。时有一婆罗门,近彼林侧,与五百年少婆罗门共。彼婆罗门常称叹钦想,欲见世尊。何时游于此林,我因得见,过②问所疑,颇有闲暇为我记说! 时彼婆罗门年少弟子,为采薪故,入于林中,遥见世尊,坐一树下。仪容端正,诸根寂静,其心寂定,形若金山,光明彻照。见已,作是念:我和上婆罗门,常称叹钦仰,欲见瞿昙,问其所疑。今此沙门瞿昙到此林中,我当疾往,白和上令知。即持薪束,疾还学堂。舍薪束已,诣和上所,白言:"和上! 当知和上由来常所称叹钦仰,欲见沙门瞿昙,脱到此林,当问所疑。今日瞿昙已到此林,和上知时。"时婆罗门即诣世尊所,面相问讯,慰劳已,退坐一面,而说偈言:

"独入此恐怖,深邃丛林中,坚住不倾动,善修正勤法。
无歌舞音乐,寂默住空闲,我所未曾见,独乐深林者。
欲求于世间,自在增上主;为三十三天,天上自在乐?
何故深林中,苦行自枯槁?"

尔时,世尊说偈答言:

"若欲种种求,诸界多种著,彼一切皆是,愚痴之根本。
如是一切求,我久悉已吐,不求、不谄伪,一切无所触。
于一切诸法,唯一清净观,得无上菩提,禅思修正③乐。"

----

① 《相应部》(七)"婆罗门相应"一八经。《别译》九七经。
② "过",原本作"遇",依宋本改。
③ "正",原本作"不",依宋本改。

婆罗门复说偈言：

"我今敬礼汝，大寂牟尼尊！禅思之妙王，觉无边大觉。
如来天人救，巍巍若金山，解脱于丛林，于林永不著。
已拔深利刺，清净无余迹，论师之上首，言说最胜辩，
人中雄师子，震吼于深林。显现苦圣谛，集、灭、八正道，
能尽众苦聚，乘出净无垢。自脱一切苦，济彼苦众生，
安乐众生故，演说于正法。已断于恩爱，远离于欲网，
断除于一切，有爱之结缚。如水生莲花，尘水不染著；
如日停虚空，清净无云翳。善哉我今日，至拘萨罗林，
得见于大师，两足之胜尊！大林大精进，得第一广度，
调御师之首，敬礼无所畏。"

时婆罗门广说斯偈，赞叹佛已，闻佛所说，欢喜随喜，作礼而去。

三五① 　　　　一二八四（一一八四）

如是我闻：一时，佛在拘萨罗人间游行，宿于孙陀利河侧。尔时，世尊剃发未久，于后夜时，结跏趺坐，正身思惟，系念在前，以衣覆头。时孙陀利河侧，有婆罗门住止。夜起持祠，余食不尽，持②至河边，欲求大德婆罗门以奉之。尔时，世尊闻河边婆罗门声，闻已謦咳作声，却衣现头。时孙陀利河侧婆罗门，见佛已，作是念：是剃头沙门，非婆罗门，欲持食还去。彼婆罗门复作

---

① 《相应部》（七）"婆罗门相应"九经。《别译》九九经。《小部·经集》三品四经，依此而成。

② "持"，原本作"时"，依宋本改。

是念:非独沙门是剃头者,婆罗门中亦有剃头,应往至彼,问其所生。时孙陀利河侧婆罗门,诣世尊所,而问之言:"为何姓生?"尔时,世尊即说偈言:

"汝莫问所生,但当问所行。刻木为钻燧,亦能生于火;
下贱种姓中,生坚固牟尼。智慧、有惭愧,精进、善调伏,
究竟大明际,清净修梵行。而今正是时,应奉施余食。"

时孙陀利河侧婆罗门复说偈言:

"我今吉良日,求福修供养,遇得见大士,三时最胜尊,
若不见佛者,当更施余人。"

尔时,孙陀利河侧婆罗门,转得信心,即持余食以奉世尊。世尊不受,以说偈得故。如上因说偈而得食广说。孙陀利河侧婆罗门白佛言:"世尊!今此施食,当置何所?"佛告婆罗门:"我不见诸天、魔、梵、沙门、婆罗门、天神、世人,有能食此食,令身安隐者。汝持此食去,着无虫水中,及少生草地。"时婆罗门即持此食,着无虫水中。水即烟起涌沸,啾啾作声。如烧铁丸,投之冷水,烟起涌沸,啾啾作声;如是彼食着无虫水中,烟起涌沸,啾啾作声。孙陀利河侧婆罗门,心欲恐怖,身毛皆竖,谓为灾变,驰走上岸,集聚干木,供养祠火,令息灾怪。世尊见彼集聚干木,供养祠火,望息灾怪,见已即说偈言:

"婆罗门祠火,焚烧干草木,莫呼是净道,能却诸灾患。
此则恶供养,而谓为黠慧,作如是因缘,外道取修净。

汝今弃薪火，起内火炽然，常修不放逸，常当①于供养。
处处兴净信，广施设大会，心意为束薪，嗔恚黑烟起，
妄语为尘味，口舌为木杓，胸怀燃火处，欲火常炽然，
当善自调伏，消灭士夫火。正信为大河，净戒为度济，
澄净清流水，智者之所叹。人中净天德，当于中洗浴，
涉水不著身，安乐度彼岸。正法为深渊，福德为下济，
澄净水充满，智者所赞叹。人中天净德，当于中洗浴，
涉水不著身，安乐度彼岸。真谛善调御，摄护修梵行，
慈悲为苦行，真实心清净，沐浴以正法，智者所称叹。"

尔时，孙陀利河侧婆罗门，闻佛所说，欢喜随喜，复道而去。

三六②　　　　　　一二八五（一一八五）

如是我闻：一时，佛在拘萨罗人间游行，住孙陀利河侧丛林中。时有孙陀利河侧住止婆罗门，来诣佛所，面相问讯，慰劳已，退坐一面。问佛言："瞿昙！至孙陀利河中洗浴不？"佛告婆罗门："何用于孙陀利河中洗浴为？"婆罗门白佛："瞿昙！孙陀利河是济度之数，是吉祥之数，是清净之数。若有于中洗浴者，悉能除人一切诸恶。"尔时，世尊即说偈言：

"非孙陀利河，亦非婆休多，非伽耶、萨罗，如是诸河等，
作诸恶不善，能令其清净。恒河、婆休多，孙陀利河等，
愚者常居中，不能除众恶。其清净之人，何用洗浴为？

---

① "当"，原本作"富"，依宋本改。
② 《别译》九八经。《中部》（七）《布喻经》后分。《中阿含经》（九三）《水净梵志经》后分，《增一阿含经》（一三）"利养品"五经后分。

其清净之人,何用布萨为?净业以自净,是生于受持,
不杀亦不盗,不淫、不妄语。信施除悭垢,于斯而洗浴,
于一切众生,常起慈悲心。井水以洗浴,用伽耶等为?
内心自清净,不待洗于外。下贱田舍儿,身体多污垢,
以水洗尘秽,不能净其内。"

尔时,孙陀利河侧婆罗门,闻佛所说,欢喜随喜,从座起而去。

三七① 一二八六(一一八六)

如是我闻:一时,佛住迦毗罗卫国尼拘律园中。时有萦髻罗豆婆遮婆罗门,本俗人时,为佛善知识。来诣佛所,面相问讯,慰劳已,退坐一面,而说偈言:

"外身萦髻者,是但名萦髻;内心萦髻者,是结缚众生。
今请问瞿昙,云何解萦髻?"

尔时,世尊说偈答言:

"受持于净戒,内心修正觉,专精勤方便,是则解萦髻。"

时萦髻婆罗门,闻佛所说,欢喜随喜,从座起而去。

三八② 一二八七(一一八七)

如是我闻:一时,佛住迦毗罗卫国尼拘律园中。时有萦髻波罗豆婆遮婆罗门,来诣佛所,面前问讯,相慰劳已,退坐一面,而说偈言:

---

① 《相应部》(七)"婆罗门相应"六经。《别译》一〇〇经。
② 《相应部》(七)"婆罗门相应"六经。《别译》一〇〇经。

"身外萦髻者,是但名萦髻;内心萦髻者,是结缚众生。我今问瞿昙,如此萦髻者,云何作方便,于何断萦髻?"

尔时,世尊说偈答言:

"眼、耳及与鼻,舌、身、意入处,于彼名及色,灭尽令无余,诸识永灭者,于彼断萦髻。"

佛说此经已,萦髻波罗豆婆遮婆罗门闻佛所说,欢喜随喜,从座起而去。

(栴陀、婆私吒,失牛、讲集处,天敬、娑罗林,聚薪、二孙陀,一髻发为十①。)

---

① 摄颂见《别译》卷五(大正二·四〇九下——四一〇上)。

二二　梵天相应①

一②　　　　　　　　　　一二八八(一一八八)

③如是我闻:一时,佛住欝毗罗聚落尼连禅河侧菩提树下,成佛未久。尔时,世尊独静思惟,作是念:不恭敬者,则为大苦。无有次序,无他自在可畏惧者,则于大义有所退减。有所恭敬,有次序,有他自在者,得安乐住。有所恭敬,有次序,有他自在,大义满足。颇有诸天、魔、梵、沙门、婆罗门、天神、世人中,能于我所,具足戒胜、三昧胜、智慧胜、解脱胜、解脱知见胜,令我恭敬宗重,奉事供养,依彼而住? 复作是念:无有诸天、魔、梵、沙门、婆罗门、天神、世人,能于我所戒具足胜、三昧胜、智慧胜、解脱胜、解脱知见胜,令我恭敬宗重,奉事供养,依彼而住者。唯有正法,令我自觉成三藐三佛陀者,我当于彼恭敬宗重,奉事供养,依彼而住。所以者何? 过去如来、应、等正觉,亦于正法恭敬宗重,奉事供养,依彼而住;诸当来世如来、应、等正觉,亦于正法恭敬宗重,奉事供养,依彼而住。

尔时,娑婆世界主梵天王,知世尊心念已,如力士屈伸臂顷,从梵天没,住于佛前。叹言:"善哉! 如是,世尊! 如是,善逝! 懈怠、不恭敬者,甚为大苦,广说乃至大义满足。其实无有诸天、魔、梵、沙门、婆罗门、天神、世人,于世尊所戒具足胜、三昧胜、智

---

① "梵天相应",共十经。与《相应部》(六)"梵天相应"相当。
② 《相应部》(六)"梵天相应"二经。《别译》一〇一经。《增支部》"四集"二一经。
③ 《杂阿含经》卷四四中。

慧胜、解脱胜、解脱知见胜,令世尊恭敬宗重,奉事供养,依彼而住者。唯有正法,如来自悟成等正觉,则是如来所应恭敬宗重,奉事供养,依彼而住者。所以者何?过去诸如来、应、等正觉,亦于正法恭敬宗重,奉事供养,依彼而住;诸未来如来、应、等正觉,亦当于正法恭敬宗重,奉事供养,依彼而住。世尊亦当于彼正法,恭敬宗重,奉事供养,依彼而住。"时梵天王复说偈言:

"过去等正觉,及未来诸佛,现在佛世尊,能除众生忧。
一切恭敬法,依正法而住,如是恭敬者,是则诸佛法。"

时梵天王闻佛所说,欢喜随喜,稽首佛足,即没不现。

二① 一二八九（一一八九）

如是我闻:一时,佛住欝毗罗聚落尼连禅河侧菩提树下,成佛未久。尔时,世尊独静思惟,作是念:有一乘道,能净众生,度诸忧悲,灭除苦恼,得真如法,谓四念处。何等为四？身身观念处；受；心；法法观念处。若有人不乐四念处者,则不乐如圣法；不乐如圣法者,则不乐如圣道；不乐如圣道者,则不乐甘露法；不乐甘露法者,则不解脱生老病死、忧悲恼苦。若乐修四念处者,则乐修如圣法；乐修如圣法者,则乐如圣道；乐如圣道者,则乐甘露法；乐甘露法者,得解脱生老病死、忧悲恼苦。

尔时,娑婆世界主梵天王,知佛心念已,譬如力士屈伸臂顷,于梵天没,住于佛前,作是叹言:"如是,世尊！如是,善逝！有一乘道,能净众生,谓四念处,乃至解脱生老病死、忧悲恼苦。"

---

① 《相应部》(四七)"念处相应"一八经。《别译》一〇二经。

时梵天王复说偈言:

"谓有一乘道,见生诸有边,演说于正法,安慰苦众生。
过去诸世尊,以乘斯道度;当来诸世尊,亦乘度①斯道;
现在尊正觉,乘此度海流,究竟生死际,调伏心清净。
于生死轮转,悉已永消尽,知种种诸界,慧眼显正道。
譬若恒水流,悉归趣大海,激流浚漂远;正道亦如是,
广智善显示,逮得甘露法。殊胜正法轮,本所未曾闻,
哀愍众生故,而为众生转。覆护天人众,令度有彼岸,
是故诸众生,咸皆稽首礼。"

尔时梵天王闻佛所说,欢喜随喜,稽首佛足,即没不现。

三②　　　　　　　　一二九〇(一一九〇)

如是我闻:一时,佛住欝毗罗聚落尼连禅河侧菩提树下,成佛未久。尔时,娑婆世界主梵天王,绝妙色身,于后夜时,来诣佛所,稽首佛足,退坐一面,而说偈言:

"于诸种姓中,刹利两足尊;明行具足者,天人中最胜。"

佛告梵天王:"如是,梵天! 如是,梵天!

于诸种姓中,刹利两足尊;明行具足者,天人中最胜。"

佛说是经已,娑婆世界主梵天王,闻佛所说,欢喜随喜,稽首佛足,即没不现。

---

① "乘度",原本作"度乘",依宋本改。
② 《相应部》(六)"梵天相应"一一经。《别译》一〇三经。

四①　　　　　一二九一（一一九一）

如是我闻：一时，佛在拘萨罗人间游行，住止空闲无聚落处，与比丘众夜宿其中。尔时，世尊为诸比丘说随顺阿练若法。时娑婆世界主梵天王作是念：今者世尊在拘萨罗人间游行，住一空闲无聚落处，与诸大众止宿空野。尔时，世尊为诸大众说随顺空法，我今当往随顺赞叹。譬如力士屈伸臂顷，于梵天没，住于佛前，稽首佛足，退坐一面，而说偈言：

"习近边床坐②，断除诸烦恼。若不乐空闲，入众自摄护。
自调伏其心，家家行乞食，摄持于诸根，专精系心念，
然后习空闲，阿练若床坐，远离诸恐怖，无畏安隐住。
若彼诸凶险，恶蛇、众毒害，黑云大暗冥，震雷曜电光，
离诸烦恼故，昼夜安隐住。如我所闻法，乃至不究竟，
独一修梵行，不畏千死魔，若修于觉道，不畏于万数。
一切须陀洹，或得斯陀含，及阿那含者，其数亦无量，
不能定其数，恐怖于妄说。"

时娑婆世界主梵天王，闻佛所说，欢喜随喜已，为佛作礼，即没不现。

五③　　　　　一二九二（一一九二）

如是我闻：一时，佛住迦毗罗卫迦毗罗卫林中。与五百比丘俱，皆是阿④罗汉，诸漏已尽，所作已作，离诸重担。逮得己利，

---

① 《相应部》（六）"梵天相应"一三经。《别译》一〇四经。
② "床坐"，原本作"林座"，依宋本改。
③ 《相应部》（一）"诸天相应"三七经。《别译》一〇五经。
④ "阿"，原本缺，依宋本补。

尽诸有结,正智心善解脱。尔时,世尊为诸大众,说涅槃相应法。时有十方世界大众威力诸天,皆悉来会,供养世尊及比丘僧。复有诸梵天王,住于梵世,作是念:今日佛住迦毗罗卫国,如上广说,乃至供养世尊及诸大众,我今当往各各赞叹。作是念已,譬如力士屈伸臂顷,从梵天没,住于佛前。第一梵天即说偈言:

"于此大林中,大众普云集,十方诸天众,皆悉来恭敬,
故我远来礼,最胜难伏僧。"

第二梵天复说偈言:

"是诸比丘僧,真实心精进,于此大林中,摄诸根求度。"

第三梵天次说偈言:

"善方便消融,恩爱深利刺,坚固不倾动,如因陀罗幢。
度深堑水流,清净不求欲,善度之导师,诸调伏大龙。"

第四梵天次说偈言:

"归依于佛者,终不堕恶趣,能断人中身,得天身受乐。"

各说偈已,四梵天身即没不现。

六① 一二九三(一一九三)

如是我闻:一时,佛住王舍城迦兰陀竹园。时有娑婆世界主梵天王,日日精勤往诣佛所,尊重供养。时娑婆世界主作是念:今旦太早而来见佛,正值世尊入大三昧,我等且当入提婆达多伴

---

① 《相应部》(六)"梵天相应"七·八经。《别译》一○六经。

党瞿迦梨比丘房中。作是念已,即入彼房。至房户中,以指扣户,口说是言:"瞿迦梨!瞿迦梨!于舍利弗、目连所起净信心,汝莫长夜得不饶益苦。"瞿迦梨言:"汝是谁?"梵天答言:"娑婆世界主梵天王。"瞿迦梨言:"世尊不记汝得阿那含耶?"梵天王言:"如是,比丘!"瞿迦梨言:"汝何故来?"娑婆世界主梵天王念①言:此不可治,即说偈言:

"于无量处所,生心欲筹量,何有黠慧者,而生此觉想?
无量而欲量,是阴盖凡夫。"

时娑婆世界主梵天王,往诣佛所,稽首礼足,退坐一面。白佛言:"世尊!我常日日勤到佛所,亲觐供养。我作是念:今旦太早来见世尊,正值世尊入大②三昧,我且当入提婆达多伴党瞿迦梨比丘房中。即住户中,徐徐扣户,口说是言:瞿迦梨!瞿迦梨!当于舍利弗、目揵连贤善智慧者所,起净信心,莫长夜得不饶益苦。瞿迦梨言:汝是谁?我即答言:是娑婆世界主梵天王。瞿迦梨言:世尊不记汝得阿那含耶?我即答言:如是。瞿迦梨复言:汝何故来?我作是念:此不可治,即说偈言:

于不可量处,发心欲筹量,不可量欲量,是阴盖凡夫。"

佛语梵王:"如是,如是,梵王!

于不可量处,而发心欲量,何有智慧人,而生此妄想?

---

① "念",原本作"答",今改。
② "大",宋本作"火"。

不可量欲量,是阴盖凡夫。"

佛说此经已,娑婆世界主梵天王闻佛所说,欢喜随喜,从座起,为佛作礼,即没不现。

七①　　　　　　　　一二九四(一一九四)

如是我闻:一时,佛住王舍城迦兰陀竹园。尔时,大梵天王,及余别梵天,善臂别梵天,日日方便往见供养世尊。时有婆句梵天,见别梵天、善臂梵天精勤方便,而问言:"汝欲何之?"彼即答言:"欲见世尊,恭敬供养。"时婆句梵天即说偈言:

"彼有四鹄鸟,三种金色宫,五百七十二,修行禅思者。炽焰金色身,普照梵天宫,汝且观我身,何用至彼为?"

尔时,善梵王、别梵王、善臂别梵王,复说偈言:

"虽有金色身,普照梵天宫,其有智慧者,知色有烦恼,智者不乐色,于其心解脱。"

时彼善梵天、别梵天、善臂别梵天,往诣佛所。稽首佛足,退坐一面。白佛言:"世尊!我今方便欲来见世尊,恭敬供养,有婆句梵天,见我方便而问我言:汝今方便,欲何所之? 我即答言:欲往见世尊,礼事供养。婆句梵天即说偈言:

有四种鹄鸟,三种金色宫,五百七十二,于中而禅思。观我身金色,普照梵天宫,汝且观我身,何用至彼为?

---

① 《相应部》(六)"梵天相应"六·九经。《别译》一〇七经。

我即说偈而答彼言:

> 虽有金色身,普照梵天宫,当知真金色,是则烦恼事,
> 智者解脱色,于色不复乐。"

佛告梵天:"如是,梵天! 如是,梵天!

> 虽有真金色,普照梵天宫,当知真金色,则是烦恼事,
> 智者解脱色,于色不复乐。"

时彼梵天,为迦吒务陀低沙比丘故说偈言:

> "夫士生世间,利斧在口中,还自斩其身,斯由恶言故。
> 应毁者称誉,应誉而反毁,恶口增其过,所生无安乐。
> 博弈、酒丧财,其过失甚少,恶心向善逝,是则为大过。
> 地狱有百千,名尼罗浮陀①,三千②有六百,及五阿浮陀,
> 斯皆谤圣狱,口意恶愿故。"

佛说此经已,彼诸梵天闻佛所说,欢喜随喜,稽首佛足,即没不现。

八③ 一二九五(一一九五)

如是我闻:一时,佛住王舍城迦兰陀竹园。时有婆句梵天,住梵天上,起如是恶邪见言:此处常恒非变易法,纯一出离之处。尔时,世尊知婆句梵天心念已,入于三昧,如其正受,于王舍城

---

① "陀",原本作"地",依宋改本。
② "三千",原作"三十",依元本改。
③ 《相应部》(六)"梵天相应"四经。《别译》一〇八经。

没,住梵天上。婆句梵天遥见世尊而说偈言:

"梵天七十二,造作诸福乐,自在而常住,生老死已过。
我于诸明论,修习已究竟,彼诸天众等,唯谓我长存。"

尔时,世尊说偈答言:

"此则极短寿,非是长存者,而婆句梵天,自谓为长寿。
尼罗浮多狱,其寿百千数,我悉忆念知,汝自谓长存。"

婆句梵天复说偈言:

"佛世尊所见,其劫数无边,生老死忧悲,皆悉已过去。
唯愿说知我,过去曾所更,受持何戒业,而得生于此。"

尔时,世尊说偈答言:

"过去久远劫,于大旷野中,有诸大众行,多贤圣梵行,
饥乏无资粮,汝救之令度,慈救心相续,经劫而不失;
是则汝过去,所受持功德,我悉忆念知,久近如眠觉。
过去有村邑,为贼所抄掠,汝时悉皆救,令其得解脱;
是则过去世,所受持福业,我忆此因缘,久近如眠觉。
过去有人众,乘船恒水中,恶龙持彼船,欲尽害其命,
汝时以神力,救令得解脱;是则汝过去,所受持福业,
我忆是因缘,久近如眠觉。"

婆句梵天复说偈言:

"决定悉知我,古今寿命事,亦知余一切,是则为正觉。

是故所受身,金光炎普照,其身住于此,光明遍世间。"

尔时,世尊为婆句梵天种种说法,示教、照喜已,如其正受,从梵天没,还王舍城。

九① 一二九六(一一九六)

如是我闻:一时,佛住舍卫国祇树给孤独园。时有一梵天,住梵天上,起如是邪见言:此处常恒不变易,纯一出离,未曾见有来至此处,况复有过此上者!尔时,世尊知彼梵天心之所念,即入三昧,如其正受,于舍卫国没,现梵天宫。当彼梵天顶上,于虚空中结跏趺坐,正身系念。尔时,尊者阿若俱邻作是念:今日世尊为在何所?即以天眼净过人间眼,观见世尊在梵天上。见已,即入三昧,如其正受,于舍卫国没,现彼梵世,在于东方,西面向佛,结跏趺坐,端身系念,在佛座下,梵天座上。尔时,尊者摩诃迦叶作是念:今日世尊为在何所?即以天眼净过于人眼,见世尊在梵天上。见已,即入三昧,如其正受,于舍卫国没,现梵天上。在于南方,北面向佛,结跏趺坐,端身系念,在佛座下,梵天座上。时尊者舍利弗作是念:世尊今者为在何所?即以天眼净过于人眼,见世尊在梵天上。见已,即入三昧,如其正受,于舍卫国没,住梵天上。在于西方,东面向佛,结跏趺坐,端身系念,在佛座下,梵天座上。尔时,尊者大目揵连即作是念:今日世尊为在何所?以天眼净过于人眼,遥见世尊在梵天上。见已,即入三昧,如其正受,于舍卫国没,住梵天上。在于北方,南面向佛,结跏趺坐,端身系念,在佛座下,梵天座上。尔时,世尊告梵天曰:"汝

---

① 《相应部》(六)"梵天相应"五经。《别译》一〇九经。

今复起是见：从本已来，未曾见有过我上者不？"梵天白佛："我今不敢复言我未曾见有过我上者，唯见梵天光明被障。"尔时，世尊为彼梵天种种说法，示教、照喜已，即入三昧，如其正受，于梵天上没，还舍卫国。尊者阿若俱邻、摩诃迦叶、舍利弗，为彼梵天种种说法，示教、照喜已，即入三昧，如其正受，于梵天没，还舍卫国。唯尊者大目揵连，仍于彼住。时彼梵天问尊者大目揵连："世尊诸余弟子，悉有如是大德大力不？"时尊者大目揵连即说偈言：

"大德具三明，通达观他心，漏尽诸罗汉，其数无有量。"

时尊者大目揵连，为彼梵天种种说法，示教、照喜已，即入三昧，如其正受，于梵天没，还舍卫国。

一〇①　　　　一二九七（一一九七）

如是我闻：一时，佛住俱尸那竭国力士生地坚固双树林。尔时，世尊临般涅槃，告尊者阿难："汝于坚固双树间，敷绳床，北首，如来今日中夜，于无余涅槃而般涅槃。"时尊者阿难奉世尊教，于双坚固树间，为世尊敷绳床，北首已，还世尊所，稽首礼足，白言："世尊！已为如来于双坚固树间，敷绳床，令北首。"于是世尊往就绳床，右胁着地，北首而卧。足足相累，系念明相。尔时，世尊即于中夜，于无余涅槃而般涅槃。般涅槃已，双坚固树寻即生花，周匝垂下，供养世尊。时有异比丘即说偈言：

"善好坚固树，枝条垂礼佛，妙花以供养，大师般涅槃。"

---

① 《相应部》（六）"梵天相应"一五经。《别译》一一〇经后文。

寻时释提桓因说偈：

"一切行无常，斯皆生灭法，虽生寻以灭，斯寂灭为乐。"

寻时娑婆世界主梵天王次复说偈言：

"世间一切生，立者皆当舍，如是圣大师，世间无有比，逮得如来力，普为世间眼，终归会磨灭，入无余涅槃。"

尊者阿那律陀次复说偈言：

"出息入息住，立心善摄护，从所依而来，世间般涅槃。
大恐怖相生，令人身毛竖，一切行力具，大师般涅槃。
其心不懈怠，亦不住诸爱，心法渐解脱，如薪尽火灭。"

如来涅槃后七日，尊者阿难往枝提所而说偈言：

"导师此宝身，往诣梵天上。如是大神力，内火还烧身，五百氎缠身，悉烧令磨灭。千领细氎衣，以衣如来身，唯二领不烧，最上及衬身。"

尊者阿难说是偈时，时诸比丘，默然悲喜①。

---

① 摄颂，《别译》缺。

二三　比丘尼相应①

一② 　　　　　　　　　一二九八（一一九八）

③如是我闻：一时，佛住舍卫国祇树给孤独园。时有阿腊毗比丘尼，住舍卫国王园精舍比丘尼众中。时阿腊毗比丘尼，晨朝着衣持钵，入舍卫城乞食。食已，还精舍，举衣钵，洗足，持尼师坛着右肩上，入安陀林坐禅。时魔波旬作是念：今沙门瞿昙住舍卫国祇树给孤独园。有弟子阿腊毗比丘尼，住舍卫国王园精舍比丘尼众中，晨朝着衣持钵，入舍卫城乞食。食已，还精舍，举衣钵，洗足已，持尼师坛着右肩上，入安陀林坐禅，我今当往为作留难。即化作年少，容貌端正，往诣彼比丘尼所，语比丘尼言："阿姨！欲何处去？"比丘尼答言："贤者！到远离处去。"时魔波旬即说偈言：

"世间无有出，用求远离为？还服食五欲，勿令后变悔。"

时阿腊毗比丘尼作是念：是谁欲恐怖我？为是人耶？为非人耶？奸狡人耶？心即念言：此必恶魔，欲乱我耳。觉知已而说偈言：

"世间有出要，我自知所得，鄙下之恶魔，汝不知其道。
譬如利刀害，五欲亦如是；譬如斩肉刑④，苦受阴亦然。

---

① "比丘尼相应"，共十经。与《相应部》（五）"比丘尼相应"相当。
② 《相应部》（五）"比丘尼相应"一经。《别译》二一四经。
③ 《杂阿含经》卷四五。
④ "刑"，原本作"形"，依宋本改。

如汝向所说,服乐五欲者,是则不可乐,大恐怖之处。
离一切喜乐,舍诸大暗冥,以灭尽作证,安住离诸漏。
觉知汝恶魔,寻即自灭去!"

时魔波旬作是念:彼阿腊毗比丘尼已知我心。愁忧不乐,即没不现。

二① 一二九九(一一九九)

如是我闻:一时,佛住舍卫国祇树给孤独园。时有苏摩比丘尼,住舍卫国王园精舍比丘尼众中。晨朝着衣持钵,入舍卫城乞食。食已,还精舍,举衣钵,洗足毕,持尼师坛着右肩上,至安陀林坐禅。时魔波旬作是念:今沙门瞿昙住舍卫国祇树给孤独园,有苏摩比丘尼住舍卫国王园精舍比丘尼众中。晨朝着衣持钵,入舍卫城乞食。食已,还精舍,举衣钵,洗足毕,持尼师坛着右肩上,入安陀林坐禅,我今当往为作留难。即化作年少,容貌端正,往至苏摩比丘尼所,问言:"阿姨!欲至何所?"答言:"贤者!欲至远离处去。"时魔波旬即说偈言:

"仙人所住处,是处甚难得,非彼二指智,能得到彼处。"

时苏摩比丘尼作是念:此是何等欲恐怖我?为人、为非人?为奸狡人?作此思惟已,决定智生,知是恶魔来欲娆乱。即说偈言:

"心入于正受,女形复何为?智或若生已,逮得无上法。
若于男女想,心不得俱离,彼即随魔说,汝应往语彼。

---

① 《相应部》(五)"比丘尼相应"二经。《别译》二一五经。

离于一切苦,舍一切暗冥,逮得灭尽证,安住诸漏尽。
觉知汝恶魔,即自磨灭去!"

时魔波旬作是念:苏摩比丘尼已知我心。内怀忧悔,即没不现。

三① 一三〇〇(一二〇〇)

如是我闻:一时,佛住舍卫国祇树给孤独园。时有吉离舍瞿昙弥比丘尼,住舍卫国王园精舍比丘尼众中。晨朝着衣持钵,至舍卫城乞食。食已,还精舍,举衣钵,洗足毕,持尼师坛着肩上,入安陀林,于一树下结跏趺坐,入昼正受。时魔波旬作是念:今沙门瞿昙住舍卫国祇树给孤独园,时吉离舍瞿昙弥比丘尼住舍卫国王园精舍比丘尼众中。晨朝着衣持钵,入舍卫城乞食。食已,还精舍,举衣钵,洗足毕,持尼师坛着肩上,入安陀林,于一树下结跏趺坐,入昼正受,我今当往为作留难。即化作年少,容貌端正,往至吉离舍瞿昙弥比丘尼所而说偈言:

"汝何丧其子,涕泣忧愁貌?独坐于树下,何求于男子?"

时吉离舍瞿昙弥比丘尼作是念:为谁恐怖我?为人、为非人?为奸狡者?如是思惟,生决定智,恶魔波旬来娆我耳。即说偈言:

"无边际诸子,一切皆亡失,此则男子边,已度男子表。
不恼不忧愁,佛教作已作,一切离忧②苦,舍一切暗冥,

---

① 《相应部》(五)"比丘尼相应"三经。《别译》二一六经。
② "忧",原本作"爱",依宋本改。

已灭尽作证,安隐尽诸漏。已知汝弊魔,于此自灭去。"

时魔波旬作是念:吉离舍瞿昙弥比丘尼已知我心。愁忧苦恼,即没不现。

四① 　　　　　　一三〇一(一二〇一)

如是我闻:一时,佛住舍卫国祇树给孤独园。时有优钵罗色比丘尼,住舍卫国王园比丘尼众中。晨朝着衣持钵,入舍卫城乞食。食已,还精舍,举衣钵,洗足毕,持尼师坛着肩上,入安陀林,坐一树下,入昼正受。时魔波旬作是念:今沙门瞿昙住舍卫国祇树给孤独园,优钵罗色比丘尼住舍卫国王园比丘尼众中。晨朝着衣持钵,入舍卫城乞食。食已,还精舍,举衣钵,洗足毕,持尼师坛着肩上,入安陀林,坐一树下,入昼正受,我今当往为作留难。即化作年少,容貌端正,至优钵罗色比丘尼所而说偈言:

"妙华坚固树,依止其树下,独一无等侣,不畏恶人耶?"

时优钵罗色比丘尼作是念:为何等人欲恐怖我? 为是人、为非人? 为奸狡人? 如是思惟,即得觉知,必是恶魔波旬欲乱我耳。即说偈言:

"设使有百千,皆是奸狡人,如汝等恶魔,来至我所者,不能动毛发,不畏汝恶魔。"

魔复说偈言:

"我今入汝腹,住于内藏中,或住两眉间,汝不能见我。"

---

① 《相应部》(五)"比丘尼相应"五经。《别译》二一七经。

时优钵罗色比丘尼复说偈言:

"我心有大力,善修习神通,大缚已解脱,不畏汝恶魔。
我已吐三垢,恐怖之根本,住于不恐地,不畏于魔军。
于一切爱喜,离一切暗冥,已证于寂灭,安住诸漏尽。
觉知汝恶魔,自当消灭去。"

时魔波旬作是念:优钵罗色比丘尼已知我心。内怀忧愁,即没不现。

五①　　　　　　一三〇二(一二〇二)

如是我闻:一时,佛住舍卫国祇树给孤独园。时尸罗比丘尼住舍卫国王园比丘尼众中。晨朝着衣持钵,入舍卫城乞食。食已,还精舍,举衣钵,洗足毕,持尼师坛着肩上,入安陀林,坐一树下,入昼正受。时魔波旬作是念:今沙门瞿昙住舍卫国祇树给孤独园,尸罗比丘尼住舍卫国王园精舍比丘尼众中。晨朝着衣持钵,入舍卫城乞食。食已,还精舍,举衣钵,洗足毕,持尼师坛着肩上,入安陀林,坐一树下,入昼正受,我今当往为作留难。即化作年少,容貌端正,往到尸罗比丘尼前,而说偈言:

"众生云何生? 谁为其作者? 众生何处起? 去复至何所?"

尸罗比丘尼作是念:此是何人欲恐怖我? 为人、为非人? 为奸狡人? 作是思惟已,即生知觉,此是恶魔,欲作留难。即说偈言:

---

① 《相应部》(五)"比丘尼相应"一〇经。《别译》二一八经。

"汝谓有众生,此则恶魔见,唯有空阴聚,无是众生者。
如和合众材,世名之为车,诸阴因缘合,假名为众生。
其生则苦生,住亦即苦住,无余法生苦,苦生苦自灭。
舍一切忧①苦,离一切暗冥,已证于寂灭,安住诸漏尽。
已知汝恶魔,则自消灭去。"

时魔波旬作是念:尸罗比丘尼已知我心。内怀忧戚,即没不现。

六②　　　　　　　一三〇三(一二〇三)

如是我闻:一时,佛住舍卫国祇树给孤独园。时毗罗比丘尼,住舍卫国王园比丘尼众中。晨朝着衣持钵,入舍卫城乞食。食已,还精舍,举衣钵,洗足毕,持尼师坛着肩上,入安陀林,坐一树下,入昼正受。时魔波旬作是念:今沙门瞿昙住舍卫国祇树给孤独园。毗罗比丘尼住舍卫国王园比丘尼众中,晨朝着衣持钵,入舍卫城乞食。食已,还精舍,举衣钵,洗足毕,持尼师坛着肩上,入安陀林,坐一树下,入昼正受,我当往彼为作留难。即化作年少,容貌端正,至毗罗比丘尼所而说偈言:

"云何作此形,谁为其作者?此形何处起?形去至何所?"

毗罗比丘尼作是念:是何人来恐怖我?为人、为非人?为奸狡人?如是思惟,即得知觉,恶魔波旬欲作娆乱。即说偈言:

"此形不自造,亦非他所作,因缘会而生,缘散即磨灭。

---

① "忧",原本作"爱",依宋本改。
② 《相应部》(五)"比丘尼相应"九经。《别译》二一九经。

如世诸种子,因大地而生,因地、水、火、风;阴、界、入亦然,
　　因缘和合生,缘离则磨灭。舍一切忧苦,离一切暗冥,
　　已证于寂灭,安住诸漏尽。恶魔已①知汝,即自磨灭去。"

时魔波旬作是念:毗罗比丘尼已知我心。生大忧戚,即没不现。

七②　　　　　　　　　一三〇四(一二〇四)

如是我闻:一时,佛住舍卫国祇树给孤独园。时有毗阇耶比丘尼,住舍卫国王园比丘尼众中。晨朝着衣持钵,入舍卫城乞食。食已,还精舍,举衣钵,洗足毕,持尼师坛着肩上,入安陀林,坐一树下,入昼正受。时魔波旬作是念:此沙门瞿昙住舍卫国祇树给孤独园。弟子毗阇耶比丘尼,住舍卫国王园比丘尼众中,晨朝着衣持钵,入舍卫城乞食。食已,还精舍,举衣钵,洗足毕,持尼师坛着肩上,入安陀林,坐一树下,入昼正受,我今当往为作留难。即化作年少,容貌端正,往至其前,而说偈言:

　　"汝今年幼少,我亦是年少,当共于此处,作五种音乐,
　　而共相娱乐,用是禅思为?"

时毗阇耶比丘尼作是念:此何等人欲恐怖我?为是人耶?为非人耶?为奸狡人耶?如是思惟已,即得知觉,是魔波旬欲作娆乱。即说偈言:

　　"歌舞作众伎,种种相娱乐,今悉已惠汝,非我之所须。

---

① "已",原本作"以",今改。
② 《相应部》(五)"比丘尼相应"四经。《别译》二二〇经。

若寂灭正受,及天人五欲,一切持相与,亦非我所须。
舍一切喜乐①,离一切暗冥,寂灭以作证,安住诸漏尽。
已知汝恶魔,当自消灭去。"

时魔波旬作是念:是毗阇耶比丘尼已知我心。内怀忧戚,即没不现。

八②　　　　　　　一三〇五(一二〇五)

如是我闻:一时,佛住舍卫国祇树给孤独园。时遮罗比丘尼,住舍卫国王园比丘尼众中。晨朝着衣持钵,入舍卫城乞食。食已,还精舍,举衣钵,洗足毕,持尼师坛着肩上,至安陀林,坐一树下,入昼正受。时魔波旬作是念:今沙门瞿昙在舍卫国祇树给孤独园。遮罗比丘尼亦住舍卫国王园比丘尼众中,晨朝着衣持钵,入舍卫城乞食。食已,还精舍,洗足毕,举衣钵,持尼师坛着肩上,入安陀林,坐一树下,入昼正受,我今当往为作留难。化作年少,容貌端正,至遮罗比丘尼前而说偈言:

"觉受生为乐,生服受五欲,为谁教授③汝,令厌离于生?"

时遮罗比丘尼作是念:此是何人欲作恐怖? 为人、为非人? 为奸狡人? 而来至此欲作娆乱? 即说偈言:

"生者必有死,生则受诸苦,鞭打诸恼苦,一切缘生有,
当断一切苦,超越一切生。慧眼观圣谛,牟尼所说法:

---

① "乐",原本作"欢",依宋本改。
② 《相应部》(五)"比丘尼相应"六经。《别译》二二一经。
③ "授",原本作"受",依宋本改。

苦苦及苦集,灭尽离诸苦,修习八正道,安隐趣涅槃。
大师平等法,我欣乐彼法,我知彼法故,不复乐受生。
一切离爱喜,舍一切暗冥,寂灭以作证,安住诸漏尽。
觉知汝恶魔,自当消灭去。"

时魔波旬作是念:遮罗比丘尼已知我心。内怀忧戚,即没不现。

九① 一三○六(一二○六)

如是我闻:一时,佛住舍卫国祇树给孤独园。时优波遮罗比丘尼,亦住舍卫国王园比丘尼众中。晨朝着衣持钵,入舍卫城乞食。食已,还精舍,举衣钵,洗足毕,持尼师坛着肩上,入安陀林,坐一树下,入昼正受。时魔波旬作是念:今沙门瞿昙住舍卫国祇树给孤独园。优波遮罗比丘尼,亦住舍卫国王园比丘尼众中。晨朝着衣持钵,入舍卫城乞食。食已,还精舍,举衣钵,洗足毕,持尼师坛着肩上,入安陀林,坐一树下,入昼正受,我今当往为作留难。即化作年少,容貌端正,至优波遮罗比丘尼所而说偈言:

"三十三天上,炎魔、兜率陀,化乐、他自在,发愿得往生。"

优波遮罗比丘尼作是念:此何等人欲恐怖我?为人、为非人?为是奸狡人?自思觉悟,必是恶魔欲作娆乱。而说偈言:

"三十三天上,炎魔、兜率陀,化乐、他自在,斯等诸天上,
不离有为行,故随魔自在。一切诸世间,悉是众行聚;
一切诸世间,悉皆动摇法;一切诸世间,苦火常炽然;

---

① 《相应部》(五)"比丘尼相应"七经。《别译》二二二经。

> 一切诸世间,悉皆烟尘起。不动亦不摇,不习近凡夫,
> 不随于魔趣,于是处娱乐。离一切忧苦,舍一切暗冥,
> 寂灭以作证,安住诸漏尽。已觉汝恶魔,则自磨灭去。"

时魔波旬作是念:优波遮罗比丘尼已知我心。内怀忧戚,即没不现。

一〇① 一三〇七(一二〇七)

如是我闻:一时,佛住舍卫国祇树给孤独园。时尸利沙遮罗比丘尼,亦住舍卫国王园比丘尼众中。晨朝着衣持钵,入舍卫城乞食。食已,还精舍,举衣钵,洗足毕,持尼师坛着肩上,入安陀林,坐一树下,入昼正受。时魔波旬作是念:今沙门瞿昙住舍卫国祇树给孤独园。时尸利沙遮罗比丘尼,亦住舍卫国王园比丘尼众中。晨朝着衣持钵,入舍卫城乞食。食已,还精舍,举衣钵,洗足毕,持尼师坛着肩上,入安陀林,坐一树下,入昼正受,我当往彼为作留难。化作年少,容貌端正,往到尸利沙遮罗比丘尼所而作是言:"阿姨!汝乐何等诸道?"比丘尼答言:"我都无所乐。"时魔波旬即说偈言:

> "汝何所谙受,剃头作沙门,身着袈裟衣,而作出家相,
> 不乐于诸道,而守愚痴住?"

时尸利沙遮罗比丘尼作是念:此何等人欲恐怖我?为人、为非人?为奸狡人?如是思惟已,即自知觉,恶魔波旬欲作娆乱。即说偈言:

---

① 《相应部》(五)"比丘尼相应"八经。《别译》二二三经。

"此法外诸道,诸见所缠缚,缚于诸见已,常随魔自在。
若生释种家,禀无比大师,能伏诸魔怨,不为彼所伏。
清净一切脱,道眼普观察,一切智悉知,最胜离诸漏。
彼则我大师,我唯乐彼法,我入彼法已,得远离寂灭。
离一切爱喜,舍一切暗冥,寂灭以作证,安住诸漏尽。
已知汝恶魔,如是自灭去。"

时魔波旬作是念:尸利沙遮罗比丘尼已知我心。内怀忧戚,即没不现。

(旷野、素弥、苏瞿昙、莲花、石室及毗罗、毗阇、折罗,忧波折罗,第十名动头①。)

---

① 摄颂见《别译》卷一二(大正二·四五六中)。

二四 婆耆舍相应①

一②　　　　　　　　一三〇八(一二〇八)

③如是我闻:一时,佛住瞻婆国揭伽池侧。尔时,世尊月十五日布萨时,于大众前坐。月初出时,时有尊者婆耆舍,于大众中作是念:我今欲于佛前叹月譬偈。作是念已,即从坐起,整衣服,为佛作礼,合掌白佛言:"世尊!欲有所说。善逝!欲有所说。"佛告婆耆舍:"欲说者便说。"时尊者婆耆舍,即于佛前而说偈言:

"如月停虚空,明净无云翳,光炎明晖曜,普照于十方。
如来亦如是,慧光照世间,功德善名称,周遍满十方。"

尊者婆耆舍说是偈时,诸比丘闻其所说,皆大欢喜。

二④　　　　　　　　一三〇九(一二〇九)

如是我闻:一时,佛住瞻婆国揭伽池侧。尔时,尊者阿若憍陈如,久住空闲阿练若处,来诣佛所,稽首佛足,以面掩佛足上,而说是言:"久不见世尊!久不见善逝!"尔时,尊者婆耆舍在于会中,作是念:我今当于尊者阿若憍陈如面前,以上座譬而赞叹之。作此念已,即从坐起,整衣服,为佛作礼,合掌白佛:"世尊!欲有所说。善逝!欲有所说。"佛告婆耆舍:"欲说时便说。"时尊者婆耆舍即说偈言:

---

① "婆耆舍相应",共十六经。与《相应部》(八)"婆耆沙长老相应"相当。
② 《相应部》(八)"婆耆沙长老相应"一一经。《别译》二二四经。
③ 《杂阿含经》卷四五中。
④ 《相应部》(八)"婆耆沙长老相应"九经。《别译》二二五经。

"上座之上座,尊者憍陈如,已度已超越,得安乐正受。
于阿练若处,常乐于远离,声闻之所应,大师正法教,
一切悉皆陈,正受不放逸,大德力三明,他心智明了。
上座憍陈如,护持佛法财,增上恭敬心,头面礼佛足。"

尊者婆耆舍说是语时,诸比丘闻其所说,皆大欢喜。

三① 　　　　　一三一〇(一二一〇)

如是我闻:一时,佛住瞻婆国揭伽池侧。时尊者舍利弗,在供养堂,有众多比丘集会而为说法:句味满足,辩才简净,易解乐闻;不阂不断,深义显现。彼诸比丘专至乐听,尊重忆念,一心侧听。时尊者婆耆舍在于会中,作是念:我当于尊者舍利弗面前,说偈赞叹。作是念已,即起合掌,白尊者舍利弗:"我欲有所说。"舍利弗告言:"随所乐说。"尊者婆耆舍即说偈言:

"善能略说法,令众广开解,贤优婆提舍,于大众宣畅。
当所说法时,咽喉出美声。悦乐爱念声,调和渐进声,
闻声皆欣乐,专念不移转。"

尊者婆耆舍说此语时,诸比丘闻其所说,皆大欢喜。

四② 　　　　　一三一一(一二一一)

如是我闻:一时,佛住王舍城那伽山侧,五百比丘俱,皆是阿罗汉,诸漏已尽,所作已作,离诸重担,逮得己利,断诸有结,正智心善解脱。尊者大目揵连,观大众心,一切皆悉解脱贪欲。时尊

---

① 《相应部》(八)"婆耆沙长老相应"六经。《别译》二二六经。
② 《相应部》(八)"婆耆沙长老相应"一〇经。《别译》二二七经。

者婆耆舍,于大众中作是念:我今当于世尊及比丘僧面前,说偈赞叹。作是念已,即从座起,整衣服,合掌白佛言:"世尊!欲有所说。善逝!欲有所说。"佛告婆耆舍:"随所乐说。"时尊者婆耆舍即说偈言:

"导师无上士,住那伽山侧,五百比丘众,亲奉于大师。
尊者大目连,神通谛明了,观彼大众心,悉皆离贪欲。
如是具足度,牟尼度彼岸,持此最后身,我今稽首礼。"

尊者婆耆舍说是语时,诸比丘闻其所说,皆大欢喜。

五① 　　　　一三一二(一二一二)

如是我闻:一时,佛住王舍城迦兰陀竹园夏安居,与大比丘众五百人俱,皆是阿罗汉,诸漏已尽,所作已作,离诸重担,断除有结,正智心善解脱;除一比丘,谓尊者阿难,世尊记说彼现法当得无知证。尔时,世尊临十五日,月食受时,于大众前敷座而坐。坐已,告诸比丘:"〔我为婆罗门,得般涅槃,持后边身,为大医师,拔诸剑刺。〕我为婆罗门,得般涅槃,持此后边身,无上医师,能拔剑刺。汝等为子,从我口生,从法化生,得法余财。当怀受我,莫令我若身、若口、若心有可嫌责事。"尔时,尊者舍利弗在众会中,从座起,整衣服,为佛作礼,合掌白佛:"世尊向者作如是言:我为婆罗门,得般涅槃,持最后身,无上大医,能拔剑刺。汝为我子,从佛口生,从法化生,得法余财。诸比丘!当怀受我,莫令我身、口、心有可嫌责。我等不见世尊身、口、心有可嫌责

---

① 《相应部》(八)"婆耆沙长老相应"七经。《别译》二二八经。《中阿含经》(一二一)《请请经》。《增一阿含经》(三二)"善聚品"五经。

事。所以者何?世尊不调伏者能令调伏,不寂静者能令寂静,不稣息者能令稣息,不般涅槃者能令般涅槃。如来知道,如来说道,如来向道,然后声闻成就随道、宗道,奉受师教,如其教授,正向欣乐真如善法。我于世尊都不见有可嫌责身、口、心行。我今于世尊所,乞愿怀受,见、闻、疑罪,若身、口、心有嫌责事!"佛告舍利弗:"我不见汝有见、闻、疑,身、口、心可嫌责事。所以者何?汝舍利弗持戒、多闻、少欲、知足,修行远离,精勤方便,正念、正受。捷疾智慧,明利智慧,出要智慧,厌离智慧,大智慧,广智慧,深智慧,无比智慧,智宝成就。示教、照喜,亦常赞叹示教、照喜,为众说法,未曾疲倦。譬如转轮圣王第一长子,应受灌顶而未灌顶,已住灌顶仪法,如父之法,所可转者亦当随转。汝今如是为我长子,邻受灌顶而未灌顶,住于仪法,我所应转法轮汝亦随转,得无所起,尽诸有漏,心善解脱。如是舍利弗!我于汝所,都无见、闻、疑,身、口、心可嫌责事。"舍利弗白佛言:"世尊!若我无有见、闻、疑,身、口、心可嫌责事,此①五百诸比丘,得无有见、闻、疑,身、口、心可嫌责事耶?"佛告舍利弗:"我于此五百比丘,亦不见有见、闻、疑,身、口、心可嫌责事。所以者何?此五百比丘皆是阿罗汉,诸漏已尽,所作已作,已舍重担,断诸有结,正智心善解脱;除一比丘,谓尊者阿难,我记说彼于现法中得无知证。是故诸五百比丘,我不见其有身、口、心、见、闻、疑罪可嫌责者。"舍利弗白佛言:"世尊!此五百比丘,既无有见、闻、疑,身、口、心可嫌责事,然此中几比丘得三明?几比丘俱解脱?几

---

① "此"下,原本有"诸"字,依宋本删。

比丘慧解脱?"佛告舍利弗:"此五百比丘中,九十比丘得三明,九十比丘得俱解脱,余者慧解脱。舍利弗!此诸比丘离诸飘转,无有皮肤,真实坚固。"时尊者婆耆舍在众会中,作是念:我今当于世尊及大众面前,叹说怀受偈。作是念已,即从座起,整衣服,为佛作礼,右膝着地,合掌白佛:"世尊!欲有所说。善逝!欲有所说。"佛告婆耆舍:"随所乐说。"时婆耆舍即说偈言:

"十五清净日,其众五百人,断除一切结,有尽大仙人。
清净相习近,清净广解脱,不更受诸有,生死已永绝。
所作者已作,得一切漏尽,五盖已云除,拔刺根本爱。
师子无所畏,离一切有余,害诸有怨结,超越有余境,
诸有漏怨敌,皆悉已潜伏。犹如转轮王,怀受诸眷属,
慈心广宣化,海内悉奉用。能伏魔怨敌,为无上导师,
信敬心奉事,三明、老死灭。为法之真子,无有飘转患,
拔诸烦恼刺,敬礼日种胤。"

佛说是经已,诸比丘闻佛所说,欢喜奉行。

六① 一三一三(一二一三)

如是我闻:一时,佛住王舍城迦兰陀竹园。尔时,尊者尼拘律相,住于旷野禽兽住处。尊者婆耆舍出家未久,有如是威仪,依聚落、城邑住。晨朝着衣持钵,于彼聚落、城邑乞食。善护其身,守诸根门,摄心系念。食已,还住处,举衣钵,洗足毕,入室坐禅,速从禅觉。不著乞食,而彼无有随时教授,无有教诫者,心不

---

① 《相应部》(八)"婆耆沙长老相应"二经。《别译》二二九经。

安乐,周圆隐覆,如是深住。时尊者婆耆舍作是念:我不得利,难得非易得,我不随时得教授教诫,不得欣乐周圆,隐覆心住,我今当赞叹自厌之偈。即说偈言:

"当舍乐不乐,及一切贪觉,于邻无所作,离染名比丘。
于六觉心想,驰骋于世间,恶不善隐覆,不能去皮肤。
秽污乐于心,是不名比丘,有余缚所缚,见、闻、觉、识俱。
于欲觉悟者,彼处不复染,如是不染者,是则为牟尼。
大地及虚空,世间诸色像,斯皆磨灭法,寂然自决定。
法器久修习,而得三摩提,不触不谄伪,其心极专至,
彼圣久涅槃,系念待时灭。"

时尊者婆耆舍说自厌离偈,心自开觉,于不乐等开觉已,欣乐心住。

七① 　　　　　一三一四(一二一四)

如是我闻:一时,佛住舍卫国祇树给孤独园。尔时,尊者阿难陀,晨朝着衣持钵,入舍卫城乞食,以尊者婆耆舍为伴。时尊者婆耆舍见女人有上妙色,见已贪欲心起。时尊者婆耆舍作是念:我今得不利,得苦非得乐,我今见年少女人有妙绝之色,贪欲心生。今为生厌离故,而说偈言:

"贪欲所覆故,炽然烧我心。今尊者阿难,为我灭贪火,
慈心哀愍故,方便为我说!"

---

① 《相应部》(八)"婆耆沙长老相应"四经。《别译》二三〇经。《增一阿含经》(三五)"邪聚品"九经参照。

尊者阿难说偈答言：

"以彼颠倒想，炽然烧其心，远离于净想，长养贪欲者，
当修不净观，常一心正受。速灭贪欲火，莫令烧其心，
谛观察诸行，苦空非有我。系念正观身，多修习厌离，
修习于无相，灭除憍慢使，得慢无间等，究竟于苦边。"

尊者阿难说是语时，尊者婆耆舍闻其所说，欢喜奉行。

八① 　　　　　　　一三一五（一二一五）

如是我闻：一时，佛住舍卫国祇树给孤独园。时有一长者，请佛及僧，就其舍食。入其舍已，尊者婆耆舍直日住守，请其食分。时有众多长者妇女，从聚落出，往诣精舍。时尊者婆耆舍见年少女人，容色端正，贪欲心起。时尊者婆耆舍作是念：我今不利不得利，得苦不得乐，见他女人容色端正贪欲心生，我今当说厌离偈。念已而说偈言：

"我已得出离，非家而出家，贪欲随逐我，如牛念他苗。
当如大将子，大力执强弓，能破彼重阵，一人摧伏千。
今于日种胤，面前闻所说，正趣涅槃道，决定心乐住。
如是不放逸，寂灭正受住，无能于我心，幻惑欺诳者。
决定善观察，安住于正法，正使无量数，欲来欺惑我，
如是等恶魔，莫能见于我。"

时尊者婆耆舍说是偈已，心得安住。

---

① 《相应部》（八）"婆耆沙长老相应"一经。《别译》二五〇经。

九① 　　　　　一三一六（一二一六）

如是我闻：一时，佛住舍卫国祇树给孤独园。时尊者婆耆舍，自以智慧堪能善说，于彼②聪明梵行所生憍慢心。即自心念：我不利不得利，得苦不得乐，我自以智慧，轻慢于彼聪明梵行者。我今当说能生厌离偈，即说偈言：

"瞿昙莫生慢，断慢令无余，莫起慢觉想，莫退生变悔，
莫隐覆于他，泥犁杀慢堕。正受能除忧，见道住正道，
其心得喜乐，见道自摄持。是故无碍辩，清净离诸盖，
断一切诸慢，起一切明处，正念于三明，神足、他心智。"

时尊者婆耆舍说此生厌离偈已，心得清净。

（"月喻"、憍陈如、舍利，龙胁及自恣，不乐及欲结，出离及憍慢③。）

一〇④ 　　　　　一三一七（一二一七）

如是我闻：一时，佛住舍卫国祇树给孤独园。时尊者婆耆舍，住舍卫国东园鹿子母讲堂，独一思惟，不放逸住，专修自业，逮得三明身作证。时尊者婆耆舍作是念：我独一静处，思惟不放逸住，专修自业，起于三明身作证，今当说偈赞叹三明，即说偈言：

"本欲心狂惑，聚落及家家，游行遇见佛，授我殊胜法。

---

① 《相应部》（八）"婆耆沙长老相应"三经。《别译》二五一经。
② "彼"，原本作"法"，依明本改。
③ 摄颂见《别译》卷一三（大正二·四六二上）。
④ 《相应部》（八）"婆耆沙长老相应"一二经。《别译》二五二经。

瞿昙哀愍故,为我说正法,闻法得净信,舍非家出家。
闻彼说法已,正住于法教,勤方便系念,坚固常堪能,
逮得于三明,于佛教已作。世尊善显示,日种苗胤说,
为生盲众生,开其出要门:苦苦及苦因,苦灭尽作证,
八圣离苦道,安乐趣涅槃。善义、善句味,梵行无过上,
世尊善显示,涅槃济众生。"

一一①　　　　　　　　一三一八(一二一八)

如是我闻:一时,佛住舍卫国祇树给孤独园。尔时,世尊告诸比丘:"我今当说四法句,谛听,善思,当为汝说。何等为四?

贤圣善说法,是则为最上。爱说非不爱,是则为第二。
谛说非虚妄,是则第三说。法说不异言,是则为第四。

诸比丘!是名说四法句。"尔时,尊者婆耆舍于众会中,作是念:世尊于四众中说四法句,我当以四种赞叹,称誉随喜。即从座起,整衣服,为佛作礼,合掌白佛言:"世尊!欲有所说。善逝!欲有所说。"佛告婆耆舍:"随所乐说。"时尊者婆耆舍即说偈言:

"若善说法者,于己不恼迫,亦不恐怖他,是则为善说。
所说爱说者,说令彼欢喜,不令彼为恶,是则为爱说。
谛说知甘露,谛说知无上,谛义说法说,正士建立处。
如佛所说法,安隐涅槃道,灭除一切苦,是名善说法。"

---

① 《相应部》(八)"婆耆沙长老相应"五经。《别译》二五三经。《小部·经集》三品三经。

佛说此经已,诸比丘闻佛所说,欢喜奉行。

一二① 　　　　　一三一九(一二一九)

如是我闻:一时,佛住王舍城那伽山侧,与千比丘俱,皆是阿罗汉,尽诸有漏,所作已作,离诸重担,逮得己利,尽诸有结,正智心善解脱。尔时,尊者婆耆舍住王舍城寒林中丘冢间,作是念:今世尊住王舍城那伽山侧,与千比丘俱,皆是阿罗汉,诸漏已尽,所作已作,离诸重担,逮得己利,尽诸有结,正智心善解脱。我今当往,各别赞叹世尊及比丘僧。作是念已,即往诣佛所,稽首礼足,退住一面,而说偈言:

"无上之导师,住那伽山侧,千比丘眷属,奉事于如来。
大师广说法,清凉涅槃道,专听清白法,正觉之所说。
正觉尊所敬,处于大众中,德阴之大龙,仙人之上首,
兴功德密云,普雨声闻众。起于昼正受,来奉觐大师,
弟子婆耆舍,稽首而顶礼。

世尊! 欲有所说。唯然善逝! 欲有所说。"佛告婆耆舍:"随汝所说,莫先思惟。"时婆耆舍即说偈言:

"波旬起微恶,潜制令速灭,能掩障诸魔,令自觉知过。
观察解结缚,分别清白法,明照如日月,为诸异道王。
超出智作证,演说第一法,出烦恼诸流,说道无量种。
建立于甘露,见谛真实法,如是随顺道,如是师难得。
建立甘露道,见谛崇远离。世尊善说法,能除人阴盖,

---

① 《相应部》(八)"婆耆沙长老相应"八经。《别译》经缺,摄颂中有。

明见于诸法,为调伏随学。"

尊者婆耆舍说是偈已,诸比丘闻其所说,皆大欢喜。

一三①　　　　　　　　　一三二〇(一二二〇)

如是我闻:一时,佛住波罗奈国仙人住处鹿野苑中。尔时,世尊为比丘众,说四圣谛相应法:谓此苦圣谛,此苦集圣谛,此苦灭圣谛,此苦灭道迹圣谛。时尊者婆耆舍在会中,作是念:我今当于世尊面前,赞叹拔箭之譬。如是念已,即从座起,整衣服,合掌白佛言:"唯然世尊! 欲有所说。唯然善逝! 欲有所说。"佛告婆耆舍:"随所乐说。"时尊者婆耆舍即说偈言:

"我今敬礼佛,哀愍诸众生,第一拔利箭,善解治众病。
迦露医投药,波睺罗治药,及彼瞻婆耆,耆婆医疗病,
或有病小差,名为善治病,后时病还发,抱病遂至死。
正觉大医王,善投众生药,究竟除众苦,不复受诸有。
乃至百千种,那由他病数,佛悉为疗治,究竟于苦边。
诸医来会者,我今悉告汝,得甘露法药,随所乐而服。
第一拔利箭,善觉知众病,治中之最上,故稽首瞿昙。"

尊者婆耆舍说是语时,诸比丘闻其所说,皆大欢喜。

一四②　　　　　　　　　一三二一(一二二一)

如是我闻:一时,佛住王舍城迦兰陀竹园。时有尊者尼拘律想,住于旷野禽兽之处,疾病委笃。尊者婆耆舍为看病人,瞻视

---

① 《别译》二五四经。
② 《小部·经集》二品一二经。《别译》二五五经。

供养。彼尊者尼拘律想以疾病故,遂般涅槃。时尊者婆耆舍作是念:我和上为有余涅槃,无余涅槃?我今当求其相。尔时,尊者婆耆舍供养尊者尼拘律想舍利已,持衣钵,向王舍城,次第到王舍城。举衣钵,洗足已,诣佛所,稽首礼足,退住一面,而说偈言:

"我今礼大师,等正觉无减①,于此现法中,一切疑网断。
旷野住比丘,命终般涅槃,威仪摄诸根,大德称于世,
世尊为制名,名尼拘律想。我今问世尊,彼不动解脱,
精进勤方便,功德为我说!我为释迦种,世尊法弟子,
及余皆欲知,圆道眼所说,我等住于此,一切皆欲闻。
世尊为大师,无上救世间,断疑大牟尼,智慧已具备,
圆照神道眼,光明显四众,犹如天帝释,曜三十三天。
诸贪欲、疑惑,皆从无明起,若得遇如来,断灭悉无余。
世尊神道眼,世间为最上,灭除众生过②,如风飘游尘。
一切诸世间,烦恼覆隐没,诸③余悉无有,明目如佛者。
慧光照一切,令同大精进,唯愿大智尊,当为众记说。
言出微妙声,我等专心听,柔软音演说,诸世间普闻。
犹如热渴逼,求索清凉水,如佛无减知,我等亦求知。"

尊者婆耆舍复说偈言:

"今闻无上士,记说其功德,不空修梵行,我闻大欢喜。

---

① "减",原本作"灭",依宋本改。
② "过",原本作"遇",依宋本改。
③ "诸",原本作"设",依明本改。

> 如说随说得，顺牟尼弟子，灭生死长縻，虚伪幻化缚。
> 以见世尊故，能断除诸爱，度生死彼岸，不复受诸有。"

佛说此经已，尊者婆耆舍闻佛所说，欢喜随喜，作礼而去①。

一五②　　　　　　　　一三二二（九九三）

③如是我闻：一时，佛住舍卫国祇树给孤独园。时有诸上座比丘，随佛左右，依止而住，所谓尊者阿若憍陈如，尊者摩诃迦叶，尊者舍利弗，尊者摩诃目揵连，尊者阿那律陀，尊者二十亿耳，尊者陀罗骠摩罗子，尊者婆那迦婆娑，尊者耶舍舍罗迦毗诃利，尊者富留那，尊者分陀檀尼迦，如此及余上座比丘，随佛左右，依止而住。时尊者婆耆舍，住舍卫国东园鹿子母讲堂。时尊者婆耆舍作是念：今日世尊在舍卫国祇树给孤独园，诸上座比丘随佛左右，依止而住。我今当往至世尊所，各各说偈，叹诸上座比丘。作是念已，往诣佛所，稽首佛足，退住一面，而说偈言：

> "上上座比丘，已断诸贪欲，超过诸世间，一切之积聚，
> 深智少言说，勇猛勤方便，道德净明显，我今稽首礼。
> 已伏诸魔怨，远离于群聚，不为五欲缚，常习于空闲，
> 清虚而寡欲，我今稽首礼。遮罗延胜族，禅思不放逸，
> 内心乐正受；清净离尘秽，辩慧显深义，是故稽首礼。
> 所得神通慧，超诸神通力，六神通众中，自在无所畏，
> 神通最胜故，是故稽首礼。于大千世界，五道诸趣生，

---

① 《杂阿含经》卷四五终。
② 《别译》二五六经。
③ 《杂阿含经》卷四六（旧误编为卷三六）。

乃至于梵世,人天优劣想,净天眼悉见,是故稽首礼。
精勤方便力,断除诸爱集,坏裂生死网,心常乐正法,
离诸悕望想,超度于彼岸,清净无尘秽,是故稽首礼。
永离诸恐畏,无依离财物,知足度疑惑,伏诸魔怨敌,
身念观清净,是故稽首礼。无有诸世间,烦恼棘刺林,
结缚使永除,三有因缘断,精练灭诸垢,究竟明显现,
于林离林去,是故稽首礼。无舍宅所依,幻伪痴、恚灭,
调伏诸爱喜,出一切见处,清净无瑕秽,是故稽首礼。
其心自在转,坚固不倾动,智慧大德力,难伏魔能伏,
断除无明结,是故稽首礼。大人离暗冥,寂灭牟尼尊,
正法离垢过,光明自显照,照一切世界,是故名为佛。
地神、虚空天,三十三天子,光明悉映障,是故名为佛。
度生死有边,超逾越群众,柔弱善调伏,正觉第一觉。
断一切结缚,伏一切异道,降一切魔怨,得无上正觉,
离尘灭诸垢,是故稽首礼。"

尊者婆耆舍偈赞叹时,诸比丘闻其所说,皆大欢喜。

一六① 　　　一三二三(九九四)

如是我闻:一时,佛住舍卫国祇树给孤独园。时尊者婆耆舍,住舍卫国东园鹿子母讲堂,疾病困笃。尊者富邻尼为看病人,供给供养。时尊者婆耆舍,语尊者富邻尼言:"汝往诣世尊所,持我语白世尊言:尊者婆耆舍稽首世尊足,问讯世尊,少病、少恼,起居轻利,得自安乐住不?复作是言:尊者婆耆舍住东园

---

① 《别译》二五七经。

鹿子母讲堂,疾病困笃,欲求见世尊,无力方便堪诣世尊。善哉世尊!愿往至东园鹿子母讲堂尊者婆耆舍所,哀愍故!"时尊者富邻尼,即受其语,往诣世尊,稽首佛足,退坐一面。作是言:"尊者婆耆舍住东园鹿子母讲堂,疾病困笃,愿见世尊,无力方便堪能奉见。善哉世尊!愿往东园鹿子母讲堂尊者婆耆舍所,为哀愍故!"尔时,世尊默然而许。时尊者富邻尼知佛许已,即从座起,礼佛足而去。

世尊晡时从禅起,往诣尊者婆耆舍。尊者婆耆舍遥见世尊,凭床欲起。尔时,世尊见尊者婆耆舍凭床欲起,语言:"婆耆舍!莫自轻动。"世尊即坐,问尊者婆耆舍:"汝所患苦,为平和可堪忍不?身诸苦痛,为增为损?"如前焰摩迦修多罗广说,乃至"我所苦患,转觉其增,不觉其损。"佛告婆耆舍:"我今问汝:随意答我。汝得心不染、不著、不污,解脱离诸颠倒不?"婆耆舍白佛言:"我心不染、不著、不污,解脱离诸颠倒。"佛告婆耆舍:"汝云何得心不染、不著、不污,解脱离诸颠倒?"婆耆舍白佛:"我过去眼识于色心不顾念,于未来色不欣想,于现在色不著。我过去、未来、现在眼识于色,贪欲、爱乐、念,于彼得尽,无欲、灭、没、息、离、解脱、心解脱已,是故不染、不著、不污,离诸颠倒,正受而住。如是耳……鼻……舌……身……意识过去于法心不顾念,未来不欣,现在不著。过去、未来、现在法中念、欲、爱,尽、无欲、灭、没、息、离、解脱。心解脱已,是故不染、不著、不污,解脱离诸颠倒,正受而住。唯愿世尊!今日最后饶益于我,听我说偈。"佛告婆耆舍:"宜知是时。"尊者婆耆舍起正身端坐,系念在前,而说偈言:

"我今住佛前,稽首恭敬礼。于一切诸法,悉皆得解脱,
善解诸法相,深信乐正法。世尊等正觉,世尊为大师,
世尊降魔怨,世尊大牟尼!灭除一切使,自度群生类,
世尊于世间,诸法悉觉知。世间悉无有,知法过佛者,
于诸天人中,亦无与佛等。是故我今日,稽首大精进,
稽首士之上,拔诸爱欲刺。我今是最后,得见于世尊,
稽首日种尊,暮当般涅槃。正智系正念,于此朽坏身,
余势之所起,从今夜永灭,三界不复染,入无余涅槃。
苦受及乐受,亦不苦不乐,从触因缘生,于今悉永断。
苦受及乐受,亦不苦不乐,从触因缘生,于今悉已知。
若内及与外,苦、乐等诸受,于受无所著,正智正系心。
于初中最后,诸聚无障碍,诸聚既已断,了知受无余。
明见真实者,说九十一劫,三劫中不空,有大仙人尊,
余空无洲依,唯畏恐怖劫。当知大仙人,乃复出于世,
安慰诸天人,开眼离尘冥,示悟诸众生,令觉一切苦。
苦苦及苦集,超苦之寂灭,贤圣八正道,安隐趣涅槃。
世间难得者,现前悉皆得,生世得人身,演说于正法,
随己之所欲,离垢求清净,专修其己利,勿令空无果,
空过则生忧,邻于地狱苦。于所说正法,不乐不欲受,
当久处生死,轮回息无期,长夜怀忧恼,如商人失财。
我今众庆集,无复生老死,轮回悉已断,不复重受生。
爱识河水流,于今悉枯竭,已拔阴根本,连锁不相续。
供养大师毕,所作者已作,重担悉已舍,有流悉已断,
不复乐受生,亦无死可恶,正智正系念,唯待终时至。

念空野龙象,六十雄猛兽,一旦免枷锁,逸乐山林中。
婆耆舍亦然,大师口生子,厌舍于徒众,正念待时至。
今告于汝等,诸来集会者,听我最后偈,其义所饶益。
生者悉归灭,诸行无有常,速生速死法,何可久依怙!
是故强其志,精勤方便求。观察有恐怖,随顺牟尼道,
速尽此苦阴,勿复增轮转。佛口所生子,叹说此偈已,
长辞于大众,婆耆舍涅槃,彼以慈悲故,说此无上偈。
尊者婆耆舍,如来法生子,垂心哀愍故,说此无上偈。
然后般涅槃,一切当敬礼。"

(本如酒醉、四句赞,龙胁、拔毒箭,尼瞿陀劫宾入涅槃,赞大声闻,婆耆舍灭尽①。)

---

① 摄颂见《别译》卷一三(大正二·四六三下)。

二五 诸天相应①

一② 　　　　　　　　一三二四（　九九五）

③如是我闻：一时，佛住舍卫国祇树给孤独园。时有一天子，容色绝妙，于后夜时，来诣佛所，稽首佛足，退坐一面。身诸光明，遍照祇树给孤独园。时彼天子〔而〕说偈问佛：

"阿练若比丘，住于空闲处，寂静修梵行，于一坐而食，
以何因缘故，颜色特鲜明？"

尔时，世尊说偈答言：

"于过去无忧，未来不欣乐，现在随所得，正智系念持，
饭食系念故，颜色常鲜泽。未来心驰想，过去追忧悔，
愚痴火自煎，如雹断生草。"

时彼天子复说偈言：

"久见婆罗门，逮得般涅槃，一切怖已过，永超世恩爱。"

时彼天子闻佛所说，欢喜随喜，稽首佛足，即没不现。

二④ 　　　　　　　　一三二五（　九九六）

如是我闻：一时，佛住舍卫国祇树给孤独园。时有一天子，

---

① "诸天相应"，共一〇八经。与《相应部》（一）"诸天相应"、（二）"天子相应"相当。
② 《相应部》（一）"诸天相应"一〇经。《别译》一三二经。
③ 《杂阿含经》卷四六（旧误编为卷三六）中。
④ 《相应部》（一）"诸天相应"九经。《别译》一三三经。

容色绝妙,于后夜时,来诣佛所,稽首佛足,退坐一面。身诸光明,遍照祇树给孤独园。时彼天子而说偈言:

"不欲起憍慢,善自调其心,未曾修寂默,亦不入正受,
处林而放逸,不度死彼岸。"

尔时,世尊说偈答言:

"已离于憍慢,心常入正受,明智善分别,解脱一切缚。
独一处闲林,其心不放逸,于彼死魔怨,疾得度彼岸。"

时彼天子复说偈言:

"久见婆罗门,逮得般涅槃,一切怖已过,永超世恩爱。"

时彼天子闻佛所说,欢喜随喜,稽首佛足,即没不现。

三① 一三二六(九九七)

如是我闻:一时,佛住舍卫国祇树给孤独园。时有一天子,容色绝妙,于后夜时,来诣佛所,稽首佛足,退坐一面。身诸光明,遍照祇树给孤独园。时彼天子说偈问佛:

"云何得昼夜,功德常增长?云何得生天?唯愿为解说。"

尔时,世尊说偈答言:

"种植园果故,林树荫清凉,桥船以济度,造作福德舍,
穿井供渴乏,客舍给行旅,如此之功德,日夜常增长。

---

① 《相应部》(一)"诸天相应"四七经。《别译》一三四经。

如法戒具足,缘斯得生天。"

时彼天子复说偈言:

"久见婆罗门,逮得般涅槃,一切怖已过,永超世恩爱。"

时彼天子闻佛所说,欢喜随喜,稽首佛足,即没不现。

四① 　　　　　一三二七(　九九八)

如是我闻:一时,佛住舍卫国祇树给孤独园。时有一天子,容色绝妙,于后夜时,来诣佛所,稽首佛足,退坐一面。身诸光明,遍照祇树给孤独园。时彼天子说偈问佛:

"施何得大力?施何得妙色?施何得安乐?施何得明目?
修习何等施,名曰一切施?今启问世尊,愿为分别说!"

尔时,世尊说偈答言:

"施食得大力,施衣得妙色,施乘得安乐,施灯得明目。
虚馆以待宾,是名一切施。以法而诲彼,是则施甘露。"

时彼天子复说偈言:

"久见婆罗门,逮得般涅槃,一切怖已过,永超世恩爱。"

时彼天子闻佛所说,欢喜随喜,稽首佛足,即没不现。

五② 　　　　　一三二八(　九九九)

如是我闻:一时,佛住舍卫国祇树给孤独园。时有天子名悉

---

① 《相应部》(一)"诸天相应"四二经。《别译》一三五经。
② 《相应部》(二)"天子相应"二三经。《别译》一三六经。

鞞梨,容色绝妙,于后夜时,来诣佛所,稽首佛足,退坐一面。身诸光明,遍照祇树给孤独园。时彼天子而说偈言:

"诸天及世人,于食悉欣乐,颇有诸世间,福乐自随逐?"

尔时,世尊说偈答言:

"净信心惠施,此世及后世,随其所至处,福报常影随。
是故当舍悭,行无垢惠施,施已心欢喜,此世他世受。"

时彼悉鞞梨天子白佛言:"奇哉世尊!善说斯义:

净信心惠施,此世及他世,随其所至处,福报常影随。
是故当舍悭,行无垢惠施,施已心欢喜,此世他世受。"

悉鞞梨天子白佛言:"世尊!我自知过去世时,曾为国王,名悉鞞梨。于四城门普施为福;于其城内有四交道,亦于其中布施作福。时有第一夫人来语我言:大王大作福德,而我无力修诸福业。我时告言:城东门外布施作福,悉皆属汝。时诸王子复来白我:大王多作功德,夫人亦同,而我无力作诸福业,我今愿得依于大王,少作功德。我时答言:城南门外所作施福,悉皆属汝。时有大臣复来白我:今日大王多作功德,夫人、王子悉皆共之,而我无力作诸福业,愿依大王少有所作。我时告言:城西门外所作施福,悉皆属汝。时诸将士复来白我:今日大王多作功德,夫人、太子及诸大臣,悉皆共之,唯我无力能修福业,愿依大王得有所作。我时答言:城北门外所作施福,悉皆属汝。国中庶民复来白我:今日大王多作功德,夫人、王子、大臣、诸将,悉皆共之,唯我无力不能修福,愿依大王少有所作。我时答言:于其城内四交道头,所作施福,悉属汝等。尔时,国王、夫人、王子、大臣、将士、庶民,悉皆惠施,作诸功德,我先所作惠施功德,于兹则断。时我所使诸作福者,还至我所,为我作礼,而白我言:大王当知!诸修福处,夫人、王子、大臣、将士,及诸庶民,各据其处行施作福,大王所施,于兹则断。我时答言:善男子!诸方边国,岁输财物应入我者,分半入库,分其半分,即于彼处惠施作福。彼闻教旨,往诣边国,集诸财物,半送于库,半留于彼惠施作福。我先长夜如是惠施作福,长夜常得可爱、可念、可意福报,常受快乐,无有穷极,以斯福业及福果、福报,悉皆入于大功德聚数。譬如五大河,合为一流,所谓恒河、耶蒲那、萨罗由、伊罗跋提、摩醯,如是五河合为一流,无有人能量其河水,百千万亿斗斛之数,彼大河水得为大水聚数。我亦如是,所作功德果、功德报,不可称量,悉得入于大功德聚数。"尔时,悉鞞梨天子闻佛所说,欢喜随喜,稽首佛足,即没不现。

六① 一三二九(一〇〇〇)

如是我闻:一时,佛住舍卫国祇树给孤独园。时有一天子,容色绝妙,于后夜时,来诣佛所,稽首佛足,退坐一面。身诸光明,皆悉遍照祇树给孤独园。时彼天子说偈问佛:

"何等人能为,远游善知识?何等人能为,居家善知识?

何等人能为,通财善知识?何等人能为,后世善知识?"

尔时,世尊以偈答言:

---

① 《相应部》(一)"诸天相应"五三经。《别译》一三七经。

"商人之导师,游行善知识。贞祥贤良妻,居家善知识。
宗亲相习近,通财善知识。自所修功德,后世善知识。"

时彼天子复说偈言:

"久见婆罗门,逮得般涅槃,一切怖已过,永超世恩爱。"

时彼天子闻佛所说,欢喜随喜,稽首佛足,即没不现。

七① 一三〇(一〇〇一)

如是我闻:一时,佛住舍卫国祇树给孤独园。时有一天子,容色绝妙,于后夜时,来诣佛所,稽首佛足,退坐一面。身诸光明,遍照祇树给孤独园。时彼天子而说偈言:

"冥运持命去,故令人短寿,为老所侵迫,而无救护者。
睹斯老、病、死,令人大恐怖,唯作诸功德,乐往②至乐所。"

尔时,世尊说偈答言:

"冥运持命去,故令人短寿,为老所侵迫,而无救护者。
观此有余过,令人大恐怖,当断世贪爱,无余涅槃乐。"

时彼天子复说偈言:

"久见婆罗门,逮得般涅槃,一切怖已过,永超世恩爱。"

时彼天子闻佛所说,欢喜随喜,稽首佛足,即没不现。

---

① 《相应部》(一)"诸天相应"三经。《别译》一三八经。
② "往",原本作"住",依宋本改。

八①　　　　　　　一三三一(一〇〇二)

如是我闻：一时，佛住舍卫国祇树给孤独园。时有一天子，容色绝妙，于后夜时，来诣佛所，稽首佛足，退坐一面。身诸光明，遍照祇树给孤独园。时彼天子说偈问佛：

"断除于几法？几法应弃舍？而复于几法，增上方便修？几聚应超越，比丘度驶②流？"

尔时，世尊说偈答言：

"断除五、舍五，增修于五根，超越五和合，比丘度流渊。"

时彼天子复说偈言：

"久见婆罗门，逮得般涅槃，一切怖已过，永超世恩爱。"

时彼天子闻佛所说，欢喜随喜，稽首佛足，即没不现。

九③　　　　　　　一三三二(一〇〇三)

如是我闻：一时，佛住舍卫国祇树给孤独园。时有天子，容色绝妙，于后夜时，来诣佛所，稽首佛足，退坐一面。身诸光明，遍照祇树给孤独园。时彼天子说偈问佛：

"几人于觉眠？几人于眠觉？几人取尘垢？几人得清净？"

尔时，世尊说偈答言：

---

① 《相应部》(一)"诸天相应"五经。《别译》一四〇经。
② "驶"，原本作"驶"，依宋本改。
③ 《相应部》(一)"诸天相应"六经。《别译》一四一经。

"五人于觉眠,五人于眠觉,五人取于垢,五人得清净。"

时彼天子复说偈言:

"久见婆罗门,逮得般涅槃,一切怖已过,永超世恩爱。"

时彼天子闻佛所说,欢喜随喜,稽首佛足,即没不现。

(阿练若、憍慢、修福日夜增,云何得大力,何物生欢喜,远至、强亲逼,日夜有损减,思惟及眠瘖①。)

一〇②　　　　一三三三(一〇〇四)

如是我闻:一时,佛住舍卫国祇树给孤独园。时有天子,容色绝妙,于后夜时,来诣佛所,稽首佛足,退坐一面。身诸光明,遍照祇树给孤独园。时彼天子而说偈言:

"母子更相喜,牛主乐其牛;众生乐有余,无乐无余者。"

尔时,世尊说偈答言:

"母子更相忧,牛主忧其牛;有余众生忧,无余则无忧。"

时彼天子复说偈言:

"久见婆罗门,逮得般涅槃,一切怖已过,永超世恩爱。"

时彼天子闻佛所说,欢喜随喜,稽首佛足,即没不现。

---

① 摄颂见《别译》卷八(大正二·四二八上)。
② 《相应部》(一)"诸天相应"一二经。《别译》一四二经。

一一① 　　　　一三三四(一〇〇五)

如是我闻:一时,佛住舍卫国祇树给孤独园。时有天子,容色绝妙,于后夜时,来诣佛所,稽首佛足,退坐一面。身诸光明,遍照祇树给孤独园。时彼天子说偈问佛:

"何等人之物?何名第一伴?以何而活命?众生何处依?"

尔时,世尊说偈答言:

"田宅众生有,贤妻第一伴,饮食已存命,业为众生依。"

时彼天子复说偈言:

"久见婆罗门,逮得般涅槃,一切怖已过,永超世恩爱。"

时彼天子闻佛所说,欢喜随喜,稽首佛足,即没不现。

一二② 　　　　一三三五(一〇〇六)

如是我闻:一时,佛住舍卫国祇树给孤独园。时有天子,容色绝妙,来诣佛所,稽首佛足。身诸光明,遍照祇树给孤独园。时彼天子而说偈言:

"所爱无过子,财无贵于牛,光明无过日,萨罗无过海。"

尔时,世尊说偈答言:

"爱无过于己,财无过于谷,光明无过慧,萨罗无过见。"

---

① 《相应部》(一)"诸天相应"五四经。《别译》二三一经。
② 《相应部》(一)"诸天相应"一三经。《别译》二三二经。

时彼天子复说偈言:

"久见婆罗门,逮得般涅槃,一切怖已过,永超世恩爱。"

时彼天子闻佛所说,欢喜随喜,稽首佛足,即没不现。

一三① 　　　　一三三六(一〇〇七)

如是我闻:一时,佛住舍卫国祇树给孤独园。时有天子,容色绝妙,来诣佛所,稽首礼足。身诸光明,遍照祇树给孤独园。时彼天子而说偈言:

"刹利两足尊,犎牛四足胜,童英为上妻,贵生为上子。"

尔时,世尊说偈答言:

"正觉两足尊,生马四足胜,顺夫为贤妻,漏尽子之上。"

时彼天子复说偈言:

"久见婆罗门,逮得般涅槃,一切怖已过,永超世恩爱。"

时彼天子闻佛所说,欢喜随喜,稽首佛足,即没不现。

一四② 　　　　一三三七(一〇〇八)

如是我闻:一时,佛住舍卫国祇树给孤独园。时有天子,容色绝妙,来诣佛所,稽首佛足。身诸光明,遍照祇树给孤独园。时彼天子而说偈言:

"从地起众生,何者为最胜?于空堕落者,复以何胜上?

---

① 《相应部》(一)"诸天相应"一四经。《别译》二三三经。
② 《相应部》(一)"诸天相应"七四经。《别译》二三四经。

凡所祈请处,何者最第一?于诸言语中,何者为上辩?"

时有一天子,本为田家子,今得生天上。以本习故,即便说偈答彼天子:

"五谷从地生,是则为最胜。种子于空中,落地为最胜。
犎牛资养人,是则依中胜。爱子有所说,是则言中胜。"

彼发问天子语答者言:"我不问汝,何故多言轻躁妄说?我自说偈问世尊言:

从地起众生,何者为最胜?于空堕地者,复以何为胜?
凡所祈请处,何者为最胜?于诸言语中,何者为上辩?"

尔时,世尊说偈答言:

"从下踊出者,三明为最上。从空流下者,三明亦第一。
贤圣弟子僧,是师依之上。如来之所说,诸说之最辩。"

①时彼天子复说偈言:

"世间几法起?几法相顺可?世几法取爱?世几法损减?"

尔时,世尊说偈答言:

"世六法等起,世六法顺可,世六法取爱,世六法损减。"

时彼天子复说偈言:

----
① 《相应部》(一)"诸天相应"七〇经。《别译》二三五经。

"久见婆罗门,逮得般涅槃,一切怖已过,永超世恩爱。"

时彼天子闻佛所说,欢喜随喜,稽首佛足,即没不现。

一五① 　　　　　一三三八(一〇〇九)

如是我闻:一时,佛住舍卫国祇树给孤独园。时有天子,容色绝妙,于后夜时,来诣佛所,稽首佛足,退坐一面。身诸光明,遍照祇树给孤独园。时彼天子说偈问佛:

"谁持世间去?谁拘牵世间?何等为一法,制御于世间?"

尔时,世尊说偈答言:

"心持世间去,心拘引世间,其心为一法,能制御世间。"

时彼天子复说偈言:

"久见婆罗门,逮得般涅槃,一切怖已过,永超世恩爱。"

时彼天子闻佛所说,欢喜随喜,稽首佛足,即没不现。

一六② 　　　　　一三三九(一〇〇)

如是我闻:一时,佛住舍卫国祇树给孤独园。时有天子,容色绝妙,于后夜时,来诣佛所,稽首佛足,退坐一面。身诸光明,遍照祇树给孤独园。时彼天子说偈问佛:

"谁缚于世间?谁调伏令解?断除何等法,说名得涅槃?"

尔时,世尊说偈答言:

---

① 《相应部》(一)"诸天相应"六二经。《别译》二三六经。
② 《相应部》(一)"诸天相应"六四经。《别译》二三七经。

"欲能缚世间,调伏欲解脱,断除爱欲者,说名得涅槃。"

时彼天子复说偈言:

"久见婆罗门,逮得般涅槃,一切怖已过,永超世恩爱。"

时彼天子闻佛所说,欢喜随喜,稽首佛足,即没不现。

一七①　　　　　　一三四〇(一〇一一)

如是我闻:一时,佛住舍卫国祇树给孤独园。时有一天子,容色绝妙,于后夜时,来诣佛所,稽首佛足,退坐一面。身诸光明,遍照祇树给孤独园。时彼天子说偈问佛:

"谁掩于世间?谁遮络世间?谁结缚众生?何处建立世?"

尔时,世尊说偈答言:

"衰老掩世间,死遮络世间,爱系缚众生,法建立世间。"

时彼天子复说偈言:

"久见婆罗门,逮得般涅槃,一切怖已过,永超世恩爱。"

时彼天子闻佛所说,欢喜随喜,稽首佛足,即没不现。

一八②　　　　　　一三四一(一〇一二)

如是我闻:一时,佛住舍卫国祇树给孤独园。时有一天子,容色绝妙,于后夜时,来诣佛所,稽首佛足,退坐一面。身诸光明,遍照祇树给孤独园。时彼天子说偈问佛:

---

① 《相应部》(一)"诸天相应"六八经。《别译》二三八经。
② 《别译》二三九经。

"谁隐彼世间？谁系于世间？谁忆于众生？谁建众生幢？"

尔时，世尊说偈答言：

"无明覆世间，爱结缚众生，隐覆忆众生，我慢众生幢。"

时彼天子，即复说偈而问佛言：

"谁无有覆盖？谁复无爱结？谁即出隐覆？谁不建慢幢？"

尔时，世尊说偈答言：

"如来等正觉，正智心解脱，不为无明覆，亦无爱结系，超出于隐覆，摧灭我慢幢。"

时彼天子复说偈言：

"久见婆罗门，逮得般涅槃，一切怖已过，永超世恩爱。"

时彼天子闻佛所说，欢喜随喜，稽首佛足，即没不现①。

一九②　　　　一三四二（一〇三）

如是我闻：一时，佛住舍卫国祇树给孤独园。时有一天子，容色绝妙，于后夜时，来诣佛所，稽首佛足，退坐一面。身诸光明，遍照祇树给孤独园。时彼天子说偈问佛：

"何等为上士，所有资财物？云何善修习，而致于安乐？云何众味中，得为最上味？云何众生中，得为第一寿？"

---

① 摄颂，《别译》缺。
② 《相应部》（一）"诸天相应"七三经。《别译》二四〇经。

尔时,世尊说偈答言:

"清净信乐心,名士夫胜财。修行于正法,能招安乐果。
真谛之妙说,是则味之上。贤圣智慧命,是为寿中最。"

时彼天子复说偈言:

"久见婆罗门,逮得般涅槃,一切怖已过,永超世恩爱。"

时彼天子闻佛所说,欢喜随喜,稽首佛足,即没不现。

二〇①　　　　　　　　一三四三(一〇一四)

如是我闻:一时,佛住舍卫国祇树给孤独园。时有一天子,容色绝妙,于后夜时,来诣佛所,稽首佛足,退坐一面。身诸光明,遍照祇树给孤独园。时彼天子说偈问佛:

"云何为比丘,同己之第二? 云何为比丘,随顺教授者?
比丘于何处,游心自娱乐,娱乐彼处已,能断诸结缚?"

尔时,世尊说偈答言:

"信为同己二,智慧教授者,涅槃喜乐处,比丘断结缚。"

时彼天子复说偈言:

"久见婆罗门,逮得般涅槃,一切怖已过,永超世恩爱。"

时彼天子闻佛所说,欢喜随喜,稽首佛足,即没不现。

---

① 《相应部》(一)"诸天相应"五九经。《别译》二四一经。

二一①　　　　　　　　一三四四（一〇一五）

如是我闻：一时，佛住舍卫国祇树给孤独园。时有天子，容色绝妙，于后夜时，来诣佛所，稽首佛足。身诸光明，遍照祇树给孤独园。时彼天子说偈问佛：

"云何善至老？云何善建立？云何为人宝？云何贼不夺？"

尔时，世尊说偈答言：

"正戒善至老，净信善建立，智慧为人宝，功德贼不夺。"

时彼天子复说偈言：

"久见婆罗门，逮得般涅槃，一切怖已过，永超世恩爱。"

时彼天子闻佛所说，欢喜随喜，稽首佛足，即没不现。

二二②　　　　　　　　一三四五（一〇一六）

如是我闻：一时，佛在舍卫国祇树给孤独园。时有天子，容色绝妙，于后夜时③，来诣佛所，稽首佛足。身诸光明，遍照祇树给孤独园。时彼天子说偈问佛：

"何法生众生？何等前驱驰？云何起生死？何者不解脱？"

尔时，世尊说偈答言：

"爱欲生众生，意在前驱驰，众生起生死，苦法不解脱。"

---

① 《相应部》（一）"诸天相应"五一经。《别译》二四二经。
② 《相应部》（一）"诸天相应"五六经。《别译》二四三经。
③ "于后夜时"，原本缺，依明本补。

时彼天子复说偈言:

"久见婆罗门,逮得般涅槃,一切怖已过,永超世恩爱。"

时彼天子闻佛所说,欢喜随喜,稽首佛足,即没不现。

二三① 　　　　一三四六(一〇七)

如是我闻:一时,佛在舍卫国祇树给孤独园。时有天子,容色绝妙,于后夜时,来诣佛所,稽首佛足。身诸光明,遍照祇树给孤独园。时彼天子说偈问佛:

"何法生众生?何等前驱驰?云何起生死?何法可依怙?"

尔时,世尊说偈答言:

"爱欲生众生,意在前驱驰,众生起生死,业者可依怙。"

时彼天子复说偈言:

"久见婆罗门,逮得般涅槃,一切怖已过,永超世恩爱。"

时彼天子闻佛所说,欢喜随喜,稽首佛足,即没不现。

二四② 　　　　一三四七(一〇八)

如是我闻:一时,佛在舍卫国祇树给孤独园。时有天子,容色绝妙,于后夜时,来诣佛所,稽首佛足。身诸光明,遍照祇树给孤独园。时彼天子说偈问佛:

"何法生众生?何等前驱驰?云何起生死?何法甚可畏?"

---

① 《相应部》(一)"诸天相应"五七经。《别译》二四四经。
② 《相应部》(一)"诸天相应"五五经。《别译》二四五经。

尔时,世尊说偈答言:

"爱欲生众生,意在前驱驰,众生起生死,业为甚可畏?"

时彼天子复说偈言:

"久见婆罗门,逮得般涅槃,一切怖已过,永超世恩爱。"

时彼天子闻佛所说,欢喜随喜,稽首佛足,即没不现。

二五①　　　　　　一三四八(一〇一九)

如是我闻:一时,佛在舍卫国祇树给孤独园。时有天子,容色绝妙,于后夜时,来诣佛所,稽首佛足。身诸光明,遍照祇树给孤独园。时彼天子说偈问佛:

"何名为非道?云何日夜迁?云何垢梵行?云何累世间?"

尔时,世尊说偈答言:

"贪欲名非道,寿命日夜迁,女人梵行垢,女则累世间。
炽然修梵行,已洗诸非小。"

时彼天子复说偈言:

"久见婆罗门,逮得般涅槃,一切怖已过,永超世恩爱。"

时彼天子闻佛所说,欢喜随喜,稽首佛足,即没不现。

二六②　　　　　　一三四九(一〇二〇)

如是我闻:一时,佛在舍卫国祇树给孤独园。时有天子,容

---

① 《相应部》(一)"诸天相应"五八经。《别译》二四六经。
② 《相应部》(一)"诸天相应"六一经。《别译》二四七经。

色绝妙,于后夜时,来诣佛所,稽首佛足。身诸光明,遍照祇树给孤独园。时彼天子说偈问佛:

"何法映世间?何法无有上?何等为一法,普制御众生?"

尔时,世尊说偈答言:

"名者映世间,名者世无上,唯有一名法,能制御世间。"

时彼天子复说偈言:

"久见婆罗门,逮得般涅槃,一切怖已过,永超世恩爱。"

时彼天子闻佛所说,欢喜随喜,稽首佛足,即没不现。

二七① 一三五〇(一〇二一)

如是我闻:一时,佛在舍卫国祇树给孤独园。时有天子,容色绝妙,于后夜时,来诣佛所,稽首佛足。身诸光明,遍照祇树给孤独园。时彼天子说偈问佛:

"何法为偈因?以何庄严偈?偈者何所依?何者为偈体?"

尔时,世尊说偈答言:

"欲者是偈因,文字庄严偈,名者偈所依,造作为偈体。"

时彼天子复说偈言:

"久见婆罗门,逮得般涅槃,一切怖已过,永超世恩爱。"

---

① 《相应部》(一)"诸天相应"六〇经。《别译》二四八经。

时彼天子闻佛所说,欢喜随喜,稽首佛足,即没不现。

二八① 　　　一三五一(一〇二二)

如是我闻:一时,佛在舍卫国祇树给孤独园。时有天子,容色绝妙,于后夜时,来诣佛所,稽首佛足,却坐一面。身诸光明,遍照祇树给孤独园。时彼天子说偈问佛:

"云何知车乘?云何复知火?云何知国土?云何知妻妇?"

尔时,世尊说偈答言:

"见幢盖知车,见烟则知火,见王知国土,见夫知其妻。"

时彼天子复说偈言:

"久见婆罗门,逮得般涅槃,一切怖已过,永超世恩爱。"

时彼天子闻佛所说,欢喜随喜,稽首佛足,即没不现②。

(信及第二及至老,种种生世间,非道、最上胜,偈为何者初,别车为第十③。)

二九④ 　　　一三五二(　五七六)

⑤如是我闻:一时,佛在舍卫国祇树给孤独园。时有一天子,容色绝妙,于后夜时,来诣佛所,稽首佛足,退坐一面。身诸光明,遍照祇树给孤独园。时彼天子说偈白佛:

---

① 《相应部》(一)"诸天相应"七二经。《别译》二四九经。
② 《杂阿含经》卷四六(旧误编为卷三六)终。
③ 摄颂见《别译》卷一二(大正二·四六一下)。
④ 《相应部》(一)"诸天相应"一一经。《别译》一六一经。
⑤ 《杂阿含经》卷四七(旧误编为卷二二)。

"不处难陀林,终不得快乐,忉利天宫中,得天帝名称。"

尔时,世尊说偈答言:

"童蒙汝何知！阿罗汉所说,一切行无常,是则生灭法,
生者既复灭,俱寂灭为乐。"

时彼天子复说偈言:

"久见婆罗门,逮得般涅槃,一切怖已过,永超世恩爱。"

时彼天子闻佛所说,欢喜随喜,稽首佛足,即没不现。

三〇① 　　　一三五三(五七七)

如是我闻:一时,佛住舍卫国祇树给孤独园。时有一天子,容色绝妙,于后夜时,来诣佛所,稽首佛足,退坐一面。身诸光明,遍照祇树给孤独园。时彼天子即说偈言:

"断一切钩锁,牟尼无有家,沙门著教化,我不说善哉。"

尔时,世尊说偈答言:

"一切众生类,悉共相缠缚,其有智慧者,孰能不愍伤！
善逝哀愍故,常教授众生,哀愍众生者,是法之所应。"

时彼天子复说偈言:

"久见婆罗门,逮得般涅槃,一切怖已过,永超世恩爱。"

---

① 《相应部》(一〇)"夜叉相应"二经。《别译》一六二经。

时彼天子闻佛所说,欢喜随喜,即没不现。

三一①　　　　　　　　一三五四(　五七八)

如是我闻:一时,佛在舍卫国祇树给孤独园。时有天子,容色绝妙,于后夜时,来诣佛所,稽首佛足。身诸光明,遍照祇树给孤独园。时彼天子而说偈言:

"常习惭愧心,此人时时有;能远离诸恶,如顾鞭良马。"

尔时,世尊说偈答言:

"常习惭愧心,此人实希有！能远离诸恶,如顾鞭良马。"

时彼天子复说偈言:

"久见婆罗门,逮得般涅槃,一切怖悉过,永超世恩爱。"

时彼天子闻佛所说,欢喜随喜,稽首佛足,即没不现。

三二②　　　　　　　　一三五五(　五七九)

如是我闻:一时,佛在舍卫国祇树给孤独园。时有天子,容色绝妙,于后夜时,来诣佛所,稽首佛足。身诸光明,遍照祇树给孤独园。时彼天子说偈问佛:

"不习近正法,乐著诸邪见,睡眠不自觉,长劫心能悟。"

尔时,世尊说偈答言:

"专修于正法,远离不善业,是漏尽罗汉,险恶世平等。"

---

① 《相应部》(一)"诸天相应"一八经。《别译》一六三经。
② 《相应部》(一)"诸天相应"七经。《别译》一六四经。

时彼天子复说偈言:

"久见婆罗门,逮得般涅槃,一切怖悉过,永超世恩爱。"

时彼天子闻佛所说,欢喜随喜,稽首佛足,即没不现。

三三① 一三五六(五八〇)

如是我闻:一时,佛在舍卫国祇树给孤独园。时有天子,容色绝妙,于后夜时,来诣佛所,稽首佛足。身诸光明,遍照祇树给孤独园。时彼天子而说偈言:

"以法善调伏,不随于诸见,虽复著睡眠,则能随时悟。"

尔时,世尊说偈答言:

"若以法调伏,不随余异见,无知已究竟,能度世恩爱。"

时彼天子复说偈言:

"久见婆罗门,逮得般涅槃,一切怖已过,永超世恩爱。"

时彼天子闻佛所说,欢喜随喜,稽首佛足,即没不现。

三四② 一三五七(五八一)

如是我闻:一时,佛在舍卫国祇树给孤独园。时有天子,容色绝妙,于后夜时,来诣佛所,稽首佛足。身诸光明,遍照祇树给孤独园。时彼天子说偈问佛:

"若罗汉比丘,自所作已作,一切诸漏尽,持此后边身,

---

① 《相应部》(一)"诸天相应"八经。《别译》一六五经。
② 《相应部》(一)"诸天相应"二五经。《别译》一六六经。

记说言有我,及说我所不?"

尔时,世尊即说偈答:

"若罗汉比丘,自所作已作,一切诸漏尽,持此后边身,
正复说有我,我所亦无咎。"

时彼天子复说偈言:

"若罗汉比丘,自所作已作,一切漏已尽,持此最后身,
心依于我慢,而说言有我,及说于我所,有如是说不?"

尔时,世尊说偈答言:

"已离于我慢,无复我慢心,超越我我所,我说为漏尽。
于彼我我所,心已永不著,善解世名字,平等假名说。"

时彼天子复说偈言:

"久见婆罗门,逮得般涅槃,一切怖已过,永超世恩爱。"

时彼天子闻佛所说,欢喜随喜,稽首佛足,即没不现。

三五① 　　　　　一三五八(五八二)

如是我闻:一时,佛在舍卫国祇树给孤独园。时有天子,容色绝妙,于后夜时,来诣佛所,稽首佛足。身诸光明,遍照祇树给孤独园。时彼天子说偈白佛:

"若罗汉比丘,漏尽持后身,颇说言有我,及说我所不?"

---

① 《相应部》与《别译》,并即上经。

尔时,世尊说偈答言:

"若罗汉比丘,漏尽持后身,亦说言有我,及说有我所。"

时彼天子复说偈言:

"若罗汉比丘,自所作已作,已尽诸有漏,唯持最后身,
何言说有我?说何是我所?"

尔时,世尊说偈答言:

"若罗汉比丘,自所作已作,一切诸漏尽,唯持最后身。
说我漏已尽,亦不著我所,善解世名字,平等假名说。"

时彼天子闻佛所说,欢喜随喜,稽首佛足,即没不现。

三六①　　　　　一三五九(　五八三)

如是我闻:一时,佛住舍卫国祇树给孤独园。尔时,罗睺罗阿修罗王,障月天子。时诸月天子,悉皆恐怖,来诣佛所,稽首佛足,退住一面。说偈叹佛:

"今礼最胜觉,能脱一切障。我今遭苦恼,是故来归依。
我等月天子,归依于善逝,佛哀愍世间,愿解阿修罗!"

尔时,世尊说偈答言:

"破坏诸暗冥,光明照虚空,今毗卢遮那,清净光明显。
罗睺避虚空,速放飞兔像。"罗睺阿修罗,即舍月而还,

---

① 《相应部》(二)"天子相应"九经。《别译》一六七经。

举体悉流汗①,战怖不自安,神昏志迷乱,犹如重病人。

时有阿修罗名曰婆稚,见罗睺罗阿修罗疾舍月还,便说偈言:

"罗睺阿修罗,舍月一何速?神体悉流汗,犹如重病人?"

罗睺罗②阿修罗说偈答言:

"瞿昙说咒偈,不速舍月者,或头破七分,受诸邻死苦。"

婆稚阿修罗复说偈言:

"佛兴未曾有,安隐于世间,说咒偈能令,罗睺罗舍月。"

佛说此经已,时月天子闻佛所说,欢喜随喜,作礼而去。

三七③　　　　　　　一三六〇(五八四)

如是我闻:一时,佛住舍卫国祇树给孤独园。时有一天子,容色绝妙,于后夜时,来诣佛所,稽首佛足,退坐一面。身诸光明,遍照祇树给孤独园。时彼天子说偈问佛:

"为有族本不?有转生族耶?有俱相属无?云何解于缚?"

尔时,世尊说偈答言:

"我无有族本,亦无转生族,俱相属永断,解脱一切缚。"

---

① "汗",原本作"污",下同。
② "罗",原本缺,依宋本补。
③ 《相应部》(一)"诸天相应"一九经。《别译》一六八经。

时彼天子复说偈言:

"何名为族本?云何转生族?云何俱相属①?何名为坚缚?"

尔时,世尊说偈答言:

"母为世族本,妻名转生族,子俱是相属,爱欲为坚缚。
我无此族本,亦无转生族,俱相属亦无,是名脱坚缚。"

时彼天子复说偈言:

"善哉无族本,无生族亦善,善哉无相属,善哉缚解脱!
久见婆罗门,逮得般涅槃!一切怖已②过,永超世恩爱。"

时彼天子闻佛所说,欢喜随喜,稽首佛足,即没不现。

三八③　　　　　一三六一(　五八五)

如是我闻:一时,佛住释氏优罗提那塔所。尔时,世尊新剃须发,于后夜时,结跏④趺坐,直身正意,系念在前,以衣覆头。时优罗提那塔边,有天神住,放身光明,遍照精舍。白佛言:"沙门!忧耶?"佛告天神:"何所忘失?"天神复问:"沙门!为欢喜耶?"佛告天神:"为何所得?"天神复问:"沙门!不忧不喜耶?"佛告天神;"如是,如是。"尔时,天神即说偈言:

"为离诸烦恼,为无有欢喜,云何独一住,非不乐所坏?"

---

① "属",原本作"续",依宋本改。
② "怖已",原本作"怨悉",依宋本改。
③ 《相应部》(二)"天子相应"一八经。《别译》一六九经。
④ "跏",原本作"加",依明本改。

尔时,世尊说偈答言:

"我无恼解脱,亦无有欢喜,不乐不能坏,故独一而住。"

时彼天神复说偈言:

"云何得无恼?云何无欢喜?云何独一住,非不乐所坏?"

尔时,世尊说偈答言:

"烦恼生欢喜,喜亦生烦恼,无恼亦无喜,天神当护持。"

时彼天神复说偈言:

"善哉无烦恼,善哉无欢喜,善哉独一住,不为不喜坏。
久见婆罗门,逮得般涅槃,一切怖已过,永超世恩爱。"

时彼天神闻佛所说,欢喜随喜,稽首佛足,即没不现①。

三九②　　　　　　　一三六二(　五八六)

如是我闻:一时,佛住舍卫国祇树给孤独园。时有一天子,容色妙绝,于后夜时,来诣佛所,稽首佛足。身诸光明,遍照祇树给孤独园。时彼天子而说偈言:

"犹如利剑害,亦如头火燃,断除贪欲火,正念求远离。"

尔时,世尊说偈答言:

"譬如利剑害,亦如头火燃,断除于后身,正念求远离。"

---

① 摄颂,《别译》缺。
② 《相应部》(一)"诸天相应"二一经。《别译》一七〇经。

时彼天子复说偈言:

"久见婆罗门,逮得般涅槃,一切怖已过,永超世恩爱。"

时彼天子闻佛所说,欢喜随喜,稽首佛足,即没不现。

四〇① 　　　　一三六三（　五八七）

如是我闻:一时,佛住舍卫国祇树给孤独园。时有一天子,容色绝妙,于后夜时,来诣佛所,稽首佛足。身诸光明,遍照祇树给孤独园。时彼天子而说偈言:

"天女众围绕,如毗舍脂众,痴惑丛林中,何由而得出?"

尔时,世尊说偈答言:

"正直平等道,离恐怖之方,乘寂默之车,法想为密覆,
　惭愧为长縻,正念为羁络,智慧善御士,正见为前导,
　　如是之妙乘,男女之所乘,出生死丛林,逮得安乐处。"

时彼天子复说偈言:

"久见婆罗门,逮得般涅槃,一切怖已过,永超世恩爱。"

时彼天子闻佛所说,欢喜随喜,稽首佛足,即没不现。

四一② 　　　　一三六四（　五八八）

如是我闻:一时,佛住舍卫国祇树给孤独园。时有一天子,容色绝妙,于后夜时,来诣佛所,稽首佛足。身诸光明,遍照祇树

---

① 《相应部》(一)"诸天相应"四六经。《别译》一七一经。
② 《相应部》(一)"诸天相应"二九经。《别译》一七二经。

给孤独园。时彼天子说偈问佛：

"有四轮①九门,充满贪欲住,深溺淤②泥中,大象云何出?"

尔时,世尊说偈答言：

"断爱喜长縻,贪欲等诸恶,拔爱欲根本,正向于彼处。"

时彼天子复说偈言：

"久见婆罗门,逮得般涅槃,一切怖已过,永超世恩爱。"

时彼天子闻佛所说,欢喜随喜,稽首佛足,即没不现。

四二③　　　　　　　　一三六五(　五八九)

如是我闻：一时,佛住舍卫国祇树给孤独园。时有一天子,容色绝妙,于后夜时,来诣佛所,稽首佛足,退坐一面。身诸光明,遍照祇树给孤独园。时彼天子说偈问佛：

"赖吒槃提国,有诸商贾客,大富足财宝,各各竞求富,方便欲财利,犹如然炽火。如是竞胜心,欲贪常驰骋,云何当断贪,息世间勤求?"

尔时,世尊说偈答言：

"舍俗出非家,妻子及财宝,贪、恚、痴、离欲,罗汉尽诸漏,正智心解脱,爱尽息方便。"

---

① "轮",原本作"转",依宋本改。
② "淤",原本作"乌",依元本改。
③ 《相应部》(一)"诸天相应"二八经。《别译》一八三经。

时彼天子复说偈言:

"久见婆罗门,逮得般涅槃,一切怖已过,永超世恩爱。"

时彼天子闻佛所说,欢喜随喜,稽首佛足,即没不现。

四三①　　　　　一三六六(　五九〇)

如是我闻:一时,佛住舍卫国祇树给孤独园。尔时,世尊告诸比丘:"过去世时,拘萨罗国有诸商人,五百乘车共行治生,至旷野中。旷野有五百群贼,在后随逐,伺便欲作劫盗。时旷野中有一天神,止住路侧。时彼天神作是念:当往诣彼拘萨罗国诸商人所,问其义理。若彼商人喜我所问,时解说者,我当方便令其安隐,得脱贼难。若不喜我所问者,当放舍之,如余天神。时彼天神作是念已,即放身光,遍照商人车营,而说偈言:

谁于觉睡眠?谁复睡眠觉?谁有解此义?谁能为我说?

尔时,商人中有一优婆塞,信佛、信法、信比丘僧,一心向佛、法、僧,归依佛、法、僧。于佛离疑,于法、僧离疑;于苦、集、灭、道离疑,见四圣谛,得第一无间等果。在商人中,与诸商人共为行侣。彼优婆塞于后夜时,端坐思惟,系念在前,于十二因缘逆顺观察:所谓是事有故是事有,是事起故是事起,谓缘无明行,缘行识,缘识名色,缘名色六入处,缘六入处触,缘触受,缘受爱,缘爱取,缘取有,缘有生,缘生老死、忧悲恼苦,如是纯大苦聚集。如是无明灭则行灭,行灭则识灭,识灭则名色灭,名色灭则六入处灭,六入处灭则触灭,触灭则受灭,受灭则爱灭,爱灭则取灭,取灭则有

---

① 《别译》一八四经。

灭,有灭则生灭,生灭则老死、忧悲恼苦灭,如是如是纯大苦聚灭。时彼优婆塞如是思惟已,而说偈言:

> 我于觉睡眠,我于睡眠觉,我解知此义,能为人记说。

时彼天神问优婆塞:云何觉睡眠?云何睡眠觉?云何能解知?云何能记说?时优婆塞说偈答言:

> 贪欲及嗔恚,愚痴得离欲,漏尽阿罗汉,正智心解脱,
> 彼则为觉悟,我于彼睡眠。不知因生苦,及苦因缘集,
> 于此一切苦,得无余灭尽,又不知正道,等趣息苦处,
> 斯等为常眠,我于彼则觉。如是觉睡眠,如是睡眠觉,
> 如是善知义,如是能记说。

时彼天神复说偈言:

> 善哉觉睡眠,善哉眠中觉,善哉解知义,善哉能记说!
> 久远乃今见,诸兄弟而来,缘汝恩力故,令诸商人众,
> 得免于劫贼,随道安乐去。

如是诸比丘!彼拘萨罗泽中诸商人众,皆得安隐,从旷野出。"

佛说此经已,诸比丘闻佛所说,欢喜奉行。

四四① 一三六七(五九一)

如是我闻:一时,佛住舍卫国祇树给孤独园。尔时,世尊告诸比丘:"过去世时,海洲上优婆塞,至他优婆塞舍会坐。极毁呰欲,言此欲者虚妄不实,欺诳之法,犹如幻化,诳于婴儿。还自

---

① 《别译》一八五经。

已舍,恣于五欲。是优婆塞舍,有天神止住。时彼天神作是念:是优婆塞不胜、不类,于余优婆塞舍会坐众中,极毁呰欲,言如是欲者,虚伪不实,欺诳之法,如诳婴儿;还已舍已,自恣五欲。我今宁可发令觉悟,而说偈言:

> 于大聚会中,毁呰欲无常,自没于爱欲,如牛溺深泥。
> 我观彼会中,诸优婆塞等,多闻明解法,奉持于净戒。
> 汝见彼乐法,而说欲无常,如何自恣欲,不断于贪爱?
> 何故乐世间,畜妻子眷属?

时彼天神如是、如是开觉彼优婆塞已,如是、如是彼优婆塞觉悟已,剃除须发,着袈裟衣,正信非家,出家学道,精勤修习,尽诸有漏,得阿罗汉。"

佛说此经已,诸比丘闻佛所说,欢喜奉行。

四五①　　　一三六八(　五九二)

如是我闻:一时,佛住王舍城寒林中丘冢间。时给孤独长者,有小因缘,至王舍城,止宿长者舍。夜见长者告其妻子、仆使、作人言:"汝等皆起,破樵燃火,炊饭作饼,调和众味,庄严堂舍。"给孤独长者见已,作是念:今此长者何所为作?为嫁女、娶妇耶?为请宾客、国王、大臣耶?念已,即问长者:"汝何所作?为嫁女、娶妇?为请宾客、国王、大臣耶?"时彼长者答给孤独长者言:"我不嫁女、娶妇,亦不请呼国王、大臣,唯欲请佛及比丘僧,设供养耳。"时给孤独长者闻未曾闻佛名字已,心大欢喜,身

---

① 《相应部》(一〇)"夜叉相应"八经。《别译》一八六经。

诸毛孔,皆悉怡悦。问彼长者言:"何名为佛?"长者答言:"有沙门瞿昙,是释种子,于释种中剃除须发,着袈裟衣,正信非家,出家学道,得阿耨多罗三藐三菩提,是名为佛。"给孤独长者言:"云何名僧?"彼长者言:"若婆罗门种,剃除须发,着袈裟衣,信家非家而随佛出家;或刹利种、毗舍种、首陀罗种善男子等,剃除须发,着袈裟衣,正信非家,彼佛出家而随出家,是名为僧。今日请佛及现前僧,设诸供养。"给孤独长者问彼长者言:"我今可得往见世尊不?"彼长者答言:"汝且住此,我请世尊来至我舍,于此得见。"

时给孤独长者,即于其夜,至心念佛,因得睡眠。天犹未明,忽见明相,谓天已晓,欲出其舍,行向城门。至城门下,夜始二更,城门未开。王家常法,待远使命来往,至初夜尽,城门乃闭;中夜已尽,辄复开门,欲令行人早得往来。尔时,给孤独长者见城门开,而作是念:定是夜过,天晓、门开,乘明相出于城门。出城门已,明相即灭,辄还暗冥。给孤独长者心即恐怖,身毛为竖,得无为人及非人,或奸狡①人恐怖我耶?即便欲还。尔时,城门侧有天神住,时彼天神即放身光,从其城门至寒林丘冢间,光明普照。告给孤独长者言:"汝且前进,可得胜利,慎勿退还!"时彼天神即说偈言:

"善良马百匹,黄金满百斤,骡车及马车,各各有百乘,
种种诸珍奇,重宝载其上,宿命种善根,得如此福报。
若人宗重心,向佛行一步,十六分之一,过前福之上。

---

① "狡",原本作"姣",依圣本改。

是故长者！汝当前进,慎勿退还！"即复说偈:

"雪山大龙象,纯金为庄饰,巨身长大牙,以此象施人,
不及向佛福,十六分之一。

是故长者！当速前进,得其大利,非退还也。"复说偈言:

"金菩阇国女,其数有百人,种种众妙宝,璎珞具庄严,
以是持施与,不及行向佛,一步之功德,十六分之一。

是故长者！当速前进,得其胜利,非退还也。"时给孤独长者问天神言:"贤者！汝是何人?"天神答言:"我是摩头息揵大摩那婆,先是长者善知识。于尊者舍利弗、大目揵连所起信敬心,缘斯功德,今得生天,典此城门。是故告长者:但当进前,慎莫退还,前进得利,非退还也。"时给孤独长者作是念:佛兴于世,非为小事。得闻正法,亦非小事。是故天神劝我令进,往见世尊。时给孤独长者寻其光明,迳至寒林丘冢间。尔时,世尊出房,露地经行。给孤独长者遥见佛已,即至其前,以俗人礼法,恭敬问讯:"云何世尊,安隐卧不?"尔时,世尊说偈答言:

"婆罗门涅槃,是则常安乐,爱欲所不染,解脱永无余。
断一切希望,调伏心炽燃,心得寂止息,止息安隐眠。"

①尔时,世尊将给孤独长者往入房中,就座而坐,端身系念。尔时,世尊为其说法,示教、照喜已。世尊说诸法无常,宜布施福事,持戒福事,生天福事。欲味,欲患,欲出远离之福。给孤独长

---

① 以下《相应部》缺。

者闻法（已）、见法、得法、入法、解法、度诸疑、惑，不由他信，不由他度，入正法律，心得无畏。即从座起，正衣服，为佛作礼，右膝着地，合掌白佛言："已度，世尊！已度，善逝！我从今日，尽其寿命，归佛、归法、归比丘僧，为优婆塞，证知我！"尔时，世尊问给孤独长者："汝名何等？"长者白佛："名须达多。以常给孤贫辛苦故，时人名我为给孤独。"世尊复问："汝居何处？"长者白佛言："世尊！在拘萨罗人间，城名舍卫，唯愿世尊来舍卫国，我当尽寿供养——衣被、饮食、房舍、床卧、随病汤药。"佛问长者："舍卫国有精舍不？"长者白佛："无也，世尊！"佛告长者："汝可于彼建立精舍，令诸比丘往来宿止。"长者白佛："但使世尊来舍卫国，我当造作精舍、僧房，令诸比丘往来止住。"尔时，世尊默然受请。时长者知佛世尊默然受请已，从座起，稽首佛足而去。

四六① 　　　　　一三六九（　五九三）

如是我闻：一时，佛住舍卫国祇树给孤独园。时给孤独长者疾病命终，生兜率天，为兜率天子。作是念：我不应久住于此，当往见世尊。作是念已，如力士屈申臂顷，于兜率天没，现于佛前，稽首佛足，退坐一面。时给孤独天子身放光明，遍照祇树给孤独园。时给孤独天子而说偈言：

"于此祇桓林，仙人僧住止，诸王亦住此，增我欢喜心。
深信净戒业，智慧为胜寿，以此净众生，非族姓、财物。
大智舍利弗，正念常寂默，闲居修远离，初建业良友。"

---

① 《相应部》（二）"天子相应"二〇经。《别译》一八七经后文。《中部》（一四三）《教给孤独经》后分。《增一阿含经》（五一）"非常品"八经后分。

说此偈已,即没不现。

尔时,世尊其夜过已,入于僧中,敷尼师坛,于众前坐。告诸比丘:"今此夜中,有一天子,容色绝妙,来诣我所,稽首我足,退坐一面,而说偈言:

　　于此祇桓林,仙人僧住止,诸王亦住此,增我欢喜心。
　　深信净戒业,智慧为胜寿,以此净众生,非族姓、财物。
　　大智舍利弗,正念常寂默,闲居修远离,初建业良友。"

尔时,尊者阿难白佛言:"世尊!如我解世尊所说,给孤独长者生彼天上,来见世尊。然彼给孤独长者,于尊者舍利弗极相敬重。"佛告阿难:"如是,如是。阿难!给孤独长者生彼天上,来见于我。"尔时,世尊以尊者舍利弗故,而说偈言:

　　"一切世间智,唯除于如来,比舍利弗智,十六不及一。
　　如舍利弗智,天人悉同等,比于如来智,十六不及一。"

佛说此经已,诸比丘闻佛所说,欢喜奉行。

四七① 　　　　　一三七〇(　五九四)

如是我闻:一时,佛住旷野精舍。时有旷野长者疾病命终,生无热天。生彼天已,即作是念:我今不应久于此住,不见世尊。作是念已,如力士屈申臂顷,从无热天没,现于佛前。时彼天子天身委地,不能自立,犹如酥油委地,不能自立。如是彼天子天身细软,不自持立。尔时,世尊告彼天子:"汝当变化作此粗身而立于地。"时彼天子即自化形,作此粗身而立于地。于是天子

---

① 《增支部》"三集"一二五经。《别译》一八八经。

前礼佛足,退坐一面。尔时,世尊告手天子:"汝手天子,本于此间为人身时,所受经法,今故忆念不悉忘耶?"手天子白佛言:"世尊!本所受持,今悉不忘。本人间时有所闻法,不尽得者,今亦忆念。如世尊善说,世尊说言:若人安乐处,能忆持法,非为苦处,此说真实。如世尊在阎浮提,种种杂类,四众围绕而为说法,彼诸四众闻佛所说,皆悉奉行,我亦如是,于无热天上,为诸天人大会说法,彼诸天众悉受修学。"佛告手天子:"汝于此人间时,于几法无厌足故,而得生彼无热天中?"手天子白佛:"世尊!我于三法无厌足故,身坏命终,生无热天。何等三法?我于见佛无厌足①故,身坏命终,生无热天,我于闻②法无厌足故,生无热天;供养众僧无厌足故,身坏命终,生无热天。"时手天子即说偈言:

"见佛无厌足,闻法亦无厌,供养于众僧,亦未曾知足。
受持贤圣法,调伏悭著垢,三法不知足,故生无热天。"

时手天子闻佛所说,欢喜随喜,即没不现。

四八③　　　　　一三七一(　五九五)

如是我闻:一时,佛住舍卫国祇树给孤独园。时有无烦天子,容色绝妙,来诣佛所,稽首佛足,退坐一面。其身光明,遍照祇树给孤独园。时彼天子而说偈言:

"生彼无烦天,解脱七比丘,贪、嗔恚已尽,超世度恩爱。

---

① "足",原本缺,依元本补。
② "闻",原本作"佛",依元本改。
③ 《相应部》(二)"天子相应"二四经。《别译》一八九经。

谁度于诸流,难度死魔军？谁断死魔縻,永超烦恼轭？"

尔时,世尊说偈答言：

"尊者优波迦,及波罗揵荼,弗迦罗娑梨,跋提、揵陀叠,
亦婆休难提,及波毗瘦瓮,如是等一切,悉皆度诸流。
断绝死魔縻,度彼难度者,断诸死魔縻,超越诸天轭。
说甚深妙法,觉悟难知者,巧便问深义,汝今为是谁？"

时彼天子说偈白佛：

"我是阿那含,生彼无烦天,故能知斯等,解脱七比丘,
尽贪欲、嗔恚,永超世恩爱。"

尔时,世尊复说偈言：

"眼、耳、鼻、舌、身,第六意入处,若彼名及色,得无余灭尽。
能知此诸法,解脱七比丘,贪有悉已尽,永超世恩爱。"

时彼天子复说偈言：

"鞞跋楞伽村,我于彼中住,名难提婆罗,造作诸瓦器,
迦叶佛弟子,持优婆塞法,供养于父母,离欲修梵行,
世世为我友,我亦彼知识。如是等大士,宿命共和合,
善修于身心,持此后边身。"

尔时,世尊复说偈言：

"如是汝贤士,如汝之所说,鞞跋楞伽村,名难提婆罗,
迦叶佛弟子,受优婆塞法,供养于父母,离欲修梵行,

昔是汝知识,汝亦彼良友。如是诸正士,宿命共和合,
善修其身心,持此后边身。"

佛说此经已,时彼天子闻佛所说,欢喜随喜,即没不现。

四九① 　　　　　一三七二(　五九六)

如是我闻:一时,佛住舍卫国祇树给孤独园。时有一天子,容色绝妙,于后夜时,来诣佛所,稽首佛足,退坐一面。身诸光明,遍照祇树给孤独园。时彼天子说偈问佛:

"此世多恐怖,众生常恼乱,已起者亦苦,未起亦当苦,
颇有离恐处,唯愿慧眼说!"

尔时,世尊说偈答言:

"无有异苦行,无异伏诸根,无异一切舍,而得见解脱。"

时彼天子复说偈言:

"久见婆罗门,逮得般涅槃,一切怖已过,永超世恩爱。"

时彼天子闻佛所说,欢喜随喜,稽首佛足,即没不现。

五〇② 　　　　　一三七三(　五九七)

如是我闻:一时,佛住舍卫国祇树给孤独园。时有一天子,容色绝妙,于后夜时,来诣佛所,稽首佛足,退坐一面。身诸光明,遍照祇树给孤独园。时彼天子说偈问佛:

---

① 《相应部》(二)"天子相应"一七经。《别译》一八一经。
② 《别译》一八二经。

"云何诸众生,受身得妙色?云何修方便,而得乘出道?
众生住何法?为何所修习?为何等众生,诸天所供养?"

尔时,世尊说偈答言:

"持戒明智慧,自修习正受,正直心系念,炽燃忧悉灭,
得平等智慧,其心善解脱。斯等因缘故,受身得妙色,
成就乘出道,心住于中学,如是德备者,为诸天供养。"

时彼天子复说偈言:

"久见婆罗门,逮得般涅槃,一切怖已过,永超世恩爱。"

时彼天子闻佛所说,欢喜随喜,稽首佛足,即没不现。
（常惊恐、颜色,罗咤国估客,输波罗、须达,须达多生天,首长者生天,又有无烦天①。）

五一②　　　　　　一三七四（　五九八）

如是我闻:一时,佛住舍卫国祇树给孤独园。时有一天子,容色绝妙,于后夜时,来诣佛所,稽首佛足,退坐一面。身诸光明,遍照祇树给孤独园。时彼天子而说偈言:

"沉没于睡眠,欠呿、不欣乐,饱食、心愦闹,懈怠、不精勤,
斯十③覆众生,圣道不显现。"

尔时,世尊说偈答言:

---

① 摄颂见《别译》卷九(大正二·四四三上)。次第小异。
② 《相应部》(一)"诸天相应"一六经。《别译》一七五经。
③ "十",疑"七"。

"心没于睡眠、欠呿、不欣乐、饱食、心愦闹、懈怠、不精勤；精勤修习者，能开发圣道。"

时彼天子复说偈言：

"久见婆罗门，逮得般涅槃，一切怖已过，永超世恩爱。"

时彼天子闻佛所说，欢喜随喜，稽首佛足，即没不现。

五二① 　　　　　　一三七五（　五九九）

如是我闻：一时，佛住舍卫国祇树给孤独园。时有一天子，容色绝妙，于后夜时，来诣佛所，稽首佛足，退坐一面。身诸光明，遍照祇树给孤独园。时彼天子而说偈言：

"外缠结非缠，内缠缠众生，今问于瞿昙，谁于缠离缠？"

尔时，世尊说偈答言：

"智者建立戒，内心修智慧，比丘勤修习，于缠能解缠。"

时彼天子复说偈言：

"久见婆罗门，逮得般涅槃，一切怖已过，永超世恩爱。"

时彼天子闻佛所说，欢喜随喜，稽首佛足，即没不现。

五三② 　　　　　　一三七六（　六〇〇）

如是我闻：一时，佛住舍卫国祇树给孤独园。时有一天子，容色绝妙，于后夜时，来诣佛所，稽首佛足，退坐一面。身诸光

---

① 《相应部》（一）"诸天相应"二三经。《别译》一七三经。
② 《相应部》（一）"诸天相应"一七经。《别译》一七四经。

明,遍照祇树给孤独园。时彼天子而说偈言:

"难度难可忍,沙门无知故,多起诸艰难,重钝溺沉没,
心随觉自在,数数溺沉没。沙门云何行,善摄护其心?"

尔时,世尊说偈答言:

"如龟善方便,以壳自藏六,比丘习禅思,善摄诸觉想。
其心无所依,他莫能恐怖,是则自隐密,无能诽谤者。"

时彼天子复说偈言:

"久见婆罗门,逮得般涅槃,一切怖已过,永超世恩爱。"

时彼天子闻佛所说,欢喜随喜,稽首佛足,即没不现。

五四①　　　　　　一三七七(　六〇一)

如是我闻:一时,佛住舍卫国祇树给孤独园。时有天子,容色绝妙,于后夜时,来诣佛所,稽首佛足。身诸光明,遍照祇树给孤独园。时彼天子说偈问佛:

"萨罗小流注,当于何反流?生死之径路,于何而不转?
世间诸苦乐,何由灭无余?"

尔时,世尊说偈答言:

"眼、耳、鼻、舌、身,及彼意入处,名色灭无余,萨罗小还流,
生死道不转,苦乐灭无余。"

时彼天子复说偈言:

---

① 《相应部》(一)"诸天相应"二七经。《别译》一七六经。

"久见婆罗门,逮得般涅槃,一切怖已过,永超世恩爱。"

时彼天子闻佛所说,欢喜随喜,稽首佛足,即没不现。

五五① 　　　　　一三七八(六〇二)

如是我闻:一时,佛住在舍卫国祇树给孤独园。时有天子,容色绝妙,于后夜时,来诣佛所,稽首佛足。身诸光明,遍照祇树给孤独园。时彼天子说偈问佛:

"伊尼耶鹿蹲,仙人中之尊,少食不嗜味,禅思乐山林。
我今敬稽首,而问于瞿昙:云何出离苦?云何苦解脱?
我今问解脱,于何而灭尽?"

尔时,世尊说偈答言:

"世间五欲德,心法说第六,于彼欲无欲,解脱一切苦。
如是于苦出,如是苦解脱,汝所问解脱,于彼而灭尽。"

时彼天子复说偈言:

"久见婆罗门,逮得般涅槃,一切怖已过,永超世恩爱。"

时彼天子闻佛所说,欢喜随喜,稽首佛足,即没不现。

五六 　　　　　一三七九(六〇三)

如是我闻:一时,佛住舍卫国祇树给孤独园。时有天子,容色绝妙,于后夜时,来诣佛所,稽首佛足,退坐一面。身诸光明,遍照祇树给孤独园。时彼天子说偈问佛:

---

① 《相应部》(一)"诸天相应"三〇经。《别译》一七七经。

"云何度诸流?云何度大海?云何能舍苦?云何得清净?"

尔时,世尊即说偈言:

"信能度诸流,不放逸度海,精进能除苦,智慧得清净。"

时彼天子复说偈言:

"久见婆罗门,逮得般涅槃,一切怖已过,永超世恩爱。"

时彼天子闻佛所说,欢喜随喜,稽首佛足,即没不现①。

五七②　　　　　　　一三八〇(一二六七)

③如是我闻:一时,佛住舍卫国祇树给孤独园。时有一天子,容色绝妙,于后夜时,来诣佛所,稽首佛足,退坐一面。身诸光明,遍照祇树给孤独园。时彼天子白佛言:"世尊!比丘,比丘度驶流耶?"佛言:"如是,天子!"天子复问:"无所攀缘,亦无所住,度驶流耶?"佛言:"如是,天子!"天子复问:"无所攀缘,亦无所住而度驶流,其义云何?"佛言:"天子!我如是如是抱,如是如是直进,则不为水之所溺。如是如是不抱,如是如是不直进,则为水所溺。如是天子!名为无所攀缘,亦无所住而度驶流。"时彼天子复说偈言:

"久见婆罗门,逮得般涅槃,一切怖已过,永超世恩爱。"

时彼天子闻佛所说,欢喜随喜,稽首佛足,即没不现。

---

① 《杂阿含经》卷四七(旧误编为卷二二)终。
② 《相应部》(一)"诸天相应"一经。《别译》一八〇经。
③ 《杂阿含经》卷四八。

五八① 　　　　　　一三八一(一二六八)

如是我闻:一时,佛住舍卫国祇树给孤独园。时有一天子,容色绝妙,于后夜时来诣佛所,稽首佛足,退坐一面。其身光明,遍照祇树给孤独园。时彼天子白佛言:"比丘!知一切众生所著、所集,决定解脱,广解脱,极广解脱耶?"佛告天子:"我悉知一切众生所著、所集,决定解脱,广解脱,极广解脱。"天子白佛:"比丘云何知一切众生所著、所集,决定解脱,广解脱,极广解脱?"佛告天子:"爱喜灭尽,我心解脱。心解脱已,故知一切众生所著、所集,决定解脱,广解脱,极广解脱。"时彼天子复说偈言:

"久见婆罗门,逮得般涅槃,一切怖已过,永超世恩爱。"

时彼天子闻佛所说,欢喜随喜,稽首佛足,即没不现。

五九② 　　　　　　一三八二(一二六九)

如是我闻:一时,佛住舍卫国祇树给孤独园。时有一天子,容色绝妙,于后夜时,来诣佛所,稽首佛足。身诸光明,遍照祇树给孤独园。时彼天子说偈问佛:

"谁度于诸流,昼夜勤精进,不攀亦不住,何染而不著?"

尔时,世尊说偈答言:

"一切戒具足,智慧善正受,内思惟系念,度难度诸流。

---

① 《相应部》(一)"诸天相应"二经。《别译》一七九经。
② 《相应部》(二)"天子相应"一五经。《别译》一七八经,

不乐于欲想,超越于色结,不系亦不住,于染亦不著。"

时彼天子复说偈言:

"久见婆罗门,逮得般涅槃,一切怖已过,永超世恩爱。"

时彼天子闻佛所说,欢喜随喜,稽首佛足,即没不现。

（牟铵及天女、四转轮、髻发、睡厌、极难尽、伊尼延、驶流、无缚著、解脱,而能得济度①。）

六〇②　　　　　一三八三（一二七〇）

如是我闻:一时,佛住王舍城山谷精舍。时有拘迦尼,是光明天女,容色绝妙,于后夜时,来诣佛所,稽首佛足。身诸光明,遍照山谷。时拘迦尼天女而说偈言:

"其心不为恶,及身、口,世间五欲悉虚空,正智、正系念,不习近众苦,非义和合者。"

佛告天女:"如是,如是!

其心不为恶,及身、口,世间五欲悉虚空,正智、正系念,不习近众苦,非义和合者。"

时拘迦那娑天女闻佛所说,欢喜随喜,稽首佛足,即没不现。

尔时世尊夜过晨朝,入于僧中,敷尼师坛,于大众前坐。告

---

① 摄颂见《别译》卷九（大正二·四三九上）。"牟铵及天女、四转轮"三经,与前三九——四一经相当,次第有异。依《别译》,前一摄颂,应在此颂后。

② 《别译》二六九经。

诸比丘:"昨日后夜①,有拘迦那天女,容色绝妙,来诣我所,稽首我足,退坐一面,而说偈言:

> 其心不为恶,及身、口,世间五欲悉虚空,正智、正系念,
> 不习近众苦,非义和合者。

我即答言:如是,天女!如是,天女!

> 其心不为恶,及身、口,世间五欲悉虚空,正智、正系念,
> 不习近众苦,非义和合者。

说是语时,拘迦尼天女闻我所说,欢喜随喜,稽首我足,即没不现。"

佛说此经已,诸比丘闻佛所说,欢喜奉行。

六一②　　　　　　一三八四(一二七一)

如是我闻:一时,佛住王舍城山谷精舍。尔时,尊者阿难告诸比丘:"我今当说四句法经,谛听,善思,当为汝说。何等为四句法经?"尔时,尊者阿难即说偈言:

> "其心不为恶,及身、口,世间五欲悉虚空,正智、正系念,
> 不习近众苦,非义和合者。

诸比丘!是名四句法经。"尔时,有一异婆罗门,去尊者阿难不远,为诸年少婆罗门受诵经。时彼婆罗门作是念:若沙门阿难所说偈,于我所说经,便是非人所说。时彼婆罗门,即往诣佛所,与

---

① "后夜",原本作"夜后",今改。
② 《别译》二七〇经。

世尊面相问讯,慰劳已,退坐一面。白佛言:"瞿昙,沙门!阿难所说偈言:

> 其心不为恶,及身、口,世间五欲悉虚空,正智、正系念,不习近众苦,非义和合者。

如是等所说,则是非人语,非为人语。"佛告婆罗门:"如是,如是,婆罗门! 是非人语,非为人语也。时有拘迦尼天女来诣我所,稽首我足,退坐一面而说偈言:

> 其心不为恶,及身、口,世间五欲悉虚空,正智、正系念,不习近众苦,非义和合者。

我时答言:如是,如是! 如天女所言:

> 其心不为恶,及身、口,世间五欲悉虚空,正智、正系念,不习近众苦,非义和合者。

是故婆罗门当知! 此所说偈,是非人所说,非是人所说也。"

佛说此经已,彼婆罗门闻佛所说,欢喜随喜,礼佛足而去。

六二　　　　　一三八五(一二七二)

如是我闻:一时,佛住王舍城山谷精舍。时有拘迦那娑天女,是光明天女,起大电光炽然,归佛、归法、归比丘僧,来诣佛所,稽首佛足,退坐一面。其身光明,普照山谷。即于佛前而说偈言:

> "其心不为恶,及身、口,世间五欲悉虚空,正智、正系念,不习近众苦,非义和合者。"

尔时,世尊告天女言:"如是,如是,天女!如汝所说。

其心不为恶,及身、口,世间五欲悉虚空,正智、正系念,不习近众苦,非义和合者。"

尔时,拘迦那娑天女闻佛所说,欢喜随喜,稽首佛足,即没不现。

尔时,世尊夜过晨朝,入僧中,敷尼师坛,于大众前坐。告诸比丘:"于昨后夜,拘迦那娑天女,光明之天女,来诣我所,稽首我足,退坐一面,而说偈言:

其心不为恶,及身、口,世间五欲悉虚空,正智、正系念,不习近众苦,非义和合者。

我时答言:如是,天女!如是,天女!如汝所说。

其心不为恶,及身、口,世间五欲悉虚空,正智、正系念,不习近众苦,非义和合者。拘迦那天女,电光炎炽然,敬礼佛、法、僧,说偈义饶益。"

佛说此经已,诸比丘闻佛所说,欢喜奉行。

六三① 一三八六(一二七三)

如是我闻:一时,佛住王舍城山谷精舍。时有拘迦那娑天女,光明之天女,放电光明,炎照炽然。于后夜时,来诣佛所,稽首佛足,退坐一面。其身光明,普照山谷。即于佛前而说偈言:

---

① 《相应部》(一)"诸天相应"四〇经与此经前分相当。《别译》二七一经。

"我能广分别,如来正法律,今且但略说,足以表其心。
其心不为恶,及身、口,世间五欲悉虚空,正智、正系念,不习近众苦,非义和合者。"

佛告天女:"如是,天女!如是,天女!如汝所说。

其心不为恶,及身、口,世间五欲悉虚空,正智、正系念,不习近众苦,非义和合者。"

时拘迦那娑天女,闻佛所说,欢喜稽首,即没不现。

尔时,世尊夜过晨朝,入于僧前,于大众中,敷座而坐。告诸比丘:"昨后夜时,拘迦那娑天女来诣我所,恭敬作礼,退坐一面,而说偈言:

我能广分别,如来正法律,今且但略说,足已表我心。
其心不为恶,及身、口,世间五欲悉虚空,正智、正系念,不习近众苦,非义和合者。

我时答言:如是,天女!如汝所说。

其心不为恶,及身、口,世间五欲悉虚伪,正智、正系念,不习近众苦,非义和合者。

时彼天女闻我所说,欢喜随喜,稽首我足,即没不现。"

佛说此经已,诸比丘闻佛所说,欢喜奉行。

六四① 一三八七(一二七四)

如是我闻:一时,佛住毗舍离猕猴池侧重阁讲堂。时有拘迦

---

① 《相应部》(一)"诸天相应"三九经与此经前分相当。《别译》二七二经。

那娑天女、朱卢陀天女,容色绝妙,于后夜时,来诣佛所,稽首佛足,退坐一面。其身光明,遍照一切猕猴池侧。时朱卢陀天女说偈白佛:

"大师等正觉,住毗舍离国,拘迦那、朱卢,稽首恭敬礼。
我昔未曾闻,牟尼正法律,今乃得亲见,现前说正法。
若于圣法律,恶慧生厌恶,必当堕恶道,长夜受诸苦。
若于圣法律,正念律仪备,彼则生天上,长夜受安乐。"

拘迦那①娑天女复说偈言:

"其心不为恶,及身、口,世间五欲悉虚伪,正智、正系念,不习近众苦,非义和合者。"

佛告天女:"如是,如是,如汝所说。

其心不为恶,及身、口,世间五欲悉虚伪,正智、正系念,不习近众苦,非义和合者。"

时彼天女闻佛所说,欢喜随喜,即没不现。

尔时,世尊夜过晨朝,入僧中,敷座而坐。告诸比丘:"昨后夜时,有二天女,容色绝妙,来诣我所,为我作礼,退坐一面。朱卢陀天女而说偈言:

大师等正觉,住毗舍离国,我拘迦那娑,及以朱卢陀,
如是二天女,稽首礼佛足。我昔未曾闻,牟尼正法律,

---

① "那",原本缺,依宋本补。

今乃见正觉,演说微妙法。若于正法律,厌恶住恶慧,
必堕于恶道,长夜受大苦。若于正法律,正念律仪备,
生善趣天上,长夜受安乐。

拘迦那娑①天女复说偈言:

其心不为恶,及身、口,世间五欲悉虚伪,正智、正系念,
不习近众苦,非义和合者。

我时答言:如是,如是,如汝所说。

其心不为恶,及身、口,世间五欲悉虚伪,正智、正系念,
不习近众苦,非义和合者。"

佛说此经已,诸比丘闻佛所说,欢喜奉行。

六五②　　　　　一三八八(一二七五)

如是我闻:一时,佛住舍卫国祇树给孤独园。时有天子,容
色绝妙,于后夜时,来诣佛所,稽首佛足,退坐一面。其身光明,
遍照祇树给孤独园。时彼天子而说偈言:

"无触不报触,触则以触报,以触报触故,不嗔不招嗔。"

尔时,世尊说偈答言:

"有③于不嗔人,而加之以嗔,清净之正士,离诸烦恼结。
于彼起恶心,恶心还自中,如逆风扬尘,还自坌其身。"

---

① "娑",原本缺,依宋本补。
② 《相应部》(一)"诸天相应"二二经。《别译》二七三经。
③ "有",宋本作"不"。

时彼天子复说偈言:

"久见婆罗门,逮得般涅槃,一切怖已过,永超世恩爱。"

时彼天子闻佛所说,欢喜随喜,稽首佛足,即没不现。

六六① 　　　　　一三八九(一二七六)

如是我闻:一时,佛住舍卫国祇树给孤独园。时有一天子,容色绝妙,来诣佛所,稽首佛足。身诸光明,遍照祇树给孤独园。时彼天子而说偈言:

"愚痴人所行,不合于黠慧,自所行恶行,为自恶知识,
所造众恶行,终获苦果报。"

尔时,世尊说偈答言:

"既作不善业,终则受诸恼,造业虽欢喜,啼泣受其报。
造诸善业者,终则不热恼,欢喜而造业,安乐受其报。"

时彼天子复说偈言:

"久见婆罗门,逮得般涅槃,一切怖已过,永超世恩爱。"

时彼天子闻佛所说,欢喜随喜,稽首佛足,即没不现。

六七② 　　　　　一三九〇(一二七七)

如是我闻:一时,佛住舍卫国祇树给孤独园。时有一天子,容色绝妙,于后夜时,来诣佛所,稽首佛足。身诸光明,遍照祇树

---

① 《相应部》(二)"天子相应"二二经前文。《别译》二七四经。
② 《相应部》(一)"诸天相应"三五经。《别译》二七五经。

给孤独园。时彼天子而说偈言:

"不可常言说,亦不一向听,而得于道迹,坚固正超度,
思惟善寂灭,解脱诸魔缚。能行说之可,不行不应说,
不行而说者;智者则知非,不行己所应,不作而言作,
是则同贼非。"

尔时,世尊告天子言:"汝今有所嫌责耶?"天子白佛:"悔过,世尊!悔过,善逝!"尔时,世尊熙怡微笑。时彼天子复说偈言:

"我今悔其过,世尊不纳受,内怀于恶心,抱怨而不舍。"

尔时,世尊说偈答言:

"言说悔过辞,内不息其心,云何得息怨,何名为修善?"

时彼天子复说偈言:

"谁不有其过?何人无有罪?谁复无愚痴?孰能常坚固?"

时彼天子复说偈言:

"久见婆罗门,逮得般涅槃,一切怖已过,永超世恩爱。"

时彼天子闻佛所说,欢喜随喜,稽首佛足,即没不现。

六八① 　　　　一三九一(一二七八)

如是我闻:一时,佛住王舍城迦兰陀竹园。时有瞿迦梨比

---

① 《相应部》(六)"梵天相应"一○经。《别译》二七六经。《增支部》"十集"八九经。《小部·经集》三品一○经。《增一阿含经》(二一)"三宝品"五经。

丘,是提婆达多伴党,来诣佛所,稽首佛足,退坐一面。尔时,世尊告瞿迦梨比丘:"瞿迦梨!汝何故于舍利弗、目揵连清净梵行所起不清净心,长夜当得不饶益苦。"瞿迦梨比丘白佛言:"世尊!我今信世尊语,所说无异,但舍利弗、大目揵连心有恶欲。"如是第二、第三说。瞿迦梨比丘提婆达多伴党,于世尊所,再三说中,违反不受,从座起去。去已,其身周遍生诸疱疮,皆如粟,渐渐增长皆如桃李。时瞿迦梨比丘患苦痛,口说是言:"极烧!极烧!"脓血流出,身坏命终,生大钵昙摩地狱。时有三天子,容色绝妙,于后夜时,来诣佛所,稽首佛足,退坐一面。时一天子白佛言:"瞿迦梨比丘,提婆达多伴党,今已命终。"时第二天子作是言:"诸尊当知!瞿迦梨比丘命终,堕地狱中。"第三天子即说偈言:

　　　"士夫生世间,斧在口中生,还自斩其身,斯由其恶言。
　　　应毁便称誉,应誉而便毁,其罪生于口,死堕恶道中。
　　　博弈亡失财,是非为大咎,毁佛及声闻,是则为大过。"

彼三天子说是偈已,即没不现。

尔时,世尊夜过晨朝,来入僧中,于大众前,敷座而坐。告诸比丘:"昨后夜时,有三天子来诣我所,稽首我足,退坐一面。第一天子语我言:世尊!瞿迦梨比丘,提婆达多伴党,今已命终。第二天子语余天子言:瞿迦梨比丘命终,随地狱中。第三天子即说偈言:

　　　士夫生世间,斧在口中生,还自斩其身,斯由其恶言。
　　　应毁便称誉,应誉而便毁,其罪口中生,死则堕恶道。

说是偈已,即没不现。诸比丘!汝等欲闻生阿浮陀地狱众生,其寿齐限不?"诸比丘白佛:"今正是时,唯愿世尊为诸大众,说阿浮陀地狱众生寿命齐限。诸比丘闻已,当受奉行。"佛告比丘:"谛听,善思,当为汝说。譬如拘萨罗国四斗为一阿罗,四阿罗为一独笼那,十六独笼那为一阇摩那,十六阇摩那为一摩尼,二十摩尼为一佉梨,二十佉梨为一仓,满中芥子。若使有人百年、百年取一芥子,如是乃至满仓芥子都尽,阿浮陀地狱众生寿命犹故不尽。如是二十阿浮陀地狱众生寿,等一尼罗浮陀地狱众生寿。二十尼罗浮陀地狱众生寿,等一阿吒吒地狱众生寿。二十阿吒吒地狱众生寿,等一阿波波地狱众生寿。二十阿波波地狱众生寿,等一阿休休地狱众生寿。二十阿休休地狱众生寿,等一优钵罗地狱众生寿。二十优钵罗地狱众生寿,等一钵昙摩地狱众生寿。二十钵昙摩地狱众生寿,等一摩诃钵昙摩地狱众生寿。比丘!彼瞿迦梨比丘命终,堕摩诃钵昙摩地狱中,以彼于尊者舍利弗、大目揵连比丘,生恶心诽谤故。是故诸比丘!当作是学:于彼烧燋炷①所,尚不欲毁坏,况毁坏有识众生!"

佛告诸比丘:"当如是学!"佛说此经已,诸比丘闻佛所说,欢喜奉行。

六九②　　　　　一三九二(一二七九)

如是我闻:一时,佛住舍卫国祇树给孤独园。时有天子,容色绝妙,于后夜时,来诣佛所,稽首佛足,退坐一面。其身光明,遍照祇树给孤独园。时彼天子说偈问佛:

---

① "炷",宋本作"柱"。
② 《小部·经集》一品六经。《别译》二七七经。

"退落堕负处,云何而得知?唯愿世尊说,云何负处门?"

尔时,世尊说偈答言:

"胜处易得知,负处知亦易,乐法为胜处,毁法为负处。
爱乐恶知识,不爱善知识,善友生怨结,是名堕负门。
爱乐不善人,善人反憎恶,欲恶不欲善,是名负处门。
斗秤以欺人,是名堕负门。博弈耽嗜酒,游轻著女色,
费丧于财物,是名堕负门。女人不自守,舍主随他行;
男子心放荡,舍妻随外色,如是为家者,斯皆堕负门。
老妇得少夫,心常怀嫉妒①,怀嫉卧不安,是则堕负门。
老夫得少妇,堕负处亦然。常乐著睡眠,知识同游戏,
怠惰好瞋恨,斯皆堕负门。多财结朋友,酒食奢不节,
多费丧财物,斯皆堕负门。小财多贪爱,生于刹利心,
常求为王者,是则堕负门。求珠珰璎珞,革屣、履、伞盖,
庄严自悭惜,是则堕负门。受他丰美食,自悭惜其财,
食他不反报,是则堕负门。沙门、婆罗门,屈请入其舍,
悭惜不时施,是则堕负门。沙门、婆罗门,次第行乞食,
呵责不欲施,是则堕负门。若父母年老,不及时奉养,
有财而不施,是则堕负门。于父母、兄弟,槌打而骂辱,
无有尊卑序,是则堕负门。佛及弟子众,在家与出家,
毁呰不恭敬,是则堕负门。实非阿罗汉,罗汉过自称,
是则世间贼,堕于负处门。此世间负处,我知见故说,

---

① "妒",原本作"姤",依宋本改。

犹如险怖道,慧者当远避。"

时彼天子复说偈言:

"久见婆罗门,逮得般涅槃,一切怖已过,永超世恩爱。"

时彼天子闻佛所说,欢喜随喜,稽首佛足,即没不现①。

七〇②　　　　　　　一三九三(一二八〇)

如是我闻:一时,佛住舍卫国祇树给孤独园。时有一天子,容色绝妙,于后夜时,来诣佛所,稽首佛足,退坐一面。其身光明,遍照祇树给孤独园。时彼天子说偈问佛:

"谁屈下而屈下?谁高举而随举?云何童子戏,如童块相掷?"

尔时,世尊说偈答言;

"爱下则随下,爱举则随举,爱戏于愚夫,如童块相掷。"

时彼天子复说偈言:

"久见婆罗门,逮得般涅槃,一切怖已过,永超世恩爱。"

时彼天子闻佛所说,欢喜随喜,稽首佛足,即没不现。

七一③　　　　　　　一三九四(一二八一)

如是我闻:一时,佛住舍卫国祇树给孤独园。时有天子,容色绝妙,于后夜时,来诣佛所,稽首佛足,退坐一面。其身光明,

---

① 《别译》缺摄颂。
② 《别译》二七八经。
③ 《相应部》(一)"诸天相应"二四经。《别译》二七九经。

遍照祇树给孤独园。时彼天子而说偈言：

"决定以遮遮，意妄想而来，若人遮一切，不令其逼迫。"

尔时，世尊说偈答言：

"决定以遮遮，意妄想而来，不必一切遮，但遮其恶业，遮彼彼恶已，不令其逼迫。"

时彼天子复说偈言：

"久见婆罗门，逮得般涅槃，一切怖已过，永超世恩爱。"

时彼天子闻佛所说，欢喜随喜，稽首佛足，即没不现。

七二① 　　　　　一三九五（一二八二）

如是我闻：一时，佛住舍卫国祇树给孤独园。时有天子，容色绝妙，于后夜时，来诣佛所，稽首佛足，退坐一面。其身光明，遍照祇树给孤独园。时彼天子说偈问佛：

"云何得名称？云何得大财？云何德流闻？云何得善友？"

尔时，世尊说偈答言：

"持戒得名称，布施得大财，真实德流闻，恩惠得善友。"

时彼天子复说偈言：

"久见婆罗门，逮得般涅槃，一切怖已过，永超世恩爱。"

---

① 《别译》二八〇经。

时彼天子闻佛所说,欢喜随喜,稽首佛足,即没不现。

七三① 　　　　　　　一三九六(一二八三)

如是我闻:一时,佛住舍卫国祇树给孤独园。时有天子,容色绝妙,于后夜时,来诣佛所,稽首佛足。其身光明,遍照祇树给孤独园。时彼天子说偈问佛:

"云何人所作,智慧以求财?等摄受于财,若胜若复劣。"

尔时,世尊说偈答言:

"始学功巧业,方便集财物,得彼财物已,当应作四分。
一分自食用,二分营生业,余一分藏密,以拟于贫乏。
营生之业者,田种、行商贾,牧牛羊兴②息,邸舍以求利,
造屋舍、床卧,六种资生具,方便修众具,安乐以存世。
如是善修业,黠慧以求财,财宝随顺生,如众流归海。
如是财饶益,如蜂集众味,昼夜财增长,犹如蚁积堆。
不付老子财,不寄边境民,不信奸狡人,及诸悭吝者。
亲附成事者,远离不成事,能成事士夫,犹如火炽然。
善友贵重人,敏密循③良者,同气亲兄弟,善能相摄受。
居亲眷属中,标显若牛王,各随其所应,分财施饮食,
寿尽而命终,当生天受乐。"

时彼天子复说偈言:

---

① 《别译》二八一经。同《中阿含经》(一三五)《善生经》之末节。《长部》三一经,《长阿含经》一六经,与《中阿含经》同。
② "兴",原本作"蕃"。
③ "循",原本作"修",依宋本改。

"久见婆罗门,逮得般涅槃,一切怖已过,永超世恩爱。"

时彼天子闻佛所说,欢喜随喜,稽首佛足,即没不现。

七四① 　　　　　　一三九七(一二八四)

如是我闻:一时,佛住舍卫国祇树给孤独园。尔时,世尊告诸比丘:"过去世时,拘萨罗国有弹琴人,名曰粗牛,于拘萨罗国人间游行,止息野中。时有六广大天宫天女,来至拘萨罗国粗牛弹琴人所,语粗牛弹琴人言:阿舅!阿舅!为我弹琴,我当歌舞。粗牛弹琴者言:如是,姊妹!我当为汝弹琴。汝当语我:汝是何人,何由生此?天女答言:阿舅!且弹琴,我当歌舞,于歌颂中自说所以生此因缘。彼拘萨罗国粗牛弹琴人,即便弹琴,彼六天女即便歌舞。第一天女说偈歌言:

> 若男子、女人,胜妙衣惠施,施衣因缘故,所生得殊胜,
> 施所爱念物,生天随所欲。见我居宫殿,乘空而游行,
> 天身如金聚,天女百中胜,观察斯福德,回向中之最。

第二天女复说偈言:

> 若男子、女人,胜妙香惠施,爱念可意施,生天随所欲。
> 见我处宫殿,乘空而游行,天身若金聚,天女百中胜,
> 观察斯福德,回向中之最。

第三天女复说偈言:

> 若男子、女人,以食而惠施,可意爱念施,生天随所欲。

---

① 《小部·本生》二四三经。《别译》二八二经。

见我居宫殿,乘虚而游行,天身如金聚,天女百中胜,
观察斯福德,回向中之最。

第四天女复说偈言:

忆念余生时,曾为人婢使,不盗、不贪嗜,勤修不懈怠,
量腹自节身,分餐救贫人。今见居宫殿,乘虚而游行,
天身如金聚,天女百中胜,观察斯福德,供养中为最。

第五天女复说偈言:

忆念余生时,为人作子妇,嫜姑性狂暴,常加粗涩言,
执节修妇礼,卑逊而奉顺。今见处宫殿,乘虚而游行,
天身如金聚,天女百中胜,观察斯福德,供养中为最。

第六天女复说偈言:

昔曾见行路①,比丘、比丘尼,从其闻正法,一宿受斋戒。
今见处天殿,乘虚而游行,天身如金聚,天女百中胜,
观察斯福德,回向中之最。

尔时,拘萨罗国粗牛弹琴人而说偈言:

我今善来此,拘萨罗林中,得见此天女,具足妙天身。
既见又闻说,当增修善业,缘今修功德,亦当生天上。

说是语已,此诸天女即没不现。"

---

① "路",原本作"迹",依宋本改。

佛说此经已,诸比丘闻佛所说,欢喜奉行。

七五① 　　　　　一三九八(一二八五)

如是我闻:一时,佛住舍卫国祇树给孤独园。时有天子,容色绝妙,于后夜时,来诣佛所,稽首佛足,退坐一面。其身光明,遍照祇树给孤独园。时彼天子说偈问佛:

"何法起应灭?何生应防护?何法应当离?等观何得乐?"

尔时,世尊说偈答言:

"嗔恚起应灭,贪生逆防护,无明应舍离,等观真谛乐。
欲生诸烦恼,欲为生苦本,调伏烦恼者,众苦则调伏;
调伏众苦者,烦恼亦调伏。"

时彼天子复说偈言:

"久见婆罗门,逮得般涅槃,一切怖已过,永超世恩爱。"

于是天子闻佛所说,欢喜随喜,稽首佛足,即没不现。

七六② 　　　　　一三九九(一二八六)

如是我闻:一时,佛住舍卫国祇树给孤独园。时有天子,容色绝妙,于后夜时,来诣佛所,稽首佛足,退坐一面。其身光明,遍照祇树给孤独园。时彼天子说偈问佛:

"若人行放逸,愚痴。离恶慧,禅思不放逸,疾得尽诸漏!"

---

① 《别译》二八三经。
② 《相应部》(一)"诸天相应"三四经。《别译》二八四经。

尔时,世尊说偈答言:

"非世间众事,是则之为欲,心法驰觉想,是名士夫欲。
世间种种事,常在于世间,智慧修禅思,爱欲永潜伏。
信为士夫伴,不信则不度,信增其名称,命终得生天。
于身虚空想,名色不坚固,不著名色者,远离于积聚。
观此真实义,如解脱哀愍,由斯智慧故,世称叹供养。
能断众杂相,超绝生死流,超度诸流已,是名为比丘。"

时彼天子复说偈言:

"久见婆罗门,逮得般涅槃,一切怖已过,永超世恩爱。"

于是天子闻佛所说,欢喜随喜,稽首佛足,即没不现。

七七①　　　　　　　一四〇〇(一二八七)

如是我闻:一时,佛住舍卫国祇树给孤独园。时有天子,容色绝妙,于后夜时,来诣佛所,稽首佛足。其身光明,遍照祇树给孤独园。时彼天子说偈问佛:

"与何人同处?复与谁共事?知何等人法?名为胜非恶?"

尔时,世尊说偈答言:

"与正士同游,正士同其事,解知正士法,是则胜非恶。"

时彼天子复说偈言:

---

① 《相应部》(一)"诸天相应"三一经。《别译》二八五经。

"久见婆罗门,逮得般涅槃,一切怖已过,永超世恩爱。"

时彼天子闻佛所说,欢喜随喜,稽首佛足,即没不现。

七八① 　　　　　一四〇一(一二八八)

如是我闻:一时,佛住舍卫国祇树给孤独园。时有天子,容色绝妙,于后夜时,来诣佛所,稽首佛足,退坐一面。其身光明,遍照祇树给孤独园。时彼天子而说偈言:

"悭吝生于心,不能行布施;明智求福者,乃能行其惠。"

尔时,世尊说偈答言:

"怖畏不行施,常得不施怖,怖畏于饥渴,悭惜从怖生。
此世及他世,常痴饥渴畏,死则不随无②,独往无资粮。
少财能施者,多财难亦舍,难舍而能舍,是则为难施。
无知者不觉,慧者知难知,以法养妻子,少财净心施。
百千邪③盛会,所获其福利,比前如法施,十六不及一。
打缚恼众生,所得诸财物,惠施安国土,是名有罪施,
方之平等施,称量所不及。如法不行非,所得财物施,
难施而行施,是应贤圣施,所往常获福,寿终上生天。"

时彼天子复说偈言:

"久见婆罗门,逮得般涅槃,一切怖已过,永超世恩爱。"

----

① 《相应部》(一)"诸天相应"三二经。《别译》二八六经。
② "无",原本作"死",依宋本改。
③ "邪",原本作"耶",依宋本改。

时彼天子闻佛所说,欢喜随喜,稽首佛足,即没不现。

七九① 　　　　　一四〇二(一二八九)

如是我闻:一时,佛住王舍城金婆罗山金婆罗鬼神住处石室中。尔时,世尊金枪刺足,未经几时,起身苦痛;能得舍心,正智、正念,堪忍自安,无退减想。彼有山神天子八人,作是念:今日世尊住王舍城金婆罗山金婆罗鬼神住处石室中,金枪刺足,起身苦痛,而能舍心,正念、正智,堪忍自安,无所退减,我等当往面前赞叹。作是念已,往诣佛所,稽首礼足,退住一面。第一天神说偈叹言:

"沙门瞿昙,人中师子! 身遭苦痛,堪忍自安,
正智、正念,无所退减。"

第二天子复赞叹言:

"大士之大龙,大士之牛王,大士夫勇力,大士夫良马,
大士夫上首,大士夫之胜!"

第三天子复赞叹言:

"此沙门瞿昙,士夫分陀利! 身生诸苦痛,而能行舍心,
正智、正念住,堪忍以自安,而无所退减。"

第四天子复赞叹言:"若有于沙门瞿昙士夫分陀利所说,违反嫌责,当知斯等长夜当得不饶益苦,唯除不知真实者。"

第五天子复说偈言:

---

① 《相应部》(一)"诸天相应"三八经。《别译》二八七经。

"观彼三昧定,善住于正受,解脱离诸尘,不踊亦不没,
其心安隐住,而得心解脱。"

第六天子复说偈言:

"经历五百岁,诵婆罗门典,精勤修苦行,不解脱离尘,
是则卑下类,不得度彼岸。"

第七天子复说偈言:

"为欲之所迫,持戒之所缚,勇捍行苦行,经历于百年,
其心不解脱,不离于尘垢,是则卑下类,不度于彼岸。"

第八天子复说偈言:

"心居㤭慢欲,不能自调伏,不得三昧定,牟尼之正受。
独一居山林,其心常放逸,于彼死魔军,不得度彼岸。"

时彼山神天子八人,各各赞叹已,稽首佛足,即没不现。

(垂下及遮止,名称及技能,弹琴并弃舍,种别、善丈夫,悭贪不惠施,八天为第十①。)

八〇②　　　　　一四〇三(一二九〇)

如是我闻:一时,佛住舍卫国祇树给孤独园。时有天子,容色绝妙,于后夜时,来诣佛所,稽首佛足,退坐一面。其身光明,遍照祇树给孤独园。时彼天子而说偈言:

---

① 摄颂见《别译》卷一四(大正二·四七四上)。
② 《别译》二八八经。

"广无过于地,深无逾于海,高无过须弥,大士无毗纽。"

尔时,世尊说偈答言:

"广无过于爱,深无逾于腹,高莫过憍慢,大士无胜佛。"

时彼天子复说偈言:

"久见婆罗门,逮得般涅槃,一切怖已过,永超世恩爱。"

于是天子闻佛所说,欢喜随喜,稽首佛足,即没不现。

八一①　　　　　　　一四〇四(一二九一)

如是我闻:一时,佛住舍卫国祇树给孤独园。时有天子,容色绝妙,于后夜时,来诣佛所,稽首佛足,退坐一面。其身光明,遍照祇树给孤独园。时彼天子说偈问佛:

"何物火不烧?何风不能吹?水②灾坏大地,何物不流散?
恶王及盗贼,强劫人财物,何男子女人,不为其所夺?
云何珍宝藏,终竟不亡失?"

尔时,世尊说偈答言:

"福火所不烧,福风不能吹,水灾坏大地,福水不流散。
恶王及盗贼,强夺人财宝,若男子女人,福不被劫夺。
乐报之宝藏,终竟不亡失。"

时彼天子复说偈言:

---

① 《别译》二八九经。
② "水",原本作"火",依清本改。

"久见婆罗门,逮得般涅槃,一切怖已过,永超世恩爱。"

于是天子闻佛所说,欢喜随喜,即没不现。

八二① 　　　　　　一四〇五(一二九二)

如是我闻:一时,佛住舍卫国祇树给孤独园。时有天子,容色绝妙,于后夜时,来诣佛所,稽首佛足,退坐一面。其身光明,遍照祇树给孤独园。时彼天子说偈问佛:

"谁当持资粮?何物贼不劫?何人劫而遮?何人劫不遮?何人常来诣,智慧者喜乐?"

尔时,世尊说偈答言:

"信者持资粮,福德劫不夺,贼劫夺则遮,沙门夺欢喜。沙门常来诣,智慧者欣乐。"

时彼天子复说偈言:

"久见婆罗门,逮得般涅槃,一切怖已过,永超世恩爱。"

于是天子闻佛所说,欢喜随喜,稽首佛足,即没不现。

八三② 　　　　　　一四〇六(一二九三)

如是我闻:一时,佛住舍卫国祇树给孤独园。时有一天子,容色绝妙,于后夜时,来诣佛所,稽首佛足,退坐一面。身诸光明,遍照祇树给孤独园。时彼天子说偈问佛:

---

① 《别译》二九〇经。
② 《别译》二九二经。

"一切相映障,知一切世间,乐安慰一切,唯愿世尊说!
云何是世间,最为难得者?"

是时,世尊说偈答言:

"为主而行忍,无财而欲施,遭难而行法,富贵修远离,
如是四法者,是则为最难。"

时彼天子复说偈言:

"久见婆罗门,逮得般涅槃,一切怖已过,永超世恩爱。"

于是天子闻佛所说,欢喜随喜,稽首佛足,即没不现①。

八四② 　　　　　　　　一四○七(一二九四)

③如是我闻:一时,佛住舍卫国祇树给孤独园。时有天子,容色绝妙,于后夜时,来诣佛所,稽首佛足,退坐一面。其身光明,遍照祇树给孤独园。时彼天子说偈问佛:

"大力自在乐,所求无不得,何复胜于彼,一切所欲备?"

尔时,世尊说偈答言:

"大力自在乐,彼则无所求,若有求欲者,是苦非为乐。
于求已过去,是则乐于彼。"

时彼天子复说偈言:

---

① 《杂阿含经》卷四八终。
② 《别译》二九一经。
③ 《杂阿含经》卷四九。

"久见婆罗门,逮得般涅槃,一切怖已过,永超世恩爱。"

于是天子闻佛所说,欢喜随喜,稽首佛足,即没不现。

八五①　　　　　　　　一四〇八(一二九五)

如是我闻:一时,佛住舍卫国祇树给孤独园。时有天子,容色绝妙,于后夜时,来诣佛所,稽首佛足,退坐一面。其身光明,遍照祇树给孤独园。时彼天子说偈问佛:

"车从何处起?谁能转于车?车转至何所?何故坏磨灭?"

尔时,世尊说偈答言:

"车从诸业起,心识转②于车,随因而转至,因坏车则亡。"

时彼天子复说偈言:

"久见婆罗门,逮得般涅槃,一切怖已过,永超世恩爱。"

于是天子闻佛所说,欢喜随喜,稽首佛足,即没不现。

八六③　　　　　　　　一四〇九(一二九六)

如是我闻:一时,佛住舍卫国祇树给孤独园。时有天子,容色绝妙,于后夜时,来诣佛所,稽首佛足,退坐一面。其身光明,遍照祇树给孤独园。时彼天子白佛言:"世尊!拘屡陀王女修波罗提沙,今日生子。"佛告天子:"此则不善,非是善。"时彼天子即说偈言:

---

① 《别译》二九三经。
② "转",原本作"能",依宋本改。
③ 《别译》二九四经。

"人生子为乐,世间有子欢,父母年老衰,子则能奉养。
瞿昙何故说,生子为不善?"

尔时,世尊说偈答言:

"当知恒无常,纯空阴非子,生子常得苦,愚者说言乐,
是故我说言,生子非为善。非善为善像,念像不可念,
实苦貌似乐,放逸所践蹈。"

时彼天子复说偈言:

"久见婆罗门,逮得般涅槃,一切怖已过,永超世恩爱。"

于是天子闻佛所说,欢喜随喜,稽首佛足,即没不现。

八七① 　　　　一四一〇(一二九七)

如是我闻:一时,佛住舍卫国祇树给孤独园。时有天子,容色绝妙,于后夜时,来诣佛所,稽首佛足,退坐一面。其身光明,遍照祇树给孤独园。时彼天子说偈问佛:

"云何数所数?云何数不隐?云何数中数?云何说言说?"

尔时,世尊说偈答言:

"佛法难测量,二流不显现,若彼名及色,灭尽悉无余。
是名数所数,彼数不隐藏,是彼数中数,是则说名数。"

时彼天子复说偈言:

---

① 《别译》二九五经。

"久见婆罗门,逮得般涅槃,一切怖已过,永超世恩爱。"

于时天子闻佛所说,欢喜随喜,稽首佛足,即没不现。

八八①　　　　　　　　一四一一(一二九八)

如是我闻:一时,佛住舍卫国祇树给孤独园。时有天子,容色绝妙,于后夜时,来诣佛所,稽首佛足,退坐一面。其身光明,遍照祇树给孤独园。时彼天子说偈问佛:

"何物重于地?何物高于空?何物疾于风?何物多于草?"

尔时,世尊说偈答言:

"戒德重于地,慢高于虚空,忆念疾于风,思想多于草。"

时彼天子复说偈言:

"久见婆罗门,逮得般涅槃,一切怖已过,永超世恩爱。"

于是天子闻佛所说,欢喜随喜,稽首佛足,即没不现。

八九②　　　　　　　　一四一二(一二九九)

如是我闻:一时,佛住舍卫国祇树给孤独园。时彼天子,容色绝妙,于后夜时,来诣佛所,稽首佛足,退坐一面。其身光明,遍照祇树给孤独园。时彼天子说偈问佛:

"何戒何威仪?何得何为业?慧者云何住?云何往生天?"

尔时,世尊说偈答言:

---

① 《别译》二九六经。
② 《别译》二九七经。

"远离于杀生,持戒自防乐,害心不加生,是则生天路。
远离不与取,与取心欣乐,断除贼盗心,是则生天路。
不行他所受,远离于邪淫,自受知止足,是则生天路。
自为己及他,为财及戏笑,妄语而不为,是则生天路。
断除于两舌,不离他亲友,常念和彼此,是则生天路。
远离不爱言,软语不伤人,常说淳美言,是则生天路。
不为不诚说,无义不饶益,常顺于法言,是则生天路。
聚落若空地,见利言我有,不行此贪想,是则生天路。
慈心无害想,不害于众生,心常无怨结,是则生天路。
苦业及果报,二俱生净信,受持于正见,是则生天路。
如是诸善法,十种净业迹,等受坚固持,是则生天路。"

时彼天子复说偈言:

"久见婆罗门,逮得般涅槃,一切怖已过,永超世恩爱。"

于时天子闻佛所说,欢喜随喜,稽首佛足,即没不现。

（大地、火不烧,谁赍粮、所愿,甚能及车乘,锯陀女、算数,何重并十善①。）

九〇② 一四一三(一三〇〇)

如是我闻:一时,佛住舍卫国祇树给孤独园。尔时,释提桓因于后夜时,来诣佛所,稽首佛足,退坐一面。其身光明,遍照祇树给孤独园。时释提桓因说偈问佛:

---

① 摄颂见《别译》卷一四(大正二·四七六上)。
② 《相应部》(一〇)"夜叉相应"一经。《别译》二九八经。

"何法命不知？何法命不觉？何法锁于命？何法为命缚？"

尔时，世尊说偈答言：

"色者命不知，诸行命不觉，身锁于其命，爱①缚于命者。"

释提桓因复说偈言：

"色者非为命，诸佛之所说，云何而得熟，于彼甚深藏？云何段肉住？云何知命身？"

尔时，世尊说偈答言：

"迦罗逻为初，迦罗逻生胞，胞生于肉段，肉段生坚厚，坚厚生肢节，及诸毛发等。色等诸情根，渐次成形体，因母饮食等，长养彼胎身。"

尔时，释提桓因闻佛所说，欢喜随喜，稽首佛足，即没不现。

九一②　　　　　　　　一四一四（一三〇一）

如是我闻：一时，佛住舍卫国祇树给孤独园。时有长胜天子，容色绝妙，于后夜时，来诣佛所，稽首佛足，退坐一面。身诸光明，遍照祇树给孤独园。时彼长胜天子而说偈言：

"善学微妙说，习近诸沙门，独一无等侣，正思惟静默。"

尔时，世尊说偈答言：

---

① "爱"，原本作"受"，依宋本改。
② 《别译》三〇〇经。

"善学微妙说,习近诸沙门,独一无等侣,寂默静诸根。"

时长胜天子闻佛所说,欢喜随喜,稽首佛足,即没不现。

九二① 　　　　　一四一五(一三〇二)

如是我闻:一时,佛住舍卫国祇树给孤独园。时有尸毗天子,容色绝妙,于后夜时,来诣佛所,稽首佛足,退坐一面。其身光明,遍照祇树给孤独园。时彼尸毗天子说偈问佛:

"何人应同止?何等人共事?应知何等法?是转胜非恶。"

尔时,世尊说偈答言:

"与正士同止,正士共其事,应知正士法,是转胜非恶。"

时彼尸毗天子闻佛所说,欢喜随喜,稽首佛足,即没不现。

九三② 　　　　　一四一六(一三〇三)

如是我闻:一时,佛住舍卫国祇树给孤独园。时有月自在天子,容色绝妙,于后夜时,来诣佛所,稽首佛足,退坐一面。身诸光明,遍照祇树给孤独园。时彼月自在天子而说偈言:

"彼当至究竟,如蚊依从草,若得正系念,一心善正受。"

尔时,世尊说偈答言:

"彼当到彼岸,如鱼决其网,禅定具足住,心常致喜乐。"

时彼月自在天子闻佛所说,欢喜随喜,稽首佛足,即没不现。

---

① 《相应部》(二)"天子相应"二一经。《别译》三〇一经。
② 《相应部》(二)"天子相应"一一经。《别译》三〇二经。

九四①　　　　　　　一四一七（一三〇四）

如是我闻：一时，佛住舍卫国祇树给孤独园。时有毗瘦纽天子，容色绝妙，于后夜时，来诣佛所，稽首佛足，退坐一面。身诸光明，遍照祇树给孤独园。时彼毗瘦纽天子而说偈言：

"供养于如来，欢喜常增长，欣乐正法律，不放逸随学。"

尔时，世尊说偈答言：

"若如是说法，防护不放逸，以不放逸故，不随魔自在。"

于是毗瘦纽天子闻佛所说，欢喜随喜，稽首佛足，即没不现。

九五②　　　　　　　一四一八（一三〇五）

如是我闻：一时，佛住舍卫国祇树给孤独园。时有般阇罗健天子，容色绝妙，于后夜时，来诣佛所，稽首佛足，退坐一面。身诸光明，遍照祇树给孤独园。时般阇罗健天子而说偈言：

"愦乱之处所，黠慧者能觉，禅思觉所觉，牟尼思惟力。"

尔时，世尊说偈答言：

"了知愦乱法，正觉得涅槃，若得正系念，一心善正受。"

时般阇罗健天子闻佛所说，欢喜随喜，稽首佛足，即没不现。

九六③　　　　　　　一四一九（一三〇六）

如是我闻：一时，佛住舍卫国祇树给孤独园。时有须深天

---

① 《相应部》（二）"天子相应"一二经。《别译》三〇三经。
② 《相应部》（二）"天子相应"七经。《别译》三〇四经。
③ 《相应部》（二）"天子相应"二九经。《别译》三〇五经。

子,与五百眷属,容色绝妙,于后夜时,来诣佛所,稽首佛足,退坐一面。其身光明,遍照祇树给孤独园。尔时,世尊告尊者阿难:"汝阿①难于尊者舍利弗善说法,心喜乐不?"阿难白佛:"如是,世尊!何等人不愚、不痴、有智慧,于尊者舍利弗善说法中,心不欣乐!所以者何?彼尊者舍利弗,持戒、多闻、少欲、知足、精勤、远离,正念坚住,智慧正受。捷疾智慧,利智慧,出离智慧,决定智慧,大智慧,广智慧,深智慧,无等智慧,智宝成就。善能教化,示教、照喜,亦常赞叹示教、照喜,常为四众说法不倦。"佛告阿难:"如是,如是!如汝所说。阿难!为何等人不愚、不痴、有智慧,闻尊者舍利弗善说诸法而不欢喜?所以者何?舍利弗比丘持戒、多闻,少欲、知足,精勤、正念,智慧正受。超智,捷智,利智,出智,决定智,大智,广智,深智,无等智,智宝成就。善能教化,示教、照喜,亦常赞叹示教、照喜,常为四众说法不倦。""世尊!如是,如是。"向尊者阿难,如是、如是称叹舍利弗所说,如是、如是须深天子眷属,内心欢喜,身光增明,清净照耀。尔时,须深天子内怀欢喜,发身净光照耀已,而说偈言:

"舍利弗多闻,明智平等慧,持戒善调伏,得不起涅槃,
　　持此后边身,降伏于魔军。"

时彼须深天子及五百眷属,闻佛所说,欢喜随喜,稽首佛足,即没不现。

---

① "阿",原本作"何",依宋本改。

九七[①]　　　　一四二〇(一三〇七)

如是我闻:一时,佛住舍卫国祇树给孤独园。时有赤马天子,容色绝妙,于后夜时,来诣佛所,稽首佛足,退坐一面。其身光明,遍照祇树给孤独园。时彼赤马天子白佛言:"世尊!颇有能行过世界边,至不生、不老、不死处不?"佛告赤马:"无有能过世界边,至不生、不老、不死处者。"赤马天子白佛言:"奇哉世尊!善说斯义。如世尊说言:无过世界边,至不生、不老、不死处者。所以者何?世尊!我自忆宿命,名曰赤马,作外道仙人,得神通,离诸爱欲。我时作是念:我有如是捷疾神足,如健士夫以利箭横射过多罗树影之顷,能登一须弥至一须弥,足蹑东海,超至西海。我时作是念:我今成就如是捷疾神力,今日宁可求世界边。作是念已,即便发行,唯除食息、便利,减节睡眠,常行百岁,于彼命终,竟不能得过世界边,至不生、不老、不死之处。"

佛告赤马:"我今但以一寻之身,说于世界,世界集,世界灭,世界灭道迹。赤马天子!何等为世间?谓五受阴。何等为五?色受阴,受受阴,想受阴,行受阴,识受阴,是名世间。何等为色集?谓当来有爱,贪喜俱,彼彼乐[②]著,是名世间集。云何为世间灭?若彼当来有爱,贪喜俱,彼彼乐著,无余断:舍、离、尽、无欲、灭、息、没,是名世间灭。何等为世间灭道迹?谓八圣道:正见,正志,正语,正业,正命,正方便,正念,正定,是名世间灭道迹。赤马!了知世间,断世间;了知世间集,断世间集;了知世间灭,证世

---

① 《相应部》(二)"天子相应"二六经。《别译》三〇六经。《增支部》"四集"四五经。《增一阿含经》(四三)"马血天子品"一经。

② "乐",原本作"染",今改。下例。

间灭;了知世间灭道迹,修彼灭道迹。赤马!若比丘于世间苦若知、若断;世间集若知、若断;世间灭若知、若证;世间灭道迹若知、若修。赤马!是名得世界边,度世间爱。"尔时,世尊重说偈言:

"未曾远游行,而得世界边。无得世界边,终不尽苦边。
以是故牟尼,能知世界边,善解世界边,诸梵行已立。
于彼世界边,平等觉知者,是名贤圣行,度世间彼岸。"

是时赤马天子闻佛所说,欢喜随喜,稽首佛足,即没不现。

九八①　　　　　　　一四二一(一三〇八)

如是我闻:一时,佛住王舍城毗富罗山侧。有六天子,本为外道出家:一名阿毗浮,二名增上阿毗浮,三名能求,四名毗蓝婆,五名阿俱吒,六名迦蓝,来诣佛所。阿毗浮天子即说偈言:

"比丘专至心,常修行厌离,于初夜后夜,思惟善自摄,
见闻其所说,不堕于地狱。"

增上阿毗浮天子复说偈言:

"厌离于黑暗,心常自摄护,永离于世间,言语诤论法。
从如来大师,禀受沙门法,善摄护世间,不令造众恶。"

能求天子复说偈言:

"断截椎打杀,供养施迦叶,不见其为恶,亦不见为福。"

毗蓝婆天子复说偈言:

---

① 《相应部》(二)"天子相应"三〇经。《别译》三〇七经。

"我说彼尼乾,外道若提子,出家行学道,长夜修难行,
于大师徒众,远离于妄语,我说如是人,不远于罗汉。"

尔时,世尊说偈答言:

"死瘦之野狐,常共师子游,终日小羸劣,不能为师子。
尼乾大师众,虚妄自称叹,是恶心妄语,去罗汉甚远。"

尔时,天魔波旬着阿俱吒天子,而说偈言:

"精勤弃暗冥,常守护远离,深著微妙色,贪乐于梵世。
我教化斯等,令得生梵天。"

尔时,世尊作是念:若此阿俱吒天子所说偈,此是天魔波旬加其力故,非彼阿俱吒天子自心所说。作是说言:

"精勤弃暗冥,守护于远离,深著微妙色,贪乐于梵世,
当教化斯等,令得生梵天。"

尔时,世尊复说偈言:

"若诸所有色,于此及与彼,或复虚空中,各别光照耀,
当知彼一切,不离魔魔缚,犹如垂钩饵,钩钓于游鱼。"

时彼天子咸各念言:今日阿俱吒天子所说偈,沙门瞿昙言是魔所说,何故沙门瞿昙言是魔说？尔时,世尊知诸天子心中所念,而告之言:"今阿俱吒天子所说偈,非彼天子自心所说,时魔波旬加其力故,作是说言:

精勤弃暗冥,守护于远离,深著微妙色,贪乐于梵世①,
当教化斯等,令得生梵天。

是故我说偈:

若诸所有色,于此及与彼,或复虚空中,各别光照耀,
当知彼一切,不离魔魔缚,犹如垂钩饵,钩钓于游鱼。"

时诸天子复作是念:奇哉沙门瞿昙!神力大德,能见天魔波旬,而我等不见。我等当复各各说偈,赞叹沙门瞿昙,即说偈言:

"断除于一切,有身爱贪想,令此善护者,除一切妄语。
若欲断欲爱,应供养大师,断除三有爱,破坏于妄语。
已断于见贪,应供养大师。王舍城第一,名毗富罗山,
雪山诸山最,金翅鸟中名,八方及上下,一切众生界,
于诸天人中,等正觉最上。"

时诸天子说偈赞佛已,闻佛所说,欢喜随喜,稽首佛足,即没不现。

(因陀罗问寿,断于一切结,说善称长老,尸毗问共住,速疾问边际,婆睺谙大喜,大喜毗忸问,般阇罗揵持,须深摩问第一,有外道问诸见②。)

九九③　　　　　一四二二(一三〇九)

如是我闻:一时,佛住舍卫国祇树给孤独园。时有摩伽天

---

① "世",原本作"天",依宋本改。
② 摄颂与经文次第小异,见《别译》卷一五(大正二·四七八下)。
③ 《相应部》(二)"天子相应"三经。《别译》三〇八经。

子,容色绝妙,于后夜时,来诣佛所,稽首佛足,退坐一面。其身光明,遍照祇树给孤独园。时〔有〕摩伽天子说偈问佛:

"杀何得安眠? 杀何得喜①乐? 为杀何等人②,瞿昙所赞叹?"

尔时,世尊说偈答言:

"若杀于嗔恚,而得安隐眠。杀于嗔恚者,令人得欢喜。嗔恚为毒本,杀者我所叹。杀彼嗔恚已,长夜无忧患。"

于时摩伽天子闻佛所说,欢喜随喜,稽首佛足,即没不现。

一〇〇③　　　　　　一四二三(一三一〇)

如是我闻:一时,佛在舍卫国祇树给孤独园。尔时,有弥耆迦天子,容色绝妙,于后夜时,来诣佛所,稽首佛足,退坐一面。其身光明,遍照祇树给孤独园。时弥耆迦天子说偈问佛:

"明照有几种,能照明世间? 唯愿世尊说,何等明最上?"

尔时,世尊说偈答言:

"有三种光明,能照耀世间:昼以日为照,月以照其夜,灯火昼夜照,照彼彼色像。上下及诸方,众生悉蒙照,人天光明中,佛光明为上。"

佛说此经已,弥耆迦天子闻佛所说,欢喜随喜,稽首佛足,即没不现。

---

① "喜",原本作"善",依宋本改。
② "人",原本作"入",依圣本改。
③ 《相应部》(二)"天子相应"四经。《别译》三〇九经。

一〇一①　　　　　　一四二四(一三一一)

如是我闻：一时，佛住舍卫国祇树给孤独园。时有陀摩尼天子，容色绝妙，于后夜时，来诣佛所，稽首佛足，退坐一面。身诸光明，遍照祇树给孤独园。时彼陀摩尼天子而说偈言：

"为婆罗门事，学断莫疲倦。断除诸爱欲，不求受后身。"

尔时，世尊说偈答言：

"婆罗门无事，所作事已作。乃至不得岸，昼夜常勤跪，
已到彼岸住，于岸复何跪？此是婆罗门，专精漏尽禅，
一切诸忧恼，炽然永已断，是则到彼岸，涅槃无所求。"

时陀摩尼天子闻佛所说，欢喜随喜，稽首佛足，即没不现。

一〇二②　　　　　　一四二五(一三一二)

如是我闻：一时，佛住舍卫国祇树给孤独园。时有多罗揵陀天子，容色绝妙，于后夜时，来诣佛所，稽首佛足。身诸光明，遍照祇树给孤独园。时彼天子说偈问佛：

"断几舍几法？几法上增修？超越几积聚，名比丘度流？"

尔时，世尊说偈答言：

"断五舍于五，五法上增修，超五种积聚，名比丘度流。"

时彼陀摩尼天子闻佛所说，欢喜随喜，稽首佛足，即没不现。

---

① 《相应部》(二)"天子相应"五经。《别译》三一〇经。
② 《相应部》(一)"诸天相应"五经。《别译》三一一经。

一〇三①　　　　　　　　一四二六(一三一三)

如是我闻:一时,佛住舍卫国祇树给孤独园。时有迦摩天子,容色绝妙,于后夜时,来诣佛所,稽首佛足。身诸光明,遍照祇树给孤独园。时迦摩天子白佛言:"甚难,世尊!甚难,善逝!"尔时,世尊说偈答言:

"所学为甚难,具足戒三昧,远离于非家,闲居寂静乐。"

迦摩天子白佛言:"世尊!静默甚难得。"尔时,世尊说偈答言:

"得所难得学,具足戒三昧,昼夜常专精,修习意所乐。"

迦摩天子白佛言:"世尊!正受心难得。"尔时,世尊说偈答言:

"难住正受住,诸根心决定,能断死魔縻,圣者随欲进。"

迦摩天子复白佛言:"世尊险道甚难行。"尔时,世尊说偈答言:

"难涉之险道,当行安乐进。非圣堕于彼,足上头向下;贤圣乘正直,险路自然平。"

佛说此经已,迦摩天子闻佛所说,欢喜随喜,稽首佛足,即没不现。

----

① 《相应部》(二)"天子相应"六经。《别译》三一二经。

一〇四① 　　　　一四二七（一三一四）

如是我闻：一时，佛住舍卫国祇树给孤独园。时有迦摩天子，容色绝妙，于后夜时，来诣佛所，稽首佛足，退坐一面。其身光明，遍照祇树给孤独园。时彼迦摩天子说偈问佛：

"贪恚何所因？不乐身毛竖，恐怖从何起？觉想由何生？
犹如鸠摩罗，依倚于乳母。"

尔时，世尊说偈答言：

"爱生自身长，如尼拘律树，处处随所著，如榛绵丛林。
若知彼因者，发悟令开觉，度生死海流，不复更受有。"

时迦摩天子闻佛所说，欢喜随喜，稽首佛足，即没不现。

一〇五② 　　　　一四二八（一三一五）

如是我闻：一时，佛住舍卫国祇树给孤独园。时有栴檀天子，容色绝妙，于后夜时，来诣佛所，稽首佛足，退坐一面。其身光明，遍照祇树给孤独园。时彼栴檀天子说偈问佛：

"闻瞿昙大智，无障碍知见，何所住何学，不遭他世恶？"

尔时，世尊说偈答曰：

"摄持身、口、意，不造三恶法，处在于居家，广集于群宾，
信惠财法施，以法立一切，住彼学彼法，则无他世畏。"

---

① 《相应部》（一〇）"夜叉相应"三经。《别译》三一三经。
② 《相应部》（二）"天子相应"一四经。《别译》三一四经。

佛说是经已,栴檀天子闻佛所说,欢喜随喜,稽首佛足,即没不现。

一〇六① 　　　　　一四二九(一三一六)

如是我闻:一时,佛住舍卫国祇树给孤独园。时有栴檀天子,容色绝妙,于后夜时,来诣佛所,稽首佛足,退坐一面。其身光明,遍照祇树给孤独园。时彼天子说偈问佛:

"谁度于诸流,昼夜勤不懈? 不攀无住处,云何不没溺?"

尔时,世尊说偈答言:

"一切戒具足,智慧善正受,内思惟正念,能度难度流。
不染此欲想,超度彼色爱,贪喜悉已尽,不入于难测。"

时彼栴檀天子闻佛所说,欢喜随喜,稽首佛足,即没不现。

一〇七② 　　　　　一四三〇(一三一七)

如是我闻:一时,佛住舍卫国祇树给孤独园。时有迦叶天子,容色绝妙,于后夜时,来诣佛所,稽首佛足,退坐一面。其身光明,遍照祇树给孤独园。时彼迦叶天子白佛言:"世尊! 我今当说比丘及比丘功德。"佛告天子:"随汝所说。"时迦叶天子而说偈言:

"比丘修正念,其身善解脱,昼夜常勤求,坏有诸功德。
了知于世间,灭除一切有,比丘得无忧,心无所染著。

世尊! 是名比丘,是名比丘功德。"佛告迦叶:"善哉! 善哉! 如

---

① 《相应部》(二)"天子相应"一五经。《别译》三一五经。
② 《相应部》(二)"天子相应"一·二经。《别译》三一六经。

汝所说。"迦叶天子闻佛所说,欢喜随喜,稽首佛足,即没不现。

　　　　一〇八①　　　　　　一四三一(一三一八)

如是我闻:一时,佛住舍卫国祇树给孤独园。时有迦叶天子,容色绝妙,于后夜时,来诣佛所,稽首佛足,退坐一面。其身光明,遍照祇树给孤独园。时彼迦叶天子白佛言:"世尊我今当说比丘及比丘所说。"佛告迦叶天子:"随所乐说。"时彼迦叶天子而说偈言:

　　　　"比丘守正念,其心善解脱,昼夜常勤求,逮得离尘垢。
　　　　晓了知世间,于尘离尘垢,比丘无忧患,心无所染著。

世尊!是名比丘,是名比丘所说。"佛告迦叶:"如是,如是,知汝所说。"迦叶天子闻佛所说,欢喜随喜,稽首佛足,即没不现。

　　　　(摩佉问所害,弥佉谙照明,昙摩诵应作,多罗询所短,
　　　　极难及伏藏,迦默决二疑,实智及渡流,栴檀之所说,
　　　　无垢有非有,斯两迦叶谈②。)

----

①　《别译》三一七经。《相应部》与上经同。
②　摄颂见《别译》卷一五(大正二·四八〇上)。

二六　夜叉相应[1]

一[2]　　　　　　　　　一四三二（一三一九）

[3]如是我闻：一时，佛在摩竭提国人间游行。日暮，与五百比丘，于屈摩夜叉鬼住处宿。时屈摩夜叉鬼来诣佛所，稽首佛足，退住一面。时屈摩夜叉鬼白佛言："世尊！今请世尊与诸大众，于此夜宿。"尔时，世尊默然受请。是时屈摩夜叉鬼知世尊默然受请已，化作五百重阁、房舍、卧床、坐床、踞床、俱襵、褥枕，各五百具，悉皆化成。化作五百灯明，无诸烟炎。悉化现已，往诣佛所，稽首佛足，劝请世尊，令入其舍，令诸比丘次受房舍及诸卧具。周遍受已，还至佛所，稽首佛足，退坐一面，而说偈言：

"贤德有正念，贤德常正念，正念安隐眠，此世及他世。
贤德有正念，贤德常正念，正念安隐眠，其心常寂止。
贤德有正念，贤德常正念，正念安隐眠，舍降伏他军。
贤德有正念，贤德常正念，不杀不教杀，不伏不教伏，
慈心于一切，心不怀怨结。"

尔时，世尊告屈摩夜叉鬼："如是，如是，如汝所说。"时屈摩夜叉鬼闻佛所说，欢喜随喜，稽首佛足，还自所住处。

二[4]　　　　　　　　　一四三三（一三二〇）

如是我闻：一时，佛住摩鸠罗山，尊者那伽波罗为亲侍者。

---

[1] "夜叉相应"共十二经。与《相应部》(一〇)"夜叉相应"相当。
[2] 《相应部》(一〇)"夜叉相应"四经。《别译》三一八经。
[3] 《杂阿含经》卷四九中。
[4] 《别译》三一九经。近于《小部·自说》一品七经。

尔时,世尊于夜暗时,天小微雨,电光晱现,出于房外,露地经行。是时天帝释作是念:今日世尊住摩鸠罗山,尊者那伽波罗亲侍供养。其夜暗冥,天时微雨,电光晱现,世尊出房,露地经行。我当化作毗琉璃重阁,执持重阁,随佛经行。作是念已,即便化作鞞琉璃重阁,持诣佛所,稽首佛足,随佛经行。尔时,摩竭提国人,若男、若女,夜啼之时,以摩鸠罗鬼恐之即止。亲侍供养弟子之法,待师禅觉,然后乃眠。尔时,世尊为天帝释,夜经行久。尔时,尊者那伽波罗作是念:世尊!今夜经行至久,我今当作摩鸠罗鬼形而恐怖之。时那伽波罗比丘,即反被俱执,长毛在外,往住①世尊经行道头,白佛言:"摩鸠罗鬼来!摩鸠罗鬼来!"尔时,世尊告那伽波罗比丘:"汝那伽波罗愚痴人,以摩鸠罗鬼神像恐怖佛耶?不能动如来、应、等正觉一毛发也,如来、应、等正觉久离恐怖。"尔时,天帝释白佛言:"世尊!世尊正法律中,亦复有此人耶?"佛言:"憍尸迦!瞿昙家中极大广阔,斯等于未来世,亦当使得清净之法。"尔时,世尊即说偈言:

"若复婆罗门,于自所得法,得到于彼岸,若一毗舍遮,
及与摩鸠罗,皆悉超过去。若复婆罗门,于自所行法,
一切诸受觉,观察皆已灭。若复婆罗门,自法度彼岸,
一切诸因缘,皆悉已灭尽。若复婆罗门,自法度彼岸,
一切诸人我,皆悉已灭尽。若复婆罗门,自法度彼岸,
于生老病死,皆悉已超过。"

---

① "住",原本作"在",依宋本改。

佛说此经已,释提桓因闻佛所说,欢喜随喜,稽首佛足,即没不现。

三① 　　　　　　一四三四(一三二一)

如是我闻:一时,佛住王舍城迦兰陀竹园。时尊者阿那律陀,于摩竭提国人间游行,到毕陵伽鬼子母住处宿。时尊者阿那律陀,夜后分时,端身正坐,诵忧陀那、波罗延那、见真谛、诸上座所说偈、比丘尼所说偈、尸路偈、义品、牟尼偈、修多罗,悉皆广诵。尔时,毕陵伽鬼子夜啼,毕陵伽鬼子母为其子说偈,呵止言:

"毕陵伽鬼子,汝今莫得啼!当听彼比丘,诵习法句偈。
若知法句者,能自护持戒,远离于杀生,实言不妄语,
能自舍非义,解脱鬼神道。"

毕陵伽鬼子母说是偈时,毕陵伽鬼子啼声即止。

四② 　　　　　　一四三五(一三二二)

如是我闻:一时,佛在摩竭提国人间游行,与大众俱,到富那婆薮鬼子母住处宿。尔时,世尊为诸比丘说四圣谛相应法,所谓苦圣谛、苦集圣谛、苦灭圣谛、苦灭道迹圣谛。尔时,富那婆薮鬼母,儿富那婆薮,及鬼女郁多罗,二鬼小儿夜啼。时富那婆薮鬼母,教其男、女故而说偈言:

"汝富那婆薮,欝多罗莫啼!令我得听闻,如来所说法。
非父母能令,其子解脱苦,闻如来说法,其苦得解脱。

---

① 《相应部》(一〇)"夜叉相应"六经。《别译》三二〇经。
② 《相应部》(一〇)"夜叉相应"七经。《别译》三二一经。

世人随爱欲,为众苦所迫,如来为说法,令破坏生死。
我今欲闻法,汝等当默然!"时富那婆薮,鬼女欝多罗,
悉受其母语,默然而静听。语母言:"善哉!我亦乐闻法,
此正觉世尊,于摩竭胜山,为诸众生类,演说脱苦法。
说苦及苦因,苦灭、灭苦道,从此四圣谛,安隐趣涅槃。
母今但善听,世尊所说法!"

时富那婆薮鬼母即说偈言:

"奇哉智慧子,善能随我心。汝富那婆薮,善叹佛导师!
汝富那婆薮,及汝欝多罗,当生随喜心,我已见圣谛。"

时富那婆薮鬼母说是偈时,鬼子男、女,随喜默然。

五① 一四三六(一三二三)

如是我闻:一时,佛在摩竭提国人间游行,与诸大众,至摩尼遮罗鬼住处夜宿。尔时,摩尼遮罗鬼,会诸鬼神,集在一处。时有一女人,持香花鬘饰、饮食,至彼摩尼遮罗鬼神住处。彼女人遥见世尊,在摩尼遮罗鬼神住处坐。见已,作是念:我今现见摩尼遮罗鬼神,即说偈言:

"善哉摩尼遮,住摩伽陀国,摩伽陀国人,所求悉如愿。
云何于此世,常得安乐住?后世复云何,而得生天乐?"

尔时,世尊说偈答言:

"莫放逸、慢恣,用摩尼鬼为?若自修所作,能得生天乐。"

---

① 《别译》三二二经。

时彼女人作是念：此非摩尼遮罗鬼，是沙门瞿昙。如是知已，即以香花、鬘饰，供养世尊，稽首礼足，退坐一面，而说偈言：

"何道趣安乐？当修何等行，此世常安隐，后世生天乐？"

尔时，世尊说偈答言：

"布施善调心，乐执护诸根，正见修贤行，亲近于沙门，以正命自活，他世生天乐。何用三十三，诸天之苦网？但当一其心，断除于爱欲。我当说离垢，甘露法善听！"

时彼女人闻世尊说法，示教、照喜，如佛常法：谓布施，持戒，生天之福；欲味、欲患，烦恼清净，出要远离功德福利，次第演说清净佛法。譬如鲜净白氎，易染其色，时彼女人，亦复如是，即于坐上，于四圣谛得平等观苦、集、灭、道。时彼女人见法，得法，知法，入法，度诸疑、惑，不由于他，于正法律得无所畏。即从座起，整衣服，合掌白佛："已度，世尊！已度，善逝！我从今日，尽寿命，归佛、归法、归比丘僧。"时彼女人闻佛所说，欢喜随喜，礼佛而去。

六① 　　　　　　一四三七（一三二四）

如是我闻：一时，佛在摩竭提国人间游行，到针毛鬼住处夜宿。尔时，针毛鬼会诸鬼神，集在一处。时有炎鬼，见世尊在针毛鬼住处夜宿，见已，往诣针毛鬼所，语针毛鬼言："聚落主！汝今大得善利！今如来、应、等正觉，于汝室宿。"针毛鬼言："今当试看，为是如来为非？"时针毛鬼与诸鬼神集会已，还归自舍，束

---

① 《相应部》（一〇）"夜叉相应"三经。《别译》三二三经。

身冲佛。尔时,世尊却身避之。如是再三,束身冲佛,佛亦再三却身避之。尔时,针毛鬼言:"沙门怖耶?"佛言:"聚落主!我不怖也,但汝触恶。"针毛鬼言:"今有所问,当为我说。能令我喜者善,不能令我喜者,当坏汝心,裂汝胸,令汝热血从其面出;捉汝两手,掷恒水彼岸。"佛告针毛鬼:"聚落主!我不见诸天、魔、梵,沙门、婆罗门,天神、世人,能坏如来、应、等正觉心者,能裂其胸者,能令热血从面出者,执其两臂掷着恒水彼岸者。汝今但问,当为汝说,令汝欢喜。"时针毛鬼说偈问佛:

"一切贪、恚心,以何为其因?不乐身毛竖,恐怖从何起?
意念诸觉想,为从何所起?犹如新生儿,依倚于乳母。"

尔时,世尊说偈答言:

"爱生自身长,如尼拘律树,展转相拘引,如藤绵丛林。
若知彼所因,当令鬼觉悟,度生死海流,不复重增有。"

尔时,针毛鬼闻世尊说偈,心得欢喜,向佛悔过,受持三归。佛说此经已,针毛鬼闻佛所说,欢喜奉行①。

七②　　　　　　一四三八(一三二五)

③如是我闻:一时,佛住王舍城迦兰陀竹园。时有优婆夷子,受八支斋,寻即犯戒,即为鬼神所持。尔时,优婆夷即说偈言:

---

① 《杂阿含经》卷四九终。
② 《相应部》(一〇)"夜叉相应"五经。《别译》三二四经。
③ 《杂阿含经》卷五〇。

"十四、十五日,及月分八日,神通瑞应月,八支善正受。
受持于斋戒,不为鬼所持,我昔数谘问,世尊作是说。"

尔时,彼鬼即说偈言:

"十四、十五日,及月分八日,神足瑞应月,八支修正受。
斋肃清净住,戒德善守护,不为鬼戏弄,善哉从佛闻。
汝当说言放,我当放汝子。诸有慢缓业,染污行苦行,
梵行不清净,终不得大果。譬如拔菅草,执缓则伤手,
沙门行恶触,当堕地狱中。譬如拔菅草,急捉不伤手,
沙门善摄持,则到般涅槃。"

时彼鬼神即放优婆夷子。尔时,优婆夷说偈告子言:

"子汝今听我,说彼鬼神说:若有慢缓业,秽污修苦行,
不清净梵行,彼不得大果。譬如拔䕡草,执缓则伤手,
沙门起恶触,当堕地狱中。如急执䕡草,则不伤其手,
沙门善执护,逮得般涅槃。"

时彼优婆夷子,如是觉悟已,剃除须发,着袈裟衣,正信非家,出家学道。心不得乐,还归自家。母遥见子而说偈言:

"迈世而出家,何为还聚落?烧舍急出财,岂还投火中?"

其子比丘说偈答言:

"但念母命终,存亡不相见,故来还瞻视,何见子不欢?"

时母优婆夷说偈答言:

"舍欲而出家,还欲服食之。是故我忧悲,恐随魔自在。"

是时优婆夷,如是、如是发悟其子,如是其子还空闲处,精勤思惟,断除一切烦恼结缚,得阿罗汉果证。

八① 　　　　　　　一四三九(一三二六)

如是我闻:一时,佛在摩竭提国人间游行,到阿腊鬼住处夜宿。时阿腊鬼集会诸鬼神。时有竭昙鬼,见世尊在阿腊鬼住处夜宿。见已,至阿腊鬼所,语阿腊鬼言:"聚落主!汝获大利!如来宿汝住处。"阿腊鬼言:"生人今日在我舍住耶?今当令知,为是如来,为非如来?"时阿腊,诸鬼神聚会毕,还归自家。语世尊曰:"出去,沙门!"尔时,世尊以他家故,即出其舍。阿腊鬼复言:"沙门,来入。"佛即还入,以灭慢故。如是再三。时阿腊鬼第四复语世尊言:"沙门!出去。"尔时,世尊语阿腊鬼言:"聚落主!已三见请,今不复出。"阿腊鬼言:"今问沙门,沙门答我能令我喜者善,不能令我喜者,我当坏其心、裂其胸,亦令热血从其面出,执持两手,掷着恒水彼岸。"世尊告言:"聚落主!我不见诸天、魔、梵、沙门、婆罗门、天神、世人,有能坏我心、裂我胸,令我热血从面而出,执持两手掷着恒水彼岸者。然聚落主!汝今但问,当为汝说,令汝心喜。"时阿腊鬼说偈问佛:

"说何等名为,胜士夫事物?行于何等法,得安乐果报?
何等为美味?云何寿中胜?"

---

① 《相应部》(一〇)"夜叉相应"一二经。《别译》三二五经。《小部·经集》一品一〇经。

尔时,世尊说偈答言:

"净信为最胜,士夫之事物。行法得乐果,解脱味中上。
智慧除老死,是为寿中胜。"

时阿腾鬼复说偈言:

"云何得名称?"如上所说偈。

尔时,世尊说偈答言:

"持戒名称流。"如上所说偈。

时阿腾鬼复说偈言:

"几法起世间?几法相顺可?世几法取受?世几法损减?"

尔时,世尊以偈答言:

"世六法等起,六法相顺可,世六法取受,世六法损减。"

阿腾鬼复说偈问佛:

"谁能度诸流,昼夜勤方便?无攀、无住处,孰能不沉没?"

尔时,世尊说偈答言:

"一切戒具足,智慧善正受,正念内思惟,能度难度流。
不乐于五欲,亦超度色爱,无攀、无住处,是能不没溺。"

时阿腾鬼复说偈问佛:

"以何法度流?以何度大海?以何舍离苦?以何得清净?"

尔时,世尊说偈答言:

"以信度河流,不放逸度海,精进能断①苦,以慧得清净。
汝当更问余,沙门、梵志法,其法无有过,真谛施调伏。"

时阿腾鬼复说偈问佛:

"何烦更问余,沙门、梵志法,即曰最胜士,以显大法炬。
于彼竭昙摩,常当报其恩,告我等正觉,无上导御师。
我即日当行,从村而至村,亲侍等正觉,听受所说法。"

佛说此经已,阿腾鬼欢喜随喜,作礼而去。

九②　　　　　　　一四四〇(一三二七)

如是我闻:一时,佛住王舍城迦兰陀竹园。时有叔迦罗比丘尼,住王园比丘尼众中,为王舍城诸人恭敬供养,如阿罗汉。又于一时,王舍城人于一吉星日欢集大会,即于是日阙不供养。有一鬼神敬重彼比丘尼故,至王舍城里巷之中,家家说偈:

"王舍城人民,醉酒惛③睡卧,不勤供养彼,叔迦比丘尼。
善修诸根故,名曰叔迦罗;善说离垢法,涅槃清凉处。
随顺听所说,终日乐无厌,乘听法智慧,得度生死流,
犹如海商人,依附力马王。"

时一优婆塞以衣布施叔迦罗比丘尼,复有优婆塞以食供养。

---

① "断",原本作"除",依宋本改。
② 《相应部》(一〇)"夜叉相应"九·一〇经。《别译》三二七经。
③ "惛",原本作"眠",依明本改。

时彼鬼神即说偈言:

"智慧优婆塞,获福利丰多,施叔迦罗衣,离诸烦恼故。
智慧优婆塞,获福利丰多,施叔迦罗食,离诸积聚故。"

时彼鬼神说斯偈已,即没不现。

一〇①　　　　　　一四四一(一三二八)

如是我闻:一时,佛住王舍城迦兰陀竹园,时毗罗比丘尼,住王舍城王园比丘尼众中。为王舍城诸人民,于吉星日集聚大会,当斯之日,毗罗比丘尼无人供养。时有鬼神,敬重毗罗比丘尼,即入王舍城,处处里巷,四衢道头而说偈言:

"王舍城人民,醉酒憍睡卧,毗罗比丘尼,无人供养者。
毗罗比丘尼,勇猛修诸根,善说离垢尘,涅槃清凉法。
皆随顺所说,终日乐无厌,乘听法智慧,得度生死流。"

时有一优婆塞,持衣布施毗罗比丘尼。复有一优婆塞,以食供养。时彼鬼神而说偈言:

"智慧优婆塞,今获多福利,以衣施断缚,毗罗比丘尼。
智慧优婆塞,今获多福利,食施毗罗尼,离诸和合故。"

时彼鬼神说偈已,即没不现。

一一②　　　　　　一四四二(一三二九)

如是我闻:一时,佛住王舍城迦兰陀竹园。时有娑多耆利天

---

① 《相应部》(一〇)"夜叉相应"一一经。《别译》三二六经。
② 《别译》三二八经。《小部·经集》一品九经。

神,醯魔波低天神,共作约誓:若其宫中有宝物出者,必当相语,不相语者,得违约罪。时醯魔波低天神宫中,有未曾有宝波昙摩花出,花有千叶,大如车轮,金色宝茎。时醯魔波低天神遣使告语娑多耆利:"聚落主!今我宫中,忽生未曾有宝波昙摩花,花有千叶,大如车轮,金色宝茎,可来观看!"娑多耆利天神,遣使诣醯魔波低舍告言:"聚落主!用是波昙摩百千为?今我宫中,有未曾有宝,大波昙摩出,所谓如来、应、等正觉、明行足、善逝、世间解、无上士、调御丈夫、天人师、佛、世尊,汝便可来奉事供养!"时醯魔波低天神,即与五百眷属,往诣娑多耆利天神所,说偈问言:

"十五日良时,天夜遇欢会,当说受何斋,从何①罗汉受?"

时娑多耆利说偈答言:

"今日佛世尊,在摩竭胜国,住于王舍城,迦兰陀竹园,
演说微妙法,灭除众生苦。苦苦及苦集,苦灭尽作证,
八圣出苦道,安隐趣涅槃。当往设供养,我罗汉世尊。"

醯魔波低说偈问言:

"彼有心愿乐,慈济众生不?彼于受不受,心想平等不?"

娑多耆利说偈答言:

"彼妙愿慈心,度一切众生;于诸受不受,心想常平等。"

---

① "何",原本作"阿",依宋本改。

时醯魔波低说偈问言：

"为具足明达，已行成就不？诸漏永灭尽，不受后有耶？"

娑多耆利说偈答言：

"明达善具足，正行已成就。诸漏永已尽，不复受后有。"

醯魔①波低说偈问言：

"牟尼意行满，及身、口业耶？明行悉具足，以法赞叹耶？"

娑多耆利说偈答言：

"具足牟尼心，及业身、口满。明行悉具足，以法而赞叹。"

醯魔波低说偈问言：

"远离于害生，不与不取不？为远于放荡，不离禅思不？"

娑多耆利复说偈言：

"常不害众生，不与不妄取。远离于放荡，日夜常思禅。"

醯魔波低复说偈问言：

"为不乐五欲，心不浊乱不？有清净法眼，灭尽愚痴不？"

娑多耆利说偈答言：

"心常不乐欲，亦无浊乱心。佛法眼清净，愚痴尽无余。"

---

① "魔"，原本作"摩"，依宋本改。

醯魔波低复说偈问言:

"至诚不妄语,粗涩言无有? 得无别离说,无不诚说不?"

婆多耆利说偈答言:

"至诚不妄语,亦无粗涩言。不离他亲厚,常说如法言。"

醯魔波低复说偈问言:

"为持清净戒,正念寂灭不? 具足等解脱,如来大智不?"

婆多耆利说偈答言:

"净戒悉具足,正念常寂静。等解脱成就,得如来大智。"

〔①醯魔波低复说偈问言:

"明达悉具足,正行已清净。所有诸漏尽,不复受后有?"

婆多耆利说偈答言:

"明达悉具足,正行已清净。一切诸漏尽,无复后生有。"

醯魔波低复说偈言:

"牟尼善心具,及身、口业迹,明行悉成就,故赞叹其法?"

婆多耆利说偈答言:

"牟尼善心具,及身、口业迹,明行悉成就,赞叹于其法。"〕

---

① 此下两番问答,重出,应删。然依《别译》,问答应在此处。

醯魔波低复说偈言:

"伊尼延鹿䏙,仙人之胜相,少食舍身贪,牟尼处林禅。
汝今当共行,敬礼彼瞿昙。"

时有百千鬼神眷属,围绕娑多耆利、醯魔波低,速至佛所①,礼拜供养。整衣服,偏袒右肩,合掌敬礼,而说偈言:

"伊尼延鹿䏙,仙人之胜相,少食无贪嗜,牟尼乐林禅。
我等今故来,请问于瞿昙,师子独游步,大龙无恐畏。
今故来请问,牟尼愿决疑!云何得出苦?云何苦解脱?
唯愿说解脱,苦于何所灭?"

尔时,世尊说偈答言:

"世五欲功德,及说第六意,于彼欲无贪,解脱一切苦。
如是从苦出,如是解脱苦,今答汝所问,苦从此而灭。"

娑多耆利、醯魔波低复说偈问佛:

"泉从何转还?恶道何不转?世间诸苦乐,于何而灭尽?"

尔时,世尊说偈答言:

"眼、耳、鼻、舌、身,及以意入处,于彼名及色,永灭尽无余。
于彼泉转还,于彼道不转;于彼苦及乐,得无余灭尽。"

娑多耆利、醯魔波低,复说偈问佛:

---

① "所",原本作"前",依宋本改。

"世间几法起？几法世和合？几法取受世？几法令世减①？"

尔时，世尊说偈答言：

"六法起世间，六法世和合，六法取受世，六法世损减②。"

娑多耆利、醯魔波低，复说偈问佛③：

"云何度诸流，日夜勤方便？无攀、无住处，而不溺深渊？"

尔时，世尊说偈答言：

"一切戒具足，智慧善正受，如思惟系念，是能度深渊。不乐诸欲想，亦超色诸结，无攀、无住处，不溺于深渊。"

娑多耆利、醯魔波低，复说偈问佛：

"何法度诸流？以何度大海？云何舍离苦？云何得清净？"

尔时，世尊说偈答言：

"正信度河流，不放逸度海，精进能断苦，智慧得清净。"

尔时，世尊复说偈言：

"汝可更问余，沙门、梵志法，真实施调伏，除此更无法。"

醯魔波低复说偈言：

---

① "减"，原本作"灭"，依宋本改。
② "减"，原本作"灭"，依宋本改。
③ "佛"，原本缺，依宋本补。

"更余何所问,沙门、梵志法,大精进今日,已具善开导。
我今当报彼,娑多耆利恩,能以导御师,告语于我等。
我当诣村村,家家而随佛,承事礼供养,从佛闻正法。
此百千鬼神,悉合掌恭敬,一切归依佛,牟尼之大师。
得无上之名,必见真实义,成就大智慧,于欲不染著。
慧者当观察,救护世间者,得贤圣道迹,是则大仙人。"

佛说是经已,娑多耆利、醯魔波低,及诸眷族五百鬼神,闻佛所说,皆大欢喜随喜,礼佛而去。

一二①　　　　　　一四四三(一三三〇)

如是我闻:一时,佛住王舍城迦兰陀竹园。是时尊者舍利弗、尊者大目揵连,住耆阇崛山中。时尊者舍利弗,新剃须发。时有伽吒及优波伽吒鬼,优波伽吒鬼见尊者舍利弗新剃须发,语伽吒鬼言:"我今当往打彼沙门头。"伽吒鬼言:"汝优波伽吒莫作是语!此沙门大德,大力,汝莫长夜得大不饶益苦。"如是再三说,时优波伽吒鬼再三不随伽吒鬼语。即以手打尊者舍利弗头,打已寻自唤言:"烧我,伽吒!煮我,伽吒!"再三唤已,陷入地中,堕阿毗地狱。尊者大目揵连闻尊者舍利弗,为鬼所打声已,即往诣尊者舍利弗所,问尊者舍利弗言:"云何尊者!苦痛可忍不?"尊者舍利弗答言:"尊者大目揵连!虽复苦痛,意能堪忍,不至大苦。"尊者大目揵连语尊者舍利弗言:"奇哉!尊者舍利弗,真为大德大力。此鬼若以手打耆阇崛山者,能令碎如糠

---

① 《别译》三二九经。《小部·自说》四品四经。《增一阿含经》(四八)"不善品"六经。

粆,况复打人而不苦痛?"尔时,尊者舍利弗语尊者大目揵连:"我实不大苦痛。"时尊者舍利弗、大目揵连,共相慰劳。时世尊以天耳闻其语声,闻已,即说偈言:

"其心如刚石,坚住不倾动,染著心已离,嗔者不反报,
若如此修心,何有苦痛处!"

佛说此经已,诸比丘闻佛所说,欢喜奉行。

(因陀罗释迦、崛摩、白山宾迦罗、富那婆修、曼遮尼罗、箭毛、受斋、旷野、及雄、净、七岳并雪山、害及于无害,是名第十二①。)

---

① 摄颂"十二"经,误作"十四",今改。摄颂见《别译》卷一五(大正二·四八五中)。

二七 林相应①

一② 　　　　　　　　一四四四(一三三一)

③如是我闻：一时，佛住舍卫国祇树给孤独园。时有众多比丘，于拘萨罗国人间游行，住一林中，夏安居。彼林中有天神住，知十五日诸比丘受岁，极生忧戚。有余天神语彼天神言："汝何卒生愁忧苦恼？汝当欢喜，诸比丘持戒清净，今日受岁。"林中天神答言："我知比丘今日受岁，不同无羞外道受岁。然精进比丘受岁，持衣钵，明日至余处去，此林当空。"比丘去后，林中天神而说偈言：

"今我心不乐，但见空林树。清净心说法，多闻诸比丘，瞿昙之弟子，今悉何处去？"

时有异天子而说偈言：

"有至摩伽陀，有至拘萨罗，亦至金刚地，处处修远离。犹如野禽兽，随所乐而游。"

二④ 　　　　　　　　一四四五(一三三二)

如是我闻：一时，佛住舍卫国祇树给孤独园。尔时，有异比丘，在拘萨罗国人间，止住一林中，入昼正受。身体疲极，夜则睡眠。时彼林中止住天神，作是念：此非比丘法，于空林中入昼正

---

① "林相应"共三二经。一四经以上，与《相应部》(九)"森相应"相当。
② 《相应部》(九)"森相应"四经。《别译》三五一经。
③ 《杂阿含经》卷五〇中。
④ 《相应部》(九)"森相应"二经。《别译》三五二经。

受,夜著睡眠,我今当往觉悟之。尔时,天神往至比丘前而说偈言:

"比丘汝起起,何以著睡眠？睡眠有何利,病时何不眠？
利刺刺身时,云何得睡眠？汝本舍非家,出家之所欲,
当如本所欲,日夜求增进,莫得堕睡眠,令心不自在。
无常、不恒欲,迷醉于愚夫,余人悉被缚,汝今已解脱,
正信而出家,何以著睡眠？已调伏贪欲,其心得解脱,
具足胜妙智,出家何故眠？勤精进正受,常修坚固力,
专求般涅槃,云何而睡眠？起明断无明,灭尽诸有漏,
调彼后边身,云何著睡眠？"

时彼天神说是偈时,彼比丘闻其所说,专精思惟,得阿罗汉。

三① 　　　　　一四四六(一三三三)

如是我闻:一时,佛住舍卫国祇树给孤独园。时有异比丘,在拘萨罗(人间),住(一)林中,入昼正受。心起不善觉,依于恶贪。时彼林中住止天神,作是念:此②非比丘法,止住林中入昼正受,心生不善觉,依于恶贪,我今当往开悟之。时彼天神即说偈言:

"其心欲远离,止③于空闲林,放心随外缘,乱想而流驰。
调伏乐世心,常乐心解脱,当舍不乐心,执受安乐住。
思非于正念,莫著我我所,如以尘头染,是著极难遣,

---

① 《相应部》(九)"森相应"一经。《别译》三五三经。
② "此",原本缺,依宋本补。
③ "止",原本作"正",依宋本改。

莫令染乐著，欲心所浊乱。如释君驰象，奋迅去尘秽，
比丘于自身，正念除尘垢。尘者谓贪欲，非世间尘土，
黠慧明智者，当悟彼诸尘，于如来法律，持心莫放逸。
尘垢谓嗔恚，非世间尘土，黠慧明智者，当悟彼诸尘，
于如来法律，持心莫放逸。尘垢谓愚痴，非世间尘土，
明智黠慧者，当舍彼诸尘，于如来法律，持心莫放逸。"

时彼天神说是偈已，彼比丘闻其所说，专精思惟，断诸烦恼①，得阿罗汉。

四②　　　　　一四四七（一三三四）

如是我闻：一时，佛住舍卫国祇树给孤独园。时有异比丘，在拘萨罗人间，住一林中，入昼正受，起不正思惟。时彼林中止住天神，作是念：此非比丘法，止住林中入昼正受，而起不正思惟，我今当往，方便善觉悟之。时彼天神而说偈言：

"何不正思惟，觉观所寝食？当舍不正念，专修于正受。
遵崇佛、法、僧，及自持净戒，常生随喜心，喜乐转胜进，
以心欢喜故，速究竟苦边。"

时彼天神说偈劝发已，彼比丘专精思惟，尽诸烦恼，得阿罗汉。

五③　　　　　一四四八（一三三五）

如是我闻：一时，佛住舍卫国祇树给孤独园。时有异比丘，

---

① "恼"下，原本有"心"字，依宋本删。
② 《相应部》（九）"森相应"一一经。《别译》三五四经。
③ 《相应部》（九）"森相应"一二经。《别译》三五五经。

于拘萨罗人间,住一林中,入昼正受。时彼比丘日中时,不乐心生,而说偈言:

"于此日中时,众鸟悉静默,空野忽有声,令我心恐怖。"

时彼林中住止天神而说偈言:

"于今日中时,众鸟悉寂静,空野忽有声,应汝不乐心。
汝当舍不乐,专乐修正受。"

时彼天子说偈觉悟彼比丘已,时彼比丘专精思惟,舍除烦恼,得阿罗汉。

六① 　　　　一四四九(一三三六)

如是我闻:一时,佛住舍卫国祇树给孤独园。尔时,尊者阿那律陀,在拘萨罗人间,住一林中。时有天神,名阇邻尼,是尊者阿那律陀本善知识。往诣尊者阿那律陀所,〔到阿那律所〕说偈言:

"汝今可发愿,愿还生本处,三十三天上,五欲乐悉备,
百种诸音乐,常以自欢娱。每至睡眠时,音乐以觉悟,
诸天玉女众,昼夜侍左右。"

尊者阿那律陀说偈答言:

"诸天玉女众,此皆大苦聚,以彼颠倒想,系著有身见;
诸求生彼者,斯亦是大苦。阇邻尼当知!我不愿生彼,

---

① 《相应部》(九)"森相应"六经。《别译》三五六经。

生死已永尽,不受后有故。"

尊者阿那律说是语时,阇邻尼天子闻尊者阿那律所说,欢喜随喜,即没不现。

七① 　　　　　一四五〇(一三三七)

如是我闻:一时,佛住舍卫国祇树给孤独园。时有比丘在拘萨罗人间,林中止住。勤诵经,勤讲说,精勤思惟,得阿罗汉果。证已,不复精勤诵说。时有天神止彼林中者,而说偈言:

"比丘汝先时,昼夜勤诵习,常为诸比丘,共论决定义。
汝今于法句,寂然无所说,不与诸比丘,共论决定义。"

时彼比丘说偈答言:

"本未应离欲,心常乐法句,既离欲相应,诵说事已毕。
先知道已备,用闻见道为?世间诸闻见,无知悉放舍。"

时彼天神闻比丘所说,欢喜随喜,即没不现。

八② 　　　　　一四五一(一三三八)

如是我闻:一时,佛住舍卫国祇树给孤独园。时有异比丘,在拘萨罗人间,止一林中。时彼比丘有眼患,受师教,应嗅钵昙摩花。时彼比丘受师教已,往至钵昙摩池侧,于池岸边迎风而坐,随风嗅香。时有天神主此池者,语比丘言:"何以盗花?汝今便是盗香贼也。"尔时,比丘说偈答言:

---

① 《相应部》(九)"森相应"一〇经。《别译》三五七经。
② 《相应部》(九)"森相应"一四经。《别译》三五八经。

"不坏亦不夺,远住随嗅香,汝今何故言,我是盗香贼?"

尔时,天神复说偈言:

"不求而不舍,世间名为贼。汝今人不与,而自一向取,是则名世间,真实盗香贼。"

时有一士夫,取彼藕根,重负而去。尔时,比丘为彼天神而说偈言:

"如今彼士夫,断截分陀利,拔根重负去,便是奸狡人,汝何故不遮,而言我盗香?"

时彼天神说偈答言:

"狂乱奸狡人,犹如乳母衣,何足加其言,且①堪与汝语。袈裟污不现,黑衣墨不污,奸狡凶恶人,世间不与语。蝇脚污素帛,明者小过现;如墨点珂贝,虽小悉皆现。常从彼求净,无结离烦恼,如毛发之恶,人见如泰山。"

时彼比丘复说偈言:

"善哉!善哉说!以义安慰我,汝可常为我,数数说斯偈。"

时彼天神复说偈言:

"我非汝买奴,亦非人与汝,何为常随汝,数数相告语?汝今自当知,彼彼饶益事。"

---

① "且",原本作"宜",依宋本改。

时彼天子说是偈已,彼比丘闻其所说,欢喜随喜,从座起去。独一静处,专精思惟,断诸烦恼,得阿罗汉。

九① 　　　　　一四五二(一三三九)

如是我闻:一时,佛住王舍城迦兰陀竹园。尔时,尊者十力迦叶,住王舍城仙人窟中。时有猎师,名曰尺只,去十力迦叶不远,张网捕鹿。尔时,十力迦叶为彼猎师哀愍说法,时彼猎师不解所说。时十力迦叶即以神力,指端火然,彼犹不悟。尔时,仙人窟中住止天神而说偈言:

"深山中猎师,少智盲无目,何为非时说,薄德无辩慧?
所闻亦不解,明中亦无见,于诸善胜法,愚痴莫能了。
正使烧十指,彼终不见谛。"

时彼天神说是偈已,尊者十力迦叶,即默然住。

(不乐及睡眠,厌离、倒净想,安住、阇利那,诵习、花、迦叶②。)

一〇③ 　　　　　一四五三(一三四〇)

如是我闻:一时,佛住王舍城迦兰陀竹园。时有尊者金刚子,住巴连弗邑一处林中。时巴连弗邑人民,夏四月过,作憍牟尼大会。时尊者金刚子,闻世间大会,生不乐心,而说偈言:

"独一处空林,犹如弃枯木。夏时四月满,世间乐庄严,

---

① 《相应部》(九)"森相应"三经。《别译》三五九经。
② 摄颂见《别译》卷一六(大正二·四九一中)。
③ 《相应部》(九)"森相应"九经。《别译》三六〇经。

普观诸世间,其苦无过我。"

尔时,林中住止天神即说偈言:

"独一处空林,犹如弃枯木,为三十三天,心常所愿乐,
　犹如地狱中,仰思生人道。"

时金刚子为彼天神所劝发已,专精思惟,断诸烦恼,得阿罗汉。

一一① 　　　　　　一四五四(一三四一)

如是我闻:一时,佛住舍卫国祇树给孤独园。时有异比丘,在拘萨罗人间,住一林中,唯好乐持戒,不能增长上进功德。时彼林中止住天神,作是念:此非比丘法,住于林中,唯乐持戒,不能增修上进功德,今我当往②方便而发悟之。即说偈言:

"非一向持戒,及修习多闻,独静禅三昧,闲居修远离,
　比丘偏猗③息,终不得漏尽,平等正觉乐,远非凡夫辈。"

时彼比丘,天神劝进已,专精思惟,断诸烦恼,得阿罗汉。

一二④ 　　　　　　一四五五(一三四二)

如是我闻:一时,佛住舍卫国祇树给孤独园。有尊者那伽达多,在拘萨罗人间,住一林中,有在家、出家,常相亲近。时彼林中止住天神,作是念:此非比丘法,住于林中,与诸在家、出家,周旋亲数,我今当往方便发悟,而说偈言:

---

① 《别译》三六一经。
② "往",原本作"作",今改。
③ "猗",原本作"倚",依宋本改。
④ 《相应部》(九)"森相应"七经。《别译》三六二经。

> "比丘旦早出,迫暮而还林,道俗相习近,苦乐必同安,
> 恐起家放逸,而随魔自在。"

时那伽达多比丘,为彼天神如是、如是开觉已,如是、如是专精思惟,断诸烦恼,得阿罗汉。

一三① 　　　　　一四五六(一三四三)

如是我闻:一时,佛住舍卫国祇树给孤独园。时有众多比丘,在拘萨罗人间,住一林中。言语嬉戏,终日散乱,心不得定,纵诸根门,驰骋六境。时彼林中止住天神,见是比丘不摄威仪,心不欣悦而说偈言:

> "此先有瞿昙,正命弟子众,无常心乞食,无常受床卧,
> 观世无常故,得究竟苦边。今有难养众,沙门所居止,
> 处处求饮食,遍游于他家,望财而出家,无真沙门欲,
> 垂着僧伽梨,如老牛曳尾。"

尔时,比丘语天神言:"汝欲厌我耶?"时彼天神复说偈言:

> "不指其名姓,不非称其人,而总向彼众,说其不善者。
> 疏漏相现者,方便说其过;勤修精进者,归依恭敬礼。"

彼诸比丘为天神劝发已,专精思惟,断诸烦恼,得阿罗汉。

一四② 　　　　　一四五七(一三四四)

如是我闻:一时,佛住舍卫国祇树给孤独园。时有异比丘,

---

① 《相应部》(九)"森相应"一三经。《别译》三六三经。
② 《相应部》(九)"森相应"八经。《别译》三六四经。

在拘萨罗人间,住一林中。时彼比丘与长者妇女嬉戏,起恶名声。时彼比丘作是念:我今不类,共他妇女起恶名声,我今欲于此林中自杀。时彼林中止住天神,作是思念:不善、不类,此比丘不坏无过,而于林中欲自杀身,我今当往①方便开悟。时彼天神化作长者女身,语比丘言:"于诸巷路、四衢道中,世间诸人,为我及汝起恶名声,言我与汝共相习近,作不正事。已有恶名,今可还俗,共相娱乐。"比丘答言:"以彼里巷、四衢道中,为我与汝起恶名声,共相习近,为不正事,我今且自杀身。"时彼天神还复天身,而说偈言:

"虽闻多恶名,苦行者忍之,不应苦自害②,亦不应起恼。
闻声恐怖者,是则林中兽,是轻躁众生,不成出家法。
仁者当堪耐,不中住恶声,执心坚住者,是则出家法。
不由他人语,令汝成劫贼;亦不由他语,令汝得罗汉。
如汝自知已,诸天亦复知。"

尔时,比丘为彼天神所开悟已,专精思惟,断除烦恼,得阿罗汉。

一五③　　　　　　　一四五八(一三四五)

如是我闻:一时,佛住舍卫国祇树给孤独园。时有尊者见多比丘,在拘萨罗人间,住一林中,着粪扫衣。时梵天王与七百梵天,乘其宫殿,来诣尊者见多比丘所,恭敬礼事。时有天神住彼

---

① "往",原本作"作",依宋本改。
② "害",原本作"苦",依宋本改。
③ 以下各经,《相应部》及《别译》均缺。

林中者,而说偈言:

"观彼寂诸根,能感善供养,具足三明达,得不倾动法,
度一切方便,少事粪扫衣。七百梵天子,乘宫来奉诣,
见生死有边,今礼度有岸。"

时彼天神说偈赞叹见多比丘已,即没不现。

一六　　　　　　　一四五九(一三四六)

如是我闻:一时,佛住舍卫国祇树给孤独园。时有异比丘,在拘萨罗人间,住一林中。时彼比丘身体疲极,夜著睡眠。时有天神住彼林中者而觉悟之,即说偈言:

"可起,起,比丘!何故著睡眠?睡眠有何义?修禅莫睡眠。"

时彼比丘说偈答言:

"不肯当云何,懈怠、少方便,缘尽四体羸,夜则著睡眠。"

时彼天神复说偈言:

"且汝当执守,勿声而大呼,汝已得修闲,莫令其退没。"

时彼比丘说偈答言:

"我当用汝语,精勤修方便,不为彼睡眠,数数覆其心。"

时彼天神如是、如是觉悟彼比丘时,彼比丘专精方便,断诸烦恼,得阿罗汉。

时彼天神复说偈言:

"汝岂能自起,专精勤方便,不为众魔军,厌汝令睡眠?"

时彼比丘说偈答言:

"从今当七夜,常坐正思惟:其身生喜乐,无一处不满。
初夜观宿命,中夜天眼净,后夜除无明。见众生苦乐,
上中下形类,善色及恶色,知何业因缘,而受斯果报。
若士夫所作,所作还自见,善者见其善,恶者自见恶。"

时彼天神复说偈言:

"我知先一切,比丘十四人,皆是须陀洹,悉得禅正受,
来到此林中,当得阿罗汉。见汝一懈怠,仰卧著睡眠,
莫令住凡夫,故方便觉悟。"

尔时,比丘复说偈言:

"善哉汝天神！以义安慰我,至诚见开觉,令我尽诸漏。"

时彼天神复说偈言:

"比丘应如是,信非家出家,抱愚而出家,逮得见清净。
我今摄受法,当尽寿命思。若汝疾病时,我当与良药。"

时彼天神说是偈已,即没不现。

一七　　　　　一四六〇(一三四七)

如是我闻:一时,佛住舍卫国祇树给孤独园。时尊者舍利弗,在拘萨罗人间,依一聚落,止住田侧。时尊者舍利弗,于晨朝时著衣持钵,入村乞食。时有一尼揵子,饮酒狂醉,持一瓶酒,从

聚落出。见尊者舍利弗而说偈言：

"米膏熏我身，持米膏一瓶，山地草树木，视之一金色。"

尔时，尊者舍利弗作是念：作此恶声，是恶邪物而说是偈，我岂不能以偈答之！时尊者舍利弗即说偈言：

"无想味所熏，持空三昧瓶，山地草树木，视之如涕唾。"

一八　　　　　　一四六一（一三四八）

如是我闻：一时，佛住舍卫国祇树给孤独园。时有异比丘，住拘萨罗人间，住一林中，得他心智，烦恼有余。去林不远，有井，有饮野干罐，拘钩颈时，彼野干作诸方便求脱，而自念言：天遂欲明，田夫或出，当恐怖我。汝汲水罐，怖我已久，可令我脱！时彼比丘知彼野干心之所念，而说偈言：

"如来慧日出，离林说空法，心久恐怖我，今可放令去。"

时彼比丘自教授已，一切结尽，得阿罗汉。

一九　　　　　　一四六二（一三四九）

如是我闻：一时，佛在拘萨罗国人间游行，住一林中。时有天神依彼林者，见佛行迹，低头谛观，修于佛念。时有优楼鸟，住于道中，行欲蹈佛足迹。尔时，天神即说偈言：

"汝今优楼鸟，团目栖树间，莫乱如来迹，坏我念佛境。"

时彼天神说此偈已，默然念佛。

二〇　　　　　　一四六三（一三五〇）

如是我闻：一时，佛在拘萨罗人间，住一林中，依波吒利树下

住止。时有天神依彼林中住,即说偈言:

"今日风卒起,吹波吒利树,落波吒利花,供养于如来。"

时彼天神说偈已,默然而住。

二一　　　　　一四六四(一三五一)

如是我闻:一时,佛住王舍城迦兰陀竹园。时有众多比丘,住支提山侧,皆是阿练若比丘,着粪扫衣,常行乞食。时山神依彼山住者,而说偈言:

"孔雀文绣身,处鞞提醯山,随时出妙声,觉乞食比丘。

孔雀文绣身,处鞞提醯山,随时出妙声,觉粪扫衣者。

孔雀文绣身,处鞞提醯山,随时出妙声,觉依树坐者。"

时彼天神说此偈已,即默然住。

二二　　　　　一四六五(一三五二)

如是我闻:一时,佛住王舍城迦兰陀竹园。时有众多比丘,住支提山,一切皆修阿练若行,着粪扫衣,常行乞食。尔时那婆佉多河岸崩,杀三营事比丘。时支提山住天神而说偈言:

"乞食、阿练①若,慎莫营造立,不见佉多河,傍岸卒崩倒,压杀彼造立,营事三比丘。粪扫衣比丘,慎莫营造立,不见佉多河,傍岸卒崩倒,压杀彼造立,营事三比丘。依树下比丘,慎莫营造立,不见佉多河,傍岸卒崩倒,压杀彼造立,营事三比丘。"

---

① "练",原本作"兰",今改。

时彼天神说此偈已,即默然住。

　　二三　　　　　　　一四六六(一三五三)

如是我闻:一时,佛住迦兰陀竹园时。有异比丘,住频陀山。尔时山林大火卒起,举山洞然。时有俗人而说偈言:

"今此频陀山,大火洞炽然,焚烧彼竹林,亦烧竹华①实。"

时彼比丘作是念:今彼俗人能说此偈,我今何不说偈答之? 即说偈言:

"一切有炽然,无慧能救灭,焚烧诸受欲,亦烧不作苦。"

时彼比丘说此偈已,默然而住。

　　二四　　　　　　　一四六七(一三五四)

如是我闻:一时,佛住迦兰陀竹园。时有异比丘,在恒河侧,住一林中。时有一族姓女,常为舅姑所责,至恒水岸边,而说偈言:

"恒水我今欲,随流徐入海,不复令舅姑,数数见嫌责。"

时彼比丘见族姓女,闻其说偈,作是念:彼族姓女尚能说偈,我今何为不说偈答耶? 即说偈言:

"净信我今欲,随彼八圣水,徐流入涅槃,不见魔自在。"

时彼比丘说此偈已,默然而住。

　　二五　　　　　　　一四六八(一三五五)

如是我闻:一时,佛住舍卫国祇树给孤独园。时有异比丘,

---

① "华",原本作"苑",依明本改。

在拘萨罗人间,住一林中。去林不远,有种瓜田。时有盗者,夜偷其瓜,见月欲出而说偈言:

"明月汝莫出!待我断其瓜。我持瓜去已,任汝现不现。"

时彼比丘作是念:彼盗瓜者尚能说偈,我岂不能说偈答耶?即说偈言:

"恶魔汝莫出!待我断烦恼。断彼烦恼已,任汝出不出。"

时彼比丘说此偈已,默然而住。

二六　　　　　一四六九(一三五六)

如是我闻:一时,佛住舍卫国祇树给孤独园。时有异比丘,在拘萨罗人间,住一林中。时有沙弥而说偈言:

"云何名为常?乞食则为常。云何为无常?僧食为无常。云何名为直?唯因陀罗幢。云何名为曲?曲者唯见钩。"

时彼比丘作是念:此沙弥能说斯偈,我今何不说偈而答?即说偈言:

"云何名为常,常者唯涅槃。云何为无常?谓诸有为法。云何名为直?谓圣八正道。云何名为曲?曲者唯恶径。"

时彼比丘说此偈已,默然而住。

二七　　　　　一四七〇(一三五七)

如是我闻:一时,佛住舍卫国祇树给孤独园。时有舍利弗弟子,服药已,寻即食粥。时尊者舍利弗,到瓦师舍,从乞瓦瓯,时彼瓦师即说偈言:

"云何得名胜,而不施一钱?云何胜实德,于财无所减?"

尔时,舍利弗说偈答言:

"若不食肉者,而施彼以肉。诸修梵行者,施之以女色。不坐高床者,施以高广床。于彼临行者,施以息止处。如是等施与,于财不损减,是则有名誉,而不舍一钱,实德名称流,于财无所减。"

时彼瓦师复说偈言:

"汝今舍利弗,所说实为善。今施汝百瓯,非余亦不得。"

尊者舍利弗说偈答言:

"彼三十三天,炎魔、兜率陀,化乐诸天人,及他化自在,瓦钵信以得,而汝不生信。"

尊者舍利弗说此偈已,于瓦师舍默然出去。

二八　　　　　一四七一(一三五八)

如是我闻:一时,佛住舍卫国祇树给孤独园。时有异比丘,在拘萨罗人间,住一林中。时有贫士夫,在于林侧,作如是悕望思惟,而说偈言:

"若得猪一头,美酒满一瓶,盛持瓯一枚,人数数持与。若得如是者,当复何所忧?"

时彼比丘作是念:此贫士夫尚能说偈,我今何以不说?即说偈言:

"若得佛、法、僧,比丘善说法,我不病常闻,不畏众魔怨。"

时彼比丘说此偈已,默然而住。

二九　　　　　　　　一四七二(一三五九)

如是我闻:一时,佛住舍卫国祇树给孤独园。时有异比丘,在拘萨罗人间,住一林中。时彼比丘作如是思惟:若得好劫贝,长七肘,广二肘,作衣已,乐修善法。时有天神依彼林者,作是念:此非比丘法,住于林中,作是思惟悕望好衣。时天神化作全身骨锁,于彼比丘前舞,而说偈言:

"比丘思劫贝,七肘广六尺,昼则如是想,知夜何所思?"

时彼比丘即生恐怖,其身战悚,而说偈言:

"止止不须氀,今着粪扫衣,昼见骨锁舞,知夜复何见?"

时彼比丘心惊怖已,即正思惟,专精修习,断诸烦恼,得阿罗汉。

三〇　　　　　　　　一四七三(一三六〇)

如是我闻:一时,佛住舍卫国祇树给孤独园。时有异比丘,在拘萨罗人间,住一林中,得阿罗汉,诸漏已尽,所作已作,已舍重担,断诸有结,正智心善解脱。时有一女人,于夜暗中,天时微雨,电光睒照,于林中过。欲诣他男子,倒深泥中,环钏断坏,花璎散落。时彼女人而说偈言:

"头发悉散解,花璎落深泥,镮钏悉破坏,丈夫何所著?"

时彼比丘作是念:女人尚能说偈,我岂不能说偈答之?

"烦恼悉断坏,度生死淤泥,著缠悉散落,十方①尊见我。"

时彼比丘说偈已,即默然而住。

三一　　　　　　　　一四七四(一三六一)

如是我闻:一时,佛住舍卫国祇树给孤独园。时有异比丘,在拘萨罗人间,住于河侧,一林树间。时有丈夫与妇相随度河,住于岸边,弹琴嬉戏,而说偈言:

"爱念而放逸,逍遥青树间,流水流且清,琴声极和美,春气调适游,快乐何过是②?"

时彼比丘作是念:彼士夫尚能说偈,我岂不能说偈答之?

"受持清净戒,爱念等正觉,沐浴三解脱,善以极清凉,入③道具庄严,快乐岂过是?"

时彼比丘说此偈已,即默然而住。

三二　　　　　　　　一四七五(一三六二)

如是我闻:一时,佛住舍卫国祇树给孤独园。时有异比丘,在拘萨罗人间,住一林中。时有天神,见诸鸽鸟而说偈言:

"鸽鸟当积聚,胡麻、米、粟等,于山顶树上,高显作巢窟。若当天雨时,安极饮食宿。"

时彼比丘作是念:彼亦觉悟我,即说偈言:

---

① "方",清本作"力"。
② "过是",原本作"是过",依宋本改。
③ "入",原本作"人",依宋本改。

"凡夫积善法,恭敬于三宝,身坏命终时,资神心安乐。"

时彼比丘说此偈已,以即觉悟,专精思惟,除诸烦恼,得阿罗汉①。

---

① 《杂阿含经》卷五〇终。

弟子所说诵第六①

二八 舍利弗相应②

一③　　　　　　　　　一四七六(四九〇)

④如是我闻:一时,佛住摩竭提国那罗聚落。尔时,尊者舍利弗,亦在摩竭提国那罗聚落。时有外道出家,名阎浮车,是舍利弗旧善知识。来诣舍利弗(所),问讯,共相慰劳已,退坐一面。问舍利弗言:"贤圣法律中,有何难事?"舍利弗告阎浮车:"唯出家难。""云何出家难?"答言:"爱乐者难。""云何爱乐难?"答言:"乐常修善法难。"复问舍利弗:"有道、有向,修习、多修习,常修善法增长耶?"答言:"有谓八正道:谓正见,正志,正语,正业,正命,正方便,正念,正定。"阎浮车言:"舍利弗!此则善道,此则善向,修习、多修习,于诸善法常修习增长。舍利弗!

---

① "弟子所说诵",本附于"杂因诵"等下,但原译本已别立,题"弟子所说诵第四"。自卷一八起,至卷二一,共四卷。分"舍利弗"、"目揵连"、"阿那律"、"大迦旃延"、"阿难"、"质多罗"——六种相应。

② "舍利弗相应",共八一经。前七二经与《相应部》(三八)"阎浮车相应"、(三九)"沙门出家相应"相当。

③ 《相应部》(三八)"阎浮车相应"一六经。

④ 《杂阿含经》卷一八。

出家常修习此道，不久疾得尽诸有漏。"时二正士共论议已，各从座起而去。如是比，阎浮车所问序，四十经。

二① 　　　　　　一四七七（　　）

阎浮车问舍利弗："云何名善说法者？（云何名）为世间正向？云何名为世间善逝？"舍利弗言："若说法调伏欲贪，调伏瞋恚，调伏愚痴，是名世间说法者。若向调伏欲贪，向调伏瞋恚，向调伏愚痴，是名正向。若贪欲已尽，无余断知；瞋恚、愚痴已尽，无余断知，是名善逝②。"复问舍利弗："有道、有向，修习、多修习，能起善逝③？"舍利弗言："有，谓八正道，正见乃至正定。"时二正士共论议已，各从座起而去。

三④ 　　　　　　一四七八（　　）

阎浮车问舍利弗："谓涅槃者，云何为涅槃？"舍利弗言："涅槃者，贪欲永尽，瞋恚永尽，愚痴永尽，一切诸烦恼永尽，是名涅槃。"复问舍利弗："有道、有向，修习、多修习，得涅槃耶？"舍利弗言："有，谓八正道，正见乃至正定。"时二正士共论议已，各从座起而去。

四⑤ 　　　　　　一四七九（　　）

阎浮车问舍利弗："何故于沙门瞿昙所出家修梵行？"舍利弗言："为断贪欲故，断瞋恚故，断愚痴故，于沙门瞿昙所出家修梵行。"复问舍利弗："有道、有向，修习、多修习，得断贪欲、瞋

---

① 《相应部》（三八）"阎浮车相应"三经。
② "逝"，原本作"断"，依宋本改。
③ "逝"，原本作"断"，今改。
④ 《相应部》（三八）"阎浮车相应"一经。
⑤ 《相应部》（三八）"阎浮车相应"四经。

恚、愚痴耶?"舍利弗言:"有,谓八正道,正见乃至正定。"时二正士共论议已,各从座起而去。

五　　　　　　一四八〇(　　　)

阎浮车问舍利弗:"谓有漏尽,云何名为有漏尽?"舍利弗言:"有漏者,三有漏:谓欲有漏,有有漏,无明有漏。此三有漏欲尽无余,名有漏尽。"复问舍利弗:"有道、有向,修习、多修习,得漏尽耶?"舍利弗答言:"有,谓八正道,正见乃至正定。"时二正士共论议已,各从座起而去。

六①　　　　　　一四八一(　　　)

阎浮车问舍利弗:"所谓阿罗汉者,云何名阿罗汉?"舍利弗言:"贪欲已断无余,嗔恚、愚痴已断无余,是名阿罗汉。"复问舍利弗:"有道、有向,修习、多修习,得阿罗汉耶?"舍利弗言:"有,谓八正道,正见乃至正定。"时二正士共论议已,各从座起而去。

七②　　　　　　一四八二(　　　)

阎浮车问舍利弗:"所谓阿罗汉者,云何名阿罗汉者?"舍利弗言:"贪欲永尽无余,嗔恚、愚痴永尽无余,是名阿罗汉者。"复问:"有道、有向,修习、多修习,得阿罗汉者耶?"舍利弗言:"有,谓八正道,正见乃至正定。"时二正士共论议已,各从座起而去。

八③　　　　　　一四八三(　　　)

阎浮车问舍利弗:"所谓无明者,云何为无明?"舍利弗言:"所谓无明者,于前际无知,后际无知,前后中际无知;佛、法、僧

---

① 《相应部》(三八)"阎浮车相应"二经。
② 《相应部》(三八)"阎浮车相应"二经。
③ 《相应部》(三八)"阎浮车相应"九经。

宝无知;苦、集、灭、道无知;善、不善、无记无知;内无知,外无知;若于彼彼事无知暗障,是名无明。"阎浮车语舍利弗:"此是大暗积聚!"复问舍利弗:"有道、有向,修习、多修习,断无明耶?"舍利弗言:"有,谓八正道,正见乃至正定。"时二正士共论议已,各从座起而去。

九① 　　　　一四八四(　　)

阎浮车复问尊者舍利弗:"所谓有漏,云何有漏?"如前说。

一〇② 　　　　一四八五(　　)

阎浮车问舍利弗:"所谓有,云何为有?"舍利弗言:"有谓三有:欲有、色有、无色有。"复问舍利弗:"有道、有向,修习、多修习,断此有耶?"舍利弗言:"有,谓八正道,正见乃至正定。"时二正士共论议已,各从座起而去。

一一③ 　　　　一四八六(　　)

阎浮车问舍利弗:"所谓有身,云何有身?"舍利弗言:"有身者,五受阴。云何五受阴?谓色受阴,受、想、行、识受阴。"复问舍利弗:"有道、有向,断此有身耶?"舍利弗言:"有,谓八正道,正见乃至正定。"时二正士共论议已,各从座起而去。

一二④ 　　　　一四八七(　　)

阎浮车问舍利弗:"所谓苦者,云何为苦?"舍利弗言:"苦者,谓生苦、老苦、病苦、死苦,恩爱别离苦,怨憎会苦,所求不得

---

① 《相应部》(三八)"阎浮车相应"八经。
② 《相应部》(三八)"阎浮车相应"一三经。
③ 《相应部》(三八)"阎浮车相应"一五经。
④ 《相应部》(三八)"阎浮车相应"一四经。

苦:略说五受阴苦,是名为苦。"复问舍利弗:"有道、有向,断此苦耶?"舍利弗言:"有,谓八正道,正见乃至正定。"时二正士共论议已,各从座起而去。

一三① 　　　　一四八八(　　　)

阎浮车问舍利弗:"所谓流者,云何为流?"舍利弗言:"流者,谓欲流、有流、见流、无明流。"复问舍利弗:"有道、有向,修习、多修习,断此流耶?"舍利弗言:"有,谓八正道,正见乃至正定。"时二正士共论议已,各从座起而去。

一四 　　　　一四八九(　　　)

阎浮车问舍利弗:"所谓扼者,云何为扼?"扼如流说。

一五② 　　　　一四九〇(　　　)

阎浮车问舍利弗:"所谓取者,云何为取?"舍利弗言:"取者,四取:谓欲取,我取,见取,戒取。"复问舍利弗:"有道、有向,修习、多修习,断此取耶?"舍利弗言:"有,谓八正道,正见乃至正定。"时二正士共论议已,各从座起而去。

一六 　　　　一四九一(　　　)

阎浮车问舍利弗:"所谓缚者,云何为缚?"舍利弗言:"缚者,四缚:谓贪欲缚,嗔恚缚,戒取缚,我见缚。"复问舍利弗:"有道、有向,修习、多修习,断此缚耶?"舍利弗言:"有,谓八正道,正见乃至正定。"时二正士共论议已,各从座起而去。

一七 　　　　一四九二(　　　)

阎浮车问舍利弗:"所谓结者,云何为结?"舍利弗言:"结

---

① 《相应部》(三八)"阎浮车相应"一一经。
② 《相应部》(三八)"阎浮车相应"一二经。

者,九结:谓爱结、恚结、慢结、无明结、见结、他取结、疑结、嫉结、悭结。"复问舍利弗:"有道、有向、修习、多修习,断此结耶?"舍利弗言:"有,谓八正道,正见乃至正定。"时二正士共论议已,各从座起而去。

一八　　　　　　　　　一四九三(　　　)

阎浮车问舍利弗:"所谓使者,云何为使?"舍利弗言:"使者,七使:谓贪欲使、嗔恚使、有爱使、慢使、无明使、见使、疑使。"复问舍利弗:"有道、有向、修习、多修习,断此使耶?"舍利弗言:"有,谓八正道,正见乃至正定。"时二正士共论议已,各从座起而去。

一九　　　　　　　　　一四九四(　　　)

阎浮车问舍利弗:"所谓欲者,云何为欲?"舍利弗言:"欲者,谓眼所识色,可爱、乐、念、染、著色;耳、声;鼻、香;舌、味;身所识触,可爱、乐、念、染、著触。阎浮车!此功德非欲,但觉想思惟者是。"时舍利弗即说偈言:

"非彼爱欲使,世间种种色,唯有觉想者,是则士夫欲。
彼诸种种色,常在于世间,调伏爱欲心,是则黠慧者。"

复问舍利弗:"有道、有向、修习、多修习,断此欲耶?"舍利弗答言:"有,谓八正道,正见乃至正定。"时二正士共论议已,各从座起而去。

二〇　　　　　　　　　一四九五(　　　)

阎浮车问舍利弗言:"所谓盖①者,云何为盖?"舍利弗言:

---

① "盖",原本作"养",依元本改。下例。

"盖者,有五盖:谓贪欲盖,嗔恚盖,睡眠盖,掉悔盖,疑盖。"复问舍利弗:"有道、有向,修习、多修习,断此五盖耶?"舍利弗答言:"有,谓八正道,正见乃至正定。"时二正士共论议已,各从座起而去。

二一①　　　　　　一四九六(　　　)

阎浮车问舍利弗:"谓稣息者,云何为稣息?"舍利弗言:"稣息者,谓断三结。"复问舍利弗:"有道、有向,修习、多修习,断三结耶?"舍利弗答言:"有,谓八正道,正见乃至正定。"时二正士共论议已,各从座起而去。

二二　　　　　　　一四九七(　　　)

阎浮车问舍利弗:"谓得稣息者,云何为得稣息者?"舍利弗言:"得稣息者谓三结已尽、已知。"复问:"有道、有向,断此结耶?"舍利弗答言:"有,谓八正道,正见乃至正定。"时二正士共论议已,各从座起而去。

二三②　　　　　　一四九八(　　　)

阎浮车问舍利弗:"谓得上稣息,云何为得上稣息?"舍利弗言:"得上稣息者,谓贪欲永尽,嗔恚、愚痴永尽,是名得上稣息。"复问舍利弗:"有道、有向,修习、多修习,得上稣息耶?"舍利弗答言:"有,谓八正道,正见乃至正定。"时二正士共论议已,各从座起而去。

二四　　　　　　　一四九九(　　　)

阎浮车问舍利弗:"谓得上稣息处,云何为得上稣息处?"舍

---

① 《相应部》(三八)"阎浮车相应"五经。下经同。
② 《相应部》(三八)"阎浮车相应"六经。下经同。

利弗言:"得上稣息处者,谓贪欲已断、已知,永尽无余;嗔恚、愚痴已断、已知,永尽无余,是为得上稣息处。"复问舍利弗:"有道、有向,修习、多修习,得上稣息处耶?"舍利弗答言:"有,谓八正道,正见乃至正定。"时二正士共论议已,各从座起而去。

二五　　　　　　　　一五〇〇（　　）

阎浮车问舍利弗:"所谓清凉,云何为清凉?"舍利弗言:"清凉者,五下分结尽,谓身见、戒取、疑、贪欲、嗔恚。"复问:"有道、有向,修习、多修习,断此五下分结、得清凉耶?"舍利弗言:"有,谓八正道,正见乃至正定。"时二正士共论议已,各从座起而去。

二六　　　　　　　　一五〇一（　　）

阎浮车问舍利弗:"谓得清凉,云何为得清凉?"舍利弗言:"五下分结已尽、已知,是名得清凉。"复问舍利弗:"有道、有向,修习、多修习,得清凉耶?"舍利弗言:"有,谓八正道,正见乃至正定。"时二正士共论议已,各从座起而去。

二七　　　　　　　　一五〇二（　　）

阎浮车问舍利弗:"所谓上清凉者,云何为上清凉?"舍利弗言:"上清凉者,谓贪欲永尽无余,嗔恚、愚痴永尽无余,一切烦恼永尽无余,是名上清凉。"复问:"有道、有向,得此上清凉耶?"舍利弗言:"有,谓八正道,正见乃至正定。"时二正士共论议已,各从座起而去。

二八　　　　　　　　一五〇三（　　）

阎浮车问舍利弗:"所谓得上清凉,云何名得上清凉?"舍利弗言:"得上清凉者,谓贪欲永尽无余,已断、已知;嗔恚、愚痴永尽无余,已断、已知,是名得上清凉。"复问舍利弗:"有道、有向,得此上清凉耶?"舍利弗言:"有,谓八正道,正见乃至正定。"时二正士共论议已,各从座起而去。

二九① 一五〇四( )

阎浮车问舍利弗:"所谓爱,云何为爱?"舍利弗言:"有三爱:谓欲爱、色爱、无色爱。"复问:"有道、有向,断此三爱耶?"舍利弗言:"有,谓八正道,正见乃至正定。"时二正士共论议已,各从座起而去。

三〇 一五〇五( )

阎浮车问舍利弗:"谓业迹,云何为业迹?"舍利弗言:"业迹者,十不善业迹:谓杀生、偷盗、邪淫、妄语、两舌、恶口、绮语、贪欲、嗔恚、邪见。"复问舍利弗:"有道、有向,断此十业迹耶?"舍利弗言:"有,谓八正道,正见乃至正定。"时二正士共论议已,各从座起而去。

三一 一五〇六( )

阎浮车问舍利弗:"所谓秽者,云何为秽?"舍利弗言:"秽者,谓三秽:贪欲秽、嗔恚秽、愚痴秽。"复问舍利弗:"有道、有向,断此三秽耶?"舍利弗言:"有,谓八正道,正见乃至正定。"时二正士共论议已,各从座起而去。

三二——三六 一五〇七——一五一一( )

如秽,如是垢、腻、刺、恋、缚,亦尔。

三七——七二② 一五一二——一五四七(四九一)

如阎浮车所问经,沙门出家所问,亦如是。

---

① 《相应部》(三八)"阎浮车相应"一〇经。
② 《相应部》(三九)"沙门出家相应",共一六经。

七三① 　　　　一五四八（　四九二）

如是我闻：一时，佛住王舍城迦兰陀竹园。尔时，尊者舍利弗，亦在彼住。时尊者舍利弗，语诸比丘："若有比丘得无量三昧，身作证具足住，于有身灭涅槃心不乐著，顾念有身。譬如士夫，胶着于手，以执树枝，手即着树，不能得离。所以者何？胶着手故。比丘无量三摩提身作证，心不乐著有身灭涅槃，顾念有身，终不得离，不得现法随顺法教，乃至命终亦无所得，还复来生此界，终不能得破于痴冥。譬如聚落傍有泥池，泥极深溺，久旱不雨，池水干消，其地破裂。如是比丘不得现②法随顺法教，乃至命终亦无所得，来生当复还堕此界。若有比丘得无量三昧，身作证具足住，于有身灭涅槃心生信乐，不念有身。譬如士夫以干净手，执持树枝，手不着树。所以者何？以手净故。如是比丘得无量三昧，身作证具足住，于有识灭涅槃，心生信乐，不念有身，现法随顺法教，乃至命终不复来还生于此界。是故比丘当勤方便，破坏无明。譬如聚落傍有泥池，四方流水，及数天雨，水常入池，其水盈溢，秽恶流出，其池清净。如是皆得现法随顺法教，乃至命终不复还生此界。是故比丘当勤方便，破坏无明。"尊者舍利弗说此经已，诸比丘闻其所说，欢喜奉行。

七四 　　　　一五四九（　四九三）

如是我闻：一时，佛住王舍城迦兰陀竹园。时尊者舍利弗，告诸比丘："若阿练若比丘，或于空地、林中、树下，当作是学：内自观察思惟，心中自觉有欲想不？若不觉者，当于境界，或于净

---

① 《增支部》"四集"一七八经。
② "现"，原本作"见"，今改。

相,若爱欲起,违于远离。譬如士夫用力乘船,逆流而上,身小疲怠,船则倒还,顺流而下。如是比丘思惟净想,还生爱欲,违于远离。是比丘学时,修下方便,不得淳净,是故还为爱欲所漂,不得法力,心不寂静,不一其心。于彼净相,随生爱欲,流注、浚输,违于远离。当知是比丘不敢自记,于五欲功德离欲解脱。若比丘或于空地、林中、树下,作是思惟:我内心中为离欲不? 是比丘当于境界,或取净相,若觉其心于彼远离,顺趣、浚注。譬如鸟翮入火,则卷不可舒展。如是比丘或取净相,即顺远离,流注、浚输。比丘当如是知于方便行,心不懈怠,得法寂静,寂止息乐,淳净一心。谓我思惟已,于净相顺于远离,随顺修道,则能堪任自记,于五欲功德离欲解脱。"尊者舍利弗说是经已,诸比丘闻其所说,欢喜奉行。

七五① 　　　　　一五五〇(四九四)

如是我闻:一时,佛住王舍城迦兰陀竹园。尊者舍利弗在耆阇崛山中。尔时,尊者舍利弗,晨朝着衣持钵,出耆阇崛山,入王舍城乞食。于路边见一大枯树,即于树下敷座具,敛身正坐。语诸比丘:"若有比丘修习禅思,得神通力,心得自在,欲令此枯树成地,即时为地。所以者何?谓此枯树中有地界,是故比丘得神通力,心作地解,即成地不异。若有比丘得神通力,自在如意,欲令此树为水、火、风、金、银等物,悉皆成就不异。所以者何?谓此枯树有水界故……是故比丘禅思,得神通力,自在如意,欲令枯树成金,即时成金不异;及余种种诸物,悉成不异。所以者何?

---

① 《增支部》"六集"四一经。

以彼枯树有种种界故。是故比丘禅思,得神通力,自在如意,为种种物,悉成不异。比丘!当知比丘禅思,神通境界不可思议。是故比丘当勤禅思,学诸神通。"舍利弗说是经已,诸比丘闻其所说,欢喜奉行。

七六① 一五五一(四九五)

如是我闻:一时,佛住王舍城迦兰陀竹园。时尊者舍利弗,在耆阇崛山中。尔时,尊者舍利弗告诸比丘:"其犯戒者,以破戒故,所依退减,心不乐住。不乐住已,失喜、息、乐、寂静三昧,如实知见,厌离、离欲、解脱已,永不能得无余涅槃。如树根坏,枝、叶、花、果悉不成就。犯戒比丘亦复如是,功德退减,心不乐住。不信乐已,失喜、息、乐、寂静三昧,如实知见,厌离、离欲、解脱。失解脱已,永不能得无余涅槃。持戒比丘根本具足,所依具足,心得信乐。得信乐已,心得欢喜、息、乐、寂静三昧,如实知见,厌离、离欲、解脱。得解脱已,悉能疾得无余涅槃。譬如树根不坏,枝、叶、花、果悉得成就。持戒比丘亦复如是,根本具足,所依成就,心得信乐。得信乐已,欢喜、息、乐、寂静三昧,如实知见,厌离、离欲、解脱,疾得无余涅槃。"尊者舍利弗说是经已,诸比丘闻其所说,欢喜奉行。

七七 一五五二(四九六)

如是我闻:一时,佛住舍卫国祇树给孤独园。尔时,舍利弗告诸比丘:"若诸比丘诤起相言,有犯罪比丘,举罪比丘。彼若不依正思惟,自省察者,当知彼比丘长夜强梁,诤讼转增,共相违

---

① 《增支部》"五集"一六八经。"十集"四经。"十一集"四·五经。《中阿含经》(四八)《戒经》。

反,结恨弥深。于所起之罪,不能以正法律止令休息。若比丘有此已起诤讼,若犯罪比丘,若举罪比丘,俱依正思惟,自省察克责,当知彼比丘不长夜强梁,共相违反,结恨转增。于所起之罪,能以法律止令休息。云何比丘正思惟自省察?比丘应如是思惟:我不是、不类,不应作罪,令彼见我。若我不为此罪,彼则不见,以彼见我罪,不喜嫌责,故举之耳;余比丘闻者,亦当嫌责。是故长夜诤讼,强梁转增,诤讼相言,于所起之罪,不能以正法律止令休息。我今自知,如已输税,是名比丘于所起罪,能自观察。云何举罪比丘能自省察?举罪比丘应如是念:彼长老比丘,作不类罪,令我见之。若彼不作此不类罪者,我则不见。我见其罪,不喜故举;余比丘见,亦当不喜故举之,长夜诤讼,转增不息,不能以正法律止所起罪,令其休息。我从今日,当自去之,如已输税。如是举罪比丘,善能依正思惟内自观察。是故诸比丘!有罪及举罪者,当依正思惟而自观察,不令长夜强梁增长。诸比丘得不诤讼;所起之诤,能以法律止令休息。"尊者舍利弗说是经已,诸比丘闻已,欢喜奉行。

七八① 　　　　一五五三(　四九七)

如是我闻:一时,佛住舍卫国祇树给孤独园。尔时,尊者舍利弗,诣佛所,稽首佛足,退坐一面。白佛言:"世尊!若举罪比丘欲举他罪者,令心安住几法,得举他罪?"佛告舍利弗:"若比丘令心安住五法,得举他罪。云何为五?实非不实,时不非时,义饶益非非义饶益,柔软不粗涩,慈心不嗔恚。舍利弗!举罪比

---

① 《增支部》"五集"一六七经。

丘具此五法,得举他罪。"舍利弗白佛言:"世尊!被举比丘复以几法自安其心?"佛告舍利弗:"被举比丘,当以五法令安其心。念言:彼何处得?为实莫令不实,令时莫令非时,令是义饶益莫令非义饶益,柔软莫令粗涩,慈心莫令嗔恚。舍利弗!被举比丘当具此五法,自安其心。"舍利弗白佛言:"世尊!我见举他罪者,不实非实,非时非是时,非义饶益非为义饶益,粗涩不柔软,嗔恚非慈心。世尊!于不实举他罪比丘,当以几法饶益,令其改悔?"佛告舍利弗:"不实举罪比丘,当以五法饶益,令其改悔。当语之言:长老!汝今举罪不实,非是实,当改悔!不时非是时,非义饶益非是义饶益,粗涩非柔软,嗔恚非慈心,汝当改悔!舍利弗!不实举他罪比丘,当以此五法饶益,令其改悔。亦令当来世比丘,不为不实举他罪。"舍利弗白佛言:"世尊!被不实举罪比丘,复以几法令不变悔?"佛告舍利弗:"被不实举罪比丘,当以五法不自变悔。彼应作是念:彼比丘不实举罪非是实,非时非是时,非义饶益非是义饶益,粗涩非柔软,嗔恚非慈心,我真是变悔。被不实举罪比丘,当以此五法,自安其心,不自变悔。"舍利弗白佛言:"世尊!有比丘举罪,实非不实,时不非时,义饶益不非义饶益,柔软非粗涩,慈心非嗔恚。实举罪比丘,当以几法饶益令不改变?"佛告舍利佛:"实举罪比丘,当以五法饶益令不变悔。当作是言:长老!汝实举罪非不实,时不非时,义饶益不非义饶益①,柔软非粗涩,慈心非嗔恚。舍利弗!实举罪比丘,当以此五法义饶益,令不变悔,亦令来世实举罪比丘而不变悔。"

---

① "饶益",原本缺,依元本补。

舍利弗白佛言:"世尊!被实举罪比丘,当以几法饶益,令不变悔?"佛告舍利弗:"被举罪比丘,当以五法饶益,令不变悔。当作是言:彼比丘实举罪非不实,汝莫变悔!时不非时,义饶益不非义饶益,柔软非粗涩,慈心非嗔恚,汝莫变悔!"舍利弗白佛言:"世尊!我见被实举罪比丘有嗔恚者。世尊!被实举罪嗔恚比丘,当以几法,令于嗔恨而自开觉?"佛告舍利弗:"被实举罪嗔恚比丘,当以五法,令自开觉。当语彼言:长老!彼比丘实举汝罪非不实,汝莫嗔恨!乃至慈心非嗔恚,汝莫嗔恨!舍利弗!被实举罪嗔恚比丘,当以此五法。令于恚恨而得开觉。"舍利弗白佛言:"世尊!有实、不实举我罪者,于彼二人,我当自安其心。若彼实者,我当自知,若不实者,当自开解言:此则不实,我今自知无此法也。世尊!我当如是,如世尊所说解材譬经说,教诸沙门:若有贼来执汝,以锯解身,汝等于贼起恶念、恶言者,自生障碍。是故比丘!若以锯解汝身,汝当于彼勿起恶心变易,及起恶言,自作障碍。于彼人所,当生慈心,无怨、无恨,于四方境界,慈心正受具足住,应当学。是故世尊!我当如是,如世尊所说解身之苦,当自安忍,况复小苦、小谤而不安忍!""沙门利,沙门欲,欲断不善法,欲修善法,于此不善法当断,善法当修,精勤方便,善自防护,系念思惟,不放逸行,应当学。"舍利弗白佛言:"世尊!我若举他比丘罪,实非不实,时非不时,义饶益非非义饶益,柔软非粗涩,慈心不嗔恚。然彼被举比丘,有怀嗔恚者。"佛问舍利弗:"何等像类比丘,闻举其罪而生嗔恚?"舍利弗白佛言:"世尊!若彼比丘谄曲,幻伪,欺诳,不信,无惭,无愧,懈怠,失念,不定,恶慧,慢缓,违于远离,不敬戒律,不顾沙门,不勤修学，不自省察，为命出家，不求涅槃，如是等人，闻我举罪则生嗔恚。"佛问舍利弗："何等像类比丘，闻汝举罪而不嗔恨？"舍利弗白佛言："世尊！若有比丘不谄曲，不幻伪，不欺诳，有信，惭，愧，精勤，正念，正定，智慧，不慢缓，不舍远离，深敬戒律，顾沙门行，尊崇涅槃，为法出家，不为性命，如是比丘，闻我举罪，欢喜顶受，如饮甘露。譬如刹利、婆罗门女，沐浴清净，得好妙华，爱乐顶戴以冠其首。如是比丘不谄曲，不幻伪，不欺诳，正信，惭，愧，精勤，正念，正定，智慧，不慢缓，心存远离，深敬戒律，顾沙门行，勤修自省，为法出家，志求涅槃，如是比丘，闻我举罪，欢喜顶受，如饮甘露。"佛告舍利弗："若彼比丘谄曲，幻伪，欺诳，不信，无惭，无愧，懈怠，失念，不定，恶慧，慢缓，违于远离，不敬戒律，不顾沙门行，不求涅槃，为命出家，如是比丘，不应教授与共言语。所以者何？此等比丘破梵行故。若彼比丘不谄曲，不幻伪，不欺诳，信心，惭，愧，精勤，正念，正定，智慧，不慢缓，心存远离，深敬戒律，顾沙门行，志崇涅槃，为法出家，如是比丘，应当教授。所以者何？如是比丘能修梵行，能自建立故。"佛说此经已，尊者舍利弗闻佛所说，欢喜奉行。

七九① 　　　　　一五五四（　四九八）

如是我闻：一时，佛住那罗揵陀卖衣者庵罗园。尔时，舍利弗诣世尊所，稽首礼足，退坐一面。白佛言："世尊！我深信世尊，过去、当来、今现在，诸沙门、婆罗门所有智慧，无有与世尊菩提等者，况复过上！"佛告舍利弗："善哉！善哉！舍利弗！善哉

---

① 《相应部》（四七）"念处相应"一二经。《长部》（二八）《自欢喜经》初分。《长阿含经》（一八）《自欢喜经》初分。

所说第一之说,能于众中作师子吼,自言深信世尊言,过去、当来、今现在,沙门、婆罗门所有智慧,无有与佛菩提等者,况复过上!"佛问舍利弗:"汝能审知过去三藐三佛陀所有增上戒不①?"舍利弗白佛言:"不知,世尊!"复问舍利弗:"知如是法,如是慧,如是明,如是解脱,如是住不?"舍利弗白佛言:"不知,世尊!"佛告舍利弗:"汝复知未来三藐三佛陀所有增上戒,如是法,如是慧,如是明,如是解脱,如是住不?"舍利弗白佛言:"不知,世尊!"佛告舍利弗:"汝复能知今现在佛所有增上戒,如是法,如是慧,如是明,如是解脱,如是住不?"舍利弗白佛言:"不知,世尊!"佛告舍利弗:"汝若不知过去、未来、今现在诸佛世尊心中所有诸法,云何如是赞叹,于大众中作师子吼,说言我深信世尊,过去、当来诸沙门、婆罗门所有智慧,无有与世尊菩提等者,况复过上?"舍利弗白佛言:"世尊!我不能知过去、当来、今现在诸佛世尊心之分齐,然我能知诸佛世尊法之分齐。我闻世尊说法,转转深,转转胜,转转上,转转妙。我闻世尊说法,知一法即断一法,知一法即证一法,知一法即修习一法,究竟于法,于大师所得净信,心得净,世尊是等正觉。世尊!譬如国王有边城,城周匝方直,牢固坚密,唯有一门,无第二门。立守门者,人民入出,皆从此门。若入、若出,其守门者虽复不知人数多少,要知人民唯从此门,更无他处。如是我知过去诸佛如来、应、等正觉,悉断五盖恼心,令慧力羸,堕障碍品,不向涅槃者;住四念处,修七觉分,得阿耨多罗三藐三菩提。彼当来世诸佛世尊,亦断五盖恼心,令

---

① "不",原本缺,依元本补。

慧力羸,堕障碍品,不向涅槃者;住四念处,修七觉分,得阿耨多罗三藐三菩提。今现在诸佛世尊,如来、应、等正觉,亦断五盖恼心,令慧力羸,堕障碍品,不向涅槃者;住四念处,修七觉分,得阿耨多罗三藐三菩提。"佛告舍利弗:"如是,如是!舍利弗!过去、未来、今现在佛,悉断五盖恼心,令①慧力羸,堕障碍品,不向涅槃者;住四念处,修七觉分,得阿耨多罗三藐三菩提。"佛说是经已,尊者舍利弗闻佛所说,欢喜奉行。

八○②　　　　　一五五五(　四九九)

如是我闻:一时,佛住王舍城迦兰陀竹园。尔时,尊者舍利弗,在耆阇崛山中。时有月子比丘,是提婆达多弟子,诣尊者舍利弗,共相问讯,慰劳已,退住一面。退住一面已,尊者舍利弗问月子比丘言:"提婆达多比丘,为诸比丘说法不?"月子比丘答言:"说法,尊者!"舍利弗问月子比丘言:"提婆达多云何说法?"月子比丘语尊者舍利弗言:"彼提婆达多如是说法言:比丘心法修心,是比丘能自记说:我已离欲,解脱五欲功德。"舍利弗语月子比丘言:"汝提婆达多何以不说法言:比丘心法,善修心,离欲心,离嗔恚心,离愚痴心,得无贪法、无恚法、无痴法,不转还欲有、色有、无色有法,彼比丘能自记说言:我生已尽,梵行已立,所作已作,自知不受后有耶?"月子比丘言:"彼不能也,尊者舍利弗!"尔时,尊者舍利弗语月子比丘言:"若有比丘心法,善修心者,能离贪欲心,嗔恚、愚痴心,得无贪法、无恚、无痴法,是比丘能自记说:我生已尽,梵行已立,所作已作,自知不受后有。譬如

---

① "令",原本缺,依宋本补。
② 《增支部》"九集"二六经。

村邑近有大石山,不断、不坏、不穿、厚密,正使东方风来不能令动,亦复不能过至西方。如是南、西、北方、四维风来,不能倾动,亦不能过。如是比丘心法,善修心者,离贪欲心,离嗔恚心,离愚痴心,得无贪法、无恚法、无痴法,是比丘能自记说:我生已尽,梵行已立,所作已作,自知不受后有。譬如因陀铜铁及铜柱,深入地中,筑令紧密,四方风吹,不能倾动。如是比丘心法,善修心已,离贪欲心,离嗔恚心,离愚痴心,得无贪法、无恚法、无痴法,是比丘能自记说:我生已尽,梵行已立,所作已作,自知不受后有。譬如石柱长十六肘,八肘入地,四方风吹,不能倾动。如是比丘心法,善修心已,悉离贪欲心,离嗔恚心,离愚痴心,得无贪法、无恚法、无痴法,能自记说:我生已尽,梵行已立,所作已作,自知不受后有。譬如火,烧未烧者,烧已不复更烧。如是比丘心法,修心已,离贪欲心,离嗔恚心,离愚痴心,得无贪法、无恚法、无痴法,能自记说:我生已尽,梵行已立,所作已作,自知不受后有。"舍利弗说此经已,诸比丘闻其所说,欢喜奉行。

八—① 一五五六(五〇〇)

如是我闻:一时,佛住王舍城迦兰陀竹园。时尊者舍利弗,亦住王舍城迦兰陀竹园。尔时,尊者舍利弗,晨朝着衣持钵,入王舍城乞食。乞食已,于一树下食。时有净口外道出家尼,从王舍城出,少有所营。见尊者舍利弗坐一树下食,见已问言:"沙门食耶?"尊者舍利弗答言:"食。"复问:"云何沙门下口食耶?"答言:"不也,姊妹!"复问:"仰口食耶?"答言:"不也,姊妹!"复

---

① 《相应部》(二八)"舍利弗相应"一〇经。

问:"云何方口食耶?"答言:"不也,姊妹!"复问:"四维口食耶?"答言:"不也,姊妹!"复问:"我问沙门食耶?答我言食。我问仰口(食)耶?答我言不。下口食耶?答我言不。方口食耶?答我言不。四维口食耶?答我言不。如此所说,有何等义?"尊者舍利弗言:"姊妹!诸所有沙门、婆罗门,明于事者,明于横法,邪命求食者,如是沙门、婆罗门下口食也。若诸沙门、婆罗门,仰观星历,邪命求食者,如是沙门、婆罗门,则为仰口食也。若诸沙门、婆罗门,为他使命,邪命求食者,如是沙门、婆罗门,则为方口食也。若有沙门、婆罗门,为诸医方,种种治病,邪命求食者,如是沙门、婆罗门,则为四维口食也。姊妹!我不堕此四种邪命而求食也。然我姊妹!但以法求食而自活也。是故我说,不为四种食也。"时净口外道出家尼,闻尊者舍利弗所说,欢喜随喜而去。

时净口外道出家尼,于王舍城里巷、四衢处,赞叹言:"沙门释子,净命自活,极净命自活!诸有欲为施者,应施沙门释种子。若欲为福者,应于沙门释子所作福。"时有诸外道出家,闻净口外道出家尼赞叹沙门释子声,以嫉妒心,害彼净口外道出家尼。命终之后,生兜率天,以于尊者舍利弗所生信心故也。

二九 目揵连相应①

一②　　　　　　　　　　一五五七（　五〇一）

③如是我闻：一时，佛住王舍城迦兰陀竹园。尔时，尊者大目揵连，在王舍城耆阇崛山中。尔时，尊者大目揵连告诸比丘："一时，世尊住王舍城迦兰陀竹园，我于此耆阇崛山中住。我独一静处，作如是念：云何为圣默然？复作是念：若有比丘息有觉、有观，内净一心，无觉、无观三昧生喜乐，第二禅具足住，是名圣默然。复作是念：我今亦当圣默然，息有觉、有观，内净一心，无觉、无观三昧生喜乐，具足住、多住。多住已，复有觉、有观心起。尔时，世尊知我心念，于竹园精舍没，于耆阇崛山中现于我前。语我言：目揵连！汝当圣默然，莫生放逸！我闻世尊说已，即复离有觉、有观，内净一心，无觉、无观三昧生喜乐，第二禅具足住。如是再三，佛亦再三教我：汝当圣默然，莫放逸！我即复息有觉、有观，内净一心，无觉、无观三昧生喜乐，第三禅具足住。若正说佛子从佛口生，从法化生，得佛法分者，则我身是也。所以者何？我是佛子，从佛口生，从法化生，得佛法分，以少方便得禅、解脱、三昧、正受。譬如转轮圣王长太子，虽未灌顶，已得王法，不勤方便，能得五欲功德。我亦如是，为佛之子，不勤方便，得禅、解脱、三昧、正受。于一日中，世尊以神通力，三至我所，三教授我，以

---

① "目揵连相应"，共五十三经。与《相应部》（四〇）"目揵连相应"少分、（一九）"勒叉那相应"相当。
② 《相应部》（二一）"比丘相应"一经。（四〇）"目揵连相应"二经。
③ 《杂阿含经》卷一八中。

大人处所建立于我。"尊者大目揵连说此经已,诸比丘闻其所说,欢喜奉行。

二① 　　　　　　　一五五八(五〇二)

如是我闻:一时,佛住王舍城迦兰陀竹园。尔时,尊者大目揵连在王舍城耆阇崛山中。尔时,尊者大目揵连告诸比丘:"一时,世尊住王舍城,我住耆阇崛山中。我独一静处,作如是念:云何名为圣住?复作是念:若有比丘不念一切相,无相心正受,身作证具足住,是名圣住。我作是念:我当于此圣住,不念一切相,无相心正受,身作证具足住、多住。多住已,取相心生。尔时,世尊知我心念,如力士屈申臂顷,以神通力,于竹园精舍没,于耆阇崛山中现于我前,语我言:目揵连!汝当住于圣住,莫生放逸!我闻世尊教已,即离一切相,无相心正受,身作证具足住。如是至三,世尊亦三来教我:汝当住于圣住,莫生放逸!我闻教已,离一切相,无相心正受,身作证具足住。诸大德!若正说佛子者,则我身是,从佛口生,从法化生,得佛法分。所以者何?我是佛子,从佛口生,从法化生,得佛法分,以少方便得禅、解脱、三昧、正受。譬如转轮圣王太子,虽未灌顶,已得王法,不勤方便,能得五欲功德。我亦如是,为佛之子,不勤方便,得禅、解脱、三昧、正受。于一日中,世尊以神通力,三至我所,三教授我,以大人处建立于我。"尊者大目揵连说此经已,诸比丘闻其所说,欢喜奉行。

三② 　　　　　　　一五五九(五〇三)

如是我闻:一时,佛住舍卫国祇树给孤独园。尔时,尊者舍

---

① 《相应部》(四〇)"目揵连相应"九经。
② 《相应部》(二一)"比丘相应"三经。

利弗,尊者大目揵连,尊者阿难,在王舍城迦兰陀竹园,于一房共住。时尊者舍利弗,于后夜时,告尊者目揵连:"奇哉!尊者目揵连!汝于今夜住寂灭正受,〔尊者目揵连闻尊者舍利弗语,尊者目揵连言〕我都不闻汝喘息之声。"尊者目揵连言:"此非寂灭正受,粗正受住耳。尊者舍利弗!我于今夜,与世尊共语。"尊者舍利弗言:"目揵连!世尊住舍卫国祇树给孤独园,去此极远,云何共语?汝今在竹园,云何共语?汝以神通力至世尊所,为是世尊神通力来至汝所?"尊者目揵连语尊者舍利弗:"我不以神通力诣世尊所,世尊不以神通力来至我所,然我于舍卫国王舍城中闻。世尊及我俱得天眼、天耳故,我能问世尊,所谓殷勤精进,云何名为殷勤精进?世尊答我言:目揵连!若此比丘,昼则经行、若坐,以不障碍法自净其心;初夜若坐、经行,以不障碍法自净其心;于中夜时,出房外洗足,还入房右胁而卧,足足相累,系念明相,正念、正知,作起思惟;于后夜时,徐觉、徐起,若坐亦经行,以不障碍法自净其心。目揵连!是名比丘殷勤精进。"

尊者舍利弗语尊者目揵连言:"汝大目揵连,真为大神通力,大功德力,安坐而坐。我亦大力,得与汝俱。目揵连!譬如大山,有人持一小石,投之大山,色味悉同。我亦如是,得与尊者大力、大德,同座而坐。譬如世间鲜净好物,人皆顶戴,如是尊者目揵连!大德、大力,诸梵行者皆应顶戴。诸有得遇尊者目揵连,交游往来,恭敬供养者,大得善利。我①今亦得与尊者大目揵连交游往来,亦得善利。"时尊者大目揵连语尊者舍利弗:"我

---

① "我",原本缺,依宋本补。

今得与大智、大德尊者舍利弗同座而坐,如以小石投之大山,得同其色。我亦如是,得与尊者大智舍利弗同座而坐,为第二伴。"时二正士共论议已,各从座起而去①。

四　　　　　　　一五六〇(　五〇四)

②如是我闻:一时佛住王舍城迦兰陀竹园。尔时,尊者大目揵连在耆阇崛山。时释提桓因,有上妙堂观,于夜来诣尊者大目揵连所,稽首礼足,退坐一面。时释提桓因光明,普照耆阇崛山,周匝大明。尔时,释提桓因坐已,即说偈言:

"能伏于悭垢,大德随时施,是名施中贤,来世见殊胜。"

时大目揵连问帝释言:"憍尸迦!云何为调伏悭垢,见于殊胜?而汝说言:

能调伏悭垢,大德随时施,是则施中贤,来世见殊胜?"

时天帝释答言:"尊者大目揵连!胜婆罗门大姓,胜刹利大姓,胜长者大姓,胜四王天,胜三十三天,稽首敬礼故。尊者大目揵连!我为胜婆罗门大姓,胜刹利大姓,胜长者大姓,胜四王天,胜三十三天恭敬作礼,见斯果报,故说此偈。复次,尊者大目揵连!乃至日所周行,照于诸方,至千世界,千月,千日,千须弥山王,千弗婆提舍,千欝多罗提舍,千瞿陀尼迦,千阎浮提,千四王天③,千三十三天、炎摩天、兜率陀天、化乐天、他化自在天、千梵

---

① 《杂阿含经》卷一八终。
② 《杂阿含经》卷一九。
③ "四王天",原本作"四天王",今改。

天,名为小千世界。此小千世界中,无有堂观与毗阇延堂观等者。毗阇延有百一楼观,观有七重,重有七房,房有七天后,后各七侍女。尊者大目揵连!于小千世界,无有如是堂观端严,如毗阇延者。我见是调伏悭故,有此妙果,故说斯偈。"大目揵连语帝释言:"善哉!善哉!憍尸迦!汝能见此胜妙果报,而说斯偈。"时天帝释闻尊者大目揵连所说,欢喜随喜,忽然不现。

五①　　　　　　一五六一(　五〇五)

如是我闻:一时,佛住王舍城。时尊者大目揵连在耆阇崛山中。尔时尊者大目揵连,独一静处禅思,作是念:昔有时,释提桓因于界隔山石窟中,问世尊爱尽解脱之义,世尊为说,闻已随喜,似欲更有所问义。我今当往,问其喜意。作是念已,如力士屈申臂顷,于耆阇崛山没,至三十三天,去一分陀利池不远而住。时天帝释与五百婇女,游戏浴池,有诸天女音声美妙。尔时,帝释遥见尊者大目揵连,语诸天女言:"莫歌!莫歌!"时诸天女即便默然。天帝释即诣尊者大目揵连所,稽首礼足,退住一面。尊者大目揵连问帝释言:"汝先于界隔山中,问世尊爱尽解脱义,闻已随喜。汝意云何?为闻说随喜,为更欲有所问故随喜耶?"天帝释语尊者大目揵连:"我三十三天多著放逸乐,或忆先事,或时不忆。世尊今在王舍城迦兰陀竹园,尊者欲知我先界隔山中所问事者,今可往问世尊,如世尊说,汝当受持。然我此处,有好堂观,新成未久,可入观看。"时尊者大目揵连默然受请,即与天帝释共入堂观。彼诸天女遥见帝释来,皆作天乐,或歌、或舞。

---

① 《中部》(三七)《爱尽小经》。《增一阿含经》(一九)"劝请品"三经。

诸天女辈着身璎珞庄严之具,出妙音声,合于五乐,如善作乐,音声不异。诸天女辈既见尊者大目揵连,悉皆惭愧,入室藏隐。时天帝释语尊者大目揵连:"观此堂观!地好平正,其壁柱、梁、重阁、窗牖、罗网、帘障,悉皆严好。"尊者大目揵连语帝释言:"憍尸迦!先修善法福德因缘,成此妙果。"如是帝释三自称叹,问尊者大目揵连,尊者大目揵连亦再三答。时尊者大目揵连作是念:今此帝释极自放逸,著界神住,叹此堂观,我当令彼心生厌离。即入三昧,以神通力,以一足指,撇其堂观,悉令震动。时尊者大目揵连,即没不现。诸天女众,见此堂观震掉、动摇,颠沛恐怖,东西驰走,白帝释言:"此是憍尸迦大师,有此大功德力耶?"时天帝释语诸天女:"此非我师,是大师弟子大目揵连,梵行清净,大德大力者。"诸天女言:"善哉憍尸迦!乃有如此梵行大德、大力同学,大师德力,当复如何!"

六① 　　　一五六二（　五〇六）

如是我闻:一时,佛住三十三天骢色虚软石上,去波梨耶多罗拘毗陀罗香树不远,夏安居,为母及三十三天说法。尔时,尊者大目揵连在舍卫国祇树给孤独园安居。时诸四众,诣尊者大目揵连所,稽首礼足,退坐一面。白尊者大目揵连:"知世尊夏安居处不?"尊者大目揵连答言:"我闻世尊在三十三天骢色虚软石上,去波梨耶多罗拘毗陀罗香树不远,夏安居,为母及三十三天说法。"时诸四众闻尊者大目揵连所说,欢喜随喜,各从座起,作礼而去。

---

① 《增一阿含经》(三六)"听法品"五经中分。

时诸四众过三月安居已,复诣尊者大目揵连所,稽首礼足,退坐一面。时尊者大目揵连,为诸四众种种说法,示教、照喜,示教照喜已,默然而住。时诸四众从座而起,稽首作礼,白尊者大目揵连:"尊者大目揵连!当知我等不见世尊已久,众甚虚渴,欲见世尊。尊者大目揵连!若不惮劳者,愿为我等往诣三十三天,普为我等问讯世尊:少病、少恼,起居轻利,安乐住不?又白世尊:阎浮提四众,愿见世尊,而无神力升三十三天礼敬世尊,三十三天自有神力来下人中。唯愿世尊还阎浮提,以哀愍故!"时尊者大目揵连默然而许。时诸四众知尊者大目揵连默然许已,各从座起,作礼而去。

尔时,尊者大目揵连知四众去已,即入三昧,如其正受,如大力士屈申臂顷,从舍卫国没,于三十三天骢色虚软石上,去波梨耶多罗拘毗陀罗香树不远而现。尔时,世尊与三十三天众,无量眷属围绕说法。时尊者大目揵连,遥见世尊,踊跃欢喜,作是念:今日世尊,诸天大众围绕说法,与阎浮提众会不异。尔时,世尊知尊者大目揵连心之所念,语尊者大目揵连言:"大目揵连!非为自力,我欲为诸天说法,彼即来集;欲令其去,彼即还去,彼随心来、随心去也。"尔时,尊者大目揵连,稽首佛足,退坐一面。白世尊言:"种种诸天大众云集,彼天众中,有曾从佛世尊闻所说法,得不坏净,身坏命终来生于此?"佛告尊者大目揵连:"如是,如是!此中种种诸天来云集者,有从宿命闻法,得佛不坏净,法、僧不坏净,圣戒成就,身坏命终,来生于此。"时天帝释见世尊与尊者大目揵连,叹说诸天众,共语已,语尊者大目揵连:"如是,如是!尊者大目揵连!此中种种众会,皆是宿命曾闻正法,得于佛不坏净,法、僧不坏净,圣戒成就,身坏命终,来生于此。"时有异比丘,见世尊与尊者大目揵连及天帝释语言,善相述可已,语尊者大目揵连:"如是,如是! 尊者大目揵连! 是中种种诸天来会此者,皆是宿命曾闻正法,得于佛不坏净,法、僧不坏净,圣戒成就,身坏命终而来生此。"时有一天子,从座起,整衣服,偏袒右肩,合掌白佛:"世尊! 我亦成就于佛不坏净故来生此。"复有天子言:"我得法不坏净。"有言:"得僧不坏净。"有言:"圣戒成就故来生此。"如是诸天无量千数,于世尊前各自记说,得须陀洹法,悉于佛前即没不现。时尊者大目揵连,知诸天众去。不久,从座起,整衣服,偏袒右肩,白佛言:"世尊! 阎浮提四众稽首敬礼世尊足,问讯世尊:少病、少恼,起居轻利,安乐住不? 四众思慕,愿见世尊! 又白世尊:我等人间无有神力升三十三天礼觐世尊,然彼诸天有大德力,悉能来下至阎浮提。唯愿世尊还阎浮提,愍四众故。"佛告目揵连:"汝可还彼,语阎浮提人,却后七日,世尊当从三十三天还阎浮提僧迦舍城,于外门外优昙钵树下。"

尊者大目揵连受世尊教,即入三昧,譬如力士屈申臂顷,从三十三天没,至阎浮提,告诸四众:"诸人当知! 世尊却后七日,从三十三天还阎浮提僧迦舍城,于外门外优昙钵树下。"如期七日,世尊从三十三天下阎浮提僧迦舍城优昙钵树下。天、龙、鬼神,乃至梵天,悉从来下,即于此时,名此会名天下处。

七——一〇① 一五六三——一五六六(五〇七)

如是我闻:一时,佛住王舍城迦兰陀竹园。时有四十天子,

---

① 《相应部》(四〇)"目揵连相应"一〇经之一。

来诣尊者大目揵连所,稽首作礼,退坐一面。时尊者大目揵连,语诸天子言:"善哉诸天子!于佛不坏净成就,法、僧不坏净成就。"时四十天子从座起,整衣服,偏袒右肩,合掌白尊者大目揵连:"我得于佛不坏净,于法、僧不坏净,圣戒成就,故生天上。"有一天言:"得于佛不坏净。"有言:"得法不坏净。"有言:"得僧不坏净。"有言:"圣戒成就,身坏命终,得生天上。"时四十天子,于尊者大目揵连前,各自记说得须陀洹果,即没不现。

如四十天子,如是四百、八百、十千天子,亦如是说。

——①　　　　　一五六七(　五〇八)

如是我闻:一时,佛住王舍城迦兰陀竹园。时尊者大目揵②连与尊者勒叉那比丘,共在耆阇崛山中。尊者勒叉那,晨朝诣尊者大目揵连所,语尊者大目揵连:"共出耆阇崛山,入王舍城乞食。"时尊者大目揵连默然而许,即共出耆阇崛山,入王舍城乞食。行至一处,尊者大目揵连心有所念,欣然微笑。尊者勒叉那见微笑已,即问尊者大目揵连言:"若佛及佛弟子欣然微笑,非无因缘,尊者今日何因何缘而发微笑?"尊者大目揵连言:"所问非时,且入王舍城乞食还,于世尊前,当问是事;是应时问,当为汝说。"

时尊者大目揵连与尊者勒叉那,入王舍城乞食而还,洗足,举衣钵,俱诣佛所,稽首佛足,退坐一面。尊者勒叉那问尊者大目揵连:"我今晨朝与汝共出耆阇崛山乞食,汝于一处欣然微笑,我即问汝微笑因缘,汝答我言所问非时。今复问汝:何因何

---

① 《相应部》(一九)"勒叉那相应"一经。
② "揵",以下各经,原本均作"犍"。

缘,欣然微笑?"尊者大目揵连语尊者勒叉那:"我路中见一众生,身如楼阁,啼哭号呼,忧悲苦痛,乘虚而行。我见是已,作是思惟:如是众生受如此身,而有如是忧悲大苦,故发微笑。"尔时,世尊告诸比丘:"善哉!善哉!我声闻中住实眼、实智、实义、实法,决定通达,见是众生。我亦见此众生而不说者,恐人不信。所以者何?如来所说,有不信者,是愚痴人长夜受苦。"佛告诸比丘:"过去世时,彼大身众生,在此王舍城为屠牛儿,以屠牛因缘故,于百千岁堕地狱中。从地狱出,有屠牛余罪,得如是身,常受如是忧悲恼苦。如是诸比丘!如尊者大目揵连所见,(真实)不异,汝等受持。"佛说此经已,诸比丘闻佛所说,欢喜奉行。

一二① 　　　　　一五六八(五〇九)

如是我闻:一时,佛住王舍城迦兰陀竹园。尔时尊者大目揵连与尊者勒叉那,在耆阇崛山。尊者勒叉那于晨朝时,诣尊者大目揵连所,语尊者大目揵连:"共出耆阇崛山,入王舍城乞食。"尊者大目揵连默然而许,即共出耆阇崛山,入王舍城乞食。行至一处,尊者大目揵连心有所念,欣然微笑。尊者勒叉那见尊者大目揵连微笑,即问言:"尊者!若佛及佛声闻弟子,欣然微笑,非无因缘,尊者今日何因何缘而发微笑?"尊者大目揵连言:"所问非时,且乞食还,于世尊前当问是事,是应时问。"

尊者大目揵连与尊者勒叉那,共入城乞食,食已还。洗足,举衣钵,俱诣佛所,稽首佛足,退坐一面。尊者勒叉那问尊者大

---

① 《相应部》(一九)"勒叉那相应"二经。

目揵连:"我今晨朝,与汝共入王舍城乞食,汝于一处欣然微笑,我即问汝何因缘笑,汝答我言所问非时。我今问汝:何因何缘欣然微笑?"尊者大目揵连语尊者勒叉那:"我于路中,见一众生,筋骨相连,举身不净,臭秽可厌。乌、鹊、雕、鹫、野干、饿狗,随而攫食;或从胁肋,探其内藏而取食之。极大苦痛,啼哭号呼。我见是已,心即念言:如是众生得如是身,而受如是不饶益苦。"尔时,世尊告诸比丘:"善哉比丘!我声闻中,住实眼、实智、实义、实法,决定通达,见如是众生。我亦见是众生,而不说者,恐不信故。所以者何?如来所说,有不信者,是愚痴人长夜当受不饶益苦。诸比丘!是众生者,过去世时,于此王舍城为屠牛弟子,缘屠牛罪故,已百千岁堕地狱中,受无量苦。彼屠牛恶行余罪缘故,今得此身,续受如是不饶益苦。诸比丘!如大目揵连所见,真实不异,汝等受持。"佛说此经已,诸比丘闻佛所说,欢喜奉行。

一三① 一五六九(五一〇)

如是我闻:一时,佛住王舍城迦兰陀竹园。尊者大目揵连与尊者勒叉那,在耆阇崛山中。尊者勒叉那于晨朝时,诣尊者大目揵连所,语尊者大目揵连:"共出耆阇崛山,入王舍城乞食。"尊者大目揵连默然而许,即共出耆阇崛山,入王舍城乞食。行至一处,尊者大目揵连心有所念,欣然微笑。尊者勒叉那见尊者大目揵连微笑,即问言:"尊者!若佛及佛声闻弟子,欣然微笑,非无因缘,尊者今日何因何缘而发微笑?"尊者大目揵连言:"所问非时,且乞食还,于世尊前,当问是事,是应时问。"

---

① 《相应部》(一九)"勒叉那相应"四经。

尊者大目揵连与尊者勒叉那,共入城乞食已还。洗足,举衣钵,俱诣佛所,稽首佛足,退坐一面。尊者勒叉那问尊者大目揵连:"我今晨朝,共入王舍城乞食,汝于一处欣然微笑,我即问汝微笑因缘,汝答我言所问非时。我今问汝:何因何缘欣然微笑?"尊者大目揵连语勒叉那:"我于路中,见一大众生,举身无皮,纯一肉段,乘空而行。乌、鹊、雕、鹫、野干、饿狗,随而攫食;或从胁肋,探其内藏而取食之。苦痛切迫,啼哭号呼。我即思惟:如是众生得如是身,乃受如是不饶益苦。"佛告诸比丘:"善哉比丘!我声闻中,住实眼、实智、实义、实法,决定通达,见是众生。我亦见是众生,而不说者,恐不信故。所以者何?如来所说,有不信者,是愚痴人长夜当受不饶益苦。诸比丘!是众生者,过去世时,于此王舍城为屠羊者,缘斯罪故,已百千岁堕地狱中,受无量苦。今得此身,余罪缘故,续受斯苦。诸比丘!如大目揵连所见,真实无异,汝等受持。"佛说此经已,诸比丘闻佛所说,欢喜奉行。

一四　　　　　　一五七〇(五一一)

如是我闻:一时,佛住王舍城。乃至尊者大目揵连,于路中见一大身众生,举体无皮,形如脯腊,乘虚而行。乃至佛告诸比丘:"此众生者,过去世时,于此王舍城为屠羊弟子,屠羊罪故,已百千岁堕地狱中,受无量苦。今得此身,续受斯罪。诸比丘!如大目揵连所见,真实无异,当受持之。"佛说此经已,诸比丘闻佛所说,欢喜奉行。

一五　　　　　　一五七一(五一二)

如是我闻:一时,佛住王舍城。乃至路中见一大身众生,举体无皮,形如肉段,乘虚而行。乃至佛告诸比丘:"此众生者,过去世时,于此王舍城自堕其胎,缘斯罪故,堕地狱中,已百千岁受无量苦。以余罪故,今得此身,续受斯苦。诸比丘!如大目揵连所见,真实无异,当受持之。"佛说此经已,诸比丘闻佛所说,欢喜奉行。

一六① 一五七二(五一三)

如是我闻:一时,佛住王舍城。乃至尊者大目揵连,于路中见一大身②众生,举体生毛,毛如大针,针皆火然,还烧其体,痛彻骨髓。乃至佛告诸比丘:"此众生者,过去世时,于此王舍城,为调象士。缘斯罪故,已百千岁堕地狱中,受无量苦。地狱余罪,今得此身,续受斯苦。诸比丘!如大目揵连所见,真实不异,当受持之。"佛说此经已,诸比丘闻佛所说,欢喜奉行。

一七——二〇 一五七三——一五七六( )

如调象士,如是调马士、调牛士、好逸人者,及诸种种苦切人者,亦复如是。

二一 一五七七(五一四)

如是我闻:一时,佛住王舍城。乃至尊者大目揵连,于路中见一大身众生,举身生毛,毛利如刀,其毛火然,还割其体,痛彻骨髓。乃至佛告诸比丘:"此众生者,过去世时,于此王舍城好乐战诤,刀剑伤人,已百千岁堕地狱中,受无量苦。地狱余罪,今得此身,续受斯苦。诸比丘!如大目揵连所见,真实不异,当受持之。"佛说此经已,诸比丘闻佛所说,欢喜奉行。

---

① 《相应部》(一九)"勒叉那相应"八经。
② "身",原本缺,依明本补。

二二① 　　　一五七八（五一五）

如是我闻：一时，佛住王舍城。乃至尊者大目揵连，于路中见一大身众生，遍身生毛，其毛似箭，皆悉火然，还烧其身，痛彻骨髓。乃至佛告诸比丘："此众生者，过去世时，于此王舍城，曾为猎师，射诸禽兽，缘斯罪故，已百千岁堕地狱中，受无量苦。地狱余罪，今得此身，续受斯苦。诸比丘！如大目揵连所见，真实不异，当受持之。"佛说此经已，诸比丘闻佛所说，欢喜奉行。

二三② 　　　一五七九（五一六）

如是我闻：一时，佛住王舍城。乃至我于路中，见一大身众生，举体生毛，毛如攒锋，毛悉火然，还烧其身，痛彻骨髓。乃至佛告诸比丘："此众生者，过去世时，于此王舍城为屠猪人，攒杀群猪，缘斯罪故，已百千岁堕地狱中，受无量苦。地狱余罪，今得此身，续受斯苦。诸比丘！如大目揵连所见，真实不异，当受持之。"佛说此经已，诸比丘闻佛所说，欢喜奉行。

二四③ 　　　一五八〇（五一七）

如是我闻：一时，佛住王舍城。乃至我于路中，见一大身无头众生，两边生目，胸前生口，身常流血，诸虫唼食，痛彻骨髓。乃至佛告诸比丘："此众生者，过去世时，于此王舍城，好断人头，缘斯罪故，已百千岁堕地狱中，受无量苦。今得此身，续受斯苦。诸比丘！如大目揵连所见，真实不异，当受持之。"佛说此经已，诸比丘闻佛所说，欢喜奉行。

---

① 《相应部》（一九）"勒叉那相应"六经。
② 《相应部》（一九）"勒叉那相应"五经。
③ 《相应部》（一九）"勒叉那相应"一六经。

二五　　　　　　　一五八一（　　　）

如断人头，捉头亦如是。

二六①　　　　　　一五八二（　五一八）

如是我闻：一时，佛住王舍城。乃至我于路中，见一众生，阴卵如瓮，坐则踞上，行则肩担。乃至佛告诸比丘："此众生者，过去世时，于王舍城作锻铜师，伪器欺人，缘斯罪故，已地狱中受无量苦。地狱余罪，今得此身，续受斯苦。诸比丘！如大目揵连所见，真实不异，当受持之。"佛说此经已，诸比丘闻佛所说，欢喜奉行。

二七——二九②　　一五八三——一五八五（　　　）

如锻铜师，如是斗秤欺人，村主，市监，亦复如是。

三〇　　　　　　　一五八六（　五一九）

如是我闻：一时，佛住王舍城。乃至路中见一众生，以铜铁罗网自缠其身，火常炽然，还烧其体，痛彻骨髓，乘虚而行。佛告诸比丘："此众生者，过去世时，于此王舍城为捕鱼师，缘斯罪故，已地狱中受无量苦。地狱余罪，今受此身，续受斯苦。诸比丘！如大目揵连所见，真实不异，当受持之。"佛说此经已，诸比丘闻佛所说，欢喜奉行。

三一——三二　　　一五八七——一五八八（　　　）

如捕鱼师，捕鸟③、网兔，亦复如是。

---

① 《相应部》（一九）"勒叉那相应"一〇经。
② 《相应部》（一九）"勒叉那相应"一〇经。
③ 《相应部》（一九）"勒叉那相应"三经。

三三① 　　　　一五八九（　五二〇）

如是我闻：一时，佛住王舍城。乃至路中见一众生，顶有铁磨，盛火炽然，转磨其顶，乘虚而行，受无量苦。乃至佛告诸比丘："此众生者，过去世时，于此王舍城为卜占女人，转式卜占，欺妄惑人以求财物，缘斯罪故，已地狱中受无量苦。地狱余罪，今得此身，续受斯苦。诸比丘！如大目揵连所见，真实不异，当受持之。"佛说此经已，诸比丘闻佛所说，欢喜奉行。

三四 　　　　一五九〇（　五二一）

如是我闻：一时，佛住王舍城。乃至路中见一众生，其身独转，犹若旋风，乘虚而行。乃至佛告诸比丘："此众生者，过去世时，于此王舍城为卜占师，误惑多人，以求财物，缘斯罪故，已地狱中受无量苦。地狱余罪，今得此身，续受斯苦。诸比丘！如大目揵连所见，真实不异，当受持之。"佛说此经已，诸比丘闻佛所说，欢喜奉行。

三五 　　　　一五九一（　五二二）

如是我闻：一时，佛住王舍城。乃至路中见一众生，伛身藏行，状如恐怖，举体被服，悉皆火然，还烧其身，乘虚而行。佛告诸比丘："此众生者，过去世时，于此王舍城，好行他淫，缘斯罪故，已地狱中受无量苦。地狱余罪，今得此身，续受斯苦。诸比丘！如大目揵连所见，真实不异，当受持之。"佛说此经已，诸比丘闻佛所说，欢喜奉行。

三六② 　　　　一五九二（　五二三）

如是我闻：一时，佛住波罗柰国仙人住处鹿野苑中。时尊者

---

① 《相应部》（一九）"勒叉那相应"一四经。
② 《相应部》（一九）"勒叉那相应"一三经。

大目揵连,尊者勒叉那比丘,晨朝共入波罗奈城乞食。于路中,尊者大目揵连思惟顾念,欣然微笑。时尊者勒叉那白尊者大目揵连言:"世尊及世尊弟子,欣然微笑,必有因缘,何缘尊者今日欣然微笑?"尊者大目揵连语尊者勒叉那:"此非时问,且乞食还,诣世尊前,当问此事。"

时俱入城,乞食还。洗足,举衣钵,俱诣世尊,稽首礼足,退坐一面。时尊者勒叉那问尊者大目揵连:"晨朝路中,何因何缘欣然微笑?"尊者大目揵连语尊者勒叉那:"我于路中,见一大身众生,举体脓坏,臭秽不净,乘虚而行。乌、鸮、雕、鹫、野干、饿狗,随逐攫食,啼哭号呼。我念众生得如是身,受如是苦,一何痛哉!"佛告诸比丘:"我亦见此众生,而不说者,恐不信故。所以者何?如来所说,有不信者,是愚痴人,长夜受苦。此众生者,过去世时,于此波罗奈城,为女人卖色自活。时有比丘于迦叶佛所出家,彼女人以不清净心,请彼比丘,比丘直心受请,不解其意。女人嗔恚,以不净水洒比丘身,缘斯罪故,已地狱中受无量苦。地狱余罪,今得此身,续受斯苦。诸比丘!如大目揵连所见,真实不异,当受持之。"佛说是经已,诸比丘闻佛所说,欢喜奉行。

三七① 一五九三(五二四)

如是我闻:一时,佛住波罗奈国仙人住处鹿野苑中。乃至我于路中,见一大身众生,举体火然,乘虚而行,啼哭号呼,受诸苦痛。乃至佛告诸比丘:"此众生者,过去世时,于此波罗奈城,为自在王第一夫人。与王共宿,起嗔恚心,以然灯油洒王身上,缘

---

① 《相应部》(一九)"勒叉那相应"一五经。

斯罪故,已地狱中受无量苦。地狱余罪,今得此身,续受斯苦。诸比丘!如大目揵连所见,真实不异,当受持之。"佛说是经已,诸比丘闻佛所说,欢喜奉行。

三八①   一五九四(五二五)

如是我闻:一时,佛住波罗奈国仙人住处鹿野苑中。乃至尊者大目揵连言:"我于路中,见一众生,举体粪秽以涂其身,亦食粪秽,乘虚而行。臭秽苦恼,啼哭号呼。"乃至佛告诸比丘:"此众生者,过去世时,于此波罗奈城,为自在王师婆罗门。以憎嫉心,请迦叶佛声闻僧,以粪着饭下,试恼众僧,缘斯罪故,已地狱中受无量苦。地狱余罪,今得此身,续受斯苦。诸比丘!如大目揵连所见,真实不异,当受持之。"佛说此经已,诸比丘闻佛所说,欢喜奉行。

三九   一五九五(五二六)

如是我闻:一时,佛住舍卫国祇树给孤独园。乃至尊者大目揵连言:"我于路中,见一大身众生,头上有大铜镬,炽然满中烊②铜,流灌身体,乘虚而行,啼哭号呼。"乃至佛告诸比丘:"此众生者,过去世时,于此舍卫,迦叶佛所出家,为知事比丘。有檀越送油,应付诸比丘。时有众多客比丘,知事比丘不时分油,待客比丘去,然后乃分。缘斯罪故,已地狱中受无量苦。地狱余罪,今得此身,续受斯苦。诸比丘!如大目揵连所见,真实不异。"佛说此经已,诸比丘闻佛所说,欢喜奉行。

四〇   一五九六(五二七)

如是我闻:一时,佛住舍卫国祇树给孤独园。乃至尊者大目

---

① 《相应部》(一九)"勒叉那相应"一二经。
② "烊",原本作"群",今改。宋本作"洋"。

揵连言:"我于路中,见一大身众生,有炽热铁丸,从身出入,乘虚而行,苦痛切迫,啼哭号呼。"乃至佛告诸比丘:"此众生者,过去世时,于此舍卫国,迦叶佛法中出家作沙弥,次守众僧果园。盗取七果,持奉和上,缘斯罪故,已地狱中受无量苦。地狱余罪,今得此身,续受斯苦。诸比丘!如大目揵连所见,真实不异,当受持之。"佛说此经已,诸比丘闻佛所说,欢喜奉行。

四一　　　　　　一五九七(　五二八)

如是我闻:一时,佛住舍卫国。乃至尊者大目揵连言:"我于路中,见一大身众生,其舌广长,见有利斧,炎火炽然以斧其舌,乘虚而行,啼哭号呼。"乃至佛告诸比丘:"此众生者,过去世时,于此舍卫国,迦叶佛法中出家作沙弥,以斧破石蜜,供养众僧。着斧刃者,盗取食之,缘斯罪故,入地狱中,受无量苦。地狱余罪,今得此身,续受斯苦。诸比丘!如大目揵连所见,真实不异,当受持之。"佛说此经已,诸比丘闻佛所说,欢喜奉行。

四二　　　　　　一五九八(　五二九)

如是我闻:一时,佛住舍卫国。乃至尊者大目揵连言:"我于路中,见一①大身众生,有双铁轮,在两胁下,炽然旋转,还烧其身,乘虚而行,啼哭号呼。"乃至佛告诸比丘:"此众生者,过去世时,于此舍卫国,迦叶佛法中出家作沙弥,持石蜜饼供养众僧。盗取二饼,着于掖下,缘斯罪故,已地狱中受无量苦。地狱余罪,今得此身,续受斯苦。诸比丘!如大目揵连所见,真实不异,当受持之。"佛说此经已,诸比丘闻佛所说,欢喜奉行。

---

① "一",原本作"是",今改。

四三①　　　　　　　一五九九（　五三〇）

如是我闻：一时，佛住舍卫国。乃至尊者大目揵连言："我于路中，见一大身众生，以炽然铁叶以缠其身，衣被、床卧悉皆热铁，炎火炽然，食热铁丸，乘虚而行，啼哭号呼。"乃至佛告诸比丘："此众生者，过去世时，于此舍卫国，迦叶佛法中，出家作比丘，为众僧乞衣食。供僧之余，辄自受用，缘斯罪故，已地狱中受无量苦。地狱余罪，今得此身，续受斯苦。诸比丘！如大目揵连所见，真实不异，当受持之。"佛说此经已，诸比丘闻佛所说，欢喜奉行。

四四——四九　一六〇〇——一六〇五（　　）

如比丘，如是比丘尼②、式叉摩那③、沙弥④、沙弥尼⑤、优婆塞、优婆夷，亦复如是。

五〇　　　　　　　一六〇六（　五三一）

如是我闻：一时，佛住舍卫国。乃至尊者大目揵连言："我于路中，见一大身众生，炽然铁车而驾其颈，拔其颈筋，及连四脚筋，以勒其颈，行热铁地，乘虚而去，啼哭号呼。"乃至佛告诸比丘："此众生者，过去世时，于此舍卫国，驾乘牛车以自生活，缘斯罪故，于地狱中受无量苦。地狱余罪，今得此身，续受斯苦。诸比丘！如大目揵连所见，真实不异，当受持之。"佛说此经已，诸比丘闻佛所说，欢喜奉行。

---

① 《相应部》（一九）"勒叉那相应"一七经。
② 《相应部》（一九）"勒叉那相应"一八经。
③ 《相应部》（一九）"勒叉那相应"一九经。
④ 《相应部》（一九）"勒叉那相应"二〇经。
⑤ 《相应部》（一九）"勒叉那相应"二一经。

五一　　　　　　一六〇七（　五三二）

如是我闻：一时，佛住舍卫国。乃至尊者大目揵连言："我于路中，见一大身众生，其舌长广，炽然铁钉以钉其舌，乘虚而行，啼哭号呼。"乃至佛告诸比丘："此众生者，过去世时，于此舍卫国，迦叶佛法中，出家作比丘，为摩摩帝。呵责诸比丘言：诸长老！汝等可去！此处俭薄，不能相供，各随意去，求丰乐处，饶衣食所，衣、食、床卧、应病汤药可得不乏。先住比丘悉皆舍去，客僧闻之，亦复不来。缘斯罪故，已地狱中受无量苦。地狱余罪，今得此身，续受斯苦。诸比丘！如大目揵连所见，真实不异，当受持之。"佛说此经已，诸比丘闻佛所说，欢喜奉行。

五二　　　　　　一六〇八（　五三三）

如是我闻：一时，佛住舍卫国。乃至尊者大目揵连言："我于路中，见一大身众生，比丘之像，皆着铁叶以为衣服，举体火然，亦以铁钵盛热铁丸而食之。"乃至佛告诸比丘："此众生者，过去世时，于此舍卫国，迦叶佛法中，出家作比丘，作摩摩帝。恶口形名诸比丘，或言此是恶秃，此恶风法，此恶衣服。以彼恶口故，先住者去，未来不来。缘斯罪故，已地狱中受无量苦。地狱余罪，今得此身，续受斯苦。诸比丘！如大目揵连所见，真实不异，当受持之。"佛说此经已，诸比丘闻佛所说，欢喜奉行。

五三　　　　　　一六〇九（　五三四）

如是我闻，一时，佛住舍卫国。乃至佛告诸比丘："此众生者，过去世时，于此舍卫国，迦叶佛法中，出家作比丘，好起诤讼，斗乱众僧，作诸口舌，令不和合。先住比丘厌恶舍去，未来者不来。缘斯罪故，已地狱中受无量苦。地狱余罪，今得此身，续受斯苦。诸比丘！如大目揵连所见，真实不异，当受持之。"佛说此经已，诸比丘闻佛所说，欢喜奉行。

三〇 阿那律相应①

一② 　　　　　一六一〇(五三五)

③如是我闻:一时,佛住舍卫国祇树给孤独园。尔时,尊者阿那律,住松林精舍。时尊者大目揵连,住跋祇聚落失收摩罗山恐怖稠林禽兽之处。时尊者阿那律,独一静处,禅思思惟,作是念:有一乘道,净众生,离忧悲恼苦,得真如法,所谓四念处。何等为四?身身观念处,受……心……法法观念处。若于四念处远离者,于贤圣法远离;于贤圣法远离者,于圣道远离;圣道远离者,于甘露法远离;甘露法远离者,则不能脱生老病死、忧悲恼苦。若于四念处信乐者,于圣法信乐;圣法信乐者,于圣道信乐;圣道信乐者,于甘露法信乐;甘露法信乐者,得脱生老病死、忧悲恼苦。尔时,尊者大目揵连,知尊者阿那律心之所念,如力士屈申臂顷,以神通力,于跋祇聚落失收摩罗山恐怖稠林禽兽之处没,至舍卫城松林精舍尊者阿那律前现。语阿那律言:"汝独一静处,禅思思惟,作是念:有一乘道,令众生清净,离生老病死、忧悲恼苦,得真如法,所谓四念处。何等为四?身身观念处,受……心……法法观念处。若于四念处不乐者,于贤圣法不乐;圣法不乐者,于圣道不乐;不乐圣道者,于甘露法亦不乐;不乐甘露法者,则不能脱生老病死、忧悲恼苦。若于四念处信乐者,乐贤圣法;乐贤圣法者,乐于圣道;乐圣道者,得甘露法;得甘露法

---

① "阿那律相应",共一一经。与《相应部》(五二)"阿那律相应"相当。
② 《相应部》(五二)"阿那律相应"二经。
③ 《杂阿含经》卷一九中。

者,得脱生老病死、忧悲恼苦耶?"尊者阿那律语尊者大目揵连言:"如是,如是!"尊者大目揵连语尊者阿那律言:"云何名为乐四念处?""尊者大目揵连!若比丘,身身观念处,心缘身,正念住,调伏止息寂静,一心增进;如是受、心、法念处,正念住,调伏止息寂静,一心增进。尊者大目揵连!是名比丘乐四念处。"时尊者大目揵连,即如其像三昧正受,从舍卫国松林精舍没①,还至跋祇聚落失收摩罗山恐怖稠林禽兽之处。

二②　　　　　　一六一一(　五三六)

如是我闻:一时,佛住舍卫国祇树给孤独园。乃至尊者大目揵连问尊者阿那律:"云何名为四念处修习、多修习?"尊者阿那律语尊者大目揵连言:"若比丘于内身起厌离想,于内身起不厌离想,厌离不厌离俱舍想,正念、正知。如内身,如是外身,内外身;内受、外受、内外受;内心、外心、内外心;内法、外法、内外法:作厌离想,不厌离想,厌离不厌离俱舍想,住正念、正知。如是尊者大目揵连!是名四念处修习、多修习。"时尊者大目揵连,即〔入三昧〕从舍卫国松林精舍,入三昧神通力,如力士屈申臂顷,还到跋祇聚落失收摩罗山恐怖稠林禽兽住处③。

三④　　　　　　一六一二(　五三七)

⑤如是我闻:一时,佛住舍卫国祇树给孤独园。尔时,尊者大目揵连,尊者阿那律,住舍卫国手成浴池侧。尊者舍利弗诣尊者

---

① "没",原本作"门",依宋本改。
② 《相应部》(五二)"阿那律相应"一经。
③ 《杂阿含经》卷一九终。
④ 《相应部》(五二)"阿那律相应"六经。
⑤ 《杂阿含经》卷二〇。

阿那律所,共相问讯,慰劳已,于一面坐。尊者舍利弗语尊者阿那律言:"奇哉阿那律!有大德神力,于何功德修习、多修习而能致①此?"尊者阿那律语尊者舍利弗言:"于四念处修习、多修习,成此大德神力。何等为四念处?内身身观念处,精勤方便,正念、正知,调伏世间贪忧;如是外身,内外身;内受,外受,内外受;内心,外心,内外心;内法,外法,内外法观念处:精勤方便,正念、正知,如是调伏世间贪忧。尊者舍利弗!是名四念处修习、多修习,成此大德神力。尊者舍利弗!我于四念处善修习故,于小千世界,少作方便,能遍观察。如明目士夫,于楼观上,观下平地种种之物。我少作方便,观察小千世界,亦复如是。如是我于四念处修习、多修习,成此大德神力。"时二正士共论议已,各从座起而去。

四② 　　　　一六一三(　五三八)

如是我闻:一时,佛住舍卫国祇树给孤独园。尊者舍利弗,尊者大目揵连,尊者阿难,尊者阿那律,住舍卫国。尔时,尊者大目揵连诣尊者阿那律所,共相问讯,慰劳已,于一面坐。时尊者大目揵连问尊者阿那律:"于何功德修习、多修习,成此大德神力?"尊者阿那律语尊者大目揵连:"我于四念处修习、多修习,成此大德神力。何等为四?内身身观系心住,精勤方便,正念、正知,除世间贪忧。外身,内外身;内受,外受,内外受;内心,外心,内外心;内法,外法,内外法观系心住:精进方便,(正念、正知,)除世间贪忧。是名四念处修习、多修习,成此大德神力,于千须弥山,以少方便,悉能观察。如明目士夫,登高山顶,观下千

---

① "致",原本作"至",依宋本改。
② 《杂阿含经》卷二〇。

多罗树林。如是我于四念处修习、多修习,成此大德神力,以少方便,见千须弥山。如是尊者大目揵连!我于四念处修习、多修习,成此大德神力。"时二正士共论议已,各从座起而去。

五① 　　　一六一四(五三九)

如是我闻:一时,佛住舍卫国祇树给孤独园。尊者舍利弗,尊者大目揵连,尊者阿难,尊者阿那律,住舍卫国手成浴池侧。尔时,尊者阿难往尊者阿那律所,共相问讯,慰劳已,于一面坐。尊者阿难问尊者阿那律:"于何功德修习、多修习,成就如是大德大力、大神通?"尊者阿那律语尊者阿难:"我于四念处修习、多修习,成此大德大力。何等为四?内身身观念处,系心住,精勤方便,正念、正知,除世间贪忧。如是外身,内外身;内受,外受,内外受;内心,外心,内外心;内法,外法,内外法观念处:系心住,精勤方便,除世间贪忧。如是尊者阿难!我于此四念处修习、多修习,少方便,以净天眼过天人眼,见诸众生死时、生时,好色、恶色,上色、下色,善趣、恶趣,随业受生,皆如实见。此诸众生身恶行,口、意恶行,诽谤贤圣,邪见因缘,身坏命终,生地狱中。如是众生身善行,口、意善行,不谤贤圣,正见成就,以是因缘,身坏命终,得生天上。譬如明目士夫,住四衢道,见诸人民若来、若去、若坐、若卧。我亦如是,于四念处修习、多修习,成此大德大力、神通,见诸众生死时、生时,善趣、恶趣。如是众生身恶行,口、意恶行,诽谤贤圣,邪见因缘,生地狱中。如是众生身善行,口、意善行,不谤贤圣,正见因缘,身坏命终,得生天上。如是

---

① 《相应部》(五二)"阿那律相应"二三经。

尊者阿难！我于四念处修习、多修习，成此大德大力神通。"时二正士共论议已，各从座起而去。

六① 　　　　一六一五（五四〇）

如是我闻：一时，佛住舍卫国祇树给孤独园。尔时，尊者阿那律在舍卫国松林精舍，身遭病苦。时有众多比丘诣尊者阿那律所，问讯慰劳已，于一面住。语尊者阿那律言："尊者阿那律！所患增损，可安忍不？病势渐损，不转增耶？"尊者阿那律言："我病不安，难可安忍，身诸苦痛，转增无损。即说三种譬，如上叉摩②经说。然我身已遭此苦痛，且当安忍，正念、正知。"诸比丘问尊者阿那律："心住何所，而能安忍如是大苦，正念、正知？"尊者阿那律语诸比丘言："住四念处。我于所起身诸苦痛，能自安忍，正念、正知。何等为四念处？谓内身身观念处，乃至受、心、法观念处。是名住于四念处，身诸苦痛，能自安忍，正念、正知。"时诸正士共论议已，欢喜随喜，各从座起而去。

七 　　　　一六一六（五四一）

如是我闻：一时，佛住舍卫国祇树给孤独园。时尊者阿那律在舍卫国松林精舍，病差未久。时有众多比丘往诣阿那律所，问讯慰劳已，于一面坐。问尊者阿那律："安隐乐住不？"阿那律言："安隐乐住，身诸苦痛，渐已休息。"诸比丘问尊者阿那律："住何所住，身诸苦痛渐③得安隐？"尊者阿那律言："住四念处，身诸苦痛渐得安隐。何等为四？谓内身身观念处，乃至法法观

---

① 《相应部》（五二）"阿那律相应"一〇经。
② "叉摩"，即"差摩"。
③ "渐"，原本缺，依宋本补。

念处,是名四念处。住此四念处故,身诸苦痛渐得休息。"时诸正士共论议已,欢喜随喜,各从座起而去。

八① 一六一七(五四二)

如是我闻:一时,佛住舍卫国祇树给孤独园。时尊者阿那律,在舍卫国松林精舍。时有众多比丘诣尊者阿那律所,共相问讯,慰劳已,于一面坐。问尊者阿那律:"若比丘在于学地,上求安隐涅槃住,圣弟子云何修习、多修习,于此法律得尽诸漏,无漏心解脱,慧解脱,现法自知作证:我生已尽,梵行已立,所作已作,自知不受后有?"尊者阿那律语诸比丘言:"若比丘在于学地,上求安隐涅槃心住。圣弟子云何修习、多修习,于此法律,得尽诸漏,无漏心解脱,慧解脱,现法自知作证:我生已尽,梵行已立,所作已作,自知不受后有者,当住四念处。何等为四?谓内身身观念处,乃至法法观念处。如是四念处修习、多修习,于此法律,得尽诸漏,无漏心解脱,慧解脱,现法自知作证:我生已尽,梵行已立,所作已作,自知不受后有。"时诸比丘共闻尊者阿那律所说,欢喜随喜,各从座起而去。

九② 一六一八(五四三)

如是我闻:一时,佛住舍卫国祇树给孤独园。时尊者阿那律在舍卫国松林精舍住。时有众多比丘诣尊者阿那律所,与尊者阿那律共相问讯,慰劳已,于一面坐。语尊者阿那律言:"若阿罗汉比丘诸漏已尽,所作已作,舍离重担,离诸有结,正智心善解脱,亦修四念处耶?"尊者阿那律语比丘言:"若比丘诸漏已尽,

---

① 《相应部》(五二)"阿那律相应"四经。
② 《相应部》(五二)"阿那律相应"五·九经。

所作已作,舍离重担,离诸有结,正智心善解脱,彼亦修四念处也。所以者何? 不得者得,不证者证,为现法乐住故。所以者何? 我亦离诸有漏,得阿罗汉,所作已作,心善解脱,亦修四念处故,不得者得,不到者到,不证者证,乃至现法安乐住。"时诸正士共论议已,欢喜随喜,各从座起而去。

一〇　　　　　　一六一九(　五四四)

如是我闻:一时,佛住舍卫国祇树给孤独园。时尊者阿那律在舍卫国松林精舍。时有众多外道出家诣尊者阿那律所,共相问讯,慰劳已,于一面坐。语尊者阿那律:"尊者何故于沙门瞿昙法中出家?"尊者阿那律言:"为修习故。"复问:"何所修习?"答言:"谓修诸根,修诸力,修诸觉分,修诸念处,汝欲闻何等修?"复问:"根、力、觉分,我不知其名字,况复问义! 然我欲闻念处。"尊者阿那律言:"谛听,善思,当为汝说。若比丘内身身观念处,乃至法法观念处。"时众多外道出家,闻尊者阿那律所说,欢喜随喜,各从座起而去。

一一①　　　　　　一六二〇(　五四五)

如是我闻:一时,佛住舍卫国祇树给孤独园。尔时,尊者阿那律在舍卫国住松林精舍。时尊者阿那律语诸比丘:"譬如大树,生而顺下,随浚随输;若伐其根,树必当倒,随所而顺下。如是比丘修四念处,长夜顺趣、浚输,向于远离;顺趣、浚输,向于出要;顺趣、浚输,向于涅槃。"尊者阿那律说此经已,诸比丘闻其所说,欢喜奉行。

---

① 《相应部》(五二)"阿那律相应"八经。

三一　大迦旃延相应①

一②　　　　　　　　一六二一（　五四六）

③如是我闻：一时，佛住舍卫国祇树给孤独园。尔时，尊者摩诃迦旃延，在跋兰那聚落乌泥池测。时有执澡灌杖梵志，诣摩诃迦旃延所，共相问讯，慰劳已，于一面坐。问摩诃迦旃延言："何因何缘，王、王共诤？婆罗门、居士，婆罗门、居士共诤？"摩诃迦旃延答梵志言："贪欲系著因缘故，王、王共诤，婆罗门、居士，婆罗门、居士共诤。"梵志复问："何因何缘，出家、出家而复共诤？"摩诃迦旃延答言："以见欲系著故，出家、出家而复共诤。"梵志复问摩诃迦旃延："颇有能离贪欲系著，及离此见欲系著不？"尊者摩诃迦旃延答言："梵志！有，我大师如来、应、等正觉、明行足、善逝、世间解、无上士、调御丈夫、天人师、佛、世尊，能离此贪欲系著，及见欲系著。"梵志复问："佛世尊今在何所？"答言："佛世尊今在婆罗耆人中，拘萨罗国舍卫城祇树给孤独园。"尔时，梵志从座起，整衣服，偏袒右肩，右膝着地，向佛所住处，合掌赞叹："南无〔南无〕佛世尊、如来、应供、等正觉，能离欲贪诸系著；悉能远离贪欲缚及诸见欲——诤④根本。"时持澡灌杖梵志，闻尊者摩诃迦旃延所说，欢喜随喜，从座起去。

---

① "大迦旃延相应"，共一○经。
② 《增支部》"二集"四品六经。
③ 《杂阿含经》卷二○中。
④ "诤根本"，原本作"净根本"，今改。

二① 　　　　　一六二二（五四七）

如是我闻：一时，佛住舍卫国祇树给孤独园。尊者摩诃迦旃延，在婆罗那乌泥池侧，与众多比丘，集于食堂，为持衣事。时有执杖梵志，年耆根熟，诣食堂所，于一面柱杖而住。须臾默然已，语诸比丘："诸长老！汝等何故见老宿士，不共语、问讯、恭敬命坐？"时尊者摩诃迦旃延，亦在众中坐。时尊者摩诃迦旃延语梵志言："我法有宿老来，皆共语、问讯、恭敬礼拜，命之令坐。"梵志言："我见此众中，无有老于我者，不恭敬礼拜命坐。汝云何言我法见有宿老，恭敬礼拜，命其令坐？"摩诃迦旃延言："梵志！若有耆年，八十、九十，发白齿落，成就年少法者，此非宿士。虽复年少，年二十五，色白发黑，盛壮美满，而彼成就耆年法者，为宿士数。"梵志问言："云何名为八十、九十，发白齿落，而复成就年少之法？年二十五，肤白发黑，盛壮美色，为宿士数？"尊者摩诃迦旃延语梵志言："有五欲功德，谓眼识色，爱、乐、念；耳识声，鼻识香，舌识味，身识触，爱、乐、念。于此五欲功德，不离贪，不离欲，不离爱，不离念，不离渴②。梵志！若如是者，虽复八十、九十，发白齿落，是名成就年少之法。虽年二十五，肤白发黑，盛壮美色，于五欲功德，离贪、离欲、离爱、离念、离渴③。若如是者，虽复年少，年二十五，肤白发黑，盛壮美色，成就老人法，为宿士数。"尔时，梵志语尊者摩诃迦旃延："如尊者所说义，我自省察，虽老则少；汝等虽少，成耆年法。世间多事，今便请

---

① 《增支部》"二集"四品七经。《增一阿含经》（一九）"劝请品"九经。
② "渴"，原本作"浊"，今改。
③ "渴"，原本作"浊"，今改。

还。"尊者摩诃迦旃延言:"梵志!汝自知时。"尔时,梵志闻尊者摩诃迦旃延所说,欢喜随喜,还其本处。

三① 一六二三(五四八)

如是我闻:一时,佛住舍卫国祇树给孤独园。尊者摩诃迦旃延,在稠林中住。时摩偷罗国王,是西方王子,诣尊者摩诃迦旃延所,礼摩诃迦旃延足,退坐一面。问尊者摩诃迦旃延:"婆罗门自言:我第一,他人卑劣;我白,余人黑;婆罗门清净,非非婆罗门。是婆罗门子,从口生,婆罗门所化,是婆罗门所有。尊者摩诃迦旃延!此义云何?"尊者摩诃迦旃延语摩偷罗王言:"大王!此是世间言说耳。世间言说,言婆罗门第一,余人卑劣;婆罗门白,余人黑;婆罗门清净,非非婆罗门。是②婆罗门,从婆罗门生,生从口生,婆罗门所化,是婆罗门所有。大王!当知业真实者,是依业者。"王语尊者摩诃迦旃延:"此则略说,我所不解,愿重分别!"尊者摩诃迦旃延言:"今当问汝,随问答我。"即问言:"大王!汝为婆罗门王,于自国土诸婆罗门、刹利、居士、长者,此四种人悉皆召来,以财、以力,令其侍卫,先起后卧,及诸使令,悉如意不?"答言:"如意。"复问:"大王!刹利为王,居士为王,长者为王,于自国土所有四姓,悉皆召来,以财、以力,令其侍卫,先起后卧,及诸使令,皆如意不?"答言:"如意。"复问:"大王!如是四姓悉皆平等,有何差别? 当知大王!四种姓者,皆悉平等,无有胜如差别之异。"摩偷罗王白尊者摩诃迦旃延:"实尔,尊者!四姓皆等,无有种种胜如差别。""是故大王! 当知四姓,

---

① 《中部》(八四)《摩偷罗经》。
② "是",原本缺,依宋本补。

世间言说为差别耳,乃至依业真实,无差别也。复次,大王!此国土中有婆罗门,有偷盗者,当如之何?"王白尊者摩诃迦旃延:"婆罗门中有偷盗者,或鞭、或缚、或驱出国、或罚其金、或截手、足、耳、鼻,罪重则杀。及其盗者,然婆罗门则名为贼。"复问大王:"若刹利、居士、长者中,有偷盗者,当复如何?"王白尊者摩诃迦旃延:"亦鞭、亦缚、亦驱出国、亦罚其金、亦复断截手、足、耳、鼻,罪重则杀。""如是大王!岂非四姓悉平等耶?为有种种差别异不?"王白尊者摩诃迦旃延:"如是义者,实无种种胜如差别。"尊者摩诃迦旃延复语王言:"当知大王!四种姓者,世间言说,言婆罗门第一,余悉卑劣;婆罗门白,余人悉黑;婆罗门清净,非非婆罗门。当依业,真实业依耶?"复问大王:"婆罗门杀生、偷盗、邪淫、妄言、恶口、两舌、绮语、贪、恚、邪见,作十不善业迹已,为生恶趣耶?善趣耶?于阿罗呵所,为何所闻?"王白尊者摩诃迦旃延:"婆罗门作十不善业迹,当堕恶趣,阿罗呵所,作如是闻。"刹利、居士、长者,亦如是说。复问大王:"若婆罗门行十善业迹,离杀生乃至正见,当生何所,为善趣耶?为恶趣耶?于阿罗呵所,为何所闻?"王白尊者摩诃迦旃延:"若婆罗门行十善业迹者,当生善趣。阿罗呵所,作如是闻。"如是刹利、居士、长者,亦如是说。复问:"云何大王!如是四姓为平等不?为有种种胜如差别?"王白尊者摩诃迦旃延:"如是义者,则为平等,无有种种胜如差别。""是故大王!当知四姓悉平等耳,无有种种胜如差别。世间言说故,有婆罗门第一,(余人卑劣;)婆罗门白,余者悉黑;婆罗门清净,非非婆罗门。婆罗门生,生从口生,婆罗门作,婆罗门化,婆罗门所有。当知业真实业依。"王白尊者摩诃迦旃延:"实如所说,皆是世间言说,故有婆罗门胜,余者卑劣;婆罗门白,余者悉黑;婆罗门清净,非非婆罗门。婆罗门生,生从口生,婆罗门化,婆罗门所有。皆是业真实依于业。"尔时,摩偷罗王闻尊者摩诃迦旃延所说,欢喜随喜,作礼而去。

四① 　　　　　一六二四(五四九)

如是我闻:一时,佛住舍卫国祇树给孤独园。尔时,尊者摩诃迦旃延,住阿槃提国拘罗罗咤精舍。尊者摩诃迦旃延,晨朝着衣持钵,入拘罗罗咤②,次第乞食,至迦梨迦优婆夷舍。时优婆夷见尊者摩诃迦旃延,即敷床坐,请令就坐。前礼尊者摩诃迦旃延足,退住一面。白尊者摩诃迦旃延:"如世尊所说,答僧耆多童女所问,如世尊说僧耆多童女所问偈③:

　　实义存于心,寂灭而不乱,降伏诸勇猛,可爱端正色。
　　一心独静思,服食妙禅乐,是则为远离,世间诸伴党。
　　世间诸伴党,无习近我者。

尊者摩诃迦旃延!世尊此偈,其义云何?"尊者摩诃迦旃延语优婆夷言:"姊妹!有一沙门、婆罗门言:地一切入处正受,此则无上,为求此果。姊妹!若沙门、婆罗门于地一切入处正受,清净鲜白者,则见其本、见患、见灭、见灭道迹。以见本、见患、见灭、见灭道迹故,得真实义存于心,寂灭而不乱。姊妹!如是水一切入处,火一切入处,风一切入处,青一切入处,黄一切入处,赤一

---

① 《增支部》"十集"二六经。
② "拘罗罗咤"下,原本有"精舍"二字,今删。
③ 经所引偈,见(一八)"魔相应"九经。

切入处,白一切入处,空一切入处,识一切入处,为无上者,为求此果。姊妹!若有沙门、婆罗门,乃至于识处一切入处正受,清净鲜白者,见本、见患、见灭、见灭道迹。以见本、见患、见灭、见灭道迹故,是则实义存于心,寂灭而不乱,善见、善入。是故世尊答僧耆多童女所问偈:

> 实义存于心,寂灭而不乱,降伏诸勇猛,可爱端正色。
> 一心独静思,服食妙禅乐,是则为远离,世间之伴党。
> 世间诸伴党,无习近我者。

如是姊妹!我解世尊以如是义故,说如是偈。"优婆夷言:"善哉!尊者说真实义,唯愿尊者受我请食。"时尊者摩诃迦旃延,默然受请。时迦梨迦优婆夷,知尊者摩诃迦旃延受请已,即办种种净美饮食,恭敬尊重,自手奉食。时优婆夷知尊者摩诃迦旃延食已,洗钵、澡漱讫,敷一卑坐,于尊者摩诃迦旃延前恭敬听法。尊者摩诃迦旃延,为迦梨迦优婆夷种种说法,示教、照喜。示教照喜已,从座起而去。

五① 　　　　　一六二五(　五五〇)

如是我闻:一时,佛住舍卫国祇树给孤独园。尔时,尊者摩诃迦旃延,在舍卫国祇树给孤独园。尊者摩诃迦旃延语诸比丘:"佛世尊如来、应、等正觉所知所见,说六②法,出苦处升于胜处,说一乘道净诸众生,离诸恼苦、忧悲悉灭,得真如法。何等为六?

---

① 《增支部》"六集"二六经。
② "六",原本作"于",依宋本改。

谓圣弟子念如来、应、等正觉所行法,念①如来、应、等正觉、明行足、善逝、世间解、无上士、调御丈夫、天人师、佛、世尊。圣弟子念如来应所行法故,离贪欲觉,离嗔恚觉,离害觉,如是圣弟子出染著心。何等为染著心?谓五欲功德。于此五欲功德,离贪、恚、痴,安住正念、正智,乘于直道,修习念佛,正向涅槃。是名如来应、等、正觉所知所见,说第一出苦处,升于胜处,一乘道净于众生,离苦恼,灭忧悲,得如实法。复次,圣弟子念于正法,念于世尊现法律,离诸热恼,非时通达,即于现法,缘自觉悟。尔时,圣弟子念此正法时,不起欲觉、嗔恚、害觉,如是圣弟子出染著心。何等为染著心?谓五欲功德。于此五欲功德,离贪、恚、痴,安住正念、正知,乘于直道,修习念法,正向涅槃。是名如来、应、等正觉所知所见,说第二出苦处,升于胜处,一乘道净于众生,离苦恼,灭忧悲,得如实法。复次,圣弟子念于僧法,善向、正向、直向、等向,修随顺行,谓向须陀洹,得须陀洹果,向斯陀含,得斯陀含,向阿那含,得阿那含,向阿罗汉,得阿罗汉,如是四双八士,是名世尊弟子僧;戒具足,定具足,慧具足,解脱具足,解脱知见具足,供养恭敬礼拜处,世间无上福田。圣弟子如是念僧时,〔尔时,〕圣弟子不起欲觉、嗔恚、害觉,如是圣弟子出染著心。何等为染著心?谓五欲功德。于此五欲功德,离贪、恚、痴,安住正念、正知,乘于直道,修习念僧,正向涅槃。是名如来应、等、正觉所知所见,说第三出苦处,升于胜处,一乘道净于众生,离苦恼,灭忧悲,得如实法。复次,圣弟子念于戒德,念不缺戒,不断戒,

---

① "念",原本误作"净",今改。

纯厚戒,不离戒,非盗取戒,善究竟戒,可赞叹戒,梵行不憎恶戒。若圣弟子念此戒时,自念身中所成就戒。当于尔时,不起欲觉、嗔恚、害觉,如是圣弟子出染著心。何等为染著心?谓五欲功德。于此五欲功德,离贪、恚、痴,安住正念、正知,乘于直道,修戒念,正向涅槃。是名如来应、等、正觉所知所见,说第四出苦处,升于胜处,一乘道净于众生,离苦恼,灭忧悲,得如实法。复次,圣弟子自念施法,心自欣庆:我今离悭贪垢,虽①在居家,解脱心施,常施,舍施,乐施,具足施,平等施。若圣弟子念于自所施法时,不起欲觉、嗔恚、害觉,如是圣弟子出染著心。于何染著?谓五欲功德。于此五欲功德,离贪、恚、痴,安住正念、正知,乘于直道,修施念,正向涅槃。是名如来、应、等正觉所知所见,说第五出苦处,升于胜处,一乘道净于众生,离苦恼、灭忧悲,得如实法。复次,圣弟子念于天德,念四王天,三十三天,炎摩天,兜率陀天,化乐天,他化自在天,清净信心,于此命终,生彼诸天;我亦如是信、戒、施、闻、慧,于此命终,生彼天中。如是圣弟子念天功德时,不起欲觉、嗔恚、害觉,如是圣弟子出染著心。于何染著?谓五欲功德。于此五欲功德,离贪、恚、痴,安住正念、正知,乘于直道,修天念,正向涅槃。是名如来、应、等正觉所知所见,说第六出苦处,升于胜处,一乘道净于众生,离苦恼,灭忧悲,得如实法。"尊者摩诃迦旃延说此经已,诸比丘闻其所说,欢喜奉行。

六② 一六二六(五五一)

如是我闻:一时,佛住舍卫国祇树给孤独园。尔时,尊者摩

---

① "虽",原本作"离",依元本改。
② 《相应部》(二二)"蕴相应"三经。

诃迦旃延,住释氏诃梨聚落精舍。时诃梨聚落长者,诣尊者摩诃迦旃延所,稽首礼足,退坐一面。白尊者摩诃迦旃延:"如世尊义品答摩揵提所问偈①:

  断一切诸流,亦塞其流源,聚落相习近,牟尼不称叹。
  虚空于五欲,永以不还满;世间诤言讼,毕竟不复为。

尊者摩诃迦旃延! 此偈有何义?"尊者摩诃迦旃延答长者言:"眼流者,眼识起贪,依眼界贪欲流出,故名为流。耳;鼻;舌;身;意流者,谓意识起贪,依意界贪识流出,故名为流。"长者复问尊者摩诃迦旃延:"云何名为不流?"尊者迦旃延语长者言:"谓眼识,眼识所识色,依生爱喜,彼若尽、无欲、灭、息、没,是名不流。耳;鼻;舌;身;意、意识,意识所识法,依生贪欲,彼若尽、无欲、灭、息、没,是名不流。"复问:"云何(流源)?"尊者摩诃迦旃延答言:"谓缘眼及色,生眼识,三事和合生触,缘触生受——乐受、苦受、不苦不乐受,依此染著流。耳……鼻……舌……身……意、意识,意识(所识)法,三事和合生触,缘触生受——乐受、苦受、不苦不乐受,依此受生爱喜流,是名流源。""云何亦塞其流源?""谓眼界取心法境界系著、使,彼若尽、无欲、灭、息、没,是名塞流源;耳、鼻、舌、身、意取心法境界系著、使,彼若尽、无欲、灭、息、没,是名亦塞其流源。"复问:"云何名习近相赞叹?"尊者摩诃迦旃延答言:"在家、出家共相习近,同喜、同忧,同乐、同苦,凡所为作,悉皆共同,是名习近相赞叹。"复问:"云

---

① 经中引偈,出《小部·经集》四品九经。

何不赞叹?""在家、出家,不相习近,不同喜、不同忧、不同苦、不同乐,凡所为作,悉不相悦可,是名不相赞叹。""云何不空欲?""谓五欲功德,眼识色,爱乐念长养,爱欲深染著;耳、声、鼻、香、舌、味、身、触,爱乐念长养,爱欲深染著。于此五欲,不离贪,不离爱,不离念,不离渴,是名不空欲。""云何名空欲?""谓于此五欲功德,离贪、离欲、离爱、离念、离渴,是名空欲。说我系著使,是名心法还复满。彼阿罗汉比丘,诸漏已尽,断其根本,如截多罗树头,于未来世更不复生,云何当复与他净讼!是故世尊说义品,答摩揵提所问偈:

  若断一切流,亦塞其流源,聚落相习近,牟尼不称叹。
  虚空于诸欲,永已不还满;不复与世间,共言语净讼。

是名如来所说偈义分别也。"尔时,诃梨聚落长者,闻尊者摩诃迦旃延所说,欢喜随喜,作礼而去。

  七①   一六二七(五五二)

如是我闻:一时,佛住舍卫国祇树给孤独园。尔时,尊者摩诃迦旃延,住释氏诃梨聚落精舍。时诃梨聚落主长者,诣尊者摩诃迦旃延所,稽首礼足,退坐一面。白尊者摩诃迦旃延:"如世尊于界隔山天帝释石窟说言:憍尸迦!若沙门、婆罗门,无上爱尽解脱,心正善解脱,究竟边际,究竟无垢,究竟梵行,究竟清净。云何于此法律,究竟边际,究竟无垢,究竟梵行,毕竟清净?"尊者摩诃迦旃延语长者言:"谓眼,眼识,眼识所识色,相依生喜,

---

① 《相应部》(二二)"蕴相应"四经。

彼若尽、无欲、灭、息、没,于此法律究竟边际,究竟无垢,究竟梵行,毕竟清净。耳;鼻;舌;身;意,意识,意识所识法,相依生喜,彼若尽、(无欲、)灭、息、没,比丘于此法律,(究竟边际,)究竟无垢,究竟梵行,毕竟清净。"时诃梨聚落主长者,闻尊者摩诃迦旃延所说,欢喜随喜,作礼而去。

八　　　　　一六二八(　五五三)

如是我闻:一时,佛住舍卫国祇树给孤独园。尔时,尊者摩诃迦旃延,在释氏诃梨聚落。时①聚落主长者,诣尊者摩诃迦旃延所,稽首礼足,退坐一面。问尊者摩诃迦旃延:"如世尊界隔山石窟中,为天帝释说言:憍尸迦!若沙门、婆罗门,无上爱尽解脱,心善解脱,究竟边际②,究竟无垢,究竟梵行,毕竟清净。云何于此法律,究竟边际,究竟无垢,究竟梵行,毕竟清净?"尊者迦旃延语长者言:"若比丘,眼界取心法境界系著、使,彼若尽、无欲、灭③、息、没,于此法律,究竟边际,究竟无垢,究竟梵行,毕④竟清净。耳……鼻……舌……身⑤……意界取心法境界系著、使,若尽、离(欲)、灭、息、没,于此法律,究竟边际,究竟无垢,究竟梵行,毕竟清净。"时诃梨聚落主长者,闻尊者摩诃迦旃延所说,欢喜随喜,作礼而去。

九　　　　　一六二九(　五五四)

如是我闻:一时,佛住舍卫国祇树给孤独园。尔时,尊者摩

---

① "时",原本缺,依宋本补。
② "究竟边际",原本作"边际究竟",今改。
③ "灭",原本缺,依明本补。
④ "毕",原本作"究",依明本改。
⑤ "身"下,原本有"意"字,今删。

诃迦旃延，住释氏诃梨聚落。时诃梨聚落主长者，身遭病苦。尊者摩诃迦旃延，闻诃梨聚落主长者身遭病苦。闻已，晨朝着衣持钵，入诃梨聚落乞食，次第入诃梨聚落主长者舍。诃梨聚落主长者，遥见尊者摩诃迦旃延，从座欲起。尊者摩诃迦旃延见长老欲起，即告之言："长者莫起！幸有余座，我自可坐于余座。"语长者言："云何长者！病可忍不？身诸苦痛渐差愈不？得无增耶？"长者答言："尊者！我病难忍，身诸苦痛转增无损。即说三种譬，如前叉摩比丘经说。"尊者摩诃迦旃延语长者言："是故汝当修佛不坏净，法不坏净，僧不坏净，圣戒成就，当如是学。"长者答言："如佛所说四不坏净，我悉成就；我今成就佛不坏净，法不坏净，僧不坏净，圣戒成就。"尊者摩诃迦旃延语长者言："汝当依此四不坏净，修习六念。长者！当念佛功德，此如来、应、等正觉、明行足、善逝、世间解、无上士、调御丈夫、天人师、佛、世尊。念法功德，于世尊正法律，现法，离诸热恼，非时通达，缘自觉悟。念僧功德，善向、正向、直向、等向，修随顺行，谓向须陀洹，得须陀洹，向斯陀含，得斯陀含，向阿那含，得阿那含，向阿罗汉，得阿罗汉，如是四双八士，是名世尊弟子僧；具足戒、定、慧、解脱、解脱知见，供养恭敬尊重之处，堪为世间无上福田。念戒功德，自持正戒，不毁、不缺、不断、不坏、非盗取戒，究竟戒，可赞叹戒，梵行戒，不憎恶戒。念施功德，自念布施，心自欣庆，舍除悭贪，虽在居家，解脱心施，常施，乐施，具足施，平等施。念天功德，念四王天，三十三天，炎摩天，兜率陀天，化乐天，他化自在天，清净信、戒，于此命终，生彼天中。我亦如是清净信、戒、施、闻、慧，生彼天中。长者！如是〔觉〕依四不坏净，增六念处。"长者白尊者摩诃迦旃延:"世尊说依四不坏净,增六念处,我悉成就;我当修习念佛功德,念法,念僧,念戒,念施,念天。"尊者摩诃迦旃延语长者言:"善哉长者!能自记说,得阿那含。"是时长者白尊者摩诃迦旃延:"愿于此食。"尊者摩诃迦旃延,默然受请。诃梨聚落主长者,知尊者摩诃迦旃延受请已,具种种净美食,自手供养。饭食讫,澡钵洗嗽毕,为长者种种说法,示教、照喜。示教、照喜已,从座起去。

一〇　　　　　　　一六三〇(　五五五)

如是我闻:一时,佛住舍卫国祇树给孤独园。尔时,尊者摩诃迦旃延,于释氏诃梨聚落住。时有八城长者,名曰陀施,身遭病苦。尊者摩诃迦旃延,闻陀施长者身遭苦患,晨朝着衣持钵,入八城乞食,次到陀施长者舍,如诃梨长者经广说。

三二 阿难相应①

一 一六三一（ 五五六）

②如是我闻：一时，佛住娑祇城安禅林中。尔时，众多比丘尼诣佛所，稽首礼足，退住一面。尔时，世尊为众多比丘尼，种种说法，示教、照喜；示教、照喜已，默然住。时诸比丘尼白佛言："世尊！若无相心三昧，不踊③、不没，解脱已住，住已解脱。此无相心三昧，世尊说是何果、何功德？"佛告诸比丘尼："若无相心三昧，不踊、不没，解脱已住，住已解脱。此无相心三昧，智果、智功德。"时诸比丘尼闻世尊所说，欢喜随喜，作礼而去。时众多比丘尼，往诣尊者阿难所，稽首礼足，退坐一面。白尊者阿难："若无相心三昧，不踊、不没，解脱已住，住已解脱。此三昧，说是何果、何功德？"尊者阿难语诸比丘尼："姊妹！若无相心三昧，不踊、不没，解脱已住，住已解脱，世尊说是智果、智功德。"诸比丘尼言："奇哉！尊者阿难！大师及弟子，同句、同味、同义，所谓第一句义。今诸比丘尼诣世尊所，以如是句、如是味、如是义问世尊，世尊亦以④如是句、如是味、如是义为我等说，如尊者阿难所说不异。是故奇特！大师及弟子，同句、同味、同义。"时诸比丘尼闻尊者阿难所说，欢喜随喜，作礼而去。

---

① "阿难相应"，共十一经。
② 《杂阿含经》卷二〇中。
③ "踊"，原本作"勇"，依宋本改。下例。
④ "以"，原本作"已"，依宋本改。

二①　　　　　　一六三二（　五五七）

如是我闻：一时，佛住拘睒弥国瞿师罗园。尔时，尊者阿难亦在彼住。时有阇知罗比丘尼，诣尊者阿难所，稽首礼足，退坐一面。问尊者阿难："若无相心三昧，不踊、不没，解脱已住，住已解脱。尊者阿难！世尊说此何果、何功德？"尊者阿难语阇知罗比丘尼："若无相心三昧、不踊、不没，解脱已住，住已解脱，世尊说是智果、智功德。"阇知罗比丘尼言："奇哉尊者阿难！大师及弟子，同句、同味、同义。尊者阿难！昔于一时，佛在婆祇城安禅林中，时有众多比丘尼，往诣佛所，问如此义。尔时，世尊以如是句、如是味、如是义，为诸比丘尼说。是故当知奇特！大师、弟子，所说同句、同味、同义，所谓第一句义。"时阇知罗比丘尼闻尊者阿难所说，欢喜随喜，作礼而去。

三　　　　　　　　一六三三（　　　）

如阇知罗比丘尼，迦罗跋比丘尼亦尔。

四　　　　　　　一六三四（　五五八）

如是我闻：一时，佛住俱睒弥国瞿师罗园。尔时，尊者阿难亦住俱睒弥国瞿师罗园。时有异比丘得无相心三昧，作是念：我若诣尊者阿难所，问尊者阿难：若比丘得无相心三昧，不踊、不没，解脱已住，住已解脱，此无相心三昧何果？世尊说此何功德？尊者阿难若问我言：比丘！汝得此无相心三昧耶？我未曾有实问异答，我当随逐尊者阿难，脱有余人问此义者，因而得闻。彼比丘即随尊者阿难，经六年中，无有余人问此义者。即自问尊者

---

① 《增支部》"九集"三七经后分。

阿难:"若比丘问:无相心三昧、不踊、不没,解脱已住,住已解脱,世尊说此是何果、何功德?"尊者阿难问彼比丘言:"比丘!汝得此三昧?"彼比丘默然住。尊者阿难语彼比丘言:"若比丘得无相心三昧,不踊、不没,解脱已住,住已解脱,世尊说此是智果、智功德。"尊者阿难说此法时,异比丘闻其所说,欢喜奉行①。

五②　　　　　　一六三五(　五五九)

③如是我闻:一时,佛住波罗利弗妒路国。尊者阿难及尊者迦摩,亦在波罗利弗妒路鸡林精舍。时尊者迦摩诣尊者阿难所,共相问讯,慰劳已,于一面坐。语尊者阿难:"奇哉!尊者阿难!有眼、有色,有耳、有声,有鼻、有香,有舌、有味,有身、有触,有意、有法,而有比丘有是等法,能不觉知。云何尊者阿难?彼比丘为有想不觉知,为无想故不觉知?"尊者阿难语迦摩比丘言:"有想者亦不觉知,况复无想!"复问:"尊者阿难!何等为有想,于有而不觉知?"尊者阿难语迦摩比丘言:"若比丘离欲恶不善法,有觉、有观,离生喜乐,初禅具足住,如是有想比丘,有法而不觉知。如是第二、第三、第四禅,空入处,识入处,无所有入处具足住,如是有想比丘,有法而不觉知。云何无想,有法而不觉知?如是比丘一切想不忆念,无想心三昧,身作证具足住,是名比丘无想,于有法而不觉知。"尊者迦摩比丘复问尊者阿难:"若比丘无想心三昧,不踊、不没,解脱已住,住已解脱,世尊说此是何果、何功德?"尊者阿难语迦摩比丘言:"若比丘无想心三昧,不踊、

---

① 《杂阿含经》卷二〇终。
② 《增支部》"九集"三七经前分。
③ 《杂阿含经》卷二一。

不没,解脱已住,住已解脱,世尊说此是智果、智功德。"时二正士共论议已,欢喜随喜,各从座起去。

六①　　　　　　一六三六（　五六〇）

如是我闻:一时,佛住俱睒弥国瞿师罗园。尔时,尊者阿难亦在彼住。时尊者阿难告诸比丘:"若比丘、比丘尼,于我前自记说,我当善哉慰劳问讯,或求以四道。何等为四？若比丘、比丘尼坐,作如是住心,善住心,局住心,调伏心,止观一心,等受分别,于法量度,修习、多修习已,得断诸使。若有比丘、比丘尼,于我前自记说,我则如是善哉慰喻,或求是名说初道。复次,比丘、比丘尼正坐思惟,于法选择、思量,住心,善住,局住,调伏,止观一心等受,如是正向多住,得离诸使。若有比丘、比丘尼,于我前自记说,我当如是善哉慰喻,或求是名第二说道。复次,比丘、比丘尼为掉乱所持,以调伏心坐,正坐,住心,善住心,局住心,调伏,止观一心等受,〔化〕如是正向多住已,则断诸使。若有比丘、比丘尼,于我前自记说,我则如是善哉慰喻,或求是名第三说道。复次,比丘、比丘尼,止观和合俱行,作如是正向多住,则断诸使。若比丘、比丘尼,于我前自记说者,我则如是善哉慰喻教诫,或求是名第四说道。"时诸比丘闻尊者阿难所说,欢喜奉行。

七②　　　　　　一六三七（　五六一）

如是我闻:一时,佛住俱睒弥国瞿师罗园。尊者阿难亦在彼住。时有异婆罗门诣尊者阿难所,共相问讯,慰劳已,于一面坐。问尊者阿难:"何故于沙门瞿昙所修梵行？"尊者阿难语婆罗门:

---

① 《增支部》"四集"一七〇经。
② 《相应部》(五一)"神足相应"一五经。

"为断故。"复问:"尊者!何所断?"答言:"断爱。"复问:"尊者阿难!何所依而得断爱?"答言:"婆罗门!依于欲而断爱。"复问:"尊者阿难!岂非无边际?"答言:"婆罗门!非无边际,如是有边际,非无边际。"复问:"尊者阿难!云何有边际,非无边际?"答言:"婆罗门!我今问汝,随意答我。婆罗门!于意云何?汝先有欲,来诣精舍不?"婆罗门答言:"如是,阿难!""如是,婆罗门!来至精舍已,彼欲息不?"答言:"如是,尊者阿难!彼精进方便筹量,来诣精舍。"复问:"至精舍已,彼精进方便筹量息不?"答言:"如是,尊者!"阿难复语婆罗门:"如是婆罗门!如来、应、等正觉所知所见,说四如意足,以一乘道净众生,灭苦恼,断忧悲。何等为四?欲定,断行成就如意足,精进定、心定、思惟定,断行成就如意足。如是圣弟子修欲定断行成就如意足,依离,依无欲,依出要,依灭,向于舍,乃至断爱。爱断已,彼欲亦息。修精进定……心定……思惟定断行成就,依离,依无欲,依出要,依灭,向于舍,乃至爱尽。爱尽已,思惟则息。婆罗门!于意云何?此非边际耶?"婆罗门言:"尊者阿难!此是边际,非不边际。"尔时婆罗门闻尊者阿难所说,欢喜随喜,从座起去。

八　　　　　　　　一六三八(　五六二)

如是我闻:一时,佛住拘睒弥国瞿师罗园。尊者阿难亦在彼住。尔时瞿师罗长者诣尊者阿难所,稽首礼足,退坐一面。白尊者阿难:"云何名为世间说法者?云何名世间善向?云何名世间善到?"尊者阿难语瞿师罗长者:"我今问汝,随意答我。长者!于意云何?若有说法,调伏贪欲,调伏嗔恚,调伏愚痴,得名世间说法者不?"长者答言:"尊者阿难!若有说法,能调伏贪欲、嗔恚、愚痴,是则名为世间说法(者)。"复问:"长者!于意云何?若世间向调伏贪欲,调伏嗔恚,调伏愚痴,是名世间善向?若世间已调伏贪欲、嗔恚、愚痴,是名善到耶,为非耶?"长者答言:"尊者阿难!若调伏贪欲,已断无余,嗔恚、愚痴已断无余,是名善到。"尊者阿难答言:"长者!我试问汝,汝便真实答我,其义如此,当受持之。"瞿师罗长者闻尊者阿难所说,欢喜随喜,作礼而去。

九[①]　　　　　一六三九(　五六三　)

如是我闻:一时,佛住毗舍离猕猴池侧重阁讲堂。尊者阿难亦在彼住。尔时,无畏离车是尼揵弟子,聪明童子离车是阿耆毗弟子,俱往尊者阿难所,共相问讯,慰劳已,于一面坐。时无畏离车语尊者阿难:"我师尼揵子,灭炽然法,清净超出,为诸弟子说如是道:宿命之业,行苦行故,悉能吐之。身业不作,断截桥梁,于未来世无复诸漏,诸业永尽。业永尽故,众苦永尽;苦永尽故,究竟苦边。尊者阿难!此义云何?"尊者阿难语离车言:"如来、应、等正觉所知所见,说三种离炽然,清净超出道,以一乘道净众生,离忧悲,越苦恼,得真如法。何等为三?如是圣弟子住于净戒,受波罗提木叉,威仪具足,信于诸罪过,生怖畏想。受持如是具足净戒,宿业渐吐,得现法离炽然,不待时节,能得正法,通达现见观察,智慧自觉。离车长者!是名如来、应、等正觉说所知所见,说离炽然,清净超出,以一乘道净众生,灭苦恼,越忧悲,得真如法。复次,离车!如是净戒具足,离欲恶不善法,乃至第四

---

① 《增支部》"三集"七四经。

禅具足住,是名如来、应、等正觉,说离炽然,乃至得如实法。复有三昧正受,于此苦圣谛如实知,此苦集圣谛、苦灭圣谛、苦灭道迹圣谛如实知。具足如是智慧,新①业更不造,宿业渐已断,得现正法,离诸炽然,不待时节,通达现见,生自觉智。离车!是名如来、应、等正觉所知所见,说第三离炽然,清净超出,以一乘道净众生,离苦恼,灭忧悲,得如实法。"尔时,尼揵弟子离车无畏,默然住。尔时,阿耆毗弟子离车聪慧,重语离车无畏言:"怪哉无畏!何默然住?于如来、应、等正觉所说,所知所见善说法,闻不随喜耶?"离车无畏答言:"我思惟其义,故默然住耳。谁闻世尊沙门瞿昙所说法不随喜者!若有闻沙门瞿昙说法而不随喜者,此则愚夫,长夜当受非义不饶益苦。"时尼揵弟子离车无畏,阿耆毗弟子聪慧,重闻佛所说法,尊者阿难陀所说,欢喜随喜,从座起去。

一〇② 　　一六四〇(五六四)

如是我闻:一时,佛住舍卫国祇树给孤独园。尊者阿难亦在彼住。时有异比丘尼,于尊者阿难所起染著心,遣使白尊者阿难:"我身遇病苦,唯愿尊者哀愍见看!"尊者阿难晨朝着衣持钵,往彼比丘尼所。彼比丘尼遥见尊者阿难来,露身体,卧床上。尊者阿难遥见彼比丘尼身,即自摄敛诸根,回身背住。彼比丘尼见尊者阿难,摄敛诸根,回身背住,即自惭愧,起着衣服。敷坐具,出迎尊者阿难,请令就坐,稽首礼足,退住一面。时尊者阿难为说法言:"姊妹!如此身者,秽食长养,憍慢长养,爱所长养,

---

① "新",原本误作"心",今改。
② 《增支部》"四集"一五九经。

淫欲长养。姊妹！依秽食者，当断秽食；依于慢者，当断憍慢；依于爱者，当断爱欲。姊妹！云何名依于秽食当断秽食？谓圣弟子于食，计数思惟而食，无著乐想，无憍慢想，无摩拭想，无庄严想；为持身故，为养活故，治饥渴病故，摄受梵行故。宿诸受令灭，新诸受不生，崇习长养，若力、若乐、若触，当如是住。譬如商客，以酥油膏以膏其车，无染著想，无憍慢想，无摩拭想，无庄严想，为运载故。如病疮者，涂以酥油，无著乐想，无憍慢想，无摩拭想，无庄严想，为疮愈故。如是圣弟子计数而食，无染著想，无憍慢想，无摩拭想，无庄严想；为养活故，治饥渴故，摄受梵行故；宿诸受离，新诸受不起，若力、若乐、若无罪触，安隐住。姊妹！是名依食断食。依慢断慢者，云何依慢断慢？谓圣①弟子，闻某尊者、某尊者弟子，尽诸有漏，无漏心解脱、慧解脱，现法自知作证：我生已尽，梵行已立，所作已作，自知不受后有。闻已，作是念：彼圣弟子尽诸有漏，乃至自知不受后有，我今何故不尽诸有漏？何故不自知不受后有？当于尔时，则能断诸有漏，乃至自知不受后有。姊妹！是名依慢断慢。姊妹！云何依爱断爱？谓圣弟子闻某尊者、某尊者弟子，尽诸有漏，乃至自知不受后有，我等何不尽诸有漏，乃至自知不受后有？彼于尔时，能断诸有漏，乃至自知不受后有。姊妹！是名依爱断爱。姊妹！无所行者，断截淫欲和合桥梁。"

尊者阿难说是法时，彼比丘尼远尘、离垢，得法眼净。彼比丘尼见法，得法，觉法，入法，度狐、疑，不由于他，于正法律心得

---

① "圣"，原本缺，依宋本补。

无畏。礼尊者阿难足,白尊者阿难:"我今发露悔过,愚痴、不善,脱作如是不流类事。今于尊者阿难所,自见过,自知过,发露忏悔,哀愍故!"尊者阿难语比丘尼:"汝今真实自见罪,自知罪,愚痴、不善。汝自知作不类之罪,汝今自知自见而悔过,于未来世得具足戒。我今受汝悔过,哀愍故,令汝善法增长,终不退减①。所以者何?若有自见罪,自知罪,能悔过者,于未来世得具足戒,善法增长,终不退减。"尊者阿难为彼比丘尼种种说法,示教照喜已,从座起去。

——② 一六四一(五六五)

如是我闻:一时,佛在桥池人间游行,与尊者阿难俱,至婆头聚落国北身恕林中。尔时,婆头聚落诸童子,闻尊者阿难桥池人间游行,住婆头聚落国北身恕林中。闻已,相呼聚集,往诣尊者阿难所,稽首礼尊者阿难足,退坐一面。时尊者阿难语诸童子言:"帝种③!如来、应、等正觉,说四种清净——戒清净,心清净,见清净,解脱清净。云何为戒净断④?谓圣弟子住于戒,波罗提木叉戒增长,威仪具足,于微细罪能生恐怖,受持学戒。戒身不满者能令满足,已满者随顺执持,欲精进方便超出,精勤勇猛堪能,诸身、心法常能摄受,是名戒净断。帝种!云何名为心净断?谓圣弟子离欲恶不善法,乃至第四禅具足住。定身未满者令满,已满者随顺执受,欲精进乃至常执受,是名心净断。帝

---

① "减",原本作"灭",依宋本改。下例。
② 《增支部》"四集"一九四经。
③ "帝种",宋本作"苦种"。下例。
④ "净断",原本作"清净",依宋本改。

种！云何名为见净断？谓圣弟子闻大师说法，如是、如是说法，则如是、如是入如实正观；如是、如是得欢喜，得随喜，得从于佛。复次，圣弟子不闻大师说法，然从余明智尊重梵行者说，闻尊重梵行者如是、如是说，则如是如是入如实观察；如是如是观察，于彼法得欢喜、随喜，信于正法。复次，圣弟子不闻大师说法，亦复不闻明智尊重梵行者说，随先所闻受持者重诵习，随先所闻受持者，如是、如是重诵已，如是、如是得入彼法，乃至信于正法。复次，圣弟子不闻大师说法，不闻明智尊重梵行者说，又复不能先所受持重诵习，然先所闻法为人广说。先所闻法，如是、如是为人广说，如是、如是得入于法，正智观察，乃至信于正法。复次，圣弟子不闻大师说法，复不闻明智尊重梵行者说，又复不能先所受持重诵习，亦复不以先所闻法为人广说，然于先所闻法，独一静处，思惟观察。如是、如是思惟观察，如是、如是得入正法，乃至信于正法。如是从他闻，内正思惟，是名未起正见令起，已起正见令增广，是名未满慧身①令满，已满者随顺摄受，欲精进方便，乃至常摄受，是名见净断。帝种！云何为解脱清净断？谓圣弟子贪心无欲解脱，恚、痴心无欲解脱。如是解脱未满者令满，已满者随顺摄受，欲精进乃至常摄受，是名解脱净断。"尊者②阿难说是法时，婆头聚落诸童子闻尊者阿难所说，欢喜随喜，作礼而去。

---

① "慧身"，原本误作"戒身"，今改。
② "尊者"上，原本有"帝种"二字，今删。

三三 质多罗相应①

一②　　　　　　　　一六四二（　五六六）

③如是我闻：一时，佛住庵罗聚落庵罗林中，与众上座比丘俱。时有质多罗长者，诣诸上座比丘，稽首礼足，退坐一面。时诸上座比丘，为质多罗长者种种说法，示教、照喜。种种说法，示教、照喜已，默然住。时质多罗长者稽首礼诸上座比丘足，往诣那伽达多比丘房，稽首礼那伽达多比丘足，退坐一面。时那伽达多比丘问质多罗长者："如所说④：

枝青以白覆，一辐转之车，离结观察来，断流不复缚。

长者！此偈有何义？"质多罗长者言："尊者那伽达多！世尊说此偈耶？"答言："如是。"质多罗长者语尊者那伽达多言："尊者！须臾默然，我当思惟此义。"须臾默然思惟已，语尊者那伽达多言："青者，谓戒也。白覆，谓解脱也。一辐者，身念也。转者，转出也。车者，止观也。离结者，有三种结，谓贪、恚、痴。彼阿罗汉诸漏已尽，已灭、已知、已断根本，如截多罗树头，更不复生，未来世成⑤不起法。观察者，谓见也。来者，人也。断流者，爱流于生死。彼阿⑥罗汉比丘，诸漏已尽，已知，断其根本，如截多

---

① "质多罗相应"，共一〇经。与《相应部》（四一）"质多相应"相当。
② 《相应部》（四一）"质多相应"五经。
③ 《杂阿含经》卷二一中。
④ 经中引偈，见《小部·自说》七品五经。
⑤ "成"，原本作"灭"，依明本改。
⑥ "阿"，原本缺，依宋本补。

罗树头,不复生,于未来世成不起法。不缚者,谓三缚——贪欲缚、嗔恚缚、愚痴缚。彼阿罗汉比丘,诸漏已尽,已断、已知,断其根本,如截多罗树头,更不复生,于未来世成不起法。是故尊者那伽达多！世尊说此偈：

> 枝青以白覆,一辐转之车,离结观察来,断流不复缚。

此世尊所说偈,我已分别也。"尊者那伽达多问质多罗长者言："此义汝先闻耶？"答言："不闻。"尊者那伽达多言："长者！汝得善利,于此甚深佛法,贤①圣慧眼得入。"时质多罗长者闻尊者那伽达多所说,欢喜随喜,作礼而去。

二② 　　　　　一六四三（　五六七）

如是我闻：一时,佛住庵罗聚落庵罗林精舍,与众多上座比丘俱。时有质多罗长者,诣诸上座比丘所,稽首礼足,退坐一面。时诸上座比丘,为质多罗长者种种说法,示教、照喜；示教、照喜已,默然住。时质多罗长者,诣尊者那伽达多比丘所,稽首礼足,退坐一面。尊者那伽达多告质多罗长者："有无量心三昧,无相心三昧,无所有心三昧,空心三昧。云何长者！此法为种种义故种种名？为一义有种种名？"质多罗长者问尊者那伽达多："此诸三昧,为世尊所说,为尊者自意说耶？"尊者那伽达多答言："此世尊所说。"质多罗长者语尊者那伽达多："听我小思惟此义,然后当答。"须臾思惟已,语尊者那伽达多："有法,种种义、种种句、种种味；有法,一义、种种味。"复问长者："云何有法,种

---

① "贤",疑"现"。
② 《相应部》(四一)"质多相应"七经。

种义、种种句、种种味?"长者答言:"无量三昧者,谓圣弟子心与慈俱,无怨、无憎、无恚,宽弘重心,无量修习普缘,一方充满,如是二方、三方、四方、上下,一切世间心与慈俱,无怨、无憎、无恚,宽弘重心,无量修习,充满诸方一切世间普缘住,是名无量三昧。云何为无相三昧?谓圣弟子于一切相不念,无相心三昧身作证,是名无相心三昧。云何无所有心三昧?谓圣弟子度一切无量识入处,无所有、无所有心住,是名无所有心三昧。云何空三昧?谓圣弟子世间空,世间空如实观察,常住、不变易、非我、非我所,是名空心三昧。是名为法种种义、种种句、种种味。"复问长者:"云何法一义、种种味?"答言:"尊者!谓贪(者是)有量,(恚、痴者是有量,)若无诤者第一无量。谓贪者是有相,恚、痴者是有相,无诤者是无相。贪者是所有,恚、痴者是所有,无诤者是无所有。复次,无诤者空于贪,空于恚、痴,空常住、不变易,空非我、非我所。是名法一义、种种味。"尊者那伽达多问言:"云何长者!此义汝先所闻耶?"答言:"尊者! 不闻。"复告长者:"汝得大利,于甚深佛法,现圣①慧眼得入。"质多罗长者闻尊者那伽达多所说,欢喜随喜,作礼而去。

三② 一六四四(五六八)

如是我闻:一时,佛住庵罗聚落庵罗林中,与诸上座比丘俱。时有质多罗长者,诣诸上座比丘所,礼诸上座已,诣尊者伽摩比丘所,稽首礼足,退坐一面。白尊者伽摩比丘:"所谓行者,云何名行?"伽摩比丘言:"行者,谓三行——身行,口行,意行。"复

---

① "圣"字上,原本有"贤",依宋本删。
② 《相应部》(四一)"质多相应"六经。

问:"云何身行?云何口行?云何意行?"答言:"长者!出息、入息,名为身行。有觉、有观,名为口行。想、思,名为意行。"复问:"何故出息、入息名为身行?有觉、有观名为口行?想、思名为意行?"答:"长者!出息、入息是身法,依于身,属于身,依身转,是故出息、入息名为身行。〔有觉、有观故,则口语,是故有觉、有观是口行。想、思是意行,依于心,属于心,依心转,是故想、思是意行。"复问:"尊者!①〕觉、观已,发口语,是(故)觉、观名为口行。想、思是心数法,依于心,属于心想②转,是故想、思名为意行。"复问:"尊者!有几法?

若人舍身时,彼身尸卧地,弃于丘冢间,无心如木石。"

答言:"长者!

寿、暖及与识,舍身时俱舍,彼身弃冢间,无心如木石。"

复问:"尊者!若死、若入灭尽正受,有差别不?"答:"舍于寿、暖,诸根悉坏,身命分离,是名为死。灭尽定者,身、口、意行灭,不舍寿命,不离于暖,诸根不坏,身命相属,此则命终、入灭正受差别之相。"复问:"尊者!云何入灭正受?"答言:"长者!入灭正受,不言我入灭正受,我当入灭正受。然先作如是渐息方便,如先方便向入正受。"复问:"尊者!入灭正受时,先灭何法?为身行,为口行,为意行耶?"答言:"长者!入灭正受者,先灭口行,次身行,次意行。"复问:"尊者!云何为出灭正受?"答言:

---

① 重复,应删。
② "想",宋本作"相"。

"长者！出灭正受者，亦不念言我今出正受，我当出正受，然先已作方便心，如其先心而起。"复问："尊者！起灭正受者，何法先起？为身行，为口行，为意行耶？"答言："长者！从灭正受起者，意行先起，次身行，后口行。"复问："尊者！入灭正受者，云何顺趣、流注、浚输？"答言："长者！入灭正受者，顺趣于离，流注于离，浚输于离；顺趣于出，流注于出，浚输于出；顺趣涅槃，流注涅槃，浚输涅槃。"复问："尊者！住灭正受时，为触几触？"答言："长者！触不动，触无相，触无所有。"复问："尊者！入灭正受时，为作几法？"答言："长者！此应先问，何故今问？然当为汝说：比丘入灭正受者，作于二法，止与①观。"时质多罗长者闻尊者迦摩所说，欢喜随喜，作礼而去。

四② 　　　　一六四五（　五六九）

如是我闻：一时，佛住庵罗聚落庵罗林中，与众多上座比丘俱。时质多罗长者，诣诸上座比丘所，稽首礼足，于一面坐。诸上座比丘，为质多罗长者种种说法，示教、照喜；示教、照喜已，默然住。时质多罗长者从座起，偏袒右肩，右膝着地，合十指掌，请诸上座言："唯愿诸尊受我薄食！"时诸上座默然受请。时彼长者知诸上座默然受请已，礼足而去。还归自家，办种种饮食，敷床座。晨朝遣使白时到。时诸上座着衣持钵，至长者舍，就座而坐。长者稽首礼诸上座足，于一面坐。白诸上座："所谓种种界，云何为种种界？"时诸上座默然而住。如是再三。尔时，尊者梨犀达多，众中下坐，白诸上座比丘言："诸尊！我欲答彼长

---

① "与"，原本作"以"，今改。
② 《相应部》（四一）"质多相应"二经。

者所问。"诸上座答言:"可!"长者质多罗即问言:"尊者所谓种种界,何等种种界?"梨犀达多答言:"长者!眼界异,色界异,眼识界异;耳界异,声界异,耳识界异;鼻界异,香界异,鼻识界异;舌界异,味界异,舌识界异;身界异,触界异,身识界异;意界异,法界异,意识界异。如是长者!是名种种界。"尔时,质多罗长者下种种净美饮食,供养众僧。食已,澡嗽,洗钵讫。质多罗长者敷一卑床,于上座前坐听法。尔时,上座为长者种种说法,示教、照喜已,从座起去。时诸上座于路中,语梨犀达多:"善哉!善哉!梨犀达多比丘!汝真辩捷,知事而说。若于余时,汝应常如此应时(说)。"诸上座闻梨犀达多所说,欢喜奉行。

五①　　　　　　　一六四六(　五七〇)

如是我闻:一时,佛住庵罗聚落庵罗林中,与众多上座比丘俱。时质多罗长者,诣诸上座所,稽首礼足,退坐一面。白诸上座言:"诸世间所见,或说有我,或说众生,或说寿命,或说世间吉凶,云何尊者!此诸异见,何本?何集?何生?何转?"时诸上座默然不答。如是三问,亦三默然。时有一下座比丘,名梨犀达多,白诸上座言:"我欲答彼长者所问。"诸上座言:"善!能答者答。"时长者即问梨犀达多:"尊者!凡世间所见,何本?何集?何生?何转?"尊者梨犀达多答言:"长者!凡世间所见,或言有我,或说众生,或说寿命,或说世间吉凶,斯等诸见,一切皆以身见为本,身见集,身见生,身见转。"复问:"尊者!云何为身

---

① 《相应部》(四一)"质多相应"三经。

见?"答言:"长者!愚痴无闻凡夫,见色是我,色异我,色中我,我中色。受……想……行……识见是我,识异我,我中识,识中我。长者!是名身见。"复问:"尊者!云何得无此身见?"答言:"长者!谓多闻圣弟子,不见色是我,不见色异我,不见我中色,色中我。不见受……想……行……识是我,不见识异我,不见我中识,识中我,是名得无身见。"复问:"尊者!其父何名,于何所生?"答言:"长者!我生于后方长者家。"质多罗长者语尊者梨犀达多:"我及尊者二父,本是善知识。"梨犀达多答言:"如是,长者!"质多罗长者语梨犀达多言:"尊者!若能住此庵罗林中,我尽形寿供养——衣服、饮食、随病汤药。"尊者梨犀达多默然受请。时尊者梨犀达多,受质多罗长者请,供养障碍故,久不诣世尊所。时诸上座比丘,为质多罗长者种种说法,示教照喜;示教照喜已,质多罗长者欢喜随喜,作礼而去。

六① 一六四七(五七一)

如是我闻:一时,佛住庵罗聚落庵罗林中,与众多上座比丘俱。时有质多罗长者,诣诸上座所,稽首礼足,退坐一面。白诸上座比丘言:"唯愿诸尊,于牛牧中受我请食!"时诸上座,默然受请。质多罗长者,知诸上座默然受请已,即自还家。星夜备具种种饮食,晨朝敷座,遣使白诸上座:"时到。"诸上座着衣持钵,至牛牧中质多罗长者舍,就座而坐。时质多罗长者,自手供养种种饮食。食已,洗钵,澡嗽毕,质多罗长者敷一卑床,于上座前坐听法。时诸上座,为长者说种种法,示教、照喜;示教、照喜已,从

---

① 《相应部》(四一)"质多相应"四经。

座起去。质多罗长者,亦随后去。

诸上座食诸酥、酪、蜜饱满,于春后月,热时行路闷极。尔时,有一下座比丘,名摩诃迦,白诸上座:"今日大热,我欲起云雨微风,可尔不?"诸上座答言:"汝能尔者,佳!"时摩诃迦即入三昧,如其正受,应时云起,细雨微下,凉风亹亹,从四方来。至精舍门,尊者摩诃迦语诸上座言:"所作可止?"答言:"可止。"时尊者摩诃迦,即止神通,还于自房。时质多罗长者作是念:"最下座比丘,而能有此大神通力,况复中座及与上座!"即礼诸上座比丘足,随摩诃迦比丘,至所住房,礼尊者摩诃迦足,退坐一面。白言:"尊者!我欲得见尊者过人法,神足现化!"尊者摩诃迦言:"长者!勿见恐怖。"如是三请,亦三不许。长者犹①复重请:"愿见尊者神通变化!"尊者摩诃迦语长者言:"汝且出外,取干草木积聚已,以一张㲲覆上。"质多罗长者即如其教,出外聚薪成积,来白尊者摩诃迦:"薪积已成,以㲲覆上。"时尊者摩诃迦,即入火光三昧,于户钩孔中出火焰光,烧其积薪都尽,唯白㲲不然。语长者言:"汝今见不?"答言:"已见,尊者!实为奇特!"尊者摩诃迦语长者言:"当知此者,皆以不放逸为本,不放逸集,不放逸生,不放逸转。不放逸故,得阿耨多罗三藐三菩提。是故长者!此及余功德,一切皆以不放逸为本,不放逸集,不放逸生,不放逸转;不放逸故,得阿耨多罗三藐三菩提,及余道品法。"质多罗长者白尊者摩诃迦:"愿常住此林中,我当尽寿供养②——衣被、饮食、随病汤药。"尊者摩诃迦有行因缘故,不受其请。质

---

① "犹",原本作"由",依宋本改。
② "供养",原本缺,依宋本补。

多罗长者闻说法已,欢喜随喜,即从座起,作礼而去。

尊者摩诃迦不欲令供养利障罪故,即从座起去,遂不复还。

七① 一六四八(五七二)

如是我闻:一时,佛住庵罗林中,与众多上座比丘俱。尔时,众多上座比丘,集于食堂,作如是论议:"诸尊!于意云何?谓眼系色耶?色系眼耶?如是耳、声;鼻、香;舌、味;身、触;意、法:为意系法耶?法系意耶?"时质多罗长者行有所营,便过精舍,见诸上座比丘,集于食堂。即便前礼诸上座足,礼足已,问言:"尊者!集于食堂,论说何法?"诸上座答言:"长者!我等今日集此食堂,作如此论:为眼系色耶?色系眼耶?如是耳、声;鼻、香;舌、味;身、触;意、法:为意系法耶?为法系意耶?"长者问言:"诸尊者!于此义云何记说?"诸上座言:"于长者意云何?"长者答诸上座言:"如我意,谓非眼系色,非色系眼;乃至非意系法,非法系意。然中间有欲贪者,随彼系也。譬如二牛,一黑,一白,驾以𨍍鞅。有人问言:为黑牛系白牛?为白牛系黑牛?为等问不?"答言:"长者!非等问也。所以者何?非黑牛系白牛,亦非白牛系黑牛,然彼𨍍鞅,是其系也。""如是尊者!非眼系色,非色系眼;乃至非意系法,非法系意。然其中间,欲贪是其系也。"时质多罗长者,闻诸上座所说,欢喜随喜,作礼而去。

八② 一六四九(五七三)

如是我闻:一时,佛住庵罗林中。时有阿耆毗外道,是质多

---

① 《相应部》(四一)"质多相应"一经。
② 《相应部》(四一)"质多相应"九经。

罗长者先人亲厚,来诣质多罗长者所,共相问讯,慰劳已,于一面住。质多罗长者问阿耆毗外道:"汝出家几时?"答言:"长者!我出家已来,二十余年。"质多罗长者问言:"汝出家来过二十年,为得过人法,究竟知见,安乐住不?"答言:"长者!虽出家过二十年,不得过人法,究竟知见,安乐住,唯有裸形、拔发、乞食,人间游行,卧于土中。"质多罗长者言:"此非名称法律,此是恶知,非出要道,非曰等觉,非赞叹处,不可依止。唐名出家,过二十年,裸形、拔发、乞食,人间游行,卧灰土中。"阿耆毗问质多罗长者:"汝为沙门瞿昙作弟子,于今几时?"质多罗长者答言:"我为世尊弟子,过二十年。"复问质多罗长者:"汝为沙门瞿昙弟子,过二十年,复得过人法,胜究竟知见不?"质多罗长者答言:"汝今当知!质多罗长者要不复经由胞胎而受生,不复增于丘冢,不复起于血气。如世尊所说五下分结,不见一结而不断者,若一结不断,当复还生此世。"如是说时,阿耆毗迦悲叹涕泪,以衣拭面,谓质多罗长者言:"我今当作何计?"质多罗长者答言:"汝若能于正法律出家者,我当给汝衣钵、供身之具。"阿耆毗迦须臾思惟已,语质多罗长者言:"我今随喜,示我所作。"时质多罗长者,将彼阿耆毗迦,往诣诸上座所,礼诸上座足,于一面坐。白诸上座、比丘言:"尊者!此阿耆毗迦,是我先人亲厚,今求出家作比丘。愿诸上座度令出家,我当供给衣钵众具。"诸上座即令出家,剃除须发,着袈裟衣。出家已思惟,所以善男子剃除须发,着袈裟衣,出家增进学道,净修梵行,得阿罗汉。

九① 　　　　　一六五〇（　五七四）

如是我闻：一时，佛住庵罗聚落庵罗林中，与诸上座比丘俱。时有尼揵若提子，与五百眷属诣庵罗林中，欲诱质多罗长者以为弟子。质多罗长者闻尼揵若提子，将五百眷属，来诣庵罗林中，欲诱我为弟子。闻已，即往诣其所，共相问讯毕，各于一面坐。时尼揵若提子语质多罗长者言："汝信沙门瞿昙，得无觉、无观三昧耶？"质多罗长者答言："我不以信故来也。"尼揵若提子②言："长者！汝不谄、不幻、质直，质直所生，长者若能息有觉、有观者，亦能以绳系缚于风；若能息有觉、有观者，亦可以一把土，断恒水流。我于行、住、坐、卧，智见常生。"质多罗长者问尼揵若提子："为信在前耶？为智在前耶？信之与智，何者为先？何者为胜？"尼揵若提子答言："信应在前，然后有智，信、智相比，智则为胜。"质多罗长者语尼揵若提子："我已求得息有觉、有观，内净一心，无觉、无观三昧生喜乐，第二禅具足住。我昼亦住此三昧，夜亦住此三昧，终夜常住此三昧。有如是智，何用信世尊为？"尼揵若提子言："汝谄曲、幻伪、不直，不直所生。"质多罗长者言："汝先言我不谄曲、不幻、质直，质直所生，今云何言谄曲、幻伪、不直，不直所生耶？""若汝前实者，后则虚；后实者，前则虚。汝先言我于行、住、坐、卧，知见常生，汝于前后小事不知，云何知过人法，若知、若见，安乐住事？"长者复问尼揵若提子："有于一问一说一记论，乃至十问十说十记论，汝有此不？若无一问一说一记论，乃至十问十说十记论，云何能诱于我？而来至

---

① 《相应部》（四一）"质多相应"八经。
② "尼揵若提子"，原本作"阿耆毗"，依明本改。

此庵罗林中,欲诱诳我?"于是尼揵若提子,息闭掉头,反拱而出,不复还顾。

一〇① 　　　　一六五一(　五七五)

如是我闻:一时,佛住庵罗聚落庵罗林中,与众多上座比丘俱。尔时,质多罗长者病苦,诸亲围绕。有众多诸天,来诣长者所,语质多罗长者言:"长者!汝当发愿得作转轮王。"质多罗长者语诸天言:"若作转轮王,彼亦无常、苦、空、无我。"时长者亲属语长者:"汝当系念!汝当系念!"质多罗长者语亲属:"何故汝等教我系念,系念?"彼亲属言:"汝作是言:无常,苦,空,无我,是故教汝系念,系念也。"长者语诸亲属:"有诸天人来至我所,语我言:汝当发愿得作转轮圣王,随愿得果。我即答言:彼转轮王,亦复无常、苦、空、非我。"彼诸亲属语质多罗长者:"转轮王有何,而彼诸天教汝愿求?"长者答言:"转轮王者,以正法治化,是故诸天见如是福利故,而来教我,为发愿求。"诸亲属言:"汝今用心,当如之何?"长者答言:"诸亲属!我今作心,唯不复见胞胎受生,不增丘冢,不受血气。如世尊说五下分结,我不见有,我不自见一结不断;若结不断,则还生此世。"于是长者即从床起,结加趺坐,正念在前,而说偈言:

<blockquote>
"服食积所积,广度于众难,施上进福田,殖斯五种力。
以斯义所欲,俗人处于家,我悉得此利,已免于众难。
世间所闻习,远离众难事,生乐知稍难,随顺等正觉。
供养持戒者,善修诸梵行,漏尽阿罗汉,及声闻牟尼,
</blockquote>

---

① 《相应部》(四一)"质多相应"一〇经。

> 如是超越见,于上诸胜处,常行士夫施,克终获大果。
> 习行众多施,施诸良福田,于此世命终,化生于天上。
> 五欲具足满,无量心悦乐,获斯妙果报,以无悭吝故,
> 在所处受生,未曾不欢喜。"

质多罗长者说此偈已,寻即命终,生于不烦热天。尔时,质多罗天子作是念:我不应停此,当往阎浮提,礼拜诸上座比丘。如力士屈伸臂顷,以天神力,至庵罗林中,放身天光,遍照庵罗林。时有异比丘,夜起出房,露地经行。见胜光明普照树林,即说偈言:

> "是谁妙天色,住于虚空中,譬如纯金山,阎浮檀净光?"

质多罗天子说偈答言:

> "我是天人王,瞿昙名称子,是庵罗林中,质多罗长者。
> 以净戒具足,系念自寂静,解脱身具足,智慧身亦然。
> 我知法故来,仁者应当知! 当于彼涅槃,此法法如是。"

质多罗天子说此偈已,即没不现[①]。

[①] 《杂阿含经》卷二一终。

如来所说诵第七①

三四　罗陀相应②

一③　　　　　　　　一六五二（一一一）

④如是我闻：一时，佛住摩拘罗山。时有侍者比丘，名曰罗陀，晡时从禅觉，往诣佛所，礼佛足，退坐一面。白佛言："如世尊说有流，云何名有流？云何名有流灭？"佛告罗陀："善哉所问，当为汝说。所谓有流者，愚痴无闻凡夫，于色集、色灭、色味、色患、色离，不如实知；不如实知故，于色爱乐、赞叹、摄受、染著。缘爱乐色故取，缘取故有，缘有故生，缘生故老病死、忧悲恼苦增，如是纯大苦聚斯集、起。受、想、行、识，亦复如是。是名有

---

① "如来所说诵第七"，原译本附于"五阴诵"、"杂因诵"、"道品诵"下。今仿"弟子所说诵"意，别立为第七诵。原本卷六，卷七；卷二二（已佚失），卷二三（旧误编为卷三一）；卷三一（旧误编为卷四一）——卷三七，共一一卷。本诵除佚失外，分"罗陀"、"见"、"断知"、"天"、"修证"、"入界阴"、"不坏净"、"大迦叶"、"聚落主"、"马"、"摩诃男"、"无始"、"婆蹉出家"、"外道出家"、"杂"、"譬喻"、"病"、"业报"——一八种相应。

② "罗陀相应"共一三三经。与《相应部》（二三）"罗陀相应"相当。

③ 《相应部》（二三）"罗陀相应"三经。

④ 《杂阿含经》卷六。

流。多闻圣弟子,于色集、色灭、色味、色患、色离,如实知;如实知故,于彼色不起爱乐、赞叹、摄受、染著。不爱乐、赞叹、摄受、染著故,色爱则灭。爱灭则取灭,取灭则有灭,有灭则生灭,生灭则老病死、忧悲恼苦灭①,如是纯大苦聚灭。受、想、行、识,亦复如是。是名如来所说有流,有流灭。"佛说此经已,罗陀比丘闻佛所说,欢喜奉行。

二　　　　　　　　　一六五三（一一二）

如是我闻:一时,佛住摩拘罗山。时有侍者比丘,名罗陀,晡时从禅觉,往诣佛所,礼佛足,退坐一面。白佛言:"世尊!如世尊说色断知;受、想、行、识断知。世尊!云何色断知?受、想、行、识断知?"佛告罗陀:"善哉所问,当为汝说。于色忧悲恼苦尽、离欲、灭、息、没,是名色断知;于受、想、行、识,忧悲恼苦尽,离欲、灭、息、没,是名受、想、行、识断知。"佛说此经已,罗陀比丘闻佛所说,欢喜奉行。

三　　　　　　　　　一六五四（一一三）

如是我闻:一时,佛住在摩拘罗山。时有②侍者比丘,名曰罗陀。时有众多外道出家,诣尊者罗陀所,共相问讯已,退坐一面。问尊者罗陀言:"汝何故于沙门瞿昙所出家修梵行?"尊者罗陀答言:"我为断苦故,于世尊所出家修梵行。"复问:"汝为断何等苦故,于沙门瞿昙所出家修梵行?"罗陀答言:"为断色苦故,于世尊所出家修梵行;断受、想、行、识苦故,于世尊所出家修梵行。"时诸外道出家闻尊者罗陀所说,心不喜,从坐起,呵骂

---

① "灭",原本缺,依宋本补。
② "时有",原本缺,依宋本补。

而去。

尔时,尊者罗陀,知诸外道出家去已,作是念:我向如是说,将不毁谤世尊耶?如说说耶?如法说,法次法说耶?将不为他难问诘责,堕负处耶?"尔时尊者罗陀,晡时从禅觉,往诣佛所,稽首佛足,却住一面。以其上事,具白佛言:"世尊!我向所说,得无过耶?将不毁谤世尊耶?不为他人难问诘责,堕负处耶?如说说耶?如法说,法次法说耶?"佛告罗陀:"汝成实说,不毁如来,如说说,如法说,法次法说。所以者何?罗陀!色苦,为断彼苦故,出家修梵行;受、想、行、识苦,为断彼苦故,出家修梵行。"佛说此经已,罗陀比丘闻佛所说,欢喜奉行。

四　　　　　一六五五(一一四)

如是我闻:一时,佛住摩拘罗山。时有①侍者比丘,名曰罗陀。时有众多外道出家,至尊者罗陀所,共相问讯已,退坐一面。问罗陀言:"汝为何等故,于沙门瞿昙所出家修梵行?"罗陀答苦:"我为知苦故,于世尊所出家修梵行。"时诸外道闻罗陀所说,心不喜,从坐起,呵骂而去。

尔时,罗陀晡时从禅觉,往诣佛所,稽首佛足,退坐一面。以其上事,具白佛言:"世尊!我向所说,得无毁谤世尊耶?将不令他难问诘责堕负处耶?不如说说,非如法说,非法次法说耶?"佛告罗陀:"汝真实说,不毁如来,不令他人难问诘责堕负处也。是如说说,如法说,法次法说。所以者何?色是苦,为知彼苦故,于如来所出家修梵行;受、想、行、识是苦,为知彼苦故,

---

① "时有",原本缺,依宋本补。

于如来所出家修梵行。"佛说此经已,罗陀比丘闻佛所说,欢喜奉行。

五　　　　　　　　　　一六五六(一一五)

如是我闻:一时,佛住摩拘罗山。时有侍者比丘,名曰罗陀。时有众多外道出家,至尊者罗陀所,共相问讯已,退坐一面。问罗陀言:"汝为何等故,于沙门瞿昙所出家修梵行?"罗陀答言:"为于色忧悲恼苦,尽、离欲、灭、寂、没故,于如来所出家修梵行;为于受、想、行、识忧悲恼苦,尽、离欲、灭、寂、没故,于如来所出家修梵行。"尔时,众多外道出家,闻是已,心不喜,从坐起,呵骂而去。

尔时,罗陀晡时从禅觉,往诣佛所,稽首礼足,退坐一面。以其上事,具白佛言:"世尊!我得无谤世尊耶?不令他人来难问诘责堕负处耶?不如说说,非法如法说,非法次法说耶?"佛告罗陀:"汝真实说,不谤如来,不令他人难问诘责堕负处也。如说说,如法说,法次法说。所以者何?罗陀!色忧悲恼苦,为断彼故,于如来所出家修梵行;受、想、行、识忧悲恼苦,为断彼故,于如来所出家修梵行。"佛说此经已,罗陀比丘闻佛所说,欢喜奉行。

六　　　　　　　　　　一六五七(一一六)

如是我闻:一时,佛住摩拘罗山。时有侍者比丘,名曰罗陀。时有众多外道出家,至罗陀所,共相问讯已,退坐一面。问罗陀言:"汝何故于沙门瞿昙所出家修梵行?"罗陀答言:"于色,见我、我所、我慢、使、系著,彼若尽、离欲、灭、寂、没;于受、想、行、识,见我、我所、我慢、使、系著,彼若尽、离欲、灭、寂、没故,于世尊所出家修梵行。"诸外道出家闻是语,心不喜,从坐起,呵骂而去。

罗陀比丘晡时从禅觉,往诣佛所,稽首礼足,退坐一面。以其上事,具白佛言:"世尊!我之所说,得无毁谤世尊耶?不令他人难问诘责堕负处耶?不如说说,不如法说,非法次法说耶?"佛告罗陀:"汝真实说,不谤如来,不令他人难问诘责堕负处也。是如说说,如法说,法次法说。所以者何?于色见我、我所、我慢、使、系著,彼若尽、离欲、灭、寂、没故;受、想、行、识,见我、我所、我慢、使、系著,彼若尽、离欲、灭、寂、没故,于如来所出家修梵行。"佛说此经已,罗陀比丘闻佛所说,欢喜奉行。

<h3 style="text-align:center">七　　　　一六五八(　一一七)</h3>

如是我闻:一时,佛住摩拘罗山。时有侍者比丘,名曰罗陀。时有众多外道出家,至罗陀所,共相问讯已,退坐一面。问罗陀言:"汝何故于沙门瞿昙所出家修梵行?"罗陀答言:"于色,有漏、障阂、热恼、忧悲,彼若尽、离欲、灭、寂、没;受、想、行、识,有漏、障阂、热恼、忧悲,彼若尽、离欲、灭、寂、没故,于如来所出家修梵行。"时众多外道出家,闻是已,心不喜,从坐起,呵骂而去。

尔时,罗陀晡时从禅觉,往诣佛所,稽首佛足,退坐一面。以其上事,具白佛言:"世尊!我之所说,将无谤世尊耶?不令他人难问诘责堕负处耶?不如说说,不如法说,非法次法说耶?"佛告罗佗:"汝真实说,不谤如来,不令他人难问诘责堕负处也。如说说,如法说,法次法说①。所以者何?色有漏、有障阂、热

---

① "不令……法次法说"——二十二字,原本缺,依宋本补。

恼、忧悲,彼若尽、离欲、灭、寂、没;受、想、行、识,有漏、障阂、热恼、忧悲,彼若尽、离欲、灭、寂、没故,于如来所出家修梵行。"佛说此经已,罗陀比丘闻佛所说,欢喜奉行。

八　　　　　　一六五九（一一八）

如是我闻:一时,佛住摩拘罗山。时有侍者比丘,名曰罗陀。时有外道出家,至罗陀所,共相问讯已,退坐一面。问罗陀言:"汝何故于沙门瞿昙所出家修梵行?"罗陀答言:"于色,贪、恚、痴,彼若尽、离欲、灭、寂、没;于受、想、行、识,贪、恚、痴,彼若尽、离欲、灭、寂、没,于如来所出家修梵行。"诸外道闻是语已,心不喜,从坐起,呵责而去。

罗陀比丘晡时从禅觉,往诣佛所,稽首佛足,退坐一面。以其上事,具白佛言:"世尊!我之所说,将无谤世尊耶?不令他人难问诘责堕负处耶?不如说说,不如法说,非法次法说耶?"佛告罗陀:"汝真实说,不谤如来,不令他人难问诘责堕负处也。如说说,如法说,法次法说。所以者何?于色,贪、恚、痴,彼若尽、离欲、灭、寂、没;于受、想、行、识,贪、恚、痴,彼若尽、离欲、灭、寂、没故,于如来所出家修梵行。"佛说此经已,罗陀比丘闻佛所说,欢喜奉行。

九　　　　　　一六六〇（一一九）

如是我闻:一时,佛住摩拘罗山。时有侍者比丘,名曰罗陀。时有众多外道出家,至罗陀所,共相问讯已,退坐一面。问罗陀言:"汝何故于沙门瞿昙所出家修梵行?"罗陀答言:"于色、欲、爱、喜,彼若尽、离欲、灭、寂、没;于受、想、行、识,欲、爱、喜,彼若尽、离欲、灭、寂、没故,于如来所出家修梵行。"时诸外道闻是语已,心不喜,从坐起,呵骂而去。

罗陀比丘晡时从禅觉,诣佛所,稽首佛足,退坐一面。以其上说,具白佛言:"世尊!我之所说,不谤如来耶?不令他人难问诘责堕负处耶?不如说说,不如法说,非法次法说耶?"佛告罗陀:"汝真实说,不谤如来,不令他人难问呵责①堕负处也。如说说,如法说②,法次法说。所以者何?于色、欲、爱、喜,彼若尽、离欲、灭、寂、没;于受、想、行、识,欲、爱、喜,彼若尽、离欲、灭、寂、没故,于如来所出家修梵行。"佛说此经已,罗陀比丘闻佛所说,欢喜奉行。

一〇③　　　　一六六一(一二〇)

如是我闻:一时,佛住摩拘罗山。时有侍者比丘,名曰罗陀。尔时,世尊告罗陀言:"诸所有色,若过去、若未来、若现在,若内、若外、若粗、若细、若好、若丑、若远、若近,彼一切当观皆是魔所作。诸所有受、想、行、识,若过去、若未来、若现在,若内、若外、若粗、若细、若好、若丑、若远、若近,彼一切当观皆是魔所作。"佛告罗陀:"色为常耶?为无常耶?"答曰:"无常,世尊!"复问:"若无常者,是苦耶?"答曰:"是苦,世尊!"受、想、行、识,亦复如是!复问罗陀:"若无常、苦者,是变易法,多闻圣弟子,宁于中见色是我,异我,相在不?"答曰:"不也,世尊!"受、想、行、识,亦复如是④。佛告罗陀:"若多闻圣弟子,于此五受阴,不见

---

① "责",原本"啧",依宋本改。
② "说"下,原本有"如",依宋本删。
③ 《相应部》(二三)"罗陀相应"一二经。
④ "受想行识亦复如是",原本缺,依宋本补。

是我、是我所故,于诸世间都无所取,无所取故无所著,无所著故自觉涅槃:我生已尽,梵行已立,所作已作,自知不受后有。"佛说此经已,罗陀比丘闻佛所说,欢喜奉行。

一一① 　　　　一六六二(　一二一)

如是我闻:一时,佛住摩拘罗山。时有侍者比丘,名曰罗陀。尔时,世尊告罗陀比丘言:"诸所有色,若过去、若未来、若现在,若内、若外、若粗、若细、若好、若丑、若远、若近,彼一切皆是死法。所有受、想、行、识,若过去、若未来、若现在,若内、若外、若粗、若细、若好、若丑、若远、若近,彼一切皆是死法。"佛告罗陀:"色为常耶? 为无常耶?"答曰:"无常,世尊!"复问:"若无常者,是苦耶?"答曰:"是苦,世尊!""受、想、行、识为常、为无常耶?"答曰:"无常,世尊!"复问:"若无常者,是苦耶?"答曰:"是苦,世尊!"复问:"若无常、苦者,是变易法,多闻圣弟子,宁于中见是我,异我,相在不?"答曰:"不也,世尊!"佛告罗陀:"若多闻圣弟子,于此五受阴,如实观察非我、非我所者,于诸世间都无所取,无所取者无所著,无所著故自觉涅槃:我生已尽,梵行已立,所作已作,自知不受后有。"佛说此经已,罗陀比丘闻佛所说,欢喜奉行。

一二② 　　　　一六六三(　一二二)

如是我闻:一时,佛住摩拘罗山。时有侍者比丘,名曰罗陀。白佛言:"世尊! 所谓众生者,云何名为众生?"佛告罗陀:"于色染著缠绵,名曰众生;于受、想、行、识染著缠绵,名曰众生。"佛

---

① 《相应部》(二三)"罗陀相应"二〇经。
② 《相应部》(二三)"罗陀相应"二经。

告罗陀:"我说于色境界,当散坏消灭;于受、想、行、识境界,当散坏消灭,断除爱欲;爱尽则苦尽,苦尽者我说作苦边。譬如聚落中,诸小男小女嬉戏,聚土作城郭、宅舍,心爱乐著。爱未尽,欲未尽,念未尽,渴未尽,心常爱乐,守护言:我城郭,我舍宅。若于彼土聚,爱尽、欲尽、念尽、渴尽,则以手拨足蹴,令其消散。如是罗陀!于色散坏消灭,爱尽,爱尽故苦尽,苦尽故我说作苦边。"佛说此经已,罗陀比丘闻佛所说,欢喜奉行。

一三　　　　　一六六四（　一二三）

如是我闻:一时,佛住摩拘罗山。时有侍者比丘,名曰罗陀,往诣佛所,稽首礼足,退坐一面。白佛言:"善哉世尊!为我略说法要。我闻法已,我当独一静处,专心思惟,不放逸住。所以族姓子剃除须发,身著染衣,正信非家,出家学道,增加精进,修诸梵行,见法自知作证:我生已尽,梵行已立,所作已作,自知不受后有。"尔时,世尊告罗陀曰:"善哉罗陀!能于佛前问如是义。谛听,善思,当为汝说。罗陀!当知有身,有身集,有身灭,有身灭道迹。何等为有身?谓五受阴:色受阴,受、想、行、识受阴。云何有身集?谓当来有爱,贪喜俱,于彼彼爱乐,是名有身集。云何有身灭?谓当(来)有爱,喜贪俱,彼彼爱乐,无余断:舍、吐、尽、离欲、寂、没,是名有身尽。云何有身灭道迹?谓八正道:正见,正志,正语,正业,正命,正方便,正念,正定,是名有身灭道迹。有身当知,有身集当断,有身灭当证,有身灭道迹当修。罗陀!若多闻圣弟子,于有身若知、若断,有身集若知、若断,有身灭若知、若证,有身灭道迹若知、若修已,罗陀!名断爱离爱,转结,止慢无间等,究竟苦边。"罗陀比丘闻佛所说,欢喜奉行,从坐起,作礼而去。

世尊如是教授已,罗陀比丘独一静处,专精思惟,所以善男子剃除须发,着染色衣,正信非家,出家学道,增益精进,修诸梵行,见法自知作证:我生已尽,梵行已立,所作已作,自知不受后有。成阿罗汉,心善解脱。佛说此经已,罗陀比丘闻佛所说,欢喜奉行。

一四① 　　　　　一六六五(　一二四)

如是我闻:一时,佛住摩拘罗山。时有侍者比丘,名曰罗陀。尔时,世尊告罗陀比丘言:"诸比丘!有色,若过去、若未来、若现在,若内、若外,若粗、若细,若好、若丑,若远、若近,彼一切当观皆是魔。受、想、行、识,若过去、若未来、若现在,若内、若外,若粗、若细,若好、若丑,若远、若近,彼一切当观皆是魔。罗陀!于意云何?色为常耶?为无常耶?"答曰:"无常,世尊!""若无常者,是苦耶?"答曰:"是苦,世尊!""若无常、苦者,是变易法,多闻圣弟子,宁于中见我不?"答曰:"不也,世尊!"受、想、行、识,亦复如是。"是故罗陀!多闻圣弟子,于色生厌,于受、想、行、识生厌,厌故不乐,不乐故解脱,解脱知见:我生已尽,梵行已立,所作已作,自知不受后有。"佛说此经已,罗陀比丘闻佛所说,欢喜奉行。

一五② 　　　　　一六六六(　一二五)

如是我闻:一时,佛住摩拘罗山。时有侍者比丘,名曰罗陀。尔时,世尊告罗陀比丘言:"诸所有色,若过去、若未来、若现在,

---

① 《相应部》(二三)"罗陀相应"二三经。
② 《相应部》(二三)"罗陀相应"二四经。

若内、若外,若粗、若细,若好、若丑,若远、若近,彼一切皆是魔所作。受、想、行、识,亦复如是。"佛告罗陀:"于意云何?色为常耶?为非常耶?"答曰:"无常,世尊!"复问:"若无常者,是苦耶?"答曰:"是苦,世尊!"复问:"受、想、行、识,为是常耶?为无常耶?"答曰:"无常,世尊!"复问:"若无常者,是苦耶?"答曰:"是苦,世尊!"佛告罗陀:"若无常、苦者,是变易法,多闻圣弟子,宁于中见我、异我、相在不?"答曰:"不也,世尊!""是故罗陀!多闻圣弟子,于色生厌,厌故不乐;于受、想、行、识生厌,厌故不乐①,不乐故解脱,解脱知见:我生已尽,梵行已立,所作已作,自知不受后有。"佛说此经已,罗陀比丘闻佛所说,欢喜奉行。

一六②　　　　　　一六六七(　　　)

第三经亦如是。所异者,佛告罗陀:"多闻圣弟子,于此五受阴,观察③非我、非我所。观察已,于诸世间都无所取,不取故不著,不著故自觉涅槃:我生已尽,梵行已立,所作已作,自知不受后有。"佛说此经已,罗陀比丘闻佛所说,欢喜奉行。

一七④　　　　　　一六六八(一二六)

如是我闻:一时,佛住摩拘罗山。时有侍者比丘,名曰罗陀。尔时,世尊告罗陀言:"诸所有色,若过去、若未来、若现在,若内、若外,若粗、若细,若好、若丑,若远、若近,当观彼一切皆是死

---

① "于受……故不乐"——十一字,原本缺,依宋本补。
② 《相应部》(二三)"罗陀相应"二九·三〇经。
③ "观察"上,原本有"阴阴"二字,依宋本删。
④ 《相应部》(二三)"罗陀相应"三二经。

法。受、想、行、识,亦复如是。"余如前说。

　　一八① 　　　　　一六六九(　一二七)

　　如是我闻:一时,佛住摩拘罗山。时有侍者比丘,名曰罗陀。尔时,世尊告罗陀言:"诸所有色,若过去、若未来、若现在,若内、若外、若粗、若细、若好、若丑、若远、若近,彼一切当观皆是断法。受、想、行、识,亦复如是。多闻圣弟子如是观者,于色生厌,于受、想、行、识生厌,厌故不乐,不乐故解脱,解脱知见:〔自知〕我生已尽,梵行已立,所作已作,自知不受后有。"佛说此经已,罗陀比丘闻佛所说,欢喜奉行。

　　一九——三一　　　一六七〇——一六八二(　　　)

　　如是我观察断法,如是观察灭法,观察弃舍法,观察无常法,观察苦法,观察空法,观察非我法,观察无常、苦、空、非我法,观察病法,观察痈法,观察刺法,观察杀法,观察杀根本法,观察病、痈、刺、杀、杀根本法:如是诸经,皆如上说。

　　三二　　　　　　　一六八三(　一二八)

　　如是我闻:一时,佛住摩拘罗山。时有侍者比丘,名曰罗陀。尔时,世尊告罗陀言:"诸所有色,若过去、若未来、若现在,若内、若外、若粗、若细、若好、若丑、若远、若近,彼一切当观皆是断法。观察已,于色欲贪断,欲②贪断已,我说心善解脱。受、想、行、识,亦复如是。"佛说此经已,罗陀比丘闻佛所说,欢喜奉行。

　　三三——四五　　　一六八四——一六九六(　　　)

　　如是比,十四经亦如上说。

---

① 从一八经至四五经,略与(二三)"罗陀相应"第二品相近。
② "欲",原本作"色",依宋本改。

四六① 一六九七（ 一二九）

如是我闻：一时，佛住摩拘罗山。时有侍者比丘，名曰罗陀。尔时，世尊告罗陀言："诸所有色，若过去、若未来、若现在，若内、若外、若粗、若细、若好、若丑、若远、若近，彼一切当观皆是断法，观察断法已，于色欲贪断，欲贪断已②，我说心善解脱。受、想、行、识，亦复如是。"佛说此经已，罗陀比丘闻佛所说，欢喜奉行。

四七——五一 一六九八——一七〇二（ ）

如当断，如是当知，(当尽,)当吐，当息，当舍，亦复如是③。

五二 一七〇三（ 一三〇）

如是我闻：一时，佛住舍卫国祇树给孤独园。尔时，世尊告诸比丘："欲断五受阴者，当求大师。何等为五？谓色受阴，受、想、行、识受阴。欲断此五受阴，当求大师。"佛说此经已，诸比丘闻佛所说，欢喜奉行。

五三——— 一七〇四——一七六二（ ）

如求大师，如是胜师者，顺次师者，教诫者，胜教诫者，顺次教诫者，通者，广通者，圆通者，导者，广导者，究竟导者，说者，广说者，顺次说者，正者，伴者，真知识者，亲者，愍者，悲者，崇义者，安慰者，崇乐者，崇触者，崇安慰者，欲者，精进者，方便者，勤者，勇猛者，固者，强者，堪能者，专者，心不退者，坚执持者，常习者，不放逸者，和合者，思量者，忆念者，觉者，知者，明者，慧者，

---

① 本经与上三二经全同。以"当断"为例，明下"当知……当舍"，故再举之。
② "欲贪断已"，原本缺，依宋本补。
③ "如当断"等十七字，原本在"当求大师"下，今提前。

受者,思惟者,梵行者,念处者,正勤者,如意足者,根者,力者,觉分者,道分者,止者,观者,念身者,正忆念者,亦复如是①。

一一二　　　　　　　　一七六三(　一三一)

如是我闻:一时,佛住舍卫国祇树给孤独园。尔时,世尊告诸比丘:"若沙门、婆罗门,习于色者,随魔自在,入于魔手,随魔所欲,为魔所缚,不脱魔系。受、想、行、识,亦复如是。若沙门、婆罗门,不习色,如是沙门、婆罗门不随魔自在,不入魔手,不随魔所欲,解脱魔缚,解脱魔系。受、想、行、识,亦复如是②。"佛说是经已,诸比丘闻佛所说,欢喜奉行。

一一三——一二二　一七六四——一七七三(　　)

(如习,)如是习近者,习著者,味者,决定著者,止者,使者,往者,选③择者,不舍者,不吐者,如是等沙门、婆罗门随魔自在,如上说。

一二三　　　　　　　　一七七四(　一三二)

如是我闻:一时,佛住舍卫国祇树给孤独园。尔时,世尊告诸比丘:"若沙门、婆罗门,于色不习④者,不随魔自在,不入魔手,不随魔所欲,非魔缚所缚,解脱魔系。不习受、想、行、识,亦复如是。"佛说此经已,诸比丘闻佛所说,欢喜奉行。

一二四——一三三　一七七五——一七八四(　　)

(如习),乃至吐色,亦复如是。

---

① "大师"等六十名称,如《瑜伽师地论》卷八三说(大正三〇·七六〇上——下)。
② "受想行识亦复如是",原本缺,依宋本补。
③ "选",原本作"撰",依宋本改。
④ "习"下,原本有"近"字,今删。

三五　见相应①

一　　　　　　　　一七八五（一三三）

②如是我闻：一时，佛住舍卫国祇树给孤独园。尔时，世尊告诸比丘："何所有故？何所起？何所系著？何所见我？令众生无明所盖，爱系其首，长道驱驰，生死轮回，生死流转，不知③本际？"诸比丘白佛言："世尊是法根，法眼，法依，善哉世尊！唯愿哀愍，广说其义。诸比丘闻已，当受奉行。"佛告比丘："谛听，善思，当为汝说。诸比丘！色有故，色事起，色系著，色见我，令众生无明所盖，爱系其首，长道驱驰，生死轮回，生死流转。受、想、行、识，亦复如是。诸比丘！色为常耶？为非常耶？"答曰："无常，世尊！"复问："若无常者，是苦耶？"答曰："是苦，世尊！""如是比丘！若无常者是苦，是苦有故，是事起，系著，见我，令众生无明所盖，爱系其头，长道驱驰，生死轮回，生死流转。受、想、行、识，亦复如是。是故诸比丘！诸所有色，若过去、若未来、若现在，若内、若外，若粗、若细，若好、若丑，若远、若近，彼一切非我，非异我，不相在，是名正慧。受、想、行、识，亦复如是。如是见，闻，觉，识，求，得，随忆，随觉，随观，彼一切非我，非异我，不相在，是名正慧。若有见言：有我，有世间，有此世常、恒、不变易法，彼一切非我，非异我，不相在，是名正慧。若复有见：非此我，非此我所，非当来我，非当来我所，彼一切非我，非异我，不相在，是名正

---

① "见相应"共九三经。与《相应部》（二四）"见相应"相当。
② 《杂阿含经》卷六中。
③ "知"，原本作"去"，依宋本改。

慧。若多闻圣弟子,于此六见处,观察非我、非我所。如是观者,于佛所狐疑断,于法、于僧狐疑断,是名比丘多闻圣弟子,不复堪任作身、口、意业,趣三恶道;正使放逸,圣弟子决定向三菩提,七有天人往来,作苦边。"佛说此经已,诸比丘闻佛所说,欢喜奉行。

二　　　　　一七八六(一三四)

如是我闻:一时,佛住舍卫国祇树给孤独园。尔时,世尊告诸比丘:如上说,差别者:"多闻圣弟子,于此六见处观察非我、非我所。如是观者,于苦狐疑断,于集①、灭、道狐疑断,是名比丘多闻圣弟子,不复堪任作身、口、意业,趣三恶道;如是广说,乃至作苦边。"佛说此经已,诸比丘闻佛所说,欢喜奉行。

三　　　　　一七八七(一三五)

如是我闻:一时,佛住舍卫国祇树给孤独园。尔时,世尊告诸比丘:广说如上,差别者:"若多闻圣弟子,于此六见处,观察非我、非我所。如是观者,于佛狐疑断,于法、僧、苦、集、灭、道狐疑断,如是广说,乃至作苦边。"佛说此经已,诸比丘闻佛所说,欢喜奉行。

四　　　　　一七八八(一三六)

如是我闻:一时,佛住舍卫国祇树给孤独园。尔时,世尊告诸比丘:"于何所是事有故,何所起?何所系著?何所见我?诸比丘!令彼众生无明所盖,爱系其首,长道驱驰,生死轮回,生死流转,不知本际?"诸比丘白佛:"世尊是法根,法眼,法依,善哉世尊!唯愿哀愍,广说其义。诸比丘闻已,当受奉行。"佛告诸

---

① "集",原本作"习",依元本改。

比丘:"谛听,善思,当为汝说。诸比丘!色有故,是色事起,于色系著,于色见我,令众生无明所盖,爱系其首,长道驱驰,生死轮回,生死流转。受、想、行、识,亦复如是。诸比丘!色是常耶?为非常耶?"答曰:"无常,世尊!"复问:"若无常者,是苦耶?"答曰:"是苦,世尊!""如是比丘!若无常者是苦,是苦有故是事起,系著,见我,令彼众生无明所盖,爱系其首,长道驱驰,生死轮回,生死流转。受、想、行、识,亦复如是。是故诸比丘!诸所有色,若过去、若未来、若现在,若内、若外,若粗、若细,若好、若丑,若远、若近,彼一切非我,非异我,不相在,如是观者,是名正慧。受、想、行、识,亦复如是。如是见、闻、觉、识,求、得、随忆、随觉、随观,彼一切非我,非异我,不相在,是名正慧。若有见言:有我,有此世,有他世,有常,有恒,不变易,彼一切非我,非异我,不相在,是名正慧。若复有见:非此我,非此我所,非当来我,非当来我所,彼一切非我,非异我,不相在,是名正慧。若多闻圣弟子,于此六见处,观察非我、非我所。如是观者,于佛狐疑断,于法、僧狐疑断,是名比丘不复堪任作身、口、意业,趣三恶道;正使放逸,诸圣弟子皆悉决定①向于三菩提,七有天人往生,作苦后边。"佛说此经已,诸比丘闻佛所说,欢喜奉行。

　　　　　五　　　　　　　一七八九(一三七)

　　第二经亦如是,差别者:"于苦、集、灭、道狐疑断。"

　　　　　六　　　　　　　一七九○(一三八)

　　第三经亦如是,差别者:"于佛、法、僧狐疑断,于苦、集、道

---

① "决定",原本作"不从",依宋本改。

狐疑断①。"

七　　　　　　　　　一七九一（一三九）

②如是我闻：一时，佛住舍卫国祇树给孤独园。尔时，世尊告诸比丘："何所有故？何所起？何所系？何所著？何所见我？若未起忧悲恼苦令起，已起忧悲恼苦重令增广？"诸比丘白佛言："世尊是法根，法眼，法依，唯愿广说，诸比丘闻已，当受奉行。"佛告诸比丘："色有故，色起，色系著故，于色见我，未起忧悲恼苦令起，已起忧悲恼苦重令增广。受、想、行、识，亦复如是。诸比丘！于意云何？色为常耶？为非常耶？"答曰："无常，世尊！"复问："若无常者，是苦耶？"答曰："是苦，世尊！""如是比丘！若无常者是苦，是苦有故，是事起，系著，见我，若未起忧悲恼苦令起，已起忧悲恼苦重令增广。受、想、行、识，亦复如是。是故诸比丘！诸所有色，若过去、若未来、若现在，若内、若外，若粗、若细，若好、若丑，若远、若近，彼一切非我，非异我，不相在，是名正慧。受、想、行、识，亦复如是。若复见，闻，觉，识，起，求，（随）忆、随觉、随观，彼一切非我，非异我，不相在，是名正慧。若见有我，有世间，有此世，有他世，常、恒、不变易，彼一切非我，非异我，不相在，是名正慧。若复有见：非此世我，非此世我所，非当来我，非当来我所，彼一切非我，不异我，不相在，是名正慧。若多闻圣弟子，于此六见处，观察非我、非我所。如是观者，于佛狐疑断，于法、僧狐疑断，是名比丘多闻圣弟子，不复堪任作身、口、意业，趣三恶道；正使放逸，圣弟子决

---

① 《杂阿含经》卷六终。
② 《杂阿含经》卷七。

定向三菩提,七有天人往来,作苦边。"佛说此经已,诸比丘闻佛所说,欢喜奉行。

　　　　八　　　　　　一七九二(　一四〇)
　　次经亦如是,差别者:"苦、集、灭、道狐疑断。"
　　　　九　　　　　　一七九三(　一四一)
　　次经亦如是,差别者:"佛、法、僧、苦、集、灭、道狐疑断。"
　　　　一〇　　　　　一七九四(　一四二)
　　如是我闻:一时,佛住舍卫国祇树给孤独园。尔时,世尊告诸比丘:"何所有故?何所起?何所系著?何所见我?未起我、我所、我慢、系著,使起,已起我、我所、我慢、系著,使重令增广?"诸比丘白佛:"世尊是法根,法眼,法依。"如是广说,乃至佛说此经已,诸比丘闻佛所说,欢喜奉行。

　　　　一一——一二　　一七九五——一七九六(一四三——一四四)
　　第二、第三经,亦复如上。

　　　　一三——一五　一七九七——一七九九(　一四五)
　　如是我闻:一时,佛住舍卫国祇树给孤独园。尔时,世尊告诸比丘:"何所有故?何所起?何所系著?何所见我?若未起有漏、障碍、烧然、忧悲恼苦生,已起有漏、障碍、烧然、忧悲恼苦重令增广?"诸比丘白佛:"世尊是法根,法眼,法依。"如是广说,次第如上三经。

　　　　一六——一八　一八〇〇——一八〇二(　一四六)
　　如是我闻:一时,佛住舍卫国祇树给孤独园。尔时,世尊告诸比丘:"何所有故?何所起?何所系著?何所见我?若三受于①世间转？"诸比丘白佛言："世尊是法根，法眼，法依。"如是广说，次第如上三经。

一九——二一　一八〇三——一八〇五（一四七）

如是我闻：一时，佛住舍卫国祇树给孤独园。尔时，世尊告诸比丘："何所有故？何所起？何所系著？何所见我？令三苦世间转？"诸比丘白佛："世尊是法根，法眼，法依。"如是广说，次第如上三经。

二二——二四　一八〇六——一八〇八（一四八）

如是我闻：一时，佛住舍卫国祇树给孤独园。尔时，世尊告诸比丘："何所有故？何所起？何所系著？何所见我？令世八法世间转？"诸比丘白佛言："世尊是法根，法眼，法依。"如是广说，次第如上三经。

二五——二七　一八〇九——一八一一（一四九）

如是我闻：一时，佛住舍卫国祇树给孤独园。尔时，世尊告诸比丘："何所有故？何所起？何所系著？何所见我？令诸众生作如是见，如是说：我胜，我等，我卑？"诸比丘白佛言："世尊是法根，法眼，法依。"如是广说，次第如上三经。

二八——三〇　一八一二——一八一四（一五〇）

如是我闻：一时，佛住舍卫国祇树给孤独园。尔时，世尊告诸比丘："何所有故？何所起？何所系著？何所见我？令诸众生作如是见，如是说：有胜我者，有等我者，有卑我者？"诸比丘白佛言："世尊是法根，法眼，法依。"如是广说，次第如上三经。

---

① "于"，原本作"形"，依宋本改。

三一——三三　一八一五——一八一七（一五一）

如是我闻：一时，佛住舍卫国祇树给孤独园。尔时，世尊告诸比丘："何所有故？何所起？何所系著？何所见我？令诸众生作如是见，如是说：无胜我者，无等我者，无卑我者？"诸比丘白佛言："世尊是法根，法眼，法依。"如是广说，次第如上三经。

三四——三六①　一八一八——一八二〇（一五二）

如是我闻：一时，佛住舍卫国祇树给孤独园。尔时，世尊告诸比丘："何所有故？何所起？何所系著？何所见我？令诸众生作如是见，如是说：有我，有此世，有他世，常、恒、不变易法，如尔安住？"诸比丘白佛："世尊是法根，法眼，法依。"如是广说，次第如上三经。

三七——三九　一八二一——一八二三（一五三）

如是我闻：一时，佛住舍卫国祇树给孤独园。尔时，世尊告诸比丘："何所有故？何所起？何所系著？何所见我？令诸众生作如是见，如是说：如是我，彼一切不二、不异、不灭？"诸比丘白佛："世尊是法根，法眼，法依。"如是广说，次第如上三经。

四〇——四二②　一八二四——一八二六（一五四）

如是我闻：一时，佛住舍卫国祇树给孤独园。尔时，世尊告诸比丘："何所有故？何所起？何所系著？何所见我？令诸众生作如是见，如是说：无施，无会，无说，无善趣、恶趣、业报，无此世、他世，无母，无父，无众生，无世间阿罗汉，正到、正趣，若此

---

① 《相应部》(二四)"见相应"三经。
② 《相应部》(二四)"见相应"五经。

世、他世,见法自知,身作证具足住:我生已尽,梵行已立,所作已作,自知不受后有?"诸比丘白佛:"世尊是法根,法眼,法依。"如是广说,次第如上三经。

四三——四五① 一八二七——一八二九(一五五)

如是我闻:一时,佛住舍卫国祇树给孤独园。尔时,世尊告诸比丘:"何所有故?何所起?何所系著?何所见我?令诸众生作如是见,如是说:无力,无精进,无力精进;无士夫方便,无士夫精勤,无士夫方便精勤;无自作,无他作,无自他作;一切人,一切众生,一切神,无方便,无力,无势,无精进,无堪能:定分相续转变,受苦乐六趣?"诸比丘白佛言:"世尊是法根,法眼,法依。"如是广说,次第如上三经。

四六——四八② 一八三〇——一八三二(一五六)

如是我闻:一时,佛住舍卫国祇树给孤独园。尔时,世尊告诸比丘:"何所有故?何所起?何所系著?何所见我?令诸众生作如是见,如是说:诸众生此世活,死后断坏无所有。四大和合士夫,身命终时,地归地,水归水,火归火,风归风,根随空转。舆床第五③,四人持死人往冢间,乃至未烧可知。烧然已,骨白鸽色。立高慢者知施,黠慧者知受,若说有者,彼一切虚诳妄说。若愚、若智,死后他世俱断坏无所有?"诸比丘白佛:"世尊是法根,法眼,法依。"如是广说,次第如上三经。

---

① 《相应部》(二四)"见相应"七经。
② 《相应部》(二四)"见相应"五经。
③ "第五",宋本作"弟子"。

四九——五一①　一八三三——一八三五（　一五七）

如是我闻：一时，佛住舍卫国祇树给孤独园。尔时，世尊告诸比丘："何所有故？何所起？何所系著？何所见我？令诸众生作如是见，如是说：众生烦恼无因无缘？"诸比丘白佛："世尊是法根，法眼，法依。"如是广说，次第如上三经。

五二——五四②　一八三六——一八三八（　一五八）

如是我闻：一时，佛住舍卫国祇树给孤独园。尔时，世尊告诸比丘："何所有故？何所起？何所系著？何所见我？令诸众生作如是见，如是说：众生清净无因无缘？"诸比丘白佛："世尊是法根，法眼，法依。"如是广说，次第如上三经。

五五——五七　一八三九——一八四一（　一五九）

如是我闻，一时，佛住舍卫国祇树给孤独园。尔时，世尊告诸比丘："何所有故？何所起？何所系著？何所见我？令诸众生作如是见，如是说：众生无知无见，无因无缘？"时诸比丘白佛："世尊是法根，法眼，法依。"如是广说，次第如上三经。

五八——六〇　一八四二——一八四四（　一六〇）

如是我闻：一时，佛住舍卫国祇树给孤独园。尔时，世尊告诸比丘："何所有故？何所起？何所系著？何所见我？令诸众生作如是见，如是说③？"时诸比丘白佛："世尊是法根，法眼，法依。"如是广说，次第如上三经。

---

① 《相应部》(二四)"见相应"七经。
② 《相应部》(二四)"见相应"七经。
③ "如是说"下，文义不足，应问"众生智见无因无缘"？

六一——六三① 一八四五——一八四七（一六一）

如是我闻：一时，佛住舍卫国祇树给孤独园。尔时，世尊告诸比丘："何所有故？何所起？何所系著？何所见我？令诸众生作如是见，如是说：谓七身，非作、非作所作、非化、非化所化，不杀、不动、坚实。何等为七？所谓地身，水身，火身，风身，乐，苦，命。此七种身，非作、非作所作、非化、非化所化，不杀、不动、坚实，不转、不变，不相逼迫。若福，若恶，若福恶；若苦，若乐，若苦乐；若士、枭士首，亦不逼迫。世间若命、若身，七身间间容刀往返，亦不害命，于彼无杀、无杀者，无系、无系者，无念、无念者，无教、无教者？"诸比丘白佛："世尊是法根，法眼，法依。"如是广说，次第如上三经。

六四——六六② 一八四八——一八五〇（一六二）

如是我闻：一时，佛住舍卫国祇树给孤独园。尔时，世尊告诸比丘："何所有故？何所起？何所系著？何所见我？令诸众生作如是见，如是说：作，教作；断，教断；煮，教煮；杀，教杀。害众生，盗他财，行邪淫，知言妄语，饮酒。穿墙，断锁，偷夺，复道，害村，害城，害人民。以极利剑轮，剸③割斫截作大肉聚。作如是学，彼非恶因缘，亦非招恶。于恒水南杀害而去，恒水北作大会而来，彼非因缘福、恶，亦非招福、恶。惠施，调伏，护持，行利，同利，于此所作，亦非作福？"诸比丘白佛："世尊是法根，法眼，法依。"如是广说，次第如上三经。

---

① 《相应部》(二四)"见相应"八经。
② 《相应部》(二四)"见相应"六经。
③ "剸"，原本作"钐"，依宋本改。

六七——六九① 一八五一——一八五三（一六三）

如是我闻：一时，佛住舍卫国祇树给孤独园。尔时，世尊告诸比丘："何所有故？何所起？何所系著？何所见我？令诸众生作如是见,如是说：于此十四百千生门，六十千六百五业，三业，二业，一业，半业；六十二道迹，六十二内劫，百二十泥黎，百三十根，三十六贪界，四十九千龙家，四十九千金翅鸟家，四十九千邪命外道，四十九千外道出家；七想劫，七无想劫；七阿修罗，七毗舍遮，七天，七人；七百海②，七梦，七百梦；七险，七百险；七觉，七百觉；六生，十增进，八大士地。于此八万四千大劫，若愚、若智，往来经历，究竟苦边。彼无有沙门、婆罗门作如是说：我常持戒，受诸苦行，修诸梵行，不熟业者令熟，已熟业者弃舍，进退不可知。此苦乐常住，生死定量，譬如缕丸掷著空中，渐渐来下，至地自住。如是八万四千大劫，生死定量，亦复如是？"诸比丘白佛："世尊是法根，法眼，法依。"如是广说，次第如上三经。

七〇——七二③ 一八五四——一八五六（一六四）

如是我闻：一时，佛住舍卫国祇树给孤独园。尔时，世尊告诸比丘："何所有故？何所起？何所系著？何所见我？令诸众生作如是见，如是说：风不吹，火不燃，水不流，箭不射，怀妊不产，乳不构，日月若出、若没、若明、若暗不可知？"诸比丘白佛："世尊是法根，法眼，法依。"如是广说，次第如上三经。

---

① 《相应部》（二四）"见相应"八经。
② "海"，宋本作"人"。
③ 《相应部》（二四）"见相应"一经。

七三——七五　一八五七——一八五九（一六五）

如是我闻：一时，佛住舍卫国祇树给孤独园。尔时，世尊告诸比丘："何所有故？何所起？何所系著？何所见我？令诸众生作如是见，如是说：此大梵自在造作自然，为众生父？"诸比丘白佛言："世尊是法根，法眼，法依。"如是广说，次第如上三经。

七六——七八①　一八六〇——一八六二（一六六）

如是我闻：一时，佛住舍卫国祇树给孤独园。尔时，世尊告诸比丘："何所有故？何所起？何所系著？何所见我？令诸众生作如是见，如是说：色是我，余则虚名；无色是我，余则虚名；色非色是我，余则虚名；非色非无色是我，余则虚名。我有边，余则虚名；我无边，余则虚名；我有边无边，余则虚名；我非有边非无边，余则虚名。一想，种种想，多想，无量想；我一向乐，一向苦，若苦乐，不苦不乐，余则虚名？"诸比丘白佛言："世尊是法根，法眼，法依。"广说次第如上三经。

七九——八一②　一八六三——一八六五（一六七）

如是我闻：一时，佛住舍卫国祇树给孤独园。尔时，世尊告诸比丘："何所有故？何所起？何所系著？何所见我？令诸众生作如是见，如是说：色是我，余则妄想；非色，非非色是我，余则妄想。我有边，余则妄想；我无边，余则妄想；我非有边非无边，余则妄想。我一想，种种想，少想，无量想；我一向乐，一向苦，若苦乐，不苦不乐？"诸比丘白佛言："世尊是法根，法眼，法依。"如是广说，次第如上三经。

---

① 《相应部》（二四）"见相应"三七——四四经。
② 与上三经同。

八二——八四① 一八六六——一八六八（一六八）

如是我闻：一时，佛住舍卫国祇树给孤独园。尔时，世尊告诸比丘："何所有故？何所起？何所系著？何所见我？令诸众生作如是见，如是说：我世间常，世间无常，世间常无常，世间非常非无常。世有边，世无边，世有边无边，世非有边非无边。命即是身，命异身异。如来死后有，如来死后无，如来死后有无，如来死后非有非无？"诸比丘白佛："世尊是法根，法眼，法依。"如是广说，次第如上三经。

八五——八七② 一八六九——一八七一（一六九）

如是我闻：一时，佛住舍卫国祇树给孤独园。尔时，世尊告诸比丘："何所有故？何所起？何所系著？何所见我？令诸众生作如是见，如是说：世间我常，世间我无常，世间我常无常，世间我非常非无常。我苦常，我苦无常，我苦常无常，我苦非常非无常。世间我自作，世间我他作，世间我自作他作，世间我③非自非他无因作。世间我苦自作，世间我苦他作，世间我苦自他作，世间我苦非自非他无因作？"诸比丘白佛："世尊是法根，法眼，法依。"如是广说，次第如上三经。

八八——九〇 一八七二——一八七四（一七〇）

如是我闻：一时，佛住舍卫国祇树给孤独园。尔时，世尊告诸比丘："何所有故？何所起？何所系著？何所见我？令诸众

---

① 《相应部》（二四）"见相应"九——一八经。
② 与上三经同。
③ "世间我"下，原本有"非自作非他作"，衍文，今删。

生作如是见,如是说:若无五欲娱乐,是则见法般涅槃。若离欲①恶不善法,有觉有观,离生喜乐入初禅,乃至第四禅,是第一义般涅槃?"诸比丘白佛:"世尊是法根,法眼,法依。"如是广说,次第如上三经。

九一——九三　一八七五——一八七七（　一七一）

如是我闻:一时,佛住舍卫国祇树给孤独园。尔时,世尊告诸比丘:"何所有故？何所起？何所系著？何所见我？令诸众生作如是见,如是说:若粗四大色断坏无所有,是名我正断。若复我欲界断坏死后无所有,是名我正断。若复我色界死后断坏无所有,是名我正断。若得空入处,识入处,无所有入处,非想非非想入处,我死后断坏无所有,是名我正断?"诸比丘白佛:"世尊是法根,法眼,法依。"如是广说,次第如上三经。

---

① "欲",原本缺,依宋本补。

三六　断知相应①

一　　　　一八七八（一七二）

②如是我闻：一时，佛住舍卫国祇树给孤独园。尔时，世尊告诸比丘："若法无常者，当断。断彼法已，以义饶益，长夜安乐。何法无常？色无常，受、想、行、识无常。"佛说此经已，诸比丘闻佛所说，欢喜奉行。

二　　　　一八七九（一七三）

如是我闻：一时，佛住舍卫国祇树给孤独园。尔时，世尊告诸比丘："若过去无常法当断，断彼法已，以义饶益，长夜安乐。云何过去无常法？过去色是无常法，过去欲是无常法，彼法当断。断彼法已，以义饶益，长夜安乐。受、想、行、识，亦复如是。"佛说此经已，诸比丘闻佛所说，欢喜奉行。

三——八　　一八八〇——一八八五（　　）

（如过去，）如是未来，现在，过去现在，未来现在，过去未来，过去未来现在（，亦如是）③。

九　　　　一八八六（一七四）

如是我闻：一时，佛住舍卫国祇树给孤独园。尔时，世尊告诸比丘："为断无常法故，当求大师。云何是无常法？谓色是无常法，为断彼法，当求大师。受、想、行、识，亦复如是。"佛说是

---

① "断知相应"，简约共为一〇九六经。若详计末后四经所说，则共为三二五八三二经。类例经说之多，远出常情意想之外。巴利藏缺。
② 《杂阿含经》卷七中。
③ 总为无常法，别为三世——七类，共八经。以下处处说"八经"，即此。

经已,诸比丘闻佛所说,欢喜奉行。

一〇——一六　　一八八七——一八九三(　　　)

(如无常法,)如是过去,未来,现在,过去未来,过去现在,未来现在,过去未来①现在,当求大师,(共)八种经。

一七——四八八　　一七九四——二三六五(　　　)

(如大师,)如是种种教随顺②,安,广安,周普安,导,广导,究竟导,说,广说,随顺说,第二伴③,真知识,同意,愍,悲,崇义,崇安慰,乐,崇触,崇安隐,欲,精进,方便,广方便,堪能方便,坚固,强,健,勇猛,身心勇猛,难伏摄受,常学,不放逸,修,思惟,念,觉,知,明,慧,辩,思量,梵行,如意,念处,正勤,根,力,觉,道,止,观,念身,正忆念,一一八经,亦如上说。

四八九——二九二八　　二三六六——四八〇五(　　　)

如断义,如是知义,尽义,吐义,止义,舍义,亦如是④。

二九二九　　　　　　四八〇六(　一七五)

如是我闻:一时,佛住舍卫国祇树给孤独园。尔时,世尊告诸比丘:"犹如有人火烧头衣,当云何救?"比丘白佛言:"世尊!当起增上欲,殷勤方便,时救令灭。"佛告比丘:"头衣烧然,尚可暂忘,无常盛火,应尽除断灭。为断无常火故,勤求大师。断何等无常故勤求大师?谓断色无常故,勤求大师;断受、想、行、识

---

① "过去现在,未来现在,过去未来"——十二字,原本缺,依宋本补。
② 自"大师"至"正忆念"者,依前(三四)"罗陀相应"。五一一——一一〇经,共六十事。本文与之相同,可对比知之。"种种教随顺",应含得"胜师,顺次师,教诫,胜教诫,顺次教诫"五者。
③ "第二伴","罗陀相应"作"正者,伴者"。
④ "断"……"舍",依下文实为八类,此处且依文作六类。

无常故,勤求大师。"佛说此经已,诸比丘闻佛所说,欢喜奉行。

二九三〇——二九三六　　　四八〇七——四八一三(　　)

如断无常,如是过去无常,未来无常,现在无常,过去未来无常,过去现在无常,未来现在无常,过去未来现在无常:如是八种救头然譬经,如上广说。

二九三七——三四〇八　　　四八一四——五二八五(　　)

如求大师,如是求种种教随顺教,如上广说。

三四〇九——六七六八　　　五二八六——八六四五(　　)

如断义,如是知义,尽义,吐义,止义,舍义,灭义,没义,亦复如是。

六七六九　　　　　　　八六四六(　一七六)

如是我闻:一时,佛住舍卫国祇树给孤独园。尔时,世尊告诸比丘:"为断无常故,当随顺①内身身观住。何等法无常?谓色无常,为断彼故,当随顺内身身观住。如是受、想、行、识无常,为断彼故,当随顺内身身观住。"佛说此经已,诸比丘闻佛所说,欢喜奉行。

六七七〇——六七七六　　　八六四七——八六五三(　　)

如无常,如是过去色无常,未来色,现在色,过去未来色,过去现在色,未来现在色,过去未来现在色无常,断彼故,当随顺内②身身观住。受、想、行、识,亦复如是。

六七七七——六八六四　　　八六五四——八七四一(　　)

如随顺内身身观住八种,如是外身身观,内外身身观,内受

---

① "顺",原文作"修",依宋本改,下例。
② "内",原本缺,依宋本补。

受观,外受受观,内外受受观,内心心观,外心心观,内外心心观,内法法观,外法法观,内外法法观住,一一八经,亦如上说。

　　　　六八六五——七五三六　　　八七四二——九四一三(　　)
　　如断无常义修四念处,如是知义、尽义、吐义、止义、舍义、灭义、没义故,随顺四念处,亦如上说。

　　　　　七五三七　　　　　　九四一四(　一七七)
　　如是我闻:一时,佛住舍卫国祇树给孤独园。尔时,世尊告诸比丘:"犹如有人火烧头衣,当云何救?"比丘白佛言:"世尊!当起增上欲,殷勤方便,时救令灭。"佛告比丘:"头衣烧然,尚可暂忘,无常盛火,应尽断。为断无常火故,随修内身身观住。云何为断无常火故,随顺内身身观住?谓色无常,为断彼故,随修内身身观住。受、想、行、识无常,为断彼故,随修内身身观住。"广说乃至佛说此经已,诸比丘闻佛所说,欢喜奉行。

　　　　七五三八——七五六〇　　　九四一五——九四三七(　　)
　　如无常,如是过去无常,未来无常,现在无常,过去未来无常,过去现在无常,未来现在无常,过去未来现在无常。如内身身观住八经,如是外身身观八经,内外身身观八经,如上说。

　　　　七五六一——七六三二　　　九四三八——九五〇九(　　)
　　如身念处二十四经,如是受念处、心念处、法念处,二十四经如上说。

　　　　七六三三——八三〇四　　　九五一〇——一〇一八一(　　)
　　如当断无常九十六经,如是当知、当吐、当尽、当止、当舍、当灭、当没,一一九十六经,亦如上说。

　　　　八三〇五　　　　　　一〇一八二（　一七八）

　　如是我闻：一时，佛住舍卫国祇树给孤独园。尔时，世尊告诸比丘："犹如有人火烧头衣，当云何救？"比丘白佛言："世尊！当①起增上欲，殷勤方便，时救令灭。"佛告比丘："头衣烧然，尚可暂忘，无常盛火，应尽断。为断无常火故，已生恶不善法当断，起欲精勤，摄心令增长。断何等无常法故，已生恶不善法，为断故起欲方便，摄心增进？谓色无常故，受、想、行、识无常当断故，已生恶不善法令断，起欲方便，摄心增进。"广说乃至佛说此经已，诸比丘闻佛所说，欢喜奉行。

　　　　八三〇六——八三一二　　一〇一八三——一〇一八九（　　）

　　如无常经，如是过去无常，未来无常，现在无常，过去未来无常，过去现在无常，未来现在无常，过去未来现在无常，八经亦如上说。

　　　　八三一三——八三三六　　一〇一九〇——一〇二一三（　　）

　　如已生恶不善法当断故，如是未生恶不善法令不生，未生善法令生，已生善法令增广故，起欲方便，摄心增进，八经亦如上说。

　　　　八三三七——八五六〇　　一〇二一四——一〇四三七（　　）

　　如当断无常三十二经，如是当知，当吐，当尽，当止，当舍，当灭，当没，一一三十二经，广说如上。

　　　　八五六一　　　　　　一〇四三八（　一七九）

　　如是我闻：一时，佛住舍卫国祇树给孤独园。尔时，世尊告

---

① "当"，原本缺，依宋本补。

诸比丘："犹如有人火烧头衣,当云何救?"比丘白佛言："世尊!当起增上欲,殷勤方便,时救令灭。"佛告比丘："头衣烧燃,尚可暂忘,无常盛火当尽断。为断无常火故,当修欲定断行成就如意足。当断何等法无常?谓当断色无常,当断受、想、行、识无常故,修欲定断行成就如意足。"如经广说,乃至佛说此经已,诸比丘闻佛所说,欢喜奉行。

八五六二——八五六八　　一〇四三九——一〇四四五(　　)

如无常,如是过去无常,未来无常,现在无常,过去未来无常,过去现在无常,未来现在无常,过去未来现在无常,八经亦如上说。

八五六九——八五九二　　一〇四四六——一〇四六九(　　)

如修欲定,如是精进定,意定,思惟定,亦如是。

八五九三——八八一六　　一〇四七〇——一〇六九三(　　)

如当断三十二经,如是当知,当吐,当尽,当止,当舍,当灭,当没,一一三十二经,亦如上说。

八八一七　　　　　　　一〇六九四(　一八〇)

如是我闻:一时,佛住舍卫国祇树给孤独园。尔时,世尊告诸比丘："犹如有人火烧头衣,当云何救?"比丘白佛言："世尊!当起增上欲,殷勤方便,时救令灭。"佛告比丘："头衣烧然,尚可暂忘,无常盛火当尽断。为断无常火故,当修信根。断何等无常法?谓当断色无常,当断受、想、行、识无常故,修信根。"如是广说,乃至佛说此经已,诸比丘闻佛所说,欢喜奉行。

八八一八——八八二四　　一〇六九五——一〇七〇一(　　)

如无常,如是过去无常,未来无常,现在无常,过去未来无常,过去现在无常,未来现在无常,过去未来现在无常,亦如上说。

八八二五——八八五六　　一〇七〇二——一〇七三三(　　)

如信根八经,如是修精进根,念根,定根,慧根,八经亦如上说。

八八五七——九一三六　　一〇七三四——一一〇一三(　　)

如当断四十经,如是当知,当吐,当尽,当止,当舍,当灭,当没,四十经亦如上说。

九一三七　　　　　　一一〇一四(　一八一)

如是我闻:一时,佛住舍卫国祇树给孤独园。尔时,世尊告诸比丘:"犹如有人火烧头衣,当云何救?"比丘白佛言:"世尊!当起增上欲,殷勤方便,时救令灭。"佛告比丘:"头衣烧然,尚可暂忘,无常盛火当尽断。为断无常火故,当修信力。断何等无常故当修信力?谓断色无常故当修信力,断受、想、行、识无常故当修信力。"如是广说,乃至佛说此经已,诸比丘闻佛所说,欢喜奉行。

九一三八——九一四四　　一一〇一五——一一〇二一(　　)

如无常,如是过去无常,未来无常,现在无常,过去未来无常,过去现在无常,未来现在无常,过去未来现在无常,八经亦如上说。

九一四五——九一七六　　一一〇二二——一一〇五三(　　)

如信力,如是精进力,念力,定力,慧力,八经亦如上说。

九一七七——九四五六　　一一〇五四——一一三三三(　　)

如当断四十经,如是当知,当吐,当尽,当止,当舍,当灭,当没,一一四十经,亦如上说。

九四五七　　　　　一一三三四(　一八二)

如是我闻:一时,佛住舍卫国祇树给孤独园。尔时,世尊告诸比丘:"犹如有人火烧头衣,当云何救?"比丘白佛言:"世尊!当起增上欲,殷勤方便,时救令灭。"佛告比丘:"头衣烧然,尚可暂忘,无常盛火当尽断。为断无常火故,修念觉分。断何等法无常故修念觉分?谓断色无常,修念觉分;当断受、想、行、识无常,修念觉分。"如是广说,乃至佛说此经已,诸比丘闻佛所说,欢喜奉行。

九四五八——九四六四　　一一三三五——一一三四一(　　)

如无常,如是过去无常,未来无常,现在无常,过去未来无常,过去现在无常,未来现在无常,过去未来现在无常,八经如上说。

九四六五——九五一二　　一一三四二——一一三八九(　　)

如念觉分八经,如是择法觉分,精进觉分,喜觉分,除觉分,舍觉分,定觉分,一一八经,亦如上说。

九五一三——九九○四　　一一三九○——一一七八一(　　)

如当断五十六经,如是当知,当吐,当尽,当止,当舍,当灭,当没,一一五十六经,如上说。

九九○五　　　　　一一七八二(　一八三)

如是我闻:一时,佛住舍卫国祇树给孤独园。尔时,世尊告诸比丘:"犹如有人火烧头衣,当云何救?"比丘白佛言:"世尊!当起增上欲,殷勤方便,时救令灭。"佛告比丘:"头衣烧然,尚可暂忘,无常盛火当尽断。为断无常火故,当修正见。断何等无常法火故当修正见？断色无常故,当修正见;断受、想、行、识无常故,当修正见。"如是广说,乃至佛说此经已,诸比丘闻佛所说,欢喜奉行。

　　　　九九〇六——九九一二　　一一七八三——一一七八九（　　）
　　如无常,如是过去无常,未来无常,现在无常,过去未来无常,过去现在无常,未来现在无常,过去未来现在无常,亦如上说。

　　　　九九一三——九九六八　　一一七九〇——一一八四五（　　）
　　如正见八经,如是正志,正语,正业,正命,正方便,正念,正定,一一八经,亦如上说。

　　　　九九六九——一〇四一六　　一八四六——一二二九三（　　）
　　如当断六十四经,如是当知,当吐,当尽,当止,当舍,当灭,当没,一一六十四经,亦如上说。

　　　　一〇四一七　　　　一二二九四（　一八四）
　　如是我闻:一时,佛住舍卫国祇树给孤独园。尔时,世尊告诸比丘:"犹如有人火烧头衣,当云何救？"比丘白佛言:"世尊！当起增上欲,殷勤方便,时救令灭。"佛告比丘:"头衣烧然,尚可暂忘,无常盛火,当尽断无余。为断无常火故,当修苦习尽道。断何等无常法故,当修苦习尽道？谓断色无常故,当修苦习尽道;断受、想、行、识无常故,当修苦习尽道。"如是广说,乃至佛说此经已,诸比丘闻佛所说,欢喜奉行。

　　　　一〇四一八——一〇四二四　一二二九五——一二三〇一（　　）
　　如无常,如是过去无常,未来无常,现在无常,过去未来无常,过去现在无常,未来现在无常,过去未来现在无常,亦如上说。

一○四二五——一○四四八　　一二三○二——一二三二五(　　)

如苦习尽道八经,如是苦尽道,乐非尽道,乐尽道①,一一八经,亦如上说。

一○四四九——一○六七二　　一二三二六——一二五四九(　　)

如当断三十二经,如是当知,当吐,当尽,当止,当舍,当灭,当没,一一三十二经,亦如上说。

一○六七三　　　　一二五五○(　一八五)

如是我闻:一时,佛住舍卫国祇树给孤独园。尔时,世尊告诸比丘:"犹如有人火烧头衣,当云何救?"比丘白佛言:"世尊!当起增上欲,殷勤方便,时救令灭。"佛告比丘:"头衣烧然,尚可暂忘,无常盛火,当尽断无余。为断无常火故,当修无贪法句。断何等法无常故,当修无贪法句?谓当断色无常故,修无贪法句;断受、想、行、识无常故,修无贪法句。"如是广说,乃至佛说此经已,诸比丘闻佛所说,欢喜奉行。

一○六七四——一○六八○　　一二五五一——一二五五七(　　)

如无常,如是过去无常,未来无常,现在无常,过去未来无常,过去现在无常,未来现在无常,过去未来现在无常,亦如上说。

一○六八一——一○六九六　　一二五五八——一二五七三(　　)

如当修无贪法句八经,如是无恚、无痴诸句正句法句②,一

---

① 苦习尽道,苦尽道,乐非尽道,乐尽道——四道,实为"苦迟通行,苦速通行,乐迟通行,乐速通行"之旧译。

② 无贪、无恚、无痴,此处为三法句,然余处或作四法句。

一八经,如上说。

一〇六九七——一〇八六四   一二五七四——一二七四一(   )

如当断二十四经,如是当知,当吐,当尽,当止,当舍,当灭,当没,一一二十四经,亦如上说。

一〇八六五   一二七四二(一八六)

如是我闻:一时,佛住舍卫国祇树给孤独园。尔时,世尊告诸比丘:"犹如有人火烧头衣,当云何救?"比丘白佛言:"世尊!当起增上欲,殷勤方便,时救令灭。"佛告比丘:"头衣烧然,尚可暂忘,无常盛火当尽断。为断无常火故当修止。断何等法无常故当修止?谓断色无常故当修止,断受、想、行、识无常故当修止。"如是广说,乃至佛说此经已,诸比丘闻佛所说,欢喜奉行。

一〇八六六——一〇八七二   一二七四三——一二七四九(   )

如无常,如是过去无常,未来无常,现在无常,过去未来无常,过去现在无常,未来现在无常,过去未来现在无常,亦如上说。

一〇八七三——一〇八八〇   一二七五〇——一二七五七(   )

如修止八经,如是修观八经,亦如上说。

一〇八八一——一〇九九二   一二七五八——一二八六九(   )

如当断十六经,如是当知,当吐,当尽,当止,当舍,当灭,当没,一一十六经,亦如上说。

一〇九九三   一二八七〇(   )

"诸所有色,若过去、若未来、若现在,若内、若外,若粗、若细,若好、若丑,若远、若近,彼一切非我,非异我,不相在,如实知。受、想、行、识,亦如是。多闻圣弟子,如是正观者,于色生厌,受、想、行、识生厌;厌已不乐,不乐故解脱,解脱知见:我生已尽,梵行已立,所作已作,自知不受后有。"佛说此经已,诸比丘闻佛所说,欢喜奉行。

一〇九九四　　　　　一二八七一(　　)

如无常,如是动摇,旋转,尪瘵,破坏,飘疾,朽败,危顿,不恒,不安,变易,恼苦,灾患,魔邪,魔势,魔器,如沫,如泡,如芭蕉,如幻,微劣,贪嗜,杀摽,刀剑,疾妒,相残,损减,衰耗,系缚,搥打,恶疮,痈疽,利刺,烦恼,谪罚,阴盖,过患处,愁戚,恶知识,苦,空,非我,非我所,怨家,连锁,非义,非安慰,热恼,无荫,无洲,无覆,无依,无护,生法,老法,病法,死法,忧悲法,恼苦法,无力法,羸劣法,不可欲法,诱引法,将养法,有苦法,有杀法,有恼法,有热法,有相法,有吹法,有取法,深险法,难涩法,不正法,凶暴法,有贪法,有恚法,有痴法,不住法,烧然法,罣阂法,灾法,集法,灭法,骨聚法,肉段法,执炬法,火坑法,如毒蛇,如梦,如假借①,如树果,如屠牛者,如杀人者,如触露②,如淹水,如驶流,如织缕,如轮涉③水,如跳杖,如毒瓶,如毒身,如毒花,如毒果,烦恼动。如是比④,乃至"断过去未来现在无常,乃至灭、没当修止、观⑤。断何等法过去未来现在无常?乃至灭、没修止、观?谓断色过去未来现在无常,乃至灭没故,修止、观。受、想、行、

---

① "如假借",原本作"价借",依宋本改。
② "触露",疑"浊露"。
③ "涉",原本作"沙",依宋本改。
④ "比"下,原本有"丘"字,依宋本删。
⑤ "如无常"至"烦恼动",共一〇五法。"乃至断过去未来现在无常",即无常等八。"乃至灭没",即断、知等八。"当修止、观",即当修四念处……止观,共四六法。若依上例计算,此二经应含三〇九一二〇经在内。

识,亦复如是。是故诸所有色,若过去、若未来、若现在,若内、若外,若粗、若细,若好、若丑,若远、若近,彼一切非我,非异我,不相在,如实知。受、想、行、识,亦复如是。多闻圣弟子如是观者,于色生厌,于受、想、行、识生厌,厌故不乐,不乐故解脱,解脱知见:我生已尽,梵行已立,所作已作,自知不受后有"。佛说此经已,诸比丘闻佛所说,欢喜奉行。

一○九九五　　　一二八七二(　一八七)

如是我闻:一时,佛住舍卫国祇树给孤独园。尔时,世尊告诸比丘:"以成就一法故,不复堪任知色无常,知受、想、行、识无常。何等为一法成就?谓贪欲。一法不成就①,堪能知色无常,知受、想、行、识无常。何等一法成就?谓无贪欲。成就无贪欲法者,堪能知色无常,堪能知受、想、行、识无常。"佛说此经已,诸比丘闻佛所说,欢喜奉行。

一○九九六　　　一二八七三(　　　)

如成就不成就,如是知不知,亲不亲,明不明,识不识,察不察,量不量,覆不覆,种不种,掩不掩,映翳不映翳,亦如是。如〔是〕知,如是识,解,受,求,辩,触②,证,亦复如是。如贪,如是恚,痴,嗔,恨,呰,执,嫉,悭,幻,谄,无惭,无愧,慢,慢慢,增慢,我慢,增上慢,邪慢,卑慢,憍慢,放逸,矜高,曲伪③,相规利,诱利,恶欲,多欲,常欲,不敬,恶口,恶知识,不忍,贪嗜,下贪④,恶

---

① "不成就",原本作"成就不",依宋本改。
② "触",原本作"独",今改。
③ "伪",原本作"为",依宋本改。
④ "下贪",原本作"不贪",依宋本改。

贪,身见,边见,邪见,见取,戒取,欲爱,嗔恚,睡眠,掉悔,疑,惽悴,蹁跹,㦬戾,懒,乱想,不正忆,身浊,不直,不软,不异,欲觉,恚觉,害觉,亲觉,国土觉,轻易觉,爱他家觉,愁忧,恼苦。于此等一一法,乃至"映翳①,不堪任灭色作证。何等为一法?所谓恼苦。以恼苦映翳故,不堪任于色灭尽作证,不堪任于受、想、行、识灭尽作证。一法不映翳故,堪任于色灭尽作证,堪任于受、想、行、识灭尽作证。何等一法?谓恼苦。此一法不映翳故,堪任于色灭尽作证,堪任于受、想、行、识灭尽作证"。佛说此经已,诸比丘闻佛所说,欢喜奉行②。

---

① "成就不成就"至"映翳不映翳",为一一类。自"知"至作"证",为八类。自"贪恚"至"恼苦",共六五类。若依上例计算,此二经内含五七二〇经。

② 《杂阿含经》卷七终。

三七 天 相 应①

一　　　　　一二八七四（八六一）

②如是我闻：一时，佛住舍卫国祇树给孤独园。尔时，世尊告诸比丘："人间四百岁，是兜率陀天上一日一夜；如是三十日一月，十二月一岁，兜率陀天寿四千岁，愚痴无闻凡夫，于彼命终，生地狱、畜生、饿鬼中。多闻圣弟子，于彼命终，不生地狱、畜生、饿鬼中。"佛说此经已，诸比丘闻佛所说，欢喜奉行。

二　　　　　一二八七五（八六二）

如是我闻：一时，佛住舍卫国祇树给孤独园。尔时，世尊告诸比丘："人间八百岁，是化乐天上一日一夜；如是三十日一月，十二月一岁，化乐天寿八千岁。愚痴无闻凡夫，于彼命终，生地狱、畜生、饿鬼中。多闻圣弟子，于彼命终，不生地狱、畜生、饿鬼中。"佛说此经已，诸比丘闻佛所说，欢喜奉行。

三　　　　　一二八七六（八六三）

如是我闻，一时，佛住舍卫国祇树给孤独园。尔时，世尊告诸比丘："人间千六百岁，是他化自在天一日一夜；如是三十日一月，十二月一岁，他化自在天寿一万六千岁。愚痴无闻凡夫，于彼命终，生地狱、畜生、饿鬼中。多闻圣弟子，于彼命终，不生地狱、畜生、饿鬼中。"佛说此经已，诸比丘闻佛所说，欢喜奉行。

---

① "天相应"，共四十八经。
② 《杂阿含经》卷二三（旧误编为卷三一）。

四——一五　　一二八七七——一二八八八（　　　）

如佛说六经①，如是异比丘问六经，佛问诸比丘六经，亦如是说。

一六　　　　　　一二八八九（　八六四）

如是我闻：一时，佛住舍卫国祇树给孤独园。尔时，世尊告诸比丘："若比丘，若行、若形、若相，离欲恶不善法，有觉、有观，离生喜、乐，初禅具足住。彼不忆念如是行，如是形，如是相，然于彼色、受、想、行、识法，作如病、如痈、如刺、如杀，无常、苦、空、非我思惟，于彼法生厌、怖畏、防护。生厌、怖畏、防护已，以甘露门而自饶益，如是寂静，如是胜妙，所谓舍离（有）余，爱尽，无欲，灭尽，涅槃。"佛说此经已，诸比丘闻佛所说，欢喜奉行。

一七　　　　　　一二八九〇（　八六五）

如是我闻：一时，佛住舍卫国祇树给孤独园。尔时，世尊告诸比丘，如上说，差别者："如是知、如是见已，欲有漏心解脱，有有漏心解脱，无明漏心解脱，解脱知见：我生已尽，梵行已立，所作已作，自知不受后有。"佛说此经已，诸比丘闻佛所说，欢喜奉行。

一八　　　　　　一二八九一（　八六六）

如是我闻：一时，佛住舍卫国祇树给孤独园。尔时，世尊告诸比丘，如上说，差别者："若不得解脱，以欲法、念法、乐法故，取中般涅槃。若不如是，或生般涅槃。若不如是，或有行般涅槃。若不如是，或无行般涅槃。若不如是，或上流般涅槃。若不

---

① "佛说六经"，即别说六欲天。但前三天——四王天、忉利天、炎摩天，在上卷中，已佚。

如是,或复即以此欲法、念法、乐法功德,生大梵天中,或生梵辅天中,或生梵身天中。"佛说此经已,诸比丘闻佛所说,欢喜奉行。

一九　　　　一二八九二（八六七）

如是我闻:一时,佛住舍卫国祇树给孤独园。尔时,世尊告诸比丘:"若比丘如是行,如是形,如是相,息有觉、有观,内净一心,无觉、无观,定生喜、乐,第二禅具足住。若不如是行、如是形、如是相忆念,而于色、受、想、行、识法思惟:如病、如痈、如刺、如杀,无常、苦、空、非我。于此等法,心生厌离、怖畏、防护。厌离、防护已,于甘露法界以自饶益,此则寂静,此则胜妙,所谓舍离一切有余,爱尽,无欲,灭尽,涅槃。"佛说此经已,诸比丘闻佛所说,欢喜奉行。

二〇　　　　一二八九三（八六八）

如是我闻:一时,佛住舍卫国祇树给孤独园。尔时,世尊告诸比丘,如上说,差别者:"彼如是知、如是见,欲有漏心解脱,有有漏心解脱,无明漏心解脱,解脱知见:我生已尽,梵行已立,所作已作,自知不受后有。若不解脱,而以彼〔法〕欲法、念法、乐法,取中般涅槃。若不尔者,取生般涅槃。若不尔者,取有行般涅槃。若不尔者,取无行般涅槃。若不尔者,取上流般涅槃。若不尔者,彼以欲法、念法、乐法,生自性光音天。若不尔者,生无量光天。若不尔者,生少光天。"佛说此经已,诸比丘闻佛所说,欢喜奉行。

二一　　　　一二八九四（八六九）

如是我闻:一时,佛住舍卫国祇树给孤独园。尔时,世尊告

诸比丘："若比丘如是行,如是形,如是相,离贪喜舍住,正念、正智,觉身乐,圣人能说能舍念乐住,第三禅具足住。若不尔者,以如是行、如是形、如是相,于色①、受、想、行、识法思惟:如病、如痈、如刺、如杀,乃至上流。若不尔者,以彼法欲、法念、法乐,生遍净天。若不尔者,生无量净天。若不尔者,生少净天。"佛说此经已,诸比丘闻佛所说,欢喜奉行。

二二　　　　　　一二八九五（　八七〇）

如是我闻:一时,佛住舍卫国祇树给孤独园。尔时,世尊告诸比丘："若比丘如是行,如是形,如是相,离苦息乐,前忧喜已灭,不苦不乐,舍净念一心,第四禅具足住。若不如是忆念,而于色、受、想、行、识思惟:如病、如痈、如刺、如杀,乃至上流般涅槃。若不尔者,或生因性果实天。若不尔者,生福生天。若不尔者,生少福天。"佛说此经已,诸比丘闻佛所说,欢喜奉行。

二三——二六　　　一二八九六——一二八九九（　　）

如四禅,如是四无色定,亦如是说。

二七②　　　　　　一二九〇〇（　八七一）

如是我闻:一时,佛住舍卫国祇树给孤独园。尔时,世尊告诸比丘："有风云天,作是念:我今欲以神力游戏,如是念时,风云则起。"

二八——三三　　　一二九〇一——一二九〇六（　　）

如风云天,如是焰电天,雷震天,雨天,晴天,寒天,热天,亦如是说。佛说此经已,诸比丘闻佛所说,欢喜奉行。

---

① "色",原本缺,依宋本补。
② 二七——三三经,与《相应部》(三二)"云相应"相当。

三四——四七　　　一二九〇七——一二九二〇（　　）

（如佛）说，如是异比丘问佛，佛问诸比丘，亦如是说。

　　四八　　　　　　　一二九二一（　八七二）

　　如是我闻：一时，佛住舍卫国祇树给孤独园。尔时，世尊于夜暗中，天时小雨，电光焰照。佛告阿难："汝可以伞盖覆灯持出。"尊者阿难即受教，以伞盖覆灯，随佛后行。至一处，世尊微笑。尊者阿难白佛言："世尊！不以无因缘而笑，不审世尊今日何因何缘而发微笑？"佛告阿难："如是，如是！如来不以无因缘而笑。汝今持伞盖覆灯随我而行，我见梵天，亦复如是持伞盖覆灯随拘邻比丘后行；释提桓因，亦复持伞盖覆灯随摩诃迦叶后行；袄栗帝罗色吒罗天王，亦持伞盖覆灯随舍利弗后行；毗楼勒迦天王，亦持伞盖覆灯随大目揵连后行；毗楼匐叉天王，亦持伞盖覆灯随摩诃拘絺罗后行；毗沙门天王，亦持伞盖覆灯随摩诃劫宾那后行。"佛说此经已，尊者阿难闻佛所说，欢喜奉行。

三八 修证相应①

一②　　　　　　一二九二二（　八七三）

③如是我闻:一时,佛住舍卫国祇树给孤独园。尔时,世尊告诸比丘:"有四种善好调伏众,何等为四? 谓比丘调伏,比丘尼调伏,优婆塞调伏,优婆夷调伏,是名四众。"尔时世尊即说偈言:

"若才辩无畏,多闻通达法,行法次法向,是则为善众。
比丘持净戒,比丘尼多闻,优婆塞净信,优婆夷亦然,
是名为善众,如日光自照。如④则善好僧,是则僧中好,
是法令僧好,如日光自照。"

佛说此经已,诸比丘闻佛所说,欢喜奉行。

二——九⑤　　一二九二三——一二九三〇（　　　）

如调伏,如是辩,柔和,无畏,多闻,通达法,说法,法次法向,随顺法行,亦如是说。

一〇⑥　　　　　　一二九三一（　八七四）

如是我闻:一时,佛住舍卫国祇树给孤独园。尔时,世尊告诸比丘:"有三种子,何等为三? 有随生子,有胜生子,有下生

---

① "修证相应",共七十经。
② 《增支部》"四集"七经。《增一阿含经》(二七)"等趣四谛品"五经。
③ 《杂阿含经》卷二三(旧误编为卷三一)中。
④ "如",疑"是"。
⑤ 同上经。
⑥ 《小部·如是语》七四经。《本事经》一二二经。

子。何等为随生子？谓子父母，不杀、不盗、不淫、不妄语、不饮酒，子亦随学不杀、不盗、不淫、不妄语、不饮酒，是名随生子。何等为胜生子？若子父母，不受不杀、不盗、不淫、不妄语、不饮酒戒，子则能受不杀、不盗、不淫、不妄语、不饮酒戒，是名胜生子。云何下生子？若子父母，受不杀、不盗、不淫、不妄语、不饮酒戒，子不能受不杀、不盗、不淫、不妄语、不饮酒戒，是名下生子。"尔时，世尊即说偈言：

"生随、及生上，智父之所欲，生下非所须，以不绍继故。
为人法之子，当作优婆塞，于佛、法、僧宝，勤修清净心，
云除月光显，光荣眷属众。"

佛说此经已，诸比丘闻佛所说，欢喜奉行。

一一　　　　　一二九三二（　　　）

如五戒，如是信、戒、施、闻、慧经，亦如是说。

一二　　　　　一二九三三（八七五）

如是我闻：一时，佛住舍卫国祇树给孤独园。尔时，世尊告诸比丘："有四正断，何等为四？ 一者、断断，二者、律仪断，三者、随护断，四者、修断。"佛说此经已，诸比丘闻佛所说，欢喜奉行。

一三　　　　　一二九三四（八七六）

如是我闻：一时，佛住舍卫国祇树给孤独园。尔时，世尊告诸比丘："有四正断，何等为四？ 一者、断断，二者、律仪断，三者、随护断，四者、修断。"尔时，世尊即说偈言：

"断断及律仪，随护与修习，如此四正断，诸佛之所说。"

佛说此经已,诸比丘闻佛所说,欢喜奉行。

一四　　　　　一二九三五（八七七）

如是我闻:一时,佛住舍卫国祇树给孤独园。尔时,世尊告诸比丘:"有四正断,何等为四？一者、断断,二者、律仪断,三者、随护断,四者、修断。云何为断断？谓比丘已①起恶不善法断,生欲方便,精勤摄受,是为断断。云何律仪断？未起恶不善法不起,生欲方便,精勤摄受,是名律仪断。云何随护断？未起善法令起,生欲方便,精勤摄受,是名随护断。云何修断？已起善法增益修习,生欲方便,精勤摄受,是为修断。"佛说此经已,诸比丘闻佛所说,欢喜奉行。

一五②　　　　　一二九三六（八七八）

如是我闻:一时,佛住舍卫国祇树给孤独园。尔时,世尊告诸比丘:"有四正断,何等为四？一者、断断,二者、律仪断,三者、随护断,四者、修断。云何为断断？谓比丘已起恶不善法断,生欲方便,精勤心摄受,是为断断。云何律仪断？未起恶不善法不起,生欲方便,精勤摄受,是名律仪断。云何随护断？未起善法令起,生欲方便,精勤摄受,是名随护断。云何修断？已起善法增益修习,生欲方便,精勤摄受,是名修断。"尔时,世尊即说偈言:

"断断及律仪,随护与修习,如此四正断,诸佛之所说。"

佛说此经已,诸比丘闻佛所说,欢喜奉行。

---

① "已"上,原本有"亦"字,依宋本删。
② 《增支部》"四集"六九经。

一六① 　　　　一二九三七（八七九）

如是我闻：一时，佛住舍卫国祇树给孤独园。尔时，世尊告诸比丘："有四正断，何等为四？一者、断断，二者、律仪断，三者、随护断，四者、修断。云何断断？若比丘已起恶不善法断，生欲方便，精勤摄受；未起恶不善法不起，生欲方便，精勤摄受；未生善法令起，生欲方便，精勤摄受；已生善法增益修习，生欲方便，精勤摄受，是名断断。云何律仪断？若比丘善护眼根，隐密、调伏、进向；如是耳、鼻、舌、身、意根，善护、隐密、调伏、进向，是名律仪断。云何随护断？若比丘于彼彼真实三昧相，善守护持，所谓青淤相、胀相、脓相、坏相、食不净②相，修习守护，不令退没，是名随护断。云何修断？若比丘修四念处等，是名修断。"尔时，世尊即说偈言：

"断断、律仪断，随护、修习断，此四种正断，正觉之所说。
比丘勤方便，得尽于诸漏。"

佛说此经已，诸比丘闻佛所说，欢喜奉行。

一七——二五　　　一二九三八——一二九四六（　　）

如四念处，如是四正断，四如意足，五根，五力，七觉支，八道支，四道，四法句，止③观修习，亦如是说。

二六　　　　　　一二九四七（八八〇）

如是我闻：一时，佛住舍卫国祇树给孤独园。尔时，世尊告

---

① 《增支部》"四集"一四经。
② "净"，原本作"尽"，依元本改。
③ "止"，原本作"正"，今改。

诸比丘："譬如有人作世间建立，彼一切皆依于地。如是比丘修习禅法，一切皆依不放逸为根本，不放逸集，不放逸生，不放逸转。比丘不放逸者，能修四禅。"佛说此经已，诸比丘闻佛所说，欢喜奉行。

　　　　二七　　　　　　　一二九四八（　八八一）

如是我闻：一时，佛住舍卫国祇树给孤独园。尔时，世尊告诸比丘，如上说，差别者："如是比丘能断贪欲、嗔恚、愚痴。"佛说此经已，诸比丘闻佛所说，欢喜奉行。

　　　　二八——三二　　　一二九四九——一二九五三（　　　）

如断贪欲、嗔恚、愚痴，如是调伏贪欲、嗔恚、愚痴，贪欲究竟，嗔恚、愚痴究竟，出要，远离，涅槃，亦如是说。

　　　　三三①　　　　　　一二九五四（　八八二）

如是我闻：一时，佛住舍卫国祇树给孤独园。尔时，世尊告诸比丘："譬如百草、药木，皆依于地而得生长，如是种种善法，皆依不放逸为本；如上说，乃至涅槃。譬如黑沉水香，是众香之上，如是种种善法，不放逸最为其上。譬如坚固之香，赤栴檀为第一，如是一切善法，一切皆不放逸为根本；如是乃至涅槃。譬如水陆诸花，优钵罗花为第一，如是一切善法，皆不放逸为根本；乃至涅槃。譬如陆地生花，摩利沙花为第一，如是一切善法，不放逸为其根本；乃至涅槃。譬如比丘！一切畜生迹中，象迹为上，如是一切诸善法，不放逸最为根本；如上说，乃至涅槃。譬如一切畜生，狮子为第一，所谓畜生主，如是一切善法，不放逸为其

---

① 《增一阿含经》(二六)"四意断品"——四经，并出此。

根本;如上说,乃至涅槃。譬如一切屋舍、堂阁,以栋为第一,如是一切善法,不放逸为其根本。譬如一切阎浮果,唯得阎浮名者,果最为第一,如是一切善法,不放逸为其根本。譬如①一切俱毗陀罗树,萨婆耶旨罗俱毗陀罗树为第一,如是一切善法,不放逸为根本;如上说,乃至涅槃。譬如诸山,以须弥山王为第一,如是一切善法,不放逸为其根本;如上说,乃至涅槃。譬如一切金,以阎浮提金为第一,如是一切善法,不放逸为其根本;如上说,乃至涅槃。譬如一切衣中,伽尸细氎为第一,如是一切善法,不放逸为其根本;如上说,乃至涅槃。譬如一切色中,以白色为第一,如是一切善法,不放逸为其根本;如上说,乃至涅槃。譬如众鸟,以金翅鸟为第一,如是一切善法,不放逸为其根本;如上说,乃至涅槃。譬如诸王,转轮圣王为第一,如是一切善法,不放逸为其根本;如上说,乃至涅槃。譬如一切天王,四大天王为第一,如是一切善法,不放逸为其根本;如上说,乃至涅槃。譬如一切三十三天,以帝释为第一,如是一切善法,不放逸为其根本;如上说,乃至涅槃。譬如焰摩天中,以宿焰摩天王为第一,如是一切善法,不放逸为其根本;如上说,乃至涅槃。譬如兜率陀天,以兜率陀天王为第一,如是一切善法,不放逸为其根本;如上说,乃至涅槃。譬如化乐天,以善化乐天王为第一,如是一切善法,不放逸为其根本;如上说,乃至涅槃。譬如他化自在天,以善他化自在天子为第一,如是一切善法,不放逸为其根本;如上说,乃至涅槃。譬如梵天,大梵王为第一,如是一切善法,不放逸为其根

---

① "譬如",原本作"如是",元本作"譬如是",今改。

本;如上说,乃至涅槃。譬如阎浮提一切众流,皆顺趣大海,其大海者最为第一,以容受故,如是一切善法,皆顺不放逸;如上说,乃至涅槃。譬如一切雨渧皆归大海,如是一切善法,皆顺趣不放逸海;如上说,乃至涅槃。譬如一切萨罗,阿耨大萨罗为第一,如是一切善法,不放逸为第一;如上说,乃至涅槃。譬如阎浮提一切河,四大河为第一,谓恒河、新头、博①叉、司陀,如是一切善法,不放逸为第一;如上说,乃至涅槃。譬如众星光明,月为第一,如是一切善法,不放逸为第一;如上说,乃至涅槃。譬如诸大身众生,罗睺罗阿修罗最为第一,如是一切善法,不放逸为其根本;如上说,乃至涅槃。譬如诸受五欲者,顶生王为第一,如是一切善法,不放逸为其根本;如上说,乃至涅槃。譬如欲界诸神力,天魔波旬为第一,如是一切善法,不放逸为其根本;如上说,乃至涅槃。譬如一切众生——无足、两足、四足、多足、色、无色、想、无想、非想非无想,如来为第一,如是一切善法,不放逸为其根本;如上说,乃至涅槃。譬如所有诸法——有为、无为,离贪欲为第一,如是一切善法,不放逸为其根本;如上说,乃至涅槃。譬如一切诸法众,如来众为第一,如是一切善法,不放逸为其根本;如上说,乃至涅槃。譬如一切所有诸界苦行、梵行,圣界为第一,如是一切善法,不放逸为其根本;如上说,乃至涅槃。"佛说此经已,诸比丘闻佛所说,欢喜奉行②。

---

① "博",原本作"挣",依宋本改。
② 经举三五譬喻,每喻说:"如上说,乃至涅槃。"如依上二六——三二经,一喻为七经计,则本经共含摄二四五经。

三四① 　　　　　一二九五五（　八八三）

如是我闻：一时，佛住舍卫国祇树给孤独园。尔时，世尊告诸比丘："有四种禅：有禅三昧善非正受善，有禅正受善非三昧善，有禅三昧善亦正受善，有禅非三昧善非正受善。复次，四种禅：有禅住三昧善非住正受善，有禅住正受善非住三昧善，有禅住三昧善亦住正受善，有禅非住三昧善亦非住正受善。复次，四种禅：有禅三昧起善非正受起善，有禅正受起善非三昧起善，有禅三昧起善亦正受起善，有禅非三昧起善亦非正受起善。复次，四种禅：有禅三昧时善非正受时善，有禅正受时善非三昧时善，有禅三昧时善亦正受时善，有禅非三昧时善亦非正受时善。复次，四种禅：有禅三昧处善非正受处善，有禅正受处善非三昧处善，有禅三昧处善亦正受处善，有禅非三昧处善亦非正受处善。复次，四种禅：有禅三昧迎善非正受迎善，有禅正受迎善非三昧迎善，有禅三昧迎善亦正受迎善，有禅非三昧迎善亦非正受迎善。复次，四种禅：有禅三昧念善非正受念善，有禅正受念善非三昧念善，有禅三昧念善亦正受念善，有禅非三昧念善亦非正受念善。复次，四种禅：有禅三昧念不念善非正受念不念善，有禅正受念不念善非三昧念不念善，有禅三昧念不念善亦正受念不念善，有禅非三昧念不念善亦非正受念不念善。复次，四种禅：有禅三昧来善非正受来善，有禅正受来善非三昧来善，有禅三昧来善亦正受来善，有禅非三昧来善亦非正受来善。复次，四种禅：有禅三昧恶善非正受恶善，有禅正受恶善非三昧恶善，有禅

---

① 《相应部》（三四），"禅定相应"相当。

三昧恶善亦正受恶善,有禅非三昧恶善亦非正受恶善。复次,四种禅:有禅三昧方便善非正受方便善,有禅正受方便善非三昧方便善,有禅三昧方便善亦正受方便善,有禅非三昧方便善亦非正受方便善。复次,四种禅:有禅三昧止善非正受止善,有禅正受止善非三昧止善,有禅三昧止善亦正受止善,有禅非三昧止善亦非正受止善。复次,四种禅:有禅三昧举善非正受举善,有禅正受举善非三昧举善,有禅三昧举善亦正受举善,有禅非三昧举善亦非正受举善。复次,四种禅:有禅三昧舍善非正受舍善,有禅正受舍善非三昧舍善,有禅三昧舍善亦正受舍善,有禅非三昧舍善亦非正受舍善。"佛说此经已,诸比丘闻佛所说,欢喜奉行。

三五　　　　　一二九五六（八八四）

如是我闻:一时,佛住舍卫国祇树给孤独园。尔时,世尊告诸比丘:"有无学三明,何等为三? 无学宿命智证通,无学生死智证通,无学漏尽智证通。"尔时,世尊即说偈言:

"观察知宿命,见天、恶趣生,生死诸漏尽,是则牟尼明。
其心得解脱,一切诸贪爱,三处①悉通达,故说为三明。"

佛说此经已,诸比丘闻佛所说,欢喜奉行。

三六　　　　　一二九五七（八八五）

如是我闻:一时,佛住舍卫国祇树给孤独园。尔时,世尊告诸比丘:"有无学三明,何等为三? 谓无学宿命智证通,无学生死智证通,无学漏尽智证通。云何无学宿命智证通? 谓圣弟子

---

① "处",原本作"夜",依宋本改。

知种种宿命事:从一生至百千万亿生,乃至劫数成坏;我及众生宿命所更,如是名,如是生,如是性,如是食,如是受苦乐,如是长寿,如是久住,如是受分齐;我及众生于此处死、余处生,于余处死、此处生,有如是行,如是因,如是信受。种种宿命事皆悉了知,是名宿命智证明。云何生死智证明?谓圣弟子天眼净,过于人眼;见诸众生死时、生时,善色、恶色,上色、下色,向于恶趣,随业受生,如实知;如此众生,身恶行成就,口恶行成就,意恶行成就,谤圣人,邪见受邪法因缘故,身坏命终,生恶趣泥犁中;此众生身善行,口善行,意善行,不谤毁圣人,正见成就,身坏命终,生于善趣天人中,是名生死智证明。云何漏尽智证明?谓圣弟子,此苦如实知,此苦集、此苦灭、此苦灭道迹如实知。彼如是知、如是见,欲有漏心解脱,有有漏心解脱,无明漏心解脱,解脱知见:我生已尽,梵行已立,所作已作,自知不受后有,是名漏尽智证明。"尔时,世尊即说偈言:

"观察知宿命,见天、恶趣生,生死诸漏尽,是则牟尼明。
知心得解脱,一切诸贪爱,三处悉通达,故说为三明。"

佛说是经已,诸比丘闻佛所说,欢喜奉行。

三七①　　　　　一二九五八（八八六）

如是我闻:一时,佛住舍卫国祇树给孤独园。时有异婆罗门来诣佛所,与世尊面相慰劳,慰劳已,退坐一面。而作是说:"此则婆罗门三明,此则婆罗门三明。"尔时,世尊告婆罗门言:"云

---

① 《增支部》"三集"五八·五九经。

何名为婆罗门三明?"婆罗门白佛言:"瞿昙! 婆罗门父母具相,无诸瑕秽;父母七世相承,无诸讥论;世世相承,常为师长,辩才具足;诵诸经典,物类名字,万物差品,字类分合,历世本末,此五种记悉皆通达;容色端正,是名瞿昙! 婆罗门三明。"佛告婆罗门①:"我不以名字言说为三明也。贤圣法门①,说真要实三明,谓贤圣知见,贤圣法律,真实三明。"婆罗门白佛:"云何瞿昙! 贤圣知见,贤圣法律所说三明?"佛告婆罗门:"有三种无学三明,何等为三? 谓无学宿命智证明,无学生死智证明,无学漏尽智证明。"如上经广说。尔时,世尊即说偈言:

　　"一切法无常,持戒寂静禅,知一切宿命,已生天、恶趣,
　　得断生漏尽,是为牟尼通。悉知心解脱,一切贪恚痴,
　　我说是三明,非言语所说。

婆罗门! 是为圣法律所说三明。"婆罗门白佛:"瞿昙! 是真三明。"尔时,婆罗门闻佛所说,欢喜随喜,从座起而去。

三八　　　　　　　一二九五九(　八八七)

如是我闻:一时,佛住舍卫国祇树给孤独园。时有异婆罗门来诣佛所,与世尊面相慰劳,慰劳已,退坐一面。白佛:"瞿昙! 我名信。"佛告婆罗门:"所谓信者,信增上,戒②、闻、舍、慧,是则为信,非名字是信也。"时婆罗门闻佛所说,欢喜随喜,从座起而去。

三九　　　　　　　一二九六〇(　八八八)

如是我闻:一时,佛住舍卫国祇树给孤独园。时有异婆罗门

---

① "门",原本作"间",依宋本改。
② "戒"下,原本有"施"字,今依下二经删。

来诣佛所,面相慰劳,慰劳已,退坐一面。白佛言:"瞿昙!我名增益。"佛告婆罗门:"所谓增益者,信增益,戒、闻、舍、慧增益,是为增益,非名字为增益也。"时婆罗门闻佛所说,欢喜随喜,从座起而去。

四〇　　一二九六一(　八八九)

如是我闻:一时,佛住舍卫国祇树给孤独园。时有异婆罗门来诣佛所,问讯安否,问讯已,退坐一面,白佛言:"世尊!我名等起。"佛告婆罗门:"夫等起者,谓起于信,起戒、闻、舍、慧,是为等起,非名字为等起也。"尔时,婆罗门闻佛所说,欢喜随喜,从座起而去。

四一①　　一二九六二(　八九〇)

如是我闻:一时,佛住舍卫国祇树给孤独园。尔时,世尊告诸比丘:"当为汝说无为法及无为道迹。谛听,善思。云何无为法?谓贪欲永尽,嗔恚、愚痴永尽,一切烦恼永尽,是无为法。云何为无为道迹?谓八圣道分:正见,正志②,正语,正业,正命,正方便,正念,正定,是名无为道迹。"佛说此经已,诸比丘闻佛所说,欢喜奉行。

四二——六一　　一二九六三——一二九八二(　　)

如无为,如是难见,不动,不屈,不死,无漏,覆荫,洲渚,济渡,依止,拥护,不流转,离炽焰,离烧然,流通,清凉,微妙,安隐,无病,无所有,涅槃,亦如是说。

---

① 四一——六一经,与《相应部》(四三)"无为相应"相当。
② "志",原本作"智",依圣本改。

六二① 　　　一二九八三（八九一）

如是我闻：一时，佛住舍卫国祇树给孤独园。尔时，世尊告诸比丘："譬如湖池，广长五十由旬，深亦如是。若有士夫，以一毛端，渧彼湖水，云何比丘？彼湖水为多，为士夫毛端一渧水多？"比丘白佛："世尊！士夫毛端鲜少耳，湖水无量千万亿倍，不得为比。"佛告比丘："具足见真谛，正见具足世尊弟子，见真谛果，正无间等。彼于尔时，已断、已知，断其根本，如截多罗树头，更不复生；所断诸苦，甚多无量，如大湖水，所余之苦，如毛端渧水。"佛说此经已，诸比丘闻佛所说，欢喜奉行。

六三——七〇　　　一二九八四——一二九九一（　　）

如毛端渧水，如是草筹之端渧水，亦如是。如湖池水，如是萨罗多咤伽，恒水，耶扶那，萨罗澳，伊罗跋提，摩醯，大海，亦如是说。佛说此经已，诸比丘闻佛所说，欢喜奉行。

---

① 六二——七〇经，与《相应部》（一三）"现观相应"相当。

三九　入界阴相应①

一②　　　　　　　一二九九二（　八九二）

③如是我闻：一时，佛住舍卫国祇树给孤独园。尔时，世尊告诸比丘："有内六入处，云何为六？谓眼内入处、耳、鼻、舌、身、意内入处。于此六法观察忍，名为信行，超身离生，离凡夫地，未得须陀洹果，乃至未命终，要得须陀洹果。若此诸法，增上观察忍，名为法行，超升离生，离凡夫地，未得须陀洹果，乃至未终，要得须陀洹果。若此诸法，如实正智观察，三结已尽、已知，谓身见、戒取、疑，是名须陀洹，决定不堕④恶趣，定趣三菩提，七有天人往生，究竟苦边。此等诸法，正智观察，不起诸漏，离欲解脱，名阿罗汉，诸漏已尽，所作已作，离诸重担，逮得己利，尽诸有结，正智心善解脱。"佛说此经已，诸比丘闻佛所说，欢喜奉行。

二──一〇⑤　　一二九九三──一三〇〇一（　　　）

如内六入处，如是外六入处、六识身、六触身、六受身、六想身、六思身、六爱身、六界身、五阴，亦如上说。

一一　　　　　　　一三〇〇二（　八九三）

如是我闻：一时，佛住舍卫国祇树给孤独园。尔时，世尊告诸比丘："有五种种子生，何等为五？谓根种子、茎种子、节种子、坏种子、种种子。此诸种子，不断、不破、不腐、不伤、不穿，坚

---

① "入界阴相应"，共一八二经。
② 《相应部》（二五）"入相应"一经。
③ 《杂阿含经》卷二三（旧误编为卷三一）中。
④ "决定不堕"，原本作"不堕决定"，今改。
⑤ 《相应部》（二五）"入相应"二──一〇经。

新,得地界不得水界,彼诸种子不得生长增广。得水界不得地界,彼诸种子不得生长增广。要得地界、水界,彼诸种子得生长增广。如是(行)业,烦恼有爱、见、慢、无明而生行,若有业而无烦恼、爱、见、无明者,行则灭。"佛说此经已,诸比丘闻佛所说,欢喜奉行。

一二——二一　　一三〇〇三——一三〇一二(　　)

如行,如是识,名色,六入处,触,受,爱,取,有,生,老死,亦如是说。

二二　　　　　一三〇一三(　八九四)

如是我闻:一时,佛住舍卫国祇树给孤独园。尔时,世尊告诸比丘:"于我世间,于世间及世间集,不如实①知者,我终不得于诸天、魔、梵、沙门、婆罗门,及诸世间,为解脱、为出、为离,离颠倒想,亦不名阿耨多罗三藐三菩提。以我于世间及世间集,如实知故,是故我于诸天、世人、魔、梵、沙门、婆罗门,及余众生,为得解脱、为出、为离,心离颠倒具足住,得成阿耨多罗三藐三菩提。"佛说此经已,诸比丘闻佛所说,欢喜奉行。

二三——三〇　　一三〇一四——一三〇二一(　　)

如〔是〕世间、世间集②,(如是)世间集、世间出,世间集、世间灭,世间味、世间患、世间出,世间集、世间灭、世间出,世间集、世间灭③、世间灭道迹,世间集、世间灭、世间集道迹、世间灭道迹,世间集、世间灭、世间味、世间患、世间出,世间集、世间灭、世

---

① "实",原本作"是",今改。
② "世间集"下,原本有"世间灭"三字,今删。
③ "世间集"下,原本缺"世间灭"三字,今补。

间集道迹、世间灭道迹、世间味、世间患、世间出,(亦如是说)。佛说此经已,诸比丘闻佛所说,欢喜奉行。

三一　　　　　　　　一三〇二二（　八九五）

如是我闻:一时,佛住舍卫国祇树给孤独园。尔时,世尊告诸比丘:"有三爱,何等为三?谓欲爱,色爱,无色爱。为断此三爱故,当求大师。"佛说此经已,诸比丘闻佛所说,欢喜奉行。

三二——八一　　　一三〇二三——一三〇七二（　　）

如求大师,如是次师,教师,广导师,度师,广度师,说师,广说师,随说师,阿阇梨,同伴,真知识,善友①,哀愍,慈悲,欲义,欲安,欲乐,欲触,欲通,欲者,精进者,方便者,出者,坚固者,勇猛者,堪能者,摄者,常学者②,不放逸者,修者,思惟者,忆念者,觉想者,思量者,梵行者,神力者,智者,识者,慧者,分别者,念处,正勤,根,力,觉,道,止,观,念身,正思惟求,亦如是说③。

八二　　　　　　　　一三〇七三（　八九六）

如是我闻:一时,佛住舍卫国祇树给孤独园。尔时,世尊告诸比丘:"有三有漏,何等为三?谓欲有漏,有有漏,无明有漏。为断此三有漏故,当求大师。"佛说此经已,诸比丘闻佛所说,欢喜奉行。

八三——一三二　　一三〇七四——一三一二三（　　）

如求大师,如是乃至求正思惟,亦如是说。

---

① "善友"上,原本有"之"字,今删。
② 原本作"常者学者",今删一"者"字,成"常学者",乃与前合。
③ "求大师"等,原有六十名,此处减略,"大师"外仅五十名,今且依之,下例。

一三三①　　　　　一三一二四（八九七）

如是我闻：一时，佛住王舍城迦兰陀竹园。时尊者罗睺罗，来诣佛所，稽首礼足，退坐一面。白佛言："世尊！云何知，云何见，我此识身及外境界一切相不忆念，于其中间，尽诸有漏？"佛告罗睺罗："有内六入处，何等为六？谓眼入处、耳、鼻、舌、身、意入处。此等诸法，正智观察，尽诸有漏，正智心善解脱，是名阿罗汉，尽诸有漏，所作已作，已舍重担，逮得己利，尽诸有结，正智心得解脱。"佛说此经已，诸比丘闻佛所说，欢喜奉行。

一三四——一四二②　　　一三一二五——一三一三三（　　）

如内六入处，如是外六入处，乃至五阴，亦如是说。

一四三　　　　　　一三一三四（八九八）

如是我闻：一时，佛住王舍城迦兰陀竹园。尔时，世尊告诸比丘："若比丘于眼欲贪断，欲贪断者，是名眼已断、已知，断其根本，如截多罗树头，于未来世成不生法。如眼，如是耳、鼻、舌、身、意，亦如是说。"佛说此经已，诸比丘闻佛所说，欢喜奉行。

一四四——一五二　　　一三一三五——一三一四三（　　）

如内六入处，如是外六入处，乃至五阴，亦如是说。

一五三③　　　　　一三一四四（八九九）

如是我闻：一时，佛住王舍城迦兰陀竹园。尔时，世尊告诸比丘："若比丘眼生、住、成就显现，苦生，病住，老死显现。如是乃至意，亦如是说，若眼灭、息、没，苦则灭，病则息，老死则没。

---

① 《相应部》（一八）"罗睺罗相应"二二经，而次第同于一———一〇经。
② 《相应部》（一八）"罗睺罗相应"二二经，而次第同于一———一〇经。
③ 一五三——一六二经，同《相应部》（二六）"生相应"。

乃至意,亦如是说。"佛说此经已,诸比丘闻佛所说,欢喜奉行。

　　　　一五四——一六二　　一三一四五——一三一五三(　　)
　　如内六入处,如是外六入处,乃至五阴,亦如是说。

　　　　一六三①　　　　　　一三一五四(　九〇〇)
　　如是我闻:一时,佛住王舍城迦兰陀竹园。尔时,世尊告诸比丘:"若比丘于眼味著者,则生上烦恼;生上烦恼者,于诸染污心不得离欲,彼障碍亦不得断。乃至意入处,亦如是说。"佛说此经已,诸比丘闻佛所说,欢喜奉行。

　　　　一六四——一七二　　一三一五五——一三一六三(　　)
　　如内六入处,如是外六入处,乃至五阴,亦如是说。

　　　　一七三　　　　　　　一三一六四(　九〇一)
　　如是我闻:一时,佛住王舍城迦兰陀竹园。尔时,世尊告诸比丘:"譬如世间所作,皆依于地而得建立,如是一切善法,皆依内六入处而得建立。"佛说此经已,诸比丘闻佛所说,欢喜奉行。

　　　　一七四——一八二　　一三一六五——一三一七三(　　)
　　如内六入处,如是外六入处,乃至五阴,亦如是说。

---

① 一六三——一七二经,同《相应部》(二七)"烦恼相应"。

四〇 不坏净相应①

一② 　　　　一三一七四（九〇二）

③如是我闻：一时，佛住王舍城迦兰陀竹园。尔时，世尊告诸比丘："若有众生，无足、二足、四足、多足，色、无色，想、无想、非想非非想，于一切如来最第一，乃至圣戒亦如是说。"

二 　　　　一三一七五（九〇三）

如是我闻：一时，佛住王舍城迦兰陀竹园。尔时，世尊告诸比丘："若诸世间众生所作，彼一切皆依于地而得建立，如是一切法——有为、无为，离贪欲法最为第一，如是广说，乃至圣戒亦如是说。"佛说此经已，诸比丘闻佛所说，欢喜奉行。

三 　　　　一三一七六（九〇四）

如是我闻：一时，佛住王舍城迦兰陀竹园。尔时，世尊告诸比丘："若诸世间众生，彼一切皆依于地而得建立，如是一切诸众，如来声闻众最为第一，如是广说，乃至圣戒。"佛说此经已，诸比丘闻佛所说，欢喜奉行④。

四⑤ 　　　　一三一七七（一一二一）

⑥如是我闻：一时，佛住迦毗罗卫国尼拘律园。时有众多释氏，来诣佛所，稽首礼足，退坐一面。尔时，世尊告诸释氏："汝

---

① "不坏净相应"，共六十二经。多出《相应部》（五五）"预流相应"。
② 一——三经，别赞三宝，与《增支部》"四集"三四经，及《增一阿含经》（二一）"三宝品"一经前分相当。
③ 《杂阿含经》卷二三（旧误编为卷三一）末。
④ 《杂阿含经》卷二三终。
⑤ 《增支部》"十集"四六经。
⑥ 《杂阿含经》卷三一（旧误编为卷四一）。

等诸瞿昙！于法斋日及神足月，受持斋戒，修功德不？"诸释氏白佛言："世尊！我等于诸斋日，有时得受斋戒，有时不得。于神足月，有时斋戒、修诸功德，有时不得。"佛告诸释氏："瞿昙！汝等不获善利，汝等是憍慢者，烦恼人，忧悲人，恼苦人，何故于诸斋日，或得斋戒或不得？于神足月，或得斋戒作诸功德或不得？诸瞿昙！譬人求利，日日增长：一日一钱，二日两钱，三日四钱，四日八钱，五日十六钱，六日三十二钱，如是士夫日常增长，八日、九日，乃至一月，钱财转增广耶？"长者白佛："如是，世尊！"佛告释氏："云何瞿昙！如是士夫钱财转增，当得自然钱财增广，复欲令我于十年中，一向喜乐，心乐多住禅定，宁得以不？"释氏答言："不也，世尊！"佛告释氏："若得九年、八年、七年、六年、五年、四年、三年、二年、一年喜乐，心乐多住禅定以不？"释氏答言："不也，世尊！"佛告释氏："且置年岁，宁得十月、九月、八月，乃至一月喜乐，心乐多住禅定以不？复置一月，宁得十日、九日、八日，乃至一日一夜喜乐，心乐禅定多住以不？"释氏答言："不也，世尊！"佛告释氏："我今语汝：我声闻中，有直心者，不谄、不幻，我于彼人十年教化，以是因缘，彼人则能百千万岁一向喜乐，心乐多住禅定，斯有是处。复置十年，若九年、八年乃至一年，十月、九月乃至一月，十日、九日乃至一日一夜。我（日暮）教化，至其明旦能令胜进，晨朝教化，乃至日暮能令胜进，以是因缘，得百千万岁一向喜乐，心乐多住禅定，成就二果：或斯陀含果，阿那含果，以彼士夫先得须陀洹故。"释氏白佛："善哉世尊！我从今日，于诸斋日当修斋戒，乃至八支；于神足月，受持斋戒，随力惠施，修诸功德。"佛告释氏："善哉瞿昙！为真实要。"佛说此经已,时诸释种闻佛所说,欢喜随喜,作礼而去。

五① 一三一七八(一一二二)

如是我闻:一时,佛住迦毗罗卫国尼拘律园中。时有众多释氏,集论议堂,作如是论议。时有释氏语释氏难提:"我有时得诣如来恭敬供养,有时不得;有时得亲近供养知识比丘,有时不得。又复不知有诸智慧优婆塞,有余智慧优婆塞、智慧优婆夷疾病困苦,复云何教化,教诫说法?今当共往诣世尊所,问如此义,如世尊教,当受奉行。"尔时,难提与诸释氏,俱诣佛所,稽首礼足,退住一面。白佛言:"世尊!我等诸释氏,集论议堂,作如是论议:有诸释氏语我言:难提!我等或时见如来恭敬供养,或时不见;或时往见诸知识比丘亲近供养,或时不得。如是广说,乃至如佛所教诫,当受奉行。我等今日请问世尊:若智慧优婆塞,有余智慧优婆塞、优婆夷疾病困苦,云何教化,教诫说法?"佛告难提:"若有智慧优婆塞,当诣余智慧优婆塞、优婆夷疾病困苦者所,以三种稣息处而教授之,言:仁者!汝当成就于佛不坏净,于法、僧不坏净。以是三种稣息处而教授已,当复问言:汝顾恋父母不?彼若有顾恋父母者,当教令舍,当语彼言:汝顾恋父母,得活者可顾恋耳,既不由顾恋而得活,用顾恋为?彼若言:不顾恋父母者,当叹善随喜。当复问言:汝于妻子、奴仆、钱财、诸物,有顾念不?若言顾念,当教令舍,如舍顾恋父母法。若言不顾念,叹善随喜。当复问言:汝于人间五欲顾念以不?若言顾念,

---

① 《相应部》(五五)"预流相应"五四经。

当为说言:人间五欲,恶露不净,败坏臭处,不如天上胜妙五欲。教令舍离人间五欲,教令志愿天上五欲。若复彼言:心已远离人间五欲,先已顾念天胜妙欲,叹善随喜。复语彼言:天上妙欲,无常、苦、空、变坏之法,诸天上有身,胜天五欲。若言已舍顾念天欲,顾念有身胜欲,叹善随喜。当复教言:有身之欲,亦复无常、变坏之法,有行灭涅槃、出离之乐,汝当舍离有身顾念,乐于涅槃寂灭之乐,为上为胜!彼圣弟子已能舍离有身顾念,乐涅槃者,叹善随喜。如是难提!彼圣弟子,先后次第教诫教授,令得不起涅槃,犹如比丘百岁寿命,解脱涅槃。"佛说此经已,释氏难提等闻佛所说,欢喜随喜,作礼而去。

　　六① 　　　　　一三一七九(一一二三)

　　如是我闻:一时,佛住迦毗罗卫国尼拘律园中。时有释氏,名曰菩提,来诣佛所,稽首佛足,退坐一面。白佛言:"善哉世尊!我等快得善利,得为世尊亲属。"佛告菩提:"莫作是语,我得善利,得与世尊亲属!〔故然〕菩提!所谓善利者,于佛不坏净,于法、僧不坏净,圣戒成就。是故菩提!当作是学:我当于佛不坏净,于法、僧不坏净,圣戒成就。"佛说此经已,释氏菩提闻佛所说,欢喜随喜,作礼而去。

　　七② 　　　　　一三一八〇(一一二四)

　　如是我闻:一时,佛住迦毗罗卫国尼拘律园中。尔时,世尊告诸比丘:"若圣弟子,得于佛不坏净成就时,若彼诸天,先得于佛不坏净戒成就因缘往生者,皆大欢喜叹言:我以得于佛不坏净

---

① 《相应部》(五五)"预流相应"四八经。
② 《相应部》(五五)"预流相应"三六经。

成就因缘故来生于此善趣天上,彼圣弟子今得于佛不坏净成就,以是因缘亦当复来生此善趣天中。于法、僧不坏净,圣戒成就,亦如是说。"佛说此经已,诸比丘闻佛所说,欢喜奉行。

八① 一三一八一(一一二五)

如是我闻:一时,佛住舍卫国祇树给孤独园。尔时,世尊告诸比丘:"有四种须陀洹道分:亲近善男子,听正法,内正思惟、法次法向。"佛说此经已,诸比丘闻佛所说,欢喜奉行。

九 一三一八二(一一二六)

如是我闻:一时,佛住舍卫国祇树给孤独园。尔时,世尊告诸比丘:"有四须陀洹分,何等为四?谓于佛不坏净,于法、僧不坏净,圣戒成就,是名须陀洹分。"佛说此经已,诸比丘闻佛所说,欢喜奉行。

一〇② 一三一八三(一一二七)

如是我闻:一时,佛住舍卫国祇树给孤独园。尔时,世尊告诸比丘:"若有成就四法者,当知是须陀洹。何等为四?谓于佛不坏净,于法、僧不坏净,圣戒成就。是名四法成就者,当知是须陀洹。"佛说此经已,诸比丘闻佛所说,欢喜奉行。

一一——七 一三一八四——一三一九〇( )

如不分别说,如是分别:比丘,比丘尼,式叉摩尼,沙弥,沙弥尼,优婆塞,优婆夷,成就四法者,当知是须陀洹,一一经如上说。

一八 一三一九一(一一二八)

如是我闻:一时,佛住舍卫国祇树给孤独园。尔时,世尊告

---

① 《相应部》(五五)"预流相应"五〇经。
② 《相应部》(五五)"预流相应"四六经。

诸比丘:"有四沙门果,何等为四?谓须陀洹果,斯陀含果,阿那含果,阿罗汉果。"佛说此经已,诸比丘闻佛所说,欢喜奉行。

一九　　　　一三一九二(一一二九)

如是我闻:一时,佛住舍卫国祇树给孤独园。尔时,世尊告诸比丘:"有四沙门果,何等为四?谓须陀洹果,斯陀含果,阿那含果,阿罗汉果。何等为须陀洹果?谓三结断,是名须陀洹果。何等为斯陀含果?谓三结断,贪、恚、痴薄,是名斯陀含果。何等为阿那含果?谓五下分结断,是名阿那含果。何等为阿罗汉果?若彼贪欲永尽,嗔恚永尽,愚痴永尽,一切烦恼永尽,是名阿罗汉果。"佛说此经已,诸比丘闻佛所说,欢喜奉行。

二〇　　　　一三一九三(一一三〇)

如是我闻:一时,佛住舍卫国祇树给孤独园。尔时,世尊告诸比丘:"若于彼处有比丘经行,于彼处四沙门果中得一一果者,彼比丘尽其形寿,常念彼处。"佛说此经已,诸比丘闻佛所说,欢喜奉行。

二一——二三　　一三一九四——一三一九六(　　)

如经行处,如是住处,坐处,卧处,亦如是说。

二四——四七　　一三一九七——一三二二〇(　　)

如〔是〕比丘,如是比丘尼,式叉摩尼,沙弥,沙弥尼,优婆塞,优婆夷,一一四经如上说。

四八①　　　　一三二二一(一一三一)

如是我闻:一时,佛住舍卫国祇树给孤独园。尔时,世尊告

---

① 《相应部》(五五)"预流相应"三一经。

诸比丘："如四食，于四大众生，安立饶益摄受。何等为四？谓抟食、触食、意思食、识食。如是四种福德润泽、善法润泽、安乐食。何等为四？谓于佛不坏净成就，福德润泽、善法润泽、安乐食；法、僧不坏净，圣戒成就，福德润泽、善法润泽、安乐食。"佛说此经已，诸比丘闻佛所说，欢喜奉行。

四九　　　　　一三二二二（一一三二）

如是我闻：一时，佛住舍卫国祇树给孤独园。尔时，世尊告诸比丘，如上说，差别者："于佛不坏净成就，福德润泽、善法润泽、安乐食；于法不坏净；于诸闻法可意爱念；圣戒成就，福德润泽、善法润泽、安乐食。"佛说此经已，诸比丘闻佛所说，欢喜奉行。

五〇①　　　　　一三二二三（一一三三）

如是我闻：一时，佛住舍卫国祇树给孤独园。尔时，世尊告诸比丘，如上说，差别者："于佛不坏净成就者，福德润泽、善法润泽、安乐食；若法；(若僧；)若悭垢缠众生所，心离悭垢众，多住行解脱施，常施，乐于舍，等心行施；圣戒成就，福德润泽、善法润泽、安乐食。"佛说此经已，诸比丘闻佛所说，欢喜奉行。

五一②　　　　　一三二二四（一一三四）

如是我闻：一时，佛住舍卫国祇树给孤独园。尔时，世尊告诸比丘，如上说，差别者："如是四种福德润泽、善法润泽、安乐食，彼圣弟子功德果报，不可称量得尔所福、尔所果报；然彼多福，堕大功德积聚数，如前五河譬经说，乃至说偈。"佛说此经

---

① 《相应部》(五五)"预流相应"三二经。
② 《相应部》(五五)"预流相应"四一经。

已,诸比丘闻佛所说,欢喜奉行。

　　　五二　　　　　　　　一三二二五(一一三五)
　　如是我闻:一时,佛住舍卫国祇树给孤独园。尔时,有四十天子,极妙之色,夜过晨朝,来诣佛所,稽首礼足,退坐一面。尔时,世尊告诸天子:"善哉!善哉!诸天子!汝等成就于佛不坏净,于法、僧不坏净,圣戒成就。"时(一)天子从座起,整衣服,稽首佛足,合掌白佛言:"世尊!我成就于佛不坏净,缘此功德,身坏命终,今生天上。"一天子白佛言:"世尊!我于法不坏净成就,缘此功德,身坏命终,今生天上。"一天子白佛言:"世尊!我于僧不坏净成就,缘此功德,身坏命终,今生天上。"一天子白佛言:"世尊!我于圣戒成就,缘此功德,身坏命终,今生天上。"时四十天子,各于佛前,自记说须陀洹果已,即没不现。

　　　五三——六二　　一三二二六——一三二三五(　　　)
　　如四十天子,如是四百天子,八百天子,十千天子,二十千天子,三十千天子,四十千天子,五十千天子,六十千天子,七十千天子,八十千天子,各于佛前,自记说须陀洹果已,即没不现。

四一　大迦叶相应[1]

一[2]　　　　　　　　　一三二三六（一一三六）

[3]如是我闻：一时，佛住王舍城迦兰陀竹园。尔时，世尊告诸比丘："当如月譬住，如新学惭愧、软下，摄心敛形而入他家。如明目士夫，临深登峰，摄心敛形，难速前进。如是比丘如月譬住，亦如新学惭愧、软下，御心敛形而入他家。迦叶比丘如月譬住，亦如新学惭愧、软下诸高慢，御心敛形而入他家。如明目士夫，临深登峰，御心敛形，正观而进。佛告比丘：于意云何？比丘为何等像类，应入他家？"诸比丘白佛言："世尊是法根，法眼，法依，唯愿广说。诸比丘闻已，当受奉行。"佛告诸比丘："谛听，善思，当为汝说。若有比丘，于他家心不缚著贪乐，于他得利，他作功德，欣若在己，不生嫉想，亦不自举，亦不下人，如是像类比丘，应入他家。"尔时，世尊以手扪摸虚空，告诸比丘："我今此手宁著空、缚空、染空不？"比丘白佛："不也，世尊！"佛告比丘："比丘之法，常如是不著、不缚、不染心而入他家。唯迦叶比丘，以不著、不缚、不染之心而入他家。于他得利及作功德，欣若在己，不生嫉想，不自举，不下人，其唯迦叶比丘应入他家。"尔时，世尊复以手扪摸虚空，告诸比丘："于意云何？我今此手宁著空、缚空、染空以不？"诸比丘白佛言："不也，世尊！"佛告比丘："其唯迦叶比丘，心常如是，以不著、不缚、不染之心，入于他家。"

---

[1]　"大迦叶相应"，共十一经。与《相应部》（一六）"迦叶相应"相当。
[2]　《相应部》（一六）"迦叶相应"三经。《别译杂阿含经》一一一经。
[3]　《杂阿含经》卷三一（旧误编为卷四一）中。

尔时,世尊告诸比丘:"何等像类比丘,应清净说法?"诸比丘白佛:"世尊是法根,法眼,法依,唯愿广说。诸比丘闻已,当受奉行。"佛告比丘:"谛听,善思,当为汝说。若有比丘作如是心,为人说法:何等人于我起净信心?为本已、当得供养——衣被、饮食、卧具、汤药?如是说者,名不清净说法。若复比丘,为人说法,作如是念:世尊显现正法律,离诸炽然,不待时节,即此现身,缘自觉知,正向涅槃。而诸众生沉溺老病死、忧悲恼苦,如此众生闻正法者,以义饶益,长夜安乐。以是正法因缘,以慈心、悲心、哀愍心,欲令正法久住心而为人说,是名清净说法。唯迦叶比丘,有如是清净心为人说法,以如来正法律,乃至令法久住心而为人说。是故诸比丘!当如是学,如是说法,于如来正法律,乃至令法久住心,为人说法。"佛说此经已,诸比丘闻佛所说,欢喜奉行。

二① 　　　　一三二三七(一一三七)

如是我闻:一时,佛住舍卫国祇树给孤独园。尔时,世尊告诸比丘:"若有比丘欲入他家,作如是念:彼当施我莫令不施,顿施非渐施,多施非少施,胜施非陋施,速施非缓施。以如是心而至他家,若他不施,乃至缓施,是比丘心则屈辱,以是因缘其心退没,自生障阂。若复比丘欲入他家,作如是念:出家之人,卒至他家,何由得施非不施,顿施非渐施,多施非少施,胜施非陋施,速施非缓施!作如是念而至他家,若彼不施,乃至缓施,是比丘心不屈辱,亦不退没,不生障碍。唯迦叶比丘,作如是念而入他家。是故诸比丘!当如是学,作如是念而入他家:出家之人,卒至他家,何由得施非不施,

---

① 《相应部》(一六)"迦叶相应"四经。《别译》一一二经。

乃至速施非缓施!"佛说此经已,诸比丘闻佛所说,欢喜奉行。

三① 一三二三八(一一三八)

如是我闻:一时,佛住舍卫国祇树给孤独园。尔时,尊者摩诃迦叶,住舍卫国东园鹿子母讲堂。时尊者摩诃迦叶,晡时从禅觉,往诣佛所,稽首礼足,退坐一面。尔时,世尊告尊者摩诃迦叶:"汝当为诸比丘说法,教诫教授!所以者何?我常为诸比丘说法,教诫教授,汝亦应尔。"尊者摩诃迦叶白佛言:"世尊!今诸②比丘难可教授,或有比丘不忍闻说。"佛告摩诃迦叶:"汝何因缘作如是说?"摩诃迦叶白佛言:"世尊!我见有两比丘,一名槃稠,是阿难弟子;二名阿浮毗,是摩诃目揵连弟子。彼二人共诤多闻,各言:汝来!当共论议。谁所知多?谁所知胜?"时尊者阿难住于佛后,以扇扇佛。语尊者摩诃迦叶言:"且止,尊者摩诃迦叶!且忍,尊者迦叶!此年少比丘,少智、恶智。"尊者摩诃迦叶语尊者阿难言:"汝且默然,莫令我于僧中问汝事。"时尊者阿难,即默然住。尔时,世尊告一比丘:"汝往至彼槃稠③比丘、阿浮毗比丘所,作是言:大师语汝。"时彼比丘,即受教至槃稠比丘、阿浮毗比丘所,作是言:"大师语汝。"时槃稠比丘、阿浮毗比丘答言:"奉教。"即俱往佛所,稽首礼足,退住一面。尔时,世尊告二比丘:"汝等二人,实共诤论,各言:汝来!试共论议,谁多、谁胜耶?"二比丘白佛言:"实尔,世尊!"佛告二比丘:"汝等持我所说修多罗,祇夜,受记,伽陀,优陀那,尼陀那,阿波陀

---

① 《相应部》(一六)"迦叶相应"六经。《别译》一一三经。
② "诸",原本作"世",依宋本改。
③ "稠",原本作"裯",依宋本改,下例。

那,伊帝目多伽,阇多伽,毗富罗,阿浮多达摩,优波提舍等法,而共诤论,各言:汝来!试共论议,谁多、谁胜耶?"二比丘白佛:"不也,世尊!"佛告二比丘:"汝等不以我所说修多罗,乃至优波提舍而自调伏,自止息,自求涅槃耶?"二比丘白佛:"如是,世尊!"佛告二比丘:"汝知我所说修多罗,乃至优波提舍。汝愚痴人!应共诤论,谁多、谁胜耶?"时二比丘前礼佛足,重白佛言:"悔过,世尊!悔过,善逝!我愚、我痴,不善、不辩,而共诤论。"佛告二比丘:"汝①实知罪悔过,愚痴、不善、不辩而共诤论。今已自知罪,自见罪,知见悔过,于未来世律仪戒生。我今受汝,怜愍故,令汝善法增长,终不退减。所以者何?若有自知罪,自见罪,知见悔过,于未来世律仪戒生,终不退减。"时二比丘闻佛所说,欢喜随喜,作礼而去。

四② 　　　一三二三九(一一三九)

如是我闻:一时,佛住舍卫国祇树给孤独园。尔时,尊者摩诃迦叶,住舍卫国东园鹿子母讲堂。晡时从禅觉,诣世尊所,稽首礼足,退坐一面。佛告迦叶:"汝当教授教诫诸比丘,为诸比丘说法,教诫教授。所以者何?我常为诸比丘说法,教诫教授,汝亦应尔。"尊者摩诃迦叶白佛言:"世尊!今诸比丘难可为说法,若说法者,当有比丘不忍、不喜。"佛告迦叶:"汝见何等因缘而作是说?"摩诃迦叶白佛言:"世尊!若有比丘,于诸善法无信敬心,若闻说法,彼则退没。若恶智人,于诸善法无精进、惭愧、智慧,闻说法者,彼则退没。若人贪欲、嗔恚、睡眠、掉悔、疑惑,

---

① "汝",原本缺,依宋本补。
② 《相应部》(一六)"迦叶相应"七经。《别译》一一四经。

身行傲暴、忿恨、失念、不定、无智,闻说法者,彼则退没。世尊!如是比诸恶人者,尚不能令心住善法,况复增进!当知是辈,随其日夜,善法退减,不能增长。世尊!若有士夫,于诸善法信心清净,是则不退。于诸善法,精进、惭愧、智慧,是则不退。不贪、不恚、睡眠、掉悔、疑惑,是则不退。身不弊暴,心不染污,不忿、不恨,定心、正念、智慧,是则不退。如是人者,于诸善法日夜增长,况复心住!此人日夜常求胜进,终不退减。"佛告迦叶:"如是,如是!于诸善法无信心者,是则退减。亦如迦叶次第广说。"时尊者摩诃迦叶,闻佛所说,欢喜随喜,从座起作礼而去。

五① 　　　　一三二四〇(一一四〇)

如是我闻:一时,佛住舍卫国祇树给孤独园。尔时,尊者摩诃迦叶,住舍卫国东园鹿子母讲堂。晡时从禅觉,来诣佛所,稽首佛足,退坐一面。尔时,世尊告摩诃迦叶:"汝当为诸比丘说法,教诫教授。所以者何?我常为诸比丘说法,教诫教授,汝亦应尔。"尊者摩诃迦叶白佛言:"世尊!今诸比丘,难可为说法,教诫教授。有诸比丘,闻所说法,不忍、不喜。"佛告摩诃迦叶:"汝何因缘作如是说?"摩诃迦叶白佛言:"世尊是法根,法眼,法依,唯愿世尊为诸比丘说法。诸比丘闻已,当受奉行。"佛告迦叶:"谛听,善思,当为汝说。"佛告迦叶:"昔日,阿练若比丘,于阿练若比丘所,叹说阿练若法;于乞食比丘所,叹说乞食功德;于粪扫衣比丘所,叹说粪扫衣功德;若少欲、知足,修行远离,精勤方便,正念、正定,智慧漏尽身作证比丘所,随其所行,赞叹称说。

---

① 《相应部》(一六)"迦叶相应"八经。《别译》一一五经。

迦叶!若于阿练若所叹说阿练若法,乃至漏尽比丘所叹说漏尽身作证。若见其人,悉共语言,随宜慰劳善来者:汝名何等?为谁弟子?让座令坐,叹其贤善。如其法像类,有沙门义,有沙门欲。如是赞叹时,若彼同住、同游者,则便决定随顺彼行,不久亦当同其所见,同其所欲。"佛告迦叶:"若是年少比丘,是彼阿练若比丘来,赞叹阿练若法;乃至漏尽身作证。彼年少比丘,应起出迎,恭敬礼拜问讯,乃至彼同住者,不久当得自义饶益。如是恭敬者,长夜当得安乐饶益。"佛告迦叶:"今日,比丘见彼来者知见大德,能感财利——衣被、饮食、床卧、汤药者,与共言语,恭敬问讯,叹言善来:何某名字?为谁弟子?叹其福德,能感大利——衣被、饮食、卧具、汤药。若与尊者相习近者,亦当丰足衣被、饮食、卧具、汤药。若复年少比丘,见彼来者大智大德,能感财利——衣被、饮食、卧具、汤药者,疾起出迎,恭敬问讯,叹言善来:大智大德,能感大利——衣被、饮食、卧具、汤药。迦叶!如是年少比丘,长夜当得非义、不饶益苦。如是迦叶!斯等比丘,为沙门患,为梵行溺,为大映障,恶不善法,烦恼之患,重受诸有,炽然生死,未来苦报,生老病死、忧悲恼苦。是故迦叶!当如是学:为阿练若,于阿练若所称誉赞叹;粪扫衣,乞食,少欲知足,修行远离,精勤方便,正念、正定,正智漏尽身作证者,称誉赞叹,当如是学。"

佛说此经已,尊者摩诃迦叶闻佛所说,欢喜随喜,作礼而去。

六① 一三二四一(一一四一)

如是我闻:一时,佛住舍卫国祇树给孤独园。尔时,尊者摩

---

① 《相应部》(一六)"迦叶相应"五经。《别译》一一六经。《增一阿含经》(一二)"一入道品"五·六经。

诃迦叶住舍卫国东园鹿子母讲堂。晡时从禅觉,诣世尊所,稽首礼足,退坐一面。尔时,世尊告摩诃迦叶言:"汝今已老,年耆根熟,粪扫衣重,我衣轻好,汝今可住僧中,着居士坏色轻衣。"迦叶白佛言:"世尊!我已长夜习阿练若,赞叹阿练若、粪扫衣、乞食。"佛告迦叶:"汝观几种义,习阿练若,赞叹阿练若;粪扫衣、乞食,赞叹粪扫衣、乞食法?"迦叶白佛言:"世尊!我观二种义:现法得安乐住义,复为未来众生而作大明。未来世众生,当如是念:过去上座六神通,出家日久,梵行纯熟,为世尊所叹,智慧梵行者之所奉事。彼于长夜习阿练若,赞叹阿练若;粪扫衣、乞食,赞叹粪扫衣、乞食法。诸有闻者,净心随喜,长夜皆得安乐饶益。"佛告迦叶:"善哉!善哉!迦叶!汝则长夜多所饶益,安乐众生,哀愍世间,安乐天人。"佛告迦叶:"若有毁呰头陀法者,则毁于我;若有称叹头陀法者,则称叹我。所以者何?头陀法者,我所长夜称誉、赞叹。是故迦叶,阿练若者,当称叹阿练若;粪扫衣、乞食者,当称叹粪扫衣、乞食法。"佛说此经已,摩诃迦叶闻佛所说,欢喜随喜,作礼而去。

七① 　　　　一三二四二(一一四二)

如是我闻:一时,佛住舍卫国祇树给孤独园。尔时,尊者摩诃迦叶,久住舍卫国阿练若床坐处,长须发,着弊纳衣,来诣佛所。尔时,世尊无数大众围绕说法。时诸比丘,见摩诃迦叶从远而来。见已,于尊者摩诃迦叶所,起轻慢心言:此何等比丘,衣服粗陋,无有仪容而来,衣服佯佯②而来?尔时,世尊知诸比丘心

---

① 《相应部》(一六)"迦叶相应"九经。《别译》一一七经。
② "佯佯",宋本作"彷彷"。

之所念,告摩诃迦叶:"善来迦叶!于此半座。我今竟知①谁先出家,汝耶?我耶?"彼诸比丘心生恐怖,身毛皆竖,并相谓言:"奇哉尊者!彼尊者摩诃迦叶,大德、大力,大师弟子,请以半座。"尔时,尊者摩诃迦叶合掌白佛言:"世尊!佛是我师,我是弟子。"佛告迦叶:"如是,如是!我为大师,汝是弟子。汝今且坐,随其所安。"尊者摩诃迦叶稽首佛足,退坐一面。尔时,世尊复欲警悟诸比丘,复以尊者摩诃迦叶,同己所得殊胜广大功德,为现众故,告诸比丘:"我离欲恶不善法,有觉、有观,初禅具足住,若日、若夜、若日夜;摩诃迦叶亦复如我,离欲恶不善法,乃至初禅具足住,若日、若夜、若日夜。我欲第二、第三、第四禅具足住,若日、若夜、若日夜;彼摩诃迦叶亦复如是,乃至第四禅具足住,若日、若夜、若日夜。我随所欲,慈、悲、喜、舍;空入处、识入处、无所有入处、非想非非想入处;神通境界,天耳、他心智、宿命智、生死智、漏尽智具足住,若日、若夜、若日夜。彼迦叶比丘,亦复如是,乃至漏尽智具足住,若日、若夜、若日夜。"尔时,世尊于无量大众中,称叹摩诃迦叶同己广大胜妙功德已,诸比丘闻佛所说,欢喜奉行。

八② 一三二四三(一一四三)

如是我闻:一时,佛住王舍城迦兰陀竹园。尊者摩诃迦叶、尊者阿难,住耆阇崛山。时尊者阿难诣尊者摩诃迦叶所,语尊者摩诃迦叶言:"今可共出耆阇崛山,入王舍城乞食?"尊者摩诃迦叶默然而许。时尊者摩诃迦叶、尊者阿难,着衣持钵,入王舍城乞食。尊者阿难语尊者摩诃迦叶:"日时太早,可共暂过比丘尼

---

① "知"上,疑脱"不"字。
② 《相应部》(一六)"迦叶相应"一〇经。《别译》一一八经。

精舍。"即便往过。时诸比丘尼遥见尊者摩诃迦叶、尊者阿难,从远而来,疾敷床座,请令就坐。时诸比丘尼礼尊者摩诃迦叶、阿难足已,退坐一面。尊者摩诃迦叶为诸比丘尼种种说法,示教、照喜。示教、照喜已,时偷罗难陀比丘尼不喜悦,说如是恶言:"云何阿梨摩诃迦叶,于阿梨阿难鞞提诃牟尼前,为比丘尼说法?譬如贩针儿于针师家卖,阿梨摩诃迦叶亦复如是,于阿梨阿难鞞提诃牟尼前,为诸比丘尼说法。"尊者摩诃迦叶,闻偷罗难陀比丘尼心不喜悦,口说恶言。闻已,语尊者阿难:"汝看是偷罗难陀比丘尼,心不喜悦,口说恶言。云何阿难?我是贩针儿,汝是针师,于汝前卖耶?"尊者阿难语尊者摩诃迦叶:"且止,当忍!此愚痴老妪,智慧薄少,不曾修习故。""阿难!汝岂不①闻世尊如来、应、等正觉所知所②见,于大众中说月譬经,教诫教授,比丘当如月譬住,常如新学,如是广说。为说阿难如月譬住,常如新学耶?"阿难答言:"不也,尊者摩诃迦叶!""阿难!汝闻世尊如来、应、等正觉所知所见,说言:比丘当如月譬住,常如新学,其唯摩诃迦叶比丘?"阿难答言:"如是,尊者摩诃迦叶!""阿难!汝曾为世尊如来、应、等正觉所知所见,于无量大众中,请汝来坐耶?又复世尊以同己广大之德,称叹汝阿难离欲恶不善法,乃至漏尽通称叹耶③?"答言:"不也,尊者摩诃迦叶!""如是阿难!世尊如来、应、等正觉,于无量大众中,口自说言:善来摩诃迦叶!请汝半座。复于大众中,以同己广大功德,离欲恶不善

---

① "不",原本缺,依宋本补。
② "所",原本缺,依宋本补。
③ "耶",原本缺,依宋本补。

法,乃至漏尽通,称叹摩诃迦叶耶?"阿难答言:"如是,尊者摩诃迦叶!"时摩诃迦叶于比丘尼众中,师子吼已而去①。

九②　　　　一三二四四(一一四四)

如是我闻:一时,尊者摩诃迦叶、尊者阿难,住王舍城耆阇崛山中。世尊涅槃未久,时世饥馑,乞食难得。时尊者阿难,与众多年少比丘俱,不能善摄诸根,食不知量,不能初夜、后夜精勤禅思,乐著睡眠,常求世利,人间游行,至南天竺。有三十年少弟子,舍戒还俗,余多童子。时尊者阿难,于南山国土游行,以少徒众,还王舍城。时尊者阿难举衣钵,洗足已,至尊者摩诃迦叶所,稽首礼足,退坐一面。时尊者摩诃迦叶问尊者阿难:"汝从何来?徒众鲜少?"阿难答言:"从南山国土人间游行,年少比丘三十人,舍戒还俗,徒众损减。又今在者,多是童子。"尊者摩诃迦叶语阿难言:"有几福利,如来、应、等正觉所知所见,听三人已上,制群食戒?"阿难答言:"为二事故。何等为二?一者,为贫小家。二者,多诸恶人以为伴党相破坏故。莫令恶人于僧中住,而受众名,映障大众,别为二部,互相嫌诤。"尊者迦叶语阿难言:"汝知此义,如何于饥馑时,与众多年少弟子,南山国土游行,令三十人舍戒还俗,徒众损减,余者多是童子!〔如〕阿难!汝徒众消灭,汝是童子!不知筹量。"阿难答言:"云何尊者摩诃迦叶!我已③头发二色,犹言童子?"尊者摩诃迦叶言:"汝于饥馑世,与诸年少弟子人间游行,致令三十弟子舍戒还俗,其余在

---

① "而去",原本缺,依宋本补。
② 《相应部》(一六)"迦叶相应"——经。《别译》——九经。
③ "已",原本作"以",依宋本改。

者复是童子,徒众消灭,不知筹量,而言宿士众坏。阿难!众极坏。阿难!汝是童子,不筹量故。"时低舍比丘尼,闻尊者摩诃迦叶以童子责尊者阿难毗提诃牟尼。闻已,不欢喜,作是恶言:"云何阿梨摩诃迦叶,本外道门①,而以②童子呵责阿梨阿难毗提诃牟尼,令童子名流行?"尊者摩诃迦叶,以天耳闻低舍比丘尼心不欢喜,口出恶言。闻已,语尊者阿难:"汝看是低舍比丘尼,心不欢喜,口说恶语,言:摩诃迦叶本外道门③,而责阿梨阿难毗提诃牟尼,令童子名流行。"尊者阿难答言:"且止,尊者摩诃迦叶!忍之,尊者摩诃迦叶!此愚痴老妪,无自性智。"尊者摩诃迦叶语阿难言:"我自出家,都不知有异师,唯如来、应、等正觉。我未出家时,常念生老病死、忧悲恼苦。知在家荒务,多诸烦恼;出家空闲,难可俗人,处于非家,一向鲜洁,尽其形寿,纯一满净,梵行清白。当剃须发,着袈裟衣,正信非家,出家学道,以百千金贵价之衣,段段割截为僧伽梨。若世间(有)阿罗汉者,闻④(之当)从出家。我出家已,于王舍城那罗聚落中间、多子塔所,遇值世尊,正身端坐,相好奇特,诸根寂静,第一息灭,犹如金山。我时见已,作是念:此是我师,此是世尊,此是罗汉,此是等正觉。我时一心,合掌敬礼,白佛言:是我大师,我是弟子。佛告我言:如是,迦叶!我是汝师,汝是弟子。迦叶!汝今成就如是真实净心!所恭敬者,不知言知,不见言见,实非罗汉而言

---

① "门",原本作"闻",依宋本改。
② "以",原本作"已",依宋本改。
③ "本外道门",原本作"本闻外道",今改。
④ "闻",原本作"暗",依宋本改。

罗汉,非等正觉言等正觉者,应当自然身碎七分。迦叶!我今知故言知,见故言见,真阿罗汉言阿罗汉,真等正觉言等正觉。迦叶!我今有因缘故,为声闻说法,非无因缘故;依非无依;有神力非无神力。是故迦叶!若欲闻法,应如是学。若欲闻法,以义饶益,当一其心,恭敬尊重,专心侧听,而作是念:我当正观五阴生灭,六触入处集起灭没;于四念处正念乐住,修七觉分,八解脱身作证。常念其身,未尝断绝,离无惭愧,于大师所及大德梵行,常住惭愧,如是应当学。尔时,世尊为我说法,示教、照喜。示教、照喜已,从座起去,我亦随去。向于住处,我以百千价直衣割截僧伽梨四摄①为座。尔时,世尊知我至心,处处下道,我即敷衣以为坐具,请佛令坐。世尊即坐,以手摩衣,叹言:迦叶!此衣轻细!此衣柔软!我时白言:如是,世尊!此衣轻细,此衣柔软,唯愿世尊受我此衣!佛告迦叶:汝当受我粪扫衣,我当受汝僧伽梨。佛即自手授我粪扫纳衣,我即奉佛僧伽梨。如是渐渐教授,我八日之中,以学法受于乞食;至第九日,起于无学。阿难!若有正问:谁是世尊法子,从佛口生,从法化生,付以法财——诸禅、解脱、三昧、正受,应答我是,是则正说。譬如转轮圣王第一长子,当以灌顶住于王位,受王五欲,不苦方便,自然而得。我亦如是,为佛法子,从佛口生,从法化生,得法余财——诸②禅、解脱、三昧、正受,不苦方便,自然而得。譬如转轮圣王宝象,高七八肘,一多罗叶能映障者,如是我所成就六神通智则可映障。若有于神通境界智证有疑惑者,我悉能为分别记说。天耳、他心

---

① "摄",宋本作"褶"。
② "诸",原本作"法",今改。

通、宿命智、生死智、漏尽作证智通有疑惑者,我悉能为分别记说,令得决定。"尊者阿难语尊者摩诃迦叶:"如是,如是,摩诃迦叶!如转轮圣王宝象,高七八肘,欲以一多罗叶能映障者,如是尊者摩诃迦叶六神通智,则可映障。若有于神通境界作证智,乃至漏尽作证智有疑惑者,尊者摩诃迦叶能为记说,令其决定。我于长夜,敬信尊重尊者摩诃迦叶,以有如是大德神力故。"尊者摩诃迦叶说是语时,尊者阿难闻其所说,欢喜受持①。

一〇②　　　　一三二四五（　九〇五）

③如是我闻:一时,佛住王舍城迦兰陀竹园。尔时,尊者摩诃迦叶、尊者舍利弗,住耆阇崛山中。时有众多外道出家,诣尊者舍利弗,与尊者面相问讯,慰劳已,退坐一面。语尊者舍利弗言:"云何舍利弗!如来有后生死耶?"舍利弗言:"诸外道!世尊说言:此是无记。"又问:"云何舍利弗!如来无后生死耶?"舍利弗答言:"诸外道!世尊说言:此是无记。"又问:"舍利弗!如来有后生死、无后生死耶?"舍利弗答言:"世尊说言:此是无记。"又问:"舍利弗!如来非有后生死、非无后生死耶?"舍利弗答言:"诸外道!世尊说言:此是无记。"诸外道出家又问:"尊者舍利弗!云何所问如来有后生死,无后生死,有后无后,非有后非无后,一切答言:世尊说此是无记?云何为上座,如愚、如痴,不善、不辩,如婴儿无自性智!"作此语已,从坐起去。尔时,尊者摩诃迦叶、尊者舍利弗,相去不远,各坐树下,昼日禅思。尊者

---

① 《杂阿含经》卷三一（旧误编为卷四一）终。
② 《相应部》（一六）"迦叶相应"一二经。《别译》一二〇经。
③ 《杂阿含经》卷三二。

舍利弗知诸外道出家去已,诣尊者摩诃迦叶所,共相问讯,慰劳已,退坐一面。以向与诸外道出家所论说事,具白尊者摩诃迦叶。"尊者摩诃迦叶!何因何缘,世尊不记说后有生死,后无生死,后有后无,非有非无生死耶?"尊者摩诃迦叶语舍利弗言:"若说如来后有生死者,是则为色。若说如来无后生死,是则为色。若说如来有后生死、无后生死,是则为色。若说如来非有后、非无后生死,是则为色。如来者,色已尽,心善解脱,言有后生死者,此则不然;无后生死,有后无后,非有后、非无后生死,此亦不然。如来者,色已尽,心善解脱,甚深、广大、无量、无数、寂灭、涅槃。舍利弗!若说如来有后生死者,是则为受,为想,为行,为识,为动,为虑,为虚诳,为有为,为爱;乃至非有非无后有,亦如是说。如来者,爱已尽,心善解脱,是故说后有者不然;后无,后有无,后非有非无者不然。如来者,爱已尽,心善解脱,甚深、广大、无量、无数、寂灭、涅槃。舍利弗!如是因如是缘故,有问世尊如来,若有,若无,若有无,若非有非无后生死,不可记说。"时二正士共论议已,各还本处。

一一① 一三二四六(九〇六)

如是我闻:一时,佛住舍卫国祇树给孤独园。尔时,尊者摩诃迦叶,住舍卫国东园鹿子母讲堂。晡时从禅觉,往诣佛所,稽首礼足,退坐一面。白佛言:"世尊!何因何缘,世尊先为诸声闻少制戒,时多有比丘心乐习学?今多为声闻制戒,而诸比丘少乐习学?"佛言:"如是,迦叶!命浊,烦恼浊,劫浊,众生浊,见浊

---

① 《相应部》(一六)"迦叶相应"一三经。《别译》一二一经。

众生,善法退减故,大师为诸声闻多制禁戒,少乐习学。迦叶!譬如劫欲坏时,真宝未灭,有诸相似伪宝出于世间;伪宝出已,真宝则没。如是迦叶!如来正法欲灭之时,有相似像法生;相似像法出世间已,正法则灭。譬如大海中船,载多珍宝,则顿沉没,如来正法则不如是,渐渐消灭①。如来正法,不为地界所坏,不为水、火、风界所坏。乃至恶众生出世,乐行诸恶,欲行诸恶,成就诸恶;非法言法,法言非法,非律言律,律言非律。以相似法句、味炽然,如来正法于此则没。迦叶!有五因缘,能令如来正法沉没。何等为五?若比丘于大师所,不敬、不重、不下意供养;于大师所不敬、不重、不下意供养已,然复依倚②而住;若法,若学,若随顺教,若诸梵行大师所称叹者,不敬、不重、不下意供养,而依止住。是名迦叶!五因缘故,如来正法于此沉没。迦叶!有五因缘,令如来法律,不没、不忘、不退。何等为五?若比丘于大师所,恭敬、尊重、下意供养,依止而住;若法,若学,若随顺教,若诸梵行大师所称叹者,恭敬、尊重、下意供养,依止而住。迦叶!是名五因缘,如来法律,不没、不忘、不退。是故迦叶!当如是学:于大师所当修恭敬、尊重、下意供养,依止而住;若法,若学,若随顺教,若诸梵行大师所赞叹者,恭敬、尊重、下意供养,依止而住。"佛说是经已,尊者摩诃迦叶欢喜随喜,作礼而去。

  (月喻、施与、角胜、无信,佛为根本,极老、纳衣重,是时、众减少,外道、法损坏③。)

---

① "灭",宋本作"减"。
② "倚",原本作"猗",依宋本改。
③ 摄颂见《别译杂阿含经》卷六(大正二·四一九下)。

四二　聚落主相应①

一②　　　　　　　　一三二四七（九〇七）

③如是我闻：一时，佛住王舍城迦兰陀竹园。时有遮罗周罗那罗聚落主，来诣佛所，面前问讯慰劳，问讯慰劳已，退坐一面。白佛言："瞿昙！我闻古昔歌舞戏笑耆年宿士作如是说：若伎儿于大众中歌舞戏笑，作种种伎，令彼大众欢乐喜笑，以是业缘，身坏命终，生欢喜天。于此瞿昙法中，所说云何？"佛告聚落主："且止，莫问此义。"如是再三，犹请不已。佛告聚落主："我今问汝，随汝意答。古昔此聚落众生，不离贪欲，贪欲缚所缚；不离嗔恚，嗔恚缚所缚；不离愚痴，愚痴缚所缚。彼诸伎儿，于大众坐中，种种歌舞伎乐嬉戏，令彼众人欢乐喜笑。聚落主！当其彼人欢乐喜笑者，岂不增长贪、恚、痴缚耶？"聚落主白佛言："如是，瞿昙！""聚落主！譬如有人以绳反缚，有人长夜以恶心，欲令此人非义饶益，不安不乐，数数以水浇所缚绳，此人被缚，岂不转增急耶？"聚落主言："如是，瞿昙！"佛言聚落主："古昔众生亦复如是，不离贪欲、嗔恚、痴缚，缘彼嬉戏欢乐喜笑，更增其缚。"聚落主言："实尔，瞿昙！彼诸伎儿，令其众生欢乐喜笑，转增贪欲、嗔恚、痴缚。以是因缘，身坏命终生善趣者，无有是处。"佛告聚落主："若言古昔伎儿，能令大众欢乐喜笑，以是业缘生欢喜天者，是则邪见。若邪见者，应生二趣：若地狱趣，若畜生趣。"说

---

① "聚落主相应"，共一〇经。与《相应部》（四二）"聚落主相应"相当。
② 《相应部》（四二）"聚落主相应"二经。《别译》一二二经。
③ 《杂阿含经》卷三二中。

是语时,遮罗周罗那罗聚落主,悲泣流泪。尔时,世尊告聚落主:"是故我先三问不答言:聚落主!且止,莫问此义。"聚落主白佛言:"瞿昙!我不以瞿昙说故而悲泣也。我自念:昔来云何为彼愚痴、不辨、不善,诸伎儿辈所见欺诳,言大众中作诸伎乐,乃至生欢喜天!我今定思:云何伎儿歌舞嬉戏,生欢喜天?瞿昙!我从今日,舍彼伎儿恶不善业,归佛,归法,归比丘僧。"佛言:"善哉聚落主!此真实要。"尔时,遮罗周罗那罗聚落主,闻佛所说,欢喜随喜,顶礼佛足,欢喜而去。

二① 一三二四八(九〇八)

如是我闻:一时,佛住王舍城迦兰陀竹园。尔时,战斗活聚落主,来诣佛所,恭敬问讯。问讯已,退坐一面。白佛言:"瞿昙!我闻古昔战斗活耆年宿士作是言:若战斗活,身被重铠,手执利器,将士先锋,堪能方便摧伏怨敌;缘此业报,生箭降伏天。于瞿昙法中,其义云何?"佛告战斗活:"且止,莫问此义。"如是再三问,亦再三止之。犹问不已,佛告聚落主:"我今问汝,随汝意答。聚落主!于意云何?若战斗活身被甲胄,为战士先锋,堪能方便摧伏怨敌,此人岂不先起伤害之心,欲摄缚、枷锁、斫刺、杀害于彼耶?"聚落主白佛:"如是,世尊!"佛告聚落主:"为战斗活有三种恶邪,若身、若口、若意。以此三种恶邪因缘,身坏命终,得生善趣箭降伏天者,无有是处。"佛告聚落主:"若古昔战斗活耆年宿士作如是见,作如是说:若诸战斗活,身被甲胄,手执利器,命敌先登,堪能方便摧伏怨敌,以是因缘生箭降伏天者,是

---

① 《相应部》(四二)"聚落主相应"三经。《别译》一二三经。

则邪见。邪见之人,应生二处:若地狱趣,若畜生趣。"说是语时,彼聚落主悲泣流泪。佛告聚落主:"以是义故,我先再三语汝且止,不为汝说。"聚落主白佛言:"我不以瞿昙语故悲泣。我念古昔诸斗战活耆年宿士,愚痴、不善、不辨,长夜欺诳,作如是言:若战斗活,身被甲胄,手执利器,命敌先登,乃至得生箭降伏天,是故悲泣。我今定思:诸战斗活,恶业因缘,身坏命终生箭降伏天者,无有是处。瞿昙!我从今日舍诸恶业,归佛,归法,归比丘僧。"佛告聚落主:"此真实要。"时战斗活聚落主,闻佛所说,欢喜随喜,即从座起,作礼而去。

三① 一三二四九(九〇九)

如是我闻:一时,佛住王舍城迦兰陀竹园。时有调马聚落主,来诣佛所,恭敬问讯,退坐一面。尔时,世尊告调马聚落主:"调伏马者,有几种法?"聚落主答言:"瞿昙!有三种法。何等为三?谓一者、柔软,二者、刚强,三者、柔软刚强。"佛告聚落主:"若以三种法,马犹不调,当如之何?"聚落主言:"便当杀之。"聚落主白佛言:"瞿昙!无上调御丈夫者,当以几种法调御丈夫?"佛告聚落主:"我亦以三法调御丈夫。何等为三?一者、柔软,二者、刚强,三者、柔软刚强。"聚落主白佛:"瞿昙!若三种调御丈夫犹不调者,当如之何?"佛言:"聚落主,三事调伏犹不调者,便当杀之。所以者何?莫令我法有所屈辱。"调马聚落主白佛言:"瞿昙法中,杀生者不净;瞿昙法中不应杀,而今说言不调伏者亦当杀之?"佛告聚落主:"如汝所言。如来法中,杀生

---

① 《别译》一二四经。

者不净,如来不应有杀。聚落主!然我以三种法调御丈夫,彼不调者,不复与语,不复教授,不复教诫。聚落主!若如来调御丈夫,不复与语,不复教授,不复教诫,岂非杀耶?"调马聚落主白佛言:"瞿昙!若调御丈夫不复与语,不复教授,不复教诫,真为杀也。是故我从今日,舍诸恶业,归佛,归法,归比丘僧。"佛告聚落主:"此真实要。"佛说此经已,调马聚落主闻佛所说,欢喜随喜,即从座起,作礼而去。

四① 一三二五〇(九一〇)

如是我闻:一时,佛住王舍城迦兰陀竹园。时有凶恶聚落主,来诣佛所,稽首佛足,退坐一面。白佛言:"世尊!不修何等法故,于他生瞋恚?生瞋恚故,口说恶言,他为其作恶性名字?"佛告聚落主:"不修正见故,于他生瞋,生瞋恚已,口说恶言,他为其作恶性名字。不修正志、正语、正业、正命、正方便、正念、正定故,于他生瞋,生瞋恚故,口说恶言,他为其作恶性名字。"复问世尊:"修习何法,于他不瞋,不瞋恚故,口说善言,他为其作贤善名字?"佛告聚落主:"修正见故,于他不瞋,不瞋恚故,口说善言,他为其作贤善名字。修习正志、正语、正业、正命、正方便、正念、正定故,于他不瞋,不瞋恚故,口说善言,他为其作贤善名字。"凶恶聚落主白佛言:"奇哉世尊!善说此言。我不修正见故,于他生瞋,生瞋恚已,口说恶言,他为我作恶性名字。我不修正志、正语、正业、正命、正方便、正念、正定故,于他生瞋,生瞋恚故,口说恶言,他为我作恶性名字。是故我今当舍瞋恚、刚强、粗

---

① 《相应部》(四二)"聚落主相应"一经。《别译》一二五经。

涩。"佛告聚落主:"此真实要。"佛说此经已,凶恶聚落主欢喜随喜,作礼而去。

五① 　　　　　　一三二五一(　九一一)

如是我闻:一时,佛住王舍城迦兰陀竹园。时有摩尼珠髻聚落主,来诣佛所,稽首佛足,退坐一面。白佛言:"世尊! 先日,国王集诸大臣,共论议言:云何沙门释子比丘,自为受畜金银、宝物,为净耶? 为不净耶? 其中有言:沙门释子应受畜金银、宝物。又复有言:不应自为受畜金银、宝物。世尊! 彼言沙门释子,应自为受畜金银、宝物者,为从佛闻,为自出意? 说作是语者,为随顺法,为不随顺? 为真实说,为虚妄说? 如是说者,得不堕于呵责处耶?"佛告聚落主:"此则妄说,非真实说,非是法说,非随顺说,堕呵责处。所以者何? 沙门释子自为受畜金银、宝物者,不清净故。若自为己受畜金银、宝物者,非沙门法,非释种子法。"聚落主白佛言:"奇哉世尊! 沙门释子受畜金银、宝物者,非沙门法,非释种子法,此真实说。世尊作是说者,增长胜妙。我亦作是说:沙门释子不应自为受畜金银、宝物。"佛告聚落主:"若沙门释子自为受畜金银、珍宝清净者,五欲功德悉应清净!"摩尼珠髻聚落主,闻佛所说,欢喜作礼而去。

尔时,世尊知摩尼珠髻聚落主去已,告尊者阿难:"若诸比丘依止迦兰陀竹园住者,悉呼令集于食堂。"时尊者阿难即受佛教,周遍宣令,依止迦兰陀竹园比丘,集于食堂。比丘集已,往白世尊:"诸比丘已集食堂,惟世尊知时。"尔时,世尊往诣食堂,大

---

① 《相应部》(四二)"聚落主相应"一〇经。《别译》一二六经。

众前坐。坐已,告诸比丘:"今日有摩尼珠髻聚落主,来诣①我所,作如是言:先日,国王集诸大臣作如是论议:沙门释子自为受畜金银、宝物,为清净不?其中有言清净者,有言不清净者。今问世尊:言清净者,为从佛闻,为自妄说,如上广说。彼摩尼珠髻聚落主,闻我所说,欢喜随喜,作礼而去。诸比丘!国王、大臣共集论议,彼摩尼珠髻聚落主,于大众前师子吼说:沙门释种子不应自为受畜金银、宝物。诸比丘!汝等从今日,须木索木,须草索草,须车索车,须作人索作人,慎勿为己受取金银、种种宝物!"佛说此经已,诸比丘闻佛所说,欢喜奉行。

六② 一三二五二(九一二)

如是我闻:一时,佛住瞻婆国揭伽池侧。时有王顶聚落主,来诣佛所,稽首佛足,退坐一面。尔时,世尊告王顶聚落主:"今者众生,依于二边。何等为二?一者,乐著卑下田舍常人,凡夫五欲;二者,自苦方便不正,非义饶益。聚落主!有三种乐受欲乐卑下田舍常人凡夫,有三种自苦方便不正非义饶益。聚落主!何等为三种卑下田舍常人凡夫乐受欲乐?有受欲者,非法滥取,不以安乐自供,不供养父母,给足兄弟、妻子、奴婢、眷属、朋友、知识,亦不随时供养沙门、婆罗门,仰求胜处安乐果报,未来生天,是名世间第一受欲。复次,聚落主!受欲乐者,以法、非法滥取财物,以乐自供,供养父母,给足兄弟、妻子、奴婢、眷属、朋友、知识,而不随时供养沙门、婆罗门,仰求胜处安乐果报,未来生天,是名第二受欲乐者。复次,聚落主!有受欲乐者,以法求财,

---

① "诣",原本作"谅",依宋本改。
② 《相应部》(四二)"聚落主相应"一二经。《别译》一二七经。

不以滥取。以乐自供,供养父母,给足兄弟、妻子、奴婢、眷属、知识,随时供养沙门、婆罗门,仰求胜处安乐果报,未来生天,是名第三受欲乐者。聚落主!我不一向说受欲平等;我说受欲者其人卑下,我说受欲者是其中人,我说受欲者是其胜人。何等为卑下受欲者?谓非法滥取,乃至不仰求胜处安乐果报,未来生天,是名我说卑下者受欲。何等为中人受欲?谓受欲者,以法、非法而求财物,乃至不求未来生天,是名我说第二中人受欲。何等为我说胜人受欲?谓彼以法求财,乃至未来生天,是名我说第三胜人受欲。何等为三种自苦方便,是苦非法不正,非义饶益?有一自苦枯槁活,初始犯戒、污戒,彼修种种苦行,精勤方便住处住。彼不能现法得离炽然,过人法,胜妙知见,安乐住。聚落主!是名第一自苦方便枯槁活。复次,自苦方便枯槁活,始不犯戒、污戒,而修种种苦行,亦不由此现法得离炽然,过人法,胜妙知见,安乐住,是名第二自苦方便枯槁活。复次,自苦方便枯槁活,不初始犯戒、污戒,然修种种苦行方便,亦不能现法离炽然,得过人法,胜妙知见、安乐住,是名第三自苦方便枯槁活。聚落主!我不说一切自苦方便枯槁活,悉等:我说有自苦方便是卑劣人,有说自苦方便是中人,有说自苦方便是胜人。何等自苦方便卑劣人?若彼自苦方便,初始犯戒、污戒,乃至不得胜妙知见,安乐住,是名我说自苦方便卑劣人。何等为自苦方便中人?若彼自苦方便,不初始犯戒、污戒,乃至不得胜妙知见,安乐住,是名我说自苦方便中间人。何等为自苦方便胜人?若彼自苦方便枯槁活,不初始犯戒、污戒,乃至不得胜妙知见,安乐住,是名我说自苦方便胜人。聚落主!是名三种自苦方便,是苦非法不正,非义饶益。聚落主！有道有迹,不向三种受欲随顺方便,卑下田舍常人凡夫；不向三种自苦方便,是苦非法不正非义饶益。聚落主！何等为道？何等为迹？不向三种受欲,三种自苦方便？聚落主！为欲贪障阂故,或欲自害,或欲害他,或欲俱害,现法、后世得斯罪报,心法忧苦；嗔恚、痴所障,或欲自害,或欲害他,或欲俱害,现法、后世得斯罪报,心法忧苦。若离贪障,不欲方便自害、害他、自他俱害,不现法、后世受此罪报,彼心心法常受喜乐；如是离嗔恚、愚痴障阂,不欲自害,不欲害他,自他俱害,不现法、后世受斯罪报,彼心心法常受安乐。于现法中,远离炽然,不待时节,亲近涅槃,即此身现,缘自觉知。聚落主！如此现法永离炽然,不待时节,亲近涅槃,即此现身,缘自觉知者,为八圣道,正见乃至正定。”当其世尊说是法时,王顶聚落主远尘、离垢,得法眼净。时王顶聚落主,见法、得法、知法,深入于法,度疑,不由于他,于正法律得无所畏。即从坐起,整衣服,合掌白佛：“我今已度,世尊！归佛,归法,归比丘僧。从今尽寿为优婆塞。”时（王顶聚落主）闻佛所说,欢喜随喜,作礼而去。

七① 　　　　一三二五三（　九一三）

如是我闻：一时,佛在力士人间游行,到欝鞞罗住处鹦鹉阎浮林。时有竭昙聚落主,闻沙门瞿昙在力士人间游行,至欝鞞罗聚落鹦鹉阎浮林,说现法苦集、苦没,我当往诣彼沙门瞿昙；若我诣沙门瞿昙者,彼必为我说现法苦集、苦没。即往彼欝鞞罗聚落,诣世尊所,稽首礼足,退坐一面。白佛言：“世尊！我闻世尊

---

① 《相应部》（四二）“聚落主相应”一一经。《别译》一二八经。

常为人说现法苦集、苦没。善哉世尊!为我说现法苦集、苦没。"佛告聚落主:"我若说过去法苦集、苦没者,知汝于彼为信为不信,为欲不欲,为念不念,为乐不乐?汝今苦不?我若说未来苦集、苦没者,知汝于彼为信不信,为欲不欲,为念不念,为乐不乐?汝今苦不?我今于此说现法苦集、苦没。聚落主!若众生所有苦生,彼一切皆以欲为本,欲生、欲集、欲起、欲因、欲缘而苦生。"聚落主白佛言:"世尊极略说法,不广分别,我所不解。善哉世尊!唯愿广说,令我等解。"佛告聚落主:"我今问汝,随汝意说。聚落主!于意云何?若众生于此欝鞞罗聚落住者①,若缚、若打、若责、若杀,汝心当起忧悲恼苦不?"聚落主白佛言:"世尊!亦不一向。若诸众生于此欝鞞罗聚落住者,于我有欲、有贪、有爱、有念,相习近者,彼遭若缚、若打、若责、若杀,我则生悲忧恼苦;若彼众生所,无欲、贪、爱、念,相习近者,彼遭缚、打、责、杀,我何为横生忧悲恼苦?"佛告聚落主:"是故当知!众生种种苦生,彼一切皆以欲为本,欲生、欲习、欲起、欲因、欲缘而生众苦。聚落主!于意云何?汝依父母不相见者,则生欲、贪、爱、念不?"聚落主言:"不也,世尊!""聚落主!于意云何?若见、若闻,彼依父母,当起欲、爱、念不?"聚落主言:"如是,世尊!"复问聚落主:"于意云何?彼依父母若无常变异者,当起忧悲恼苦不?"聚落主言:"如是,世尊!若依父母无常变异者,我或邻死,岂唯忧悲恼苦!"佛告聚落主:"是故当知,若诸众生所有苦生,一切皆以爱欲为本,欲生、欲集、欲起、欲因、欲缘,而生苦。"聚

---

① "者"下,原本有"是"字,依明本删。

落主言:"奇哉世尊!善说如此依父母譬。我有依父母,居在异处,我日日遣信问其安否。使未时还,我已①忧苦,况复无常而无忧苦?"佛告聚落主:"是故我说其诸众生,所有忧苦,一切皆以欲为根本,欲生、欲集、欲起、欲因、欲缘而生忧苦。"佛告聚落主:"若有四爱念无常变异者,则四忧苦生;若三、二,若一爱念无常变异者,则一忧苦生。聚落主!若都无爱念者,则无忧苦尘劳。"即说偈言:

"若无世间爱念者,则无忧苦尘劳患,
一切忧苦消灭尽,犹如莲花不著水。"

当其世尊说是法时,竭昙聚落主远尘、离垢,得法眼净。见法,得法,深入于法,度诸狐、疑,不由于他,不由他度,于正法律得无所畏。从座起,整衣服,合掌白佛:"已度,世尊!我已②超越。我从今日,归佛、归法、归比丘僧,尽其寿命,为优婆塞,唯忆持我!"佛说此经已,竭昙聚落主闻佛所说,欢喜随喜,作礼而去。

八③　　　　　　　一三二五四(　九一四)

如是我闻:一时,佛在摩竭提国人间游行,与千二百五十比丘、千优婆塞、五百乞残食人,从城至城,从聚落至聚落,人间游行,至那罗聚落好衣庵罗园中。时有刀师氏聚落主,是尼揵弟子,诣尼揵所,礼尼揵足,退坐一面。尔时,尼揵语刀师氏聚落

---

① "已",原本作"以",今改。
② "已",原本作"以",今改。
③ 《相应部》(四二)"聚落主相应"九经。《别译》一二九经。

主:"汝能共沙门瞿昙作蒺藜论,令沙门瞿昙不得语,不得不语耶?"聚落主言:"阿梨!我立何等论为蒺藜论?令沙门瞿昙不得语,不得不语。"尼揵语聚落主言:"汝往诣沙门瞿昙所,作是问:瞿昙常愿,欲令诸家福利具足增长,作如是愿,如是说不?若答汝言不者,汝当问言:沙门瞿昙与凡愚夫有何等异?若言有愿、有说者,当复问言:沙门瞿昙若有如是愿、如是说者,今云何于饥馑世游行人间,将诸大众千二百五十比丘、千优婆塞、五百乞残食人,从城至城,从村至村,损费世间,如大雨雹雨,〔已〕乃是减损,非增益也。瞿昙所说,殊不相应!不类、不似,前后相违!如是聚落主!是名蒺藜论,令彼沙门瞿昙,不得语,不得不语。"尔时,刀师氏聚落主,受尼揵劝教已,诣佛所,恭敬问讯。恭敬问讯已,退坐一面。白佛:"瞿昙!常欲愿令诸家福利增长不?"佛告聚落主:"如来长夜欲令诸家福利增长,亦常作是说。"聚落主言:"若如是者,云何瞿昙于饥馑世,人间乞食,将诸大众,乃至不似、不类,前后相违!"佛告聚落主:"我忆九十一劫以来,不见一人施一比丘,有尽有减。聚落主!汝观今日,有人家大富,多钱财,多眷属,多仆从,当知其家长夜好施,真实寂止,故致斯福利。聚落主!有八因缘,令人损减,福利不增。何等为八?王所逼,贼所劫,火所焚,水所漂,藏自消减,抵债不还,怨憎残破,恶子费用。有是八种,为钱财难聚。聚落主!我说无常为第九句。如是聚落主!汝舍九因、九缘,而言沙门瞿昙破坏他家,不舍恶言,不舍恶见,如铁枪投水,身坏命终生地狱中。"时刀师氏聚落主,心生恐怖,身毛皆竖,白佛言:"世尊!我今悔过!如愚、如痴,不善、不辩,于瞿昙所,不实欺诳,虚说妄语。"

（刀师氏聚落主）闻佛所说，欢喜随喜，从座起去。

九[1]　　　　　　一三二五五（　九一五）

如是我闻：一时，佛住那罗聚落好衣庵罗园中。时有刀师氏聚落主，先是尼揵弟子。诣尼揵所，礼尼揵足，退坐一面。尔时，尼揵语聚落主："汝能共沙门瞿昙作蒺藜论，令沙门瞿昙不得语，不得不语？"聚落主白尼揵："阿梨！何等为蒺藜论？令沙门瞿昙不得语，不得不语耶？"尼揵语聚落主："汝往沙门瞿昙所，作如是言：瞿昙不常欲安慰一切众生，赞叹安慰一切众生耶？若言不者，应语言瞿昙与凡愚夫有何等异？若言常欲安慰一切众生，赞叹安慰一切众生者，复应问言：若欲安慰一切众生者，以何等故，或为一种人说法，或不为一种人说法？作如是问者，是名蒺藜论，令彼沙门瞿昙，不得语，不得不语。"尔时，聚落主受尼揵劝进已，往诣佛所，恭敬问讯已，退坐一面。白佛言："瞿昙！岂不欲常安慰一切众生，叹说安慰一切众生？"佛告聚落主："如来长夜慈愍安慰一切众生，亦常叹说安慰一切众生。"聚落主白佛言："若然者，如来何故为一种人说法，又复不为一种人说法？"佛告聚落主："我今问汝，随意答我。聚落主！譬如有三种田：有一种田沃壤肥泽，第二田中，第三田墝薄。云何聚落主！彼田主先于何田耕治下种？"聚落主言："瞿昙！于最沃壤肥泽者，先耕下种。""聚落主！复于何田次耕下种？"聚落主言："瞿昙！当于中田，次耕下种。"佛告聚落主："复于何田次耕下种？"聚落主言："当于最下墝薄之田，次耕下种。"佛告聚落主："何故

---

[1]　《相应部》（四二）"聚落主相应"七经。《别译》一三〇经。

如是?"聚落主言:"不欲废田,存种而已。"佛告聚落主:"我亦如是,如彼沃壤肥泽田者,我诸比丘、比丘尼亦复如是,我常为彼演说正法:初、中、后善,善义、善味,纯一满净,梵行清白,开示显现。彼闻法已,依于我舍、我洲、我覆、我荫、我趣,常以净眼观我而住。作如是念:佛所说法,我悉受持,令我长夜以义饶益,安隐乐住。聚落主!如彼中田者,我弟子优婆塞、优婆夷,亦复如是。我亦为彼演说正法:初、中、后善,善义、善味,纯一满净,梵行清白,开发显示。彼闻法已,依于我舍、我洲、我覆、我荫、我趣,常以净眼观察我住。作如是念:世尊说法,我悉受持,令我长夜以义饶益,安隐乐住。聚落主!如彼田家最下田者,如是我为诸外道异学、尼揵子辈,亦为说法:初、中、后善,善义、善味、纯一满净,梵行清白,开示显现。然于彼等少闻法者,亦为其说;多闻法者,亦为其说。然其彼众,于我善说法中得一句法,知其义者,亦复长夜以义饶益,安隐乐住。"时聚落主白佛:"甚奇世尊!善说如是三种田譬。"佛告聚落主:"汝听我更说譬类。譬如士夫有三水器:第一器①不穿、不坏,亦不津漏;第二器不穿、不坏,而有津漏;第三器者,穿、坏、津漏。云何聚落主!彼士夫三种器中,常持净水,着何等器中?"聚落主言:"瞿昙!当以不穿、不坏、不津漏者,先以盛水。"佛告聚落主:"次复应以何器盛水?"聚落主言:"瞿昙!当持彼器不穿、不坏,而津漏者,次以盛水。"佛告聚落主:"彼器满已,复以何器为后盛水?"聚落主言:"以穿、坏、津漏之器,最后盛水。所以者何?须臾之间,供小用故。"佛告聚

---

① "第一器",原本缺,依宋本补。

落主:"如彼士夫,不穿、不坏、不津漏器,诸弟子比丘、比丘尼,亦复如是。我常为彼演说正法,乃至长夜以义饶益,安隐乐住。如第二器,不穿、不坏而津漏者,我诸弟子优婆塞、优婆夷,亦复如是。我常为彼演说正法,乃至长夜以义饶益,安隐乐住。如第三器穿、坏、津漏者,外道异学、诸尼揵辈,亦复如是。我亦为彼演说正法:初、中、后善,善义、善味,纯一满净,梵行清白,开示显现。多亦为说,少亦为说,彼若于我说一句法知其义者,亦得长夜安隐乐住。"时刀师氏聚落主,闻佛所说,心大恐怖,身毛皆竖,前礼佛足:"悔过,世尊! 如愚、如痴,不善、不辩,于世尊所,不谛真实,虚伪妄说。"(刀师氏聚落主)闻佛所说,欢喜随喜,礼足而去。

一〇① 一三二五六(九一六)

如是我闻:一时,佛住那罗聚落好衣庵罗园中。时有刀师氏聚落主,尼揵弟子,来诣佛所,稽首礼足,退坐一面。尔时,世尊告聚落主:"欲何所论? 尼揵若提子为何所说?"聚落主言:"彼尼揵若提子说:杀生者,一切皆堕泥梨中,以多行故,则将至彼。如是盗、邪淫、妄语,皆堕泥犁中,以多行故,则将至彼。"佛告聚落主:"若如尼揵若提子说,杀生者堕泥犁中,以多行故而往生彼者,则无有众生堕泥犁中。聚落主! 于意云何? 何等众生于一切时有心杀生? 复于何时有心不杀生? 乃至何时有心妄语,何时有心不妄语?"聚落主白佛言:"世尊! 入于昼、夜,少时有心杀生,乃至少时有心妄语;而多时不有心杀生乃至妄语。"佛

---

① 《相应部》(四二)"聚落主相应"八经。《别译》一三一经。

告聚落主:"若如是者,岂非无有人堕于泥犁中耶? 如尼揵所说,有人杀生者,一切堕泥犁中,多习行者,将往生彼;乃至妄语亦复如是。聚落主! 彼大师出兴于世,觉想筹量,入觉想地,住于凡夫地,自辩所说,随意筹量,为诸弟子作如是说法。言杀生者一切皆堕泥犁中,多习行将往生彼;乃至妄语亦复如是。彼诸弟子若信其说,言我大师知其所知,见其所见,能为弟子作如是说:若杀生者,一切皆堕泥犁中,多习行故,将往生彼。我本有心杀生、偷盗、邪淫、妄语,当堕泥犁中,得如是见,乃至不舍此见,不厌彼业,不觉彼悔,于未来世不舍杀生,乃至不舍妄语。彼意解脱不满足,慧解脱亦不满足;意解脱不满足,慧解脱不满足故,则为谤圣邪见;邪见因缘故,身坏命终,生恶趣泥犁中。如是聚落主! 有因有缘众生烦恼,有因有缘众生业烦恼(清净)。聚落主! 如来、应、等正觉、明行足、善逝、世间解、无上士、调御丈夫、天人师、佛、世尊,出兴于世,常为众生呵责杀生,赞叹不杀;呵责偷盗、邪淫、妄语,赞叹不盗、不淫、不妄语。常以此法化诸声闻,令念乐信重言:我大师知其所知,见其所见,呵责杀生,赞叹不杀,乃至呵责妄语,赞叹不妄语。我从昔来,以愚痴无慧,有心杀生,我缘是故,今自悔责。虽不能令彼业不为,且因此悔责故,于未来世得离杀生,乃至得离盗、淫、妄语。亦得满足正意解脱,满足慧解脱;意解脱、慧解脱满足已,得不谤贤圣正见成就,正见因缘故,得生善趣天上。如是聚落主! 有因有缘众生业烦恼清净。聚落主! 彼多闻圣弟子,作如是学,随时昼夜观察所起,少有心杀生,多有心不杀生。若于有心杀生,当自悔责,不是、不类。若不有心杀生,无怨、无憎,心生随喜,随喜已欢喜,生欢喜已心猗息,心猗息已心受乐,受乐已则心定。心定已,圣弟子心与慈俱,无怨、无嫉、无有嗔恚,广大无量,满于一方正受住;二方、三方,乃至四方、四维、上下,一切世间心与慈俱,无怨、无嫉、无有嗔恚,广大无量,善修习充满诸方具足正受住。"尔时,世尊以爪甲抄少土,语刀师氏聚落主言:"云何聚落主!我爪甲土多,大地为多?"聚落主白佛言:"世尊爪甲土少少耳,大地土无量无数。"佛告聚落主:"如甲上之土甚少,大地之土其数无量,如是心与慈俱,修习、多修习,诸有量业者如甲上土,不能将去,不能令住。如是偷盗对以悲心,邪淫对以喜心,妄语对以舍心,不得为比。"说是语时,刀师氏聚落主远尘、离垢,得法眼净。聚落主见法,得法,觉法,知法,深入于法,离诸狐、疑,不由于他,不随于他,于正法律得无所畏。从坐起,整衣服,右膝着地,合掌白佛:"我已度,世尊!已越,世尊!我今归佛、归法、归比丘僧,尽其寿命为优婆塞。世尊!譬如士夫欲求灯明,取其马尾以为灯炷,欲吹令然,终不得明,徒自疲劳,灯竟不然。我亦如是,欲求明智,于诸愚痴尼揵子所,愚痴习近,愚痴和合,愚痴奉事,徒自劳苦,不得明智。是故我今重归依佛、归法、归僧。从今以去,于彼尼揵愚痴,不善、不辩者所,少信、少敬、少爱、少念,于今远离,是故我今第三归佛、归法、归僧,乃至尽寿为优婆塞,自净其心!"时刀师氏聚落主闻佛所说,欢喜随喜,作礼而去。

  (动摇及斗诤,调马与恶性,顶发并牟尼,王发及驴姓,
  饥馑与种田,说何论为十①。)

---

①　摄颂见《别译》卷七(大正二·四二五下)。

四三　马相应①

一② 　　　　　一三二五七（九一七）

③如是我闻：一时，佛住舍卫国祇树给孤独园。尔时，世尊告诸比丘："世间有三种调马，何等为三种？有马捷疾具足，色不具足，形体不具足；有马色具足，捷疾具足，形体不具足；有马捷疾具足，色具足，形体具足。如是有三种调士夫相，何等为三？有士夫捷疾具足，色不具足，形体不具足；有士夫捷疾具足，色具足，形体不具足；有士夫捷疾具足，色具足，形体具足。比丘！何等为〔不〕调士夫捷疾具足，色不具足，形体不具足？有士夫于此苦如实知，此苦集、此苦灭、此苦灭道迹如实知。如是观者，三结断：身见、戒取、疑。此三结断，得须陀洹，不堕恶趣法，决定正趣三菩提，七有天人往生，究竟苦边，是名捷疾具足。何等为非色具足？若有问阿毗昙、律，不能以具足句、味，次第随顺，具足解说，是名色不具足。云何形体不具足？非大德名闻（不能）感致衣被、饮食、床卧、汤药、众具，是名士夫捷疾具足，色不具足，形体不具足。何等为捷疾具足，色具足，形体不具足？谓士夫此苦如实知，此苦集、此苦灭、此苦灭道迹如实知，乃至究竟苦边，是捷疾具足。何等为色具足？若问阿毗昙、律，乃至能为解说，是名色具足。何等为形体不具足？非大德名闻，不能感致衣被、饮食、卧具、汤药，是名士夫捷疾具足，色具足，形体不具足。何

---

① "马相应"，共一〇经。多见《增支部》。
② 《增支部》"三集"一三八经前文。《别译》一四三经。
③ 《杂阿含经》卷三二中。

等为士夫捷疾具足,色具足,形体具足？谓士夫此苦如实知,此苦集、此苦灭、此苦灭道迹如实知,乃至究竟苦边,是名捷疾具足。何等为色具足？若问阿毗昙、律,乃至能解说,是名色具足。何等为形体具足？大德名闻,乃至卧具汤药,是名形体具足。是名士夫捷疾具足,色具足,形体具足。"佛说此经已,诸比丘闻佛所说,欢喜奉行。

二① 　　　　一三二五八（九一八）

如是我闻：一时,佛住王舍城迦兰陀竹园。尔时,世尊告诸比丘："世间有三种良马,何等为三？有马捷疾具足,非色具足,非形体具足；有马捷疾具足,色具足,非形体具足；有马捷疾具足,色具足,形体具足。于正法律有三种善男子,何等为三？有善男子捷疾具足,非色具足,非形体具足；有善男子捷疾具足,色具足,非形体具足；有善男子捷疾具足,色具足,形体具足。何等为善男子捷疾具足,非色具足,非形体具足？谓善男子,苦圣谛如实知,苦集圣谛如实知,苦灭圣谛如实知,苦灭道迹圣谛如实知。作如是知、如是见已,断五下分结,谓身见、戒取、疑、贪欲、嗔恚；断此五下分结已,得生般涅槃阿那含,不复还生此世,是名善男子捷疾具足。云何色不具足？若问阿毗昙、律,不能解了句、味,次第随顺,决定解说,是名色不具足。云何形体不具足？谓非名闻大德,(不)能感财利供养——衣被、饮食、随病汤药,是名善男子捷疾具足,非色具足,非形体具足。何等为捷疾具足,色具足,非形体具足？谓善男子,此苦圣谛如实知,乃至得生

---

① 《增支部》"三集"一三八经后文。《别译》一四四经。

般涅槃阿那含,不复还生此世,是名捷疾具足。云何色具足?若有问阿毗昙、律,能以次第句、味,随顺决定而为解说,是名色具足。云何非形体具足?谓非名闻大德,(不)能感财利供养——衣被、饮食、随病汤药。是名善男子捷疾具足,色具足,非形体具足。何等为善男子捷疾具足,色具足,形体具足?谓善男子,此苦圣谛如实知,乃至得阿那含生般涅槃,不复还生此世,是名捷疾具足。何等为色具足?若有问阿毗昙、毗尼,乃至而为解说,是名色具足。何等为形体具足?谓名闻大德,能感财利,乃至汤药众具,是名形体具足。是名善男子捷疾具足,色具足,形体具足。"佛说此经已,诸比丘闻佛所说,欢喜奉行①。

三②　　　　　　一三二五九（九一九）

③如是我闻:一时,佛住王舍城迦兰陀竹园。尔时,世尊告诸比丘:"世间有三种良马,何等为三?谓有马捷疾具足,非色具足,非形体具足;有马捷疾具足,色具足,非形体具足;有马捷疾具足,色具足,形体具足。如是于此法律有三种善男子,何等为三?有善男子捷疾具足,非色具足,非形体具足;有善男子捷疾具足,色具足,非形体具足;有善男子捷疾具足,色具足,形体具足。何等为善男子捷疾具足,非色具足,非形体具足?谓善男子,此苦圣谛如实知,此苦集圣谛如实知,此苦灭圣谛如实知,此苦灭道迹圣谛如实知。如是知、如是见已,欲有漏心解脱,有有漏心解脱,无明有漏心解脱:我生已尽,梵行已立,所作已作,自

---

① 《杂阿含经》卷三二终。
② 《增支部》"三集"一三九经。《别译》一四五经。
③ 《杂阿含经》卷三三。

知不受后有,是名捷疾具足。云何非色具足?若有问阿毗昙、律,乃至不能为决定解说,是名色不具足。何等非形体具足?谓非名闻大德,乃至不感汤药、众具,是名形体不具足。是名善男子捷疾具足,非色具足,非形体具足。何等为善男子捷疾具足,色具足,非形体具足?谓善男子,此苦圣谛如实知,乃至不受后有,是名捷疾具足。云何色具足?谓若有问阿毗昙、毗尼,乃至能为决定解说,是名色具足。何等为非形体具足?谓非名闻大德,乃至不能感汤药、众具,是名善男子捷疾具足,色具足,非形体具足。何等为善男子捷疾具足,色具足,形体具足?谓善男子,此苦圣谛如实知,乃至不受后有,是名捷疾具足。何等为色具足?谓善男子,若有问阿毗昙、毗尼,乃至能为决定解说,是名色具足。何等为形体具足?谓善男子,名闻大德,乃至能感汤药、众具,是名形体具足。是名善男子捷疾具足,色具足,形体具足。"佛说此经已,诸比丘闻佛所说,欢喜奉行。

四① 一三二六〇(九二〇)

如是我闻:一时,佛住王舍城迦兰陀竹园。尔时,世尊告诸比丘:"世有三种良马,王所服乘。何等为三?谓良马色具足,力具足,捷疾具足。如是于正法律,有三种善男子,世所奉事,供养恭敬,为无上福田。何等为三?谓善男子色具足,力具足,捷疾具足。何等为色具足?谓善男子,住于净戒,波罗提木叉律仪,威仪、行处具足,见微细罪能生怖畏,受持学戒,是名色具足。何等力具足?已生恶不善法令断,生欲精勤方便,摄受增长;未

---

① 《增支部》"三集"九四——九六经。《别译》一四六经。

生恶不善法不起,生欲精勤方便,摄受增长;未生善法令起,生欲精勤方便,摄受增长;已生善法住不忘失,生欲精勤方便,摄受增长,是名力具足。何等为捷疾具足?谓此苦圣谛如实知,乃至得阿罗汉,不受后有,是名捷疾具足。是名善男子色具足,力具足,捷疾具足。"佛说此经已,诸比丘闻佛所说,欢喜奉行。

五①　　　　　一三二六一(　九二一)

如是我闻:一时,佛住王舍城迦兰陀竹园。尔时,世尊告诸比丘:"世有良马,四能具足,当知是良马王所服乘。何等为四?所谓贤善,捷疾,堪能,调柔。如是善男子,四德成就,世所宗重,承事供养,为无上福田。何等为四?谓善男子成就无学戒身,无学定身,无学慧身,无学解脱身。"佛说此经已,诸比丘闻佛所说,欢喜奉行。

六②　　　　　一三二六二(　九二二)

如是我闻:一时,佛住王舍城迦兰陀竹园。尔时,世尊告诸比丘:"世有四种良马:有良马,驾以平乘,顾其鞭影驰驶,善能观察御者形势,迟速左右,随御者心,是名比丘!世间良马第一之德。复次,比丘!世间良马,不能顾影而自惊察,然以鞭杖触其毛尾,则能惊悚③,察御者心,迟速左右,是名世间第二良马。复次,比丘!若世间良马,不能顾影,及触皮毛能随人心,而以鞭杖小侵皮肉,则能惊察,随御者心,迟速左右,是名比丘第三良马。复次,比丘!世间良马,不能顾其鞭影,及触皮毛,小侵肤

---

① 《增支部》"四集"一一二经。《别译》一四七经。
② 《增支部》"四集"一一三经。《别译》一四八经。
③ "悚",原本作"速",今改。

肉,乃以铁锥刺身,彻肤伤骨,然后方惊,牵车着路,随御者心,迟速左右,是名世间第四良马。如是于正法律,有四种善男子。何等为四？谓善男子,闻他聚落,有男子、女人,疾病困苦乃至死。闻已,能生恐怖,依正思惟,如彼良马顾影则调,是名第一善男子,于正法律能自调伏。复次,善男子！不能闻他聚落,若男、若女,老病死苦,能生怖畏,依正思惟；见他聚落若男、若女老病死苦,则生怖畏,依正思惟,如彼良马触其毛尾,能速调伏,随御者心,是名第二善男子,于正法律能自调伏。复次,善男子！不能闻、见他聚落中,男子、女人老病死苦,生怖畏心,依正思惟；然见聚落、城邑,有善知识及所亲近,老病死苦,则生怖畏,依正思惟,如彼良马触其肤肉,然后调伏,随御者心,是名第三①善男子,于圣法律而自调伏。复次,善男子不能闻、见他聚落中男子、女人及所亲近老病死苦,生怖畏心,依正思惟；然于自身老病死苦,能生厌怖,依正思惟,如彼良马侵肌彻骨,然后乃调,随御者心,是名第四善男子,于圣法律能自调伏。"佛说此经已,诸比丘闻佛所说,欢喜奉行。

七②　　　　　　一三二六三（九二三）

如是我闻：一时,佛住王舍城迦兰陀竹园。时有调马师,名曰只尸,来诣佛所,稽首佛足,退坐一面。白佛言："世尊！我观世间甚为轻贱,犹如群羊。世尊！唯我堪能调马,狂逸恶马,我作方便,须臾令彼态病悉现,随其态病方便调伏。"佛告调马师聚落主："汝以几种方便,调伏于马？"马师白佛："有三种法,调

---

① "第三",原本缺,依元本补。
② 《增支部》"四集"一一一经。

伏恶马。何等为三？一者、柔软，二者、粗涩，三者、柔软粗涩。"佛告聚落主："汝以三种方便调马，犹不调者，当如之何？"马师白佛："遂不调者，便当杀之。所以者何？莫令辱我。"调马师白佛："世尊是无上调御丈夫，为以几种方便调御丈夫？"佛告聚落主："我亦以三种方便，调御丈夫。何等为三？一者、一向柔软，二者、一向粗涩，三者、柔软粗涩。"佛告聚落主："所谓一向柔软者，如所说：此是身善行，此是身善行报；此是口、意善行，此是口、意善行报。是名天，是名人，是名善趣、化生，是名涅槃，是为柔软。粗涩者，如所说：是身恶行，是身恶行报；是口、意恶行，是口、意恶行报。是名地狱，是名畜生，是名饿鬼，是名恶趣，是名堕恶趣，是名如来粗涩教也。彼柔软粗涩俱者，谓如来有时说身善行，有时说身善行报，有时说口、意善行，有时说口意善行报；有时说身恶行，有时说身恶行报，有时说口、意恶行，有时说口、意恶行报。如是名天，如是名人，如是名善趣，如是名涅槃；如是名地狱，如是名畜生、饿鬼，如是名恶趣，如是堕恶趣，是名如来柔软粗涩教。"调马师白佛："世尊！若以三种方便调伏众生，有不调者，当如之何？"佛告聚落主："亦当杀之。所以者何？莫令辱我。"调马师白佛言："若杀生者，于世尊法为不清净，世尊法中亦不杀生，而今言杀，其义云何？"佛告聚落主："如是，如是！如来法中杀生不清净，如来法中亦不杀生。然如来法中，以三种教授不调伏者，不复与语，不教，不诫。聚落主！于意云何？如来法中，不复与语，不教，不诫，岂非死耶？"调马师白佛："实尔，世尊！不复与语，永不教、诫，真为死也。世尊！以是之故，我从今日，离诸恶不善业！"佛告聚落主："善哉所说！"时调马师聚落主只尸,闻佛所说,欢喜随喜,礼足而去。

　　　　八①　　　　　　一三二六四(　九二四)

　　如是我闻:一时,佛住王舍城迦兰陀竹园。尔时,世尊告诸比丘:"世间马有八态,何等为八?谓恶马临驾车时,后脚踏人,前脚跪地,奋头啮人,是名世间马第一态。复次,恶马就驾车时,低头、振𫐓,是名世间恶马第二之态。复次,世间恶马就驾车时,下道而去,或复偏厉车,令其翻覆,是名第三之态。复次,世间恶马就驾车时,仰头却行,是名世间恶马第四之态。复次,世间恶马就驾车时,小得鞭杖,或断缰、折勒,纵横驰走,是名第五之态。复次,世间恶马就驾车时,举前两足而作人立,是名第六之态。复次,世间恶马就驾之时,加之鞭杖,安住不动,是名第七之态。复次,世间恶马就驾之时,丛聚四脚,伏地不起,是名第八之态。如是世间恶丈夫,于正法律有八种过。何等为八?若比丘,诸梵行者以见、闻、疑罪而发举时,彼则嗔恚,反呵责彼言:汝愚痴、不辩、不善,他立举汝,汝云何举我?如彼恶马,后脚双踏,前脚跪地,断鞅、折𫐓,是名丈夫于正法律第一之过。复次,比丘,诸梵行者以见、闻、疑举,反出他罪,犹如恶马,怒项、折𫐓,是名丈夫于正法律第二之过。复次,比丘,诸梵行者以见、闻、疑举,不以正答,横说余事,嗔恚、憍慢、隐覆、嫌恨、不忍,无所由作,如彼恶马不由正路,令车翻覆,是名丈夫于正法律第三之过。复次,比丘,诸梵行者以见、闻、疑举,令其忆念,而作是言:我不忆念。抵突不伏,如彼恶马却缩转退,是名丈夫于正法律第四之过。复

---

① 《增支部》"八集"一四经。《别译》一四九经。

次,比丘,诸梵行者以见、闻、疑举时,轻蔑不数其人,亦不数僧,摄持衣钵,随意而去。如彼恶马,加以鞭杖,纵横驰走,是名丈夫于正法律第五之过。复次,比丘,诸梵行者以见、闻、疑举时,自处高床,与诸上座共诤曲直,如彼恶马双脚人立,是名丈夫于正法律第六之过。复次,比丘,诸梵行者以见、闻、疑举时,默然不应,以恼大众,如彼恶马,加其鞭杖,兀然不动,是名丈夫于正法律第七之过。复次,比丘,诸梵行者以见、闻、疑举时,则便舍戒,自生退没,到于寺门而作是言:汝默然,快喜安住,我自舍戒退没。如彼恶马,丛聚四足,伏地不动,是名丈夫于正法律第八之过。是名比丘于正法律,有八种丈夫过恶。"佛说此经已,诸比丘闻佛所说,欢喜奉行。

九① 　　　　一三二六五(　九二五)

如是我闻:一时,佛住王舍城迦兰陀竹园。尔时,世尊告诸比丘:"世间良马,有八种德成就者,随人所欲,取道多少。何等为八?生于良马乡,是名良马第一之德。复次,体性温良,不惊恐人,是名良马第二之德。复次,良马不择饮食,是名良马第三之德。复次,良马厌恶不净,择地而卧,是名良马第四之德。复次,良马诸情态,速为调马者现,马师调习,速舍其态,是名良马第五之德。复次,良马安于驾乘,不顾余马,随其轻重,能尽其力,是名良马第六之德。复次,良马常随正路,不随非道,是名良马第七之德。复次,良马若病、若老,勉力驾乘,不厌不倦,是名良马第八之德。如是丈夫,于正法律八德成就,当知是贤士夫。

---

① 《增支部》"八集"一三经。《别译》一五〇经。

何等为八？谓贤士夫，住于正戒，波罗提木叉律仪，威仪、行处具足，见微细罪能生怖畏，受持学戒，是名丈夫于正法律第一之德。复次，丈夫性自贤善，善调、善住，不恼、不怖诸梵行者，是名丈夫第二之德。复次，丈夫次行乞食，随其所得，若粗、若细，其心平等，不嫌、不著，是名丈夫第三之德。复次，丈夫心生厌离，于身恶业、口、意恶业，恶不善法，及诸烦恼，重受诸有，炽然苦报，于未来世生老病死、忧悲恼苦，增其厌离，是名丈夫第四之德。复次，丈夫若有沙门过，谄曲不实，速告大师及善知识。大师说法，则时除断，是名丈夫第五之德。复次，丈夫学心具足，作如是念：设使余人学以不学，我悉当学，是名丈夫第六之德。复次，丈夫行八正道，不行非道，是名丈夫第七之德。复次，丈夫乃至尽寿精勤方便，不厌不倦，是名丈夫第八之德。如是丈夫八德成就，随其行地，能速升进。"佛说此经已，诸比丘闻佛所说，欢喜奉行。

一〇① 　　　　一三二六六（九二六）

如是我闻：一时，佛住那梨聚落深谷精舍。尔时，世尊告诜陀迦旃延："当修真实禅，莫习强良禅。如强良马，系槽枥上，彼马不念我所应作、所不应作，但念谷草。如是丈夫，于贪欲缠多所修习故，彼以贪欲心，思惟，于出离道不如实知，心常驰骋，随贪欲缠而求正受。嗔恚、睡眠、掉悔、疑多修习故，于出离道不如实知，以……疑盖心思惟以求正受。诜陀！若真生马，系槽枥上，不念水草，但作是念驾乘之事。如是丈夫，不念贪欲缠住；于

---

① 《增支部》"十一集"一〇经。《别译》一五一经。

出离如实知,不以贪欲缠而求正受;亦不嗔恚、睡眠、掉悔、疑缠多住;于出离嗔恚、睡眠、掉悔、疑缠如实知,不以……疑缠而求正受。如是诜陀!比丘如是禅者,不依地修禅,不依水、火、风、空、识、无所有、非想非非想而修禅;不依此世、不依他世,非日、月,非见、闻、觉、识,非得、非求、非随觉、非随观而修禅。诜陀!比丘如是修禅者,诸天主伊湿波罗、波阇波提,恭敬合掌,稽首作礼而说偈言:

南无大士夫!南无士之上!以我不能知,依何而禅定。"

尔时,有尊者跋迦利,住于佛后,执扇扇佛。时跋迦利白佛言:"世尊!若比丘云何入禅,而不依地、水、火、风,乃至觉、观而修禅定?云何比丘禅,诸天主伊湿波罗、波阇波提合掌恭敬,稽首作礼而说偈言:

南无大士夫!南无士之上!以我不能知,依何而禅定?"

佛告跋迦利:"比丘于地想能伏地想,于水、火、风想,无量空入处想,识入处想,无所有入处,非想非非想入处想;此世、他世,日、月,见、闻、觉、识,若得、若求,若觉、若观,悉伏彼想。跋迦利!比丘如是禅者,不依地、水、火、风,乃至不依觉、观而修禅。跋迦利!比丘如是禅者,诸天主伊湿波罗、波阇波提,恭敬合掌,稽首作礼,而说偈言:

南无大士夫!南无士之上!以我不能知,何所依而禅。"

佛说此经时,诜陀迦旃延比丘,远尘、离垢,得法眼净。跋迦利比丘,不起诸漏,心得解脱。佛说此经已,跋迦利比丘闻佛所说,欢喜奉行。

　　　　(恶马、调顺马、贤乘、三及四,鞭影并调乘,有过、八种恶,迦旃延离垢,十事悉皆竟①。)

---

① 摄颂见《别译》卷八(大正二·四三一中)。颂说"十事",但经文缺一"调乘"。

四四　摩诃男相应①

一② 一三二六七（　九二七）

③如是我闻：一时，佛住迦毗罗卫国尼拘律园中。时有释种，名摩诃男，来诣佛所，稽首佛足，退坐一面。白佛言："世尊！云何名为优婆塞？"佛告摩诃男："在家清白，修习净住，男相成就。作是说言：我今尽寿归佛、归法、归比丘僧，为优婆塞，证知我！是名优婆塞。"摩诃男白佛言："世尊！云何名为优婆塞信具足？"佛告摩诃男："优婆塞者，于如来所，正信为本，坚固难动，诸沙门、婆罗门、诸天、魔、梵，及余世间所不能坏。摩诃男！是名优婆塞信具足。"摩诃男白佛言："世尊！云何名优婆塞戒具足？"佛告摩诃男："优婆塞离杀生、不与取、邪淫、妄语、饮酒，不乐作。摩诃男！是名优婆塞戒具足。"摩诃男白佛言："世尊！云何名优婆塞闻具足？"佛告摩诃男："优婆塞闻具足者，闻则能持，闻则积集。若佛所说，初、中、后善，善义、善味，纯一满净，梵行清白，悉能受持。摩诃男！是名优婆塞闻具足。"摩诃男白佛言："世尊！云何名优婆塞舍具足？"佛告摩诃男："优婆塞舍具足者，为悭垢所缠者，心离悭垢，住于非家，修解脱施，勤施，常施，乐舍财物，平等布施。摩诃男！是名优婆塞舍具足。"摩诃男白佛言："世尊！云何名优婆塞智慧具足？"佛告摩诃男："优婆塞智慧具足者，谓此苦如实知，此苦集如实知，此苦灭如实知，

---

① "摩诃男相应"，共一〇经。
② 《相应部》（五五）"预流相应"三七经。《别译》一五二经。
③ 《杂阿含经》卷三三中。

此苦灭道迹如实知。摩诃男！是名优婆塞智①慧具足。"尔时，释氏摩诃男闻佛所说，欢喜随喜，从坐起，作礼而去。

二② 　　　一三二六八（　九二八）

如是我闻：一时，佛住迦毗罗卫国尼拘律园中。尔时，释氏摩诃男，与五百优婆塞，来诣佛所，稽首佛足，退坐一面。白佛言："世尊！云何名优婆塞？"佛告摩诃男："优婆塞者，在家净住，乃至尽寿归依三宝，为优婆塞，证知我。"摩诃男白佛言："世尊！云何名优婆塞须陀洹？"佛告摩诃男："优婆塞须陀洹者，三结已断、已知，谓身见、戒取、疑。摩诃男！是名优婆塞须陀洹。"摩诃男白佛言："世尊！云何名优婆塞斯陀含？"佛告摩诃男："谓优婆塞三结已断、已知，贪、恚、痴薄。摩诃男！是名优婆塞斯陀含。"摩诃男白佛言："世尊！云何名优婆塞阿那含？"佛告摩诃男："优婆塞阿那含者，五下分结已断、已知，谓身见、戒取、疑、贪欲、嗔恚。摩诃男！是名优婆塞阿那含。"时摩诃男释氏，顾视五百优婆塞而作是言："奇哉！诸优婆塞在家清白，乃得如是深妙功德！"时摩诃男优婆塞，闻佛所说，欢喜随喜，从坐起，作礼而去。

三③ 　　　一三二六九（　九二九）

如是我闻：一时，佛住迦毗罗卫国尼拘律园中。尔时，释氏摩诃男，来诣佛所，稽首佛足，退坐一面。白佛言："世尊云何名优婆塞？"佛告摩诃男："优婆塞者，在家清白，乃至尽寿归依三

---

① "智"，原本缺，依宋本补。
② 《别译》一五三经。
③ 《增支部》"八集"二五经。《别译》一五四经。

宝,为优婆塞,证知我。"摩诃男白佛:"世尊!云何为满足一切优婆塞事?"佛告摩诃男:"若优婆塞有信无戒,是则不具,当勤方便,具足净戒。具足信、戒而不施者,是则不具;以不具故,精勤方便修习布施,令①具足满。信、戒、施满,不能随时往诣沙门,听受正法,是则不具;以不具故,精勤方便,随时往诣塔寺,见诸沙门,不一心听受正法,是不具足;信、戒、施、闻修习满足,闻已不持,是不具足;以不具足故,精勤方便,随时往诣沙门,专心听法,闻则能持,不能观察诸法深义,是不具足;不具足故,精勤方便,信、戒、施、闻,闻则能持,持已观察甚深妙义,而不随顺知法次法向,是则不具;以不具故,精勤方便,信、戒、施、闻,受持,观察,了达深义,随顺行,法次法向。摩诃男!是名满足一切种优婆塞事。"摩诃男白佛:"世尊!云何名优婆塞能自安慰,不安慰他?"佛告摩诃男:"若优婆塞能自立戒②,不能令他立于正戒③;自持净戒,不能令他持戒具足;自行布施,不能以施建立于他;自诣塔寺,见诸沙门,不能劝他令诣塔寺,往见沙门;自专听法,不能劝人乐听正法;闻法自持,不能令他受持正法;自能观察甚深妙义,不能劝人令观深义;自知深法,能随顺行法次法向,不能劝人令随顺行法次法向。摩诃男!如是八法成就者,是名优婆塞能自安慰,不安慰他。"摩诃男白佛:"世尊!优婆塞成就几法,自安安他?"佛告摩诃男:"若优婆塞成就十六法者,是名优婆塞自安安他。何等为十六?摩诃男!若优婆塞具足正信,

---

① "令"下,原本有"其"字,依宋本删。
② "戒",应为"信"之误。
③ "戒",应为"信"之误。

（亦以正信）建立他人；自持净戒，亦以净戒建立他人；自行布施，教人行施；自诣塔寺见诸沙门，亦教人往见诸沙门；自专听法，亦教人听；自受持法，教人受持；自观察义，教人观察；自知深义，随顺修行，法次法向，亦复教人解了深义，随顺修行，法次法向。摩诃男！如是十六法成就者，是名优婆塞能自安慰，亦安慰他人。摩诃男！若优婆塞成就如是十六法者，彼诸大众，悉诣其所，谓婆罗门众、刹利众、长者众、沙门众，于诸众中，威德显曜。譬如日轮，初中及后，光明显照。如是优婆塞十六法成就者，初中及后，威德显照。如是摩诃男！若优婆塞十六法成就者，世间难得！"佛说此经已，释氏摩诃男闻佛所说，欢喜随喜，即从坐起，作礼而去。

四① 一三二七〇（ 九三〇）

如是我闻：一时，佛住迦毗罗卫国尼拘律园中。尔时，释氏摩诃男，来诣佛所，稽首礼足，退坐一面。白佛言："世尊！此迦毗罗卫国，安隐丰乐，人民炽盛。我每出入时，众多羽从，狂象、狂人、狂乘，常与是俱。我自恐与此诸狂，俱生、俱死，忘于念佛、念法、念比丘僧。我自思惟：命终之时，当生何处？"佛告摩诃男："莫恐，莫怖！命终之后，不生恶趣，终亦无恶。譬如大树，顺下，顺注，顺输，若截根本，当堕何处？"摩诃男白佛："随彼顺下，顺注，顺输。"佛告摩诃男："汝亦如是，若命终时，不生恶趣，终亦无恶。所以者何？汝已长夜修习念佛，念法，念僧。若命终时，此身若火烧，若弃冢间，风飘日曝，久成尘末，而心、意、识久

---

① 《相应部》(五五)"预流相应"二一·二二经。《别译》一五五经。《增一阿含经》(四一)"莫畏品"一经前分。

远长夜正信所熏,戒、施、闻、慧所熏,神识上升,向安乐处,未来生天。"时摩诃男闻佛所说,欢喜随喜,作礼而去。

五① 　　　　　一三二七一(九三一)

如是我闻:一时,佛住迦毗罗卫国尼拘律园中。尔时,释氏摩诃男,来诣佛所,稽首礼足,退坐一面。白佛言:"世尊! 若比丘在于学地,求所未得,上升进道,安隐涅槃。世尊! 彼当云何修习、多修习住? 于此法律,得诸漏尽,无漏心解脱,慧解脱,现法自知作证:我生已尽,梵行已立,所作已作,自知不受后有。"佛告摩诃男:"若比丘在于学地,求所未得,上升进道,安隐涅槃。彼于尔时,当修六念,乃至进得涅槃。譬如饥人身体羸瘦,得美味食,身体肥泽。如是比丘住在学地,求所未得,上升进道,安隐涅槃,修六随念,乃至疾得安隐涅槃。何等六念? 谓圣弟子念如来事:如来、应、等正觉、明行足、善逝、世间解、无上士、调御丈夫、天人师、佛、世尊。圣弟子如是念时,不起贪欲缠,不起嗔恚、愚痴心,其心正直,得如来义,得如来正法。于如来正法,于如来所得随喜心,随喜心已欢悦,欢悦已身猗息,身猗息已觉受乐,觉受乐已其心定。心定已,彼圣弟子于凶险众生中,无诸罣阂,入法流水,乃至涅槃。复次,圣弟子念于法事:世尊法律,现法,能离生死炽然,不待时节,通达现法,缘自觉知。圣弟子如是念法者,不起贪欲、嗔恚、愚痴,乃至念法所熏,升进涅槃。复次,圣弟子念于僧事:世尊弟子善向、正向、直向、诚向,行随顺法,有向须陀洹、得须陀洹,向斯陀含、得斯陀含,向阿那含、得阿那含,

---

① 《增支部》"六集"一〇经。《别译》一五六经。

向阿罗汉、得阿罗汉。此是四双、八辈贤圣,是名世尊弟子僧,净戒具足,三昧具足,智慧具足,解脱具足,解脱知见具足,所应奉迎,承事供养,为良福田。圣弟子如是念僧事时,不起贪欲、嗔恚、愚痴,乃至念僧所熏,升进涅槃。复次,圣弟子自念净戒:不坏戒,不缺戒,不污戒,不杂戒,不他取戒,善护戒,明者称誉戒,智者不厌戒。圣弟子如是念戒时,不起贪欲、嗔恚、愚痴,乃至念戒所熏,升进涅槃。复次,圣弟子自念施事:我得善利,于悭垢众生中而得离悭垢处,于非家行解脱施,常自手施,乐行舍法,具足等施。圣弟子如是念施时,不起贪欲、嗔恚、愚痴,乃至念施所熏,升进涅槃。复次,圣弟子念诸天事:有四大王天[①],三十三天,焰摩天,兜率陀天,化乐天,他化自在天。若有正信心者,于此命终,生彼诸天,我亦当行此正信;彼得净戒、施、闻[②]、慧,于此命终,生彼诸天,我今亦当行此戒、施、闻、慧。圣弟子如是念天事者,不起贪欲、嗔恚、愚痴,其心正直,缘彼诸天。彼圣弟子如是直心者,得深法利,得深义利,得彼诸天饶益随喜。随喜已生欣悦,欣悦已身猗息,身猗息已觉受乐,觉受乐已得心定。心定已,彼圣弟子处凶险众生中,无诸罣阂,入法水流,念天所熏故,升进涅槃。摩诃男!若比丘住于学地,欲求上升安乐涅槃,如是多修习,疾得涅槃者,于正法律,速尽诸漏,无漏心解脱,慧解脱,现法自知作证:我生已尽,梵行已立,所作已作,自知不受后有。"时释氏摩诃男闻佛所说,欢喜随喜,从坐起,作礼而去。

[①] "王天",原本作"天王",今改。
[②] "闻"下,原本有"舍"字,今删。

六①　　　　　一三二七二（　九三二）

如是我闻：一时，佛住迦毗罗卫国尼拘律园中。时有众多比丘，集于食堂，为世尊缝衣。时释氏摩诃男，闻众多比丘集于食堂，为世尊缝衣。世尊不久，三月安居讫，作衣竟，持衣钵，人间游行。闻已，往诣佛所，稽首佛足，退坐一面。白佛言："世尊！我四体不摄，迷于四方，闻法悉忘。以闻众多比丘集于食堂，为世尊缝衣。世尊不久，安居讫，作衣竟，持衣钵，人间游行。是故我今思惟：何时当复得见世尊，及诸知识比丘！"佛告摩诃男："汝正使见世尊、不见世尊，见诸知识比丘及与不见，但当念于五法，精勤修习。摩诃男！当以正信为主，非不正信；戒具足；闻具足；施具足；慧具足为本，非不智慧。如是摩诃男！依此五法，修六念处。何等为六？〔此〕摩诃男！念如来当如是念：如来、应、等正觉，乃至佛、世尊。当念法、僧、戒、施、天事，乃至自行得智慧。如是摩诃男！圣弟子成就十一法者，则为学迹，终不腐败，堪任知见，堪任决定，住甘露门，近于甘露，不能一切疾得甘露涅槃。譬如伏鸡，伏其卵或五或十，随时消息，爱护将养，正复中间放逸，犹能以爪、以口，啄卵得生其子。所以者何？以彼鸡母初随时消息，善爱护故。如是圣弟子成就十一法者，住于学迹，终不腐败，乃至不能一切疾得甘露涅槃。"佛说此经已，摩诃男释氏闻佛所说，欢喜随喜，作礼而去。

七②　　　　　一三二七三（　九三三）

如是我闻：一时，佛住迦毗罗卫国尼拘律园中。时有众多比

---

① 《增支部》"十一集"一二经。《别译》一五七经。
② 《增支部》"十一集"一三经。

丘,集于食堂,为世尊缝衣。时释氏摩诃男,闻诸比丘集于食堂,为世尊缝衣。世尊不久,安居讫,作衣竟,持衣钵,人间游行。闻已,诣佛所,稽首礼足,退坐一面。白佛言:"世尊!我今四体不摄,迷于四方,先所闻法,今悉忘失。以闻众多比丘集于食堂,为世尊缝衣,乃至人间游行。我作是念:何时当复得见世尊,及诸知识比丘!"佛告摩诃男:"汝见如来、不见如来,见诸比丘、不见诸比丘,且汝常当勤修六法。何等为六?正信为本,戒、施、闻、空、慧以为根本,非不智慧。是故摩诃男!依此六法已,于上增修六随念:念如来事,乃至念天。如是十二种念成就,彼圣弟子诸恶退减不增长,消灭不起,离尘垢不增尘垢。舍离不取,不取故不著,以不取著故缘自涅槃:我生已尽,梵行已立,所作已作,自知不受后有。"佛说此经已,释氏摩诃男闻佛所说,欢喜随喜,从坐起,作礼而去。

八① 　　　　一三二七四(　九三四)

如是我闻:一时,佛住迦毗罗卫国尼拘律园中。尔时,释氏摩诃男来诣佛所,稽首佛足,退坐一面。白佛言:"世尊!如我解佛所说,正受故解脱,非不正受。云何世尊!为先正受而后解脱耶?为先解脱而后正受耶?为正受、解脱,不前不后一时俱生耶?"尔时,世尊默然而住。如是摩诃男第二、第三问,佛亦再三默然住。尔时,尊者阿难住于佛后,执扇扇佛。尊者阿难作是念:释氏摩诃男以此深义而问世尊,世尊病差未久,我今当说余事以引于彼。语摩诃男:"学人亦有戒,无学人亦有戒;学人有三昧,

---

① 《增支部》"三集"七三经。《别译》一五八经。

无学人亦有三昧,学人有慧,无学人亦有慧;学人有解脱,无学人亦有解脱。"摩诃男问尊者:"阿难!云何为学人戒?云何为无学人戒?云何学人三昧?云何无学人三昧?云何学人慧?云何无学人慧?云何学人解脱?云何无学人解脱?"尊者阿难语摩诃男:"此圣弟子,住于戒,波罗提木叉律仪,威仪、行处,受持学戒。受持学戒具足已,离欲、恶不善法,乃至第四禅具足住。如是三昧具足已,此苦圣谛如实知,此苦集如实知,此苦灭如实知,此苦灭道迹如实知。如是知、如是见已,五下分结已断、已知,谓身见、戒取、疑、贪欲、嗔恚。此五下分结断,于彼受生,得般涅槃阿那含,不复还生此世。彼当尔时,成就学戒,学三昧,学慧,学解脱。复于余时,尽诸有漏,无漏解脱,慧解脱,自知作证:我生已尽,梵行已立,所作已作,自知不受后有。彼当尔时,成就无学戒,无学三昧,无学慧,无学解脱。如是摩诃男!是名世尊所说学戒、学三昧、学慧、学解脱,无学戒、无学三昧、无学慧、无学解脱。"尔时,释氏摩诃男闻尊者阿难所说,欢喜随喜,从坐起,礼佛而去。

尔时,世尊知摩诃男去不久,语尊者阿难:"迦毗罗卫释氏,乃能与诸比丘共论深义!"阿难白佛:"唯然,世尊!迦毗罗卫释氏,能与诸比丘共论深义。"佛告阿难:"迦毗罗卫诸释氏,快得善利,能于甚深佛法贤圣慧眼而得深入!"佛说此经已,尊者阿难闻佛所说,欢喜奉行。

九① 一三二七五(九三五)

如是我闻:一时,佛住迦毗罗卫国尼拘律园中。尔时,释氏

---

① 《相应部》(五五)"预流相应"二三经。《别译》一五九经。

名曰沙陀,语释氏摩诃男:"世尊说须陀洹成就几种法?"摩诃男答言:"世尊说须陀洹成就四法。何等为四?谓于佛不坏净,法、僧不坏净,圣戒成就,是名四法成就须陀洹。"释氏沙陀语释氏摩诃男:"莫作是说!莫作是言:世尊说四法成就须陀洹。然彼三法成就须陀洹。何等为三?谓于佛不坏净,于法不坏净,于僧不坏净,如是三法成就须陀洹。"如是第三说,释氏摩诃男不能令沙陀受四法,释氏沙陀不能令摩诃男受三法。共诣佛所,稽首佛足,退坐一面。释氏摩诃男白佛言:"世尊!释氏沙陀来诣我所,问我言:世尊说几法成就须陀洹?我即答言:世尊说四法成就须陀洹。何等为四?谓于佛不坏净,于法、僧不坏净,圣戒成就,如是四法成就须陀洹。释氏沙陀作是言:释氏摩诃男!莫作是语世尊说四法成就须陀洹,但三法成就须陀洹。何等为三?谓于佛不坏净,于法不坏净,于僧不坏净,世尊说如是三法成就须陀洹。如是再三说,我亦不能令彼释氏沙陀受四法,释氏沙陀亦不能令我受三法,是故俱来诣世尊所。今问世尊:须陀洹成就几法?"时沙陀释氏从坐起,为佛作礼,合掌白佛:"世尊!若有如是像类法起,一者世尊,一者比丘僧,我宁随世尊,不随比丘僧。或有如是像类法起,一者世尊,一者比丘尼僧、优婆塞、优婆夷,若天、若魔、若梵,若沙门、婆罗门,诸天、世人,我宁随世尊,不随余众。"尔时,世尊告释氏摩诃男:"〔如〕摩诃男!释氏沙陀作如是论,汝当云何?"摩诃男白佛:"世尊!彼沙陀释氏作如是论,我知复何①说!我唯言善,唯言真实。"佛告摩诃男:"是故当

---

① "何",原本作"可",依圣本改。

知四法成就须陀洹,于佛不坏净,于法、僧不坏净,圣戒成就,如是受持。"时释氏摩诃男闻佛所说,欢喜随喜,从坐起,作礼而去。

一〇① 　　　　一三二七六（　九三六）

如是我闻:一时,佛住迦毗罗卫国尼拘律园中。时有迦毗罗卫释氏,集供养堂,作如是论,问摩诃男:"云何最后记说,彼百手释氏命终,世尊记彼得须陀洹,不堕恶趣法,决定正向三菩提,七有天人往生,究竟苦边? 然彼百手释氏,犯戒饮酒,而复世尊记彼得须陀洹,乃至究竟苦边! 汝摩诃男! 当往问佛,如佛所说,我等奉持。"

尔时,摩诃男往诣佛所,稽首礼足,退坐一面。白佛言:"世尊! 我等迦毗罗卫诸释氏,集供养堂,作如是论:摩诃男! 云何最后记说,是中百手释氏命终,世尊记说得须陀洹,乃至究竟苦边? 汝今当往,重问世尊,如世尊所说,我等奉持。我今问佛,唯愿解说!"佛告摩诃男:"善逝大师,善逝大师者圣弟子所说,口说善逝,而心正念、直见,悉入善逝正法律。正法律者,圣弟子所说,口说正法,发心正念、直见,悉入正法。善向僧,善向僧者圣弟子所说,口说善向,发心正念、直见,悉入善向。如是摩诃男! 圣弟子于佛一向净信,于法、僧一向净信。于法利智、出智、决定智,八解脱具足身作证,以智慧见,有漏断、知。如是圣弟子,不趣地狱、畜生、饿鬼,不堕恶趣,说阿罗汉俱解脱。复次,摩诃男! 圣弟子一向于佛清净信,乃至决定智慧,不得八解脱身作证具足

---

① 《相应部》(五五)"预流相应"二四经。《别译》一六〇经。

住,然彼知见有漏断,是名圣弟子不堕恶趣,乃至慧解脱。复次,摩诃男!圣弟子一向于佛清净信,乃至决定智慧,八解脱身作证具足住,而不见有漏断,是名圣弟子不堕恶趣,乃至身证。复次,摩诃男!若圣弟子一向于佛清净信,乃至决定智慧,不得八解脱身作证具足住,然于正法律如实知见,是名圣弟子不堕恶趣,乃至见到。复次,摩诃男!圣弟子一向于佛清净信,乃至决定智慧,于正法律如实知见,不得见到,是名圣弟子不堕恶趣,乃至信解脱。复次,摩诃男!圣弟子信于佛言说清净,信法、信僧言说清净,于五法增上智慧审谛堪忍,谓信、精进、念、定、慧,是名圣弟子不堕恶趣,乃至随法行。复次,摩诃男!圣弟子信于佛言说清净,信法、信僧言说清净,乃至五法少慧审谛堪忍,谓信、精进、念、定、慧,是名圣弟子不堕恶趣,乃至随信行。摩诃男!此坚固树,于我所说能知义者,无有是处。若能知者,我则记说,况复百手释氏而不记说得须陀洹!摩诃男!百手释氏临命终时,受持净戒,舍离饮酒,然后命终,我记说彼得须陀洹,乃至究竟苦边。"摩诃男释氏闻佛所说,欢喜随喜,从坐起,作礼而去。

(云何优婆塞,得果、一切行,自轻及住处,十一与十二,解脱并舍罗,粗手为第十①。)

---

① 摄颂见《别译》卷八(大正二·四三四下)。颂说十事,但经缺"十二",但有九经。

四五　无始相应①

一②　　　　　　　　一三二七七（　九三七）

③如是我闻：一时，佛住毗舍离猕猴池侧重阁讲堂。时有四十比丘，住波梨耶聚落，一切皆修阿练若行，粪扫衣，乞食，学人未离欲。来诣佛所，稽首佛足，退住一面。尔时，世尊作是念：此四十比丘，住波梨耶聚落，皆修阿练若行，粪扫衣，乞食，学人未离欲。我今当为说法，令其即于此生不起诸漏，心得解脱。尔时，世尊告波梨耶聚落四十比丘："众生无始生死，无明所盖，爱系其颈，长夜生死轮转，不知苦之本际。诸比丘！于意云何？恒水洪流，趣于大海，中间恒水为多？汝等本来长夜生死轮转，破坏身体，流血为多？"诸比丘白佛："如我解世尊所说义，我等长夜轮转生死，其身破坏，流血甚多，多于恒水百千万倍。"佛告比丘："置此恒水，乃至四大海水为多？汝等长夜轮转生死，其身破坏，血流为多？"诸比丘白佛："如我解世尊所说义，我等长夜轮转生死，其身破坏，流血甚多，逾四大海水也。"佛告诸比丘："善哉！善哉！汝等长夜轮转生死所出身血，甚多无数，过于恒水及四大海。所以者何？汝于长夜曾生象中，或截耳、鼻、头、尾、四足，其血无量。或受马身，驼、驴、牛、犬、诸禽兽类，断截耳、鼻、头、足、四体，其血无量。汝等长夜或为贼盗，为人所害，断截头、足、耳、鼻，分离四体，其血无量。汝等长夜身坏命终，弃

---

① "无始相应"，共二〇经。与《相应部》（一五）"无始相应"相当。
② 《相应部》（一五）"无始相应"一三经。《别译》三三〇经。
③ 《杂阿含经》卷三三中。

于冢间,脓坏流血,其数无量。或堕地狱、畜生、饿鬼,身坏命终,其流血出,亦复无量。"佛告比丘:"色为是常,为非常耶?"比丘白佛:"无常,世尊!"佛告比丘:"若无常者,是苦耶?"比丘白佛:"是苦,世尊!"佛告比丘:"若无常、苦者,是变易法,圣弟子宁复于中见是我、异我、相在不?"比丘白佛:"不也,世尊!"受、想、行、识,亦复如是。佛告比丘:"若所有色,过去、未来、现在,若内、若外,若粗、若细,若好、若丑,若远、若近,彼一切非我,不异我,不相在,如是如实知。受、想、行、识,亦复如是。圣弟子如是观者,于色厌离,于受、想、行、识厌离。厌已不乐,不乐已解脱,解脱知见:我生已尽,梵行已立,所作已作,自知不受后有。"佛说是法时,四十比丘波梨耶聚落住者,不起诸漏,心得解脱。佛说此经已,诸比丘闻佛所说,欢喜奉行。

二① 一三二七八(九三八)

如是我闻:一时,佛住舍卫国祇树给孤独园。尔时,世尊告诸比丘:"众生无始生死以来,长夜轮转,不知苦之本际。"佛告诸比丘:"于意云何? 恒河流水,乃至四大海,其水为多? 为汝等长夜轮转生死,流泪为多?"诸比丘白佛:"如我解世尊所说义,我等长夜轮转生死,流泪甚多,过于恒水及四大海。"佛告比丘:"善哉! 善哉! 汝等长夜轮转生死,流泪甚多,非彼恒水及四大海。所以者何? 汝等长夜丧失父、母、兄、弟、姊、妹、宗亲、知识,丧失钱财,为之流泪,甚多无量。汝等长夜弃于冢间,脓血流出,及生地狱、畜生、饿鬼,诸比丘! 汝等从无始生死,长夜轮

---

① 《相应部》(一五)"无始相应"三经。《别译》三三一经。

转,其身血泪,甚多无量。"佛告诸比丘:"色为常耶?为无常耶?"比丘白佛:"无常,世尊!"佛告比丘:"若无常者,是苦耶?"比丘白佛:"是苦,世尊!"佛告比丘:"若无常、苦者,是变易法,多闻圣弟子,宁于其中见我、异我、相在不?"比丘白佛:"不也,世尊!""受、想、行、识,亦复如是。诸比丘!圣弟子如是知、如是见,乃至于色解脱,于受、想、行、识解脱,解脱生老病死、忧悲恼苦。"佛说此经已,诸比丘闻佛所说,欢喜奉行。

三① 一三二七九(九三九)

如是我闻:一时,佛住舍卫国祇树给孤独园。尔时,世尊告诸比丘:"众生于无始生死,无明所盖,爱系其颈,长夜轮转,不知苦之本际。"佛告诸比丘:"于意云何?恒河流水及四大海,其水为多?汝等长夜轮转生死,饮其母乳为多耶?"比丘白佛:"如我解世尊所说义,我等长夜轮转生死,饮其母乳,多于恒河及四大海水。"佛告比丘:"善哉!善哉!汝等长夜轮转生死,饮其母乳,多于恒河及四大海水。所以者何?汝等长夜,或生象中,饮其母乳无量无数。或生驼、马、牛、驴、诸禽兽类,饮其母乳,其数无量。汝等长夜弃于冢间,脓血流出,亦复无量。或堕地狱、畜生、饿鬼,髓血流出,亦复如是。比丘!汝等无始生死,轮转已来,不知苦之本际。云何比丘?色为常耶?为无常耶?"比丘白佛:"非常,世尊!"乃至"圣弟子于五受阴,观察非我、非我所,于诸世间得无所取,不取已无所著;所作已作,自知不受后有。"佛说此经已,诸比丘闻佛所说,欢喜奉行②。

---

① 《相应部》(一五)"无始相应"四经。《别译》三三二经。
② 《杂阿含经》卷三三终。

四①　　　　　　一三二八〇（九四〇）

②如是我闻：一时，佛住舍卫国祇树给孤独园。尔时，世尊告诸比丘："众生无始生死，长夜轮转，不知苦之本际。诸比丘！于意云何？若此大地一切草木，以四指量，斩以为筹，以数汝等长夜轮转生死所依父母，筹数已尽，其诸父母数犹不尽。诸比丘！如是无始生死，长夜轮转，不知苦之本际。是故比丘！当如是学：当勤精进，断除诸有，莫令增长。"佛说此经已，诸比丘闻佛所说，欢喜奉行。

五③　　　　　　一三二八一（九四一）

如是我闻：一时，佛住舍卫国祇树给孤独园。尔时，世尊告诸比丘："众生无始生死，长夜轮转，不知苦之本际。云何比丘！此大地土泥，悉以为丸，如婆罗果，以数汝等长夜生死以来所依父母，土丸既尽，所依父母其数不尽。比丘！众生无始生死，长夜轮转，不知苦之本际，其数如是。是故比丘！当勤方便，断除诸有，莫令增长，当如是学！"佛说此经已，诸比丘闻佛所说，欢喜奉行。

六④　　　　　　一三二八二（九四二）

如是我闻：一时，佛住舍卫国祇树给孤独园。尔时，世尊告诸比丘："众生无始生死，长夜轮转，不知苦之本际。诸比丘！汝等见诸众生安隐诸乐，当作是念：我等长夜轮转生死，亦曾受

---

① 《相应部》（一五）"无始相应"一经。《别译》三三三经。
② 《杂阿含经》卷三四。
③ 《相应部》（一五）"无始相应"二经。《别译》三三四经。
④ 《相应部》（一五）"无始相应"一二经。《别译》三三五经。

斯乐,其趣无量。是故比丘当如是学:无始生死,长夜轮转,不知苦之本际。当勤精进,断除诸有,莫令增长。"佛说此经已,诸比丘闻佛所说,欢喜奉行。

七①　　　　一三二八三(　九四三)

如是我闻:一时,佛住舍卫国祇树给孤独园。尔时,世尊告诸比丘:"众生无始生死,长夜轮转,不知苦之本际。诸比丘!若见众生受诸苦恼,当作是念:我长夜轮转生死以来,亦曾更受如是之苦,其数无量。当勤方便,断除诸有,莫令增长。"佛说此经已,诸比丘闻佛所说,欢喜奉行。

八②　　　　一三二八四(　九四四)

如是我闻:一时,佛住舍卫国祇树给孤独园。尔时,世尊告诸比丘:"众生无始生死,长夜轮转,不知苦之本际。诸比丘!汝等见诸众生而生恐怖,衣毛为竖,当作是念:我等过去,必曾杀生,为伤害者,为恶知识,于无始生死,长夜轮转,不知苦之本际。诸比丘!当作是学:断除诸有,莫令增长。"佛说此经已,诸比丘闻佛所说,欢喜奉行。

九③　　　　一三二八五(　九四五)

如是我闻:一时,佛住舍卫国祇树给孤独园。尔时,世尊告诸比丘:"众生无始生死,长夜轮转,不知苦之本际。诸比丘!若见众生爱念欢喜者,当作是念:如是众生,过去世时,必为我等父母、兄弟、妻子、亲属、师友、知识。如是长夜生死轮转,无明所

---

① 《相应部》(一五)"无始相应"一一经。《别译》三三六经。
② 《别译》三三七经。
③ 《相应部》(一五)"无始相应"一四——一九经。《别译》三三八经。

盖,爱系其颈,故长夜轮转,不知苦之本际。是故诸比丘!当如是学:精勤方便,断除诸有,莫令增长。"佛说此经已,诸比丘闻佛所说,欢喜奉行。

一○①　　　　一三二八六(　九四六)

如是我闻:一时,佛住舍卫国祇树给孤独园。时有异婆罗门,来诣佛所,恭敬问讯,问讯已,退坐一面。白佛言:"瞿昙!未来世当有几佛?"佛告婆罗门:"未来佛者,如无量恒河沙。"尔时,婆罗门作是念:"未来当有如无量恒河沙三藐三佛陀,我当从彼修诸梵行。"尔时,婆罗门闻佛所说,欢喜随喜,从坐起去。时婆罗门随路思惟,我今唯问沙门瞿昙未来诸佛,不问过去。即随路还,复问世尊:"云何瞿昙!过去世时复有几佛?"佛告婆罗门:"过去世佛,亦如无量恒河沙数。"时婆罗门即作是念:过去世中有无量恒河沙等诸佛世尊,我曾不习近;设复未来如无量恒河沙三藐三佛陀,亦当不与习近娱乐,我今当于沙门瞿昙所修行梵行。即便合掌白佛言:"唯愿听我于正法律出家修梵行!"佛告婆罗门:"听汝于正法律出家修梵行,得比丘分。"尔时,婆罗门即出家,受具足。出家已,独一静处思惟,所以善男子正信非家,出家学道,乃至得阿罗汉。

一一②　　　　一三二八七(　九四七)

如是我闻:一时,佛住王舍城毗富罗山。尔时,世尊告诸比丘:"有一人于一劫中生死轮转,积累白骨不腐坏者,如毗富罗山。若多闻圣弟子,此苦圣谛如实知,此苦集圣谛如实知,此苦

---

① 《相应部》(一五)"无始相应"八经。《别译》三三九经。
② 《相应部》(一五)"无始相应"一〇经。《别译》三四〇经。

灭圣谛如实知,此苦灭道迹圣谛如实知。彼如是知、如是见,断三结,谓身见、戒取、疑。断此三结,得须陀洹,不堕恶趣法,决定正向三菩提,七有天人往生,究竟苦边。"尔时,世尊即说偈言:

"一人一劫中,积聚其身骨,常积不腐坏,如毗富罗山。
若诸圣弟子,正智见真谛,此苦及苦因,离苦得寂灭,
修习八道迹,正向般涅槃。极至于七有,天人来往生,
尽一切诸结,究竟于苦边。"

佛说此经已,诸比丘闻佛所说,欢喜奉行。

〔血、泪及母乳,(筹)、土丸如豆粒,(乐、喜)、恐怖及彼爱,恒沙及骨聚①。〕

一二②　　　　　　一三二八八(九四八)

如是我闻:一时,佛住舍卫国祇树给孤独园。尔时,世尊告诸比丘:"众生于无始生死,长夜轮转,不知苦之本际。"时有异比丘从坐起,整衣服,偏袒右肩,为佛作礼,右膝着地,合掌白佛:"世尊!劫长久如?"佛告比丘:"我能为汝说,而汝难知。"比丘白佛:"可说譬不?"佛言:"可说,比丘!譬如铁城,方一由旬,高下亦尔,满中芥子;有人百年取一芥子,尽其芥子,劫犹不竟。如是比丘!其劫者如是长久,如是长劫,百千万亿大苦相续,白骨成丘,脓血成流,地狱、畜生、饿鬼恶趣。是名比丘!无始生死,长夜轮转,不知苦之本际。是故比丘当如是学:断除诸有,莫令

---

① 摄颂见《别译》卷一六(大正二·四八七下)。
② 《相应部》(一五)"无始相应"六经。《别译》三四一经。《增一阿含经》(五二)"大爱道般涅槃品"三经。

增长。"佛说此经已,诸比丘闻佛所说,欢喜奉行。

一三①　　　　　一三二八九(　九四九)

如是我闻:一时,佛住舍卫国祇树给孤独园。尔时,世尊告诸比丘:"众生无始生死,长夜轮转,不知苦之本际。"时有异比丘从坐起,整衣服,为佛作礼,右膝着地,合掌白佛:"世尊!劫长久如?"佛告比丘:"我能为汝说,汝难得知。"比丘白佛:"可说譬不?"佛言:"可说,比丘!如大石山,不断、不坏,方一由旬;若有士夫以迦尸劫贝,百年一拂,拂之不已,石山遂尽,劫犹不竟。比丘!如是长久之劫,百千万亿劫受诸苦恼。乃至诸比丘!当如是学:断除诸有,莫令增长。"佛说此经已,诸比丘闻佛所说,欢喜奉行。

一四②　　　　　一三二九〇(　九五〇)

如是我闻:一时,佛住舍卫国祇树给孤独园。尔时,世尊告诸比丘:"众生无始生死,长夜轮转,不知苦之本际。"时有异比丘从坐起,整衣服,为佛作礼,右膝着地,合掌白佛:"世尊!过去有几劫?"佛告比丘:"我悉能说,汝知甚难。"比丘白佛:"可说譬不?"佛言:"可说譬。如比丘!有士夫寿命百岁,晨朝忆念三百千劫,日中忆念三百千劫,日暮忆念三百千劫;如是日日忆念劫数,百年命终,不能忆念劫数边际。比丘!当知过去劫数无量。如是过去无量劫数,长夜受苦,积骨成山,髓血成流,乃至地狱、畜生、饿鬼恶趣。如是比丘!无始生死,长夜轮转,不知苦之

---

①　《相应部》(一五)"无始相应"五经。《别译》三四二经。《增一阿含经》(五二)"大爱道般涅槃品"四经。

②　《相应部》(一五)"无始相应"七经。《别译》三四三经。

本际。是故比丘当如是学:断除诸有,莫令增长。"佛说此经已,诸比丘闻佛所说,欢喜奉行。

一五① 　　　　　一三二九一(九五一)

如是我闻:一时,佛住舍卫国祇树给孤独园。尔时,世尊告诸比丘:"众生无始生死,长夜轮转,不知苦之本际,无有一处不生不死者。如是长夜无始生死,不知苦之本际。是故比丘当如是学:断除诸有,莫令增长。"佛说此经已,诸比丘闻佛所说,欢喜奉行。

一六② 　　　　　一三二九二(九五二)

如是我闻:一时,佛住舍卫国祇树给孤独园。尔时,世尊告诸比丘:"众生无始生死,长夜轮转,不知苦之本际。无有一处无父母、兄弟、妻子、眷属、宗亲、师长者,如是比丘!无始生死,长夜轮转,不知苦之本际。是故比丘当如是学:断除诸有,莫令增长。"佛说此经已,诸比丘闻佛所说,欢喜奉行。

一七③ 　　　　　一三二九三(九五三)

如是我闻:一时,佛住舍卫国祇树给孤独园。尔时,世尊告诸比丘:"众生无始生死,长夜轮转,不知苦之本际。譬如大雨滴泡,一生一灭,如是众生无明所盖,爱系其颈,无始生死,生者、死者,长夜轮转,不知苦之本际。是故比丘当如是学:断除诸有,莫令增长。"佛说此经已,诸比丘闻佛所说,欢喜奉行。

---

① 《别译》三四四经。
② 《别译》三四五经。
③ 《别译》三四六经。

一八①　　　　　一三二九四（　九五四）

如是我闻：一时，佛住舍卫国祇树给孤独园。尔时，世尊告诸比丘："众生无始生死，长夜轮转，不知苦之本际。譬如普天大雨洪澍，东西南北无断绝处，如是东方、南方、西方、北方，无量国土劫成、劫坏，如天大雨，普雨天下，无断绝处。如是无始生死，长夜轮转，不知苦之本际。譬如掷杖空中，或头落地，或尾落地，或中落地。如是无始生死，长夜轮转，或堕地狱，或堕畜生，或堕饿鬼。如是无始生死，长夜轮转。是故比丘当如是学：断除诸有，莫令增长。"佛说此经已，诸比丘闻佛所说，欢喜奉行。

一九②　　　　　一三二九五（　九五五）

如是我闻：一时，佛住舍卫国祇树给孤独园。尔时，世尊告诸比丘："众生无始生死，长夜轮转，不知苦之本际。譬如比丘！若有士夫转五节轮，常转不息，如是众生转五趣轮，或堕地狱、畜生、饿鬼，及人、天趣，常转不息。如是无始生死，长夜轮转，不知苦之本际。是故比丘当如是学：断除诸有，莫令增长。"佛说此经已，诸比丘闻佛所说，欢喜奉行。

二〇③　　　　　一三二九六（　九五六）

如是我闻：一时，佛住王舍城毗富罗山侧。尔时，世尊告诸比丘："一切行无常，一切行不恒、不安、变易之法。诸比丘！于一切行，当生厌离，求乐解脱。诸比丘！过去世时，此毗富罗山，

---

① 《别译》三四七·三四八经。《相应部》（一五）"无始相应"九经，当本经后分。

② 《别译》三四九经。

③ 《相应部》（一五）"无始相应"二〇经。《别译》三五〇经。《增一阿含经》（五〇）"礼三宝品"一〇经。

名长竹山,有诸人民围绕山居,名低弥罗邑。低弥罗邑人寿四万岁,低弥罗邑人上此山顶,四日乃得往反。时世有佛,名迦罗迦孙提如来、应、等正觉、明行足、善逝、世间解、无上士、调御丈夫、天人师、佛、世尊,出兴于世,说法教化:初、中、后善,善义、善味,纯一满净,梵行清白,开发显示。彼长竹山于今名字亦灭,低弥罗聚落、人民亦没,彼佛如来已般涅槃。比丘!当知一切诸行皆悉无常,不恒、不安、变易之法。于一切行,当修厌离,离欲解脱。诸比丘!过去世时,此毗富罗山,名曰朋迦,时有人民绕山而居,名阿毗迦邑。彼时人民寿三万岁,阿毗迦人上此山顶,经三日中乃得往反。时世有佛,名拘那含牟尼如来、应、等正觉、明行足、善逝、世间解、无上士、调御丈夫、天人师、佛、世尊,出兴于世,演说经法:初、中、后善,善义、善味,纯一满净,梵行清白,开发显示。诸比丘!彼朋迦山名字久灭,阿毗迦邑人亦久亡没,彼佛世尊亦般涅槃。如是比丘!一切诸行,皆悉无常、不恒、不安、变易之法。汝等比丘!当修厌离,求乐解脱。诸比丘!过去世时,此毗富罗山,名宿波罗首,有诸人民绕山居止,名赤马邑,人寿二万岁。彼诸人民上此山顶,经二日中乃得往反。尔时,有佛名曰迦叶如来、应供,乃至出兴于世,演说经法:初、中、后善,善义、善味,纯一满净,梵行清白,开示显现。比丘!当知宿波罗首山名字久灭,赤马邑人亦久亡没,彼佛世尊亦般涅槃。如是比丘!一切诸行,皆悉无常、不恒、不安、变易之法。是故比丘!当修厌离,离欲解脱。诸比丘!今日此山名毗富罗,有诸人民绕山而居,名摩竭提国。此诸人民寿命百岁,善自消息,得满百岁。摩竭提人上此山顶,须臾往反。我今于此得成如来、应、等正觉,乃至佛、世尊,演说正法,教化令得寂灭涅槃,正道、善逝、觉知。比丘!当知此毗富罗山名亦当磨灭,摩竭提人亦当亡没,如来不久当般涅槃。如是比丘!一切诸行悉皆无常、不恒、不安、变易之法。是故比丘!当修厌离,离欲解脱。"尔时,世尊即说偈言:

"古昔长竹山,低弥罗村邑;次名朋迦山,阿毗迦聚落;
宿波罗首山,聚落名赤马;今毗富罗山,国名摩竭陀。
名山悉磨灭,其人悉没亡,诸佛般涅槃,有者无不尽。
一切行无常,悉皆生灭法,有生无不尽,唯寂灭为乐。"

佛说此经已,诸比丘闻佛所说,欢喜奉行。

(城、山、过去,无地方所,众生无不是,粗雨渧雨,如缚扫篲、掷杖、还转轮,毗富罗①。)

---

① 摄颂见《别译》卷一六(大正二·四八九中)。

四六　婆蹉出家相应①

一②　　　　　　　一三二九七(　九五七)

③如是我闻:一时,佛住王舍城迦兰陀竹园。时有婆蹉种出家,来诣佛所,合掌问讯,问讯已,退坐一面。白佛言:"瞿昙!欲有所问,宁有闲暇见答以不?"佛告婆蹉种出家:"随汝所问,当为汝说。"婆蹉种出家白佛言:"云何瞿昙!命即身耶?"佛告婆蹉种出家:"命即身者,此是无记。""云何瞿昙!为命异身异耶?"佛告婆蹉种出家:"命异身异者,此亦无记。"婆蹉种出家白佛:"云何瞿昙!命即身耶,答言无记;命异身异,答言无记?沙门瞿昙有何等奇?弟子命终,即记说言:某生彼处,某生彼处。彼诸弟子,于此命终舍身,即乘意生身生于余处;当于尔时,非为命异身异也?"佛告婆蹉:"此说有余,不说无余。"婆蹉白佛:"瞿昙!云何说有余,不说无余?"佛告婆蹉:"譬如火,有余得然,非无余。"婆蹉白佛:"我见火,无余亦然。"佛告婆蹉:"云何见火无余亦然?"婆蹉白佛:"譬如大聚炽火,疾风来吹,火飞空中,岂非无余火耶?"佛告婆蹉:"风吹飞火,即是有余,非无余也。"婆蹉白佛:"瞿昙!空中飞火,云何名有余?"佛告婆蹉:"空中飞火,依风故住,依风故然,以依风故,故说有余。"婆蹉白佛:"众生于此命终,乘意生身往生余处,云何有余?"佛告婆蹉:"众生于此

---

① "婆蹉出家相应",共九经。与《相应部》(三三)"婆蹉种相应",及(四四)"无记说相应"相当。

② 《相应部》(四四)"无记说相应"九经参照。《别译》一九〇经。

③ 《杂阿含经》卷三四中。

处命终,乘意生身生于余处,当于尔时,因爱故取,因爱而住,故说有余。"婆蹉白佛:"众生以爱乐有余,染著有余,唯有世尊得彼无余,成等正觉。沙门瞿昙!世间多缘,请辞远去。"佛告婆蹉:"宜知是时。"婆蹉出家闻佛所说,欢喜随喜,从坐起而去。

二① 　　　　　　　一三二九八（　九五八）

如是我闻:一时,佛住王舍城迦兰陀竹园。尔时,尊者大目揵连亦于彼住。时有婆蹉种出家,诣尊者大目揵连所,与尊者目揵连面相问讯慰劳,慰劳已,退坐一面。语尊者大目揵连:"欲有所问,宁有闲暇见答以不?"目连答言:"婆蹉!随意所问,知者当答。"时婆蹉种出家问尊者目揵连:"何因何缘?余沙门、婆罗门,有人来②问:云何如来有后死,无后死,有无后死,非有非无后死,皆悉随答;而沙门瞿昙,有来问言:如来有后死,无后死,有无后死,非有非无后死,而不记说?"目揵连言:"婆蹉!余沙门、婆罗门,于色、色集、色灭、色味、色患、色出不如实知,不如实知故,于如来有后死则取著;如来无后死,有后死无③后死,非有后死非无后死,则生取著。受……想……行……识、识集、识灭、识味、识患、识出不如实知,不如实知故,于如来有后死生取著;无后死,有无后死,非有非无后死,生取著。如来者,于色如实知,色集、色灭、色味、色患、色出如实知,如实知故,于如来有后死则不著;无后死,有无后死,非有非无后死,则不著。受……想……行……识如实知,识集、识灭、识味、识患、识出如实知,如

---

① 《相应部》(四四)"无记说相应"七经。《别译》一九一经。
② "来",原本作"求",依圣本改。
③ "无"上,原本有"有"字,依宋本删。

实知故,于如来有后死,则不然;无后死,有无后死,非有非无后死,则不然;甚深,广大,无量,无数,皆悉寂灭。婆蹉!如是因、如是缘,余沙门、婆罗门,若有来问如来有后死,无后死,有无后死,非有非无后死,则为记说;如是因、如是缘,如来,若有来问如来有后死,无后死,有无后死,非有非无后死,不为记说。"时婆蹉种出家,闻尊者大目揵连所说,欢喜随喜,从坐起而去。

三① 一三二九九(九五九)

如是我闻:一时,佛住王舍城迦兰陀竹园。时有婆蹉种出家,来诣佛所,合掌问讯,问讯已,退坐一面。白佛言:"瞿昙!何因何缘?余沙门、婆罗门,若有来问",如上广说。尔时,婆蹉种出家叹言:"奇哉瞿昙!弟子、大师,义同义,句同句,味同味,乃至同第一义。瞿昙!我今诣摩诃目揵连,以如是义、如是句、如是味而问于彼,彼亦以如是义、如是句、如是味而答我,如今瞿昙所说。是故瞿昙真为奇特!大师、弟子,义同义,句同句,味同味,同第一义。"

四② 一三三〇〇( )

尔时,婆蹉种出家,有诸因缘,至那梨聚落。营事讫已,诣尊者诜陀迦旃延所,共相问讯,问讯已,退坐一面。问诜陀迦旃延:"何因何缘?沙门瞿昙,若有来问:如来有后死,无后死,有无后死,非有非无后死,不为记说?"诜陀迦旃延语婆蹉种出家:"我今问汝,随意答我。于汝意云何?若因、若缘,若种施设诸行③:

---

① 《相应部》(四四)"无记说相应"八经。《别译》一九二经。
② 《相应部》(四四)"无记说相应"一一经。《别译》一九三经。
③ "种施设诸行",原本作"行身施",依元本改。

若色、若无色,若想、若非想、若非想非非想。若彼因、彼缘、彼行无余〔行〕灭,永灭已,如来于彼有所记说,言有后死、无后死、有无后死、非有非无后死耶?"婆蹉种出家语诜陀迦旃延:"若因、若缘,若种施设诸行:若色、若非色,若想、若非想、若非想非非想。彼因、彼缘、彼行无余灭,云何瞿昙于彼记说:如来有后死,无后死,有无后死,非有非无后死?"诜陀迦旃延语婆蹉种出家:"是故如来以是因、以是缘故,有问如来有后死,无后死,有无后死,非有非无后死,不为记说。"婆蹉种出家问诜陀迦旃延:"汝于沙门瞿昙弟子,为日久如?"诜陀迦旃延答言:"少过三年,于正法律出家修梵行。"婆蹉种出家言:"诜陀迦旃延!快得善利!少时出家,而得如是身律仪、口律仪,又得如是智慧辩才!"时婆蹉种出家,闻诜陀迦旃延所说,欢喜随喜,从坐起去。

五① 一三三〇一(九六〇)

如是我闻:一时,佛住王舍城迦兰陀竹园。时有婆蹉种出家,来诣佛所,合掌问讯,问讯已,退坐一面。白佛言:"瞿昙!欲有所问,宁有闲暇为解说不?"佛告婆蹉种出家:"随所欲问,当为汝说。"婆蹉种出家白佛言:"瞿昙!何因何缘?有人来问如来有后死,无后死,有无后死,非有非无后死,而不为记说耶?"佛告婆蹉种出家,如上诜陀迦旃延广说,乃至非有非无后死。婆蹉种出家白佛言:"奇哉瞿昙!师及弟子,义义同,句句同,味味同,其理悉合,所谓第一句说。瞿昙!我为小缘事,至那利伽聚落,营事讫已,暂过沙门迦旃延,以如是义、如是句、如是

---

① 《别译》一九四经。

味,问沙门迦旃延,彼亦以如是义、如是句、如是味答我所问,如今沙门瞿昙所说。是故当知实为奇特! 师及弟子,义、句、味,义、句、味悉同。"时婆蹉种出家,闻佛所说,欢喜随喜,从坐起而去。

六①　　　　　　　一三三〇二(　九六一)

如是我闻:一时,佛住王舍城迦兰陀竹园。时有婆蹉种出家,来诣佛所,合掌问讯,问讯已,退坐一面。白佛言:"云何瞿昙! 为有我耶?"尔时,世尊默然不答。如是再三,尔时世尊亦再三不答。尔时,婆蹉种出家作是念:我已三问沙门瞿昙而不见答,但当还去。时尊者阿难,住于佛后,执扇扇佛。尔时,阿难白佛言:"世尊! 彼婆蹉种出家三问,世尊何故不答? 岂不增彼婆蹉种出家恶邪见,言沙门不能答其所问?"佛告阿难:"我若答言有我,则增彼先来邪见。若答言无我,彼先痴惑,岂不更增痴惑! 言先有我,从今断灭。若先来有我,则是常见;于今断灭,则是断见。如来离于二边,处中说法,所谓是事有故是事有,是事起故是事生,谓缘无明行,乃至生老病死、忧悲恼苦灭。"佛说此经已,尊者阿难闻佛所说,欢喜奉行。

七②　　　　　　　一三三〇三(　九六二)

如是我闻:一时,佛住王舍城迦兰陀竹园。尔时,婆蹉种出家,来诣佛所,与世尊面③相问讯,问讯已,退坐一面。白佛言:"瞿昙! 云何瞿昙作如是见、如是说:世间常,此是真实,余则虚

---

① 《相应部》(四四)"无记说相应"一〇经。《别译》一九五经。
② 《中部》(七二)《婆蹉衢多(火)喻经》。《别译》一九六经。
③ "面",原本作"而",依圣本改。

妄耶？"佛告婆蹉种出家："我不作如是见，如是说：世间常，是则真实，余则虚妄。""云何瞿昙作如是见、如是说：世间无常，常无常，非常非无常；有边，无边，边无边，非边非无边；命即是身，命异身异；如来有后死，无后死，有无后死，非有非无后死？"佛告婆蹉种出家："我不作如是见、如是说，乃至非有非无后死。"尔时，婆蹉种出家白佛言："瞿昙！于此见见何等过患，而于此诸见，一切不说？"佛告婆蹉种出家："若作是见、世间常，此则真实，余则虚妄者，此是倒见，此是观察见，此是动摇见，此是垢污见，此是结见，是苦、是阂、是恼、是热，见结所系。愚痴无闻凡夫，于未来世，生老病死、忧悲恼苦生。婆蹉种出家！若作是见：世间无常，常无常，非常非无常；有边，无边，边无边，非有边非无边，是命是身，命异身异；如来有后死，无后死，有无后死，非有非无后死：此是倒见，乃至忧悲恼苦生。"婆蹉种出家白佛："瞿昙！何所见？"佛告婆蹉种出家："如来所见已毕。婆蹉种出家！然如来见，谓见此苦圣谛，此苦集圣谛，此苦灭圣谛，此苦灭道迹圣谛。作如是知、如是见已，于一切见、一切受、一切生、一切我、我所见、我慢、系著、使，断灭、寂静、清凉、真实。如是等解脱比丘，生者不然，不生亦不然。"婆蹉白佛："瞿昙！何故说言生者不然？"佛告婆蹉："我今问汝，随意答我。婆蹉！犹如有人，于汝前然火，汝见火然不？即于汝前火灭，汝见火灭不？"婆蹉白佛："如是，瞿昙！"佛告婆蹉："若有人问汝：向者火然，今在何处？为东方去耶？西方、南方、北方去耶？如是问者，汝云何说？"婆蹉白佛："瞿昙！若有来作如是问者，我当作如是答：若有于我前然火，薪草因缘故然，若不增薪，火则永灭，不复更起。东方、南方、西方、北方去者,是则不然。"佛告婆蹉:"我亦如是说:色已断、已知,受、想、行、识已断、已知,断其根本,如截多罗树头,无复生分,于未来世永不复起。若至东方,南、西、北方,是则不然,甚深、广大、无量、无数、永灭。"婆蹉白佛:"我当说譬。"佛告婆蹉:"为知是时。"婆蹉白佛:"瞿昙!譬如近城邑、聚落,有好净地,生坚固林。有一大坚固树,其生已来,经数千岁。日夜既久,枝叶零落,皮肤枯朽,唯干独立。如是瞿昙!如来法律,离诸枝条、柯叶,唯空干坚固独立。"尔时,婆蹉出家闻佛所说,欢喜随喜,从坐起去。

八① 　　　一三三〇四(九六三)

如是我闻:一时,佛住王舍城迦兰陀竹园。时有婆蹉种出家,来诣佛所,与世尊面②相问讯,慰劳已,退坐一面。白佛言:"瞿昙!彼云何无知故作如是见、如是说:世间常,此是真实,余则虚妄?世间无常,世间常无常,世间非常非无常;世有边,世无边,世有边无边,世非有边非无边;命即是身,命异身异;如来有后死,无后死,有无后死,非有非无后死?"佛告婆蹉:"于色无知故,作如是见、如是说:世间常,此是真实,余则虚妄;乃至非有非无后死。于受、想、行、识无知故,作如是见、如是说:世间常,此是真实,余则虚妄;乃至非有非无后死。"婆蹉白佛:"瞿昙!知何法故,不如是见、如是说:世间常,此是真实,余则虚妄,乃至非有非无后死?"佛告婆蹉:"知色故,不如是见、如是说:世间常,此是真实,余则虚妄,乃至非有非无后死。知受、想、行、识故,不

---

① 《相应部》(三三)"婆蹉种相应"全。《别译》一九七经。
② "面",原本作"而",依圣本改。

作如是见、如是说：世间常，此是真实，余则虚妄，乃至非有非无后死。如是不知知，如是不见见，不识识，不断断，不观观，不察察，不觉觉。"佛说此经已，婆蹉种出家闻佛所说，欢喜随喜，从坐起而去。

九① 一三三〇五（ 九六四）

如是我闻：一时，佛住王舍城迦兰陀竹园。时有婆蹉种出家，来诣佛所，与世尊面相慰劳已，退坐一面。白佛言："瞿昙！欲有所问，宁有闲暇为解说不？"尔时，世尊默然而住。婆蹉种出家第二、第三问，佛亦第二、第三默然而住。时婆蹉种出家白佛言："我与瞿昙共相随顺，今有所问，何故默然？"尔时，世尊作是念：此婆蹉种出家，长夜质直，不谄、不伪，时有所问，皆以不知故，非故恼乱，我今当以阿毗昙、律纳受于彼。作是念已，告婆蹉种出家："随汝所问，当为解说。"婆蹉白佛："云何瞿昙！有善、不善②法耶？"佛答言："有。"婆蹉白佛："当为我说善不善法，令我得解！"佛告婆蹉："我今当为汝略说善不善法，谛听，善思。婆蹉！贪欲者是不善法，调伏贪欲是则善法。瞋恚、愚痴是不善法，调伏恚、痴是则善法。杀生者是不善法，离杀生者是则善法。偷盗、邪淫、妄语、两舌、恶口、绮语、贪、恚、邪见，是不善法；不盗乃至正见，是则善法。是为婆蹉！我今已说三种善法，三种不善法。如是圣弟子，于三种善法、三种不善法，如实知十种不善法、十种善法。如实知者，则于贪欲无余灭尽，瞋恚、愚痴无余灭尽者，则于一切有漏灭尽，无漏心解脱，慧解脱，现法自知作证：我

---

① 《中部》(七三)《婆蹉衢多大经》。《别译》一九八经。
② "不善"，原本缺，依宋本补。

生已尽,梵行已立,所作已作,自知不受后有。"婆蹉白佛:"颇有一比丘,于此法律得尽有漏,无漏心解脱,乃至不受后有耶?"佛告婆蹉:"不但若一、若二、若三,乃至五百,有众多比丘,于此法律,尽诸有漏,乃至不受后有。"婆蹉白佛:"且置比丘,有一比丘尼,于此法律,尽诸有漏,乃至不受后有不?"佛告婆蹉:"不但一、二、三比丘尼,乃至五百,有众多比丘尼,于此法律,尽诸有漏,乃至不受后有。"婆蹉白佛:"置比丘尼,有一优婆塞,修诸梵行,于此法律,度狐、疑不?"佛告婆蹉:"不但一、二、三,乃至五百优婆塞,乃有众多优婆塞,修诸梵行,于此法律断五下分结,得成阿那含,不复还生此。"婆蹉白佛:"复置优婆塞,颇有一优婆夷,于此法律修持梵行,于此法律度狐、疑不?"佛告婆蹉:"不但一、二、三优婆夷,乃至五百,乃有众多优婆夷,于此法律,断五下分结,于彼化生,得阿那含,不复还生此。"婆蹉白佛:"置比丘、比丘尼、优婆塞、优婆夷修梵行者,颇有优婆塞受五欲,而于此法律度狐、疑不?"佛告婆蹉:"不但一、二、三,乃至五百,乃有众多优婆塞,居家妻子,香花严饰,畜养奴婢,于此法律,断三结贪、恚、痴薄,得斯陀含,一往一来,究竟苦边。"婆蹉白佛:"复置优婆塞,颇有一优婆夷,受习五欲,于此法律,得度狐、疑不?"佛告婆蹉:"不但一、二、三,乃至五百,乃有众多优婆夷,在于居家,畜养男女,服习五欲,花香严饰,于此法律,三结尽,得须陀洹,不堕恶趣法,决定正向三菩提,七有天人往生,究竟苦边。"婆蹉白佛言:"瞿昙!若沙门瞿昙成等正觉,若比丘、比丘尼、优婆塞、优婆夷修梵行者,及优婆塞、优婆夷服习五欲,不得如是功德者,则不满足。以沙门瞿昙成等正觉,比丘、比丘尼、优婆塞、优婆夷修诸梵行,及优婆塞、优婆夷服习五欲,而成就尔所功德故,则为满足。瞿昙!今当说譬。"佛告婆蹉:"随意所说。"婆蹉白佛:"如天大雨,水流随下。瞿昙法律亦复如是,比丘、比丘尼、优婆塞、优婆夷,若男、若女,悉皆随流,向于涅槃,浚输涅槃。甚奇!佛、法、僧平等法律,为余异道出家,来诣瞿昙所,于正法律求出家、受具足者,几时便听出家?"佛告婆蹉:"若余异道出家,欲来于正法律求出家、受具足者,乃至四月,于和尚所受衣而住。然此是为人粗作齐限耳。"婆蹉白佛:"若诸异道出家来,于正法律欲求出家、受具足,听于和尚所受衣①,若满四月听出家者,我今堪能于四月在和尚所受衣②,若于正法律而得出家、受具足。我当于瞿昙法中出家、受具足,修持梵行!"佛告婆蹉:"我先不说粗为人作分齐耶?"婆蹉白佛:"如是,瞿昙!"尔时,世尊告诸比丘:"汝等当度彼婆蹉出家,于正法律出家、受具足。"

婆蹉种出家,即得于正法律出家、受具足,成比丘分。乃至半月,学所应知、应识、应见、应得、应觉、应证,悉知、悉识、悉见、悉得、悉觉、悉证如来正法。尊者婆蹉作是念:我今已学③所应知、应识、应见、应得、应觉、应证,彼一切悉知、悉识、悉见、悉得、悉觉、悉证,今当往见世尊。是时,婆蹉诣世尊所,稽首礼足,于一面住。白佛言:"世尊!我于学所应知、应识、应见、应得、应觉、应证,悉知、悉识、悉见、悉得、悉觉、悉证世尊正法。唯愿世尊为我说法,我闻法已,当独一静处,专精思惟,不放逸住,思惟

---

① "衣",原本作"依",依宋本改。
② "衣",原本作"依",依宋本改。
③ "学",原本作"觉",依宋本改。

所以,善男子剃除须发,着袈裟衣,正信出家,学道乃至自知不受后有。"佛告婆蹉:"有二法,修习、多修习,所谓止、观。此二法,修习、多修习,得知界果:觉了于界,知种种界,觉种种界。如是比丘欲求离欲恶不善法,乃至第四禅具足住;慈、悲、喜、舍;空入处、识入处、无所有入处、非想非非想入处。令我三结尽,得须陀洹。三结尽,贪、恚、痴薄,得斯陀含。五下分结尽,得阿那含。种种神通境界、天眼、天耳、他心智、宿命智、生死智漏尽智皆悉得。是故比丘! 当修二法,修习、多修习。修二法故,知种种界,乃至漏尽。"尔时,尊者婆蹉闻佛所说,欢喜作礼而去。尔时,婆蹉独一静处,专精思惟,不放逸住,乃至自知不受后有。

时有众多比丘,庄严方便,欲诣世尊恭敬供养。尔时,婆蹉问众多比丘:"汝等庄严方便,欲诣世尊恭敬供养耶?"诸比丘答言:"尔。"尔时,婆蹉语诸比丘:"尊者! 持我语,敬礼世尊,问讯起居轻利,少病、少恼,安乐住不? 言:婆蹉比丘白世尊言:我已供养世尊,具足奉事,令欢悦非不欢悦。大师弟子所作,皆悉已作,供养大师,令欢悦非不欢悦。"时众多比丘往诣佛所,稽首礼足,退坐一面。白佛言:"世尊! 尊者婆蹉稽首敬礼世尊足,乃至欢悦非不欢悦。"佛告诸比丘:"诸天先已语我,汝今复说。如来成就第一知见,亦如婆蹉比丘有如是德力。"尔时,世尊为彼婆蹉比丘说第一记。佛说此经已,诸比丘闻佛所说,欢喜奉行。

(身命及目连,希有、迦旃延,未曾有、有我,见及于愚痴,犊子所出家①。)

---

① 摄颂见《别译》卷一〇(大正二·四四七中)。

四七　外道出家相应①

一②　　　　　　　　一三三〇六（　九六五）

③如是我闻：一时，佛住王舍城迦兰陀竹园。时有外道出家，名曰欝低迦，来诣佛所，与世尊面相问讯，慰劳已，退坐一面。白佛言："瞿昙！云何瞿昙！世有边耶？"佛告欝低迦："此是无记。"欝低迦白佛："云何瞿昙！世无边耶？有边无边耶？非有边非无边耶？"佛告欝低迦："此是无记。"欝低迦白佛："云何瞿昙？世有边耶，答言无记；世无边耶，世有边无边耶，世非有边非无边耶，答言无记？瞿昙于何等法而可记说？"佛告欝低迦："知者、智者，我为诸弟子而记说道，令正尽苦，究竟苦边。"欝低迦白佛："云何瞿昙！为诸弟子说道，令正尽苦，究竟苦边？为一切世间从此道出，为少分耶？"尔时，世尊默然不答。第二、第三问，佛亦第二、第三默然不答。尔时，尊者阿难住于佛后，执扇扇佛。尊者阿难语欝低迦外道出家："汝初已问此义，今复以异说而问，是故世尊不为记说。欝低迦！今当为汝说譬，夫智者因譬得解。譬如国王，有边境城，四周坚固，巷陌平正，唯有一门。立守门者，聪明黠慧，善能筹量，外有人来，应入者听入，不应入者不听。周匝绕城，求第二门都不可得，都无猫狸出入之处，况第二门！彼守门者，都不觉悟入者、出者，然彼士夫知一切人，唯从此门若出、若入，更无余处。如是世尊虽不用心觉悟，众生一切

---

① "外道出家相应"，共一五经。
② 《增支部》"十集"九五经。《别译》一九九经。
③ 《杂阿含经》卷三四中。

世间从此道出及以少分,然知众生正尽苦、究竟苦边者,一切皆悉从此道出。"时欝低迦外道出家,闻佛所说,欢喜随喜,从坐起而去。

二① 一三三〇七(九六六)

如是我闻:一时,佛住王舍城迦兰陀竹园。时有尊者富邻尼,住王舍城耆阇崛山中。时有众多外道出家,诣尊者富邻尼,共相问讯,慰劳已,退坐一面。问尊者富邻尼:"我闻沙门瞿昙作断灭破坏有教授耶?今问尊者富邻尼,竟为尔不?"富邻尼语诸外道出家:"我不如是知。世尊教语众生,断灭坏有令无所有者,无有是处。我作如是解:世尊所说,有诸众生,计言有我、我慢、邪慢,世尊为说,令其断灭。"时诸外道出家,闻富邻尼所说,心不喜悦,呵责而去。

尔时,尊者富邻尼诸外道去已,往诣佛所,稽首礼足,退坐一面。以向诸外道出家所说,具白世尊。"世尊!我向答诸外道说,得无谤毁世尊耶?为是法说,如佛所说,如法说,随顺法说?得不为诸论议者所见嫌责耶?"佛告富邻尼:"如汝所说,不谤如来,不失次第,如我记说。如法法说,随顺法说,不为诸论者之所嫌责。所以者何?富邻尼!先诸众生,我慢、邪慢、邪慢所迫,邪慢集、邪慢不无间等,乱如狗肠,如铁钩锁,亦如乱草,往反驱驰,此世、他世,他世、此世,驱驰往反,不能远离。富邻尼!一切众生于诸邪慢无余永灭者,彼一切众生长夜安隐快乐。"佛说此经已,富邻尼比丘闻佛所说,欢喜奉行。

---

① 《别译》二〇〇经。

三①　　　　　　　　一三三〇八（九六七）

如是我闻：一时，佛住王舍城迦兰陀竹园。尔时，尊者阿难陀，于后夜时，向楪补河边。脱衣置岸边，入水洗手足，还上岸，着一衣，摩拭身体。时俱迦那外道出家，亦至水边。尊者阿难闻其行声，闻声已，即便謦欬作声。俱迦那外道出家闻有人声，而问言："为何等人？"尊者阿难答言："沙门。"俱迦那外道言："何等沙门？"尊者阿难答言："释种子。"俱迦那外道言："欲有所问，宁有闲暇见答以不？"尊者阿难答言："随意所问，知者当答。"俱迦那言："云何如来②死后有耶？"阿难答言："世尊所说，此是无记。"复问："如来死后无耶？死后有无耶？非有非无耶？"阿难言："世尊所说，此是无记。"俱迦那外道言："云何如来③死后有，答言无记；死后无，死后有无，死后非有非无，答言无记？云何④为不知、不见耶？"阿难答言："非不知，非不见，悉知、悉见。"复问阿难："云何知、云何见？"阿难答言："见可见处，见所起处，见缠断处，此则为知，此则为见。我如是知，如是见，云何说言不知不见？"俱迦那外道复问："尊者何名？"阿难陀答言："我名阿难陀。"俱迦那外道言："奇哉！大师弟子而共论议。我若知是尊者阿难陀者，不敢发问。"说是语已，即舍而去。

四⑤　　　　　　　　一三三〇九（九六八）

如是我闻：一时，佛住舍卫国祇树给孤独园。时给孤独长

---

① 《增支部》"十集"九六经。《别译》二〇一经。
② "如来"上，原本有"阿难"二字，依宋本删。
③ "如来"上，原本有"阿难"二字，今删。
④ "云何"下，原本有"阿难"二字，今删。
⑤ 《增支部》"十集"九三经。《别译》二〇二经。

者,日日出见世尊,礼事供养。给孤独长者作是念:我今出太早,世尊及诸比丘禅思未起,我宁可过诸外道住处。即入外道精舍,与诸外道共相问讯,慰劳已,退坐一面。时彼外道问言长者:"汝见沙门瞿昙,云何见? 何所见?"长者答言:"我亦不知云何见世尊,世尊何所见。"诸外道言:"汝言见众僧,云何见众僧? 众僧何所见?"长者答言:"我亦不知云何见僧,僧何所见。"外道复问长者:"汝今云何自见? 自何所见?"长者答言:"汝等各各自说所见,然后我说所见亦不难。"时有一外道作如是言:"长者! 我见一切世间常,是则真实,余者虚妄。"复有说言:"长者! 我见一切世间无常,此是真实,余则虚妄。"复有说言:"长者! 世间常无常,此是真实,余则虚妄。"复有说言:"世间非常非无常,此是真实,余则虚妄。"复有说言:"世有边,此是真实,余则虚妄。"复有说言:"世无边,此是真实,余则虚妄。"复有说言:"世有边无边。"复有说言:"世非有边非无边。"复有说言:"命即是身。"复有说言:"命异身异。"复有说言:"如来死后有。"复有说言:"如来死后无。"复有说言:"如来死后有无。"复有说言:"如来死后非有非无,此是真实,余则虚妄。"诸外道语长者言:"我等各各已说所见,汝复应说汝所见!"长者答言:"我之所见,真实有为思量缘起,若复真实有为思量缘起者,彼则无常,无常者是苦,如是知已,于一切见都无所得。如汝所见:世间常,此是真实,余则虚妄者,此见真实有为思量缘起,若真实有为思量缘起者,是则无常,无常者是苦。是故汝等习近于苦,唯得于苦,坚住于苦,深入于苦。如是汝言世间无常,此是真实,余则虚妄,有如是咎。世间常无常,非常非无常;世有边,世无边,世有边无边,世非有边非无边;命即是身,命异身异;如来死后有,如来死后无,如来死后有无,如来死后非有非无:此是真实,余则虚妄,皆如上说。"有一外道语给孤独长者言:"如汝所说,若有见,彼则真实有为思量缘起者,是无常法,若无常者是苦,是故长者所见,亦习近苦,得苦,住苦,深入于苦。"长者答言:"我先不言所见者,是真实有为思量缘起法,悉皆无常,无常者是苦。知苦已,我于所见无所得耶?"彼外道言:"如是,长者!"

尔时,给孤独长者于外道精舍,伏彼异论,建立正论。于异学众中作师子吼已,往诣佛所,稽首礼足,退坐一面。以向与诸外道共论事,向佛广说。佛告给孤独长者:"善哉!善哉!宜应时时摧伏愚痴外道,建立正论。"佛说是语已,给孤独长者欢喜随喜,作礼而去。

五① 　　　一三三一〇(九六九)

如是我闻:一时,佛住王舍城迦兰陀竹园。时有长爪外道出家,来诣佛所,与世尊面相问讯,慰劳已,退坐一面。白佛言:"瞿昙!我一切见不忍。"佛告火种:"汝言一切见不忍者,此见亦不忍耶?"长爪外道言:"向言一切见不忍者,此见亦不忍。"佛告火种:"如是知、如是见,此见则已断、已舍、已离,余见更不相续、不起、不生。火种!多人与汝所见同,多人作如是见、如是说,汝亦与彼相似。火种!若诸沙门、婆罗门,舍此等见,余见不起,是等沙门、婆罗门,世间亦少少耳。火种!依三种见。何等为三?有一如是见、如是说:我一切忍。复次,有一如是见、如是

---

① 《中部》(七四)"长爪经"。《别译》二〇三经。

说：我一切不忍。复次，有一如是见、如是说：我于一忍一不忍。火种！若言一切忍者，此见与贪俱生非不贪，与恚俱生非不恚，与痴俱生非不痴，系不离系，烦恼非清净，乐、取、染著生。若如是见，我一切不忍，此见非贪俱，非恚俱，非痴俱，清净非烦恼，离系非系，不乐、不取、不著生。火种！若如是见，我一忍一不忍，彼若忍者，则有贪乃至染著生；若如是见不忍者，则离贪乃至不染著生。彼多闻圣弟子所学言：我若作如是见、如是说，我一切忍，则为二者所责、所诘。何等二种？谓一切不忍，及一忍一不忍。则为此等所责，责故诘，诘故害。彼见责、见诘、见害故，则舍所见，余见则不复生。如是断见、舍见、离见，余见不复相续、不起、不生。彼多闻圣弟子作如是学：我若如是见、如是说，我一切不忍者，则有二责①、二诘。何等为二？谓我一切忍，及一忍一不忍。如是二责、二诘，乃至不相续、不起、不生。彼多闻圣弟子作如是学：我若作如是见、如是说，一忍一不忍，则有二责、二诘。何等二？谓如是见、如是说，我一切忍，及一切不忍。如是二责，乃至不相续、不起、不生。复次，火种！如是身色粗四大，圣弟子当观无常，观生灭，观离欲，观灭尽，观舍。若圣弟子观无常，观灭，观离欲，观灭尽，观舍住者，于彼身身欲、身念、身爱、身染、身著永灭不住。火种！有三种受，谓苦受、乐受、不苦不乐受。此三种受，何因？何集？何生？何转？谓此三受，触因，触集，触生，触转。彼彼触集则受集，彼彼触灭则受灭，寂静，清凉，永尽。彼于此三受，觉苦，觉乐，觉不苦不乐，彼彼受若集、若灭、

---

① "责"，原本作"种"，依元本改。

若味、若患、若出如实知，如实知已，即于彼受观察无常，观生灭，观离欲，观灭尽，观舍。彼于身分齐受觉如实知，于命分齐受觉如实知。若彼身坏命终后，即于尔时，一切受永灭无余①。彼作是念：乐受觉时，其身亦坏；苦受觉时，其身亦坏；不苦不乐受觉时，其身亦坏，悉为苦边。于彼乐觉离系不系，于彼苦觉离系不系，于不苦不乐觉离系不系。于何离系？离于贪欲、嗔恚、愚痴，离于生老病死、忧悲恼苦，我说斯等名为离苦。"当于尔时，尊者舍利弗受具足，始经半月。时尊者舍利弗，住于佛后，执扇扇佛。时尊者舍利弗作是念：世尊叹说于彼彼法断欲，离欲，欲灭尽，欲舍。尔时，尊者舍利弗即于彼彼法，观察无常，观生灭，观离欲，观灭尽，观舍，不起诸漏，心得解脱。

尔时，长爪外道出家，远尘、离垢，得法眼净。长爪外道出家，见法，得法，觉法，入法，度诸疑、惑，不由他度，入正法律，得无所畏。即从坐起，整衣服，为佛作礼，合掌白佛："愿得于正法律出家、受具足，于佛法中修诸梵行！"佛告长爪外道出家："汝得于正法律出家、受具足，成比丘分。"即得善来比丘出家。彼思惟所以，善男子剃除须发，着袈裟衣，正信非家，出家学道，乃至心善解脱，得阿罗汉。佛说是经已，尊者舍利弗，尊者长爪，闻佛所说，欢喜奉行②。

六③　　　　　　　一三三一一（九七〇）

④如是我闻：一时，佛住王舍城迦兰陀竹园。时王舍城有外

---

① "无余"下，原本有"永灭"二字，依明本删。
② 《杂阿含经》卷三四终。
③ 《增支部》"三集"六四经。《别译》二〇四经。
④ 《杂阿含经》卷三五。

道出家,名舍罗步,住须摩竭陀池侧。于自众中作如是唱言:"沙门释子法,我悉知,我先已知彼法律而悉弃舍。"时有众多比丘,晨朝着衣持钵,入王舍城乞食。闻有外道名舍罗步,住王舍城须摩竭陀池侧,于自众中作如是唱言①:"沙门释子所有法律,我悉已知,先已知彼法律,然后弃舍。"闻是语已,乞食毕,还精舍,举衣钵,洗足已,往诣佛所,稽首礼足,退坐一面。白佛言:"世尊!我等晨朝着衣持钵,入王舍城乞食。闻有外道出家,名舍罗步,住王舍城须摩竭陀池侧。于自众中作是唱言:沙门释子法,我已悉知,知彼法律已,然后弃舍。善哉世尊!可自往彼须摩竭陀池侧,怜愍彼故。"尔时,世尊默然而许。于日晡时,从禅觉,往到须摩竭陀池侧,外道舍罗步所。时舍罗步外道出家,遥见世尊来,即敷床坐,请佛令坐。佛即就坐,告舍罗步言:"汝实作是语:沙门释子所有法律,我悉已知,知彼法律已,然后弃舍耶?"时舍罗步默而不答。佛告舍罗步:"汝今应说,何故默然!汝所知满足者,我则随喜;不满足者,我当令汝满足。"时舍罗步犹故默然。如是第二、第三说,彼再三默然住。时舍罗步有一梵行弟子,白舍罗步言:"师应往诣沙门瞿昙,说所知见,今沙门瞿昙自来诣此,何故不说?沙门瞿昙又告师言:若满足者,我则随喜,不满足者,当令满足,何故默然而不记说?"彼舍罗步,梵行弟子劝时,亦复默然。尔时,世尊告舍罗步:"若复有言:沙门瞿昙非如来、应、等正觉,我若善谏、善问,善谏、善问时,彼则辽落,说诸外事;或忿恚、慢覆,对阂不忍,无由能现;或默然抱愧低头,

---

① "言",原本缺,依宋本补。

密自思省。如今舍罗步,若复作如是言:非沙门瞿昙无正法律者,我若善谏、善问,彼亦如汝今日默然而住。若复有言:非沙门瞿昙声闻善向者,我若善谏、善问,彼亦乃至如汝今日默然而住。"尔时,世尊于须摩竭陀池侧,师子吼已,从坐起而去。

尔时,舍罗步梵行弟子,语舍罗步言:"譬如有牛,截其两角,入空牛栏中,跪地大吼。师亦如是,于无沙门瞿昙弟子众中,作师子吼。譬如女人欲作丈夫声,发声即作女声。师亦如是,于非沙门瞿昙弟子众中,作师子吼。譬如野干欲作狐声,发声还作野干声。师亦如是,于非沙门瞿昙弟子众中,欲作师子吼。"时舍罗步梵行弟子,于舍罗步面前呵责毁呰已,从坐起去。

七[①]　　　　一三三一二(　九七一)

如是我闻:一时,佛住王舍城迦兰陀竹园。尔时,王舍城须摩竭陀池侧,有外道出家,名上座[②],住彼池侧。于自众中作如是语:"我说一偈,若能报者,我当于彼修行梵行。"时有众多比丘,晨朝着衣持钵,入王舍城乞食。闻有外道出家,名曰上座,住须摩竭陀池侧。于自众中作如是说:"我说一偈,有能报者,我当于彼所修行梵行。"乞食毕,还精舍,举衣钵,洗足已,诣佛所,稽首佛足,退坐一面。白佛言:"世尊!我今晨朝与众多比丘入城乞食,闻有外道出家,名曰上座,住须摩竭陀池侧。于自众中作如是说:我说一偈,有能报者,我当于彼修行梵行。唯愿世尊应自往彼,哀愍故!"

尔时,世尊默然而许。即日晡时,从禅觉,往至须摩竭陀池

---

① 《别译》二〇五经。
② "上座",原本作"上坐",依元本改,下例。

侧。时上座外道出家,遥见世尊,即敷床座请佛令坐。世尊坐已,告上座外道出家言:"汝实作是语:我说一偈,若能报者,我当于彼修行梵行耶?汝今便可说偈,我能报答。"时彼外道,即累绳床以为高座,自升其上,即说偈言:

"比丘以法活,不恐怖众生,意寂行舍离,持戒顺息止。"

尔时,世尊知彼上座外道心,即说偈言:

"汝于所说偈,能自随转者,我当于汝所,作善士夫观。
观汝今所说,言行不相应。寂止自调伏,莫恐怖众生,
行意寂远离,受持净戒者。顺调伏寂止,身、口、心离恶,
善摄于住处,不令放逸者,是则名随顺,调伏及寂止。"

尔时,上座外道出家作是念:沙门瞿昙已知我心。即从床而下,合掌白佛言:"今我可得于正法律,出家、受具足,成比丘法不?"佛告上座外道出家:"今汝可得于正法律,出家、受具足,成比丘分。"如是上座外道出家,得出家、作比丘已,思惟所以,善男子剃除须发,着袈裟衣,正信非家,出家学道,乃至心善解脱,得阿罗汉。

八① 一三三一三(九七二)

如是我闻:一时,佛住王舍城迦兰陀竹园。时有众多婆罗门出家,住须摩竭陀池侧,集聚一处,作如是论:"如是婆罗门真谛,如是婆罗门真谛。"尔时,世尊知彼众多婆罗门出家心念,往到须摩竭陀池侧。时众多婆罗门出家,遥见佛来,即为佛敷床

---

① 《增支部》"四集"一八五经。《别译》二〇六经。

座,请佛就坐。佛即就坐,告诸婆罗门出家:"汝等于此须摩竭陀池侧,众共集聚,何所论说?"婆罗门出家白佛言:"瞿昙!我等众多婆罗门出家,集于此坐,作如是论:如是婆罗门真谛,如是婆罗门真谛。"佛告婆罗门出家:"有三种婆罗门真谛①,我自觉悟成等正觉,而复为人演说。汝婆罗门出家作如是说:不害一切众生,是婆罗门真谛,非为虚妄。彼于彼言我胜,言相似,言我卑,若于彼真谛,不系著,于一切世间作慈心色像,是名第一婆罗门真谛,我自觉悟成等正觉,为人演说。复次,婆罗门作如是说:所有集法,皆是灭法,此是真谛,非为虚妄。乃至于彼真谛,不计著,于一切世间观察生灭,是名第二婆罗门真谛。复次,婆罗门作如是说:无我处所及事都无所有②,此则真谛,非为虚妄。如前说,乃至于彼无所系著,一切世间无我像类,是名第三婆罗门真谛,我自觉悟成等正觉,而为人说。"尔时,众多婆罗门出家,默然住。时世尊作是念:今映彼愚痴,杀彼恶者。今此众中,无一能自思量欲造因缘,于沙门瞿昙法中修行梵行。如是知已,从坐起而去。

九③　　　　　一三三一四(　九七三)

如是我闻:一时,佛住拘睒弥国瞿师罗园。尊者阿难亦住于彼。时有外道出家,名曰栴陀,诣尊者阿难所,与尊者阿难共相问讯慰劳已,退坐一面。问尊者阿难言:"何故于沙门瞿昙所出家修梵行?"阿难答言:"为断贪欲、嗔恚、愚痴故,于彼出家修梵

---

① "谛",原本作"实",依明本改。
② "无我处所及事都无所有",重说衍文,今删其一。
③ 《增支部》"三集"七一经。《别译》二〇七经。

行。"栴陀复问:"彼能说断贪欲、嗔恚、愚痴耶?"阿难答言:"我亦能说断贪欲、嗔恚、愚痴。"栴陀复问:"汝见贪欲、嗔恚、愚痴有何过患,说断贪欲、嗔恚、愚痴耶?"阿难答言:"染著贪欲映障心故,或自害,或复害他,或复俱害;现法得罪,后世得罪,现法、后世二俱得罪,彼心常怀忧苦受觉。若嗔恚映障,愚痴映障,自害、害他、自他俱害,乃至常怀忧苦受觉。又复贪欲为盲,为无目,为无智,为慧力羸,为障阂,非明、非等觉,不转向涅槃;嗔恚、愚痴,亦复如是。我见贪欲、嗔恚、愚痴有如是过患故,说断贪欲、嗔恚、愚痴。"栴陀复问:"汝见断贪欲、嗔恚、愚痴有何福利,而说断贪欲、嗔恚、愚痴?"阿难答言:"断贪欲已,不自害,又不害他,亦不俱害;又复不现法得罪,后世得罪,现法后世得罪,心法常怀喜乐受觉。嗔恚、愚痴,亦复如是。于现法中,常离炽然,不待时节,有得余现法,缘自觉知。见有如是功德利益故,说断贪欲、嗔恚、愚痴。"栴陀复问:"尊者阿难!有道、有迹,修习、多修习,能断贪欲、嗔恚、愚痴不?"阿难答言:"有,谓八正道,正见乃至正定。"栴陀外道白尊者阿难:"此是贤哉之道,贤哉之迹!修习、多修习,能断贪欲、嗔恚、愚痴。"时栴陀外道闻尊者阿难所说,欢喜随喜,从坐起而去。

一〇① 一三三一五(九七四)

如是我闻:一时,佛住舍卫国祇树给孤独园。尔时,尊者舍利弗,诣佛所,稽首佛足,退坐一面。尔时,世尊为尊者舍利弗种种说法,示教、照喜。示教、照喜已,默然住。时尊者舍利弗闻佛

---

① 《别译》二〇八经。

所说,欢喜随喜已,稽首礼足而去。时有外道出家补缕低迦,随路而来。问尊者舍利弗:"从何所来?"舍利弗答言:"火种!我从我世尊所,听大师说教授法来。"补缕低迦问:"尊者舍利弗!今犹不离乳,从而闻说教授法耶?"舍利弗答言:"火种!我不离乳,于大师所,闻说教授法。"补缕低迦语尊者舍利弗言:"我久已离乳,舍师所说教授法。"舍利弗言:"汝法是恶说法律,恶觉,非为出离,非正觉道,坏法,非可赞叹法,非可依止法。又彼师者,非等正觉,是故汝等疾疾舍乳,离师教法。譬如乳牛粗恶狂骚,又少乳汁,彼犊饮乳,疾疾舍去。如是恶说法律,恶觉,非出离,非正觉道,坏法,非可赞叹法,非可依止法。又彼师者,非等正觉,是故速舍师教授法。我所有法,是正法律,是善觉,是出离,正觉道,不坏,可赞叹,可依止。又彼大师,是等正觉,是故久饮其乳,听受大师说教授法。譬如乳牛不粗狂骚,又多乳汁,彼犊饮时,久而不厌。我法如是,是正法律,乃至久听说教授法。"时补缕低迦语舍利弗:"汝等快得善利!于正法律,乃至久听说教授法。"时补缕低迦外道出家,闻舍利弗所说,欢喜随喜,从道而去。

一一① 一三三一六(九七五)

如是我闻:一时,佛住舍卫国祇树给孤独园。尔时,补缕低迦外道出家,来诣佛所,与世尊面相问讯,慰劳已,退坐一面。白佛言:"瞿昙!先日众多种种异道——出家沙门、婆罗门,集于未曾有讲堂。作如是论议:沙门瞿昙智慧犹如空舍,不能于大众

---

① 《别译》二〇九经。

中建立论议:此应此不应,此合此不合。譬如盲牛偏行边畔,不入中田。沙门瞿昙亦复如是,无应不应,无合不合。"佛告补缕低迦:"此诸外道论议,说应不应,合不合,于圣法律如小儿戏。譬如士夫年八、九十,发白齿落,作小儿戏,团治泥土,作象、作马,种种形类。众人皆言:此老小儿。如是火种!种种诸论,谓应不应,合不合,于圣法律如小儿戏。然于彼中,无有比丘方便所应。"补缕低迦白佛:"瞿昙!于何处有比丘方便所应?"佛告外道:"不清净者令其清净,是名比丘方便所应。不调令调,是名比丘方便所应。诸不定者令得正受,是名比丘方便所应。不解脱者令得解脱,是名比丘方便所应。不断令断,不知令知,不修令修,不得令得,是名比丘方便所应。云何不净令净?谓戒,不净者令其清净。云何不调伏令其调伏?谓眼根、耳、鼻、舌、身、意根,不调伏令其调伏,是名不调伏者令其调伏。云何不定令其正受?谓心不正定,令得正受。云何不解脱者令得解脱?谓心不解脱贪欲、恚、痴,令得解脱。云何不断令断?谓无明、有爱,不断令断。云何不知令知?谓其名、色,不知令知。云何不修令修?谓止、观,不修令修。云何不得令得?谓般涅槃,不得令得。是名比丘方便所应。"补缕低迦白佛言:"瞿昙!是义比丘方便所应,是坚固比丘方便所应,所谓尽诸有漏。"时补缕低迦外道出家,闻佛所说,欢喜随喜,从坐起而去。

一二① 一三三一七(九七六)

如是我闻:一时,佛住王舍城迦兰陀竹园。时有外道出家,

---

① 《别译》二一〇经。

名曰尸婆,来诣佛所,与世尊面相问讯,慰劳已,退坐一面。白佛言:"瞿昙!云何为学?所谓学者,云何学?"佛告尸婆:"学其所学,故名为学。"尸婆白佛:"何所学?"佛告尸婆:"随时学增上戒,学①增上意,学增上慧。"尸婆白佛:"若阿罗汉比丘,诸漏已尽,所作已作,舍诸重担,逮得己利,尽诸有结,正智善解脱,当于尔时复何所学?"佛告尸婆:"若阿罗汉比丘,诸漏已尽,乃至正智善解脱,当于尔时,觉知贪欲永尽无余,觉知嗔恚、愚痴永尽无余,故不复更造诸恶,常行诸善。尸婆!是名为学其所学。"时尸婆外道出家,闻佛所说,欢喜随喜,从坐起去。

一三②　　　　　一三三一八(九七七)

如是我闻:一时,佛住王舍城迦兰陀竹园。尔时,尸婆外道出家,来诣佛所,与世尊面相问讯,慰劳已,退坐一面。白佛言:"瞿昙!有一沙门、婆罗门,作如是见、如是说:若人有所知觉,彼一切本所作因;修诸苦行,令过去业尽,更不造新业。断于因缘,于未来世无复诸漏,诸漏尽故业尽,业尽故苦尽,苦尽者究竟苦边。今瞿昙所说云何?"佛告尸婆:"彼沙门、婆罗门,实尔洛漠说耳!不审、不数、愚痴、不善、不辩,所以者何?或从风起苦,众生觉知。或从痰起,或从涎唾起,或等分起;或自害,或他害,或因节气。彼自害者,或拔发,或拔须,或常立举手,或蹲地,或卧灰土中,或卧棘刺上,或卧杵上,或板上,或牛屎涂地而卧其上,或卧水中,或日三洗浴,或一足而立身随日转。如是众苦精勤有行,尸婆!是名自害。他害者,或为他手、石、刀、杖等种种

————————
① "学",原本缺,依宋本补。
② 《相应部》(三六)"受相应"二一经与本经前文相当。《别译》二一一经。

害身,是名他害。尸婆!若复时节所害,冬则大寒,春则大热,夏寒、暑俱,是名节气所害。世间真实,非为虚妄。尸婆!世间有此真实,为风所害,乃至节气所害,彼众生如实觉知,汝亦自有此患——风、痰、涎唾,乃至节气所害觉,如是如实觉知。尸婆!若彼沙门、婆罗门言:一切人所知觉者,皆是本所造因,舍世间真实事,而随自见作虚妄说。尸婆!有五因、五缘,生心法忧苦。何等为五?谓因贪欲缠,缘贪欲缠,生心法忧苦;因瞋恚、睡眠、掉悔、疑缠,缘瞋恚、睡眠、掉悔、疑缠,生彼心法忧苦。尸婆!是名五因、五缘,生心法忧苦。尸婆!有五因、五缘,不生心法忧苦。何等为五?谓因贪欲缠、缘贪欲缠,生彼心法忧苦者,离彼贪欲缠,不起心法忧苦;因瞋恚、睡眠、掉悔、疑缠,缘瞋恚、睡眠、掉悔、疑缠,生彼心法忧苦者,离彼瞋恚、睡眠、掉悔、疑缠,不起心法忧苦。尸婆[1]!是名五因、五缘,不起心法忧苦。现法得离炽然,不待时节,通达现见,缘自觉知。尸婆!复有现法离炽然,不待时节,通达现见,缘自觉知,谓八正道,正见乃至正定。"说是法时,尸婆外道出家,远尘、离垢,得法眼净。时尸婆外道出家,见法、得法、知法、入法,离诸狐、疑,不由于他,入正法律,得无所畏。即从坐起,整衣服,合掌白佛:"世尊!我今可得于正法律出家,受具足,得比丘分耶?"佛告尸婆:"汝今得出家。"如上说,乃至心善解脱,得阿罗汉。

一四[2]　　　一三一九(　九七八)

如是我闻:一时,佛住那罗聚落好衣庵罗园中。尔时,那罗

---

[1] "因瞋恚……不起心法忧苦。尸婆"——共四十三字,原本缺,依明本补。
[2] 《别译》二一二经。佛说偈,同《小部·经集》二品三经。

聚落有商主外道出家,百二十岁,年耆根熟,为那罗聚落诸沙门、婆罗门、长者、居士尊重供养,如阿罗汉。彼商主外道出家,先有宗亲一人命终生天,于彼天上,见商主外道出家已,作是念:我欲往教彼商主外道出家,诣世尊所修行梵行。恐其不随我语,我今当往彼,以意论令问。即下那罗聚落,诣彼商主外道出家所,说偈而问:

云何恶知识,现善知识相?云何善知识,如己同一体?
何故求于断,云何离炽然?

若汝仙人!持此意论而问于彼,有能分明解说其义而答汝者,便可从彼出家修行梵行。"时商主外道出家,受天所教①,持诣富兰那迦叶所,以此意论偈,问富兰那迦叶。彼富兰那迦叶尚自不解,况复能答?彼时商主外道出家,复至末迦梨瞿舍利子所、删阇耶毗罗胝子所、阿耆多枳舍钦婆罗所、迦罗拘陀迦栴延所、尼乾陀若提子所,皆以此意论偈而问,悉不能答。时商主外道出家作是念:我以此意论,问诸出家师,悉不能答,我今复欲求出家为?我今自有财宝,不如还家,服习五欲。复作是念:我今可往诣沙门瞿昙,然彼耆旧诸师——沙门、婆罗门,富兰那迦叶等悉不能答,而沙门瞿昙年少出家,讵复能了然!我闻先宿所说:莫轻新学年少出家。或有沙门年少出家,有大德力,今且当诣沙门瞿昙。诣已,以彼意论心念而问,如偈所说。尔时,世尊知彼商主心之所念,即说偈言:

---

① "教",原本作"问",依明本改。

"云何恶知识,现善友相者?内心实耻厌,口说我同心,造事不乐同,故知非善友。口说恩爱语,心不实相应,所作而不同,慧者应觉知。是名恶知识,现善知识相,与己同一体。云何善知识,与己同体者?非彼善知识,放逸而不制,沮坏怀疑惑,伺求其端绪。安于善知识,如子卧父怀,不为傍人间①,当知善知识。何故求于断?生欢喜之处,清凉称赞叹,修习福利果,清凉永息灭,是故求于断。云何离炽然?寂静止息味,知彼远离味,远离炽然恶,饮以法喜味,寂灭离欲火,是名离炽然。"

尔时,商主外道出家作是念:沙门瞿昙知我心念。而白佛言:"我今得入沙门瞿昙正法律中,修行梵行,出家受具足,成比丘分不?"佛告商主外道出家:"汝今可得于正法律,修行梵行,出家、受具足,成比丘分。"如是出家已,思惟乃至心善解脱,得阿罗汉。

一五②　　　　　　一三三二〇（九七九）

如是我闻:一时,佛住俱夷那竭国力士生处坚固双树林中。尔时,世尊涅槃时至,告尊者阿难:"汝为世尊于双树间,敷绳床,北首,如来今日中夜,于无余涅槃而般涅槃。"尔时,尊者阿难奉教,于双树间,敷绳床,北首讫,来诣佛所,稽首佛足,退住一面。白佛言:"世尊!已于双树间,敷绳床,北首。"尔时,世尊诣双树间,于绳床上北首,右胁而卧,足足相累,系念明想,正念、正

---

① "间",原本作"闻",依圣本改。
② 《别译》二一三经、一一〇经。集入《长部》(一六)《大般涅槃经》;《长阿含经》(二)《游行经》。

智。时俱夷那竭国,有须跋陀罗外道出家,百二十岁,年耆根熟,为俱夷那竭国人,恭敬供养如阿罗汉。彼须跋陀罗出家,闻世尊今日中夜,当于无余涅槃而般涅槃。然我有所疑,希望而住。沙门瞿昙有力能开觉我,我今当诣沙门瞿昙,问其所疑。即出俱夷那竭,诣世尊所。尔时,尊者阿难于园门外经行。时须跋陀罗语阿难言:"我闻沙门瞿昙,今日中夜,于无余涅槃而般涅槃。我有所疑,希望而住,沙门瞿昙有力能开觉我,若阿难不惮劳者,为我往白瞿昙,少有闲暇,答我所问。"阿难答言:"莫逼世尊,世尊疲极。"如是须跋陀罗再三请尊者阿难,尊者阿难亦再三不许。须跋陀罗言:"我闻古昔出家耆年大师所说:久久乃有如来、应、等正觉出于世间,如优昙钵花,而今如来中夜,当于无余涅槃界而般涅槃,我今于法疑,信心而住,沙门瞿昙有力能开觉我,若阿难不惮劳者,为我白沙门瞿昙!"阿难复答言:"须跋陀罗!莫逼世尊,世尊今日疲极。"

尔时,世尊以天耳,闻阿难与须跋陀罗共语来往,而告尊者阿难:"莫遮外道出家须跋陀罗,令入问其所疑。所以者何?此是最后与外道出家论议,此是最后得证声闻善来比丘,所谓须跋陀罗。"尔时,须跋陀罗闻①世尊为开善根,欢喜增上,诣世尊所,与世尊面相问讯,慰劳已,退坐一面。白佛言:"瞿昙!凡世间入处,谓富兰那迦叶等六师,各作如是宗:此是沙门,此是沙门。云何瞿昙!为实各各有是宗不?"尔时,世尊即为说偈言:

"始年二十九,出家修善道,成道至于今,经五十余年。

---

① "闻",原本缺,依宋本补。

三昧明行具,常修于净戒,离斯少道分,此外无沙门。"

佛告须跋陀罗:"于正法律,不得八正道者,亦不得初沙门,亦不得第二、第三、第四沙门。须跋陀罗!于此法律得八正道者,得初沙门,得第二、第三、第四沙门。除此已,于外道无沙门,斯则异道之师,空沙门、婆罗门耳。是故我今于众中作师子吼。"

说是法时,须跋陀罗外道出家,远尘、离垢,得法眼净。尔时,须跋陀罗见法,得法,知法,入法,度诸狐、疑,不由他信,不由他度,于正法律得无所畏。从坐起,整衣服,右膝着地,白尊者阿难:"汝得善利!汝得大师!为大师弟子,为大师雨雨灌其顶。我今若得于正法律出家,受具足、得比丘分者,亦当得斯善利!"时尊者阿难白佛言:"世尊!是须跋陀罗外道出家,今求于正法律出家、受具足,得比丘分。"尔时,世尊告须跋陀罗:"此比丘来修行梵行!"彼尊者须跋陀罗,即于尔时出家,即是受具足,成比丘分。如是思惟,乃至心善解脱,得阿罗汉。时尊者须跋陀罗得阿罗汉,解脱乐。觉知已,作是念:我不忍见佛般涅槃,我当先般涅槃。时尊者须跋陀罗先般涅槃已,然后世尊般涅槃。

　　　(优陟、分匿,俱迦那,须达、长爪、奢罗浮、重床、三谛及闻陀,二不留得、尸卜根、尸卜、那罗婆力迦,须跋陀罗第十五①。)

---

①　摄颂见《别译》卷一一(大正二·四五三中)。

四八 杂相应①

一 一三三二一(九八〇)

②如是我闻:一时,佛在跋耆人间游行,至毗舍离国,住猕猴池侧重阁讲堂。时毗舍离国有众多贾客,欲向怛刹尸罗国,方便庄严。是众多贾客,闻世尊于跋耆人间游行,至毗舍离国,住猕猴池侧重阁讲堂。闻已,来诣佛所,稽首佛足,退坐一面。佛为诸贾客种种说法,示教、照喜。示教、照喜已,默然而③住。时诸贾客从坐起,整衣服,为佛作礼,合掌白佛言:"世尊!我等诸贾客,方便庄严,欲至怛刹尸罗国。唯愿世尊与诸大众,明旦受我供养!"尔时,世尊默然而许。时诸贾客知世尊受请已,从坐起,礼佛足,各还自家。办种种净美饮食,敷床座,安置净水。晨朝遣使白佛:"时到。"尔时,世尊与诸大众,着衣持钵,诣诸贾客所,就座而坐。时诸贾客以净美饮食,自手供养。食毕,洗钵讫,取卑小床,于大众前坐,听佛说法。尔时,世尊告诸贾客:"汝等当行于旷野中,有诸恐怖,心惊毛竖。尔时,当念如来事:谓如来、应、等正觉,乃至佛、世尊。如是念者,恐怖则除。又念法事:佛正法律,现法,能离炽然,不待时节,通达亲近,缘自觉知。又念僧事:世尊弟子,善向、正向,乃至世间福田。如是念者,恐怖即除。过去世时,天、阿须轮共斗时,天帝释告诸天众:汝等与阿须轮共斗战之时,生恐怖者,当念我幢,名摧伏幢,念彼幢时,恐

---

① "杂相应",共一八经。
② 《杂阿含经》卷三五中。
③ "而",原本缺,依宋本补。

怖得除。若不念我幢者,当念伊舍那天子幢;若不念伊舍那天子幢者,当念婆留那天子幢。念彼幢时,恐怖即除。如是诸商人!汝等于旷野中有恐怖者,当念如来事、法事、僧事。"尔时,世尊为诸毗舍离贾客,说供养随喜偈:

"供养比丘僧,饮食、随时服,专念谛思惟,正知而行舍。
净物、良福田,汝等悉具足,缘斯功德利,长夜获安乐,
发心有所求,众利悉皆应。两足、四足安,道路往来安,
夜安、昼亦安,一切离诸恶。如沃壤良田,精纯好种子,
溉灌以时泽,收实不可量。净戒良福田,精肴膳种子,
正行以将顺,终期妙果成。是故行施者,欲求备众德,
当随智慧行,众果自然备。于明行足尊,正心尽恭敬,
种殖众善本,终获大福利。如实知世间,得具备正见,
具足见正道,具足而升进,远离一切垢,逮得涅槃道,
究竟于苦边,是名备众德。"

尔时,世尊为诸毗舍离贾客,说种种法,示教、照喜已,从坐起去。

二① 一三三二二(九八一)

如是我闻:一时,佛住舍卫国祇树给孤独园。尔时,世尊告诸比丘:"若比丘住于空闲、树下、空舍,有时恐怖,心惊毛竖者,当念如来事及法事、僧事,如前广说。念如来事、法事、僧事之时,恐怖即除。诸比丘!过去世时,释提桓因与阿修罗共战。尔

---

① 《相应部》(一一)"帝释相应"三经,《增一阿含经》(二四)"高幢品"一经。

时,帝释语诸三十三天言:诸仁者! 诸天、阿修罗共斗战时,若生恐怖,心惊毛竖者,汝当念我伏敌之幢,念彼幢时,恐怖即除。如是比丘! 若于空闲、树下、空舍而生恐怖,心惊毛竖者,当念如来:如来、应、等正觉,乃至佛、世尊。彼当念时,恐怖即除。所以者何? 彼天帝释怀贪、恚、痴,于生老病死、忧悲恼苦不得解脱,有恐怖、畏惧、逃窜、避难,而犹告诸三十三天,令念我摧伏敌幢;况复如来、应、等正觉,乃至佛、世尊,离贪、恚、痴,解脱生老病死、忧悲恼苦,无诸恐怖、畏惧、逃避,而不能令其念如来者除诸恐怖!"佛说是经已,诸比丘闻佛所说,欢喜奉行。

三① 　　　　一三三二三(九八二)

如是我闻:一时,佛住娑枳国安阇那林中。尔时,世尊告尊者舍利弗:"我能于法略说、广说,但知者难。"尊者舍利弗白佛言:"唯愿世尊略说、广说、法说,于法实有解知者!"佛告舍利弗:"若有众生,于自识身及外境界一切相,无我、我所、我慢、系著、使,乃至心解脱、慧解脱,现法自知作证具足住者,于此识身及外境界一切相,无有我、我所、我慢、使、系著故,我心解脱,慧解脱,现法自知作证具足住。舍利弗! 彼比丘于此识身及外境界一切相,无有我、我所见、我慢、系著、使,及心解脱,慧解脱,现法自知作证具足住。于此识身及外境界一切相,无有我、我所见、我慢、系著、使,彼心解脱,慧解脱,现法自知作证具足住。舍利弗! 若复比丘于此识身及外境界一切相,无有我、我所见、我慢、系著、使,彼心解脱,慧解脱,现法自知作证具足住。舍利弗!

---

① 《增支部》"三集"三二经之二。

若复比丘于此识身及外境界一切相,无我、我所见、我慢、系著、使,及心解脱,慧解脱,现法自知作证具足住。于此识身及外境界一切相,无我、我所见、我慢、系著、使,彼心解脱,慧解脱,现法自知作证具足住。舍利弗!是名比丘断爱缚、结,慢无间等,究竟苦边。舍利弗!我于此有余说,答波罗延富邻尼迦所问:

  世间数差别,安所遇不动,寂静离诸尘,拔根无悕望,
  已度三有海,无复老死患。"①

佛说是经已,尊者舍利弗闻佛所说,欢喜随喜,即从坐起,作礼而去。

四②   一三三二四(九八三)

如是我闻:一时,佛住舍卫国祇树给孤独园。尔时,尊者阿难住舍卫国祇树给孤独园,独一静处,如是思惟:或有一人作如是念:我于此识身及外境界一切相,无有我、我所见、我慢、系著、使,及心解脱,慧解脱,现法自知作证具足住。于此识身及外境界一切相,无有我、我所见、我慢、系著、使,我当于彼心解脱,慧解脱,现法自知作证具足住。尔时,尊者阿难晡时从禅觉,诣世尊所,稽首礼足,退坐一面。白佛言:"世尊!我独一静处,作是思惟:若有一人作如是言:我此识身及外境界一切相,乃至自知作证具足住。"佛告阿难:"如是,如是!若③有一人作如是念:我此识身及外境界一切相,无有我、我所见、我慢、系著、使,及心解

---

① 引颂见《小部·经集》五品四经。
② 《增支部》"三集"三二经之一。
③ "若",原本缺,依宋本补。

脱、慧解脱,现法自知作证具足住。阿难!彼比丘于此识身及外境界一切相,无有我、我所见、我慢、系著、使,及心解脱、慧解脱,现法自知作证具足住,于此识身及外境界一切相,无有我、我所见、我慢、系著、使,及彼心解脱、慧解脱,现法自知作证具足住。阿难!若复比丘于此识身及外境界一切相,乃至自知作证具足住,是名比丘断爱缚、结、慢无间等,究竟苦边。阿难!我于此有余说,答波罗延忧陀耶所问:

> 断于爱欲想,忧苦亦俱离,觉悟于睡眠,灭除掉悔盖,
> 舍念①、恚清净,现前观察法,我说智解脱,灭除无明暗。"②

佛说是经已,尊者阿难闻佛所说,欢喜随喜,礼佛而去。

五③　　　　　一三三二五(　九八四)

如是我闻:一时,佛住舍卫国祇树给孤独园。尔时,世尊告诸比丘:"我今当说爱为网,为胶,为泉,为藕根。此等能为众生障,为盖,为胶,为守卫,为覆,为闭,为塞,为暗冥,为狗肠,为乱草,为絮,从此世至他世,从他世至此世,往来流转,无不转时。诸比丘!何等爱为网、为胶,乃至往来流转④无不转时⑤?谓有我故:有我,欲我,尔我,有我,无我,异我,当我,不当我,欲我,当尔时,当异异我,或欲我,或尔我,或异,或然,或欲然,或尔然,或异:如是十八爱行从内起。比丘言有我,于诸所有言我欲,我尔,

---

① "念",原本作"贪",依宋本改。
② 引颂出《小部·经集》五品一四经。
③ 《增支部》"四集"一九九经。
④ "转",原本作"驰",依明本改。
⑤ "时",原本缺,依元本补。

乃至十八爱行从外起。如是总说十八爱行。如是三十六爱行,或于过去起,或于未来起,或于现在起,如是总说百八爱行。是名为爱为网,为胶,为泉,为藕根,能为众生障;为盖,为胶,为守卫,为覆,为闭,为塞,为暗冥,为狗肠,为乱草,为絮,从此世至他世,从他世至此世,往来流转,无不转时。"佛说是经已,诸比丘闻佛所说,欢喜奉行。

六① 　　　一三三二六(九八五)

如是我闻:一时,佛住舍卫国祇树给孤独园。尔时,世尊告诸比丘:"有从爱生爱,从爱生恚,从恚生爱,从恚生恚。云何为从爱生爱?谓有一于众生,有喜、有爱、有念、有可意,他于彼有喜、有爱、有念、有可意随行。此作是念:我于彼众生,有喜、有爱、有念、有可意,他复于彼有喜、有爱、有念、有可意随行故,我于他人复生于爱,是名从爱生爱。云何从爱生恚?谓有一于众生有喜、有爱、有念、有可意,而他于彼不喜、不爱、不念、不可意随行。此作是念:我于众生有喜、有爱、有念、有可意,而他于彼不喜、不爱、不念、不可意随行,故我于他而生嗔恚,是名从爱生恚。云何为从恚生爱?谓有一于众生,不喜、不爱、不念、不可意,他复于彼不喜、不爱、不念、不可意随行,故我于他而生爱念,是名从恚生爱。云何从恚生恚?谓有一于众生,不喜、不爱、不念、不可意,而他于彼有喜、有爱、有念、有可意随行。此作是念:我于彼众生不喜、不爱、不念、不可意,而他于彼有喜、有爱、有念、有可意随行,我于他所〔问〕起嗔恚,是名从恚生恚。若比丘

---

① 《增支部》"四集"二〇〇经。

离欲、恶不善法,有觉、有观,乃至初禅;第二、第三、第四禅具足住者,从爱生爱,从恚生恚,从恚生爱,从爱生恚,已断、已知,断其根本,如截多罗树头,无复生分,于未来世成不生法。若彼比丘,尽诸有漏,无漏心解脱,慧解脱,现法自知作证:我生已尽,梵行已立,所作已作,自知不受后有。当于尔时,不自举,不起尘,不炽然,不嫌彼。云何自举?谓见色是我,色异我,我中色,色中我;受、想、行、识,亦复如是,是名自举。云何不自举?谓不见色是我,色异我,我中色,色中我;受、想、行、识,亦复如是,是名不自举。云何还举?谓于骂者还骂,嗔者还嗔,打者还打,触者还触,是名还举。云何不还举?谓骂者不还骂,嗔者不还嗔,打者不还打,触者不还触,是名不还举。云何起尘?谓有我、我欲,乃至十八种爱,是名起尘。云何不起尘?谓无我,无我欲,乃至十八爱不起,是名不起尘。云何炽然?谓有我所,我所欲,乃至外十八爱行,是名炽然。云何不炽然?谓无我所,无我所欲,乃至无外十八爱行,是名不炽然。云何嫌彼?谓见我真实,起于我慢、我欲、我使,不断、不知,是名嫌彼。云何不嫌彼?谓不见我真实,我慢、我欲、我使,已断、已知,是名不嫌彼。"佛说此经已,诸比丘闻佛所说,欢喜奉行。

　　七　　　　　　　　一三三二七(　九八六)

如是我闻:一时,佛住舍卫国祇树给孤独园。尔时,世尊告诸比丘:"有二事断难持。何等为二?若俗人处,非人处,于衣、食、床卧、资生众具,持彼断者,是则难行。又比丘非家出家,断除贪爱,持彼断者,亦甚难行。"尔时,世尊即说偈言:

"世间有二事,持断则难行,是真谛所说,等正觉所知。

在家财入出,衣食等众具,世间贪爱乐,持断者甚难。
比丘已离俗,信非家出家,灭除于贪爱,持断亦难行。"

佛说此经已,诸比丘闻佛所说,欢喜奉行。

八　　　　　一三三二八(九八七)

如是我闻:一时,佛住舍卫国祇树给孤独园。尔时,世尊告诸比丘:"我于二法依止多住。云何为二?于诸善法未曾知足,于断未曾远离。于善法不知足故,于诸断法未曾远离故,乃至肌消肉尽,筋连骨立,终不舍离精勤方便,不舍善法,不得未得,终不休息,未曾于劣心生欢喜,常乐增进,升上上道。如是精进住故,疾得阿耨多罗三藐三菩提等。比丘!当于二法依止多住:于诸善法不生足想,依于诸断未曾舍离,乃至肌消肉尽,筋连骨立,精勤方便堪能,修习善法不息。是故比丘!于诸下劣勿①生欢喜想,当修上上升进。多住如是修习,不久当得速尽诸漏,无漏心解脱,慧解脱,现法自知作证:我生已尽,梵行已立,所作已作,自知不受后有。"佛说此经已,诸比丘闻佛所说,欢喜奉行。

九　　　　　一三三二九(九八八)

如是我闻:一时,佛住王舍城迦兰陀竹园。尔时,释提桓因形色绝妙,于后夜时,来诣佛所,稽首佛足,退住一面。天身威力,光明遍照迦兰陀竹园。时释提桓因白佛言:"世尊!世尊曾于隔界山石窟中说言:若有沙门、婆罗门,无上爱尽解脱,心善解脱,彼边际究竟,边际离垢,边际梵行毕竟。云何为比丘边际究竟,边际离垢,边际梵行毕竟?"佛告天帝释:"谓比丘,若所有受

---

① "勿",原本缺,今补。

觉——若苦、若乐、若不苦不乐,彼诸受集、受灭、受味、受患、受出如实知,如实知已,观察彼受无常,观生灭,观离欲,观灭尽,观舍。如是观察已,则边际究竟,边际离垢,边际梵行毕竟。拘尸迦!是名比丘于正法律,边际究竟,边际离垢,边际梵行毕竟。"乃至天帝释闻佛所说,欢喜随喜,作礼而去。

　　　　　一〇　　　　　一三三〇(　九八九)

如是我闻:一时,佛住王舍城迦兰陀竹园。尔时,尊者大目揵连住耆阇崛山,后夜起经行,见有光明遍照迦兰陀竹园。见已作是念:今夜或有大力鬼神诣世尊所,故有此光明。时尊者大目揵连,晨朝往诣佛所,稽首佛足,退坐一面。白佛言:"世尊!我于昨暮后夜,出房经行,见胜光明普照迦兰陀竹园。见已作是念:有何大力鬼神,诣世尊所,故有此光明。"佛告尊者大目揵连:"昨暮后夜,释提桓因来诣我所,稽首作礼,退坐一面。"如上修多罗广说,欢喜随喜,作礼而去。

　　　　　一一①　　　　　一三三一(　九九〇)

如是我闻:一时,佛住舍卫国祇树给孤独园。尔时,尊者阿难,晨朝着衣持钵,诣舍卫城次第乞食,至鹿住优婆夷舍。鹿住优婆夷遥见尊者阿难,疾敷床座。白言:"尊者阿难令坐!"时鹿住优婆夷稽首礼阿难足,退住一面。白尊者阿难:"云何言世尊知法?我父富兰那,先修梵行,离欲清净,不著香花,远诸凡鄙;叔父梨师达多,不修梵行。然其知足,二俱命终,而今世尊俱记二人,同生一趣,同一受生,同于后世得斯陀含,生兜率天,一来

---

① 《增支部》"十集"七五经。

世间,究竟苦边。云何阿难!修梵行、不修梵行,同生一趣,同一受生,同其后世?"阿难答言:"姊妹!汝今且停,汝不能知众生世间根之差别。如来悉知众生世间根之优劣。"如是说已,从坐起去。

时尊者阿难还精舍,举衣钵,洗足已,往诣佛所,稽首佛足,退坐一面,以鹿住优婆夷所说,广白世尊。佛告阿难:"彼鹿住优婆夷,云何能知众生世间根之优劣?阿难!如来悉知众生世间根之优劣。阿难!或有一犯戒,彼于心解脱、慧解脱不如实知,彼所起犯戒,无余灭,无余没,无余欲尽。或有一犯戒,于心解脱、慧解脱如实知,彼所起犯戒,无余灭,无余没,无余欲尽。于彼筹量者言:此亦有如是法,彼亦有是法,此则应俱同生一趣,同一受生,同一后世。彼如是筹量者,得长夜非义饶益苦。阿难!彼犯戒者,于心解脱、慧解脱不如实知,彼所起犯戒,无余灭,无余没,无余欲尽。当知此人是退非胜进,我说彼人为退分。阿难!有犯戒,彼于心解脱、慧解脱如实知,彼于所起犯戒,无余灭,无余没,无余欲尽,当知是人胜进不退,我说彼人为胜进分。自非如来,此二有间,谁能悉知?是故阿难!莫筹量人人而取人,善筹量人人而病,人筹量人人自招其患,唯有如来能知人耳。如二犯戒、二持戒亦如是。彼于心解脱、慧解脱不如实知,彼所起持戒,无余灭。若掉动者彼于心解脱、慧解脱不如实知,彼所起掉,无余灭。彼若瞋恨者,彼于心解脱、慧解脱不如实知,彼所起瞋恨,无余灭。若苦贪者,彼于心解脱、慧解脱如实知,彼所起苦贪,无余灭。秽污,清净,如上说;乃至如来能知人人。阿难!鹿住优婆夷愚痴、少智,而于如来一向说法,心生狐疑。云何阿难！如来所说岂有二耶？"阿难白佛："不也，世尊！"佛告阿难："善哉！善哉！如来说法若有二者，无有是处。阿难！若富兰那持戒，梨师达多亦同持戒者，所生之趣，富兰那所不能知：梨师达多为生何趣，云何受生？云何后世？若梨师达多所成就智，富兰那亦成就此智者，梨师达多亦不能知：彼富兰那当生何趣？云何受生？后世云何？阿难！彼富兰那持戒胜，梨师达多智慧胜，彼俱命终，我说二人同生一趣，同一受生，后世亦同，是斯陀含，生兜率天，一来生此，究竟苦边。彼二有间，自非如来谁能得知！是故阿难！莫量人人！量人人者，自生损减，唯有如来能知人耳。"佛说此经已，尊者阿难闻佛所说，欢喜奉行。

一二①　　　　　　　一三三二二（九九一）

如是我闻：一时，佛住释氏弥城留利邑夏安居。有余比丘，于舍卫国祇树给孤独园夏安居。时彼比丘，于晨朝着衣持钵，入舍卫城乞食次第，至鹿住优婆夷舍。鹿住优婆夷遥见比丘来，疾敷床座，请比丘令坐，如上阿难修多罗说。时彼比丘语鹿住优婆夷："姊妹且停！汝那得知众生根之优劣！姊妹！唯有如来能知众生根之优劣。"如是说已，从坐起去。

时彼比丘三月夏安居讫，作衣竟，持衣钵，往诣弥城留利释氏邑。到已，举衣钵，洗足已，往诣佛所，稽首佛足，退坐一面。以共鹿住优婆夷所论说事，向佛广说。佛告比丘："鹿住优婆夷云何能知世间众生诸根优劣！唯有如来能知世间众生诸根优劣耳。不离嗔恨、憍慢，时起贪法，不听受法，不学多闻，于法不调

① 《增支部》"六集"四四经。

伏见,不能时时起解脱心法。比丘! 若复有一,不离嗔慢,时起贪法,然彼闻法,修学多闻,于善调伏见,时时能起解脱心法。若思量彼:此有是法,彼有是法,此则同一趣,同一受生,同一后世。如是思量者,长得非义不饶益苦。比丘! 若复彼人不离嗔慢,时时起贪法,亦不听法,不习多闻,不调伏见,亦不时时得解脱心法,我说此人卑鄙下贱。比丘! 若复彼人不离嗔慢,时时起贪法,然彼闻法,乐多闻,调伏诸见,时时能得解脱心法,我说是人第一胜妙。彼二有间,自非如来谁能别知? 是故比丘! 莫量人人,乃至如来能知优劣。比丘! 复次,有一不离嗔慢,时时起口恶行,余如上说。比丘! 复次,有一贤善安乐,同止欣乐明智修梵行者,乐与同止而彼不乐闻法,乃至不时时得心法解脱,当知彼人住贤善地,不能转进。贤善地者,谓人、天趣。复次,有一其性贤善,同止安乐,欣乐梵行以为伴侣,乐闻正法,学习多闻,善调伏见,时时能得解脱心法。当知彼人于贤善地,能转胜进,当知此人于正法流有所堪能。此二有间,自非如来,谁能别知! 是故比丘! 莫量人人,量人人者,自招其患,唯有如来能知人耳。比丘! 鹿住优婆夷愚痴、少智,如上修多罗广说。"佛说此经已,诸比丘闻佛所说,欢喜奉行。

一三① 一三三三三(九九二)

如是我闻:一时,佛住舍卫国祇树给孤独园。尔时,给孤独长者来诣佛所,稽首佛足,退坐一面。白佛言:"世尊! 世间有几种福田?"佛告长者:"世间有二种福田。何等为二? 学及无

---

① 《增支部》"二集"四品四经。

学。"即说偈言:

"世有学、无学,大会常延请,正直心真实、身、口亦复然,是即良福田,施者获大果。"

佛说此经已,给孤独长者闻佛所说,欢喜奉行①。

一四　　　　　一三三三四(一二四一)

②如是我闻:一时,佛住舍卫国祇树给孤独园。时给孤独长者,来诣佛所,稽首佛足,退坐一面。白佛言:"世尊!若有人在我舍者,皆得净信;诸在我舍而命终者,皆得生天。"佛言:"善哉!善哉!长者!是深妙说,是一向受,于大众中作师子吼言:在我舍者皆得净信,及其命终皆生天上。有何大德神力比丘为汝说言:凡在汝舍命终者,皆生天上耶?"长者白佛:"不也,世尊!"复问:"云何为比丘尼,为诸天,为从我所面前闻说?"长者白佛:"不也,世尊!""云何长者!汝缘自知见,知在我舍命终者,皆生天上耶?"长者白佛:"不也,世尊!"佛告长者:"汝既不从大德神力比丘所闻,非比丘尼,非诸天,又不从我面前闻说,复不缘自见知,若有诸人于我舍命终者,皆生天上,汝今何由能作如是甚深妙说,作一向受,于大众中作师子吼,而作是言:有人于我舍命终者,皆生天上?"长者白佛:"无有比丘大德神力而来告我,如上广说,乃至悉皆生天。世尊!然我见③众生主怀妊之时,我即教彼为其子故,归佛,归法,归比丘僧。及其生已,复教

---

① 《杂阿含经》卷三五终。
② 《杂阿含经》卷三六(旧误编为卷四七)。
③ "见",原本作"有",依宋本改。

三归。及生知见,复教持戒。设复婢使、下贱客人怀妊,及生,亦如是教。若人卖奴婢者,我辄往彼语言:贤者!我欲买人,汝当归佛、归法、归比丘僧,受持禁戒。随我教者,辄授五戒,然后随价而买;不随我教,则所不取。若复止客,若佣作人,亦复先要受三归、五戒,然后受之。若复有来求为弟子,若复乞贷举息,我悉要以三归、五戒,然后受之。又复我舍供养佛及比丘僧时,称父母名,兄弟、妻子、宗亲、知识、国王、大臣、诸天、龙神,若存、若亡,沙门、婆罗门,内外、眷属,下至仆使,皆称其名而为咒愿。又从世尊闻称名咒愿因缘,皆得生天。或因园田布施,或因房舍,或因床卧具,或因常施,或施行路,下至一抟施与众生,此诸因缘皆生天上。"佛言:"善哉!善哉!长者!汝以信心故能作是说。如来于彼有无上知见,审知汝舍有人命终,皆悉生天。"尔时,给孤独长者闻佛所说,欢喜随喜,作礼而去。

一五　　　　　一三三三五(一二四二)

如是我闻:一时,佛住舍卫国祇树给孤独园。尔时,世尊告诸比丘:"当恭敬住,常当系心,常当畏慎,随他自在诸修梵行上、中、下座。所以者何?若有比丘不恭敬住,不系心,不畏慎,不随他自在,诸修梵行上、中、下座,而欲令威仪足者,无有是处。不备威仪,欲令学法满者,无有是处。学法不满,欲令戒身、定身、慧身、解脱身、解脱知见身具足者,无有是处。解脱知见不满足,欲令得无余涅槃者,无有是处。如是比丘!当勤恭敬、系心、畏慎,随他德力诸修梵行上、中、下座,而威仪具足者,斯有是处。威仪具足已,而学法具足者,斯有是处。学法备足已,而戒身、定身、慧身、解脱身、解脱知见身具足者,斯有是处。解脱知见身具足已,得无余涅槃者,斯有是处。是故比丘!当勤恭敬、系心、畏慎,随他德力诸修梵行上、中、下座,威仪满足,乃至无余涅槃,当如是学。"佛说此经已,诸比丘闻佛所说,欢喜奉行。

一六①　　　　　　一三三三六(一二四三)

如是我闻:一时,佛住舍卫国祇树给孤独园。尔时,世尊告诸比丘:"有二净法,能护世间。何等为二?所谓惭、愧。假使世间无此二净法者,世间亦不知有父母、兄弟、姊妹、妻子、宗亲、师长、尊卑之序,颠倒浑乱,如畜生趣。以有二种净法,所谓惭、愧,是故世间知有父母,乃至师长、尊卑之序,则不浑乱如畜生趣。"尔时,世尊即说偈言:

"世间若无有,惭、愧二法者,违越清净道,向生老病死。
世间若成就,惭、愧二法者,增长清净道,永闭生死门。"

佛说此经已,诸比丘闻佛所说,欢喜奉行。

一七　　　　　　一三三三七(一二四四)

如是我闻:一时,佛住舍卫国祇树给孤独园。尔时,世尊告诸比丘:"有烧燃法,不烧燃法。谛听,善思,当为汝说。云何烧燃法?若男、若女,犯戒行恶不善法,身恶行成就,口、意恶行成就。若彼后时疾病困苦,沉顿床褥,受诸苦毒。当于尔时,先所行恶悉皆忆念,譬如大山日西影覆。如是众生先所行恶,身、口、意业诸不善法,临终悉现,心乃追悔。咄哉!咄哉!先不修善,但行众恶,当堕恶趣,受诸苦毒。忆念是已,心生烧燃,心生变

---

① 《增支部》"二集"九经。《小部·如是语》四二经。《增一阿含经》(一八)"惭愧品"一经。

悔。心生悔已,不得善心命终,后世亦不善心相续生,是名烧燃法。云何不烧燃?若男子、女人,受持净戒,修真实法,身善业成就,口、意善业成就。临寿终时,身遭苦患,沉顿床褥,众苦触身。彼心忆念先修善法,身善行,口、意善行成就。当于尔时,攀缘善法,我作如是身、口、意善,不为众恶,当生善趣,不堕恶趣,心不变悔。不变悔故,善心命终,后世续善,是名不烧燃法。"尔时,世尊即说偈言:

"已种烧燃业,依于非法活,乘斯恶业行,必生地狱中。
等活及黑绳,众合、二叫呼,烧燃、极烧燃,无择①大地狱,
是八大地狱,极苦难可过。恶业种种故,各别十六处,
四周开四门,中间量悉等。铁为四周板,四门扇亦铁,
铁地盛火燃,其焰普周遍,纵广百由旬,焰焰无间息。
调伏非诸行,考治强梁者,长夜加楚毒,其苦难可见,
见者生恐怖,悚栗身毛竖。堕彼地狱时,足上头向下。
正②圣柔和心,修行梵行者,于此贤圣所,轻心起非义,
及杀害众生,堕斯热地狱。宛转于火中,犹如火炙鱼,
苦痛号叫呼,如群战象声,大火自然生,斯由自业故。"

佛说此经已,诸比丘闻佛所说,欢喜奉行。

一八　　　　一三三三八(一二四五)

如是我闻:一时,佛住舍卫国祇树给孤独园。尔时,世尊告诸比丘:"舍身恶行者,能得身恶行断;不得身恶行断者,我不说

---

① "择",原本作"泽",依元本改。
② "正",原本作"止",依宋本改。

彼舍身恶行。以彼能得身恶行断故,是故我说彼舍身恶行。身恶行者,不以义饶益安乐众生;离身恶行,以义饶益得安乐故,是故我说舍身恶行。口、意恶行,亦如是说。"佛说此经已,诸比丘闻佛所说,欢喜奉行。

四九　譬喻相应①

一②　　　　　　　　　　一三三三九(一二四六)

③如是我闻：一时，佛住王舍城金师住处。尔时，世尊告诸比丘："如铸金者，积聚沙土，置于槽中，然后以水灌之，刚石④坚块随水而去，犹有粗沙缠结。复以水灌，粗沙随水流出，然后生金犹为细沙黑土之所缠结。复以水灌，细沙黑土随水流出，然后真金纯净无杂，犹有似金微垢。然后金师置于炉中，增火鼓韛，令其融液，垢秽悉除；然其生金犹故不轻，不软，光明不发，屈伸则断。彼炼金师、炼金弟子，复置炉中，增火鼓韛，转侧陶炼，然后生金轻、软、光泽，屈伸不断，随意所作——钗、铛、钚、钏诸庄严具。如是净心进向比丘，粗烦恼缠，恶不善业，诸恶邪见，渐断令灭，如彼生金淘去刚石坚块。复次，净心进向比丘，次除⑤粗垢、欲觉、恚觉、害觉，如彼生金除粗沙砾。复次，净心进向比丘，次除细垢，谓亲里觉、人众觉、生天觉，思惟除灭，如彼生金除去尘垢细沙黑土。复次，净心进向比丘，有善法觉，思惟除灭，令心清净，犹如生金，除去金色相似之垢，令其纯净。复次，比丘于诸三昧，有行所持，犹如池水周匝岸持，为法所持，不得寂静、胜妙，不得息乐，尽诸有漏；如彼金师、金师弟子，陶炼生金，除诸垢秽，不轻，不软，不发光泽，屈伸断绝，不得随意成庄严具。复次，比

---

① "譬喻相应"，共十九经。与《相应部》（二〇）"譬喻相应"部分相当。
② 《增支部》"三集"一〇〇经前分。
③ 《杂阿含经》卷三六（旧误编为卷四七）中。
④ "刚石"上，原本有"粗上烦恼"四字。此处举喻，不应有此四字，今删。
⑤ "次除"，原本作"除次"，今改。

丘得诸三昧,不为有行所持,得寂静、胜妙,得息乐道,一心一意,尽诸有漏;如炼金师、炼金师弟子,陶炼生金,令其轻、软、不断、光泽、屈伸随意。复次,比丘离诸觉、观,乃至得第二、第三、第四禅,如是正受,纯一清净,离诸烦恼,柔软真实不动。于彼彼入处,欲求作证,悉能得证。如彼金师陶炼生金,极令轻、软、光泽、不断,任作何器,随意所欲。如是比丘!三昧正受,乃至于诸入处,悉能得证。"佛说此经已,时诸比丘闻佛所说,欢喜奉行。

二① 　　　　　一三三四〇(一二四七)

如是我闻:一时,佛住王舍城迦兰陀竹园。尔时,世尊告诸比丘:"应当专心方便,随时思惟三相。云何为三?随时思惟止相,随时思惟举相,随时思惟舍相。若比丘一向思惟止相,则于是处其心下劣。若复一向思惟举相,则于是处掉乱心起。若复一向思惟舍相,则于是处不得正定,尽诸有漏。以彼比丘随时思惟止相,随时思惟举相,随时思惟舍相故,心则正定,尽诸有漏。如巧金师、金师弟子,以生金着于炉中增火,随时扇韛、随时水洒、随时俱舍。若一向鼓韛者,即于是处生金焦尽。一向水洒,则于是处生金坚强。若一向俱舍,则于是处生金不熟,则无所用。是故巧金师、金师弟子,于彼生金,随时鼓韛、随时水洒、随时两舍,如是生金,得等调适,随事所用。如是比丘!专心方便,时时思惟忆念三相,乃至漏尽。"佛说是经已,诸比丘闻佛所说,欢喜奉行。

三② 　　　　　一三三四一(一二四八)

如是我闻:一时,佛住王舍城迦兰陀竹园。尔时,世尊告诸

---

① 《增支部》"三集"一〇〇后分。
② 《中部》(三四)《牧牛者小经》。《增一阿含经》(四三)"马血天子品"六经。

比丘："过去世时，摩竭提国有牧牛者，愚痴无慧。夏末、秋初，不善观察恒水此岸，亦不善观恒水彼岸，而驱群牛峻岸而下，峻岸而上，中间洄澓，多起患难。诸比丘！过去世时，摩竭提国有牧牛人，不愚不痴者，有方便慧。夏末、秋初，能善观察恒水此岸，亦善观察恒水彼岸，善度其牛，至平博山谷好水草处。彼初度时，先度大牛能领群者，断其急流；次驱第二多力少牛，随后而度；然后第三驱羸小者，随逐下流，悉皆次第安隐得度。新生犊子爱恋其母，亦随其后，得度彼岸。如是比丘！我说斯譬，当知其义。彼摩竭提牧牛者愚痴无慧，彼诸六师富兰那等，亦复如是，习诸邪见向于邪道。如彼牧牛人愚痴无慧，夏末、秋初，不善观察此岸、彼岸，高峻、山险，从峻岸下，峻岸而上，中间洄澓，多生患难。如是六师富兰那等，愚痴无慧，不观此岸，谓于此世；不观彼岸，谓于他世；中间洄澓，谓境诸魔，自遭苦难。彼诸见者，习其所学，亦遭患难。彼摩竭提善牧牛者，不愚不痴有方便慧，谓如来、应、等正觉。如牧牛者善观此岸，善观彼岸，善度其牛于平博山谷。先度大牛能领群者，横截急流，安度彼岸。如是我声闻，能尽诸漏，乃至自知不受后有，横截恶魔世间贪流，安隐得度生死彼岸。如摩竭提国善牧牛者，次度第二多力少牛，截流横度。如是我诸声闻，断五下分结，得阿那含，于彼受生，不还此世；亦复断截恶魔贪流，安隐得度生死彼岸。如摩竭提国善牧牛者，驱其第三羸小少牛，随其下流，安隐得度。如是我声闻，断三结，贪、恚、痴薄，得斯陀含，一来此世，究竟苦边；横截于彼恶魔贪流，安隐得度生死彼岸。如摩竭提国善牧牛者，新生犊子爱恋其母，亦随得度。如是我声闻，断三结，得须陀洹，不堕恶趣，决

定正向三菩提,七有天人往生,究竟苦边;断截恶魔贪流,安隐得度生死彼岸。"尔时,世尊即说偈言:

"此世及他世,明智善显现,诸魔得未得,乃至于死魔,
一切悉知者,三藐三佛智,断截诸魔流,破坏令消亡。
开示甘露门,显现正真道,心常多欣悦,逮得安隐处。"

佛说此经已,诸比丘闻佛所说,欢喜奉行。

四① 　　　　一三三四二(一二四九)

如是我闻:一时,佛住舍卫国祇树给孤独园。尔时,世尊告诸比丘:"若牧牛人成就十一法者,不能令牛增长,亦不能拥护大群牛令等安乐。何等为十一?谓不知色,不知相,不去虫,不能覆护其疮,不能起烟,不知择路,不知择处,不知度处,不知食处,尽㲉其乳,不善料理能领群者,是名十一法成就,不能觉护大群牛。如是比丘成就十一法者,不能自安,亦不安他。何等为十一?谓不知色,不知相,不能除其害虫,不覆其疮,不能起烟,不知正路,不知止处,不知度处,不知食处,尽㲉其乳,若有上座多闻耆旧久修梵行,大师所叹,不向诸明智修梵行者,称誉其德,悉令宗敬奉事供养。云何名不知色?诸所有色,彼一切四大及四大造,是名为色不如实知。云何不知相?事业是过相,事业是慧相,是不如实知,是名不知相。云何名不知去虫?所起欲觉,能安不离,不觉,不灭;所起嗔恚、害觉,能安不离,不觉,不灭,是名不去虫。云何不覆疮?谓眼见色,随取形相,不守眼根,世间贪

---

① 《中部》(三三)《牧牛者大经》。《增一阿含经》(四九)"放牛品"一经。《增支部》"十一集"一八经。

忧恶不善法心随生漏,不能防护;耳、鼻、舌、身、意根,亦复如是,是名不覆其疮。云何不起烟?如所闻,如所受法,不能为人分别显示,是名不起烟。云何不知①道?八正道及圣法律,是名为道,彼不如实知,是名不知道。云何不知止处?谓于如来所知法,不得欢喜、悦乐、胜妙、出离饶益,是名不知止处。云何不知度处?谓彼不知修多罗、毗尼、阿毗昙,不随时往到其所,谘问请受:云何为善?云何不善?云何有罪?云何无罪?作何等法为胜非恶?于隐密法不能开发,于显露法不能广问,于甚深句义自所知者不能广宣显示,是名不知度处。云何不知放牧处?谓四念处及贤圣法律,是名放牧处,于此不如实知,是名不知放牧处。云何为尽磬其乳?彼刹利、婆罗门、长者,自在施与衣被、饮食、床卧、医药、资生众具;彼比丘受者,不知限量,是名尽磬其乳。云何为上座大德多闻耆旧,乃至不向诸胜智梵行者所,称其功德,令其宗重承事供养,令得悦乐?谓比丘不称彼上座,乃至令诸智慧梵行者,往诣其所,以随顺身、口、意业,承望奉事,是名不于上座多闻耆旧,乃至令智慧梵行,往诣其所,承望奉事,令得悦乐。彼牧牛者成就十一法,堪能令彼群牛增长,拥护群牛,令其悦乐。何等为十一?谓知色,知相,如上清净分说。乃至能领群者,随时料理,令得安乐,是名牧牛者十一事成就,能令群牛增长拥护,令得安乐。如是比丘成就十一法者,能自安乐,亦能安他。何等十一?谓知色,知相,乃至十一,如清净分广说,是名比丘十一事成就,自安、安他。"佛说此经已,诸比丘闻佛所说,欢喜

---

① "知"下,原本有"正"字,依宋本删。

奉行。

五① 　　　　　　　　　一三三四三(一二五〇)

如是我闻:一时,佛在拘萨罗人间游行,至一奢能伽罗聚落,住一奢能伽罗林中。时有尊者那提迦②,旧住一奢能伽罗聚落。一奢能伽罗聚落刹利③、婆罗门,闻沙门瞿昙,拘萨罗国人间游行,至一奢能伽罗聚落,住一奢能伽罗林中。闻已,各办一釜食着门边,作是念:我先供养世尊,我先供养善逝! 各各高声、大声,作如是唱。尔时,世尊闻园林内有多人众,高声、大声,语尊者那提迦:"何因、何缘,园林内有众多人,高声、大声,唱说之声?"尊者那提迦白佛言:"世尊! 此一奢能伽罗聚落,诸刹利、婆罗门、长者,闻世尊住此林中,各作一釜食,置园林内,各自唱言:我先供养世尊,我先供养善逝。以是故,于此林中,多人高声、大声,唱说之声。唯愿世尊,当受彼食!"佛告那提迦:"莫以利我,我不求利。莫以称我,我不求称。那提迦! 若于如来,如是便得出要、远离、寂灭、等正觉乐者,则于彼彼所起利乐,若味、若求。那提迦! 唯我于此像类,得出要、远离、寂灭、等正觉乐,不求而得,不苦而得,于何彼彼所起利乐,若味、若求? 那提迦! 汝等于如是像类色,不得出要、远离、寂灭、等正觉乐故,不得不求之乐,不苦之乐。那提迦! 天亦不得如是像类出要、远离、寂灭、等正觉乐,不求之乐,不苦之乐,唯有我得如是像类出要、远离、寂灭、等正觉乐,不求之乐,不苦之乐,于何彼彼所起利乐,若

---

① 《增支部》"五集"三〇经、"六集"四二经、"八集"八六经。
② 本经"那提迦",或作"那提伽",先后不统一,今悉作"那提迦"。
③ "刹利",原本误作"沙门",今改。

味、若求?"那提迦白佛言:"世尊!我今欲说譬。"佛告那提迦:"宜知是时。"那提迦白佛言:"世尊!譬如天雨,水流顺下。随其彼彼世尊住处,于彼彼处,刹利、婆罗门、长者,信敬奉事,以世尊戒德清净,正见真直,是故我今作如是说:唯愿世尊,哀受彼请。"佛告那提迦:"莫以利我,我不求利;乃至云何于彼彼所起利乐,有味、有求?那提迦!我见比丘食好食已,仰腹而卧,急喘长息。我见已,作是思惟:如此长老,不得出要、远离、寂灭、等正觉乐,不求之乐,不苦之乐。复次,那提迦!我见此有二比丘,食好食已,饱腹喘息,偃阐而行。我作是念:非彼长老能得出要、远离、寂灭、等正觉之乐,不求之乐,不苦之乐。那提迦!我见众多比丘,食好食已,从园至园,从房至房,从人至人,从群聚至群聚。我见是已而作是念:非彼长老,如是能得出要、远离、寂灭、等正觉乐,不求之乐,不苦之乐。我得如是像类出要、远离、寂灭、等正觉乐,不求之乐,不苦之乐。复次,那提迦!我于一时,随道行,见有比丘于前远去,复有比丘于后来亦远。我于尔时,闲静无为,亦无有便利之劳。所以者何?依于食饮,乐著滋味,故有便利,此则为依。观五受阴生灭,而厌离住,此则为依。于六触入处观察集灭,厌离而住,此则为依。于群聚之乐,勤习群聚,厌于①远离,是则为依。乐修远离,则勤于远离,厌离群聚,是则为依。是故那提迦!当如是学:于五受阴观察生灭,于六触入处观察集灭,乐于远离,精勤远离,当如是学。"佛说此经已,尊者那提迦闻佛所说,欢喜随喜,作礼而去。

---

① "于",疑"而"。

六① 　　　　一三三四四（一二五一）

如是我闻：一时，佛在拘萨罗人间游行，至那楞伽罗聚落，如上广说，乃至彼彼所起求利。佛告那提迦："我见聚落边有精舍，有比丘坐禅。我见已作如是念：今此尊者，聚落人〔此〕或沙弥，来往声响，作乱障其禅思，觉其正受，于不到欲到，不获欲获，不证欲证而作留难。那提迦！我不喜彼比丘住聚落精舍。那提迦！我见比丘住空闲处，仰卧呼啸。我见是已而作是念：今②彼比丘，觉寤睡眠，思空闲想。那提迦！我亦不喜如是比丘住空闲处。那提迦！我复见比丘，住空闲处，摇身坐睡。见已作是念：今此比丘于睡觉寤，不定得定，定心者得解脱。是故那提迦！我不喜如是比丘住空闲处。那提迦！我复见比丘住空闲处，端坐正受。我见已作是念：今③此比丘不解脱者，疾得解脱；已解脱者，令自防护，使不退失。那提迦！我喜如是比丘住空闲处。那提迦！我复见比丘住空闲处，彼于后时远离空处，集舍床卧具，还入聚落受床卧具。那提迦！我亦不喜如是比丘还入聚落。复次，那提迦！我见比丘住聚落精舍，名闻大德，能感财利——衣被、饮食、汤药、众具。彼于后时集舍利养，聚落床座，至于空闲，床卧安止。那提迦！我喜如是比丘，集舍利养，聚落床卧，住于空闲。那提迦！比丘当如是学。"佛说此经已，那提迦比丘欢喜随喜，作礼而去。

---

① 《增支部》"六集"四二经。
② "今"，原本作"令"，依宋本改。
③ "今"，原本作"令"，依宋本改。

七① 一三三四五(一二五二)

如是我闻:一时,佛住鞞舍离国猕猴池侧重阁讲堂。尔时,世尊告诸比丘:"诸离车子,常枕木枕,手足龟坼,疑畏莫令摩竭陀王阿阇世毗提希子得其间便,是故常自儆策,不放逸住。以彼不放逸住故,摩竭陀王阿阇世毗提希子,不能伺求得其间便。于未来世不久,诸离车子恣乐无事,手足柔软,缯纩为枕,四体安卧,日出不起,放逸而住。以放逸住故,摩竭陀王阿阇世毗提希子得其间便。如是比丘!精勤方便,坚固堪能,不舍善法,肌肤损瘦,筋连骨立。精勤方便,不舍善法,乃至未得所应得者,不舍精进,常摄其心,不放逸住。以不放逸住故,魔王波旬不得其便。当来之世,有诸比丘,恣乐无事,手足柔软,缯纩为枕,四体安卧,日出不起,放逸而住。以放逸住故,恶魔波旬伺得其便。是故比丘!当如是学:精勤方便,乃至不得未得,不舍方便。"佛说此经已,诸比丘闻佛所说,欢喜奉行。

八② 一三三四六(一二五三)

如是我闻:一时,佛住舍卫国祇树给孤独园。尔时,世尊告诸比丘:"譬如士夫,晨朝以三百釜食惠施众生,日中、日暮,亦复如是。第二士夫,时节须臾,于一切众生修习慈心,乃至如𤚲牛乳顷,比先士夫,惠施功德所不能及,百分、千分、巨亿万分,算数譬类不得为比。是故比丘!当作是学:时节须臾,于一切众生修习慈心,下至如𤚲牛乳顷。"佛说此经已,诸比丘闻佛所说,欢喜奉行。

---

① 《相应部》(二〇)"譬喻相应"八经。
② 《相应部》(二〇)"譬喻相应"四经。

九①　　　　　一三三四七（一二五四）

如是我闻：一时，佛住舍卫国祇树给孤独园。尔时，世尊告诸比丘："譬如人家，多女人、少男子，当知是家易为盗贼之所劫夺。如是善男子、善女人，不能数数下至如擎牛乳顷，于一切众生修习慈心，当知是人易为诸恶鬼神所欺。譬如人家多男子、少女人，不为盗贼数数劫夺。如是善男子，数数下至如擎牛乳顷，于一切众生修习慈心，不为诸恶鬼神所欺。是故诸比丘！常当随时数数，下至如擎牛乳顷，修习慈心。"佛说此经已，诸比丘闻佛所说，欢喜奉行。

一〇②　　　　　一三三四八（一二五五）

如是我闻：一时，佛住舍卫国祇树给孤独园。尔时，世尊告诸比丘："譬如有人，有匕首③剑，其刃广利。有健士夫言：我能以手、以拳，椎打汝剑，令其摧碎。诸比丘！彼健士夫，当能以手、以拳，椎打彼剑令摧碎不？"比丘白佛："不能，世尊！彼匕首剑，其刃广利，非彼士夫能以手、以拳，椎打碎折，正足自困。""如是比丘！若沙门、婆罗门，下至如擎牛乳顷，于一切众生修习慈心，若有诸恶鬼神欲往伺求其短，不能得其间便，正可反自伤耳，是故诸比丘！当如是学：数数下至如擎牛乳顷，修习慈心。"佛说此经已，诸比丘闻佛所说，欢喜奉行。

一一④　　　　　一三三四九（一二五六）

如是我闻：一时，佛住舍卫国祇树给孤独园。尔时，世尊以

---

① 《相应部》（二〇）"譬喻相应"三经。
② 《相应部》（二〇）"譬喻相应"五经。
③ "首"，原本作"手"，依宋本改。
④ 《相应部》（二〇）"譬喻相应"二经。

爪抄土,告诸比丘:"于意云何?我爪上土多,为大地土多?"比丘白佛:"世尊!爪上土甚少少耳,其大地土无量无数,不可为比。"佛告诸比丘:"如是众生能数数,下至弹指顷,于一切众生修习慈心者,如甲上土耳。其诸众生不能数数,下至如弹指顷,于一切众生修习慈心者,如大地土。是故诸比丘!常当数数于一切众生修习慈心。"佛说此经已,诸比丘闻佛所说,欢喜奉行。

一二① 　　　一三三五〇(一二五七)

如是我闻:一时,佛住鞞舍离国猕猴池侧重阁讲堂。尔时,世尊告诸比丘:"一切行无常,不恒、不安,是变易法。诸比丘!常当观察一切诸行,修习厌离,不乐解脱。"时有异比丘从座起,整衣服,为佛作礼,右膝着地,合掌白佛:"寿命迁灭,迟速如何?"佛告比丘:"我则能说,但汝欲知者难。"比丘白佛:"可说譬不?"佛言:"可说。"佛告比丘:"有四士夫,手执强弓,一时放发,俱射四方;有一士夫,及箭未落,接取四箭。云何比丘!如是士夫为捷疾不?"比丘白佛:"捷疾,世尊!"佛告比丘:"此接箭士夫,虽复捷疾,有地神天子,倍疾于彼;虚空神天,倍疾地神;四王天子,来去倍疾于虚空神天;日、月天子,复倍捷疾于四王天;导日月神,复倍捷疾于日月天子。诸比丘!命行迁变,倍疾于彼导日月神。是故诸比丘!当勤方便,观察命行无常迅速如是。"佛说此经已,诸比丘闻佛所说,欢喜奉行。

一三② 　　　一三三五一(一二五八)

如是我闻:一时,佛住波罗奈国仙人住处鹿野苑中。尔时,

---

① 《相应部》(二〇)"譬喻相应"六经。
② 《相应部》(二〇)"譬喻相应"七经。

世尊告诸比丘:"过去世时,有一人名陀舍罗诃。彼陀舍罗诃有鼓,名阿能诃,好声、美声、深声,彻四十里。彼鼓既久,处处裂坏。尔时,鼓士裁割牛皮,周匝缠缚;虽复缠缚,鼓犹无复高声、美声、深声。彼于后时转复朽坏,皮大剥落,唯有聚木。如是比丘!修身、修戒、修心、修慧,以彼修身、修戒、修心、修慧故,于如来所说修多罗,甚深明照,难见难觉,不可思量,微密决定,明智所知,彼则顿受周备受;闻其所说,欢喜崇习,出离饶益。当来比丘不修身、不修戒、不修心、不修慧,闻如来所说修多罗,甚深明照,空相应随顺缘起法,彼不顿受持,不至到受。闻彼说者,不欢喜崇习,而于世间众杂异论,文辞绮饰,世俗杂句,专心顶受,闻彼说者,欢喜崇习,不得出离饶益。于彼如来所说,甚深明照,空相应①法随顺缘起者,于此则灭。犹如彼鼓朽故坏裂,唯有聚木。是故诸比丘!当勤方便,修身、修戒、修心、修慧,于如来所说甚深明照,空相应②法,随顺缘起,顿受遍受。闻彼说者,欢喜崇习,出离饶益。"佛说此经已,诸比丘闻佛所说,欢喜奉行。

一四　　　　　一三三五二(一二五九)

如是我闻:一时,佛住舍卫国祇树给孤独园。尔时,世尊告诸比丘:"譬如铁丸投着火中,与火同色,盛着劫贝绵中。云何比丘!当速燃不?"比丘白佛:"如是,世尊!"佛告比丘:"愚痴之人,依聚落住,晨朝着衣持钵,入村乞食,不善护身,不守根门,心不系念。若见年少女人,不正思惟,取其色相,起贪欲心,欲烧其心,欲烧其身,身心烧已,舍戒退减。是愚痴人,长夜当得非义饶

---

① "应",原本作"要",今改。
② "应",原本作"要",今改。

益。是故比丘！当如是学：善护其身，守护根门，系念入村乞食，当如是学。"佛说此经已，诸比丘闻佛所说，欢喜奉行。

一五① 　　　　　　一三三五三（一二六〇）

如是我闻：一时，佛住舍卫国祇树给孤独园。尔时，世尊告诸比丘："过去世时，有一猫狸，饥渴羸瘦，于孔穴中伺求鼠子，若鼠子出，当取食之。有时鼠子出穴游戏，时彼猫狸疾取吞之。鼠子身小，生入腹中；入腹中已，食其内藏；食内藏时，猫狸迷闷，东西狂走空宅、冢间，不知何止，遂至于死。如是比丘！有愚痴人，依聚落住，晨朝着衣持钵，入村乞食，不善护身，不守根门，心不系念。见诸女人，起不正思惟而取色相，发贪欲心。贪欲发已，欲火炽燃，烧其身心；烧身心已，驰心狂逸，不乐精舍，不乐空闲，不乐树下，为恶不善心侵食内法，舍戒退减。此愚痴人，长夜常得不饶益苦。是故比丘！当如是学：善护其身，守诸根门，系心正念，入村乞食，当如是学。"佛说此经已，诸比丘闻佛所说，欢喜奉行。

一六 　　　　　　一三三五四（一二六一）

如是我闻：一时，佛住舍卫国祇树给孤独园。尔时，世尊告诸比丘："譬如木杵，常用不止，日夜消减。如是比丘！若沙门、婆罗门，从本以来，不闭根门，食不知量，初夜后夜不勤觉悟，修习善法，当知是辈终日损减，不增善法，如彼木杵。诸比丘！譬如优钵罗、钵昙摩、拘牟头、分陀利，生于水中，长于水中，随水增长。如是沙门、婆罗门，善闭根门，饮食知量，初夜后夜精勤觉

---

① 《相应部》（二〇）"譬喻相应"一〇经。

悟,当知是等善根功德,日夜增长,终不退减。当如是学:善闭根门,饮食知量,初夜后夜精勤觉悟,功德善法日夜增长,当如是学。"佛说此经已,诸比丘闻佛所说,欢喜奉行。

一七　　　　　一三三五五(一二六二)

如是我闻:一时,佛住王舍城迦兰陀竹园。尔时,世尊于后夜时,闻野狐鸣。尔时,世尊夜过天明,于大众前敷座而坐。告诸比丘:"汝等后夜时,闻野狐鸣不?"诸比丘白佛:"如是,世尊!"佛告诸比丘:"有一愚痴人,作如是念:令我受身,得如是形类,作如是声。此愚痴人,欲求如是像类处所受生,何足不得!是故比丘!汝等但当精勤方便,求断诸有,莫作方便,增长诸有,当如是学。"佛说此经已,诸比丘闻佛所说,欢喜奉行。

一八　　　　　一三三五六(一二六三)

如是我闻:一时,佛住王舍城迦兰陀竹园。尔时,世尊告诸比丘:"我不赞叹受少有身,况复多受!所以者何?受有者苦。譬如粪屎,少亦臭秽,何况于多!如是诸有,少亦不叹,乃至刹那,况复于多!所以者何?有者苦故。是故比丘!当如是学:断除诸有,莫增长有,当如是学。"佛说此经已,诸比丘闻佛所说,欢喜奉行。

一九①　　　　　一三三五七(一二六四)

如是我闻:一时,佛住王舍城迦兰陀竹园。尔时,世尊夜后分时,闻野狐鸣。是夜过已,于大众前敷座而坐。告诸比丘:"汝等于夜后分,闻野狐鸣不?"比丘白佛:"如是,世尊!"佛告比

---

① 《相应部》(二〇)"譬喻相应"一二经。

丘:"彼野狐者,疥疮所困,是故鸣唤。若能有人为彼野狐治疥疮者,野狐必当知恩报恩。而今有一愚痴之人,无有知恩报恩。是故诸比丘!当如是学:知恩报恩,其有小恩尚报,终不忘失,况复大恩!"佛说此经已,诸比丘闻佛所说,欢喜奉行。

五〇　病　相　应①

一②　　　　　　　　　一三三五八（一二六五）

③如是我闻：一时，佛住王舍城迦兰陀竹园。尔时，有尊者跋迦梨，住王舍城金师精舍，疾病困苦，尊者富邻尼瞻视供养。时跋迦梨语富邻尼："汝可诣世尊所，为我稽首礼世尊足，问讯世尊：少病，少恼，起居轻利，安乐住不？言：跋迦梨住金师精舍，疾病困笃，委积床褥，愿见世尊。疾病困苦，气力羸惙，无由奉诣，唯愿世尊降此金师精舍，以哀愍故！"时富邻尼受跋迦梨语已，诣世尊所，稽首礼足，退住一面。白佛言："世尊！尊者跋迦梨稽首世尊足，问讯世尊：少病，少恼，起居轻利，安乐住不？"世尊答言："令彼安乐！"富邻尼白佛言："世尊！尊者跋迦梨住金师精舍，疾病困笃，委在床褥，愿见世尊，无有身力来诣世尊。善哉世尊！诣金师精舍，以哀愍故！"尔时，世尊默然听许。时富邻尼知世尊听许已，礼足而去。

尔时，世尊晡时从禅觉，往诣金师精舍，至跋迦梨住房。跋迦梨比丘遥见世尊，从床欲起。佛告跋迦梨："且止，勿起！"世尊即坐异床，语跋迦梨："汝心堪忍此病苦不？汝身所患，为增为损？"跋迦梨白佛：如前叉④摩比丘修多罗广说。"世尊！我身苦痛极难堪忍，欲求刀自杀，不乐苦生。"佛告跋迦梨："我今问

---

① "病相应"，共二〇经。
② 《相应部》（二二）"蕴相应"八七经。
③ 《杂阿含经》卷三六（旧误编为卷四七）中。
④ "叉"，原本作"又"，依宋本改。

汝,随意答我。云何跋迦梨!色是常耶?为非常耶?"跋迦梨答言:"无常,世尊!"复问:"若无常,是苦耶?"答言:"是苦,世尊!"复问跋迦梨:"若无常、苦者,是变易法,于中宁有可贪、可欲不?"跋迦梨白佛:"不也,世尊!"受、想、行、识,亦如是说。佛告跋迦梨:"若于彼身无可贪、可欲者,是则善终,后世亦善。"尔时,世尊为跋迦梨种种说法。示教、照喜已,从座起去。即于彼夜,尊者跋迦梨思惟解脱,欲执刀自杀,不乐久生。

时有二天,身极端正,于后夜时,诣世尊所,稽首礼足,退住一面。白佛言:"世尊!尊者跋迦梨疾病困苦,思惟解脱,欲执刀自杀,不乐久生。"第二天言:"彼尊者跋迦梨,已于善解脱而得解脱。"说此语已,俱礼佛足,即没不现。尔时,世尊夜过晨朝,于大众前敷座而坐。告诸比丘:"昨夜有二天子,形体端正,来诣我所,稽首作礼,退住一面,而作是言:尊者跋迦梨,住金师精舍,疾病困苦,思惟解脱,欲执刀自杀,不乐久生。第二天言:尊者跋迦梨,已于善解脱而得解脱。说此语已,稽首作礼,即没不现。"尔时,世尊告一比丘:"汝当往诣尊者跋迦梨比丘所,语跋迦梨言:昨夜有二天,来诣我所,稽首作礼,退住一面。语我言:尊者跋迦梨疾病困笃,思惟解脱,欲执刀自杀,不乐久生。第二天言:尊者跋迦梨,于善解脱而得解脱。说此语已,即没不现。此是天语,佛复记汝:汝于此身,不起贪欲,是则善终,后世亦善。"

时彼比丘受世尊教已,诣金师精舍跋迦梨房。尔时,跋迦梨语侍病者:"汝等持绳床,共举我身着精舍外,我欲执刀自杀,不乐久生。"时有众多比丘出房舍,露地经行。受使比丘诣众多比丘所,问众多比丘言:"诸尊! 跋迦梨比丘住在何所?"诸比丘答言:"跋迦梨比丘,告侍病者,令举绳床出精舍外,欲执刀自杀,不乐久生。"受使比丘即诣跋迦梨所。跋迦梨比丘遥见使比丘来,语侍病者:"下绳床着地。彼比丘疾来,似世尊使。"彼侍病者,即下绳床着地。时彼使比丘语跋迦梨:"世尊有教,及天有所说。"时跋迦梨语侍病者:"扶我着地,不可于床上受世尊教,及天所说。"时侍病者,即扶跋迦梨下,置于地。时跋迦梨言:"汝可宣示世尊告敕,及天所说。"使比丘言:"跋迦梨! 大师告汝:夜有二天来白我言:跋迦梨比丘疾病困笃,思惟解脱,欲执刀自杀,不乐久生。第二天言:跋迦梨比丘,已于善解脱而得解脱。说此语已,即没不现。世尊复记说汝:善于命终,后世亦善。"跋迦梨言:"尊者! 大师善知所知,善见所见;彼二天者,亦善知所知,善见所见。然我今日,于色①无常,决定无疑;无常者是苦,决定无疑;若无常、苦者,是变易法,于彼无有可贪、可欲,决定无疑。受、想、行、识,亦复如是。然我今日,疾病苦痛犹故随身,欲刀自杀,不乐久生。"即执刀自杀。

时使比丘供养跋迦梨死身已,还诣佛所,稽首礼足,退坐一面。白佛言:"世尊! 我以世尊所敕,具告尊者跋迦梨。彼作是言:大师善知所知,善见所见;彼二天者,亦善知所知,善见所见。广说乃至执刀自杀。"尔时,世尊告诸比丘:"共诣金师精舍跋迦梨尸所。"见跋迦梨死身,有远离之色。见已,语诸比丘:"汝等见是跋迦梨比丘死身在地,有远离之色不?"诸比丘白佛:"已

―――――――
① "色"下,原本有"常"字,依宋本删。

见,世尊!"复告诸比丘:"绕跋迦梨身,四面周匝有暗冥之相,围绕身不?"诸比丘白佛:"已见,世尊!"佛告诸比丘:"此是恶魔之像,周匝求觅跋迦梨善男子识神,当生何处。"佛告诸比丘:"跋迦梨善男子,不住识神,以刀自杀。"尔时,世尊为彼跋迦梨说第一记。佛说此经已,诸比丘闻佛所说,欢喜奉行。

二①　　　　　　　一三三五九(一二六六)

如是我闻:一时,佛住王舍城迦兰陀竹园。时有尊者阐陀,住那罗聚落好衣庵罗林中,疾病困笃。时尊者舍利弗,闻尊者阐陀在那罗聚落好衣庵罗林中,疾病困笃。闻已,语尊者摩诃拘絺罗:"尊者知不?阐陀比丘在那罗聚落好衣庵罗林中,疾病困笃,当往共看。"摩诃拘絺罗默然许之。时尊者舍利弗与尊者摩诃拘絺罗,共诣那罗聚落好衣庵罗林中,至尊者阐陀住房。尊者阐陀遥见尊者舍利弗、尊者摩诃拘絺罗,凭床欲起,尊者舍利弗语尊者阐陀:"汝且莫起!"尊者舍利弗、尊者摩诃拘絺罗,坐于异床,问尊者阐陀:"云何尊者阐陀!所患为可堪忍不?为增为损?"如前叉摩修多罗广说。尊者阐陀言:"我今身病,极患苦痛,难可堪忍。所起之病,但增无损,唯欲执刀自杀,不乐苦活。"尊者舍利弗言:"尊者阐陀!汝当努力,莫自伤害!若汝在世,我当与汝来往周旋。汝若有乏,我当给汝如法汤药。汝若无看病人,我当看汝,必令适意、非不适意。"阐陀答言:"我有供养,那罗聚落诸婆罗门、长者,悉见看视,衣被、饮食、卧具、汤药,无所乏少;自有弟子修梵行者,随意瞻病,非不适意。但我疾病

----
① 《相应部》(三五)"六处相应"八七经。《中部》(一四四)《教阐陀经》。

苦痛逼身,难可堪忍,唯欲自杀,不乐苦生。"舍利弗言:"我今问汝,随意答我。阐陀!眼及眼识、眼所识色,彼宁是我,异我,相在不?"阐陀答言:"不也,尊者!"舍利弗复问:"阐陀!耳……鼻……舌……身……意及意识、意识所识法,彼宁是我,异我,相在不?"阐陀答言:"不也,尊者!"舍利弗复问:"阐陀!汝于眼、眼识及色,为何所见、何所识、何所知故,言眼、眼识及色,非我,不异我,不相在?"阐陀答言:"我于眼、眼识及色,见灭、知灭故,见眼、眼识及色,非我,不异我,不相在。"复问:"阐陀!汝于耳……鼻……舌……身……意、意识及法,何所见、何所知故,于意、意识及法,见非我,不异我,不相在?"阐陀答言:"尊者舍利弗!我于意、意识及法,见灭、知灭故,于意、意识及法,见非我,不异我,不相在。尊者舍利弗!然我今日身病苦痛,不能堪忍,欲以刀自杀,不乐苦生。"时尊者摩诃拘絺罗语尊者阐陀:"汝今当于大师修习正念,如所说句:有所依者则为动摇,动摇者有所趣向,趣向者为不休息,不休息者则随趣往来,随趣往来者则有未来生死,有未来生死故有未来出没,有未来出没故则有生老病死、忧悲恼苦,如是纯大①苦聚集。如所说句:无所依者则不动摇,不动摇者得无趣向,无趣向者则有止息,有止息故则不随趣往来,不随趣往来则无未来出没,无未来出没者则无生老病死、忧悲恼苦,如是纯大苦聚灭。"阐陀言:"尊者摩诃拘絺罗!我②供养世尊,事于今毕矣;随顺善逝,今已毕矣,适意非不适意。弟子所作,于今已作;若复有余弟子所作供养师者,亦当如是供养

---

① "大",原本作"一",依宋本改。
② "我",原本缺,依宋本补。

大师,适意非不适意。然我今日身病苦痛,难可堪忍,唯欲以刀自杀,不乐苦生。"尔时,尊者阐陀,即于那罗聚落好衣庵罗林中,以刀自杀。

时尊者舍利弗,供养尊者阐陀舍利已,往诣佛所,稽首礼足,退住一面。白佛言:"世尊!尊者阐陀于那罗聚落好衣庵罗林中,以刀自杀。云何世尊!彼尊者阐陀当至何趣?云何受生?后世云何?"佛告尊者舍利弗:"彼不自记说言:尊者摩诃拘绪罗!我供养世尊,于今已毕;随顺善逝,于今已毕,适意非不适意;若复有余供养大师者,当如是作,适意非不适意耶?"尔时,尊者舍利弗复问世尊:"彼尊者阐陀,先于镇珍尼婆罗门聚落,有供养家,极亲厚家,善言语家。"佛告舍利弗:"如是舍利弗!正智、正善解脱善男子,有供养家,亲厚家,善言语家。舍利弗!我不说彼有大过。若有舍此身余身相续者,我说彼等则有大过。若有舍此身已,余身不相续者,我不说彼有大过也。无大过故,于那罗聚落好衣庵罗林中以刀自杀。"如是世尊为彼尊者阐陀说第一记。佛说此经已,尊者舍利弗欢喜,作礼而去①。

三②　　　　　　一三三六〇(一〇二三)

③如是我闻:一时,佛住舍卫国祇树给孤独园。时有尊者叵求那,住东园鹿母讲堂,疾病困笃。尊者阿难往诣佛所,稽首礼足,退住一面。白佛言:"世尊!尊者叵求那住东园鹿母讲堂,疾病困笃。如是病,比丘多有死者。善哉世尊!愿至东园鹿母

---

① 《杂阿含经》卷三六(旧误编为卷四七)终。
② 《增支部》"六集"五六经。
③ 《杂阿含经》卷三七。

讲堂尊者叵求那所,以哀愍故!"尔时,世尊默然而许。至日晡时,从禅觉,往诣东园鹿母讲堂,至尊者叵求那房,敷座而坐。为尊者叵求那种种说法,示教、照喜。示教、照喜已,从坐起去。尊者叵求那世尊去后,寻即命终。当命终时,诸根喜悦,颜貌清净,肤色鲜白。

时尊者阿难供养尊者叵求那舍利已,往诣佛所,稽首佛足,却住一面。白佛言:"世尊!尊者叵求那,世尊来后,寻便命终。临命终时,诸根喜悦,肤色清净,鲜白光泽。不审世尊!彼当生何趣?云何受生?后世云何?"佛告阿难:"若有比丘先未病时,未断五下分结,若觉病起,其身苦患,心不调适,生分微弱,得闻大师教授教诫、种种说法,彼闻法已,断五下分结。阿难!是则大师教授说①法福利。复次,阿难!若有比丘先未病时,未断五下分结,然后病起,身遭苦患,生分转微,不蒙大师教授教诫说法,然遇诸余多闻大德修梵行者,教授教诫说法,得闻法已,断五下分结。阿难!是名教授教诫听法福利。复次,阿难!若比丘先未病时,不断五下分结,乃至生分微弱,不闻大师教授教诫说法,复不闻余多闻大德诸梵行者教授教诫说法,然彼先所受法,独静思惟,称量观察,得断五下分结。阿难!是名思惟观察先所闻法所得福利。复次,阿难!若有比丘先未病时,断五下分结,不得无上爱尽解脱,不起诸漏心善解脱。然后得病,身遭苦患,生分微弱,得闻大师教授教诫说法,得无上爱尽解脱,不起诸漏,离欲解脱。阿难!是名大师说法福利。复次,阿难!若有比丘

---

① "说",原本作"设",依元本改。

先未病时,断五下分结,不得无上爱尽解脱,不起诸漏离欲解脱。觉身病起,极遭苦患,不得大师教授教诫说法,然得诸余多闻大德诸梵行者教授教诫说法,得无上爱尽解脱,不起诸漏,离欲解脱。阿难!是名教授教诫闻法福利。复次,阿难!若有比丘先未病时,断五下分结,不得无上爱尽解脱,不起诸漏离欲解脱。其身病起,极生苦患,不得大师教授教诫说法,不得诸余多闻大德教授教诫说法,然先所闻法,独一静处思惟,称量观察,得无上爱尽解脱,不起诸漏,离欲解脱。阿难!是名思惟先所闻法所得福利。何缘叵求那比丘,不得诸根欣悦,色貌清净,肤体鲜泽!叵求那比丘先未病时,未断五下分结,彼亲从大师闻教授教诫说法,断五下分结。"世尊为彼尊者叵求那,受阿那含记。佛说此经已,尊者阿难闻佛所说,欢喜随喜,作礼而去。

四① 　　　　一三三六一(一〇二四)

如是我闻:一时,佛住舍卫国祇树给孤独园。尔时,尊者阿湿波誓,住东园鹿母讲堂,身遭重病,极生苦患。尊者富邻尼瞻视供给,如前跋迦梨修多罗广说。谓说三受,乃至转增无损。佛告阿湿波誓:"汝莫变悔!"阿湿波誓白佛言:"世尊!我实有变悔。"佛告阿湿波誓:"汝得无破戒耶?"阿湿波誓白佛言:"世尊!我不破戒。"佛告阿湿波誓:"汝不破戒,何为变悔?"阿湿波誓白佛言:"世尊!我先未病时,得身息乐正受,多修习;我于今日,不复能得入彼三昧。我作是思惟:将无退失是三昧耶?"佛告阿湿波誓:"我今问汝,随意答我。阿湿波誓!汝见色即是我,异

---

① 《相应部》(二二)"蕴相应"八八经。

我,相在不?"阿湿波誓白佛言:"不也,世尊!"复问:"汝见受、想、行、识,是我、异我、相在不?"阿湿波誓白佛言:"不也,世尊!"佛告阿湿波誓:"汝既不见色是我、异我、相在,不见受、想、行、识,是我、异我、相在,何故变悔?"阿湿波誓白佛言:"世尊!不正思惟故。"佛告阿湿波誓:"若沙门、婆罗门,三昧坚固,三昧平等,若不得入彼三昧,不应作念:我于三昧退减。若复圣弟子不见色是我、异我、相在,不见受、想、行、识是我、异我、相在,但当作是觉知:贪欲永尽无余,嗔恚、愚痴永尽无余。贪、恚、痴永尽无余已,一切漏尽,无漏心解脱,慧解脱,现法自知作证:我生已尽,梵行已立,所作已作,自知不受后有。"佛说是法时,尊者阿湿波誓不起诸漏,心得解脱,欢喜踊悦,欢喜踊悦故,身病即除。佛说此经,令尊者阿湿波誓欢喜随喜已,从坐起而去。

五① 一三三六二( )

差摩迦修多罗,如五受阴处说。

六② 一三三六三(一〇二五)

如是我闻:一时,佛住舍卫国祇树给孤独园。时有异比丘,年少新学,于此法律出家未久,少知识,独一客旅,无人供给,住边聚落客僧房中,疾病困笃。时有众多比丘诣佛所,稽首礼足,却坐一面。白佛言:"世尊!有一比丘,年少新学,乃至疾病困笃,住边聚落客僧房中。有是病比丘,多死无活。善哉世尊!往彼住处,以哀愍故!"

尔时,世尊默然而许。即日晡时从禅觉,至彼住处。彼病比

---

① 见《相应部》(一)"阴相应"一七一经。
② 《相应部》(三五)"六处相应"七四经。

丘遥见世尊，扶床欲起。佛告比丘："息卧勿起！云何比丘！苦患宁可忍不？"如前差摩修多罗广说。如是三受，乃至病苦但增不损。佛告病比丘："我今问汝，随意答我。汝得无变悔耶？"病比丘白佛："实有变悔，世尊！"佛告病比丘："汝得无犯戒耶？"病比丘白佛言："世尊！实不犯戒。"佛告病比丘："汝若不犯戒，何为变悔？"病比丘白佛："世尊！我年幼稚，出家未久，于过人法、胜妙知见未有所得。我作是念：命终之时，知生何处？故生变悔。"佛告比丘："我今问汝，随意答我。云何比丘！有眼故有眼识耶？"比丘白佛："如是，世尊！"复问比丘："于意云何？有眼识故有眼触，眼触因缘生内受——若苦、若乐、不苦不乐耶？"比丘白佛："如是，世尊！"耳、鼻、舌、身、意，亦如是说。"云何比丘！若无眼则无眼识耶？"比丘白佛："如是，世尊！"复问比丘："若无眼识则无眼触耶？若无眼触，则无眼触因缘生内受——若苦、若乐、不苦不乐耶？"比丘白佛："如是，世尊！"耳、鼻、舌、身、意，亦如是说。"是故比丘！当善思惟如是法，得善命终，后世亦善。"尔时，世尊为病比丘种种说法，示教、照喜已，从坐起去。时病比丘世尊去后，寻即命终。临命终时，诸根喜悦，颜貌清净，肤色鲜白。

时众多比丘诣佛所，稽首礼足，退坐一面。白佛言："世尊！彼年少比丘，疾病困笃。尊者今已命终，当命终时，诸根喜悦，颜貌清净，肤色鲜白。云何世尊！如是比丘，当生何处？云何受生？后世云何？"佛告诸比丘："彼命过比丘，是真宝物！闻我说法，分明解了，于法无畏，得般涅槃。汝等但当供养舍利。"世尊尔时为彼比丘受第一记。佛说此经已，诸比丘闻佛所说，欢喜奉行。

七① 　　　　一三三六四(一〇二六)

如是我闻:一时,佛住舍卫国祇树给孤独园。如上说,差别者:"谛听,善思,当为汝说。若彼比丘作如是念:我此识身及外境界一切相,无有我、我所见、我慢、系著、使,及心解脱、慧解脱,现法自知作证具足住;于此识身及外境界一切相,无有我、我所见、我慢、系著、使,及彼心解脱、慧解脱,现法自知作证具足住。彼比丘,我此识身及外境界一切相,无有我、我所见、我慢、系著、使,及心解脱、慧解脱,现法自知作证具足住;于此识身及外境界一切相,无有我、我所见、我慢、系著、使,及心解脱、慧解脱,现法自知作证具足住。若彼比丘于此识身及外境界一切相,无有我、我所见、我慢、系著、使,及心解脱、慧解脱,现法自知作证具足住;于此识身及外境界一切相,无有我、我所见、我慢、系著、使,及彼心解脱、慧解脱,现法自知作证具足住者,是名比丘断爱欲,转诸结,止慢无间等,究竟苦边。"佛说此经已,诸比丘闻佛所说,欢喜奉行。

八 　　　　一三三六五(一〇二七)

如是我闻:一时,佛住舍卫国祇树给孤独园。如上说,差别者:乃至佛告病比丘:"汝不自犯戒耶?"比丘白佛言:"世尊!我不以持净戒故,于世尊所修梵行。"佛告比丘:"汝以何等法故,于我所修梵行?"比丘白佛:"为离贪欲故,于世尊所修梵行。为离嗔恚、愚痴故,于世尊所修梵行。"佛告比丘:"如是,如是!汝

---

① 《相应部》(三五)"六处相应"七五经。

正应为离贪欲故,于我所修梵行;离嗔恚、愚痴故,于我所修梵行。比丘!贪欲缠故,不得离欲;无明缠故,慧不清净。是故比丘!于欲离欲心解脱,离无明故慧解脱。若比丘于欲离欲心解脱,身作证;离无明故慧解脱,是名比丘断诸爱欲,转结缚,止慢无间等,究竟苦边。是故比丘!于此法善思惟。"如前广说,乃至受第一记。佛说此经已,诸比丘闻佛所说,欢喜随喜,作礼而去。

九① 一三三六六(一〇二八)

如是我闻:一时,佛住舍卫国祇树给孤独园。时有众多比丘,集于伽梨隶讲堂。时多有比丘疾病。尔时,世尊晡时从禅觉,往至伽梨隶讲堂,于大众前,敷座而坐。坐已,告诸比丘:"当正念、正智以待时,是则为我随顺之教。比丘!云何为正念?谓比丘内身身观念处,精勤方便,正念正智,调伏世间贪忧。外身身观念处……内外身身观念处……内受……外受……内外受……内心……外心……内外心……内法……外法……内外法法观念处,精勤方便,正念、正智,调伏世间贪忧,是名比丘正忆念。云何正智?谓比丘若来、若去,正知而住;瞻视、观察,屈申、俯仰,执持衣钵,行、住、坐、卧,眠、觉,乃至五十、六十,依语默正智行,比丘!是名正智。如是比丘正念、正智住者,能起乐受,有因缘非无因缘。云何因缘?谓缘于身,作是思惟:我此身无常,有为,心因缘生,乐受亦无常,有为,心因缘生,身及乐受,观察无常,观察生灭,观察离欲,观察灭尽,观察舍。彼观察身及乐受无

---

① 《相应部》(三六)"受相应"七经。

常,乃至舍已,若于身及乐受,贪欲使者永不复使。如是正念、正智生苦受,因缘非不因缘。云何为因缘?如是缘身,作是思惟:我此身无常,有为,心因缘生;苦受亦无常,有为,心因缘生。身及苦受,观察无常,乃至舍,于此及苦受,嗔恚所使永不复使。如是正念、正智生不苦不乐受,因缘非不因缘。云何因缘?谓身因缘,作是思惟:我此身无常,有为,心因缘生;彼不苦不乐受,亦无常,有为,心因缘生。彼身及不苦不乐受,观察无常乃至舍,若所有身及不苦不乐受,无明所使①永不复使。多闻圣弟子如是观者,于色厌离,于受、想、行、识厌离;厌离已离欲,离欲已解脱,解脱知见:我生已尽,梵行已立,所作已作,自知不受后有。"尔时,世尊即说偈言:

"乐觉所觉时,莫能知乐觉,贪欲使所使,不见于出离。
苦受所觉时,莫能知苦受,嗔恚使所使,不见出离道。
不苦不乐受,等正觉所说,彼亦不能知,终不度彼岸。
若比丘精勤,正智不倾动,于彼一切受,黠慧能悉知。
能知诸受已,现法尽诸漏,依慧而命终,涅槃不堕数。"

佛说此经已,诸比丘闻佛所说,欢喜奉行。

一〇②　　　　　一三三六七(一〇二九)

如是我闻:一时,佛住舍卫国祇树给孤独园。如上说,时有众多比丘,集会迦梨隶讲堂,多有疾病,如上说。差别者,乃至"圣弟子如是观者,于色解脱,于受、想、行、识解脱,我说是等解

---

① "所使",原本作"使使",依元本改。
② 《相应部》(三六)"受相应"八经。

脱生老病死。"尔时,世尊即说偈言:

"智慧多闻者,非不觉诸受,若于苦、乐受,分别谛明了,
当知坚固事,凡夫有升降,于乐不染著,于苦不倾动。
知受不受生,依于贪、恚觉,断除斯等已,其心善解脱,
系念缘妙境,正向待终期。若比丘精勤,正智不倾动,
于此一切受,慧者能觉知。了知诸受已,现法尽诸漏,
依慧而命终,涅槃不堕数。"

佛说此经已,诸比丘欢喜,作礼而去。

一一　　　　　一三三六八(一〇三〇)

如是我闻:一时,佛住舍卫国祇树给孤独园。尔时,给孤独长者得病,身极苦痛。世尊闻已,晨朝着衣持钵,入舍卫城乞食,次第乞食,至给孤独长者舍。长者遥见世尊,冯床欲起。世尊见已,即告之言:"长者勿起,增其苦患。"世尊即坐,告长者言:"云何长者!病可忍不?身所苦患,为增为损?"长者白佛:"甚苦,世尊!难可堪忍。"乃至说三受,如差摩修多罗广说,乃至苦受但增不损。佛告长者:"当如是学!于佛不坏净,于法、僧不坏净,圣戒成就。"长者白佛:"如世尊说四不坏净,我有此法,此法中有我。世尊!我今于佛不坏净,法、僧不坏净,圣戒成就。"佛告长者:"善哉!善哉!"即记长者得阿那含果。长者白佛:"唯愿世尊今于此食!"尔时,世尊默而许之。长者即敕办种种净美饮食,供养世尊。世尊食已,为长者种种说法,示教、照喜已,从坐起而去。

一二①　　　　　　　　一三三六九（一〇三一）

如是我闻：一时，佛住舍卫国祇树给孤独园。时尊者阿难，闻给孤独长者身遭苦患，往诣其舍。长者遥见阿难，冯床欲起，乃至说三受，如前叉摩修多罗广说，乃至苦患但增不损。时尊者阿难告长者言："勿恐怖！若愚痴无闻凡夫，不信于佛，不信法、僧，圣戒不具，故有恐怖，亦畏命终及后世苦。汝今不信已断、已知，于佛净信具足，于法、僧净信具足，圣戒成就。"长者白尊者阿难："我今何所恐怖！我始于王舍城寒林中丘冢间见世尊，即得于佛不坏净，于法、僧不坏净，圣戒成就。自从是来，家有钱财，悉与佛弟子——比丘、比丘尼、优婆塞、优婆夷共。"尊者阿难言："善哉长者！汝自记说是须陀洹果。"长者白尊者阿难："可就此食！"尊者阿难默然受请。即办种种净美饮食，供养尊者。阿难食已，复为长者种种说法，示教、照喜已，从坐起而去。

一三②　　　　　　　　一三三七〇（一〇三二）

如是我闻：一时，佛住舍卫国祇树给孤独园。尔时，尊者舍利弗，闻给孤独长者身遭苦患。闻已，语尊者阿难："知不？给孤独长者身遭苦患，当共往看。"尊者阿难默然而许。时尊者舍利弗与尊者阿难，共诣给孤独长者舍。长者遥见尊者舍利弗，扶床欲起。乃至说三种受，如叉摩修多罗广说，身诸苦患，转增无损。尊者舍利弗告长者言："当如是学：不著眼，不依眼界生贪欲识；不著耳、鼻、舌、身，意亦不著，不依（耳、鼻、舌、身、）意界

---

① 《相应部》（五五）"预流相应"二七经。
② 《中部》（一四三）《教给孤独经》前分。《增一阿含经》（五一）"非常品"八经前分。

生贪欲识。不著色,不依色界生贪欲识;不著声、香、味、触、法,不依(声、香、味、触、)法界生贪欲识。不著于地界,不依地界生贪欲识;不著于水、火、风、空、识界,不依(水、火、风、空、)识界生贪欲识。不著色阴,不依色阴生贪欲识;不著受、想、行、识阴,不依(受、想、行、)识阴生贪欲识。"时给孤独长者悲叹流泪。尊者阿难告长者言:"汝今怯劣耶?"长者白阿难:"不怯劣也。我自顾念,奉佛以来二十余年,未闻尊者舍利弗说深妙法,如今所闻。"尊者舍利弗告长者言:"我亦久来,未尝为诸长者说如是法。"长者白尊者舍利弗:"有居家白衣,有胜信、胜念、胜乐,不闻深法而生退没。善哉!尊者舍利弗!当为居家白衣,说深妙法,以哀愍故!尊者舍利弗!今于此食。"尊者舍利弗等默然受请。即设种种净美饮食,恭敬供养。食已,复为长者种种说法,示教、照喜。示教、照喜已,即从坐起而去。

一四①　　　　　一三三七一(一〇三三)

达磨提离长者修多罗,亦如世尊为给孤独长者初修多罗广说。

一五　　　　　　一三三七二(　　)

第二修多罗亦如是说。差别者:"若复长者依此四不坏净已,于上修习六念,谓念如来事,乃至念天。"长者白佛言:"世尊!依四不坏净,于上修六随念,我今悉成就。我常修念如来事,乃至念天。"佛告长者:"善哉!善我!汝今自记阿那含果。"长者白佛:"唯愿世尊受我请食!"尔时,世尊默然受请。长者知

---

① 《相应部》(五五)"预流相应"五三经。

佛受请已,即具种种净美饮食,恭敬供养。世尊食已,复为长者种种说法,示教、照喜已,从坐起而去。

一六①　　　　　　一三三七三(一〇三四)

如是我闻:一时,佛住王舍城迦兰陀竹园。时有长寿童子,是树提长者孙子,身婴重病。尔时,世尊闻长寿童子身婴重病,晨朝着衣持钵,入王舍城乞食,次第到长寿童子舍。长寿童子遥见世尊,扶床欲起。乃至说三受,如叉摩修多罗广说,乃至病苦但增无损。"是故童子当如是学:于佛不坏净,于法、僧不坏净,圣戒成就,当如是学!"童子白佛言:"世尊!如世尊说四不坏净,我今悉有。我常于佛不坏净,于法、僧不坏净,圣戒成就。"佛告童子:"汝当依四不坏净,于上修习六明分想。何等为六?谓一切行无常想,无常苦想,苦无我想,观食想,一切世间不可乐想,死想。"童子白佛言:"如世尊说,依四不坏净,修习六明分想,我今悉有。然我作是念:我命终后,不知我祖父树提长者当云何?"尔时,树提长者语长寿童子言:"汝于我所顾②念且停!汝今且听世尊说法,思惟忆念,可得长夜福利,安乐饶益!"时长寿童子言:"我于一切诸行,当作无常想、无常苦想、苦无我想、观食想、一切世间不可乐想、死想,常现在前。"佛告童子:"汝今自记斯陀含果。"长寿童子白佛言:"世尊!唯愿世尊住我舍食。"尔时,世尊默然而许。长寿童子即办种种净美饮食,恭敬供养。世尊食已,复为童子种种说法,示教、照喜已,从坐起而去。

---

① 《相应部》(五五)"预流相应"三经。
② "顾",原本作"故",依元本改。

一七　　　　　　一三三七四(一〇三五)

如是我闻：一时，佛住波罗奈国仙人住处鹿野苑中。时婆薮长者身遭苦患。尔时，世尊闻婆薮长者身遭苦患，如前达摩提那长者修多罗广说，得阿那含果记，乃至从坐起而去。

一八　　　　　　一三三七五(一〇三六)

如是我闻：一时，佛住迦毗罗卫国尼拘律园中。时有释氏沙罗，疾病委笃。尔时，世尊闻释氏沙罗疾病委笃，晨朝着衣持钵，入迦维罗卫国乞食，次到释氏沙罗舍。释氏沙罗遥见世尊，扶床欲起，乃至说三受，如差摩迦修多罗广说，乃至患苦但增不损。"是故释氏沙罗当如是学：于佛不坏净，于法、僧不坏净，圣戒成就。"释氏沙罗白佛言："如世尊说，于佛不坏净，于法、僧不坏净，圣戒成就，我悉有之。我常于佛不坏净，于法、僧不坏净，圣戒成就。"佛告释氏沙罗："是故汝当依佛不坏净，法、僧不坏净，圣戒成就，于上修习五喜处。何等为五？谓念如来事，乃至自所施法。"释氏沙罗白佛言："如世尊说，依四不坏净，修五喜处我亦有之。我常念如来事，乃至自所施法。"佛言："善哉！善哉！汝今自记斯陀含果。"沙罗白佛："唯愿世尊今我舍食。"尔时，世尊默然而许。沙罗长者即办种种净美饮食，恭敬供养。世尊食已，复为沙罗长者种种说法，示教、照喜已，从坐起而去。

一九　　　　　　一三三七六(一〇三七)

如是我闻：一时，佛住那梨聚落曲谷精舍。尔时，耶输长者疾病困笃，如是乃至得阿那含果记，如达摩提那修多罗广说。

二〇① 　　　　　一三三七七(一〇三八)

如是我闻：一时，佛住瞻婆国竭伽池侧。时有摩那提那长者，疾病新差。时摩那提长者语一士夫言："善男子！汝往尊者阿那律所，为我稽首阿那律足，问讯起居轻利，安乐住不？明日，通身四人，愿受我请。若受请者，汝复为我白言：我俗人多有王家事，不能得自往奉迎，唯愿尊者时到，通身四人来赴我请，哀愍故！"时彼男子受长者教，诣尊者阿那律所，稽首礼足。白言："尊者！摩那提那长者，敬礼问讯，少病少恼，起居轻利，安乐住不？唯愿尊者！通身四人，明日日中，哀受我请。"时尊者阿那律默然受请。时彼士夫复以摩那提那长者语，白尊者阿那律："我是俗人，多有王家事，不得躬自奉迎，唯愿尊者！通身四人，明日日中哀受我请，怜愍故！"尊者阿那律陀言："汝且自安，我自知时。明日，通身四人，往诣其舍。"时彼士夫受尊者阿那律教，还白长者："阿梨！当知我已诣尊者阿那律，具宣尊意。尊者阿那律言：汝且自安，我自知时。"彼长者摩那提那，夜办净美饮食。晨朝复告彼士夫：汝往至彼尊者阿那律所，白言时到。时彼士夫，即受教行，诣尊者阿那律所，稽首礼足，白言："供具已办，唯愿知时！"

时尊者阿那律，着衣持钵，通身四人，诣长者舍。时摩那提那长者，婇女围绕，住内门左。见尊者阿那律，举体执足敬礼，引入就坐。各别稽首，问讯起居，退坐一面。尊者阿那律问讯长者："堪忍安乐住不？"长者答言："如是，尊者！堪忍乐住。先遭

---

① 《相应部》(四七)"念处相应"三〇经。

疾病,当时委笃,今已蒙差。"尊者阿那律问长者言:"汝住何住,能令疾病苦患,时得除差?"长者白言:"尊者阿那律!我住四念处,专修系念故,身诸苦患,时得休息。何等为四?谓内身身观念住,精勤方便,正念、正智,调伏世间贪忧。外身……内外身……内受……外受……内外受……内心……外心……内外心……内法……外法……内外法法观念住,精勤方便,正念、正智,调伏世间贪忧。如是尊者阿那律!我于四念处系心住故,身诸苦患,时得休息。"尊者阿那律①告长者言:"汝今自记阿那含果。"时摩那提那长者,以种种净美饮食,自手供养,自恣饱满。食已,澡漱毕,摩那提那长者复坐卑床,听说法。尊者阿那律种种说法,示教、照喜已,从坐起去。

① "阿那律"下,有"住故……阿那律"——十五字,重出衍文,今删。

五一　业报相应[1]

一[2]　　　　　　　一三三七八（一〇三九）

[3]如是我闻：一时，佛住王舍城金师精舍。时有淳陀长者，来诣佛所，稽首佛足，退坐一面。尔时，世尊问淳陀长者："汝今爱乐何等沙门、婆罗门净行？"淳陀白佛："有沙门、婆罗门，奉事于水，事毗湿波天，执杖澡罐，常净其手。如是正士，能善说法，言：善男子月十五日，以胡麻屑、庵摩罗屑，以澡其发，修行斋法，被着新净长鬘[4]白氎，牛粪涂地而卧其上。善男子晨朝早起，以手触地，作如是言：此地清净，我如是净。手执牛粪团，并把生草，口说是言：此是清净，我如是净。若如是者，见为清净，不如是者永不清净。世尊！如是像类沙门、婆罗门，若为清净，我所宗仰。"佛告淳陀："有黑法、黑报，不净、不净果，负重向下。成就如此诸恶法者，虽复晨朝早起，以手触地，唱言清净，犹是不净。正复不触，亦不清净。执牛粪团并及生草，唱言清净，亦复不净。正复不触，亦不清净。淳陀！何等为黑、黑报，不净、不净果，负重向下，乃至触以不触悉皆不净？淳陀！谓杀生恶业，手常血腥，心常思惟挝、捶、杀、害，无惭、无愧，悭贪、吝惜，于一切众生乃至昆虫，不离于杀。于他财物，聚落、空地，皆不离盗。行诸邪淫，若父母、兄弟、姊妹、夫主、亲族，乃至授花鬘者，如是等

---

[1] "业报相应"共三五经。多见于《增支部》。
[2] 《增支部》"十集"一七六经。
[3] 《杂阿含经》卷三七中。
[4] "鬘"，原本作"发"，依元本改。

护,以力强干,不离邪淫。不实妄语,或于王家、真实言家,多众聚集,求当言处,作不实说:不见言见,见言不见;不闻言闻,闻言不闻;知言不知,不知言知。因自、因他,或因财利,知而妄语而不舍离,是名妄语。两舌乖离,传此向彼,传彼向此,递①相破坏,令和合者离,离者欢喜,是名两舌。不离恶口骂詈②若人软语说,悦耳心喜,方正易知,乐闻无依说,多人爱念、适意,随顺三昧,舍如是等而作刚强,多人所恶,不爱、不适意,不顺三昧,说如是等言,不离粗涩,是名恶口③。绮饰坏语,不时言,不实言,无义言,非法言,不思言,如是等名坏语。不舍离贪,于他财物而起贪欲,言此物我有者好。不舍嗔恚弊恶,心思惟言:彼众生应缚、应鞭、应杖④、应杀,欲为生难。不舍邪见颠倒,如是见、如是说:无施,无说⑤,无福,无善行、恶行,无善、恶业果报,无此世,无他世,无父母,无众生生世间,无世阿罗汉,等趣、等向,此世、他世,自知作证:我生已尽,梵行已立,所作已作,自知不受后有。淳陀!是名黑、黑报,不净、不净果,乃至触以不触,皆悉不净。淳陀!有白、白报,净、有净果,轻仙上升。成就已,晨朝触地,此净、我净者,亦得清净;若不触者,亦得清净。把牛粪团,手执生草,净因、净果者,执与不执,亦得清净。淳陀!何等为白、白报,乃至执以不执,亦得清净?谓有人不杀生,离杀生,舍刀杖,惭、愧,悲念一切众生。不偷盗,远离偷盗,与者取、不与不取,净心

---

① "递",原本作"遍",依宋本改。
② "詈",原本缺,依宋本补。
③ "口",原本作"心",依元本改。
④ "杖",原本作"伏",依元本改。
⑤ "说",原本作"报",依宋本改。

不贪。离于邪淫,若父母护,乃至授一花鬘者,悉不强干起于邪淫。离于妄语,审谛实说。远离两舌,不传此向彼,传彼向此,共相破坏;离者令和、和者随喜。远离恶口,不刚强,多人乐其所说。离于坏语,谛说,时说,实说,义说,法说,见说。离于贪欲,不于他财、他众具,作己有想而生贪著。离于嗔恚,不作是念:挝、打、缚、杀,为作众难。正见成就,不颠倒见,有施,有说,报有福,有善恶行果报,有此世,有父母,有众生生,有世阿罗汉,于此世、他世,现法自知作证:我生已尽,梵行已立,所作已作,自知不受后有。淳陀!是名白、白报,乃至触与不触,皆悉清净。"尔时,淳陀长者闻佛所说,欢喜随喜,作礼而去。

二①　　　　　一三三七九(一〇四〇)

如是我闻:一时,佛住王舍城金师精舍。时有异婆罗门,于十五日洗头已,受斋法,被新长鬘②、白氎,手执生草。来诣佛所,与世尊面相问讯,慰劳已,退坐一面。尔时,佛告婆罗门:"汝洗头,被新长鬘、白氎,是谁家法?"婆罗门白佛:"瞿昙!是学舍法。"佛告婆罗门:"云何婆罗门舍法?"婆罗门白佛言:"瞿昙!如是十五日,洗头,受持法斋,着新净长鬘、白氎,手执生草,随力所能,布施作福。瞿昙!是名婆罗门修行舍行。"佛告婆罗门:"贤圣法律所行舍行,异于此也。"婆罗门白佛:"瞿昙!云何为贤圣法律所行舍行?"佛告婆罗门:"谓离杀生,不乐杀生,如前清净分广说。依于不杀,舍离杀生,乃至如前清净分广说。离偷盗,不乐于盗;依于不盗,舍不与取。离诸邪淫,不乐邪淫;依

---

① 《增支部》"十集"一六七经。
② "鬘",原本作"发",依元本改。下例。

于不淫,舍非梵行。离于妄语,不乐妄语;依不妄语,舍不实言。离诸两舌,不乐两舌;依不两舌,舍别离行。离于恶口,不乐恶口;依不恶口,舍于粗言。离诸绮语,不乐绮语;依不绮语,舍无义言。断除贪欲,远离苦贪;依无贪心,舍于爱著。断除嗔恚,不生忿恨;依于无恚,舍彼嗔恨。修习正见,不起颠倒;依于正见,舍彼邪见。婆罗门!是名贤圣法律所行舍行。"婆罗门白佛:"善哉瞿昙!贤圣法律所行舍行。"时婆罗门闻佛所说,欢喜随喜,从坐起去。

三① 一三三八〇(一〇四一)

如是我闻:一时,佛住王舍城迦兰陀竹园。时有生闻梵志,来诣佛所,与世尊面相问讯,慰劳已,退坐一面。白佛言:"瞿昙!我有亲族,极所爱念,忽然命终。我为彼故,信心布施,云何世尊!彼得受不?"佛告婆罗门:"非一向得。若汝亲族生地狱中者,得彼地狱众生食以活其命,不得汝所信施饮食。若生畜生、饿鬼、人中者,得彼人中饮食,不得汝所施者。婆罗门!饿鬼趣中,有一处名为入处饿鬼,若汝亲族生彼入处饿鬼中者,得汝施食。"婆罗门白佛:"若我亲族不生入处饿鬼趣中者,我信施谁应食之?"佛告婆罗门:"若汝所可为信施亲族,不生入处饿鬼趣者,要有余亲族知识生入处饿鬼趣中者得食之。"婆罗门白佛:"瞿昙!若我所为信施亲族,不生入处饿鬼趣中,亦更无②余亲族知识生入处饿鬼趣者,此信施食谁当食之?"佛告婆罗门:"设使所为施亲族知识,不生入处饿鬼趣中,复无诸余知识生饿鬼

---

① 《增支部》"十集"一七七经。
② "更无",原本作"无更",依宋本改。

者,且信施而自得其福。彼施者所作信施,而彼施者不失达㕧。"婆罗门白佛:"云何施者行施,施者得彼达㕧?"佛告婆罗门:"有人杀生行恶,手常血腥,乃至十不善业迹,如淳陀修多罗广说。而复施诸沙门、婆罗门,乃至贫穷乞士,悉施钱财、衣被、饮食、灯明、诸庄严具。婆罗门!彼惠施主,若复犯戒生象中者,以彼曾施沙门、婆罗门,钱财、衣被、饮食乃至庄严众具故,虽在象中,亦得受彼施报——衣服、饮食乃至种种庄严众具。若复生牛、马、驴、骡等种种畜生趣中,以本施惠功德,悉受其报;随彼生处,所应受用皆悉得之。婆罗门!若复施主持戒不杀、不盗,乃至正见,布施诸沙门、婆罗门,乃至乞士钱财、衣服、饮食乃至灯明,缘斯功德,生人道中,坐受其报——衣被、饮食乃至灯明众具。复次,婆罗门!若复持戒生天上者,彼诸惠施,天上受报——财宝、衣服、饮食乃至庄严众具。婆罗门!是名施者行施,施者受达㕧,果报不失时。"生闻婆罗门闻佛所说,欢喜随喜,从坐起去。

四① 一三三八一(一〇四二)

如是我闻:一时,佛在拘萨罗国人间游行,住鞞罗磨聚落北身恕林中。鞞罗聚落婆罗门、长者,闻世尊住聚落北身恕林中。闻已,共相招集,往诣佛所,稽首佛足,退坐一面。白佛言:"世尊!何因何缘,有众生身坏命终,生地狱中?"佛告诸婆罗门、长者:"行非法行,行危险行因缘故,身坏命终生地狱中。"诸婆罗门、长者白佛:"行何等非法行、危险行,身坏命终生地狱中?"佛

---

① 《中部》(四一)《萨罗村婆罗门经》,(四二)《鞞兰若村婆罗门经》。

告婆罗门、长者:"杀生乃至邪见,具足十不善业因缘故,婆罗门!是非法行,危险行,身坏命终生地狱中。"婆罗门白佛:"何因缘诸众生身坏命终,得生天上?"佛告婆罗门、长者:"行法行,行正行,以是因缘故,身坏命终得生天上。"复问世尊:"行何等法行,何等正行,身坏命终得生天上?"佛告婆罗门、长者:"谓离杀生乃至正见,十善业迹因缘故,身坏命终得生天上。婆罗门、长者!若有行此法行、行此正行者,欲求刹利大姓①家,婆罗门大姓家,居士大姓家,悉得往生。所以者何?以法行、正行因缘故。若复欲求生四王(天)、三十三天,乃至他化自在天,悉得往生,所以者何?以法行、正行故。行净戒者,其心所愿,悉自然得。若复如是法行、正行者,欲求生梵天,亦得往生。所以者何?以行正行、法行故。持戒清净,心离爱欲,所愿必得。若复欲求往生光音(天)、遍净(天),乃至阿伽尼咤(天),亦复如是。所以者何?以彼持戒清净,心离欲故。若复欲求离欲、恶不善法,有觉、有观,乃至第四禅具足住,悉得成就。所以者何?以彼法行、正行故。持戒清净,心离爱欲,所愿必得。欲求慈、悲、喜、舍、空入处、识入处、无所有入处、非想非非想入处,皆悉得。所以者何?以法行、正行故。持戒清净,心离爱欲,所愿必得。欲求断三结,得须陀洹;斯陀含;阿那含果;无量神通,天耳,他心智,宿命智,生死智,漏尽智,皆悉得。所以者何?以法行、正行故。持戒离欲,所愿必得。"时婆罗门、长者,闻佛所说,欢喜随喜,作礼而去。

---

① 大姓",原本作"大性",依宋本改。下例。

五① 　　　　　一三三八二(一〇四三)

如是我闻：一时，佛在拘萨罗国人间游行，住鞞罗磨聚落北身恕林中。时鞞罗磨聚落中，婆罗门、长者，闻世尊住鞞罗磨聚落身恕林中。闻已，乘白马车，多将翼从，持金柄②伞盖，金澡瓶，出鞞罗磨聚落，诣身恕林。至道口，下车步进，入于园门，至世尊前，面相问讯，慰劳已，退坐一面。白佛言："瞿昙！何因何缘，有人命终生地狱中，乃至生天？"如上修多罗广说。时鞞罗磨婆罗门，闻佛所说，欢喜随喜，从坐起而去。

六③ 　　　　　一三三八三(一〇四四)

如是我闻：一时，佛〔住〕在拘萨罗人间游行，至鞞纽多罗聚落北身恕林中。住鞞纽多罗聚落婆罗门、长者，闻世尊住聚落北身恕林中。闻已，共相招引，往诣身恕林，至世尊所，面相慰劳已，退坐一面。尔时，世尊告婆罗门、长者："我当为说自通之法，谛听，善思。何等自通之法？谓圣弟子作如是学：我作是念：若有欲杀我者，我不喜；我若所不喜，他亦如是，云何杀彼？作是觉已，受不杀生，不乐杀生，如上说。我若不喜人盗于我，他亦不喜，我云何盗他？是故持不盗戒，不乐于盗，如上说。我既不喜人侵我妻，他亦不喜，我今云何侵人妻妇？是故受持不他淫戒，如上说。我尚不喜为人所欺，他亦如是，云何欺他？是故受持不妄语戒，如上说。我尚不喜他人离我亲友，他亦如是，我今云何离他亲友？是故不行两舌，(如上说。)我尚不喜人加粗言，他亦

---

① 与上经同。
② "柄"，原本作"斗"，依宋本改。
③ 《相应部》(五五)"预流相应"七经。

如是,云何于他而起骂辱?是故于他不行恶口,如上说。我尚不喜人作绮语,他亦如是,云何于他而作绮语?是故于他不行绮饰,如上说。如是七种,名为圣戒。又复于佛不坏净成就,于法、僧不坏净成就,是名圣弟子四不坏净成就。自现前观察,能自记说:我地狱尽,畜生、饿鬼尽,一切恶趣尽,得须陀洹,不堕恶趣法,决定正向三菩提,七有天人往生,究竟苦边。"时鞞纽聚落婆罗门、长者,闻佛所说,欢喜随喜,从坐起而去。

七①　　　　　　　　一三三八四(一〇四五)

如是我闻:一时,佛住舍卫国祇树给孤独园。尔时,世尊告诸比丘:"有相习近法,谛听,善思,当为汝说。何等为相习近法?谓杀生者,杀生者习近;盗、淫、妄语、两舌、恶口、绮语、贪、恚、邪见,各各随类更相习近。譬如不净物,不净物自相和合。如是杀生、杀生,乃至邪见、邪见,自相习近。如是比丘!不杀生、不杀生相习近,乃至正见、正见更相习近;譬如净物,净物,自相和合。乳生酪,酪生酥,酥生醍醐,醍醐自相和合。如是不杀、不杀更相习近,乃至正见、正见更相习近,是名比丘相习近法。"佛说是经已,诸比丘闻佛所说,欢喜奉行。

八②　　　　　　　　一三三八五(一〇四六)

如是我闻:一时,佛住舍卫国祇树给孤独园。尔时,世尊告诸比丘:"有蛇行法,谛听,善思,当为汝说。何等为蛇行法?谓杀生恶行,手常血腥,乃至十不善业迹,如前淳陀修多罗广说。彼当尔时,身蛇行,口蛇行,意蛇行。彼如是身、口、意蛇

---

① 《增支部》"十集"一九四经。
② 《增支部》"十集"二〇五经。

行已,于其二趣,向一一趣:若地狱,若畜生。蛇行众生,谓蛇、鼠、猫、狸等腹行众生,是名蛇行法。云何非蛇行法?谓不杀生乃至正见,如前淳陀修多罗十善①业迹广说,是名非蛇行法。身非蛇行,口非蛇行,意非蛇行,于其二趣,生一一趣:若天上,若人中,是名非蛇行法。"佛说此经已,诸比丘闻佛所说,欢喜奉行。

九② 一三三八六(一○四七)

如是我闻:一时,佛住舍卫国祇树给孤独园。尔时,世尊告诸比丘:"有恶业因、恶心因、恶见因,如是众生身坏命终,必堕恶趣泥犁中。譬如圆珠掷着空中,落地流转,不一处住。如是恶业因、恶心因、恶见因,身坏命终,必堕地狱中无住处。云何为恶业?谓杀生乃至绮语,如上广说,是名恶业。云何恶心?谓贪、恚心,如上广说,是名恶心。云何恶见?谓邪颠倒,如上广说,是名恶见。是名恶业因、恶心因、恶见因,身坏命终,必生恶趣泥犁中。善业因、善心因、善见因,身坏命终,必生善趣天上。婆罗门!云何为善业?谓离杀生,不乐杀生,乃至不绮语,是名善业。云何善心?谓不贪、不恚,是名心善。云何为见善?谓正见不颠倒,乃至见不受后有,是名见善。是名业善因、心善因、见善因,身坏命终,得生天上。譬如四方摩尼珠,掷着空中,随堕则安。如是彼三善因,所在受生,随处则安。"佛说③是经已,诸比丘闻佛所说,欢喜奉行。

---

① "善",原本缺,依宋本补。
② 《增支部》"十集"二○六经。
③ "说"下,原本有"如"字,依宋本删。

一〇　　　　　　　一三三八七(一〇四八)

如是我闻:一时,佛住舍卫国祇树给孤独园。尔时,世尊告诸比丘:"若杀生人,多习、多行,生地狱中;若生人中,必得短寿。不与取多习、多行,生地狱中;若生人中,钱财多难。邪淫多习、多行,生地狱中;若生人中,所有妻室为人所图。妄语多习、多行,生地狱中;若生人中,多被讥论。两舌多习、多行,生地狱中;若生人中,亲友乖离。恶口多习、多行,生地狱中;若生人中,常闻丑声。绮语多习、多行,生地狱中;若生人中,言无信用。贪欲多习、多行,生地狱中;若生人中,增其贪欲。嗔恚多习、多行,生地狱中;若生人中,增其嗔恚。邪见多习、多行,生地狱中;若生人中,增其愚痴。若离杀生,修习、多修习,得生天上;若生人中,必得长寿。不盗修习、多修习,得生天上;若生人中,钱财不丧。不邪淫修习、多修习,得生天上;若生人中,妻室修良。不妄语修习、多修习,得生天上;若生人中,不被讥论。不两舌修习、多修习,得生天上;若生人中,亲友坚固。不恶口修习、多修习,得生天上;若生人中,常闻妙音。不绮语修习、多修习,得生天上;若生人中,言见信用。不贪修习、多修习,得生天上;若生人中,不增爱欲。不恚修习、多修习,得生天上;若生人中,不增嗔恚。正见修习、多修习,得生天上;若生人中,不增愚痴。"佛说是经已,诸比丘闻佛所说,欢喜奉行。

一一①　　　　　　一三三八八(一〇四九)

如是我闻:一时,佛住舍卫国祇树给孤独园。尔时,世尊告

---

① 《增支部》"十集"一七四经。

诸比丘:"杀生有三种,谓从贪生故,从恚生故,从痴生;乃至邪见亦三种,从贪生,从恚生,从痴生。离杀生亦有三种:不贪生,不恚生,不痴生;乃至离邪见亦三种:不贪生,不恚生,不痴生。"佛说是经已,诸比丘闻佛所说,欢喜奉行。

一二①　　　　　　一三三八九(一〇五〇)

如是我闻:一时,佛住舍卫国祇树给孤独园。尔时,世尊告诸比丘:"所谓有出法、出不出法。何等为出法、出不出法?谓不杀生出于杀生,乃至正见出于邪见。"佛说是经已,诸比丘闻佛所说,欢喜奉行。

一三②　　　　　　一三三九〇(一〇五一)

如是我闻:一时,佛住王舍城迦兰陀竹园。时有生闻婆罗门,来诣佛所,稽首佛足,退坐一面。白佛言:"瞿昙!所说此彼岸,云何此岸?云何彼岸?"佛告婆罗门:"杀生者谓此岸,不杀生者谓彼岸;邪见者谓此岸,正见者谓彼岸。"尔时,世尊即说偈言:

"少有修善人,能度于彼岸,一切众生类,驰驰走此岸。
于此正法律,观察法法相,此等度彼岸,摧伏死魔军。"

尔时,生闻婆罗门闻佛所说,欢喜随喜,从坐起去。

一四——一六　　一三三九一——一三三九三(　　　)

(如生闻婆罗门所问,)如是异比丘所问,尊者阿难所问,佛问诸比丘,三经亦如上说。

---

① 《增支部》"十集"一七五经。
② 《增支部》"十集"一六九·一七〇经。

一七① 　　　一三三九四（一〇五二）

如是我闻：一时，佛住舍卫国祇树给孤独园。尔时，世尊告诸比丘："有恶法，有真实法。谛听，善思，当为汝说。云何为恶法？谓杀生，不与取，邪淫，妄语，两舌，恶口，绮语，贪，恚，邪见，是名恶法。云何为真实法？谓离杀生，乃至正见，是名真实法。"佛说是经已，诸比丘闻佛所说，欢喜奉行。

一八② 　　　一三三九五（一〇五三）

如是我闻：一时，佛住舍卫国祇树给孤独园。尔时，世尊告诸比丘："有恶法，恶恶法；有真实法，真实真实法。谛听，善思，当为汝说。云何为恶法？谓杀生乃至邪见，是名恶法。云何为恶恶法？谓自杀生，教人令杀，乃至自起邪见，复以邪见教人令行，是名恶恶法。云何为真实法？谓不杀生乃至正见，是名真实法。云何为真实真实法？谓自不杀生，教人不杀，乃至自行正见，复以正见教人令行，是名真实真实法。"佛说此经已，诸比丘闻佛所说，欢喜奉行。

一九③ 　　　一三三九六（一〇五四）

如是我闻：一时，佛住舍卫国祇树给孤独园。尔时，世尊告诸比丘④："有不善男子，善男子。谛听，善思，今当为汝说。云何为不善男子？谓杀生者，乃至邪见者，是名不善男子。云何善男子？谓不杀生，乃至正见，是名善男子。"佛说此经已，诸比丘

---

① 《增支部》"十集"一九一经。
② 《增支部》"四集"二〇七·二〇九经。
③ 《增支部》"十集"一九二经。
④ "尔时……诸比丘"——八字，原本缺，依宋本补。

闻佛所说,欢喜奉行。

二〇① 　　　　一三三九七(一〇五五)

如是我闻:一时,佛住舍卫国祇树给孤独园。尔时,世尊告诸比丘:"有不善男子,不善男子不善男子;有善男子,善男子善男子。谛听,善思,当为汝说。云何为不善男子?谓杀生乃至邪见者,是名不善男子。云何为不善男子不善男子?谓手自杀生,教人令杀,乃至自行邪见,教人令行邪见,是名不善男子不善男子。云何为善男子?谓不杀生乃至正见者,是名善男子。云何为善男子善男子?谓自不杀生,教人不杀,乃至自行正见,复以正见教人令行,是名善男子善男子。"佛说是经已,诸比丘闻佛所说,欢喜奉行。

二一② 　　　　一三三九八(一〇五六)

如是我闻:一时,佛住舍卫国祇树给孤独园。尔时,世尊告诸比丘:"若成就十法者,如铁锋钻水,身坏命终,下入恶趣泥犁中。何等为十?谓杀生乃至邪见。若成就十法,譬如铁锋仰钻虚空,身坏命终,上生天上。何等为十?谓不杀生乃至正见。"佛说是经已,诸比丘闻佛所说,欢喜奉行。

二二③ 　　　　一三三九九(一〇五七)

如是我闻:一时,佛住舍卫国祇树给孤独园。尔时,世尊告诸比丘:"若成就二十法者,如铁锋钻水,身坏命终,下生恶趣泥犁中。何等为二十?谓自手杀生,教人令杀;乃至自行邪见,复

---

① 《增支部》"四集"二〇四经。
② 《增支部》"十集"二一〇经。
③ 《增支部》"十集"二一一经。

以邪见教人令行。是名二十法成就,如铁锋钻水,身坏命终,下生恶趣泥犁中。有①二十法成就,譬如铁锋仰钻虚空,身坏命终,上生天上。何等为二十法?谓自不杀生,教人不杀;乃至自行正见,复以正见教人令行。是名二十法成就,如铁锋仰钻虚空,身坏命终,上生天上。"诸比丘闻佛所说,欢喜奉行。

二三② 一三四〇〇(一〇五八)

如是我闻:一时,佛住舍卫国祇树给孤独园。尔时,世尊告诸比丘:"三十法成就者,如铁锋钻水,身坏命终,下生恶趣泥犁中。何等为三十法?谓自手杀生,教人令杀,赞叹杀生;乃至自行邪见,复以邪见教人令行,常复赞叹行邪见者。是名三十法,如铁锋钻水,身坏命终,下生恶趣泥犁中。有三十法成就者,如铁锋钻空,身坏命终,上生天上。何等为三十法?谓自不杀生,教人不杀,常复赞叹不杀功德;乃至自行正见,复以正见教人令行,常复赞叹正见功德。是名三十法成就,如铁锋钻空,身坏命终,上生天上。"诸比丘闻佛所说,欢喜奉行。

二四③ 一三四〇一(一〇五九)

如是我闻:一时,佛住舍卫国祇树给孤独园。尔时,世尊告诸比丘:"有四十法成就,如铁枪投水,身坏命终,下生恶趣泥犁中。何等为四十法?谓手自杀生,教人令杀,赞叹杀生,见人杀生心随欢喜;乃至自行邪见,教人令行,赞叹邪见,见行邪见心随欢喜。是名四十法成就,如铁枪投水,身坏命终,下生恶趣泥犁

---

① "有",原本缺,依宋本补。
② 《增支部》"十集"二一二经。
③ 《增支部》"十集"二一三经。

中。有四十法成就,如铁枪钻空,身坏命终,上生天上。何等为四十?谓不杀生,教人不杀,口常赞叹不杀功德,见不杀者心随欢喜;乃至自行正见,教人令行,亦常赞叹正见功德,见人行者心随欢喜。是名四十法成就,如铁枪钻空,身坏命终,上生天上。"佛说此经已,诸比丘闻佛所说,欢喜奉行。

二五① 一三四〇二(一〇六〇)

如是我闻:一时,佛住舍卫国祇树给孤独园。尔时,世尊告诸比丘:"有非法,有正法。谛听,善思,当为汝说。何等为非法?谓杀生乃至邪见,是名非法。何等正法?谓不杀生乃至正见,是名正法。"佛说此经已,诸比丘闻佛所说,欢喜奉行。

二六 一三四〇三(一〇六一)

如是我闻:一时,佛住舍卫国祇树给孤独园。尔时,世尊告诸比丘:"有非律,有正律。谛听,善思,当为汝说。何等为非律?谓杀生乃至邪见,是名非律。何等为正律?谓不杀乃至正见,是名正律。"佛说此经已,诸比丘闻佛所说,欢喜奉行。

二七——三五 一三四〇四——一三四一二(   )

如非律、正律,如是非圣及圣②,不善及善③,非亲近、亲近,非善哉、善哉,黑法、白法④,非义、正义⑤,卑法、胜法,有罪法、无罪法⑥,弃法、不弃法,一一经如上说⑦。

---

① 《增支部》"十集"一九一经。
② 《增支部》"十集"一七九经。
③ 《增支部》"十集"一八〇经。
④ 《增支部》"十集"一九〇经。
⑤ 《增支部》"十集"一八一经。
⑥ 《增支部》"十集"一八四经。
⑦ 《杂阿含经》卷三七终。

印顺法师佛学著作系列

杂阿含经论会编

(中)

释印顺 著

中华书局

杂阿含经论会编（中）

目　　录

杂因诵第三
　　缘起食谛界择摄第三………001
　　　　三　因缘相应………001
　　　　四　谛相应………088
　　　　五　界相应………140
　　　　六　受相应………165

道品诵第四
　　菩提分法择摄第四………191
　　　　七　念处相应………191
　　　　八　正断相应………241
　　　　九　如意足相应………246
　　　　一〇　根相应………252
　　　　一一　力相应………262
　　　　一二　觉支相应………282
　　　　一三　圣道分相应………313
　　　　一四　安那般那念相应………342
　　　　一五　学相应………365
　　　　一六　不坏净相应………381

杂因诵第三①

缘起食谛界择摄第三②

三　因缘相应③

如是已说处择摄,缘起、食、谛、界择摄,我今当说。

总嗢拖南曰:

　　立等、二谛等,以触为缘等,有灭等、食等,最后如理等。

别嗢拖南曰:

　　立、苦聚、谛观,摄圣教、微智,思量际、观察,上慢、后甚深。

"**立**":略由三相,应知建立缘起差别:一、从前际中际得生;

---

① "杂因诵第三",原本卷一三——二三,共十一卷,与《相应部》第二"因缘篇"相当。卷一八以下,今分别编入"弟子所说诵"、"如来所说诵"。前五卷为"杂因诵"主体,分"因缘"、"谛"、"界"、"受"——四种相应。

② "缘起食谛界择摄",为《瑜伽师地论·摄事分》中,抉择契经宗要之第三分,自卷九三起。

③ "因缘相应",共七十八经,与《相应部》(一二)"因缘相应"相当。

二、从中际后际得生；三、于中际生已随转，及趣清净。此中云何从其前际中际得生，及于中际生已随转？谓如有一，宿非聪慧，无明为缘，造作增长罪、福、不动，身、语、意业，由此为缘，随业行识，乃至命终随转不绝，能为后世续生识因。如是展转，有内、外爱，识生果时，能为助伴，现前而起。既命终已，由前际因，于现在世自体得生，生已渐次，于母腹中，因识为缘续生果识，随转不绝，任持所有羯逻蓝等名色分位；后后殊胜，始从胎藏乃至衰老。又即此识当续生时，能感生业，与异熟果，异熟生识复依名色相续而转，谓依眼等六根①转故，由是说言名色缘识。俱生五根，说名为色；无间灭等，说名为名。随其所应，能与六识作所依止，识依彼故，乃至命终数数随转。又五色根，根依大种，根处大种所生诸色，及诸余名，由彼执持所有根等，堕在相续流转不绝。此二总名随转依止，由是故言：识缘名色，名色缘识，于现在世，犹如束芦相依而转，乃至寿住。如是名为从其前际、中际缘起诸行得生；于其中际，生已随转。当知此中依胎生者说转次第，卵生、湿生，除在母腹。有余差别：有色有情，在欲、色界受化生者，于初生时诸根圆满，与余差别；在无色界诸有情类，识依于名及色种子，名及色种依识而转，由彼识中有色种故，色虽间断后当更生，如是名为此中差别。由福业故，生于欲界人、天两趣；由罪业故，生恶趣中；由不动业，生色、无色。云何名为从其中际、后际缘起诸行得生？云何不生，由不生故证得清净？谓彼如是于中际生补特伽罗，领受先业所得二果：一者、领受内异熟果，二

---

① "根"，原作"依"，依宋本改。

者、领受境界所生受增上果。彼由听闻不正法故,或由先世串习力故,于二种果发起愚痴。彼由于内异熟果中有愚痴故,不能如实了知当来后有生苦,由此前际、后际无明增上力故,如前造作增长诸行,由此新业熏变识故,于现法中随业而行,如是无明以为缘故诸行得生。行为缘故,令识转变,当知此识于现法中但是因性,摄受当生诸识果故,约就一切相续为名,说六识身。又即此识,当来后有名色种子之所随逐;名色种子,复为当来后有六处种子随逐;六处种子,复为当来后有诸触种子随逐;此触种子,复为当来后有诸受种子随逐。当知是名于其中际后有引因,由识为先,受为最后,遍能牵引诸自体故。如是由先异熟果愚引后有已,复由第二境界所生增上果愚,缘境界受,发生贪爱。由此爱故,或求诸欲,或求诸有。又取欲取,或取见、戒禁、我语取。取诸取已,爱、取和合,润先引因,转名为有,是当生起因所摄故。此有无间,既命终已,如其引因所引诸行,识为最初,受为最后,或渐次生,或复顿生。如是应知,于现法中,初用无明触所生受为缘生爱;爱为缘故,次生于取;取为缘故,转成其有;有为缘故,当生得生;生为缘故,老、病、死等众苦差别次第现前。当知此中,或有处所生处现前,或有处所种子随逐,如是中际无明缘行、受缘爱等,能生后际缘起诸行。若现法中,从他闻法,或于先世已集资粮,由彼为因,能于二种果性诸行如理思惟:若于彼因,若于彼灭,若趣灭行,如理作意思惟彼故,发生正见。又于诸谛,渐次获得有学、无学清净智见,彼由如是智、见力故,能无余断无明及爱。由彼断故,即彼所缘不如实知诸无明触所生诸受,亦复随断。由此断故,于现法中,由离无明,证慧解脱;又无明触所生诸受相应心中,所有相应贪爱烦恼,彼于其心亦得离系,由离贪故,证心解脱。又即由彼无明灭故,诸有无明犹未断时,依于后际应生行识,乃至诸受,皆不得生,成不生法,是故说言:无明灭故,诸行随灭,次第乃至异熟所生诸触灭故,异熟所生诸受随灭。又现法中无明灭故,无明触灭;由无明触永得灭故,从无明触所生受灭;由无明触所生诸受永得灭故,爱亦随减;由爱灭故,如前说名所有取等,乃至损恼以为后边诸行皆灭,成不生法。于现法中,如是诸行皆不流转,不流转故,于现法中住有余依般涅槃界,名为证得现法涅槃。彼于尔时,识缘名色,名色缘识,有余未灭,而得说名清净鲜白;乃至有识身住未灭,彼恒领受离系诸受,无有系缚。彼有识身乃至先业所引寿量,恒相续住;寿量若尽,能执持识舍所执身,命根亦舍,从此已后,所有灭根无余永灭,都无所有。又彼诸识与一切受,于此位中任运而灭,先因灭故,余更不续,亦无余灭,由此道理,名无余依般涅槃界,究竟寂静,常住,妙迹。为此义故,常随涅槃,常以涅槃为其究竟,于世尊所熟修梵行。是名广说由三种相,建立缘起:谓从前际中际流转,从其中际后际流转,复于中际流转,清净。

四六四(二八三)

①
②如是我闻:一时,佛住舍卫国祇树给孤独园。尔时,世尊告诸比丘:"若于结所系法,随生味著,顾念,心缚则爱生;爱缘取,取缘有,有缘生,生缘老病死、忧悲恼苦,如是如是纯大苦聚

---

① 《相应部》(一二)"因缘相应"五七经。参考五五·五六经。
② 《杂阿含经》卷一三(旧误编为卷一二)。

集。如人种树,初小软弱,爱护令安,壅以粪土,随时溉灌,冷暖调适,以是因缘,然后彼树得增长大。如是比丘结所系法,味著将养则生恩爱;爱缘取,取缘有,有缘生,生缘老病死、忧悲恼苦,如是如是纯大苦聚集。若于结所系法,随顺无常观,住生灭观、无欲观、灭观、舍观,不生顾念,心不缚著,则爱灭;爱灭则取灭,取灭则有灭,有灭则生灭,生灭则老病死、忧悲恼苦灭,如是如是纯大苦聚灭。犹如种树,初小软弱,不爱护,不令安隐,不壅粪土,不随时溉灌,冷暖不适,不得增长。若复断根、截枝,段段斩截,分分解析,风飘、日炙,以火焚烧,烧以成粪,或飏以疾风,或投之流水。比丘!于意云何?非为彼树断截其根,乃至焚烧,令其磨灭,于未来世成不生法耶?"答言:"如是,世尊!""如是比丘!于结所系法,随顺无常观,住生灭观、无欲观、灭观、舍观,不生顾念,心不缚著则爱灭;爱灭则取灭,取灭则有灭,有灭则生灭,生灭则老病死、忧悲恼苦灭,如是如是纯大苦聚灭。"佛说此经已,诸比丘闻佛所说,欢喜奉行。

二① 　　　　　四六五(二八四)

如是我闻:一时,佛住舍卫国祇树给孤独园。尔时,世尊告诸比丘:"若于所取法,随生味著,顾念,心缚②,其心驱驰,追逐名色;名色缘六入处,六入处缘触,触缘受,受缘爱,爱缘取,取缘有,有缘生,生缘老病死、忧悲恼苦,如是如是纯大苦聚集。譬大树,根干、枝条、柯叶、花果,下根深固,壅以粪土,溉灌以水,彼树坚固,永世不朽。如是比丘!于所取法,随生味著,顾念、心缚,

---

① 《相应部》(一二)"因缘相应"五八·五九经。
② "心缚",原本作"缚心",依宋本改。

其心驱驰,追逐名色;名色缘六入处,六入处缘触,触缘受,受缘爱,爱缘取,取缘有,有缘生,生缘老病死、忧悲恼苦,如是如是纯大苦聚集。若于所取法,随顺无常观,住生灭观、无欲观、灭观、厌观,心不顾念,无所缚著,识则不驱驰追逐名色,则名色灭;名色灭则六入处灭,六入处灭则触灭,触灭则受灭,受灭则爱灭,爱灭则取灭,取灭则有灭,有灭则生灭,生灭则老病死、忧悲恼苦灭,如是如是则纯大苦聚灭。犹如种树,不随时爱护,令其安隐,不壅粪土,不随时溉灌,冷暖不适,不得增长。若复断根、截枝,段段斩截,分分解析,风飘、日炙,以火焚烧,烧以成粪,或飏以疾风,或投之流水。比丘!于意云何?非为彼树断截其根,乃至焚烧,令其磨灭,于未来世成不生法耶?"答言:"如是,世尊!""如是比丘!于所取法,随顺无常观,住生灭观、无欲观、灭观、舍观,不生顾念,心不缚著,识不驱驰追逐名色,则名色灭;名色灭则六入处灭,六入处灭则触灭,触灭则受灭,受灭则爱灭,爱灭则取灭,取灭则有灭,有灭则生灭,生灭则老病死、忧悲恼苦灭,如是如是①纯大苦聚灭。"佛说此经已,诸比丘闻佛所说,欢喜奉行。

(**九相**):复次,安立九相,后有苦树能生当有。谓有世间非聪慧者,于现法中所造新业,如小苦树。若彼世间非聪慧者,于能随顺诸漏处所,依现在世随观爱味,依过去世深生顾恋,依未来世专心系著。如是住已,先所未断一切贪爱,由数习故转更增长。此非聪慧补特伽罗,欲令如是后有小树复加滋茂,以贪爱水而恒溉灌,令如前说能感当来,取所得果,渐次圆满。若有多闻

---

① 原本缺"如是"二字,依宋本补。

诸圣弟子,虽造有漏能感当来诸业小树,然于能顺烦恼诸行,无倒随观生灭法性,于断、无欲及以灭界,无倒随观是寂静性,损减彼业,不令增长,使其爱水亦皆消散。故聪慧者,不欲滋荣后有小树,便断其爱、爱缘取等。损坏如是后有小树,尚令一切皆无所有,何况使其后更增长!

复更有一补特伽罗,已生自体,诸先所有造作增长顺后受业,于现法中为其所系;即彼自体及先所造顺后受业,总摄为一,说名后有,如大苦树。若于能顺诸烦恼法,如前乃至专心系著,如是住已,彼先所造顺后受业,如直下根,令树郁茂;于现法中,彼爱烦恼,如傍注道,令树润泽。以此为因,令随惑业行一切种子识,于当来世正续生时,住于名色,如是苦树长时安立。当知如是补特伽罗,欲令苦树展转滋茂。此中白品,如前应知。

三① 四六六(二八五)

如是我闻:一时,佛住舍卫国祇树给孤独园。尔时,世尊告诸比丘:"我忆宿命,未成正觉时,独一静处,专精禅思,生如是念:世间难入,所谓若生、若老、若病、若死、若迁、若受生,然诸众生生、老、死,上及所依,不如实知。我作是念:何法有故生有?何法缘故生有?即正思惟,起无间等知,有有故生有,有缘故生有。复思惟:何法有故有有?何法缘故有有?即正思惟,如实无间等起知,取有故有有,取缘故有有。又作是念:取复②何法有故取有?何法缘故取有?即正思惟,如实无间等起知,取法味

---

① 《相应部》(一二)"因缘相应"五三·五四经。参考"因缘相应"一〇经。
② "复"下,原本衍"何缘"二字,今删。

著、顾念、心缚,爱欲增长,彼爱有故取有;爱故缘取,取缘有,有缘生,生缘老病死、忧悲恼苦,如是如是纯大苦聚集。诸比丘!于意示何?譬如缘膏油及炷,灯明得烧,数增油、炷,彼灯明得久住不?"答言:"如是,世尊!""如是诸比丘!于色取味著,顾念、心①缚,增长爱缘故取,取缘有,有缘生,生缘老病死、忧悲恼苦,如是如是纯大苦聚集。我时复作是念:何法无故无此老病死?何法灭故老病死灭?即正思惟,起如实无间等,无生则无老病死,生灭故则老病死灭。复作是念:何法无故无生?何法灭故生灭?即正思惟,起如实无间等,有无故生无,有灭故生灭。又复思惟:何法无故有无?何法灭故有灭?即正思惟,生如实无间等观,取无故有无,取灭故有灭。又作是念:何法无故取无?何法灭故取灭?即正思惟,生如实无间等观,所取法无常、生灭、离欲、灭尽、舍离,心不顾念,心不缚著,爱则灭;彼爱灭故取灭,取灭故有灭,有灭故生灭,生灭故老病死、忧悲恼苦灭,如是如是纯大苦聚灭。诸比丘!于意云何?譬如油、炷然灯,若不增油、治炷,非彼灯明未来不生、尽、磨灭耶?"比丘白佛言②:"如是,世尊!""如是诸比丘!于所取法,观察无常、生灭、离欲、灭尽、舍离,心不顾念,心不缚著,爱则灭;爱灭则取灭,乃至纯大苦聚灭。"佛说此经已,诸比丘闻佛所说,欢喜奉行。

四③　　　　　　四六七(二八六)

如是我闻:一时,佛住舍卫国祇树给孤独园。尔时,世尊告

---

① "心",原本作"爱",准前后文改。
② "言",原本缺,依宋本补。
③ 《相应部》(一二)"因缘相应"五二经。

诸比丘:"我忆宿命,未成正觉时,独一静处,专精禅思,如上广说。差别者:譬如载樵十束、二十束、三十束、四十束、五十束、百束、千束、百千束,积聚烧然,作大火聚。若复有人增其干草、樵薪,诸比丘!于意云何?此火相续,长夜炽然不?"比丘白佛言:"如是,世尊!""如是诸比丘!于所取法,味著、顾念、心缚著,增其爱缘取,取缘有,乃至纯大苦聚集。诸比丘!若彼火聚炽然,不增樵草,诸比丘于意云何?彼火当灭不?"答言:"如是,世尊!""如是诸比丘!于所取法,观察无常、生灭、离欲、灭尽、舍离,心不顾念,缚著,爱则灭;爱灭则取灭,如是广说乃至纯大苦聚灭。"佛说此经已,诸比丘闻佛所说,欢喜奉行。

"苦聚":复次,世尊在昔为菩萨时,弃前所得诸世俗道及世诸师,处菩提座,为欲悲愍利他有情以为上首,自于诸谛起正观察。尔时为欲历观苦谛,由老死支苦谛所摄,故于缘起逆历观察。当知此中,由三种相,于其老死如理观察:一者、观察细因缘故,二者、观察粗因缘故,三者、观察非不定故。感生因缘,亦名为生;即生自体,亦名为生。前生是细,后生为粗。此中观前细生有故而有老死,亦观由后粗生缘故得有老死;当来老死,细生为因,现法老死,粗生为因。云何名为非不决定?谓即除彼生处所摄二种生体,余定无能与老死果。如观老死,生、有、取、爱,各由二种如理观察,当知亦尔。如是名为始从老死,次第逆观苦、集二谛缘起道理。应知此中,顺集谛法犹如灯炷,即此集谛如膏油等,苦谛类灯。诸非聪慧补特伽罗,譬于灌油并集炷者,如是苦灯烧然长世。当知白品,与此相违,谓善方便观灭、道谛。复有二种补特伽罗,何等为二?一、唯行自非利益行,谓但于己集炷、灌油,令一苦灯相续久住。二、复有余补特伽罗,兼行自、他无量大众非利益行,为然自、他大苦火聚。摄受听闻邪法为先,闻、思、修慧所引邪行,譬如积集干薪、干草及干牛粪,由是因缘,令苦火聚长时炽然,无有断绝。

五①   四六八（二八七）

如是我闻:一时,佛住舍卫国祇树给孤独园。尔时,世尊告诸比丘:"我忆宿命,未成正觉时,独一静处,专精禅思,作是念:何法有故老死有？何法缘故老死有？即正思惟,生如实无间等,生有故老死有,生缘故老死有。如是有……取……爱……受……触……六入处……名色,何法有故名色有？何法缘故名色有？即正思惟,如实无间等生,识有故名色有,识缘故有名色有。我作是思惟时,齐识而还,不能过彼:谓缘识名色,缘名色六入处,缘六入处触,缘触受,缘受爱,缘爱取,缘取有,缘有生,缘生老病死、忧悲恼苦,如是如是纯大苦聚集。我时作是念:何法无故〔则〕老死无？何法灭故老死灭？即正思惟,生如实无间等,生无故老死无,生灭故老死灭。如是生、有、取、爱、受、触、六入处、名色、识、行广说。我复作是思惟:何法无故行无？何法灭故行灭？即正思惟,如实无间等,无明无故行无,无明灭故行灭;行灭故识灭,识灭故名色灭,名色灭故六入处灭,六入处灭故触灭,触灭故受灭,受灭故爱灭,爱灭故取灭,取灭故有灭,有灭故生灭,生灭故老病死、忧悲恼苦灭,如是如是纯大苦聚灭。我时

---

① 《相应部》（一二）"因缘相应"六五经。《增一阿含经》（三八）"力品"四经。

作是念:我得古仙人道,古仙人逕,古仙人道迹;古仙人从此迹去,我今随去。譬如有人游于旷野,披荒觅路,忽遇故道、古人行处,彼则随行。渐渐前进,见故城邑,故王宫殿,园观、浴池,林木清净。彼作是念:我今当往白王令知。即往白王:大王当知!我游旷野,披荒求路,忽见故道、古人行处,我即随行。我随行已,见故城邑,故王宫殿,园观、浴池,林流清净。大王可往,居止其中。王即往彼,止住其中,丰乐安隐,人民炽盛。今我如是,得古仙人道,古仙人逕,古仙人迹;古仙人去处,我得随去,谓八圣道:正见、正志、正语、正业、正命、正方便、正念、正定。我从彼道,见老病死、老病死集、老病死灭、老病死灭道迹。见生……有……取……爱……受……触……六入处……名色……识……行,行集,行灭,行灭道迹。我于此法,自知、自觉,成等正觉。为比丘、比丘尼、优婆塞、优婆夷,及余外道,沙门、婆罗门,在家、出家,彼诸四众,闻法正向!信乐知法善,梵行增广,多所饶益,开示显发。"佛说此经已,诸比丘闻佛所说,欢喜奉行。

"**谛观**":复次,世尊在昔为菩萨时,处菩提座,依缘起门,逆次而入。先缘后际,如理思惟老死苦谛,乃至其爱,如是观察后际苦谛,及后际苦所有集谛。未为喜足,遂复观察后际集谛因缘所摄现在众苦,谓遍逆观受、触、六处、名色与识。当知此中观未来苦,是当苦谛;观彼集因,是当集谛。观未来世苦之集谛,由谁而有,知由从先集所生起,识为边际现法苦有。既知从先集所生起,不应复观此云何有,是故世尊昔菩萨时,为观当来所有苦、集,观现在苦,乃至作意相应心识而复转还。又为渐次观彼后际集谛依处,后际苦谛所依止处,当知即是后际集谛,故乃至识,复还顺上。如是顺、逆,如理观察缘起苦、集,从此无间,为观灭谛,始从老死逆次第入,乃至无明。何以故?观察如是现在苦谛,云何一切皆悉尽灭?谓不造作无明为缘新业行故。如是历观三圣谛已,次更寻求此灭圣谛,何道何行而能证得?由如前说,宿住随念,忆昔为求诸漏永尽世间正见,如教授者令现在前。作是思惟:我今证得先旧正道,古昔诸仙同所游履,如是但以世间作意历观四谛。又以正见,于诸谛中得入现观,次第方便,证觉无上正等菩提;现见方便,获得无漏有学、无学善净智见。为此义故,于三大劫阿僧企耶修行一切难行之行,今于此义皆已证得。为利他故,哀愍世间诸人天故,随有堪能入圣法者,开四圣谛,令生等觉。

六① 　　　　　　四六九(二八八)

如是我闻:一时,佛住王舍城迦兰陀竹园。尔时,尊者舍利弗、尊者摩诃拘絺罗,在耆阇崛山。尔时,尊者舍利弗,晡时从禅觉,诣尊者摩诃拘絺罗,共相问讯庆慰已,于一面坐。语尊者摩诃拘絺罗:"欲有所问,宁有闲暇见答与不?"尊者摩诃拘絺罗语尊者舍利弗言:"仁者且问,知者当答。"尊者舍利弗问尊者摩诃拘絺罗:"云何尊者摩诃拘絺罗!有老不?"答言:"有。"尊者舍利弗复问:"有死不?"答言:"有。"复问:"云何老死自作耶? 为他作耶? 为自他作耶? 为非自非他无因作耶?"答言:"尊者舍利弗! 老死非自作,非他作,非自他作,亦非非自他作无因作,然彼生缘故有老死。""如是生……有……取……爱……受……

———

① 《相应部》(一二)"因缘相应"六七经。

触……六入处……名色为自作？为他作？为自他作？为非自他无因作？"答言："尊者舍利弗！名色非自作，非他作，非自他作，非非自他作无因作，然彼名色缘识生。"复问："彼识为自作？为他作？为自他作？为非自非他无因作？"答言："尊者舍利弗！彼识非自作，非他作，非自他作，非非自他作无因作，然彼识缘①名色生。"尊者舍利弗复问尊者摩诃拘絺罗："先言名色非自作，非他作，非自他作，非非自他作无因作，然彼名色缘识生，而今复言名色缘识，此义云何？"尊者摩诃拘絺罗答言："今当说譬，如智者因譬得解。譬如三芦，立于空地，展转相依而得竖立。若去其一，二亦不立；若去其二，一亦不立，展转相依而得竖立。识缘名色，亦复如是，展转相依而得生长。"

尊者舍利弗言："善哉！善哉！尊者摩诃拘絺罗！世尊声闻中，智慧、明达、善调、无畏，见甘露法，以甘露法具足身作证者，谓尊者摩诃拘絺罗，乃有如是甚深义辩，种种难问，皆悉能答！如无价宝珠，世所顶戴，我今顶戴尊者摩诃拘絺罗，亦复如是。我今于汝所，快得善利，诸余梵行数诣其所，亦得善利，以彼尊者善说法故。我今以此尊者摩诃拘絺罗所说法故，当以三十种赞叹、称扬、随喜。尊者摩诃拘絺罗，说老死厌患，离欲，灭尽，是名法师；说生、有、取、爱、受、触、六入处、名色、识厌患，离欲，灭尽，是名法师。若比丘于老死，厌患，离欲，灭尽向，是名法师；乃至识，厌患，离欲，灭尽向，是名法师。若比丘于老死，厌患，离欲，灭尽，不起诸漏，心善解脱，是名法师；乃

---

① "缘"，原本作"增"，依元本改。

至识,厌患,离欲,灭尽,不起诸漏,心善解脱,是名法师。"尊者摩诃拘𫄨罗语尊者舍利弗言:"善哉!善哉!于世尊声闻中,智慧、明达、善调、无畏,见甘露法,以甘露法具足身作证者,谓尊者舍利弗,能作如是种种甚深正智之问!犹如世间无价宝珠,人皆顶戴,汝今如是,普为一切诸梵行者之所顶戴,恭敬、奉事。我于今日,快得善利,得与尊者共论妙义。"时二正士更相随喜,各还所住。

"摄圣教": 复次,佛世尊教,三处所摄。何等为三?一、善建立诸缘生法无作用故,二、彼为依、利他行故,三、彼为依、自利行故。此中善建立诸缘生法无作用故者,谓从后际苦,逆观现法前际苦、集,名色缘识,识缘名色,譬如束芦,展转相依而得住立。于其中间,诸缘生法,皆非自作,亦非他作,非自他作,非无因生。如是施设,名善建立诸缘生法无作用故。所以者何?无常诸行,前际无故,后际无故,中际虽有唯刹那故;作用动转,约第一义都无所有,但依世俗暂假施设。如是施设,如实无倒,是故说此名善建立。即依如是善建立性,依诸缘起,为他宣说圣谛法教,名彼为依利他行故。即此为依,自能趣入圣谛现观,法随法行,又能证得现法涅槃,当知是名用彼为依自利行故。又先积集智慧资粮诸弟子众,成就猛利俱生慧故,名为聪慧;具教智故,名为明了,具证智故,名善调伏;不由他缘自觉法故,名无所畏;缘于涅槃如实觉故,名见甘露;尽无生智为所依止,证有余依涅槃界故,名身证得妙甘露界具足安住。

七① 四七〇(二八九)

如是我闻:一时,佛住王舍城迦兰陀竹园。尔时,世尊告诸比丘:"愚痴无闻凡夫,于四大身厌患,离欲,背舍而非识。所以者何?见四大身有增、有减,有取、有舍,而于心、意、识,愚痴无闻凡夫,不能生厌,离欲,解脱。所以者何?彼长夜于此保惜系我,若得、若取,言是我、我所、相在,是故愚痴无闻凡夫,不能于彼生厌,离欲,背舍。愚痴无闻凡夫,宁于四大身系我、我所,不可于识系我、我所。所以者何?四大色身,或见十年住,二十、三十,乃至百年,若善消息,或复小过。彼心、意、识,日夜、时克,须臾转变,异生异灭。犹如猕猴游林树间,须臾处处,攀捉枝条,放一取一,彼心、意、识亦复如是,异生异灭。多闻圣弟子,于诸缘起善思惟观察,所谓乐触缘生乐受,乐受觉时如实知乐受觉,彼乐触灭,乐触因缘生受亦灭,止、清凉、息、没。如乐受,苦触……喜触……忧触……舍触因缘生舍受,舍受觉时如实知舍受觉,彼舍触灭,彼舍触因缘生舍受亦灭,止、清凉、息、没。彼如是思惟:此受触生、触乐、触缚,彼彼触乐故彼彼受乐,彼彼触乐灭彼彼受乐亦灭,止、清凉、息、没。如是多闻圣弟子,于色生厌,于受、想、行、识生厌,厌故不乐,不乐故解脱,解脱知见:我生已尽,梵行已立,所作已作,自知不受后有。"佛说此经已,诸比丘闻佛所说,欢喜奉行。

八② 四七一(二九〇)

如是我闻:一时,佛住王舍城迦兰陀竹园。尔时,世尊告诸

---

① 《相应部》(一二)"因缘相应"六一经。
② 《相应部》(一二)"因缘相应"六二经。

比丘："愚痴无闻凡夫，于四大色身，生厌，离欲，背舍，但非识。所以者何？四大色身现有增、减，有取、有舍；若心、若意、若识，彼愚痴无闻凡夫，不能于识生厌，离欲，背①舍，长夜保惜系我，若得、若取，言是我、我所、相在，是故愚痴无闻凡夫，不能于彼生厌，离欲，背舍。愚痴无闻凡夫，宁于四大色身系我、我所，不可于识系我、我所。所以者何？四大色身，或见十年住，二十、三十，乃至百年，若善消息，或复少过；彼心、意、识，日夜、时克，须臾不停，种种转变，异生异灭。譬如猕猴游林树间，须臾处处，攀捉枝条，放一取一，彼心、意、识亦复如是，种种变易，异生异灭。多闻圣弟子，于诸缘起思惟观察，所谓乐触缘生乐受，乐受觉时如实知乐受觉，彼乐触灭，乐因缘生乐受亦灭，止、清凉、息、没。如乐受，苦触……喜触……忧触……舍触因缘生舍受，舍受觉时如实知舍受觉，彼舍触灭，舍触因缘生舍受亦灭，止、清凉、息、没。譬如两木相磨，和合生火，若两木离散，火亦随灭。如是诸受缘触集，触生，触集，若彼彼触集故，彼彼受亦集，彼彼触集灭故，彼彼受集亦灭，止、清凉、息、没。多闻圣弟子如是观者，于色解脱，于受、想、行、识解脱，于生老病死、忧悲恼苦解脱，我说彼于苦得解脱。"佛说此经已，诸比丘闻佛所说，欢喜奉行。

"微智"：复次，有诸愚夫外道种类，虽能观见四大种身粗无常性，由观此身虽久住立，而有增、减，死时、生时有舍、取故，便于其身能厌、能离、能起胜解，以世间道离欲界欲，离色界欲，极至有顶。然彼于身，当知仍名未得解脱。所以者何？由于彼彼

---

① "背"，原本误作"习"，依宋本改。

所得定中,莹磨其识,执取为我,杂染而住。复于后时寿尽、业尽,还退生下,以于缘起不善巧故。诸圣弟子虽于缘起已得善巧,而但随观四大种身细无常性,未即观察识无常性。所以者何?四大种身经久时住,常相可得,刹那相似,相续随转,其无常性难可得故;识无常相粗显可得,刹那刹那所缘易脱,其相转变,无量品类有差别故。虽即此识无常性相,无量品类粗显易得,然复说名最极微细,当知其性难可识故,难可入故。所以者何?唯是慧眼所见境故。四大种身,有增、有减,有舍、有取,其无常性尚为非理肉眼境界,况其余眼缘起善巧!诸圣弟子,复欲悟入最极微细识无常性,即于缘起如理思惟,由能分别堕自相续,触所生起诸受分位差别性故,便能悟入识无常性。彼既成就如是智见,渐次于受所依止身,所因诸触,及余一切名所摄行,皆能厌离,生于胜解,亦得解脱。得解脱故,安住毕竟,若有余依、若无余依二涅槃界。

九①　　　　　　　四七二(　二九一)

如是我闻:一时,佛住王舍城迦兰陀竹园。尔时,世尊告诸比丘:"我说内触法,汝等为取不?"时有异比丘从座起,整衣服,稽首礼足,合掌白佛言:"世尊所说内触法,我已取也。"时彼比丘于佛前如是如是自记说,如是如是世尊不悦。尔时,尊者阿难在佛后执扇扇佛,佛告阿难:"如圣法律内触法,异于此比丘所说。"阿难白佛:"今正是时,唯愿世尊为诸比丘说贤圣法律内触法,诸比丘闻已,当受奉行。"佛告阿难:"善哉!谛听,当为汝

---

① 《相应部》(一二)"因缘相应"六六经。

说。此诸比丘取内触法,应如是思惟:若众生所有种种众苦生,此苦何因、何集、何生、何转①?作如是取时,当知此苦,亿波提因、亿波提集、亿波提生、亿波提转。复次,比丘内触法,又亿波提何因、何集、何生、何转?彼取时,当复知亿波提爱因、爱集、爱生、爱转。复次,比丘取内触法,当复知爱何因、何集、何生、何转?如是取时,当知世间所念端政②之色,于彼爱生而生,系而系,住而住。若诸沙门、婆罗门,于世间所念端政之色,作常想、恒想、安隐想、无病想、我想、我所想而见,则于此色爱增长,爱增长已亿波提增长,亿波提增长已苦增长,苦增长已则不解脱生老病死、忧悲恼苦,我说彼不解脱苦。譬如路侧清凉池水,香味具足,有人以毒着中。阳春之月,诸行路者风热渴逼,竞来欲饮。有人语言:士夫!此是清凉池③,色、香、味具足,然中有毒,汝等勿饮!若当饮者,或令汝死,或近死苦。而彼渴者,不信而饮,虽得美味,须臾或死,或近死苦。如是沙门、婆罗门,见世间可念端政之色,作常见、恒见、安隐见、无病见、我、我所见,乃至不得解脱生老病死、忧悲恼苦。若诸沙门、婆罗门,于世间可念端政之色,观察如病、如痈、如刺、如杀,无常、苦、空、非我,彼爱则离;爱离故亿波提离,亿波提离故则苦离,苦离故则生老病死、忧悲恼苦离。譬如路侧清凉池水,香味具足,有人以毒着中。阳春之月,诸行路者风热渴逼,竞来欲饮。有人语言:此水有毒,汝等勿饮!若当饮者,或令汝死,或近死苦。彼则念言:此水有毒,若当

---

① "转",原本误作"触",今改,下例。
② "端政",原本作"谛正",依下文改。
③ "池",原本缺,依下文及元本补。

饮者，或令我死，或近死苦。我且忍渴，食干麨饭，不取水饮。如是沙门、婆罗门，于世间可念（端政）之色，观察如病、如痈、如刺、如杀，无常、苦、空、非我，乃至解脱生老病死、忧悲恼苦。是故阿难！于此法如是见，如是闻，如是觉，如是知；于过去、未来，亦如此道如是观察。"佛说此经已，诸比丘闻佛所说，欢喜奉行。

"思量际"：复次，于缘起法善巧苾刍，由三种相，于其三际能正思量，正能尽苦。云何三相？一、苦依处，二、苦因缘，三、苦因缘依处，是名三相。云何三际？一者、中际，二、过去际，三、未来际，是名三际。当知此中，内身苦依，是寒热等，及病死等众苦差别，现法生起之所依处。何以故？由有此故，于所依身彼得生故。外父母等亲属朋党摄受苦依，是供侍等，执持刀杖以为后边，忧、愁、叹等众苦差别之所依处。何以故？如前说故。此二种依，用摄受爱以为其因，由以①集爱此依生起，名苦因缘。又即此爱，依止可乐妙色境界以为依处，方乃得生，说彼名苦因缘依处。又诸所有现在境界，贪、嗔、痴火热恼为因，令生燋渴，由是遂饮。譬如杂毒可乐妙色所缘境界甘美之饮，不能弃舍，转增渴爱，由渴爱故有当来依，当来依故便有众苦。如是当知，由第一义名为趣死。即由如是现在道理，应当了知去、来道理。当知是名能正思量中、去、来际。又即依止四种言说，应知一切所依三量：若见、若知二种言说，是依现量；若觉言说，是依比量；若闻言说，依至教量。

---

① "以"，原本作"似"，依宋本改。

一〇① 　　　　　　　四七三（二九二）

如是我闻：一时，佛住王舍城迦兰陀竹园。尔时，世尊告诸比丘："云何思量观察正尽苦，究竟苦边时，思量众生所有众苦种种差别，此诸苦何因、何集、何生、何转②？思量取因、取集、取生、取转，若彼取灭无余，众苦则灭。彼所乘苦灭道迹如实知，修行彼向次法，是名比丘向正尽苦，究竟苦边，所谓取灭。复次，比丘！思量观察正尽苦，究竟苦边时，思量彼取何因、何集、何生、何转？思量彼取爱因、爱集、爱生、爱转，彼爱永灭无余，取亦随灭。彼所乘取灭道迹如实知，修习彼向次法，是名比丘向正尽苦，究竟苦边，所谓爱灭。复次，比丘！思量观察正尽苦，究竟苦边（时），则思量彼爱何因、何集、何生、何转？知彼爱受因、受集、受生、受转，彼受永灭无余，则爱灭。彼所乘爱灭道迹如实知，修习彼向次法，是名比丘向正尽苦，究竟苦边，所谓受灭。复次，比丘！思量观察正尽苦，究竟苦边时，思量彼受何因、何集、何生、何转？知彼受触因、触集、触生、触缘③，彼触永灭无余，则受灭。彼所乘触灭道迹如实知，修习彼向次法，是名比丘向正尽苦，究竟苦边。复次，比丘！思量观察正尽苦，究竟苦边时，思量彼触何因、何集、何生、何转？当知彼触六入处因、六入处集、六入处生、六入处转，彼六入处永④灭无余，则触灭。彼所乘六入处灭道迹如实知，修习彼向次法，是名比丘向正尽苦，究竟苦边。

---

① 《相应部》（一二）"因缘相应"五一经。
② "转"，原本误作"触"，今改，下例。
③ "缘"，应作"转"。
④ "永"，原本作"欲"，宋本缺，准上下文改，"欲"乃"永"本音误。下例。

复次,比丘!思量观察正尽苦,究竟苦边时,思量彼六入处何因、何集、何生、何转?知彼六入处名色因、名色集、名色生、名色转,名色永灭无余,则六入处灭。彼所乘名色灭道迹如实知,修习彼向次法,是名比丘向正尽苦,究竟苦边,所谓名色灭。复次,比丘!思量正尽苦,究竟苦边时,思量名色何因、何集、何生、何转?知彼名色识因、识集、识生、识转,彼识永灭无余,则名色灭。彼所乘识灭道迹如实知,修习彼向次法,是名比丘向正尽苦,究竟苦边,所谓识灭。复次,比丘!思量观察正尽苦,究竟苦边时,思量彼识何因、何集、何生、何转?知彼识行因、行集、行生、行转;作诸福行善识生,作诸不福不善行不善识生,作无所有行无所有识生,是为彼识行因、行集、行生、行转,彼行永灭无余,则识灭。彼所乘行灭道迹如实知,修习彼向次法,是名比丘向正尽苦,究竟苦边,所谓行灭。复次,比丘!思量观察正尽苦,究竟苦边时,思量彼行何因、何集、何生、何转?知彼行无明因、无明集、无明生、无明转。彼福行无明缘,非福行亦无明缘,非福不福行亦无明缘,是故当知彼行无明因、无明集、无明生、无明转,彼无明永灭无余,则行灭。彼所乘无明灭道迹如实知,修习彼向次法,是名比丘向正尽苦,究竟苦边,所谓无明灭。"佛告比丘:"于意云何?若不乐无明而生明,复缘彼无明作福行、非福行、无所有行不?"比丘白佛:"不也,世尊!所以者何?多闻圣弟子,不乐无明而生明,无明灭则行灭,行灭则识灭,如是乃至生老病死、忧悲恼苦灭,如是如是纯大苦聚灭。"佛言:"善哉!善哉!比丘!我亦如是说。汝亦知此,于彼彼法起,彼彼法生;彼彼法灭,彼彼法灭,止、清凉、息、没。若多闻圣弟子,无明离欲而生明,身分齐受所觉,身分齐受所觉时如实知;若寿分齐受所觉,寿分齐受所觉时如实知;身坏时寿命欲尽,于此诸受一切所觉,灭尽无余。譬如力士取新熟瓦器,乘热置地,须臾散坏,热势悉灭。如是比丘!无明离欲而生明,身分齐受所觉如实知;寿分齐受所觉如实知;身坏命终,一切受所觉悉灭无余。"佛说此经已,诸比丘闻佛所说,欢喜奉行。

"**观察**":复次,由五种相,正勤方便,观察缘起,能尽众苦,能作苦边。何等为五?一者、观察诸缘生法生起因缘,二者、观察彼灭因缘,三者、如实了知能趣彼灭正行,四者、修行法随法行,五者、于证离增上慢:如是名为善巧①观察及果成满。始从未来,依因缘苦,逆次乃至识缘名色,由四种相观察通达,修习正行。谓由二相,观察当来因有故果有,因无故果无;既观察已,通达因无由修正行,既通达已,随正修行法随法行。又正观察,于现法中无明为缘,福及非福、不动新业,因法有故,随福、非福、不动业行果识等有;彼非有故,此亦非有。既观察已,如前通达及正修行。正修行时,不造无明为缘新业,故业触已速能变吐,于现法中证得如前现见圣道、道果涅槃。彼于尔时,譬如陶师,举烦恼火随眠烝热,随有识身熟烝热瓮,置极清凉涅槃岸上,令离一切烦恼烝热,又令如瓦有识身摄依得清凉。应知如前领受所有身边际受,乃至广说,未舍命来常处恒住,终不退失阿罗汉果,亦不能造无明缘行。云何于证离增上慢?谓彼尔时,成就能缘缘起妙善清净智见,作是思惟:依胜义谛,无流转者,无涅槃者,

---

① "巧",原作"起",今改。

唯有彼彼法生故,令彼彼法生,彼彼法灭故,令彼彼法灭。

一一 　　　　　　　四七四(二九三)

如是我闻:一时,佛住王舍城迦兰陀竹园。尔时,世尊告异比丘:"我已度疑,离于犹豫,拔邪见刺,不复退转。心无所著故,何处有我?为彼比丘说法,为彼比丘说贤圣出世空相应缘起随顺法。所谓有是故是事有,是事有故是事起,所谓缘无明行,缘行识,缘识名色,缘名色六入处,缘六入处触,缘触受,缘受爱,缘爱取,缘取有,缘有生,缘生老死、忧悲恼苦,如是如是纯大苦聚集。乃至如是纯大苦聚灭。如是说法,而彼比丘犹有疑惑、犹豫。先不得得想,不获获想,不证证想;今闻法已,心生忧苦、悔恨、朦没、障碍。所以者何?此甚深处,所谓缘起;倍复甚深难见,所谓一切取离、爱尽、无欲、寂灭、涅槃。如此二法,谓有为、无为。有为者,若生、若住、若异、若灭;无为者,不生、不住、不异、不灭:是名比丘诸行苦、寂灭涅槃:因集故苦集,因灭故苦灭,断诸迳路,灭于相续,相续灭①,是名苦边。比丘!彼何所灭?谓有余苦。彼若灭、止、清凉、息、没,所谓一切取灭、爱尽、无欲、寂灭、涅槃。"佛说此经已,诸比丘闻佛所说,欢喜奉行。

"**上慢**":复次,略有二种增上慢者:一、于有学增上慢者,二、于无学增上慢者。若于有学增上慢者,彼告他言:我已渡疑,永断三结;我于所证有学解脱,已离犹豫,已拔毒箭,已能永断萨迦耶见以为根本一切见趣。若于无学增上慢者,彼告他言:我无

---

① 原本作"灭灭",今删一"灭"字。

有上，所应作事、所应决择，我皆已作。如是二种，或依缘起，或依涅槃。又依圣说而起说时，谓说甚深出离世间、空性相应缘性缘起顺逆等事。于其所说，不能觉了，不随悟入，由此二种因及缘故，于如实觉发起狐疑，于自相续烦恼永断、涅槃作证亦生犹豫。所以者何？由于有学增上慢者，计我、我所常所随逐，随入作意，微细我慢间无间转，不能了达。又奢摩他任持相续，防粗烦恼令不杂乱，由是因缘，彼于未得生已得想，于未防护生已护想，便告于他。又于无学增上慢者，彼自谓言：我已寂静，我已涅槃，我已离爱，我已离取。于此未断微细现行诸增上慢，不能了达，于所未得生已得想，于未防护生已护想，便告于他。又于无学增上慢者，当知决定先于有学起增上慢；无有实义诸有学者，于上无学起增上慢。所以者何？非彼相续烦恼现行，如是缠心坚牢而住，由此因缘，于所未得生已得想，起增上慢，坚固执著，经多时住，或告于他。唯有失念，狭小暂时烦恼现行，寻复通达，速能远离。又彼如是，或由先时于所未得起得增上慢故，或由今时于其所得生疑惑、犹豫坏其心故，便生忧戚，作是思惟：若我所证无所有者，他之所证亦应无有。如是便生谤圣邪见，受恶趣因，获大衰损。云何如前圣说甚深？谓能开示甚深缘起、究竟涅槃，三相相应有为、无为体性差别。有为无常，无为常住；诸行皆苦，涅槃寂静。一切有为，总唯是苦，及唯苦因；一切无为，总唯众苦及因永灭。若诸苾刍于现法中得涅槃者，永断后有众苦因道，令当来世所有苦果究竟不转，入无余依般涅槃时，后苦不续；先因所引现在苦依，任运而灭，至苦边际。此中都无先流转者，亦无于今般涅槃者。若能开示如是义言，当知名为如前所说圣说甚深。

"甚深"：①复次，缘起本性最极甚深，而有一能开示令浅，当知此由二因缘故：一、由大师善开示故，二、即由此补特伽罗成就微细审悉聪敏博达智故。若说、若听，是诸句义，应知如前摄异门分。当知此中诸缘起法，略由四相最极甚深。何等为四？一、由微细因果难了知故，二、由无我难了知故，三、由离系有情而有系缚难了知故，四、由有系有情而离系缚难了知故。云何微细因果难可了知？谓依观察圣谛道理，始从老死，乃至识缘名色，所有有支有缘体性。云何名为有缘体性？谓于是中有因缘生，未永断故而有生生，生既生已，唯当希待后时老死。当知此中生之因缘，亦名为生；因缘所起，亦名为生。有前生故而有后生，有后生故而有老死；此中前生是后生因，亦老死缘，后生唯是老死之缘。如是一切，总摄为一，略说名为生缘老死，当知是名初老死支有缘体性。如说生支，如是有支、取支安立，当知亦尔。取差别者，谓无差别，欲贪名取；取之差别，安立有四。如是爱支，或求欲门发起诸业，或求有门发起诸业，此二业门所有诸爱，当知归趣爱非爱受；又即此爱，由六处门所起无明触所生受为缘故转。复有余受非此爱缘，谓明触所生，及非明非无明触所生。又即此受，当知一切皆用相似触为其缘。此复云何？谓明、无明相应，是增语触；与此相违，是有对触。又此明触及无明触所随增语触，如其所应，当知彼用听闻正法或不正法，于所缘境，若正、若邪，闻、思、修智相应诸名以为其缘；非明非无明触所摄有对

---

① 《论》义依《长部》（一五）《大缘经》；《长阿含经》（一三）《大缘方便经》；《中阿含经》（九七）《大因经》。

触,当知彼用若内、若外诸色为缘,如是总名名色缘触。又即六处略为二分,谓名及色,与触为缘。当知此中,意处非色,与余非色诸法相应,如是一分说名为名;诸余色处,总为一分,说名为色。又此名色,于现法中,由续生识为缘牵引,及能执持令不散坏。又即此识续生已后,依名色住,或于同时或无间生依彼而转,故于现法,此亦用彼名色为缘。应知先业所引名色与识,展转相依,展转为缘,如是当知识缘名色以为后边。所有有支随老死相,如前所说,随其所应有缘体性,如是名为微细因果难可了知。难了知故,当知缘起名为甚深,最极甚深。云何无我难可了知?谓诸因果安立缘起,齐尔所事,遍于一切有情众中,起无差别有情增语。即此增语,应知是路,依此处所有言辞转,施设各异有情众别,谓鸟、鱼、蛇、蝎、人、天等类;又立各异名字差别,谓鹦鹉、舍利、孔雀、鸿雁、多闻、持国、增长、丑目、舍利子、极贤善、给孤独、一切义成等名字差别。齐尔所事,于诸世俗言说士夫有言论转,谓诸所有受,若明触所生,若无明触所生,若非明非无明触所生,如是一切与名色俱。若诸名色无余永灭,所有诸受无容得生,当知是名无我缘起难可了知。云何离系有情而有系缚难了知性?谓如外道,触对无明触所生受,由三门故,于其无我缘生诸行,分别有我,起见施设。云何三门?一、于欲界未得离欲,于欲界系三种受中,妄计一分为明我所,妄计一分为受者性,分别有我,起见施设。二、于欲界已得离欲,第三静虑未得离欲,唯于乐受计有所得,即妄计此为明我所,计此受外,别有实我是能受者;起见施设,谓即此我是有受法,即用彼受领纳其受。三、于第三静虑已上,不苦不乐微细诸受,不能通达,分别有我,谓于诸受都非受者，起见施设。如是一切，由三种门所起我见，皆不应理。所以者何？以三种受皆无常故，其所计我应亦无常，是故彼见三受为我不应道理。又于第四静虑已上，都无乐受，其中亦无能受乐者，计我于彼由乐受故名有受法，不应道理。又于第四静虑已上，无色定等，彼所计我应无觉受，彼由寂静定所生受，发起我慢，谓我寂静，此慢应无，然有此慢，是故此计亦不应理。当知是中，若诸缘起非甚深者，彼应无有如是无智妄计失坏！内法多闻诸圣弟子，触对明触所生受故，了知一切所起我见，皆不应理。是故观见诸法无我，彼于世俗及胜义谛，皆得善巧。于如前说如来灭后，若有、若无，乃至非有非无，皆不执著，于如是事心得解脱。设有来问如是为有，如其所应而不记别；如是为无、俱及俱非，皆如所应而不记别。如是彼由妙智为先而不记别，或有谓言是无知者，当知此是极大无智，极大邪见！又彼如是见行外道，于现法中，依如前说三种妄见，或施设我是其有色，或施设我是其无色，或施设我以为狭小，或施设我以为无量。如现法中，妄分别我是真可得，起见施设，如是当来分别起见，为他施设，当知亦尔。虽有多种妄分别我，然唯一类萨迦耶见随眠所系；未断彼故，虽由下劣诸世俗道渐离系缚，乃至有顶，当知即彼犹名系缚。如是名为以诸缘起善巧妙智，能随悟入离系有情而有系缚难了知性。云何名为有系有情而离系缚难了知性？谓有多闻诸圣弟子，触对明触所生受故，于现法中不得实我，亦不施设；身坏已后，亦不于彼七识住中，施设一切有情众已，复于其下续生识处。又复于彼生起识处，彼于识住及于二处，以诸缘起圣谛道理如实观时，成阿罗汉，或慧解脱，或俱解脱，具八解脱、静虑、等至。彼于现法,虽可现见有生、老、死,然名从彼而得离系。虽复现见领纳诸受,然名于受而得离系;虽复现见有识、名色,然名于彼而得离系。如是名为以诸缘起善巧妙智,如实了知有系有情而离系缚难了知性。由此四相,应知缘起名为甚深,最极甚深。

一二① 　　　　　四七五(二九四)

如是我闻:一时,佛住王舍城迦兰陀竹园。尔时,世尊告诸比丘:"愚痴无闻凡夫,无明覆,爱缘系,得此识身。内有此识身,外有名色,此二因缘生触;此六触入所触,愚痴无闻凡夫,苦、乐受觉因起种种。云何为六?眼触入处,耳、鼻、舌、身、意触入处。若黠慧者,无明覆,爱缘系,得此识身。如是内有识身,外有名色,此二缘生六触入处,六触所触故,智者生苦、乐受觉因起种种。何等为六?眼触入处,耳、鼻、舌、身、意触入处。愚夫、黠慧,彼于我所修诸梵行②者,有何差别?"比丘白佛言:"世尊是法根、法眼、法依,善哉世尊!唯愿演说,诸比丘闻已,当受奉行。"尔时,世尊告诸比丘:"谛听,善思,当为汝说。诸比丘!彼愚痴无闻凡夫,无明所覆,爱缘所系,得此识身。彼无明不断,爱缘不尽,身坏命终,还复受身;还受身故,不得解脱生老病死、忧悲恼苦。所以者何?此愚痴凡夫本不修梵行,向正尽苦,究竟苦边故。是故身坏命终,还复受身;还受身故,不得解脱生老病死、忧悲恼苦。若黠慧者,无明所覆,爱缘所系,得此识身。彼无明断,爱缘尽,无明断、爱缘尽故,身坏命终,更不复受;不更受故,得解

---

① 《相应部》(一二)"因缘相应"一九经。
② "行",原本缺,依宋本补。

脱生老病死、忧悲恼苦。所以者何？彼先修梵行，正向尽苦，究竟苦边故。是故彼身坏命终，更不复受，更不受故，得解脱生老病死、忧悲恼苦。是名凡夫及黠慧者，彼于我所修诸梵行，种种差别。"佛说此经已，诸比丘闻佛所说，欢喜奉行。

复次，嗢拕南曰：

异、世俗胜义，法尔，此作等，大空与分别，自作为其后。

"异"：于此正法毗奈耶中，虽复愚、智俱从前际至于中际，并由二种根本烦恼，集成如是有识之身，此身为缘，于外所有情、非情数，名色所摄所缘境界，领纳三受；然其智者，于彼一切前、中、后际，与彼愚者大有差别。当知此中，于其中际有差别者，谓由二种根本烦恼，集成如是有识之身，于现法中此二皆断；断此二故，于当来世无复有彼识所随身，是即名为后际差别。问：何缘智者成智者性？答：于现法中，所有集谛，及于后际所有苦谛，皆离系故。问：何缘愚者成愚者性？答：于断彼二无力能故。曾习圣教，名为智者，先已寻求智资粮摄诸梵行故。于其圣教曾未修习，名为愚者，彼相违故。当知是名智者、愚者前际差别。

一三① 四七六（二九五）

如是我闻：一时，佛住王舍城迦兰陀竹园。尔时，世尊告诸比丘："此身非汝所有，亦非余人所有，谓六触入处，本修行愿受得此身。云何为六？眼触入处，耳、鼻、舌、身、意触入处。彼多闻圣弟子，于诸缘起，善正思惟观察：有此六识身、六触身、六受

---

① 《相应部》（一二）"因缘相应"三七经。

身、六想身、六思身,所谓此有故有当来生老病死、忧悲恼苦,如是如是纯大苦聚集,是名有因、有缘世间集。谓此无故六识身无,六触身、六受身、六想身、六思身无,谓此无故无有当来生老病死、忧悲恼苦,如是如是纯大苦聚灭。若多闻圣弟子,于世间集、世间灭,如实正知,善见、善觉、善入,是名圣弟子招①此善法,得此善法,知此善法,入此善法;觉知、觉见世间生灭,成就贤、圣、出离、贯穿②、正尽苦,究竟苦边。所以者何?谓多闻圣弟子,世间集、灭如实知,善见、善觉、善入故。"佛说此经已,诸比丘闻佛所说,欢喜奉行。

"世俗胜义":复次,于诸缘起,善巧多闻诸圣弟子,如实了知世俗、胜义二谛道理。如实知故,于现法中有识身等所有诸法,了知无我,终不执彼为我、我所。由于胜义得善巧故,无是邪执。于堕诸行相续自业所作有情,如实了知无有展转所能作者,亦无不作有吉祥义,了知是已,遂正勤修烦恼离系。由于世俗得善巧故,远离所有增益不实,损减实事。彼现法中,于有识身,先所造作,思所祈愿,思所建立,由誓愿故。即以闻、思所成妙慧,缘起善巧为所依止,用奢摩他、毗钵舍那修所成行,能随悟入。又于识、触、受、想、思身,历观为苦;又于爱身差别观时,当知即是观察集谛。彼于二谛有生灭智如实了知:由因集故,如其所集;由因灭故,如其所灭。谓由定地世间作意,修习如是作意因缘入谛现观。彼于先时,于世间集及世间灭,由闻、思慧说名善

---

① "招",依《论》义,应为"趣"(或"趋")之误。
② "贯穿",原本误作"实寂",依宋本改。

见,亦名善知;由修慧故,名善思惟;今于圣谛入现观时,名为善了,亦名善达。由尽所有、如所有故,随其次第,彼于尔时由闻、思慧,名趣正法;由修慧故,名近正法;由谛通达,名证正法;又由趣、由近正法故,名到源底;由证正法故,名遍到源底。又有学慧,名入世间出没妙慧;此无漏故,圣相续中而可得故,名为圣慧;能尽、能出一切烦恼及诸苦故,名出离慧;最极究竟能通达故,名决择慧。彼既成就如是妙慧,复作是思:我当进断后诸所有一切烦恼,即于此事多修习故,于修道中出余烦恼,尽一切苦。如是显示,从初业地,乃至获得阿罗汉果所有正道。

一四① 　　　　四七七(　二九六)

如是我闻:一时,佛住王舍城迦兰陀竹园。尔时,世尊告诸比丘:"我今当说因缘法及缘生法。云何为因缘法?谓此有故彼有,谓缘无明行,缘行识,乃至如是如是纯大苦聚集。云何缘生法?谓无明、行……若佛出世,若未出世,此法常住,法住、法界,彼如来自所觉知,成等正觉,为人演说、开示、显发,谓缘无明有行,乃至缘生有老死。若佛出世,若未出世,此法常住,法住、法界,彼如来自觉知,成等正觉,为人演说、开示、显发,谓缘生故有老病死、忧悲恼苦。此等诸法,法住,法定②,法如,法尔,法不离如,法不异如,审谛、真、实、不颠倒。如是随顺缘起,是名缘生法,谓无明、行、识、名色、六入处、触、受、爱、取、有、生、老病死、忧悲恼苦,是名缘生法。多闻圣弟子,于此因缘法、缘生法,正智

---

① 《相应部》(一二)"因缘相应"二〇经。
② "定",原本误作"空",今依《论》改。

善见。不求前际,言我过去世若有,若无,我过去世何等类?我过去世何如?不求后际,我于当来世为有,为无,云何类?何如?内不犹豫,此是何等?云何有?此为前谁?终当云何之?此众生从何来?于此没当何之?若沙门、婆罗门,起凡俗见所系,谓说我见所系,说众生见所系,说寿命见所系,忌讳吉庆见所系,尔时悉断、悉知,断其根本,如截多罗树头,于未来世成不生法。是名多闻圣弟子,于因缘法、缘生法,如实正知,善见,善觉,善修,善入。"佛说此经已,诸比丘闻佛所说,欢喜奉行。

"法尔":复次,由二因缘,于诸缘起及缘生法,建立二分差别道理:谓如所流转故,及诸所流转故。当知此中,有十二支差别流转,彼复如其所应,称理因果次第流转。又此称理因果次第,无始时来,展转安立,名为法性;由现在世,名为法住;由过去世,名为法定;由未来世,名法如性;非无因性,故名如性非不如性;如实因性,故名实性;如实果性,故名谛性;所知实性,故名真性;由如实智依处性故,名无倒性、非颠倒性。由彼一切缘起相应文字建立依处性故,名此缘起顺次第性。又此二种善巧,多闻诸圣弟子,于三世中如实了知,远离一切非理作意,于诸圣谛能入现观,于诸外道诸见趣中能得离系,如前趣等广说应知。又彼缘起,无始时来,因果展转流转相续。如来于此流转实性现等觉已,以微妙智,起正言词,方便开示,非生、非作。当知此中,无始时来因果展转,法住法性;由彼相应名句文身,为令解了,随顺建立法住、法界种性依处。

一五① 　　　　四七八（　二九七）

如是我闻：一时，佛住拘留搜调牛聚落。尔时，世尊告诸比丘："我当为汝等说法，初、中、后善，善义、善味，纯一清净，梵行清白，所谓大空法经。谛听，善思，当为汝说。云何为大空法经？所谓此有故彼有，此起故彼起，谓缘无明行，缘行识，乃至纯大苦聚集。缘生老死者，若有问言：彼谁老死？老死属谁？彼则答言：我即老死，今老死属我，老死是我所，言命即是身。或言：命异、身异。此则一义，而说有种种。若见言命即是身，彼梵行者所无有；若复见言命异身异，梵行者所无有。于此二边，心所不随，正向中道，贤圣出世如实、不颠倒、正见，谓缘生老死。如是生、有、取、爱、受、触、六入处、名色、识、行。缘无明故有行，若复问言：谁是行？行属谁？彼则答言：行则是我，行是我所，彼如是命即是身；或言命异身异。彼见命即是身者，梵行者（所）无有；或言命异身异者，梵行者亦无有。离此二边，正向中道，贤圣出世如实、不颠倒、正见②，所谓缘无明行。诸比丘！若无明离欲而生明，彼谁老死，老死属谁者，老死则断、则知，断其根本，如截多罗树头，于未来世成不生法。若比丘无明离欲而生明，彼谁生，生属谁；乃至谁是行，行属谁者，行则断、则知，断其根本，如截多罗树头，于未来世成不生法。若比丘无明离欲而生明，彼无明灭则行灭，乃至纯大苦聚灭，是名大空法经。"佛说此经已，诸比丘闻佛所说，欢喜奉行。

---

① 《相应部》（一二）"因缘相应"三五·三六经。
② "正见"下，原本有"所知"二字，依宋本删。

"此作"：复次，由二因缘，此作此受，余作余受，不应记别。云何为二？一者、因果相属一故，诸行相续前后异故。二者、所余作者、受者不可得故。若于此论不受、不执，以中道行，如唯因果而正记别，亦无过失。

"大空"：复次，一切无我，无有差别，总名为空，谓补特伽罗无我，及法无我。补特伽罗无我者，谓离一切缘生行外，别有实我不可得故。法无我者，谓即一切缘生诸行性非实我，是无常故。如是二种，略摄为一，彼处说此名为大空。谓若有离世俗言说，妄见为依，起如是见，立如是论，谓有别物异缘生法，或缘生法异彼属彼，此依妄见，非住梵行。何以故？由如是见依止初空所治见转，非此见者应解脱故。或复即于名色所摄缘生法中，依如前说三种妄见，起如是见，立如是论：命即是身，乃至广说。如是亦非安住梵行，何以故？由如是见，依第二空所治见转，非此见者应解脱故。远离如是二邪见边，唯见因果，名中道行。所知真如，名如实性；能知真如，名无倒性。于有诸行假施设有，谓是诸行，诸行属彼；若依胜义有如是者，彼一切行若灭、若断，云何可说此是诸行，或行属彼！由于尔时，如是二种不可得故。

一六① 四七九（二九八）

如是我闻：一时，佛住拘留搜调牛聚落。尔时，世尊告诸比丘："我今当说缘起法，法说、义说。谛听，善思，当为汝说。云何缘起法法说？谓此有故彼有，此起故彼起，谓缘无明行，乃至

---

① 《相应部》（一二）"因缘相应"一·二经。《增一阿含经》（四九）"放牛品"五经前分。

纯大苦聚集,是名缘起法法说。云何义说?谓缘无明行者,彼云何无明?若不知前际,不知后际,不知前后际;不知于内,不知于外,不知内外;不知业,不知报,不知业报;不知佛,不知法,不知僧;不知苦,不知集,不知灭,不知道;不知因,不知因所起法;不知善、不善,有罪、无罪,习、不习,若劣、若胜,染污、清净,分别缘起,皆悉不知。于六触入处不如实觉知,于彼彼不知、不见、无无间等、痴暗、无明、大冥,是名无明。缘无明行者,云何为行?行有三种:身行,口行,意行。缘行识者,云何为识?谓六识身:眼识身,耳识身,鼻识身,舌识身,身识身,意识身。缘识名色者,云何名?谓四无色阴:受阴、想阴、行阴、识阴。云何色?谓四大,四大所造色,是名为色。此色及前所说名,是为名色。缘名色六入处者,云何为六入处?谓六内入处:眼入处,耳入处,鼻入处,舌入处,身入处,意入处。缘六入处触者,云何为触?谓六触身:眼触身,耳触身,鼻触身,舌触身,身触身,意触身。缘触受者,云何为受?谓三受:苦受,乐受,不苦不乐受。缘受爱者,彼云何为爱?谓三爱:欲爱,色爱,无色爱。缘爱取者,云何为取?四取:欲取,见取,戒取,我取。缘取有者,云何为有?三有:欲有,色有,无色有。缘有生者,云何为生?若彼彼众生,彼彼身种类,一①生超越和合出生,得阴、得界、得入处、得命根,是名为生。缘生老死者,云何为老?若发白、露顶、皮缓、根熟、支弱、背偻、垂头、呻吟、短气、前输,柱杖而行,身体黧黑,四体斑驳,暗钝垂熟,造行艰难,羸劣,是名为老。云何为死?彼彼众生,彼彼种类

---

① "一",宋本缺。

没、迁、移，身坏、寿尽、火离、命灭，舍阴时到，是名为死。此死及前说老，是名老死。是名缘起义说。"佛说此经已，诸比丘闻佛所说，欢喜奉行。

"分别"：复次，由二因缘，当知施设所有缘起一切种相，谓总标举，或别分别。云何为二？ 一、如所有性故，二、尽所有性故。云何如所有性？谓无明等诸缘生法，渐次相称因果体性；及有此因未断故有彼果未断，此未断因生故彼未断果生，如是名为如所有性。云何尽所有性？谓无明等诸缘生行，一切种相，如彼无明是前际无智，乃至广说差别体相。广分别名，应知如前摄异门分①。建立分别，如前应知，如是名为尽所有性。即依如是如所有性、尽所有性，若总标举，若别分别。先总标举，说名为初；后即于此复广开示，说名分别。

一七②　　　　　　　　　四八〇（二九九）

如是我闻：一时，佛住拘留搜调牛聚落。时有异比丘来诣佛所，稽首礼足，退坐一面。白佛言："世尊！谓缘起法，为世尊作，为余人作耶？"佛告比丘："缘起法者，非我所作，亦非余人作，然彼如来出世及未出世，法界常住。彼如来自觉此法，成等正觉，为诸众生分别、演说、开发、显示：所谓此有故彼有，此起故彼起，谓缘无明行，乃至纯大苦聚集。无明灭故行灭，乃至纯大苦聚灭。"佛说此经已，时彼比丘闻佛所说，欢喜奉行。

---

① 《瑜伽师地论》卷八四（大正三〇·七七一中——七七二上）。
② 《论》不释此经，《相应部》亦无。义见上一四经。

一八①　　　　　　四八一（三〇〇）

如是我闻：一时，佛住拘留搜调牛聚落。时有异婆罗门，来诣佛所，与世尊面相庆慰，庆慰已，退坐一面。白佛言："云何瞿昙！为自作自觉耶？"佛告婆罗门："我说（此是无记），自作自觉此是无记。""云何瞿昙！他作他觉耶？"佛告婆罗门："他作他觉，此是无记。"婆罗门白佛："云何我问自作自觉说言无记，他作他觉说言无记，此义云何？"佛告婆罗门："自作自觉，则堕常见；他作他觉，则堕断见。义说、法说，离此二边，处于中道而说法，所谓此有故彼有，此起故彼起，缘无明行，乃至纯大苦聚集。无明灭则行灭，乃至纯大苦聚灭。"佛说此经已，彼婆罗门欢喜随喜，从座起去。

一九②　　　　　　四八二（三〇一）

如是我闻：一时，佛住那梨聚落深林中待宾舍。尔时，尊者跚陀迦旃延，诣佛所，稽首佛足，退住一面。白佛言："世尊！如世尊说正见，云何正见？云何世尊施设正见？"佛告跚陀迦旃延："世间有二种依，若有、若无，为取所触；取所触故，或依有，或依无。若无此取者，心境系著、使，不取、不住，不计我，苦生而生，苦灭而灭；于彼不疑、不惑，不由于他而自知，是名正见，是名如来所施设正见。所以者何？世间集，如实正知见，若世间无者不有；世间灭，如实正知见，若世间有者无有。是名离于二边，说于中道，所谓此有故彼有，此起故彼起，谓缘无明行，乃至纯大苦聚集。无明灭故行灭，乃至纯大苦聚灭。"佛说此经已，尊者跚陀迦旃延闻佛所说，不起诸漏，心得解脱，成阿罗汉。

---

① 《相应部》（一二）"因缘相应"四六经。
② 《相应部》（一二）"因缘相应"一五经。

二〇① 　　　　　　　四八三（三〇二）

如是我闻：一时，佛住王舍城耆阇崛山。尔时，世尊晨朝着衣持钵，出耆阇崛山，入王舍城乞食。时有阿支罗迦叶，为营小事出王舍城，向耆阇崛山，遥见世尊。见已，诣佛所，白佛言："瞿昙！欲有所问，宁有闲暇见答与不？"佛告迦叶："今非论时，我今入城，乞食来还，则是其时，当为汝说。"第二，亦如是说。第三，复问瞿昙："何为我作留难！瞿昙！云何有异！我今欲有所问，为我解说！"佛告阿支罗迦叶："随汝所问。"阿支罗迦叶白佛言："云何瞿昙！苦自作耶？"佛告迦叶："苦自作者，此是无记。"迦叶复问："云何瞿昙！苦他作耶？"佛告迦叶："苦他作者，此亦无记。"迦叶复问："苦自他作耶？"佛告迦叶："苦自他作，此亦无记。"迦叶复问："云何瞿昙！苦非自非他，无因作耶？"佛告迦叶："苦非自非他无因作者②，此亦无记。"迦叶复问："云何③瞿昙！所问苦自作耶，答言无记？他作耶，自他作耶，非自非他无因作耶，答言无记？今无此苦耶？"佛告迦叶："非无此苦，然有此苦。"迦叶白佛言："善哉！瞿昙说有此苦，为我说法，令我知苦、见苦。"佛告迦叶："若受即自④受者，我应说苦自作；若他受，他即受者，是则他作；若受自受他受复与苦者，如是者自他作（若自他作苦），我亦不说；若不因自他无因而生苦者，我亦不说。离此诸边，说其中道。如来说法，此有故彼有，此起故彼起，

---

① 《相应部》（一二）"因缘相应"一七经。
② "无因作者"，原本缺，依明本补。
③ "云何"下，原本有"无因作者"，乃上文脱落而误入于此，今删。
④ "自"，疑"是"。

谓缘无明行,乃至纯大苦聚集。无明灭则行灭,乃至纯大苦聚灭。"佛说此经已,阿支罗迦叶远尘、离垢,得法眼净。时阿支罗迦叶,见法、得法、知法、入法,度诸狐疑,不由他知,不因他度,于正法律心得无畏,合掌白佛言:"世尊!我今已度。我从今日,归依佛、归依法、归依僧,尽寿作优婆塞,证知我!"阿支罗迦叶闻佛所说,欢喜随喜,作礼而去。

时阿支罗迦叶,辞世尊去不久,为护犊牸牛所触杀。于命终时,诸根清净,颜色鲜白。尔时,世尊入城乞食,时有众多比丘,亦入王舍城乞食。闻有传说:阿支罗迦叶从世尊闻法,辞去不久,为牛所触杀;于命终时,诸根清净,颜色鲜白。诸比丘乞食已,还出,举衣钵,洗足(已),诣世尊所,稽首礼足,退坐一面。白佛言:"世尊!我今晨朝,众多比丘入城乞食。闻阿支罗迦叶,从世尊闻法律,辞去不久,为护犊牸所触杀;于命终时,诸根清净,颜色鲜白。世尊!彼生何趣?何处受生?彼何所得?"佛告诸比丘:"彼已见法,知法,次法,不受于法,已般涅槃,汝等当往供养其身。"尔时,世尊为阿支罗迦叶授①第一记。

二一② 四八四(三〇三)

如是我闻:一时,佛住王舍城耆阇崛山中。尔时,世尊晨朝着衣持钵,入王舍城乞食,于路见玷牟留外道出家,少有所营,至耆阇崛山游行。遥见世尊,往诣其所,共相庆慰,共相庆慰已,于一面住。白佛言:"瞿昙!欲有所问,宁有闲暇为解说不?"佛告玷牟留外道出家:"今非论时,须入城乞食,来还当为汝说。"第二说亦

---

① "授",原本作"受",依明本改。
② 《相应部》(一二)"因缘相应"一八经。

如是。第三复请:"沙门瞿昙!将于我所作留难不?欲有所问,为我解说!"佛告玷牟留外道出家:"随汝意问,当为汝说。"玷牟留外道出家即问:"沙门瞿昙!苦乐自作耶?"佛告玷牟留外道出家:"说苦乐自作者,此是无记。"复问:"沙门瞿昙!苦乐他作耶?"佛告玷牟留外道出家:"说苦乐他作者,此是无记。"复问:"瞿昙!苦乐为自他作耶?"佛告玷牟留外道出家:"说苦乐自他作者,此是无记。"复问:"瞿昙!苦乐非自非他无因作耶?"佛告玷牟留外道出家:"说苦乐非自非他无因作者,此是无记。"广说如上阿支罗迦叶经。乃至世尊为玷牟留外道出家授①第一记②。

"**自作**":复次,由二因缘,自作苦乐,不可施设,不可记别;如是他作、俱作、俱非所作无因而生,当知亦尔。云何为二?一者、诸行如前所说无作用故,二者、有余作者有情不可得故。此中诸行无作用故,此受、此领,自作苦乐,不应道理。又彼有余作者有情不可得故,余受、余领不应道理。受所渴爱,摄受他受,亦不应理。有诸缘故,诸受得生,故无因生亦不应理。是故远离前之三种恶因论边,后之一种无因论边,觉了如前中道行教,勤修正行,能尽众苦③。

二二④　　　　　　　　四八五(三四三)

⑤如是我闻:一时,佛住王舍城迦兰陀竹园。尔时,尊者浮

---

① "授",原作"受",依明本改。
② 《杂阿含经》卷一三(旧误作卷一二)终。
③ 《瑜伽师地论》卷九三终。
④ 《相应部》(一二)"因缘相应"二四·二五经。
⑤ 《杂阿含经》卷一四。

弥比丘住耆阇崛山。时有众多外道出家,诣尊者浮弥所,共相问讯庆慰,共相问讯庆慰已,退坐一面。语尊者浮弥言:"欲有所问,宁有闲暇见答与不?"尊者浮弥语诸外道出家:"随汝所问,当为汝说。"时诸外道出家问尊者浮弥:"苦乐自作耶?"尊者浮弥答言:"诸外道出家!说苦乐自作者,世尊说言:此是无记。"复问:"苦乐他作耶?"答言:"苦乐他作者,世尊说言:此是无记。"复问:"苦乐自他作耶?"答言:"苦乐自他作者,世尊说言:此是无记。"复问:"苦乐非自非他无因作耶?"答言:"苦乐非自非他无因作者,世尊说言:此是无记。"诸外道出家复问:"云何尊者浮弥,苦乐自作耶说言无记?苦乐他作耶说言无记?苦乐自他作耶说言无记?苦乐非自非他无因作耶说言无记?今沙门瞿昙说苦乐云何生?"尊者浮弥答言:"诸外道出家!世尊说:苦乐从缘起生。"时诸外道出家,闻尊者浮弥所说,心不欢喜,呵责而去。

尔时,尊者舍利弗,去尊者浮弥不远,坐一树下。尔时,尊者浮弥知诸外道出家去已,往诣尊者舍利弗所。到已,与舍利弗面相庆慰,庆慰已,以彼诸外道出家所问事,具白尊者舍利弗:"我作此答,得不谤毁世尊!如说说不?如法说不?为是随顺法、行法,得无为余因法论者来难诘呵责不?"尊者舍利弗言:"尊者浮弥!汝之所说,实如佛说,不谤如来。如说说,如法说,法行法说,不为余因论义者来难诘呵责。所以者何?世尊说苦乐从缘起生故。尊者浮弥!彼诸沙门、婆罗门所问,苦乐自作者,彼亦从因起生。言不从缘起生者,无有是处。苦乐他作、自他作、非自非他无因作说者,彼亦从缘起生,若言不从缘生者,无有是处。

尊者浮弥！彼沙门、婆罗门所说苦乐自作者，亦缘触生，若言不从触生者，无有是处。苦乐他作、自他作、非自非他无因作者，彼亦缘触生，若言不缘触生者，无有是处。"

尔时，尊者阿难去舍利弗不远，坐一树下。闻尊者舍利弗与尊者浮弥所论说事。闻已从座起，往诣佛所，稽首佛足，退住一面。以尊者浮弥与尊者舍利弗共论说，一一具白世尊。佛告阿难："善哉！善哉！阿难！尊者舍利弗，有来问者，能随时答。善哉舍利弗！有应时智故，有来问者，能随时答。若我声闻，有随时问者应随时答，如舍利弗所说。阿难！我昔时住王舍城山中仙人住处，有诸外道出家，以如是义、如是句、如是味来问于我，我为斯等，以如是义、如是句、如是味而为记说，如尊者舍利弗所说。阿难！若诸沙门、婆罗门，苦乐自作，我即往彼问言：汝实作是说，苦乐自作耶？彼答我言：如是。我即问言：汝能坚执持此义？言是真实，余则愚者，我所不许。所以者何？我说苦乐所起异于此。彼若问我：云何瞿昙所说苦乐所起异者？我当答言：从其缘起而生苦乐。如是说苦乐①他作、自他作、非自非他无因作者，我亦往彼，所说如上。"阿难白佛："如世尊所说义，我已解知：有生故有老死，非缘余，有生故有老死；乃至无明故有行，非缘余，有无明故有行。无明灭则行灭，乃至生灭则老病死、忧悲恼苦灭，如是纯大苦聚灭。"佛说此经已，尊者阿难闻佛所说，欢喜随喜，作礼而去。

---

① "乐"，原本缺，依宋本补。

①复次,嗢拕南曰:

　　触缘、见圆满,实、解、不爱乐,法住智、精进,生处等为后。

"触缘":于一切触缘受有中,若诸沙门,或婆罗门,宣说无因、恶因论者,如前请问此作此受,乃至广说。安住正法大师弟子,若胜、若劣,略有三种无倒记别:一、开自宗记,二、伏他宗记,三、有执无执、杂染清净记。当知此中,于彼所问无差别记,谓诸苦乐皆从缘生,是我宗致,斯则名为开自宗记。若于彼问作如是记:诸计苦乐自作、他作、俱作、俱非无因而生,于一切处由触生受,何用妄计自他作等?若触因受现不可得,更求余因,可为巧妙,然触因受既现可得,故求余因非为巧妙。如是记者,是则名为伏他宗记。所以者何?由二因缘,彼为摧伏:一者,除唯根、境、识合,不能显示余作者故。二者,不能诽拨一切世间现量,如理所得触因缘故。又彼不能立自宗故,亦复不能破他宗故,名被摧伏。若于彼问作如是记,我亦唯依根、境、界识,假立自作、他作、俱作,若苦、若乐,而于实我都无所执。汝于此中有邪执著,故不随许。所以者何?若有执著,即为杂染;若无执著,即为清净。云何名为若有执著即为杂染?谓彼世间不聪慧者,若于前际有所执著,无明缘行,广说如前,便于中际苦乐杂染。若于中际有所执著,彼亦如前,当于后际苦乐杂染。云何名为若无执著即为清净?谓聪慧者,若于前际或于中际,不于诸行执我、我所;彼于前际诸受因灭已般涅槃,或于后际诸受因灭当般涅槃,是名

---

① 《瑜伽师地论》卷九四。

第三有执无执、杂染清净记。

二三① 　　　　四八六（三四四）

如是我闻：一时，佛住王舍城迦兰陀竹园。尔时，尊者舍利弗，尊者摩诃拘絺罗，住耆阇崛山。时尊者摩诃拘絺罗，晡时从禅定起，诣舍利弗所，共相庆慰，共相庆慰已，退坐一面。语尊者舍利弗："欲有所问，宁有闲暇见答与不？"尊者舍利弗语尊者摩诃拘絺罗："仁者且②问，知者当答。"尊者摩诃拘絺罗语尊者舍利弗言："多闻圣弟子，于此法律，成就何法，名为见具足，直见成就，成就于佛不坏净，来入正法，得此正法，悟此正法？"尊者舍利弗语尊者摩诃拘絺罗："多闻圣弟子，于不善法如实知，不善根如实知，善法如实知，善根如实知。云何不善法如实知？不善身业、口业、意业，是名不善法，如是不善法如实知。云何不善根如实知？三不善根：贪不善根、恚不善根、痴不善根，是名不善根，如是不善根如实知。云何善法如实知？善身业、口业、意业，是名善法，如是善法如实知。云何善根如实知？谓三善根：无贪、无恚、无痴，是名三善根，如是善根如实知。尊者摩诃拘絺罗！如是多闻圣弟子，不善法如实知，不善根如实知，善法如实知，善根如实知故，于此法律正见具足，直见成就，于佛不坏净成就，来入正法，得此正法，悟此正法。"尊者摩诃拘絺罗语尊者舍利弗："正有此等，更有余耶？"尊者舍利弗言："有。若多闻圣弟子，于食如实知，食集、食灭、食灭道迹如实知。云何于食如实

---

① 《中部》（九）《正见经》。《中阿含经》（二九）《大拘絺罗经》。
② "且"，原本作"但"，依宋本改。

知?谓四食。何等为四?一者、粗抟食,二者、细触食,三者、意思食,四者、识食。是名为食,如是食如实知。云何食集如实知?谓当来有爱、喜贪俱,彼彼乐著,是名食集,如是食集如实知。云何食灭如实知?若当来有爱、喜贪俱,彼彼乐著,无余断:舍、吐、尽、离欲、灭、息、没,是名食灭,如是食灭如实知。云何食灭道迹如实知?谓八圣道:正见,正志,正语,正业,正命,正方便,正念,正定,是名食灭道迹,如是食灭道迹如实知。若多闻圣弟子,于此食如实知,食集如实知,食灭如实知,食灭道迹如实知,是故多闻圣弟子,于正法律,正见具足,直见成就,于佛不坏净成就,来入正法,得此正法,悟此正法。"尊者摩诃拘绨罗复问尊者舍利弗:"正有此等,更有余耶?"尊者舍利弗言:"尊者摩诃拘绨罗!复更有余。多闻圣弟子,于漏①如实知,漏集如实知,漏灭如实知,漏灭道迹如实知。云何〔有〕漏如实知?谓三漏:欲漏、有漏、无明漏,是名漏,如是漏如实知。云何漏集如实知?无明集是漏集,是名漏集如实知。云何漏灭如实知?无明灭是漏灭,如是漏灭如实知。云何漏灭道迹如实知?谓八正道,如前说,如是漏灭道迹如实知。若多闻圣弟子,于漏如实知,漏集如实知,漏灭如实知,漏灭道迹如实知故,多闻圣弟子,于此法律,正见具足,乃至悟此正法。"尊者摩诃拘绨罗问尊者舍利弗:"正有此等,更有余耶?"尊者舍利弗语尊者摩诃拘绨罗:"亦更有余。多闻圣弟子,于苦如实知,苦集如实知,苦灭如实知,苦灭道迹如实知。云何苦如实知?谓生苦,老苦,病苦,死苦,恩爱别

---

① "漏",原本误作"病",依《正见经》及《论》改。以下例。

苦,怨憎会苦,所欲不得苦:如是略说五受阴苦,是名为苦,如是苦如实知。云何苦集如实知?当来有爱、喜贪俱,彼彼乐①著,是名苦集,如是苦集如实知。云何苦灭如实知?若当来有爱、喜贪俱,彼彼乐著,无余断,乃至息、没,是名苦灭,如是苦灭如实知。云何苦灭道迹如实知?谓八圣道,如上说,是名苦灭道迹,如是苦灭道迹如实知。多闻圣弟子,如是苦如实知,苦集、苦灭、苦灭道迹如实知。如是圣弟子,于我法律,具足正见,直见成就,于佛不坏净成就,来入正法②,得此正法,悟此正法。"复问尊者舍利弗:"正有此法,复有余耶?"尊者舍利弗答言:"更有余。谓多闻圣弟子,老死如实知,老死集如实知,老死灭如实知,老死灭道迹如实知。(老死,)如前分别经说。云何老死集如实知?生集是老死集。生灭是老死灭。老死灭道迹,谓八正道,如前说。多闻圣弟子,于此老死如实知,乃至老死灭道迹如实知。如是圣弟子,于我法律,正见具足,直见成就,于佛不坏净成就,来入正法,得此正法,悟此正法。如是生、有、取、爱、受、触、六入处、名色、识、行。圣弟子于行如实知,行集、行灭、行灭道迹如实知。云何行如实知?行有三种:身行、口行、意行,如是行如实知。云何行集如实知?无明集是行集,如是行集如实知。云何行灭如实知?无明灭是行灭,如是行灭如实知。云何行灭道迹如实知?谓八圣道,如前说。摩诃拘絺罗!是名圣弟子,行如实知,行集、行灭、行灭道迹如实知。于我法律,正见具足,直见成就,于佛不坏净成就,来入正法,得此正法,悟此正法。"摩诃拘絺罗复问尊

---

① "乐",原本误作"集",宋本误作"染",今改。
② "法",原本作"道",依宋本改。

者舍利弗:"唯有此法,更有余耶?"舍利弗答言:"摩诃拘缔罗!汝何为逐?汝终不能究竟诸论,得其边际。若圣弟子断除无明而生明,何须更求!"时二正士共论义已,各还本处。

"见圆满":复次,若有弃舍无因、恶因,于因生法,五种因中获得正见,名见圆满。于此正法及毗奈耶不可转故,亦得名为成正直见;由于涅槃意乐净故,亦名成就于佛证净,于所知境智清净故。由此三缘,如其次第,名于正法趣向、亲近,及与正证。云何名为从因生法五种因耶?一、恶趣因,谓诸不善及不善根。二、善趣因,谓一切善及诸善根。三、于识住令识住因,谓四种食。四、现法、后法杂染因,谓一切漏。五、清净因,谓谛、缘起。若有于此诸因自性,如实了知是其自性;于此因缘,如实了知是其因缘;于因缘灭,如实了知真实是灭;于趣灭道,如实了知真实是道,名见圆满。观缘生事,乃至无明为边际故,过此更无缘生因观,唯由此观自义究竟。

二四① 四八七(三四五)

如是我闻:一时,佛住王舍城迦兰陀竹园。尔时,世尊告尊者舍利弗:"如我所说波罗延耶阿逸多所问②:

若得诸法数③,若复种种学,具威仪及行,为我分别说。

舍利弗!何等为学?何等为法数?"时尊者舍利弗默然不答。

---

① 《相应部》(一二)"因缘相应"三一经。
② 《小部·经集》"五品"二经七偈。
③ "数",原本误作"教",今改。

第二,第三,亦复默然。佛言:"真实,舍利弗!"舍利弗白佛言:"真实,世尊!世尊!比丘真实者,厌,离欲,灭尽向,食集生。彼比丘以食故,生厌,离欲,灭尽向。彼食灭是真实灭,觉知已,彼比丘厌,离欲,灭尽向,是名为学。""复次,真实,舍利弗!"舍利弗白佛言:"真实,世尊!世尊!若比丘真实者,厌,离欲,灭尽,不起诸漏,心善解脱。彼从食集生,若真实即是灭尽,觉知此已,比丘于灭,生厌,离欲,灭尽,不起诸漏,心善解脱,是数法。"佛告舍利弗:"如是!如是!如汝所说。比丘于真实生厌,离欲,灭尽,是名法数。"如是说已,世尊即起入室坐禅。

①尔时,尊者舍利弗知世尊去已,不久,语诸比丘:"诸尊!我不能辩世尊初问,是故我默念住。世尊须臾复为作发喜问,我即开解如此之义。正使世尊一日一夜,乃至七夜,异句、异味问斯义者,我亦悉能乃至七夜,以异句、异味而解说之。"

时有异比丘往诣佛所,稽首礼足,退住一面。白佛言:"世尊!尊者舍利弗,作奇特未曾有说,于大众中,一向师子吼言:我于世尊初问,都不能辩,乃至三问,默然无答。世尊寻复作发喜问,我即开解。正使世尊一日一夜,乃至七夜,异句、异味问斯义者,我亦悉能乃至七夜,异句、异味而解说之。"佛告比丘:"彼舍利弗比丘,实能于我一日一夜,乃至七夜,异句、异味②所问义中,悉能乃至七夜,异句、异味而解说之。所以者何?舍利弗比丘善入法界故。"佛说此经已,彼比丘闻佛所说,欢喜奉行。

---

① 以下,见《相应部》(一二)"因缘相应"三二经。《中阿含经》(二三)《智经》后分。

② "七夜异句异味",原本误作"异句异味七夜",今改正。

"实"：复次，略有三种，于现法中真实寂灭，乃至寿量未永止息恒相续转所知境事，于彼有学正修行时，施设学性。于彼无学，作是思惟：我一切尽，不复当尽，尽、无生智所思择故，名思择法。云何为三？一、六处，二、六处缘触，三、触缘受。当知此中，所有多闻诸圣弟子，随所领受，即于彼受如实遍知，又即于彼厌、离欲、灭，勤修正行；又能如实了知彼受触所引生，触复由彼六处引生，即于彼触引因六处，厌、离欲、灭，勤修正行。又于彼受、触及六处一切实事，略摄为一。了知一切由无常灭名灭法已，于现法中，于此一切三种实事无常灭法，如前修行厌、离欲、灭，由此正行，名学常委。又由修行此正行故，无所造作，究竟解脱，是故说名择法常委。为欲证得曾所未得，曾所未证，修行无间、殷重方便，名学常委。为于所有现法乐住无有退失，无间所作，殷重所作，由是说名择法常委。等说一切事法增上名、句、文身，名为法界；诸有获得无碍解故，名、句、文身随欲自在，是故说名善达法界。由于法界善通达故，即于如是真实想义，更以余名，随其所乐，差别宣说，乃至能于七日七夜，或过彼量，辞辩无竭。复以如是差别种类，如实宣说彼是有为，思所造作，动转羸顿，如病、如痈，乃至广说。

"解"：①复次，当知具解诸阿罗汉，略有六种记别所解：一、有异门记别，二、无异门记别，三、智记别，四、断记别，五、总记别，六、别记别。有异门记别者，谓如有一，或他请问，或复自然，为欲令他于佛圣教多起恭敬，故如是记：我于今者，无一疑惑。

---

① 《论》义依《中阿含经》（二三）《智经》；《相应部》（一二）"因缘相应"三二经。

无异门记别者,谓作是记:我生已尽,乃至广说。智记别者,谓有问言:云何知故,云何见故,彼生已尽?便记别言:生缘尽故,彼生已尽。以如是相,记别自己善解脱智所摄尽智,名智记别。又即于此别记别者,谓即记别彼因缘有。又复记别彼生因缘,因缘诸取。又复记别此诸取相,如实知故,如实见故,令取无有。总记别者,谓即于此一切所记,了知所有诸受皆苦。既了知已,令彼生尽,如是记者名总记别。断记别者,谓即由彼内解脱故,一切贪爱因缘皆尽。如是记者,名断记别。此断记别,即如前说名别记别。此总记别,当知略由三种行相:谓薄伽梵所说诸结,我皆无有,是名最初断总记别,谓诸有结皆永断故。又我安住如是正念,由我安住此正念故,一切贪忧、恶不善法,能令毕竟不漏于心,是名第二断总记别,谓恒住故。又于此中,自无憍慢,是名第二断总记别,谓无有余增上慢故。如是总说,有六记别。

二五①　　　　　　　　　　四八八(三四六)

如是我闻:一时,佛住王舍城迦兰陀竹园。尔时,世尊告诸比丘:"有三法,世间所不爱、不念、不可意。何等为三?谓老、病、死。世间若无此三法,不可爱、不可念、不可意者,如来、应、等正觉不出于世间,世间亦不知有如来、应、等正觉知见,说正法律。以世间有老、病、死三法,不可爱、不可念、不可意故,是故如来、应、等正觉出于世间,世间知有如来、应、等正觉所知所见,说正法律。以三法不断故,不堪能离老、病、死。何等为三?谓贪、恚、痴。复有三法不断故,不堪能离贪、恚、痴。何等为三?谓身

---

① 《增支部》"十集"七六经。

见、戒取、疑。复有三法不断故,不堪能离身见、戒取、疑。何等为三?谓不正思惟、习近邪道,及懈怠心。复有三法不断故,不堪能离不正思惟、习近邪道,及懈怠心。何等为三?谓失念、不正知、乱心。复有三法不断故,不堪能离失念、不正知、乱心。何等为三?谓掉、不律仪、不学戒。复有三法不断故,不堪能离掉、不律仪、不学戒。何等为三?谓不信、难教、懈怠。复有三法不断故,不堪能离不信、难教、懒惰。何等为三?谓不欲见圣、不欲闻法、常求人短。复有三法不断故,不堪能离不欲见圣、不欲闻法、常求人短。何等为三?谓不恭敬、戾语、习恶知识。复有三法不断故,不堪能离不恭敬、戾语、习恶知识。何等为三?谓无惭、无愧、放逸。此三法不断故,不堪能离不恭敬、戾语、习恶知识。所以者何?以无惭、无愧故放逸;放逸故不恭敬、戾语①、习恶知识;习恶知识故,不欲见圣、不欲闻法、常求人短;求人短故,不信、难教②、懒惰;懒惰故掉、不律仪、不学戒;不学戒故,失念、不正知、乱心;乱心故,不正思惟、习近邪道、懈怠心;懈怠心故,身见、戒取、疑;疑故,不离贪、恚、痴;不离贪、恚、痴故,不堪能离老、病、死。断三法故,堪能离老、病、死。云何三?谓贪、恚、痴,此三法断已,堪能离老、病、死。复三法断故,堪能离贪、恚、痴。云何三?谓身见、戒取、疑,此三法断故,堪能离贪、恚、痴。复三法断故,堪能离身见、戒取、疑。云何为三?谓不正思惟、习近邪道、起懈怠心,此三法断故,堪能离身见、戒取、疑。复三法断故,堪能离不正思惟、习近邪道,及懈怠心。云何为三?谓失念心、

---

① "戾语",原本作"不恭敬故",今改。
② "难教"下,原本衍"戾语"二字,今删。

不正知、乱心,此三法断故,堪能离不正思惟、习近邪道,及心懈怠。复三法断故,堪能离失念心、不正知、乱心。何等为三?谓掉、不律仪、犯戒。此三法断故,堪能离失念心、不正知、乱心。复有三法断故,堪能离掉、不律仪、犯戒。云何三?谓不信、难教、懒惰。此三法断故,堪能离掉、不律仪、犯戒。复有三法断故,堪能离不信、难教、懒惰。云何为三?谓不欲见圣、不乐闻法、好求人短。此三法断故,堪能离不信、难教、懒惰。复三法断故,堪能离不欲见圣、不欲闻法、好求人短。云何为三?谓不恭敬、戾语、习恶知识。此三法断故,离不欲见圣、不欲闻法、好求人短。复有三法断故,堪能离不恭敬、戾语、习恶知识。云何三?谓无惭、无愧、放逸。所以者何?以惭、愧故不放逸;不放逸故恭敬、顺语、为善知识;为善知识故,乐见贤圣、乐闻正法、不求人短;不求人短故,生信、顺语、精进;精进故不掉、住律仪、学戒;学戒故不失念、正知、住不乱心;不乱心故正思惟、习近正道、心不懈怠;心不懈怠故,不著身见、不著戒取、度疑惑;不疑故不起贪、恚、痴;离贪、恚、痴故,堪能断老、病,死。"佛说此经已,诸比丘闻佛所说,欢喜奉行。

"不爱乐":复次,有三种法,是诸世间所爱、所乐,依内而说:一者、势力,二者、妙色,三者、寿命。复有违害如是三法,能引所治不可爱乐三种别法:一者、疾病,二者、衰老,三者、夭没。若于三学起邪行时,便不堪任超越疾病、衰老、夭没;若于三学起正行时,即能超越如是三事。云何三学?一、增上戒学,二、增上心学,二、增上慧学。云何名为依止所有增上戒学起诸邪行?谓如有一,于初学中有所毁犯,或观于自,或观于他,无有羞耻;既自安住无羞耻已,便于一切恶不善法不自防护。既于彼法不自护已,于佛、法、僧,不起恭敬,于诸所学教授、教诫,都无敬忌;由是因缘,若于此事他正谏举,便于彼言不能忍受,自亦于彼默不与语;于处非处能正谏举补特伽罗,憎背远避,于行邪行同己法者,亲近交游,好共安止。由与恶友共安止故,于诸贤圣尚生憎背,况当诣彼躬申敬觐!设复往彼,为说正法,憎背圣故而不欲闻;设暂属耳,心无敬顺,唯怀违诤,不为知解而有听闻,于处非处分别正行诸智论中,不乐安住。彼由内怀违诤心故,虽有听闻而不信受,亦不依行;又诸贤圣默不与语,作是思惟:如是行者,不堪与语,教授教诫;彼既自然,无法自制。又为贤圣之所弃舍,于其内心恒不寂静,外身、语、意猥杂而住;勃恶,贪婪,强口,㤭傲,于如是事不见过罪,多所毁犯,不如法悔;由数习故,渐次毁犯一切尸罗,当知是名依止所有增上戒学,起诸邪行。与此相违,当知即是依止所有增上戒学所起正行。云何名为依止所有增上心学起诸邪行?谓于行时,不如正理,执取境界,诸相、随好,由是因缘,发起妄念,即于其中不观过患;烦恼生已,坚执不舍,由是因缘不正知住;或于住时居远离处,无有第二,即以忘念、不正知住为所依止,心外驰散,如是名为依止所有增上心学起诸邪行。与此相违,当知即是依止所有增上心学所起正行。云何名为依止所有增上慧学起诸邪行?谓如有一,离近贤圣,依近恶友,闻不正法胜解为因,不如正理思择诸法;于诸恶欲及诸恶见,喜乐受行;或于广大所学、所得微妙法中而自轻蔑,如是名为依止所有增上慧学起诸邪行。与此相违,当知即是依止所有增上慧学所起正行。此中异生补特伽罗,依止如是三种学中所起邪行,无有堪能超异生地,无倒趣入正性离生,永断三结;由不永断三种结故,无有堪能依止修道,得阿罗汉,于现法中无余永断贪、嗔、痴等一切烦恼,超越当来疾病、衰老及以夭没。与此相违,当知即是于三学中,如实正行一切白品,广说乃至超越当来疾病、衰老及以夭没。

二六① 四八九(三四七)

如是我闻:一时,佛住王舍城迦兰陀竹园。若王、大臣、婆罗门、长者、居士,及余世人所共恭敬、尊重,供养佛及诸声闻众,大得利养——衣被、饮食、卧具、汤药;都不恭敬、尊重,供养众邪异道,衣被、饮食、卧具、汤药。尔时,众多异道,聚会未曾讲堂,作如是论:"我等昔来,常为国王、大臣、长者、居士,及余一切之所奉事恭敬,供养衣被、饮食、卧具、汤药,今悉断绝,但恭敬、供养沙门瞿昙、声闻大众,衣被、饮食、卧具、汤药。今此众中,谁有智慧大力,堪能密往,诣彼沙门瞿昙众中出家,闻彼法已,来还广说;我等当复用彼闻法,化诸国王、大臣、长者、居士,令其信乐,可得还复供养如前。"时有人言:"有一年少,名曰须深,聪明、黠慧,堪能密往沙门瞿昙众中出家,听彼法已,来还宣说。"时诸外道,诣须深所而作是言:"我今日大众聚集未曾讲堂,作如是论:我等先来为诸国王、大臣、长者、居士,及诸世人之所恭敬、奉事,供养衣被、饮食、卧具、汤药,今悉断绝。国王、大臣、长者、居士,及诸世间,悉共奉事沙门瞿昙、声闻大众。我此众中,谁有聪明、黠慧,堪能密往沙门瞿昙众中出家学道,闻彼法已,来还宣说,化

---

① 《相应部》(一二)"因缘相应"七〇经。

诸国王、大臣、长者、居士,令我此众还得恭敬、尊重、供养。其中有言:唯有须深聪明、黠慧,堪能密往瞿昙法中,出家学道,闻彼说法,悉能受持,来还宣说。是故我等故来相请,仁者当行!"

时彼须深默然受请,诣王舍城迦兰陀竹园。时众多比丘出房舍外,露地经行。尔时,须深诣众多比丘而作是言:"诸尊!我今可得于正法中,出家受具足,修梵行不?"时众多比丘,将彼须深,诣世尊所,稽首礼足,退住一面。白佛言:"世尊!今此外道须深,欲求于正法中出家受具足,修梵行。"尔时,世尊知外道须深心之所念,告诸比丘:"汝等当度彼外道须深,令得出家。"时诸比丘,愿度须深出家,已经半月。有一比丘语须深言:"须深!当知我等生死已尽,梵行已立,所作已作,自知不受后有。"时彼须深语比丘言:"尊者!云何学离欲恶不善法,有觉有观,离生喜乐,具足初禅,不起诸漏,心善解脱耶?"比丘答言:"不也,须深!"复问:"云何离有觉有观,内净一心,无觉无观,定生喜乐,具足第二禅,不起诸漏,心善解脱耶?"比丘答言:"不也,须深!"复问:"云何尊者离喜,舍心住,正念正智,身心受乐,圣说及舍,具足第三禅,不起诸漏,心善解脱耶?"答言:"不也,须深!"复问:"云何尊者离苦息乐,忧喜先断,不苦不乐,舍净念一心,具足第四禅,不起诸漏,心善解脱耶?"答言:"不也,须深!"复问:"若复寂静、解脱,起①色、无色,身作证具足住,不起诸漏,心善解脱耶?"答言:"不也,须深!"须深复问:"云何尊者所说不同,前后相违?云何不得禅定而复记说?"比丘答言:"我是慧解

---

① "起",疑"超"。

脱也。"作是说已,众多比丘各从座起而去。

尔时,须深知众多比丘去已,作是思惟:此诸尊者所说不同,前后相违,言不得正受,而复记说自知作证。作是思惟已,往诣佛所,稽首礼足,退住一面。白佛言:"世尊!彼众多比丘,于我面前记说:我生已尽,梵行已立,所作已作,自知不受后有。我即问彼尊者:得离欲恶不善法,乃至身作证,不起诸漏,心善解脱耶?彼答我言:不也,须深!我即问言:所说不同,前后相违,言不入正受,而复记说自知作证!彼答我言:得慧解脱。作此说已,各从座起而去。我今问世尊:云何彼所说不同,前后相违,不得正受而复说言自知作证?"佛告须深:"彼先知法住,后知涅槃。彼诸善男子,独一静处,专精思惟,不放逸住①,离于我见,不起诸漏,心善解脱。"须深白佛:"我今不知先知法住,后知涅槃。彼诸善男子,独一静处,专精思惟,不放逸住,离于我见,不起诸漏,心善解脱?"佛告须深:"不问汝知不知,且自先知法住,后知涅槃。彼诸善男子,独一静处,专精思惟,不放逸住,离于我见,心善解脱。"须深白佛:"唯愿世尊为我说法,令我得知法住智,得见法住智!"佛告须深:"我今问汝,随意答我。须深!于意云何?有生故有老死,不离生有老死耶?"须深答曰:"如是,世尊!有生故有老死,不离生有老死。"如是生、有、取、爱、受、触、六入处、名色、识、行、无明。"有无明故有行,不离无明而有行耶?"须深白佛:"如是,世尊!有无明故有行,不离无明而有行。"佛告须深:"无生故无老死,不离生灭而老死灭耶?"须深白

---

① "住",原本作"法",依元本改。

佛言："如是,世尊！无生故无老死,不离生灭而老死灭。""如是乃至无无明故无行,不离无明灭而行灭耶？"须深白佛："如是,世尊！无无明故无行,不离无明灭而行灭。"佛告须深："作如是知、如是见者,为有离欲恶不善法,乃至身作证具足住不？"须深白佛："不也,世尊！"佛告须深："是名先知法住,后知涅槃。彼诸善男子,独一静处,专精思惟,不放逸住,离于我见,不起诸漏,心善解脱。"佛说此经已,尊者须深远尘、离垢,得法眼净。尔时,须深见法,得法,觉法,度疑,不由他信,不由他度,于正法中心得无畏。

（须深）稽首佛足,白佛言："世尊！我今悔过！我于正法中盗密出家,是故悔过。"佛告须深："云何于正法中盗密出家？"须深白佛言："世尊！有众多外道,来诣我所,语我言：须深！当知我等先为国王、大臣、长者、居士,及余世人恭敬、供养,而今断绝,悉共供养沙门瞿昙、声闻大众。汝今密往沙门瞿昙声闻众中,出家受法,得彼法已,还来宣说,我等当以彼闻法,教化世间,令彼恭敬供养如初。是故世尊！我于正法律中盗密出家,今日悔过,唯愿世尊听我悔过,以哀愍故！"佛告须深："受汝悔过。汝当具说：我昔愚痴、不善、无智,于正法律盗密出家,今日悔过,自见罪、自知罪,于当来世律仪成就,功德增长,终不退减。所以者何？凡人有罪,自见、自知而悔过者,于当来世律仪成就,功德增长,终不退减。"佛告须深："今当说譬,其智慧者以譬得解。譬如国王,有防逻者,捉捕盗贼,缚送王所。白言：大王！此人劫盗,愿王处罪。王言：将罪人去,反缚两手,恶声宣令,周遍国中,然后将出城外刑罪人处,遍身四体,劓以百矛。彼典刑者,受王教令,送彼罪人,反缚两手,恶声宣唱,周遍城邑,将出城外刑罪人处,遍身四体,劖以百矛。日中,王问:罪人活耶?臣白言:活。王复敕臣:复劖百矛。至日晡时,复劖百矛,彼犹不死。"佛告须深:"彼王治罪,劖以三百矛,彼罪人身,宁有完处如手掌不?"须深白佛:"无也,世尊!"复问须深:"时彼罪人,劖以三百矛因缘,受苦极苦剧不?"须深白佛:"极苦,世尊!若劖以一矛,苦痛难堪,况三百矛当可堪忍!"佛告须深:"此尚可耳,若于正法律盗密出家,盗受持法,为人宣说,当受苦痛倍过于彼。"佛说是法时,外道须深漏尽意解。佛说此经已,尊者须深闻佛所说,欢喜奉行。

"法住智":复次,若有苾刍具净尸罗,住别解脱清净律仪,增上心学增上力故,得初静虑近分所摄胜三摩地以为依止;增上慧学增上力故,得法住智及涅槃智。用此二智以为依止,先由四种圆满,远离受学转时,令心解脱一切烦恼,得阿罗汉,成慧解脱。此中云何名法住智?谓如有一,听闻随顺缘性缘起无倒教已,于缘生行因果分位,住异生地,便能如实以闻、思、修所成作意如理思惟,能以妙慧悟入信解:苦真是苦,集真是集,灭真是灭,道真是道。诸如是等,如其因果安立法中所有妙智,名法住智。又复云何名涅槃智?谓彼法尔,若于苦、集、灭、道,以其妙慧悟入信解,是真苦、集、灭、道谛时,便于苦、集住厌逆想,于灭涅槃起寂静想,所谓究竟、寂静、微妙、弃舍一切生死所依,乃至广说。如是依止彼法住智,及因于苦若苦因缘住厌逆想,便于涅槃,能以妙慧悟入信解为寂静等,如是妙智名涅槃智。

二七① 　　　　　四九〇（三四八）

如是我闻：一时，佛住王舍城迦兰陀竹园。尔时，世尊告诸比丘："如来成就十种力，得四无畏，知先佛住处，能转梵轮，于大众中震师子吼言：此有故彼有，此起故彼起，谓缘无明行，广说乃至纯大苦聚集；纯大苦聚灭。诸比丘！此是真实教法显现，断生死流，乃至其人悉善显现。如是真实教法显现，断生死流，足令善男子正信出家，方便修习，不放逸住。于正法律精勤苦行，皮筋骨立，血肉枯竭，若其未得所当得者，不舍殷勤精进方便，坚固堪能。所以者何？懈怠苦住，能生种种恶不善法，当来有结炽然，增长于未来世生老病死，退其大义故。精进乐独住者，不生种种恶不善法，当来有结炽然苦报，不于未来世增长生老病死，大义满足，得成第一教法之场。所谓大师面前，亲承说法，寂灭，涅槃，菩提正向，善逝正觉。是故比丘！当观自利、利他、自他俱利，精勤修学。我今出家，不愚、不惑，有果、有乐，诸所供养衣服、饮食、卧具、汤药者，悉得大果、大福、大利。当如是学！"佛说是经已，诸比丘闻佛所说，欢喜奉行。

"**精进**"：复次，于善说法毗奈耶中，诸聪慧者，正观六种圆备现前，足能发起勤精进住。云何名为六种圆备？一、大师圆备，二、圣教圆备，三、圣教易入圆备，四、证得自义无上圆备，五、一切如理无间宣说圆备，六、有圣言将圆备。云何名为大师圆备？谓诸如来，成就十力、四无所畏，如是等名大师圆备。云何名为圣教圆备？谓自称言：我今已处大仙尊位，能转梵轮，于大

---

① 《相应部》（一二）"因缘相应"二二经。

众中正师子吼,开示一切顺逆缘起,寂灭涅槃,如是等名圣教圆备。云何名为圣教易入圆备?谓此圣教所有文句,其性明显,其义甚深。由此圣教能正开发诸甚深义,故说文句,其性明显,其义甚深,如是名为圣教易入圆备。云何名为证得自义无上圆备?谓无沙门或婆罗门,于如来所,能正开觉通慧为胜,是故于他证得自义,所应得义、所应觉义,唯有如来所说法教,为妙、为上,若过于此,言辞路绝,如是名为证得自义无上圆备。云何名为一切如理无间宣说圆备?谓诸如来所说法教,普为一切人、天开示,无倒开示,于一切法不作师卷,无遗开示,如是名为一切如理无间宣说圆备。云何名为有圣言将圆备?谓有能断一切疑惑,及能生起一切善根,一切善法所依大信,现量可得安足之所,大师现前,如是名为有圣言将圆备。诸聪慧者,正观此六圆备现前,足能发起勤精进住。于三学中,依增上戒,修习瑜伽;依增上心,修不放逸;依增上慧,于大师教修瑜伽行。若有安住懈怠心者,当知希求二种过患:一者,希求现法、当来能生众苦,一切烦恼杂染忧苦,不安隐住;二者,希求退失所有未证、已证一切善法,退失能引、能往善趣、涅槃大义。与此相违,勤精进者,当知希求二种胜利:此精进者,于诸善法,未证能证;无退失时,能办自义、他义、俱义。云何名为能办自义?谓出家已,由其二相,说名有果:一者,证得烦恼离系究竟涅槃,谓离系果;二者,能起世间胜乐,谓往善趣乐异熟果。云何名为能办他义?谓广为他宣说法要,令其能往世间善趣,究竟涅槃。云何名为能办俱义?谓自修治净福田性,堪任受用从净信边所得如法衣服等事,由此受用摄养已身,令其能顺一切善品。又能令他于己所作,得大果报,谓于当来往善趣故;得大胜利,谓当获得财宝、仆从皆圆满故;得大荣盛,谓当获得寿命、色、力、乐、辩才等自圆满故;得大修广,谓即于上所得三处,长时随逐无间断故。由四种相,应知世尊所说圣教,名善说法:一、能趣寂静,能令证得有余依涅槃界故;二、能般涅槃,能令证得无余依涅槃界故;三、能趣菩提,能令证得声闻、独觉、无上正等三菩提故;四、善逝分别,最极究竟现量所显,无上大师所开示故。

二八　　　　　四九一(三四九)

如是我闻:一时,佛住王舍城迦兰陀竹园。尔时,世尊告诸比丘:"善来比丘,善出家,善得己利,旷世时时得生圣处。诸根具足,不愚不痴,不须手语,好说、恶说堪能解义。我今于此世作佛,如来、应、等正觉、明行足、善逝、世间解、无上士、调御丈夫、天人师、佛、世尊。说法:寂灭,涅槃,菩提正向,善逝,等正觉,所谓此有故彼有,此起故彼起,谓缘无明行,缘行识,乃至纯大苦聚集;无明灭则行灭,乃至纯大苦聚灭。诸比丘!难得之处已得,生于圣处,诸根具足,乃至纯大苦聚集,纯大苦灭。是故比丘!当如是学,自利,利他,自他俱利。如是出家,不愚不痴,有果、有乐,有乐果报,供养衣服、饮食、卧具、汤药者,悉得大果、大福、大利。是故比丘当如是学!"佛说此经已,诸比丘闻佛所说,欢喜奉行。

"**生处**":复次,具四圆满,能生圣处。若随有一成此圆满,于善说法毗奈耶中正修行时,名曰善来、善出家者。云何名为四种圆满?一、增上意乐圆满,二、根圆满,三、智圆满,四、即于圣处有佛出世得值圆满。增上意乐圆满者,谓如有一,于般涅槃,极净修治增上意乐方乃出家,非为债主及诸怖畏之所逼迫,乃至广说。当知如是而出家者,名善出家,生于圣处。根圆满者,谓如有一,眼、耳无阙,非半择迦,不缺支分,由得如是根无缺故,于善说法毗奈耶中堪任出家,说正法时堪能听受。智圆满者,谓如有一,性不愚戆,无有下品愚痴障故;亦不喑哑,无有中品愚痴障故;非手代言,无有上品愚痴障故。离三种智愚痴障故,有力能解善说、恶说所有法义。即于圣处有佛出世得值圆满者,谓如今时,有薄伽梵释迦牟尼出现于世,是为如来、应、正等觉,乃至广说,若广解释,应知如前摄异门分①。宣说正法,趣寂静等,广说如前。当知此中生圣处故,名为善来,善得出家;根无缺故,不愚戆故,不喑哑故,亦不以手代其言故,名善获得具足人身。

二九② 　　　　　　四九二（三五〇）

如是我闻:一时,佛住王舍城迦兰陀竹园。尔时,世尊告诸比丘:"多闻圣弟子,不作是念:何所有故此有?何所起故此起?何所无故此无?何所灭故此灭?然彼多闻圣弟子,知所谓此有故彼有,此起故彼起,谓缘无明行,乃至纯大苦聚集;无明灭故行灭,乃至纯大苦聚灭。"佛说是经已,诸比丘闻佛所说,欢喜奉行。

（圣弟子）:复次,其于缘生诸行流转,修观行者,略有二种作犹豫法。云何为二?一者、承习说无因论,二者、承习说恶因

---

① 《瑜伽师地论》卷八三（大正三〇·七六五上——中）。
② 《相应部》(一二)"因缘相应"四九·五〇经。

论。此中承习无因论者,观一切种皆无所因,便生疑惑,云何诸法无因而转?其有承习恶因论者,亦生疑惑,云何由彼不相似因、不称理因有诸法转?若有多闻诸圣弟子,远离二种非真实论,正观流转,由是因缘得善决定,无有疑惑,内证真实。若于是处说有多闻诸圣弟子,当知此中是诸异生;若于是处唯说有其诸圣弟子,当知此中说已见谛。

①复次,于正法中,略有三种补特伽罗,犹有苦恼不安隐住。云何为三?谓如有一,于善说法毗奈耶中,为求涅槃,趣向涅槃,弃舍家法,趣于非家。既出家已,唯能受持所有禁戒,便喜足住,不于时时转进修习增上心学、增上慧学。彼舍先时居家所有受用境界,未能随得无上安隐、证涅槃道,处在中间,犹有苦恼不安隐住,是名第一补特伽罗。复如有一,虽不唯于所受禁戒喜足安住,然其未能超异生地。由未能超异生地故,于一切法缘藉他故,常视他面,常观他口,何当如实知于所知、见于所见!恒于他所求闻正法,教授、教诫,然其自心有疑、有惑,犹有苦恼不安隐住,是名第二补特伽罗。复如有一,是学见迹,放逸而住,于现法中不堪证得究竟涅槃,有能摄受第二有体生起之因,有第二住,犹有苦恼不安隐住,是名第三补特伽罗。如是三种补特伽罗,复有三异补特伽罗,有诸快乐,善安隐住,谓阿罗汉一向乐住。

三〇② 四九三(三五一)

如是我闻:一时,尊者那罗、尊者茂师罗、尊者殊胜、尊者阿

---

① 《论》义所依经,待考。
② 《相应部》(一二)"因缘相应"六八经。

难,住舍卫国象耳池侧。尔时,尊者那罗语尊者茂师罗言:"有异信、异欲、异闻、异行觉想、异见审谛忍,有如是正自觉知见生,所谓生故有老死,不离生有老死耶?"尊者茂师罗言:"有异信、异欲、异闻、异行觉想、异见审谛忍,有如是正自觉知见生,所谓有生故有老死,不异生有老死,如是说有。""尊者茂师罗!有异信乃至异忍,得自觉知见生,所谓有灭、寂灭、涅槃耶?"尊者茂师罗答言:"有异信乃至异忍,得自觉知见生,所谓有灭、寂灭、涅槃。"复问尊者茂师罗:"有灭则寂灭、涅槃说者,汝今便是阿罗汉诸漏尽耶?"尊者茂师罗默然不答。第二、第三问,亦默然不答。

尔时,尊者殊胜语尊者茂师罗:"汝今且止,我当为汝答尊者那罗。"尊者茂师罗言:"我今且止,汝为我答。"尔时,尊者殊胜语尊者那罗:"有异信乃至异忍,得自觉知见生,所谓有灭则寂灭、涅槃。"时尊者那罗问尊者殊胜言:"有异信乃至异忍,得自觉知见生,所谓有灭则寂灭、涅槃者,汝今便是漏尽阿罗汉耶?"尊者殊胜言:"我说有灭则寂灭、涅槃,而非漏尽阿罗汉也。"尊者那罗言:"所说不同,前后相违!如尊者所说,有灭则寂灭、涅槃,而复言非漏尽阿罗汉耶!"尊者殊胜语尊者那罗言:"今当说譬,夫智者以譬得解。如旷野路边有井,无绳、无罐得取其水。时有行人,热渴所逼,绕井求觅,无绳、无罐,谛观井水,如实知见而不触身。如是我说有灭则寂灭、涅槃,而自不得漏尽阿罗汉。"

尔时,尊者阿难语尊者那罗言:"彼尊者殊胜所说,汝复云何?"尊者那罗语尊者阿难言:"尊者殊胜,善说真实,知复何言!"时彼正士各各说已,从座起去。

复次,嗢拕南曰:

有灭、若沙门婆罗门、受智,流转与来往,佛顺逆为后。

"**有灭**":诸学见迹,虽于有灭、寂静、涅槃,不随他信,内圣慧眼自能观见,然犹未能以身触证。譬如有人热渴所逼,驰诣深井,虽以肉眼,现见井中离诸尘秽清冷美水,并给水器,而于此水身未触证。如是有学,虽圣慧眼现见所求,后烦恼断,最极寂静,而于此断身未触证。

三一① 　　　　四九四（ 三五二）

如是我闻:一时,佛住舍卫国祇树给孤独园。尔时,世尊告诸比丘:"若诸沙门、婆罗门,于法不如实知,法集、法灭、法灭道迹不如实知,彼非沙门、沙门数,非婆罗门、婆罗门数;彼亦非沙门义、婆罗门义,见法自知作证:我生已尽,梵行已立,所作已作,自知不受后有。云何法不如实知?云何法集不如实知?云何法灭不如实知?云何法灭道迹不如实知?谓于老死法不如实知,老死集、老死灭、老死灭道迹不如实知。如是生……有……取……爱……受……触……六入处不如实知,六入处集、六入处灭、六入处灭道迹不如实知。如是诸法不如实知,法集、法灭、法灭道迹不如实知。若诸沙门、婆罗门,于法如实知,法集、法灭、法灭道迹如实知,当知是沙门、婆罗门,沙门之沙门数,婆罗门之婆罗门数,彼以沙门义、婆罗门义,见法自知作证:我生已尽,梵

---

① 以下六经,与《相应部》(一二)"因缘相应"一三·一四经,七一——八一经相当。

行已立,所作已作,自知不受后有。何等法如实知?何等法集、法灭、法灭道迹如实知?谓老死法如实知,老死集、老死灭、老死灭道迹如实知。如是生……有……取……爱……受……触……六入处如实知,六入处集、六入处灭、六入处灭道迹如实知。如是诸法如实知,法集、法灭、法灭道迹如实知。"佛说是经已,诸比丘闻佛所说,欢喜奉行。

三二　　　　　　　四九五(　三五三)

如是我闻:一时,佛住舍卫国祇树给孤独园。尔时,世尊告诸比丘:"若沙门、婆罗门,于法不如实知,法集、法灭、法灭道迹不如实知,当知是沙门、婆罗门,非沙门之沙门数,非婆罗门之婆罗门数;彼亦非沙门义,非婆罗门义,见法自知作证:我生已尽,梵行已立,所作已作,自知不受后有。何等法不如实知?何等法集、法灭、法灭道迹不如实知?谓六入处法不如实知,六入处集、六入处灭、六入处灭道迹不如实知,而于触如实知者,无有是处;触集、触灭、触灭道迹如实知者,无有是处。如是受、爱、取、有、生、老死如实知者,无有是处。若沙门、婆罗门,于六入处如实知,六入处集、六入处灭、六入处灭道迹如实知者,于触如实知,斯有是处。如是受、爱、取、有、生、老死如实知者,斯有是处。"佛说是经已,诸比丘闻佛所说,欢喜奉行。

三三　　　　　　　四九六(　三五四)

如是我闻:一时,佛住舍卫国祇树给孤独园。尔时,世尊告诸比丘:如上说。差别者:"若诸沙门、婆罗门,于六入处不如实知,而欲超度触者,无有是处;触集、触灭、触灭道迹超度者,无有是处。如是超度受、爱、取、有、生、老死者,无有是处;超度老死集、老死灭、老死灭道迹者,无有是处。若沙门、婆罗门,于六入处如实知,六入处集、六入处灭、六入处灭道迹如实知,而超度触者,斯有是处。如是超度受、爱、取、有、生、老死者,斯有是处;乃至超度老死灭道迹者,斯有是处。"佛说是经已,诸比丘闻佛所说,欢喜奉行。

三四——三六　　四九七——四九九(　　)

如老死乃至六入处三经,如是老死乃至行三经,亦如是说。

"沙门婆罗门":复次,有诸沙门,若婆罗门,于贪、嗔、痴无余断灭,真沙门义、婆罗门义全未证得,而诸世间起沙门想、婆罗门想,彼亦自称是真沙门、真婆罗门。世间于彼虽起是想,然彼但是世俗沙门及婆罗门,非第一义。若第一义诸有沙门及婆罗门,皆不忍许彼为沙门及婆罗门。所以者何?由彼不能如实了知诸杂染法、杂染法因,亦不如实了知彼灭、趣彼灭行。杂染法者,谓老死支所摄众苦,及以生支。杂染法因,复有二种:一、爱所作,二、业所作。爱所作者,谓由缘起逆次道理,有、取、爱支,若无明触所生诸受,若无明触及无明界所随六处。业所作者,谓由缘起逆次道理,名色、识、行,及即于彼不如实知。如法住智尚未能了,况当如彼谛现观时能遍了知!或如修道未遍了知,如无学地未能超越。

三七①　　　　　　　五〇〇(　三五五)

如是我闻:一时,佛住舍卫国祇树给孤独园。尔时,世尊告

---

① 《相应部》(一二)"因缘相应"二八经。

诸比丘:"当觉知老死,觉知老死集、老死灭、老死灭道迹;如是乃至当觉知行、行集、行灭、行灭道迹。云何当觉知老死?觉知缘生故有老死,如是老死觉知。云何老死集(觉知)?生集是老死集,如是老死集觉知。云何老死灭觉知?谓生灭是老死灭,如是老死灭觉知。云何老死灭道迹觉知?谓八圣道是老死灭道迹,如是老死灭道迹觉知。乃至云何行觉知?谓三行:身行、口行、意行,如是行觉知。云何行集觉知?谓无明集是行集,如是行集觉知。云何行灭觉知?无明灭是行灭,如是行灭觉知。云何行灭道迹觉知?谓八圣道是行灭道迹,如是行灭道迹觉知。"

佛说是经已,诸比丘闻佛所说,欢喜奉行。

三八① 五〇一(三五六)

如是我闻:一时,佛住舍卫国祇树给孤独园。尔时,世尊告诸比丘:"有四十四种智。谛听,善思,当为汝说。何等为四十四种智?谓老死智,老死集智,老死灭智,老死灭道迹智。如是生……有……取……爱……受……触……六入处……名色……识……行智,行集智,行灭智,行灭道迹智,是名四十四种智。"佛说此经已,诸比丘闻佛所说,欢喜奉行。

三九② 五〇二(三五七)

如是我闻:一时,佛住舍卫国祇树给孤独园。尔时,世尊告诸比丘:"有七十七种智。谛听,善思,当为汝说。云何七十七种智?生缘老死智,非余生缘老死智,过去生缘老死智,非余过去生缘老死智,未来生缘老死智,非余未来生缘老死智,及法住智

---

① 《相应部》(一二)"因缘相应"三三经。
② 《相应部》(一二)"因缘相应"三四经。

无常、有为、心所缘生、尽法、变易法、离欲法、灭法、断知智。如是生……有……取……爱……受……触……六入处……名色……识……行无明缘行智,非余无明缘行智,过去无明缘行智,非余过去无明缘行智,未来无明缘行智,非余未来无明缘行智,及法住智无常、有为、心所缘生、尽法、变易法、无欲法、灭法、断智,是名七十七种智。"佛说此经已,诸比丘闻佛所说,欢喜奉行。

"受智":复次,略由二种明触生法,于其缘生一切行中,依四谛理趣入现观。云何为二?一、由领纳所缘为性明触生受,二、由简择所缘为性明触生慧。当知此中,于十一支安立四谛,依此一一支谛,建立四十四事。即依明触所生诸受,宣说如是四十四种受事差别;即依明触所生诸慧,宣说如是四十四种智事差别。此中后际所作老死,唯果非因;于其前际所发无明,唯因非果;其余有支,亦因亦果。三时遍智有差别故,如前所说决定遍智有差别故,由法住智所摄能取智无常性有差别故,当知建立七十七种智事差别。如是显示历观诸谛一切行相,从此无间入谛现观,渐次修习,乃至获得阿罗汉果。

四〇   五〇三(三五八)

如是我闻:一时,佛住舍卫国祇树给孤独园。尔时,世尊告诸比丘:"有增法、减法。谛听,善思,当为汝说。云何增法?所谓此有故彼有,此起故彼起,谓缘无明行,缘行识,乃至纯大苦聚集,是名增法。云何减法?谓此无故彼无,此灭故彼灭,所谓无明灭则行灭,乃至纯大苦聚灭,是名减法。"佛说此经已,诸比丘闻佛所说,欢喜奉行。

四一——四二　　五〇四——五〇五(　　　)

如增法、减法，如是生法、变易法，集法、灭法，如上说。

四三——四八　　五〇六——五一一(　　　)

如当说三经，有，应当知三经，如上说。

"流转"：复次，由三种相，于缘生行，应正了知流转渐次。何等为三？一、因增益故，二、果生起故，三、果增集故。如是一切，略摄为一，总名诸法若增、若生、若集。依因果灭，如其所应，当知说名若减、若灭、若没。如是意趣差别道理，不违法性。复有别义，初、中、后际时差别故，欲、色、无色界差别故，如其次第，若增、若减，若生、若灭，若集、若没，应正了知。

四九①　　　　　　　　　五一二(　三五九)

如是我闻：一时，佛住舍卫国祇树给孤独园。尔时，世尊告诸比丘："若思量，若妄想生，彼使、攀缘识住；有攀缘识住故，有未来世生老病死、忧悲恼苦，如是纯大苦聚集。若不思量，不妄想，无使、无攀缘识住；无攀缘识住故，于未来世生老病死、忧悲恼苦灭，如是纯大苦聚灭。"佛说此经已，诸比丘闻佛所说，欢喜奉行。

五〇②　　　　　　　　　五一三(　三六〇)

如是我闻：一时，佛住舍卫国祇树给孤独园。尔时，世尊告诸比丘："若思量，若妄想者，则有使、攀缘识住；有攀缘识住故入于名色，入名色故有未来世生老病死、忧悲恼苦，如是纯大苦聚集。若不思量，无妄想，无使、无攀缘识住；无攀缘识住故不入

---

① 《相应部》(一二)"因缘相应"三八经。
② 《相应部》(一二)"因缘相应"三九经。

名色,不入名色故生老病死、忧悲恼苦灭,如是纯大苦聚灭。"佛说此经已,诸比丘闻佛所说,欢喜奉行。

五一① 五一四(三六一)

如是我闻:一时,佛住舍卫国祇树给孤独园。尔时,世尊告诸比丘:"若有思量,有妄想,则有使、攀缘识住;有攀缘识住故入于名色,入名色故则有往来,有往来故则有生死,有生死故则有未来世生老病死、忧悲恼苦,如是纯大苦聚集。若不思量,无妄想,无使、无攀缘识住;无攀缘识住故不入名色,不入名色故则无往来,无往来故则无生死,无生死故于未来世生老病死、忧悲恼苦灭,如是纯大苦聚灭。"佛说此经已,诸比丘闻佛所说,欢喜奉行。

"**来往**":复次,当知略有二种杂染:一、业爱杂染,二、妄见杂染。此二杂染,依于二品:一、在家品,二、出家品。应知此中,业爱杂染所造作故,名思所作;妄见杂染邪计起故,名计所执。此中异生,若在家品,若出家品,具二杂染。由诸缠故及随眠故,因彼所缘,于四识住令心生起诸杂染已,招集后有,循环往来,不得解脱。有学见迹,妄见杂染已永断故,唯有我慢依处习气尚有余故,不造新业,不欣后有业爱杂染,无有诸缠能为杂染,唯有随眠依附相续能为杂染。因彼所缘,于诸识住杂染其心,招集后有。若诸无学,二种杂染,缠及随眠皆永断故,即现法中,于诸识住其心杂染,及与当来所招后有,一切皆无。

---

① 《相应部》(一二)"因缘相应"四〇经。

五二　　　　　　　　五一五（　三六二）

如是我闻：一时，佛住舍卫国祇树给孤独园。尔时，世尊告诸比丘："有多闻比丘，云何如来施设多闻比丘？"诸比丘白佛："世尊是法根，法眼，法依，唯愿为说多闻比丘！诸比丘闻已，当受奉行。"佛告比丘："谛听，善思，当为汝说。诸比丘！若有比丘闻老病死，生厌，离欲，灭尽法，是名多闻比丘。如是（闻）生、有、取、爱、受、触、六入处、名色、识、行，生厌，离欲，灭尽法，是名多闻比丘。是名如来所施设多闻比丘。"佛说此经已，诸比丘闻佛所说，欢喜奉行。

五三①　　　　　　　　五一六（　三六三）

如是我闻：一时，佛住舍卫国祇树给孤独园。尔时，世尊告诸比丘："所谓说法比丘，〔云何说法比丘？〕云何如来施设说法比丘？"诸比丘白佛："世尊是法根，法眼，法依，唯愿为说说法比丘！诸比丘闻已，当受奉行。"佛告诸比丘："若有比丘说老病死，生厌，离欲，灭尽法，是名说法比丘。如是说生、有、取、爱、受、触、六入处、名色、识、行，是生厌，离欲，灭尽法，是名说法比丘。诸比丘！是名如来施设说法比丘。"佛说此经已，诸比丘闻佛所说，欢喜奉行。

五四②　　　　　　　　五一七（　三六四）

如是我闻：一时，佛住舍卫国祇树给孤独园。尔时，世尊告诸比丘："谓法次法向，诸比丘！云何名为法次法向？"诸比丘白佛："世尊是法根，法眼，法依，善哉世尊！惟愿为说！诸比丘闻

---

① 《相应部》（一二）"因缘相应"一六经。
② 《相应部》（一二）"因缘相应"一六经。

已,当受奉行。"佛告诸比丘:"若比丘于老病死,生厌,离欲,灭尽向,是名法次法向。如是生乃至行,生厌,离欲,灭尽向,是名法次法向。诸比丘!是名如来施设法次法向。"佛说此经已,诸比丘闻佛所说,欢喜奉行①。

五五②　　　　　五一八(　三六五)

③如是我闻:一时,佛住舍卫国祇树给孤独园。尔时,世尊告诸比丘:"谓见法般涅槃,云何如来说见法般涅槃?"诸比丘白佛:"世尊是法根,法眼,法依,善哉世尊!唯愿为说见法般涅槃!诸比丘闻已,当受奉行④。"佛告比丘:"谛听,善思,当为汝说。若有比丘,于老病死,〔生〕厌,离欲,灭尽,不起诸漏,心善解脱,是名比丘得见法般涅槃。"佛说此经已,诸比丘闻佛所说,欢喜奉行⑤。

五六⑥　　　　　五一九(　三六六)

如是我闻:一时,佛住舍卫国祇树给孤独园。尔时,世尊告诸比丘:"毗婆尸佛未成正觉时,独一静处,专精禅思,作如是念:一切世间皆入生死,自生、自熟、自灭、自没,而彼众生于老死之上出世间道不如实知。即自观察:何缘有此老死? 如是正思惟观察,得如实无间等起知,有生故有此老死,缘生故有老死。复正思惟:何缘故有此生? 寻复正思惟,无间等起知,缘有故有生。寻复正思惟:何缘故有有? 寻复正思惟,如实无间等起知,

---

① 《杂阿含经》卷一四终。
② 《相应部》(一二)"因缘相应"一六经。
③ 《杂阿含经》卷一五。
④ "奉行"下,原本有"云何比丘见法般涅槃"九字,衍文,今删。
⑤ 上四经《论》义,见前(一)"阴相应"三一——三五经下。
⑥ 《相应部》(一二)"因缘相应"四经。

有取故有有。寻复正思惟:何缘故有取?寻复正思惟,如实无间等起观察:取法味著、顾念,缘触爱所增长。当知缘爱取,缘取有,缘有生,缘生老病死、忧悲恼苦,如是纯大苦聚集。譬如缘油、炷而然灯,彼时时增油、治炷,彼灯常明,炽然不息,如前来叹譬城譬广说。"佛说是经已,诸比丘闻佛所说,欢喜奉行。

五七——六一①　　五二〇——五二四(　　　)

如毗婆尸佛,如是尸弃佛、毗湿波浮佛、迦罗迦孙提佛、迦那迦牟尼佛、迦叶佛,皆如是说。

六二②　　　　　　五二五(　三六七)

如是我闻:一时,佛住舍卫国祇树给孤独园。尔时,世尊告诸比丘:"当勤方便,修习禅思,内寂其心。所以者何?比丘禅思、内寂其心、精勤方便者,如是如实显现。云何如实显现?老死如实显现,老死集、老死灭、老死灭道迹如实显现。生……有……取……爱……受……触……六入处……名色……识……行如实显现,行集、行灭、行灭道迹如实显现。此诸法无常,有为,有漏,如实显现。"佛说此经已,诸比丘闻佛所说,欢喜奉行。

六三　　　　　　　五二六(　三六八)

如是我闻:一时,佛住舍卫国祇树给孤独园。尔时,世尊告诸比丘:"当修无量三摩提,专精系念。修无量三摩提,专精系念已,如是如实显现。云何如实显现?谓老死如实显现,乃至行如实显现;此诸法,无常,有为,有漏,如是如实显现。"佛说此经已,诸比丘闻佛所说,欢喜奉行。

---

① 《相应部》(一二)"因缘相应"五——九经。
② 《相应部》(一二)"因缘相应"八四经。

六四　　　　　　五二七（三六九）

如是我闻：一时，佛住舍卫国祇树给孤独园。尔时，世尊告诸比丘："昔者毗婆尸佛未成正觉时，住菩提所，不久成佛。诣菩提树下，敷草为座，结跏趺坐，端坐正念。一坐七日，于十二缘起逆顺观察，所谓此有故彼有，此起故彼起，缘无明行乃至缘生有老死，及纯大苦聚集。纯大苦聚灭。彼毗婆尸佛正坐七日已，从三昧觉，说此偈言：

如此诸法生，梵志勤思禅，永离诸疑惑，知因缘生法。
若知因生苦，知诸受灭尽，知因缘法尽，则知有漏尽。
如此诸法生，梵志勤思禅，永离诸疑惑，知有因生苦。
如此诸法生，梵志勤思禅，永离诸疑惑，知诸受灭尽。
如此诸法生，梵志勤思禅，永离诸疑惑，知因缘法尽。
如此诸法生，梵志勤思禅，永离诸疑惑，知尽诸有漏。
如此诸法生，梵志勤思禅，普照诸世间，如日住虚空，破坏诸魔军，觉诸结解脱。"

佛说此经已，诸比丘闻佛所说，欢喜奉行。

六五——六九　　五二八——五三二（　　　）

如毗婆尸佛，如是尸弃佛、毗湿波浮佛、迦罗迦孙提佛、迦那迦牟尼佛、迦叶佛，亦如是说。

七〇　　　　　　五三三（三七〇）

如是我闻：一时，佛住郁毗罗尼连禅河侧大菩提所，不久当成正觉。往诣菩提树下，敷草为座，结跏趺坐，正身正念，如前广说。

"佛顺逆"：复次，过去诸佛为菩萨时，如理思惟缘起法已，证觉无上正等菩提。今薄伽梵，亦于缘起正思惟已，证觉无上正等菩提。如过去佛得菩提已，即于缘起作意攀缘顺逆道理，方便随修，现法乐住，已住安乐，今薄伽梵亦复如是。彼虽无量，如说世间七劫相似，故唯说七。如是无上正等菩提，尚犹如实知缘起故，未证能证，证已获得现法乐住，况余下劣所有菩提！又为如实等觉缘起，摄受五支为断方便，如前应知。又此缘起总略义者，谓依转品，有因诸苦；又依还品，有因无漏所有诸法。又有因苦因缘诸漏。又彼诸漏所依止性，从无明触所生诸受。又有因法住立因缘，则现法中烦恼断者，唯有依缘。

①又复依于七种清净，渐次修集，为得无造究竟涅槃，应知宣说随顺如是缘性、缘起甚深言教。云何名为七种清净？一、戒清净，二、心清净，三、见清净，四、度疑清净，五、道非道智见清净，六、行智见清净，七、行断智见清净。云何名为如是清净渐次修集？谓有苾刍，安住具足尸罗，守护别解脱律仪，广说应知如声闻地②。彼由如是具尸罗故，便能无悔，广说乃至心得正定，渐次乃至具足安住第四静虑。彼既获得如是定心，渐次乃至质直调柔，安住不动，于为证得漏尽智通，心定趣向，于四圣谛证入现观，断见所断一切烦恼，获得无漏有学正见。得正见故，能于一切苦、集、灭、道，及佛、法、僧永断疑惑，由毕竟断，超度犹豫，故名度疑。又于正见前行之道，如实了知是为正道，由此能断见

---

① 《论》义，依《中部》(二四)《传车经》、《中阿含经》(九)《七车经》、《增一阿含经》(三九)"等法品"一○经。

② 《瑜伽师地论》卷二二（大正三○·四○二上——四○三上）。

所断后修所断惑；又于邪见前行非道，如实了知是为邪道。于道、非道得善巧已，远离非道，游于正道。又于随道四种行迹，如实了知。何等为四？一、苦迟通，二、苦速通，三、乐迟通，四、乐速通。如是行迹，广辩应知如声闻地①。于此行迹，如实了知最初行迹，一切应断，超越义故，非由烦恼离系义故；如实了知第二、第三，苦速、乐迟二种行迹，一分应断。如是如实了知初全，及二一分应当断已，依乐速通，正勤修集。从此无间，永尽诸漏，于现法中获得无造究竟涅槃。身坏已后，证无余依般涅槃界。如是七种清净，为依渐次修集，乃至获得诸漏永尽，无造涅槃。当知此中，由于如是七种清净，一切具足，渐次修集，方乃证得无造涅槃，非随阙一。是故应求如是一切，于世尊所熟修梵行，非求随一。又佛世尊由此因缘，亦具施设如是一切，为令证得无造涅槃，非随舍一。又于此中，依一一说，非唯由此，亦非离此，能获无造究竟涅槃，如是应知此中缘性、缘起甚深。

复次，嗢柁南曰：

安立与因缘，观察于食义，极多诸过患，杂染等为后。

"安立"：有四种法，于现法中最能长养诸根大种。云何为四？一者、气力；二者、喜乐；三者、于可爱事专注希望；四者、气力、喜乐、专注希望之所依止，诸根大种并寿并暖安住不坏。如是四法，随其次第，当知别用四法为食：一者、段，二者、顺乐受触，三者、有漏意会思，四者、能执诸根大种识。当知此中，段于现法气力为食，由气力故，便能长养诸根大种。能顺乐受诸有漏

---

① 《瑜伽师地论》卷二六（大正三〇·四二六下）。

触,能与喜乐为食,由喜乐故,便能长养诸根大种。若在意地能会境思,名意会思,能与一切,于可爱境专注希望为食;由专注希望故,便能长养诸根大种。由能执受诸根大种识故,令彼诸根大种并寿并暖,与识不离身为因而住,是故说识名彼住因;由彼住故,气力、喜乐、专注希望依彼而转。如是四食,能令已生有情安住。又由段故而有气力,有气力故诸根大种皆得增长。由是因缘,诸有顾恋身命愚夫,为此义故有所追求,于追求时,造作种种新善、恶业亦令增长,又能增长种种烦恼。如说于段、触、意会思,随其所应,当知亦尔。由此三门,能集后有业烦恼识;此于现法,由业烦恼所随逐故,成其有取,便能摄受当来后有。如是四食,令求后有,爱乐后有;于其后有未能断者,能摄后有,遍摄后有,随摄后有。又诸段食,在欲界天名之为细,或处中有、母腹、卵㲉,当知亦尔;欲界余位,段食名粗。触、意会思及以识食,在无色界,当知名细,余处名粗;有色为依易分别故,无色为依难分别故。又此诸食,当知有异粗细义门:谓若能使已生有情得安住者,说名为粗;摄益求有诸有情者,当知是细。如是应知安立四食。

七一①　　　　　　　　五三四(　三七一)

如是我闻:一时,佛住舍卫国祇树给孤独园。尔时,世尊告诸比丘:"有四食,资益众生,令得住世,摄受长养。何等为四?谓一、粗抟食、二、细触食、三、意思食、四、识食。此四食,何因、

---

① 《相应部》(一二)"因缘相应"一一经。

何集、何生、何转①？谓此诸食，爱因、爱集、爱生、爱转。此爱何因、何集、何生、何转？谓爱受因、受集、受生、受转。此受何因、何集、何生、何转？谓受触因、触集、触生、触转。此触何因、何集、何生、何转？谓触六入处因、六入处集、六入处生、六入处转。六入处集是触集，触集是受集，受集是爱集，爱集是食集，食集故未来世生老病死、忧悲恼苦集，如是纯大苦聚集。如是六入处灭则触灭，触灭则受灭，受灭则爱灭，爱灭则食灭，食灭故于未来世生老病死、忧悲恼苦灭，如是纯大苦聚灭。"佛说此经已，诸比丘闻佛所说，欢喜奉行。

"因缘"：复次，如上所说诸根大种，由集谛摄先爱而生，为欲令彼得增长故，追求四食。由此道理，已生有情虽由四食而得安住，然本藉爱为缘故有。又有爱故，于现法中依诸食身，由三种门滋长业感，能办业感，常所随逐有取之识，于现法中摄受后有。是故一切求有有情，虽由四食之所摄益，然复藉爱为缘故有。又即此爱，于现法中，由无明触所生诸受为缘故起；此无明触所生诸受，由无明触为缘故起；此无明触，由先串习诸无明界所随六处为缘故起。此六处后更无余因，于现法中唯此六处展转相依：有色诸根依止于识，识亦依止识所执受有色诸根，由此因缘，六处已后更无所说。或复有时，听闻正法为外支力，如理作意正勤修习为内支力，由是因缘正见生起；正见生故，能断无明，能生于明，彼现法中诸无明界所随六处，皆得除灭，明界所随六处得生，名为转依，彼品粗重皆止息故。六处既灭，渐次乃至

---

① "转"，原本作"触"，今改，下例。

爱亦随灭;由爱灭故,诸食亦灭;能取后有诸法灭故,当知后有亦复随灭。是故应知,处于明者,不求后有。

七二① 　　　　五三五（三七二）

如是我闻:一时,佛住舍卫国祇树给孤独园。尔时,世尊告诸比丘:"有四食,资益众生,令得住世,摄受长养。何等为四?一、粗抟食,二、细触食,三、意思食,四、识食。"时有比丘,名曰颇求那,住佛后扇佛。白佛言:"世尊!谁食此识?"佛告颇求那:"我不言有食识者,我若言有食识者,汝应作是问。我说识是食,汝应问言:何因缘故有识食?我则答言:能招未来有令相续生,有有故有六入处,六入处缘触。"颇求那复问:"为谁触?"佛告颇求那:"我不言有触者,我若言有触者,汝应作是问为谁触。汝应如是问:何因缘故生触?我应如是答:六入处缘触,触缘受。"复问:"为谁受?"佛告颇求那:"我不说有受者,我若言有受者,汝应问为谁受。汝应问言:何因缘故有受?我应如是答:触缘故有受,受缘爱。"复问:"世尊!为谁爱?"佛告颇求那:"我不说有爱者,我若说言有爱者,汝应作是问,为谁爱。汝应问言:何缘故有爱?我应如是答:缘受故有爱,爱缘取。"复问:"世尊!为谁取?"佛告颇求那:"我不说言有取者,我若说言有取者,汝应问言为谁取。汝应问言:何缘故有取?我应答言:爱缘故有取,取缘有。"复问:"世尊!为谁有?"佛告颇求那:"我不说有有者,我若说有有者,汝应问言为谁有。汝今应问:何缘故有有?我应答言:缘取故有有,能招当来有触生,是名有。有六入处,六

---

① 《相应部》(一二)"因缘相应"一二经。

入处缘触,触缘受,受缘爱,爱缘取,取缘有,有缘生,生缘老病死、忧悲恼苦,如是纯大苦聚集。谓六入处灭则触灭,触灭则受灭,受灭则爱灭,爱灭则取灭,取灭则有灭,有灭则生灭,生灭则老病死、忧悲恼苦灭,如是纯大苦聚①灭。"佛说此经已,诸比丘闻佛所说,欢喜奉行。

"观察食义":复次,无有少法生已安住,亦无有我能食所食,由此因缘,彼何名食?然唯约与未生诸法作生缘理,唯法引法,说为食义。但由法假,于其识上,假想施设补特伽罗,望此四食,说为食者。为欲随顺世间言说,约世俗谛,说有如是补特伽罗能食四食,非约胜义。所以者何?若说有识,生已安住,体是真实补特伽罗名能食者,不应立识为其食性,未曾见有补特伽罗,还自能食补特伽罗,一相续中定无二识同时安住,是故立识体是真实补特伽罗为能食者,不应道理。由有如是不应理故,若作是问谁食识食,当知此问为非理问。若作是问,谁是能食识食因缘,当知此问为如理问,能令悟入缘起理故。复有二有:一者、生有,二者、业有。若为当来后有生起,今现法中诸业、烦恼所随逐识,为因能引当来生有,即彼曾有前行业性,说名业有。于现法中有此有故,能令当来生有所摄后有生起,于命终时,前际六处才无常灭,后际六处寻复续生。即此六处,识于先时为能引缘,复于今时为结生缘。如是由识入母胎故,得有名色;名色为缘,便有六处;由无明界所随六处以为缘故,有相似触;渐次乃至取为缘故,令后际业转成其有。如是诸法,先未曾有,一切新从

---

① "聚"下,原本有"集"字,今删。

别别缘起。当知此中,都无触者乃至有者,能有所触,乃至有有,唯有诸法别名所食,别名能食。是故因果堕在诸行,相续流转,无有断绝。由其先际业有,往趣后际生有;复由后际业有,还趣先际生有;如是缘起,轮回不绝,从此世间往彼世间,自彼世间还此世间。是故唯法能引法义,当知此中说为食义。

七三① 　　　　　五三六(三七三)

如是我闻:一时,佛住舍卫国祇树给孤独园。尔时,世尊告诸比丘:"有四食,资益众生,令得住世,摄受长养。云何为四?谓一、粗抟食,二、细触食,三、意思食,四、识食。云何比丘观察抟食?譬如有夫妇二人,唯有一子,爱念将养。欲度旷野险道难处,粮食乏尽,饥饿困极,计无济理。作是议言:正有一子,极所爱念,若食其肉,可得度难,莫令在此三人俱死。作是计已,即杀其子,含悲垂泪,强食其肉,得度旷野。云何比丘!彼人夫妇共食子肉,宁取其味,贪嗜美乐与不?"答曰:"不也,世尊!"复问比丘:"彼强食其肉,为度旷野险道与不?"答言:"如是,世尊!"佛告比丘:"凡食抟食,当如是观!如是观者,抟食断、知;抟食断、知已,于五欲功德贪爱则断。五欲功德贪爱断者,我不见彼多闻圣弟子,于五欲功德上有一结使而不断者;有一结系故,则还生此世。云何比丘观察触食?譬如有牛,生剥其皮,在在处处,诸虫唼食,沙土坌尘,草木针刺。若依于地,地虫所食;若依于水,水虫所食;若依空中,飞虫所食;卧起常有苦毒此身。如是比丘!于彼触食,当如是观!如是观者,触食断、知;触食断、知者,三受

---

① 《相应部》(一二)"因缘相应"六三经。

则断;三受断者,多闻圣弟子于上无所复作,所作已作故。云何比丘观察意思食?譬如聚落、城邑边,有火起,无烟、无炎。时有士夫,聪明、黠慧、背苦、向乐、厌死、乐生,作如是念:彼有大火,无烟、无炎,行来当避,莫令堕中,必死无疑。作是思惟,常生思愿,舍远而去。观意思食,亦复如是。如是观者,意思食断(、知);意思食断(、知)者,三爱则断;三爱断者,彼多闻圣弟子于上更无所作,所作已作故。诸比丘!云何观察识食?譬如国王,有防逻者,捉捕劫盗,缚送王所,如前须深经广说。以彼因缘受三百矛苦,觉昼夜苦痛。观察识食,亦复如是。如是观者,识食断、知;识食断、知者,名色断、知;名色断、知者,多闻圣弟子于上更无所作,所作已作故。"佛说此经已,诸比丘闻佛所说,欢喜奉行。

"多诸过患":复次,三食为因,能令三种内苦生起:一者、界不平等所生病苦,二者、欲希求苦,三者、求不允苦。初苦段食为因,第二苦触食为因,第三苦意会思食为因。段食因缘,生内病苦,是故苾刍当观段食,如子肉想,不应贪著。随顺乐受触食因缘,能生于内欲希求苦,是故苾刍当观顺彼六种触处,如无皮牛。应作是观:若我依于六种触处,发起种种欲希求贪,便为依止诸色而住。依止色故,令我发起种种诸恶不善寻思,如无皮牛,触处诸虫之所唼食,多生众苦,不安隐住。如是观已,于初触处深见过患,无染而住。如依于色,如是依声、香、味、触、法,当知亦尔。如于初触处深见过患无染而住。如是乃至于第六触处,当知亦尔。有漏意会思食因缘,能生于内求不允苦,是故苾刍当观有漏意会思食,如一分火,观察如是所求不允,能引身心大热恼故。彼作如是正观察已,终不希望衣食等事往诣他家,是故不为所求不允所生苦触,其心坦然安乐而住。由是因缘,应正观察如是三食,所谓段、触、意会思食。即由如是三食因缘,生如所说依识内苦,是故苾刍当观识食,如三百铻之所钻刺。所以者何?段食因缘,能令非一种种众多品类病苦依识而起;随顺乐受触食因缘,能令倍增欲希求苦依识而起;有漏意会思食因缘,能令种种求不允苦依识而起。如是行者,于识食中,正观诸食以识为依,多生过患,由是因缘,不顾身命。如是如理,于四种食审正观察,审观为依,能于现法永断诸食;食永断故,得至当来后有苦际。

七四①　　　　　五三七(　三七四)

如是我闻:一时,佛住舍卫国祇树给孤独园。尔时,世尊告诸比丘:"有四食,资益众生,令得住世,摄受长养。何等为四?一者、抟食,二者、触食,三者、意思食,四者、识食。若比丘于此四食,有喜、有贪则识住增长,识住增长故入于名色,入名色故诸行增长,行增长故当来有增长,当来有增长故生老病死、忧悲恼苦集,如是纯大苦聚集。若于四食无贪、无喜,无贪、无喜故识不住、不增长,识不住、不增长故不入名色,不入名色故行不增长,行不增长故当来有不生、不长,当来有不生长故于未来世生老病死、忧悲恼苦不起,如是纯大苦聚灭。"佛说此经已,诸比丘闻佛所说,欢喜奉行。

七五②　　　　　五三八(　三七五)

如是我闻:一时,佛住舍卫国祇树给孤独园。尔时,世尊告

---

① 《相应部》(一二)"因缘相应"六四经。
② 《相应部》(一二)"因缘相应"六四经。

诸比丘："有四食,资益众生,令得住世、摄受长养。何等为四? 一者、抟食,二者、触食,三、意思食,四者、识食。诸比丘! 于此四食有贪、有喜,则有忧悲、有尘垢;若于四食无贪、无喜,则无忧悲,亦无尘垢。"佛说此经已,诸比丘闻佛所说,欢喜奉行。

"杂染":复次,若不如实观此四食,便为喜、贪之所染污。若为是二所染污者,当知希求二种过患:一者、当来,二者、现法。于四食中,有漏意会思食因缘,专注希望俱行喜染名喜;随顺乐受触食因缘,于能随顺喜乐诸食,多生染著名贪。此二烦恼,于现法中能染于识,令其安止四种识住,增长当来后有种子。既增长已,生起后有生等众苦,当知是名喜、贪二种烦恼所作当来过患。彼由如是,于四食中安住喜、贪二种烦恼,便于现法有诸尘染;由尘染故,食若变坏,于现法中便生悲叹、愁忧、萎顿、怀戚而住,当知是名喜、贪二种烦恼所作现法过患。

七六①　　　　　　　　五三九(三七六)

如是我闻:一时,佛住舍卫国祇树给孤独园。尔时,世尊告诸比丘:"有四食,资益众生,令得住世,摄受长养。何等为四? 一者、抟食,二者、触食,三、意思食,四者、识食。诸比丘! 于此四食,有贪、有喜,识住增长,乃至纯大苦聚集。譬如楼阁宫殿,北西长广,东西窗牖,日出东方,光照西壁。如是比丘! 于此四食有贪、有喜,如前广说,乃至纯大苦聚集。若于四食无贪、无喜,如前广说,乃至纯大苦聚灭。譬如比丘! 楼阁宫

---

① 以下三经,与《相应部》(一二)"因缘相应"六四经相同。

殿,北西长广,东西窗牖,日出东方,应照何所?"比丘白佛言:"应照西壁。"佛告比丘:"若无西壁,应何所照?"比丘白佛言:"应照虚空,无所攀缘。""如是比丘!于此四食无贪、无喜,识无所住,乃至如是纯大苦聚灭。"佛说此经已,诸比丘闻佛所说,欢喜奉行。

七七　　　　　　　五四〇(三七七)

如是我闻:一时,佛住舍卫国祇树给孤独园。尔时,世尊告诸比丘:"有四食,资益众生,令得住世,摄受长养。何等为四?一者、抟食,二者、触食,三、意思食,四者、识食。诸比丘!于此四食,有贪、有喜,识住增长,乃至纯大苦聚集。譬如比丘!楼阁宫殿,北西长广,东西窗牖,日出东方,应照何所?"比丘白佛言:"应照西壁。"佛告比丘:"如是四食有贪、有喜,识住增长,乃至如是纯①大苦聚集。若于四食无贪、无喜,亦无识住增长,乃至如是纯大苦聚灭。譬如比丘!画师、画师弟子,集种种彩色,欲妆画虚空,宁能画不?"比丘白佛:"不能,世尊!所以者何?彼虚空者,非色、无对、不可见。""如是比丘!于此四食无贪、无喜,亦无识住增长,乃至如是纯大苦聚灭。"佛说此经已,诸比丘闻佛所说,欢喜奉行。

七八　　　　　　　五四一(三七八)

如是我闻:一时,佛住舍卫国祇树给孤独园。尔时,世尊告诸比丘:"有四食,资益众生,令得住世,摄受长养。何等为四?一者、抟食,二者、触食,三、意思食,四者、识食。诸比丘!于此

---

① "纯",原本缺,依宋本补。

四食有贪、有喜,识住增长,乃至纯大苦聚集。譬如比丘!画师若画师弟子,集种种彩,欲妆画于色作种种像。诸比丘!于意云何?彼画师、画师弟子,宁能妆于色不?"比丘白佛:"如是,世尊!能妆画色。"佛告比丘:"(如是)于此四食,有贪、有喜,识住增长,乃至如是纯大苦聚集。诸比丘!若于四食无贪、无喜,无有识住增长,乃至如是纯大苦聚灭。比丘!譬如画师、画师弟子,集种种彩,欲离于色有所妆画,作种种像,宁能画不?"比丘白佛:"不能,世尊!""如是比丘!若于四食无贪、无喜,无有识住增长,乃至如是纯大苦聚灭。"佛说此经已,诸比丘闻佛所说,欢喜奉行。

(譬喻):复次,诸有于此四种识中,喜、贪未断,彼六处摄有识之身,犹如台观。六处窗牖,能与缘境烦恼日光作入依处,是光于此,或住上地,或住下地。既得住已,如前所说,于四识住能染于识,生起当来后有众苦。若有能断如是喜、贪二种烦恼,与彼相违,缘境烦恼尚不得起,况依此入而当得住!又复若有补特伽罗,喜、贪未断,便为魔罗来诣其所,以其种种犹如彩色可爱境界,彩画如是补特伽罗,令其变生种种烦恼相貌显现。当知如是补特伽罗,喜、贪未断,譬如其地,能为种种烦恼彩画作所依处。已断喜、贪补特伽罗,魔诣其所,如前广说。当知如是补特伽罗,喜、贪已断,犹若虚空,非为种种烦恼彩画作所依处。当知是名于诸食中,喜、贪未断,如其次第所有过患;当知是名于诸食中,喜、贪已断,如其次第所有功德①。

---

① 《瑜伽师地论》卷九四终。

四　谛相应[1]

[2]复次，嗢拖南曰：

> 如理、摄、集谛、得、相、处、业、障、过、黑异熟等，大义、
> 后难得。

"如理"：[3]若于谛智增上，如理及不如理不如实知，不能尽漏；与此相违，如实知故，能尽诸漏。当知此中，闻不正法，不为寂静，不为调伏，不为涅槃所起诸智，名不如理；听闻正法，与上相违，当知如理。又于此中，住恶说法补特伽罗，于此正法，佛、佛弟子真善丈夫，不乐瞻仰；于别解脱尸罗律仪，密护根门，正知而住，如是等类贤圣法中，不自调伏，不受学转；于诸圣谛，无闻、思、修照了通达。又即于彼诸恶说法毗奈耶中，闻不正法，起邪胜解，于不如理生起如理颠倒妄想，于不如理不如实知是不如理。又于听闻正法如理，不如实知是其如理，由不知故，于诸所有恶说、恶解、有缚、无脱，不应思惟颠倒法中，不能解了而故思惟；于诸所有善说、善解、有脱、无缚，应可思惟无颠倒法，所谓契经及应颂等，乃至广说，不能解了而不思惟，如是亦名非理作意。由此作意，不欲寂静，不为调伏，不为涅槃，故名非理。又复听闻不正法故，依三言事增上缘力，显示过去、未来、现在计我品类。即由如是增上力故，于三世境起不如理作意思惟：谓于过去，分

---

[1] "谛相应"共一五〇经，与《相应部》（五六）"谛相应"相当。
[2] 《瑜伽师地论》卷九五。
[3] 《论》义，依《中阿含经》（一〇）《漏尽经》、《增一阿含经》（四〇）"七日品"六经、《增支部》"六集"五八经。

别计我，或有、或无；未来、现在，当知亦尔。彼既如是不如正理作意思惟，或缘所取事，或缘能取事，此不如理作意思惟，或即诸行分别有我，或离诸行分别有我。彼于所计得决定时，若缘所取事分别为我，或成常见，由此见故，作是思惟：我有其我，于现法中是实、是常；或成断见，由此见故，作是思惟：我无其我，于现法中是实、是常。若缘能取事计有我见，分别为我，作是思惟：我今以我观察于我；或谓我我先有今无，作是思惟：我今以我观察无我。或复既缘能取之事，计无我见，于现法中，以其无我分别为我，作是思惟：我今以其无我，随观昔曾有我。如是且说所取、能取差别五相，不如正理作意思惟五种见处，谓即三世所有诸行分别有我。又复由于不如正理比度作意，离于诸行分别有我，彼谓如是所计实我，或自能作感后有业，名能作者。或他令作，名等作者。或自能起现法士用，名能起者。或他令起，名等起者。或自己作后有业故，或他令作后有业故，感果异熟，名能生者。或自能起现士用故，或他等起现士用故，得士用果，名等生者。或由自见，或由他见，随起言说；如是或由自闻、觉、知，或由他闻、觉、知，随起言说，名能说者。或于妻子及奴婢等所有家属，随其所应，施设教敕，令住其处，如是亦复名能说者。或复当来业果已生，名能受者。或于现法诸士夫果，已现等生，名等受者。或于过去彼彼生中，造作种种善、不善业，今于现法领受种种彼果异熟，名领受者。或有乃至寿量减尽而便夭丧，能舍此蕴，能续余蕴，若异此者，既无有我，云何得成！如上所说诸所作事，是名第六不如正理作意思惟所摄见处。如是诸见，且说皆以萨迦耶见为其自性，能生其余。萨迦耶见以为根本所有见趣，故名见处。由能障碍能取真实微妙慧故,名见稠林。损善法故,名见旷野。劳役他故,名见厌背。欲求、有求所行历故,名见行历。诘责他论,免脱己论而动摇故,名见动摇。能善结构后有苦故,名为见结。习行如是诸邪行者,于现法中未现前漏,令起现前;既现前已,令依下品起其中品,令依中品起其上品:由此为因,生起当来老病死等一切苦法。如是当知,由于如理及不如理不实知故,造作苦谛、集谛杂染。与此相违,听闻正法,起正胜解,于其如理,无不如理颠倒妄想;于其如理,如实了知是其如理,广说乃至于应思惟无颠倒法,能正思惟。由此因缘,于三世行并其所取及以能取,如实随观无我、我所。当于圣谛入现观时,于见所断所有诸漏,皆得解脱。得此事已,于上修道所断诸漏,为令无余永断灭故,精勤修习四种因缘。何等为四?一、善护身故,二、善守根故,三、善住念故,四、如先所得出世间道,以达世间出没妙慧多修习故。善护身者,谓正安住,远避恶象,乃至广说,如声闻地。由远避故,于尽诸漏无有障碍。善守根者,谓正安住,于诸可爱现前境界,非理净相,能正远离,如理思惟彼不净相。善住念者,谓住四处:一者,安住思择受用衣服等处;二者,安住能正除遣处静现行恶寻思处;三者,安住能正忍受发勤精进,所生疲倦、疏恶、不正淋漏等苦,他粗恶言所生诸苦,界不平等所生苦处;四者,安住于所修道,依不放逸,无杂住处。由正安住如是四处,名善住念。彼由如是善护身故,善守根故,善住念故,如先所得出世间道善修习故,于修所断所有诸漏,皆能解脱,及随证得最极究竟。

"摄":①复次,若有说言:此四圣谛唯是境界,或有其我,或有有情,缘此圣谛修诸善法。应告彼言:勿作是说!所以者何?诸有无量世、出世间善法生起,一切皆归四圣谛摄。当知诸法略有二种:一、能知智,二、所知境。其能知智,亦所知境,是故诸智俱行善法,无不摄在四圣谛中。彼复修习循身念故,观品、止品所有善法,始修业地,已作办地,总得生起。云何名为修循身念?谓若有住始修业地,如理攀缘若内、若外诸大种色为境正念;或复由他爱与非爱增语有对触现行时,如理攀缘触、受、想、行,及与诸识为境正念。或若有住已作办地,如理攀缘诸所造色为境正念,或复如理攀缘作意,及彼所生受、想、行、识为境正念。如是一切,略摄名为修循身念。当知此念,或缘色身,或缘名身。云何名观?云何生起观品善法?谓于内、外诸大种色,及所余蕴,正决择慧说名为观。若有从初,无倒修习分析聚想;于外大种,由观劫尽修无常想;于内大种所合成身,由观唯食,渐渐不净,修不净想;由观从爱所生长性,及于后际老死法性,修无常想及与苦想。若于此身,一切愚夫不能如实了知体是无常、苦故,或执为我,或执我所。即于此身,具足多闻诸圣弟子,如实知故,无有所执,是即能修苦、无我想。此无我想,由于其身唯有界想。有此想故,若复由他爱与非爱增语有对诸触现行,言非爱者,即是手足、杖块等触,彼则于此及此为缘所有受等无色诸行,正观无常,离爱、离恚,唯观有界。心缘此身正安住故,如是亦名远离愚痴。如是所有分析聚想,于外大种修无常想,于内大种修不净

---

① 《论》义,依《中阿含经》(三〇)《象迹喻经》、《中部》(二八)《象迹喻大经》。

想,若无常想,无常苦想,苦无我想;于所生起受等诸法,依大种身修无常想,离贪嗔痴。如是观品无量善法,始修业地,由正修习循身念故,皆得生起。云何名止?云何生起止品善法?谓由修习循身念故,以观为依,如理修止。又言止者,谓于其内正安住心。止品善法者,谓得如是正思择力,攀缘锯喻沙门教授,于怨家所正修忍辱,又即缘彼无倒修慈;既由忍、慈所摄受故,戒得清净。观戒净故,作是思惟:我今已于大师圣教微有所作。由是因缘,无所忧悔,无忧悔故深生欢喜,广说乃至得三摩地。彼于尔时,由静定心,乃至获得第四静虑。此三摩地,行拘执故,未能双运无功用转,未善清净。为欲令其善清净故,修如前说四支所摄不放逸行,发勤精进,无有怯弱,乃至广说。彼于后时,第四静虑清净鲜白。若复为其静定爱味漂转其心,不能于定正舍而住,于灭涅槃不观寂静,彼乃依佛、或法、或僧,深生厌耻,作是念言:我依如来大师佛宝、法毗奈耶善说法宝、无倒修习善行僧宝,为无所得非有所得,是其恶得非为善得,于萨迦耶爱藏而住,于灭、涅槃不观寂静。彼由内心善调柔故,才生厌耻,便能安住引沙门义平等妙舍,于灭、涅槃能观寂静。生起如是止品善法,所谓忍,慈,尸罗清净,无悔欢喜,广说乃至得三摩地;四支所摄不放逸行,引沙门义,平等善舍,观灭、涅槃、寂静功德。彼于尔时,由二因缘,多有所作:一、由其妙慧,于大师教,为尽诸漏,能净修治第四静虑故。二、于萨迦耶心增上舍故,齐此名为始修业地,究竟成满。从是已后,于所修习不生喜足,为欲趣入已作办地,修循身念。观造色身,如草木、泥,及彼所生余非色法。以如实慧,通达缘起,能随趣入如实谛智。既得入已,依上修道,于去、来、今诸根境界，能起厌患，乃至解脱。能如实知我已解脱，如是名为已作办地。修循身念所生善法：谓观色身如草木、泥想，如是观察无色诸法，真实妙慧通达缘起，能随趣入四圣谛智，于修道中能起厌患，离欲，解脱，解脱智见。齐是名为于大师教，以其妙慧所应作事，皆已作讫。所以者何？一切自义，皆已究竟，从此已后，更无所作，非于作已复须分别。若有作已，余时退失，当更有作，此作虽作，非毕竟作，如诸异生，以世间道而得解脱。此中若先始修业地有漏善法，若后所有已作办地无漏善法，如是一切随其所应，当知皆入四圣谛摄。

"**集谛**"：①复次，由四因缘，应正了知集谛所摄百八爱行：一、由内外差别故，二、由所依差别故，三、由自性差别故，四、由时分差别故。云何名为内外差别？谓由内、外六处为依，起诸爱行。云何名为所依差别？谓爱依止五种我慢。何等名为五种我慢？谓于我见未永断故，得有如是我慢现行，于其六处计我起慢，乃至未为衰老所损，诸行相似相续而转，作是思惟：是我如昔，彼若复为衰老所损。或于一时成就好色，或于一时成就恶色，或于一时成就大力、安乐、辩才，或于一时乃至无辩。彼若成就好色、大力、安乐、辩时，作是思惟：我今美妙。若违于此，作是思惟：我非美妙。若为衰老所损败时，作是思惟：我今变异。云何名为自性差别？谓此五种我慢为依，发起有爱及无有爱。又彼有爱，软、中、上品差别而转；于其无有，由审思择方能起爱，非由意乐任运而住，是故于中无有三品差别建立。当知此中软有

---

① 《论》义，依《杂阿含经》（四八）"杂相应"五经、《增支部》"四集"一九九经。

爱者,谓于当来愿我当有,即于六处愿我当有,即如是类愿我当有,于同类生有希求故。异如是类愿我当有,于异类生有希求故。若先自体是可爱者,愿彼相应,故造善业,作是思惟:愿我当有如是种类,如今所有;若先自体不可爱者,愿彼离隔,故造善业,作是思惟:愿我当有如是种类,异今所有。中有爱者,谓于无有不生希欲,为治彼故,愿我得有,即于六处愿我得有,如前所说,即如是类愿我得有,异如是类愿我得有,如是一切,应知皆名中品有爱。上有爱者谓即如是行相差别,作是念言:愿我定有猛利思求四种相爱,应知说名上品有爱。此五种爱自性差别,由有所依内处别故,说十八种爱行差别;于其外处,当知亦尔。此差别者,谓如于彼内六处中计我起慢,如是于色计为我所而起于慢,谓于此色我自在转,如是乃至于诸法中计为我所而起于慢,谓于此法我自在转。余随所应,如前应知。如是十八,并前爱行,合说总有三十六种爱行差别。云何名为时分差别?谓即如是三十六行,各有过去、未来、现在三世差别。如是名为由四因缘有差别故,爱行合有一百八种。又于此中无差别相,凡诸所有染污希求,皆名为爱。又即此爱,集谛摄故,说名为因。津润性故,顺生死流而漂转故,名为流润。于诸境界执著性故,名为著境,能与生已,依五取蕴如痈、病等所有众苦为因缘故,说名痈根。难制伏故,说名流溢。微细现行,魔所缚故,说名纤缴。上至有顶,高标出故,说名条干。令无饱故,说名枯竭①。又即如是所说相爱,缠众生故,说名为碍。由随眠故,说名为覆。即由

---

① "竭",宋本作"渴"。

如是缠及随眠成上品故,说名上耸。成其中品及软品故,说名发起。若欲界爱,于所知境令迷惑故,说为冥暗。若色界爱,于所知境令迷惑故,说为昏昧。若无色爱,于所知境令迷惑故,说为瞖瞙。如有三人:第一盲瞽,第二闭目,第三瞖瞙微覆其眼。此中第一全无所见;第二少分似有所见,第三虽见,眼不净故不睹真色。如是三爱,随其次第,冥暗、昏昧及与瞖瞙,当知亦尔。

五四二(三七九)①

②如是我闻:一时,佛住波罗奈鹿野苑中仙人住处。尔时,世尊告五比丘:"此苦圣谛,本所未曾闻法,当正思惟时,生眼、智、明、觉。此苦集,此苦灭,此苦灭道迹圣谛,本所未曾闻法,当正思惟时,生眼、智、明、觉。复次,苦圣谛,知③当复知,本所未闻法,当正思惟时,生眼、智、明、觉。苦集圣谛,已知当断,本所未曾闻法,当正思惟时,生眼、智、明、觉。复次④,此苦灭圣谛,已知当⑤作证,本所未闻法,当正思惟时,生眼、智、明、觉。复次⑥,此苦灭道迹圣谛,已知当修,本所未曾闻法,当正思惟时,生眼、智、明、觉。复次,比丘!此苦圣谛,已知已知出,所未闻法,当正思惟时,生眼、智、明、觉。复次,此苦集圣谛,已知已断出,所未闻法,当正思惟时,生眼、智、明、觉。复次,苦灭圣谛,已知已作证出,所未闻法,当正思惟时,生眼、智、明、觉。复次,苦

---

① 《相应部》(五六)"谛相应"一一经。又参照一二经。
② 《杂阿含经》卷一五中。
③ "知",原本作"智",今改。
④ "复次"下,原本有"苦集灭"三字,衍文,今删。
⑤ "当"下,原本有"知"字,依宋本删。
⑥ "次",原本误作"以",今改。

灭道迹圣谛,已知已修出,所未曾闻法,当正思惟时,生眼、智、明、觉。诸比丘!我于此四圣谛、三转、十二行,不生眼、智、明、觉者,我终不得于诸天、魔、梵、沙门、婆罗门,闻法众中,为解脱,为出,为离,亦不自证得阿耨多罗三藐三菩提。我已于四圣谛,三转、十二行,生眼、智、明、觉故,于诸天、魔、梵,沙门、婆罗门,闻法众中,得出,得脱,自证得成阿耨多罗三藐三菩提。"尔时,世尊说是法时,尊者憍陈如,及八万诸天,远尘、离垢,得法眼净。尔时,世尊告尊者憍陈如:"知法未?"憍陈如白佛:"已知,世尊!"复告尊者憍陈如:"知法未?"拘邻白佛:"已知,善逝!"尊者拘邻已知法故,是故名阿若拘邻。尊者阿若拘邻知法已,地神举声唱言:"诸仁者!世尊于波罗奈国仙人住处鹿野苑中,三转、十二行法轮,诸沙门、婆罗门、诸天、魔、梵所未曾转;多所饶益,多所安乐,哀愍世间,以义饶益,利安天人,增益诸天众,减损阿修罗众。"地神唱已,闻虚空神天,四天王天,三十三天,炎魔天,兜率陀天,化乐天,他化自在天,展转传唱,须臾之间,闻于梵身天①,梵天乘声唱言:"诸仁者!世尊于波罗奈国仙人住处鹿野苑中,三转、十二行法轮,诸沙门、婆罗门、诸天、魔、梵,及世间闻法未所曾转;多所饶益,多所安乐,以义饶益诸天世人,增益诸天众,减损阿修罗众。"世尊于波罗奈国仙人住处鹿野苑中转法轮,是故此经名转法轮经。佛说此经已,诸比丘闻佛所说,欢喜奉行。

"得":复次,由五种相转法轮者,当知名为善转法轮:一者、

---

① "梵身天",原本误作"梵天身",今改。

世尊为菩萨时,为得所得所缘境界;二者、为得所得方便;三者、证得自所应得;四者、得已树他相续,令他自证,深生信解;五者、令他于他所证,深生信解。当知此中所缘境者,谓四圣谛。此四圣谛安立体相,如前应知。若略、若广,如声闻地①。得方便者,谓即于此四圣谛中,三周正转十二相智。最初转者,谓昔菩萨入现观时,如实了知是苦圣谛,广说乃至是道圣谛。于中所有现量圣智,能断见道所断烦恼,尔时说名生圣慧眼。即此由依去、来、今世有差别故,如其次第,名智、明、觉。第二转者,谓是有学,以其妙慧如实通达,我当于后犹有所作,应当遍知未知苦谛,应当永断未断集谛,应当作证未证灭谛,应当修习未修道谛。如是亦有四种行相,如前应知。第三转者,谓是无学,已得尽智、无生智故。言所应作,我皆已作,如是亦有四种行相,如前应知。此差别者,谓前二转四种行相,是其有学真圣慧眼;最后一转,是其无学真圣慧眼。得所得者,谓得无上正等菩提。树他相续,令于自证生信解者,谓如长老阿若憍陈,从世尊所闻正法已,最初悟解四圣谛法。又答问言:我已解法。从此已后,如前所说究竟行相,五皆证得阿罗汉果,生解脱处。最后令他于他所证生信解者,谓如长老阿若憍陈,起世间心:我已解法。如来知已,起世间心:阿若憍陈已解我法。地神知已,举声传告,经于刹那,瞚息须臾,其声展转,乃至梵世。当知世尊转所解法,置于阿若憍陈身中,此复随转置余身中,彼复随转置余身中,以是展转随转义故,说名为轮。正见等法所成性故,说名法轮。如来、应供,是梵增

---

① 《瑜伽师地论》卷二七(大正三〇·四三四下——四三五中)。

语,彼所转故,亦名梵轮。

二　　　　　五四三(三八〇)

如是我闻:一时,佛住波罗奈仙人住处鹿野苑中。尔时,世尊告诸比丘:"有四圣谛,何等为四?谓苦圣谛,苦集圣谛,苦灭圣谛,苦灭道迹圣谛。"佛说此经已,诸比丘闻佛所说,欢喜奉行。

三　　　　　五四四(三八一)

如是我闻:一时,佛住波罗奈仙人住处鹿野苑中。尔时,世尊告诸比丘:"有四圣谛,何等为四?谓苦圣谛,苦集圣谛,苦灭圣谛,苦灭道迹圣谛。若比丘于此四圣谛,未无间等者,当修无间等,起增上欲,方便堪能,正念、正知,应当觉①!"佛说此经已,诸比丘闻佛所说,欢喜奉行。

(瑜伽):复次,于四圣谛未入现观,能入现观,当知略有四种瑜伽。谓为证得所未得法,净信增上,发生厚欲;厚欲增上,精进炽然;炽然精进,有善方便。言净信者,谓正信解。所言欲者,谓欲所得。精进,如前略有五种:有势,有勤,有勇,坚猛,不舍其轭。善方便者,谓为修习不放逸故。无忘失相,说名为念。于诸放逸所有过患了别智相,说名正知。此二所摄,名不放逸,于诸染法防守心故,常能修习诸善法故。

四②　　　　　五四五(三八二)

如是我闻:一时,佛住波罗奈仙人住处鹿野苑中。尔时,世

---

① "觉",疑"学"。
② 《相应部》(五六)"谛相应"二九经。

尊告诸比丘:"有四圣谛,何等为四?谓苦圣谛,苦集圣谛,苦灭圣谛,苦灭道迹圣谛。若比丘于苦圣谛,当知、当解;于苦①集圣谛,当知、当断;于苦灭圣谛,当知、当证;于苦灭道迹圣谛,当知、当修。"佛说此经已,诸比丘闻佛所说,欢喜奉行。

五　　　　　　　五四六(三八三)

如是我闻:一时,佛住波罗奈仙人住处鹿野苑中。尔时,世尊告诸比丘:"有四圣谛,何等为四?谓苦圣谛,苦集圣谛,苦灭圣谛,苦灭道迹圣谛。若比丘于苦圣谛已知、已解,于苦集圣谛已知、已断,于苦灭圣谛已知、已证,于苦灭道迹圣谛已知、已修,如是比丘,则断爱欲,转去诸结,于慢无间②等,究竟苦边。"佛说此经已,诸比丘闻佛所说,欢喜奉行。

六③　　　　　　五四七(三八四)

如是我闻:一时,佛住波罗奈仙人住处鹿野苑中。尔时,世尊告诸比丘:"有四圣谛,何等为四?谓苦圣谛,苦集圣谛,苦灭圣谛,苦灭道迹圣谛。若比丘于苦圣谛已知、已解,于苦集圣谛已知、已断,于苦灭圣谛已知、已证,于苦灭道迹圣谛已知、已修,如是比丘名阿罗汉,诸漏已尽,所作已作,离诸重担,逮得已利,尽诸有结,正智善解脱。"佛说此经已,诸比丘闻佛所说,欢喜奉行。

七　　　　　　　五四八(三八五)

如是我闻:一时,佛住波罗奈国仙人住处鹿野苑中。尔时,

---

① "苦",原本缺,依宋本补。
② "间",原本误作"明",依宋本改。
③ 《相应部》(五六)"谛相应"二五经。

世尊告诸比丘:"有四圣谛,何等为四?谓苦圣谛,苦集圣谛,苦灭圣谛,苦灭道迹圣谛。若比丘于苦圣谛已知、已解,于苦集圣谛已知、已断,于苦灭圣谛已知、已证,于苦灭道迹圣谛已知、已修,如是比丘边际究竟,边际离垢,边际梵行已终,纯一清白,名为上士。"佛说此经已,诸比丘闻佛所说,欢喜奉行。

八　　　　　　五四九(三八六)

如是我闻:一时,佛住波罗奈国仙人住处鹿野苑中。尔时,世尊告诸比丘:"有四圣谛,何等为四?谓苦圣谛,苦集圣谛,苦灭圣谛,苦灭道迹圣谛。若比丘于苦圣谛已知、已解,于苦集圣谛已知、已断,于苦灭圣谛已知、已证,于苦灭道迹圣谛已知、已修,如是比丘无有关键,平治城堑,度诸险难,解脱结缚,名为贤圣建立圣幢。"佛说此经已,诸比丘闻佛所说,欢喜奉行。

九　　　　　　五五〇(三八七)

如是我闻:一时,佛住波罗奈仙人住处鹿野苑中。尔时,世尊告诸比丘:"有四圣谛,何等为四?谓苦圣谛,苦集圣谛,苦灭圣谛,苦灭道迹圣谛。若比丘于苦圣谛已知、已解,于苦集圣谛已知、已断,于苦灭圣谛已知、已证,于苦灭道迹圣谛已知、已修,如是比丘,无有关键,平治城堑,度诸险难,(解脱结缚,)名为贤圣建立圣幢。诸比丘!云何无有关键?谓五下分结已断、已知,是名离关键。云何平治城堑?无明谓之深堑,彼得断、知,是名平治城堑。云何度诸险难?谓无际生死,究竟苦边,是名度诸险难。云何解脱结缚?谓爱已断、已知。云何建立圣幢?谓我慢已断、已知,是名建立圣幢。"佛说此经已,诸比丘闻佛所说,欢喜奉行。

一〇　　　　　　　五五一(三八八)

如是我闻:一时,佛住波罗奈国仙人住处鹿野苑中。尔时,世尊告诸比丘:"有四圣谛,何等为四?谓苦圣谛,苦集圣谛,苦灭圣谛,苦灭道迹圣谛。若比丘于苦圣谛已知、已解,于苦集圣谛已知、已断,于苦灭圣谛已知、已证,于苦灭道迹圣谛已知、已修,是名比丘断五支,成六分,守护于一,依倚①于四,舍除诸谛,离四衢,证诸觉想,自身所作,心善解脱,慧善解脱,纯一清白,名为上士。"佛说此经已,诸比丘闻佛所说,欢喜奉行②。

一一　　　　　　　五五二(三八九)

如是我闻:一时,佛住波罗奈国仙人住处鹿野苑中。尔时,世尊告诸比丘:"有四法成就,名曰大医王者所应③具王之分。何等为四?一者、善知病,二者、善知病源,三者、善知病对治,四者、善知治病已,当来更不动发。云何名良医善知病?谓良医善知如是如是种种病,是名良医善知病。云何良医善知病源?谓良医善知:此病因风起,痰④阴起,涎唾起,众冷起;因现事起,时节起,是名良医善知病源。云何良医善知病对治?谓良医善知种种病,应涂药,应吐,应下,应灌鼻,应熏,应取汗,如是比种种对治,是名良医善知对治。云何良医善知治病已,于未来世永不动发?谓良医善治种种病,令究竟除,于未来世永不复起,是名良医善知治病更不动发。如来、应、等正觉为大医王,成就四德,

---

① "倚",原本作"猗",依宋本改。

② 以上诸经,赞述阿罗汉究竟功德,《论》义见前(一)"阴相应"一二〇——一二五经下。

③ "应"下,原本衍"王之"二字,今删。

④ "痰",原本作"癣",依元本改。

疗众生病，亦复如是。云何为四？谓如来知此是苦圣谛如实知，此是苦集圣谛如实知，此是苦灭圣谛如实知，此是苦灭道迹圣谛如实知。诸比丘！彼世间良医，于生根本对治不如实知，老病死、忧悲恼苦根本对治不如实知。如来、应、等正觉为大医王，于生根本〔知〕对治如实知，于老病死忧悲恼苦根本对治如实知，是故如来、应、等正觉，名大医王。"佛说此经已，诸比丘闻佛所说，欢喜奉行。

（**如病**）：复次，苦谛如诸疾病，集谛如起病因，灭谛如病生已而得除愈，道谛如病除已令后不生。诸有病者诣良医所，但应寻求尔所正法；诸有良医，亦但应授尔所正法，是故更无第五圣谛。诸佛如来拔大爱见无上良医，亦但宣说尔所正法。

一二①　　　　　　　五五三（三九〇）

如是我闻：一时，佛住波罗奈国仙人住处鹿野苑中。尔时，世尊告诸比丘："若诸沙门、婆罗门，于此苦圣谛不如实知，此苦集圣谛不如实知，此苦灭圣谛不如实知，此苦灭道迹圣谛不如实知，此非沙门之沙门，非婆罗门之婆罗门，彼亦不于沙门义、婆罗门义，见法自知作证：我生已尽，梵行已立，所作已作，自知不受后有。若沙门、婆罗门，于此苦圣谛如实知，此苦集圣谛如实知，此苦灭圣谛如实知，此苦灭道迹圣谛如实知，当知是沙门、婆罗门，沙门之沙门，婆罗门之婆罗门，于沙门义、婆罗门义，见法自知作证：我生已尽，梵行已立，所作已作，自知不受后有。是故比

---

① 以下诸经，与《相应部》（五六）"谛相应"二二经相当。

丘！于四圣谛无间等,当起增上欲,精勤堪能,方便修学。何等为四？谓苦圣谛,苦集圣谛,苦灭圣谛,苦灭道迹圣谛。"佛说此经已,诸比丘闻佛所说,欢喜奉行。

一三　　　　　五五四（三九一）

如是我闻：一时,佛住波罗奈国仙人住处鹿野苑中。广说如上。差别者："于四圣谛不如实知,当知是沙门、婆罗门,非沙门数,非婆罗门数。于四圣谛如实知者,是沙门数,是婆罗门数。"乃至佛说此经已,诸比丘闻佛所说,欢喜奉行。

一四　　　　　五五五（三九二）

如是我闻：一时,佛住波罗奈国仙人住处鹿野苑中。尔时,世尊告诸比丘："若沙门、婆罗门,于苦圣谛不如实知,苦集圣谛不如实知,苦灭圣谛不如实知,苦灭道迹圣谛不如实知,当知是沙门、婆罗门,不得脱苦。若沙门、婆罗门,于苦圣谛如实知,于苦集圣谛如实知,于苦灭圣谛如实知,于苦灭道迹圣谛如实知,当知是沙门、婆罗门,解脱于苦。"佛说此经已,诸比丘闻佛所说,欢喜奉行。

一五——二一　　五五六——五六二（　　　）

如于苦不解脱、解脱,如是〔舍〕恶趣不解脱、解脱,堪能舍戒退减、不舍戒退减,能自说得过人法自证、不能自说得过人法作证,能于此外求良福田、不能于此外求良福田,能于此外求大师、不能于此外求大师,不能越苦、堪能越苦,不堪能脱苦、堪能脱苦。如是上诸经重说,悉继以偈：

"若不知苦者,及彼众苦因,一切诸苦法、寂灭永无余,若不知道迹,能思①一切苦;心解脱于苦,慧解脱亦然,不能越众苦,令苦究竟脱。若如实知苦,亦知众苦因,及一切诸苦、永灭尽无余,若复如实知、息苦之道迹;意解脱具足,慧解脱亦然,堪能越众苦,究竟得解脱。"

佛说此经已,诸比丘闻佛所说,欢喜奉行。

"相":复次,背圣谛智,不成现观,诸有沙门,若婆罗门,当知略有十相过患:谓有胜义诸沙门等,意不许彼为沙门等;言亦不数为沙门等;于诸后有生等众苦皆未解脱;于诸恶趣亦未解脱;堪能弃舍正所学处;不堪能证诸出世间过人胜法,所谓圣道、道果涅槃;向善趣故,堪能寻访除学、无学余外福田;于超苦苦更不还果,无所堪能;于现法中究竟悟解,解脱一切有余依苦,无所堪能。与此相违,当知即是不背谛智,成就现观所有沙门、若婆罗门十相功德。

二二② 　　　　　　　五六三(　三九三)

如是我闻:一时,佛住波罗奈仙人住处鹿野苑中。尔时,世尊告诸比丘:"若善男子,正信非家,出家学道,彼一切所应,当知四圣谛法。何等为四?谓知苦圣谛,知苦集圣谛,知苦灭圣谛,知苦灭道迹圣谛。是故比丘!于四圣谛未无间等者,当勤方便,修无间等。"如此章句,一切四圣谛经,应当具说。佛说此经已,诸比丘闻佛所说,欢喜奉行。

---

① "思",疑"息"。
② 《相应部》(五六)"谛相应"三·四经。

杂因诵第三

二三——二四　　五六四——五六五（　　）

如〔是〕知①，如是见，如是无间等，悉应当说。

二五——二七　　五六六——五六八（　　）

又"三结尽，得须陀洹，一切当知四圣谛。何等为四？谓知苦圣谛，知苦集圣谛，知苦灭圣谛，知苦灭道迹圣谛"。如〔是〕当知，如是当见，无间等。佛说此经已，诸比丘闻佛所说，欢喜奉行。

二八——三〇　　五六九——五七一（　　）

"若三结尽，贪恚痴薄，得斯陀含，彼一切皆于四圣谛如实知故。何等为四？谓知苦圣谛，知苦集圣谛，知苦灭圣谛，知苦灭道迹圣谛。"如〔是〕当知，如是当见，如是无间等，亦如是说。

三一——三三　　五七二——五七四（　　）

"五下分结尽，生般涅槃，阿那含不还此世，彼一切知四圣谛。何等为四？知苦圣谛，知苦集圣谛，知苦灭圣谛，知苦灭道迹圣谛。"如〔是〕知，如是见，如是无间等，亦如是说。

三四——三六　　五七五——五七七（　　）

"若一切漏尽，无漏心解脱、慧解脱，见法自知作证：我生已尽，梵行已立，所作已作，自知不受后有，彼一切悉知四圣谛。何等为四？谓知苦圣谛，知苦集圣谛，知苦灭圣谛，知苦灭道迹圣谛。"如〔是〕知，如是见，如是无间等，亦如是说。

三七——三九　　五七八——五八〇（　　）

"若得辟支佛道证，彼一切知四圣谛故。何等为四？谓知

---

① "如是知"，乃举前经"知四圣谛"为例。"是"字可省，下例。

苦圣谛,知苦集圣谛,知苦灭圣谛,知苦灭道迹圣谛。"如〔是〕知,如是见,如是无间等,亦如是说。

四〇——四二①　　五八一——五八三(　　　)

"若得无上等正觉,彼一切知四圣谛故。何等为四?谓知苦圣谛,知苦集圣谛,知苦灭圣谛,知苦灭道迹圣谛。"如〔是〕知,如是见,如是无间等,亦如是说。佛说此经已,诸比丘闻佛所说,欢喜奉行。

"**处**":复次,趣向谛智、乐正觉者,应当了知,依四圣谛增上缘力,得所依处,得得方便,应知是处。于善说法毗奈耶中,净信出家,名得依处。若四沙门果所摄受声闻菩提,若诸独觉所有菩提,若诸如来无上菩提,如是三种,当知名得。如前所说三周正转,随其次第,智、见、现观,名得方便。应知于入谛现观时,如实了知是苦圣谛,乃至广说是道圣谛,说名智位;从此已后,于诸谛中复有所作,应当遍知,广说乃至应当修习,由此观故,说名见位;于无学地,如实解了我已遍知,我已永断,我已作证,我已修习,名现观位。复有差别:谓诸无学尽、无生智所摄,一切极解脱智,说名智位;即此无学极解脱智所引正见,说名见位;从预流果乃至究竟,当知所有一切学慧,名现观位。

四三——四五②　　五八四——五八六(　三九四)

如是我闻:一时,佛住波罗奈国仙人住处鹿野苑中。尔时,世尊告诸比丘:"譬如日出,明相先起。如是正尽苦,亦有前相

---

① 《相应部》(五六)"谛相应"二三·二四经。
② 《相应部》(五六)"谛相应"三七经。

起,谓知四圣谛。何等为四?知苦圣谛,知苦集圣谛,知苦灭圣谛,知苦灭道迹圣谛。"佛说此经已,诸比丘闻佛所说,欢喜奉行。

如〔是〕知,如是见,如是无间等,亦如是说。

四六① 　　　　　　五八七(三九五)

如是我闻:一时,佛住波罗奈国仙人住处鹿野苑中。尔时,世尊告诸比丘:"若日、月不出世间者,一切众星亦不出于世间,昼、夜、半月、一月、时节、岁数、克数、须臾皆悉不现;世间常冥,无有明照,唯有长夜,纯大暗苦现于世间。若如来、应供、等正觉不出世间时,不说苦圣谛,苦集圣谛、苦灭圣谛、苦灭道迹圣谛现于世间,世间盲冥,无有明照,如是长夜,纯大暗冥现于世间。若日、月出于世间,众星亦现,昼、夜、半月、一月、时节、岁数、克数、须臾悉现世间,长夜明照出于世间。如是如来、应、等正觉出于世间,说苦圣谛现于世间,苦集圣谛、苦灭圣谛、苦灭道迹圣谛现于世间,不复暗冥,长夜照明,纯一智慧现于世间。"佛说此经已,诸比丘闻佛所说,欢喜奉行。

四七 　　　　　　五八八(三九六)

如是我闻:一时,佛住波罗奈国仙人住处鹿野苑中。尔时,世尊告诸比丘:"譬如日出,周行空中,坏诸暗冥,光明显照。如是圣弟子,所有集法一切灭已,离诸尘垢,得法眼生,与无间等俱,三结断,所谓身见、戒取、疑。此三结尽,名须陀洹,不堕恶趣法,必定正觉趣,七有天人往生,作苦边。彼圣弟子,中间虽起忧

---

① 《相应部》(五六)"谛相应"三八经。

苦,听彼圣弟子离欲恶不善法,有觉、有观,离生喜乐,初禅具足住。不见彼圣弟子有一法不断,能令还生此世者,此则圣弟子得法眼之大义。是故比丘于此四圣谛,未无间等者,当勤方便,起增上欲,精进修学。"佛说是经已,诸比丘闻佛所说,欢喜奉行。

四八①　　　　　　　五八九（　三九七）

如是我闻:一时,佛住波罗奈国仙人住处鹿野苑中。尔时,世尊告诸比丘:"当作是说:我于苦圣谛未无间等,苦集圣谛、苦灭圣谛未无间等,而言我当得苦灭道迹圣谛无间等者,此说不应。所以者何? 无是处故。若苦圣谛、苦集圣谛、苦灭圣谛未无间等,而欲苦灭道迹圣谛无间等者,无有是处。譬如有人言:我欲取佉提罗叶,合集作器,盛水持行者,无有是处。所以者何? 无是处故。如是言:我于苦圣谛、苦集圣谛、苦灭圣谛未无间等,而欲得苦灭道迹圣谛无间等者,无有是处。若复有言:我当于苦圣谛、苦集圣谛、苦灭圣谛无间等已②,复得苦灭道迹圣谛者,斯则善说。所以者何? 有是处故。若苦圣谛、苦集圣谛、苦灭圣谛无间等已,而欲苦灭道迹圣谛无间等者,斯有是处。譬如有言:我以纯昙摩叶、摩楼迦叶,合集盛水持行者,此则善说。所以者何? 有是处故。如是若言:我于苦圣谛、苦集圣谛、苦灭圣谛无间等已,而欲苦灭道迹圣谛无间等者,斯则善说。所以者何? 有是处故。若于苦圣谛、苦集圣谛、苦灭圣谛无间等已,而欲苦灭道迹圣谛无间等者,斯有是处故。"佛说是经已,诸比丘闻佛所说,欢喜奉行。

---

① 《相应部》(五六)"谛相应"三二经。

② "已"下,原本有"得"字,今删。

五九〇（三九八）

如是我闻：一时，佛住波罗奈仙人住处鹿野苑中。尔时，世尊告诸比丘："如小绵丸、小劫贝华丸，置四衢道头，四方风吹，则随风去，向于一方。如是若沙门、婆罗门，于苦圣谛不如实知，于苦集圣谛、于苦灭圣谛、苦灭道迹圣谛不如实知，当知彼沙门、婆罗门，常观他面，常随他说；以不如实知故，闻彼所说，趣说而受，当知此人不宿修习智慧故。譬如因陀罗柱，铜铁作之，于深入地中，四方猛风不能令动。如是沙门、婆罗门，于苦圣谛如实知，苦集圣谛、苦灭圣谛、苦灭道迹圣谛如实知者，当知是沙门、婆罗门，不视他面，不随他语，是沙门、婆罗门智慧坚固，本随习故，不随他语。是故比丘！于四圣谛当勤方便，起增上欲，精进修学。"佛说是经已，诸比丘闻佛所说，欢喜奉行。

五九一（三九九）

如是我闻：一时，佛住波罗奈国仙人住处鹿野苑中。尔时，世尊告诸比丘："譬如石柱长十六肘，八肘入地，四方风吹，不能令动。如是沙门、婆罗门，于苦圣谛如实知，于苦集圣谛、苦灭圣谛、苦灭道迹圣谛如实知，斯等沙门、婆罗门，至诸论处，无能屈其心解脱、慧解脱者，能使余沙门、婆罗门反生忧苦。如是如实知、如实见，皆是先世宿习故，使智慧不可倾动。是故比丘！于四圣谛当勤方便，起增上欲，精进修学。"佛说是经已，诸比丘闻佛所说，欢喜奉行。

---

① 《相应部》(五六)"谛相应"三九经。
② 《相应部》(五六)"谛相应"四〇经。

五一① 　　　　　五九二（四〇〇）

如是我闻：一时，佛住波罗奈国仙人住处鹿野苑中。尔时，世尊告诸比丘："譬如有人，火烧头衣，当起增上欲，急救令灭。"佛告比丘："莫作是说！当置头衣，于四圣谛起增上欲，勤加方便，修无间等。何等四？谓苦圣谛，苦集圣谛，苦灭圣谛，苦灭道迹圣谛；未无间等，当勤方便修无间等。所以者何？比丘！长夜炽然，地狱、畜生、饿鬼，诸比丘不见极苦。如苦圣谛、苦集圣谛、苦灭圣谛、苦灭道迹圣谛未无间等者，是比丘当忍苦乐、忧悲，于四圣谛勤加精进，方便修习无间等，应当学！"佛说是经已，诸比丘闻佛所说，欢喜奉行。

五二② 　　　　　五九三（四〇一）

如是我闻：一时，佛住波罗奈国仙人住处鹿野苑中。尔时，世尊告诸比丘："譬如士夫年寿百岁，有人语言：士夫若欲闻法，当日日三时受苦，晨朝时受百枪苦，日中、晡时亦复如是。于一日中受三百枪苦，如是日日至于百岁，然后闻法得无间等，汝宁能不？时彼士夫为闻法故，悉堪能受。所以者何？人生于世，长夜受苦，有时地狱，有时畜生，有时饿鬼，于三恶道空受众苦，亦不闻法。是故我今为无间等故，不以终身受三百枪为大苦也。是故比丘！于四圣谛未得无间等者，当勤方便，起增上欲，学无间等。"佛说此经已，诸比丘闻佛所说，欢喜奉行。

"业"：复次，应知谛智略有六种作业及相：谓此谛智是能永

---

① 《相应部》（五六）"谛相应"三四经。
② 《相应部》（五六）"谛相应"三五经。

灭众苦前行,如日将出,先现明相。正尽苦者,谓初见谛所断众苦;作苦边者,谓阿罗汉所断众苦。又此谛智,是能对治大无明暗,如日光明,能破世间所有大暗。又如有一已证谛智,永断三结。从此无间,由失念故,暂为欲贪、嗔恚所染。彼于尔时,依不放逸,入初静虑,由触谛智,得不还果。如是渐次,虽入非想非非想定,而与外凡有其差别,由已证得不退法故。如是谛智,有广大用,有广大果。此中所有过去诸行,说名已生;现在诸行,说名正生;未来诸行,说名当生。如是一切,总名集法。即此一切,由无常灭,或有已灭,或有向灭,或有当灭,总名灭法。又于谛智已证得者,如大石楼,已善雕饰,八方猛风不能倾动,一切异论不能移转。所有悟解,不假他缘,不视他面,彼将何说,我当听受,不观他口;适出语已,寻我听闻思惟筹量审谛观察。诸他沙门、婆罗门者,当知即是诸外道辈。又即一切四圣谛智,渐次集成,名谛现观,非随阙一。此谛现观,犹如肴膳,诸圣弟子无上慧命,皆依此活,如受欲者,食用肴膳。苦等谛智;阙余三智,如睒弥叶;当知余似娑罗枝叶,四圣谛智渐次集成,一切圆满。又诸谛智,与喜乐俱,觉真义故,能令身心极轻安故,名谛现观。生那落迦中,略有二苦:一、烧燃苦,二、治罚苦。由阙谛智,获斯二苦。此无量生猛利大苦,向①圣谛智,皆能超越。如是谛智,假使因其烧燃治罚猛利大苦,于现法中一身灭坏而可得者,应生踊跃,欢喜忍受。纵毁百身,尚应欢喜,况乃唯一!

---

① "向",宋本作"由"。

五三① 　　　　　五九四（四〇二）

如是我闻：一时，佛住波罗奈国仙人住处鹿野苑中。尔时，世尊告诸比丘："于四圣谛，平等正觉，名为如来、应、等正觉。何等为四？所谓苦圣谛，苦集圣谛，苦灭圣谛，苦灭道迹圣谛。于此四圣谛平等正觉，名为如来、应、等正觉。是故诸比丘！于四圣谛未无间（等）者，当勤方便，起增上欲，学无间等。"佛说此经已，诸比丘闻佛所说，欢喜奉行。

五四② 　　　　　五九五（四〇三）

如是我闻：一时，佛在摩竭国人间游行。于王舍城、波罗利弗，是中间竹林聚落，国王于中造福德舍。尔时，世尊与诸大众，于中宿止。尔时，世尊告诸比丘："我与汝等，于四圣谛无知、无见，无随顺觉，无随顺受者，应当长夜驱驰生死。何等为四？谓苦圣谛，苦集圣谛，苦灭圣谛，苦灭道迹圣谛③。以我及汝，于此苦圣谛，顺知，顺入，断诸有流，尽诸生死，不受后有；于苦集圣谛、苦灭圣谛、苦灭道迹圣谛，顺知，顺入，断诸有流，尽诸生死，不受后有。是故比丘！于四圣谛未无间等者，当勤方便，起增上欲，修无间等。"尔时，世尊即说偈言：

"我常与汝等，长夜涉生死，不见圣谛故，大苦日增长。
若见四圣谛，断有大流海，生死永已除，不复受后生。"

佛说此经已，诸比丘闻佛所说，欢喜奉行。

------

① 《相应部》（五六）"谛相应"二三·二四经。
② 《相应部》（五六）"谛相应"二一经。《增一阿含经》（二五）"四谛品"一经。
③ "圣谛"下，原本有"我与汝等……驱驰生死"——二十九字，衍文，今删。

五五①　　　　五九六（四〇四）

如是我闻：一时，佛在摩竭国人间游行。王舍城、波罗利弗，是中间竹林聚落，大王于中作福德舍。尔时，世尊与诸大众，于中止宿。尔时，世尊告诸比丘："汝等当行，共至申恕林。"尔时，世尊与诸大众，到申恕林，坐树下。尔时，世尊手把树叶，告诸比丘："此手中叶为多耶？大林树叶为多？"比丘白佛："世尊手中树叶甚少，彼大林中树叶，无量百千亿万倍，乃至算数譬类不可为比。""如是诸比丘！我成等正觉，自所见法，为人定②说者，如手中树叶。所以者何？彼法义饶益，法饶益，梵行饶益，明慧正觉，向于涅槃。如大林树叶，如我成等正觉，自知正法，所不说者，亦复如是。所以者何？彼法非义饶益，非法饶益，非梵行饶益，明慧正觉，正向涅槃故。是故诸比丘！于四圣谛未无间等者，当勤方便，起增上欲，学无间等。"佛说此经已，诸比丘闻佛所说，欢喜奉行。

"障"：复次，若有为修圣谛现观，当知略有四种障碍。何等为四？一者、不信，二者、上慢，三者、待时，四者、放逸。言不信者，复有三种：一、于谛现观不生信解，二、于僧善行不生信解，三、于佛菩提不生信解。为欲断除初不信故，世尊自引现量所证圣谛现观，告诸弟子，言我已于四圣谛理得现观故，证觉无上正等菩提。为欲断除第二不信，故复说言：我昔与汝辈，长世久流转，由未正思惟，觉悟于真谛。我今与汝等，由正见通达，以通达

---

① 《相应部》（五六）"谛相应"三一经。
② "定"，疑"宣"。

为因,尽生死流转。彼因缘尽故,自今无后有唯余最后身,任持令不灭。第三不信于佛菩提如是相转,谓若沙门乔答摩种是一切智,何故有问一类能记,一类不记?为欲断除如是不信,故复说言:我所觉法,无量无边,譬如大地诸草木叶;为他说者,少不足言,譬如手中升摄波叶。多分能引无义利故,少分能引有义利故。当知此中,非不知故而不记别,但由能引无义利故而不记别。

五六① 　　　　五九七(四〇五)

如是我闻:一时,佛住毗舍离猕猴池侧重阁讲堂。尔时,尊者阿难,晨朝着衣持钵,入毗舍离城乞食。时有众多离车童子,晨朝从城内出,至精舍门,持弓箭,竞射精舍门孔,箭箭皆入门孔。尊者阿难见已,以为奇特:彼诸离车童子,能作如是难事!入城乞食还,举衣钵,洗足已,往诣佛所,稽首佛足,退住一面。白佛言:"世尊!我今晨朝着衣持钵,入毗舍离城乞食,见有众多离车童子,从城内出,至精舍门,竞射门孔,箭箭皆入。我作是念:此甚奇特!诸离车童子能为难事!"佛告阿难:"于意云何?离车童子竞射门孔,箭箭皆入,此为难耶?破一毛为百分,而射一毛分,箭箭悉中,此为难耶?"阿难白佛:"破一毛百分,射一分之毛,箭箭悉中,此则为难。"佛告阿难:"未若于苦圣谛生如实知,此则甚难;如是苦集圣谛、苦灭圣谛、苦灭道迹圣谛如实知见,此则甚难!"尔时,世尊而说偈言:

---

① 《相应部》(五六)"谛相应"四五经。

"一毛为百分,射一分甚难,观一一苦阴,非我难亦然。"

佛说此经已,诸比丘闻佛所说,欢喜奉行。

① 言上慢者,谓即于彼谛现观中,起增上慢。为欲断除如是上慢,故复说言:如人在远,以箭射箭,筈筈无遗,甚为希有。或复一毛析为百分,以毛斠毛,端端不落,以极细故,是事复难。通达圣谛,转难于彼。所以者何?由即以其能取作意,还即通达能取作意,如是方有能缘、所缘,平等平等,无漏智生,通达谛理。是故此事最细、最难,箭射箭筈,毛斠毛端,则不如是。

五七② 　　　　　五九八(四〇六)

如是我闻:一时,佛住猕猴池侧重阁讲堂。尔时,世尊告诸比丘:"譬如大地,悉成大海。有一盲龟,寿无量劫,百年一出其头。海中有浮木,止有一孔,漂流海浪,随风东西。盲龟百年一出其头,当得遇此孔不?"阿难白佛:"不能,世尊!所以者何?此盲龟若至海东,浮木随风或至海西,南、北、四维,围绕亦尔,不必相得。"佛告阿难:"盲龟浮木,虽复差违,或复相得;愚痴凡夫漂流五趣,暂复人身,甚难于彼。所以者何?彼诸众生不行其义,不行法,不行善,不行真实,展转杀害,强者陵弱,造无量恶故。是故比丘!于四圣谛③未无间等者,当勤方便,起增上欲,学无间等。"佛说此经已,诸比丘闻佛所说,欢喜奉行④。

---

① 《论》承上文,为四种障碍之二。
② 《相应部》(五六)"谛相应"四七经。
③ "谛"下,原本有"当"字,今删。
④ 《杂阿含经》卷一五终。

①言待时者,谓于所作推待后时。为欲断灭如是待时,故世尊说:无坠人身,甚为难得,复引盲龟以况其事。

五八②　　　　　　　　五九九(四〇七)

③如是我闻:一时,佛住王舍城迦兰陀竹园。时有众多比丘,集于食堂,思惟世间而思惟。尔时,世尊知诸比丘心之所念,往诣食堂,敷座而坐。告诸比丘:"汝等比丘,慎莫思惟世间思惟!所以者何?世间思惟,非义饶益,非法饶益,非梵行饶益,非智、非觉,不顺涅槃。汝等当正思惟:此苦圣谛,此苦集圣谛,此苦灭圣谛,此苦灭道迹圣谛。所以者何?如此思惟,则义饶益,法饶益,梵行饶益,正智、正觉,正向涅槃。过去世时,有一士夫,出王舍城,于拘𫄧罗池侧,正坐思惟世间思惟。当思惟时,见四种军:象军、马军、车军、步军,无量无数,皆悉入于一藕孔中。见已,作是念:我狂失性,世间所无而今见之。尔时,去池不远,更有大众一处聚集。时彼士夫诣大众所,语言:诸人!我今发狂,我今失性,世间所无而我今见,如上广说。时彼大众,皆谓士夫狂发失性,世间所无而彼见之。"佛告比丘:"然彼士夫,非狂失性,所见真实。所以者何?尔时,去拘𫄧罗池不远,有诸天、阿修罗,兴四种军,战于空中。时诸天得胜,阿修罗军败退,入彼池一藕孔中。是故比丘!汝等慎莫思惟世间!所以者何?世间思惟,非义饶益,非法饶益,非梵行饶益,非智、非觉,非正向涅槃。当思惟四圣谛!何等为四?苦圣谛,苦集圣谛,苦灭圣谛,苦灭

---

① 《论》承上文,为四种障碍之三。
② 《相应部》(五六)"谛相应"四一经。
③ 《杂阿含经》卷一六。

道迹圣谛。"佛说此经已,诸比丘闻佛所说,欢喜奉行。

五九①　　　　　　六〇〇（四〇八）

如是我闻:一时,佛住王舍城迦兰陀竹园。时有众多比丘,集于食堂,作如是论:或谓世间有常,或谓世间无常,世间有常无常,世间非有常非无常;世间有边,世间无边,世间有边无边,世间非有边非无边;是命是身,命异身异;如来死后有,如来死后无,如来死后有无,如来死后非有非无。尔时,世尊一处坐禅,以天耳闻诸比丘集于食堂论议之声。闻已,往诣食堂,于大众前,敷座而坐。告诸比丘:"汝等比丘众多聚集,何所言说?"时诸比丘白佛言:"世尊! 我等众多比丘,集此食堂,作如是论:或说有常,或说无常,如上广说。"佛告比丘:"汝等莫作如是论议! 所以者何? 如此论者,非义饶益,非法饶益,非梵行饶益,非智、非正觉,非正向涅槃。汝等比丘! 应如是论议:此苦圣谛,此苦集圣谛,此苦灭圣谛,此苦灭道迹圣谛。所以者何? 如是论议,是义饶益,法饶益,梵行饶益,正智、正觉,正向涅槃。是故比丘! 于四圣谛未无间等,当勤方便,起增上欲,学无间等。"佛说此经已,诸比丘闻佛所说,欢喜奉行。

六〇②　　　　　　六〇一（四〇九）

如是我闻:一时,佛住王舍城迦兰陀竹园。尔时,有众多比丘,集于食堂:或有贪觉觉者,或嗔觉觉者,或害觉觉者。尔时,世尊知诸比丘心之所念,往诣食堂,敷坐具,于众前坐。告诸比丘:"汝等莫起贪觉觉,莫起恚觉觉,莫起害觉觉! 所以者何?

---

① 《相应部》(五六)"谛相应"八经。
② 《相应部》(五六)"谛相应"七经。

此诸觉,非义饶益,非法饶益,非梵行饶益,非智、非正觉,不向涅槃。汝等当起苦圣谛觉,苦集圣谛觉,苦灭圣谛觉,苦灭道迹圣谛觉。所以者何?此四圣谛觉,义饶益,法饶益,梵行饶益,正智、正觉,向于涅槃。是故诸比丘!于四圣谛,当勤方便,起增上欲,正智、正念,精进修学。"佛说此经已,诸比丘闻佛所说,欢喜奉行。

六一　　　　　　六〇二(四一〇)

如是我闻:一时,如上广说。差别者,起亲里觉,国土人民觉,不死觉,乃至闻佛所说,欢喜奉行。

六二①　　　　　　六〇三(四一一)

如是我闻:一时,佛住王舍城迦兰陀竹园。时有众多比丘,集于食堂,作如是论:或论王事,贼事,斗战事,钱财事,衣被事,饮食事,男女事,世间言语事,事业事,说诸海中事。尔时,世尊于禅定中,以天耳闻诸比丘论说之声,即从座起,往诣食堂,敷坐具,于众前坐。告诸比丘:"汝等比丘众多聚集,为何所说?"诸比丘白佛言:"世尊!我等于此聚集,或论说王事,如上广说。"佛告比丘:"汝等莫作是论!论说王事,乃至不向涅槃。若论说者,应当论说:此苦圣谛,苦集圣谛,苦灭圣谛,苦灭道迹圣谛。所以者何?此四圣谛,以义饶益,法饶益,梵行饶益,正智、正觉,正向涅槃。"佛说此经已,诸比丘闻佛所说,欢喜奉行。

六三②　　　　　　六〇四(四一二)

如是我闻:一时,佛住王舍城迦兰陀竹园。时有众多比丘,

---

① 《相应部》(五六)"谛相应"一〇经。
② 《相应部》(五六)"谛相应"九经。

集于食堂,作如是说:"我知法律,汝等不知;我所说成就,我等所说与理合,汝等所说不成就,不与理合;应前说者则在后说,应后说者则在前说。"而共诤论言:"我论是,汝等不如,能答者当答!"尔时,世尊于禅定中,以天耳闻诸比丘诤论之声,如是广说,乃至"于四圣谛无间等者,当勤起方便,起增上欲,学无间等"。佛说是经已,诸比丘闻佛所说,欢喜奉行。

六四　　　　　六〇五(四一三)

如是我闻:一时,佛住王舍城迦兰陀竹园。时有众多比丘,集于食堂,作如是论:波斯匿王、频婆娑罗王,何者大力?何者大富?尔时,世尊于禅定中,以天耳闻诸比丘论说之声,即从座起,往诣食堂,敷坐具,于众前坐。问诸比丘:"汝等何所论说?"时诸比丘,即以上事具白世尊。佛告比丘:"汝等用说诸王大力、大富为?汝等比丘莫作是论!所以者何?此非义饶益,非法饶益,非梵行饶益,非智、非正觉,不向涅槃。汝等当说:此苦圣谛,苦集圣谛,苦灭圣谛,苦灭道迹圣谛。所以者何?此四圣谛,是义饶益,法饶益,梵行饶益,正智、正觉,正向涅槃。是故比丘!于四圣谛未无间等者,当勤方便,起增上欲,学无间等。"佛说此经已,诸比丘闻佛所说,欢喜奉行。

六五　　　　　六〇六(四一四)

如是我闻:一时,佛住王舍城迦兰陀竹园。时有众多比丘,集于食堂,作如是论:"汝等宿命,作何等业?为何工巧?以何自活?"尔时,世尊于禅定中,以天耳闻诸比丘论说之声,即从座起,往诣食堂,敷坐具,于众前坐。问诸比丘:"汝说何等?"时诸比丘以上所说,具白世尊。佛告比丘:"汝等比丘莫作是说,宿命所作。所以者何？此非义饶益，非法饶益，非梵行饶益，非智、非正觉，不向涅槃。汝等比丘当共论说：此苦圣谛，苦集圣谛，苦灭圣谛，苦灭道迹圣谛。所以者何？此义饶益，法饶益，梵行饶益，正智、正觉，正向涅槃。是故比丘！依于四圣谛未无间等者，当勤方便，起增上欲，学无间等。"佛说此经已，诸比丘闻佛所说，欢喜奉行。

六六　　　　　　　六〇七（四一五）

如是我闻：一时，佛住王舍城迦兰陀竹园。时有众多比丘，集于食堂，作如是论说①：某甲檀越作粗疏食，我等食已，无味无力。我等不如舍彼粗食而行乞食，所以者何？比丘乞食，时得好食，又见好色，时闻好声，多人所识，亦得衣被、卧具、医药。尔时，世尊于禅定中，以天耳闻诸比丘论说之声，即诣食堂。如是广说，乃至正向涅槃。佛说此经已，诸比丘闻佛所说，欢喜奉行。

②云何放逸？谓略而言，若邪思惟，若邪寻思，若邪戏论，是名放逸。当知若于不应思处而强思惟，名邪思惟。谓或思惟：我于过去世为曾有邪？乃至广说。于未来世，于内犹豫，我为是谁？谁当是我？今此有情从何而来？于是没已当往何所？或思世间，谓世间常乃至广说。如是或谓世间有边，乃至广说。或思有情，谓命即身，乃至广说。或思有情业果异熟，谓妄思惟，此作此受，乃至广说。或复思惟，诸静虑者静虑境界，或思诸佛诸佛境界，如来灭后若有若无，乃至广说。彼由世俗、胜义善巧，于是

---

① "论说"，原本作"说论"，依宋本改。
② 《论》承上文，四种障碍之四。

一切,二因缘故不应思惟:一、非思惟所缘境故,二、由其事无所有故。若有思求非思境事,或有思求无所有事,如是一切皆无所得,唯有令心转增迷乱。若于此中,不如正理强思惟者,虽有一类,由宿因力,或起厌离,或起厌离相应作意缘实境界,于其中间暂尔现行,而复于彼见为过患生不实想。如是思惟世间等法,能引无义。邪寻思者,当知即是欲等寻思。邪戏论者,复有六种:谓颠倒戏论,唐捐戏论,诤竞戏论,于他分别胜劣戏论,分别工巧养命戏论,耽染世间财食戏论。如是一切,总名放逸。为欲断除此放逸故,如来亲自为教诲者,为堪受化补特伽罗,闻已速能断诸放逸。

六七① 六〇八(四一六)

如是我闻:一时,佛住王舍城迦兰陀竹园。尔时,世尊告诸比丘:"汝等持我所说四圣谛不?"时有异比丘,从座起,整②衣服,为佛作礼,合掌白佛:"唯然,世尊所说四圣谛,我悉受持。"佛告比丘:"汝云何受持四圣谛?"比丘白佛言:"世尊说言:此是苦圣谛,我即受持;此苦集圣谛,此苦灭圣谛,此苦灭道迹圣谛,如是世尊说四圣谛,我即受持。"佛告比丘:"善哉!善哉!我说苦圣谛,汝真实受持。我说苦集圣谛、苦灭圣谛、苦灭道迹圣谛,汝真实受持。"佛说此经已,诸比丘闻佛所说,欢喜奉行。

六八③ 六〇九(四一七)

如是我闻:一时,佛住王舍城迦兰陀竹园。尔时,世尊告诸

---

① 《相应部》(五六)"谛相应"一五经。
② "整",原本作"正",依宋本改。
③ 《相应部》(五六)"谛相应"二〇·二七经。

比丘:"汝等持我所说四圣谛不?"时有比丘从座起,整衣服,偏袒右肩,为佛作礼,合掌白佛:"唯然,世尊所说四圣谛,我悉受持。"佛告比丘:"汝云何持我所说四圣谛?"比丘白佛言:"世尊说苦圣谛,我悉受持,如如,不离如,不异如,真实,审谛,不颠倒,是圣所谛,是名苦圣谛。世尊说苦集圣谛、苦灭圣谛、苦灭道迹圣谛,如如,不离如,不异如,真实,审谛,不颠倒,是圣所谛。是为世尊说四圣谛,我悉受持。"佛告比丘:"善哉!善哉!汝真实持我所说四圣谛,如如,不离如,不异如,真实,审谛,不颠倒,是名比丘真实持我四圣谛。"佛说此经已,诸比丘闻佛所说,欢喜奉行。

六九① 六一〇(四一八)

如是我闻:一时,佛住王舍城迦兰陀竹园。尔时,世尊告诸比丘:"汝持我所说四圣谛不?"时有异比丘,从座起,整衣服,为佛作礼,合掌白佛言:"唯然,世尊所说四圣谛,我悉持之。云何四谛?世尊说苦圣谛,我悉持之;苦集圣谛、苦灭圣谛、苦灭道迹圣谛,我悉持之。"佛告彼比丘:"善哉!善哉!如我所说四圣谛,汝悉持之。诸比丘!若沙门、婆罗门作如是说:如沙门瞿昙所说苦圣谛,我当舍,更立苦圣谛者,但有言数,问已不知,增其疑惑,以非其境界故。苦集圣谛、苦灭圣谛、苦灭道迹圣谛,我今当舍,更立余四圣谛者,彼但有言数,问已不知,增其疑惑,以非其境界故。是故比丘!于四圣谛未无间等者,当勤方便,起增上欲,学无间等。"佛说此经已,诸比丘闻佛所说,欢喜奉行。

---

① 《相应部》(五六)"谛相应"一六经。

七〇　　　　　　　六一一（四一九）

如是我闻：一时，佛住王舍城迦兰陀竹园。尔时，世尊告诸比丘："若比丘于佛有疑者，则于苦圣谛有疑，苦集圣谛、苦灭圣谛、苦灭道迹圣谛则有疑惑。若于法、僧有疑者，则于苦圣谛疑惑，苦集圣谛、苦灭圣谛、苦灭道迹圣谛疑惑。若于佛不疑惑者，则于苦圣谛不疑惑，苦集圣谛、苦灭圣谛、苦灭道迹圣谛不疑惑。若于法、僧不疑惑者，则于苦圣谛不疑惑，苦集圣谛、苦灭圣谛、苦灭道迹圣谛不疑惑。"佛说此经已，诸比丘闻佛所说，欢喜奉行。

七一　　　　　　　六一二（四二〇）

如是我闻：一时，佛住王舍城迦兰陀竹园。尔时，世尊告诸比丘："若沙门、婆罗门，于苦圣谛有疑者，则于佛有疑，于法、僧有疑。若于①集、灭、道疑者，则于佛有疑，于法、僧有疑。若苦圣谛无疑者，则于佛无疑，于法、僧无疑。于集、灭、道圣谛无疑者，则于佛无疑，于法、僧无疑。"佛说此经已，诸比丘闻佛所说，欢喜奉行。

②世尊弟子为断如是圣谛现观四种障碍，由三行相，任持圣谛。何等为三？一、由闻慧任持其文，二、由思慧任持其义，三、由修慧任持其证。此中闻慧，如其所闻，能正任持，是苦圣谛，乃至广说。又由思慧任持其义，谓诸圣者知其是谛，故名圣谛。当知此中由二缘故，得名为谛：一、法性故，由真实义说名为谛；二、

---

① "于"，原本作"苦"，依宋本改。
② 《论》承上文，明离障。

胜解故,由即于此真实义中起谛胜解,说名为谛。一切愚夫,但由法性得名为谛,非胜解故;若诸圣者,俱由二种得名为谛,故偏说此名为圣谛。又由修慧,于诸谛中获得内证现量谛智,亦得证净,由是因缘,于诸谛、宝①远离疑惑。谛智、证净,更互相依,若处有一,必有第二。

七二②　　　　　　六一三（　四二一）

如是我闻:一时,佛住王舍城迦兰陀竹园。尔时,世尊告诸比丘:"汝等共行至深险岩。"诸比丘白佛:"唯然,世尊!"尔时,世尊与诸大众,至深险岩,敷座而坐。周匝观察深险岩已,告诸比丘:"此岩极大深险。"时有异比丘从座起,整衣服,为佛作礼,合掌白佛言:"世尊!此极深险,然复有一极深险,极险于此,甚可怖畏者不?"佛知其意,即告言:"如是比丘!此极深险,然复有大深险险于此者,甚可怖畏。谓诸沙门、婆罗门,于苦圣谛不如实知,苦集圣谛、苦灭圣谛、苦灭道迹圣谛不如实知。彼于生本诸行乐著,于老病死、忧悲恼苦生本诸行乐著;而作是行,老病死、忧悲恼苦行转增长故,堕于生深险之处,堕于老病死、忧悲恼苦深险之处。如是比丘!此则大深险,险于此者。是故比丘!于四圣谛未无间等者,当勤方便,起增上欲,学无间等。"佛说此经已,诸比丘闻佛所说,欢喜奉行。

七三③　　　　　　六一四（　四二二）

如是我闻:一时,佛住王舍城迦兰陀竹园。尔时,世尊告诸

---

① "宝",原本作"实",今改。
② 《相应部》(五六)"谛相应"四二经。
③ 《相应部》(五六)"谛相应"四三经。

比丘:"有大热地狱,若众生生于彼中,一向〔与〕炯然。"时有异比丘,从座起,整衣服,为佛作礼,合掌白佛言:"如世尊说,此则大热。世尊!唯此大热,复有大热过于此者,甚可怖畏,无有过上?""如是比丘!此则大热,亦更有大热过于此者,甚可怖畏,无有过上。何等为更有大热,甚可怖畏,过于此者?谓沙门、婆罗门,此苦圣谛不如实知,苦集圣谛、苦灭圣谛、苦灭道迹圣谛不如实知。如是乃至生老病死、忧悲恼苦大热炽然,是名比丘大热炽①然,甚可怖畏,无有过者。是故比丘!于四圣谛未无间等者,当勤方便,起增上欲,学无间等。"佛说此经已,诸比丘闻佛所说,欢喜奉行。

七四② 六一五(四二三)

如是我闻:一时,佛住王舍城迦兰陀竹园。尔时,世尊告诸比丘:"有大暗地狱,彼诸众生生彼中者,不见自身分。"时有异比丘,从座起,整衣服,为佛作礼,合掌白佛言:"世尊!此则大暗!唯此大暗,复更有余大暗,甚可怖畏,过于此不?"佛告比丘:"如是更有大暗,甚可怖畏,过于此者。谓沙门、婆罗门,于四圣谛不如实知,乃至堕于生老病死、忧悲恼苦大暗之中。是故比丘!于四圣谛未无间等者,当勤方便,起增上欲,学无间等。"佛说此经已,诸比丘闻佛所说,欢喜奉行。

七五 六一六(四二四)

如是我闻:一时,佛住王舍城迦兰陀竹园。尔时,世尊告诸比丘:"如日游行,照诸世界。乃至千日、千月,照千世界,千须

---

① "炽",原作"烧",依宋本改。
② 《相应部》(五六)"谛相应"四六经。

弥山、千弗婆提、千阎浮提、千拘耶尼、千郁单越、千四天王、千三十三天、千炎魔天、千兜率天、千化乐天、千他化自在天、千梵天，是名小千世界。此千世界中间暗冥，日月光照，有大德力而彼不见。其有众生生彼中者，不见自身分。"时有异比丘，从座起，整衣服，为佛作礼，合掌白佛言："世尊！如世尊说是大暗冥，复更有余大暗冥处，过于此耶？"佛告比丘："有大暗冥过于此者。谓沙门、婆罗门，于苦圣谛不如实知，乃至堕于生老病死、忧悲恼苦大暗冥中。是名比丘有大暗冥，过于世界中间暗冥。是故比丘！于四圣谛未无间等者，当勤方便，起增上欲，学无间等。"佛说此经已，时诸比丘闻佛所说，欢喜奉行。

七六　　　　　　六一七（　四二五）

如是我闻：一时，佛住王舍城迦兰陀竹园。尔时，世尊告诸比丘："从小千世界数满至千，是名中千世界。于是中千世界中间暗冥，如前所说。乃至于四圣谛未无间等者，当勤方便，起增上欲，学无间等。"佛说此经已，诸比丘闻佛所说，欢喜奉行。

七七　　　　　　六一八（　四二六）

如是我闻：一时，佛住王舍城迦兰陀竹园。尔时，世尊告诸比丘："从中千世界，数满至千，是名三千大千世界。世界中间暗冥之处，日月游行，普照世界，而彼不见；乃至堕于生老病死、忧悲恼苦大暗冥中。是故诸比丘！于四圣谛未无间等者，当勤方便，起增上欲，学无间等。"佛说此经已，诸比丘闻佛所说，欢喜奉行。

"过"：复次，若有沙门，或婆罗门，于圣谛智而未相应，于诸圣谛未成现观，当知略有四种过患。何等为四？谓于能往下分恶趣生本行中，深起爱乐，造作增长彼相应业，由此颠坠生恶趣坑。又于欲缠人、天两趣,众多烦恼常所烧煮生本行中,深起爱乐,造作增长彼相应业,由此因缘,既生彼已,大生热恼,常所烧然。又于此上色、无色缠所有相应,如前所说无明、昏暗、及诸瞖膜生本行中,广说乃至堕于生暗。又由退失受用境界、涅槃道故,于其中间,如生三种世界中间,堕在三种妄见黑暗:一者、常见,二者、断见,三者、现法涅槃见。由是因缘,坠堕三界,生黑暗处。

七八　　　　　六一九(　四二七)

如是我闻:一时,佛住王舍城迦兰陀竹园。尔时,世尊告诸比丘:"我今当说四圣谛,谛听!谛听!善思念之。何等为四?谓苦圣谛,苦集圣谛,苦灭圣谛,苦灭道迹圣谛,是名四圣谛。"佛说此经已,诸比丘闻佛所说,欢喜奉行。

七九——八〇　　六二〇——六二一(　　　)

如当说,如是有,如是当知①,亦如上说。

八一②　　　　　六二二(　四二八)

如是我闻:一时,佛住王舍城迦兰陀竹园。尔时,世尊告诸比丘:"当勤禅思,正方便起,内寂其心。所以者何?比丘禅思,内寂其心,成就已如实显现。云何如实显现?谓此苦圣谛如实显现,此苦集圣谛、苦灭圣谛、苦灭道迹圣谛如实显现。"佛说此经已,诸比丘闻佛所说,欢喜奉行。

八二③　　　　　六二三(　四二九)

如是我闻:一时,佛住王舍城迦兰陀竹园。尔时,世尊告诸

---

① 《相应部》(五六)"谛相应"二九经。
② 《相应部》(五六)"谛相应"二经。
③ 《相应部》(五六)"谛相应"一经。

比丘："当修无量三摩提，专心正念。所以者何？修无量三摩提，专心正念已，如是如实显现。云何如实显现？谓此苦圣谛如实显现，苦集圣谛、苦灭圣谛、苦灭道迹圣谛如实显现。"佛说此经已，诸比丘闻佛所说，欢喜奉行①。

②摄受如是自妄见故，邪无明暗所覆障故，不如实观如前五支所摄受断，由是因缘，应知如实显示诸谛。

八三③　　　　　　六二四（　四三〇）

如是我闻：一时，佛住王舍城迦兰陀竹园。尔时，佛告诸比丘："如人掷杖于虚空中，寻即还堕，或根着地，或腹着地，或头着地。如是沙门、婆罗门，于此苦圣谛不如实知，苦集圣谛、苦灭圣谛、苦灭道迹圣谛不如实知，当知是沙门、婆罗门，或堕地狱，或堕畜生，或堕饿鬼。是故比丘！于四圣谛未无间等者，当勤方便，学无间等。"佛说此经已，诸比丘闻佛所说，欢喜奉行。

八四④　　　　　　六二五（　四三一）

如是我闻：一时，佛住王舍城迦兰陀竹园。尔时，世尊告诸比丘："如人掷杖置虚空中，其必还堕，或堕净地，或堕不净地。如是沙门、婆罗门，于苦圣谛不如实知，于苦集圣谛、苦灭圣谛、苦灭道迹圣谛不如实知，以不如实知故，或生善趣，或生恶趣。是故诸比丘！于四圣谛未无间等者，当勤方便，起增上欲，学无间等。"佛说此经已，诸比丘闻佛所说，欢喜奉行。

---

① 禅思、三摩提，《论》义见（二）"入处相应"七九·八〇经下。
② 《论》文承上，明如实显示。
③ 《相应部》（五六）"谛相应"三三经。
④ 《相应部》（五六）"谛相应"三三经。

八五　　　　　　六二六（　四三二）

如是我闻：一时，佛住王舍城迦兰陀竹园。尔时，佛告诸比丘："譬如五节相续轮，大力士夫令速旋转。如是沙门、婆罗门，于此苦圣谛不如实知，此苦集圣谛、苦灭圣谛、苦灭道迹圣谛不如实知，轮回五趣而速旋转，或堕地狱，或堕畜生，或堕饿鬼，或人，或天；还堕恶道，长夜轮转。是故比丘！于四圣谛未无间等者，当勤方便，起增上欲，学无间等。"佛说此经已，诸比丘闻佛所说，欢喜奉行。

八六　　　　　　六二七（　四三三）

如是我闻：一时，佛住王舍城迦兰陀竹园。尔时，世尊告诸比丘："如来、应、等正觉增上说法，谓四圣谛，开示、施设、建立、分别、散说、显现、表露。何等为四？谓苦圣谛，苦集圣谛，苦灭圣谛，苦灭道迹圣谛。是故比丘！于四圣谛未无间等者，当勤方便，起增上欲，学无间等。"佛说此经已，诸比丘闻佛所说，欢喜奉行。

八七　　　　　　六二八（　四三四）

如是我闻：一时，佛住王舍城迦兰陀竹园。尔时，世尊告诸比丘："何等为黠慧？为此苦圣谛如实知，此苦集圣谛、苦灭圣谛、苦灭道迹圣谛如实知，为不知耶？"诸比丘白佛："如我解世尊所说，于四圣谛如实知者，此为黠慧。"佛告比丘："善哉！善哉！于苦圣谛、苦集圣谛、苦灭圣谛、苦灭道迹圣谛如实知者，是则黠慧。是故诸比丘！于四圣谛未无间等者，当勤方便，起增上欲，学无间等。"佛说是经已，诸比丘闻佛所说，欢喜奉行。

"**黑异熟等**"：复次，或有一类，于诸圣谛不得善巧，造作增长黑黑异熟业已,能感那落迦、傍生、鬼趣。由此业故,譬如掷杖,根堕那落迦,中堕旁生趣,端堕饿鬼界。如是一类造作增长黑白黑白异熟业已,由此杂业,譬如掷杖,或堕恶趣不清净处,或堕善趣少清净处。如是一类造作增长白白异熟业已,由此业故,生在五趣生死诸业所随逐处,寿尽业尽,即还从彼色无色界没已,退堕五趣生死,如五辐轮旋转不住。若有为他说世间道,乃至虽能上升有顶,当知此说非第一义令上升教。何以故？如是上升非毕竟故。若诸如来所说圣谛相应言教,当知此教是第一义令上升教,何以故？如是上升是毕竟故。又若由得诸世俗智,乃至有顶名聪慧者,非第一义说名聪慧,如前说故。若由谛智名聪慧者,是第一义名为聪慧,如前说故。

八八　　六二九（　四三五）

如是我闻:一时,佛住舍卫国祇树给孤独园。时须达长者往诣佛所,稽首佛足,于一面坐。白佛言:"世尊！此四圣谛,为渐次无间等？为一顿无间等？"佛告长者:"此四圣谛,渐次无间(等),非顿无间等。"佛告长者:"若有说言：于苦圣谛未无间等,而于彼苦集圣谛、苦灭圣谛、苦灭道迹圣谛无间等者,此说不应。所以者何？若于苦圣谛未无间等,而欲于苦集圣谛、苦灭圣谛、苦灭道迹圣谛无间等者,无有是处。犹如有人,两细树叶连合为器,盛水持行,无有是处。如是于苦圣谛未无间等,而欲于苦集圣谛、苦灭圣谛、苦灭道迹圣谛无间等者,无有是处。譬如有人,取莲花叶连合为器,盛水游行,斯有是处。如是长者！于苦圣谛无间等已,而欲于苦集圣谛、苦灭圣谛、苦灭道迹圣谛无间等者,斯有是处。是故长者！于四圣谛未无间等者,当勤方便,起增上欲,学无间等。"佛说此经已,诸比丘闻佛所说,欢喜奉行。

八九① 六三〇(四三六)

如须达长者所问,有异比丘问,亦如是说。唯譬有差别:"如有四登阶道,升于殿堂。若有说言:不登初阶而登第二、第三、第四阶,升堂殿者,无有是处。所以者何?要由初阶,然后次登第二、第三、第四阶,得升殿堂。如是比丘!于苦圣谛未无间等,而欲于苦集圣谛、苦灭圣谛、苦灭道迹圣谛无间等者,无有是处。譬如比丘!若有人言:以四阶道升于殿堂,要由初阶,然后次登第二、第三、第四阶,得升殿堂,应作是说。所以者何?要由初阶,然后次登第二、第三、第四阶,升于殿堂,有是处故。如是比丘!若言于苦圣谛无间等已,然后次第于苦集圣谛、苦灭圣谛、苦灭道迹圣谛无间等者,应作是说。所以者何?若于苦圣谛无间等已,然后次第于苦集圣谛、苦灭圣谛、苦灭道迹圣谛无间等者,有是处故。"佛说此经已,诸比丘闻佛所说,欢喜奉行。

九〇② 六三一(四三七)

如异比丘问,阿难所问亦如是说。唯譬差别。佛告阿难:"譬如四磴梯升于殿堂。若有说言:不由初磴而登第二、第三、第四磴,升殿堂者,无有是处。如是阿难!若于苦圣谛未无间等,而欲苦集圣谛、苦灭圣谛、苦灭道迹圣谛无间等者,此不应说。所以者何?若于苦圣谛未无间等,而于苦集圣谛、苦灭圣谛、苦灭道迹圣谛无间等者,无有是处。譬如阿难!由四磴梯升于殿堂。若有人言:要由初磴,然后次登第二、第三、第四磴,升

---

① 《相应部》(五六)"谛相应"四四经。
② 《相应部》(五六)"谛相应"四四经。

殿堂者,此所应说。所以者何?要由初磴,然后次登第二、第三、第四磴,升殿堂者,有是处故。如是阿难!于苦圣谛无间等已,然后次第苦集圣谛、苦灭圣谛、苦灭道迹圣谛无间等者,斯有是处。"佛说是经已,诸比丘闻佛所说,欢喜奉行。

(渐次):复次,于其四种圣谛智中,初圣谛智能入圣谛,渐次现观,譬如本足。第二谛智,譬如墙壁。第三谛智,如下层级。第四谛智,如上宝台。又即如是四圣谛智,如四阶磴,能令上升大智慧殿。又即如是四圣谛智,如四桄梯,能令磴上解脱寂灭。

九一① 　　　　六三二(四三八)

如是我闻:一时,佛住舍卫国祇树给孤独园。尔时,世尊告诸比丘:"譬如大地草木,悉取为锵,贯大海中一切水虫,悉能贯不?"比丘白佛:"不能,世尊!所以者何?大海诸虫种种形类,或极②细不可贯,或极大不可贯。"佛告比丘:"如是,如是!众生界无数无量。是故比丘于四圣谛未无间等者,当勤方便,起增上欲,学无间等。"佛说是经已,诸比丘闻佛所说,欢喜奉行。

九二③ 　　　　六三三(四三九)

如是我闻:一时,佛住王舍城迦兰陀竹园。尔时,世尊手执土石,问诸比丘:"于意云何?此手中土石为多,彼大雪山土石为多?"比丘白佛言:"世尊!手中土石甚少少耳,雪山土石甚多无量,百千巨亿,算数譬类不可为比。"佛告比丘:"其诸众生,于

---

① 《相应部》(五六)"谛相应"三六经。
② "极",原本作"于",依宋本改。
③ 《相应部》(五六)"谛相应"四九·五〇经。

苦圣谛如实知者,苦集圣谛、苦灭圣谛、苦灭道迹圣谛如实知者,如我手中所执土石。其诸众生,于苦圣谛不如实知,于苦集圣谛、苦灭圣谛、苦灭道迹圣谛不如实知者,如彼雪山土石,其数无量。是故比丘!于四圣谛未无间等者,当勤方便,起增上欲,学无间等。"佛说是经已,诸比丘闻佛所说,欢喜奉行。

九三① 　　　　六三四(四四○)

如是我闻:一时,佛住王舍城迦兰陀竹园。尔时,世尊告诸比丘:"譬如湖池,深广五十由旬,其水盈满,若有士夫以发、以毛,或以指端,渧彼湖水,乃至再三,云何比丘!如彼士夫所渧水多,湖池水多?"比丘白佛:"如彼士夫毛、发、指端再三渧水,甚少少耳,彼湖大水,其量无数,乃至算数譬类不可为比。"佛告比丘:"如大湖水甚多无量,如是多闻圣弟子,具足见谛得圣道果,断诸苦本,如截多罗树头,于未来世成不生法。余不尽者,如彼士夫发、毛、指端所渧之水。是故比丘!于四圣谛未无间等者,当勤方便,起增上欲,学无间等。"佛说是经已,诸比丘闻佛所说,欢喜奉行。

九四——一〇〇② 　　六三五——六四一(　　)

如大湖水譬,如是萨罗多吒迦,恒伽,耶符那,萨罗游,伊罗跋提,摩醯,及四大海,其譬亦如上说。

一〇一 　　　　　六四二(四四一)

如是我闻:一时,佛住舍卫国祇树给孤独园。尔时,世尊手捉团土,大如梨果,告诸比丘:"云何比丘!我手中此团土为多,

---

① 《相应部》(五六)"谛相应"五二经。
② 《相应部》(五六)"谛相应"五三・五四・五七・五八经。

大雪山中土石为多?"诸比丘白佛言:"世尊!手中团土少少耳,彼雪山王,其土石甚多,百千亿那由他,乃至算数譬类不得为比。"佛告诸比丘:"如我所捉团土,如是众生于苦圣谛如实知,于苦集圣谛、苦灭圣谛、苦灭道迹圣谛如实知者,亦复如是。如大雪山王土石者,如是众生于苦圣谛不如实知,于苦集圣谛、苦灭圣谛、苦灭道迹圣谛不如实知者,亦复如是。是故比丘!于四圣谛未无间等者,当勤方便,起增上欲,学无间等。"佛说是经已,诸比丘闻佛所说,欢喜奉行。

一○二————○　六四三——六五一(　　)

如雪山王,如是尼民陀罗山、毗那多迦山、马耳山、善见山、佉提罗迦山、伊沙陀罗山、由揵陀罗山、须弥山王,及大地土石,亦复如是。如梨果,如是阿摩勒迦果、跋陀罗果、迦罗迦果、豆果,乃至蒜子譬,亦复如是①。

"**大义**":当知此中有三种爱,譬如三枪,诸恶魔罗执持挠搅生死大海,令彼受生诸有情类随而回转。如是三种魔罗爱枪,不能令彼三种有情随而回转:一者、劲锐,即是预流;二者、处中,即余有学;三者、逆流,道行圆满,随其所欲,皆能造作。已见圣谛补特伽罗,永断所有慢所作苦、慢所成苦,由是因缘,诸苦少在,多分已断,谓诸有学及阿罗汉。如慢所作、所成众苦,如是诸爱身、语、意业,贪、嗔、痴等所生众苦,当知一切皆少分在,多分已断。譬如砾石及大雪山,如是诸慢所作、所成所有众苦,若余、若断,当知亦尔。如大池沼,其水盈满,于中沾引二滴、三滴,依大

---

① 大如雪山王等,小如梨果等,大小相对而论,故此仅九经,非十五经也。

池沼水尚甚多。如是无色爱所生苦,若余、若断,当知亦尔。如大陂湖,余如前说,如是色界爱所生苦,若余、若断,当知亦尔。又如大海,余如前说,如是欲界爱所生苦,若余、若断,当知亦尔。又大雪山,若诸金山,若苏迷卢及大地喻,又有六种砾石之喻。又泥团喻,余如前说,如是身业、语业、意业,贪、嗔、痴等所生众苦,若余、若断,当知亦尔。如是多苦已远离故,少苦在故,当知圣谛如实现观有大义利。谓诸有学,最极七生人天苦在,诸恶趣苦皆已越度。若诸无学,唯有现法所依苦在,余一切苦皆已越度。

一一一　　　　　　　六五二（　四四二）

如是我闻:一时,佛住舍卫国祇树给孤独园。尔时,世尊以爪甲擎土已,告诸比丘:"于意云何? 我爪甲上土为多,此大地土多?"诸比丘白佛言:"世尊! 甲上土甚少少耳,此大地土甚多无量,乃至算数譬类不可为比。"佛告比丘:"如甲上土者,若诸众生形可见者,亦复如是。其形微细不可见者,如大地土。是故比丘于四圣谛,未无间等者,当勤方便,学无间等。"佛说是经已,诸比丘闻佛所说,欢喜奉行。

一一二　　　　　　　六五三（　　　）

如陆地,如是水性亦尔。

一一三——一一四①　六五四——六五五（　　　）

如甲上土,如是众生人道者,亦复如是。如大地土,如是非人亦尔。如甲上土,如是生中国者亦尔。如大地土,如是生边地

---

① 《相应部》(五六)"谛相应"六一·六二经。

者亦尔。

一一五——一二二　　六五六——六六三(　　　)

如甲上土,如是成就圣慧眼者亦复如是。如大地土,如是不成就圣慧眼者亦尔①。如甲上土,如是众生知此法律者,亦复如是。如大地土,如是众生不知法律者亦尔。如知,如是等知,普知,正想,正觉,正解,法无间等,亦如是。

一二三——一二八②　　六六四——六六九(　　　)

如甲上土,如是众生知有父母亦尔。如大地土,如是众生不知有父母亦尔。如甲上土,如是知有沙门、婆罗门,家之尊长,作所应作作福,此世、他世,畏罪行施,受斋持戒,亦尔。如大地土,不知有沙门、婆罗门,家之尊长,作所应作作福,此世、他世,畏罪行施,受斋持戒,亦如是说。如甲上土,如是众生不杀、不盗、不邪淫、不妄语、不两舌、不恶口、不绮语,亦尔。如大地土,如是众生不持诸戒者,亦尔。如是离贪、恚、邪见,及不离贪、恚、邪见,亦如是说。如甲上土,如是不杀、不盗、不邪淫、不妄语、不饮酒。如大地土,如是不持五戒者,亦尔。如甲上土,如是众生持八戒者,亦如是。如大地土,如是众生不持八戒者,亦尔。如甲上土,如是众生持十善者,亦如是。如大地土,如是众生不持十善者,亦如是。

一二九——一四〇③　　六七〇——六八一(　　　)

如甲上土,如是众生从地狱命终生人中者,亦如是。如大地土,如是众生从地狱命终还生地狱者,亦如是。如地狱,如是畜

---

① 《相应部》(五六)"谛相应"六三经。
② 《相应部》(五六)"谛相应"七一——八〇经。
③ 《相应部》(五六)"谛相应"一〇二——一三一经。

生、饿鬼亦尔。如甲上土,如是众生从地狱命终生天上者,亦如是。如大地土,如是众生从地狱命终还生地狱者,亦如是。如地狱,如是畜生、饿鬼亦尔。如甲上土,如是众生人道中没还生人道中者,亦如是。如大地土,其诸众生从人道中没生地狱中者,亦如是。如地狱,如是畜生、饿鬼亦尔。如甲上土,其诸众生从天命终还生天上者,亦如是。如大地土,其诸众生天上没生地狱中者,亦如是。如地狱,畜生、饿鬼亦如是。

"难得":复次,若住是身入谛现观,当知此身最为难得。又圣明眼见谛有学,转甚难得。又闻、思、修所成妙慧,亦为难得。由此慧故,于善说法毗奈耶中,如其次第,解了、胜了及以决了。于解了时,能审分别;于胜了时,能生胜解;于决了时,于法入证。又谛现观所有资粮善有漏法,亦为难得:谓于父母识恩养等诸善业道。有暇圆满亦为难得。又有世间初正见等,乃至解脱智为后边,十种正法亦为难得。如是诸法,即是有学,即是无学。当知此中善知恩养所有士夫补特伽罗,如实了知一切父母皆应孝养。如是知已,于其父母勤修孝养,是名善识父母恩养。又乐己利所有士夫补特伽罗,于他有德一切沙门及婆罗门,如实了知是福田已,如其所应勤修供养,是名善知所有沙门若婆罗门。又无贪堕所有士夫补特伽罗,于诸妻子及奴婢等一切亲属,如实了知彼既以我为室、为归,我若有乐彼亦随乐,我若有苦彼亦随苦。如是知已,于时时间,正以饮食、衣服给赐,复以病缘、医药摄受。于彼义利,自然勇励而为施造,非于一切求彼忆念。禀性忠平,好等分布,亦不淫佚,损费财宝,不于非处生毗奈耶,亦不非处而兴愤发,于诸耆长及尊重处正善随转,如是名为善御家长。善能造作自他义利,诸所施为,皆以正法不以非法。于现法中,他作恶行,深见过失,谓或杀、或缚、或罚、或退,或被讥毁。正思择已,终不现行,如是名为于此世罪深见怖畏。又正观见造恶行已,于其后世感恶趣苦,及感所余匮乏等苦。正思择已,终不现行,如是名为于他世罪深见怖畏。又时时间能正受学施福业事,造作种种差别福行,所谓看病,事佛法僧,躬为执当,如是等类,名作福行。于一日夜,乃至尽寿,所有尸罗,能正受学,如是总名惠施作福,受斋学戒。十业道者,谓二三等差别宣说。乃至为令由闻、思、慧,于彼相应所有作意,正多修习。又诸有情,生恶趣已难可解脱,生善趣已速疾乖离,当知是名有暇圆满甚为难得。

一四一　　　　　六八二(　四四三)

如是我闻:一时,佛住舍卫国祇树给孤独园。尔时,世尊告诸比丘:"我本未闻法时,得正思惟:此苦圣谛,正见已生;此苦集圣谛,此苦灭圣谛,苦灭道迹圣谛,正见已生。"佛说此经已,诸比丘闻佛所说,欢喜奉行。

一四二——一五〇　　六八三——六九一(　　　)

如已生,如是今生,当生,亦如是。

如生,如是起、习、近、修、多修、触、作证,亦如是。

①又见谛故,无有差别正见生起。于过去世,名已生起;于现在世,名今生起;于未来世,名当生起。如前所说,若习,若修,

---

① 《论》文承上而来。

若多修习，其义应知。若世间正见，应随防护；若有学正见并其断果，应随触证；若无学正见并自离系果，应随作证。如说正见，如是乃至解脱智，应知亦尔①。

---

① 《瑜伽师地论》卷九五终。

五　界相应①

②复次,总嗢拕南曰:

　　总义等、光等,受等最为后。

别嗢拕南曰:

　　总义、自类别、似转、后三求。

"总义":当知诸界略有二种:一、住自性界,一、习增长界。住自性界者,谓十八界,堕自相续,各各决定差别种子。习增长界者,谓则诸法,或是其善,或是不善,于余生中先已数习令彼现行,故于今时种子强盛,依附相续;由是为因,暂遇小缘,便能现起,定不可转。

一　六九二（　四四四）

③如是我闻:一时,佛住舍卫国祇树给孤独园。尔时,世尊告诸比丘:"譬如眼药丸,深广一由旬。若有士夫,取此药丸,界界安置,能速令尽,于彼界界不得其边,当知诸界其数无量。是故比丘!当善界学,善种种界,当如是学。"佛说此经已,诸比丘闻佛所说,欢喜奉行。

"自类别":复次,以要言之,虽界种类十八可得,然一一界,业趣有情种种品类有差别故,当知无量。譬如世间大恶叉聚,于此聚中有多品类,种类一故,虽说为一而有无量。如是于其一一

---

① "界相应"共三七经,与《相应部》(一四)"界相应"相当。
② 《瑜伽师地论》卷九六。
③ 《杂阿含经》卷一六中。

界中,各有无量品类差别,种类一故,虽各说一而实无量。

二① 六九三(四四五)

如是我闻:一时,佛住舍卫国祇树给孤独园。尔时,世尊告诸比丘:"众生常与界俱,与界和合。云何众生常与界俱?谓众生行不善心时与不善界俱,善心时与善界俱;胜心时与胜界俱,鄙心时与鄙界俱。是故诸比丘!当作是学,善种种界。"佛说是经已,诸比丘闻佛所说,欢喜奉行。

三② 六九四(四四六)

如是我闻:一时,佛住舍卫国祇树给孤独园。尔时,世尊告诸比丘,广说如上。差别者,即说偈言:

> "常会故常生,相离生则断。如人执小木,而入于巨海,
> 人木则俱没,懈怠俱亦然。当离于懈怠,卑劣之精进,
> 贤圣不懈怠,安住于远离,殷勤精进禅,超度生死流。
> 胶漆得其素,火得风炽然,珂乳则同色;众生与界俱,
> 相似共和合,增长亦复然。"

四③ 六九五(四四七)

如是我闻:一时,佛住王舍城迦兰陀竹园。尔时,世尊告诸比丘:"众生常与界俱,与界和合。云何与界俱?谓众生不善心时与不善界俱,善心时与善界俱;鄙心时与鄙界俱,胜心时与胜

---

① 《相应部》(一四)"界相应"一四经。
② 《相应部》(一四)"界相应"一六经。
③ 《相应部》(一四)"界相应"一五经。《增一阿含经》(四九)"放牛品"三经。

界俱。时尊者憍陈如,与众多比丘,于近处经行,一切皆是上座多闻大德,出家已久,具修梵行。复有尊者大迦叶,与众多比丘,于近处经行,一切皆是少欲知足,头陀苦行,不畜遗余。尊者舍利弗,与众多比丘,于近处经行,一切皆是大智辩才。时尊者大目揵连,与众多比丘,于近处经行,一切皆是神通大力。时阿那律陀,与众多比丘,于近处经行,一切皆是天眼明彻。时尊者二十亿耳,与众多比丘,于近处经行,一切皆是勇猛精进,专勤修行者。时尊者陀骠,与众多比丘,于近处经行,一切皆是能为大众修供具者。时尊者优波离,与众多比丘,于近处经行,一切皆是通达律行。时尊者富楼那,与众多比丘,于近处经行,皆是辩才善说法者。时尊者迦旃延,与众多比丘,于近处经行,一切皆能分别诸经,善说法相。时尊者阿难,与众多比丘,于近处经行,一切皆是多闻总持。时尊者罗睺罗,与众多比丘,于近处经行,一切皆是善持律行。时提婆达多,与众多比丘,于近处经行,一切皆是习众恶行。是名比丘常与界俱,与界和合。是故诸比丘!当善分别种种诸界。"佛说是经时,诸比丘闻佛所说,欢喜奉行。

五① 　　　　　　　　六九六(四四八)

如是我闻:一时,佛住王舍城迦兰陀竹园。如上广说已,即说偈言:

"常会故常生,相离生则断。如人执小木,而入于巨海,
人木则俱没,懈怠俱亦然。当离于懈怠,卑劣之精进,
贤圣不懈怠,安住于远离,殷勤精进禅,超度生死流。

---

① 《相应部》(一四)"界相应"一六经。

胶漆得其素,火得风炽然,珂乳则同色;众生与界俱,
相似共和合,增长亦复然。"

六① 六九七（四四九）

如是我闻:一时,佛住舍卫国祇树给孤独园。尔时,世尊告诸比丘:"众生常与界俱,与界和合。如是广说,乃至胜心生时与胜界俱,鄙心生时与鄙界俱。杀生时与杀界俱,盗、淫、妄语,饮酒心时与饮酒界俱。不杀生时与不杀界俱,不盗,不淫,不妄语,不饮酒（时）与不饮酒界俱。是故诸比丘! 当善分别种种界。"佛说是经已,诸比丘闻佛所说,欢喜奉行。

"似转":复次,如是诸界,由胜解力之所集成。先恶胜解集成恶界,先善胜解集成善界。随所集成,还与如是相似有情同法而转,谓相往来,同聚、同住、同见、同意,胜解相似。由是故言:有情诸界,共相滋润,相似而转。

七② 六九八（四五〇）

如是我闻:一时,佛住舍卫国祇树给孤独园。尔时,世尊告诸比丘:"众生常与界俱,与界和合。不信时与不信界俱,犯戒时与犯戒界俱,无惭、无愧时与无惭、无愧界俱;信心时与信界俱,持戒时与持戒界俱,惭、愧心时与惭、愧界俱。是故诸比丘! 当善分别种种诸界。"佛说是经已,诸比丘闻佛所说,欢喜奉行。

---

① 《相应部》(一四)"界相应"二五经。
② 《相应部》(一四)"界相应"二四经。

八——一八①　　　六九九——七〇九(　　　)

如信不信,如是精进、不精进,失念、不失念,正受、不正受,多闻、少闻,悭者、施者,恶慧、善慧,难养、易养,难满、易满,多欲、少欲,知足、不知足,摄受、不摄受界俱,如上经如是广说。

"三求":复次,由梵行求增上力故,先说起信,次于尸罗受学而转,次于现行所有过罪,观自、观他而生羞耻。次于善法无间修习,发勤精进;于久所作及久所说,能无忘失。是二为依,令心得定。由心定故,得如实智。如是且说信增上力,渐次修习三种所学:一、增上戒、二、增上心、三、增上慧。如是三学胜资粮道,谓世正见,好行惠②、舍,易养易满,少欲喜足,及四摄事。其易养等句义差别,如声闻地已说其相③。如是当知名梵行求已得圆满。成就如是梵行求者,还与此界诸有情类,共相滋润,相似而转。离此界者,还与远离此界有情,共相滋润,相似而转。当知此中果依于因,非因依果。

一九④　　　　　　七一〇(　四五一)

如是我闻:一时,佛住舍卫国祇树给孤独园。尔时,世尊告诸比丘:"我今当说种种诸界。谛听,善思,当为汝说。云何为种种界?谓眼界、色界、眼识界、耳界、声界、耳识界、鼻界、香界、鼻识界、舌界、味界、舌识界、身界、触界、身识界、意界、法界、意识界,是名种种界。"佛说是经已,诸比丘闻佛所说,欢喜奉行。

---

① 《相应部》(一四)"界相应"一七——二二经相当。
② "惠",原本作"慧",依宋本改。
③ 《瑜伽师地论》卷二五(大正三〇·四二一下——四二二上)。
④ 《相应部》(一四)"界相应"一经。

二〇[①]　　　　　　七一一（四五二）

如是我闻：一时，佛住舍卫国祇树给孤独园。尔时，世尊告诸比丘："缘种种界生种种触，缘种种触生种种受，缘种种受生种种爱。云何种种界？谓十八界：眼界、色界、眼识界，乃至意界、法界、意识界，是名种种界。云何缘种种界生种种触，乃至云何缘种种受生种种爱？谓缘眼界生眼触，缘眼触生眼触生受，缘眼触生受生眼触生爱。耳……鼻……舌……身……意界缘生意触，缘意触生意触生受，缘意触生受生意触生爱。诸比丘！非缘种种爱生种种受，非缘种种受生种种触，非缘种种触生种种界；要缘种种界生种种触，缘种种触生种种受，缘种种受生种种爱。是名比丘！缘种种界生种种触，缘种种触生种种受，缘种种受生种种爱。"佛说此经已，诸比丘闻佛所说，欢喜奉行。

二一[②]　　　　　　七一二（四五三）

如是我闻：一时，佛住舍卫国祇树给孤独园。尔时，世尊告诸比丘："缘种种界生种种触，缘种种触生种种受，缘种种受生种种爱。云何种种界？谓十八界：眼界、色界、眼识界，乃至意界、法界、意识界，是名种种界。云何缘种种界生种种触，缘种种触生种种受，缘种种受生种种爱？谓缘眼界生眼触，非缘眼触生眼界，但缘眼界生眼触；缘眼触生眼受，非缘眼受生眼触，但缘眼触生眼受；缘眼受生眼爱，非缘眼爱生眼受，但缘眼受生眼爱。如是耳……鼻……舌……身……意界缘生意触，非缘意触生意

[①] 《相应部》（一四）"界相应"二——五经参照。
[②] 《相应部》（一四）"界相应"二——五经参照。

界,但缘意界生意触;缘意触生意受,非缘意受生意触,但缘意触生意受;缘意受生意爱,非缘意爱生意受,但缘意受生意爱。是故比丘!非缘种种爱生种种受,非缘种种受生种种触,非缘种种触生种种界;但缘种种界生种种触,缘种种触生种种受,缘种种受生种种爱。是名比丘当善分别种种界。"佛说是经已,诸比丘闻佛所说,欢喜奉行。

二二① 七一三(四五四)

如是我闻:一时,佛住舍卫国祇树给孤独园。尔时,世尊告诸比丘:"缘种种界生种种触,缘种种触生种种受,缘种种受生种种想,缘种种想生种种欲,缘种种欲生种种觉,缘种种觉生种种热,缘种种热生种种求。云何种种界?谓十八界,眼界乃至法界。云何缘种种界生种种触,乃至缘种种热生种种求?谓缘眼界生眼触,缘眼触生眼受,缘眼受生眼想,缘眼想生眼欲,缘眼欲生眼觉,缘眼觉生眼热,缘眼热生眼求。如是耳……鼻……舌……身……意界缘生意触,缘意触生意受,缘意受生意想,缘意想生意觉,缘意觉生意热,缘意热生意求。是名比丘缘种种界故,生种种触,乃至缘种种热生种种求。比丘!非缘种种求生种种热,非缘种种热生种种觉,非缘种种觉生种种想,非缘种种想生种种受,非缘种种受生种种触,非缘种种触生种种界;但缘种种界生种种触,乃至缘种种热生种种求。"佛说是经已,诸比丘闻佛所说,欢喜奉行②。

―――――――

① 《相应部》(一四)"界相应"七――一〇经参照。
② 《杂阿含经》卷一六终。

二三① 　　　　　七一四（　四五五）

②如是我闻：一时，佛住舍卫国祇树给孤独园。尔时，世尊告诸比丘："缘界种种故生种种触，缘种种触生种种想，缘种种想生种种欲，缘种种欲生种种觉，缘种种觉生种种热，缘种种热生种种求。云何种种界？谓十八界，眼界乃至法界。云何缘种种界生种种触？云何乃至缘种种热生种种求？谓缘眼界生眼触，非缘眼触生眼界，但缘眼界生眼触；缘③眼触生眼想，非缘眼想生眼触，但缘眼触生眼想；缘眼想生眼欲，非缘眼欲生眼想，但缘眼想生眼欲；缘眼欲生眼觉，非缘眼觉生眼欲，但缘眼欲生眼觉；缘眼觉生眼热，非缘眼热生眼觉，但缘眼觉生眼热；缘眼热生眼求，非缘眼求生眼热，但缘眼热生眼求。如是耳……鼻……舌……身……意界缘生意触，乃至缘意热生意求，亦如是广说。是名比丘缘种种界生种种触，乃至缘种种热生种种求；非缘种种求生种种热，乃至非缘种种触生种种界；但缘种种界生种种触，乃至缘种种热生种种求。"佛说是经已，诸比丘闻佛所说，欢喜奉行。

二四——二七　　　七一五——七一八（　　　）

如内六入处，外六入处亦如是说④。

故无明界所随六处诸界为缘，所依别故，起无明触种种品类；其无明触种种品类以为缘故，起无明触所生诸受种种品类；

---

① 《相应部》（一四）"界相应"七——一〇经参照。
② 原本附刊于《经》卷一七之后，今依宋本提前。
③ "缘"上，原本有"非"字，衍文，今删。
④ 依六外入处，准前内入处，有四经。

其无明触所生诸受种种品类以为缘故,起无明触所生诸受为缘贪爱。爱为缘故,而有其取,广说乃至大苦蕴集。当知是名依有求故,建立诸界。

又无明界所随六处诸界,为缘起无明触。此无明触以为缘故,于诸境界,起不如理执取相、好所有诸想。此想为缘,于诸境界发起希欲。希欲为缘,起彼随法、多随寻思。由彼随法,多随寻思以为缘故,发起思慕、愁忧所作,身心热恼。身心热恼以为缘故,于诸境界种种品类思求差别,皆可了知。如是当知依欲求故,安立诸界。

二八① 七一九(四五六)

②如是我闻:一时,佛住舍卫国祇树给孤独园。尔时,世尊告诸比丘:"有光界、净界、无量空入处界、无量识入处界、无所有入处界、非想非非想入处界、有灭界。"时有异比丘从座起,整衣服,稽首礼足,合掌白佛言:"世尊!彼光界、净界、无量空入处界、无量识入处界、无所有入处界、非想非非想入处界、灭界,如此诸界,何因缘可知?"佛告比丘:"彼光界者,缘暗故可知。净界(者),缘不净故可知。无量空入处界者,缘色故可知。无量识入处界者,缘空③故可知。无所有入处界者,缘所有(故)可知。非想非非想入处界者,缘有第一故可知。灭界者,缘有身

---

① 《相应部》(一四)"界相应"一一经。
② 《杂阿含经》卷一七。
③ "空",原本作"内",元本改为"内空"。依《相应部》及《论》,乃是(虚)"空"。今谓"内"为"空"之上部——"穴"之讹写;古写经本,应有作"空"者,元本乃两存之。今改正。

（故）可知。"诸比丘白佛言："世尊！彼光界乃至灭界，以何正受而得？"佛告比丘："彼光界、净界、无量空入处界、无量识入处界、无所有入处界，此诸界于自行正受而得；非想非非想入处界，于第一有正受而得；灭界者，于有身灭正受而得。"佛说此经已，诸比丘闻佛所说，欢喜奉行。

复次，嗢拕南曰：

三七界相摄，见、想与希奇，差别性、安立，寂静、愚夫后。

"三七界相摄"：界有三种：一者、色界，二、无色界，三者、灭界。复有七界：一、光明界，二、清净界，三、空处界，四、识处界，五、无所有处界，六、非想非非想处界，七、灭界。当知此中，由其色界，摄光明界及清净界；由无色界，摄四无色；由其灭界，还摄灭界。又诸色贪，由见、由受所显发故，遍于一切色界地中，安立光明及清净界。又于如是七界，遍知应当了知，于得方便应当了知，即于其得应当了知，于得所为应当了知。如是诸界所有遍知，由四因缘应当了知：谓有相违，所治、能治而相待故；狭小、无量而相待故；有及非有而相待故；有上无上而相待故。黑暗为缘，施设光明；不净为缘，施设清净；色趣为缘，施设虚空；如是名为有相违故，待彼所治施设能治。由待彼故，能于此中正觉慧转。由缘有量狭小境识以为缘故，施设识无边处；由少所有以为缘故，施设无所有处；由一切有最胜现前以为缘故，施设非想非非想处为有无上；由萨迦耶所有相应诸烦恼断以为缘故，施设灭界为灭无上。当知有顶是有无上，灭于诸法皆是无上。又有想定名为有行，于七界中，次第乃至无所有处，一切皆是有想定故，皆由行定随顺获得。谓取明相、光明想俱修三摩地,随顺获得光明想定;如是由取清净、虚空、识无边想①、无所有想,当知亦尔。非想非非想处,由无相作意方便趣入,想极细故,取为第一,诸有寂静起胜解时,随顺获得第一有定。于一切相不思惟故,于无相界正思惟故,萨迦耶灭;由无相故,随顺获得灭定、灭界。如是二种,不由行定随顺获得。又由永害色、无色界所有贪故,不下屈故,不高举故,解脱住故,住解脱故,如是诸定得随所欲,有力调柔自在而转,如是名为随得诸界。又此诸界,能随获得八解脱定,当知初界能随获得第一、第二二解脱定。其第二界,能随获得第三解脱胜静虑定。其余五界,如其次第,能随获得五解脱定。

二九②　　　　　　七二〇（　四五七）

如是我闻:一时,佛住舍卫国东园鹿子母讲堂。尔时,世尊晡时从禅觉,于讲堂阴中敷座,于大众前坐,说优檀那句。告诸比丘:"缘界故生说非不界,缘界故生见非不界,缘界故生想非不界。缘下界③,我说生下说、下见、下想、下思、下欲、下愿、下士夫、下所作、下施设、下建立、下部分、下显示、下受生;如是中;如是〔胜界〕缘胜界,我说彼生胜说、胜见、胜想、胜思、胜愿、胜士夫、胜所作、胜施设、胜建立、胜部分、胜显示、胜受生④。"时有婆迦利比丘,在佛后执扇扇佛,白佛言:"世尊!若于三藐三佛

---

① "想",宋本作"相"。
② 《相应部》(一四)"界相应"一三经。
③ "下界",原本误作"不界",今改正。
④ "生"下,原本衍"胜"字,依宋本删。

陀起非三藐三佛陀见,彼见亦缘界而生耶?"佛告比丘:"于三藐三佛陀起非三藐三佛陀见,亦缘界而生非不界。所以者何?凡夫界者,是无明界。如我先说:缘下界生下说、下见,乃至下受生;中……胜界生胜说、胜见,乃至胜受生。"佛说此经已,诸比丘闻佛所说,欢喜奉行。

"见":复次,诸外道辈,欲令弟子于三处中得升进故,略说法要:谓有一类,于劣欲界,为令获得人中快乐,乃至他化自在天生,宣说能感彼果诸行。复有一类,于中色界,为令获得梵世间等众同分生,宣说能感彼果诸行。复有一类,于妙无色,为令获得乃至非想非非想处众同分生,宣说能感彼果诸行。如是彼说,劣界为缘,名为劣语;中界为缘,名为中语;妙界为缘,名为妙语。彼诸弟子闻是法已,还起如是差别想解,如是想解,亦名劣想、中想、妙想。如如其想,如是如是发生忍乐,如是忍乐发生劣见、中见、妙见。彼由如是诸忍乐见,便于彼彼差别生处信解忍可,执为最胜,造作增长彼相应业;如是信解,名为劣愿、中愿、妙愿。当知此二——说者、行者,亦说名为劣、中、妙品补特伽罗。又彼说者及以行者,亦传①为他宣说如是劣、中、妙法,彼亦获得如是类生。又即此生,前后相待有差别故,安立诸界劣、中、妙别。如是三种,若待涅槃,一切皆是劣界所摄。若诸如来,由胜义故,妙界为缘,但说妙语,余法差别,如应当知。若诸圣者所有行趣,应知皆为现法涅槃。先有外道,彼命终已来生此间;因增长故,众缘和合,于善说法毗奈耶中,暂得出家。彼由先世外道妄见所迷

---

① "传",宋本作"便";今疑为"转"之误。

乱故,集成今时大无明界,由此为因,于其涅槃及大师所,生起疑惑,退失正法及毗奈耶,还归外道。诸恶说法,彼由先世数习因力,还复宣说如是劣语,乃至广说,如前所说,一切应知。

① 复次,于外道处,外道弟子各别见趣广施设中,略有三种,由忍见依差别可得。依此正法,能令永舍缠及随眠;由缠舍故,彼亦随舍。余亦无执,了知由彼于现法中,与他违诤忿竟而住,能引自他一切无义。既知是已,舍彼随眠;由舍此故。所余随眠及余因此所有诸缠,毕竟无执。于外道处各别见趣广施设者,谓执世间若常、无常,广说乃至如来灭后非有非无。于中一类外道弟子,为性迟钝,如如自师或他教导,如是如是不审思量,取执坚著,唯此谛实,余皆愚妄。彼于一切各别见趣,悉皆忍受,是名第一由忍见依。复有一类外道弟子,性是中根而非迟钝,不能自然于法猛利推寻观察,亦不随言便生信解,而于展转相违见趣,随喜乐一。彼于一类见趣忍受,于余一类而不忍受,是名第二由忍见依。复有一类外道弟子,性是利根,彼能自然于法猛利推寻观察。由诸见趣恶施设故,彼见一切皆不应理,见已一切都不喜乐;由是因缘,于诸见趣皆不忍受。此复有二补特伽罗:一、邪见行,性无堪能,无求解意;二、正见行,性有堪能,有求解意。此中第一一切不忍补特伽罗,即由如是非理比量,于善说法毗奈耶中,不审思量,执为非理,诽谤贤圣,起无有见。又于一切各别见趣皆不忍受,方便令彼无所依仗,亦令灭坏无所宗承,而妄分别计度显示,无所依仗所引见趣,常与一切各别见者共兴违诤,互

---

① 《论》义依《中部》(七四)《长爪经》、《杂阿含经》(四七)"外道出家相应"五经。

相恼害,是名第三由忍见依。此中第二一切不忍补特伽罗,于前一切不忍者见,亦不喜乐;住求解心,往诣他所,谓善说法毗奈耶中佛、佛弟子,如实显已,言我一切皆不忍受。佛、佛弟子,了知彼人有求解意,觉慧猛利,具堪任性,即以其心念彼心已,遂依于前补特伽罗而反诘曰:汝即于此都不忍见亦不忍耶?彼便如实唯然而答。如来遂举此正法中诸弟子众,赞励于彼,告言:汝与多人相似,我等一切于诸见趣并不忍见,皆不忍受。汝若尔者,如此人众,缠与随眠一切见依皆永断故,于当来世诸见杂染无所堪能,汝今与彼竟无差别。如是辈流,极为鲜少,汝于此少转更为少!若于一切缠及随眠,都不忍见能永断者,彼于一切毕竟无执。如是如来、如来弟子,方便令彼外道弟子,于正智见发生希欲。窃作是念:我竟不知如来弟子,能断如是缠及随眠!如来知彼于正智见生希欲已,更复策发彼希欲心,其遂承受。如来为欲令彼依止思择、修习二对治力,永断一切缠及随眠,宣说法要,令其获得无倒智见,如余安住此正法者,能舍一切缠及随眠。所谓思择彼诸见依,能令展转互相乖背,由是因缘违诤恼害,能引自他一切无义。诸圣弟子,于彼一切皆无执取,设有来问,亦不记别。观察如是诸过患已,依思择力,舍离诸缠,由此因缘,于彼见依能永捐弃。于余见依,由正见故,亦令无有。如是为欲永断诸缠、拔随眠故,修循身念,于有色身观无常性,于身染著净修其心。于随自身诸受分位,由无常门观无常性,如实了知诸名色故,便于诸漏心得解脱;观身坏已,当来诸受皆悉断灭。又于其身住当坏想,乃至命在,常能领受离系诸受。如是名为依修习力,舍离随眠。当知此中贪、恚、痴等,令当来世生等诸苦,和合系缚,亦令现法起业杂染,亦令欣求未来染事,执取过去已所舍事,耽著现在正现前事。意恨名违;言恨名诤;由三损恼,说名为害。观无常等,如声闻地①已说其相。

三〇② 七二一(四五八)

如是我闻:一时,佛住舍卫国祇树给孤独园。尔时,世尊告诸比丘:"有因生欲想非无因,有因生恚想、害想非无因。云何因生欲想?谓缘欲界也。缘欲界故生欲想、欲欲、欲觉、欲热、欲求。愚痴凡夫起欲求已,此众生起三处邪,谓身、口、心。如是邪因缘故,现法苦住,有苦、有碍、有恼、有热;身坏命终,生恶趣中。是名因缘生欲想。云何因缘生恚想……害想,谓害界也。缘害界生害想、害欲、害觉、害热、害求。愚痴凡夫起害求已,此众生起三处邪,谓身、口、心。起三处邪因缘已,现法苦住,有苦、有碍、有恼、有热;身坏命终,生恶趣中。是名因缘生害想。诸比丘!若诸沙门、婆罗门,如是安于生,生危险想,不求舍离,不觉,不吐,彼则现法苦住,有苦、有碍、有恼、有热;身坏命终,生恶趣中。譬如城邑、聚落不远,有旷野,大火卒起。彼无有力能灭火者,当知彼诸野中众生,悉被火害。如是诸沙门、婆罗门,安于生,生危险想,身坏命终,生恶趣中。诸比丘!有因生出要想非无因。云何有因生出要想?谓出要界。缘出要界生出要想、出要欲、出要觉、出要热、出要求。谓彼慧者出要求时,众生三处生正,谓身、口、心。彼如是生正因缘已,现法乐住,不苦、不碍、不

---

① 《瑜伽师地论》卷三四(大正三〇·四七一上——四七四上)。
② 《相应部》(一四)"界相应"一二经。

恼、不热；身坏命终，生善趣中。是名因缘生出要想。云何因缘生不恚……不害想，谓不害界也。不害界因缘生不害想、不害欲、不害觉、不害热、不害求。彼慧者不害求时，众生三处正，谓身、口、心。彼正因缘生已，现法乐住，不苦、不碍、不恼、不热；身坏命终，生善趣中。是名因缘生不害想。若诸沙门、婆罗门，安于生，生不害想，不舍离，不觉、不吐，现法乐住，不苦、不碍、不恼、不热；身坏命终，生善趣中。譬如城邑、聚落边，有旷野，大火卒起。有人堪能手足灭火，当知彼诸众生依草木者，悉不被害。如是诸沙门、婆罗门，安于生，生正想，不舍、不觉，不吐，现法乐住，不苦、不碍、不恼、不热；身坏命终，生善趣中。"佛说此经已，诸比丘闻佛所说，欢喜奉行。

"想"：复次，不净、慈悲修所对治，欲贪、恚、害未永断故，诸依止中彼品粗重，犹如种子能生彼故，如其所应，说名欲贪及恚、害界。由有此故，顺欲、恚、害境现前时，依不如理作意思惟，于三种境，能取非理相好想生。此想生已，由坚执故，当知发起二种过患：一者、现法，二者、后法。此中云何名为坚执？云何名为现法过患？云何名为后法过患？若由己生想增上力，如前相似欣、欲分别，所有热、恼、寻求生起，由是因缘，名坚执想。又寻求时，于其三处，于诸有情发起邪行。由此为因，或有堪能能生现法所有忧苦。由此因缘，说名有苦，或无堪能；然即由彼现在前故，名有匮乏。又此有苦及有匮乏，用二为缘：一者，用他手、块、刀、杖及粗言等为增上缘，由是缘故，名有灾害；二者，用内杂染而住为增上缘，由是缘故，名有烧恼，如是名为现法过患。即由此因，于当来世生诸恶趣，如是名为后法过患。又若于其所受学处,有坚固执,当知于彼如干苇舍所依止中,所有能依如虫善法,由邪想火掷置其中,能焚灭故,当知即此补特伽罗所有如虫一切善法,皆被烧害。与此相违,无坚执故,当知退失功德善法。与此相违,如其所应,当知出离、无恚、无害想等差别。又于是中,闻、思、修慧,能令黑品无坚固执,能令白品有坚固执。若此三种妙慧有阙,能令黑品有坚固执,能令白品无坚固执。

三一① 七二二(四五九)

如是我闻:一时,佛住舍卫国祇树给孤独园。时有婆罗门,来诣佛所,与世尊面相慰劳已,于一面住。白佛言:"众生非自作,非他作。"佛告婆罗门:"如是论者,我不与相见。汝今自来,而言我非自作、非他作。"婆罗门言:"云何瞿昙!众生为自作,为他作耶?"佛告婆罗门:"我今问汝,随意答我。婆罗门!于意云何? 有众生方便界,令诸众生知作方便耶?"婆罗门言:"瞿昙!有众生方便界,令诸众生知作方便也。"佛告婆罗门:"若有方便界,令诸众生知有方便者,是则众生自作,是则他作。婆罗门!于意云何? 有众生安住界、坚固界、出界、造作界,令彼众生知有……造作耶?"婆罗门白佛:"有众生安住界、坚固界、出界、造作界,令诸众生知有……造作。"佛告婆罗门:"若彼安住界、坚固界、出界、造作界,令诸众生知有……造作者,是则众生自作,是则他作!"婆罗门白佛:"有众生自作,有他作。瞿昙! 世间多事,今当请辞。"佛告婆罗门:"世间多事,宜知是时。"时彼婆罗门,闻佛所说,欢喜随喜,从座起去。

────────

① 《增支部》"六集"三八经。

"希奇"：复次，如来有二甚希奇法：一者、显示一切诸法皆无有我，二者、显示一切有情自作、他作皆无失坏。此中略有二种有情：一、在家品，二、出家品。在家有情，为求财宝，初兴加行，名发起界。即于此中若未获得，由顺精进障碍因缘，诸心勇悍，即望于彼名势力界。若已获得，由蚊虻等所有灾害，顺精进障不能令转，名任持界。即此诸界，从自方所至余方所，从未摈舍，至已摈舍，名出离界。即彼有情为财宝故，俱于二处，由起无间、殷重加行，无缓加行，名勇猛界。出家有情，先乐出家，求出家故，生决定欲，名发起界。依出家品，于所应得广大善法，无有怯劣，名势力界。种种淋漏所生众苦，发勤精进所生众苦，界相违等所生众苦，不能败坏，名任持界。若于下劣不生喜足，名出离界。乃至命在，常修无间、殷重加行，名勇猛界。如是一切应当了知，谓彼诸界及尽所有诸品类界。

三二① 七二三（四六〇）

如是我闻：一时，佛住拘睒弥国瞿师罗园。尔时，瞿师罗长者诣尊者阿难所，礼尊者阿难足，退坐一面。白尊者阿难："所说种种界，云何为种种界？"时尊者阿难告瞿师罗长者："眼界异，色界异，喜处二因缘生识，三事和合生触，又喜触因缘生乐受。如是耳（、声），鼻（、香），舌（、味），身（、触），意、法，亦如是说。复次，长者！有异眼界，异色界，忧处二因缘生识，三事和合生苦触，彼苦触因缘生苦受。如是耳（、声），鼻（、香），舌（、味），身（、触），意、法，亦如是说。复次，长者！异眼界，异色

---

① 《相应部》（三五）"六处相应"一二九经。

界,舍处二因缘生识,三事和合生不苦不乐触,不苦不乐触因缘生不苦不乐受。如是耳(、声),鼻(、香),舌(、味),身(、触),意、法,亦如是说。"尔时,瞿师罗长者闻尊者阿难所说,欢喜随喜,礼足而去。

"差别性":复次,于诸界中,略有二种界差别性。云何为二?一者、他类差别性,二者、自类差别性。他类差别性者,谓眼界异,色界异,眼识界异,如是乃至意识界异。自类差别性者,谓即彼界,或顺苦受,或顺乐受,或顺不苦不乐受,由是为缘能生三受。

三三　　　　　　　　　七二四（　四六一）

如是我闻:一时,佛住拘睒弥国瞿师罗园。尔时,瞿师罗长者诣尊者阿难所,稽首礼足,于一面坐。白尊者阿难:"所说种种界,云何为种种界?"尊者阿难告瞿师罗长者:"有三界,云何三? 谓欲界,色界,无色界。"尔时尊者阿难即说偈言:

"晓了于欲界,色界亦复然,舍一切有余,得无余寂灭。
于身和合界,永尽无余证,三耶三佛说,无忧离垢句。"
尊者阿难说是经已,瞿师罗长者欢喜随喜,作礼而去。

三四　　　　　　　　　七二五（　四六一）

如是我闻:一时,佛住拘睒弥国瞿师罗园。尔时,瞿师罗长者诣尊者阿难所,稽首礼足,退坐一面。白尊者阿难:"所说种种界,云何名为种种界?"尊者阿难告瞿师罗长者:"有三界:色界、无色界、灭界,是名三界。"即说偈言:

"若色界众生,及住无色界,不识灭界者,还复受诸有。

若断于色界,不住无色界,灭界心解脱,永离于生死。"

尊者阿难说是经已,瞿师罗长者欢喜随喜,作礼而去。

三五① 七二六(四六三)

如是我闻:一时,佛住拘睒弥国瞿师罗园。尔时,瞿师罗长者诣尊者阿难所,稽首礼足,退坐一面。白尊者阿难:"所说种种界,云何为种种界?"尊者阿难答瞿师罗长者:"谓三种出界。云何三？谓从欲界出至色界,色界出至无色界,一切诸行、一切思想灭界,是名三出界。"即说偈言:

"知从欲界出,超逾于色界,一切行寂灭,勤修正方便。

断除一切爱,一切行灭尽,知一切有余,不复转还有。"

尊者阿难说是经已,瞿师罗长者欢喜随喜,作礼而去。

"安立":复次,由四因缘,当知建立三种三界,二出离界。云何为四？一者、外不出离而出离故,二者、内不出离而出离故,三者、非毕竟出离而出离故,四者、无增上慢故。当知此中,用外五妙欲贪为缘,建立欲界。即由此界出离义故,建立色界最初静虑;由寻、喜、乐出离义故,建立此上三种静虑。由色有对种种性想出离义故,建立空无边处所摄无色界;由空、识、无所有想出离义故,建立此上所摄无色界。如是外处,不出离出离义故,当知建立三界差别。又色界中,具足六处内处圆满;无色界中,五有色处皆已超越,唯余意处;于灭界中,一切六处皆已超越。如是

---

① 《小部》"如是语"五一经。

内处不出离出离义故,当知建立余三种界。又色界中非是毕竟出离欲界,无色界中望于色界,当知亦尔。若诸有为皆悉寂灭,当知是名毕竟出离。如是非毕竟出离出离义故,当知建立三界差别。无增上慢者,谓由遍知,当知建立五种、六种诸出离界,如三摩呬多地①已辩②其相。

三六　　　　　　七二七（　四六四）

如是我闻:一时,佛住拘睒弥国瞿师罗园。尔时,尊者阿难往诣上座上座名者所,诣已,恭敬问讯,问讯已,退坐一面。问上座上座名者言:"若比丘于空处、树下、闲房思惟,当以何法专精思惟?"上座答言:"尊者阿难!于空处、树下、闲房思惟者,当以二法专精思惟,所谓止、观。"尊者阿难复问上座:"修习于止,多修习已,当何所成? 修习于观,多修习已,当何所成?"上座答言:"尊者阿难! 修习于止,终成于观;修习观已,亦成于止。谓圣弟子止、观俱修,得诸解脱界。"阿难复问上座:"云何诸解脱界?"上座答言:"尊者阿难! 若断界,无欲界,灭界,是名诸解脱界。"尊者阿难复问上座:"云何断界,乃至灭界?"上座答言:"尊者阿难! 断一切行,是名断界;断除爱欲,是无欲界;一切行灭,是名灭界。"

时尊者阿难闻上座所说,欢喜随喜。往诣五百比丘所,恭敬问讯,退坐一面。白五百比丘言:"若比丘于空处、树下、闲房思惟时,当以何法专精思惟?"时五百比丘答:"尊者阿难! 当以二

---

① 《瑜伽师地论》卷一一(大正三〇·三三一上——三三二中)。
② "辩",原本作"办",依宋本改。

法专精思惟。"乃至灭界,如上座所说。

时尊者阿难闻五百比丘所说,欢喜随喜。往诣佛所,稽首佛足,退坐一面。白佛言:"世尊!若比丘空处、树下、闲房思惟,当以何法专精思惟?"佛告阿难:"若比丘空处、树下、闲房思惟,当以二法专精思惟。"乃至灭界,如五百比丘所说。时尊者阿难白佛言:"奇哉世尊!大师及诸弟子,皆悉同法,同句,同义,同味。我今诣上座名上座者问如此义,亦以此义、此句、此味答我,如今世尊所说。我复诣五百比丘所,亦以此义、此句、此味而问,彼五百比丘亦以此义、此句、此味答,如今世尊所说。是故当知师及弟子,一切同法,同义,同句,同味。"佛告阿难:"汝知彼上座为何如比丘?"阿难白佛:"不知,世尊!"佛告阿难:"上座者,是阿罗汉,诸漏已尽,已舍重担,正智心善解脱。彼五百比丘,亦皆如是。"佛说是经已,尊者阿难闻佛所说,欢喜奉行。

"**寂静**":复次,若诸苾刍专乐寂静,勤修止观,略由五相,当知其心名得解脱。一者、奢摩他熏修其心,依毗钵舍那解脱奢摩他品诸随烦恼;二者、毗钵舍那熏修其心,依奢摩他解脱毗钵舍那品诸随烦恼;三者、二种等运,离心随惑,解脱一切见道所断所有诸行;四者、即由此故,解脱一切修道所断所有诸行,住有余依般涅槃界;五者、解脱一切苦依诸行,住无余依般涅槃界。于善说法毗奈耶中,略有二种师及弟子甚希奇法:一、平等见,随起言说;二、最胜见,随起言说。如是二种,外道法中都不可得,所作差别故,远离涅槃故。

三七① 　　　　　　七二八（　四六五）

如是我闻：一时，佛住王舍城迦兰陀竹园。尔时，尊者罗睺罗诣世尊所，稽首礼足，退坐一面。白佛言："世尊！云何知、云何见，我此识身及外境界一切相，得无有我、我所见，我慢、系著、使？"佛告罗睺罗："谛听，善思，当为汝说。罗睺罗！若比丘于所有地界，若过去、若未来、若现在，若内、若外，若粗、若细，若好、若丑，若远、若近，彼一切非我，不异我，不相在如实知。水界，火界，风界，空界，识界，亦复如是。罗睺罗！比丘如是知、如是见，于我此识身及外境界一切相，无有我、我所见，我慢、系著、使。罗睺罗！若比丘于此识身及外境界一切相，无有我、我所见，我慢、系著、使，是名断爱缚、诸结，〔断诸爱，〕正慢无间等，究竟苦边。"佛说此经已，尊者罗睺罗闻佛所说，欢喜奉行②。

"愚夫"：③复次，世间愚夫，略有二种愚夫之相：一、乐习行，能引自他无义利行；二、于四处不得善巧。当知能引无义利行，有四种相。云何为四？谓能生起四种苦故。一、他差别苦，二、内差别苦，三、时差别苦，四、身差别苦。他差别苦者，或有疫疠，谓非人作；或有灾害，谓人所作；或有已遭；或恐当遭，于所未遭而生怖畏，如是名为由他增上所生众苦。内差别苦者，谓界相违疾病因缘，名为灾患；所爱变坏，所欲匮乏，生染恼心，名为扰恼。如是名为由内增上所生众苦。此复如前应知，或有已所遭苦，或

---

① 《相应部》（二二）"蕴相应"九一经、（一八）"罗睺罗相应"二一经相同，仅界与蕴之异。

② 《论》义见前（一）"阴相应"二九・三〇经下。

③ 《论》义依《中阿含经》（一八一）《多界经》、《中部》（一一五）《多界经》。

恐当遭生怖畏苦。时差别苦者，谓即如是诸品类苦，过去已有，未来当有，现在今有，如是总名时差别苦。身差别苦者，谓自习行邪行为因，能令己苦；由是因缘，他虽正行亦能令苦，如是名为身差别苦。常知此中，前三名为唯能引自无义利行，后①一名为亦能引他无义利行。云何四处不得善巧？谓于诸界、诸处、缘起、处非处中，皆不了达。与上相违，当知即是聪慧二相。又由无色意处所依、所缘自类流转差别，当知建立有十八界。由五色处安立运转驱役所依体性差别，当知建立有余六界：安立所依体性差别，谓地等四；运转所依体性差别，即是空界；驱役所依体性差别，即是识界。由染、净品想及寻思所依义故，当知建立有余六界：谓欲，恚，害；并彼对治。贪、嗔、痴缚所依义故，当知建立有余六界：谓苦，乐，忧，喜，舍，无明。若有非理作意思惟，即便生起邪想寻思；若有如理作意思惟，即便生起正想寻思。又由三界染、净二品遍行义故，当知建立有余四界谓名所摄受等四蕴。又由所染所净清净，即此不净清净增上，如前所说。外不出离出离义故，当知建立有余三界，谓欲界、色界、无色界，如前所说。内不出离出离义故，当知建立有余三界，谓色界、无色界、灭界。又即由此内外二事出离增上，听闻正法或不正法，如理思惟或不如理思惟，依处三种言事差别义故，当知建立有余三界，谓过去界、未来界、现在界。又由所知诸苦、烦恼，多、中、少义，当知建立有余三界，谓劣界、中界、妙界。若有上苦及上烦恼，是名劣界；若有中苦及中烦恼，是名中界；若有少苦及少烦恼，是名妙

---

① "后"，原本误作"从"，依宋本改。

界。如是遍知劣、中、妙界。又由远离此因缘义,及由修习此对治义,当知建立有余三界,谓善界、不善界、无记界。又由修善清净差别,缺缚义故,无缚义故,具缚义故,当知建立有余三界,谓学界、无学界、非学非无学界。又即由彼有学、无学与诸愚夫,若共不共、世出世法成就义故,当知建立有余二界,谓有漏界、无漏界。又即由彼世、出世间,若常无常,有上无上差别义故,当知建立有余二界,谓有为界、无为界。一切皆为趣向涅槃,悉以涅槃为其后际,熟修梵行,是故过此无复立界。诸处,缘起,及处非处所有善巧,如声闻地已辨其相①。又若略说处及非处善巧相者,谓或依止趣五趣行,或复依止趣涅槃行。此一切行,略有三种,谓劣、中、胜。趣恶趣行,说名为劣;趣善趣行,说名为中;趣涅槃行,说名为胜。所以者何?趣善趣行,此最为极,更无余行,唯此能感所有世间最极圆满,谓能感得转轮王身,或帝释身,或魔罗身,或大梵身,彼无第二,更无有余补特伽罗或男、或女与其等者。趣涅槃行,当知能证一切有情最胜法性,谓声闻菩提,独觉菩提,无上菩提。诸佛如来于彼一切最为殊胜,一切三千大千世界补特伽罗无与等者。又余所有安住菩提劣功德者,于诸世间得增上位,尚为殊胜,何况如来!彼复云何?谓于是处,正见具足补特伽罗不能现行,诸异生类堪任现行,当知一切如经广说。

---

① 《瑜伽师地论》卷二七(大正三〇·四三四上——中)。

六 受相应①

②复次,嗢拖南曰:

自性与因缘、见、染、数取趣③、转差别、道理、寂静、后观察。

诸受自性,应当了知;诸受因缘,应当了知;于受正见,应当了知;于受杂染,应当了知;于能受受补特伽罗,思择、不思择二力差别,应当了知;如是于受解脱、不解脱流转品别,应当了知;诸有所受皆苦道理,应当了知;诸受寂静止息差别,应当了知;于受观察一切受相,应当了知。

一④   七二九(四六六)

⑤如是我闻:一时,佛住王舍城迦兰陀竹园。尔时,尊者罗睺罗往诣佛所,稽首礼足,退坐一面。白佛言:"世尊!云何知、云何见,我此识身及外境界一切相,得无有我、我所见,我慢、系著、使?"佛告罗睺罗:"有三受:苦受、乐受、不苦不乐受。此三受,何因?何集?何生?何转?谓此三受,触因、触集、触生、触转。彼彼触因,彼彼受生,若彼彼触灭,彼彼受亦灭、止、清凉、没。如是知、如是见,我此识及外境界一切相,得无有我、我所见、我慢、系著、使。"佛说此经已,尊者罗睺罗闻佛所说,欢喜

---

① "受相应"共三一经,与《相应部》(三六)"受相应"相当。
② 《瑜伽师地论》卷九六中。
③ "趣",原本误作"越",依宋本改。
④ 《相应部》(三六)"受相应"一〇经。
⑤ 《杂阿含经》卷一七中。

奉行。

"自性因缘"：略说三受，是受自性。三品类触，是受因缘。

二①　　　　　　　　　　　七三〇（四六七）

如是我闻：一时，佛住王舍城迦兰陀竹园。尔时，尊者罗睺罗往诣佛所，稽首礼足，退住一面。白佛言："世尊！云何知、云何见，我此识身及外境界一切相，得无有我、我所见，我慢、系著、使？"佛告罗睺罗："有三受：苦受，乐受，不苦不乐受。观于乐受而作苦想，观于苦受作剑刺想，观不苦不乐受作无常想。若彼比丘观于乐受而作苦想，观于苦受作剑刺想，观不苦不乐受作无常灭想者，是名正见。"尔时，世尊即说偈言：

"观乐作苦想，苦受同剑刺，于不苦不乐，修无常灭想。
是则为比丘，正见成就者，寂灭安乐道，住于最后边，
永离诸烦恼，摧伏众魔军。"

佛说此经已，尊者罗睺罗闻佛所说，欢喜奉行。

"见"：又诸乐受，变坏法故，贪依处故，贪是当来众苦因故，由此应观乐受为苦。若诸苦受，现在前时恼害性故，如中毒箭而未得拔，由此应观苦受如箭。非苦乐受，已灭坏者是无常故，正现前者是灭法故，于二更续能随顺故，由此应观非苦乐受性是无常，性是灭法。如是于受所生正见，能随悟入诸有所受皆悉是苦。

---

① 《相应部》（三六）"受相应"五经。

三① 七三一(四六八)

如是我闻:一时,佛住王舍城迦兰陀竹园。尔时,尊者罗睺罗往诣佛所,稽首佛足,退坐一面。白佛言:"世尊!云何知、云何见,我此识身及外境界一切相,得无有我、我所见,我慢、系著、使?"佛告罗睺罗:"有三受:苦受,乐受,不苦不乐受。观于乐受,为断乐受、贪使故,于我所修梵行;断苦受、嗔恚使故,于我所修梵行;断不苦不乐受、痴使故,于我所修梵行。罗睺罗!若比丘乐受、贪使,已断、已知;苦受、恚使,已断、已知;不苦不乐受、痴使,已断、已知者,是名比丘断除爱欲,缚②去诸结,慢无间等,究竟苦边。"尔时,世尊即说偈言:

"乐受所受时,则不知乐受,贪使之所使,不见出要道。
苦受所受时,则不知苦受,嗔恚使所使,不见出要道。
不苦不乐受,正觉之所说,不善观察者,终不度彼岸。
比丘勤精进,正知不动转,如此一切受,慧者能觉知。
觉知诸受者,现法尽诸漏,明智者命终,不堕于众数,
众数既已断,永处般涅槃。"

佛说此经已,尊者罗睺罗闻佛所说,欢喜奉行。

"**染**":于乐受中有贪随眠,于苦受中有嗔随眠,于非苦乐无明随眠,是名于受所起杂染。虽于乐等所有诸受现前分位,一切未断烦恼随眠之所随眠,然由缘彼各别所行诸缠,生起此后随眠

---

① 《相应部》(三六)"受相应"三经。
② "缚",疑"转"。

烦恼随缚,即名于彼相续随眠。为欲永害诸随眠故,熟修梵行,非唯为遣诸缠因缘。

四①　　　　　　　　七三二(　四六九)

如是我闻:一时,佛住王舍城迦兰陀竹园。尔时,世尊告诸比丘:"大海深险者,此世间愚夫所说深险,非贤圣法律所说深险。世间所说者,是大水积聚数耳。若从身生诸受,众苦逼迫,或恼、或死,是名大海极深险处。愚痴无闻凡夫,于此身生诸受,苦痛逼迫,或恼、或死,忧悲称怨,啼哭号呼,心乱发狂,长沦没溺,无止息处。多闻圣弟子,于身生诸受,苦痛逼迫,或恼、或死,不生忧悲、啼哭号呼,心生狂乱,不沦生死,得止息处。"尔时,世尊即说偈言:

"身生诸苦受,逼迫乃至死,忧悲不息②忍,号呼发狂乱,
心自生障碍,招集众苦增,永沦生死海,莫知休息处。
能舍身诸受,身所生苦恼,切迫乃至死,不起忧悲想,
不啼哭号呼,能自忍众苦,心不生障碍,招集众苦增,
不沦没生死,永得安隐处。"

佛说此经已,诸比丘闻佛所说,欢喜奉行。

"**数取趣**":无思择力补特伽罗,受苦受时,心极忧悴。即此苦受,若身、若心,现前领纳。所余乐受、非苦乐受,由未断故而说相应,是如名为现见圆满冥暗受坑,难得其底。有思择力补特

---

① 《相应部》(三六)"受相应"四经。
② "息",疑"自"。

伽罗,应知一切与上相违。

五①　　　　　　　七三三(　四七〇)

如是我闻:一时,佛住王舍城迦兰陀竹园。尔时,世尊告诸比丘:"愚痴无闻凡夫,生苦受②、乐受,不苦不乐受,多闻圣弟子,亦生苦受③、乐受,不苦不乐受。诸比丘!凡夫、圣人,有何差别?"诸比丘白佛:"世尊是法根,法眼,法依,善哉世尊!唯愿广说,诸比丘闻已,当受奉行。"佛告诸比丘:"谛听④,善思,当为汝说。诸比丘!愚痴无闻凡夫,身触生诸受,增诸苦痛,乃至夺命,愁忧称怨,啼哭号呼,心生狂乱。当于尔时,增长二受:若身受,若心受。譬如士夫身被双毒箭,极生苦痛,愚痴无闻凡夫,亦复如是,增长二受——身受、心受,极生苦痛。所以者何?以彼愚痴无闻凡夫不了知故,于诸五欲生乐受触,受五欲乐,受五欲乐故,为贪使所使。苦受触故,则生嗔恚,生嗔恚故,为恚使所使。于此二受,若集、若灭、若味、若患、若离,不如实知,不如实知故,生不苦不乐受,为痴使所使。为乐受所系终不离,苦受所系终不离,不苦不乐受所系终不离。云何系?谓为贪、恚、痴所系,为生老病死、忧悲恼苦所系。多闻圣弟子,身触生苦受,大苦逼迫,乃至夺命,不起忧悲称怨,啼哭号呼,心乱发狂。当于尔时,唯生一受,所谓身受,不生心受。譬如士夫被一毒箭,不被第二毒箭。当于尔时,唯生一受,所谓身受,不生心受。为乐受触,

---

① 《相应部》(三六)"受相应"六经。
② "受",原缺,依宋本补。
③ "受",原缺,依宋本补。
④ "谛听"上,原本有"愚痴……诸比丘"——三十二字,衍文,今删。

不染欲乐,不染欲乐故,于彼乐受,贪使不使;于苦触受,不生嗔恚,不生嗔恚故,恚使不使。于彼二使,集、灭、味、患、离如实知,如实知故,不苦不乐受,痴使不使。于彼乐受解脱不系,苦受、不苦不乐受解脱不系。于何不系?谓贪、恚、痴不系,生老病死、忧悲恼苦不系。"尔时,世尊即说偈言:

　　"多闻于苦、乐,非不受觉知,彼于凡夫人,其实大有间①。
　　乐受不放逸,苦触不增忧,苦、乐二俱舍,不顺亦不违。
　　比丘勤方便,正智不倾动,于此一切受,黠慧能了知。
　　了知诸受故,现法尽诸漏,身死不堕数,永处般涅槃。"

佛说此经已,诸比丘闻佛所说,欢喜奉行。

六② 　　　　　　　　　　七三四(　四七一)

如是我闻:一时,佛住王舍城迦兰陀竹园。尔时,世尊告诸比丘:"譬如空中狂风卒起,从四方来:有尘土风、无尘土风、毗湿波风、鞞岚婆风、薄风、厚风,乃至风轮起风。身中受风,亦复如是种种受起:乐受,苦受,不苦不乐受;乐身受,苦身受,不苦不乐身受;乐心受,苦心受,不苦不乐心受;乐食受,苦食受,不苦不乐食(受);乐无食(受),苦无食受,不苦不乐无食受;乐贪受,苦贪受,不苦不乐贪受;乐出要受,苦出要受,不乐不苦出要受。"尔时,世尊即说偈言:

　　"譬如虚空中,种种狂风起,东西南北风,四维亦如是。

---

① "间",原本误作"闻",今改。
② 《相应部》(三六)"受相应"一二·一三经。

有尘及无尘,乃至风轮起。如是此身中,诸受起亦然。
若乐、若苦受,及不苦不乐;有食与无食;贪著、不贪著。
比丘勤方便,正智不倾动,于此一切受,黠慧能了知。
了知诸受故,现法尽诸漏,身死不堕数,永处般涅槃。"

佛说此经已,诸比丘闻佛所说,欢喜奉行。

七① 　　　　　七三五(　四七二)

如是我闻:一时,佛住王舍城迦兰陀竹园。尔时,世尊告诸比丘:"譬如客舍,种种人住:若刹利,婆罗门,长者,居士;野人,猎师;持戒,犯戒;在家,出家,悉于中住。此身亦复如是种种受生:苦受,乐受,不苦不乐受;乐身受,苦身受,不苦不乐身受;乐心受,苦心受,不苦不乐心受;乐食受,苦食受,不苦不乐食受;乐无食受,苦无食受,不苦不乐无食受;乐贪著受,苦贪著受,不苦不乐贪著受;乐出要受,苦出要受,不苦不乐出要受。"尔时,世尊即说偈言:

"譬如客舍中,种种人住止:刹利、婆罗门,长者、居士等,
旃陀罗、野人,持戒、犯戒者,在家、出家人,如是等种种。
此身亦如是,种种诸受生:若乐、若苦受,及不苦不乐;
有食与无食;贪著不贪著。比丘勤方便,正智不倾动,
于此一切受,黠慧能了知。了知诸受故,现法尽诸漏,
身死不堕数,永处般涅槃。"

佛说此经已,诸比丘闻佛所说,欢喜奉行。

----

① 《相应部》(三六)"受相应"一四经。

"**转差别**"：又于诸受，心未解脱补特伽罗，但于苦受圆满领纳，犹如一人中二毒箭。二毒箭者，即喻三受，或染心领纳，谓由贪、嗔、痴；或相应领纳，谓由生等苦。如是彼由现法所有上品苦故，及由现法诸杂染故，亦由后法所有苦故，由是诸处受其染恼。心解脱者，应知一切与上相违。此差别者，具领三受。又若有受，于依止中，生已破坏，消散不住，速归迁谢；不经多时，相似相续而流转者，应观此受犹若旋风。若有诸受少时经停，相似相续，不速变坏而流转者，应观此受如客舍中羇旅色类。又彼诸受自性所依染净品别，当知名受品类差别。有味受者，诸世间受；无味受者，诸出世受。依耽嗜受者，于妙五欲诸染污受；依出离受者，即是一切出离远离所生，诸善定不定地俱行诸受。

八①　　　　　　　　七三六（四七三）

如是我闻：一时，佛住王舍城迦兰陀竹园。时有异比丘，独一静处禅思，念言：世尊说三受——乐受、苦受、不苦不乐受；又说诸所有受悉皆是苦，此有何义？是比丘作是念已，从禅起，往诣佛所，稽首礼足，退住一面。白佛言："世尊！我于静处禅思念言：世尊说三受——乐受、苦受、不苦不乐受；又说诸所有受悉皆是苦，此有何义？"佛告比丘："我以一切行无常故，一切诸行变易法故，说诸所有受悉皆是苦。"尔时，世尊即说偈言：

"知诸行无常，皆是变易法，故说受悉苦，正觉之所知。
比丘勤方便，正智不倾动，于诸一切受，黠慧能了知。

---

① 《相应部》(三六)"受相应"一·二经义相当。

悉知诸受已,现法尽诸漏,身死不堕数,永处般涅槃。"

佛说是经已,诸比丘闻佛所说,欢喜奉行。

"道理":又诸苦受,一切众生现知是苦,不假成立。所余二受,由二因缘,应知是苦。非苦乐受,及能随顺此受诸行,由无常故,应知是苦。所有乐受,及能随顺此受诸行,变坏法故,应知是苦。由此道理,当知诸受皆悉是苦。

九① 　　　　七三七(　四七四)

如是我闻:一时,佛住王舍城迦兰陀竹园。尔时,尊者阿难独一静处禅思,念言:世尊说三受——乐受、苦受、不苦不乐受;又复说诸所有受悉皆是苦,此有何义?作是念已,从禅起,诣世尊所,稽首礼足,退住一面。白佛言:"世尊!我独一静处禅思,念言:如世尊说三受——乐受、苦受、不苦不乐受;又说一切诸受悉皆是苦,此有何义?"佛告阿难:"我以一切行无常故,一切行变易法故,说诸所有受悉皆是苦。又复阿难!我以诸行渐次寂灭故说;以诸行渐次止息故说,一切诸受悉皆是苦。"阿难白佛言:"云何世尊以诸受渐次寂灭故说?"佛告阿难:"初禅正受时,言语寂灭;第二禅正受时,觉、观寂灭;第三禅正受时,喜心寂灭;第四禅正受时,出、入息寂灭;空入处正受时,色想寂灭;识入处正受时,空入处想寂灭;无所有入处正受时,识入处想寂灭;非想非非想入处正受时,无所有入处想寂灭;想受灭正受时,想、受寂

---

① 《相应部》(三六)"受相应"一一经。又"受相应"一五——一八经,后分相同。

灭:是名渐次诸行寂灭。"阿难白佛言:"世尊! 云何渐次诸行止息?"佛告阿难:"初禅正受时,言语止息;二禅正受时,觉、观止息;三禅正受时,喜心止息;四禅正受时,出、入息止息;空入处正受时,色想止息;识入处正受时,空入处想止息;无所有入处正受时,识入处想止息;非想非非想入处正受时,无所有入处想止息;想受灭正受时,想、受止息:是名渐次诸行止息。"阿难白佛:"世尊是名渐次诸行止息。"佛告阿难:"复有胜止息,奇特止息,上止息,无上止息;如是止息,于余止息无过上者。"阿难白佛:"何等为胜止息,奇特止息,上止息,无上止息,诸余止息无过上者?"佛告阿难:"于贪欲心不乐、解脱,恚、痴心不乐、解脱,是名胜止息,奇特止息,上止息,无上止息,诸余止息无过上者。"佛说此经已,尊者阿难闻佛所说,欢喜奉行。

"**寂静**":又彼诸受,应知略有三种寂静:一、由依止上定地故,下地诸受皆得寂静;二、由暂时不现行故而得寂静;三、由当来究竟不转而得寂静。当知此中暂时不行,名为寂静;令其究竟成不行法,名为止息。乐言论者广生言论,染污乐欲展转发起种种论说,名为语言。即此语言,若正证入初静虑定,即便寂静。又粗寻、伺能发语言,诸未得定,或有已得还从定起,能发语言,非正在定,正在定者,虽有微细寻、伺随转而不能发所有语言,是故此位说名一切语言寂静,是名第二义门差别。又瑜伽师,于贪、嗔、痴深见过患,安住领纳贪、嗔、痴等离系诸受,数数遍知,数数断灭贪、嗔、痴等,故说其心于贪、嗔、痴杂染解脱。

一〇① 七三八（　四七五）

如是我闻:一时,佛住王舍城迦兰陀竹园。尔时,世尊告诸比丘:"毗婆尸如来未成佛时,独一静处,禅思思惟,作如是观:观察诸受,云何为受？云何受集？云何受灭？云何受集道迹？云何受灭道迹？云何受味？云何受患？云何受离？如是观察,有三受——乐受、苦受、不苦不乐受;触集是受集;触灭是受灭;若于受爱乐、赞叹、染著、坚住,是名受集道迹;若于受不爱乐、赞叹、染著、坚住,是名受灭道迹;若受因缘生乐喜,是名受味;若受无常变易法,是名受患;若于受断欲贪,越欲贪,是名受离。"佛说此经已,诸比丘闻佛所说,欢喜奉行。

一一——一六 七三九——七四四（　　）

如毗婆尸佛,如是式弃佛,毗湿波浮佛,迦罗迦孙提佛,迦那迦牟尼佛,迦叶佛,及我释迦文佛,未成佛时思惟观察诸受,亦复如是。

一七② 七四五（　四七六）

如是我闻:一时,佛住王舍城迦兰陀竹园。尔时,有异比丘独一静处禅思,如是观察诸受:云何受？云何受集？云何受灭？云何受集道迹？云何受灭道迹？云何受味？云何受患？云何受离？时彼比丘从禅觉已,诣世尊所,稽首礼足,退住一面。白佛言:"世尊！我独一静处禅思,观察诸受:云何为受？云何受集？云何受灭？云何受集道迹？云何受灭道迹？云何受味？云何受患？云何受离？"佛告比丘:"有三受——乐受、苦受、不苦不乐

---

① 《相应部》(三六)"受相应"二四经。
② 《相应部》(三六)"受相应"二三经。

受;触集是受集;触灭是受灭;若于受爱乐、赞叹、染著、坚住,是名受集道迹;若于受不爱乐、赞叹、染著、坚住,是名受灭道迹;若受因缘生乐喜,是名受味;若受无常变易法,是名受患;若于受断欲贪,越欲贪,是名受离。"佛说此经已,诸比丘闻佛所说,欢喜奉行。

一八　　　　　　七四六(　四七七)

如异比丘问经,尊者阿难所问经亦如是。

一九①　　　　　　七四七(　四七八)

如是我闻:一时,佛住王舍城迦兰陀竹园。尔时,世尊告诸比丘:"云何为受?云何受集?云何受灭?云何受集道迹?云何受灭道迹?"诸比丘白佛言:"世尊是法根,法眼,法依,善哉世尊!唯愿广说,诸比丘闻已,当受奉行。"佛告诸比丘:"谛听,善思,当为汝说。"佛告比丘:"有三受——乐受、苦受、不苦不乐受;触集是受集;触灭是受灭;若于受爱乐、赞叹、染著、坚住,是名受集道迹;若于受不爱乐、赞叹、染著、坚住,是名受灭道迹;若受因缘生乐喜,是名受味;若受无常变易,是名受患;若于受断欲贪,越欲贪,是名受离。"佛说此经已,诸比丘闻佛所说,欢喜奉行。

二〇　　　　　　七四八(　四七九)

如是我闻:一时,佛住王舍城迦兰陀竹园。尔时,世尊告诸比丘:"若我于诸受不如实知,受集、受灭、受集道迹、受灭道迹、受味、受患、受离不如实知,我于诸天世间,魔、梵、沙门、婆罗门,

---

① 《相应部》(三六)"受相应"二五经。

天人众中,不得解脱、出离,脱诸颠倒,亦非阿耨多罗三藐三菩提。以我于诸受、受集、受灭、受集道迹、受灭道迹、受味、受患、受离如实知故,于诸天世间,魔、梵,沙门、婆罗门,天人众中,为脱、为出,为脱诸颠倒,得阿耨多罗三藐三菩提。"佛说是经已,诸比丘闻佛所说,欢喜奉行。

"观察":又由七行,于诸受中观受七相:谓观诸受自性故,现在流转、还灭因缘故,当来流转因缘故,当来还灭因缘故,杂染因缘故,清净因缘故,及清净故。

二一① 　　　　　七四九(四八〇)

如是我闻:一时,佛住王舍城迦兰陀竹园。尔时,世尊告诸比丘:"若沙门、婆罗门,于诸受不如实知,受集、受灭、受集道迹、受灭道迹、受味、受患、受离不如实知者,非沙门,非婆罗门,不同沙门,不同婆罗门,非沙门义,非婆罗门义,非②现法自知作证:我生已尽,梵行已立,所作已作,自知不受后有。若沙门、婆罗门,于诸受如实知,受集、受灭、受集道迹、受灭道迹、受味、受患、受离如实知者,彼是沙门之沙门,婆罗门之婆罗门,同沙门,同婆罗门,沙门义,婆罗门义,现法自知作证:我生已尽,梵行已立,所作已作,自知不受后有。"佛说是经已,诸比丘闻佛所说,欢喜奉行。

二二 　　　　　七五〇(　　)

如沙门、非沙门,如是沙门数、非沙门数,亦如是。

---

① 《相应部》(三六)"界相应"二六——二八经。
② "非",原本缺,依宋本补。

二三　　　　　　　　　　　七五一（　四八一）

如是我闻：一时，佛住壹奢能伽罗国壹奢能伽罗林中。尔时，世尊告诸比丘："我欲于此中半月坐禅。诸比丘勿复游行，唯除乞食及布萨。"即便坐禅，不复游行，唯除乞食及布萨。尔时，世尊半月过已，敷坐具，于众前坐。告诸比丘："我以初成佛时，所思惟禅法少许禅分，于今半月思惟，作是念：诸有众生生受，皆有因缘，非无因缘。云何因缘？欲是因缘，觉是因缘，触是因缘。诸比丘！于欲不寂灭，觉不寂灭，触不寂灭，彼因缘故众生生受；以不寂灭因缘故，众生生受。彼欲寂灭，觉不寂灭，触不寂灭，以彼因缘故众生生受；以不寂灭因缘故，众生生受。彼欲寂灭，觉寂灭，触不寂灭，以彼因缘故众生生受；以不寂灭因缘故，众生生受。彼欲寂灭，觉寂灭，触寂灭，以彼因缘故众生生受；以彼寂灭因缘故，众生生受。邪见因缘故众生生受，邪见不寂灭因缘故众生生受；邪志，邪语，邪业，邪命，邪方便，邪念，邪定，邪解脱，邪智因缘故众生生受，邪智不寂灭因缘故众生生受。正见因缘故众生生受，正见寂灭因缘故众生生受；正志，正语，正业，正命，正方便，正念，正定，正解脱，正智因缘故众生生受，正智寂灭因缘故众生生受。若彼欲不得者得，不获者获，不证者证（生），以彼因缘故众生生受，以彼寂灭因缘故众生生受。是名不寂灭因缘众生生受，寂灭因缘众生生受。若沙门、婆罗门，如是缘缘、缘缘集、缘缘灭、缘缘集道迹、缘缘灭道迹不如实知者，彼非沙门之沙门，非婆罗门之婆罗门，不同沙门之沙门，不同婆罗门之婆罗门，非沙门义，非婆罗门义，非①现法自知作证：我生

---

① "非"，原本缺，依宋本补。

已尽,梵行已立,所作已作,自知不受后有。若沙门、婆罗门,于此缘缘、缘缘集、缘缘灭、缘缘集道迹、缘缘灭道迹如实知者,当知是沙门之沙门,婆罗门之婆罗门,同沙门,同婆罗门,以沙门义,婆罗门义,现法自知作证:我生已尽,梵行已立,所作已作,自知不受后有。"佛说此经已,诸比丘闻佛所说,欢喜奉行。

复次,嗢拖南曰:

受生起、劣等,诸受相差别,见等为最胜,知差别、问记。

"受生起":一切有情应断诸受,略由三缘而得生起:一者、欲缘,谓于未来世;二者、寻缘,谓于过去世;三者、触缘,谓于现在世现前境界。云何名为一切有情?谓有情众略有八种:一、在家众;二、出家众;三、于诸欲未离贪众;四、于诸欲已离贪众;五、于初静虑未离贪众;六、于初静虑已离贪众;七、从此已上乃至非想非非想处未得离贪诸外道众,能入世间定,具足于邪见乃至邪解脱智者;八、住内法众,能入世间定,具足于正见乃至正解脱智者,及住内法众能入出世定者。由此八众,依能领纳诸受遍知,应知普摄诸有情众。又在家众或出家众,于诸欲中未离贪者,由三因缘,诸染污受而得生起:一、由染著力,二、由作意力,三、由境界力。当知此中诸在家者,追求诸欲,为受用故,发生欲乐,由染著力;即此非理思惟先时曾所领受,由作意力;于现前境现在受用,由境界力。应知如是补特伽罗,欲、寻、触缘,由现行故皆不寂静,以此为缘发生三受。又由最初染污欲、寻、触现行故,领纳彼缘所生诸受,若彼生已染著不舍,亦不除遣,如是彼受长时相续随转不绝,不得寂静,不寂静缘长时相续领纳诸受。又彼欲等,由其最初长时相续恒现行故,彼缘彼品所有烦恼,堕在相续未永断故，即说名为不寂静缘，是名第二义门差别。若诸出家未离贪者，由于诸欲能弃舍故，其染著力所摄受欲虽得寂静，作意、境界力所摄受，若寻、若触而未寂静。由是因缘，彼于独处，于寻对治未善修故，一切离欲皆未作故，于曾受境非理作意寻思现行，于诸胜妙现前境界有触现行。若于寻思深见过失，于彼对治已善修故，一切离欲未尽作故，欲如前说已得寂静，由是因缘寻亦寂静，唯触独一未得寂静，若胜妙境现在前时，诸染污触便复生起。若于诸欲已离贪者，当知一切皆得寂静，是名一种义门差别。复有一类，于诸欲中未离贪者，由于诸欲所有贪欲未永断故，诸寻、染触未永断故，由是一切皆未寂静。若于诸欲贪欲已断，证初静虑，欲已寂静，寻未寂静；于初静虑已离贪者，乃至非想非非想处未离贪者，二已寂静，触未寂静。超过有顶，一切寂静，是名第二义门差别。若诸外道，能入世间定，具足于邪见乃至邪解脱智者，由彼为缘，生起诸受，于彼染著。又由彼品烦恼随缚，即由如是不寂静缘，诸受生起。若住内法，能入世间定，具足于正见乃至正解脱智者，由彼为缘，生起诸受，于彼染著。又由彼品烦恼随缚，即由如是不寂静缘，诸受生起。又住内法能入出世定者，若依向道转，自事未究竟，所有诸欲未得为得，未证为证，未触为触，作是希望：我于是处何时当得！广说如前，彼未寂静，由是为缘，彼于尔时诸受生起。若于自事已得究竟，彼欲寂静，由寂静缘，便有第一寂静无上诸受生起。彼于一切所有诸受出离方便如实了知，是故如前于第一义，诸沙门中许为沙门，诸梵志中许为梵志；若不了知，于彼一切皆不忍许。当知此中，一切诸受无有差别，皆触为缘。又即此缘，欲亦为缘，寻亦为缘，境界愚痴所摄无明亦为其缘。如是一切不正思惟,及堕相续彼品烦恼以为其集。由此灭故,彼亦随灭。正见等道,当知说名能趣灭行。

二四① 七五二(四八二)

如是我闻:一时,佛住舍卫国祇树给孤独园。夏安居时,尔时,给孤独长者来诣佛所,稽首礼足,却坐一面。佛为说法,示教、照喜,说种种法。示教、照喜已,从座起,整衣服,为佛作礼,合掌白佛言:"唯愿世尊与诸大众,受我三月请——衣被、饮食、应病汤药。"尔时,世尊默然而许。时给孤独长者知佛默然受请已,从座起去,还归自家。过三月已,来诣佛所,稽首礼足,退坐一面。佛告给孤独长者:"善哉长者!三月供养衣被、饮食、应病汤药。汝以庄严净治上道,于未来世当获安乐果报。然汝今莫得默然乐受此法,汝当精勤,时时学远离,喜乐具足身作证。"时给孤独长者闻佛所说,欢喜随喜,从座起而去。

尔时,尊者舍利弗于众中坐,知给孤独长者去已,白佛言:"奇哉世尊!善为给孤独长者说法!善劝励给孤独长者言:汝已三月具足供养如来大众中,净治上道,于未来世当受乐报。汝莫默然乐著此福,汝当时时学远离,喜乐具足身作证。世尊!若使圣弟子,学远离,喜乐具足身作证,得远离五法,修满五法。云何远离五法?谓断欲所长养喜,断欲所长养忧,断欲所长养舍,断不善所长养喜,断不善所长养忧,是名五法远离。云何修满五法?谓随喜,欢喜,猗息,乐,一心。"佛告舍利弗:"如是,如是!

---

① 《增支部》"五集"一七六经。

若圣弟子修学远离,喜乐具足身作证,远离五法,修满五法。"佛说是经已,诸比丘闻佛所说,欢喜奉行。

"**劣等**":复次,于远离喜身作证住诸圣弟子,能断五法,能修五法,令得圆满,应知如前三摩呬多地广辩①其相②。

二五③　　　　七五三(　四八三)

如是我闻:一时,佛住舍卫国祇树给孤独园。尔时,世尊告诸比丘:"有食念者,有无食念者,有无食无食念者;有食乐者,(有)无食乐者,有无食无食乐者;有食舍者,有无食舍者,有无食无食舍者;有食解脱者,有无食解脱者,有无食无食解脱者。云何(有)食念?谓五欲因缘生念。云何无食念?谓比丘离欲、离恶、不善法,有觉、有观,离生喜、乐,初禅具足住,是名无食念。云何无食无食念?谓比丘有觉、有观息,内净、一心,无觉、无观,定生喜、乐,第二禅具足住,是名无食无食念。云何有食乐?谓五欲因缘生乐、生喜,是名有食乐。云何无食乐?谓息有觉、有观,内净、一心,无觉、无观,定生喜、乐,是名无食乐。云何无食无食乐?谓比丘离喜、贪,舍心住正念、正知,安乐住,彼圣说舍,是名无食无食乐。云何有食舍?谓五欲因缘生舍,是名有食舍。云何无食舍?谓彼比丘离喜、贪,舍心住正念、正知,安乐住,彼圣说舍,第三禅具足住,是名无食舍。云何无食无食舍?谓比丘离苦、息乐、忧、喜先已离,不苦不乐,舍、净念、一心,第四禅具足

---

① "辩",原本作"办",依宋本改。
② 《瑜伽师地论》卷一一(大正三〇·三二九上——中)
③ 《相应部》(三六)"受相应"二九经。

住,是名无食无食舍。云何有食解脱?谓色俱行。云何无食解脱?谓无色俱行。云何无食无食解脱?谓彼比丘贪欲不染解脱,嗔恚、愚痴心不染解脱,是名无食无食解脱。"佛说此经已,诸比丘闻佛所说,欢喜奉行。

①又喜、乐、舍,劣、中、胜品,谓在欲界,及四静虑,如其所应,当知其相。又在第四静虑地舍,一切过患皆远离故,名善清净。若此上舍,复可立为胜无爱味。

二六② 　　　　七五四(四八四)

如是我闻:一时,佛住舍卫国祇树给孤独园。尔时,尊者跋陀罗比丘,及尊者阿难,俱住祇树给孤独园。尔时,尊者阿难往诣尊者跋陀罗所,共相问讯,慰劳已,于一面住。时尊者阿难问尊者跋陀罗比丘言:"云何名为见第一?云何闻第一?云何乐第一?云何想第一?云何有第一?"尊者跋陀罗语尊者阿难言:"有梵天,自在造作化如意,为世之父,若见彼梵天者,名曰见第一。阿难!有众生离生喜乐,处处润泽,处处敷悦,举身充满,无不满处,所谓离生喜乐。彼从三昧起,举声唱说,遍告大众:极寂静者,离生喜乐;极乐者,离生喜乐。诸有闻彼声者,是名闻第一。复次,阿难!有众生于此身离喜之乐,〔润泽〕处处润泽,敷悦充满,举身充满,无不满处,所谓离喜之乐,是名乐第一。云何想第一?阿难!有众生度一切识入处,〔无所有〕无所有入处具足住。若起彼想者,是名想第一。云何有第一?复次,阿难!有

---

① 《论》文承上。
② 《增支部》"五集"一七〇经。

众生度一切无所有入处,非想非非想入处具足住。若起彼有者,是名有第一。"尊者阿难语尊者跋陀罗比丘言:"多有人作如是见、如是说,汝亦同彼,有何差别?我作方便问汝,汝当谛听,当为汝说。如其所观,次第尽诸漏,是为见第一。如其所闻①,次第尽诸漏,是名闻第一。如所生乐,次第尽诸漏者,是名乐第一。如其所想,次第尽诸漏者,是名想第一。如实观察,次第尽诸漏,是名有第一。"时二正士共论说已,从座起去。

"见等为最胜":复次,若有苾刍,依止如是色类见、闻及乐、想、有,无间随得诸漏永尽,当知此见名最胜见,乃至此有名最胜有。从无我见,不更寻求其余胜见,谓无常②见,即此无间随得漏尽,是故此见名最胜见。依止此见,复由四门方能随得诸漏永尽:一、或从他听闻正法;二、或依四现法乐住;三、或依止三种想定,谓从空无边处乃至无所有处;四、或天有,或在人有。是故此闻于其余闻,此乐于其余乐,此想于其余想,此有于其余有,说为最胜③。

二七④　　　　　　　　七五五(　四八五)

如是我闻:一时,佛住王舍城迦兰陀竹园。尔时,瓶沙王诣尊者优陀夷所,稽首作礼,退坐一面。时瓶沙王白尊者优陀夷言:"云何世尊所说诸受?"优陀夷言:"大王!世尊说三受——乐受、苦受、不苦不乐受。"瓶沙王白尊者优陀夷:"莫作是言,世

---

① "闻",原本误作"问",今改。
② "无常",疑是"无我"。
③ 《论》义,在"受相差别"下,与经文次第倒,今依经次第。
④ 《相应部》(三六)"受相应"一九经。《中部》(五九)《多受经》。

尊说三受——乐受,苦受,不苦不乐受。正应有二受——乐受,苦受。若不苦不乐受,是则寂灭。"如是三说。优陀夷不能为王立三受,王亦不能立二受。俱共诣佛所,稽首礼足,退住一面。时尊者优陀夷,以先所说,广白世尊:"我亦不能立三受,王亦不能立二受。今故共来,具问世尊,如是之义,定有几受?"佛告优陀夷:"我有时说一受,或时说二受,或说三、四、五、六、十八、三十六,乃至百八受,或时说无量受。云何我说一受?如说所有受皆悉是苦,是名我说一受。云何说二受?说身受,心受,是名二受。云何三受?乐受,苦受,不苦不乐受。云何四受?谓欲界系受,色界系受,无色界系受,及不系。云何说五受?谓乐根,喜根,苦根,忧根,舍根,是名说五受。云何说六受?谓眼触生受,耳、鼻、舌、身、意触生受。云何说十八受?谓随六喜行,随六忧行,随六舍行受,是名说十八受。云何三十六受?依六贪著喜,依六离贪著喜,依六贪著忧,依六离贪著忧,依六贪著舍,依六离贪著舍,是名说三十六受。云何说百八受?谓三十六受,过去三十六,未来三十六,现在三十六,是名说百八受。云何说无量受?如说此受、彼受等比,如是无量名说,是名说无量受。优陀夷!我如是种种说受如实义,世间不解故而共诤论,共相违反,终竟不得我法律中真实之义,以自止息。优陀夷!若于我此所说种种受义如实解知者,不起诤论,共相违反,起未起诤,能以法律止令休息。然优陀夷!有二受:欲受,离欲受。云何欲受?五欲功德因缘生受,是名欲受。云何离欲受?谓比丘离欲、恶不善法,有觉、有观,离生喜、乐,初禅具足住,是名离欲受。若有说言:众生依此初禅,唯是为乐非余者,此则不然。所以者何?更有胜乐过于此故。何者是？谓比丘离有觉、有观，内净，定生喜、乐，第二禅具足住，是名胜乐。如是乃至非想非非想入处，转转胜说，若有说言唯有此处，乃至非想非非想极乐非余，亦复不然。所以者何？更有胜乐过于此故。何者是？谓比丘度一切非想非非想入处，想受灭身作证具足住，是名胜乐过于彼者。若有异学出家，作是说言：沙门释种子，唯说想受灭名为至乐，此所不应。所以者何？应当语言：此非世尊所说受乐数。世尊说受乐数者，如说：优陀夷！有四种乐。何等为四？谓离欲乐，远离乐，寂灭乐，菩提乐。"佛说此经已，尊者优陀夷及瓶沙王，闻佛所说，欢喜奉行。

"诸受相差别"：复次，由十种相，当知诸受所有差别：一、胜义差别，二、流转所依差别，三、自相差别，四、尽所有性差别，五、自相品类差别，六、流转门差别，七、杂染门差别，八、所治能治差别，九、时差别，十、刹那展转生起差别。此中或有无开觉者，作如是言：受唯有二：一、苦，二、乐。虽复说有不苦不乐，然唯苦乐无性所显，是故世尊即依如是苦乐寂静，假设为有。世尊为欲开晓彼故，说如是言：乐有二种，所谓欲乐及远离乐。此远离乐，复有三种：一者、劣乐，二者、中乐，三者、胜乐。劣乐者，谓无所有处已下；中乐者，谓第一有；胜乐者，谓想受灭。既有是理，乐受亦得说为寂静：谓在初、二、三静虑中；非苦乐受亦名寂静，谓在第四静虑已上，乃至有顶；一切受无，亦名寂静，谓在灭定。然佛世尊约第一义，说有三种最寂静乐，谓诸苾刍心于其贪离染解脱；如于其贪，于嗔，于痴，当知亦尔。如是一切，总为三乐：一者、应远离乐；二者、应修习有上住乐；三者、最极究竟解脱无上住乐。应远离乐者,谓诸欲乐。应修习乐者,谓初静虑乃至有顶诸所有乐;有上住乐者,谓灭尽定,此亦名为应修习乐。最极究竟解脱无上住乐者,谓如前说三最胜乐。非据受乐,说灭尽定以为有乐,然断受乐说名为乐。又胜住乐,与乐相似。又即依此有乐可得,说名为乐,谓如有一从此定起,有所领受,作如是言:我已多住如是如是色类最胜寂静乐住,由依此故说名为乐①。

二八②　　　　　七五六(　四八六)

如是我闻:一时,佛住王舍城迦兰陀竹园。尔时,世尊告诸比丘:"若于一法生正厌离,不乐,背舍,得尽诸漏,所谓一切众生由食而存。复有二法,名及色。复有三法,谓三受。复有四法,谓四食。复有五法,谓五受阴。复有六法,谓六内、外入处。复有七法,谓七识住。复有八法,谓世八法。复有九法,谓九众生居。复有十法,谓十业迹。于此十法生厌,不乐,背舍,得尽诸漏。"佛说此经已,诸比丘闻佛所说,欢喜奉行。

二九　　　　　　七五七(　四八七)

如是我闻:一时,佛住王舍城迦兰陀竹园。尔时,世尊告诸比丘:"若于一法生正厌离,不乐,背舍,究竟苦边,解脱于苦,谓一切众生由食而存。复有二法,名及色。复有三法,谓三受。复有四法,谓四食。复有五法,谓五受阴。复有六法,谓六内、外入处。复有七法,谓七识住。复有八法,谓世八法。复有九法,谓九众生居。复有十法,谓十业迹。于此十法生正厌离,不乐,背

---

① 此《论》义,依经次第,与上《论》义相倒,今依经次第。
② 此下四经,参照《增支部》"十集"二七·二八经。《增一阿含经》(四六)"结禁品"八经。

舍,究竟苦边,解脱于苦。"佛说此经已,诸比丘闻佛所说,欢喜奉行。

三〇　　　　　　　　七五八（　四八八）

如是我闻:一时,佛住王舍城迦兰陀竹园。尔时,世尊告诸比丘:"若于一法观察无常,观察变易,观察离欲,观察灭,观察舍离,得尽诸漏,谓一切众生由食而存。复有二法,名及色。复有三法,谓三受。复有四法,谓四食。复有五法,谓五受阴。复有六法,谓六内、外入处。复有七法,谓七识住。复有八法,谓世八法。复有九法,谓九众生居。复有十法,谓十业迹。于此十法,正观无常,观察变易,观察离欲,观察灭,观察舍离,得尽诸漏。"佛说此经已,诸比丘闻佛所说,欢喜奉行。

三一　　　　　　　　七五九（　四八九）

如是我闻:一时,佛住王舍城迦兰陀竹园。尔时,世尊告诸比丘:"若于一法观察无常,观察变易,观察离欲,观察灭,观察舍离,究竟苦边,解脱于苦,谓一切众生由食而①存。复有二法,名及色。复有三法,谓三受。复有四法,谓四食。复有五法,谓五受阴。复有六法,谓六内、外入处。复有七法,谓七识住。复有八法,谓世八法。复有九法,谓九众生居。复有十法,谓十业迹。于此十业迹观察无常,观察变易,观察离欲,观察灭,观察舍离,究竟苦边,解脱于苦。"佛说此经已,诸比丘闻佛所说,欢喜奉行②。

---

① "而",原本缺,依宋本补。
② 《杂阿含经》卷一七终。

"知差别"：复次，由遍了知应遍知事，于其苦谛得遍解脱，于其集谛得胜解脱，于其灭谛能正作证，于其道谛能正修习。正于苦边能随得者，谓于苦谛得遍解脱；于诸漏尽能随得者，谓于集谛得胜解脱；应厌、应离、应解脱者，谓于灭谛能正作证；于无常等随观住者，谓于道谛能正修习。又由十相，应当了知境事差别：一者，已生诸行，系属命根住因差别；二者，有色、无色诸行，展转相依住立流转差别；三者，无色诸行，无常法性入门差别；四者，心诸杂染依处差别；五者，一切诸行，一切品类总皆是苦差别；六者，净不净业果受用门差别；七者，有喜乐识所行边际差别；八者，爱、恚依处差别；九者，喜乐执藏有情生处，安住边际差别；十者，堕往恶趣依处边际差别。又清净品应得、应修事增上故，当知有余十种差别：一者，善法无间修习增上无逸差别；二者，心慧解脱依止差别；三者，胜三摩地边际差别；四者，于一切境系缚其心边际差别；五者，解脱方便差别；六者，解脱差别；七者，等觉真义差别；八者，现等觉后，于三学中受学差别；九者，正学已学现法乐住差别；十者，证圣神通广行差别。

"问记"：①复次，即依如上所说差别，应生问论。标举者，谓由未了义理；记别者，谓由已了义理。当知此中，由四因缘，能请问者不应与言；由四因缘，能记别者不应与言。前四种者：一、于现量，二、于应理，三、于其因，四、于非因。谓等示现时而不领解；比度分别正施设时而不领解；汝自修行，自然当了而不领解；正智论者亲自演说，由此至教亦不领解。是故于此能请问者，不

---

① 《论》义依《中阿含经》(一一九)《说处经》。《增支部》"三集"六七经。

应与言。后四种者,谓一切行皆是无常,一切诸法皆无有我,一切生处皆不可乐,净、不净业终无失坏,是一向记。故思造业当受于苦,此非一向;获得于舍,于现法中定般涅槃,亦非一向。若有问言:造作业已往善趣不?应反诘云:汝问何业?若有问言:修习道已得涅槃不?应反诘云:汝问何道?为是世间,为出世间?置记论者,谓依一切所有见趣。如是四种正答问者,名善能记,应可与言;与此相违,不应与言。

①复次,诸佛如来有二记别:一、共外道,二者、不共。共外道者,记诸弟子当生处等。言不共者,终不记别有生者等。有二识火炽然所依:一、微细爱,二、粗名色。欲、色二界爱所生识,名、色为依;爱若止息,乃至寿量,其识相续随转而住。若无色界爱所生识,但缘其名而得住立;爱若断灭,乃至寿量,其识相续随转而住。又于色界,此爱为依,生中有识,即爱为依,令于中有般涅槃者暂尔安住;此爱若断,即于尔时其识谢灭。复有二种意所生身:一者、色界意所生身,二、无色界意所生身;谓由定地意门方便,而能集成二生身故。又诸如来,略有二种善避他论:一者、能避定不应记,作不定论;二者、能避决定应记,作不定论,如说喜乐色等义别,如是喜乐取等义别,应知亦尔②。

---

① 《论》义依《中阿含经》(二二)《成就戒经》。《增支部》"五集"一六六经。
② 《瑜伽师地论》卷九六终。

道品诵第四①

菩提分法择摄第四②

七 念处相应③

如是已说缘起、食、谛、界择摄,菩提分法择摄,我今当说。

总嗢拕南曰:

　　念住与正断,神足及根、力,觉、道支、息念,学、证净为后。

别嗢拕南曰:

　　沙门、沙门义,喜乐、一切法,梵行、数取趣,超、二染为后。

---

① "道品诵第四",原本卷二四起,至卷三七,共十四卷,与《相应部》"大篇"相当。卷三一以下,今编入"如来所说诵"。前七卷(已佚失一卷)为"道品诵"主体,分"念处"、"正勤"、"如意足"、"根"、"力"、"觉支"、"圣道分"、"安那般那念"、"学"、"不坏净"——十种相应。

② "菩提分法择摄",为《瑜伽师地论·摄事分》中,抉择契经宗要之第四分,自卷九八起。

③ "念处相应"共五四经,与《相应部》(四七)"念处相应"相当。

"**沙门**":①依四念住修习增上,由四因缘,应知内法有沙门道及有究竟,外法决定无沙门道亦无究竟,当知他论诸沙门道及以究竟,一切皆空。云何名为四种因缘?一者、依止四处得四证智故;二者、解脱四种外随烦恼故;三者、内法弟子与外道弟子不同品类故;四者、内法大师与外道师不同品类故。云何名为内法沙门?谓诸沙门,略有四种:一者、胜道沙门,二者、论道沙门,三者、命道沙门,四者、污道沙门。是四沙门,若略、若广,如声闻地已辩其相②。内法道者,云何为道?谓八支圣道。若处施设八支圣道,是处施设污道为后四种沙门;若有其道,自行邪行,非生道器,由是因缘容有污道。是故外法尚无污道,况得有余!内法究竟者,云何究竟?谓断诸取,诸取断已,当来毕竟无复相续。云何名为依止四处?云何复名得四证智?谓四处者:一、三结永断苏息处,二、无退堕法势力处,三、定趣菩提种类处,四、极七反有随行处。依此四处,于佛、法、僧及于净戒,得证净智。云何名为解脱四种外随烦恼?一者、解脱现法外随烦恼,二者、解脱后法外随烦恼,三者、解脱展转互相违戾所作外随烦恼,四者、解脱于诸圣谛不能宣说、不能觉悟所作外随烦恼。当知此中诸外道类,阙念住故,其念忘失,不正知住。领纳诸受,或乐、或苦、或非苦乐,于乐起染,于苦起恚,于非苦乐发起愚痴,如是名为第一现法外随烦恼。彼由如是染、恚、痴故,以受为缘生后有爱;以爱为缘发生诸取;有爱、取故,以取为缘成办于有;广说乃至纯大苦聚

---

① 《论》义依《中阿含经》(一〇三)《师子吼经》,《中部》(一一)《师子吼小经》。
② 《瑜伽师地论》卷二九(大正三〇·四四六下——四四七上)。

积集增长，如是名为第二后法外随烦恼。又诸外道，萨迦耶见以为根本，种种见趣意各别故，彼此展转互相违戾，是名第三外随烦恼。又诸外道，遍于一切四圣谛中，尚无有能施设其教，况当觉悟！是故彼于自师宗智虽得增上，而实无知，堕无明趣，是名第四外随烦恼。住内法者，于是一切皆能解脱。云何内法弟子与外道弟子不同品类？谓外道弟子，或堕有见常边，或堕无见断边，长夜积集，深起藏护；由闻亲近，由思染著，由修染著。内法弟子行处中行，远离二边。云何内法大师与外道师不同品类？谓外道师，于一切取，虽同宣说断遍知论，而于诸取不能施设正断遍知。由彼本契出家舍欲，故于欲取立断遍知，非于自见、自戒、我语；若有与他诸余沙门、婆罗门等见不同分，戒禁同分，彼于见取亦能随分立断遍知，非于戒禁、我语二取；若有戒禁亦不同分，于戒禁取亦能随分立断遍知，其我语取，于一切时，一切外道悉皆共有，是故外道于自于他我语取中，皆不施设断遍知论。又彼虽能分舍诸取，而于当来还复能取，未永断故。如是外道于诸取中未全断故，未永断故，不得究竟。内法大师，当知一切与上相违。如是应知内法大师与外道师不同品类。

"沙门义"：①复次，依四念住修习增上，略由三处、三地、三种补特伽罗，当知普摄诸沙门义。云何三处？一、境，二、智，三、证。云何三地？一、正加行摄异生地，二、有学地，三、无学地。云何三种补特伽罗？一、正加行异生补特伽罗，二、有学补特伽罗，三、无学补特伽罗。云何名境？谓地等六界，与六触处为所

---

① 《论》义依《中阿含经》（一六二）《分别六界经》，《中部》（一四〇）《界分别经》。

依体；此六触处，与十八意行为所依体；十八意行能杂染心。云何名智？谓心清净，增上慧依处。云何名证？谓即慧依处增上，若谛依处，若舍依处，若寂依处。云何慧依处？谓慧为依处，于正加行异生地中，正修善法为因缘故，能无放逸。入有学地，若慧为依处，证阿罗汉。无学地中，得尽智故，如实了知我生尽等，若学、无学出世智，后诸世间慧。云何谛依处？谓已获得八支圣道，断诸烦恼。由此依处，当来众苦毕竟不生；由此毕竟无忘失故，名谛依处。云何舍依处？谓断彼事；由此依处，于已断事无杂染行，现法乐住。云何寂依处？谓为断灭所余结事，方便勤修，如已得道；此为依处，于所余结及所余事能舍无余。如是一切，以要而言，为欲得证故修其智；既得证已，便获圣道及圣道果。果有二种，谓烦恼断及与事断。此中一种，证所未证；第二依处，舍未来苦；第三依处，能随习近现法乐住；第四依处，断未圆满能令圆满。齐尔所处，诸瑜伽师于所应作，皆得究竟：谓于未证，由初能证；于未来苦，第二能舍；于现法乐，第三能住；于上断灭所未圆满，第四能满。如是一切，由四依处应当了知。此中先所获得圣道，名寂静道，为断上位烦恼事故，正修习时，于其事断倍趣增益，于烦恼断防未得退。此中云何由智观察所知境界，证所应证？谓正加行异生地中，正行异生补特伽罗，由内、外别，观察五界，于所有身住循身观，谓心解脱及慧解脱为增上故。彼起如是如理加行，于诸界中住唯界想，观唯有界，都无有我。依思择力，于诸色界已远离贪，而于所缘犹未能断；于未来世不希望故，于现在世不耽著故，名已离贪，未能永害彼随眠故，名于所缘犹未能断。彼于其贪已远离故，由心解脱为增上力，远离贪故,心得清净;而于所缘未能断故,有余上位,应更修治。从此已后,于六触处所摄境界,无倒观察,于诸受中住循受观。彼如前说,依思择力,于诸受界亦远离贪,历观缘生无常性故。即如前说,而于所缘犹未能断。彼于无明已远离故,由慧解脱为增上力,依诸明触所生如理作意相应所有善受,于一切受所生杂染厌舍而住;由于无明触所生受为缘起贪,已远离故,名得清净,而于随眠未永断故,有余上位应更修治。从此已后,于十八意行无倒观察,俱于心法同时安住循心法观。彼作是思:此十八意行最第一者,谓诸所有寂静、解脱,超过诸色,在于无色,于能顺舍起诸意行。复作是思:若我依此胜妙意行,于清净舍,若定、若生,耽著系忆,因此我心便成杂染。如是知已,舍而不忆,是名于心住循心观。复于诸处观无常性,是名于法住循法观。彼于尔时,于三想定,及以非想非非想处所有诸行,余第一有,已离贪故,名于想界及行界贪亦得远离,余如前说。如是彼于正加行摄异生地中,净修心已,为欲证会学心解脱,复于一切身、受、心、法,观唯有法,都无有我。于一切有深心厌舍,不起加行,谓我当有,或我当无,如实了知此中无有有者、无者。彼由如是如实知故,渐于见、修所断三漏心得解脱。得尽智故,观察一切当来诸受,不复流转。此不流转,由身灭故。彼于尔时,依诸漏尽所获尽智,为最第一。有学异生诸慧依处,犹有垢故,今此所得定无垢故。又即此慧,于诸烦恼断灭谛中,以寂静行攀缘而住;暂时失念,亦不能动,如是所有心、慧解脱,不为忘念之所陵杂。如前异生及有学位,以彼尚有忘失法故,谛不圆满;在无学位,于一切时如实性故,其谛圆满,故谛依处成就第一。由能弃舍一切依事,故舍依处成就第一。一切道果所集成故,名善修道,非如异生及诸有学,故寂依处成就第一。问:何因缘故,唯在无学,四种依处说为第一,非在异生及有学位?答:在此位中,微细淋漏亦不可知,况有中、上!在异生地,淋漏弥多;有学位中,少可知有,此中何等名为淋漏?应知如前诸动举等,说名淋漏。于彼一切皆永断故,趣向圆满牟尼性故,说名牟尼最极寂静。又已永害当来因故,于初、中、后,生、老、死苦永止息故;现法行时,于诸世法,四种贪爱永寂静故,四种嗔恚永寂静故。又于住时,不悦喧杂,永寂止故。

"喜乐":①复次,依修所有菩提分法圆满增上,由七因缘,当知建立七种正法。何等为七?一、闻所成作意所缘故;二、思所成及修所成作意所缘故;三、即此三种作意加行时差别故;四、于受用财、遍受用财,善通达故;五、受用财、法,于时时间从他得故;六、于究竟时,内离上慢无失坏故;七、亦于他所,离增上慢无失坏故。此中依诸止、举、舍相、修习知时,如声闻地及三摩呬多地已辩其相②。食饮等义,如声闻地应知差别③。又于此中,受用财者,谓于刹帝利、婆罗门、长者等众;受用法者,谓于沙门众。我应如是行者,谓善护于身,善守诸根,善住正念。应如是住者,谓至门首,若不听许则不应入;或得入已,若不听许,不应自专就座而坐。应如是坐者,谓不应宽纵一切身分,乃至广说。应如是语者,谓五种语:一、应时语,二、应理语,三、应量语,四、寂静语、

---

① 《论》义依《中阿含经》(一)《善法经》。《增支部》"七集"六四经,《增一阿含经》(三九)"等法品"一经。

② 《瑜伽师地论》卷三〇(大正三〇·四五六上——中),又卷一三(大正三〇·三四四上)。

③ 《瑜伽师地论》卷二三(大正三〇·四〇八上——四一一中)。

五、正直语。应如是默者,谓于五时应当宴默:谓或纷扰故,或相诽拨故,或违诤而住故,或延请故,或谈论故为待言终所以宴默。云何应时语?谓非纷扰,或遽寻思,或不乐闻,或不安住正威仪时而有所说。又应先序初时所作,然后赞励,正起言说。又应待他语论终已,方起言说。如是等类,一切当知名应时语。云何应理语?谓依四道理,能引义利,称实而语,名应理语。云何应量语?谓文句周圆,齐尔所语决有所须,但说尔所不增不减,非说杂乱无义文辞,如是等类名应量语。云何寂静语?谓言不高疏,亦不喧动,身无奋发,口不咆勃而有所说,名寂静语。云何正直语?谓言无诡诈,不因虚构而有所说;离谄曲故,发言纯质,如是当知名正直语。于己所无信等善法,不起上慢,谓为自有;于其狭小,亦不增益以为广大。唯于实有,乃至所有如实了知,自称言有,故名自知。又信为先,受持净戒;持戒为先,求多闻法;由此为先,舍诸过失,普于一切资财、身命无所顾恋;由此为先,心得静定,证如实智。如是五法,由四因缘之所显发:一、由他教故,二、教增上力自内证故,三、俱生寻思胜辩才故,四、由先串习获得俱生功德相应善男子故。略有二种补特伽罗者,双标二种。如是二种者,分别二种。此二为胜者,当知简择二种差别。修七善法,得二胜利,谓现法中得轻安乐,觉境实性,发生胜喜,由是因缘,多住喜乐。安住是已,能如理思,速疾证得诸漏永尽。

"一切法":①复次,依修菩提分法增上,于善说法毗奈耶中,略由诸学及诸学果,摄一切法。云何诸学?谓三种学:一、增上

---

① 《论》义依《中阿含经》(一一三)《诸法本经》。《增支部》"十集"五八经。

戒,二、增上心,三、增上慧。云何学果?谓有余依及无余依二涅槃果。当知此中一切法者,谓善法欲,清净出家,为证涅槃,先受持戒,由是渐次,乃至获得究竟涅槃,是故宣说一切诸法,欲为根本。又依净戒,引求正法,摄受多闻;由闻正法增上力故,能速集证增语明触,是故说彼以为触集。又彼皆为流趣明触所生诸受,乃至有余依般涅槃界为其后际,为求安乐而发起故,此乐一向无罪性故,是故说彼学所摄法为受流趣。又彼为求所有明触,及依明触所生诸受,起闻、思、修所成作意,是故说彼为作意生。又于尔时,于四念住,由观品念,以观为依,与内心止为其增上,是故说彼念为增上。又念增上起奢摩他,与后圣谛现观妙智为上首转,是故说彼定为上首。又于圣谛,诸现观中慧为最胜,谓能无余永尽诸漏,是故说彼慧为最胜。又由一切漏永尽故,获得究竟明触生受俱行解脱。即此解脱,非由一切学所摄法数数随得,唯由顿得,由此解脱,一切乐中为最第一,无罪性故,是故说彼即用解脱以为坚固。又彼如是善解脱心,若诸明触所生受等,若学所摄所有诸法,并所依身,于无余依般涅槃界,任运自然究竟寂灭,是故说彼皆以涅槃为其后际。应知此中,欲为增上,受持净戒,名增上戒学。依止触、受增上心、慧,任持方便所有作意,若念、若定,并其加行,名增上心学。慧为最胜,名增上慧学。如是应知名为三学及彼依持。解脱坚固是有余依般涅槃界第一学果,涅槃后际是无余依般涅槃界第二学果。如是略说学及学果,摄一切法。又此诸学及诸学果,能证资粮,当知对治八种过患,修集九想。云何名为八种过患?所谓耽著利养恭敬,爱藏一切后有诸行,懈怠懒惰,萨迦耶见,贪著美味,于诸世间种种妙事欣、欲、贪爱，依止放逸恶行方便，依止邪愿修习梵行。云何名为修集九想？一者、修集出家想，二者、修集无常想，三者、修集无常苦想，四者、修集苦无我想，五者、修集厌逆食想，六者、修集一切世间不可乐想，七者、修集死想，八者、修集世间平等不平等想，九者、修集有无出没过患出离想。应知此中所有如法，平等行摄，能往善趣；善身、语、意业，说名平等。所有非法，不平等行摄，能往恶趣；不善身、语、意业，名不平等。又住于此，若生、若长，能生后际所有众苦，说名为有。从其前际、于现法中有死灭苦，说名为无。余出、没等，应知如前已广分别。

"**梵行**"：①复次，诸外道辈，闻不正法增上所生，不如理想为依止故，发起无明所生诸受，由此为依发生诸漏。而诸外道，于是诸漏不如实知，亦于无明触所生受不如实知，亦于听闻诸不正法增上所生所有邪想不如实知。于是三处不实知故，发起欲求，发起有求，亦复发起邪梵行求及无有求。彼于诸欲不如实知，于后有业不如实知，于其众苦不如实知。此中前五是集谛处，最后一种是苦谛处，如是外道于此集谛及以苦谛不如实知。又即于此集谛、苦谛，略由二相不如实知：一、杂染故，二、清净故。此中杂染，复有四相：一、自性故，二、因故，三、果故，四、因果差别故。此中清净，复有二种：一、集苦灭，二、趣灭行。彼于如是四圣谛中，阙乏正智，不能修习菩提分法，由是因缘，彼所修行所有梵行，不得名为最极究竟；即由此缘，不名究达，不尽漏故。住内法者，与彼相违，所修梵行最极究竟；名为究达，尽诸漏故。

---

① 《论》义依《中阿含经》（一一一）《达梵行经》，《增支部》"六集"六三经。

"数取趣":①复次,于其六种补特伽罗,依染净法,如来所有大士根智,及当来法生起智转。云何名六补特伽罗?谓有一类补特伽罗,先余生中,于佛善说法毗奈耶,获得净信,广说乃至得正直见。彼于今生,于恶说法毗奈耶中,近不善士,闻不正法,非理作意,于现法中最初生起诸邪见爱②、诸业杂染。彼于尔时,成就前生所有善法,及现法中诸不善法。复于后时,于善说法毗奈耶中,亲近善士,听闻正法,如理作意;即由先因,弃舍恶说法毗奈耶,于恶说想、诸不善法,不生染著,速能遣灭。此于当来成清净法,是名第一补特伽罗。复有一类补特伽罗,先余生中,俱行二法毗奈耶行;由彼为因,于现法中,成就善法及不善法。彼于今生,最初如前,于善说法,乃至获得如理作意,于现法中诸不善法,令旧灭没,新不复生;诸有善法,令旧增长,新复更生。诸先所有不善未断,随眠随逐,今于一切皆能断除,无放逸住,此于当来成清净法。复有一类补特伽罗,先余生中,唯行外行,彼于今生,由是为因,串习出家故,串习邪见故,于善说法毗奈耶中,遇缘和合而得出家;既出家已,复生邪见,住自见取,造无间业,亦断善根,一向成就诸不善法,恶趣决定,是名第三补特伽罗。如是三种补特伽罗,当知第一先于内法纯习因行,于现法中先行放逸,后不放逸;第二补特伽罗,先于内外俱习因行,于现法中当知一向行不放逸;第三补特伽罗,先于外法纯习因行,于现法中当知一向多行放逸。如是三种补特伽罗,复有余三补特伽罗,与上相违,应知其相。此中第一补特伽罗,先于外法纯习因行,于

---

① 《论》义依《中阿含经》(一一二)《阿奴波经》,《增支部》"六集"六二经。
② "爱",宋本作"受"。

现法中先不放逸,后行放逸。第二补特伽罗,先于内外俱习因行,于现法中专行放逸。第三补特伽罗,先于内法纯习因行,于现法中当知一向修不放逸。又于此中,先世所习善不善因,犹如种子,今世善说法毗奈耶,于其先世诸善种子,犹如良田;于彼先世不善种子,犹如瘠田。与是相违,今世恶说法毗奈耶,于其先世不善种子,犹如良田;于彼先世诸善种子,犹如瘠田。又彼先世因增上力,今善法起,犹如光明,与彼一切如无明暗诸不善法为能对治;彼不善法,与彼一切犹如光明所有善法为所对治。如是先世诸不善法,如有热炭,由有能烧身心义故;今世恶说法毗奈耶,如干苇舍。又彼先世所有善法,如有热炭,由有能烧烦恼义故;今世善说法毗奈耶,如干苇舍。又彼先世所有善法,处今恶说法毗奈耶,由①损减故,犹如置在冷地石器,如无热炭。又彼先世诸不善法,处今善说法毗奈耶,由断灭故,犹如置在冷地石器,如无热炭。此中诸如来由大士无上根胜劣智力,于其先世善、不善因所集成根,随其所应如实了知。又于现法染净门转,生起当来染净诸法,亦随所应如实了知,故言成就甚奇希有。

"超":②复次,往恶趣行,往善趣行,超度差别,当知略有五门不同。由此五门;于自超度如实了知,于他超度亦正遍知,所谓诸佛及佛弟子。云何名为往恶趣行?谓诸外道,所有一切萨迦耶见以为根本诸恶见趣,并彼所缘,并彼所依以为依止,发生种种恶欲及害,若杀生等,所有无量恶不善法,如经广说。乃至

---

① "由",原本作"田",依宋本改。
② 《论》义依《杂阿含经》(五一)"业报相应"四·五经。《中部》(四一)《萨罗村婆罗门经》、(四二)《鞞兰若村婆罗门经》。

所有诸非法行，不平等行，以为最后，能往险恶处，能往那落迦，能往诸恶趣差别生起。若往于彼，名生恶趣；领受彼因所感非爱诸果异熟，如实名为往恶趣行。于此多闻诸圣弟子，若彼所缘生诸见趣，若自所依令起执著，诸所有能往一切险恶趣等诸恶欲等，广说乃至诸非法行，不平等行以为最后。若住于彼，领受非爱险恶等果，如是一切，如实随观非我、我所，谓于是中决定无我，亦无我所，如是观已，当于圣谛得现观时，彼诸见趣随眠根本皆永拔故，说名为断，其余一切毕竟不续。此圣弟子，于彼见趣以为根本，所有能往险恶处等，定不能作，定不能往险恶处等，是名第一往恶趣行永损害门。由是因缘，能于自内如实了知，离我等圣，所余异生，虽复有能以世间道，超度能往恶趣不善及恶趣等，获得四种现法乐住，或得超过诸色，无色寂静解脱，然其不能究竟损害诸恶趣等，后可相应；是故彼流，虽极能离欲、色界爱，暂时获得胜上乐住，而复当来更还造作杀生等事，往诸恶趣。我等定当不能造作杀生等事，乃至广说，诸非法行，不平等行，我等定当能不造作，是名圣法毗奈耶中永损害门，谓能损害往恶趣行。如是诸佛及佛弟子，能实遍知永损害门所有差别。又即如是诸圣弟子，为欲超度所余未断往善趣行，此圣弟子于先所作，不生喜足，于上漏尽起欣乐欲，发正愿心，于彼所得诸世俗道，审观过患，谓彼不能究竟离苦，是名第一为欲超度往善趣行发心愿门。发心愿已，普于一切善趣后有所生爱味，深观过患，如险恶道，心生厌离，欣慕寂静现法涅槃，正修方便，由是进趣如先所得趣涅槃行，如是名为能进趣门。彼由修道渐次离欲，乃至能入第一有定，若于上舍多生爱味、放逸因缘，于现法中不般涅槃，但名上行不还果者，如是名为后上行门。若复于彼深观过患，于上舍中不生爱味，彼于现法能证涅槃，依有余依般涅槃说，如是名为般涅槃门。由是门故，如实了知自般涅槃，超度一切往善趣行，于他超度亦正遍知，所谓诸佛及佛弟子。此中初一永损害门，当知超度往恶趣行；后发心愿、进趣、上行、涅槃四门，当知超度往善趣行。

"二染"：①复次，诸圣弟子已见谛迹，未离欲者，应知略有二种杂染，谓欲杂染、后有杂染。于此二种，诸圣弟子应勤加行，净修其心。诸圣弟子为欲断除欲杂染故，勤方便时，渐依三行：谓趣无动行，趣无所有处行，证入无动、无所有、非想非非想处定。此由断对治故，及远分对治故，超度欲杂染。或为断除后有杂染，勤方便时，已离欲界爱，未离色界爱，谓我所何当不有，我何当不有，我当不有，我所当不有，若今所有，若昔所有，如是一切我皆弃舍。彼正修习能断后有所有差别对治道已，离色界爱，乃至能入非想非非想处定。若现法中，于其上舍多生爱味，不般涅槃，彼于现法不全解脱一切所有后有杂染。若于上舍不生爱味，彼现法中能般涅槃，能全解脱所有一切后有杂染。当知此中，若为对治欲杂染故，修对治道，渐次乃至能入第一有定；若为对治后有杂染，修对治道，渐次乃至能入第一有定。如是二种，名共解脱，由诸圣者、非圣异生皆可容有，是故此解脱不名圣解脱。若于一切乃至有顶，萨迦耶苦如实知已，超度有顶，于现法中永断一切所有杂染，如是解脱，唯诸圣者方能获得，故此解脱名圣解脱。如是一切，总有五处：一、趣无动行，二、趣无所有处行，

---

① 《论》义依《中阿含经》（七五）《净不动道经》，《中部》（一〇六）《不动利益经》。

三、趣非想非非想处行,四、现法涅槃,五、圣解脱。复有三种诸欲过患:一者、诸欲能为顺乐受境界所生贪欲因缘,二者、诸欲能为顺苦受境界所生嗔恚因缘,三者、诸欲能为顺不苦不乐受境界所生无明愤发因缘。又此诸欲,当于三处应观过患:一、自性故,二、所缘故,三、助伴故。自性故者,谓虚妄分别所生贪爱。所缘故者,谓若内、若外五种色境。助伴故者,谓非理作意相应倒想。又离上欲胜方便心,说名广大,何以故?由彼上地转上转胜,故修彼心,说名广大。若能厌离下地世间,当知定以无常等行厌坏制伏;于其上地所应得处,当知亦以暂时方便起寂静想,住持其心。又我已得于是处所具足安住生信解者,当知彼于加行道中修习净信,于是处所生净信心。由此净信增上力故,修习精进、念、定、慧等,从初静虑,渐次乃至识无边处诸无动定,皆能证入。又由其慧,起是胜解,谓我已能入如是定,此即能感识无动处所有生果。若现法中不般涅槃,或不进求往于上地,彼于当来决定应往此无动处。又由三缘,于是诸地,当知建立为无动处:谓外欲等散动断故,立初静虑为无动处;寻伺、喜乐色界地中诸动断故,立第四静虑为无动处;有色、有对、种种、别异想动断故,立空无边、处识无边处为无动处。第二、第三静虑中,后后所有诸动断故,当知亦得名无动处。识无边处,由空无边处外门缘动得远离故,当知建立为无动处。以要言之,缘所有定无动摇故,皆名无动,此定边际,极至识无边处。是故当知,乃至此处建立无动,即此一切缘所有定,皆名有上想定。从此已上,缘无所有定,当知名为无上想定。从此已上,复名非想非非想处定。故由三分,宣说三行,由三种门,诸圣弟子厌坏欲等,既厌坏已,渐次能入,乃至识无边处定,是故建立能趣三种无动处行。又若色想,若无动想,于诸下地深厌坏已,能入无所有处定,是名第一能趣无所有处行。又即此处,是无漏道修习边际,此无漏道复有二种:一者、有上,二者、无上。如有想定,其有上者,无常行俱;其无上者,无我行俱。由有上行,于其下地,深厌坏已,入此处定;由无上行,于下于上一切法中,思惟无我,能入无漏无所有处定。此无上行,当知名为第二趣行。此第二趣行,复由二行有差别故,建立二种:云何二行?谓能依、所依智差别故。此中能依无我智者,谓诸所有,若有情界,若我己身,于中都无我所属处,谓地方域;我所属者,谓诸有情;我所属事,谓或父、或母、或伴、或主,如是等类。如彼于我非所属处、非所属者、非所属事,如是我亦于彼非所属处、非所属者、非所属事。此中所依无我智者,谓诸世间空无有常,及我我所,此中都无常我、我所真实可得,唯有诸法。如是世间既悉是空,当复有谁有所属处、有所属者、有所属事?是故当知前无我智,是其能依;后无我智,是其所依。非想非非想处无无漏道,唯由厌坏无所有处想故,能入此处定,于中唯有此一趣行。又于此中我所何当不有者,谓由生等苦故,说我有苦。我何当不有者,谓即以生等苦,为我发生。如是乐欲心已,正勤加行,正加行已,获得前后所有差别。由是因缘,复得决定,谓我当不有,我所当不有。若今所有者,谓今现法造作增长所有新业;若昔所有者,谓诸故业。彼于此一切所有异熟果,皆不愿求,一切弃舍无顾恋故①。

---

① 上来八门论义,并据余经作论,明道之次第进修;总明菩提分法,非别论念处。

复次，嗢拕南曰：

安立、边际、纯、及如理、缘起，修时障自性，说、断①起、修后。

"安立"：此中，安立四念住为初，道支为最后，三十七种菩提分法，若略、若广，如声闻地应知其相②。

一　　　　　　　　七六〇（　六〇五）

③如是我闻：一时，佛住舍卫国祇树给孤独园。尔时，世尊告诸比丘："有四念处，何等为四？谓身身观念处；受；心；法法观念处。"佛说此经已，诸比丘闻佛所说，欢喜奉行。

"边际"：又由四念住，应知一切所知事边际；由所知事边际故，复应了知智事边际。

二　　　　　　　　七六一（　六〇六）

如是我闻：一时，佛住舍卫国祇树给孤独园。尔时，世尊告诸比丘："有四念处，何等为四？谓身身观念处；受；心；法法观念处。如是比丘！于此四念处，修习满足，精勤方便，正念，正知，应当学。"佛说此经已，诸比丘闻佛所说，欢喜奉行。

三④　　　　　　　　七六二（　六〇七）

如是我闻：一时，佛住舍卫国祇树给孤独园。尔时，世尊告诸比丘："有一乘道，净诸众生，令越忧悲，灭恼苦，得如实法，所

---

① 依下《论》文，"断起"应是"发起"之误。
② 《瑜伽师地论》卷二八·二九（大正三〇·四三九下——四四五中）。
③ 《杂阿含经》卷二四。
④ 《相应部》（四七）"念处相应"一经。

谓四念处。何等为四？身身观念处；受；心；法法观念处。"佛说此经已，诸比丘闻佛所说，欢喜奉行。

"**纯**"：又四念住，由欲，精进等修习加行，方得圆满。应知除此四种念住，更无有余不同分道或所缘境，由此道、此境，能尽诸漏，获得涅槃。由无第二清净道故，说纯有一能趣正道。又此纯一能趣正道，由二因缘，能令有情究竟清净：一、由思择力故，二、由修习力故。此中愁者，谓染污忧。所言泆者，谓掉俱行欲界染喜。愁以四种世法为所依处，泆以余四世法为所依处。于四念住勤修加行，依思择力超度愁、泆。由依世间修习力故，得离欲爱，弃舍忧、苦。依出世间修习力故，超度一切萨迦耶苦，亦能证得八支圣道及圣道果，真实妙法。一切有情，当知皆由思择、修习二种力故，得一切种究竟清净。

四[①] 七六三（六〇八）

如是我闻：一时，佛住舍卫国祇树给孤独园。尔时，世尊告诸比丘："若比丘离四念处者，则离如实圣法；离如实圣法者，则离圣道；离圣道者，则离甘露法；离甘露法者，不得脱生老病死、忧悲恼苦，我说彼于苦不得解脱。若比丘不离四念处者，得不离圣如实法；不离圣如实者，则不离圣道；不离圣道者，则不离甘露法；不离甘露法者，得脱生老病死、忧悲恼苦，我说彼人解脱众苦。"佛说此经已，诸比丘闻佛所说，欢喜奉行。

"**如理**"：复次，若于身等四种所缘，发起种种非理作意，即

---

① 《相应部》（四七）"念处相应"四一经。

便违背四种念住。违背此故,即便违背如理作意,谓圣如理,无间能生正见支等所有圣道;违背此故,即便违背一切圣道;违背道故,便为违背道果、甘露、究竟涅槃。

五① 　　　　　　　七六四（六〇九）

如是我闻:一时,佛住舍卫国祇树给孤独园。尔时,世尊告诸比丘:"我今当说四念处集,四念处没。谛听,善思。何等为四念处集,四念处没?食集则身集,食灭则身没。如是随身集观住,随身灭观住,随身集、灭观住,则无所依住,于诸世间永无所取。如是触集则受集,触灭则受没。如是随集法观受住,随灭法观受住,随集、灭法观受住,则无所依住,于诸世间都无所取。名色集则心集,名色灭则心没。随集法观心住,随灭法观心住,随集、灭法观心住,则无所依住,于诸世间则无所取。忆念集则法集,忆念灭则法没。随集法观法住,随灭法观法住,随集、灭法观法住,则无所依住,于诸世间则无所取。是名四念处集,四念处没。"佛说此经已,诸比丘闻佛所说,欢喜奉行。

"**缘起**":又瑜伽师,了知身等因缘生已,复于三世身等诸法,住无常观;由住如是无常观故,于诸后有,终不依止后有爱住。又现法中,于一切行,若内、若外,都不执取我及于所。又于未来,当知安住集法随观;于过去世,当知安住灭法随观;于现在世,生已无间尽灭法故,当知安住集、灭法随观。由彼最初,于身等法观缘生性,悟入无常;悟入如是无常性已,于诸爱见杂染等

---

① 《相应部》(四七)"念处相应"四二经。

处,多修习住,净治其心,如是作意方得圆满,由此为依,能随获得究竟漏尽。又一切法,以要言之,谓善不善,若杂染品,若清净品。当知此中诸杂染品,皆用非理作意为集;诸清净品,皆用如理作意为集。如是一切,总略说名作意为集。

六①　　　　　七六五（　六一〇）

如是我闻:一时,佛住舍卫国祇树给孤独园。尔时,世尊告诸比丘:"我当说修四念处,谛听,善思。云何修四念处?谓内身身观念住,精勤方便,正知②、正念,调伏世间忧、悲;外身;内外身观(念)住,精勤方便,正念、正知,调伏世间忧、悲。如是受。心。〔法〕内法;外法;内外法观念住,精勤方便,正念、正知,调伏世间忧、悲。是名比丘修四念处。"佛说此经已,诸比丘闻佛所说,欢喜奉行。

七——八　　　七六六——七六七（　　）

过去、未来修四念处,亦如是说。

九③　　　　　七六八（　六一一）

如是我闻:一时,佛住舍卫国祇树给孤独园。尔时,世尊告诸比丘:"有善法聚,不善法聚。云何善法聚?所谓四念处,是为正说。所以者何?纯一满净聚者,所谓四念处。云何为四?谓身身观念处;受;心;法法观念处。云何不善聚?不善聚者,所谓五盖,是为正说。所以者何?纯一逸满不善聚者,所谓五盖。何等为五?谓贪欲盖,嗔恚盖,睡眠盖,掉悔盖,疑盖。"佛说此

---

① 与《相应部》(四七)"念处相应"三经中分相合。
② "知",原本作"智",依宋本改。
③ 《相应部》(四七)"念处相应"五经。

经已,诸比丘闻佛所说,欢喜奉行。

"修时障自性":复次,修诸念住,若略、若广,如声闻地应知其相①。

声闻地说:"今于此中,云何为身?云何于身住循身观?云何为念?云何念住?略说身相有三十五:谓内身,外身;根所摄身,非根所摄身;有情数身,非有情数身;粗重俱行身,轻安俱行身;能造身,所造身;名身,色身;那落迦身,傍生身,祖父国身,人身,天身;有识身,无识身;中身,表身;变异身,不变异身;女身,男身,半择迦身;亲友身,非亲友身,中庸身;劣身,中身,妙身;幼身,少身,老身:如是名为身相差别。住循身观,略有三种,谓依身增上闻、思、修慧,由此慧故,于一切身、一切相,正观察,正推求,随观,随觉。念谓依身增上,受持正法,思惟法、义,修习、作证,于文、于义、修、作证中,心无忘失。若审思惟:我于正法,为正受持,为不尔耶?于彼彼义,慧善了达,为不尔耶?善能触证彼彼解脱,为不尔耶?如是审谛、安住其念,名为念住。又为守护念,为于境无染,为安住所缘,名为念住。为守护念者,谓如说言:先守护念,若常委念。为于境无染者,谓如说言:念守护心,行平等位,不取其相,不取随好,广说乃至守护意根,修意根律仪。为安住所缘者,谓如说言:于四所缘安住其念,谓于遍满所缘、净行所缘、善巧所缘、净惑所缘。由此三相善住其念,故名念住。

云何为受?谓乐受,苦受,不苦不乐受;乐身受,苦身受,不

---

① 《瑜伽师地论》卷二八,《论》文如下(大正三〇·四四〇上——四四二上)。

苦不乐身受；如说身受，心受亦尔。乐有爱味受，苦有爱味受，不苦不乐有爱味受；无爱味受，依耽嗜受，当知亦尔。乐依出离受，苦依出离受，不苦不乐依出离受。如是总有二十一受，或九种受。

云何为心？谓有贪心、离贪心，有嗔心、离嗔心，有痴心、离痴心，略心、散心，下心、举心，掉心、不掉心，寂静心、不寂静心，定心、不定心，善修心、不善修心，善解脱心、不善解脱心：如是总有二十种心。

云何为法？谓若贪，贪毗奈耶法；若嗔，嗔毗奈耶法；若痴，痴毗奈耶法。若略、若散法，若下、若举法，若掉、不掉法，若寂静、不寂静法，若定、不定法，若善修、不善修法，若善解脱、不善解脱法：如是当知建立黑品、白品，染品、净品，二十种法。

又乐受者，谓顺乐受触为缘所生，平等受受所摄，是名乐受。此若五识相应，名身受；若意识相应，名心受。如顺乐受触，如是顺苦受触，顺不苦不乐受触为缘所生，不平等受受所摄，非平等非不平等受受所摄，是名苦受，不苦不乐受。此若五识相应，名身受；若意识相应，名心受。如是诸受，若随顺涅槃，随顺决择，毕竟出离，毕竟离垢，毕竟能令梵行圆满，名无爱味受；若堕于界，名有爱味受。若色、无色界系，若随顺离欲，名依出离受；若欲界系，若不顺离欲，名依耽嗜受。

又有贪心者，谓于可爱所缘境事，贪缠所缠；离贪心者，谓即远离如是贪缠。有嗔心者，谓于可憎所缘境事，嗔缠所缠；离嗔心者，谓即远离如是嗔缠。有痴心者，谓于可愚所缘境事，痴缠所缠；离痴心者，谓即远离如是痴缠。如是六心，当知皆是行时所起三烦恼品,及此三品对治差别。略心者,谓由止①行,于内所缘系缚其心;散心者,谓于外五妙欲,随顺流散。下心者,谓惛沉、睡眠俱行;举心者,谓于净妙所缘明了显现。掉心者,谓太②举故,掉缠所掉;不掉心者,谓于举时及于略时,得平等舍。寂静心者,谓从诸盖已得解脱;不寂静心者,谓从诸盖未得解脱。言定心者,谓从诸盖得解脱已,复能证入根本静虑;不定心者,谓未能入。善修心者,谓于此定长时串习,得随所欲,得无艰难,得无梗涩,速能证入;不善修心者,与此相违,应知其相。善解脱心者,谓从一切究竟解脱;不善解脱心者,谓不从一切不究竟解脱。如是十四种心,当知皆是住时所起。依净盖地住时所起,有八种心,谓从略心、散心,乃至寂静、不寂静心。依净烦恼地住时所起,有六种心,谓定心、不定心,乃至善解脱、不善解脱心。

又于内有盖,能自了知我有诸盖;于内无盖,能自了知我无诸盖。如彼诸盖未生而生亦能了知,如彼诸盖生已散灭亦能了知。于眼有结,乃至于意有结,能自了知我有眼结,乃至我有意结;于眼无结,乃至于意无结,能自了知我眼无结,乃至我意无结。如彼眼结,乃至意结未生而生,亦能了知;如彼诸结生已散灭,亦能了知。于内有念等觉支,能自了知我有念等觉支;于内无念等觉支,能自了知我无念等觉支。如念等觉支未生而生,亦能了知;如生已住,不忘修满,倍复修习增长广大,亦能了知。如念等觉支,如是择法、精进、喜、安、定、舍等觉支,当知亦尔。若能如是如实遍知诸杂染法——自性,因缘,过患,对治,是为法念

---

① "止",原本误作"正",依宋本改。
② "太",原本作"大",依宋本改。

住体。如说于身住循身观,念及念住,如是于受、于心、于法,随其所应,当知亦尔。

云何于内身等住循身等观?云何于外身等住循身等观?云何于内外身等住循身等观?谓若缘内自有情数身色为境,住循身观,是名于内身住循身观。若缘外非有情数色为境,住循身观,是名于外身住循身观。若缘外他有情数身色为境,住循身观,是名于内外身住循身观。若缘依内自有情数身色所生受、心、法为境,住循三观,是名于内受、心、法,住循受、心、法观。若缘依外非有情数色所生受、心、法为境,住循三观,是名于外受、心、法,住循受、心、法观。若缘依外他有情数身色所生受、心、法为境,住循三观,是名于内外受、心、法,住循受、心、法观。

复有差别:谓若缘根所摄,有执有受色为境,是名于内身住循身观。若缘非根所摄,无执无受色为境,是名于外身住循身观。若缘非根所摄,有执有受色为境,是名于内外身住循身观。如是若缘依前三色所生受、心、法为境,随其所应,当知即是住循三观。

复有差别:谓若缘自内定地,轻安俱行色为境,是名于内身住循身观。若缘自内不定地,粗重俱行色为境,是名于外身住循身观。若缘他轻安俱行、粗重俱行色为境,是名于内外身住循身观。如是若缘依前三色所生受、心、法为境,随其所应,当知即是住循三观。

复有差别:谓若缘内能造大种色为境,是名于内身住循身观。若缘外能造大种色为境,是名于外身住循身观。若缘依能造大种色所生,根、境所摄造色为境,是名于内外身住循身观。

如是若缘依前三色所生受、心、法为境，随其所应，当知即是住循三观。

复有差别：谓若缘有识身内色为境，是名于内身住循身观。若缘无识身有情数青瘀等位色为境，是名于外身住循身观。若缘无识身色于过去时有识性，有识身色于未来时无识性，相似法性、平等法性为境，是名于内外身住循身观。如是若缘依前三色所生受、心、法为境，随其所应，当知即是住循三观。

复有差别：谓若缘自中身，发、毛、爪、齿等相为境，是名于内身住循身观。若缘他中身，发、毛、爪、齿等相为境，是名于外身住循身观。若缘内表身，变异、不变异、青瘀等相，及缘外表身变异、不变异、青瘀等相，相似法性、平等法性为境，是名于内外身住循身观。如是若缘依前三色所生受、心、法为境，随其所应，当知即是住循三观。

如是等类，身、受、心、法诸差别门，当知多种；今于此中，且显少分诸门差别。

又为对治四颠倒故，世尊建立四种念住。谓为对治于不净中计净颠倒，立身念住，以佛世尊于循身念住中，宣说不净相应四憯怕路，若能于此多分思惟，便于不净断净颠倒。为欲对治于诸苦中计乐颠倒，立受念住，以于诸受住循受观，如实了知诸所有受皆悉是苦，便于诸苦断乐颠倒。为欲对治于无常中计常颠倒，立心念住，以能了知有贪心等种种差别，经历彼彼日夜、刹那、瞬息、须臾，非一众多种种品类心生灭性，便于无常断常颠倒。为欲对治于无我中计我颠倒，立法念住，由彼先来有有我见等诸烦恼故，无无我见等诸善法故，于诸蕴中生起我见，以于诸法住循法观，如实了知所计诸蕴自相、共相，便于无我断我颠倒。

复有差别：谓诸世间，多于诸蕴唯有蕴性，唯有法性，不如实知，横计有我，依止于身；由依身故，受用苦、乐；受苦、乐者，由法、非法，有染、有净。为欲除遣我所依事愚故，立身念住。为欲除遣我所领受事愚故，立受念住。为欲除遣于心、意、识执我愚者我事愚故，立心念住。为欲除遣所执我心能染、净事愚故，立法念住。

复有差别：谓若依此造作诸业，若为此故造作诸业，若造业者，若由此故造作诸业，为总显示如是一切，立四念住。当知此中依止于身，造作诸业；为求受故，造作诸业；心能造业；由善、不善法能造诸业。

复有差别：谓若依此有染、有净，若为此故起染、起净，若染、净者，若由此故成染、成净，总为显示如是一切，立四念住。当知此中依止于身，有染、有净；为求受故，起染、起净；心染、净者；由诸法故，成染、成净。

问：念住何义？答：若于此住念，若由此住念，皆名念住。于此住念者，谓所缘念住；由此住念者，谓若慧、若念，摄持于定，是自性念住。所余相应诸心心法，是相杂念住。又由身、受、心、法增上所生，善有漏、无漏道，皆名念住。此复三种：一、闻所成，二、思所成，三、修所成。闻、思所成，唯是有漏；修所成者，通漏、无漏。"

又此念住修习道理，非今世尊出现于世方始宣说，今圣弟子适初修习，然于过去无始时来，于诸念住修习流转；于未来世，当知修习亦无穷尽。又是过去、未来、现在，世、出世间无量善法生起依处,故说如是四种念住,名为善聚。又能障碍如是善聚,故说五盖名不善聚。

一〇　　　　　七六九（　六一二）

如是我闻:一时,佛住舍卫国祇树给孤独园。尔时,世尊告诸比丘:"如人执持四种强弓,大力方便,射多罗树影,疾过无阂。如是如来四种声闻,增上方便,利根智慧,尽百年寿,于如来所百年说法教授,唯除食息、补①写、睡眠,中间常说、常听,智慧明利,于如来所说尽底受持,无诸障阂,于如来所不加再问;如来说法无有终极,听法尽寿百岁命终,如来说法犹不能尽。当知如来所说无量无边,名、句、味身亦复无量,无有终极,所谓四念处。何等为四? 谓身念处,受,心,法念处。"佛说此经已,诸比丘闻佛所说,欢喜奉行。

一一　　　　　七七〇（　　　）

一切四念处经,皆以此总句,所谓"是故比丘! 于四念处修习,起增上欲,精勤方便,正念、正智,应当学"。

"说":又由身等四所知法无边别故,如来智慧于彼无碍,亦无有边;智无边故,如来所说无上法教亦无有边。如是法教,二缘所显:一、由文故,二、由义故。义差别门,无有数量;法教文句开显义门,亦无数量。于此文句不重宣说,无边展转辩才无尽,是故如来成就希奇未曾有法,善能宣说所有法教,于一义中,能以无量巧妙文句,方便开示而不重说。又②于圣教宗义趣智善

---

① "补",原本误作"補",依宋本改。
② 此下《论》义,非经所有,疑依余经作论,待考。

成就故,名为有趣。俱生闻、思所成妙慧善成就故,名为有意。成就定故,名为有念。通达谛故,名为有慧。当知此中,初一总标,后三别释。

"**发起**":复次,有诸苾刍于身等法,先由闻、思如理作意,安住唯有身等法观,知一切法无我性已,不唯于此闻、思作意而生喜足,唯上希求定心解脱。为求定故,住远离处,唯缘身等,以九行相安住其心,令心内寂。由二因缘起四念住,名善发起:一、由如理作意如实智故,二、由三摩地如实智故。此慧无间,由如实智当得究竟。

"**修**":复次,有诸苾刍,于三对治得随所欲,得无艰难,得无阻碍,谓无常想,若仁慈观,若无相定。彼由如是三种对治,随其所应,如前所说,于可意等身等境界住厌逆想,不厌逆想,弃彼二种,舍念正知,由此因缘,当知名为善修念住。

一二　　　　　　七七一(六一三)

如是我闻:一时,佛住舍卫国祇树给孤独园。尔时,世尊告诸比丘:"有不善聚,善聚。何等为不善聚?谓三不善根,是名正说。所以者何?纯不善积聚者,谓三不善根。云何为三?谓贪不善根,恚不善根,痴不善根。云何为善聚?谓四念处。所以者何?纯善满具①者,谓四念处,是名善说。云何为四?谓身念处,受,心,法念处。"佛说此经已,诸比丘闻佛所说,欢喜奉行。

一三——一六　　七七二——七七五(　　)

如三不善根,如是三恶行——身恶行,口恶行,意恶行;三

---

① "具",疑"聚"。

想——欲想,恚想,害想;三觉——欲觉,恚觉,害觉;三界——欲界,恚界,害界,(亦如是说)。佛说此经已,诸比丘闻佛所说,欢喜奉行。

复次,嗢拕南曰:

先诸根、爱味,前后有差别,取相及诸缠,大果利为后。

"诸根":有三种根,于诸念住一切善聚为障碍故,当知说名不善法聚。何等为三? 一、恶行根,能令当来住恶趣苦。二、寻思根,能令现法住不安苦。三者、根根,与恶行根及寻思根为根本故,说名根根。应知此中,诸贪、嗔、痴三不善根,能与身等恶行为根;欲等三想,能与欲等寻思为根;欲等三界,当知能与贪等三根,及欲、想等三根为根。

一七[①]　　　　　　　七七六(六一四)

如是我闻:一时,佛住舍卫国祇树给孤独园。时有异比丘来诣佛所,稽首佛足,退坐一面。白佛言:"世尊! 如所说大丈夫,云何名大丈夫、非大丈夫?"佛告比丘:"善哉! 善哉! 比丘! 能问如来大丈夫义。谛听,善思,当为汝说。若比丘身身观念住,彼身身观念住已,心不离欲,不得解脱,尽诸有漏,我说彼非为大丈夫。所以者何? 心不解脱故。若比丘受……心……法法观念住,心不离欲,不得解脱,尽诸有漏,我不说彼为大丈夫。所以者何? 心不解脱故。若比丘身身观念住,心得离欲,心得解脱,尽诸有漏,我说彼为大丈夫也。所以者何? 心解脱故。若受……

---

① 《相应部》(四七)"念处相应"一一经。

心……法法观念住受……心……法法观念住已,心离贪欲,心得解脱尽诸有漏,我说彼为大丈夫也。所以者何?心解脱故。是名比丘大丈夫,及非大丈夫。"佛说此经已,诸比丘闻佛所说,欢喜随喜,礼足而去。

"爱味":复次,有诸苾刍,于四念住勤修加行,以世间道离欲界爱,广说乃至第一有定具足安住。即于此定多生爱味,即于此定生喜足想,不上勤求得所未得,此于圣法毗奈耶中,不名大士。何以故?其心未得善解脱故。与此相违,得名大士。

一八① 七七七(六一五)

如是我闻:一时,佛住舍卫国祇树给孤独园。尔时,尊者阿难,晨朝着衣持钵,入舍卫城乞食。于路中思惟,我今先至比丘尼寺,即往比丘尼寺。诸比丘尼遥见尊者阿难来,疾敷床座,请令就座。时诸比丘尼礼尊者阿难足,退坐一面。白尊者阿难:"我等诸比丘尼,修四念处,系心住,自知前后升降。"尊者阿难告诸比丘尼:"善哉!善哉!姊妹!当如汝等所说而学。凡修习四念处,善系心住者,应如是知前后升降。"时尊者阿难为诸比丘尼种种说法,种种说法已,从座起去。尔时,尊者阿难于舍卫城中乞食还,举衣钵,洗足已,诣世尊所,稽首佛足,退坐一面。以比丘尼所说,具白世尊。佛告阿难:"善哉!善哉!应如是学四念处,善系心住,知前后升降。所以者何?心于外求,然后制令求其心,散乱心不解脱,皆如实知。若比丘于身身观念

---

① 《相应部》(四七)"念处相应"一〇经。

住，于彼身身观念住已，若身耽睡，心法懈怠，彼比丘当起净信，取于净相，起净信心。忆念净相已，其心则悦；悦已，生喜；其心喜已，身则猗息；身猗息已，则受身乐；受身乐已，其心则定。心定者，圣弟子当作是学：我于此义，外散之心，摄令休息，不起觉想及已①观想，无觉、无观，舍念乐住。乐住已，如实知。受、心、法念（住），亦如是说。"佛说此经已，尊者阿难闻佛所说，欢喜奉行。

"前后差别"：复次，有诸苾刍，于身等境，精勤安住循身等观，以九行相安住其心，令心内聚。当知此心，于奢摩他所治，身心惛沉、下劣，不得解脱；不解脱故，依此聚心，生起身中诸惛沉性，生起心中诸下劣性。若于念住善安住心，如实了知此所生起随烦恼已，便从内聚还收其心，安置在外净妙境相，谓于佛等功德行缘，持心令住。由缘此故，发生欢喜，广说乃至由妙举门，于所缘境令心得定，从奢摩他之所对治诸随烦恼而得解脱；从此已后，如实了知，于随烦恼心得解脱。为此义故，祈愿于外；得此义已，还复如前摄心内聚，而不为其诸随烦恼之所恼乱。心内聚已，不由祈愿，自然如实了知于外，心得解脱。彼于外缘行相寻思有所制伏，有其加行难可运转，皆得自在解脱、弃舍，安乐而住，已得成办胜奢摩他。如是彼于四种念住善安住心，能正了知前后差别。又应知此补特伽罗，先已修行毗钵舍那；毗钵舍那以为依止，于奢摩他修瑜伽行。

---

① "已"，疑"与"（或作"以"）。

一九① 七七八（六一六）

如是我闻：一时，佛住舍卫国祇树给孤独园。尔时，世尊告诸比丘："当取自心相，莫令外散。所以者何？若彼比丘愚痴、不辩②、不善，不取自心相而取外相，然后退减，自生障阂。譬如厨士愚痴、不辩，不善巧便，调和众味奉养尊主，酸、咸、酢、淡不适其意，不能善取尊主所嗜，酸、咸、酢、淡众味之和，不能亲侍尊主左右，伺③其所须，听其所欲，善取其心，而自用意，调和众味以奉尊主。若不适其意，尊主不悦，不悦故不蒙爵赏，亦不爱念。愚痴比丘亦复如是，不辩、不善，于身身观（念）住，不能除断上烦恼，不能摄取其心，亦复不得内心寂静，不得胜妙正念、正知，亦复不得四种增上心法现法乐住，本所未得安隐涅槃。是名比丘愚痴、不辩、不善，不能善摄内心之相，而取外相，自生障阂。若有比丘黠慧、才辩，善巧方便取内心已，然后取于外相，彼于后时终不退减，自生障阂。譬如厨士黠慧、聪辩，善巧方便供养尊主，能调众味——酸、咸、酢、淡，善取尊主所嗜之相，而和众味以应其心，听其尊主所欲之味，数以奉之。尊主悦已，必得爵禄、爱念、信④重。如是黠慧厨士，善取尊主之心。比丘亦复如是，身身观念住，断上烦恼，善摄其心，内心寂止，正念、正知，得四增（上）心法现法乐住，得所未得安隐涅槃，是名比丘黠慧、辩才，善巧方便取内心相，摄持外相，终无退减，自生障阂。受、心、法

---

① 《相应部》（四七）"念处相应"八经。
② "辩"，原本作"辨"，依宋本改，下例。
③ "伺"，原本作"司"，依宋本改。
④ "信"，原本误作"倍"，依宋本改。

观(念住),亦复如是。"佛说此经已,诸比丘闻佛所说,欢喜奉行。

"**取相**":复次,有诸苾刍,于诸念住勤修加行,毗钵舍那以为依止,于奢摩他乐修观行。彼即应于内奢摩他所摄自心,取如是相:谓我今者何所思惟,云何思惟,令奢摩他所摄受心,为奢摩他所治身心惛沉、下劣之所恼乱?复我今者何所思惟,云何思惟,令奢摩他所摄受心,不为彼法之所恼乱?若彼苾刍,不取如是自心相貌,但自了知此随烦恼染污心已,便于外缘取净妙相;由是为因,虽能暂时除遣现在现前随惑,然于后时若复如前摄心内聚,还为如是随惑所恼,不得静定。如先不取自心相故,由是因缘,为随烦恼数数扰乱;又不能得所欣求义,复为忧愁之所损恼;又经长时不能获得内心寂止,不能获得依奢摩他、毗钵舍那为先,清净增上第一正念、正知。由不获得内心寂止故,不能得四增上心现法乐住;由不获得增上第一正念、正智故,不能得先所未得无上安隐究竟涅槃。与上相违,应知即是一切白品,乃至获得先所未得无上安隐究竟涅槃。此中典厨譬喻伽师,主即譬于内奢摩他所摄受心,其肴膳味喻执取相,上妙衣食喻于内心奢摩他等。当知黑品喻诸愚夫,所有白品喻诸智者。

二〇① 七七九(六一七)

如是我闻:一时,佛住舍卫国祇树给孤独园。尔时,世尊告诸比丘:"过去世时,有一鸟,名曰罗婆,为鹰所捉,飞腾虚空,于

---

① 《相应部》(四七)"念处相应"六经。

空鸣唤言:我不自觉,忽遭此难。我坐舍离父母境界而游他处,故遭此难,如何今日为他所困,不得自在!鹰语罗婆:汝当何处自有境界而得自在?罗婆答言:我于田耕垄中,自有境界,足免诸难,是为我家父母境界。鹰于罗婆起忄乔慢言:放汝令去,还耕垄中,能得脱以不?于是罗婆得脱鹰爪,还到耕垄大块之下,安住止处,然后于块上,欲与鹰斗。鹰则大怒,彼是小鸟,敢与我斗!嗔恚极盛,迅①飞直搏。于是罗婆入于块下,鹰鸟飞势,臆冲坚块,碎身即死。时罗婆鸟深伏块下,仰说偈言:

> 鹰鸟用力来,罗婆依自界,乘嗔猛盛力,致祸碎其身。
> 我具足通达,依于自境界,伏怨心随喜,自观欣其力。
> 设汝有凶愚,百千龙象力,不如我智慧,十六分之一,
> 观我智殊胜,摧灭于苍鹰。

如是比丘!如彼鹰鸟愚痴,自舍所亲父母境界,游于他处,致斯灾患。汝等比丘亦应如是,于自境界所行之处,应善守持,离他境界,应当学。比丘!他处、他境界者,谓五欲境界。眼见可意、爱②、念妙色,欲心染著;耳识声;鼻识香;舌识味;身识触可意、爱③、念妙触,欲心染著,是名比丘他处他境界。比丘自处父母境界者,谓四念处。云何为四?谓身身观念处,受……心……法法观念处。是故比丘!于自行处父母境界而自游行,远离他处他境界,应当学。"佛说此经已,诸比丘闻佛所说,欢喜奉行。

---

① "迅",原本作"骏",依宋本改。
② "爱",原本误作"受",依宋本改。
③ "爱",原本误作"受",依元本改。

"诸缠"：复次，有诸苾刍，于诸念住正勤修习而是异生。或有胜妙可爱境界正现在前；或复独处得诸相状，由失念故，不如理想以为依止，率尔发起猛利贪缠。彼于此缠深心厌耻，谓如自身堕于厄难极鄙秽处，发起猛利思远离心，由如是行，便于彼缠心得解脱。既解脱已，心生欢喜，从此已后起猛利厌，猛利厌后得无常想，如见大犁发诸行块，便于圣谛如实现观，以其依止依附涅槃。又即有学观察作意，于胜妙境思惟净相，由未永断贪随眠故，贪缠率尔生起现前，寻复于彼深见过患，为欲断此缠及随眠，入无相定，如是能断余未断法。从定起已，如实了知一切已断，领受微妙解脱喜乐。如实观见自己成就大智力故，名为强盛；诸魔罗品，其力羸劣。

二一　　　　　　　七八〇（六一八）

如是我闻：一时，佛住舍卫国祇树给孤独园。尔时，世尊告诸比丘："于四念处多修习，当得四果、四种福利。云何为四？谓须陀洹果，斯陀含果，阿那含果，阿罗汉果。"佛说此经已，诸比丘闻佛所说，欢喜奉行。

"大果利"：复次，修四念住所引功德，当知能感最胜增上究竟果故，名有大果；当知能感最胜增上乐胜利故，名有大利①。

二二②　　　　　　　七八一（六一九）

如是我闻：一时，佛在拘萨罗人间游行，于私伽陀聚落北身

---

① 《瑜伽师地论》卷九七终。
② 《相应部》（四七）"念处相应"一九经。

恕林中。尔时,世尊告诸比丘:"过去世时,有缘幢伎师,肩上竖幢,语弟子言:汝等于幢上,下向护我,我亦护汝,迭相护持,游行嬉戏,多得财利。时伎弟子语伎师言:不如所言,但当各各自爱护,游行嬉戏,多得财利,身得无为安隐而下。伎师答言:如汝所言,各自爱护。然其此义,亦如我说,己自护时即是护他,他自护时亦是护己。心自亲近,修习随护作证,是名自护、护他。云何护他、自护?不恐怖他,不违他,不害他,慈心哀彼,是名护他、自护。是故比丘当如是学:自护者修四念处,护他者亦修四念处。"佛说此经已,诸比丘闻佛所说,欢喜奉行。

① 复次,嗢拕南曰:

邪师、住雪山,劝勉、系属、净,渐次、戒圆满,穗、成就为后。

"**邪师**":有诸外道,于弟子众自立为师,专求利养,专求恭敬,专求自利。遇缘和合,有族姓子投其出家,因而谓曰:汝之与我,先无一切资身众具可共受用,汝应为我往诣他处,褒赞我德,掩藏我失,我亦为汝行如是事。我等二人迭相依护,当于诸王,若与王等,乃至一切大商主边,多获利养及以恭敬。若作是言诸外道师,名专自利。然其弟子便发抗言:勿为此见!如是护者,未名自护往恶趣失,若防此失,乃名自护。是故汝应如前自护,我亦当自别为余护;我既不能护汝,汝亦不须护我。于此义中,当知弟子是如理语者,是聪慧者,重当来故;应知其师是非理语者,是愚痴者,重现在故。复有杂染触恼于他,由杂染故不能自

---

① 《瑜伽师地论》卷九八。

护,因此恼他,不名护他。此中如前,由亲近等断诸烦恼,名当自护;从此已后,由断为因不恼他等,名当护他。应知此中,无嗔、无害是无恼义。无缘而起利、乐二心,无缘而起慈、悲二心,当知如此是哀愍义。由哀愍故,不恼于他,是故当知一切哀愍,与彼相违。

二三① 七八二(六二〇)

如是我闻:一时,佛住王舍城迦兰陀竹园。尔时,世尊告诸比丘:"大雪山中寒冰险处,尚无猿猴,况复有人!或复有山,猿猴所居而无有人;或复有山,人、兽共居。于猿猴行处,猎师以黐胶涂其草上。有黠猿猴,远避而去。愚痴猿猴,不能远避,以手小触即胶其手;复以二手欲解求脱,即胶二手;以足求解,复胶其足;以口啮草,辄复胶口;五处同胶,联卷卧地。猎师既至,即以杖贯担负而去。比丘!当知愚痴猿猴,舍自境界父母居处,游他境界,致斯苦恼。如是比丘!愚痴凡夫依聚落住,晨朝着衣持钵,入村乞食,不善护身,不守根门,眼见色已则生染著,耳、声,鼻、香、舌、味、身、触,皆生染著。愚痴比丘,内根、外境被五缚已,随魔所欲。是故比丘当如是学:于自所行处、父母境界依止而住,莫随他处、他境界行。云何比丘自所行处、父母境界?谓四念处:身身观念住,受……心……法法观念住。"佛说此经已,诸比丘闻佛所说,欢喜奉行。

"**住雪山**":复次,应知雪山喻佛善说法毗奈耶。此中略有

---

① 《相应部》(四七)"念处相应"七经。

三分可得：一、无学地，二、有学地，三、异生地。猿猴喻彼非理作意诸相应心，猎人喻魔。于无学地俱不能行；于有学地乃至不还，唯有非理作意相应，猿猴喻心独一能往，非猎人喻魔所能行；于异生地二俱能行。又诸愚夫，要观余境，能出余境；追求余境，余境所缚，是故于境不得解脱。

二四① 　　　　　　七八三（六二一）

如是我闻：一时，佛住舍卫国祇树给孤独园。时尊者阿难与众多比丘，诣世尊所，稽首礼足，退坐一面。尊者阿难白佛言："世尊！此诸年少比丘，当云何教授？云何为其说法？"佛告阿难："此诸年少比丘，当以四念处教令修习。云何为四？谓身身观念住，精勤方便，不放逸行，正智、正念，寂定于心，乃至知身。受……心……法法观念住，精勤方便，不放逸行，正念、正智，寂静于心，乃至知法。所以者何？若比丘住学地者，未得进上，志求安隐涅槃时，身身观念住，精勤方便，不放逸行，正念、正智，寂静于心。受……心……法法观念住，精勤方便，不放逸行，正念、正智，寂静于心，乃至于法远离。若阿罗汉，诸漏已尽，所作已作，舍诸重担，尽诸有结，正知善解脱。当于彼时，亦修身身观念住，精勤方便，不放逸行，正念、正智，寂静于心。受……心……法法观念住，乃至于法得远离。"时尊者阿难，欢喜随喜，作礼而去。

二五② 　　　　　　七八四（六二二）

如是我闻：一时，佛在跋祇人间游行，到鞞舍离国庵罗园中

---

① 《相应部》（四七）"念处相应"四经。
② 《相应部》（四七）"念处相应"二经。

住。尔时，庵罗女闻世尊跋祇人间游行，至庵罗园中住，即自庄严，乘车出鞞舍离城，诣世尊所，恭敬供养。诣庵罗园门，下车步进，遥见世尊与诸大众围绕说法。

世尊遥见庵罗女来，语诸比丘："汝等比丘！勤摄心住，正念、正智，今庵罗女来，是故诫汝。云何为比丘勤摄心住？若比丘已生恶不善法当断，生欲方便，精进摄心；未生恶不善法不令起；未生善法令生；已生善法，令住不忘，修习增满，生欲方便，精勤摄心，是名比丘勤摄心住。云何名比丘正智？若比丘去来威仪，常随正智；回顾、视瞻、屈伸、俯仰、执持衣钵、行住坐卧、眠觉、语默，皆随正智住，是(名)正智。云何正念？若比丘内身身观念住，精勤方便，正智、正念，调伏世间贪忧；如是受……心……法法观念住，精勤方便，正智、正念，调伏世间贪忧，是名比丘正念。是故汝等勤摄其心，正智、正念，今庵罗女来，是故诫汝。"

时庵罗女诣世尊所，稽首礼足，却住一面。尔时，世尊为庵罗女种种说法，示教、照喜，示教照喜已，默然而住。尔时，庵罗女整衣服，为佛作礼，合掌白佛："唯愿世尊与诸大众，明日受我请中食！"尔时，世尊默然受请。庵罗女知世尊默然受请已，稽首礼足，还归自家。设种种食，布置床座，晨朝遣使白佛时到。尔时，世尊与诸大众，诣庵罗女舍，就座而坐。时庵罗女手自供养种种饮食。食讫，澡漱洗钵竟，时庵罗女持一小床，坐于佛前，听佛说法。尔时，世尊为庵罗女说随喜偈：

"施者人爱念，多众所随从，名称日增高，远近皆悉闻。
处众常和雅，离悭无所畏，是故智慧施，断悭永无余。

上生忉利天,长夜受快乐,尽寿常修德,娱乐难陀园,
百种诸天乐,五欲悦其心。彼于此人间,闻佛所说法,
为善逝弟子,乐彼受化生。"

尔时,世尊为庵罗女种种说法,示教、照喜,示教、照喜已,从座起而去。

二六① 　　　　七八五(　六二三)

如是我闻:一时,佛住波罗奈仙人住处鹿野苑中。尔时,世尊告诸比丘:"世间言美色,世间美色者,能令多人集聚观看者不?"诸比丘白佛:"如是,世尊!"佛告比丘:"若世间美色,世间美色者,又能种种歌舞伎乐,复极令多众聚集看不?"比丘白佛:"如是,世尊!"佛告比丘:"若有世间美色,世间美色者,在于一处,作种种歌舞,伎乐戏笑,复有大众云集一处。若有士夫不愚、不痴,乐乐、背苦、贪生、畏死,有人语言:士夫!汝当持满油钵,于世间美色者所及大众中过。使一能杀人者,拔刀随汝,若失一渧油者,辄当断②汝命。云何比丘!彼持油钵士夫,能不念油钵,不念杀人者,观彼伎女及大众不?"比丘白佛:"不也,世尊!所以者何?世尊!彼士夫自见其后有拔刀者,常作是念:我若落油一渧,彼拔刀者当截我头。唯一其心,系念油钵,于世间美色及大众中,徐步而过,不敢顾眄。""如是比丘!若有沙门、婆罗门,正身自重,一其心念,不顾声、色,善摄一切心法,住身念处者,则是我弟子、随我教者。云何为比丘正身自重,一其心念,不

---

① 《相应部》(四七)"念处相应"二〇经。
② "断",原本作"斩",依宋本改。

顾声、色,摄持一切心法,住身①念处?如是比丘,身身观念住②,精勤方便,正智、正念,调伏世间贪忧;受;心;法法观念住,亦复如是。是名比丘正身自重,一其心念,不顾声、色,善摄心法,住四念处。"尔时,世尊即说偈言:

"专心正念,护持油钵,自心随护,未曾至方。
甚难得过,胜妙微细,诸佛所说,言教利剑,
当一其心,专精护持。非彼凡人,放逸之事,
能入如是,不放逸教。"

佛说此经已,诸比丘闻佛所说,欢喜奉行。

"劝勉":复次,由于正法听闻,受持,观察义理,法随法行,如其次第,应知劝化安立四义。复有三法,尚能断余一切胜妙淫欲贪缠,况乎鄙劣诸欲贪缠!何等为三?一、精进力,二、不放逸力,三、对治力。由精进力,其已生者令不坚住;由余二力,其未生者令不得生。如是行者勤修正行,为欲断除已生恶故,及未生者令不生故。

二七③　　　　　　　　七八六(　六二四)

如是我闻:一时,佛住舍卫国祇树给孤独园。尔时,尊者郁低迦来诣佛所,稽首佛足,退坐一面。白佛言:"善哉世尊!为我说法。我闻法已,当独一静处,专精思惟,不放逸住。思惟所

---

① "身",疑"四"。
② "住",原本缺,依宋本补。
③ 《相应部》(四七)"念处相应"一六经。

以,善男子剃除须发,正信非家,出家学道,如上广说,乃至不受后有。"佛告郁低迦:"如是!如是!如汝所说。但于我所说法,不悦我心,彼所事业亦不成就,虽随我后而不得利,反生障阂。"郁低迦白佛:"世尊所说,我则能令世尊心悦,自业成就,不生障阂。唯愿世尊为我说法,我当独一静处,专精思惟,不放逸住,如上广说,乃至不受后有。"如是第二、第三请。尔时,世尊告郁低迦:"汝当先净其初业,然后修习梵行。"郁低迦白佛:"我今云何净其初业,修习梵行?"佛告郁低迦:"汝当先净其戒,直其见,具足三业,然后修四念处。何等为四?内身身观念住,专精方便,正智、正念,调伏世间贪忧;如是外身;内外身身观念住。受……心……法法观念住,亦如是广说。"时郁低迦闻佛所说,欢喜随喜,从座起而去。

时郁低迦闻佛教授已,独一静处,专精思惟,不放逸住。思惟所以,善男子剃除须发,着袈裟衣,正信非家,出家学道,乃至不受后有。

二八① 七八七( )

如郁低迦所问,如是异比丘所问,亦如上说。

二九② 七八八(六二五)

如是我闻:一时,佛住舍卫国祇树给孤独园。时有异比丘,名婆醯迦,来诣佛所,稽首礼足,退坐一面。白佛言:"世尊!善哉世尊!为我说法。"如前郁低迦修多罗广说。差别者:"如是婆醯迦比丘!初业清净,身身观念住者,超越诸魔;受;心;法法

---

① 《相应部》(四七)"念处相应"三经。
② 《相应部》(四七)"念处相应"一五经。

观念住者,超越诸魔。"时婆醯迦比丘闻佛说法教诫已,欢喜随喜,作礼而去。独一静处,专精思惟,不放逸住,乃至不受后有。

三〇　　　　　　　七八九（　六二六）

第二经亦如上说,差别者,如是比丘超越生死。

"系属":复次,于四念住殷重修习,如声闻地应知其相①。系属魔者,谓在欲界,此不还果即能超度。系属死者,谓从欲界乃至有顶,此阿罗汉乃能超度。

三一　　　　　　　七九〇（　六二七）

如是我闻:一时,佛住舍卫国祇树给孤独园。尔时,尊者阿那律陀诣佛所,稽首礼足,退坐一面。白佛言:"世尊!若有比丘住于学地,未得上进安隐涅槃而方便求,是圣弟子当云何于正法律修习,多修习,得尽诸漏,乃至自知不受后有?"佛告阿那律:"若圣弟子住于学地,未得上进安隐涅槃而方便求,彼于尔时,当内身身观念住,精勤方便,正智、正念,调伏世间贪忧。如是受;心;法法观念住,精勤方便,正智、正念,调伏世间贪忧。如是圣弟子多修习已,得尽诸漏,乃至自知不受后有。"尔时,尊者阿那律陀,闻佛所说,欢喜随喜,作礼而去。

三二②　　　　　　　七九一（　六二八）

如是我闻:一时,佛住巴连弗邑鸡林精舍。时尊者优陀夷、尊者阿难陀,亦住巴连弗邑鸡林精舍。尔时,尊者优陀夷诣尊者阿难所,共相问讯,慰劳已,退坐一面。语尊者阿难:"如来、应

---

① 《论》文,已如上引述。
② 《相应部》(四七)"念处相应"二一经。

供、等正觉所知所见,为诸比丘说圣戒,令不断、不缺、不择、不离、不戒取、善究竟、善持、智者所叹、所不憎恶。何故如来、应、等正觉所见,为诸比丘说圣戒,不断、不缺,乃至智者所叹、所不憎恶?"尊者阿难语优陀夷:"为修四念处故。何等为四? 谓身身观念住;受;心;法法观念住。"时二正士共论议已,各还本处。

三三　　　　　　七九二(六二九)

如是我闻:一时,佛住巴连弗邑鸡林精舍。尔时,尊者阿难、尊者跋陀罗,亦在彼住。时尊者跋陀罗问尊者阿难言:"颇有法修习、多修习,得不退转耶?"尊者阿难语尊者跋陀罗:"有法修习、多修习,能令行者得不退转,谓四念处。何等为四? 身身观念住;受;心;法法观念住。"时二正士共论说已,各还本处。

三四　　　　　　七九三(六三〇)

如是我闻:一时,佛住巴连弗邑鸡林精舍。尔时,尊者阿难、尊者跋陀罗,亦在彼住。时尊者跋陀罗问尊者阿难:"颇有法修习、多修习,令不净众生而得清净,转增光泽耶?"尊者阿难语尊者跋陀罗:"有法修习、多修习,能令不净众生而得清净,转增光泽,谓四念处:身身观念住;受;心;法法观念住。"时二正士共论议已,各还本处。

三五　　　　　　七九四(六三一)

如是我闻:一时,佛住巴连弗邑鸡林精舍。尔时,尊者阿难、尊者跋陀罗,亦在彼住。时尊者跋陀罗问尊者阿难:"颇有法修习、多修习,能令未度彼岸众生得度彼岸?"尊者阿难语尊者跋陀罗:"有法修习、多修习,能令未度彼岸众生得度彼岸,谓四念处。何等为四? 谓身身观念住;受;心;法法观念住。"时二正士共论议已,各还本处。

三六　　　　　七九五(　六三二)

如是我闻:一时,佛住巴连弗邑鸡林精舍。尔时,尊者阿难、尊者跋陀罗,亦在彼住。尊者跋陀罗问尊者阿难:"颇有法修习、多修习,得阿罗汉?"尊者阿难语尊者跋陀罗:"有法修习、多修习,而得阿罗汉,谓四念处。何等为四?谓身身观念住;受;心;法法观念住。"时二正士共论议已,各还本处。

三七　　　　　七九六(　六三三)

如是我闻:一时,佛住巴连弗邑鸡林精舍。尔时,世尊告诸比丘:"所说一切法,一切法者,谓四念处,是名正说。何等为四?谓身身观念住;受;心;法法观念住。"佛说此经已,诸比丘闻佛所说,欢喜奉行。

三八①　　　　七九七(　六三四)

如是我闻:一时,佛住巴连弗邑鸡林精舍。尔时,世尊告诸比丘:"若比丘于四念处,修习、多修习,名贤圣出离。何等为四?谓身身观念住;受;心;法法观念住。"佛说此经已,诸比丘闻佛所说,欢喜奉行。

三九——四五　　七九八——八〇四(　　　)

如出离,如是正尽苦,究竟苦边,得大果,得大福利,得甘露法,究竟甘露,甘露法作证,如上广说。

四六　　　　　八〇五(　六三五)

如是我闻:一时,佛住巴连弗邑鸡林精舍。尔时,世尊告诸

---

① 《相应部》(四七)"念处相应"一七经。

比丘:"若比丘于四念处,修习、多修习,未净众生令得清净,已净众生令增光泽。何等为四?谓身身观念住;受;心;法法观念住。"佛说此经已,诸比丘闻佛所说,欢喜奉行。

四七——五〇　　八〇六——八〇九(　　)

如净众生,如是未度彼岸者令度①,得阿罗汉,得辟支佛,得阿耨多罗三藐三菩提,亦如上说。

"净":言不清净诸有情者,谓诸异生;言清净者,谓诸有学;言鲜白者,谓诸无学。复有三种证净未清净者,能令清净;已清净者,能令鲜白。当知此中,上诸有学,说名清净;下诸有学,名不清净,彼由修道未清净故。余如前说。

五一　　　　　　八一〇(　六三六)

如是我闻:一时,佛住巴连弗邑鸡林精舍。尔时,世尊告诸比丘:"当为汝说修四念处。何等为修四念处?若比丘!如来、应、等正觉、明行足、善逝、世间解、无上士、调御丈夫、天人师、佛、世尊,出兴于世。演说正法,上语亦善,中语亦善,下语亦善,善义、善味,纯一满净,梵行显示。若族姓子、族姓女,从佛闻法,得净信心,如是修学。见在家和合欲乐之过,烦恼结缚,乐居空闲,出家学道,不乐在家,处于非家,欲一向清净,尽其形寿,纯一满净,鲜白梵行。我当剃除须发,着袈裟衣,正信非家,出家学道。作是思惟已,即便放舍钱财、亲属,剃除须发,着袈裟衣,正信非家,出家学道。正其身行,护口四过,正命清净,习贤圣戒,

---

① 《相应部》(四七)"念处相应"三四经。

守诸根门,护心正念。眼见色时,不取形相,若于眼根住不律仪,世间贪忧、恶不善法常漏于心,而令①于眼起正律仪;耳、鼻、舌、身、意起正律仪,亦复如是。彼以贤圣戒律成就,善摄根门,来往、周旋、顾视、屈伸、坐卧、眠觉、语默,住智正智。彼成就如此圣戒,守护根门,正智、正念,寂静远离,空处、树下、闲房独坐,正身正念,系心安住。断世贪忧②,离贪欲,净除贪欲;断世嗔恚、睡眠、掉悔、疑盖,离嗔恚、睡眠、掉悔、疑盖,净除嗔恚、睡眠、掉悔、疑盖。断除五盖恼,心慧力羸诸障阂分不趣涅槃者,是故内身身观念住,精勤方便,正智、正念,调伏世间贪忧;如是外身;内外身;受;心;法法观念住,亦如是说。是名比丘修四念处。"佛说此经已,诸比丘闻佛所说,欢喜奉行。

"**渐次**":复次,修四念住,应知略有五种渐次:一、信增上力,清净出家;二、戒律仪;三、根律仪;四、乐远离;五、盖清净。诸在家者,虽复数数修诸念住,护③得净信,诸盖清净,然阙学处,当知所修不得圆满。

五二④　　　　　　　八一一(　六三七)

如是我闻:一时,佛住舍卫国祇树给孤独园。尔时,世尊告诸比丘:"当修四念处。"如上广说,差别者:"乃至如是出家已,住于静处,摄受波罗提木叉律仪,行处具足,于细微罪生大怖畏。受持学戒,离杀、断杀、不乐杀生,乃至一切业迹如前说。衣钵随

---

① "令",原本作"今",依明本改。
② "忧",应作"欲"。
③ "护",疑"获"。
④ 《相应部》(四七)"念处相应"四六经。

身,如鸟两翼。如是学戒成就,修四念处。"佛说此经已,诸比丘闻佛所说,欢喜奉行。

"**戒圆满**":复次,由三因缘,具戒苾刍,当知禁戒净命圆满。云何为三? 一、所行圆满,二、摄取圆满,三、受用圆满。所行圆满者,谓从买卖乃至害缚、断截、拽打、揣摩等事,皆悉远离。摄取圆满者,谓于摄取象、马等事,乃至摄取生谷等事,皆悉远离。受用圆满者,谓衣仅蔽身,食才充腹,便生喜足,于余长物、非时食等,皆悉远离。

五三① 八一二(六三八)

如是我闻:一时,佛在王舍城迦兰陀竹园。尔时,尊者舍利弗,住摩竭提那罗聚落,疾病涅槃,纯陀沙弥瞻视供养。尔时,尊者舍利弗因病涅槃,时纯陀沙弥供养尊者舍利弗已,取余舍利,担持衣钵,到王舍城。举衣钵,洗足已,诣尊者阿难所,礼尊者阿难足已,却住一面。白尊者阿难:"尊者当知! 我和上尊者舍利弗已涅槃,我持舍利及衣钵来。"于是尊者阿难闻纯陀沙弥语已,往诣佛所,白佛言:"世尊! 我今举体离解,四方易韵,持辩闭塞。纯陀沙弥来语我言:和上舍利弗已涅槃,持余舍利及衣钵来。"佛言:"云何阿难! 彼舍利弗持所受戒身涅槃耶? 定身、慧身、解脱身、解脱知见身涅槃耶?"阿难白佛言:"不也,世尊!"佛告阿难:"若法我自知,成等正觉所说,谓四念处,四正断,四如意足,五根,五力,七觉支,八道支涅槃耶?"阿难白佛:"不也,世

---

① 《相应部》(四七)"念处相应"一三经。

尊！虽不持所受戒身，乃至道品法而涅槃，然尊者舍利弗，持戒多闻，少欲知足，常行远离，精勤方便，摄念安住，一心正受；捷疾智慧，深利智慧，超出智慧，分别智慧，大智慧，广智慧，甚深智慧，无等智慧，智宝成就；能视，能教，能照，能喜，善，能赞叹，为众说法。是故世尊！我为法故，为受法者故，愁忧苦恼。"佛告阿难："汝莫愁忧苦恼！所以者何？若生①、若起、若作，有为败坏之法，何得不坏？欲令不坏者，无有是处。我先已说：一切所爱念种种诸物，适意之事，一切皆是乖离之法，不可常保。譬如大树，根、茎、枝、叶、华、果茂盛，大枝先折；如大宝山，大岩先崩；如是如来大众眷属，其大声闻先般涅槃。若彼方有舍利弗住者，于彼方我则无事，然其彼方，我则不空，以有舍利弗故，我先已说故。汝今阿难！如我先说，所可爱念种种适意之事，皆是别离之法，是故汝今莫大愁毒。阿难！当知如来不久亦当过去。是故阿难！当作自洲而自依，当作法洲而法依，当作不异洲、不异依。"阿难白佛："世尊！云何自洲以自依？云何法洲以法依？云何不异洲、不异依？"佛告阿难："若比丘，身身观念处，精勤方便，正智、正念，调伏世间贪忧；如是外身；内外身；受；心；法法观念处，亦如是说。阿难！是名自洲以自依，法洲以法依，不异洲、不异②依。"佛说此经已，诸比丘闻佛所说，欢喜奉行。

五四③　　　　　　　八一三（六三九）

如是我闻：一时，佛住摩偷罗国跋陀罗河侧伞盖庵罗树林

---

① "生"，原本误作"坐"，依圣本改。
② "异"下，原本有"洲"字，今删。
③ 《相应部》（四七）"念处相应"一四经。

中。尊者舍利弗、目揵连涅槃未久。尔时,世尊月十五日布萨时,于大众前敷座而坐。尔时,世尊观察众会已,告诸比丘:"我观大众,见已虚空,以舍利弗、大目揵连般涅槃故。我声闻唯此二人,善能说法,教诫教授,辩说满足。有二种财,钱财及法财。钱财者,从世人求;法财者,从舍利弗、大目揵连求。如来已离施财①及法财,汝等莫以舍利弗、目揵连涅槃故,愁忧苦恼。譬如大树,根、茎、枝、叶、华、果茂盛,大枝先折,亦如宝山,大岩先崩;如是如来大众之中,舍利弗、目揵连二大声闻先般涅槃。是故比丘!汝等勿生愁忧苦恼!何有生法、起法、作法、(有)为法、坏败之法而不磨灭!欲令不坏,无有是处。我先已说:一切可爱之物,皆归离散;我今不久,亦当过去。是故汝等当知自洲以自依,法洲以法依,不异洲、不异依。谓内身身观念住,精勤方便,正智、正念,调伏世间贪忧;如是外身;内外身;受;心;法法观念住,精勤方便,正智、正念,调伏世间贪忧,是名自洲以自依,法洲以法依,不异洲不异依②。"佛说此经已,诸比丘闻佛所说,欢喜奉行③。

"穗":④复次,身等四法,如四大路。于彼所生非理作意,如邪祈愿稻谷麦穗;于彼所生如理作意,如正祈愿稻谷麦穗。当知欲界是不定地,犹如其皮;色、无色界俱是定地,犹如其肉;无明

---

① "施财",宋本作"世财",疑"财施"之误。
② 自依、法依义,见前(一)"阴相应"一四八经下。
③ 《杂阿含经》卷二四终。
④ 穗与成就二门,摄颂中有而不见经文。《经》卷二五,已佚失,《论》所依经,应在卷二五初,今已不可见矣。

如血；于三界中由三种漏，有淋漏义。

"成就"：复次，如先所说，所有贪等种种无量恶不善法，由二因缘，若成就者，不能修习四种念住，非是一切泛成就者。云何为二？一、有贪等缠现前故，二、于此缠不见过故。缠现在前，杂染心故，不能修习；虽暂远离，性染著故，非无恋故，于能随顺贪等诸法，其心散动，常逐漂沦，种种寻思恒随扰乱，是故不能修习念住。若不尔者，诸有其性不深染著，皆应不能修习念住。若如是者，无容有能修四念住。

八 正断相应①

②复次,嗢拖南曰:

勇、力、修、等持,异门、神足后。

应知建立四种正断,如声闻地已广分别③。

声闻地说:"如是于四念住串习行故,已能除遣粗粗颠倒,已能了达善不善法。从此无间,于诸未生恶不善法,为不生故;于诸已生恶不善法,为令断故;于其未生一切善法,为令生故;于其已生一切善法,为欲令住,令不忘失,广说如前,乃至摄心、持心。

云何名为恶不善法?谓欲缠染污身、语、意业,是身、语、意恶行所摄,及能起彼所有烦恼。若未和合、未现在前,说名未生;若已和合、已现在前,说名已生。云何名为一切善法?谓若彼对治,若盖对治,若结对治;未生、已生,应知如前恶不善法。

若时未生恶不善法,先未和合,为令不生,发起希愿:我当令彼一切一切皆不复生,是名于诸未生恶不善法,为不生故生欲。若时已生恶不善法,先已和合,为令断故,发起希愿:我当于彼一切一切皆不忍受,断灭、除遣,是名于诸已生恶不善法,为令断故生欲。

又彼一切恶不善法,或缘过去事生,或缘未来事生,或

---

① "正断相应",经文佚失,与《相应部》(四九)"正勤相应"相当。
② 《瑜伽师地论》卷九八中。
③ 《瑜伽师地论》卷二九(大正三〇·四四二上——四四三中),《论》文如下。

缘现在事生。如是彼法或缘不现见境，或缘现见境。若缘过去、未来事境，是名缘不现见境；若缘现在事境，是名缘现见境。当知此中，于缘不现见境恶不善法，其未生者欲令不生，其已生者欲令永断，自策、自励，是名策励。于缘现见境恶不善法，其未生者欲令不生，其已生者欲令永断，勇猛正勤，是名发勤精进。所以者何？要当坚固自策、自励，勇猛正勤，方能令彼或不复生，或永断灭。

又于下品、中品诸缠，其未生者欲令不生，其已生者欲令永断，故自策励。于上品缠，其未生者欲令不生，其已生者欲令永断，发勤精进。

又若行于过去境界，如是行时，不令烦恼缘彼生起；设复失念，暂时生起而不忍受，速能断灭、除遣、变吐。如缘过去，若行未来，当知亦尔。如是未生恶不善法，能令不生，生已能断，是名策励。若行现在所缘境界，如是行时，不令烦恼缘彼生起；设复失念，暂时生起而不忍受，速能断灭、除遣、变吐。如是未生恶不善法，能令不生，生已能断，是名发勤精进。

又或有恶不善法，唯由分别力生，非境界力；或有恶不善法，由分别力生，亦境界力。唯由分别力生非境界力者，谓于住时，思惟过去、未来境界而生于彼。由思惟力生亦境界力者，谓于行时，缘现在境界而生于彼，当于尔时，决定亦有非理分别。当知此中恶不善法，唯由分别力生非境界力者，彼若未生能令不生，生已能断，是名策励；若由分别力生亦境界力者，彼若未生能令不生，生已能断，是名发勤精进。

于其未生一切善法，为令生故生欲者，谓于未得、未现在前所有善法，为欲令得、令现在前，发心希愿，发起猛利求获得欲、求现前欲而现在前，是名于其未生一切善法，为令生故生欲。于其已生一切善法，为欲令住，令不忘失，令修圆满生欲者，谓已获得、已现在前所有善法，是名已生善法。于此善法已得不失，已得不退，依是说言为欲令住。于此善法，明了现前，无暗钝性，依是说言令不忘失。于此善法已得现前，数数修习成满究竟，依是说言令修圆满。于此善法发心希愿，发起猛利求坚住欲，求不忘欲，求修满欲而现在前，是名于其已生一切善法，为欲令住、令不忘失、令修圆满生欲。

策励者，为于已得令现前故；发勤精进者，为于未得令其得故。又策励者，于已生善，为欲令住、令不忘故；发勤精进者，令修满故。又于下品、中品善法，未生令生，生已令住，令不忘失，是名策励；于上品善法，未生令生，生已乃至令修圆满，是名发勤精进。

言策心者，谓若心者于修奢摩他一境性中，正勤方便，于诸未生恶不善法，为令不生，广说乃至于其已生一切善法，为欲令住、令不忘失、令修圆满。由是因缘，其心于内极略下劣，或恐下劣，观见是已，尔时随取一种净妙举相，殷勤策励，庆悦其心，是名策心。云何持心？谓修举时，其心掉动，或恐掉动，观见是已，尔时还复于内略摄其心修奢摩他，是名持心。

如是四种，亦名正胜：谓于黑品诸法，其未生者为令不生,其已生者为令断灭,生欲、策励、发勤精进、策心、持心,是二正胜;于白品诸法,其未生者为欲令生,如前黑品广说应知,是二正胜。

如是四种,亦名正断:一、名律仪断,谓于已生恶不善法为令断故,生欲、策励,乃至广说。二、名断断,谓于未生恶不善法为不生故,生欲、策励,乃至广说。由于已生恶不善事,应修律仪令其断灭,不应忍受,由是因缘,名律仪断。于其未生恶不善事,为欲令彼不现行断,为欲令彼不现前断,为断故断,故名断断。三、名修断,谓于未生一切善法,为令生故,广说乃至策心、持心。由于善法数修数习,先所未得能令现前,能有所断,故名修断。四、名防护断,谓于已生一切善法,为欲令住,广说乃至策心、持心。由于已得已现在前诸善法中,远离放逸,修不放逸,能令善法住不忘失,修习圆满;防护已生所有善法,能有所断,故名防护断。

如是广辨四正断已,复云何知此中略义?谓为显示于黑、白品,舍、取事中,增上意乐圆满,及加行圆满,是故宣说四种正断。当知此中,由生欲故,增上意乐圆满。由自策励、发勤精进,策心、持心,故加行圆满。修瑜伽师,唯尔所正应作事,谓为断灭所应断事,及为获得所应得事。先当生起希愿、乐欲,为断诸缠;复应时时正勤修习止、举、舍相;为断诸缠及随眠故,更应修集对治善法。为显①如是一切

---

① "显",原作"现",依宋本改。

所作,说四正胜及四正断,是名略义。"

"**勇**":①此中宣说勇第五句,云何名勇?谓如前说,堪能忍受发勤精进所生众苦,诸淋漏苦,界不平苦,他粗恶言损恼等事所生众苦。非此因缘,退舍修习正断加行,故名为勇。

---

① 《经》文在卷二五,已佚失。

九　如意足相应①

②复次,应知建立四种神足,如声闻地已广分别③。

声闻地说:"从此复修四三摩地:谓欲三摩地,勤三摩地,心三摩地,观三摩地。当知由欲增上力所得三摩地,名欲三摩地;由勤增上力所得三摩地,名勤三摩地;由心增上力所得三摩地,名心三摩地;由观增上力所得三摩地,名观三摩地。

若于是时纯生乐欲,生乐欲已,于诸所有恶不善法自性、因缘、过患、对治,正审思察,起一境念;于诸善法自性、因缘、功德、出离,正审思察,住一境念。即由如是多修习故,触一境性,于诸所有恶不善法现行诸缠能令远离,而未永害烦恼随眠,是名欲增上力所得三摩地。

若于过去、未来、现在所缘境界,能顺所有恶不善法,能顺所有下、中、上品烦恼缠中,其未生者为令不生,其已生者为令断灭,自策自励,发勤精进。行④彼所缘,于彼境界,自性、因缘、过患、对治,正审思察,住一境念。即由如是多安住故,能正生起心一境性,于诸所有恶不善法现行诸缠能令远离,而未永害烦恼随眠,是名勤增上力所得三摩地。

若复策发诸下劣心,或复制持诸掉举心,又时时间修增上舍。由是因缘,于诸所有恶不善法,若能随顺恶不善法,及诸善

---

① "如意足相应",经文已佚,与《相应部》(五一)"神足相应"相当。
② 《瑜伽师地论》卷九八中。
③ 《瑜伽师地论》卷二九(大正三〇·四四三中——四四四中),《论》文引述如下。
④ "行",宋本作"于"。

法,若能随顺所有善法,自性、因缘、过患、功德、对治、出离,正审思察,住一境念。即由如是多安住故,能正生起心一境性,广说乃至是名心增上力所得三摩地。

若于能顺恶不善法,作意思惟为不如理;复于能顺所有善法,作意思惟以为如理。如是远离彼诸缠故,及能生起诸缠对治,定为上首诸善法故,能令所有恶不善法皆不现行。便自思惟:我今为有、现有恶不善法不觉知耶?为无、现无恶不善法不觉知耶?我今①应当遍审观察。彼由观察作意增上力故,自正观察断与未断,正审思察,住一境念。即由如是多安住故,能正触证心一境性。由是因缘,离增上慢,如实自知我唯于缠心得解脱,未于一切一切随眠心得解脱;我唯获得及已修习诸缠对治,定为上首所有善法,而未获得及未修习随眠对治,是名观增上力所得三摩地。

彼由如是四三摩地增上力故,已远诸缠,复为永害一切一切恶不善法诸随眠故,及为修习能对治彼诸善法故,便更生起乐欲、策励,广说如前修四正断加行道理。彼于如是正修习时,有八断行,为欲永害诸随眠故,为三摩地得圆满故,差别而转。何等名为八种断行?一者、欲,谓起如是希望乐欲,我于何时修三摩地当得圆满,我于何时当能断灭恶不善法所有随眠!二者、策励,谓乃至修所有对治,不舍加行。三者、信,谓不舍加行正安住故,于上所证深生信解。四者、安,谓清净信而为上首,心生欢喜;心欢喜故,渐次息除诸恶不善法品粗重。五者、念,谓九种

---

① "今",原作"令",依宋本改。

相，于九种相安住其心，奢摩他品能摄持故。六者、正知，谓毗钵舍那品慧。七者、思，谓心造作，于断未断正观察时，造作其心，发起能顺止、观二品身业、语业。八者、舍，谓行过去、未来、现在随顺诸恶不善法中，心无染污，心平等性。由二因缘，于随眠断分别了知，谓由境界不现见思，及由境界现见舍故。如是名为八种断行，亦名胜行。如是八种断行、胜行，即是为害随眠瑜伽。此中欲者，即是彼欲。此中策励，即彼精进。此中信者，即是彼信。此中安、念、正知、思、舍，即彼方便。

　　如是此中，若先欲等四三摩地，若今所说八种断行，于为永断所有随眠，圆满成办①三摩地时，一切总名欲三摩地断行成就神足、勤三摩地断行成就神足、心三摩地断行成就神足、观三摩地断行成就神足。问：何因缘故说名神足？答：如有足者，能往能还，腾跃勇健，能得能证世间所有殊胜之法。世殊胜法，说名为神；彼能到此，故名神足。如是若有如是诸法，有三摩地圆满成办②，彼心如是清净、鲜白，无诸瑕秽，离随烦恼，安住正真，有所堪能，获得不动，能往能还，腾跃勇健，能得能证出世间法。由出世法最胜自在，是最胜神，彼能证此，故名神足。"

　　"力"：③若略说者，由四种力，持心令定，是故建立四种神足。云何为四？一、净意乐力，二、勤务力，三、心喜乐力，四、正智力。当知此中，由第一力，于三摩地发生乐欲。为证得故，修习勤务，由第二力最初住心，令其安定。由第三力，已住定心，无

---

① "办"，原本作"辨"，依宋本改。
② "办"，原本作"辨"，依宋本改。
③ 此下有论无经，《经》卷二五，已佚。可参考《相应部》（五一）"神足相应"。

复散动，不令于外更复飘转。由第四力，观察等持所治烦恼，于断未断如实了知；又于等持入、住、出相，能善了别；如是复于奢摩他等所有诸相，若奢摩他、毗钵舍那诸随烦恼及随烦恼能对治等，皆如实知。乐等持者，于等持中但有尔所等持作事，除此更无若过若增。

"**修**"：复次，由五因缘，当知神足略修习相：一、由远离奢摩他品随烦恼故，二、由远离毗钵舍那品随烦恼故，三、于毗钵舍那品所缘境界系缚心故，四、于奢摩他品所缘境界系缚心故，五、俱于二品所缘境界系缚心故。应知此中，奢摩他品随烦恼者，谓懈怠俱行欲等，及惛沉、睡眠俱行欲等；当知懈怠俱行欲等，是惛沉、睡眠俱行欲等所依止性。毗钵舍那品随烦恼者，谓掉举俱行欲等，及妙欲散动俱行欲等；当知掉举俱行欲等，是妙欲散动俱行欲等所依止①性。又于此中，由懈怠俱行欲等，于奢摩他品令住杂染，然不能令诸奢摩他皆悉灭没；由惛沉、睡眠俱行欲等，于奢摩他品令住杂染，亦复能令诸奢摩他皆悉灭没。由掉举俱行欲等，于毗钵舍那品令住杂染，而不能令毗钵舍那一切灭没；妙欲散动俱行欲等，于毗钵舍那品令住杂染，亦令一切毗钵舍那皆悉灭没。毗钵舍那品所缘境者，谓前后想，此想分别，如声闻地应知其相②。奢摩他品所缘境者，谓上下想，此亦如前应知其相。俱品所缘境者，谓光明想，彼于俱品由动摇故，有诸光影俱行心修。又非如欲等与余懈怠相应说名懈怠俱行，精进亦尔得

---

① "止"，原本作"正"，依宋本改。
② 前后想，及上下想、光明想，如《瑜伽师地论》卷二八（大正三〇·四三九中——下）。

有懈怠共相应义,然即精进堕在慢缓,不正发勤精进相续,说名懈怠俱行。又此五相,当知总摄一切种修,乐等持者,由此等持速得成满①。

"等持":复次,于五解脱处,如其所应,当知欲等增上四种三摩地。若有苾刍,依净意乐及猛利欲,为欲证得最胜通慧,从诸如来及佛弟子,殷重恭敬听闻正法,从闻无间,渐次证得胜三摩地,当知是名欲增上三摩地。复有苾刍,如所闻法,如所得法,起大功用,发大精进,或正为他宣说开示,或以胜妙音词读诵,从此无间,渐次因缘能随获得胜三摩地,当知是名精进增上三摩地。复有苾刍,于诸贤善三摩地相,善取思惟,观青瘀等,乃至骨锁以为边际,由此所缘,次第生起胜三摩地,当知是名心增上三摩地。复有苾刍,如所闻法,如所得法,独处空闲,思惟筹量,审谛观察,由此因缘,渐次生起胜三摩地,当知是名观增上三摩地。

"异门":复有差别,谓由四门起三摩地:一、由如前从他生起猛利乐欲闻正法门。二、由从他获得无倒教授教诫,无间殷重发起加行,未入根本胜三摩地,为欲趣入正教授门。三、由已入根本胜三摩地,为欲转得所余上位胜三摩地心喜乐门。四、由多闻闻持,自能于法如理观察平等观门。当知此中,由第一门起欲增上三摩地;由第二门,起精进增上三摩地;由第三门,起心增上三摩地;由第四门,起观增上三摩地。所余分别义,及分别断行,如声闻地应知其相②。

"神足":复次,修诸神足以为依止,能正引发诸圣神通,无

---

① 参考《相应部》(五一)"神足相应"二〇经。
② 《瑜伽师地论》卷二九(大正三〇·四四四上)。

有外道修诸神足,能正引发诸圣神通。又诸圣者引发所有最胜神通,随所愿乐,延诸寿行,或住一劫,或一劫余。谓过一劫,不净种性补特伽罗,名为物类,当知此类唯住内法。又诸圣者变化神通,于其四事不能变化:一者、根,二者、心,三者、心所有法,四者、业及业异熟。又诸圣者变性神通,不能转变顺乐受业,令自性改成顺苦受;如顺乐受望顺苦受,顺苦受业望顺乐受,应知亦尔。若业能顺非苦乐受,当知毕竟顺非苦乐。又诸圣者住持神通,不能住持顺非苦乐受业,令成无受,余亦如是。又诸圣者变时神通,不能转变顺现法受业,令成顺后法受业;及顺后法受业,令成顺现法受业①。

---

① 参考《相应部》(五一)"神足相应"一〇经。

一〇 根相应①

②复次,嗢拕南曰:

安立、所行境,慧根为最胜,当知后安住外异生品等。

"安立":略由六处增上义故,当知建立二十二根。何等为六?一、能取境界增上义故;二、继嗣家族增上义故;三、活命因缘,各别事业加行、士用增上义故;四、受用先世诸业所作爱不爱果,及造新业增上义故;五、趣向世间离欲增上义故;六、趣向出世离欲增上义故。当知此中眼根最初,意根为后,如是六根,于取境界有增上义。男、女二根,于能继嗣家族子孙有增上义。命根一种,于爱命者活命因缘,各别事业加行、士用有增上义。乐最为初,舍为其后,如是五根,于其受用先业所作爱不爱果,及造新业有增上义。信为最初,慧为其后,如是五根,于能趣向世间离欲有增上义。未知当知、已知、具知三无漏根,于能趣向出世离欲,最极究竟有增上义。一切世间所现见义,其唯此量,当知是义能究竟者,无出于此二十二根,故一切根二十二摄。

"所行境":③复次,或有一类作是思惟:若无内我托六根门,行六境界,如是六根各别所行,各别境界;然此六根唯能领受自所行境,谁能领受如是六根所行境性?当知此由不能了达缘起道理,故于诸行起邪分别。缘起理者,谓若有时,修瑜伽师于内六根如理攀缘,精勤加行修四念住,即于尔时,此四念住领受六

---

① "根相应"部分经文佚失,现存二七经,与《相应部》(四八)"根相应"相当。
② 《瑜伽师地论》卷九八中。
③ 《论》义与《相应部》(四八)"根相应"四二经相合。

根所行境性;即此于彼由清净故,名为出离。又即勤修四念住故,初达谛理,得七觉支,即于尔时,此诸觉支真故、实故,领受念住所行境性。又由修习觉支因缘,起于明、脱,即于尔时,如是明、脱领受觉支已善修习,从此已后不复应修所行境性。如实已断一切烦恼,即于尔时,于诸烦恼断灭涅槃,离增上慢,即由远离增上慢故,此现实有究竟明、脱,如实领受已得明脱所行境性。由此出离一切所有有为法故,当知明、脱亦得出离,于涅槃中,能取、所取二种施设皆无所有,一切戏论永灭离故。是故乃至诸有为法,可得展转问答施设,能取、所取言论差别,究竟涅槃无为法中,一切问答言论差别皆不如理。是故当知于无我中,应正显示唯有杂染,唯有清净①。

一② 八一四(六四二)

③如是我闻:一时,佛住舍卫国祇树给孤独园。尔时,世尊告诸比丘:"有三根:未知当知根,知根,无知根。"尔时世尊即说偈言:

"觉知学地时,随顺直道进,精进勤方便;善自护其心;
如自知生尽,无碍道已知;以知解脱已,最后得无知,
不动意解脱,一切有能尽。诸根悉具足,乐于根寂静,
持于最后身,降伏众魔怨。"

佛说此经已,诸比丘闻佛所说,欢喜奉行④。

---

① 上来《论》义所依经,在卷二五,今佚。
② 《相应部》(四八)"根相应"二三经。
③ 《杂阿含经》卷二六。
④ 《论》义见前总安立中。

二① 八一五（六四三）

如是我闻：一时，佛在舍卫国祇树给孤独园。尔时，世尊告诸比丘："有五根，何谓为五？谓信根，精进根，念根，定根，慧根。"佛说此经已，诸比丘闻佛所说，欢喜奉行。

三② 八一六（六四四）

如是我闻：一时，佛住舍卫国祇树给孤独园。尔时，世尊告诸比丘："有五根，何等为五？谓信根，精进根，念根，定根，慧根。若比丘于此五根如实善观察③者，于三结断、知，谓身见、戒取、疑，是名须陀洹，不堕恶趣法，决定正向于正觉，七有天人往生，究竟苦边。"佛说此经已，诸比丘闻佛所说，欢喜奉行。

四④ 八一七（六四五）

如是我闻：一时，佛住舍卫国祇树给孤独园。尔时，世尊告诸比丘："于此五根如实观察者，不起诸漏，心得离欲解脱，是名阿罗汉：诸漏已尽，所作已作，离诸重担，逮得己利，尽诸有结，正智心善解脱。"佛说此经已，诸比丘闻佛所说，欢喜奉行。

五⑤ 八一八（六四六）

如是我闻：一时，佛住舍卫国祇树给孤独园。尔时，世尊告诸比丘："有五根，何等为五？谓信根，精进根，念根，定根，慧根。信根者，当知是四不坏净。精进根者，当知是四正断。念根者，当知是四念处。定根者，当知是四禅。慧根者，当知是四圣

---

① 《相应部》（四八）"根相应"一经。
② 《相应部》（四八）"根相应"二·三经。
③ "如实善观察"上，原本有"如实善观察"五字，准下经，知是衍文，今删。
④ 《相应部》（四八）"根相应"四·五经。
⑤ 《相应部》（四八）"根相应"八经。

谛。"佛说此经已,诸比丘闻佛所说,欢喜奉行。

六① 八一九(六四七)

如是我闻:一时,佛住舍卫国祇树给孤独园。尔时,世尊告诸比丘:"有五根,何等为五? 谓信根,精进根,念根,定根,慧根。何等为信根? 若比丘于如来所起净信心,根本坚固,余诸天②、魔、梵、沙门、婆罗门,及余世间,无能沮坏其心者,是名信根。何等为精进根? 已生恶不善法令断,生欲方便,摄心增进;未生恶不善法不起,生欲方便,摄心增进;未生善法令起,生欲方便,摄心增进;已生善法,住不忘,修习增广,生欲方便,摄心增进,是名精进根。何等为念根? 若比丘内身身观住,殷勤方便,正念、正智,调伏世间贪忧;外身;内外身;受;心;法法观念住,亦如是说,是名念根。何等为定根? 若比丘离欲恶不善法,有觉、有观,离生喜乐,乃至第四禅具足住,是名定根。何等为慧根? 若比丘苦圣谛如实知,苦集圣谛、苦灭圣谛、苦灭道迹圣谛如实知,是名慧根。"佛说此径已,诸比丘闻佛所说,欢喜奉行。

七③ 八二〇(六四八)

如是我闻:一时,佛住舍卫国祇树给孤独园。尔时,世尊告诸比丘,如上说,差别者:"若比丘于此五根如实观察已,于三结断、知。何等为三? 谓身见、戒取、疑。是名须陀洹,不堕恶趣,决定正向三菩提,七有天人往生,究竟苦边。"佛说此经已,诸比丘闻佛所说,欢喜奉行。

---

① 《相应部》(四八)"根相应"九·一〇经。
② "诸天"上,原本有"沙门婆罗门"五字,衍文,今删。
③ 《相应部》(四八)"根相应"三经参照。

八① 　　　　　　八二一（六四九）

如是我闻：一时，佛住舍卫国祇树给孤独园。尔时，世尊告诸比丘，如上说，差别者："若比丘于此五根如实观察已，得尽诸漏离欲解脱，是名阿罗汉；诸漏已尽，所作已作，离诸重担，逮得己利，尽诸有结，正智心得解脱。"佛说此经已，诸比丘闻佛所说，欢喜奉行。

九② 　　　　　　八二二（六五〇）

如是我闻：一时，佛住舍卫国祇树给孤独园。尔时，世尊告诸比丘，如上说，差别者："诸比丘若我于此信根、信根集、信根灭、信根灭道迹不如实知者，我终不得于诸天、魔、梵、沙门、婆罗门中，为出、为离，心离颠倒，亦不得成阿耨多罗三藐三菩提。如信根，精进根、念根、定根、慧根，亦如是说。诸比丘！我于此信根，正智如实观察故，信根集、信根灭、信根灭道迹正智如实观察故，我于诸天、魔、梵、沙门、婆罗门众中，为出、为离，心离颠倒，成阿耨多罗三藐三菩提。如信根，精进、念、定、慧根，亦如是说。"佛说此经已，诸比丘闻佛所说，欢喜奉行。

一〇③ 　　　　　　八二三（六五一）

如是我闻：一时，佛住舍卫国祇树给孤独园。尔时，世尊告诸比丘，如上说，差别者："诸比丘！我此信根集、信根没、信根味、信根患、信根离不如实知者，我不得于诸天、魔、梵、沙门、婆罗门众中，为解脱、为出、为离，心离颠倒，成阿耨多罗三藐三菩

---

① 《相应部》（四八）"根相应"五经参照。
② 《相应部》（四八）"根相应"七经。
③ 《相应部》（四八）"根相应"二一经。

提。如是精进根、念根、定根、慧根,亦如是说。诸比丘!我于信根、信根集、信根没、信根味、信根患、信根离,如实知故,于诸天、魔、梵、沙门、婆罗门众中,为解脱、为出、为离,心离颠倒,得成阿耨多罗三藐三菩提。"佛说此经已,诸比丘闻佛所说,欢喜奉行。

八二四(六五二)①

如是我闻:一时,佛住舍卫国祇树给孤独园。尔时,世尊告诸比丘,如上说,差别者:"若比丘于此五根,若利、若满足,得阿罗汉;若软、若劣,得阿那含;若软、若劣,得斯陀含;若软、若劣,得须陀洹。满足者成满足事,不满足者成不满足事,于此五根不空无果。若于此五根一切无者,我说彼为外道凡夫之数。"佛说此经已,诸比丘闻佛所说,欢喜奉行。

八二五(六五三)②

如是我闻:一时,佛住舍卫国祇树给孤独园。尔时,世尊告诸比丘,如上说,差别者:"若比丘于彼五根,增上明利满足者,得阿罗汉俱分解脱;若软、若劣者,得身证;于彼若软、若劣,得见到;于彼若软、若劣,得信解脱;于彼若软、若劣,得一种;于彼若软、若劣,得斯陀含;于彼若软、若劣,得家家;于彼若软、若劣,得七有;于彼若软、若劣,得法行;于彼若软、若劣,得信行。是名比丘根波罗蜜因缘,知果波罗蜜;果波罗蜜因缘,知人波罗蜜。如是满足者作满足事,减少者作减少事,彼诸根则不空无果。若无此诸根者,我说彼为③凡夫数。"佛说此经已,诸比丘闻佛所说,

---

① 《相应部》(四八)"根相应"一二·一八经。
② 《相应部》(四八)"根相应"一三·二四经。
③ "为"下,原本有"作"字,今删。

欢喜奉行。

"**安住外异生品**":复次,若依诸佛无上菩提所得正信,乃至正慧,于此世间亦无有者,当知此住外异生品。即于此法,唯有世间无出世者,当知此住内异生品,非外异生。若于此法有出世者,当知一切别住余品,非彼品类①。

一三② 　　　　　　八二六(　六五四)

如是我闻:一时,佛住舍卫国祇树给孤独园。尔时,世尊告诸比丘:"有五根,何等为五?谓信根,精进根,念根,定根,慧根。此五根,一切皆为慧根所摄受。譬如堂阁众材,栋为其首,皆依于栋,以摄持故;如是五根,慧为其首,以摄持故。"佛说此经已,诸比丘闻佛所说,欢喜奉行。

一四 　　　　　　八二七(　六五五)

如是我闻:一时,佛住舍卫国祇树给孤独园。尔时,世尊告诸比丘:"有五根,何等为五?谓信根,精进根,念根,定根,慧根。信根者,当知是四不坏净。精进根者,当知是四正断。念根者,当知是四念处。定根者,当知是四禅。慧根者,当知是四圣谛。此诸功德,一切皆是慧为其首,以摄持故。"乃至佛说此经已,诸比丘闻佛所说,欢喜奉行。

一五 　　　　　　八二八(　六五六)

如是我闻:一时,佛住舍卫国祇树给孤独园。尔时,世尊告诸比丘:"有五根,何等为五?信根,精进根,念根,定根,慧根。

---

① "外异生"义,《论》文在"慧根为胜"之下,今依经次第,叙列于前。
② 此下数经,以慧为首,同《相应部》(四八)"根相应"五二经。

若圣弟子成就慧根者,能修信根,依离、依无欲、依灭,向于舍,是名信根成就;信根成就,即是慧根。如信根,如是精进根、念根、定根、慧根,亦如是说。是故(成)就此五根,慧根为其首,以摄持故。譬如堂阁,栋为其首,众材所依,以摄持故。如是五根,慧为其首,以摄持故。"佛说此经已,诸比丘闻佛所说,欢喜奉行。

一六① 八二九(六五七)

如是我闻:一时,佛住舍卫国祇树给孤独园。尔时,世尊告诸比丘:"有五根,何等为五?信根,精进根,念根,定根,慧根。若圣弟子成就信根者,作如是学:圣弟子无始生死,无明所著,爱所系,众生长夜生死往来流驰,不知本际。有因故有生死,因永尽者则无生死。无明大暗聚障碍,谁般涅槃?唯苦灭、苦息、清凉、没。如信根,如是精进根、念根、定根、慧根,亦如是说。此五根,慧为首,慧所摄持。譬如堂阁,栋为首,栋所摄持。"佛说此经已,诸比丘闻佛所说,欢喜奉行。

一七 八三○(六五八)

如是我闻:一时,佛住舍卫国祇树给孤独园。尔时,世尊告诸比丘:"有五根:信根,精进根,念根,定根,慧根。何等为信根?谓圣弟子于如来所起信心,根本坚固,诸天、魔、梵、沙门、婆罗门,及诸世间法所不能坏,是名信根。何等为精进根?谓四正断。何等为念根?谓四念处。何等为定根?谓四禅。何等为慧根?谓四圣谛。此诸功德,皆以慧为首,譬如堂阁,栋为其首。"佛说此经已,诸比丘闻佛所说,欢喜奉行。

---

① 《相应部》(四八)"根相应"五〇经。

一八① 八三一（六五九）

如是我闻：一时，佛住舍卫国祇树给孤独园。尔时，世尊告诸比丘："有五根，何等为五？谓信根，精进根，念根，定根，慧根。何等为信根？若圣弟子于如来发菩提心，所得净信心，是名信根。何等为精进根？于如来发菩提心，所起精进方便，是名精进根。何等为②念根？于如来初发菩提心，所起念，是名③念根。何等为定根？于如来初发菩提心，所起三昧，是名定根。何等为慧根？于如来初发菩提心，所起智慧，是名慧根。所余堂阁譬，如上说。"佛说此经已，诸比丘闻佛所说，欢喜奉行。

"慧根为最胜"：复次，若有黠慧，诸根猛利种类士夫补特伽罗，由思择力如理作意，思惟诸法，乃于涅槃得正信解；由此增上发勤精进；此增上故，能于身等所缘境界安住正念；此增上故，能于所缘令心一趣；此增上故，于一切法如实了知，如实观见。由是因缘，能到究竟，是故此慧若初、若后，多有所作，故说慧根最为殊胜④。

一九 八三二（六六〇）

如是我闻：一时，佛住舍卫国祇树给孤独园。尔时，世尊告诸比丘："有五根，何等为五？谓信根，精进根，念根，定根，慧根。于此五根修习、多修习，过去、未来、现在一切苦断。"佛说此经已，诸比丘闻佛所说，欢喜奉行。

---

① 《相应部》（四八）"根相应"五〇经。
② "为"，原本缺，依宋本补。
③ "念是名"，原本缺，依宋本补。
④ 《论》义原在"外异生"之上，今依经次第，叙列于后。

二〇——二七　　八三三——八四〇(　　　)

如苦断,如是究竟苦边,苦尽,苦息,苦没,度苦流,于缚得解,害诸色,过去未来现在一切漏尽,亦如是说。

一一　力相应[①]

一[②]　　　　　　　　八四一（六六一）

[③]如是我闻：一时，佛住舍卫国祇树给孤独园。尔时，世尊告诸比丘："有二种力，何等为二？谓数力，及修力。何等为数力？谓圣弟子空闲、林中、树下，作如是思惟：身恶行，现法、后世受于恶报。我若行身恶行者，我当自悔，教他亦悔我，大师亦当悔我，大德梵行亦当悔我，以法责我，恶名流布；身坏命终，当生恶趣泥犁中。如是现法、后报身恶行断，修身善行。如身恶行，口、意恶行亦如是说，是名数力。何等为修力？若比丘学于数力，圣弟子数力成就已，随得修力；得修力已，修力满足。"佛说此经已，诸比丘闻佛所说，欢喜奉行。

二　　　　　　　　八四二（六六二）

如是我闻：一时，佛住舍卫国祇树给孤独园。尔时，世尊告诸比丘，如上说，差别者："圣弟子学数力成就已，贪、恚、痴若节若尽。如是圣弟子依于数力，尽立数力，随得修力；得修力已，修力满足。"佛说此经已，诸比丘闻佛所说，欢喜奉行。

三　　　　　　　　八四三（六六三）

如是我闻：一时，佛住舍卫国祇树给孤独园。尔时，世尊告诸比丘，如上说，差别者："何等为修力？谓修四念处。"佛说此经已，诸比丘闻佛所说，欢喜奉行。

---

① "力相应"共六十经，与《相应部》（五〇）"力相应"相当，内容大异。
② 《增支部》"二集"二品一经。
③ 《杂阿含经》卷二六中。

四——一二　　　　八四四——八五二（　　）

如四念处,如是修四正断,四如意足,五根,五力,七觉分①,八圣道分,四道,四法句,止、观,亦如是说。

②复次,嗢拕南曰:

思择、觉慧等,国等及诸王,阿罗汉、有学,质直最为后。

"思择":略于一切现法、后法诸恶行中,深见过已,能正思择,息诸恶行,修诸善行,名思择力。当知此力,能成二事:一者、能往人、天善趣,二者、能往现法涅槃。又此能与修习力摄,修诸念住为所依止,由此为依,能正修习四念住等菩提分法。当知此修,名修习力。又思择力,能与三处羞耻为伴。何等名为三处羞耻?一者、他处羞耻,谓作是思:若我作恶,当为世间有他心智,诸佛世尊,若圣弟子,若诸天众信佛教者共所呵毁,是名第一处思择力。二者、自处羞耻,谓作是思:若我作恶,定当为己深所呵毁,何有善人为斯恶行!是名第二处增上力。三者、法处羞耻,谓作是思:我若作恶,便为障碍于善说法毗奈耶中所修梵行;此法若有,便坏梵行,是名第三处思择力。如是羞耻,当知三处以为增上:一、世增上,二、自增上,三、法增上。

一三　　　　　　　八五三（　六六四）

如是我闻:一时,佛住舍卫国祇树给孤独园。尔时,世尊告诸比丘:"有三种力,何等为三?谓信力,精进力,慧力。"

---

① 《增支部》"二集"二品二经。
② 《瑜伽师地论》卷九八中。

一四　　　　　　　八五四（　　　）

"复次,三力,何等为三?谓信力,念力,慧力。"

一五　　　　　　　八五五（　　　）

"复次,三力,何等为三?谓信力,定力,慧力。"佛说此经已,诸比丘闻佛所说,欢喜奉行。

一六　　　　　　　八五六（　六六五）

如是我闻:一时,佛住舍卫国祇树给孤独园。尔时,世尊告诸比丘:"有三力,谓信力,精进力,慧力。如是比丘!当作是学:我当成就信力,精进力,慧力。"佛说此经已,诸比丘闻佛所说,欢喜奉行。

一七——一八　　　　八五七——八五八（　　　）

如精进力,念力,定力,亦如是说。

一九　　　　　　　八五九（　六六六）

如是我闻:一时,佛住舍卫国祇树给孤独园。尔时,世尊告诸比丘:"有三力:信力,念力,慧力。何等为信力?谓圣弟子于如来所,入于净信,根本坚固,诸天、魔、梵、沙门、婆罗门,及诸同法所不能坏,是名信力。何等为精进力?谓修四正断。何等为慧力?谓四圣谛。"佛说此经已,诸比丘闻佛所说,欢喜奉行。

二〇——二一　　　　八六〇——八六一（　　　）

余二力,如上说①。

---

① 上来"三力",即"五力"中,信、慧二力,及其余一力合成。

二二　　　　　　八六二（六六七）

如是我闻：一时，佛住舍卫国祇树给孤独园。尔时，世尊告诸比丘："有四力，何等为四？谓信力，精进力，念力，慧力。"

二三　　　　　　八六三（　　）

"复次，四力：信力，念力，定力，慧力①。"

二四②　　　　　　八六四（　　）

"复次，四力：觉力，精进力，无罪力，摄力。"此诸经，如上三力说，差别者："何等为觉力？于善、不善法如实知；有罪、无罪，习近、不习近，卑法、胜法，黑法、白法，有分别法、无分别法，缘起法、非缘起法如实知，是名觉力。何等为精进力？谓四正断，如前广说。何等为无罪力？谓无罪身、口、意，是名无罪力。何等为摄力？谓四摄事——惠施、爱语、行利、同利。"佛说此经已，诸比丘闻佛所说，欢喜奉行。

二五　　　　　　八六五（六六八）

如是我闻：一时，佛住舍卫国祇树给孤独园。尔时，世尊告诸比丘，如上说，差别者："若最胜施者，谓法施。最胜爱语者，谓善男子乐闻应时说法。行利最胜者，谓③不信者，能令入信，建立于信；立戒者以净戒，悭者以施，恶智者以正智令入建立。同利最胜者，谓阿罗汉以阿罗汉，阿那含以阿那含，斯陀含以斯陀含，须陀洹以须陀洹，净戒者以净戒④而授于彼。"佛说此经

---

① 上来"四力"，即"五力"之一分。
② 四力，略见《增支部》"四集"一五三经。
③ "谓"，原本作"诸"，依宋本改。
④ "戒"，原本缺，依元本补。

已,诸比丘闻佛所说,欢喜奉行。

二六① 八六六(六六九)

如是我闻:一时,佛住舍卫国祇树给孤独园。尔时,世尊告诸比丘,如上说,差别者:"若所有法是众之所取,一切皆是四摄事。或有一取施者,或一取爱语者,或一取行利者,或一取同利者。过去世时,过去世众已②有所取者,亦是四摄事。未来世众当有所取者,亦是四摄事,或一取施者,或一取爱语(者),或一取行利者,或一取同利(者)。"尔时世尊即说偈言:

"布施及爱语,或有行利者,同利诸行生,各随其所应,
以此摄世间,犹车因釭运。世无四摄事,母恩子养忘,
亦无父等尊,谦下之奉事。以有四摄事,随顺之法故,
是故有大士,德被于世间。"

佛说此经已,诸比丘闻佛所说,欢喜奉行。

二七 八六七(六七〇)

如是我闻:一时,佛住舍卫国祇树给孤独园。尔时,世尊告诸比丘:"有四力,何等为四?谓觉力,精进力,无罪力,摄力,如上说。若比丘成就此四力者,得离五恐怖。何等五?谓不活恐怖,恶名恐怖,众中恐怖,死恐怖,恶趣恐怖,是名五恐怖。"佛说此经已,诸比丘闻佛所说,欢喜奉行。

二八 八六八(六七一)

如是我闻:一时,佛住舍卫国祇树给孤独园。尔时,世尊告

---

① 《增支部》"四集"三二经。
② "已",原作"以",古通,今改。

诸比丘,如上说,差别者:"圣弟子成就此四力者,当作是学:我不畏不活,我何缘畏不活!若身行不净行、口不净行、意不净行,作诸邪贪、不信、懈怠、不精进、失念、不定、恶慧、悭、不摄者,彼应畏不活;我有四力:谓觉力、精进力、无罪力、摄力,有此四力成就故,不应畏。如不活畏,如是恶名畏、众中畏、死畏、恶趣畏,亦如上说。"佛说此经已,诸比丘闻佛所说,欢喜奉行。

二九　　　　　　　八六九(　六七二)

如是我闻:一时,佛住舍卫国祇树给孤独园。尔时,世尊告诸比丘:"有四力:觉力、精进力、无罪力、摄力。何等为觉力?谓慧、大慧、深慧、难胜慧,是名觉力。何等为精进力?若于不善法、不善数,黑、黑数,有罪、有罪数,不应亲近、不应亲近数;离此诸法已,若诸余善、善数,白、白数,无罪、无罪数,应亲近、应亲近数,如此等修习增上精勤,欲方便堪能,正念、正知而学,是名精进力。无罪力、摄力,如上修多罗说。"佛说此经已,诸比丘闻佛所说,欢喜奉行。

"**觉慧**":复次,由自利行及利他行为增上故,当知建立有四种力:一、觉慧力,二、精进力,三、无罪力,四、摄受力。能往现法涅槃,名为自义;能往人、天善趣,亦名自义。当知此中,依第一自义,建立觉慧、精进二力;由是二力,能有方便发起正勤。依第二自义,立无罪力;由此三力,一切自义皆得究竟。乐利他者,他义有余,由此增上立摄受力。当知摄事,如菩萨地已辩其相①。

---

① 《瑜伽师地论》卷四三(大正三〇·五二九下——五三三上)。

三〇① 　　　　　　八七〇（　六七三）

如是我闻：一时，佛住舍卫国祇树给孤独园。尔时，世尊告诸比丘："有五力，何等为五？信力，精进力，念力，定力，慧力。"佛说是经已，诸比丘闻佛所说，欢喜奉行。

三一 　　　　　　八七一（　六七四）

如是我闻：一时，佛住舍卫国祇树给孤独园。尔时，世尊告诸比丘，如上说，差别者："诸比丘当作是学：我当勤加精进，成就信力、精进力、念力、定力、慧力。"佛说此经已，诸比丘闻佛所说，欢喜奉行。

三二② 　　　　　　八七二（　六七五）

如是我闻：一时，佛住舍卫国祇树给孤独园。尔时，世尊告诸比丘，如上说，差别者："彼信力，当知是四不坏净。精进力者，当知是四正断。念力者，当知是③四念处。定力者，当知是四禅。慧力者，当知是四圣谛。"佛说此经已，诸比丘闻佛所说，欢喜奉行。

三三 　　　　　　八七三（　六七六）

如是我闻：一时，佛住舍卫国祇树给孤独园。尔时，世尊告诸比丘，如上说，差别者："是故诸比丘当作是学：我成就信力、精进力、念力、定力、慧力。"佛说此经已，诸比丘闻佛所说，欢喜奉行④。

---

① 《增支部》"五集"一三经。
② 《增支部》"五集"一五经。
③ "是"，原本缺，依明本补。
④ "五力"义，如《瑜伽师地论》卷二九（大正三〇·四四四中——下）。

三四① 　　　　八七四（ 六七七）

如是我闻：一时，佛住舍卫国祇树给孤独园。尔时，世尊告诸比丘："有五学力，何等为五？谓信力是学力，精进力是学力，惭力是学力，愧力是学力，慧力是学力。"佛说此经已，诸比丘闻佛所说，欢喜奉行。

三五② 　　　　八七五（ 六七八）

如是我闻：一时，佛住舍卫国祇树给孤独园。尔时，世尊告诸比丘，如上说，差别者："诸比丘当作是学：我当成就信力是学力，成就精进力是学力，成就惭力是学力，成就愧力是学力，成就慧力是学力。"佛说此经已，诸比丘闻佛所说，欢喜奉行。

三六③ 　　　　八七六（ 六七九）

如是我闻：一时，佛住舍卫国祇树给孤独园。尔时，世尊告诸比丘，如上说，差别者："何等信力是学力？于如来所，善入于信，根本坚固，诸天、魔、梵、沙门、婆罗门，及余同法所不能坏。何等为精进力是学力？谓四正断，如前广说。何等为惭力是学力？谓羞耻，耻于起恶不善法、诸烦恼数，受诸有，炽然苦报，于未来世生老病死、忧悲恼苦，是名惭力是学力。何等为愧力是学力？谓诸可愧事而愧，愧起诸恶不善法、烦恼数，受诸有，炽然苦报，于未来世生老病死、忧悲恼苦，是名愧力是学力。何等为慧力是学力？谓圣弟子住于智慧，成就世间生灭智慧，贤圣出、厌离、决定、正尽苦，是名慧力是学力。"佛说此经已，诸比丘闻佛

---

① 《增支部》"五集"一经前分。
② 《增支部》"五集"一经后分。
③ 《增支部》"五集"二经前分。

所说,欢喜奉行。

三七① 　　　　　　八七七(六八〇)

如是我闻:一时,佛住舍卫国祇树给孤独园。尔时,世尊告诸比丘,如上所说,差别者:"是故诸比丘当作是学:我当成就信力是学力,精进力、惭力、愧力、慧力是学力。"佛说此经已,诸比丘闻佛所说,欢喜奉行。

三八 　　　　　　八七八(六八一)

如是我闻:一时,佛住舍卫国祇树给孤独园。尔时,世尊告诸比丘:"若比丘于善法,若变、若退、若不久住者,他人审以五种白法来呵责汝。何等为五? 言:汝不以信入于善法,若依信者,能离不善法,修诸善法。汝无精进;无惭;无愧;无慧入于善法故,若依慧者,能离诸不善法,修诸善法。若比丘于正法不变、不退、久住者,他人当以五种白法来庆慰汝。何等为五? 正信入于善法,若依信者,离不善法,修诸善法;精进;惭;愧;慧入于善法,若依慧者,离不善法,修诸善法。"佛说此经已,诸比丘闻佛所说,欢喜奉行。

三九② 　　　　　　八七九(六八二)

如是我闻:一时,佛住舍卫国祇树给孤独园。尔时,世尊告诸比丘:"若比丘还戒者,退戒者,他人当以五种白法来呵责汝。何等为五? 若比丘不以信入于善法,若依信者,离不善法,修诸善法;不以精进;惭;愧;慧入于善法,若依慧者,离不善法,修诸善法。若比丘尽其寿命,纯一满净,梵行清白者,他人当以五种

---

① 《增支部》"五集"二经后分。
② 《增支部》"五集"五经。

白法来庆慰汝,如上说。"佛说此经已,诸比丘闻佛所说,欢喜奉行。

四〇 八八〇(六八三)

如是我闻:一时,佛住舍卫国祇树给孤独园。尔时,世尊告诸比丘:"若比丘,若不欲令恶不善法生者,唯有信善法;若信退减①者,不信永住,诸不善法则生。乃至欲令恶不善法不生者,唯有精进、惭、愧、慧。若精进、惭、愧、慧力退减,……恶慧永住者,恶不善法则生。若比丘依于信者,则离不善法,修诸善法。依精进、惭、愧、慧者,则离不善法,修诸善法。"佛说此经已,诸比丘闻佛所说,欢喜奉行。

四一② 八八一(六八四)

如是我闻:一时,佛住舍卫国祇树给孤独园。尔时,世尊告诸比丘:"若比丘于色生厌,离欲,灭尽,不起解脱,是名阿罗诃、三藐三佛陀;受、想、行、识,亦如是说。若复比丘!于色生厌,离欲,(灭尽,)不起解脱者,是名阿罗汉慧解脱;受、想、行、识,亦如是说。诸比丘!如来、应、等正觉,阿罗汉慧解脱,有何种种别异?"诸比丘白佛:"世尊是法根,法眼,法依,唯愿为说,诸比丘闻已,当受奉行。"佛告比丘:"谛听,善思,当为汝说。如来、应、等正觉者,先未闻法,能自觉知,现法自知,得三菩提;于未来世,能说正法觉诸声闻,所谓四念处,四正断,四如意足,五根,五力,七觉分,八圣道分。是名如来、应、等正觉,所未得法能得,未制梵行能制,能善知道,善说道,为众将导;然后声闻成就随法,随

---

① "减",原本作"灭",依宋本改。
② 《相应部》(二二)"蕴相应"五八经,与《增支部》"十集"二一经相结合。

道,乐奉大师教诫教授,善于正法。是名如来、应、等正觉,阿罗汉慧解脱,种种别异。

复次,五学力,如来十力。何等为学力?谓信力,精进力,念力,定力,慧力。何等为如来十力?谓如来处非处如实知,是名如来初力。若成就此力者,如来、应、等正觉得先佛最胜处智,转于梵轮,于大众中能师子吼而吼。复次,如来于过去、未来、现在,业法受、因事报如实知,是名第二如来力。如来、应、等正觉成就此,得先佛最胜处智①,能转梵轮,于大众中作师子吼而吼。复次,如来、应、等正觉,禅、解脱、三昧、正受,染恶、清净处净如实知,是名如来第三力。若此力成就,如来、应、等正觉得先佛最胜处智,能转梵轮,于大众中师子吼而吼。复次,如来知众生种种诸根差别如实知,是名如来第四力。若成就此力,如来、应、等正觉得先佛最胜处智,能转梵轮,于大众中师子吼而吼。复次,如来悉知众生种种意解如实知,是名第五如来力。若此力成就,如来、应、等正觉得先佛最胜处智,能转梵轮,于大众中师子吼而吼。复次,如来悉知世间众生种种诸界如实知,是名第六如来力。若于此力成就,如来、应、等正觉得先佛最胜处智,能转梵轮,于大众中师子吼而吼。复次,如来于一切至处道如实知,是名第七如来力。若此力成就,如来、应、等正觉得先佛最胜处智,能转梵轮,于大众中师子吼而吼。复次,如来于过去宿命种种事忆念,从一生至百千生,从一劫至百千劫,我尔时于彼生,如是族,如是姓,如是名,如是食,如是苦乐觉,如是长寿,如是久

---

① "智",原本缺,依宋本补。

住,如是寿分齐,我于彼处死此处生,此处死彼处生①,如是行、如是因、如是方宿命所更,悉如实知,是名第八如来力。若此力成就,如来、应、等正觉得先佛最胜处智,能转梵轮,于大众中师子吼而吼。复次,如来以天眼净过于人眼,见众生死时、生时,妙色、恶色、下色、上色、向于恶趣、向于善趣、随业法受,悉如实知。此众生身恶业成就,口、意恶业成就,谤毁贤圣,受邪见业,以是因缘,身坏命终堕恶趣,生地狱中。此众生身善行,口、意善行,不谤贤圣,正见业法受,彼因、彼缘,身坏命终,生善趣天上,悉如实知,是名第九如来力。若此力成就,如来、应、等正觉得先佛最胜处智,能转梵轮,于大众中师子吼而吼。复次,如来诸漏已尽,无漏心解脱,慧解脱,现法自知身作证:我生已尽,梵行已立,所作已作,自知不受后有,是名第十如来力。若此力成就,如来、应、等正觉得先佛最胜处智,能转梵轮,于大众中师子吼而吼。如此十力,唯如来成就,是名如来与声闻种种差别。"佛说此经已,诸比丘闻佛所说,欢喜奉行。

四二② 八八二（六八五）

如是我闻:一时,佛住舍卫国祇树给孤独园。尔时,世尊告诸比丘:"譬如婴儿,父母生已,付其乳母,随时摩拭,随时沐浴,随时乳哺,随时消息。若乳母不谨慎者,儿或以草、以土诸不净物,着其口中,乳母当即教令除去。能时除却者善,儿不能自却者,乳母当以左手持其头,右手探其哽;婴儿当时虽苦,乳母要当苦探其哽,为欲令其子长夜安乐故。佛告诸比丘:若婴儿长大有

---

① "此处死彼处生",原作"彼处生此处死",依宋本改。
② 参照《增支部》"五集"七经。

所识别,复持草土诸不净物着口中不?"比丘白佛:"不也,世尊!婴儿长大,有所别知,尚不以脚触诸不净物,况着口中!"佛告比丘:"婴儿小时,乳母随时料理消息,及其长大智慧成就,乳母放舍,不勤消息,以其长大不自放逸故。如是比丘!若诸声闻始学,智慧未足,如来以法随时教授而消息之。若久学智慧深固,如来放舍,不复随时殷勤教授,以其智慧成就不放逸故。是故声闻五种学力,如来成就十种智力,如上广说。"佛说此经已,诸比丘闻佛所说,欢喜奉行。

"有学":①复次,诸佛如来依自利行及利他行,为欲显己与诸弟子有差别故,说如是言:诸有学者成就五力,唯有如来成就十力。若有成就有学五力,行自利行,诸圣弟子获得最上阿罗汉果,从此无间一切自义皆得究竟。如来获得阿罗汉已,成就十力,行利他行,即用利他以为自义。设于是时,一切所化其事究竟,入无余依般涅槃界,当知尔时,于所作事方得圆满。若所修行阿罗汉行,若为利他,即自义行,此二因缘,于诸弟子皆为殊胜。如来十力,如菩萨地已广分别②。

四三③ 八八三(六八六)

如是我闻:一时,佛住舍卫国祇树给孤独园。尔时,世尊告诸比丘:"如来有六种力,若六种力成就,如来、应、等正觉得先佛最胜处智,能转梵轮,于大众中师子吼而吼。谓处非处如实

---

① 《论》义在"阿罗汉"下,今依经次第,叙列于此。
② 《瑜伽师地论》卷四九·五〇(大正三〇·五六九上——五七三中)。
③ 《增支部》"六集"六四经前分。

知,如来初力。复次,过去、未来、现在,以业①法受如实知,如上广说,是名第二如来力。复次,如来禅、解脱、三昧,正受如实知,如上广说,是名如来第三力。复次,如来过去种种宿命之事如实知,如上广说,是名如来第四力。复次,如来天眼净过于人眼,见诸众生死此生彼,如上广说,是名如来第五力。复次,如来结漏已尽,无漏心解脱,慧解脱,如上广说,乃至于众中师子吼而吼,是名如来第六力。"佛说此经已,诸比丘闻佛所说,欢喜奉行。

四四② 八八四（六八七）

如是我闻:一时,佛住舍卫国祇树给孤独园。尔时,世尊告诸比丘,如上说,差别者:"若有来问我者,如来处非处力,如如来处非处智力,所知见觉成等正觉,为彼记说。若复来问如来自以业③受智力,如如来自以业④受智力,所知见觉,成等正觉,为彼记说,是名第二如来智力。若有来问如来禅定、解脱、三昧,正受智力,如如来禅定、解脱、三昧、正受,为彼记说。若有来问宿命所更智力,如如来宿命所更,所知见觉,为彼记说。若有来问如来天眼智力,如如来天眼所见,为彼记说。若有来问如来漏尽智力,如如来漏尽智力,所知见觉,为彼记说。"佛说此经已,诸比丘闻佛所说,欢喜奉行。

四五⑤ 八八五（六八八）

如是我闻:一时,佛住舍卫国祇树给孤独园。尔时,世尊告

---

① "以业",原本误作"心乐",今改。
② 《增支部》"六集"六四经后分。
③ "业",原本误作"乐",今改。
④ "业",原本误作"乐",今改。
⑤ 《增支部》"七集"三经。

诸比丘:"有七力,何等为七? 信力,精进力,惭力,愧力,念力,定力,慧力。"尔时,世尊即说偈言:

"信力、精进力,惭力及愧力,
正念、定、慧力,是说名七力。
成就七力者,得尽诸有漏。"

佛说此经已,诸比丘闻佛所说,欢喜奉行。

四六　　　　　　八八六（六八九）

如是我闻:一时,佛住舍卫国祇树给孤独园。尔时,世尊告诸比丘,有七力,如上说。差别者:"是故比丘当如是学,我当成就信力;如是精进力、惭力、愧力、念力、定力、慧力,亦当学。"佛说此经已,诸比丘闻佛所说,欢喜奉行。

四七　　　　　　八八七（六九〇）

如是我闻:一时,佛住舍卫国祇树给孤独园。尔时,世尊告诸比丘:有七力,如上说。差别者,尔时世尊即说偈言:

"信力、精进力,及说惭、愧力,
念力、定、慧力,是名为七力。
七力成就者,疾断诸有漏。"

佛说此经已,诸比丘闻佛所说,欢喜奉行。

四八①　　　　　　八八八（六九一）

如是我闻:一时,佛住舍卫国祇树给孤独园。尔时,世尊告诸比丘:"有七力,何等为七? 信力,精进力,惭力,愧力,念力,

---

① 《增支部》"七集"四经。

定力,慧力。何等为信力?于如来所起信心,深入坚固,诸天、魔、梵、沙门、婆罗门,及余同法所不能坏,是名信力。何等为精进力?谓四正断,如上广说。何等为惭力?谓耻恶不善法,如上说。何等为愧力?于可愧事愧,愧起恶不善法,如上说。何等为念力?谓四念处,如上说。何等为定力?谓四禅,如上说。何等为慧力?谓四圣谛,如上说。"佛说此经已,诸比丘闻佛所说,欢喜奉行。

四九① 八八九(六九二)

如是我闻:一时,佛住舍卫国祇树给孤独园。尔时,世尊告诸比丘:"有八力,何等为八?谓自在王者力,断事大臣力,结恨女人力,啼泣婴儿力,毁呰愚人力,审谛黠慧力,忍辱出家力,计数多闻力。"佛说此经已,诸比丘闻佛所说,欢喜奉行。

五〇 八九〇(六九三)

如是我闻:一时,佛住舍卫国祇树给孤独园。尔时,世尊告诸比丘,如上说,差别者:"谓自在王(者)力者,王者现自在威力。断事大臣力者,大臣现断事之力。结恨女人力者,女人之法,现结恨力。啼泣婴儿力者,婴儿之法,现啼泣力。毁呰愚人力者,愚人之法,触事毁呰。审谛黠慧力者,智慧之人,常现审谛。忍辱出家力者,出家之人,常现忍辱。计数多闻力者,多闻之人,常现思惟计数。"佛说此经已,诸比丘闻佛所说,欢喜奉行。

五一② 八九一(六九四)

如是我闻:一时,佛住舍卫国祇树给孤独园。尔时,尊者舍

---

① 《增支部》"八集"二七经。
② 《增支部》"八集"二八经。

利弗诣世尊所，稽首礼足，退坐一面。白佛言："世尊！漏尽比丘有几力？"佛告舍利弗："漏尽比丘有八力。何等为八？谓漏尽比丘心顺趣于离，流注于离，浚输于离；顺趣于出，流注于出，浚输于出；顺趣涅槃，流注涅槃，浚输涅槃。若见五欲，犹见火坑；如是见已，于欲念、欲受、欲著，心不永住。修四念处，四正断，四如意足，五根，五力，七觉分，八圣道分。"佛说此经已，尊者舍利弗闻佛所说，欢喜奉行。

五二——五三　　八九二——八九三（六九五）
　　　　　　　　　　　　　　　　　　（六九六）

如尊者舍利弗问经，如是异比丘问，佛问诸比丘经，亦如上说。

"阿罗汉"：复次，诸阿罗汉成就八力，如实领受贪、嗔、痴等永尽无余，不造诸恶，修习诸善。谓心趣向远离、出离、般涅槃故，厌背后有；厌背因缘，不造恶业。又见诸欲，犹如一分热炭火故，厌背诸欲；厌背因缘，不造恶业。由此二力，不造诸恶，不造恶故，复由六门修习诸善，谓念住、正断、神足、根力、觉支、道支。

五四　　　　　　　　八九四（六九七）

如是我闻：一时，佛住舍卫国祇树给孤独园。尔时，世尊告诸比丘："有九力，何等为九力？谓信力，精进力，惭力，愧力，念力，定力，慧力，数力，修力。"佛说此经已，诸比丘闻佛所说，欢喜奉行。

五五　　　　　　　　八九五（六九八）

如是我闻：一时，佛住舍卫国祇树给孤独园。尔时，世尊告诸比丘:"有九力,何等为九?谓信力,精进力,惭力,愧力,念力,定力,慧力,数力,修力。何等为信力?于如来所,起正信心,深入坚固,如上说。何等为精进力?谓四正断,如上说。何等为惭力?如上说。何等为愧力?如上说。何等为念力?谓内身身观住,如上说。何等为定力?谓四禅。何等为慧力?谓四圣谛。何等为数力?谓圣弟子,若于闲房、树下,作如是学:身、口、恶行者,于现法、后世当受恶报,如上广说。何等为修力?谓修四念处,如前说。"佛说此经已,诸比丘闻佛所说,欢喜奉行①。

　　五六　　　　　　八九六(六九九)

　　如是我闻:一时,佛住舍卫国祇树给孤独园。尔时,世尊告诸比丘:"有十力,何等为十?自在王者力,断事大臣力,机关工巧力,刀剑贼盗力,怨恨女人力,啼泣婴儿力,毁呰愚人力,审谛黠慧力,忍辱出家力,计数多闻力。"佛说此经已,诸比丘闻佛所说,欢喜奉行。

　　五七　　　　　　八九七(七〇〇)

　　如是我闻:一时,佛住舍卫国祇树给孤独园。尔时,世尊告诸比丘,如上说,差别者:"谓自在王力者,王者现自在威力。断事大臣者,大臣现断事之功力。机关工巧力(者),造机关者现其工巧力。刀剑盗贼力(者),盗贼必现刀剑力。结恨女人力者,女人之法,现结恨力。啼泣婴儿力者,婴儿之法,现啼泣力。毁呰愚人力者,愚人之法,触事毁呰。审谛黠慧力者,智慧之人,常现审谛。忍辱出家力者,出家之人,常现忍辱②。计数多闻力

---

①　二经为七力与二力之综合。
②　"结恨女人力者……常现忍辱"——七十字原本缺,依宋本补。

者,凡思惟计数,现多闻之力。"佛说此经已,诸比丘闻佛所说,欢喜奉行。

"**国等及诸王**":复次,依国及王,若男、若女、若夫、若妻、若愚、若智,若处居家、若出家众,当知建立有十种力,谓诸国王有自在力,如是等力,广说如经①。

五八② 八九八(七〇一)

如是我闻:一时,佛住舍卫国祇树给孤独园。尔时,世尊告诸比丘:"有十种如来力,若此力成就,如来、应、等正觉,得先佛最胜处,能转梵轮,于大众中师子吼而吼。何等为十?谓如来处非处如实知,是名初力;乃至漏尽,如上说。"佛说此经已,诸比丘闻佛所说,欢喜奉行。

五九 八九九(七〇二)

如是我闻:一时,佛住舍卫国祇树给孤独园。尔时,世尊告诸比丘,如上说,差别者:"若有来问如来处非处智力,如如来处非处智力,所知所见所觉,成等正觉,为彼记说。如是乃至漏尽智力,广说如上。"佛说此经已,诸比丘闻佛所说,欢喜奉行。

六〇 九〇〇(七〇三)

如是我闻:一时,佛住舍卫国祇树给孤独园。尔时,世尊告诸比丘:"若所有法,彼彼意解作证,悉皆如来无畏智所生。若比丘来为我声闻,不谄、不伪、质直心生,我则教诫、教授,为其说法。晨朝为彼教诫、教授说法,至日中时得胜进处;若日暮时为

---

① 《论》义原在"阿罗汉"前,今依经次第,移此。
② 《增支部》"十集"二一经。

彼教诫、教授说法,至晨朝时得胜进处。如是教授已,彼生正直心:实则知实,不实知不实,上则知上,无上则知无上;当知、当见、当得、当觉者,皆悉了知,斯有是处,谓五学力,十种如来力。何等为五学力?谓信力,精进力,念力,定力,慧力。如来十种力,何等为十?谓是处非处如实知,如上十力广说。若有来问处非处智力者,如如来处非处智,等正觉所知所见所觉,为彼记说。乃至漏尽智力,亦如是说。诸比丘!处非处智力者,我说是定非不定;乃至漏尽智者,我说是定非不定。定者正道,非定者邪道。"佛说此经已,诸比丘闻佛所说,欢喜奉行。

"**质直**":复次,若有自爱,无谄、无诳,其性质直补特伽罗,为证自义,有四种相。若依恶说法毗奈耶,便有稽留;要依善说法毗奈耶,乃无稽留。云何四相?一、说正法教,二、教授教诫,三、如理通达,四、得真实证。所闻正法,是诸胜解所依止处,由能远离无因、恶因,开示称理正因义故。诸有无倒教授教诫,善能随顺断加行教,文义所摄无颠倒法,能令证得如前胜解所依处法。若有自爱诸善男子,已调相续,有所堪能,来入内法毗奈耶中,得正宣说,得正开悟,便能速疾趣向胜进,如理通达所应通达,亦能实证真所应证。谓四念住以为依止,于有为法,诸聪慧者共许为有;或许为无,皆正了知于无为法。乃至有顶,皆是有上,能正了知是为有上;涅槃无上,如实了知是为无上,如是名为如理通达。又四念住以为依止,由静定心,于七觉支正修习已,于明、解脱究竟作证,如是名为得真实证。若彼自爱诸善男子,趣入恶说法毗奈耶,于是四处皆不能得,故名稽留。

一二 觉支相应①

②复次,嗢拖南曰:

立、差别、食、渐次、安乐住,修居后。

"立":由奢摩他、毗钵舍那俱品差别,建立觉支,如声闻地应知其相③。

声闻地说:"此复云何?谓七觉支。诸已证入正性离生补特伽罗,如实觉慧,用此为支,故名觉支。即此七种如实觉支,三品所摄:谓三觉支奢摩他品摄,三觉支毗钵舍那品摄,一觉支通二品摄,是故说名七种觉支。谓择法觉支、精进觉支、喜觉支,此三观品所摄。安觉支、定觉支、舍觉支,此三止品所摄。念觉支一种,俱品所摄,说名遍行。"

一④　　　　　　　　九〇一(七〇四)

⑤如是我闻:一时,佛住舍卫国祇树给孤独园。尔时,世尊告诸比丘:"若不正思惟者,未起贪欲盖则起,已起贪欲盖重生令增广;未起嗔恚、睡眠、掉悔、疑盖则起,已起嗔恚、睡眠、掉悔、疑盖重生令增广。未起念觉支不起,已起念觉支则退;未起择法、精进、猗、喜、定、舍、觉支不起,已起择法、精进、猗、喜、定、舍、觉支则退。若比丘正思惟者,未起贪欲盖不起,已起贪欲盖

---

① "觉支相应",共六十七经。与《相应部》(四六)"觉支相应"相当。
② 《瑜伽师地论》卷九八中。
③ 《瑜伽师地论》卷二九(大正三〇·四四四下——四四五上),《论》文如下。
④ 《相应部》(四六)"觉支相应"二四经。
⑤ 《杂阿含经》卷二六中。

令灭;未起嗔恚、睡眠、掉悔、疑盖不起,已起嗔恚、睡眠、掉悔、疑盖则断。未起念觉支则起,已起者重生令增广;未起择法、精进、猗、喜、定、舍觉支则起,已起者重生令增广。"佛说此经已,诸比丘闻佛所说,欢喜奉行。

二①　　　　　　九〇二（七〇五）

如是我闻:一时,佛住舍卫国祇树给孤独园。尔时,世尊告诸比丘:"有五退法,何等为五?谓贪欲、嗔恚、睡眠、掉悔、疑盖,是则退法。若修习七觉支,多修习令增广,是则不退法。何等为七?谓念觉支,择法觉支,精进觉支,猗觉支,喜觉支,定觉支,舍觉支,是名不退法。"佛说此经已,诸比丘闻佛所说,欢喜奉行。

三②　　　　　　九〇三（七〇六）

如是我闻:一时,佛住舍卫国祇树给孤独园。尔时,世尊告诸比丘:"有五法能为黑暗,能为无目,能为无智,能赢智慧,非明,非等觉,不转趣涅槃。何等为五?谓贪欲、嗔恚、睡眠、掉悔、疑。如此五法,能为黑暗,能为无目,能为无智,非明,非正觉,不转趣涅槃。若有七觉支,能作大明,能为目,增长智慧,为明,等正觉,转趣涅槃。何等为七?谓念觉支,择法觉支,精进觉支,猗觉支,喜觉支,定觉支,舍觉支;为明,为目,增长智慧,为明,为正觉,转趣涅槃。"佛说此经已,诸比丘闻佛所说,欢喜奉行。

四③　　　　　　九〇四（七〇七）

如是我闻:一时,佛住舍卫国祇树给孤独园。尔时,世尊告

---

① 《相应部》(四六)"觉支相应"三七经。
② 《相应部》(四六)"觉支相应"四〇经。
③ 《相应部》(四六)"觉支相应"三八经。

诸比丘："有五障、五盖，烦恼于心，能羸智慧，障阂之分，非明，非正觉，不转趣涅槃。何等为五？谓贪欲盖，嗔恚盖，睡眠盖，掉悔盖，疑盖。如此五盖，为覆，为盖，烦恼于心，令智慧羸，为障阂分，非明，非等觉，不转趣涅槃。若七觉支，非覆，非盖，不恼于心，增长智慧，为明，为正觉，转趣涅槃。何等为七？谓念觉支等如上说，乃至舍觉支。如此七觉支，非翳，非盖，不恼于心，增长智慧，为明，为正觉，转趣涅槃。"尔时，世尊即说偈曰：

"贪欲、嗔恚盖、睡眠、掉悔、疑，如此五种盖，增长诸烦恼。
此五覆世间，深著难可度，障蔽于众生，令不见正道。
若得七觉支，则能为照明，唯此真谛言，等正觉所说。
念觉支为首，择法正思惟，精进、猗、喜觉，三昧、舍觉支；
如此七觉支，牟尼之正道，随顺大仙人，脱生死怖畏。"

佛说此经已，诸比丘闻佛所说，欢喜奉行。

五① 九〇五（七〇八）

如是我闻：一时，佛住舍卫国祇树给孤独园。尔时，世尊告诸比丘："若族姓子，舍诸世务，出家学道，剃除须发，着袈裟，正信非家，出家学道。如是出家，而于其中，有愚痴士夫，依止聚落、城邑，晨朝着衣持钵，入村乞食，不善护身，不守根门，不摄其念，观察女人少壮好色而生染著。不正思惟，心驰取相，趣色欲想，为欲心炽盛，烧心、烧身，返俗还戒而自退没。厌离俗务，出家学道而反染著，增诸罪业而自破坏，沉翳没溺。有五种大树，

---

① 《相应部》（四六）"觉支相应"三九经。

其种至微,而渐①生长巨大,而能映障众杂小树,荫翳萎悴,不得生长。何等五? 谓捷遮耶树,迦捭多罗树,阿湿波他树,优昙钵罗树,尼拘留他树。如是五种心树,种子至微,而渐渐长大,荫覆诸节,能令诸节荫覆堕卧。何等为五? 谓贪欲盖渐渐增长,(嗔恚、)睡眠、掉悔、疑盖渐渐增长,以增长故,令善心荫覆堕卧。若修习七觉支,多修习已,转成不退。何等为七? 谓念觉支,择法、精进、猗、喜、定、舍觉支。如是七觉支,修习、多修习已,转成不退转。"佛说此经已,诸比丘闻佛所说,欢喜奉行。

六 九〇六(七〇九)

如是我闻:一时,佛住舍卫国祇树给孤独园。"若比丘专一其心,侧听正法,能断五法,修习七法,令其转进满足。何等为断五法? 谓贪欲盖,嗔恚盖,睡眠盖,掉悔盖,疑盖,是名五法断。何等修习七法? 谓念觉支,择法觉支,精进觉支,猗觉支,喜觉支,定觉支,舍觉支,修此七法,转进满足。"佛说此经已,诸比丘闻佛所说,欢喜奉行。

七 九〇七(七一〇)

如是我闻:一时,佛住舍卫国祇树给孤独园。尔时,世尊告诸比丘:"圣弟子清净信心,专精听法者,能断五法,修习七法,令其满足。何等为五? 谓贪欲盖、嗔恚、睡眠、掉悔、疑,此盖则断。何等七法? 谓念觉支,择法、精进、猗、喜、定、舍觉支,此七法修习满足。净信者谓心解脱,智者谓慧解脱。贪欲染心者,不得、不乐;无明染心者,慧不清净。是故比丘离贪欲者,心解脱;

---

① "渐",原本作"树",依宋本改。

离无明者,慧解脱。若彼比丘离贪欲,心解脱,得身作证;离无明,慧解脱。是名比丘断爱缚、结、慢无间等,究竟苦边。"佛说此经已,诸比丘闻佛所说,欢喜奉行。

八① 九〇八(七一一)

如是我闻:一时,佛住王舍城耆阇崛山中。时有无畏王子,日日步涉,仿佯游行,来诣佛所,与世尊面相问讯,慰劳已,退坐一面。白佛言:"世尊!有沙门、婆罗门作如是见,作如是说:无因无缘众生烦恼,无因无缘众生清净。世尊复云何?"佛告无畏:"沙门、婆罗门为其说,不思而说,愚痴不辨不善,非知思,不知量,作如是说:无因无缘众生烦恼,无因无缘众生清净。所以者何?有因有缘众生烦恼,有因有缘众生清净故。何因何缘众生烦恼?〔何因何缘众生清净?〕谓众生贪欲增上,于他财物、他众具而起贪,言此物于我有者好,不离爱乐。于他众生而起恨心、凶心,计校欲打、欲缚、欲伏,加诸不道,为造众难,不舍嗔恚。身睡眠,心懈怠。心掉动,内不寂静。心常疑惑,过去疑、未来疑、现在疑。无畏!如是因、如是缘,众生烦恼②。"无畏白佛:"瞿昙!一分之盖,足烦恼心,况复一切!"无畏白佛:"瞿昙!何因何缘众生清净?"佛告无畏:"若(沙门、)婆罗门有一胜念,决定成就,久时所作,久时所说,能随忆念,当于尔时习念觉支;修念觉已,念觉(支)满足。念觉(支)满足已,则于选择、分别、思惟,尔时择法觉支修习;修择法觉支已,择法觉支满足。彼选择、分别、思量法已,则精进方便,精进觉支于此修习;修精进觉支

---

① 《相应部》(四六)"觉支相应"五六经参照。
② "烦恼"下,原本有"如是因,如是缘,众生清净"——十字,衍文,今删。

已,精进觉支满足。彼精进方便已,则欢喜生,离诸食想,修喜觉支;修喜觉支已,则喜觉支满足。喜觉支满足已,身心猗息,则修猗觉支;修猗觉支已,猗觉(支)满足。身猗息已则爱乐,爱乐已心定,则修定觉支;修定觉支已,定觉(支)满足。定觉(支)满足已,贪忧灭则舍心生,修舍觉支;修舍觉支已,舍觉支满足。如是无畏!此因此缘,众生清净。"无畏白(佛):"瞿昙!若一分满足,令众生清净,况复一切!"无畏白佛:"瞿昙!当何名此经?云何奉持?"佛告无畏:"王子!当名此为觉支经。"无畏白佛:"瞿昙!此为最胜觉分!瞿昙!我是王子,安乐亦常求安乐,而希出入。今来上山,四体疲极,得闻瞿昙说觉支经,悉忘疲劳。"佛说此经①已,王子无畏闻佛所说,欢喜随喜,从座起,稽首礼佛足而去②。

九③ 九〇九（七一二）

④如是我闻：一时,佛住王舍城耆阇崛山。如上说,差别者："有沙门、婆罗门,作如是见、如是说：无因无缘众生无智无见,无因无缘众生智见",如是广说。乃至无畏王子闻佛所说,欢喜随喜,礼佛足而去。

"渐次"：复次,于初、中、后,随阙一支,令如实觉不得圆满。如其色类,所依、能依流转安立,随其生起渐次而说。当知此中念为所依,择法能依。余随所应,当知亦尔⑤。

---

① "经",原本缺,依宋本补。
② 《杂阿含经》卷二六终。
③ 《相应部》(四六)"觉支相应"五六经。
④ 《杂阿含经》卷二七。
⑤ 《论》义在"食"下,今依经次第,提前。

一○① 　　　　　九一○（七一三）

如是我闻：一时，佛住舍卫国祇树给孤独园。时有众多比丘，晨朝着衣持钵，入舍卫城乞食。时众多比丘作是念：今日太早，乞食时未至，我等且过诸外道精舍。众多比丘即入外道精舍，与诸外道共相问讯慰劳，问讯慰劳已，于一面坐已。诸外道问比丘言："沙门瞿昙为诸弟子说法：断五盖，覆心，慧力羸，为障碍分，不转趣涅槃；住四念处，修七觉意。我等亦复为诸弟子说：断五盖，覆心，慧力羸；善住四念处，修七觉分。我等与彼沙门瞿昙，有何等异？俱能说法。"

时众多比丘闻外道所说，心不喜悦，反呵骂，从座起去。入舍卫城乞食已，还精舍，举衣钵，洗足已，往诣佛所，稽首佛足，退坐一面。以诸外道所说，具白世尊。尔时，世尊告众多比丘："彼外道说是语时，汝等应反问言：诸外道！五盖者种应有十，七觉者种应有十四。何等为五盖之十，七觉之十四？如是问者，彼诸外道则自骇散，说诸外道法，嗔恚、憍慢、毁呰、嫌恨，不忍心生，或默然低头，失辩潜思。所以者何？我不见诸天、魔、梵，沙门、婆罗门，天、人众中，闻我所说，欢喜随顺者，唯除如来及声闻众于此闻者。诸比丘！何等为五盖之十？谓有内贪欲，有外贪欲：彼内贪欲者，即是盖，非智，非等觉，不转趣涅槃；彼外贪欲即是盖，非智，非等觉，不转趣涅槃。谓（有）嗔恚，有嗔恚相：若嗔恚及嗔恚相，即是盖，非智，非等觉，不转趣涅槃。有睡，有眠：彼睡、彼眠即是盖，非智，非等觉，不转趣涅槃。有掉，有悔：彼掉、

---

① 《相应部》（四六）"觉支相应"五二经。

彼悔即是盖,非智,非等觉,不转趣涅槃。有疑善法,有疑不善法:彼善法疑、不善法疑即是盖,非智,非等觉,不转趣涅槃。是名五盖说十。何等为七觉分说十四?有内法心念住,有外法心念住:彼内法念住,即是念觉分,是智,是等觉,能转趣涅槃;彼外法念住,即是念觉分,是智,是等觉,能转趣涅槃。有择善法,择不善法:彼善法择,即是择法觉分,是智,是等觉,能转趣涅槃;彼不善法择,即是择法觉分,是智,是等觉,能转趣涅槃。有精进断不善法,有精进长养善法:彼断不善法精进,即是精进觉分,是智,是等觉,能转趣涅槃;彼长养善法精进,即是精进觉分,是智,是等觉,能转趣涅槃。有喜,有喜处:彼喜即是喜觉分,是智,是等觉,能转趣涅槃;彼喜处亦即是喜觉分,是智,是等觉,能转趣涅槃。有身猗息,有心猗息:彼身猗息即是猗觉分,是智,是等觉,能转趣涅槃;彼心猗息即是猗觉分,是智,是等觉,能转趣涅槃。有定,有定相:彼定即是定觉分,是智,是等觉,能转趣涅槃;彼定相即是定觉分,是智,是等觉,能转趣涅槃。有舍善法,有舍不善法:彼善法舍即是舍觉分,是智,是等觉,能转趣涅槃;彼不善法舍即是舍觉分,是智,是等觉,能转趣涅槃。是名七觉分说为十四。"佛说此经已,众多比丘闻佛所说,欢喜奉行。

九一一[①](七一四)

如是我闻:一时,佛住舍卫国祇树给孤独园。时有众多比丘,如上说,差别者:"有诸外道出家作如是说者,当复问言:若心微劣、犹豫者,尔时应修何等觉分?何等为非修时?若复掉心

[①] 《相应部》(四六)"觉支相应"五三经。

者,掉心、犹豫者,尔时复修何等觉分?何等为非时?如是问者,彼诸外道心则骇散,说诸异法,心生忿恚,骄慢、毁呰、嫌恨、不忍,或默然低头,失辩潜思。所以者何?我不见诸天、魔、梵、沙门、婆罗门、天、人众中,闻我所说欢喜随喜者,唯除如来及声闻众于此闻者。诸比丘!若尔时其心微劣,其心犹豫者,不应修猗觉分、定觉分、舍觉分。所以者何?微劣心生,微劣犹豫,以此诸法增其微劣故。譬如小火,欲令其燃,增以燋炭,云何比丘!非为增炭令火灭耶?"比丘白佛:"如是,世尊!""如是比丘!微劣、犹豫,若修猗觉分、定觉分、舍觉分者,此则非时,增懈怠故。若掉心起,若掉心、犹豫,尔时不应修择法觉分、精进觉分、喜觉分。所以者何?掉心起,掉心、犹豫,以此诸法,能令其增。譬如炽火,欲令其灭,足其干薪,于意云何?岂不令火增炽燃耶?"比丘白佛:"如是,世尊!"佛告比丘:"如是掉心生,掉心、犹豫,修择法觉分、精进觉分、喜觉分,增其掉心。诸比丘!若微劣心生,微劣、犹豫,是时应修择法觉分、精进觉分、喜觉分。所以者何?微劣心生,微劣、犹豫,以此诸法示教、照喜。譬如小火,欲令其燃,足其干薪,云何比丘!此火宁炽燃不?"比丘白佛:"如是世尊!"佛告比丘:"如是微劣心生,微劣、犹豫,当于尔时修择法觉分、精进觉分、喜觉分,示教、照喜。若掉心生,掉心、犹豫,修猗觉分、定觉分、舍觉分。所以者何?掉心生,掉心、犹豫,此等诸法,能令内住一心摄持。譬如燃火,欲令其灭,足其燋炭,彼火则灭。如是比丘!(掉心生,)掉心犹豫,修择法觉分,精进、喜(觉分),则非时;修猗、定、舍觉分,自此则非时。此等诸法,内住一心摄持。念觉分者,一切兼助。"佛说此经已,诸比丘闻佛所说,欢喜奉行。

"**差别**"：复次，自性差别故，及所缘、因缘相差别故，应知七觉支、十四种差别。所缘、因缘相广分别义，如三摩呬多地，及声闻地应知其相①。

一二②　　　　　　九一二（七一五）

如是我闻：一时，佛住舍卫国祇树给孤独园。尔时，世尊告诸比丘："有五盖、七觉分，有食、无食，我今当说。谛听，善思，当为汝说。譬如身依食而立非不食，如是五盖依于食而立非不食。贪欲盖以何为食？谓触相，于彼不正思惟，未起贪欲令起，已起贪欲能令增广，是名欲爱盖之食。何等为瞋恚盖食？谓障碍相，于彼不正思惟，未起瞋恚盖令起，已起瞋恚盖能令增广，是名瞋恚盖食。何等为睡眠盖食？有五法。何等为五？微弱，不乐，欠呿，多食，懈怠；于彼不正思惟，未起睡眠盖令起，已起睡眠盖能令增广，是名睡眠盖食。何等为掉悔盖食？有四法。何等为四？谓亲属觉，人众觉，天觉，本所经娱乐——觉——自忆念，他人令忆念而生觉；于彼起不正思惟，未起掉、悔令起，已起掉、悔令其增广，是名掉悔盖食。何等为疑盖食？有三世。何等为三？谓过去世，未来世，现在世。于过去世犹豫，未来世犹豫，现在世犹豫；于彼起不正思惟，未起疑盖令起，已起疑盖能令增广，是名疑盖食。譬如身依于食而得长养非不食，如是七觉分依食

---

① 《瑜伽师地论》卷一三（大正三〇·三四二上）。又《论》卷三〇（大正三〇·四五六上）。

② 《相应部》（四六）"觉支相应"五一经。参照"觉支相应"二经。

而住，依食长养非不食。何等为念觉分不食？为四念处不思惟，未起念觉分不起，已起念觉分令退，是名念觉分不食。何等为择法觉分不食？谓于善法选①择，于不善法选择，于彼不思惟，未起择法觉分令不起，已起择法觉分令退，是名择法觉分不食。何等为精进觉分不食？谓四正断，于彼不思惟，未起精进觉分令不起，已起精进觉分令退，是名精进觉分不食。何等为喜觉分不食？有喜、有喜处法，于彼不思惟，未起喜觉分不起，已起喜觉分令退，是名喜觉分不食。何等为猗觉分不食？有身猗息及心猗息，于彼不思惟，未生猗觉分不起，已生猗觉分令退，是名猗觉分不食。何等为定觉分不食？有四禅，于彼不思惟，未起定觉分不起，已起定觉分令退，是名定觉分不食。何等为舍觉分不食？有三界，谓断界、无欲界、灭界。于彼不思惟，未起舍觉分不起，已起舍觉分令退，是名舍觉分不食。何等为贪欲盖不食？谓不净观，于彼思惟，未起贪欲盖不起，已起贪欲盖令断，是名贪欲盖不食。何等为嗔恚盖不食？彼慈心，思惟，未生嗔恚盖不起，已生嗔恚盖令灭，是名嗔恚盖不食。何等为睡眠盖不食？彼明照，思惟，未生睡眠盖不起，已生睡眠盖令灭，是名睡眠盖不食。何等为掉悔盖不食？彼寂止，思惟，未生掉悔盖不起，已生掉悔盖令灭，是名掉悔盖不食。何等为疑盖不食？彼缘起法，思惟，未生疑盖不起，已生疑盖令灭，是名疑盖不食。譬如身依食而住，依食而立，如是七觉分依食而住，依食而立。何等为念觉分食？谓四念处，思惟已，未生念觉分令起，已生念觉分转生令增广，是名

---

① "选"，原本为"撰"，今改，下例。

念觉分食。何等为择法觉分食？有择善法，有择不善法，彼思惟已，未生择法觉分令起，已生择法觉分重生令增广，是名择法觉分食。何等为精进觉分食？彼四正断，思惟，未生精进觉分令起，已生精进觉分重生令增广，是名精进觉分食。何等为喜觉分食？有喜、有喜处，彼思惟，未生喜觉分令起，已生喜觉分重生令增广，是名喜觉分食。何等为猗觉分食？有身猗息、心猗息，思惟，未生猗觉分令起，已生猗觉分重生令增广，是名猗觉分食。何等为定觉分食？谓有四禅，思惟，未生定觉分令生起，已生定觉分重生令增广，是名定觉分食。何等为舍觉分食？有三界。何等三？谓断界、无欲界、灭界。彼思惟，未生舍觉分令起，已生舍觉分重生令增广，是名舍觉分食。"佛说此经已，诸比丘闻佛所说，欢喜奉行。

一三　　　　　　九一三（七一六）

如是我闻：一时，佛住舍卫国祇树给孤独园。尔时，世尊告诸比丘："于内法中，我不见一法，未生恶不善法令生，已生恶不善法重生令增广，未生善法不生，已生则退，所谓不正思惟。诸比丘！不正思惟者，未生贪欲盖令生，已生者重生令增广；未生嗔恚、睡眠、掉悔、疑盖令生，已生者重生令增广。未生念觉分不生，已生者令退；未生择法、精进、喜、猗、定、舍觉分令不①生；已生者令退②。我不见一法，能令未生恶不善法不生，已生者令断，未生善法令生，已生者重生令增广，所谓③正思惟。比丘！

---

① "不"，原本缺，依宋本补。
② "令退"，原本误作"重生令增广"，依宋本改。
③ "所谓"，原本缺，依宋本补。

正思惟者,未生贪欲盖令不生,已生者令断;未生嗔恚、睡眠、掉悔、疑盖令不生,已生者令断。未生念觉分令生,已生者重生令增广;未生择法、精进、喜、猗、定、舍觉分令生,已生者重生令增广。"佛说此经已,诸比丘闻佛所说,欢喜奉行。

一四① 　　　　　九一四（七一七）

如是我闻:一时,佛住舍卫国祇树给孤独园。尔时,世尊告诸比丘:"于外法中,我不见一法,未生恶不善法令生,已生者重生令增广,未生善法令不生,已生者令退,如恶知识、恶伴党。恶知识、恶伴党者,未生贪欲盖令生,已生者重生令增广;未生嗔恚、睡眠、掉悔、疑盖令生,已生者重生令增广。未生念觉分令不生,已生者令退;未生择法、精进、喜、猗、定、舍觉分令不生,已生者令退。诸比丘!我不见一法,未生恶不善法令不生,已生者令断,未生善法令生,已生者重生令增广,所谓善知识、善伴党、善随从者。若善知识、善伴党、善随从者,未生贪欲盖令不生,已生者令断;未生嗔恚、睡眠、掉悔、疑盖令不生,已生者令断。未生念觉分令生,已生者重生令增广;未生择法、精进、喜、猗、定、舍觉分令生,已生者重生令增广。"佛说此经已,诸比丘闻佛所说,欢喜奉行。

"**食**":复次,于能随顺觉支法中,略有二种无倒作意,当知总与觉支为食。何等为二?一、正作意,二、数作意。与此相违,当知非食。

---

① 《相应部》(四六)"觉支相应"四九·五〇经。

一五① 　　　　　九一五（七一八）

如是我闻：一时，佛住舍卫国祇树给孤独园。尔时，尊者舍利弗告诸比丘："有七觉分，何等为七？谓念觉分，择法觉分，精进觉分，喜觉分，猗觉分，定觉分，舍觉分。此七觉分，决定而得，不勤而得，我随所欲觉分正受；若晨朝时，日中时，日暮时，若欲正受，随其所欲多入正受。譬如王、大臣，有种种衣服，置箱箧中，随其所须，日中所须，日暮所须，随欲自在。如是比丘！此七觉分决定而得，不勤而得，随意正受。我此念觉分，清净纯白，起时知起，灭时知灭，没时知没；已起知已起，已灭知已灭；如是择法、精进、喜、猗、定、舍觉分，亦如是说。"尊者舍利弗说此经已，诸比丘闻其所说，欢喜奉行。

"**修**"：复次，诸修行者得七觉支，譬如大王有妙衣篋，三时受用，三分安住。彼七觉支，当知亦尔。言三时者，谓初日分时，中日分时，后日分时。言三分者，谓奢摩他品，毗钵舍那品，及其俱品。于初分中住四觉支，第二分中住四觉支，第三分中具足安住七种觉支。诸修行者，未曾安住唯一觉支。又七觉支，于诸外道无怨憎故，无违竞故，恒怀利益意乐转故，一切烦恼皆离系故，说名无怨、无敌、无害、无有灾患。若修行者于七觉分随时现前，随量现前，说名为住；若时退出，说名为灭，于是一切如实了知。彼由如是正知住故，名无罪住，无有爱味，心离味染②。

---

① 《相应部》（四六）"觉支相应"四经。
② 《论》义在"安乐住"下，次第与经相反，今依经次第。

一六① 　　　　　九一六（七一九）

如是我闻：一时，佛住巴连弗邑。尔时，尊者优波摩、尊者阿提目多，住巴连弗邑鸡林精舍。尔时，尊者阿提目多，晡时从禅觉，诣尊者优波摩所，共相问讯慰劳已，退坐一面。问尊者优波摩："尊者能知七觉分方便，如是乐住正受，如是苦住正受？"优波摩答言："尊者阿提目多！比丘善知方便，修七觉分，如是乐住正受，如是苦住正受。"复问："云何比丘善知方便，修七觉分？"优波摩答言："比丘方便修念觉分时，(不)知思惟，彼心不善解脱，不害睡眠，不善调伏掉悔②。如我念觉处法，思惟精进方便，不得平等。如是择法、精进、喜、猗、定、舍觉分，亦如是说。若比丘念觉分方便时，先思惟，心善解脱，正害睡眠，调伏掉悔。如我于此念觉处法，思惟已，不勤方便而得平等。如是阿提目多！比丘知方便，修七觉分，如是乐住正受，如是不乐住正受。"时二正士共论义已，各从座起而去。

一七 　　　　　九一七（七二〇）

如是我闻：一时，佛住舍卫国祇树给孤独园。尔时，尊者阿那律，亦住舍卫国松林精舍。时有众多比丘，诣阿那律所，共相问讯慰劳，问讯慰劳已，退坐一面。语尊者阿那律："尊者知方便修七觉分时生乐住不？"尊者阿那律语诸比丘言："我知比丘方便修七觉分时生乐住。"诸比丘问尊者阿那律："云何知比丘方便修七觉分时生乐住？"尊者阿那律语诸比丘："比丘方便修念觉分，善知思惟，我心善解脱，善害睡眠，善调伏掉悔。如此念

---

① 《相应部》(四六)"觉支相应"八经。
② "悔"下，原本有"不害睡眠"四字，依宋本删。

觉分处法,思惟已,精勤方便,心不懈怠,身猗息,不动乱,系心令住,不起乱念,一心正受。如是择法、精进、喜①、猗、定、舍觉分,亦如是说。是名知比丘方便修七觉分时生乐住。"时众多比丘闻尊者阿那律所说,欢喜随喜,从座起而去。

一八② 　　　　　九一八（七二一）

如是我闻:一时,佛住舍卫国祇树给孤独园。尔时,世尊告诸比丘:"转轮圣王出世之时,有七宝现于世间:金轮宝,象宝,马宝,神珠宝,玉女宝,主藏臣宝,主兵臣宝。如是如来出世,亦有七觉分宝现。斋戒,处楼观上,大臣围绕,有金轮宝从东方出。轮有千辐,齐毂圆辋,轮相具足,有此吉瑞,必是转轮圣王。我今决定为转轮王,即以两手承金轮宝,着左手中,右手旋转而说是言:若是转轮圣王金轮宝者,当复转轮圣王古道而去。于是轮宝即发,王、蕃前随,而于东方乘虚而逝,向于东方,游古圣王正直之道。王随轮宝,四兵亦从;若所至方,轮宝住者,王于彼住,四兵亦住。东方诸国处处小王,见圣王来,悉皆归伏。如来出兴于世,有七觉分现于世间,所谓念觉分,择法觉分,精进觉分,喜觉分,猗觉分,定觉分,舍觉分。"佛说此经已,诸比丘闻佛所说,欢喜奉行。

一九③ 　　　　　九一九（七二二）

如是我闻:一时,佛住舍卫国祇树给孤独园。尔时,世尊告

---

① "喜",原本缺,依宋本补。
② 、《相应部》(四六)"觉支相应"四二经。《中阿含经》(五八)《七宝经》。《增一阿含经》(三九)"等法品"七经。
③ 参照《增一阿含经》(三九)"等法品"八经。

诸比丘:"转轮圣王出于世时,有七宝现于世间。云何转轮圣王出于世时金轮宝现？有时刹利灌顶圣王,月十五日,沐浴清净,受持斋戒,于楼阁上,大臣围绕。有金轮宝从东方出,轮有千辐,齐毂圆辋,轮相具足,天真金宝。王作是念①:古昔传闻,刹利灌顶大王月十五日布萨时,沐浴清净,受持福善,有轮宝现②,今既如古有斯吉瑞,当知我是转轮圣王。即以两手承金轮宝,着左手中,右手旋转而作是言:若是转轮圣王金轮宝者,当复转轮圣王古道而去。作是语讫,于是轮宝即从王前乘虚而逝,向于东方,游古圣王正直之道。王及四兵,随轮去住。东方诸国处处小王,见圣王来,皆称善哉。善来大王! 此是王国,此国安隐,人民丰乐,愿于中止,教化国人,我则随从。圣王答言:诸聚落主! 汝今但当善化国人,有不顺者,当来白我。当如法化,莫作非法,亦令国人善化非法。若如是者,则从我化。于是圣王从东海度乘古圣王道至于南海；乘古圣王之道③,度于南海至西海；乘于古昔圣王之道,度于西海,至于北海。南、西、北方诸小国王,奉迎启请,亦如东方广说。于是金轮宝,圣王随从,度于北海,还至王宫正治殿上,住虚空中,是为转轮圣王出兴于世,金轮宝现于世间。云何为转轮圣王出兴于世,白象宝现于世间？若刹利、灌顶大王纯色④之象,其色鲜好,七支拄地,圣王见已,心则欣悦。今此宝象来应于我,告善调象师,令速调此宝象,调已送来。象师受命,

---

① "王作是念",原本缺,依宋本补。
② "有轮宝现"下至"皆称善哉",凡百十二字,原本缺,依宋本补。
③ "乘古圣王之道",原本作"至于南海",依宋本改。
④ "色",宋本作"白"。

不盈一日,象即调伏,一切调伏相悉皆具足,犹如余象经年调者,今此象宝一日调伏亦复如是。调已,送诣王所,上白大王:此象已调,唯王自知时。尔时,圣王观察此象调相已备,即乘宝象,于晨旦时周行四海,至日中时还归王宫,是名转轮圣王出兴于世,如此象宝现于世间。何等为转轮圣王出兴于世,马宝现于世间?转轮圣王所有马宝,纯一青色,乌头、朱①尾,圣王见马,心生欣悦。今此神马来应我故,付调马师,令速调之,调已送来。马师奉教,不盈一日,其马即调,犹如余马经年调者,马宝调伏亦复如是。知马调已,还送奉王,白言:大王!此马已调。尔时,圣王观察宝马调相已备,于晨旦时,乘此宝马周行四海,至日中时还归王宫,是名转轮圣王出兴于世,马宝现于世间。何等为转轮圣王出兴于世,摩尼珠宝现于世间?若转轮圣王所有宝珠,其形八楞,光泽明照,无诸颣隙,于王宫内常为灯明。转轮圣王察试宝珠,阴雨之夜,将四种兵入于园林,持珠前导,光明照耀,面一由旬,是为转轮圣王出兴于世,摩尼宝珠现于世间。何等为转轮圣王出兴于世,贤玉女宝现于世间?转轮圣王所有玉女,不黑、不白、不长、不短、不粗、不细、不肥、不瘦,支体端正,寒时体暖,热时体凉,身体柔软,如迦陵伽衣。身诸毛孔,出栴檀香,口鼻出息,作优钵罗香。后卧先起,瞻王意色,随宜奉事,软言爱语,端心正念,发王道意,心无违越,况复身、口,是为转轮圣王宝女。云何为转轮圣王主藏臣宝现于世间?谓转轮圣王主藏大臣,本行施故,生得天眼,能见伏藏,有主、无主、若水、若陆,若远、若

---

① "朱",原本作"泽",依宋本改。

近,悉能见之。转轮圣王须珍宝,即便告敕,随王所须,辄以奉上。于是圣王有时试彼大臣,观其所能,乘船游海。告彼大臣:我须宝物。臣白王言:小住岸边,当以奉上。王告彼臣:我今不须岸边之宝,且须画时①与我。于是大臣即于水中,出四金瓮,金宝满中,以奉圣王。王所须即取用之,若取足已,余则还归水中。圣王出世,则有如此主藏之臣现于世间。云何圣王出兴于世,有主兵之臣现于世间?谓有主兵臣,聪明智辩,譬如世间善思量成就者。圣王所宜,彼则悉从,宜去、宜住、宜出、宜人,圣王四种兵行道里,顿止不令疲倦。悉知圣王宜所应作,现法、后世功德之事,以白圣王。转轮圣王出兴于世,有如是主兵之臣。如是如来、应、等正觉,出兴于世,有七觉分现于世间。何等为七?谓念觉分,择法觉分,精进觉分,喜觉分,猗觉分,定觉分,舍觉分。"佛说此经已,诸比丘闻佛所说,欢喜奉行。

"安乐住":复次,若有苾刍于诸觉支,方便修习,由四因缘,令其不得安隐而住。何等名为四种因缘?一者、一切烦恼品类粗重皆未离故,二者、奢摩他品诸随烦恼现在前故,三者、毗钵舍那品诸随烦恼现在前故,四者、道未调善而乘驾故。与此相违四种因缘,令其获得安隐而住。于此二种,善巧苾刍如实了达,正知而住。由诸作意有加行故,精进太过;又后由前有增减故,运转不等;由此二缘,当知名为道不调善。与此相违,二因缘故名道调善。如转轮王,于四洲渚得大自在,所获七宝。如是心王,于四圣谛得大自在,所获真净七觉支宝,当知亦尔。谓于奢摩

---

① "须画时",原本作"尽",依宋本改。

他、毗钵舍那、双品运转,降伏一切烦恼胜怨,由此义故,初念觉支,犹如轮宝。所知境相其量无边,能知智体亦随广大,由此义故,择法觉支犹如象宝。依此速能乃至往彼,所行所得殊异胜处,由此义故,精进觉支犹如马宝。悦意无罪,最为殊胜,由此义故,其喜觉支犹如女宝。身心映彻,有所堪能,由此义故,轻安觉支如神珠宝。能办一切所欣求事,由此义故,其定觉支如藏臣宝。能摧一切染污法军,能率一切清净法军,能趣无相安隐住处,由此义故,其舍觉支如军将宝。

二〇① 九二〇(七二三)

如是我闻:一时,佛住舍卫国祇树给孤独园。尔时,世尊告诸比丘:"善哉!比丘依②人闻法,诸年少比丘供养奉事诸尊长老。所以者何?年少比丘供养奉事长老比丘者,时时得闻深妙之法。闻深法已,二正事成就,身正及心正。尔时,修念觉分,修念觉分已,念觉分满足;念觉满足已,于法选择,分别于法,思量于法,尔时方便修择法觉分;乃至舍觉分修习满足。"佛说此经已,诸比丘闻佛所说,欢喜奉行。

二一③ 九二一(七二四)

如是我闻:一时,佛住舍卫国祇树给孤独园。尔时,世尊告诸比丘:"若比丘持戒、修德、惭愧,成真实法,见此人者,多得果报。若复闻者,若随忆念者,随出家者,多得功德,况复亲近、恭敬、奉事!所以者何?亲近、奉事如是人者,时时得闻深妙之法,

---

① 《相应部》(四六)"觉支相应"三经前分。
② "依",原本作"僧",依宋本改。
③ 《相应部》(四六)"觉支相应"三经前分。

得闻深法已,成就二正,身正及心正。方便修习定觉分,修习已,修习满足,乃至舍觉分修习满足。"佛说此经已,诸比丘闻佛所说,欢喜奉行。

二二　　　　　　　　九二二(　七二五)

如是我闻:一时,佛住舍卫国祇树给孤独园。尔时,世尊告诸比丘:"说不善积聚者,所谓五盖,是为正说。所以者何?纯一不善聚者,谓五盖故。何等为五?谓贪欲盖,嗔恚盖,睡眠盖,掉悔盖,疑盖。说善积聚者,谓七觉分,是为正说。所以者何?纯一满净者,是七觉分故。何等为七?谓念觉分,择法觉分,精进觉分,喜觉分,猗觉分,定觉分,舍觉分。"佛说此经已,诸比丘闻佛所说,欢喜奉行。

二三①　　　　　　　九二三(　七二六)

如是我闻:一时,佛住王舍城夹谷精舍。尔时,尊者阿难亦在彼住。时尊者阿难,独一静处,禅思思惟,作如是念:半梵行者,所谓善知识、善伴党、善随从,非恶知识、恶伴党、恶随从。时尊者阿难从禅觉,往诣佛所,稽首礼足,退坐一面。白佛言:"世尊!我独一静处,禅思思惟,作是念:半梵行者,所谓善知识、善伴党、善随从,非恶知识、恶伴党、恶随从。"佛告阿难:"莫作是言:半梵行者,谓善知识、善伴党、善随从,非恶知识、恶伴党、恶随从!所以者何?纯一满净②,梵行清白,所谓善知识、善伴党、善随从,非恶知识、恶伴党、恶随从。我为善知识故,有众生于我所,取念觉分,依远离,依无欲,依灭,向于舍;如是择法觉分,精

---

① 参照《相应部》(四五)"道相应"二经。
② "净",原本作"静",依宋本改。

进、喜、猗、定、舍觉分,依远离,依无欲,依灭,向于舍。以是故当知,阿难!纯一满净①,梵行清白,谓善知识、善伴党、善随从,非恶知识、非恶伴党、非恶随从。"佛说此经已,诸比丘闻佛所说,欢喜奉行。

二四②　　　　　　　　九二四(七二七)

如是我闻:一时,佛在力士聚落人间游行,于拘夷那竭城希连河中间住。于聚落侧,告尊者阿难:"令四重襞叠,敷世尊郁多罗僧,我今背疾,欲小卧息。"尊者阿难即受教敕,四重襞叠敷郁多罗僧已,白佛言:"世尊!已四重襞叠敷郁多罗僧,唯世尊知时。"尔时,世尊厚襞僧伽梨枕头,右胁而卧,足足相累,系念明相,正念、正智,作起觉想。告尊者阿难:"汝说七觉分!"时尊者阿难即白佛言:"世尊!所谓念觉分,世尊自觉成等正觉说,依远离,依无欲,依灭,向于舍;择法、精进、喜、猗、定、舍觉分,世尊自觉成等正觉说,依远离,依无欲,依灭,向于舍。"佛告阿难:"汝说精进耶?"阿难白佛:"我说精进,世尊!说精进,善逝!"佛告阿难:"唯精进修习、多修习,得阿耨多罗三藐三菩提。"说是语已,正坐端身系念。时有异比丘即说偈言:

"乐闻美妙法,忍疾告人说。比丘即说法,转于七觉分。
善哉尊阿难,明解巧便说,有胜白净法,离垢微妙说:
念、择法、精进,喜、猗、定、舍觉,此则七觉分,微妙之善说。
闻说七觉分,深达正觉味,身婴大苦患,忍疾端坐听。

---

① "净",原本作"静",依宋本改。
② 《相应部》(四六)"觉支相应"一六经。《增一阿含经》(三九)"等法品"六经。

观为正法王，常为人演说，犹乐闻所说，况余未闻者！
　　第一大智慧，十力所礼者，彼亦应疾疾，来听说正法。
　　诸多闻通达，契经、阿毗昙，善通法律者，应听况余者！
　　闻说如实法，专心黠慧听，于佛所说法，得离欲、欢喜，
　　欢喜身猗息，心自乐亦然。心乐得正受，正观有事行，
　　厌恶三趣者，离欲心解脱。厌恶诸有趣，不集于人天，
　　无余犹灯灭，究竟般涅槃。闻法多福利，最胜之所说，
　　是故当专思，听大师所说。"

异比丘说此偈已，从座起而去。

　　二五①　　　　　　　　　九二五（七二八）

如是我闻：一时，佛住舍卫国祇树给孤独园。尔时，世尊告诸比丘："有七觉分，何等为七？谓念觉分，乃至舍觉分。"佛说此经已，诸比丘闻佛所说，欢喜奉行。

　　二六②　　　　　　　　　九二六（七二九）

如是我闻：一时，佛住舍卫国祇树给孤独园。尔时，世尊告诸比丘："当修七觉分。何等为修七觉分？谓念觉分，乃至舍觉分。若比丘修念觉分，依远离，依无欲，依灭，向于舍；如是修择法、精进、喜、猗、定、舍觉分，依远离，依无欲，依灭，向于舍。"佛说此经已，诸比丘闻佛所说，欢喜奉行。

　　二七③　　　　　　　　　九二七（七三〇）

如是我闻：一时，佛住舍卫国祇树给孤独园。尔时，世尊告

---

① 《相应部》(四六)"觉支相应"二二经。
② 《相应部》(四六)"觉支相应"二七经。
③ 《相应部》(四六)"觉支相应"四一经。

诸比丘,如上说,差别者:"诸比丘!过去已如是修七觉分,未来亦当如是修七觉分。"佛说此经已,诸比丘闻佛所说,欢喜奉行。

　　　　二八①　　　　　　　　九二八(七三一)

如是我闻:一时,佛住舍卫国祇树给孤独园。尔时,世尊告诸比丘:"若比丘念觉分清净、鲜白,无有支节,离诸烦恼,未起不起,除佛调伏教授;乃至舍觉分,亦如是说。诸比丘!念觉分清净、鲜白,无有支节,离诸烦恼,未起而起,佛所调伏教授非余;乃至舍觉分,亦如是说。"佛说此经已,诸比丘闻佛所说,欢喜奉行。

　　　　二九②　　　　　　　　九二九(七三二)

如是我闻:一时,佛住舍卫国祇树给孤独园。尔时,世尊告诸比丘,如上说,差别者:"未起不起,除善逝调伏教授;未起而起,是则善逝调伏教授非余。"佛说此经已,诸比丘闻佛所说,欢喜奉行。

　　　　三〇　　　　　　　　　九三〇(七三三)

如是我闻:一时,佛住舍卫国祇树给孤独园。时有异比丘来诣佛所,稽首礼足,退坐一面。白佛言:"世尊谓觉分,世尊!云何为觉分?"佛告比丘:"所谓觉分者,谓七道品法。然诸比丘七觉分,渐次而起,修习满足。"异比丘白佛:"世尊!云何觉分渐次而起,修习满足?"佛告比丘:"若比丘内身身观住,彼内身身观住时,摄心系念不忘,彼当尔时念觉分方便修习,方便修习念觉分已,修习满足。满足念觉分已,于法选择、分别、思量,当于

---

① 《相应部》(四六)"觉支相应"一〇经。
② 《相应部》(四六)"觉支相应"一〇经。

尔时修择法觉分方便,修方便已,修习满足。如是乃至舍觉分修习满足。如内身身观念住;如是外身;内外身;受;心;法法观念住,当于尔时专心系念不忘;乃至舍觉分亦如是说。如是住者,渐次觉分起,渐次起已,修习满足。"佛说此经已,诸比丘闻佛所说,欢喜奉行。

三一① 九三一(七三四)

如是我闻:一时,佛住舍卫国祇树给孤独园。尔时,世尊告诸比丘,如上说②,差别者:"若比丘如是修习七觉分已,当得二种果:现法得漏尽无余涅槃,或得阿那含果。"佛说此经已,诸比丘闻佛所说,欢喜奉行。

三二③ 九三二(七三五)

如是我闻:一时,佛住舍卫国祇树给孤独园。如上说,差别者:"如是比丘修习七觉分已,多修习已,得四种果、四种福利。何等为四?谓须陀洹果,斯陀含果,阿那含果,阿罗汉果。"佛说此经已,异比丘闻佛所说,欢喜奉行。

三三④ 九三三(七三六)

如是我闻:一时,佛住舍卫国祇树给孤独园。如上说,差别者:"若比丘修习七觉分,多修习已,当得七种果、七种福利。何等为七?是比丘得现法智证乐;若命终时,若不得现法智证乐;及命终时而得五下分结尽,中般涅槃;若不得中般涅槃,而得生

---

① 参照《相应部》(四六)"觉支相应"五七经之二,(四八)"根相应"六五经。
② "说",原本缺,依宋本补。
③ 参照《相应部》(四八)"根相应"一二经。
④ 《相应部》(四六)"觉支相应"三经后分。

般涅槃；若不得生般涅槃，而得无行般涅槃；若不得无行般涅槃，而得有行般涅槃；若不得有行般涅槃，而得上流般涅槃。"佛说此经已，异比丘闻佛所说，欢喜奉行。

三四　　　　　　　　九三四（七三七）

如是我闻：一时，佛住舍卫国祇树给孤独园。尔时，世尊告诸比丘："所谓觉分，何等为觉分？"诸比丘白佛："世尊是法根，法眼，法依，唯愿为说，诸比丘闻已，当受奉行。"佛告诸比丘①："七觉分者，谓七道品法。诸比丘！此七觉分渐次起，渐次起已，修习满足。"诸比丘白佛："云何七觉分渐次起，渐次起已，修习满足？""若比丘身身观念住，彼身身观念住已，专心系念不忘，当于尔时方便修念觉分，方便修念觉分已，修习满足。谓修念觉分已，于法选择，当于尔时修择法觉分方便，修择法觉分方便已，修习满足。如是精进、喜、猗、定、舍觉分，亦如是说。如内身，如是外身；内外身；受；心；法法观念住，专心系念不忘，当于尔时方便修念觉分，方便修念觉分已，修习满足；乃至舍觉分，亦如是说。是名比丘七觉分渐次起，渐次起已，修习满足。"佛说此经已，诸比丘闻佛所说，欢喜奉行。

三五②　　　　　　　　九三五（七三八）

如是我闻：一时，佛住舍卫国祇树给孤独园。尔时，世尊告诸比丘，如上说，差别者："此七觉分修习、多修习，当得二果：得现法智有余涅槃，及阿那含果。"佛说此经已，诸比丘闻佛所说，欢喜奉行。

---

① "比丘"下，原本有"比丘尼"，依宋本删。
② 以下三经，与上三一——三三经相同。

三六　　　　　　　　九三六（七三九）

如是我闻：一时，佛住舍卫国祇树给孤独园。尔时，世尊告诸比丘，如上说，差别者："若比丘修习七觉分，多修习已，当得四果。何等为四？谓须陀洹果，斯陀含果，阿那含果，阿罗汉果。"佛说此经已，诸比丘闻佛所说，欢喜奉行。

三七　　　　　　　　九三七（七四〇）

如是我闻：一时，佛住舍卫国祇树给孤独园。如上说，差别者："若比丘修习此七觉分，多修习已，当得七果。何等为七？谓现法智有余涅槃；及命终时（，不得现法智）①；若不尔者，五下分结尽，得中般涅槃；若不尔者，得生般涅槃；若不尔者，得无行般涅槃；若不尔者，得有行般涅槃；若不尔者，得上流般涅槃。"佛说此经已，诸比丘闻佛所说，欢喜奉行。

三八②　　　　　　　九三八（七四一）

如是我闻：一时，佛住舍卫国祇树给孤独园。尔时，世尊告诸比丘："当修不净观，多修习已，当得大果、大福利。云何修不净观，多修习已，得大果、大福利？是比丘，不净观俱念觉分，依远离，依无欲，依灭，向于舍；修择法、精进、喜、猗、定、舍觉分，依远离，依无欲，依灭，向于舍。"佛说此经已，诸比丘闻佛所说，欢喜奉行。

三九③　　　　　　　九三九（七四二）

如是我闻：一时，佛住舍卫国祇树给孤独园。尔时，世尊告

---

① 准上三三经，补足七数。
② 《相应部》（四六）"觉支相应"六七经。
③ 《相应部》（四六）"觉支相应"六八经。

诸比丘:"若比丘修习随死念,多修习已,得大果、大福利。云何比丘修习随死念,多修习已,得大果、大福利?是比丘,修随死念俱念觉分,依远离,依无欲,依灭,向于舍;乃至舍觉分,亦如是说。"佛说此经已,诸比丘闻佛所说,欢喜奉行。

四〇① 　　　　　九四〇(七四三)

如是我闻:一时,佛住释氏黄枕邑。时众多比丘,晨朝着衣持钵,入黄枕邑乞食。时众多比丘作是念:今日太早,乞食时未至,我等可过外道精舍。尔时,众多比丘即入外道精舍,与诸外道出家共相问讯慰劳已,于一面坐。诸外道出家言:"沙门瞿昙为诸弟子说如是法:不断五盖,恼心,慧力羸,为障碍分,不趣涅槃。善②摄其心,住四念处,心与慈俱,无怨、无嫉,亦无嗔恚,广大无量,善修充满;四方、四维、上下,一切世间,心与慈俱,无怨、无嫉,亦无嗔恚,广大无量善修习充满。如是修习悲、喜、舍心俱,亦如是说。我等亦复为诸弟子作如是说,我等与彼沙门瞿昙有何等异,所谓俱能说法!"

时众多比丘闻诸外道出家所说,心不喜悦,默然不呵,从座起去。入黄枕邑乞食已,还精舍,举衣钵,洗足已,诣佛所,稽首礼足,退坐一面。以彼外道出家所说,广白世尊。尔时,世尊告诸比丘:"如彼外道出家所说,汝等应问:修习慈心,为何所胜?修习悲、喜、舍心,为何所胜?如是问时,彼诸外道出家,心则骇散,或说外异事,或嗔慢、毁呰,违背不忍,或默然萎熟低头,失辩思惟而住。所以者何?我不见诸天、魔、梵、沙门、婆罗门、天、人

---

① 《相应部》(四六)"觉支相应"五四经。
② "善",原本作"尽",依宋本改。

众中,闻我所说随顺乐者,唯除如来及声闻众者。比丘!心与慈俱,多修习,于净最胜;悲心修习、多修习,空入处最胜;喜心修习、多修习,识入处最胜;舍心修习、多修习,无所有入处最胜。"佛说此经已,诸比丘闻佛所说,欢喜奉行。

　　四一①　　　　　　九四一(　七四四)

如是我闻:一时,佛住舍卫国祇树给孤独园。尔时,世尊告诸比丘:"若比丘修习慈心,多修习已,得大果、大福利。云何比丘!修习慈心,得大果、大福利?是比丘,心与慈俱,修念觉分,依远离,依无欲,依灭,向于舍;乃至修习舍觉分,依远离,依无欲,依灭,向于舍。"佛说此经已,诸比丘闻佛所说,欢喜奉行。

　　四二　　　　　　　九四二(　七四五)

如是我闻:一时,佛住舍卫国祇树给孤独园。尔时,世尊告诸比丘:"若比丘修空入处,多修习已,得大果、大福利。云何比丘修空入处,多修习已,得大果、大福利?是比丘,心与空入处俱,修念觉分,依远离,依无欲,依灭,向于舍;乃至修舍觉分,依远离,依无欲,依灭,向于舍。"佛说此经已,诸比丘闻佛所说,欢喜奉行。

　　四三——四五　　九四三——九四五(　　　　)

如修空入处,如是识入处、无所有入处、非想非非想入处——三经,亦如上说。

　　四六②　　　　　　九四六(　七四六)

如是我闻:一时,佛住舍卫国祇树给孤独园。尔时,世尊告

---

① 《相应部》(四六)"觉支相应"六二经。
② 《相应部》(四六)"觉支相应"六六经。

诸比丘："若比丘修习安那般那念,多修习已,得大果、大福利。云何修习安那般那念,多修习已,得大果、大福利?是比丘,心与安那般那念俱,修念觉分,依远离,依无欲,依灭,向于舍;乃至修舍觉分,依远离,依无欲,依灭,向于舍。"佛说此经已,诸比丘闻佛所说,欢喜奉行。

四七① 　　　　　九四七(七四七)

如是我闻:一时,佛住舍卫国祇树给孤独园。尔时,世尊告诸比丘："若比丘修无常想,多修习已,得大果、大福利。云何比丘修无常想,多修习已,得大果、大福利?是比丘,心(口)与无常想俱,修念觉分,依远离,依无欲,依灭,向于舍;乃至得舍觉分,依远离,依无欲,依灭,向于舍。"佛说此经已,诸比丘闻佛所说,欢喜奉行。

四八——六七② 　　九四八——九六七(　　)

如无常想,如是无常苦想,苦无我想,观食想一切世间不可乐想,尽想,断想,无欲想,灭想,患想,(死想,)③不净想,青瘀想,脓溃想,膨胀想,坏想,食不尽想,血想,分离想,骨想,空想,一一经如上说④。

"修":复次,二十一种想俱行修诸觉支者,当知略由二因缘故:一、据相应俱行义,二、据无间俱行义。无常等想俱行修,乃

---

① 《相应部》(四六)"觉支相应"七一经。
② 自三八经"修不净观"以下,可与《相应部》(四六)"觉支相应"五七——七六经对读。
③ 依《论》补。
④ 《杂阿含经》卷二七终。

至死想俱行修者，据相应义。不净等想俱行修，乃至观空想俱行修者，据无间义。悲等俱行修，应知亦尔。又于过去、未来、现在一切行中，诸行爱染，若懒堕、懈怠，若萨迦耶见，虽已断灭，习气随缚，我慢现行。若贪味爱，若于世间种种妙事欲乐贪爱，若有所余烦恼随眠，若希求利养，若希求活命，若诸欲爱，若诸有爱，若随虚妄分别所起四种欲贪：一、美色贪，二、形貌贪，三、细触贪，四、承事贪。如是能令生起所有非理过患，及令其心越路而转。对治彼故，随其所应，有二十一想俱行修觉支差别。谓为对治四种障故，修无愿行想，从无常想乃至一切世间不可乐想。为欲对治一种障故，修空行想，苦、无我想。为欲断灭所余烦恼随眠障故，修于三界无相行想。为欲对治希求利养及欲爱故，于诸欲中修过患想。为欲对治希求活命及有爱故，修习死想。为欲对治随逐虚妄分别所起四欲贪故，修不净想为初，乃至观空想为后。又此一切，从青瘀想乃至观空想，当知皆是不净想摄。又于此中，青瘀想为初，膨胀想为后，对治美色贪；食啖想、分赤想、分散想，对治形貌贪；骸骨想、骨锁想，对治细触贪；观无心识、空有尸想，对治承事贪。又于此中，修慈最极至遍净等，如三摩呬多地应知其相①。

---

① 《瑜伽师地论》卷一二（大正三〇·三三八上——下）。

一三 圣道分相应①

②复次,嗢拖南曰:

初内外力,清净、差别、异门、沙门、后婆罗门。

又正见等八圣道支,广分别义,如声闻地③及摄异门分应知其相④。

声闻地说:"彼于尔时,最初获得七觉支故,名初有学。见圣谛迹,已永断灭见道所断一切烦恼,唯余修道所断烦恼。为断彼故,修习三蕴所摄八支圣道:此中正见、正思惟、正精进,慧蕴所摄;正语、正业、正命,戒蕴所摄;正念、正定,定蕴所摄。问:何因缘故名八支圣道?答:诸圣有学已见迹者,由八支摄行迹正道,能无余断一切烦恼,能于解脱究竟作证,是故名为八支圣道。当知此中,若觉支时所得真觉,若得彼已,以慧安立如证而觉,总略此二,合名正见。由此正见增上力故,所起出离、无恚、无害分别思惟,名正思惟。若心趣入诸所寻思,彼唯寻思如是相状所有寻思;若心趣入诸所言论,即由正见增上力故,起善思惟,发起种种如法言论,是名正语。若如法求衣服、饮食、诸坐卧具、病缘医药、供身什物,于追求时,若往若还,正知而住;若睹若瞻,若屈若伸,若持衣钵及僧伽胝,若食若饮,若啖若尝,正知而住;或于住时,于已追求衣服等事,若行若住,若坐若卧,广说乃至若解劳

---

① "圣道分相应",共一一四经。与《相应部》(四五)"道相应"相当。
② 《瑜伽师地论》卷九八中。
③ 《瑜伽师地论》卷二九(大正三〇·四四五上——中),《论》文如下。
④ 《论》义指如声闻地说,本在"差别"下,今提前为总论。

睡,正知而住:是名正业。如法追求衣服、饮食,乃至什物,远离一切起邪命法,是名正命。若远离摄正语、业、命,彼于证得无漏作意诸觉支时,先已获得。问:何故此名圣所爱戒?答:以诸圣者贤善正至,长时爱乐,欣慕悦意,我于何时当正获得诸语恶行、诸身恶行、诸邪命事不作律仪!由彼长夜于此尸罗深心爱乐,欣慕悦意,故获得时名圣所爱。获得如是圣爱戒已,终不正知而说妄语,终不故思害众生命,终不故思不与而取,终不故思行欲邪行,终不非法求衣服等。即由如是圣所爱戒增上力故,于修道时,乃至所有语业、身业、养命事转,亦得名为正语、业、命。依止正见及正思惟,正语、业、命,勤修行者,所有一切欲勤精进,出离勇猛、势力、发起策励其心,相续无间,名正精进。成就如是正精进者,由四念住增上力故,得无颠倒九种行相所摄正念;能摄九种行相心住,是名正念及与正定。如是一切八支圣道,总立二种,谓无所作及住所作。无所作者,谓正语、正业、正命。住所作者,复有二种,谓奢摩他、毗钵舍那。正见、正思惟、正精进,是毗钵舍那,正念、正定是奢摩他。如是清净正语、业、命为所依止,于时时间修习止、观,能证①诸结无余永断,能得最上阿罗汉果。长时相续,名为修道,多时串习断烦恼故。率尔智生,名为见道,暂时智起,即能永断诸烦恼故。由是因缘,正语、业、命,于修道中方始建立。"

一② 　　　　　九六八(　七四八)

③如是我闻:一时,佛住舍卫国祇树给孤独园。尔时,世尊

---

① "证",原作"断",依宋本改。
② 《相应部》(四五)"道相应"五五经。
③ 《杂阿含经》卷二八。

告诸比丘:"如日出前相,谓明相初光。如是比丘!正尽苦边,究竟苦边前相者,所谓正见。彼正见者,能起正志、正语、正业、正命、正方便、正念、正定。起定正受故,圣弟子心正解脱贪欲、嗔恚、愚痴;如是心善解脱圣弟子,得正知见:我生已尽,梵行已立,所作已作,自知不受后有。"佛说此经已,诸比丘闻佛所说,欢喜奉行。

二① 　　　　　九六九(七四九)

如是我闻:一时,佛住舍卫国祇树给孤独园。尔时,世尊告诸比丘:"若无明为前相故,生诸恶不善法时,随生无惭、无愧;无惭、无愧生已,随生邪见。邪见生已,能起邪志、邪语、邪业、邪命、邪方便、邪念、邪定。若起明为前相,生诸善法时,惭、愧随生;惭愧生已,能生正见。正见生已,起正志、正语、正业、正命、正方便、正念、正定,次第而起。正定起已,圣弟子得正解脱贪欲、嗔恚、愚痴;如是圣弟子得正解脱已,得正知见:我生已尽,梵行已立,所作已作,自知不受后有。"佛说此经已,诸比丘闻佛所说,欢喜奉行。

三 　　　　　九七〇(七五〇)

如是我闻:一时,佛住舍卫国祇树给孤独园。尔时,世尊告诸比丘:"若比丘诸恶不善法生②,一切皆以无明为根本,无明集,无明生,无明起。所以者何?无明者无知,于善、不善法不如实知,有罪、无罪,下法、上法,染污、不染污,分别、不分别,缘起、非缘起不如实知。不如实知故,起于邪见;起于邪见已,能起邪志、邪语、

---

① 《相应部》(四五)"道相应"一经。
② "生",原本作"比丘",依宋本改。

邪业、邪命、邪方便、邪念、邪定。若诸善法生,一切皆以①明为根本,明集、明生、明起。明于善、不善法如实知,有②罪、无罪、亲近、不亲近、卑法、胜法、秽污、白净、有分别、无分别、缘起、非缘起,悉如实知。如实知者,是则正见;正见者,能起正志、正语、正业、正命、正方便、正念、正定。正定起已,圣弟子得正解脱贪、恚、痴;贪、恚、痴解脱已,是圣弟子得正智见:我生已尽,梵行已立,所作已作,自知不受后有。"佛说此经已,诸比丘闻佛所说,欢喜奉行。

四③　　　　九七一（　七五一）

如是我闻:一时,佛住舍卫国祇树给孤独园。尔时,世尊告诸比丘:"若在家、若出家而起邪事者,我所不说④。所以者何?若在家、出家而起邪事者,则不乐正法。何等为邪事?谓邪见乃至邪定。若在家、出家而起正事,我所赞叹。所以者何?起正事者,则乐正法,善于正法。何等为正事?谓正见乃至正定。"尔时,世尊即说偈言:

"在家及出家,而起邪事者,彼则终不乐,无上之正法。
在家及出家,而起正事者,彼则常心乐,无上之正法。"

佛说此经已,诸比丘闻佛所说,欢喜奉行。

五⑤　　　　九七二（　七五二）

如是我闻:一时,佛住舍卫国祇树给孤独园。尔时,迦摩比

---

① "以",原本缺,依宋本补。
② "有",原本作"者",依宋本改。
③ 《相应部》(四五)"道相应"二四经。
④ "说",同"悦"。
⑤ 《相应部》(四五)"道相应"三〇经。

丘诣佛所,稽首佛足,退坐一面。白佛言:"世尊!所谓欲者,云何为欲?"佛告迦摩:"欲谓五欲功德。何等为五?谓眼识〔明〕色,可爱、可意、可念、长养欲乐;如是耳;鼻;舌;身识触,可爱、可意、可念、长养欲乐,是名为欲。然彼非欲,于彼贪著者,是名为欲。"尔时世尊即说偈言:

"世间杂五色,彼非为爱欲,贪欲觉想者,是则士夫欲。
众色常住世,行者断心欲。"

迦摩比丘白佛言:"世尊!宁有道、有迹断此爱欲不?"佛告比丘:"有八正道,能断爱欲,谓正见,正志,正语,正业,正命,正方便,正念,正定。"佛说此经已,迦摩比丘闻佛所说,欢喜奉行。

六① 九七三(七五三)

如是我闻:一时,佛住舍卫国祇树给孤独园。时有比丘名阿梨瑟吒,诣佛所,稽首佛足,退坐一面。白佛言:"世尊!所谓甘露者,云何名为甘露?"佛告阿梨瑟吒:"甘露者,界名说,然我为有漏尽者,现说此名。"阿梨瑟吒比丘白佛言:"世尊!有道、有迹、修习、多修习,得甘露法不?"佛告比丘:"有,所谓八圣道分,谓正见乃至正定。"佛说此经已,诸比丘闻佛所说,欢喜奉行。

七② 九七四(七五四)

如是我闻:一时,佛住舍卫国祇树给孤独园。尔时,尊者舍利弗诣佛所,稽首佛足,退坐一面。白佛言:"世尊!所谓贤圣等三昧根本、众具,云何为贤圣等三昧根本、众具?"佛告舍利

---

① 《相应部》(四五)"道相应"七经。
② 《相应部》(四五)"道相应"二八经。

弗："谓七正道分,为贤圣等三昧,为根本,为众具。何等为七?谓正见、正志、正语、正业、正命、正方便、正念。舍利弗!于此七道分为基业已,得一其心,是名贤圣等三昧根本、众具。"佛说此经已,诸比丘闻佛所说,欢喜奉行。

八——〇　　九七五——九七七(七五五——七五七)

如上三经,如是佛问诸比丘三经,亦如是说。

七种定因具,如三摩呬多地已说①②。

——③　　　　　九七八(　七五八)

如是我闻:一时,佛住舍卫国祇树给孤独园。尔时,世尊告诸比丘:"无母子畏,有母子畏,愚痴无闻凡夫所说,而不能知无母子畏,有母子畏。诸比丘!有三种无母子畏,愚痴无闻凡夫所说。何等为三?诸比丘!有时兵凶乱起,残害国土,随流波迸,子失其母,母失其子,是名第一无母子畏,愚痴无闻凡夫所说。复次,比丘!有时大火卒起,焚烧城邑、聚落,人民驰走,母子相失,是名第二无母子畏,愚痴无闻凡夫所说。复次,比丘!有时山中大雨,洪水流出,漂没聚落,人民驰走,母子相失,是名第三无母子畏,愚痴无闻凡夫所说。然此等畏,是有母子畏,愚痴无闻凡夫说名无母子畏。彼有时兵凶乱起,残害国土,随流波迸,母子相失,或时于彼母子相见,是名第一有母子畏,愚痴无闻凡夫说名无母子畏。复次,大火卒起,焚烧城邑、聚落,人民驰走,

---

① 《瑜伽师地论》卷一二(大正三〇·三三九下——三四〇中)。
② 《论》义在"差别"下,今依经次第提前。
③ 《增支部》"三集"六二经。

母子相失,或复相见,是名第二有母子畏,愚痴无闻凡夫说名无母子畏。复次,山中大雨,洪水流出,漂没聚落,此人驰走,母子相失,或寻相见,是名第三有母子畏,愚痴无闻凡夫说名无母子畏。比丘!有三种无母子畏,是我自觉成三菩提之所记说。何等为三?若比丘!子若老时,无母能语子:汝莫老,我当代汝;其母老时,亦无子语母:今①莫老,我代之老。是名第一无母子畏,我自觉成三菩提之所记说。复次,比丘!有时子病,母不能语子:今莫病,我当代汝;母病之时,子亦不能语母:莫病,我当代母。是名第二无母子畏,我自觉成三菩提之所记说。复次,子若死时,无母能语子:今莫死,我今代汝;母若死时,无子能语母:今莫死,我当代母。是名第三无母子畏,我自觉成三菩提之所记说。"诸比丘白佛:"有道、有迹,修习、多修习,断前三种有母子畏,断后三种无母子畏不?"佛告比丘:"有道、有迹,断彼三畏。何等为道?何等为迹?修习、多修习,断前三种有母子畏,断后三种无母子畏?谓八圣道分:正见,正志,正语,正业,正命,正方便,正念,正定。"佛说此经已,诸比丘闻佛所说,欢喜奉行。

一二②　　　　　　　九七九(七五九)

如是我闻:一时,佛住舍卫国祇树给孤独园。尔时,世尊告诸比丘:"有三受,无常,有为,心所缘生。何等为三?谓乐受,苦受,不苦不乐受。"诸比丘白佛:"世尊!有道、有迹,修习、多修习,断此三受不?"佛告比丘:"有道、有迹,修习、多修习,断此三受。""何等为道?何等为迹?修习、多修习,断此三受?"佛告

---

① "今",原本作"令",依宋本改。下例。
② 《相应部》(四五)"道相应"二九经。

比丘:"谓八圣道:正见,正志,正语,正业,正命,正方便,正念,正定。"佛说此经已,诸比丘闻佛所说,欢喜奉行。

一三① 九八〇(七六〇)

如是我闻:一时,佛住舍卫国祇树给孤独园。尔时,世尊告诸比丘:"世有三法,不可喜,不可爱,不可念。何等为三?谓老、病、死。此三法,不可喜、不可爱、不可念。世间若无此三法,不可喜、不可爱、不可念者,无有如来、应、等正觉出于世间,世间亦不知有如来说法,教诫教授。以世间有此三法,不可喜、不可爱、不可念故,如来、应、等正觉出于世间,世间知有如来说法,教诫教授。"诸比丘白佛:"有道、有迹,断此三法,不可喜、不可爱、不可念者不?"佛告比丘:"有道、有迹,修习、多修习,断此三法,不可喜、不可爱、不可念。何等为道?何等为迹?修习、多修习,断此三法,不可喜、不可爱、不可念?谓八圣道:正见,正志,正语,正业,正命,正方便,正念,正定。"佛说此经已,诸比丘闻佛所说,欢喜奉行。

一四② 九八一(七六一)

如是我闻:一时,佛住舍卫国祇树给孤独园。尔时,世尊告诸比丘:"我当说学及无学。谛听,善思念之。何等为学?谓学正见成就,学正志、正语、正业、正命、正方便、正念、正定成就,是名为学。何等为无学?谓无学正见成就,无学正志、正语、正业、正命、正方便、正念、正定成就,是名无学。"佛说此经已,诸比丘闻佛所说,欢喜奉行。

---

① 参照《增支部》"十集"七六经、本经(三)"因缘相应"二五经之初分。
② 《相应部》(四五)、"道相应"一三经。

一五　　　　　　九八二（　　　）

如学、无学,如是正士、〔如是〕大士,亦如是说。

一六　　　　　　九八三（七六二）

如是我闻:一时,佛住舍卫国祇树给孤独园。尔时,世尊告诸比丘:"我当说圣漏尽。云何为圣漏尽?谓无学正见成就,乃至无学正定成就,是名圣漏尽。"佛说此经已,诸比丘闻佛所说,欢喜奉行。

一七① 　　　　　　九八四（七六三）

如是我闻:一时,佛住舍卫国祇树给孤独园。尔时,世尊告诸比丘:"我今当说八圣道分。何等为八?谓正见,正志,正语,正业,正命,正方便,正念,正定。"佛说此经已,诸比丘闻佛所说,欢喜奉行。

一八　　　　　　九八五（七六四）

如是我闻:一时,佛住舍卫国祇树给孤独园。尔时,世尊告诸比丘:"我今当说修八圣道,谛听,善思。何等为修八圣道?是比丘修正见,依远离,依无欲,依灭,向于舍;修正志;正语;正业;正命;正方便;正念;正定,依远离,依无欲,依灭,向于舍。是名修八圣道。"佛说此经已,诸比丘闻佛所说,欢喜奉行。

一九　　　　　　九八六（七六五）

如是我闻:一时,佛住舍卫国祇树给孤独园。尔时,世尊告诸比丘:"我今当说比丘过去已修八圣道,未来当修八圣道。"乃至诸比丘闻佛所说,欢喜奉行。

---

① 以下三经,参照前(一二)"觉支相应"二五——二七经、《相应部》(四六)"觉支相应"二二·二七·四一经。

二〇① 　　　　　　九八七（　七六六）

如是我闻：一时，佛住舍卫国祇树给孤独园。尔时，世尊告诸比丘："若比丘正见清净、鲜白，无诸过患，离诸烦恼，未起不起②，唯除佛所调伏；乃至正定，亦如是说。若正见清净、鲜白，无诸过患，离诸烦恼，未起能起；乃至正定，亦如是说。"佛说此经已，诸比丘闻佛所说，欢喜奉行。

二一③ 　　　　　　九八八（　　　）

如除佛所调④，（如是）除善逝所调⑤，亦如上说。

"清净"：复次，彼正见等，若在有学，由无漏故说名清净；若在无学，相续净故，说名鲜白；若在世间，远离无量随外道见诸恶邪行，是故说名无有尘点；远离尘点所起后有诸业杂染，是故说名离随烦恼⑥。

二二⑦ 　　　　　　九八九（　七六七）

如是我闻：一时，佛住舍卫国祇树给孤独园。尔时，世尊告诸比丘："说不善聚者，谓五盖，是为正说。所以者何？纯一不善聚者，所谓五盖。何等为五？谓贪欲盖，嗔恚、睡眠⑧、掉悔、

---

① 《相应部》（四五）"道相应"一六经。
② "不起"，疑"能起"。
③ 《相应部》（四五）"道相应"一七经。
④ "调"，原作"说"，依宋本改。
⑤ "调"，原作"说"，依宋本改。
⑥ 《论》义本在"内外力"下，今依经次第，提前。
⑦ 参照《相应部》（四七）"念处相应"五经；本经（七）"念处相应"九经，（一二）"觉支相应"二二经。
⑧ "睡眠"，原本误作"眠睡"，依宋本改。

疑盖。说善法聚者,所谓八圣道,是名正说。所以者何?纯一满净善聚者,谓八圣道。何等为八?谓正见,正志,正语,正业,正命,正方便,正念,正定。"佛说此经已,诸比丘闻佛所说,欢喜奉行。

二三① 　　　　九九○(七六八)

如是我闻:一时,佛住王舍城山谷精舍。时尊者阿难独一静处,作如是念:半梵行者,谓善知识、善伴党、善随从。乃至佛告阿难:"纯一满净具梵行者,谓善知识。所以者何?我为善知识故,令诸众生修习正见,依远离,依无欲,依灭,向于舍;乃至修正定,依远离,依无欲,依灭,向于舍。"佛说此经已,尊者阿难闻佛所说,欢喜奉行。

二四② 　　　　九九一(七六九)

如是我闻:一时,佛住舍卫国祇树给孤独园。尔时,尊者阿难,晨朝着衣持钵,入舍卫城乞食。时有生闻婆罗门,乘白马车,众多年少翼从。白马,白车,白鞚③,白鞭,头着白帽,白伞盖,手持白拂,着白衣服,白璎珞,白香涂身,翼从皆白。出舍卫城,欲至林中教授读诵。众人见之,咸言:"善乘!善乘!谓婆罗门乘。"

时尊者阿难见婆罗门眷属众具,一切皆白。见已,入城乞食,还精舍,举衣钵,洗足已,往诣佛所,稽首礼足,退坐一面。白佛言:"世尊!今日晨朝,着衣持钵,入舍卫城乞食,见生闻婆罗

---

① 《相应部》(四五)"道相应"二经,参照本经(一二)"觉支相应"二三经。
② 《相应部》(四五)"道相应"四经。
③ "鞚",原本作"控",依元本改。

门,乘白马、车,眷属众具一切皆白。众人唱言:善乘!善乘!谓婆罗门乘。云何世尊!于正法律,为是世人乘,为是婆罗门乘?"佛告阿难:"是世人乘,非我法律、婆罗门乘也。阿难!我正法律乘,天乘,婆罗门乘,大乘,能调伏烦恼军者。谛听,善思,当为汝说。阿难!何等为正法律乘,天乘,婆罗门乘,大乘,能调伏烦恼军者?谓八正道,正见乃至正定。阿难!是名正法律乘,天乘,梵乘,大乘,能调伏烦恼军者。"尔时,世尊即说偈言:

"信、戒为法轭,惭、愧为长縻,正念善护持,以为善御者,
舍、三昧为辕,智慧、精进轮,无著、忍辱铠,安隐如法行。
直进不退还,永之无忧处,智士乘战车,摧伏无智怨。"

二五　　　　　　　　　　　九九二(七七〇)

如是我闻:一时,佛住舍卫国祇树给孤独园。尔时,世尊告诸比丘:"应离邪见,应断邪见。若邪见不可断者,我终不说应离断邪见;以邪见可断故,我说比丘当离邪见。若不离邪见者,邪见当作非义,不饶益苦,是故我说当离邪见。如是邪志,邪语,邪业,邪命,邪方便,邪念,邪定,亦如是说。诸比丘!离邪见已,当修正见。若不得修正见者,我终不说修习正见;以得修正见故,我说比丘应修正见。若不修正见者,当作非义,不饶益苦,以不修正见作非义不饶益苦故,是故我说当修正见,以义饶益,常得安乐。是故比丘!当修正见。如是正志,正语,正业,正命,正方便,正念,正定,亦如是说。"佛说此经已,诸比丘闻佛所说,欢喜奉行。

二六① 　　　　　九九三（七七一）

如是我闻：一时，佛住舍卫国祇树给孤独园。时有生闻婆罗门来诣佛所，与世尊面相问讯慰劳，问讯慰劳已，退坐一面。白佛言："瞿昙！谓非彼岸及彼岸，瞿昙！云何非彼岸？云何彼岸？"佛告婆罗门："邪见者非彼岸，正见者是彼岸；邪志、邪语、邪业、邪命、邪方便、邪念、邪定非彼岸，〔正见是彼岸，〕正志、正语、正业、正命、正方便、正念、正定是彼岸。"尔时，世尊即说偈言：

"希有诸人民，能度于彼岸；一切诸世间，徘徊游此岸。
于此正法律，能善随顺者，斯等能度彼，生死难度岸。"

时生闻婆罗门闻佛所说，欢喜随喜，从座起去。

二七——二九　　九九四——九九六（七七二——七七四）

如是异比丘问，尊者阿难问，佛问诸比丘，此三经亦如上说。

三〇②　　　　　九九七（七七五）

如是我闻：一时，佛住舍卫国祇树给孤独园。尔时，世尊告诸比丘："于内法中，我不见一法，能令未生恶不善法生，已生者重生令增广，如说不正思惟者。诸比丘！不正思惟者，未起邪见令起，已起重生令增广；如是邪志、邪语、邪业、邪命、邪方便、邪念、邪定，亦如是说。诸比丘！于内法中，我不见一法，令未生恶不善法不生，已生恶不善法令灭，如说正思惟者。诸比丘！正思惟者，未生邪见令不生，已生者令灭；如邪见、邪志、邪语、邪业、

---

① 《相应部》（四五）"道相应"三四经。《增支部》"十集"——七经。
② 以下三经，参照《相应部》（四五）"道相应"八三·九〇经。

邪命、邪方便、邪念、邪定，亦如是说。"佛说此经已，诸比丘闻佛所说，欢喜奉行。

三一　　　　　　　　九九八（七七六）

如是我闻：一时，佛住舍卫国祇树给孤独园。尔时，世尊告诸比丘："于内法中，我不见一法，未生善法不生，已生善法令退，如说不正思惟者。诸比丘！不正思惟者，未生正见令不生，已生正见令退；如是未生正志、正语、正业、正命、正方便、正念、正定令不生，已生者令退。诸比丘！于内法中，我不见一法，令未生善法令生，已生善法重生令增广，如说正思惟者。诸比丘！正思惟者，未生正见令生，已生正见重生令增广；如是未生正志、正语、正业、正命、正方便、正念、正定令生，已生者重生令增广。"佛说此经已，诸比丘闻佛所说，欢喜奉行。

三二　　　　　　　　九九九（七七七）

如是我闻：一时，佛住舍卫国祇树给孤独园。尔时，世尊告诸比丘："于内法中，我不见一法，令未生恶不善法生，已生恶不善法重生令增广，未生善法不生，已生者令退，所谓不正思惟。诸比丘！不正思惟者，未生邪见令生，已生者重生令增广，未生正见令①不生，已生者令退；如是未生邪志、邪语、邪业、邪命、邪方便、邪念、邪定令生，已生者重生令增广，未生正志、正语、正业、正命、正方便、正念、正定不生，已生者令退。诸比丘！我于内法中，不见一法，未生恶不善法令不生，已生恶不善法令灭，未生善法令生，已生善法重生令增广，如说正思惟。诸比丘！正思

---

① "令"，原本缺，依宋本补。

惟者,令未生邪见不生,已生邪见令灭,未生正见令生,已生正见重生令增广;如是未生邪志、邪语、邪业、邪命、邪方便、邪念、邪定令不生,已生者令灭,未生正志、正语、正业、正命、正方便、正念、正定令生,已生者重生令增广。"佛说此经已,诸比丘闻佛所说,欢喜奉行。

三三① 　　　一〇〇〇（七七八）

如是我闻:一时,佛住舍卫国祇树给孤独园。尔时,世尊告诸比丘:"于外法中,我不见一法,令未生恶不善法生,已生恶不善法重生令增广,如说恶知识、恶伴党、恶随从。诸比丘!恶知识、恶伴党、恶随从者,能令未生邪见令生,已生邪见重生令增广;如是未生邪志、邪语、邪业、邪命、邪方便、邪念、邪定令生,已生者重生令增广。诸比丘!外法中,我不见一法,令未生恶不善法不生,已生恶不善法令灭,如说善知识、善伴党、善随从。诸比丘!善知识、善伴党、善随从者②,能令未生邪见不生,已生邪见令灭;未生邪志、邪语、邪业、邪命、邪方便、邪念、邪定不生,已生者令灭。"佛说此经已,诸比丘闻佛所说,欢喜奉行。

三四 　　　一〇〇一（七七九）

如是我闻:一时,佛住舍卫国祇树给孤独园。尔时,世尊告诸比丘:"于外法中,我不见一法,能令未生善法生,已生善法重生令增广,如说善知识、善伴党、善随从。诸比丘!善知识、善伴党、善随从者,能令未生正见生,已生正见重生令增广;如是未生正志、正语、正业、正命、正方便、正念、正定令生,已生者重生令

---

① 以下三经,参照《相应部》(四五)"道相应"八三·九〇经。
② "者",原本缺,依宋本补。

增广。"佛说此经已,诸比丘闻佛所说,欢喜奉行。

三五　　　　　　　一〇〇二(七八〇)

如是我闻:一时,佛住舍卫国祇树给孤独园。尔时,世尊告诸比丘:"于外法中,我不见一法,能令未生恶不善法生,已生恶不善法重生令增广,未生善法不生,已生善法令灭,如说恶知识、恶伴党、恶随从。诸比丘!恶知识、恶伴党、恶随从者,能令未生邪见令生,已生邪见者重生令增广,未生正见不生,已生正见令退;如是未生邪志、邪语、邪业、邪命、邪方便、邪念、邪定令生,已生者重生令增广,未生正志、正语、正业、正命、正方便、正念、正定令不生,已生者令退。诸比丘!于外法中,我不见一法,能令未生恶不善法不①生,已生恶不善法令灭,未生善法令生,已生善法重生令增广,如说善知识、善伴党、善随从。诸比丘!善知识、善伴党、善随从,能令未生邪见不生,已生邪见令灭,未生正见令生,已生正见重生令增广;如是未生邪志、邪语、邪业、邪命、邪方便、邪念、邪定令不生,已生者令灭,未生正志、正语、正业、正命、正方便、正念、正定令生,已生者重生令增广。"佛说此经已,诸比丘闻佛所说,欢喜奉行。

三六　　　　　　　一〇〇三(七八一)

如是我闻:一时,佛住舍卫国祇树给孤独园。尔时,世尊告诸比丘:"于内法中,我不见一法,能令未生恶不善法生,已生者重生令增广,未生善法不生,已生者令退,如说不正思惟。诸比丘!不正思惟者,能令未生邪见生,已生邪见令重生增广,未生

---

① "不",原本缺,依宋本补。

正见不生,已生正见令退。诸比丘!于内法中,我不见一法,能令未生恶不善法不生,已生恶不善法令灭,未生善法令生,已生善法重生令增广,如说正思惟。诸比丘!正思惟者,能令未生邪见不生,已生者令灭,未生正见令生,已生者重生令增广。"佛说此经已,诸比丘闻佛所说,欢喜奉行。

三七——四三　　一〇〇四——一〇一〇(　　)

如说邪见、正见,如是邪志、正志,邪语、正语,邪业、正业,邪命、正命,邪方便、正方便,邪念、正念,邪定、正定,七经如上说。

四四——五一　　一〇一一——一〇一八(　　)

如内法八经,如是外法八经,亦如是说。

"内外力":若内、若外一切力中,为欲生起八支圣道,有二种力,于所余力最为殊胜。云何为二?一者、于外力中,善知识力最为殊胜;二者、于内力中,正思惟力最为殊胜。当知此中,离诸障碍,先修福业,于衣、食等无匮乏等,名余外力。除正思惟相应想外,余断支分,名余内力。外善知识者,谓从彼闻无上正法,由此故名从他闻音。内正思惟者,谓此无间能发正见,为上首道。

五二①　　　　　　一〇一九(　七八二)

如是我闻:一时,佛住舍卫国祇树给孤独园。尔时,世尊告诸比丘:"有非法、是法。谛听,善思,当为汝说。何等为非法、是法?谓邪见非法,正见是法;乃至邪定非法,正定是法。"佛说

---

① 《增支部》"十集"一三八经。

此经已,诸比丘闻佛所说,欢喜奉行。

　　　　五三——六二①　　**一〇二〇——一〇二九（　　）**

　　如非法、是法,如是非律、正律,非圣、是圣,不善法、善法,非习法、习法,非善哉法、善哉法,黑法、白法,非义、正义,卑法、胜法,有罪法、无罪法,应去法、不去法,一一经皆如上说。

　　"异门":②复次,正见为首八圣道支,会正理故,说名为法。能灭一切诸烦恼故,名毗奈耶。去诸恶法极悬远故,一切圣贤共祖习故,说名为圣。能随顺往诸善趣故,说名为善。趣涅槃故,说名应修。诸有智者所称赞故,说名善哉。与此相违,应知即是邪见为首八邪道支所有差别。堕在无明黑暗品故,说名为黑。往恶趣故,说名无义。不善性故,说名下劣。生现法中所有怖畏及怨憎故,说名有罪。诸有智者所讥毁故,所远离故,名应远离。

　　　　六三③　　　　　　　　　**一〇三〇（　七八三）**

　　如是我闻:一时,佛住拘睒弥国瞿师罗园。尔时,尊者阿难亦在彼住。有异婆罗门,来诣尊者阿难所,与尊者阿难共相问讯慰劳,问讯慰劳已,退坐一面。白尊者阿难:"欲有所问,宁有闲暇为记说不?"阿难答言:"随汝所问,知者当答。"婆罗门问:"尊者阿难!何故于沙门瞿昙所出家修梵行?"阿难答言:"婆罗门!为断故。"复问:"断何等?"答言:"贪欲断,嗔恚、愚痴断。"又问阿难:"有道、有迹,能断贪欲、嗔恚、愚痴耶?"阿难答言:"有,谓

---

①　《增支部》"十集"一三五——一五一经。

②　《论》文在"差别"后,今依经提前。

③　《相应部》(四五)"道相应"五经。

八圣道:正见,正志,正语,正业,正命,正方便,正念,正定。"婆罗门言:"阿难!贤哉之道,贤哉之迹!修习、多修习,能断斯等贪欲、恚、痴。"尊者阿难说是法时,彼婆罗门闻其所说,欢喜随喜,从座起去。

六四——七三　　一〇三——一〇四〇(　　)

如断贪、恚、痴,如是调伏贪、恚、痴,及得涅槃①,及厌离,及不趣涅槃,及沙门义,及婆罗门义,及解脱,及苦断,及究竟苦边,及正尽苦,一一经皆如上说。

七四②　　　　　　一〇四一(　七八四)

如是我闻:一时,佛住舍卫国祇树给孤独园。尔时,世尊告诸比丘:"有邪、有正,谛听,善思,当为汝说。何等为邪?谓邪见乃至邪定。何等为正?谓正见乃至正定。何等为正见?谓说有施,有说,有斋;有善行,有恶行,有善恶行果报;有此世,有他世;有父母,有众生生;有阿罗汉善到、善向,有此世、他世,自知作证具足住:我生已尽,梵行已立,所作已作,自知不受后有。何等为正志?谓出要志,无恚志,不害志。何等为正语?谓离妄语,离两舌,离恶口,离绮语。何等为正业?谓离杀、盗、淫。何等为正命?谓如法求衣服、饮食、卧具、汤药,非不如法。何等为正方便?谓欲精进,方便出离,勤竞堪能,常行不退。何等为正念?谓念、随顺念,不妄不虚。何等为正定?谓住心不乱,坚固摄持,寂止、三昧、一心。"佛说此经已,诸比丘闻佛所说,欢喜奉行。

---

① 《相应部》(四五)"道相应"七经。
② 《相应部》(四五)"道相应"二一经。

七五① 　　　　　一〇四二（七八五）

如是我闻：一时，佛住舍卫国祇树给孤独园。尔时，世尊告诸比丘，如上说，差别者："何等为正见？谓正见有二种：有正见是世俗、有漏、有取、转向善趣，有正见是圣、出世间、无漏、无取、正尽苦、转向苦边。何等为正见有漏、有取、向于善趣？若彼见有施，有说，乃至知世间有阿罗汉，不受后有，是名世间正见，世俗、有漏、有取、向于善趣。何等为正见是圣、出世间、无漏、不取、正尽苦、转向苦边？谓圣弟子，苦、苦思惟，集……灭……道、道思惟，无漏思惟相应于法，选择、分别、推求、觉知、黠慧、开觉、观察，是名正见，是圣、出世间、无漏、不取、正尽苦、转向苦边。何等为正志？谓正志有②二种：有正志世俗、有漏、有取、向于善趣，有正志是圣、出世间、无漏、不取、正尽苦、转向苦边。何等为正志有世俗、有漏、有取、向于善趣？谓正志出要觉，无恚觉，不害觉，是名正志，世俗、有漏、有取、向于善趣。何等为正志是圣、出世间、无漏、不取、正尽苦、转向苦边？谓圣弟子，苦、苦思惟，集……灭……道、道思惟，无漏思惟相应心法，分别、自决、意解、计数、立意，是名正志是圣、出世间、无漏、不取、正尽苦、转向苦边。何等为正语？正语有二种：有正语世俗、有漏、有取、向于善趣，有正语是圣、出世间、无漏、不取、正尽苦、转向苦边。何等为正语世俗、有漏、有取、向于善趣？谓正语离妄语、两舌、恶口、绮语，是名正语世俗、有漏、有取、向于善趣。何等正语是圣、出世

---

① 《中阿含经》（一八九）《圣道经》。《中部》（一一七）《大四十法经》。
② "有"，原本缺，依宋本补。

间、无漏、不取、正尽苦、转向苦边？谓圣弟子，苦、苦思惟，集……灭……道、道思惟，除邪命贪①，口四恶行，诸余口恶行离，于彼无漏远离不著，固守摄持不犯，不度时节，不越限防，是名正语是圣、出世间、无漏、不取、正尽苦、转向苦边。何等为正业？正业有二种：有正业世俗、有漏、有取、向于善趣，有正业是圣、出世间、无漏、不取、正尽苦、转向苦边。何等为正业世俗、有漏、有取、转向善趣？谓离杀、盗、淫，是名正业世俗、有漏、有取、转向善趣。何等为正业是圣、出世间、无漏、不取、正尽苦、转向苦边？谓圣弟子，苦、苦思惟，集……灭……道、道思惟，除邪命贪②，身三恶行，诸余身恶行数，无漏心不乐著，固守执持不犯，不度时节，不越限防，是名正业是圣、出世间、无漏、不取、正尽苦、转向苦边。何等为正命？正命有二种：有正命是世俗、有漏、有取、转向善趣，有正命是圣、出世间、无漏、不取、正尽苦、转向苦边。何等为正命世俗、有漏、有取、转向善趣？谓如法求衣食、卧具，随病汤药，非不如法，是名正命世俗、有漏、有取、转向善趣。何等为正命是圣、出世间、无漏、不取、正尽苦、转向苦边？谓圣弟子，苦、苦思惟，集……灭……道、道思惟，于诸邪命，无漏不乐著，固守执持不犯，不越时节，不度限防，是名正命是圣、出世间、无漏、不取、正尽苦、转向苦边。何等为正方便？正方便有二种：有正方便世俗、有漏、有取、转向善趣，有正方便是圣、出世间、无漏、不取、正尽苦、转向苦边。何等为正方便世俗、有漏、有取、转向善趣？谓欲精进，方便超出，坚固建立，堪能造作，精进

---

① "贪"，原本作"念"，依宋本改。
② "贪"，原本作"念"，依宋本改。

心法摄受,常不休息,是名正方便世俗、有漏、有取、转向善趣。何等为正方便是圣、出世间、无漏、不取、正①尽苦、转向苦边?谓圣弟子,苦、苦思惟,集……灭……道、道思惟,无漏忆念相应心法,欲精进方便,勤踊超出,建立坚固,堪能造作,精进心法摄受,常不休息,是名正方便是圣、出世间、无漏、不取、正尽苦、转向苦边。何等为正念? 正念有二种:有正念②世俗、有漏、有取、转向善趣,有正念是圣、出世间、无漏、不取、正尽苦、转向苦边。何等为正念世俗、有漏、有取、转向善趣? 若念、随念、重念、忆念,不妄不虚,是名正念世俗、有漏、有取、正向善趣。何等为正念是圣、出世间、无漏、不取、转向苦边? 谓圣弟子,苦、苦思惟,集……灭……道、道思惟,无漏思惟相应,若念、随念、重念、忆念,不妄不虚,是名正念是圣、出世间、无漏、不取、转向苦边。何等为正定? 正定有二种:有正定世俗、有漏、有取、转向善趣,有正定是圣、出世间、无漏、不取、正尽苦、转向苦边。何等为正定世俗、有漏、有取、转向善趣? 若心住不乱不动,摄受寂止、三昧、一心,是名正定世俗、有漏、有取、转向善趣。何等为正定是圣、出世间、无漏、不取、正尽苦、转向苦边? 谓圣弟子,苦、苦思惟,集……灭……道、道思惟,无漏思惟相应心法,住不乱不散,摄受寂止、三昧、一心,是名正定是圣、出世间、无漏、不取、正尽苦、转向苦边。"佛说此经已,诸比丘闻佛所说,欢喜奉行。

"差别":略说一切八圣道支,二处所摄:一者、世间,二、出

---

① "正",原本缺,依宋本补。
② "有正念",原本缺,依宋本补。

世间。其世间者,三漏、四取所随缚故,不能尽苦;是善性故,能往善趣。出世间者,与彼相违,能尽众苦。

七六① 　　　　一〇四三(七八六)

如是我闻:一时,佛住舍卫国祇树给孤独园。尔时,世尊告诸比丘:"若比丘心向邪者,违背于法,不乐于法;若向正者,心乐于法,不违于法。何等为邪? 谓邪见乃至邪定。何等为正? 谓正见乃至正定。"佛说此经已,诸比丘闻佛所说,欢喜奉行。

七七② 　　　　一〇四四(七八七)

如是我闻:一时,佛住舍卫国祇树祇孤独园。尔时,世尊告诸比丘:"向邪者,违于法,不乐于法;向正者,乐于法,不违于法。何等为向邪者,违于法,不乐于法? 谓邪见人,身业如所见,口业如所见,若思、若欲、若愿、若为,彼皆随顺,一切得不爱果,不念、不可意果。所以者何? 以见恶故,谓邪见;邪见者,起邪志、邪语、邪业、邪命、邪方便、邪念、邪定。是向邪者,违于法,不乐于法。何等为向正者,乐于法,不违于法? 谓正见人,若身业随所见,若口业,若思、若欲、若愿、若为,悉皆随顺,得可爱、可念、可意果。所以者何? 以见正故,谓正见;正见者,能起正志、正语、正业、正命、正方便、正念、正定,是名向正者,乐于法,不违于法。"佛说此经已,诸比丘闻佛所说,欢喜奉行。

七八③ 　　　　一〇四五(七八八)

如是我闻:一时,佛住舍卫国祇树给孤独园。尔时,世尊告

---

① 《增支部》"十集"一〇三经。
② 《增支部》"十集"一〇四经。
③ 《增支部》"十集"一〇四经。

诸比丘:"向邪者,违于法,不乐于法;向正者,乐于法,不违于法。何等为向邪者,违于法,不乐于法?若邪见人,身业如所见,口业如所见,若思、若欲、若愿、若为,彼皆随顺,一切得不爱果,不念、不可意果。所以者何?恶见谓邪见,邪见者起邪志、邪语、邪业、邪命、邪方便、邪念、邪定。譬如苦果种着地中,随时溉灌,彼得地味、水味、火味、风味,一切悉苦。所以者何?以种苦故。如是邪见人,身业如所见,口业如所见,若思、若欲、若愿、若为,悉皆随顺,彼一切得不爱、不念、不可意果。所以者何?恶见者谓邪见,邪见者能起邪志乃至邪定,是名向邪者,违于法,不乐于法。何等为向正者,乐于法,不违于法?若正见人,身业如所见,口业如所见,若思、若欲、若愿①、若为,悉皆随顺,彼一切得可爱、可念、可意果。所以者何?善见谓正见,正见者能起正志乃至正定。譬如甘蔗、稻、麦、蒲桃种着地中,随时溉灌,彼得地味、水味、火味、风味,彼一切味悉甜美。所以者何?以种子甜故。如是正见人,身业如所见,口业如所见,若思、若欲、若愿、若为,悉皆随顺,彼一切得可爱、可念、可意果。所以者何?善见者谓正见,正见者能起正志乃至正定,是名向正者,乐于法,不违于法。"佛说此经已,诸比丘闻佛所说,欢喜奉行。

七九——八一　　一〇四六——一〇四八(　　)

世间、出世间,亦如是说,如上三经,亦皆说偈言:

"鄙法不应近,放逸不应行,不应习邪见,增长于世间。
假使有世间,正见增上者,虽复百千生,终不堕恶趣。"

---

① "若愿",原本缺,依宋本补。

佛说此经已,诸比丘闻佛所说,欢喜奉行。

八二　　　　　一〇四九(　七八九)

如是我闻:一时,佛住舍卫国祇树给孤独园。时有生闻婆罗门,来诣佛所,稽首佛足,与世尊面相问讯慰劳已,退坐一面。白佛言:"瞿昙!所谓正见者,何等为正见?"佛告婆罗门:"正见有二种:有正见世俗、有漏、有取、转向善趣,有正见是圣、出世间、无漏、不取、正尽苦、转向苦边。何等为正见世俗、有漏、有取、转向善趣?谓正见有施,有说,有斋,乃至自知不受后有。婆罗门!是名正见世俗、有漏、有取、向于善趣。婆罗门!何等为正见是圣、出世间、无漏、不取、正尽苦、转向苦边?谓圣弟子,苦、苦思惟,集……灭……道、道思惟,无漏思惟相应,于法选择、分别、求觉、巧便、黠慧、观察,是名正见是圣、出世间、无漏、不取、正尽苦、转向苦边。"佛说此经已,生闻婆罗门闻佛所说,欢喜随喜,从座起去。

八三——八九　　一〇五〇——一〇五六(　　　)

如正见,如是正志,正语,正业,正命,正方便,正念,正定,一一经如上说。

九〇①　　　　　一〇五七(　七九〇)

如是我闻:一时,佛住舍卫国祇树给孤独园。尔时,世尊告诸比丘:"有邪及邪道,有正及正道。谛听,善思,当为汝说。何等为邪?谓地狱,畜生,饿鬼。何等为邪道?谓邪见乃至邪定。何等为正?谓人,天,涅槃。何等为正道?谓正见乃至正定。"

---

① 《相应部》(四五)"道相应"二三经。

佛说此经已,诸比丘闻佛所说,欢喜奉行。

九一　　　　　　　一〇五八（七九一）

如是我闻:一时,佛住舍卫国祇树给孤独园。尔时,世尊告诸比丘:"有邪、有邪道,有正、有正道。谛听,善思,当为汝说。何等为邪?谓地狱,畜生,饿鬼。何等为邪道?谓杀,盗,邪淫,妄语,两舌,恶口,绮语,贪,恚,邪见。何等为正?谓人,天,涅槃。何等为正道?谓不杀,不盗,不邪淫,不妄语,不两舌,不恶口,不绮语,无贪,无恚,正见。"佛说此经已,诸比丘闻佛所说,欢喜奉行。

九二　　　　　　　一〇五九（七九二）

如是我闻:一时,佛住舍卫国祇树给孤独园。尔时,世尊告诸比丘,如上说,差别者:"何等为恶趣道?谓杀父,杀母,杀阿罗汉,破僧,恶心出佛身血。"余如上说。佛说此经已,诸比丘闻佛所说,欢喜奉行。

九三　　　　　　　一〇六〇（七九三）

如是我闻:一时,佛住舍卫国祇树给孤独园。尔时,世尊告诸比丘:"有顺流道,有逆流道。谛听,善思,当为汝说。何等为顺流道?谓邪见乃至邪定。何等为逆流道?谓正见乃至正定。"佛说此经已,诸比丘闻佛所说,欢喜奉行。

九四——九六　　一〇六一——一〇六三（　　）

如顺流、逆流,如是退道、胜道,下道、上道,及三经道迹,亦如上说。

九七　　　　　　　一〇六四（七九四）

如是我闻:一时,佛住舍卫国祇树给孤独园。尔时,世尊告

诸比丘:"有沙门及沙门法。谛听,善思,当为汝说。何等为沙门法?谓八圣道,正见乃至正定。何等为沙门?若成就此法者,是名沙门。"佛说此经已,诸比丘闻佛所说,欢喜奉行。

九八① 　　一〇六五（七九五）

如是我闻:一时,佛住舍卫国祇树给孤独园。尔时,世尊告诸比丘:"有沙门法,沙门义。何等为沙门法?谓八圣道,正见乃至正定。何等为沙门义?谓贪欲永尽,嗔恚、愚痴永尽,一切烦恼永尽,是名沙门义。"佛说此经已,诸比丘闻佛所说,欢喜奉行。

九九② 　　一〇六六（七九六）

如是我闻:一时,佛住舍卫国祇树给孤独园。尔时,世尊告诸比丘:"有沙门法及沙门果。谛听,善思,当为汝说。何等为沙门法?谓八圣道,正见乃至正定。何等为沙门果?谓须陀洹果,斯陀含果,阿那含果,阿罗汉果。"佛说此经已,诸比丘闻佛所说,欢喜奉行③。

一〇〇 　　一〇六七（七九七）

④如是我闻:一时,佛住舍卫国祇树给孤独园。尔时,世尊告诸比丘:"有沙门法及沙门果。谛听,善思,当为汝说。何等为沙门法?谓八圣道,正见乃至正定。何等为沙门果?谓须陀洹果,斯陀含果,阿那含果,阿罗汉果。何等为须陀洹果?谓三

---

① 《相应部》(四五)"道相应"三六经。
② 《相应部》(四五)"道相应"三五经。
③ 《杂阿含经》卷二八终。
④ 《杂阿含经》卷二九。

结断。何等为斯陀含果？谓三结断，贪、恚、痴薄。何等为阿那含果？谓五下分结尽。何等为阿罗汉果？谓贪、恚、痴永尽，一切烦恼永尽。"佛说此经已，诸比丘闻佛所说，欢喜奉行。

一〇一　　　　　一〇六八（七九八）

如是我闻：一时，佛住舍卫国祇树给孤独园。尔时，世尊告诸比丘："有沙门法，沙门，沙门义。谛听，善思，当为汝说。何等为沙门法？谓八圣道，正见乃至正定。何等为沙门？谓成就此法者。何等为沙门义？谓贪欲永断，嗔恚、痴永断，一切烦恼永断。"佛说此经已，诸比丘闻佛所说，欢喜奉行。

一〇二　　　　　一〇六九（七九九）

如是我闻：一时，佛住舍卫国祇树给孤独园。尔时，世尊告诸比丘，如上说，差别者："有沙门果，何等为沙门果？谓须陀洹果，斯陀含果，阿那含果，阿罗汉果。"佛说此经已，诸比丘闻佛所说，欢喜奉行。

一〇三——一一四　　一〇七〇——一〇八一（八〇〇）

（如沙门法、沙门、沙门义、沙门果，）如是婆罗门法、婆罗门、婆罗门义、婆罗门果①，梵行法、梵行者、梵行义、梵行果②，亦如上说③。

"沙门婆罗门"：复次，依第一义所有沙门，安立如是八支圣道为沙门义。为此义故，于善说法毗奈耶中，假名出家，受沙门性。又此毕竟无失坏故，名第一义；其假名者，即不如是。诸有

---

① 《相应部》（四五）"道相应"三八·三七经。
② 《相应部》（四五）"道相应"四〇·三九经。
③ 沙门等共六经，婆罗门、梵行等例此，成十二经。

成就此第一义沙门性者,当知亦名胜义沙门。又彼追求此沙门果,贪、嗔、痴等毕竟断义,是故说彼名沙门义。此沙门义,复有二种:一、无差别,总相建立;二、若有所作,若无所作,行向、住果差别建立。如是一切,总有四种:一、沙门性,二、是沙门,三、沙门义,四、沙门果。

有婆罗门差别道理,当知亦尔。

一四　安那般那念相应①

②复次,嗢拕南曰:

障随惑、寻等果、微③细、身劳,学住及作意,智无执为后。

入出息念修习差别,有十六行,广分别义,如声闻地应知其相④。

声闻地说:"云何阿那波那念所缘?谓缘入息、出息念,是名阿那波那念。此念所缘入、出息等,名阿那波那念所缘。当知此中,入息有二,何等为二?一者、入息,二者、中间入息。出息亦二,何等为二?一者、出息,二者、中间出息。入息者,谓出息无间,内门风转,乃至脐处。中间入息者,谓入息灭已,乃至出息未生,于其中间,在停息处,暂时相似微细风起,是名中间入息。如入息、中间入息,出息、中间出息,当知亦尔。此中差别者:谓入息无间,外间风转,始从脐处,乃至面门,或至鼻端,或复出外。入息、出息,有二因缘。何等为二?一、牵引业;二、脐处孔穴,或上身分所有孔穴。入息、出息有二所依,何等为二?一、身,二、心。所以者何?要依身、心,入出息转,如其所应。若唯依身而息转者,入无想定,入灭尽定,生无想天诸有情类,彼息应转!若唯依心而息转者,入无色定,生无色界,彼息应转!若唯依身、心

---

① "安那般那念相应",共二十二经。与《相应部》(五四)"入出息相应"相当。
② 《瑜伽师地论》卷九八中。
③ "微",原作"欲",依下《论》义改。
④ 《瑜伽师地论》卷二七(大正三〇·四三〇下——四三三中),如下引文所说。

而转非如其所应者,入第四静虑,若生于彼诸有情类,及羯罗蓝、頞部昙、闭尸等位诸有情类,彼息应转!然彼不转,是故当知要依身、心,入、出息转,如其所应。入息、出息,有二种行。何等为二?一者、入息向下而行,二者、出息向上而行。入息、出息,有二种地。何等为二?一、粗孔穴,二、细孔穴。云何粗孔穴?谓从脐处孔穴,乃至面门鼻门;复从面门鼻门,乃至脐处孔穴。云何细孔穴?谓于身中一切毛孔。入息、出息,有四异名。何等为四?一、名风,二、名阿那波那,三、名入息、出息,四、名身行。风名一种,是风共名;余之三种,是不共名。

修入出息者,有二过患。何等为二?一、太缓方便,二、太急方便。由太缓方便故,生起懈息,或为惛沉、睡眠缠扰其心,或令其心于外散乱。由太急方便故,或令其身生不平等,或令其心生不平等。云何令身生不平等?谓强用力持入出息,由入出息被执持故,便令身中不平风转。由此最初于诸支节皆生战掉,名能战掉;此战掉风若增长时,能生疾病。由是因缘,于诸支节生诸疾病,是名令身生不平等。云何令心生不平等?谓或令心生诸散乱,或为极重忧恼逼切,是名令心生不平等。

又此阿那波那念,应知略有五种修习。何等为五?一、算数修习,二、悟入诸蕴修习,三、悟入缘起修习,四、悟入圣谛修习,五、十六胜行修习。

云何名为算数修习?谓略有四种算数修习。何等为四?一者、以一为一算数,二者、以二为一算数,三者、顺算数,四者、逆算数。云何以一为一算数?谓若入息入时,由缘入出息①住念,

---

① "入出息",依义应作"入息","出"应删。

数以为一；若入息灭，出息生，出向外时，数为第二，如是展转数至其十。由此算数非略非广，故唯至十，是名以一为一算数。云何以二为一算数？谓若入息入而已灭，出息生而已出，尔时总合数以为一。即由如是算数道理，数至其十，是名以二为一算数。入息、出息，说名为二，总合二种数之为一，故名以二为一算数。云何顺算数？谓或由以一为一算数，或由以二为一算数，顺次展转数至其十，名顺算数。云何逆算数？谓即由前二种算数，逆次展转，从第十数次九、次八、次七、次六、次五、次四、次三、次二、次数其一，名逆算数。若时行者，或以一为一算数为依，或以二为一算数为依，于顺算数及逆算数已串修习，于其中间心无散乱。无散乱心善算数已，复应为说胜进算数。云何名为胜进算数？谓或依以一为一算数，或依以二为一算数，合二为一而算数之。若依以一为一而算数者，即入息、出息二合为一；若依以二为一而算数者，即入息、出息四合为一。如是展转，数乃至十。如是后后渐增，乃至以百为一而算数之，由此以百为一算数，渐次数之，乃至其十。如是勤修数息念者，乃至十十数以为一，渐次数之，乃至满十。由此以十为一算数，于其中间心无散乱，齐此名为已串修习。又此勤修数息念者，若于中间其心散乱，复应退还从初数起，或顺、或逆。若时算数极串习故，其心自然乘任运道，安住入息、出息所缘，无断无间相续而转。先于入息有能取转，入息灭已，于息空位有能取转；次于出息有能取转，出息灭已，于息空位有能取转。如是展转相续流注，无动无摇，无散乱行，有爱乐转，齐此名为过算数地，不应复数。唯于入息、出息所缘，令心安住，于入出息应正随行；应审了达；于入出息及二中间,若转若还分位差别,皆善觉了,如是名为算数修习。又钝根者,应为宣说如是息念算数修习,彼由此故,于散乱处令心安住,令心爱乐。若异算数入出息念,彼心应为惛沉、睡眠之所缠扰,或应彼心于外驰散,由正勤修数息念故,彼皆无有。若有利根,觉慧聪俊,不好乘此算数加行,若为宣说算数加行,亦能速疾无倒了达,然不爱乐。彼复于此入出息缘安住念已,若是处转,若乃至转,若如所转,若时而转,于此一切由安住念能正随行,能正了达,如是加行有如是相。于此加行,若修、若习、若多修习为因缘故,起身轻安及心轻安,证一境性,于其所缘爱乐趣入。

如是彼于算数息念善修习已,复于所取、能取二事,作意思惟,悟入诸蕴。云何悟入?谓于入息、出息,及息所依身,作意思惟,悟入色蕴。于彼入息、出息,能取念相应领纳,作意思惟,悟入受蕴。即于彼念相应等了,作意思惟,悟入想蕴。即于彼念,若念相应思及慧等,作意思惟,悟入行蕴。若于彼念相应诸心、意、识,作意思惟,悟入识蕴。如是行者,于诸蕴中乃至多住,名已悟入,是名悟入诸蕴修习。

若时无倒能见、能知唯有诸蕴,唯有诸行,唯事、唯法,彼于尔时,能于诸行悟入缘起。云何悟入?谓观行者如是寻求:此入、出息,何依、何缘?既寻求已,如实悟入:此入、出息,依身、缘身,依心、缘心。复更寻求:此身、此心,何依、何缘?既寻求已,如实悟入:此身、此心,依缘命根。复更寻求:如是命根,何依、何缘?既寻求已,如实悟入:如是命根,依缘先行。复更寻求:如是先行,何依、何缘?既寻求已,如实悟入:如是先行,依缘无明。如是了知无明依缘先行,先行依缘命根,命根依缘身、心,身、心依缘入息、出息。又能了知无明灭故行灭，行灭故命根灭，命根灭故身、心灭，身、心灭故入、出息灭。如是名为悟入缘起。彼于缘起悟入多住，名善修习①，是名悟入缘起修习。

如是彼于缘起悟入善修习已，复于诸行如实了知，从众缘生悟入无常。谓悟入诸行是无常故，本无而有，有已散灭。若是本无而有，有已散灭，即是生法、老法、病法、死法。若是生法、老法、病法、死法，即是其苦。若是其苦，即是无我，不得自在，远离宰主。如是名为由无常、苦、空、无我行，悟入苦谛。又彼如是能正悟入：诸所有行，众缘生起，其性是苦，如病、如痈，一切皆以贪爱为缘。又正悟入：即此能生众苦贪爱，若无余断，即是毕竟寂静微妙。我若于此如是了知，如是观见，如是多住，当于贪爱能无余断，如是名能悟入集谛、灭谛、道谛。于此悟入能多住已，于诸谛中证得现观，是名悟入圣谛修习。

如是于圣谛中善修习已，于见道所断一切烦恼，皆悉永断，唯余修道所断烦恼。为断彼故，复进修习十六胜行。云何名为十六胜行？谓于念入息，我今能学念于入息；于念出息，我今能学念于出息。若长，若短。于觉了遍身入息，我今能学觉了遍身入息；于觉了遍身出息，我今能学觉了遍身出息。于息除身行入息，我今能学息除身行入息；于息除身行出息，我今能学息除身行出息。于觉了喜入息，我今能学觉了喜入息；于觉了喜出息，我今能学觉了喜出息。于觉了乐入息，我今能学觉了乐入息；于觉了乐出息，我今能学觉了乐出息。于觉了心行入息，我今能学觉了心行入

---

① "修习"，原误作"习修"，依圣本改。

息；于觉了心行出息，我今能学觉了心行出息。于息除心行入息，我今能学息除心行入息；于息除心行出息，我今能学息除心行出息。于觉了心入息，我今能学觉了心入息；于觉了心出息，我今能学觉了心出息。于喜悦心入息，我今能学喜悦心入息；于喜悦心出息，我今能学喜悦心出息。于制持心入息，我今能学制持心入息；于制持心出息，我今能学制持心出息。于解脱心入息，我今能学解脱心入息；于解脱心出息，我今能学解脱心出息。于无常随观入息，我今能学无常随观入息；于无常随观出息，我今能学无常随观出息。于断随观入息，我今能学断随观入息；于断随观出息，我今能学断随观出息。于离欲随观入息，我今能学离欲随观入息；于离欲随观出息，我今能学离欲随观出息。于灭随观入息，我今能学灭随观入息；于灭随观出息，我今能学灭随观出息。

问：如是十六，差别云何？答：有学见迹，已得四念住等，于入、出息所缘作意，复更进修。为断余结，是故念言：于念入息，我今能学念于入息，于念出息，我今能学念于出息。若缘入息、出息境时，便作念言：我今能学念长入息，念长出息。若缘中间入息、中间出息境时，便作念言：我今能学念短入息，念短出息。如入息、出息长转，及中间入息、中间出息短转，即如是了知，如是名为若长若短。若缘身中微细孔穴入息、出息，周遍随入诸毛孔中，缘此为境起胜解时，便作念言：我于觉了遍身入息、出息，我今能学觉了遍身入息、出息。若于是时，或入息、中间入息已灭，出息、中间出息未生，缘入息出息空无位，入息、出息远离位为境；或出息、中间出息已灭，入息、中间入息未生，缘出息、入息空无位，出息、入息远离位为境，即于此时便作念言：于息除身行入息,我今能学息除身行入息;于息除身行出息,我今能学息除身行出息。又即于此若修、若习、若多修习为因缘故,先未串习入、出息时所有刚强若触随转,今已串习入出息故,皆得息除,有余柔软乐触随转,便作念言:于息除身行入息,我今能学息除身行入息;于息除身行出息,我今能学息除身行出息。又于如是阿那波那念勤修行者,若得初静虑,或得第二静虑时,便作念言:于觉了喜入息、出息,我今能学觉了喜入息、出息。若得离喜第三静虑时,便作念言:于觉了乐入息、出息,我今能学觉了乐入息、出息。第三静虑已上,于阿那波那念无有更修加行道理,是故乃至第三静虑,宣说息念加行所摄。又即如是觉了喜者、觉了乐者,或有暂时生起忘念,或谓有我、我所。或发我慢,或谓我当有,或谓我当无;或谓我当有色,或谓我当无色;或谓我当有想,或谓我当无想,或谓我当非有想非无想。生起如是愚痴想、思俱行,种种动慢、戏论、造作贪爱才生起已,便能速疾以慧通达,不深染著,方便断灭、除遣、变吐。由是加行,便作念言:于觉了心行入息、出息,我今能学觉了心行入息、出息。于息除心行入息、出息,我今能学息除心行入息、出息。又若得根本第一、第二、第三静虑,彼定已得初静虑近分未至依定,依此观察所生起心,谓如实知、如实觉了;或有贪心,或离贪心;或有嗔心,或离嗔心;或有痴心,或离痴心;略心,散心;下心,举心;有掉动心,无掉动心;有寂静心,无寂静心;有等引心,无等引心;善修习心,不善修习心;善解脱心,不善解脱心。于如是心,皆如实知,如实觉了,是故念言:于觉了心入息、出息,我今能学觉了心入息、出息。彼若有时,见为惛沉、睡眠盖覆障其心,由极于内住寂止故,尔时于外随缘一种净妙境界,示现、教导、赞励、庆喜、策发其心,是故念言:于喜悦心入息、出息,我今能学喜悦心入息、出息。彼若有时,见为掉举、恶作盖覆障其心,由极于外住嚣举故,尔时于内安住寂静,制持其心,是故念言:于制持心入息、出息,我今能学制持心入息、出息。若时于心善修、善习、善多修习为因缘故,令现行盖皆得远离,于诸盖中心得清净,是故念言:于解脱心入息、出息,我今能学解脱心入息、出息。彼于诸盖障修道者,心已解脱,余有随眠复应当断。为断彼故,起道现前,谓于诸行无常法性,极善精恳,如理观察,是故念言:于无常随观入息、出息,我今能学无常随观入息、出息。又彼先时,或依下三静虑,或依未至依定,已于奢摩他修瑜伽行,今依无常随观,复于毗钵舍那修瑜伽行。如是以奢摩他、毗钵舍那熏修心已,于诸界中,从彼随眠而求解脱。云何诸界?所谓三界:一者、断界,二者、离欲界,三者、灭界。见道所断一切行断,名为断界。修道所断一切行断,名离欲界。一切依灭,名为灭界。思惟如是三界,寂静、安隐、无患,修奢摩他、毗钵舍那,彼由修习、多修习故,从余修道所断烦恼心得解脱,是故念言:于断随观、离欲随观、灭随观入息、出息,我今能学断随观、离欲随观、灭随观入息、出息。如是彼于见、修所断一切烦恼皆永断故,成阿罗汉,诸漏永尽,此后更无所应作事,于所决择已得究竟,是名十六胜行。

一〇八二(八〇一)

①如是我闻:一时,佛住舍卫国祇树给孤独园。尔时,世尊

---

① 《杂阿含经》卷二九中。

告诸比丘:"有五法多所饶益,修安那般那念。何等为五?住于净戒,波罗提木叉律仪,威仪、行处具足,于微细罪能生怖畏,受持学戒,是名第一多所饶益,修习安那般那念。复次,比丘!少欲、少事、少务,是名二法多所饶益,修习安那般那念。复次,比丘!饮食知量,多少得中,不为饮食起求欲想,精勤思惟,是名三法多所饶益,修安那般那念。复次,比丘!初夜后夜,不著睡眠,精勤思惟,是名四法多所饶益,修安那般那念。复次,比丘!空闲林中,离诸愦闹,是名五法多所①饶益,修习安那般那念。"佛说此经已,诸比丘闻佛所说,欢喜奉行。

二　　　　　　　一〇八三(八〇二)

如是我闻:一时,佛住舍卫国祇树给孤独园。尔时,世尊告诸比丘:"当修安那般那念。若比丘修习安那般那念,多修习者,得身止息及心止息,有觉有观,寂灭,纯一,明分想修习满足。"佛说此经已,诸比丘闻佛所说,欢喜奉行。

三②　　　　　　一〇八四(八〇三)

如是我闻:一时,佛住舍卫国祇树给孤独园。尔时,世尊告诸比丘:"修习安那般那念,若比丘修习安那般那念,多修习者,得身心止息,有觉有观,寂灭,纯一,明分想修习满足。何等为修习安那般那念,多修习已,身心止息,有觉有观,寂灭,纯一,明分想修习满足?是比丘,若依聚落、城邑止住,晨朝着衣持钵,入村乞食,善护其身,守诸根门,善系心住。乞食已,还住处,举衣钵,洗足已。或入林中、闲房、树下,或空露地,端身正坐,系念面前,

---

① "所",原本作"种",今改。
② 《相应部》(五四)"入出息相应"一经。

断世贪爱，离欲清净；嗔恚；睡眠；掉悔；疑断，度诸疑惑，于诸善法心得决定。远离五盖烦恼，于心令慧力羸，为障碍分，不趣涅槃。念于内息，系念善学；念于外息，系念善学。息长，息短。觉知一切身入息，于一切身入息善学；觉知一切身出息，于一切身出息善学。觉知一切身行息入息，于一切身行息入息善学；觉知一切身行息出息，于一切身行息出息善学。觉知喜；觉知乐；觉知心行；觉知心行息入息，于觉知心行息入息善学，觉知心行息出息，于觉知心行息出息善学。觉知心；觉知心悦；觉知心定；觉知心解脱入息，于觉知心解脱入息善学，觉知心解脱出息，于觉知心解脱出息善学。观察无常；观察断；观察无欲；观察灭入息，于观察灭入息善学，观察灭出息，于观察灭出息善学。是名修安那般那念，身止息，心止息，有觉有观，寂灭，纯一，明分想修习满足。"佛说此经已，诸比丘闻佛所说，欢喜奉行。

"障随惑"：又勤修行诸瑜伽师，修习如是入、出息念，尔时应知五障碍法：一者，于其外缘，其心散乱；二者，入出息转，有所艰难；三者，掉举、恶作缠现在前；四者，惛沉、睡眠缠现在前；五者，乐与道俗共相杂住。如是①五法，于未得定欲求心定，及得定已倍复增长，当知一切能为障碍。奢摩他品诸随烦恼所染污时，发身惛沉，生心下劣，由正修习入出息念身心轻安，能令惛沉、下劣俱行身心粗重，皆悉远离。毗钵舍那品诸随烦恼所染污时，发生种种寻伺、妄想，谓欲寻伺等不正寻伺，及无明分寻伺所起诸欲想等种种妄想，由正修习入出息念，令寻伺等悉皆静息。

---

① "是"，原作"者"，依圣本改。

为欲对治彼无明分诸妄想故,纯修明分想,令速得圆满。

四① 　　　　　　一〇八五(八〇四)

如是我闻:一时,佛住舍卫国祇树给孤独园。尔时,世尊告诸比丘:"当修安那般那念。安那般那念修习、多修习者,断诸觉想。云何安那般那念修习、多修习,断诸觉想? 若比丘依止聚落、城邑住,如上广说,乃至于出息灭善学,是名安那般那念修习、多修习,断诸觉想。"佛说此经已,诸比丘闻佛所说,欢喜奉行。

五———— 一〇八六——一〇九二( )

如断觉想,如是不动摇,得大果、大福利,〔如是〕得甘露、究竟甘露,得二果、四果、七果②,一一经亦如上说。

"寻":复次,正勤修习入出息念诸瑜伽师,于缘过去诸行寻伺,能令无间所生等持有间缺者,速得损减;于缘未来诸行寻伺,能令无间所生等持有间缺者,速得止息;于缘现在诸行寻伺,能令无间所生等持有间缺者,速得寂静。

"果":又若略说,由能永断六种结故,当知建立二种、四种及以七种诸果胜利,如经广说。云何六结? 谓顺下分、上分二结,见道、修道所断二结,若起、若生二分位结。如是别别,当知总说有六种结,如其次第,建立二种、四种、七种诸果胜利。

一二③ 　　　　　　一〇九三(八〇五)

如是我闻:一时,佛住舍卫国祇树给孤独园。尔时,世尊告

---

① 《相应部》(五四)"入出息相应"三经。
② 《相应部》(五四)"入出息相应"四·五经。
③ 《相应部》(五四)"入出息相应"六经。

诸比丘:"如我所说安那般那念,汝等修习不?"时有比丘,名阿梨瑟吒,于众中坐,即从座起,整衣服,为佛作礼,右膝着地,合掌白佛言:"世尊!世尊所说安那般那念,我已修习。"佛告阿梨瑟吒:"比丘!汝云何修习我所说安那般那念?"比丘白佛:"世尊!我于过去诸行不顾念,未来诸行不生欣乐,于现在诸行不生染著。于内外对碍想,善正除灭。我已如是修世尊所说安那般那念。"佛告阿梨瑟吒:"比丘!汝实修我所说安那般那念,非不修。然其比丘!于汝所修安那般那念所,更有胜妙过其上者。何等是胜妙过阿梨瑟吒所修安那般那念者?是比丘依止城邑、聚落,如前广说,乃至于灭出息观察善学,是名阿梨瑟吒比丘!胜妙过汝所修安那股那念者。"佛说此经已,诸比丘闻佛所说,欢喜奉行。

一三① 一〇九四(八〇六)

如是我闻:一时,佛住舍卫国祇树给孤独园。尔时,世尊于晨朝时,着衣持钵,入舍卫城乞食。食已,还精舍,举衣钵,洗足已,持尼师檀,入安陀林,坐一树下,昼日禅思。时尊者罽宾那,亦晨朝时,着衣持钵,入舍卫城乞食。还举衣钵,洗足已,持尼师檀,入安陀林,于树下坐禅。去佛不远,正身不动,身心正直,胜妙思惟。尔时,众多比丘,晡时从禅觉,往诣佛所,稽首礼佛足,退坐一面。佛语诸比丘:"汝等见尊者罽宾那不?去我不远,正身端坐,身心不动,住胜妙住。"诸比丘白佛:"世尊!我等数见彼尊者正身端坐,善摄其身,不倾不动,专心胜妙。"佛告诸比

---

① 《相应部》(五四)"入出息相应"七经。

丘："若比丘修习三昧,身心安住,不倾不动,住胜妙住者,此比丘得此三昧,不勤方便,随欲即得。"诸比丘白佛："何等三昧?比丘得此三昧,身心不动,住胜妙住。"佛告诸比丘："若比丘依止聚落,晨朝着衣持钵,入村乞食已,还精舍,举衣钵,洗足已,入林中,若闲房、露坐,思惟系念,乃至息灭观察善学,是名三昧,若比丘端坐思惟,身心不动,住胜妙住。"佛说此经已,诸比丘闻佛所说,欢喜奉行。

（差别）:复次,入出息念修习差别,略有二种:一者、有上,二者、无上。其有上者,谓如有一,独处空闲,以静定心,如理观察命根,系属入息、出息。若我于入息后无有出息,或出息后无入息者,如是命根即应断灭。而于无常行中有希奇事,入息灭已,我命根住,乃复得至出息生时;出息灭已,我命根住,乃复得至入息生时。彼由攀缘如是事故,深心厌离,于三世境所发爱恚,净修其心,是名有上;十六行修,当知无上。

一四① 　　　　一〇九五（八〇七）

如是我闻:一时,佛住一奢能伽罗林中。尔时,世尊告诸比丘:"我欲二月坐禅,诸比丘勿复往来,唯除送食比丘及布萨时。"尔时,世尊作是语已,即二月坐禅,无一比丘敢往来者,唯除送食及布萨时。尔时,世尊坐禅,二月过已,从禅觉,于比丘僧前坐,告诸比丘:"若诸外道出家来问汝等:沙门瞿昙于二月中,云何坐禅?汝应答言:如来二月,以安那般那念坐禅思惟住。所

---

① 《相应部》（五四）"入出息相应"——一经。

以者何？我于此二月,念安那般那多住思惟:入息时念入息如实知;出息时念出息如实知;若长,若短;一切身觉入息念如实知,一切身觉出息念如实知;身行休息入息念如实知,乃至灭出息念如实知。我悉知已,我时作是念,此则粗思惟住。我今于此思惟止息已,当更修余微细修住而住。尔时,我息止粗思惟已,即更入微细思惟,多住而住。时有三天子,极上妙色,过夜来至我所。一天子作是言:沙门瞿昙时到。复有一天子言:此非时到,是时向至。第三天子言:非为时到,亦非时向至,此则修住,是阿罗诃寂灭耳。"佛告诸比丘:"若有正说圣住,天住,梵住,学住,无学住,如来住,学人所不得当得,不到当到,不证当证,无学人现法乐住者,谓安那般那念,此则正说。所以者何？安那般那念者,是圣住,天住,梵住,乃至无学现法乐住。"佛说此经已,诸比丘闻佛所说,欢喜奉行。

"微细":复次,如是入息、出息念住,缘细风色为境界故,名微细住。隔绝一切乱寻伺故,名不流散。发生广大身心所有妙轻安故,名不可伏。

一五①　　　　　一〇九六（八〇八）

如是我闻:一时,佛住迦毗罗越尼拘律树园中。尔时,释氏摩诃男,诣尊者迦磨比丘所,礼迦磨比丘足已,退坐一面。语迦磨比丘言:"云何尊者迦磨! 学住者为即是如来住耶？为学住异、如来住异？"迦磨比丘答言:"摩诃男! 学住异,如来住异。

---

① 《相应部》(五四)"入出息相应"一二经。

摩诃男！学住者,断五盖多住；如来住者,于五盖已断、已知,断其根本,如截多罗树头,更不生长,于未来世成不生法。一时,世尊住一奢能伽罗林中,尔时世尊告诸比丘:我欲于此一奢能伽罗林中,二月坐禅,汝诸比丘勿使往来,唯除送食比丘及布萨时。广说如前,乃至无学现法乐住。以是故知,摩诃男！学住异,如来住异。"释氏摩诃男闻迦磨比丘所说,欢喜从座起去。

"学住":复次,容有是处,或有一人作如是念:如来与彼最极下劣、得慧解脱阿罗汉果,无有差别。谓依解脱,作是思惟:如来解脱与慧解脱阿罗汉果,所有解脱,无有差别。颇复有人作如是念:如来所有离诸盖住,居内法中最极下劣,若诸有学,若诸异生,由精进力,于其五盖伏断而住,名离盖住。此离盖住,彼离盖住,为如解脱无有差别？为有差别？应知如是二离盖住,极大差别:谓诸有学,虽现行故,离盖住心与如来等,然彼随眠未永断故,诸盖数数间心相续,数数作意励力除遣；如来诸盖毕竟断故,离诸盖住,与彼所有离诸盖住,极大差别,非如解脱无有差别①。

一六②　　　　　一〇九七(八〇九)

如是我闻:一时,佛住金刚聚落,跋求摩河侧萨罗梨林中。尔时,世尊为诸比丘说不净观,赞叹不净观言:"诸比丘！修不净观、多修习者,得大果、大福利。"时诸比丘修不净观已,极厌患身,或以刀自杀,或服毒药,或绳自绞,投岩自杀,或令余比丘杀。有异比丘,极生厌患恶露不净,至鹿林梵志子所,语鹿林梵

---

① 《论》义本在"身劳"下,今依经次第,提前。
② 《相应部》(五四)"入出息相应"九经。

志子言:"贤首!汝能杀我者,衣、钵属汝。"时鹿林梵志子,即杀彼比丘,持刀至跋求摩河边洗刀。时有魔天,住于空中,赞鹿林梵志子言:"善哉!善哉!贤首!汝得无量功德,能令诸沙门释子持戒有德(者),未度者度,未脱者脱,未稣息者令得稣息,未涅槃者令得涅槃;诸长利衣钵杂物,悉皆属汝。"时鹿林梵志子,闻赞叹已,增恶邪见,作是念:我今真实大作福德,令沙门释子持戒功德者,未度者度,未脱者脱,未稣息者令得稣息,未涅槃者令得涅槃;衣钵杂物,悉皆属我。于是手执利刀,循诸房舍,诸经行处,别房、禅房,见诸比丘,作如是言:"何等沙门持戒有德,未度者我能令度,未脱者令脱,未稣息者令得稣息,未涅槃令得涅槃。"时有诸比丘厌患身者,皆出房舍,语鹿林梵志子言:"我未得度,汝当度我!我未得脱,汝当脱我!我未得稣息,汝当令我得稣息!我未得涅槃,汝当令我得涅槃!"时鹿林梵志子,即以利刀杀彼比丘,次第乃至杀六十人。

尔时,世尊至十五日说戒时,于众僧前坐。告尊者阿难:"何因、何缘,诸比丘转少、转减、转尽?"阿难白佛言:"世尊为诸比丘说修不净观,赞叹不净观,诸比丘修不净观已,极厌患身,广说乃至杀六十比丘。世尊!以是因缘故,令诸比丘转少、转减、转尽。唯愿世尊,更说余法,令诸比丘闻已,勤修智慧,乐受正法,乐住正法!"佛告阿难:"是故我今次第说住微细住,随顺开觉。已起、未起恶不善法,速令休息,如天大雨,起、未起尘,能令休息。如是比丘修微细住,诸起、未起恶不善法,能令休息。阿难!何等为微细住,多修习随顺开觉,已起、未起恶不善法,能令休息?谓安那般那念住。"阿难白佛:"云何修习安那般那念住,随顺开觉,已起、未起恶不善法,能令休息?"佛告阿难:"若比丘依止聚落,如前广说,乃至如灭出息念而学。"佛说此经已,尊者阿难闻佛所说,欢喜奉行。

一七① 　　　　　一〇九八(八一〇)

如是我闻:一时,佛住金刚跋求摩河侧萨罗梨林中。尔时,尊者阿难独一静处,思惟禅思,作如是念:颇有一法修习、多修习,令四法满足;四法满足已,七法满足;七法满足已,二法满足。时尊者阿难从禅觉已,往诣佛所,稽首礼足,退坐一面。白佛言:"世尊!我独一静处,思惟禅思,作是念:颇有一法多修习已,令四法满足,乃至二法满足;我今问世尊:宁有一法多修习已,能令乃至二法满足耶?"佛告阿难:"有一法,多修习已,乃至能令二法满足。何等为一法?谓安那般那念,多修习已,能令四念处满足。四念处满足已,七觉分满足。七觉分满足已,明、解脱满足。云何修安那般那念,四念处满足?是比丘依止聚落,乃至如灭出息念学。阿难!如是圣弟子,入息念时如入息念学,出息念时如出息念学;若长、若短;一切身行觉知入息念时,如入息念学,出息念时,如出息念学;身行休息入息念时,如身行休息入息念学,身行休息出息念时,如身行休息出息念学。圣弟子尔时身身观念住,异于身者,彼亦如是随身比思惟。若有时,圣弟子喜觉知;乐觉知;心行觉知;心行息觉知入息念时,如心行息入息念学,心行息出息念时,如心行息出息念学。是圣弟子尔时受受观念住,若复异受者,彼亦随受②比思惟。有时圣弟子心觉知;心悦;心

---

① 《相应部》(五四)"入出息相应"一三·一四经。
② "随受",原本作"受随身",依元本改。

定;心解脱觉知入息念时,如入息念学,心解脱出息念时,如心解脱出息念学。是圣弟子尔时心心观念住,若有异心者,彼亦随心比思惟。若圣弟子有时观无常、断、无欲、灭,如无常、断、无欲、灭观住学。是圣弟子尔时法法观念住,异于法者,亦随法比思惟。是名修安那般那念,满足四念处。"阿难白佛:"如是修习安那般那念令四念处满足,云何修四念处令七觉分满足?"佛告阿难:"若比丘身身观念住,念住已系念住不忘,尔时方便修念觉分;修念觉分已,念觉分满足。念觉满足已,于法选择、思量,尔时方便修择法觉分;修择法觉分已,择法觉分满足。于法选择、分别、思量已,得精勤方便,尔时方便修习精进觉分;修精进觉分已,精进觉分满足。方便精进已,则心欢喜,尔时方便修喜觉分;修喜觉分已,喜觉分满足。欢喜已,身、心猗息,尔时方便修猗觉分;修猗觉分已,猗觉分满足。身心乐已,得三昧,尔时修定觉分;修定觉分已,定觉分满足。定觉分满足已,贪忧则灭,得平等舍,尔时方便修舍觉分;修舍觉分已,舍觉分满足。受、心、法法念处,亦如是说。是名修四念处,满足七觉分。"阿难白佛:"是名修四念处满足七觉分,云何修七觉分满足明、解脱?"佛告阿难:"若比丘修念觉分,依远离、依无欲、依灭,向于舍;修念觉分已,满足明、解脱。乃至修舍觉分,依远离、依无欲、依灭,向于舍;如是修舍觉分已,明、解脱满足。阿难!是名法法相类,法法相润。如是十三法,一法为增上,一法为门,次第增进,修习满足。"佛说此经已,尊者阿难闻佛所说,欢喜奉行。

一八——一九　　一〇九九————〇〇(八——一——八一二)

（如阿难所问，）如是异比丘所问①，佛问诸比丘②，亦如上说。

"智无执"：复次，精勤修习诸息念者，由正修习四种念住，无我等故，平等平等。是身种类，能取于身如理作意；如身，无我作意亦尔，是故说彼为身一分。能修如是身念住者，都不可得；如身念住，广说乃至修法念住，当知亦尔。如是诸佛修念住教，外道法中皆无所有，是故说此修念住教，名非一切外道所执③。

二〇④　　　　　　　一一〇一（八一三）

如是我闻：一时，佛住金毗罗聚落金毗林中。尔时，世尊告尊者金毗罗："我今当说精勤修习四念处。谛听，善思，当为汝说。"尔时尊者金毗罗，默然住。如是再三。尔时，尊者阿难语尊者金毗罗："今大师告汝！"如是三说。尊者金毗罗语尊者阿难："我已知，尊者阿难！我已知，尊者瞿昙！"尔时，尊者阿难白佛言："〔世尊！〕是时，世尊！是时，善逝！唯愿为诸比丘，说精勤修四念处，诸比丘闻已，当受奉行。"佛告阿难："谛听，善思，当为汝说。若比丘入息念时，如入息学；乃至灭出息时，如灭出息学。尔时圣弟子念入息时，如念入息学，乃至身行止息出息时，如身行止息出息学，尔时圣弟子身身观念住；尔时圣弟子身身观念住已，如是知善内思惟。"佛告阿难："譬如有人乘车舆从

---

① 《相应部》（五四）"入出息相应"一五经。
② 《相应部》（五四）"入出息相应"一六经。
③ 《论》义本在"作意"后，今依经次第，提前。
④ 《相应部》（五四）"入出息相应"一〇经。

东方颠沛而来。当于尔时,践蹈诸土堆垄不!"阿难白佛:"如是,世尊!"佛告阿难:"如是圣弟子念入息时,如入息念学,如是乃至善内思惟。若尔时圣弟子觉知喜,乃至觉知意行息学,圣弟子受受观念住;圣弟子受受观念(住)已,如是知善内思惟。譬如有人乘车舆从南方颠沛而来,云何阿难!当践蹈土堆垄不?"阿难白佛:"如是,世尊!"佛告阿难:"如是圣弟子受受观念住,知善内思惟。若圣弟子觉知心;欣悦心;定心;解脱心入息,如解脱心入息学,解脱心出息,如解脱心出息学,尔时圣弟子心心观念住;如是圣弟子心心观念住已,知善内思惟。譬如有人乘车舆从西方来,彼当践蹈土堆垄不?"阿难白佛:"如是,世尊!"佛告阿难:"如是圣弟子觉知心,乃至心解脱出息如心解脱出息学,如是圣弟子尔时心心观念住,知善内思惟。(若圣弟子)善于身,受,心(念住),贪忧灭舍,尔时圣弟子法法观念住;如是圣弟子法法观念住已,知善内思惟。阿难!譬如四衢道有土堆垄,有人乘车舆从北方颠沛而来,当践蹈土堆垄不?"阿难白佛:"如是,世尊!"佛告阿难:"如是圣弟子法法观念住,知善内思惟。阿难!是名比丘精勤方便,修四念处。"佛说此经已,尊者阿难闻佛所说,欢喜奉行。

"作意": 复次,修瑜伽师,入出息念为所依止,修四念住,如理作意以为依止;于诸未断内心所有非理作意,如实了知是为非理;于内所有如理作意,如实了知是为如理。既了知已,于内所有非理作意,一向远离;于内所有如理作意,一向修习,为欲令彼永断灭故。又于此中身等四法,如四大路。非理作意,如尘土丘,不坚牢故,不真实故,迷乱心故。如理作意,如四方来舆乘车,车缘身等四境界门转,能损害彼如尘土丘非理作意,亦令一切相续清净。

二一①　　　　　　　一一〇二(八一四)

如是我闻:一时,佛住舍卫国祇树给孤独园。尔时,世尊告诸比丘:"当修安那般那念。修安那般那念,多修习已,身不疲倦,眼亦不患,乐随顺观住,乐觉知,不染著乐。云何修安那般那念,身不疲倦,眼亦不患,乐随观住,乐觉知,不染著乐?是比丘依止聚落,乃至观灭出息时,如灭出息学,是名修安那般那念,身不疲倦,眼亦不患,乐随观住,乐觉知,不染著乐;如是修安那般那念者,得大果、大福利。是比丘欲求离欲恶不善法,有觉有观,离生喜乐,初禅具足住,是比丘当修安那般那念;如是修安那般那念,得大果、大福利。是比丘欲求第二、第三、第四禅,慈、悲、喜、舍,空入处、识入处、无所有入处、非想非非想入处具足;三结尽,得须陀洹果;三结尽,贪、恚、痴薄,得斯陀含果;五下分结尽,得阿那含果;得无量种神通力,天耳(智)、他心智、宿命智、生死智、漏尽智者,如是比丘当修安那般那念。如是(修)安那般那念,得大果、大福利。"佛说此经已,诸比丘闻佛所说,欢喜奉行。

二二　　　　　　　一一〇三(八一五)

如是我闻:一时,佛住舍卫国祇树给孤独园夏安居。尔时,众多上座声闻,于世尊左右,树下、窟中安居。时有众多年少比丘,诣佛所,稽首佛足,退坐一面。佛为诸年少比丘种种说法,示教、照喜,示教、照喜已,默然住。诸年少比丘闻佛所说,欢喜随

---

① 《相应部》(五四)"入出息相应"八经。《中部》(一一八)《入出息念经》,即此经与前一七经综合而成。

喜,从座起,作礼而去。诸年少比丘往诣上座比丘所,礼诸上座足已,于一面坐。时诸上座比丘作是念:我等当摄受此诸年少比丘,或一人受一人,或一人受二、三、多人。作是念已,即便摄受,或一人受一人,或受二、三、多人,或有上座乃至受六十人。尔时,世尊十五日布萨时,于大众前敷座而坐。尔时,世尊观察诸比丘已,告比丘:"善哉!善哉!我今喜诸比丘行诸正事,是故比丘当勤精进,于此舍卫国,满迦低月。"

诸处人间比丘,闻世尊于舍卫国安居,满迦低月;满已,作衣竟,持衣钵,于舍卫国人间游行。渐至舍卫国,举衣钵,洗足已,诣世尊所,稽首礼足已,退坐一面。尔时,世尊为人间比丘种种说法,示教、照喜已,默然住。尔时人间比丘闻佛说法,欢喜随喜,从座起,作礼而去。往诣上座比丘所,稽首礼足,退坐一面。时诸上座作是念:我等当受此人间比丘,或一人受一人,或二、三、乃至多人。即便受之,或一人受一人,或二、三、乃至有受六十人者。彼上座比丘受诸人间比丘,教诫教授,善知先后次第。

尔时,世尊月十五日布萨时,于大众前敷座而坐。观察诸比丘众,告诸比丘:"善哉!善哉!诸比丘!我欣汝等所行正事,乐汝等所行正事。诸比丘!过去诸佛,亦有比丘众所行正事,如今此众;未来诸佛所有诸众,亦当如是所行正事,如今此众。所以者何?今此众中诸长老比丘,有得初禅、第二禅、第三禅、第四禅、慈、悲、喜、舍、空入处、识入处、无所有入处、非想非非想入①处具足住。有比丘三结尽,得须陀洹,不堕恶趣法,决定正向三

---

① "入",原本缺,依宋本补。

菩提,七有天人往生,究竟苦边。有比丘三结尽,贪、恚、痴薄,得斯陀含。有比丘五下分结尽,得阿那含,生般涅槃,不复还生此世。有比丘得无量神通境界,天耳(智)、他心智、宿命智、生死智、漏尽智。有比丘修不净观断贪欲,修慈心断嗔恚,修无常想断我慢,修安那般那念断觉想。云何比丘修安那般那念断觉想?是比丘依止聚落,乃至观灭出息,如观灭出息学,是名修安那般那念断觉想。"佛说此经已,诸比丘闻佛所说,欢喜奉行。

"身劳":复次,修习如是入出息念,令身无劳,善能除遣奢摩他品随烦恼故;令眼无劳,善能除遣毗钵舍那品随烦恼故;由随观察涅槃乐故,名随观乐;由随领受第三静虑地中乐故,名领受乐;无染住故,无恐畏故,名安乐住①。

---

① 《论》义本在"学住"前,今依经次第,移此。

一五 学相应①

②复次,嗢拖南曰:

初尊重尸罗,清净戒圆满,现行、学胜利,学差别为后。

学有三种,谓增上戒学,增上心学,增上慧学。建立如是三学差别,如声闻地应知其相③。

声闻地说:"云何为学?谓三胜学:一、增上戒学,二、增上心学,三、增上慧学。云何增上戒学?谓安住具戒等,如前广说,是名增上戒学。云何增上心学?谓离欲恶不善法,有寻有伺,离生喜乐,入初静虑具足安住;乃至能入第四静虑具足安住,是名增上心学。又诸无色,及余所有等持、等至,亦皆名为增上心学,然依静虑,能最初入圣谛现观、正性离生,非全远离一切静虑能成此事,是故静虑最为殊胜,故偏说为增上心学。云何增上慧学?谓于四圣谛等所有如实智见,是名增上慧学。

问:何缘唯有三学,非少、非多?答:建立定义故,智所依义故,办所作义故。建立定义者,谓增上戒学。所以者何?由戒建立心一境性,能令其心触三摩地。智所依义者,谓增上心学。所以者何?由正定心念一境性,于所知事有如实智、如实见转。办所作义者,谓增上慧学。所以者何?由善清净若智、若见,能证究竟诸烦恼断,以烦恼断是自义利,是胜所作,过此更无胜所作故。由是因缘,唯有三学。

---

① "学相应",共三二经。《相应部》缺,见《增支部》"三集"。
② 《瑜伽师地论》卷九八中。
③ 《瑜伽师地论》卷二八(大正三〇・四三五下——四三六中),《论》文如下。

问：何缘三学如是次第？答：先于尸罗善清净故便无忧悔，无忧悔故欢喜安乐，由有乐故心得正定，心得定故能如实知、能如实见，如实知见故能起厌，厌故离染，由离染故便得解脱，得解脱故证无所作究竟涅槃。如是最初修习净戒，渐次进趣，后证无作究竟涅槃，是故三学如是次第。

问：何缘三学名为增上戒、心、慧耶？答：所趣义故，最胜义故，名为增上。云何所趣义？谓为趣增上心而修净戒，名增上戒学；为趣增上慧而修定心，名增上心学；为趣烦恼断而修智、见，名增上慧学。如是名为所趣义故，名为增上。云何最胜义？谓若增上戒学，若增上心学，若增上慧学，唯于圣教独有此三，不共外道。如是名为最胜义故，名为增上。

又或有增上心学，能引发增上慧学；或有增上慧学，能引发增上心学。谓圣弟子未得根本静虑，先学见迹；后为进断修道所断一切烦恼，正勤加行，修念觉支乃至修舍觉支，是名增上慧学引发增上心学。增上心学引发增上慧学者，如前已说。

又或有增上戒学，无增上心，无增上慧；或有增上戒学，亦有增上心，唯无增上慧；非有增上慧学，而无增上戒及无增上心。是故若有增上慧学，当知必定具足三学。以此建立三种学中，诸瑜伽师当勤修学。"

一① 一一〇四（八一六）

②如是我闻：一时，佛住舍卫国祇树给孤独园。尔时，世尊

---

① 《增支部》"三集"八九经。
② 《杂阿含经》卷二九中。

告诸比丘:"有三学,何等为三?谓增上戒学,增上意学,增上慧学。"尔时,世尊即说偈言:

"三学具足者,是比丘正行,增上戒、心、慧,三法勤精进。
勇猛坚固城,常守护诸根,如昼如其夜,如夜亦如昼,
如前如其后,如后亦如前,如上如其下,如下亦如上。
无量诸三昧,映一切诸方,是说为觉迹,第一清凉集。
舍离无明诤,其心善解脱,我为世间觉,明行悉具足。
正念不忘住,其心得解脱,身坏而命终,如灯尽火灭。"

佛说此经已,诸比丘闻佛所说,欢喜奉行。

二① 　　　　　　一一〇五(八一七)

如是我闻:一时,佛住舍卫国祇树给孤独园。尔时,世尊告诸比丘:"〔亦〕复有三学,何等为三?谓增上戒学,增上意学,增上慧学。何等为增上戒学?若比丘住于戒,波罗提木叉律仪,威仪、行处具足,见微细罪则生怖畏,受持学戒。何等为增上意学?若比丘离欲恶不善法,乃至第四禅具足住。何等为增上慧学?是比丘此苦圣谛如实知,集、灭、道圣谛如实知,是名增上慧学。"尔时,世尊即说偈,如上所说。佛说此经已,诸比丘闻佛所说,欢喜奉行。

三 　　　　　　一一〇六(八一八)

如是我闻:一时,佛住舍卫国祇树给孤独园。尔时,世尊告诸比丘:"有比丘增上戒学,非增上意、增上慧学;有增上戒、增

---

① 《增支部》"三集"八九经。

上意学,非增上慧学。圣弟子增上慧方便随顺成就住者,增上戒、增上意修习满足。如是圣弟子,增上慧方便随顺成就住者,无上慧寿而活。"佛说此经已,诸比丘闻佛所说,欢喜奉行。

四① 一一○七(八一九)

如是我闻:一时,佛住舍卫国祇树给孤独园。尔时,世尊告诸比丘:"过二百五十戒,随次半月来,说波罗提木叉修多罗。令彼自求学者而学,说三学能摄诸戒。何等为三?谓增上戒学,增上意学,增上慧学。"佛说此经已,诸比丘闻佛所说,欢喜奉行。

五② 一一○八(八二○)

如是我闻:一时,佛住舍卫国祇树给孤独园。尔时,世尊告诸比丘,如上说,差别者:"何等为增上戒学?谓比丘重于戒,戒增上;不重于定,定不增上,不重于慧,慧不增上,于彼彼分细微戒,犯则随悔。所以者何?我不说彼不堪能,若彼戒随顺梵行,饶益梵行,久住梵行,如是比丘戒坚固,戒师常住,戒常随顺生,受持而学。如是知、如是见,断三结,谓身见、戒取、疑。断此三结,得须陀洹,不堕恶趣,决定正趣三菩提,七有天人往生,究竟苦边,是名增上戒学③。何等为增上意学?是比丘重于戒,戒增上,重于定,定增上;不重于慧,慧不增上,于彼彼分细微戒,乃至受持学戒。如是知、如是见,断于五下分结,谓身见、戒取、疑、贪欲、嗔恚。断此五下分结,受生般涅槃,阿那含不还此世,是名增上意学。何等为增上慧学?是比丘重于戒,戒增上;重于定,定

---

① 《增支部》"三集"八七经。
② 《增支部》"三集"八六经。
③ "增上戒学",原本作"学增上戒",准下一经文句,改。

增上;重于慧,慧增上。彼如是知、如是见,欲有漏心解脱,有有漏心解脱,无明有漏心解脱,解脱知见:我生已尽,梵行已立,所作已作,自知不受后有,是名增上慧学。"佛说此经已,诸比丘闻佛所说,欢喜奉行。

六① 一一〇九(八二一)

如是我闻:一时,佛住舍卫国祇树给孤独园。尔时,世尊告诸比丘:"过二百五十戒,随次半月来,说波罗提木叉修多罗。若彼善男子,自随意所欲而学者,我为说三学,若学此三学,则摄受一切学戒。何等为三?谓增上戒学,增上意学,增上慧学。何等为增上戒学?是比丘重于戒,戒增上;不重于定,定不增上,不重于慧,慧不增上。于彼彼分细微戒,乃至受持学戒。如是知、如是见,断三结,谓身见、戒取、疑。贪、恚、痴薄,成一种子道;彼地未等觉者,名斯陀含;彼地未等觉者,名家家;彼地未等觉者,名七有;彼地未等觉者,名随法行;彼地未等觉者,名随信行,是名增上戒学。何等为增上意学?是②比丘重于戒,戒增上,重于定,定增上;不重于慧,慧不增上。于彼彼分细微戒学,乃至受持学戒。如是知、如是见,断五下分结,谓身见、戒取、疑、贪欲、嗔恚。断此五下分结③,能得中般涅槃;彼地未等觉者,得生般涅槃;彼地未等觉者,得无行般涅槃;彼地未等觉者,得有行般涅槃;彼地未等觉者,得上流般涅槃,是名增上意学。何等为增上慧学?是比丘重于戒,戒增上;重于定,定增上;重于慧,慧增上。

---

① 《增支部》"三集"八五经。
② "是"下,原本有"名"字,依宋本删。
③ "结",原本缺,依宋本补。

如是知、如是见,欲有漏心解脱,有有漏心解脱,无明有漏心解脱,解脱知见:我生已尽,梵行已立,所作已作,自知不受后有,是名增上慧学。"佛说此经已,诸比丘闻佛所说,欢喜奉行。

　　　七　　　　　　　———〇(八二二)

如是我闻:一时,佛住舍卫国祇树给孤独园。尔时,世尊告诸比丘:"若比丘具足戒住者,善摄持波罗提木叉,具足威仪、行处,见细微罪能生怖畏。比丘具足戒住,善摄持波罗提木叉,具足威仪、行处,见细微罪能生怖畏,等受学戒,令三学修习满足。何等为三?增上戒学,增上意学,增上慧学。何等为增上戒学?是比丘戒〔为〕满足,少定、少慧,于彼彼分细微戒,乃至受持戒学。彼如是知、如是见,断三结,谓身见、戒取、疑。断此三结,得须陀洹,不堕恶趣,决定正趣三菩提,七有天人往生,究竟苦边。何等为增上意学?是比丘戒①满足、三昧满足,少于慧,彼彼分细微戒,犯则随悔,乃至受持学戒。如是知、如是见,断五下分结,谓身见、戒取、疑、贪欲、嗔恚。断此五下分结,得生般涅槃阿那含,不复还生此世,是名增上意学。何等为增上慧学?是比丘学戒满足、定满足、慧满足。如是知、如是见,欲有漏心解脱,有有漏心解脱,无明有漏心解脱,解脱知见:我生已尽,梵行已立,所作已作,自知不受后有,是名增上慧学。"佛说此经已,诸比丘闻佛所说,欢喜奉行。

　　　八　　　　　　　————(八二三)

如是我闻:一时,佛住舍卫国祇树给孤独园。尔时,世尊告

---

① "戒",原本误作"定",今改。

诸比丘:"若比丘具足戒住,善摄波罗提木叉,具足威仪、行处,见微细罪能生怖畏,受持学戒住,满足三学。何等为三?谓增上戒,增上意,增上慧。何等为增上戒(学)?是比丘戒满足,少定、少慧,于彼彼分细微戒,乃至受持学戒。如是知、如是见,断三结,贪、恚、痴薄,得一种子道;若彼地未等觉者,得斯陀含;彼地未等觉者,名家家;彼地未等觉者,得须陀洹;彼地未等觉者,得随法行;彼地未等觉者,得随信行,是名增上戒学。何等为增上意学?是比丘戒满足、定满足,少于慧,于彼彼分细微戒,乃至受持学戒。如是知、如是见,断五下分结,谓身见、戒取、疑、贪欲、嗔恚。断此五下分结,得中般涅槃;于彼未等觉者,得生般涅槃;于彼未等觉者,得无行般涅槃;于彼未等觉者,得有行般涅槃;于彼未等觉者,得上流般涅槃,是名增上意学。何等为增上慧学?是比丘学戒满足、定满足、慧满足。如是知、如是见,欲有漏心解脱,有有漏心解脱,无明有①漏心解脱,解脱知见:我生已尽,梵行已②立,所作已作,自知不受后有,是名增上慧学。"佛说此经已,诸比丘闻佛所说,欢喜奉行。

"尊重尸罗":又略于此诸所学中,所有邪行应正了知,所有正行应正了知。言邪行者,谓如有一,不尊重戒,泛尔出家,虽复出家,不以净戒为其增上。如于净戒,于定,于慧,应知亦尔。彼可容有犯无余罪,于彼,世尊说其于诸沙门果证为无能者。是故当知彼于三学,一向毁犯。言正行者,有三正行:谓下、中、上。

---

① "有",原本缺,依宋本补。
② "已",原本误作"是",依宋本改。

下正行者,谓如有一尊重净戒,亦以净戒为其增上;与前相违,于定,于慧,不生尊重,不为增上。此不容有犯无余罪,而容有犯小随小罪。于此,如来不说其于沙门果证为无能者。中正行者,谓于戒、定皆悉尊重,亦为增上,如尊重戒毁犯次第,此中亦尔,是故当知乃至所有诸异生位。上正行者,谓已见谛,于三种学皆悉尊重,此已获得沙门果证,不待思择有能、无能。如是二行,开为四种;即此四种,合为二行:此二与四,平等平等。当知此中若有定学,必有戒学;若有慧学,必有定学;有戒学者,不必定有定学、慧学。诸瑜伽师尊重诸学,当知是名所作圆满;其余但名所作一分。

"净戒圆满":复次,于性罪处能远离故,当知是名净戒圆满。于能密护诸根门等,摄受净戒所有善法,无间受持相续转故,当知是名善法圆满。于遮罪处能远离故,当知是名别解脱圆满。又依圣所爱戒,若依蕴等五种善巧,及依别解脱律仪受持世俗所有禁戒,随其次第,应知净戒圆满等第二门差别。

九①   ———二(八二四)

如是我闻:一时,佛住舍卫国祇树给孤独园。尔时,世尊告诸比丘:"有三②学,何等为三?谓上戒学③,上威仪学,上波罗提木叉学。"尔时,世尊即说偈言:

"学者学戒时,直道随顺行,专审勤方便,善自护其身。

---

① 偈文,同《增支部》"三集"八四经。
② "三",原本误作"二",依宋本改。
③ "上戒学",原本缺,依宋本补。

> 得初漏尽智,次究竟无知,得无知解脱,知见悉已度,
> 成不动解脱,诸有结灭尽。彼诸根具足,诸根寂静乐,
> 持此后边身,摧伏众魔怨。"

佛说此经已,诸比丘闻佛所说,欢喜奉行。

"现行": 复次,依净尸罗,略有二种所学差别:一者、受持非止所摄,所受尸罗所有如法身、语现行所摄学处;二者、受持是止所摄,所受尸罗所摄学处。此复二种:谓或有是毗奈耶所说,非别解脱所说;或有是毗奈耶所说,亦是别解脱所说。是故一切总略而言,有三学处:一、增上现行,二、增上毗奈耶,三、增上别解脱。

一○① ———三(八二五)

如是我闻:一时,佛住舍卫国祇树给孤独园。尔时,世尊告诸比丘:"学戒多福利,住智慧为上,解脱坚固,念为增上。若比丘学戒福利,智慧为上,解脱坚固,念增上已,令三学满足。何等为三?谓增上戒学,增上意学,增上慧学。"尔时,世尊即说偈言:

> "学戒随福利,专思三昧禅,智慧为最上,现生之最后,
> 牟尼持后边,降魔度彼岸。"

佛说此经已,诸比丘闻佛所说,欢喜奉行。

一一 ———四(八二六)

如是我闻:一时,佛住舍卫国祇树给孤独园。尔时,世尊告

---

① 《小部》"如是语"四六经。

诸比丘,如上说,差别者:"诸比丘!何等为学戒随福利?谓大师为诸声闻制戒,所谓摄僧,极摄僧,不信者信,信者增其信,调伏恶人,惭愧者得乐住,现法防护有漏,未来得正对治,令梵行久住。如大师已为声闻制戒,谓摄僧乃至梵行久住,如是如是,学戒者行坚固戒,恒戒,常行戒,受持学戒,是名比丘戒福利。何等智慧为上?谓大师为声闻说法,大悲哀愍,以义饶益,若安慰,若安乐,若安慰安乐。如是如是,大师为诸声闻说法,大悲哀愍,以义饶益,安慰安乐;如是如是,于彼彼法、彼彼处,智慧观察,是名比丘智慧为上。何等为解脱坚固?谓大师为诸声闻说法,大悲哀愍,以义饶益,安慰安乐。如是如是,说彼彼法;如是彼处、如是彼处得解脱乐,是名比丘坚固解脱。何等为比丘念增上?未满足戒身者,专心系念安住;未观察者,于彼彼处智慧系念安住;已观察者,于彼彼处重念安住;未触法者,于彼彼处解脱念安住;已触法者,于彼彼处解脱念安住,是名比丘正念增上。"尔时,世尊即说偈言:

"学戒随福利,专思三昧禅,智慧为最上,现生最后边,
牟尼持后边,降魔度彼岸。"

佛说是经已,诸比丘闻佛所说,欢喜奉行。
尸婆迦修多罗,如后,佛当说①。
——二————四　———五—————七(　　　)
如是阿难陀比丘,及异比丘所问,佛问诸比丘,三经亦如

---

① "尸婆迦修多罗",见下(四七)"外道出家相应"一二·一三经。

上说。

"学胜利"：复次，学胜利住慧为上首，解脱坚固，念为增上。修习三学，速圆满等，如摄释分广辩应知①。

一五② ———八（八二七）

如是我闻：一时，佛住舍卫国祇树给孤独园。尔时，世尊告诸比丘："譬如田夫，有三种作田，随时善作。何等为三？谓彼田夫随时耕磨，随时溉灌，随时下种。彼田夫随时耕磨、溉灌、下种已，不作是念：欲令今日生长，今日果实，今日成熟，若明日、后日也。诸比丘！然彼长者耕田、溉灌、下种已，不作是念：今日生长，果实成熟，若明日、若复后日，而彼种子已入地中，则自随时生长，果实成熟。如是比丘于此三学，随时善学，谓善戒学、善意学、善慧学已，不作是念：欲令我今日得不起诸漏，心善解脱，若明日、若后日。不作是念：自然神力，能令今日，若明日、后日，不起诸漏，心善解脱。彼已随时增上戒学、增上意学、增上慧学已，随彼时节，自得不起诸漏，心善解脱。譬如比丘！伏鸡生卵，若十乃至十二，随时消息冷暖爱护。彼伏鸡不作是念：我今日，若明日、后日，当以口啄，若以爪③刮，令其儿安隐得生。然其伏鸡善伏其子，爱护随时，其子自然安隐得生。如是比丘！善学三学，随其时节，自得不起诸漏，心善解脱。"佛说此经已，诸比丘闻佛所说，欢喜奉行。

---

① 《瑜伽师地论》卷八二（大正三〇·七五六下——七五九下）。
② 《增支部》"三集"八二经。
③ "爪"，原本误作"瓜"，依宋本改。

一六①　　　　　　　　一一九（八二八）

如是我闻：一时，佛住舍卫国祇树给孤独园。尔时，世尊告诸比丘："譬如驴随群牛而行，而作是念：我作牛声。然其彼形亦不似牛，色亦不似牛，声出不似；随大群牛，谓已是牛而作牛鸣，而去牛实远。如是有一愚痴男子，违律犯戒，随逐大众，言：我是比丘，我是比丘。而不学习胜欲增上戒学、增上意学、增上慧学，随逐大众，自言我是比丘，我是比丘，其实去比丘大远。"尔时，世尊即说偈言：

"同蹄无角兽，四足具声口，随逐大群牛，常以为等侣，
形亦非牛类，不能作牛声。如是愚痴人，不随系心念，
于善逝教诫，无欲勤方便，懈怠心轻慢，不获无上道。
如驴在牛群②，去牛常自远，彼虽随大众，内行常自乖。"

佛说此经已，诸比丘闻佛所说，欢喜奉行。

一七③　　　　　　　　一二〇（八二九）

如是我闻：一时，佛住跋耆聚落，尊者跋耆子侍佛左右。尔时，尊者跋耆子诣佛所，稽首礼足，退住一面。白佛言："世尊！佛说过二百五十戒，令族姓子随次半月来，说波罗提木叉修多罗，令诸族姓子随欲④而学。然今世尊！我不堪能随学而学。"佛告跋耆子："汝堪能随时学三学不？"跋耆子白佛言："堪能，世尊！"佛告跋耆子："汝当随时增上戒学、增上意学、增上慧学。

---

① 《增支部》"三集"八一经。
② "牛群"，原本作"群牛"，依宋本改。
③ 《增支部》"三集"八三经。
④ "欲"，疑"学"。

随时精勤增上戒学、增上意学、增上慧学已,不久当得尽诸有漏,无漏心解脱,慧解脱,现法自知作证:我生已尽,梵行已立,所作已作,自知不受后有。"尔时,尊者跋耆子闻佛所说,欢喜随喜,作礼而去。

尔时,尊者跋耆子受佛教诫授已,独一静处,专精思惟,如上说,乃至心善解脱,得阿罗汉①。

一八②　　　　　　　　一一二一(八三〇)

③如是我闻:一时,佛住崩伽阇崩伽耆林中。尔时,世尊为诸比丘说戒相应法,赞叹制戒法。尔时,尊者迦叶氏,于崩伽聚落住。闻世尊说戒相应法,极赞叹是戒④,心不忍、不喜,言:"此沙门极赞叹是戒,极制是戒!"尔时,世尊于崩伽聚落,随所乐住已,向舍卫国去。次第游行,至舍卫国祇树给孤独园。时尊者迦叶氏,世尊去后不久,心即生悔,我今失利,得大不利。于世尊所,说戒相应法,赞叹制戒时,于世尊所,心不忍、不喜,心不欢喜而作是言:沙门极制是戒,极赞叹是戒。

时尊者迦叶氏,夜过晨朝,着衣持钵,入崩伽聚落乞食。食已,还精舍,付嘱卧具,自持衣钵,向舍卫城,次第游行,至舍卫国。举衣钵,洗足已,诣世尊(所),稽首礼足。白佛言:"悔过,世尊!悔过,善逝!我愚、我痴,不善、不辨。我闻世尊为诸比丘说戒相应法,赞叹制戒时,于世尊所,不忍、不喜,心不欣乐而作

---

① 《杂阿含经》卷二九终。
② 《增支部》"三集"九〇经。
③ 《杂阿含经》卷三〇。
④ "极赞叹是戒",原本作"赞叹是戒极",今改。

是言：是沙门极制是戒，赞叹是戒。"佛告迦叶氏："汝何时于我所，心不忍、不喜，不生欣乐而作是言：此沙门极制是戒，赞叹是戒？"迦叶氏白佛言："时世尊于崩伽阇聚落、崩伽耆林中，为诸比丘说戒相应法，赞叹是戒。我尔时于世尊所，心得不忍、不欢喜，心不欣乐而作是言：是沙门极制是戒，赞叹是戒。世尊！我今日自知罪、悔，自见罪、悔，唯愿世尊！受我悔过，哀愍故！"佛告迦叶氏："汝自知悔。愚痴、不善、不辨，闻我为诸比丘说戒相应法，赞叹制戒，而于我所不忍、不喜，心不欣乐而作是言：是沙门极制是戒，极叹是戒。汝今迦叶！自知悔，自见悔已，于未来世律仪戒生，戒今授汝，哀愍故。迦叶氏！如是悔者，善法增长，终不退减。所以者何？若有自知罪、自见罪而悔过者，于未来世律仪戒生，善法增长，不退减故。正使迦叶！为上座者，不欲学戒，不重于戒，不叹制戒，如是比丘！我不赞叹。所以者何？若大师所赞叹者，余人则复与相习近、恭敬、亲重；若余人与相习近、亲重者，则与同见，同彼所作；同彼所作者，长夜当得不饶益苦。是故我于彼长老，初不赞叹，以其初始不乐学戒故。如长老，中年，少年，亦如是。若是上座长老，初始重于戒学，赞叹制戒，如是长老我所赞叹，以其初始乐学戒①故。大师所赞叹者，余人亦当与相习近、亲重，同其所见；同其所见故，于未来世，彼当长夜以义饶益。是故于彼长老比丘，常当赞叹，以初始乐学戒故。中年，少年，亦复如是。"佛说此经已，诸比丘闻佛所说，欢喜奉行。

---

① "学戒"，原本作"戒学"，今依元本改。

一九　　　　　　　　一一二二（八三一）

如是我闻：一时，佛住舍卫国祇树给孤独园。尔时，世尊告诸比丘："若诸上座长老比丘，初始不乐学戒，不重于戒，见余比丘初乐学戒、重于戒、赞叹制戒者，彼亦不随时赞叹。我于此等比丘所，亦不赞叹，以其初始不乐学戒故。所以者何？若大师赞叹彼者，余人当复习近、亲重，同其所见；以同其所见故，长夜当受不饶益苦。是故我于彼长老，……中年、少年，亦复如是。乐学戒者，如前说。"佛说此经已，诸比丘闻佛所说，欢喜奉行。

二○①　　　　　　　　一一二三（八三二）

如是我闻：一时，佛住舍卫国祇树给孤独园。尔时，世尊告诸比丘："有三学，何等为三？谓增上戒学，增上意学，增上慧学。何等为增上戒学？若比丘，住于戒，波罗提木叉，具足威仪、行处，见微细罪则生怖畏，受持学戒，是名增上戒学。何等为增上意学？若比丘，离诸恶不善法，有觉有观，离生喜乐，初禅具足住；乃至第四禅具足住，是名增上意学。何等为增上慧学？若比丘，此苦圣谛如实知；此苦集圣谛、此苦灭圣谛、此苦灭道迹圣谛如实知，是名增上慧学。"佛说此经已，诸比丘闻佛所说，欢喜奉行。

二一——三二　　一一二四——一一三五（　　　）

三学余经，如前念处说。如禅，如是无量，无色。如四圣谛，如是四念处，四正断，四如意足，五根，五力，七觉分，八圣道，四道，四法句，止观修习，亦如是说。

---

① 《增支部》"三集"八八经。

"学差别"：复次，住具戒等，如声闻地应知已辩①。又即净戒，对治一切犯戒恶故，密护根门所依处故，说名律仪。初善受故，说名圆满。后善守故，说名清净。感爱果故，说名为善。无染污故，说名无罪。于诸有情能善随顺慈心定故，说名无害。于沙门性善随顺故，说名随顺。趣圣所爱澄清性故，名顺澄清。终不随顺戒禁取故，名不随顺。与同法者为同分故，名同色类。于正修习增上心、慧为所依处，随顺转故，名为顺转。不恼于他饶益转故，又正远离自苦行故，名无热恼。于所受持无变悔故，名无烧恼。于诸毁犯不现行故，如法悔除己所犯故，名无悔恼。如是名为增上戒学所有差别。三住为依，当知增上心学、慧学所有差别。谓由天住、梵住差别，应知增上心学差别；由诸所有觉分等法，圣住差别，应知增上慧学差别。谓四静虑、四无色等，名为天住；四无量定，名为梵住。四圣谛智，四种念住，乃至道支，四种行迹，胜奢摩他、毗钵舍那，四法迹等，当知一切皆名圣住。又有四种，若行、若住无杂染法，令修观者，或于境界退出游行；或于所缘安心静定，离诸杂染，安隐而住。云何为四？一、于随顺喜受境界诸杂染喜，深心弃舍；二、于随顺忧受境界诸染污忧，深心弃舍；三、于毗钵舍那品诸随烦恼，净修其心；四、于奢摩他品诸随烦恼，净修其心。于是四种，若行、若住，离诸杂染，安隐住法，应知四种安足处所所依法迹。如其所应，当知即是无贪、无嗔、正念、正定。

---

① 《瑜伽师地论》卷二二（大正三〇·四〇二上——四〇六中）。

一六 不坏净相应①

②复次,嗢拕南曰:

证净初安立、有变异为先,天路、喻明镜,记别最居后。

"安立":具足正见如来弟子,略由二法,能正摄受澄清性故,应知建立四种证净,谓沙门义所摄信、戒。于能说者,于沙门义,于同法者,于能证得沙门助伴所有净信,深固根本,于余生中亦不可引,无虚诳故,名澄清性。及净尸罗,于其一切能往恶趣恶不善法,获得毕竟不作律仪,是故亦得名澄清性。应知此中,依止净信,于善说法毗奈耶中深生信解;由此净信澄清性故,设在余生,于佛善说法毗奈耶,毕竟无转。又由怖畏诸恶道苦,受持净戒,对治恶行;由此摄受戒澄清性,设在余生,亦不造恶堕诸恶趣,毕竟无退,乃至涅槃。由于善说法毗奈耶毕竟无转所依处故,毕竟不往一切恶趣所依处故,其用最胜,唯说信、戒为澄清性,非余精进、念、定等法非澄清性。又此信、戒,是其增上,戒定慧学所依止处;由说信、戒是清净故,义显三学皆得清净。由是因缘,唯说是二以为证净,是名第二义门差别。

一③ 一一三六(八三三)

④如是我闻:一时,佛住毗舍离国猕猴池侧重阁讲堂。时有善调象师离车,名曰难陀,来诣佛所,稽首佛足,退坐一面。尔

---

① "不坏净相应",共二九经。与《相应部》(五五)"预流相应"相当。
② 《瑜伽师地论》卷九八中。
③ 《相应部》(五五)"预流相应"三〇经。
④ 《杂阿含经》卷三〇中。

时,世尊告离车难陀言:"若圣弟子成就四不坏净者,欲求寿命,即得寿命;求好色,力,乐,辩,自在即得。何等为四?谓佛不坏净成就,法、僧不坏净,圣戒成就。我见是圣弟子,于此命终,生于天上,于天上得十种法。何等为十?得天寿,天色,天名称,天乐,天自在,天色、声、香、味、触。若圣弟子于天上命终,来生人中者,我见彼十事具足。何等为十?人间寿命,人好色、名称、乐、自在、色、声、香、味、触。我说彼多闻圣弟子,不由他信,不由他欲,不从他闻,不取他意,不因他思,我说彼有如实正慧知见。"尔时,难陀有从者白难陀言:"浴时已到,今可去矣。"难陀答言:"我今不须人间澡浴,我今于此胜妙法以自沐浴,所谓于世尊所得清净信乐。"尔时离车调象师难陀,闻佛所说,欢喜随喜,从座起,作礼而去。

二① 　　　　一一三七(八三四)

如是我闻:一时,佛住毗舍离国猕猴池侧重阁讲堂。尔时,世尊告诸比丘:"若圣弟子成就四不坏净者,不于人中贫活而活,不寒乞自然富足。何等为四?谓于佛不坏净成就,法、僧不坏净,圣戒②成就。是故比丘当如是学:我当成就于佛不坏净,法、僧不坏净,圣戒成就。"佛说此经已,诸比丘闻佛所说,欢喜奉行。

三③ 　　　　一一三八(八三五)

如是我闻:一时,佛住舍卫国祇树给孤独园。尔时,世尊告

---

① 《相应部》(五五)"预流相应"四四经。
② "不坏净圣戒",原本作"圣戒不坏净",今改。
③ 《相应部》(五五)"预流相应"一经。

诸比丘:"转轮王七宝具足成就,人中四种神力,王四天下;身坏命终,生于天上。虽复转轮圣王七宝具足,成就人间神力,王四天下,身坏命终得生天上,然犹未断地狱、畜生、饿鬼恶趣之苦。所以者何?以转轮王不得于佛不坏净,法、僧不坏净,圣戒不成就故。多闻圣弟子,持粪扫衣,家家乞食,草蓐卧具,而彼多闻圣弟子,解脱地狱、畜生、饿鬼恶趣之苦。所以者何?以彼多闻圣弟子,于佛不坏净,法、僧不坏净,圣戒成就。是故诸比丘当作是学:于佛不坏净,法、僧不坏净,圣戒成就。"佛说此经已,诸比丘闻佛所说,欢喜奉行。

四① 一一三九(八三六)

如是我闻:一时,佛住舍卫国祇树给孤独园。尔时,世尊告诸比丘:"汝等当起哀愍心、慈悲心,若有人于汝等所说乐闻、乐受者,汝当为说四不坏净,令入、令住。何等为四?于佛不坏净,于法不坏净,于僧不坏净,于圣戒成就。所以者何?若四大——地、水、火、风有变易增损,此四不坏净未尝增损变异。彼无增损变异者,谓多闻圣弟子,于佛(不坏净,法、僧)不坏净,(圣戒)成就,若堕地狱、畜生、饿鬼者,无有是处。是故诸比丘当作是学:我当成就于佛不坏净,法、僧不坏净,圣戒成就;亦当建立余人令成就。"佛说此经已,诸比丘闻佛所说,欢喜奉行。

"**有变异**":复次,一向决定能往善趣,成就证净诸圣弟子,犹有住于善趣,三种诸大互违变异所起重苦怖畏,然无恶趣所有怖畏。云何三种重苦怖畏?一者、病苦,二者、老苦,三者、断截

---

① 《相应部》(五五)"预流相应"一六·一七经。

末摩死苦。是故说言:其四大种可令变异,非已成就四种证净,诸圣弟子可有变异。

五 一一四〇(八三七)

如是我闻:一时,佛住舍卫国祇树给孤独园。尔时,世尊告诸比丘:"若信人者,生五种过患:彼人或时犯戒违律,为众所弃。恭敬其人者,当作是念:此是我师,我所敬重,众僧弃薄,我今何缘入彼塔寺!不入塔寺已,不敬众僧;不敬僧已,不得闻法;不闻法已,退失善法,不得久住于正法中,是名信敬人(故)生初过患。复次,敬信人者,所敬之人犯戒违律,众僧为作不见举。敬信彼人者,当作是念:此是我师,我所敬重①,而今众僧作不见举,我今何缘复入塔寺!不入塔寺已,不敬众僧;不敬众僧已,不得闻法;不闻法已,退失善法,不得久住于正法中,是名敬信人故生第二过患。复次,彼人若持衣钵,余方游行。敬彼人者而作是念:我所敬人,着衣持钵,人间游行,我今何缘入彼塔寺!不入塔寺已,不得恭敬众僧;不敬众僧已,不得闻法;不闻法已,退失善法,不得久住于正法中,是名敬信人故生第三过患。复次,彼所信敬人,舍戒还俗。敬信彼人者而作是念:彼是我师,我所敬重,舍戒还俗,我今不应入彼塔寺。不入寺已,不敬众僧;不敬僧已,不得闻法;不闻法已,退失善法,不得久住于正法中,是名敬信人故生第四过患。复次,彼所信敬人,身坏命终。敬信彼人者而作是念:彼是我师,我所敬重,今已命终,我今何缘入彼塔寺!不入寺故,不得敬僧;不敬僧已,不得闻法;不闻法故退失善法,不得

---

① "敬重",原本作"重敬",依宋本改。

久住于正法中,是名敬信人故生第五过患。是故诸比丘当如是学:我当成就于佛不坏净,于法、不坏净,圣戒成就。"佛说此经已,诸比丘闻佛所说,欢喜奉行。

六①　　　　　一一四一(八三八)

如是我闻:一时,佛住舍卫国祇树给孤独园。尔时,世尊告诸比丘:"有四种食,长养众生四大,增长摄受。何等为四?谓抟食,触食,意思食,识食。如是福德润泽,为安乐食,何等为四?谓于佛不坏净,于法、僧不坏净,圣戒成就。是故诸比丘当作是学:我当成就于佛不坏净,于法、僧不坏净,圣戒成就。"佛说此经已,诸比丘闻佛所说,欢喜奉行。

七　　　　　一一四二(八三九)

如是我闻:一时,佛住舍卫国祇树给孤独园。尔时,世尊告诸比丘,如上说,差别者:"于佛不坏净成就者,为闻法,众僧所念,圣戒成就。"佛说此经已,诸比丘闻佛所说,欢喜奉行。

八②　　　　　一一四三(八四〇)

次经亦如上说,差别者:"若于佛不坏净成就者;法;僧;悭垢缠众生离悭垢心,在家而住解脱心施,常行乐施,常乐于舍,行平等施;圣戒成就。"佛说此经已,诸比丘闻佛所说,欢喜奉行。

九③　　　　　一一四四(八四一)

次经亦如上说,差别者:"如是圣弟子,四种福德润泽,善法润泽,摄受称量功德,不可称量尔所〔果〕福,尔所果,尔所福果

---

① 略同《相应部》(五五)"预流相应"三一经。
② 《相应部》(五五)"预流相应"三二经。
③ 《相应部》(五五)"预流相应"四二经。

集,然彼得众多福利,是大功德聚数。譬如五河合流,谓恒河、耶菩那、萨罗由、伊罗跋提、摩醯,于彼诸水,无能度量百瓶、千瓶、百千万瓶者,然彼水多,是大水聚数。如是圣弟子成就四功德润泽者,无能度量其福多少,然彼多福,是大功德聚数。是故诸比丘当作是学:我当成就于佛不坏净,于法、僧不坏净,圣戒成就。"尔时,世尊即说偈言:

"众吉之巨海,自净能净彼,汪洋而平流,实诸百川长。
一切诸江河,群生之所依,悉归于大海;此身亦复然,
施、戒、修功德,百福流所归。"

如是证净,善能滋润一切堕界白净法故,名滋润福;能引殊胜诸圣道故,名滋润善。能引所余烦恼断故,名能引乐①。

一〇②　　　　　　　　　一一四五（八四二）

如是我闻:一时,佛住舍卫国祇树给孤独园。尔时,世尊告诸比丘:"婆罗门者说虚伪道,愚痴、恶邪、不正趣向,非智等觉向于涅槃。彼作如是化诸弟子:于十五日,以胡麻屑、庵罗摩罗屑,沐浴身体,着新劫贝,头垂长缕,牛屎涂地而卧于上。言:善男子!晨朝早起,脱衣举着一处,裸其形体,向东方驰走,正使道路逢凶象、恶马、狂牛、猘狗、棘刺、丛林、坑涧、深水,直前莫避,遇害死者,必生梵天。是名外道愚痴、邪见,非智等觉向于涅槃。我为弟子说平正路,非愚痴,向智慧等觉,向于涅槃,谓八圣道,

---

① 《论》文承前而来,约义别立。
② 《相应部》(五五)"预流相应"一二经。

正见乃至正定。"佛说此经已,诸比丘闻佛所说,欢喜奉行。

一一①　　　　　一一四六(八四三)

如是我闻:一时,佛住舍卫国祇树给孤独园。尔时,世尊告尊者舍利弗:"所谓流者,何等为流?"舍利弗白佛言:"世尊所说流者,谓八圣道。"复问舍利弗:"谓入流分,何等为入流分?"舍利弗白佛言:"世尊!有四种入流分。何等为四?谓亲近善男子,听正法,内正思惟,法次法向。"复问舍利弗:"入流者,成就几法?"舍利弗白佛言:"有四分成就入流者,何等为四?谓于佛不坏净,于法不坏净,于僧不坏净,圣戒成就。"佛告舍利弗:"如汝所说,流者谓八圣道;入流分者有四种,谓亲近善男子,听正法,内正思惟,法次法向;入流者,成就四法,谓于佛不坏净,于法不坏净,于僧不坏净,圣戒成就。"佛说此经已,尊者舍利弗闻佛所说,欢喜奉行。

一二②　　　　　一一四七(八四四)

如是我闻:一时,佛住舍卫国祇树给孤独园。尔时,尊者舍利弗诣尊者阿难所,问讯慰劳已,退住一面。尊者舍利弗语尊者阿难:"欲有所问,宁有闲暇为记说不?"尊者阿难语舍利弗:"随意所问,知者当答。"舍利弗问尊者阿难:"为断几法,如来、应、等正觉所知所见,记说彼人得须陀洹,不堕恶趣法,决定向正觉,七有天人往生,究竟苦边?"尊者阿难语尊者舍利弗:"断四法,成就四法,如来应、等、正觉,记说彼人得须陀洹,不堕恶趣法,决定向三菩提,七有天人往生,究竟苦边。何等为四?谓圣弟子,

---

① 《相应部》(五五)"预流相应"五经。
② 《相应部》(五五)"预流相应"一三·四经。

于佛不信住则已断、已知,成就于佛不坏净;于法、僧不信、恶戒,彼则已断、已知,成就法、僧不坏净,及圣戒成就。如是四法断,四法成就,如来、应、等正觉所知所见,记说彼人得须陀洹,不堕恶趣法,决定正向三菩提,七有天人往生,究竟苦边。"尊者阿难语①尊者舍利弗:"如是如是四法断,四法成就,如来、应、等正觉所知所见,记说彼人得须陀洹,决定正向三菩提,七有天人往生,究竟苦边。"时二正士共论议已,展转随喜,从座起去。

一三② 　　　　一一四八（八四五）

如是我闻:一时,佛住舍卫国祇树给孤独园。尔时,世尊告诸比丘:"若比丘于五恐怖、怨对休息,三事决定不生疑惑,如实知见贤圣正道,彼圣弟子能自记说:地狱、畜生、饿鬼恶趣已尽,得须陀洹,不堕恶趣法,决定正向三菩提,七有天人往生,究竟苦边。何等为五恐怖、怨对休息?若杀生因缘罪,怨对恐怖生,若离杀生者,彼杀生罪怨对因缘生恐怖休息。若偷盗、邪淫、妄语、饮酒罪,怨对因缘生恐怖,彼若离偷盗、邪淫、妄语、饮酒罪,怨对者因缘恐怖休息。是名罪怨对因缘生五恐怖休息。何等为三事决定,不生疑惑?谓于佛决定离于疑惑,于法、僧决定离疑惑,是名三法决定离疑惑。何等名为圣道如实知见?谓此苦圣谛如实知,此苦集圣谛、此苦灭圣谛、此苦灭道迹圣谛如实知,是名圣道如实知见。若于此五恐怖罪怨对休息,于三法决定离疑惑,于圣道③如实知见,是圣弟子能自记说:我地狱尽,畜生、饿鬼恶趣

---

① "语",原本缺,依宋本补。
② 三法无疑,圣道如实知见,参考《相应部》(五五)"预流相应"四三经。
③ "道",原本作"意",今改。

尽,得须陀洹,不堕恶趣法,决定正趣三菩提,七有天人往生,究竟苦边。"佛说此经已,诸比丘闻佛所说,欢喜奉行。

一四　　　　一一四九(八四六)

如是我闻:一时,佛住舍卫国祇树给孤独园。尔时,世尊告诸比丘,如上说,差别者:"何等为圣道如实知见?谓八圣道,正见乃至正定。"

一五①　　　　一一五〇(　　)

次经亦如是说,差别者:"何等为圣道如实知见?谓十二支缘起如实知见,如所说:是事有故是事有,是事起故是事起,如缘无明行,缘行识,缘识名色,缘名色六入处,缘六入处触,缘触受,缘受爱,缘爱取,缘取有,缘有生,缘生老病死、忧悲恼苦,是名圣弟子如实知见。"佛说此经已,诸比丘闻佛所说,欢喜奉行。

一六②　　　　一一五一(八四七)

如是我闻:一时,佛住舍卫国祇树给孤独园。尔时,世尊告诸比丘:"有四种诸天天道,未净众生令净,已净者重令净。何等为四?谓圣弟子,于佛不坏净,于法、僧不坏净,圣戒成就,是名四种诸天天道,未净众生令净,已净者重令净。"佛说此经已,诸比丘闻佛所说,欢喜奉行。

一七③　　　　一一五二(八四八)

如是我闻:一时,佛住舍卫国祇树给孤独园。尔时,世尊告诸比丘:"有四种诸天天道。何等为四?谓圣弟子念如来事:如

---

① 《相应部》(五五)"预流相应"二九经。参照二八经。
② 《相应部》(五五)"预流相应"三四经。
③ 《相应部》(五五)"预流相应"三五经。

是如来,应,等正觉,明行足,善逝,世间解,无上士,调御丈夫,天人师,佛,世尊。于此如来事,生随喜心,随喜已心欢悦,心欢悦已身猗息,身猗息已觉受乐,觉受乐已三昧定。三昧定已,圣弟子作如是学:何等为诸天天道?复作是念:我闻无恚为上诸天天道。作是念:我从今日,于世间若怖、若安,不起瞋恚,我但当自受纯一满净诸天天道。是名第一诸天天道,未净众生令净,已净者重令净。复次,比丘!圣弟子念于法事:谓如来说正法律,现法,离诸炽然,不待时节,通达涅槃,即身观察,缘自觉知。如是知法事已,心生随喜,随喜已身猗息,身猗息已觉受乐,觉受乐已三昧定。三昧定已,圣弟子作如是学:何等为诸天天道?复作是念:我闻无恚为上诸天天道。我从今日,于此世间,若怖、若安,不起瞋恚,我当受持纯一满净诸天天道,是名第二诸天天道。复次,比丘!若于僧事起于正念:谓世尊弟子僧,正直,等向,所应恭敬、尊重、供养,无上福田。彼如是于诸僧事正忆念已,心生随喜,心随喜已得欢悦,欢悦已身猗息,身猗息已觉受乐,觉受乐已三昧定。三昧定已,彼圣弟子作如是学:何等诸天天道?复作是念:我闻诸天无恚为上诸天天道。我从今日,于诸世间,若怖、若安,不起瞋恚,我但当受持纯一满净诸天天道,是名第三诸天天道。复次,比丘!谓圣弟子自念所有戒事,随忆念言:我于此不缺戒,不污戒,不杂戒,明智所叹戒,智者不厌戒。于如是等戒事正忆念已,心生随喜,随喜已欢悦,欢悦已身猗息,身猗息已觉受乐,觉受乐已三昧定。三昧定已,圣弟子作是念:何等为诸天天道?复作是念:我闻诸天无恚为上。我从今日,于诸世间,若怖、若安,不起瞋恚,我当受持纯一满净诸天天道。是名第四诸天天道,未净众生令净,已净者重令净。"佛说此经已,诸比丘闻佛所说,欢喜奉行。

　　一八　　　　　　一一五三(八四九)

如是我闻:一时,佛住舍卫国祇树给孤独园。尔时,世尊告诸比丘:"有四种诸天天道,未净众生令净,已净者增其净。何等为四?谓圣弟子念如来事:如是如来,应,等正觉,明行足,善逝,世间解,无上士,调御丈夫,天人师,佛,世尊。彼如是念如来事已,则断恶贪,及断心恶不善过。念如来故,心生随喜,心随喜已则欢悦,欢悦已身猗息,身猗息已觉受乐,觉受乐已三昧定。三昧定已,圣弟子作如是学:何等为诸天天道?复作是念:我闻无恚为上诸天天道。我从今日,于诸世间,若怖、若安,不起嗔恚,但当受持纯一满净诸天天道。如是法,僧,圣戒成就,亦如是说。"佛说此经已,诸比丘闻佛所说,欢喜奉行。

　　一九　　　　　　一一五四(八五〇)

如是我闻:一时,佛住舍卫国祇树给孤独园。尔时,世尊告诸比丘:"有四种诸天天道,未净众生令净,已净者增其净。何等为四?谓圣弟子念如来事:如是如来,应,等正觉,明行足,善逝,世间解,无上士,调御丈夫,天人师,佛,世尊。彼圣弟子念如来事已,心(离)贪欲缠、嗔恚、愚痴缠①;其心正直,念如来事,是圣弟子得法流水,得义流水,得念如来饶益随喜。随喜已生欢悦,欢悦已身猗息,身猗息已觉受乐,觉受乐已三昧定。三昧定已,是圣弟子作如是学:何等为诸天天道?复作是念:我闻无恚

---

① "心贪欲缠、嗔恚、愚痴缠",于义难通,应脱一"离"字,为"心离贪欲缠、嗔恚、愚痴缠"。

为上诸天天道。我从今日,于诸世间不起嗔恚,纯一满净诸天天道。如是法、僧,圣戒成就,亦如是说。"佛说此经已,诸比丘闻佛所说,欢喜奉行。

"天路":复次,若第一义清净诸天,说名最胜无有恼害,由身、语、意毕竟无有恼害事故。即依如是清净天性,说四证净名为天路。又四证净为所依止,诸圣弟子依三种门,修六随念:一者、为断奢摩他品诸随烦恼所起染恼;二者、为断毗钵舍那品诸随烦恼所起染恼;三者、为断虽无染恼而于未来当可生起二随烦恼。当知此中,惛沉、睡眠,名奢摩他品诸随烦恼;欣乐诸欲俱行掉举、贪等过失所生不善欲寻伺等,令心流散诸杂染法,名毗钵舍那品诸随烦恼。又由胜义谛理所得随念,名义威勇;由世俗谛理所得随念,名法威勇。

二〇　　　　　　一一五五(八五一)

如是我闻:一时,佛住舍卫国祇树给孤独园。尔时,世尊告诸比丘:"我今当说法镜经。谛听,善思,当为汝说。何等为法镜经?谓圣弟子于佛不坏净,于法、僧不坏净,圣戒成就,是名法镜经。"佛说此经已,诸比丘闻佛所说,欢喜奉行。

二一①　　　　　　一一五六(八五二)

如是我闻:一时,佛住舍卫国祇树给孤独园。时有众多比丘,着衣持钵,入舍卫城乞食。乞食时,闻难屠比丘命终,难陀比丘尼命终,善生优婆塞命终,善生优婆夷命终。乞食已,还精舍,

---

① 《相应部》(五五)"预流相应"八经。

举衣钵,洗足已,诣佛所,稽首礼足,退坐一面。白佛言:"世尊!我今晨朝入舍卫城乞食,闻难屠比丘、难陀比丘尼、善生优婆塞、善生优婆夷命终。世尊!彼四人命终,应生何处?"佛告诸比丘:"彼难屠比丘、难陀比丘尼,诸漏已尽,无漏心解脱,慧解脱,现法自知作证:我生已尽,梵行已立,所作已作,自知不受后有。善生优婆塞、善生优婆夷,五下分结尽,得阿那含,生于天上而般涅槃,不复还生此世。"尔时,世尊告诸比丘:"我今当为汝说法镜经:于佛不坏净,乃至圣戒成就,是名法镜经。"佛说此经已,诸比丘闻佛所说,欢喜奉行。

二二①　　　　　　　一一五七(八五三)

如是我闻:一时,佛住舍卫国祇树给孤独园。如上广说,差别者:有异比丘、异比丘尼、异优婆塞、异优婆夷命终,亦如上说。

二三②　　　　　　　一一五八(八五四)

如是我闻:一时,佛住那梨迦聚落繁耆迦精舍。尔时,那梨迦聚落多人命终。时有众多比丘,着衣持钵,入那梨迦聚落乞食。闻那梨迦聚落:罽迦舍优婆塞命终,尼迦吒,佉楞迦罗,迦多梨沙,婆阇露,优婆阇露,梨色吒,阿梨色吒,跋陀罗须跋陀罗,耶舍,耶输陀,耶舍郁多罗,悉皆命终。闻已,还精舍,举衣钵,洗足已,诣佛所,稽首佛足,退坐一面。白佛言:"世尊!我等众多比丘,晨朝入那梨迦聚落乞食,闻罽迦舍优婆塞等命终。世尊!彼等命终,当生何处?"佛告诸比丘:"彼罽迦舍等,已断五下分结,得阿那含,于天上般涅槃,不复还生此世。"诸比丘白佛:"世尊!

---

① 《相应部》(五五)"预流相应"九经。
② 《相应部》(五五)"预流相应"一〇经。

复有过二百五十优婆塞命终,复有五百优婆塞,于此那梨迦聚落命终,皆五下分结尽,得阿那含,于彼天上般涅槃,不复还生此世;复有过二百五十优婆塞命终,皆三结尽,贪、恚、痴薄,得斯陀含,当受一生,究竟苦边;此那梨迦聚落,复有五百优婆塞,于此那梨迦聚落命终,三结尽,得须陀洹,不堕恶趣法,决定正向三菩提,七有天人往生,究竟苦边?"佛告诸比丘:"汝等随彼命终、彼命终而问者,徒劳耳!非是如来所乐答者。夫生者有死,何足为奇!如来出世及不出世,法性常住。彼如来自知成等正觉,显现、演说、分别、开示,所谓是事有故是事有,是事起故是事起,缘无明有行,乃至缘生有老病死、忧悲恼苦,如是苦阴集。无明灭则行灭,乃至生灭则老病死、忧悲恼苦灭,如是苦阴灭。今当为汝说法镜经,谛听、善思,当为汝说。何等为法镜经?谓圣弟子于佛不坏净,于法、僧不坏净,圣戒成就。"佛说此经已,诸比丘闻佛所说,欢喜奉行。

"喻明镜":复次,譬如有人执持明镜,为观自面净不净相。如是如来诸圣弟子,执持微妙证净明镜,为如实观自身所有染净诸相。

二四① ——五九(八五五)

如是我闻:一时,佛住舍卫国祇树给孤独园。时有难提优婆塞,来诣佛所,稽首佛足,退坐一面。白佛言:"世尊!若圣弟子,于此五根一切时不成就者,为放逸,为不放逸?"佛告难提:

---

① 《相应部》(五五)"预流相应"四〇经。

"若于此五根一切时不成就者,我说此等为凡夫数。若圣弟子不成就者,为放逸,非①不放逸。难提!若圣弟子,于佛不坏净成就而不上求,不于空闲林中,若露地坐,昼夜禅思,精勤修习胜妙出离,饶益随喜;彼不随喜已欢喜不生,欢喜不生已身不猗息,身不猗息已苦觉则生,苦觉生已心不得定。心不得定者,是圣弟子名为放逸。于法、僧不坏净,圣戒成就,亦如是说。如是难提!若圣弟子成就于佛不坏净,其心不起知足想,于空闲林中,树下、露地,昼夜禅思,精勤方便,能起胜妙出离随喜;随喜已生欢喜,生欢喜已身猗息,身猗息已觉受乐,觉受乐已心则定。若圣弟子心定者,名不放逸。法、僧不坏净,圣戒成就,亦如是说。"佛说此经已,难提优婆塞闻佛所说,欢喜随喜,从座起,礼佛足而去。

二五——六〇(八五六)

如是我闻:一时,佛住舍卫国祇树给孤独园。时有释氏难提,来诣佛所,稽首佛足,退坐一面。白佛言:"世尊!若圣弟子于四不坏净一切时不成就者,是圣弟子为是放逸,为不放逸?"佛告释氏难提:"若于四不坏净一切时不成就者,我说是等为外凡夫数。释氏难提!若圣弟子放逸、不放逸,今当说。"广说如上。佛说此经已,释氏难提闻佛所说,欢喜随喜,从座起,作礼而去。

"记别":复次,若有成就四种证净,唯即依自四种证净,为他记别,不依上位能顺欢喜所修随念。由此因缘,当知记别预流果证,未趣上位所修道故。

---

① "非",原本"为",依元本改。

二六　　　　　　　一一六一（八五七）

如是我闻：一时，佛住舍卫国祇树给孤独园。前三月夏安居竟，有众多比丘集于食堂，为佛缝衣。如来不久作衣竟，当着衣持钵，出精舍，人间游行。时释氏难提，闻众多比丘集于食堂，为佛缝衣；如来不久作衣竟，着衣持钵，人间游行。释氏难提闻已，来诣佛所，稽首礼足，退坐一面。白佛言："世尊！我今四体支解，四方易韵，先所闻法，今悉迷忘。闻众多比丘集于食堂，为世尊缝衣，言如来不久作衣竟，着衣持钵，人间游行。是故我今心生大苦，何时当复得见世尊及诸知识比丘！"佛告释氏难提："汝见佛、若不见佛，若见知识比丘、若不见，汝当随时修习五种欢喜之处。何等为五？汝当随时念如来事：如来，应，等正觉，明行足，善逝，世间解，无上士，调御丈夫，天人师，佛，世尊；法事；僧事；自持戒事；自行世事，随时忆念；我得己利，我于悭垢众生所，当多修习离悭垢住，修解脱施，舍施，常炽然施，乐于舍，平等惠施，常怀施心。如是释氏难提！此五支定，若住、若行、若坐、若卧，乃至妻子俱，常当系心此三昧念。"佛说此经已，释氏难提闻佛所说，欢喜随喜，作礼而去。

若于上位能顺欢喜五种随念，为他记别，由是因缘，当知记别一来果证。由三摩地未成满故，于离欲道未圆满故，于彼诸天未现见故，为求离欲，修习能顺欢喜诸法。由此欢喜为所依故，发生轻安，由轻安故领受身乐，由受乐故心得正定，而于静定未得成满①。

---

① 《论》文承上而来，今约义分立。

二七① 　　　——六二（八五八）

如是我闻:一时,佛住舍卫国祇树给孤独园,前三月夏安居。时有释氏难提,闻佛于舍卫国祇树给孤独园,前三月结夏安居。闻已作是念:我当往彼,并复于彼造作供养众事,供给如来及比丘僧。即到彼。三月竟时,众多比丘集于食堂,为世尊缝衣,而作是言:如来不久作衣竟,着衣持钵,人间游行。时释氏难提,闻众多比丘集于食堂,言如来不久作衣竟,着衣持钵,人间游行。闻已,来诣佛所,稽首礼足,退住一面。白佛言:"世尊!我今四体支解,四方易韵,先所受法,今悉迷忘。我闻世尊人间游行,我何时当复更见世尊及诸知识比丘!"佛告释氏难提:"若见如来、若不见,若见知识比丘、若不见,汝当随时修于六念。何等为六?当念如来,法,僧事,自所持戒,自所行施,及念诸天。"佛说此经已,释氏难提闻佛所说,欢喜随喜,作礼而去。

二八 　　　——六三（八五九）

如是我闻:一时,佛住舍卫国祇树给孤独园,前三月结夏安居,如前说。差别者:时有长者,名梨师达多及富兰那,兄弟二人,闻众多比丘集于食堂,为世尊缝衣,如上难提修多罗广说。佛说此经已,梨师达多长者,及富兰那,闻佛所说,欢喜随喜,从座起,作礼而去。

二九② 　　　——六四（八六〇）

如是我闻:一时,佛住舍卫国祇树给孤独园,前三月结夏安居竟。众多比丘集于食堂,为世尊缝衣。时有长者梨师达多,及

---

① 《增支部》"十一集"一四经后文。
② 《相应部》(五五)"预流相应"六经。

富兰那,兄弟二人,于鹿径泽中修治田业。闻众多比丘,在于食堂,为世尊缝衣。言如来不久作衣竟,着衣持钵,人间游行。闻已,语一士夫言:"汝今当往诣世尊所,瞻视世尊。若必去者,速来语我!"时彼士夫,即受教敕,往到一处,见世尊出,即速来还,白梨师达多及富兰那:"世尊已来,及诸大众。"时梨师达多及富兰那,往迎世尊。世尊遥见梨师达多及富兰那,随路而来,即出路边,敷尼师坛,正身端坐。梨师达多及富兰那,稽首佛足,退坐一面。白佛言:"世尊!我今四体支解,四方易韵,所忆念事,今悉迷忘。何时当复得见世尊,及诸知识比丘!世尊今出至拘萨罗,从拘萨罗至伽尸,从伽尸至摩罗,从摩罗至摩竭陀,从摩竭陀至殃伽,从殃伽至修摩,从修摩至分陀罗,从分陀罗至迦陵伽,是故我今极生忧苦,何时当复得见世尊及诸知识比丘!"佛告梨师达多及富兰那:"汝见如来及不见如来,见诸知识比丘及不见,汝且随时修习六念。何等为六?汝当念如来事,广说乃至念天。然其长者,在家愦闹①,在家染著,出家空闲;难可俗人处于非家,一向鲜洁,纯一满净,梵行清白。"长者白佛:"奇哉!世尊!善说此法。在家愦闹,在家染著,出家空闲;难可俗人处于非家,一向鲜洁,纯一满净,梵行清白。我是波斯匿王大臣,波斯匿王欲入园观,令我乘于大象,载王第一宫女。一在我前,一在我后,我坐其中。象下坂时,前者抱我颈②,后者攀我背;象上阪时,后者抱我项③,前者攀我衿。彼诸婇女,为娱乐王故,衣缯彩衣,着

---

① "闹",原本讹作"丙",依清本改。下例。
② "颈",原本作"项",依宋本改。
③ "项",原本作"颈",依宋本改。

众妙香,璎珞庄严。我与同游,常护三事:一者、御象恐失正道;二、自护心,恐生染著;三、自护持,恐其颠坠。世尊!我于尔时,于王婇女,无一刹那不正思惟。"佛告长者:"善哉!善哉!能善护心。"长者白佛:"我在家中所有财物,常与世尊及诸比丘、比丘尼、优婆塞、优婆夷等共受用,不计我所。"佛告长者:"善哉!善哉!汝拘萨罗国钱财巨富,无有与汝等者,而能于财不计我所!"尔时,世尊为彼长者种种说法,示教、照喜;示教、照喜已,从座而去①。

若于上位六种随念,为他记别,由是因缘,当知记别不还果证。阿罗汉果,唯出世道乃能趣证;所有随念,唯是世间,是故不还果证已上,更无如是随念记别。又四证净,预流果中唯说为净,于余学果说圆满净,于最上果说为第一圆满清净②。

如是略引随顺此论境智相应诸经宗要摩呾理迦,其余一切,随此方隅,皆当觉了③。

----

① 《杂阿含经》卷三〇终。
② 《论》文承上而来,今依义分立。
③ 《瑜伽师地论》卷九八终。以下经文,无《论》。